MW01078491

BIBLIA DE BOSQUEJOS Y SERMONES

TOMO 4
Lucas

BIBLIA DE BOSQUEJOS Y SERMONES

TOMO 4

Lucas

EDITORIAL PORTAVOZ

Excepto cuando se indica lo contrario, todas las citas bíblicas son tomadas de la Versión Reina-Valera 1960.

La *Biblia de bosquejos y sermones* fue escrita para que el pueblo de Dios la use tanto en sus vidas personales como en la predicación y enseñanza.

EDITORIAL PORTAVOZ
Kregel Publications
P. O. Box 2607
Grand Rapids, Michigan 49501 EE. UU.

Visítenos en: www.portavoz.com

ISBN 0-8254-1009-6

1 2 3 4 5 edición/año 02 01 00 99 98

Printed in the United States of America

CONTENIDO

ABREVIATURAS VARIAS

a.C.	**=**	**antes de Cristo**	**p.**	**=**	**página**
AT	**=**	**Antiguo Testamento**	**p.ej.**	**=**	**por ejemplo**
caps.	**=**	**capítulos**	**pp.**	**=**	**páginas**
concl.	**=**	**conclusión**	**pto.**	**=**	**punto**
cp.	**=**	**compárese**	**s.**	**=**	**siguiente**
d.C.	**=**	**después de Cristo**	**ss.**	**=**	**siguientes**
EF	**=**	**Estudio a fondo**	**v.**	**=**	**versículo**
Nº	**=**	**número**	**vs.**	**=**	**versus**
NT	**=**	**Nuevo Testamento**	**vv.**	**=**	**versículos**

EL EVANGELIO SEGÚN LUCAS

INTRODUCCIÓN

AUTOR: Lucas (1:3). Lucas también es el autor de Hechos.

Los antiguos padres de la iglesia consideraban a Lucas como autor tanto del evangelio como de Hechos. Ireneo (alrededor de 130-200 d.C.); Clemente de Alejandría (alrededor de 150-215 d.C.); Orígenes (alrededor de 185-254 d.C.); y Tertuliano (alrededor de 160-200 d.C). (*Véase The Pulpit Commentary*, [El Comentario del Púlpito], Tomo16, Grand Rapids, MI: Eerdmans, 1950, pp. 1ss para una excelente discusión del material introductorio a Lucas.)

Un estudio de ambos libros demuestra que Lucas es su autor. Evidentemente el autor era médico. Se usan términos griegos de la medicina. Un análisis del evangelio y de Hechos demuestra un estilo y un lenguaje similar. Ambos libros demuestran además un claro entendimiento del mundo greco-romano del primer siglo. El contenido de ambos libros demuestra una vigorosa unidad. Hay un énfasis en la resurrección, el Espíritu Santo, la persona de Cristo, y el ministerio a los gentiles.

También hay enorme evidencia que el autor de Hechos era allegado a Pablo. Esto se ve claramente en la sección que usa el pronombre «nosotros» en Hechos. En tres partes de Hechos hay un cambio notable de los pronombres «ellos» y «él» por «nosotros». Las secciones con pronombre «nosotros» ofrecen el relato de un testigo ocular (Hch. 16:10-17; 20:5—21:18; 27:1—28:16).

1. La primera vez que se ve a Lucas junto a Pablo es en Troas. Aquí cambia el uso del pronombre «él» y «ellos» por «nosotros». Lucas se unió a Pablo en su viaje a Filipos, y aparentemente permaneció en Filipos hasta que Pablo regresó de Jerusalén (Hch. 16:10).
2. Más adelante Lucas fue con Pablo a Jerusalén, ocasión en que Pablo fue arrestado (Hch. 20:5—21:15).
3. Nuevamente se ve a Lucas con Pablo cuando éste estaba prisionero en Cesarea. También acompañó a Pablo ya prisionero hasta Roma (Hch. 27:1—28:15).
4. Pablo llama a Lucas «el médico amado» (Col. 4:14; Fil. 24).
5. Lucas es el último que permanece junto a Pablo en su prisión (2 Ti. 2:11).

FECHA: Incierta. Probablemente 58-62 d.C.

El autor de Hechos termina abruptamente con los dos años de encarcelamiento de Pablo en Roma, de manera que la redacción de estos libros debe haber tenido lugar algún tiempo después de la ascensión de Jesús, en un momento cercano al final de Hechos. Otro hecho es que Lucas no menciona la caída de Jerusalén. La caída de la ciudad había sido profetizada por Jesús, y tuvo lugar en el año 70 d.C.; por eso la redacción tuvo lugar antes del año 70 d.C. Considerando estos dos factores Lucas tiene que haber escrito el evangelio en algún momento entre los años 58-62 d.C.

DESTINATARIO: El evangelio está dirigido al «excelentísimo Teófilo», un convertido de los gentiles (Lc.1:3; Hch.1:1). Las palabras «oh excelentísimo», indican que se trataba de un alto oficial del gobierno romano. El libro de los Hechos también está dirigido a él personalmente. (*Véase* nota, ***Teófilo***—Hch. 1:1 para mayor discusión del tema.)

PROPOSITO: Presentar el relato de un testigo ocular de Jesús, el Hijo del Hombre, el Salvador del mundo.

Lucas quería que Teófilo conociera la certeza de aquellas cosas que había creído. De modo que Lucas se dispone a escribir un relato ordenado y preciso de toda la vida de Jesús (Lc. 1:1-4).

ASPECTOS ESPECIALES:

1. Lucas es el «evangelio para el hombre» o «el evangelio para los gentiles». Lucas demuestra que Dios está interesado en todos los hombres, en todas partes, no solamente en los judíos (Lc. 2:14, 32; 3:38; 4:25-27; 7:2-10; 9:51-54; 10:30-37; 13:29; 17:16; 24:47).
2. Lucas es «el evangelio de los individuos». Lucas demuestra que Jesús estaba profundamente interesado en los individuos. Habla de Zacarías y Elizabet, los padres de Juan el Bautista (Lc. 1:5-52, 39-45; 67-79); habla de María y Marta (Lc. 38-42); de Zaqueo (Lc. 19:2-20); de Cleofas y su compañero (Lc. 24:18); y de la mujer que ungió los pies de Jesús en la casa de Simón el fariseo (Lc. 7:36ss). En Lucas las parábolas también tienden a acentuar a los individuos, mientras que en Mateo acentúan el reino.
3. Lucas es «el evangelio de la salvación». Con frecuencia usa las palabras «salvación» y «Salvador» en su diversas formas, y lo hace más veces que cualquiera de los otros evangelistas.
4. Lucas es «el evangelio de los publicanos y pecadores». Lucas habla de la comida que Mateo ofreció a los recaudadores de impuestos y pecadores (Lc. 5:30); de la mujer que ungió los pies de Jesús enjugándolos con sus cabellos (Lc. 7:36-50); habla de recaudadores de impuestos y pecadores que se acercan para escuchar las enseñanzas de Jesús (Lc. 15:1). Solamente Lucas menciona al hijo pródigo (Lc. 15:11-32); al fariseo y al recaudador de impuestos (Lc. 18:9-14); a Zaqueo el «pecador» que recaudaba impuestos (Lc.19:1-10). Muchas de sus parábolas están centradas en publicanos (Lc.7:41s; 12:13-21; 16:1-12, 19-31; 18:1-8, 9-14).
5. Lucas es «el evangelio de los pobres». Lucas habla de los pastores que eran pobres (Lc. 2:8ss); de María que ofreció por su purificación la ofrenda de los pobres (Lc. 2:24; cp. Lv. 12:8). Lucas dice que Jesús vino a predicar el evangelio a los pobres (Lc. 4:18-6:20), y son los pobres a quienes es predicado el evangelio (Lc. 7:22).
6. Lucas es «el evangelio de las mujeres». El mundo de Lucas consideraba a las mujeres como meros objetos, como poco más que un mobiliario; nada sabía de los derechos de las mujeres. Pero Lucas les da un lugar especial. Muestra cómo Dios honró a Elizabet, María y Ana (Lc.1:5ss). Habla de la viuda de Naín (Lc. 7:11-18); de la mujer pecadora que ungió los pies de Jesús (Lc. 7:36-50); y las tres mujeres que fueron sanadas de espíritus malos incluyendo a María Magdalena, Juana, y Susana (Lc. 8:2-3). Lucas menciona a las hermanas María y Marta (Lc. 10:38-42); a la mujer encorvada (Lc. 13:11-13); a la viuda que ofrendó todo su sustento (Lc. 21: 1-4); y a la mujer que estaba junto al camino llorando cuando Jesús sucumbía bajo el peso de la cruz (Lc. 23:27-31). También en sus parábolas incluye a algunas mujeres (Lc.15:8-10;18:1-8).
7. Lucas es «el evangelio de los niños». Relata en detalle el nacimiento Jesús y de Juan el Bautista (Lc. 1-2).

El propósito de Lucas era demostrar que Dios estaba obrando ya en los primeros años del Salvador. Solamente Lucas menciona la historia de la niñez de Jesús (Lc .2:41-52). Solamente él acentúa el ministerio de Jesús al «hijo único» y a la «única hija» de padres desesperados (Lc.7:12; 8:42, 9:38).

8. Lucas es «el evangelio de la oración» o «el evangelio devocional». Con frecuencia menciona la oración.
    a. Las oraciones de Jesús: en su bautismo (Lc. 3:21); en el desierto (Lc. 5:16); antes de escoger a los discípulos (Lc. 6:12); inmediatamente antes de predecir su propia muerte (Lc. 9:18); en la transfiguración (Lc. 9:28ss); al regreso de los setenta (Lc. 10:17-24, especialmente 21-22); antes de enseñar el padrenuestro (Lc.11:1); intercediendo por Pedro (Lc. 22:32); en el huerto de Getsemaní (Lc. 22:39-46); intercediendo por sus enemigos (Lc. 23:34); y en la cruz (Lc. 23:46). Muchas de estas oraciones son mencionadas solamente por Lucas. Muestra a Jesús encarando con oración las crisis de la vida.

b. Las parábolas de Jesús que tratan solamente con la oración: el amigo de medianoche (Lc. 11:5-8); el juez injusto (Lc. 18:1-8); el fariseo y el publicano (Lc. 18:9-14).

c. Las exhortaciones y advertencias referidas a la oración (Lc. 6:28; 11:2; 10:47; 22:40, 46).

9. Lucas es «el evangelio de la alabanza». Lucas, más que todo el resto del Nuevo Testamento usa la frase «alabando a Dios».

a. Algunos de los grandes himnos cristianos son tomados de Lucas. El «Ave María» es tomado de las palabras del ángel dichas a María (Lc. 1:28-33); «El Magnificat» es tomado del cántico de María (Lc. 1:46-55); «El Benedictus» es tomado de Zacarías (Lc. 1:68-79); el «Gloria in Excelsis» es tomado del canto de los ángeles celestiales (Lc. 2:13-14); y el «Nunc Dimitis» es tomado de Simeón en su regocijo (Lc. 2:29-32).

b. Muestra a la gente alabando a Dios cuando es ayudada (Lc. 2:20; 5:25-26; 7:16; 13:13; 17:15; 18:43).

c. Una y otra vez se usan las palabras «gozo» y «regocijo» (por ejemplo: Lc. 1:14, 44, 47; 10:21).

d. Hay referencias a la risa (Lc. 6:21), y al hacer fiesta (Lc. 15:23, 32) y al gozo (Lc. 15:6, 9; 19:6).

e. El evangelio termina con gozo (Lc. 24:52) así como también comenzó con gozo (Lc. 1:14).

10. Lucas es «el evangelio de la pasión de Cristo». Esto se ve en tres acentos significativos.

a. Las muchas referencias a su muerte. Moisés y Elías hablan de la muerte de Jesús en la transfiguración (Lc. 9:31). Lucas dice que el tiempo para que Jesús sea recibido arriba había llegado (Lc. 9:51); por eso Jesús dispone su rostro para subir a Jerusalén (Lc. 9:51). Jesús se refiere a su propia muerte como a un bautismo y subraya la necesidad de cumplirlo (Lc.12:50). Jesús envía un mensaje a Herodes indicando que al tercer día va a terminar su camino (Lc.13:32). Luego prosigue hablando de una Jerusalén a punto de perecer (Lc.13:33-35). Y Jesús predice su pasión en una declaración que pertenece únicamente a Lucas (Lc.17:25).

b. El amplio espacio dado a la narración de la pasión.

c. Las ocasiones en que se menciona el cumplimiento de las Escrituras por medio de la muerte de Jesús (Lc. 9:22; 13:33; 17:25; 18:31; 20:17;22:37; 24:7; 26s, 44, 46).

11. Lucas es «el evangelio del Espíritu Santo».

a. Las personas involucradas en la preparación de la venida del Señor son descritas como llenas del Espíritu y guiadas por el Espíritu: Juan el Bautista (Lc. 1:15); Elizabet y Zacarías (Lc. 1:41:, 67); y Simeón (Lc. 2:25-27).

b. Se dice que el Espíritu Santo obra activamente en la vida y ministerio de Jesús. A María se le dijo que el Espíritu Santo vendría sobre ella (Lc. 1:35). Juan el Bautista predicó que Jesús sería bautizado con el Espíritu Santo y fuego (Lc. 3:16). El Espíritu Santo vino sobre Jesús después de su bautismo «en forma corporal, como paloma» (3:22). El Espíritu Santo lo llenó y lo llevó al desierto para ser tentado por el diablo (Lc. 4:1). Jesús retornó de sus tentaciones para comenzar su ministerio en Galilea «en el poder del Espíritu» (Lc. 4:14). Mientras predicaba afirmó: «El Espíritu del Señor está sobre mí» (Lc. 4:18). Se regocijó en el Espíritu cuando los setenta regresaron con buenos informes (Lc. 10:21); les dijo a los discípulos que el Padre daría el Espíritu a quienes se lo pedían (Lc. 11:13). Dijo que la blasfemia contra el Espíritu Santo es un pecado imperdonable (Lc. 12:10). Les dijo a los discípulos que el Espíritu Santo les diría qué responder en las emergencias (Lc. 12:12). Terminó su ministerio asegurando a los discípulos: «He aquí, yo enviaré la promesa de mi Padre sobre vosotros ...» (Lc.24:49).

BOSQUEJO DE LUCAS

La Biblia de bosquejos y sermones es *única.* Difiere de todas las otras Biblias de estudio y de materiales para la preparación de sermones porque cada pasaje y tema es bosquejado inmediatamente junto a las Escrituras. Cuando usted escoge cualquier *tema* de los que siguen y busca la referencia, no sólo encontrará el texto de las Escrituras, sino que descubre las Escrituras y el tema *ya bosquejados para usted, versículo por versículo.*

A modo de rápido ejemplo, escoja uno de los temas que siguen y busque el texto de las Escrituras, hallará entonces esta maravillosa ayuda para usarla de manera más rápida, fácil y correcta.

Además, cada punto de las Escrituras y su respectivo tema está *plenamente desarrollado por un comentario con textos de apoyo* al pie de página. Nuevamente, este ordenamiento facilita y acelera la preparación de sermones.

Note algo más: Los temas del evangelio de Lucas tienen títulos bíblicos, pero además se les ha dado *títulos prácticos o títulos de aplicación* que a veces apelan más a la gente. Este *beneficio* se ve claramente al usarlos en avisadores, boletines, periódicos de la iglesia, etc.

Una sugerencia: Para obtener una rápida visión general de Lucas, lea primero *todos los títulos principales* (I, II, III, etc.), luego vuelva y lea los subtítulos.

BOSQUEJO DE LUCAS

I. EL ANUNCIO DE LA VENIDA DE JESÚS, EL HIJO DEL HOMBRE, 1:1—2:52

A. El evangelio de Lucas: la verdad de la palabra, 1:1-4

B. Zacarías y Elizabet, los padres de Juan el bautista: padres piadosos, 1:5-25

C. María, la madre de Jesús: sumisión a la voluntad de Dios, 1:26-38 (cp. Mt. 1:18-25)

D. La proclamación sobrenatural de Elizabet: un testimonio muy inusual, 1:39-45

E. El magnífico cántico de María referido a Dios: la gloriosa misericordia y liberación de Dios, 1:46-56

F. Nacimiento y asignación del nombre de Juan: un evento para todas las generaciones, 1:57-66

G. La profecía inspirada de Zacarías: el Salvador de Dios y su antecesor, 1:67-80

H. El nacimiento de Jesús: los acontecimientos inusuales relacionados al nacimiento, 2:1-2 (Mt. 1:18-25; 2:1; cp. Jn. 1:14)

I. La profecía de Simeón: predicción de la vida y del final de Jesús, 2:25-35

J. Alabanza de Ana: el niño Jesús es alabado por una profetiza, 2:36-38

(Mt. 23:37-39; Lc. 13:34-35)

C. **La purificación del templo: el enojo justo de Jesús, 19:45-48** (Mt. 21:12-16; Mr. 11:15-19; cp. Jn. 2:13-16)

D. **El tema de la autoridad: ¿Quién es Jesús? 20:1-8** (Mt. 21:23-27; Mr. 11:27-33)

E. **La parábola de los labradores malvados: repaso de la historia mundial, 20:9-18** (Mt. 21:33-46; Mr. 12:1-12; cp. Is. 5:1-7)

F. **La pregunta referida a gobierno y religión: ¿Cuál es mayor? 20:19-26** (Mt. 22:15-22; Mr. 12:13-17)

G. **El tema de la resurrección: los dos mundos (tierra y cielo) difieren, 20:27-38** (Mt. 22:23-33; Mr. 12:18-27)

H. **El tema del hijo de David: corrección de Dos malentendidos, 20:39-47** (Mt. 22:41-46; 23:6-7; Mr. 12:35-40)

I. **La ofrenda de la viuda: el tema del dar, 21:1-4** (Mr. 12:41-44)

IX. **LAS SEÑALES PROFÉTICAS DEL HIJO DEL HOMBRE: SU PREDICCIÓN REFERIDA AL DESTINO DE JERUSALÉN Y DEL MUNDO, 21:5-38** (Mt. 24—25, Mr. 13)

A. **Las señales predichas para esta era, 21:5-11** (Mt. 24:1-14; Mr. 13:1-13)

B. **La trágica señal que precede al fin: persecución, 21:12-19** (Mt. 24:9-10, 13; Mr. 13:9, 11-12)

C. **La destrucción de Jerusalén, 21:20-40** (Mt. 24:15-28; Mr. 13:14-23)

D. **La venida de Jesús, el Hijo del hombre, 21:25-28** (Mt. 24:29-31; Mr. 13:24-27)

E. **La parábola de la higuera: las señales se ven largamente, 21:29-33** (Mt. 24:32-35; Mr. 3:28-34)

F. **La advertencia: velar y orar por el fía del retorno de Jesús, 21:34-36** (Mt. 24:42-44; Mr. 13:35-37)

G. **El ministerio diario de Jesús, 21:37-38**

X. **LA ÚLTIMA CENA DEL HIJO DEL HOMBRE: SU TRAIDOR, INSTRUCCIONES Y ADVERTENCIAS, 22:1-38**

A. **El complot contra Jesús, 22:1-6** (Mt. 26:14-16; Mr. 14:1-2, 10-11)

B. **La cena del Señor, 22:7-23** (Mt. 26:17-30; Mr. 14:12-25; Jn. 13)

C. **Disputa sobre la grandeza, 22:24-30** (Mt. 20:20-28; Mr. 10:35-45)

D. **La negación de Pedro predicha: gran advertencia del ataque de Satanás** (Mt. 26:31-35; Mr. 14:27-38)

XI. **EL SUFRIMIENTO DEL HIJO DEL HOMBRE: SU AGONÍA, LUCHAS, JUICIOS Y CRUCIFIXIÓN, 22:39—23:56**

A. **La gran agonía de Jesús: cargando un peso insoportable, 22:39-46** (Mt. 26:36; Mr.1:32-42; Jn. 18:1; cp. He. 5:7-8; 12:3-4)

B. **Arresto de Jesús: terribles pecados contra Jesús, 22:47-53** (Mt. 26:47-56; Mr. 14:43-52; Jn. 18:3-11)

C. **Negación de Pedro: la gran tragedia de la negación, 22:54-62** (Mt. 26:57, 69-75; Mr. 14:53-54; 66-72; Jn. 18:15-18, 25-27)

D. **Jesús es juzgado ante la corte del sanhedrín: las afirmaciones fenomenales de Jesús, 22:63-71** (Mt. 26:57-68; 27:1; Mr. 14:53-65; 15:1; Jn. 18:12-14, 19-24)

E. **Primer juicio de Jesús ante Pilato y Herodes: rehusarse al deber y a la responsabilidad personal, 23:1-12** (Mt. 27:11-14; Mr. 15:1-5; Jn. 18:28-38)

F. **Segundo juicio de Jesús ante Pilato: la tragedia de un hombre que busca componendas, 23:13-25** (Mt. 27:15-25; Mr. 15:6-15; Jn. 18:39—19:16)

G. **Crucifixión de Jesús y eventos relacionados, 23:26-49** (Mt. 27:26-56; Mr. 15:16-41; Jn. 19:16-37)

H. **Sepelio de Jesús: discípulo secreto movido a dar un paso al frente, 23:50-56** (Mt. 27:57-61; Mr. 15:42-47; Jn. 19:38-42)

XII. **LA GLORIA DEL HIJO DEL HOMBRE: SU RESURRECCIÓN Y ASCENSIÓN, 24:1-5**3

A. **La tumba vacía de Jesús: su descubrimiento, 24:1-12** (cp. Mr. 28:1-15; Mr. 16:1-11; Jn. 20:1-18)

B. **Aparición de Jesús a dos creyentes en el camino a Emaús: una caminata inmortal, 24:13-35** (Mr. 16:12-13)

C. **Aparición de Jesús a sus discípulos: las grandes afirmaciones de la fe cristiana, 24:36-49** (Mr. 16:14; Jn. 20:19-23; 20:26-21:25)

D. **Última aparición de Jesús: su ascensión, 24:50-53** (Mr. 16:19-20; Hch. 1:9-11)

EL EVANGELIO SEGÚN LUCAS

1 El evangelio es un registro de los acontecimientos históricos	**CAPÍTULO 1** **I. EL ANUNCIO DE LA VENIDA DE JESÚS, EL HIJO DEL HOMBRE, 1:1—2:52** **A. El evangelio de Lucas: la verdad de la palabra, 1:1- 4** Puesto que ya muchos han tratado de poner en orden la historia de las cosas que entre nosotros han sido	ciertísimas, 2 tal como nos lo enseñaron los que desde el principio lo vieron con sus ojos, y fueron ministros de la palabra, 3 me ha parecido también a mí, después de haber investigado con diligencia todas las cosas desde su origen, escribírtelas por orden oh exelentísimo Teófilo, 4 para que conozcas bien la verdad de las cosas en las cuales has sido instruido.	**2 El evangelio es un registro de testigos y ministros de la palabra** **3 El evangelio es un registro de un hombre impulsado a escribir** **4 El evangelio es un registro destinado a establecer la verdad**

I. EL ANUNCIO DE LA VENIDA DE JESÚS, EL HIJO DEL HOMBRE, 1:1—2:52

A. El evangelio de Lucas: la verdad de la palabra, 1:1-4

(1:1-4) ***Introducción:*** el evangelio de Lucas es una proclamación escrita de la verdad referida a Jesucristo. Tal es el acento sobre este primer pasaje del evangelio. Lucas está escribiendo para declarar las gloriosas nuevas de que el Hijo del Hombre, el Hijo de Dios, ha venido a la tierra para buscar y para salvar a todos los perdidos. El evangelio de Lucas es un relato preciso, ordenado de la verdad acerca de Jesucristo. Note que esta introducción de Lucas es precisamente la forma usada por los historiadores de su tiempo. Esto subraya vigorosamente que la intención de Lucas era que su evangelio circulara entre iglesias y creyentes.

1. El evangelio es un registro de acontecimientos históricos (v. 1).
2. El evangelio es un registro hecho por testigos oculares y ministros de la Palabra (v. 2).
3. El evangelio es el registro de un hombre impulsado a escribir (v. 3).
4. El evangelio es un registro destinado a establecer la verdad (v. 4).

1 (1:1) ***Escritura—evangelio:*** el evangelio es un registro de acontecimientos históricos. Note varios hechos.

1. «Muchos han tratado de poner en orden» los acontecimientos de la vida de Cristo. Muchos habían escrito sobre la vida y obra de Cristo, pero no lo hicieron de manera tan *completa* ni tan *ordenada* como Lucas quería que fuese su registro (cp. v. 3). Esto lo demuestra una rápida comparación de los dos primeros capítulos de Lucas con Marcos y Mateo. Lucas incluye un número mucho mayor de acontecimientos que los otros dos evangelios sinópticos, y el evangelio de Juan aún no había sido escrito. El hecho que *muchos* habían escrito un registro de la vida de Cristo es una fuerte evidencia en favor de la veracidad de los acontecimientos.

2. Los acontecimientos y las cosas de la vida de Cristo eran «ciertísimas» entre los creyentes. El griego usado para «ciertísimas» (*plerophoreo, peplero phoremenon*) también significa cosas que fueron cumplidas, que fueron concretamente realizadas, o que siguieron su curso completo (cp. 2 Ti. 4:5). Lucas está diciendo que las *cosas de Cristo* no solamente eran creídas, sino que fueron realizadas o cumplidas entre los creyentes de aquel día. Las *cosas* (eventos, asuntos) referidas a Cristo realmente ocurrieron; tuvieron su propósito; estaban destinadas a ser realizadas, y cumplidas.

El tema es este: las cosas de Cristo son un registro de eventos históricos, cosas que realmente ocurrieron y que habían cumplido concretamente el propósito de Dios. Por eso, las cosas son «ciertísimas» entre «nosotros [los creyentes]». ¿Cuáles son las cosas que ocurrieron y que fueron creídas? Tanto las cosas del Nuevo Testamento como las del Antiguo Testamento. La Biblia toda es un registro de aquellas «cosas».

«Porque de tal manera amó Dios al mundo, que ha dado a su Hijo unigénito, para que todo aquel que en Él cree, no se pierda, mas tenga vida eterna» (Jn. 3:16).

«Porque el Hijo del Hombre vino a buscar y a salvar lo que se había perdido» (Lc. 19:10).

«Así que, por cuanto los hijos participaron de carne y sangre, él también participó de lo mismo, para destruir por medio de la muerte al que tenía el imperio de la muerte, esto es, al diablo, y librar a todos los que por el temor de la muerte estaban durante toda la vida sujetos a servidumbre. Porque ciertamente no socorrió a los ángeles, sino que socorrió a la descendencia de Abraham. Por lo cual debía ser en todo semejante a sus hermanos, para venir a ser misericordioso y fiel sumo sacerdote en lo que a Dios se refiere, para expiar los pecados del pueblo. Pues en cuanto él mismo padeció siendo tentado, es poderoso para socorrer a los que son tentados» (He. 2:14-18).

«El cual [Cristo] siendo en forma de Dios, no estimó el ser igual a Dios como cosa a que aferrarse, sino que se despojó a sí mismo, tomando forma de siervo, hecho semejante a los hombres; y estando en la condición de hombre, se humilló a sí mismo, haciéndose obediente hasta la muerte, y muerte de cruz. Por lo cual Dios también le exaltó hasta lo sumo, y le dio un nombre que es sobre todo nombre para que en el nombre de Jesús se doble toda rodilla de los que están en los cielos, y en la tierra, y debajo de la tierra; y toda lengua confiese que Jesucristo es el Señor, para gloria de dios Padre» (Fil. 2:6-11).

«Quien llevó él mismo nuestros pecados sobre el madero, para que nosotros, estando muertos a los pecados, vivamos a la justicia; y por cuya herida fuisteis sanados» (1 P. 2:24).

«El cual nos ha librado de la potestad de las tinieblas, y trasladado al reino de su amado Hijo, en quien tenemos redención por su sangre, el perdón de pecados. Él es la imagen del Dios invisible, el primogénito de toda la creación. Porque en él fueron creadas todas las cosas, las que hay en los cielos y las que hay en la tierra, visibles e invisibles; sean tronos, sean dominios, sean principados, sean potestades; todo fue creado por medio de él y para él. Y él es antes de todas las cosas, y todas las cosas en él subsisten; Y él es la cabeza del cuerpo que es la iglesia, él que es el principio, el primogénito de entre los muertos, para que en todo tenga la preeminencia; por cuanto agradó al Padre que en él habitase toda plenitud, y por medio de

él reconciliar consigo todas las cosas, así las que están en la tierra como las que están en los cielos, haciendo la paz mediante la sangre de su cruz» (Col. 1:13-20).

«Porque en él habita corporalmente toda la plenitud de la Deidad, y vosotros estáis completos en él, que es la cabeza de todo principado y potestad» (Col. 2:9-10).

«De modo que si alguno está en Cristo, nueva criatura es; las cosas viejas pasaron; he aquí todas son hechas nuevas» (2 Co. 5:17).

Pensamiento 1. Los primeros creyentes no tuvieron dificultad alguna en creer las *cosas* de Cristo.

1) Las *cosas* eran «ciertísimas» entre ellos.
2) Muchos estaban escribiendo un relato de los eventos.

Pensamiento 2. No se conocen por nombre los «muchos» que escribieron sobre la vida de Jesús. Son los héroes humildes y silenciosos de Dios, jamás conocidos por el mundo, pero bien conocidos por Dios. Algunos de sus escritos le sirvieron de *fuente* a Lucas (v. 3). Note dos cosas.

1) Dios usó grandemente el ministerio de la palabra escrita de ellos. Algunas de las cosas que escribieron fueron incluidas en el evangelio de Lucas, o al menos despertaron la memoria de Lucas para registrar algún evento.
2) Los siervos de Dios, silenciosos, secretos, humildes, siempre son usados por Dios tanto como aquellos que están en el frente. El ministerio de éstos es tan importante, si no más, como el de aquellos. Algunos de los postreros, serán, de la forma más definida, primeros.

«Y he aquí, hay postreros que serán primeros, y primeros que serán postreros» (13:30; cp. Mt. 19:30; 20:16; Mr. 10:31).

2 (1:2) ***Ministros—la palabra, prueba de:*** el evangelio de Lucas es tanto el registro hecho por testigos oculares como el registro de ministros de la Palabra. Lucas mismo no fue un testigo ocular de la vida diaria de Cristo. No se menciona si alguna vez vio personalmente a Cristo. Sin embargo, Lucas fue un compañero constante y muy querido de Pablo. (*Véase **Introducción***—Lucas; nota—Hch. 16:10.) También tuvo contacto con otros apóstoles. Lo que Lucas dice es que la fuente de sus escritos fueron testigos oculares de Cristo y ministros de su palabra. Por su puesto, los apóstoles serían su fuente principal. Además hubo otros discípulos que siguieron a Jesús ya sea continua u ocasionalmente. Note estos sencillos hechos.

1. Los ministros de la Palabra fueron testigos oculares tanto de *La Palabra* (Cristo mismo) como de las palabras de Cristo (su enseñanza, doctrina e instrucciones).
2. Los ministros de la Palabra fueron testigos oculares «desde el principio», testigos oculares de cada evento y palabra de Cristo; testigos oculares de su vida diaria.
3. Los ministros de la Palabra oyeron y vieron a Cristo; algunos lo oían y veían día tras día. Por eso, el evangelio de Lucas es un registro veraz tanto de los hechos como de las palabras de Cristo.
4. Los ministros del evangelio salieron inmediatamente a *ministrar* la Palabra a otros. Para ellos la palabra era de crucial importancia. Entregaron sus vidas al ministerio de la Palabra.
5. Los ministros del evangelio no crean la Palabra (mensaje) ellos mismos. No estaban ministrando sus propias ideas y pensamientos; estaban ministrando «*la Palabra de Dios*».
6. Los ministros de la Palabra nos han dado un evangelio escrito que es un relato de testigos oculares. Concuerda exactamente con lo visto, oído, y proclamado por Cristo y predicado a la gente de su tiempo, y a partir de entonces al mundo.

«Lo que era desde el principio, lo que hemos oído, lo que hemos visto con nuestros ojos, lo que hemos contemplado, y palparon nuestras manos tocante al Verbo de vida (porque la vida fue manifestada, y la hemos visto, y testificamos, y os anunciamos la vida eterna, la cual estaba con el Padre, y se nos manifestó); lo que hemos visto y oído, eso os anunciamos, para que también vosotros tengáis comunión con nosotros; y nuestra comunión verdaderamente es con el Padre, y con su Hijo Jesucristo. Estas cosas os escribimos, para que vuestro gozo sea cumplido» (1 Jn. 1:1-4).

3 (1:3) ***Evangelio—Escritura:*** el evangelio de Lucas es el registro de un hombre impulsado a escribir. Cuatro hechos señalan la fuerza con que Lucas se sintió impulsado a registrar la vida de Cristo.

1. Lucas había «investigado [*parakoloutheo*] con diligencia todas las cosas». La palabra «investigado» significa estudiar, familiarizarse con *todas las cosas* habiéndolas investigado; estaba decidido a registrar, Él mismo, los hechos.
2. Lucas dice que había investigado todas las cosas «desde su origen». La palabra «origen» (*nothen*) puede significar, y muchas veces significa *desde arriba.* Algunos entienden que Lucas estaba diciendo que había investigado las cosas *de arriba.* Diversos elementos señalan hacia esta traducción.
   a. Si Lucas quiso decir *desde el principio o comienzo,* ¿por qué no usó la misma palabra (*arches*) que usó en el versículo 2? Aparentemente es más acertado decir que escoge una palabra diferente, *nothen*, porque está diciendo algo diferente, *desde arriba.*
   b. Se dice que los profetas han proclamado las cosas *de arriba.* Se dice que... «Los profetas que profetizaron de la gracia destinada a vosotros, inquirieron y diligentemente indagaron acerca de esta salvación, escudriñando qué persona y qué tiempo indicaba el Espíritu de Cristo que estaba en ellos, el cual anunciaba de antemano los sufrimientos de Cristo, y las glorias que vendrían tras ellos. A estos se les reveló que no para sí mismos, sino para nosotros, administraban las cosas que ahora os son anunciadas por los que os han predicado el evangelio por el Espíritu Santo enviado del cielo; cosas en las cuales anhelan mirar los ángeles» (1 P. 1:10-12). «Porque nunca la profecía fue traída por voluntad humana, sino que los santos hombres de Dios hablaron siendo inspirados por el Espíritu Santo» (2 P. 1:21).
   c. Seguramente Lucas estaba relatando *todas las cosas de arriba*, investigando y escudriñando diligentemente para escribir las cosas que le «indicaba el Espíritu de Cristo que estaba en ellos» (1 P. 1:11). Con toda certeza hablaba como santo hombre de Dios «movido por el Espíritu Santo» (2 P. 1:21). Seguramente proclamaba el evangelio del Señor Jesucristo, las buenas nuevas de aquel que vino de arriba.
3. Lucas dice que está escribiendo estas cosas para poner «en orden» (*kathexes*). Lucas es el único escritor del Nuevo Testamento que usa esta palabra. En el evangelio la usa una vez y en Hechos dos veces (Hch.11:4; 18:23). La pregunta es: ¿Qué quiere decir Lucas con poner *en orden*? ¿Un arreglo consecutivo o cronológico? ¿Un ordenamiento lógico? ¿Un orden inspirado o guiado por el Espíritu? El significado no es claro. Tal vez esté diciendo que escribe un relato completo de la vida de Cristo y que su relato es *más ordenado*, es decir, que está mejor organizado y estructurado que los otros relatos existentes.
4. Lucas está escribiendo a un hombre llamado «Teófilo». ¿Quién era? No se nos dice. Pero note dos hechos.
   a. Lo llama «Exelentísimo Teófilo». «El más excelente» (*kratistos*) es un título de rango y honor. Es el mismo título usado para Félix y Festo (Hch. 23:26; 24:26:25).
   b. Era una persona que anhelaba o necesitaba conocer acerca de Jesucristo. Probablemente era un convertido por el que Lucas se preocupaba profundamente. Algunos creen que era un hombre investigando la validez del

cristianismo. Teófilo es el motivo inmediato por el que Lucas se *sintió impulsado* a escribir. (*Véase* nota, ***Teófilo***—Hch. 1:1 para una discusión más amplia.)

Pensamiento 1. Note dos asuntos cruciales.

1) La persona tiene que estar *preparada* para servir a Cristo. La persona tiene que estudiar, investigar, escudriñar, y familiarizarse con la verdad de Cristo.

«Procura con diligencia presentarte ante Dios aprobado, como obrero que no tiene de qué avergonzarse, que usa bien la palabra de verdad» (2 Ti. 2:15).

2) La persona tiene que sentirse impulsada a servir a Cristo, no importa cual sea la tarea. Tiene que ser impulsada por el Espíritu de Cristo.

«Porque todos los que son guiados por el Espíritu de Dios, éstos son hijos de Dios» (Ro. 8:14).

«No me elegisteis vosotros a mí, sino que yo os elegí a vosotros, y os he puesto para que vayáis y llevéis fruto, y vuestro fruto permanezca; para que todo lo que pidiereis al padre en mi nombre, el os lo dé» (Jn. 15:16).

Pensamiento 2. Podemos tener gran confianza en la verdad y certeza del relato escrito acerca de Cristo.

«Toda la Escritura es inspirada por Dios, y útil para enseñar, para redargüir, para corregir, para instruir en justicia« (2 Ti. 3:16).

Pensamiento 3. Note el tremendo desafío para nosotros. Lucas se preocupaba tanto por una sola persona que se dedicó, no a escribir una extensa carta, sino todo un libro a efectos de instruir a esa persona. ¡Imagínese la dedicación y el tiempo requerido! ¡Todo para una sola persona (al principio)!

«¿Qué hombre de vosotros, teniendo cien ovejas, si pierde una de ellas, no deja las noventa y nueve en el desierto, y va tras la que se perdió, *hasta* encontrarla?» (Lc. 15:4).

4 (1:4) ***Evangelio—verdad:*** el evangelio de Lucas es un relato cuyo propósito es establecer la verdad. El propósito de Lucas está claramente definido: «que conozcas bien la verdad de las cosas en las cuales has sido instruido».

1. El hombre (Teófilo) *ya había oído.*
2. El hombre *necesitaba conocer* la verdad absoluta de aquellas cosas.

Pensamiento 1. El relato de Lucas acerca de Cristo es absoluta verdad. Podemos «conocer la verdad de aquellas cosas.»

Pensamiento 2. No es suficiente con oír las cosas de Cristo, ni siquiera ser instruidos en ellas. Debemos estudiar y aprender, para conocer la certeza absoluta de ellas.

«Porque nunca la profecía fue traída por voluntad humana, sino que los santos hombres de Dios hablaron siendo inspirados por el Espíritu Santo« (2 P. 1:21; cp. Mr. 13:31; Lc. 21:33).

«Y éstos eran más nobles que los que estaban en Tesalónica, pues recibieron la palabra con toda solicitud, escudriñando cada día las Escrituras para ver si estas cosas eran así» (Hch. 17:11).

1 **Los padres de Juan el Bautista**
   a. Vivían durante los días de Herodes
   b. El padre era sacerdote y la madre de familia sacerdotal

2 **Eran padres justos**

3 **Eran padres con problemas humanos**
   a. No tenían hijos
   b. Eran viejos

4 **Eran padres que adoraban**

5 **Eran padres que oraban y conducían a otros a orar**

6 **Eran padres grandemente favorecidos por Dios**
   a. La adoración y las oraciones de ellos fueron favorecidas con la visita de un ángel
   b. Sus oraciones fueron respondidas: recibieron la promesa de un hijo
   c. El hijo de ellos se convertiría en una gran persona
   d. Su hijo sería profeta
   e. Su hijo sería el predecesor del Mesías

7 **Eran padres que tenían dificultad para creer lo humanamente imposible**[EF1]

8 **Eran padres que tuvieron que ser disciplinados por Dios**

9 **Eran padres que vieron a Dios cumplir su promesa**

B. Zacarías y Elizabet, los padres de Juan el Bautista: padres piadosos, 1:5-25

5 Hubo en los días de Herodes, rey de Judea, un sacerdote llamado Zacarías, de la clase de Abías; su mujer era de las hijas de Aarón, y se llamaba Elisabet.

6 Ambos eran justos delante de Dios, y andaban irreprensiblemente en todos los mandamientos y ordenanzas del Señor.

7 Pero no tenían hijo, porque Elisabet era estéril, y ambos eran ya de edad avanzada.

8 Aconteció que ejerciendo Zacarías el sacerdocio delante de Dios según el orden de su clase,

9 conforme a la costumbre del sacerdocio, le tocó en suerte ofrecer el incienso, entrando en el santuario del Señor.

10 Y toda la multitud del pueblo estaba fuera orando a la hora del incienso.

11 Y se le apareció un ángel del Señor puesto en pie a la derecha del altar del incienso.

12 Y se turbó Zacarías al verle, y le sobrecogió temor. Pero el ángel le dijo: Zacarías, no temas; porque tu oración ha sido oída, y tu mujer

13 Elisabet te dará a luz un hijo, y llamarás su nombre Juan.

14 Y tendrás gozo y alegría, y muchos se regocijarán de su nacimiento;

15 porque será grande delante de Dios. No beberá vino ni sidra, y será lleno del Espíritu Santo, aun desde el vientre de su madre.

16 Y hará que muchos de los hijos de Israel se conviertan al Señor Dios de ellos.

17 E irá delante de él con el espíritu y el poder de Elías, para hacer volver los corazones de los padres a los hijos, y de los rebeldes a la prudencia de los justos, para preparar al Señor un pueblo bien dispuesto.

18 Dijo Zacarías al ángel: ¿En qué conoceré esto? Porque yo soy viejo, y mi mujer es de edad avanzada.

19 Respondiendo el ángel, le dijo: Yo soy Gabriel, que estoy delante de Dios; y he sido enviado a hablarte, y darte estas buenas nuevas.

20 Y ahora quedarás mudo y no podrás hablar, hasta el día en que esto se haga, por cuanto no creíste mis palabras, las cuales se cumplirán a su tiempo.

21 Y el pueblo estaba esperando a Zacarías, y se extrañaba de que él se demorase en el santuario.

22 Pero cuando salió, no les podía hablar; y comprendieron que había visto una visión en el santuario. El les hablaba por señas, y permaneció mudo.

23 Y cumplidos los días de su ministerio, se fue a su casa.

24 Después de aquellos días concibió su mujer Elisabet, y se recluyó en casa por cinco meses, diciendo:

25 Así ha hecho conmigo el Señor en los días en que se dignó quitar mi afrenta entre los hombres.

B. Zacarías y Elizabet, los padres de Juan el Bautista: padres piadosos, 1:5-25

(1:5-25) ***Introducción:*** cada generación necesita el ejemplo de padres piadosos. Los padres de Juan el Bautista eran padres piadosos, ejemplo dinámico de cómo deben ser los padres. Eran humanos, con algunas debilidades, pero eran para todos un ejemplo importante.

1. Los padres de Juan el Bautista (v. 6).
2. Eran padres justos (v. 6).
3. Eran padres con problemas humanos (v, 7).
4. Eran padres que adoraban (vv. 8-9).
5. Eran padres que oraban y conducían a otros a orar (v. 10).
6. Eran padres grandemente favorecidos por Dios (vv. 11-17).
7. Eran padres que tenían dificultad para creer lo humanamente imposible (vv. 18-19).
8. Eran padres que tuvieron que ser disciplinados por Dios (vv. 20-22).
9. Eran padres que vieron a Dios cumplir su promesa (vv. 23-25).

1 (1:5) ***Juan el Bautista, familia de:*** note tres hechos referidos a los padres de Juan el Bautista.

1. El bebé Juan fue prometido a sus padres durante el reinado de Herodes el Grande, hacia el final de dicho reino (37-4 a.C.). (*Véase* Estudio a fondo 3—Mt. 2:3-4.)
2. El Padre de Juan era Zacarías.
   a. Su nombre significa *Recordado de Jehová.*
   b. Era del campo, de una zona montañosa o de colinas.
   c. Era de «la clase de Abías [o Abijah)». Esto señala sencillamente a una división entre los sacerdotes. Recuerde que todos los descendientes varones de Aarón eran sacerdotes. Vivían más de veinte mil en ese momento, y solamente había un templo, de manera que fue preciso dividirlos en grupos (1 Cr. 24:1-6). Zacarías servía en el octavo grupo o división (1 Cr. 24:10). Había veinticuatro grupos, y cada grupo servía en el templo durante una semana dos veces al año.
3. La madre de Juan era Elizabet, o Elisabet.
   a. Su nombre significa *Alguien cuyo juramento es a Dios.*
   b. Era hija de un sacerdote.
   c. Era una mujer pura, virgen al llegar al matrimonio. Se requería del sacerdote casarse con una virgen (Lv. 21:14).

2 (1:6) ***Justicia—familia:*** los padres de Juan eran personas justas. Note cuatro hechos.

1. «*Ambos* eran justos.» Fueron unidos en casamiento, entregados uno al otro, y vivieron para Dios y el uno para el otro como marido y mujer.
2. Eran «justos *delante* de Dios». Venían juntos «ante Dios» buscando a Dios, es decir, procurando agradarle y vivir conforme a su Palabra.
3. «Andaban ... en *todos* los mandamientos y ordenanzas del Señor.» Controlaban sus pensamientos, sus mentes, lenguas, y su conducta, buscando con diligencia agradar al Señor en todo lo que hacían.
4. Eran «irreprensibles». Por supuesto, esto no significa que fuesen perfectos. Significa que eran fieles, viviendo de tal manera que nadie podía culparlos de algún pecado abierto. No ofendían a nadie; vivían con honestidad delante de Dios y de los hombres.

3 (1:7) ***Familia—padres:*** eran padres que tenían problemas humanos. El hecho de ser justos no los libraba de problemas. Tenían que encarar los problemas de este mundo igual que todas las personas. Pero había una diferencia: eran justos delante de Dios. Por eso contaban con la presencia de Dios para ayudarles a superar los problemas. Tenían dos problemas graves.

1. No tenían hijos. Esto era una terrible calamidad para la gente de aquellos tiempos. Los hijos eran considerados una bendición de Dios, una gran herencia del Señor. De hecho, un judío cuya esposa no podía tener hijos era considerado como apartado de Dios. Se esperaba de él que se divorciara de su mujer, volviera a casarse, y que tuviera hijos. Por eso, el hecho de no tener hijos era un problema crucial para Zacarías y Elizabet, un problema que pesaba gravemente sobre sus corazones, algo que jamás dejaba de perturbar sus mentes. Se sentían despojados del favor de Dios, como desagradando a Dios.
2. Eran de edad avanzada. Todos los problemas que vienen con la edad o bien ya los agobiaban o bien los amenazaba.

> **«Que hace salir su sol sobre malos y buenos, y que hace llover sobre justos e injustos» (Mt. 5:45).**
>
> **«No os ha sobrevenido ninguna tentación que no sea humana; pero fiel es Dios, que no os dejará ser tentados más de lo que podéis resistir, sino que dará también juntamente con la tentación la salida, para que podáis soportar» (1 Co. 10:13).**
>
> **«El escarnio ha quebrantado mi corazón, y estoy acongojado. Esperé quien se compadeciese de mí, y no lo hubo; y consoladores, y ninguno hallé» (Sal. 69:20).**

4 (1:8-9) ***Padres—adoración:*** eran padres que adoraban. Zacarías era fiel a su sacerdocio. Había sido escogido y ordenado por Dios como sacerdote, y fue fiel a su llamado. Fue fiel y constante en sus deberes a pesar de la ausencia de las bendiciones de Dios, es decir, a pesar de no tener hijos. Recuerde que en aquel tiempo el tener un hijo se consideraba una de las mayores bendiciones y señales de la aprobación de Dios. El hecho de no tener hijos se consideraba una indicación de la desaprobación de Dios.

Esto es lo que ocurrió. Durante la adoración diaria un sacerdote quemaba incienso sobre el altar antes del sacrificio matutino y después del sacrificio vespertino. El ofrecimiento del incienso simbolizaba que los sacrificios eran ofrecidos a Dios en el más dulce de los espíritus y con abundante oración. El aroma de este incienso era como la oración; envolvía al sacrificio y lo llevaba ante el mismo trono de Dios.

Los sacerdotes consideraban la quema del incienso como el supremo privilegio de las funciones sacerdotales. Sin embargo, debido al gran número de sacerdotes, algunos nunca tenían la oportunidad de hacer esa ofrenda. La decisión en cuanto a quién recibía este privilegio era determinada mediante suertes. En este día particular, Zacarías vivió la mayor experiencia de su vida. La suerte lo señaló a Él. Él fue el sacerdote escogido para ofrecer el incienso.

El tema es este: Zacarías fue fiel al llamado de Dios. Había sido escogido y ordenado por Dios como sacerdote, y había aceptado y entregado su vida a ese llamado. Fue fiel en su adoración a pesar de sus *problemas y la falta de bendiciones* de parte de Dios al no tener hijos.

> **«Bienaventurado el varón que soporta la tentación; porque cuando haya resistido la prueba, recibirá la corona de vida, que Dios ha prometido a los que le aman» (Stg. 1:12).**
>
> **«He aquí, tenemos por bienaventurados a los que sufren. Habéis oído de la paciencia de Job, y habéis visto el fin del Señor, que el Señor es muy misericordioso y compasivo» (Stg. 5:11).**

5 (1:10) ***Padre—oración:*** eran padres que oraban. Zacarías oraba mientras ofrecía el incienso a Dios, y había guiado a la gente a orar mientras él buscaba al Señor en favor de ellos (cp. v. 13). Los había guíado a ser un pueblo de oración. Ellos debían estar tan ocupados en la oración como él. (¡Qué lección para las congregaciones!)

> **«Otra vez os digo, que si dos de vosotros se pusieren de acuerdo en la tierra acerca de cualquiera cosa que pidieren, les será hecho por mi Padre que está en los cielos» (Mt. 18:19).**
>
> **«Buscad a Jehová y su poder; buscad su rostro continuamente» (1 Cr. 16:11).**
>
> **«Me invocará, y yo responderé; con él estaré yo en la angustia; lo libraré y le glorificaré» (Sal. 91:15).**

6 (1:11-17) ***Padres—bendiciones:*** eran padres que fueron grandemente favorecidos por Dios. Dios está sujeto a bendecir y favorecer en gran manera a cualquier padre que...

- es justo.
- que adora.
- que ora.
- que conduce a otros a adorar y orar.

De cinco maneras favoreció Dios a Zacarías y Elizabet.

1. Suplió la necesidad de ellos de una manera muy especial. Dios envió un ángel a Zacarías. Note que el ángel apareció al lado derecho del altar del incienso, precisamente el lugar de oración. Fue mientras estaba orando, mientras estaba obedeciendo, que Dios suplió su necesidad de esta manera tan especial.

2. La oración de ellos fue respondida. Note las palabras exactas de la Escritura: «tu oración ha sido oída». ¿Qué oración?

- ¿Estaba Zacarías derramando su corazón por el hecho de no tener hijos, a pesar de su avanzada edad?
- ¿Estaba Zacarías orando por la redención de Israel, por la venida del Mesías?

Las Escrituras no lo dicen. Pero *ambas* oraciones eran respondidas ahora. Elizabet tendría un hijo, y también nacería el Mesías. El hijo de ellos sería llamado Juan que significa *la gracia de Jehová.*

3. El hijo de ellos sería un gran hombre.

a. La *vida* del hijo llenaría de regocijo a sus padres. Sería todo cuanto sus padres podían esperar de un hijo. No los avergonzaría, sino que les llenaría el corazón de gozo.

b. Sería motivo de regocijo para muchas personas, por la *contribución* que haría a la sociedad. Traería gozo a todos los amigos, y traería gozo a toda la nación. Muchos se regocijarían ante la entrega y la contribución de Juan.

c. A los ojos de Dios mismo sería grande; grande por causa de su *fidelidad* (obediencia). Sería como uno de los grandes profetas de la antigüedad.

d. Viviría una vida *disciplinada y controlada*, absteniéndose de vino y de bebidas fuertes, y de la sola aparición del mal.

e. Desde el comienzo mismo sería lleno del *Espíritu Santo*, un vaso escogido por Dios para un servicio muy especial, *preparado* de una manera muy especial.

Pensamiento 1. Note los cinco rasgos que hicieron grande a Juan. Cuán desesperadamente necesitan los creyentes los mismos rasgos en sus vidas.

«Así que, hermanos, os ruego por las misericordias de Dios, que presentéis vuestros cuerpos en sacrificio vivo, santo, agradable a Dios, que es vuestro culto racional. No os conforméis a este siglo, sino transformaos por medio de la renovación de vuestro entendimiento, para que comprobéis cuál sea la buena voluntad de Dios, agradable y perfecta» (Ro.12:1-2).

«Doy gracias al que me fortaleció, a Cristo Jesús nuestro Señor, porque me tuvo por fiel poniéndome en el ministerio» (1 Ti.1 :12).

Pensamiento 2. Lo que importa ver en Zacarías y Elizabet es que Dios escuchó sus oraciones y los bendijo ricamente. Dios los favoreció porque le eran fieles.

«Si permanecéis en mí, y mis palabras permanecen en vosotros, pedid todo lo que queréis, y os será hecho» (Jn. 15:7).

«Y cualquier cosa que pidiéremos la recibiremos de él, porque guardamos sus mandamientos, y hacemos las cosas que son agradables delante de él» (1 Jn. 3:22).

4. El hijo de ellos sería un profeta, alguien que llevaría muchos al Señor Dios.

5. El hijo de ellos sería el predecesor del Mesías prometido. Su ministerio sería semejante al de Elías, el mayor de los profetas (Mal. 4:5; cp. Mt. 17:10).

[7] (1:18-19) ***Padres—promesas—fe, debilidad de la:*** eran padres a quienes les resultaba difícil creer en lo humanamente imposible. Note dos cosas.

1. Zacarías sencillamente no podía creer el mensaje y la promesa de Dios. Había estado orando, pero aparentemente no había pensado en que Dios respondería, al menos no con algo imposible, pasando por sobre las leyes de la naturaleza. Note que la pregunta de Zacarías era de incredulidad. Hizo exactamente la misma pregunta que Abraham (Gn. 15:8), pero Zacarías la hizo en un espíritu de incredulidad. Le informó al ángel que la edad de Elizabet era demasiado avanzada para tener hijos.

2. La misma Palabra y promesa de Dios debía haber sido suficiente para convencer a Zacarías, pero su fe era débil. Tuvo que pedir garantías adicionales. Pidió una señal, una señal aparte de la *Palabra y promesa de Dios* (*véase* Estudio a fondo 1, ***Gabriel***—Lc. 1:19).

ESTUDIO A FONDO 1

(1:19) ***Gabriel***: significa el hombre de Dios o héroe de Dios o el poderoso de Dios. Note que Gabriel dijo dos cosas acerca de sí mismo...

1. Que él era quien está en la presencia misma de Dios.
2. Que él era quien trae buenas nuevas a los hombre.
   - El anunció la restauración de Israel a Daniel (Dn. 8:16; 9:21ss).
   - El anunció el nacimiento del predecesor a Zacarías (Lc. 1:1ss).
   - El anunció el nacimiento del Mesías con María (Lc. 1:26ss).

[8] (1:20-22) ***Desconfianza—incredulidad—disciplina de Dios:*** eran padres que tuvieron que ser disciplinados por Dios. Zacarías había fallado en creerle a Dios; por eso tuvo que ser disciplinado y enseñado a crecer más y más en su confianza.

1. Zacarías pidió una señal. Había permitido que hablara su lengua en vez de su corazón. Por eso Dios le dio una señal; la señal de frenar su lengua durante los nueve meses anteriores al nacimiento de Juan.

2. Zacarías había fallado en recibir la Palabra de Dios. Por eso Dios le quitó la capacidad de compartir la Palabra a los hombres.

3. Zacarías había hablado palabras de desconfianza e incredulidad; por eso Dios lo guardó de hablar otras palabras de desconfianza e incredulidad.

Pensamiento 1. Todo verdadero hijo de Dios conoce la disciplina de la mano de Dios. Su disciplina es diferente para cada uno de nosotros, sin embargo, cada uno de nosotros puede reconocerla (*véanse* bosquejo y notas—He. 12:5-13).

«Y habéis ya olvidado la exhortación que como a hijos se os dirige, diciendo: Hijo mío, no menosprecieis la disciplina del Señor, ni desmayes cuando eres reprendido por él; porque el Señor al que ama, disciplina, y azota a todo el que recibe por hijo» (He. 12:5-6).

«Yo reprendo y castigo a todos los que amo; sé pues, celoso, y arrepiéntete» (Ap. 3:19).

«Reconoce asimismo en tu corazón, que como castiga el hombre a su hijo, así Jehová tu Dios te castiga» (Dt. 8:5).

«Bienaventurado el hombre a quien tú, JAH, corriges» (Sal. 94:12).

«No menosprecies, hijo mío, el castigo de Jehová, ni te fatigues de su corrección; porque Jehová al que ama castiga, como el padre al hijo a quien quiere» (Pr. 3:11-12).

«Castígame, oh Jehová, mas con juicio; no con tu furor, para que no me aniquiles» (Jer. 10:24).

> ***Pensamiento 2.*** Dios no permitirá que el hombre sea incrédulo y desconfiado para siempre. Viene el día en que detendrá toda incredulidad y desconfianza tal como lo hizo con Zacarías.

Note que Zacarías se demoró mucho más de lo normal en el templo. La gente comenzó a inquietarse y a preguntarse qué habría ocurrido. Al salir todos esperaban que los guiara en una bendición, sin embargo, Zacarías no pudo hablar. No podía sino hacer señas con las manos. Note una lección significativa: La gente pudo afirmar que Zacarías había estado en la presencia de Dios. Creyeron que había tenido una visión. A pesar de su incredulidad, Zacarías había vivido fielmente delante de Dios; por eso Dios le salió al encuentro y les dio a él y a Elizabet su promesa.

> ***Pensamiento.*** ¡Qué esperanza para todos nosotros, cuando nuestra fe es débil!

9 (1:23-25) ***Promesas—buscando a Dios:*** eran padres que vieron a Dios cumplir su promesa. Pero note que eran padres que hicieron dos cosas que nos revelan por qué pudo bendecirlos Dios.

1. Eran responsables. Zacarías estaba enfermo; había perdido totalmente el habla. Sin embargo cumplía sus obligaciones, sin importar que estaba siendo disciplinado por su incapacidad de hablar. Hizo lo que podía hacer, responsable y fielmente. ¡Qué ejemplo!
2. Se retiraron a la presencia de Dios. Cuando Zacarías hubo terminado con sus obligaciones, él y su querida esposa volvieron a casa. Por supuesto, Zacarías se quedaría cerca de su casa andando en meditación y oración por causa de la experiencia vivida y por no poder hablar con otros. Pero note especialmente la conducta de Elizabet. Ella se ocultó durante cinco meses. ¿Por qué? Por el mismo motivo por el que cualquiera de nosotros se ocultaría después de ser visitado por un ser angelical con un mensaje tan grande. Necesitaba tiempo para estar a solas con Dios y asimilar todo lo que estaba ocurriendo y para prepararse para criar a un hijo destinado a ser usado de manera tan grande por Dios.

Note que la sospecha de que ocultaba su embarazo ante el público es inadecuada. Solamente se ocultó durante los primeros cinco meses de su embarazo. Después del quinto mes se mostró públicamente (cp. vv. 39-40, 57).

> ***Pensamiento.*** Note el tema crucial. El llamado a un servicio especial necesita de un período de preparación; especialmente la preparación de uno mismo en la presencia de Dios. El tiempo a solas con Dios, para la meditación y oración referida al llamado de Dios, es esencial.
>
> > **«Por eso pues, ahora, dice Jehová, convertíos a mí con todo vuestro corazón, con ayuno y lloro y lamento. Rasgad vuestro corazón, y no vuestros vestidos, y convertíos a Jehová vuestro Dios; porque misericordioso es y clemente, tardo para la ira y grande en misericordia, y que se duele del castigo» (Jl. 2:12-13).**
> >
> > **«Acerquémonos con corazón sincero, en plena certidumbre de fe, purificados los corazones de mala conciencia, y lavados los cuerpos con agua pura» (He. 10:22).**
> >
> > **«Acercaos a Dios, y él se acercará a vosotros. Pecadores, limpiad las manos; y vosotros los de doble ánimo, purificad vuestros corazones» (Stg. 4:8).**
> >
> > **«¿Está alguno entre vosotros afligido? Haga oración. ¿Está alguno alegre? Cante alabanza» (Stg. 5:13).**
> >
> > **«Cercano está Jehová a los quebrantados de corazón; y salva a los contritos de espíritu» (Sal. 34:18).**
> >
> > **«Ten misericordia de mí, oh Dios, ten misericordia de mí; porque en ti ha confiado mi alma, y en la sombra de tus alas me ampararé hasta que pasen los quebrantos» (Sal. 57:1).**

1 **El ángel Gabriel**
a. Fue enviado por Dios
b. Fue en viado al rincón más oscuro
2 **María era pura, una virgen**[EF1]
3 **María fue grandemente favorecida por Dios**
4 **María era muy humana**
a. Profundamente turbada
b. Temerosa
5 **Se le dijo a María que daría a luz al Mesías**
a. Su nombre: Jesús[EF2]

C. María, la madre de Jesús: sumisión a la voluntad de Dios, 1:26-38
(cp. Mt. 1:18-25)

26 Al sexto mes el ángel
Gabriel fue enviado por
Dios a una ciudad de
Galilea, llamada Nazaret,
27 a una virgen desposada
con un varón que se
llamaba José, de la casa de
David; y el nombre de la
virgen era María.
28 Y entrando el ángel en
donde ella estaba, dijo:
¡Salve, muy favorecida! El
Señor es contigo; bendita tú
entre las mujeres.
29 Mas ella, cuando le
vio, se turbó por sus
palabras, y pensaba qué
salutación sería esta.
30 Entonces el ángel le
dijo: María, no temas,
porque has hallado gracia
delante de Dios.
31 Y ahora, concebirás en
tu vientre, y darás a luz un
hijo, y llamarás su nombre
JESUS.
32 Este será grande, y será
llamado Hijo del Altísimo;
y el Señor Dios le dará el
trono de David su padre;
33 y reinará sobre la casa
de Jacob para siempre, y su
reino no tendrá fin.
34 Entonces María dijo al
ángel: ¿Cómo será esto?
pues no conozco varón.
35 Respondiendo el án-
gel, le dijo: El Espíritu
Santo vendrá sobre ti, y el
poder del Altísimo te
cubrirá con su sombra;
por lo cual también el
Santo Ser que nacerá,
será llamado Hijo de
Dios.
36 Y he aquí tu parienta
Elisabet, ella también ha
concebido hijo en su vejez;
y este es el sexto mes para
ella, la que llamaban
estéril;
37 porque nada hay
imposible para Dios.
38 Entonces María dijo:
he aquí la sierva del Señor;
hágase conmigo conforme
a tu palabra. Y el ángel se
fue de su presencia.

b. Su grandeza
1) Hijo del Altísimo
2) Hijo de David[EF3]
c. Su reino, eterno
6 **Se esperaba de María creyese en el milagro**
a. Su perplejidad
b. Su concepción: obrada por el Espíritu Santo y el poder de Dios
c. Su hijo: el Hijo de Dios
7 **María fue alentada a creer: «Con Dios nada es imposible»**
a. El otro milagro de Dios
b. El gran poder de Dios
8 **María fue sumisa**

C. María, la madre de Jesús: sumisión a la voluntad de Dios, 1:26-38

(1:26-38) ***Introducción:*** la Biblia ofrece poca información sobre María. Pero lo que ella dice es impactante y nos pone ante un tremendo ejemplo de sumisión a la voluntad de Dios. La sumisión a Dios es una condición esencial para todo creyente.

1. El ángel Gabriel (v. 26).
2. María era pura, una virgen (v. 27).
3. María fue grandemente favorecida por Dios (v. 28).
4. María era muy humana (vv. 29-30).
5. Se le dijo a María que daría a luz al Mesías (vv. 31-33).
6. Se esperaba de María que creyese en el milagro (vv. 34-35).
7. María fue alentada a creer: «Con Dios nada es imposible» (v. 36-37).
8. María fue sumisa (v. 38).

[1] (1:26) ***Nazaret—Gabriel:*** el ángel Gabriel fue enviado por Dios. Esta fue la segunda misión de Gabriel en relación con el nacimiento de Jesús (*véase* nota—Lc.1:19). Note que se señala el momento preciso. Fue en el sexto mes del embarazo de Elisabet, que el ángel fue enviado a una oscura aldea, Nazaret de Galilea. Galilea era limítrofe con los gentiles o naciones paganas; por eso a veces se la llamaba, Galilea de los gentiles. Nazaret era una ciudad despreciada, considerada como inferior al resto de Israel. El pueblo era un pueblo conquistado, despreciado especialmente por los romanos. La ciudad y sus ciudadanos eran objeto de profundos prejuicios por parte de romanos y judíos (cp. Jn.1:46). (*Véase* Estudio a fondo 4, ***Nazaret***—Mt. 2:23; 13:53-58).

> ***Pensamiento 1.*** Dios no hace diferencia de personas o lugares. Envía un mensaje a Nazaret con la misma facilidad que a Jerusalén (cp. Lc. 1:5-25), a un creyente en Nazaret (María) que a un creyente en Jerusalén (Zacarías).
>
> ***Pensamiento 2.*** Un lugar, sea ciudad o nación, no es juzgado por sus instituciones y ventajas, sino por la gente justa que vive en Él (cp. Gn.18:23ss).

[2] (1:27) ***Jesucristo, nacimiento—María—hermandad—compromiso—pureza:*** María era pura, una virgen. Nunca había sido tocada de manera inmoral por un hombre. Esto se afirma inconfundible y claramente. Ella misma confirmó el hecho (cp. v. 34).

1. El argumento de que la palabra hebrea «*alma*» se refiera a una joven mujer cuyo carácter puede ser cuestionable, es débil (Is. 7:14). Cuando un hebreo hablaba de una joven mujer (*alma*) quería decir virgen. Esto queda claro cuando se estudia la palabra *alma.* La palabra es usada seis veces en la Biblia, refiriéndose siempre a una mujer de carácter puro.

- Rebeca, la joven mujer, que ciertamente era virgen (Gn. 24:43), lo cual es verificado por todo el contexto.
- Miriam, la joven hermana de Moisés, también es señalada como virgen por el contexto (Éx. 2:8).
- Las mujeres jóvenes de carácter puro eran las que se consideraban dignas de participar en la adoración a Dios (Sal. 68:25).
- Las jóvenes mujeres que eran consideradas dignas del

amor de Salomón no eran de carácter impuro (Cnt. 1:3).

- Había mujeres jóvenes comparadas con reinas y concubinas (Cnt. 6:8).
- La virgen (joven mujer) de Proverbios es contrastada con la mujer adúltera (Pr. 30:19-20). En vista del peso de este argumento, la traducción lógica de *alma* es virgen. Por supuesto, el nacimiento virginal no descansa en este argumento. Sin embargo, debemos comprender que la incredulidad nos roba donde puede, para desaprobar la divinidad de Cristo.

Pensamiento. El hombre necesita desesperadamente volverse de su incredulidad y confiar en Cristo de todo corazón. Para cualquiera de nosotros el tiempo que queda es muy breve.

«Porque de tal manera amó Dios al mundo, que ha dado a su Hijo unigénito, para que todo aquel que en Él cree, no se pierda, mas tenga vida eterna» (Jn. 3:16).

«Y de la manera que está establecido para los hombres que mueran una sola vez, y después de esto el juicio» (He. 9:27).

2. María estaba desposada con José. Estar desposado era semejante a estar comprometido, pero era un compromiso más firme. Duraba un año. Hay dos temas importantes en la discusión de la virginidad de María.

   a. Durante el período del compromiso el contacto sexual era adulterio. Se lo castigaba con apedreamiento.
   b. El compromiso era un asunto tan serio que si se rompía, era preciso formalizar un divorcio.

3. María y José eran piadosos, tan piadosos que Dios pudo escogerlos para ser los padres de su Hijo. Es imposible que Dios escogiera a un hombre y a una mujer inmorales para traer al mundo y criar a su Hijo, al menos no teniendo Él el poder para controlar los eventos.

Pensamiento. Hay dos lecciones impactantes en la pureza de María.

1) Dios espera que hombres y mujeres sean sexualmente puros; que no hayan sido tocados por hombre o mujer hasta el momento del matrimonio.
2) Dios busca a mujeres y hombres puros para usarlos en el ministerio del evangelio y para suplir las desesperantes necesidades del mundo.

«Pues la voluntad de Dios es vuestra santificación; que os apartéis de fornicación; que cada uno de vosotros sepa tener su propia esposa en santidad y honor ... Pues no os ha llamado Dios a inmundicia, sino a santificación» (1 Ts. 4:3-4, 7).

«En cuanto a las cosas de que me escribisteis, bueno le sería al hombre no tocar mujer; pero a causa de las fornicaciones, cada uno tenga su propia mujer, y cada una tenga su propio marido» (1 Co. 7:1-2).

«Pero fornicación y toda inmundicia, o avaricia, ni aun se nombre entre vosotros, como conviene a santos» (Ef. 5:3).

«No impongas con ligereza las manos a ninguno, ni participes en pecados ajenos. Consérvate puro» (1 Ti. 5:22).

«Las ancianas asimismo sean reverentes en su porte ... que enseñan a las mujeres jóvenes a amar a sus maridos y a sus hijos a ser prudentes, castas, cuidadosas de su casa, buenas, sujetas a sus maridos, para que la palabra de Dios no sea blasfemada» (Tito 2:3-5).

«Oísteis que fue dicho: No cometerás adulterio. Pero yo os digo que cualquiera que mira a una mujer para codiciarla, ya adulteró con ella en su corazón» (Mt. 5:27-28).

«Estos son lo que no se contaminaron con mujeres, pues son vírgenes. Estos son los que siguen al Cordero por dondequiera que va. Estos fueron redimidos de entre los hombres como primicias para Dios y para el Cordero» (Ap. 14:4).

«¿Quién subirá al monte de Jehová? ¿y quién estará en su lugar santo? El limpio de manos y puro de corazón; el que no ha elevado su alma a cosas vanas, ni jurado con engaño» (Sal. 24:3-4).

ESTUDIO A FONDO 1

(1:27) ***Jesucristo, nacimiento virginal:*** al considerar el nacimiento virginal de Cristo, el hombre tiene que pensar profunda y honestamente. Ambas cosas son necesarias; el hombre tiene que ser honesto, y debe pensar concentradamente. Una pregunta debe ser plateada. ¿Por qué era necesario que el Hijo de Dios entre al mundo por medio de una virgen? O, expresado de manera más sencilla, ¿por qué nació Cristo de una virgen? ¿Por qué fue necesario un nacimiento virginal? (Note que María confirmó el hecho de ser virgen, v. 34).

1. El nacimiento del Hijo de Dios requería un milagro. No podía nacer mediante el proceso natural como los otros hombres. Si hubiera nacido como otros hombres, su nacimiento mismo indicaría que no era sino un mero hombre. Él o ella no puede ser nada más que eso. Pero ése no es el caso de Cristo. Cristo ya existía. Por eso, si Dios quería enviar a su Hijo al mundo, tenía que escoger otro camino. Cristo solamente necesitaba un cuerpo. Como Él mismo dijo al Padre: «Me preparaste cuerpo» (He. 10:5).

2. El nacimiento del Hijo de Dios requirió una acción combinada por parte de Dios y por parte de una mujer. Si el Hijo de Dios iba a convertirse en hombre e identificarse con los hombres, tenía que venir mediante el proceso de la concepción de una mujer. ¿Por qué? Porque el hombre solamente puede venir al mundo por medio de la mujer. Por eso, si Dios quería enviar a su Hijo al mundo como hombre, tenía que realizar un milagro, haciendo que por su divino poder María concibiera.

Pensamiento 1. Es necesario formular una pregunta. ¿Por qué es tan difícil creer que Dios puede obrar una concepción milagrosa en María? ¿Por qué es tan difícil creer que Dios existe y que «de tal manera amó Dios al mundo, que ha dado a su Hijo unigénito, para que todo aquel que en Él cree, no se pierda, mas tenga vida eterna» (Jn.3:16)?

Pensamiento 2. Imagínese solamente lo que en la actualidad puede hacer la ciencia en cuanto a la fertilización de un óvulo femenino. ¿Acaso Dios no puede hacer mucho más? Qué neciamente nos hace actuar nuestra incredulidad. El problema no es Dios, sino nuestra fe: «nada hay imposible para Dios». (Lc. 1:37; 18:27. Cp. He.11:6, que es una advertencia para todos.)

3. El nacimiento del Hijo de Dios requirió una naturaleza milagrosa; una naturaleza tanto divina como humana.

- Tenía que nacer de una mujer para participar de la naturaleza humana. (Cp. He. 2:14-18.)
- Tenía que nacer por una obra milagrosa de Dios para no participar de la corrupción del hombre. Esto es esencial si hemos de escapar de la corrupción y vivir para siempre. Piense en ello. Nuestra fe tiene que estar depositada en un Salvador incorruptible si hemos de ser cubiertos por su incorrupción. Dios tuvo que identificarse con nosotros haciéndose uno con nosotros y

conquistando nuestra naturaleza depravada y condenada. (*Véase* Estudio a fondo 3, ***Jesucristo, nacimiento***—Mt. 1:16 para mayor discusión.)

4. El nacimiento del Hijo de Dios requirió el nacimiento de una naturaleza perfecta. ¿Por qué? Porque una vida perfecta debía ser vivida. Era preciso asegurar la justicia, esto es, la perfección. Una vida ideal (es decir, perfecta y justa) debía ser vivida para que pudiera suplantarnos y cubrir a todos los hombres con perfección y justicia. El pensamiento honesto confiesa que ningún hombre ha sido o es perfecto. El hombre no alcanza la perfección. El hecho de *no alcanzar* la gloria de Dios es ilustrado trágicamente en el destino final de la vida: la muerte.

Pero Dios obró. Dios hizo todo lo necesario para asegurar la justicia y perfección para el hombre. Él dio todos los pasos e hizo todo lo necesario para *salvar a su pueblo* de sus pecados y de la muerte. Lo hizo de principio a fin. Desde el nacimiento a la exaltación. Dios envió a su Hijo al mundo, no por medio de un hombre y una mujer, sino por medio de una obra milagrosa suya efectuada en la virgen María. De esa manera Jesucristo fue el Dios—Hombre, lo cual implica al menos cuatro cosas. (*Véase* Estudio a fondo 2—Ro. 5:1; 8:3 para mayor discusión.)

a. Como Dios-Hombre, Cristo pudo consumar tanto la naturaleza humana como la divina. Tuvo la capacidad y el poder innato para no pecar (*véase* Estudio a fondo 3—Mt. 1:16). Por eso, su naturaleza divina lo capacitó para vivir justamente, no haciendo nunca el mal y escogiendo siempre hacer el bien (He. 5:8; 2 Cr. 5:21). Viviendo una vida sin pecado, Cristo pudo asegurar la justicia, la justicia ideal que va a cubrir a todos los hombres y estar en lugar de ellos.

b. Como Dios-Hombre, Cristo también pudo cargar los pecados y el juicio del pecado correspondiente a todos los hombres. Al morir, murió como Hombre Perfecto y Hombre Ideal. Por eso su muerte puede cubrir a todos y tomar el lugar de todos.

c. Como Dios-Hombre, Cristo pudo levantarse de la muerte. Note las palabras fenomenales: « ... nuestro Señor Jesucristo, que era del linaje de David según la carne, ... fue declarado Hijo de Dios con poder, según el Espíritu de santidad, por la resurrección de entre los muertos» (Ro. 1:3-4). Vivió una vida perfecta y santa mediante la cual llegó a ser el Hombre Perfecto e Ideal; por eso su resurrección cubre a todo hombre y está en lugar de todo hombre.

d. Como Dios-Hombre, Cristo fue exaltado para sentarse a la diestra del Padre; para vivir eternamente en la dimensión celestial, en la presencia de Dios mismo. Como Hombre Perfecto e Ideal su exaltación a la dimensión celestial o espiritual pudo abrir el camino al cielo para todo hombre. El es, para todo hombre, quien precede la entrada al cielo (He. 6:20). Su exaltación como Hombre ideal cubre a todo hombre; su exaltación está en lugar de todo hombre.

5. El nacimiento del Hijo de Dios requirió la Palabra creadora de Dios. Dios creó al mundo pronunciando meramente la Palabra. Dios siempre crea mediante el poder de su Palabra y solamente mediante el poder de su Palabra. Por eso, cuando Dios decidió...

- crear un cuerpo para su Hijo, creó ese cuerpo pronunciando meramente la Palabra (He. 10:5).
- cuando decidió enviar a su Hijo al mundo, lo envió pronunciando meramente la Palabra.

Lo mismo ocurre con el nuevo nacimiento o con la recreación del espíritu del hombre. Es por la Palabra de Dios; es por Dios, quien meramente dice la Palabra, que el hombre es nacido de nuevo. El acto del nacimiento espiritual, de la recreación, no se ve, ni se siente, ni se toca. No ocurre nada físico, y sin embargo, la recreación ocurre. *Ocurre por la Palabra de Dios* (cp. 1 P.1:23).

6. El nacimiento del Hijo de Dios requirió el nacimiento virginal porque Cristo es el *único* Hijo *engendrado* por Dios. Es el único Hijo de Dios, quien posee toda la naturaleza y plenitud de Dios mismo (Fil. 2:6-7; Col. 2:9). Por eso su nacimiento tenía que ser diferente.Tenía que entrar al mundo de manera diferente; porque Él es diferente por la naturaleza misma de su ser. Era preciso que entrase al mundo de tal manera de proclamar su naturaleza divina, pero de tal manera que pudiera participar de la naturaleza humana. Esto es de crucial importancia. Su nacimiento tenía que involucrar tanto el acto de la humanidad como el de Dios mismo. ¿Por qué? Porque el Hijo de Dios debía ser proclamado como Hijo de Dios.

- No hay salvación, sino porque Él *es* el Hijo de Dios.
- No hay salvación, sino para la *proclamación* de que Él es el Hijo de Dios.

El hombre solamente puede ser salvado si el Hijo de Dios *es*, solamente si el Hijo de Dios existe, y solamente si es *proclamado*. Es preciso que el Hijo de Dios *exista*, y que nosotros *oigamos* de Él para ser salvados. Tanto Él como su mensaje son esenciales. Su nacimiento virginal lo proclama como el *unigénito* Hijo de Dios, el único Hijo enviado al mundo mediante una intervención directa y milagrosa de Dios.

7. El nacimiento del Hijo de Dios requirió un segundo Adán, un segundo hombre...

- Nacido igual que el primer Adán, mediante la Palabra de Dios y usando sustancia natural.
- Nacido para llegar a ser lo que no alcanzó a ser el primer Adán: el hombre Representativo, el Hombre Ideal, el Modelo, el Perfecto en quien todos los hombres pudieran hallar a su Representante, su Ideal, su Modelo, su Perfección.
- Nacido para ser lo que Adán no alcanzó a ser: el Hombre que siempre escoge amar y obedecer a Dios en todas las cosas, trasmitiendo así la naturaleza de la justicia ideal y de la perfección ideal que puede tomar el lugar de todos los hombres.
- Nacido para llegar a ser lo que el primer Adán no alcanzó a ser: el Camino a Dios, la Verdad de Dios, y la Vida de Dios en quien todos los hombres pueden confiar y seguir (Jn. 14:6).
- Nacido para ofrecer lo que el primer Adán no alcanzó a ofrecer al hombre: la naturaleza de justicia y vida, tanto vida abundante como eterna (cp. Ro. 5:15-19; Jn. 10:10).

8. El nacimiento del Hijo de Dios requirió una mujer comprometida, no una mujer soltera o casada. ¿Por qué?

- Porque una mujer soltera causaría muchas más preguntas, y atraería mucha más desconfianza hacia Cristo y sus seguidores.
- Porque una mujer casada no sería una virgen, y el Hijo de Dios tenía que nacer de una virgen tal como quedó señalado en los puntos anteriores.

El hecho de estar comprometida proveía a Dios la relación ideal para enviar a su Hijo al mundo (*véase* nota 2—Lc. 1:27). El hecho que la sociedad judía usaba la relación del compromiso como una preparación para el matrimonio, muestra cómo Dios estaba preparando al mundo para la venida de su Hijo. (*Véase* Estudio a fondo 1, ***Cumplimiento del Tiempo***—Gá. 4:4.)

> **«Pero cuando vino el cumplimiento del tiempo, Dios envió a su Hijo, nacido de mujer y nacido bajo la ley, para que redimiese a los que están bajo la ley» (Gá. 4:4).**

[3] (1:28) ***Gracia—Dios, llamado de—favorecido por Dios:*** María fue grandemente favorecida por Dios. El ángel le dijo tres cosas sencillas pero significativas.

1. Sería grandemente favorecida por Dios. Note que el ángel no le dijo inmediatamente cómo sería favorecida por Dios, que había sido escogida por Dios para dar a luz y ser madre del Mesías. Esto vino después en la conversación. El ángel tenía que darle tiempo para ajustarse al impacto de esta aparición espectacular. Por el momento, solamente le anunció que sería grandemente favorecida por Dios, mediante *un privilegio único.*

> ***Pensamiento.*** ¡Solamente piense! Dios nos *favorece*: nos salva, nos da dones, nos usa. Somos favorecidos por el Dios del universo; un privilegio fenomenal y una inmensa responsabilidad de estar dispuesto a recibir sus favores.

2. Además, el Señor estaba con María. Ella no tuvo que transitar sola por la vida. Dios estaba con ella. La vida de María había complacido a Dios al punto de poder favorecerla y estar con ella. Ella permitió que Dios anduviera con ella y la protegiera, de modo que Dios pudo estar con ella. Esto significa que Dios...
   - *había estado* con ella (pasado).
   - *estaba* con ella (presente).
   - *estaría* con ella (futuro).

Dondequiera que María tuviese que ir, o lo que tuviese que hacer, Dios prometió que estaría con ella.

3. María sería bendecida entre las mujeres. Hay que notar que esta frase no se encuentra en los manuscritos mejores y más antiguos. Sin embargo, el hecho es señalado en el versículo 48. María sería bendecida y sería llamada bendita por los hombres de todas las generaciones (cp. Jue. 5:24 en cuanto a una declaración similar de Débora referida a Jael).

[4] (1:29-30) ***Humildad:*** María era muy humana. Quedó turbada y llena de temor. El temor era comprensible, puesto que un ser angelical proveniente de Dios estaba ante ella. Estaba allí en todo el fulgurante esplendor que era necesario para revelar que realmente venía de parte de Dios. El hecho que María se haya turbado requiere una breve consideración.

1. María «se turbó por sus palabras», ante lo que el ángel le dijo. Fue el mensaje lo que la turbó, no el hecho...
   - de que sería grandemente favorecida.
   - de que el Señor estaría con ella.
   - de que sería bendita entre las mujeres.

> ***Pensamiento.*** Desde que Cristo ha venido, toda persona puede...
> - ser grandemente favorecida por Dios.
> - tener la presencia del Señor.
> - ser bendita entre los otros.

2. María se turbó porque no podía entender cómo Dios podía favorecer tan grandemente a una persona como ella. Nunca esperó ser grandemente favorecida por Dios. Esto era profunda humildad. María no era una joven orgullosa, ni centrada en sí misma, superficial o frívola; nunca pensó en sí misma ni sintió que merecía la atención de otros. Era una joven muchacha que amaba a Dios y había determinado vivir una vida pura y responsable. Aparentemente, a juzgar por su respuesta en este pasaje, tenía un espíritu dulce, lleno de suavidad, calidez y ternura; un espíritu que respondía con buena voluntad, sumisa y generosa, reflexiva y amable. Sin embargo, María jamás había soñado que ella era algo especial. Por eso, cuando oyó que Dios la iba a favorecer y usar de una mera muy especial, se turbó. ¿Cómo podía ella, una persona tan común y humilde, hacer algo especial para Dios? ¡Qué ejemplo inspiracional fue María!

> **«Pero él da mayor gracia. Por esto dice: Dios resiste a los soberbios, y da gracia a los humildes» (Stg. 4:6).**
>
> **«Mi mano hizo todas las cosas, y así todas estas cosas fueron, dice Jehová; pero miraré a aquel que es pobre y humilde de espíritu, y que tiembla a mi palabra» (Is. 66:2).**
>
> **«Porque Jehová es excelso, y atiende al humilde, mas al altivo mira de lejos» (Sal. 138:6).**

[5] (1:31-33) ***Jesucristo—deidad:*** el ángel le dijo a María de qué manera sería favorecida por Dios. Daría a luz y sería la madre del Mesías. Note tres cosas asombrosas y profundas acerca del Hijo de María.

1. *Su nombre.* Se le dijo concretamente a María cómo llamar al Mesías: Jesús (*véase* Estudio a fondo 2, ***Jesús***—Lc. 1:31).
2. *La grandeza de su persona.*
   a. Sería llamado Hijo del Altísimo. El Altísimo, por supuesto, es Dios. Por eso, Jesús es el Hijo de Dios, es decir, de la misma naturaleza de Dios. «El cual es Dios sobre todas las cosas, bendito por los siglos. Amén» (Ro. 9:5).
   b. Sería el hijo de David y recibiría el trono de David. Era del linaje de David. Esto indica que María era descendiente de David; por eso, Cristo mismo sería un descendiente de David (*véase* Estudio a fondo 3 Lc. 1:32-33).
3. *Su reino eterno.* Jesús enseñaría que su reino no es de esta tierra, porque nada de esta tierra es duradero (Jn. 19:36). Por eso, el reino es espiritual, con lo cual es eterno (*véase* Estudio a fondo 3—Mt. 19:23-24).

ESTUDIO A FONDO 2

(1:31) ***Jesús*** *(iesous):* Salvador; Él salvará. La palabra hebrea es Joshua (*yasha*), y significa, Jehová es salvación, o Él es el Salvador. La idea es de liberación, de ser salvado de un terrible desastre que lleva a la muerte (cp. Jn. 3:16). (Cp. Lc. 9:23; Ro. 8:3; Gá. 1:4; He. 2:14-18; 7:25.)

ESTUDIO A FONDO 3

(1:32-33) ***Jesucristo, nombres—títulos, Hijo de David:*** Cristo es el Hijo de David, un descendiente de David. Note dos cosas.

1. Cristo va a reinar sobre el trono de David. Pero no será el pueblo quien le de el trono. El pueblo no le permitirá gobernar sobre ellos. El trono le será dado por Dios. Dios será quien lo sienta en el trono y le dé el gobierno sobre el pueblo (*véase* nota—Mt. 1:1).
2. La promesa de reinar sobre la casa de Jacob y de poseer el reino para siempre, aparentemente tiene tanto un significado literal como espiritual, tanto temporal como eterno (*véanse* Estudio a fondo 3—Mt. 19:23-24; nota—Lc. 3:24-31; Estudio a fondo 3—Jn. 1:45; Estudio a fondo 4—1:49; notas—Ro. 11:1-36, esp. 11:25-36).

[6] (1:34-35) ***Jesucristo, nacimiento; deidad; Hijo de Dios—fe:*** María debía creer lo milagroso, pero de todos modos estaba atónita. No dudaba ni desconfiaba del mensaje. No estaba pidiendo alguna señal como Zacarías (v. 8). Simplemente estaba pidiendo mayor información. Ella era soltera y nunca había conocido sexualmente a un hombre. ¿Cómo sería posible que tuviera un hijo sin conocer a un hombre? Note exactamente lo que se dice de su concepción.

1. «El Espíritu Santo *vendrá sobre ti.*» El pensamiento es

que no será al modo de los humanos, sino al modo del Espíritu de Dios. ¿Cuál es la manera u operación del Espíritu de Dios? El espíritu de Dios aparta y activa, crea y recrea por *la Palabra de Dios.* El Espíritu de Dios simplemente habla y la obra es hecha (*véase* Estudio a fondo 1, pto. 5—Lc. 1:27). No existe la idea de una *cruda unión* entre el Espíritu Santo y María. El Espíritu de Dios simplemente lo dice, y es hecho, no importa qué es lo que deba ser hecho. (¡Qué necios e incrédulos los hombres de *pensamiento crudo*!)

2. «El poder del Altísimo [Dios] te cubrirá con su sombra.» Dios mismo se ocuparía de todo el asunto. La concepción del niño y su crecimiento durante el embarazo y nacimiento, y su vida estarían bajo la sombra y bajo las alas del todopoderoso Dios. Era el poder de Dios ocupándose de toda la operación, no la presencia o el poder de un ángel o de un hombre o de cualquier otra criatura.

3. El niño nacido de María *sería santo,* «el Hijo de Dios». Note el tema que es más crucial: quién es «el Hijo de Dios».

- Es «el Santo» nacido por el poder y por la Palabra y la voluntad de Dios, por medio de la virgen María.
- Es «el Santo» a quien «Dios envió ... nacido de mujer» por su poder, Palabra y voluntad (Gá. 4:4).

> ***Pensamiento.*** Los creyentes deben creer en lo milagroso.
>
> **«Jesús les dijo: Por vuestra poca fe; porque de cierto os digo, que si tuviereis fe como un grano de mostaza, diréis a este monte: Pásate de aquí allá, y se pasará; y nada os será imposible» (Mt. 17:20).**
>
> **«Jesús le dijo: Si puedes creer, al que cree todo le es posible» (Mr. 9:23).**
>
> **«Encomienda a Jehová tu camino, y confía en él; y él hará» (Sal. 37:5).**
>
> **«Fíate de Jehová de todo tu corazón, y no te apoyes en tu propia prudencia» (Pr. 3:5).**

[7] (1:36-37) ***Fe—Dios, poder de:*** María fue alentada a creer que «nada hay imposible para Dios». Dios alentó a María con dos hechos imposibles.

1. Las nuevas de que su hermana Elisabet, que ya había pasado la edad para tener hijos, había concebido un hijo en su vejez y que hacía seis meses estaba embarazada. El hecho que Dios pudiera tomar a su hermana en edad tan avanzada y hacerla concebir demostraba el poder de Dios. Una visita a Elisabet alentaría a María.

2. Muchas cosas son posibles con los hombres. Decir que todo es posible con los hombres es apartarse de la verdad. Cuando María oyó y meditó en la simple afirmación «nada hay imposible para Dios», necesariamente tuvo que sentirse animada. Era una afirmación simple e impactante. Era fácil de recordar y entender.

> ***Pensamiento.*** Dios espera que creamos en Él y en su poder, no importan las circunstancias o nuestros sentimientos de insignificancia.
>
> **«Y mirándolos, les dijo: Para los hombres esto es imposible; mas para Dios todo es posible» (Mt. 19:26).**
>
> **«Yo conozco que todo lo puedes, y que no hay pensamiento que se esconda de ti» (Job 42:2).**
>
> **«Nuestro Dios está en los cielos; todo lo que quiso ha hecho» (Sal. 115:3).**

[8] (1:38) ***Sumisión:*** María fue sumisa. Su respuesta fue inmediata y breve, una sola breve sentencia, sin embargo influyente y significativa.

1. La palabra «sierva» (*doule*) significa esclava. María estaba diciendo que era una esclava, dispuesta a venderse totalmente a Dios. Ya no se poseería a sí misma, sino que se entregaría completamente a Dios.

2. La palabra de Dios era la voluntad de ella. Se rindió totalmente a obedecer a Dios. Serviría a Dios como Él quisiera, siendo totalmente obediente y cumpliendo enteramente el propósito de Dios. Ella actuaría «conforme a ***tu palabra***».

Imagínese lo que María estaba diciendo; la enorme profundidad de su confianza y dedicación a Dios.

1. Estaba allí la idea de ser una madre soltera (Lc.1:26ss; Mt.1:18). ¿Quién, en aquellos tiempos, creería la historia de María? Se requería la disposición de entrega a Dios sin importar el precio.

2. Estaba allí José descubriendo su embarazo (Mt. 1:19). El golpe de la confianza traicionada y de la vergüenza personal eran más de lo que se podía esperar de una persona (Mt. 1:20). Se requirió la disposición de José a olvidarse completamente de sí mismo.

3. Allí estaba la amenaza de ser condenada a muerte acusada de adulterio (Dt. 22:23ss). Ella tenía que encarar la posibilidad de ser apedreada porque las apariencias la señalarían como inmoral (cp. Jn .8:5).

> ***Pensamiento.*** Para la salvación y el servicio a Dios, la entrega a Dios es absolutamente esencial.
>
> **«Porque todo aquel que hace la voluntad de mi Padre que está en los cielos, ése es mi hermano, y hermana, y madre» (Mt. 12:50).**
>
> **«Así, pues, cualquiera de vosotros que no renuncia a todo lo que posee, no puede ser mi discípulo» (Lc. 14:33).**
>
> **«Y el mundo pasa, y sus deseos; pero el que hace la voluntad de Dios permanece para siempre» (1 Jn. 2:17).**
>
> **«El hacer tu voluntad, Dios mío, me ha agradado» (Sal. 40:8).**
>
> **«Enseñame a hacer tu voluntad, porque tú eres mi Dios; tu buen espíritu me guíe a tierra de rectitud» (Pr. 23:26).**
>
> **«Dame, hijo mío, tu corazón, y miren tus ojos por mis caminos» (Pr. 23:26).**

1 María visitó a Elisabet a. Fue apresuradamente b. Fue a una ciudad de Judá c. Entró a la casa de Elisabet y la saludó d. Saludo sobrenatural de Elisabet 1) Oyó el saludo de María 2) El bebé saltó en ella	**D. La proclamación sobrenatural de Elisabet, 1:39-45** 39 En aquellos días, levantándose María, fue de prisa a la montaña, a una ciudad de Judá; 40 y entró en casa de Zacarías, y saludó a Elisabet. 41 Y aconteció que cuando oyó Elisabet la salutación de María, la criatura saltó en su vientre; y Elisabet fue llena del Espíritu Santo,	42 y exclamó a gran voz, y dijo: Bendita tú entre las mujeres, y bendito el fruto de tu vientre. 43 ¿Por qué se me concede esto a mí, que la madre de mi Señor venga a mí? 44 Porque tan pronto como llegó la voz de tu salutación a mis oídos, la criatura saltó de alegría en mi vientre. 45 Y bienaventurada la que creyó, porque se cumplirá lo que fue dicho de parte del Señor.	3) Fue llena del Espíritu 4) Habló en alta voz **2 Proclamó la singularidad de María y de su hijo** **3 Proclamó que el hijo de María era su Señor** a. La gran confesión b. La clara señal **4 Proclamó que la fe de María recibiría la promesa**

D. La proclamación sobrenatural de Elisabet, 1:39-45

(1:39-45) ***Introducción:*** el testimonio acerca del bebé concebido en María era de crucial importancia. ¿Por qué? Porque el bebé era...

- Jesús (v. 31).
- El Hijo del Altísimo (v. 32).
- El Hijo de David (v. 32).
- El rey eterno sobre la casa de Jacob (v. 33).
- El Rey cuyo reinado no tiene fin (v. 33).
- El que es nacido del Espíritu Santo (v. 35).
- El Hijo de Dios mismo (v. 35).

En este pasaje Dios se ocupa de que se proclame una confesión sobrenatural, una confesión crucial que es preciso estudiar detalladamente. Note que es el primerísimo testimonio que labios humanos dieron de Jesús.

1. María visitó a Elisabet (vv. 39-42).
2. Proclamó la singularidad de María y de su hijo (v. 42).
3. Proclamó que el hijo de María era su Señor (vv. 43-44).
4. Proclamó que la fe de María recibiría la promesa (v. 45).

1 (1:39) ***Aliento—consuelo—pruebas:*** María visitó a Elisabet, y su visita fue memorable. María fue «de prisa» (*spoudes*). La palabra significa rapidez, diligencia, cuidado, sinceridad, celo. La idea es que María fue con un propósito y sinceramente. No fue a una visita casual, de amigos. Tenía un motivo muy específico para ir, un propósito significativo. Fue para que ella y Elisabet pudieran alentarse mutuamente y compartir una con otra. Ambas vivían una situación similar. Dios había obrado sobre el cuerpo de ambas, haciendo en ellas un milagro. El vientre de Elisabet fue vivificado para concebir el hijo de Zacarías, y el de María había concebido siendo ella virgen. Particularmente María podía estar alentada puesto que Elisabet ya estaba en su sexto mes de embarazo. El embarazo de seis meses era una evidencia visible de que Dios ya había obrado milagrosamente sobre ella. Es notable que María sabía de la concepción milagrosa de Elisabet, en cambio Elisabet no sabía de la concepción de María. Zacarías y Elisabet vivían en Judá. Actualmente la ciudad no se conoce, pero la mayoría de los comentaristas creen que era la ciudad de Hebrón. Se dice que Hebrón está en la región montañosa de Judá, y que pertenece a los sacerdotes (Jos. 21:10-11).

María entró a la casa de Elisabet y la saludó. Fue en el *instante preciso* del saludo de María que comenzó el saludo sobrenatural de Elisabet. Cuando María saludó a Elisabet ocurrieron, de modo inmediato, tres cosas inusuales.

1. El bebé saltó en el vientre de Elisabet. El bebé habría saltado o pateado antes, pero este salto fue diferente a todos los otros. Fue una señal a Elisabet de que el bebé en María era alguien muy, muy especial; alguien cuya identidad le sería revelada bajo la llenura (influencia) del Espíritu Santo.
2. Elisabet fue instantáneamente «llena del Espíritu Santo», y recibió un espíritu muy especial de profecía. El Espíritu Santo la asió y la impulsó a saludar a María como la madre del Mesías, del Señor que venía. Note que Elisabet vivía una vida obediente delante de Dios. Por eso Dios pudo usarla y el Espíritu Santo pudo llenarla con su presencia.
3. Elisabet habló en alta voz. Estaba llena de gozo y exaltación por el Mesías, llena de emociones inusuales. Estaba bajo la influencia y el impulso del Espíritu de Dios. Estaba siendo guiada a proclamar que el bebé de María era «el Señor» (vv. 43, 45).

2 (1:42) ***Jesucristo, honrado—María, bendecida—humildad—envidia:*** Elisabet proclamó la singularidad de María y su hijo. Note tres cosas.

1. La primerísima acción hacia Cristo fue una *proclamación de alabanza*. Elisabet fue la *primera* persona que supo del nacimiento de Cristo, aparte de María, y Dios se ocupó de que su primera acción fuese para honrar a su Hijo. Dios haría que el Hijo fuese honrado en la tierra tal como era honrado en el cielo.

> **«Así que, ofrezcamos siempre a Dios, por medio de él, sacrificio de alabanza, es decir, fruto de labios que confiesen su nombre» (He. 13:15).**
>
> **«Mas vosotros sois linaje escogido, real sacerdocio, nación santa, pueblo adquirido por Dios, para que anunciéis las virtudes de aquel que os llamó de las tinieblas a su luz admirable» (1 P. 2:9).**

2. María era bendita, pero era bendita porque «el fruto de su vientre» era grande.
3. Elisabet demostró un espíritu dulce y humilde, una mansedumbre y amor que tan desesperadamente tantos necesitaban. Ella era mayor, y por ser la esposa de un sacerdote, el mundo la consideraba como perteneciendo a una clase social superior, más honorable. Sin embargo, María, pobre y desconocida para el mundo, había sido escogida por Dios para servir de una manera más especial. Elisabet no mostró envidia o celos, ni dolor, ni intención de apartarse. Al contrario, se regocijó ante el llamamiento de María.

> **«Nada hagáis por contienda o por vanagloria; antes bien con humildad, estimando cada uno a los demás como superiores a él mismo; no mirando cada uno por lo suyo propio, sino cada cual también por lo de los otros» (Fil. 2:3-4).**

3 (1:43-44) ***Confesión—Jesucristo, deidad:*** Elisabet proclamó que el niño era su Señor.

1. Note la gran confesión de Elisabet. Elisabet había llamado

al bebé de María «mi Señor». En un momento de vivificante poder, el Espíritu le reveló que el bebé no era solamente el Mesías prometido, sino que era el Hijo del Altísimo, de Dios mismo (Lc. 1:32, 35). No hay dudas de que Elisabet estaba usando el término «Señor» en el más alto de los sentidos. Ella estaba bajo el poder del Espíritu Santo; por eso estaba confesando la verdad bajo la influencia de Dios. La verdad era que el niño que nacería de María era el Mesías, el Hijo del Dios viviente. Ella también estaba contrastando a su propio hijo con el Hijo de María. Su propio hijo sería grande, el Hijo de María sería mayor. Era *su Señor*, el Señor Dios mismo, el Hijo del Altísimo.

2. Note la clara señal dada a Elisabet. Era una señal inconfundible. Al oír el saludo de María, al entrar ésta por la puerta, el corazón de Elisabet saltó de alegría y el bebé en su vientre saltó mucho más de lo normal. En las palabras de Elisabet: «la criatura saltó *de alegría* en mi vientre». Dios hizo saltar al bebé (es una palabra fuerte, indicando un salto vigoroso) como señal del gran gozo en la presencia de uno tan grande que Elisabet lo llamaría »mi Señor».

Pensamiento 1. La confesión de Elisabet respecto de su Señor fue algo muy personal. Aparentemente nunca lo compartió con Juan. Juan no supo que Jesús era el Mesías hasta el momento de bautizarlo (Jn. 1:31-34). Juan tuvo que descubrirlo y confesar por su parte. Así es con todos nosotros. Es una decisión *personal.*

«A cualquiera, pues, que me confiese delante de los hombres, yo también le confesaré delante de mi Padre que está en los cielos» (Mt. 10:32).

«El les dijo: Y vosotros, ¿quién decís que soy yo? Respondiendo Simón Pedro, dijo: Tú eres el Cristo, el Hijo del Dios viviente» (Mt. 16:15-16).

«Todo aquel que confiese que Jesús es el Hijo de Dios, Dios permanece en él, y él en Dios» (1 Jn. 4:15).

Pensamiento 2. La confesión de Elisabet debía necesariamente alentar a María.

1) *Dios se ocupa de que seamos alentados* cuando necesitamos aliento. María necesitaba certeza, de modo que Dios la llevó a donde podía hallar certeza. Pero note que ella obedeció a Dios. Fue a donde Dios la guió. Mientras ella estaba obedeciendo Dios pudo alentarla.

«Pues aun vuestros cabellos están todos contados. Así que, no temáis; más valéis vosotros que muchos pajarillos» (Mt. 10:30-31).

«Porque yo Jehová soy tu Dios, quien te sostiene de tu mano derecha, y te dice: No temas, yo te ayudo» (Is. 41:13).

«Ahora, así dice Jehová, Creador tuyo, oh Jacob, y Formador tuyo, oh Israel: No temas, porque yo te redimí; te puse nombre, mío eres tú» (Is. 43:1).

2) Elisabet estuvo dispuesta a humillarse y ayudar a María. Ella era mayor yestaba en una posición superior como esposa del sacerdote, sin embargo, se negó a sí misma y se sometió para ayudar a María a seguir adelante con su bebé.

«En todo os he enseñado que, trabajando así, se debe ayudar a los necesitados, y recordar las palabras del Señor Jesús, que dijo: Más bienaventurado es dar que recibir» (Hch. 20:35).

«Gozaos con los que se gozan; llorad con los que lloran» (Ro. 12:15).

«Así que, los que somos fuertes debemos soportar las flaquezas de los débiles, y no agradarnos a nosotros mismos» (Ro. 15:1).

«Sobrellevad los unos las cargas de los otros, y cumplid así la ley de Cristo» (Gá. 6:2).

[4] (1:45) ***Fe—promesa:*** Elisabet proclamó que la fe de María recibiría la promesa. Note dos puntos significativos.

1. Hay dos motivos por los que María ha sido bendecida por los creyentes de todas las generaciones.

a. María creyó la Palabra de Dios que le fue enviada (Lc. 1:38). Contraste su fe con la incredulidad de Zacarías (Lc. 1:20).

b. María estuvo ligada de una manera muy, muy especial a Cristo.

Pensamiento. Los mismos dos factores son esenciales para nosotros si queremos ser bendecidos por Dios.

1) Tenemos que creer la Palabra de Dios enviada a nosotros.

«Y él dijo: Antes bienaventurados los que oyen la palabra de Dios, y la guardan» (Lc. 11:28).

«Respondió Jesús y le dijo: El que me ama, mi palabra guardará; y mi Padre le amará, y vendremos a él, y haremos morada con él» (Jn. 14:23).

«Si permanecéis en mí, y mis palabras permanecen en vosotros, pedid todo lo que queréis, y os será hecho» (Jn. 15:7).

«Por lo cual también nosotros, sin cesar damos gracias a Dios, de que cuando recibisteis la palabra de Dios que oísteis de nosotros, la recibisteis no como palabra de hombres, sino según es en verdad, la palabra de Dios, la cual actúa en vosotros los creyentes» (1 Ts. 2:13).

«Porque el que se avergonzare de mí y de mis palabras en esta generación adúltera y pecadora, el Hijo del Hombre se avergonzará también de él, cuando venga en la gloria de su Padre con los santos ángeles» (Mr. 8:38).

2) Mediante la adopción tenemos que llegar a estar relacionado con Cristo. Debemos llegar a ser los hijos adoptados de Dios.

«Pero cuando vino el cumplimiento del tiempo, Dios envió a su Hijo, nacido de mujer y nacido bajo la ley, para que redimiese a los que estaban bajo la ley, a fin de que recibiésemos la adopción de hijos. Y por cuanto sois hijos, Dios envió a vuestros corazones el Espíritu de su Hijo, el cual clama: ¡Abba, Padre!» (Gá. 4:4-6).

2. El resultado de que María creyese la Palabra de Dios fue que ella vería el cumplimiento de las promesas de Dios, las cosas que le fueron dichas de parte de Dios.

«Por medio de las cuales nos ha dado preciosas y grandísimas promesas, para que por ellas llegaseis a ser participantes de la naturaleza divina, habiendo huido de la corrupción que hay en el mundo a causa de la concupiscencia» (2 P. 1:4).

«Conoce, pues, que Jehová tu Dios es Dios, Dios fiel, que guarda el pacto y la misericordia a los que le aman y guardan sus mandamientos, hasta mil generaciones» (Dt. 7:9).

«Se acordó para siempre de su pacto; de la palabra que mandó para mil generaciones» (Sal. 105:8).

1 **Dios es el tema del cántico**

2 **Dios era su Salvador**

a. Consideró su baja condición

b. Hace que sea recordada

3 **Dios debía ser proclamado**

a. Su poder

b. Su santidad

c. Su misericordia

4 **Dios había invertido el orden de las cosas**

a. Había esparcido a los soberbios

b. Había destituido a los poderosos y exaltado a los humildes

c. Había llenado a los hambrientos y despojado a los ricos

5 **Dios había ayudado a su pueblo**

a. Había recordado su misericordia

b. Había recordado su promesa de enviar el Mesías

6 **Conclusión: María estuvo aproximadamente tres meses con Elisabet**

E. El magnífico cántico de María referido a Dios: la gloriosa misericordia y liberación de Dios, 1:46-56

46 Entonces María dijo:
Engrandece mi alma al
Señor;
47 y mi espíritu se regocija
en Dios y mi Salvador.
48 Porque ha mirado la
bajeza de su sierva; pues he
aquí, desde ahora me dirán
bienaventurada todas las
generaciones.
49 Porque me ha hecho
grandes cosas el Poderoso;
santo es su nombre,
50 Y su misericordia es de
generación en generación a
los que le temen.
51 Hizo proezas con su
brazo; esparció a los soberbios
en el pensamiento de
sus corazones.
52 Quitó los tronos a los
poderosos, y exaltó a los
humildes.
53 A los hambrientos
colmó de bienes, y a los
ricos envió vacíos.
54 Socorrió a Israel su
siervo, acordándose de la
misericordia.
55 De la cual habló a
nuestros padres, para con
Abraham y su descendencia
para siempre.
56 Y se quedó María con
ella como tres meses;
después se volvió a su
casa.

E. El magnífico cántico de María referido a Dios: la gloriosa misericordia y liberación de Dios, 1:46-56

(1:46-56) ***Introducción:*** el cántico de María es conocido como el Magnificat. Tiene alguna similitud con el cántico de Ana (1 S. 2:1-10). Sin embargo, hay una notoria diferencia entre ambos cánticos. Ana proclamó un triunfo sobre sus enemigos; María proclamó a Dios y su gloriosa misericordia hacia el hombre. María estaba proclamando la salvación de Dios, una salvación obrada por el Mesías prometido, su propio Hijo. Ella predijo que el Salvador sería bienvenido por quienes le reverenciaban (v. 5); pero sería rechazado por los orgullosos, poderosos y ricos (vv. 51-53).

1. Dios es el tema del cántico (v. 46).
2. Dios era su Salvador (vv. 47-48).
3. Dios debía ser proclamado (vv. 49-50).
4. Dios había invertido el orden de las cosas en la tierra (vv. 51-53).
5. Dios había ayudado a su pueblo (vv. 54-55).
6. Conclusión: María estuvo aproximadamente tres meses con Elisabet (v. 56).

[1] (1:46) ***Alabanza a Dios:*** Dios era el tema del cántico de María. María no estaba cantando de sí misma; no se estaba alabando a sí misma. No estaba pensando en cosas que ella podría realizar. Muy definidamente dijo: «Engrandece mi alma al Señor». El Señor era el tema de su cántico, el tema de su alabanza y de su regocijo. Note dos cosas.

1. María necesariamente estaba cansada, exhausta. Acababa de llegar de un largo viaje, y ni aun había tenido tiempo de sentarse. Tan pronto como entró por la puerta, Elisabet comenzó su proclamación de alabanza bajo la inspiración del Espíritu Santo. El cántico de María siguió inmediatamente al de Elisabet. María olvidó su cansancio, porque estaba recibiendo la confirmación de su fe. Ahora sabía que el ángel que la había visitado no era una ficción de su imaginación, no era una ilusión, una falsa visión, no era el producto de una mente somnolienta (v. 28). Fue real, y su mensaje de que ella, una virgen, daría a luz al Hijo de Dios era cierto. La fe de ella fue reafirmada y confirmada.

Pensamiento 1. Dios reafirma y confirma la fe de todos nosotros. Nosotros creemos y confiamos, y cuando es necesario, Dios interviene para confirmar la realidad de lo que creemos.

«Conoce, pues, que Jehová tu Dios es Dios, Dios fiel, que guarda el pacto y la misericordia a los que le aman y guardan sus mandamientos, hasta mil generaciones» (Dt. 7:9).

Pensamiento 2. Hay una cosa que puede vencer al cansancio y agotamiento, y es una experiencia con Dios. Más que ninguna otra cosa, la experiencia de la oración *genuina* y la búsqueda de la voluntad de Dios puede hacer que la persona olvide el cansancio del cuerpo.

«Venid a mí todos los que estáis trabajados y cargados, y yo os haré descansar» (Mt. 11:28).

2. La palabra «engrandece» (*megalunei*) significa declarar la grandeza de algo. La idea es de algo habitual; es decir, era el hábito del alma de María magnificar al Señor. Prosiguió magnificándolo.

Pensamiento. María fue grandemente bendecida por Dios, sin embargo, no se deslizó en el pecado del orgullo, ni pensó ser una favorita de Dios. Cuanto más somos bendecidos por Dios, tanto más peligroso se vuelve el pecado del orgullo. Tenemos que aprender a vivir alabando a Dios más y más. Cuanto más nos bendiga, más debemos aprender a alabarlo.

«Mas vosotros sois linaje escogido, real sacerdocio, nación santa, pueblo adquirido por Dios, para que anunciéis las virtudes de aquel que os llamó de las tinieblas a su luz admirable» (1 P. 2:9).

«Cantad a Jehová, que habita en Sion; publicad entre los pueblos sus obras» (Sal. 9:11).

«Entrad por sus puertas con acción de gracias, por sus atrios con alabanza; alabadle, bendecid su nombre» (Sal. 100:4).

[2] (1:47-48) ***Humildad:*** Dios era el Salvador de María. María dijo tres cosas significativas.

1. Dios vio la necesidad que ella tenía de un Salvador. María reconocía su necesidad, reconocía que era pecadora y necesitaba un Salvador igual que todos los demás. Y, lo más importante,

hijo una *confesión personal*: «Dios [es] *mi* Salvador». Estaba proclamando que Dios vio su necesidad y la salvó.

2. Dios vio su estado de perdición. María reconoció de dónde venía, la bajeza de su condición personal. A los ojos del mundo ella *no era nadie: era pobre, de procedencia oscura, insignificante*, de *poco propósito* y *significado* en la vida. La expresión misma: «la bajeza de su sierva» sugiere que en su propia casa María era considerada la última.

Pensamiento 1. Normalmente Dios escoge a la persona más insignificante para demostrar claramente su misericordia y poder (cp. Gedeón, Jue. 6:15; Lea, Gn. 29:31; creyentes, 1 Co. 1:26-29).

Pensamiento 2. Todos debemos saber de donde hemos venido, en qué profundidad estabamos cuando Dios nos salvó (cp. Ro. 3:23).

«Mas Dios muestra su amor para con nosotros, en que siendo aún pecadores, Cristo murió por nosotros» (Ro. 5:8).

«Palabra fiel y digna de ser recibida por todos: que Cristo Jesús vino al mundo para salvar a los pecadores, de los cuales yo soy el primero» (1 Ti. 1:15).

«Porque también Cristo padeció una sola vez por los pecados, el justo por los injustos, para llevarnos a Dios, siendo a la verdad muerto en la carne, pero vivificado en espíritu» (1 P. 3:18).

Pensamiento 3. No importa cuán *baja*, cuán *insignificante* sea nuestra condición, Dios se preocupa por nosotros y se extenderá hacia nosotros. Nos tomará de la mano, nos levantará, y nos dará un propósito, significado, y sentido. Dios hará que seamos alguien y nos usará, dándonos una vida plena y significativa (Jn.10:10).

«Humillaos delante del Señor, y él os exaltará» (Stg. 4:10).

«Porque así dijo el Alto y Sublime, el que habita en la eternidad, y cuyo nombre es Santo: Yo habito en la altura y la santidad, y con el quebrantado y humilde de espíritu, para hacer vivir el espíritu de los humildes, y para vivificar el corazón de los quebrantados» (Is. 57:15).

3. Dios hará que sea recordada. Todos los creyentes la estimarán grandemente a ella y a su dedicación a Dios. Pero note lo que dijo Cristo:

«Mientras él decía estas cosas, una mujer de entre la multitud levantó la voz y le dijo: Bienaventurado el vientre que te trajo, y los senos que mamaste. Y él dijo: Antes bienaventurados los que oyen la palabra de Dios, y la guardan» (Lc. 11:27-28).

[3] (1:49-50) ***Dios, atributos:*** Dios iba a ser proclamado. María proclamó tres de los gloriosos atributos de Dios.

1. María proclamó el poder de Dios. Tenía particularmente dos cosas en mente, dos cosas fenomenales.

a. El Mesías prometido que iba a nacer *ahora.* Ahora iba a ser cumplida la esperanza del mundo después de tantas generaciones de espera. Ahora iba a ser demostrado el poder de Dios de una manera nunca antes vista.

b. El Mesías prometido que iba a nacer de una virgen. Iba a ser un evento y un método nunca antes visto. ¡Iba a realizarse un milagro! El enorme poder de Dios iba a ser demostrado *incluso en el nacimiento del Mesías* como testificó María: «*Me* ha hecho grandes cosas el Poderoso».

«Cuando llegaban ya cerca de la bajada del monte de los Olivos, toda la multitud de los discípulos, gozándose, comenzó a alabar a Dios a grandes voces por todas las maravillas que habían visto» (Lc. 19:37).

«Señor, abre mis labios, y publicará mi boca tu alabanza» (Sal. 51:15).

«Ofrezcan sacrificios de alabanza, y publiquen sus obras con júbilo» (Sal. 107:22).

2. María proclamó la santidad de Dios: «santo es su nombre»; es decir, Dios debe ser apartado como diferente a todo lo demás (*véanse* nota y Estudio a fondo 1—1 P. 1:15-16). Su naturaleza misma, su mismo ser, es diferente. Dios es tanto un ser puro y puro en su manera de ser, es un ser perfecto y perfecto en su manera de ser. Dios es santo en su nombre y santo en su manera de ser, apartado y diferente de todo lo demás.

«¿Quién como tú, oh Jehová, entre los Dioses? ¿Quién como tú, magnífico en santidad, terrible en maravillosas hazañas, hacedor de prodigios» (Éx. 15:11).

«Exaltad a Jehová nuestro Dios, y postraos ante su santo monte, porque Jehová nuestro Dios es santo» (Sal. 99:9).

3. María proclamó la misericordia de Dios. Había al menos dos pensamientos en la mente de María.

a. La gloriosa misericordia de Dios para con ella. Dios había demostrado ser su Salvador personal (*véase* nota—Lc. 1:47-48).

«Por la misericordia de Jehová no hemos sido consumidos, porque nunca decayeron sus misericordias. Nuevas son cada mañana; grande es tu fidelidad» (Lm. 3:23).

«¿Qué Dios como tú, que perdona la maldad, y olvida el pecado del remanente de su heredad? No retuvo para siempre su enojo, porque se deleita en misericordia» (Mi. 7:18).

b. La gloriosa misericordia de Dios al enviar finalmente al Mesías (Salvador) a quienes andaban en temor (reverencia) de Dios. Note que María vio la misericordia de Dios extendiéndose de generación en generación.

«Con gozo dando gracias al Padre que nos hizo aptos para participar de la herencia de los santos en luz; el cual nos ha librado de la potestad de las tinieblas, y trasladado al reino de su amado Hijo» (Col. 1:12-13).

«Dad gracias en todo, porque esta es la voluntad de Dios para con vosotros en Cristo Jesús» (1 Ts. 5:18).

«Así que, ofrezcamos siempre a Dios, por medio de él, sacrificio de alabanza, es decir, fruto de labios que confiesen su nombre» (He. 13:15).

«Mas la misericordia de Jehová es desde la eternidad y hasta la eternidad sobre los que le temen, y su justicia sobre los hijos de los hijos» (Sal. 103:17).

«Porque más grande que los cielos es tu misericordia, y hasta los cielos tu verdad» (Sal. 108:4).

[4] (1:51-53) ***Dios, soberanía—poder:*** Dios había invertido las cosas en la tierra. María proclamó cuáles serían los resultados de la venida del Mesías. Habría tres resultados, y en el idioma griego los tres están en el tiempo aoristo, es decir, son proclamados como que ya ocurrieron. María tuvo una visión del futuro, y estando en el futuro, proclamó lo que la venida del Mesías ya había obrado.

Lo que María vio es que el Señor había invertido el orden de las cosas en la tierra. Y note: lo había hecho con la fuerza de «su brazo», es decir, no con amor sino con poder.

1. Dios había esparcido a los soberbios. Los soberbios son orgullosos en sus pensamiento, en «el pensamiento de sus corazones». Ellos mismos se creen mejores...

- en apariencia
- en logros
- en habilidad
- en posición
- en riqueza
- en persona
- en posesiones
- en herencia

María predijo que al final del tiempo el Señor habrá esparcido a esos soberbios. Los soberbios habrán sido esparcidos «en el pensamiento de sus corazones».

2. El Señor había destituido a los poderosos y exaltado a los humildes. Los poderosos son los que están en las posiciones de poder, autoridad, e influencia sobre otros. El cuadro se refiere a los que usan su poder y...

- buscan sus propósitos.
- esclavizan a otros.
- hacen mal uso de otros.
- aplastan a otros.
- se abusan de otros.
- fallan en servir a otros.
- despojan a otros.
- ignoran a otros.

María predijo que al final del tiempo, el Señor habrá destituido a los poderosos y exaltado a los de baja condición (*véanse* notas—Mt. 19:28).

3. El Señor había saciado a los hambrientos y vaciado a los ricos. Quienes solamente eran ricos en bienes visibles fueron despojados de sus bienes terrenales y enviados con las manos vacías. Y aquellos que no tenían nada de los bienes de este mundo, pero que pusieron su confianza en Dios, los ve como habiendo recibido todas las cosas buenas (*véase* nota—Ef. 1:3 para la discusión).

5 (1:54-55) ***Dios, el Salvador; amor de:*** Dios había ayudado al pueblo. Dos ayudas específicas fueron proclamadas.

1. Dios había recordado su misericordia. El pueblo (Israel) necesitaba desesperadamente la misericordia de Dios y la liberación de Dios. Habían sido esclavizados por los romanos; por eso, estaban desesperados en su búsqueda de liberación, a tal punto que muchos se volvían a falsos mesías y a otras respuestas para escapar de su angustia. Algunos incluso encontraban su seguridad en el mismo estado romano y en respuestas humanistas, y no en Dios. Si alguna vez un pueblo necesitó que Dios recordase su misericordia, ellos eran ese pueblo. María proclamó que Dios había recordado su misericordia.

2. Dios había recordado su promesa del Mesías. A los padres de Israel les había prometido el Mesías, a Abraham y a la simiente de Abraham. Y note que ahora la promesa se había cumplido. Dios había enviado el Mesías, el Salvador del mundo. (*Véanse* Estudio a fondo 1, ***Abraham***—Jn. 4:22; Estudio a fondo 1—Ro. 4:1-25 para mayor discusión.)

«Ahora bien, a Abraham fueron hechas las promesas, y a su simiente. No dice: y a las simientes, como si hablase de muchos, sino como de uno: Y a tu simiente, la cual es Cristo» (Gá. 3:16).

«Jesús entonces les dijo: Si vuestro padre fuese Dios, ciertamente me amaríais; porque yo de Dios he salido, y he venido; pues no he venido de mí mismo, sino que él me envió» (Jn. 8:42).

«Y le rodearon los judíos y le dijeron: ¿Hasta cuándo nos turbarás el alma? Si tú eres el Cristo, dínoslo abiertamente. Jesús les respondió: Os lo he dicho, y no creéis; las obras que yo hago en nombre de mi Padre, ellas dan testimonio de mí; pero vosotros no creéis, porque no sois de mis ovejas, como os he dicho. Mis ovejas oyen mi voz, y yo las conozco, y me siguen, y yo les doy vida eterna; y no perecerán jamás, ni nadie las arrebatará de mi mano. Mi Padre que me las dio, es mayor que todos, y nadie las puede arrebatar de la mano de mi Padre» (Jn. 10:24-29).

6 (1:56) ***La conclusión:*** María se quedó aproximadamente tres meses con Elisabet, el tiempo preciso para estar segura de su embarazo. Necesitaba el aliento de Elisabet hasta que el hecho hubiera ocurrido y hubiera sido comprobado. Note la simpleza infantil de María; necesitaba el aliento y sostén de su hermana mayor quien probablemente era espiritualmente más madura.

«Justificados, pues, por la fe, tenemos paz para con Dios por medio de nuestro Señor Jesucristo» (Ro. 5:1).

«Sobrellevad los unos las cargas de los otros, y cumplid así la ley de Cristo» (Gá. 6:2).

	F. Nacimiento y asignación del nombre de Juan: un evento para todas las generaciones, 1:57-66	61 Le dijeron: ¿Por qué? No hay nadie en tu parentela que se llame con ese nombre. 62 Entonces preguntaron por señas a su padre, cómo le quería llamar.	
1 El nacimiento del niño a. Selló el poder de Dios	57 Cuando a Elisabet se le cumplió el tiempo de su alumbramiento, dio a luz un hijo.	63 Y pidiendo una tablilla, escribió, diciendo: Juan es su nombre. Y todos se maravillaron.	c. El padre confirmó el nombre de Juan
b. Sella la misericordia de Dios c. Hace que todos se regocijen	58 Y cuando oyeron los vecinos y los parientes que Dios había engrandecido para con ella su misericordia, se regocijaron con ella.	64 Al momento fue abierta su boca y suelta su lengua, y habló bendiciendo a Dios. 65 Y se llenaron de temor todos sus vecinos; y en	**3 El nacimiento del niño causó numerosos resultados importantes** a. El padre fue sanado milagrosamente
2 El nombre del niño selló un testimonio profético a. El niño fue circuncidado: entregado a Dios b. Su nombre motivó disputa	59 Aconteció que al octavo día vinieron para circuncidar al niño; y le llamaban con el nombre de su padre, Zacarías; 60 pero respondiendo su madre, dijo: No; se llamará Juan.	todas las montañas de Judea se divulgaron todas estas cosas. 66 Y todos los que las oían las guardaban en su corazón, diciendo: ¿Quién, pues, será este niño? Y la mano del Señor estaba con él.	b. La gente se maravilló c. Los acontecimientos se difundieron d. Una atmósfera de destino rodeaba al niño

F. Nacimiento y asignación del nombre de Juan: un evento para todas las generaciones, 1:57-66

(1:57-66) ***Introducción:*** para todo padre el nacimiento de un hijo es un acontecimiento significativo. Pero el nacimiento de Juan fue un acontecimiento significativo para todas las generaciones, tiene mucho que decir a toda persona.

1. El nacimiento del niño (vv. 57-58).
   a. Selló el poder de Dios.
   b. Sella la misericordia de Dios.
   c. Hace que todos se regocijen.
2. El nombre del niño selló un testimonio profético (vv. 59-63).
3. El nacimiento del niño causó numerosos resultados importantes (vv. 64-66).

1 (1:57-58) ***Dios misericordia de—misericordia:*** el nacimiento del niño selló el poder y la misericordia de Dios.

1. El nacimiento del niño selló el poder de Dios. Note estos hechos.
   - Elisabet había concebido en edad avanzada, a una edad en que ya no podía tener hijos (Lc. 1:18, 36).
   - Zacarías había sido visitado por un ángel de Dios quien le había dicho exactamente lo que ocurriría (Lc. 1:11ss).

El hecho que el niño naciera tal como Dios lo había dicho sellaba el glorioso poder de Dios. Dios tenía el poder de controlar los acontecimientos naturales para enviar al predecesor del Mesías *exactamente* como lo había prometido.

«Porque nada hay imposible para Dios» (Lc. 1:37).

«Y mirándolos, les dijo: Para los hombres esto es imposible; mas para Dios todo es posible» (Mt. 19:26).

«Yo conozco que todo lo puedes, y que no hay pensamiento que se esconda de ti» (Job 42:2).

«Nuestro Dios está en los cielos; todo lo que quiso ha hecho» (Sal. 115:3).

2. El nacimiento del niño selló la misericordia de Dios; mostró que de dos maneras Dios era misericordioso.
   a. El hecho que Juan naciera como *hijo de promesa* demostró que Dios tiene misericordia del pueblo, incluso de una mujer insignificante con una desesperante necesidad (*véase* nota—Lc. 1:7).

«Misericordioso y clemente es Jehová; lento para la ira, y grande en misericordia» (Sal. 103:8; cp. vv. 1-8 en cuanto a una descripción de la misericordia de Dios).

«Mas la misericordia de Jehová es desde la eternidad y hasta la eternidad sobre los que le temen, y su justicia sobre los hijos de los hijos» (Sal. 103:17).

«Aleluya. Alabad a Jehová, porque él es bueno; porque para siempre es su misericordia» (Sal. 106:1).

   b. El hecho que Dos usara a Juan en su plan de salvación demostró la misericordia de Dios. Juan estaría en gran manera involucrado con el Mesías. Dos le concedió ese glorioso privilegio. Un privilegio tan grande y un llamamiento tan claro demostró la gloriosa misericordia de Dios.

Pensamiento. Exactamente el mismo privilegio nos es dado a nosotros. Dios quiere usarnos a cada uno de nosotros en su plan de salvación, tanto para ser salvados como para dar testimonio de su salvación.

«Porque esto es bueno y agradable delante de Dios nuestro Salvador, el que quiere que todos los hombres sean salvos y vengan al conocimiento de la verdad. Porque hay un solo Dios, y un solo mediador entre Dios y los hombres, Jesucristo hombre» (1 Ti. 2:3-5).

3. El nacimiento del niño hizo regocijar a todos. La misericordia de Dios sobre la vida de una persona necesariamente regocijaba a algunos. Los vecinos de Elisabet y sus primos se regocijaron con ella y desde entonces se regocijan todos los creyentes. Dios había tenido misericordia del mundo, y el nacimiento de Juan era una prueba significativa de su misericordia. Dios envió al predecesor para proclamar al Mesías prometido. El hecho que Juan naciera como lo predijeron las Escrituras y como Zacarías había testificado es prueba de la misericordia de Dios. Dios hizo exactamente lo que dijo. Envió al predecesor a preparar el camino para la venida del Salvador del mundo.

2 (1:59-63) ***Profecía, cumplida—obediencia:*** el nombre del niño selló un testimonio profético. Es interesante lo que ocurrió. Todos los varones judíos eran circuncidados al octavo día después de su nacimiento (*véase* Estudio a fondo 1—Fil. 3:3; cp. Gn. 17:12; Lv. 12:3). La circuncisión era la ceremonia judía en la que el niño era ofrecido o dedicado a Dios. La circuncisión era el rito o la señal de que ese niño sería un seguidor de Dios, un verdadero judío. También era el día en que se le daba oficialmente su nombre.

Algunos de los vecinos y parientes querían que el niño fuese nombrado como su padre, Zacarías. Sin embargo, Elisabet objetó, sabiendo lo que el ángel le había dicho a Zacarías que el nombre del niño sería Juan. Los parientes llevaron el asunto a Zacarías, pidiéndoles que escribiera el nombre para que todos lo vieran. Por supuesto, esperaban que Zacarías se sintiera halagado por la sugerencia de llamar al niño como él. Pero Zacarías los asombró. Confirmó que el niño debía ser llamado Juan. No se atrevía a dudar y desobedecer otra vez a Dios. Estaba bajo la disciplina de Dios por haber desobedecido anteriormente.

El tema es que el nombre de Juan selló el testimonio profético. El ángel le había dicho a Zacarías cómo llamar al niño. Su nombre sería Juan, y Zacarías había testificado de la visita y promesa del ángel, incluso testificó que el ángel le había revelado que el nombre del niño sería Juan. Juan fue el *nombre profético* dado por el mensajero de Dios. Zacarías obedeció a Dios y dio testimonio de la profecía; de esa manera Zacarías selló el testimonio profético confirmando el nombre de Juan.

> ***Pensamiento 1.*** El hecho en sí que el niño fuese llamado Juan, es otra prueba de que todo el acontecimiento fue real, algo que realmente ocurrió.
>
> ***Pensamiento 2.*** El testimonio profético es veraz. Zacarías lo confirmó llamando al niño Juan.
>
> > **«Pero éstas se han escrito para que creáis que Jesús es el Cristo, el Hijo de Dios, y para que creyendo, tengáis vida en su nombre» (Jn. 20:31).**
>
> ***Pensamiento 3.*** Note que la obediencia de Zacarías los libró de la disciplina que Dios le había impuesto por su pecado. A pesar de toda la presión de los amigos y de la costumbre de aquellos tiempos de llamar al primer hijo con el nombre del padre, Zacarías le puso el nombre de Juan. Dios le había *dicho* a Zacarías qué hacer en cuanto al nombre del niño, y cuando Zacarías obedeció, la disciplina de Dios le fue quitada.

3 (1:64-6) ***Juan el Bautista, nacimiento:*** el nacimiento del niño tuvo numerosos resultados importantes.

1. El padre fue milagrosamente sanado; consecuentemente comenzó a alabar a Dios. Fue quitada de Zacarías el impedimento para hablar. Note que había quedado encerrado con sus propios pensamientos, sordo y mudo durante nueve meses. Dios lo sanó, abriendo sus oídos y soltando su lengua; entonces comenzó a hacer exactamente lo que debía hacer, a alabar a Dios. Note que sus últimas palabras habían sido palabras de duda, desconfianza e incredulidad (Lc. 1:18).
2. La gente se maravilló. La palabra «temor» (*phobos*) no significa terror o miedo, sino reverencia. Significa un temor reverencial, un temor reverencial para con Dios. La gente estuvo con reverencia ante los hechos, atónitos ante lo que estaba ocurriendo, y preguntándose qué más ocurriría. Dios estaba obrando. Su mano era evidente.
3. Las nuevas de estos eventos se difundieron. La mano de Dios sobre el niño llegó a ser el comentario de la comarca. (Note que *debía haber sido* el tema de todos. El movimiento de Dios siempre debe ser el centro mismo de la las conversaciones de los hombres.)
4. Una atmósfera de destino rodeó al niño. Note que la gente «guardaban en su corazón». No olvidaron lo que estaban oyendo. Había algo inusual en el mensaje que rodeaba al niño. Las expectativas iban aumentando, y muchos guardan esas cosas en su memoria esperando que el niño creciera, y ver lo que ocurriría.

> ***Pensamiento.*** Estos cuatro resultados deberían darse también en nuestras vidas. Deberíamos estar alabando a Dios; deberíamos estar atónitos ante los eventos; deberíamos difundir los eventos y deberíamos ver el destino que rodeaba a Juan. Tenemos el privilegio de saber quién era Juan, el predecesor del Mesías mismo.
>
> > **«Y si invocáis por Padre a aquel que sin acepción de personas juzga según la obra de cada uno, *conducíos en temor todo el tiempo de vuestra peregrinación*; sabiendo que fuisteis rescatados de vuestra vana manera de vivir, la cual recibisteis de vuestros padres, no con cosas corruptibles, como oro y plata, sino con la sangre preciosa de Cristo, como de un cordero sin mancha y sin contaminación, ya destinados desde antes de la fundación del mundo, pero manifestado en los primeros tiempos por amor de vosotros» (1 P. 1:17-20).**
> >
> > **«*Redención ha enviado a su pueblo*; para siempre ha ordenado su pacto; santo y temible es su nombre. El principio de la sabiduría es el temor a Jehová; buen entendimiento tienen todos los que practican sus mandamientos; su loor permanece para siempre» (Sal. 111:10).**
> >
> > **«Dios temible en la gran congregación de los santos, y formidable sobre todos los que están alrededor de él» (Sal. 89:7).**

1 Zacarías fue lleno del Espíritu Santo

2 Parte 1: el Salvador de Dios[EFI]

a. Aquel por medio de quien Dios visitó y redimió a su pueblo

b. El poderoso salvador: de la casa de David

c. El que fue profetizado

1) Desde el comienzo del mundo

2) La predicción: nos salvará de nuestros enemigos

d. El que cumplió la misericordia prometida, pacto, el juramento hecho a Abraham

G. La profecía inspirada de Zacarías: el Salvador de Dios y su antecesor, 1:67- 80

67 Y Zacarías su padre fue
lleno del Espíritu Santo, y
profetizó, diciendo:
68 Bendito el Señor Dios
de Israel, que ha visitado
y redimido a su pueblo,
69 Y nos levantó un
poderoso Salvador en la
casa de David su siervo,
70 como habló por boca
de sus santos profetas que
fueron desde el principio;
71 salvación de nuestros
enemigos, y de la mano de
todos los que nos
aborrecieron;
72 para hacer misericor-
dia con nuestros padres, y
acordarse de su santo
pacto;
73 Del juramento que hizo
a Abraham nuestro padre,
que nos había de conceder
74 que, librados de nuestros
enemigos, sin temor le
serviríamos
75 en santidad y en justicia
delante de él, todos nuestros
días.
76 Y tú, niño, profeta del
Altísimo serás llamado;
porque irás delante de la
presencia del Señor, para
preparar sus caminos;
77 para dar conocimiento de
salvación a su pueblo, para
perdón de sus pecados,
78 por la entrañable misericordia de nuestro Dios,
con que nos visitó desde lo
alto la aurora,
79 Para dar luz a los que
habitan en tinieblas y en
sombra de muerte; para
encaminar nuestros pies
por camino de paz.
80 Y el niño crecía, y se
fortalecía en espíritu; y
estuvo en lugares desiertos
hasta el día de su mani-
festación a Israel.

1) Nos capacita para servir a Dios sin temor

2) Nos capacita a vivir en justicia para servir a Dios

3 Parte 2: el predecesor de Dios, Juan el Bautista

a. El profeta del Altísimo

b. Para preparar el camino del Señor

c. Para proclamar salvación: perdón de pecados

d. Para proclamar la aparición del Hijo celestial

1) Verdadera misericordia de Dios

2) Dar luz

4 Conclusión: la niñez de Juan cumple la profecía

G. La profecía inspirada de Zacarías: el Salvador de Dios y su antecesor, 1:67- 80

(1:67-80) ***Introducción:*** para muchos creyentes el cántico de Zacarías es conocido como el Benedictus. Benedictus es la palabra inicial del cántico en la traducción al latín. A veces se lo recita en servicios de adoración. Note que es una profecía (v. 67) sobre la venida del Mesías (vv. 68-75) y su predecesor, Juan el Bautista (vv. 76-80). El cántico predice y proclama la persona y ministero de ambos.

1. Zacarías fue lleno del Espíritu Santo (v. 67).
2. Parte 1: el Salvador de Dios (vv. 68-75).
3. Parte 2: el predecesor de Dios, Juan el Bautista (vv. 76-79).
4. Conclusión: la niñez de Juan cumple la profecía (v. 80).

[1] (1:67) ***Santo Espíritu:*** Zacarías fue lleno del Espíritu Santo. Una vez que Zacarías obedeció, Dios quitó la disciplina de él y lo sanó de su sordera y desató su lengua (vv. 62, 64). Inmediatamente después Dios llenó a Zacarías con el Espíritu Santo. La llenura del Espíritu de Dios indicaba dos cosas.

1. Le fue perdonado a Zacarías su pecado de incredulidad. Fue su cuestionamiento de Dios, es decir, su desconfianza e incredulidad lo que le había causado la sordera y lo había dejado mudo (Lc. 1:20-22). Tan pronto como Zacarías demostró tener fe en la promesa de Dios, fue sanado y perdonado su pecado (cp. vv. 64-66).

2. La llenura de Zacarías del Espíritu de Dios es una ilustración de lo que nos ocurre a nosotros. Creemos y obedecemos a Dios, e inmediatamente Dios nos perdona nuestros pecado y nos llena con el Espíritu Santo.

> **«Pedro les dijo: Arrepentíos, y bautícese cada uno de vosotros en el nombre de Jesucristo para perdón de los pecados; y recibiréis el don del Espíritu Santo» (Hch. 2:38).**

[2] (1:68-75) ***Jesucristo, hijo de David—pacto, con Abraham—salvación—justicia:*** la primera parte del cántico profético de Zacarías concierne al Salvador de Dios. Se predicen cuatro cosas acerca del Mesías. Note que Zacarías estaba desde el futuro mirando al pasado. Los verbos están en tiempo pasado. Estaba prediciendo que alguien estaría en el futuro proclamando lo que el Mesías había hecho.

1. El Mesías era aquel mediante quien Dios visitó y redimió a su pueblo. Era Dios mismo quien visitó a la tierra en la persona del Mesías. No había descuidado ni dejado solo al mundo. En el pasado Dios había estado activamente involucrado en los asuntos del mundo. Había enviado su Palabra y sus mensajeros al mundo, pero ahora Dios se estaba involucrado *personalmente* en el mundo. El mismo lo estaba visitando.

Note el propósito de su visita. Vino para redimir a su pueblo, salvarlo y rescatarlo del pecado y de la muerte y de la separación de Dios. Le costó mucho: tuvo que pagar el enorme precio de la redención; vida por vida (*véase* nota, ***Redención***—Ef. 1:7).

2. El Mesías era el poderoso Salvador de la casa de David. La frase «poderoso Salvador» es una referencia a Cristo. En algunas traducciones dice: «cuerno de salvación». En el Antiguo Testamento el cuerno era símbolo de fuerza, poder, poderío. El Mesías es llamado «cuerno» o «poderoso Salvador» porque solamente él posee el poderío, la fuerza, y el poder para salvar.

Pero note donde iba a ser levantado el cuerno o Mesías: «en la casa de David su siervo». David fue levantado por Dios para librar al pueblo de Israel y gobernar sobre él. Pero Cristo fue levantado para librar al pueblo de Dios y gobernar sobre él. Hay una enorme diferencia. Cristo fue enviado para librar a todos y gobernar sobre todos, y su liberación y gobierno serían para siempre. El Mesías era el cuerno prometido a David, el que cumplió las profecías concernientes a David (*véase* nota—Mt. 1:1).

«Allí haré retoñar el poder de David; he dispuesto lámpara a mi ungido» (Sal. 132:17; cp. Sal. 89:24, 29).

3. El Mesías es quien fue profetizado. La idea es que Dios estaba ejecutando su plan para el mundo. Estaba en el trono haciendo suceder todo lo que había prometido.

a. El Mesías había sido predicho desde el comienzo del mundo. Él era la *simiente de la mujer* que heriría la cabeza de la serpiente (Gn. 3:15). Él era la simiente prometida a Abraham y a sus herederos (Gn. 12:1-4). *Véase* Estudio a fondo 1—Ro. 4:1-25).

b. La predicción del Mesías tenía que ver con la salvación. El Mesías salvaría a los creyentes de sus enemigos y de todos los que los aborrecían. Hombres carnales (judíos, los de mentalidad carnal y mundana) piensan en la salvación en términos de liberación material y física; pero Dios nunca pensó que la salvación durase solamente unos pocos y breves años, los años de la vida del hombre. Dios se preocupa mucho más por el hombre. Con salvación Dios significa salvación espiritual y eterna, una liberación y salvación que no tendrá fin. Está interesado en librar a los hombres de los enemigos que combaten de manera interminable contra el espíritu y esclavizan a los hombres, tanto ahora como eternamente; esos enemigos son el pecado, la muerte y la condenación.

4. El Mesías fue quien cumplió la misericordia prometida y el pacto, el juramento hecho a Abraham. Dios le había prometido a Abraham tanto misericordia como un pacto de fe. Dios le había prometido a Abraham que si se levantaba y dejaba su tierra y le siguiera, entonces recibiría tanto la misericordia de Dios como el pacto de fe. El pacto estaba basado en la «simiente prometida», en Cristo mismo. De modo que Zacarías, bajo la inspiración del Espíritu Santo, estaba proclamando que el Mesías sería el cumplimiento de la misericordia y del pacto prometidos a Abraham. El Mesías fue *la misericordia y la simiente prometida a Abraham* (*véase* Estudio a fondo 1, ***Abraham***—Ro. 4:10-25 para una discusión detallada. Cp. Dt. 6:9, 12-13; 1 R.8:23; Neh. 5; 9:32).

- El Mesías trae al hombre la misericordia de Dios (la misericordia y la simiente prometida a Abraham): el Mesías libra al hombre de las manos de sus enemigos (cp. vv. 71, 74).
- El Mesías establece el pacto de fe con el hombre (el pacto prometido a Abraham y a su simiente): el Mesías salva a todos los que creen las promesas de Dios, así como creyó Abraham (cp. Ro. 4:1-25).

«Tampoco dudó, por incredulidad, de la promesa de Dios, sino que se fortaleció en fe, dando gloria a Dios, plenamente convencido de que era también poderoso para hacer todo lo que había prometido; por lo cual también su fe le fue contada por justicia. Y no solamente con respecto a él se escribió que fue contada, sino también con respecto a nosotros a quienes ha de ser contada, esto es, a los que creemos en el que levantó de los muertos a Jesús, Señor nuestro, el cual fue entregado por nuestras transgresiones,y resucitado para nuestra justificación» (Ro. 4:20-25).

Ahora note: Dios tiene misericordia y libra al hombre mediante la fe para dos propósitos muy específicos.

1. El primer propósito es que los hombres puedan servirle sin temor. Dios no quiere que los hombres vivan en temor, temiendo el futuro y los *dioses y demonios imaginarios* de este mundo. No quiere que los hombres sufran el dolor de la muerte y del juicio venidero del infierno. Dios quiere que los hombres tengan paz en la mente y el corazón, que estén seguros y tengan el significado y propósito a lo largo de toda la vida.

«Así que, por cuanto los hijos participaron de carne y sangre, él también participó de lo mismo, para destruir por medio de la muerte al que tenía el imperio de la muerte, esto es, al diablo, y librar a todos los que por el temor de la muerte estaban durante toda la vida sujetos a servidumbre» (He. 2:14-15).

«He aquí Dios es salvación mía; me aseguraré y no temeré; porque mi fortaleza y mi canción es JAH Jehová, quien ha sido salvación para mí» (Is. 12:2).

2. El segundo propósito es que los hombres puedan vivir en justicia y servir a Dios *por siempre*.

«Pero cuando se manifestó la bondad de Dios nuestro Salvador, y su amor para con los hombres, nos salvó, no por obras de justicia que nosotros hubiéramos hecho, sino por su misericordia, por el lavamiento de la regeneración y por la renovación en el Espíritu Santo el cual derramó en nosotros abundantemente por Jesucristo nuestro Salvador, para que, justificados por su gracia, viniésemos a ser herederos conforme a la esperanza de la vida eterna» (Tit. 3:4-7).

«Al que no conoció pecado, por nosotros lo hizo pecado, para que nosotros fuésemos hechos justicia de Dios en él» (2 Co. 5:21).

«Y vestíos del nuevo hombre, creado según Dios en la justicia y santidad de la verdad» (Ef. 4:24).

«Llenos de frutos de justicia que son por medio de Jesucristo, para gloria y alabanza de Dios» (Fil. 1:11).

«Velad debidamente, y no pequéis; porque algunos no conocen a Dios; para vergüenza vuestra lo digo» (1 Co. 15:34).

«Sembrad para vosotros en justicia, segad para vosotros en misericordia; haced para vosotros barbecho; porque es el tiempo de buscar a Jehová, hasta que venga y os enseñe justicia» (Os. 10:12).

ESTUDIO A FONDO 1

(1:68) ***Israel:*** Zacarías llamó a Dios: «Señor Dios de Israel». ¿Por qué limitó a Dios a Israel? ¿Por qué no llamó a Dios el Señor Dios de la tierra? Hay varios motivos (*véase* Estudio a fondo 1, ***Israel***—Jn. 4:22).

1. Israel fue el pueblo escogido por Dios, el pueblo escogido para amar, obedecer y adorar de manera suprema a Dios.
2. Como pueblo *escogido de Dios*, Israel había recibido (se le había confiado) tanto la Palabra como las promesas de Dios para un mundo perdido y moribundo.
3. Como *receptores* de la Palabra y de las promesas de Dios, Israel recibiría el Mesías, su salvación y redención.
4. Como *pueblo* de la salvación y redención, Israel recibió la tarea de hacer conocer a Dios, de ser una fuerza misionera para alcanzar a un mundo perdido y moribundo.

Zacarías pensaba en la promesa de Dios a Israel, del hecho glorioso de que la promesa del Mesías ahora iba a ser cumplida. Sabía del rechazo de Israel hacia el Mesías, de Dios volviéndose a los gentiles, del nacimiento de un nuevo pueblo (la Iglesia). Por eso hizo lo natural, alabó al Señor, Dios de Israel.

3 (1:76-79) ***Juan el Bautista—Jesucristo, propósito:*** la segunda parte de la profecía de Zacarías concernía a Juan el bautista. También hay cuatro cosas predichas acerca de Juan.

1. Juan sería el profeta del Altísimo. Note varios hechos.
   a. Durante cuatroscientos años no hubo profeta en Israel. Juan sería el primero desde Malaquías.
   b. Cristo fue llamado «el Altísimo», es decir el *más alto* que es un título de Dios. De esa manera la deidad, la misma encarnación de Dios en Cristo, estaba siendo proclamada. Él es «Dios para siempre» (Ro. 9:5).
   c. Juan fue llamado el profeta del Altísimo, de Cristo, o de Dios mismo.
2. Juan prepararía el camino del Señor. Sería el predecesor

del Mesías, aquel que prepararía al pueblo para la venida del Señor (cp. Lc. 3:3-6).

3. Juan proclamaría la salvación, incluso el perdón de pecados. Note que la salvación proviene del perdón de pecados. La salvación es condicional. Los pecados de la persona tienen que ser perdonados antes que pueda ser salvada (Ef. 1:7). El propósito de Juan era llamar a los hombres a la salvación, a recibir el perdón de sus pecados.

4. Juan proclamaría la aparición del Hijo celestial. Note que Cristo, el Mesías, es llamado «Hijo de justicia» (Mal. 4:2; 2 P.1:19; Ap. 22:16). El es la luz de la aurora, la luz del amanecer, el sol naciente que nos «ha visitado». Juan proclamaría la aparición del Mesías, y en particular dos cosas referidas a su aparición.

a. El Mesías era enviado por la tierna misericordia de Dios.

«Porque de tal manera amó Dios al mundo, que ha dado a su Hijo unigénito, para que todo aquel que en él cree, no se pierda, mas tenga vida eterna. Porque no envió Dios a su Hijo al mundo para condenar al mundo, sino para que el mundo sea salvo por él» (Jn. 3:17-17).

«Pero Dios, que es rico en misericordia, por su gran amor con que nos amó, aun estando nosotros muertos en pecados, nos dio vida juntamente con Cristo (por gracia sois salvos)» (Ef. 2:4-5).

b. El Mesías fue enviado para dar luz...

- a los que están en tinieblas.

«Luz para revelación a los gentiles, y gloria de tu pueblo» (Lc. 2:32)

«En él estaba la vida, y la vida era la luz de los hombre ... Aquella luz verdadera, que alumbra a todo hombre, venía a este mundo» (Jn. 1:4, 9).

«Y esta es la condenación: que la luz vino al mundo, y los hombres amaron más las tinieblas que la luz, porque sus obras eran malas. Porque todo aquel que hace lo malo, aborrece la luz y no viene a la luz, para que sus obras no sean reprendidas. Mas el que practica la verdad viene a la luz, para que sea manifiesto que sus obras son hechas en Dios» (Jn. 3:19-21).

«Otra vez Jesús les habló, diciendo: Yo soy la luz del mundo; el que me sigue, no andará en tinieblas, sino que tendrá la luz de la vida» (Jn. 8:12).

«Yo, la luz, he venido al mundo, para que todo aquel que cree en mí no permanezca en tinieblas» (Jn. 12:46).

- a los que están en sombras de muerte.

«De cierto, de cierto os digo: El que oye mi palabra, y cree al que me envió, tiene vida eterna; y no vendrá a condenación, mas ha pasado de muerte a vida» (Jn. 5:24).

«Así que, por cuanto los hijos participaron de carne y sangre, él también participó de lo mismo, para destruir por medio de la muerte al que tenía el imperio de la muerte, esto es, al diablo, y librar a todos los que por el temor de la muerte estaban durante toda la vida sujetos a servidumbre» (He. 2:14-15).

- para guiar nuestros pies por sendas de paz.

«Jesús le dijo: Yo soy el camino, y la verdad, y la vida; nadie viene al Padre, sino por mí» (Jn. 14:6).

«La paz os dejo, mi paz os doy; yo no la doy como el mundo la da. No se turbe vuestro corazón, ni tenga miedo» (Jn. 14:27).

«Estas cosas os he hablado para que en mí tengáis paz. En el mundo tendréis aflicción; pero confiad, yo he vencido al mundo» (Jn. 16:33).

[4] (1:80) ***Juan el Bautista—crecimiento, espiritual:*** en este único versículo se describe la niñez de Juan. Ninguna otra cosa se conoce. Físicamente creció como un muchacho normal, pero hay tres cosas que se dicen de él que difieren de un chico normal.

1. Espiritualmente avanzó mucho más que los otros chicos. Creció en fuerza espiritual. Era muchacho de corazón fuerte y entregado, de vigorosa voluntad y decidido, de una conciencia y convicción fuerte, de un fuerte impulso e iniciativa. Era siervo de Dios, un joven entregado a seguir, obedecer y servir a Dios.

2. Fue criado en un medio ambiente distinto al de la mayoría de los muchachos, en el desierto. El desierto era un lugar oscuro, un lugar de quietud, lejos de la mundanalidad de las ciudades y de las multitudes de hombres. El desierto fue hecho para la meditación y el pensamiento, para buscar a Dios.

3. Permaneció en su hogar del desierto hasta que Dios lo llamó a comenzar su ministerio a Israel. Esto señala hacia una vida de obediencia tanto a los padres como a Dios.

Pensamiento. La clamorosa necesidad de los creyentes es que crezcan en el Señor Jesucristo; que crezcan espiritualmente.

«Para que ya no seamos niños fluctuantes, llevados por doquiera de todo viento de doctrina, por estratagema de hombres que para engañar emplean con astucia las artimañas del error, sino que siguiendo la verdad en amor, crezcamos en todo en aquel que es la cabeza, esto es, Cristo» (Ef. 4:14-15).

«Antes bien, creced en la gracia y el conocimiento de nuestro Señor y Salvador Jesucristo. A él sea gloria ahora y hasta el día de la eternidad. Amén» (2 P. 3:18).

«Y ahora, hermanos, os encomiendo a Dios, y a la palabra de su gracia, que tiene poder para sobreedificaros y daros herencia con todos los santificados» (Hch. 20:32).

1 El empadronamiento milagroso
- a. Un acontecimiento del mundo usado por Dios para cumplir su plan
- b. José fue a Belén
  - 1) Provincia de Galilea
  - 2) De Nazaret
  - 3) A Judea
  - 4) A la ciudad de David, Belén
- c. Un acontecimiento que llevó al cumplimiento de las Escrituras a pesar de los planes del hombre

2 El asombroso lugar del nacimiento

3 La increíble aparición de un ángel real a los pastores
- a. Su aparición: resplandeciendo en la gloria del Señor
- b. Su mensaje: reafirmado; buenos nuevas
  - 1) Una proclamación: el nacimiento del Mesías
  - 2) Una orden: visiten al niño
  - 3) Una señal: ubicación y

CAPÍTULO 2

H. El nacimiento de Jesús, 2:1-24
(Mt. 1:18-25; 2:1; cp. Jn. 1:14)

Aconteció en aquellos días, que se promulgó un edicto de parte de Augusto César, que todo el mundo fuese empadronado.

2 Este primer censo se hizo siendo Cirenio gobernador de Siria.

3 E iban todo para ser empadronados, cada uno a su ciudad.

4 Y José subió de Galilea, de la ciudad de Nazaret, a Judea, a la ciudad de David, que se llama Belén, por cuanto era de la casa y familia de David;

5 para ser empadronado con María su mujer, desposada con él, la cual estaba encinta.

6 Y aconteció que estando ellos allí, se cumplieron los días de su alumbramiento.

7 Ydio a luz su hijo primogénito, y lo envolvió en pañales, y lo acostó en un pesebre, porque no había lugar para ellos en el mesón.

8 Había pastores en la misma región, que velaban y guardaban las vigilias de la noche sobre su rebaño.

9 Y he aquí, se les presentó un ángel del Señor, y la gloria del Señor los rodeó de resplandor; y tuvieron gran temor.

10 Pero el ángel les dijo: No temáis; porque he aquí os doy nuevas de gran gozo, que será para todo el pueblo:

11 que os ha nacido hoy, en la ciudad de David, un Salvador, que es CRISTO el Señor.

12 Esto os servirá de señal: Hallaréis al niño envuelto en pañales, acostado en un pesebre.

13 Y repentinamente apareció con el ángel una multitud de las huestes celestiales, que alababan a Dios, y decían:

14 ¡Gloria a Dios en las alturas, y en la tierra paz, buena voluntad para con los hombres!

15 Sucedió que cuando los ángeles se fueron de ellos al cielo, los pastores se dijeron unos a otros: Pasemos, pues, hasta Belén, y veamos esto que ha sucedido, y que el Señor nos ha manifestado.

16 Vinieron, pues, apresuradamente, y hallaron a María y a José, y al niño acostado en el pesebre.

17 Y al verlo, dieron a conocer lo que se les había dicho acerca del niño.

18 Y todos los que oyeron, se maravillaron de lo que los pastores les decían.

19 Pero María guardaba todas estas cosas, meditándolas en su corazón.

20 Y volvieron los pastores glorificando y alabando a Dios por todas las cosas que habían oído y visto, como se les había dicho.

21 Cumplidos los ocho días para circuncidar al niño, le pusieron por nombre JESUS, el cual le había sido puesto por el ángel antes que fuese concebido.

22 Y cuando se cumplieron los días de la purificación de ellos, conforme a la ley de Moisés, le trajeron a Jerusalén para presentarle al Señor

23 (como está escrito en la ley del Señor: Todo varón que abriere la matriz será llamado santo al Señor),

24 y para ofrecer conforme a lo que se dice en la ley del Señor: Un par de tórtolas, o dos palominos.

vestimenta

4 Apariencia espectacular de la hueste celestial

5 Los pastores excitados buscaron evidencias
- a. Decidieron hacer la visita inmediatamente
- b. Se apresuraron a ir
- c. Compartieron excitadamente el mensaje
- d. Todos se maravillaron

6 La madre atónita

7 Los pastores, gente común, irreligiosa, adorando a Dios

8 El nombramiento inusual del niño: nombre dado por Dios mismo

9 La inesperada observación de ceremonias legales
- a. Circuncisión
- b. Purificación después de dar a luz
- c. Dedicación al Señor

10 Dios escogió deliberadamente una familia pobre para criar a su Hijo

H. El nacimiento de Jesús, 2:1-24

(2:1-24) ***Introducción:*** ahora se estaba cumpliendo la profecía dada por Jacob en el tiempo del Génesis.

> **«No será quitado el cetro de Judá, ni el legislador de entre sus pies, hasta que venga Siloh; y a él se congregarán los pueblos» (Gn. 49:10).**

1. Note cómo el cetro del gobierno se había apartado de Judea. Judea estaba bajo el dominio de Roma con César Augusto como emperador. Cirenio era gobernador de Siria, y Judea era parte de la provincia de Siria. En este momento Herodes era el *rey de Judea.* Un poder usurpador, extranjero, extraño estaba gobernando sobre Judea.
   - Judea ya no era gobernada por uno de sus propios príncipes; era gobernada por un príncipe idumeo, un descendiente de Esaú, Herodes el Grande.
   - La tierra prometida ya no esta en manos de Israel; estaba en manos de un poder pagano.
   - El príncipe (gobernador) ya era establecido por Dios; era nombrado por Roma.
   - El templo ya no era cuidado por el príncipe de Dios; era objeto de malos usos bajo la autoridad de un usurpador.
   - Los sacerdotes de Dios ya no eran los ministros de Dios; eran siervos de un mundo secular.
2. Note cuán clara y dramáticamente se estaba cumpliendo la profecía; el cetro se había apartado de la forma más definida de Judea; *ahora* había llegado el momento para la venida de Siloh. Y vendría. Dios, en el consejo y preconocimiento de su voluntad, había decidido su venida.

La profecía de la *venida de Siloh* fue cumplida en Jesucristo. Jesucristo fue el Siloh que había de venir. Su advenimiento al mundo estuvo rodeado de los acontecimientos más inusuales.

1. El empadronamiento milagroso (vv. 1-6).
2. El asombroso lugar del nacimiento (v. 7).
3. La increíble aparición de un ángel real a los pastores (vv. 8-12).
4. Apariencia espectacular de la hueste celestial (vv. 13-14).
5. Los pastores excitados buscaron evidencias (vv. 15-18).
6. La madre atónita (v. 19).
7. Los pastores, gente común, irreligiosa, adorando a Dios (v. 20).
8. El nombramiento inusual del niño: nombre dado por Dios mismo (v. 21).
9. La inesperada observación de ceremonias legales (vv. 22-23).
10. Dios escogió deliberadamente una familia pobre para criar a su Hijo (v. 24).

[1] (2:1-6) ***Jesucristo, nacimiento—Belén—Dios, providencia:*** el empadronamiento milagroso. Tres cosas deben ser notadas.

1. El empadronamiento fue usado por Dios para cumplir su plan con el nacimiento del Mesías. La profecía decía que el Mesías debía nacer en Belén, y la Ecritura debía cumplirse. José y María vivían en Galilea, y María estaba en estado de gravidez. ¿Cómo se aseguraría Dios que el niño naciera en Belén? El censo ocurrió en el momento preciso y de la manera adecuada; es decir, cada persona tenía que volver a su ciudad natal para pagar sus tributos. Dios estaba controlando milagrosamente los acontecimientos del mundo, obrando en todas las cosas para bien de manera de cumplir su promesa de enviar el Salvador al mundo.
2. El pago del tributo obligó a José a ir a Belén. Todo hombre debía volver a su ciudad natal. Note la detallada descripción del viaje a Belén. El tema es que Belén era la ciudad profetizada para el nacimiento del Mesías (Mi. 5:2). Los escribas lo entendían así (Mt. 2:5-6) y la gente común también (Jn. 7:42). Sin duda el empadronamiento era un evento entretejido en el plan de Dios para el cumplimiento de las Escrituras.
3. El censo llevó al cumplimiento de las Escrituras, a pesar de los planes del hombre. María estaba por dar a luz; estaba «encinta» (v. 5). Aparentemente, José y María habían planeado que el niño naciera en Nazaret; pero Dios supervisaba los planes. O bien originó, o bien usó el censo obligando a José y María a trasladarse a Belén.

Pero, en resumen, ¿por qué fue necesario todo esto? ¿Por qué tenía que nacer Jesús en Belén?

a. El Mesías era el anunciado Hijo de David (*véase* notas—Lc. 3:24-31; Mt. 1:1; Estudio a fondo 3—Jn. 1:45; Estudio a fondo 4—1:49 para más discusión).
b. David había nacido en Belén; por eso era necesario que el Hijo de David naciera allí.
c. Las Escrituras predijeron que el Mesías iba a nacer en Belén (Mi. 5:2).

[2] (2:7) ***Jesucristo, nacimiento:*** el asombroso lugar para el nacimiento. Jesús no nació en un ambiente confortable. Nació, asombrosamente, en un establo y fue puesto en un pesebre o comedero. El nacimiento es cubierto por un solo versículo, sin embargo, es mucho lo que permite deducir.

1. Jesús nació en un oloriento establo. Desde el comienzo fue ignorado y rechazado por los hombres. No hubo lugar en la posada y María estaba por dar a luz. Si alguien se hubiera preocupado, se le habría hecho lugar.
2. Jesús nació en pobreza. Si José hubiera tenido dinero podía haber comprado una habitación.
3. Jesús nació en oscuridad y soledad. El nacimiento ocurrió lejos de la gente, en soledad. Note que María misma envolvió al niño en pañales y lo acostó en el pesebre.
4. Jesús nació en humildad. No entró al mundo...
   - en un hospital,
   - en un hogar confortable,
   - en el hogar de un amigo o pariente,
   - bajo atención médica,
   - bajo las estrellas del cielo, o al aire libre,
   - sino en un oloriento establo, en el último lugar imaginable para un nacimiento.
5. Jesús vino a un mundo corrupto, lleno de pecado y egoísmo, codicia y agresividad. Esto se ve en...
   - en el mundo (representado por el mesonero) que estaba tan absorbido por sus asuntos que no pudo ayudar a una mujer en su alumbramiento.
   - en que nadie le hizo lugar a María en el mesón. El dinero y la comodidad personal eran más importantes para todos los que fueron conscientes de la situación.

Pensamiento. Note cuántos ignoraron la primera venida de Cristo. ¿Cuántos ignorarán la segunda venida de Cristo?

> **«Mirad también por vosotros mismos, que vuestros corazones no se carguen de glotonería y embriaguez y de los afanes de esta vida, y venga de repente sobre vosotros aquel día» (Lc. 21:34).**
>
> **«Enseñándonos que, renunciando a la impiedad y a los deseos mundanos, vivamos en este siglo sobria, justa y piadosamente, aguardando la esperanza bienaventurada y la manifestación gloriosa de nuestro gran Dios y Salvador Jesucristo» (Tit. 2:12-13).**

[3] (2:8-12) ***Pastores:*** la increíble aparición de un ángel real a los pastores. En la opinión de algunos, un ángel nunca se aparecería a un pastor. Era muy poco frecuente encontrar a un pastor alabando y adorando a Dios; en consecuencia se los consideraba cualquier cosa excepto adoradores. Tenían la más baja reputación, y la gente religiosa los despreciaba. Eran despreciados porque no podían asistir a los servicios religiosos ni guardar las leyes ceremoniales de los lavamientos y la purificación. Sus rebaños sencillamente los tenían siempre ocupados. Qué maravilloso anticipo de la salvación que iba a venir: Dios dio el primer

mensaje de su Hijo a pastores comunes, a aquellos que la gente consideraba pecadores.

1. La apariencia del ángel era de esplendor y gloria. Esta era la gloria «shekiná» (*véase* nota—Mt. 17:5-8).

2. El mensaje del ángel era de aliento y de buenas nuevas. Proclamó el nacimiento del Mesías y les ordenó que visitaran al niño. Les dio una señal: encontrarían al niño acostado en un pesebre.

> ***Pensamiento.*** El Salvador venía para llamar a los pecadores al arrepentimiento; por eso, el primer anuncio de su venida fue dado a pecadores.
>
> **«Respondiendo Jesús, les dijo: Los que están sanos no tienen necesidad de médico, sino los enfermos. No he venido a llamar a justos, sino a pecadores al arrepentimiento» (Lc. 5:31-32).**
>
> **«Pues mirad, hermanos, vuestra vocación, que no sois muchos sabios según la carne, ni muchos poderosos, ni muchos nobles, sino que lo necio del mundo escogió Dios, para avergonzar a los sabios; y lo débil del mundo escogió Dios, para avergonzar a lo fuerte y lo vil del mundo y lo menospreciado escogió Dios, y lo que no es, para deshacer lo que es a fin de que nadie se jacte en su presencia» (1 Co. 1:26-29).**

ESTUDIO A FONDO 1

(2:11) ***Jesús—Salvador:*** *véanse* Estudio a fondo 2—Lc. 1:31; nota—2:21.

ESTUDIO A FONDO 2

(2:11) ***Cristo—Mesías:*** *véanse* Estudio a fondo 2— Mt. 1:18; notas—Lc. 2:21.

[4] (2:13-14) ***Ángeles:*** la espectacular aparición de las huestes celestiales. La palabra «hueste» significa un ejército de ángeles, «diez mil veces diez mil» (Dn. 7:10; cp. Sal. 68:17). O bien Dios le dio a los pastores una visión especial del mundo y de la dimensión espiritual, o bien hizo que la dimensión espiritual apareciera ante sus ojos físicos. Note que los ángeles hicieron dos cosas.

1. Dieron voces a la gloria de Dios...
   - que es el Ser supremo.
   - que habita en el mayor de los reinos, en el cielo mismo.

2. Clamaron por paz, por buena voluntad hacia los hombres. Con paz se quiere decir la paz de la reconciliación, la buena voluntad entre Dios y el hombre. Era preciso resolver la alienación y separación, la lucha y división, la inquietud y el temor causados por el pecado. La hueste celestial alababa a Dios porque esa alienación y separación ahora sería resuelta con el nacimiento del «Salvador, que es Cristo el Señor».

> **«Y por medio de él reconciliar consigo todas las cosas, así las que están en la tierra como las que están en los cielos, haciendo la paz mediante la sangre de su cruz» (Col. 1:20).**

[5] (2:15-18) ***Pastores:*** los pastores que con gran excitación buscaban evidencias. Note cuán excitados estaban.

1. Inmediatamente decidieron hacer la visita, «se dijeron unos a otros: Pasemos, pues ...»

2. Se *apresuraron* para ver por sí mismos lo ocurrido. En estas palabras hay un sentido de extrema urgencia. Actuaron de prisa, se apuraron, corrieron. Sintieron una urgencia de actuar, y de actuar en seguida. No perdieron tiempo. Note que hallaron al niño tal como el ángel lo había dicho.

3. Compartieron el mensaje. Primero tuvieron la experiencia de ver ellos mismos al niño, luego compartieron su experiencia dondequiera que iban. Fueron los primeros en dar testimonio del Salvador del mundo.

4. Causaron asombro en la gente. Note que no se dice nada de que estos oyentes buscaran al niño. Sencillamente se asombraron ante lo que oían; nunca respondieron no se movieron por encontrarlo ellos mismos.

[6] (2:19) ***María—humildad—confianza:*** la atónita madre. La madre que ponderaba todas estas cosas. Este es un hermoso cuadro de un corazón humilde, lleno de confianza. Se le había dicho a María que su hijo era de Dios, realmente de Dios. Ella, más que todos los otros, sabía que el Mesías el propio Hijo de Dios, había venido. Había pasado por tantas cosas: el embarazo, el hecho de ser soltera; la posibilidad de ser descubierta y cubierta de rumores y más rumores; las discusiones con José y con los propios padres; el largo viaje desde Nazaret; el agotamiento de dar a luz en un oloriento establo sin ayuda; la visita de los rudos pastores con una historia increíble sobre las huestes celestiales proclamando y alabando a Dios. María estaba tan cansada, tan agotada y exhausta como una persona podía estar. Eran tantas las cosas que habían ocurrido, y ella era el centro mismo de todas ellas. Nadie podía ni aún comenzar a conocer los pensamientos que habían llenado su mente durante nueve meses, ni podía nadie conocer los sentimientos y las emociones de su experiencia. El asombro, la maravilla, la impactante realidad eran demasiado para hablar de ello. Lo único que pudo hacer era continuar en la humilde dulzura que la había caracterizado tanto durante los meses anteriores. Sencillamente volvió a inclinarse en humilde adoración ante Dios confiando silenciosamente todas estas cosas a Él. Ella guardó silencio, solamente ponderando en su corazón lo que estaba ocurriendo.

[7] (2:20) ***Pastores:*** pastores, hombres comunes e irreligiosos, adorando a Dios.

1. Los pastores habían difundido el mensaje, pero note un hecho sorprendente. Solo los pastores alababan a Dios. No se ve a nadie más buscando y alabando al Salvador.

2. Los pastores alaban a Dios por lo que habían *oído* y *visto.* Dios les había hablado y ellos habían recibido el mensaje. Obedecieron las instrucciones de Dios de buscar al Mesías; por eso tuvieron el privilegio de ver al Mesías. Tenían motivos para alabar a Dios. (¿Cuántos oyen y ven, y sin embargo, nunca responden ni alaban a Dios?)

> **«Porque yo sé los pensamientos que tengo acerca de vosotros, dice Jehová, pensamientos de paz, y no de mal, para daros el fin que esperáis. Entonces me invocaréis, y vendréis y oraréis a mí, y yo os oiré; y me buscaréis y me hallaréis, porque me buscaréis de todo vuestro corazón» (Jer. 29:12-13).**

[8] (2:21) ***Jesucristo, nombre:*** el nombramiento inusual del niño. Dios mismo le puso el nombre al niño.

1. Dios le había dado nombre antes de ser concebido (Lc. 1:31).

2. El nombre Jesús (*iesous*) significa Salvador, o el que salvará. La forma hebrea del nombre es *Joshua* que significa *Jehová es salvación.*

> **«Porque esto es bueno y agradable delante de Dios nuestro Salvador, el que quiere que todos los hombres sean salvos y vengan al conocimiento de la verdad. Porque hay un solo Dios, y un solo mediador entre Dios y los hombres, Jesucristo hombre, el cual se dio a sí mismo en rescate por todos, de lo cual se dio testimonio a su debido tiempo» (1 Ti. 2:3-6).**
>
> **«Pero cuando se manifestó la bondad de Dios nuestro Salvador, y su amor para con los hombres, nos salvó no por obras de justicia que nosotros hubiésemos hecho, sino por su misericordia, por el lavamiento de la regeneración y por la renovación en el Espíritu Santo, el cual derramó en nosotros abundantemente por Jesucristo nuestro Salvador, para que, justificados por su gracia, viniésemos**

> **a ser herederos conforme a la esperanza de la vida eterna» (Tit. 3:4-7).**

9 (2:22-23) ***Jesucristo, cumple la ley:*** cumplimiento inesperado de las ceremonias legales. Hubo tres ceremonias legales cumplidas por Jesús.

1. La ceremonia de la *circuncisión* (*véase* Estudio a fondo 1—Fil. 3:3).
2. La ceremonia de la *purificación*. Esta era una ceremonia que María debía cumplir. Después del alumbramiento de un varón la madre era considerada impura durante cuarenta días (ochenta cuando nacía una niña). Podía atender su casa y cumplir con las actividades normales, pero no podía participar en ceremonias religiosas. Era religiosamente, es decir, ceremonialmente, impura. Después de los cuarenta u ochenta días, la mujer debía presentar una ofrenda en el templo (Lv. 12:1-8).
3. La ceremonia de la *dedicación* al Señor (v. 23; cp. Éx. 13:2, 12, 15; Lv. 27:6; Nm. 18:15-16). Cuando la familia vivía cerca de Jerusalén el varón era presentado (dedicado) en el templo.

¿Por qué tenía que sujetarse Jesús al cumplimiento legal de la ley? El no era un extraño para el pacto de Dios (circuncisión). El mismo había creado el pacto. No le faltaba dedicación (ceremonia de dedicación). El mismo era Dios, a quien todos los bebés eran presentados, sin embargo, estuvo sujeto a todos los requerimientos legales. ¿Por qué? Muy sencillamente porque ...

> **«... cuando vino el cumplimiento del tiempo, Dios envió a su Hijo, nacido de mujer y nacido bajo la ley, para que redimiese a los que estaban bajo la ley, a fin de que recibiésemos la adopción de hijos» (Gá. 4:4-5).**
>
> **«Por lo cual debía ser en todo semejante a sus hermanos, para venir a ser misericordioso y fiel sumo sacerdote en lo que a Dios se refiere, para expiar los pecados del pueblo. Pues en cuanto él mismo padeció siendo tentado, es poderoso para socorrer a los que son tentados» (He. 2:17-18).**
>
> **«No penséis que he venido para abrogar la ley o los profetas; no he venido para abrogar, sino para cumplir. Porque de cierto os digo que hasta que pasen el cielo y la tierra, ni una jota ni una tilde pasaré de la ley, hasta que todo se haya cumplido» (Mt. 5:17-18).**

ESTUDIO A FONDO 3

(2:22) ***Circuncisión:*** *véase* Estudio a fondo 1—Fil. 3:3.

10 (2:24) ***Ofrenda de los pobres:*** la decisión deliberada de Dios de que una familia pobre criara a su Hijo. Note que María ofreció dos palominos. Esta era la ofrenda de los pobres. De la gente rica se requería la ofrenda de un cordero y un palomino. Por eso, Dios escogió una familia pobre para criar a su Hijo, en un hogar común, carente de lujos.

> ***Pensamiento.*** No importa lo que tengamos que soportar en la vida, Cristo ya lo ha soportado, incluso la pobreza (*véase* nota 5—Lc. 2:40 para la discusión). Él conoce los sufrimientos que padecemos; por eso él puede fortalecernos y llevarnos a través del sufrimiento.
>
> > **«Porque no tenemos un sumo sacerdotes que no pueda compadecerse de nuestras debilidades, sino uno que fue tentado en todo según nuestra semejanza, pero sin pecado. Acerquémonos, pues, confiadamente al trono de la gracia, para alcanzar misericordia y hallar gracia para el oportuno socorro» (He. 4:15-16).**

	I. La profecía de Simeón: predicción de la vida y del final de Jesús, 2:25-35	29 Ahora, Señor, despides a tu siervo en paz, conforme a tu palabra;	a. Fuente de paz
		30 porque han visto mis ojos tu salvación,	b. Designado a ser la salvación de Dios
1 Simeón, un hombre que andaba con Dios	25 Y he aquí había en Jerusalén un hombre llamado Simeón,	31 la cual has preparado en presencia de todos los pueblos;	c. Preparado para todo el pueblo
a. Era justo y piadoso	y este hombre, justo y piadoso,	32 Luz para revelación a los gentiles,	d. Luz para los incrédulos
b. Esperaba el Mesías	esperaba la consolación de Israel;	y gloria de tu pueblo.	e. Gloria de los creyentes
c. Era guiado por el Espíritu Santo	y el Espíritu Santo estaba sobre él.	33 Y José y su madre estaban maravillados de todo lo que se decía de él.	f. Los padres se asombraron al oír las predicciones
d. Recibió una promesa inusual	26 Y le había sido revelado por el Espíritu Santo, que no vería la muerte antes que viese al Ungido del Señor.	34 Y los bendijo Simeón, y dijo a su madre María: He aquí, éste está puesto para caída y para levantamiento de muchos en Israel,	**3 El niño sería la causa de la caída y del levantamiento de muchos**
e. Vio y tuvo en sus brazos al Mesías	27 Y movido por el Espíritu, vino al templo. Y cuando los padres del niño lo trajeron al templo, para hacer por él conforme al rito de la ley,	y para señal que será contradicha	**4 El destino del niño estaba sellado**
		35 (y una espada traspasará tu misma alma),	a. Su destino: sufrir oposición y ser muerto
2 El niño era la salvación de Dios	28 él le tomó en su brazos, y bendijo a Dios, diciendo:	para que sean revelados los pensamientos de muchos corazones.	b. Su propósito: revelar los pensamientos del corazón del hombre

I. La profecía de Simeón: predicción de la vida y del final de Jesús, 2:25-35

(2:25-35) ***Introducción:*** había llegado el momento para que el niño fuese dedicado y ofrecido a Dios, para que Él lo guardase y cuidase. Los padres llevaron el niño al templo, y en alguna parte del templo se les presentó un hombre llamado Simeón. No se sabe quien era Simeón. Algunos piensan que era un sacerdote, pero las Escrituras no lo dicen. Todo lo que sabemos es lo que está registrado aquí. Era un hombre que amaba mucho a Dios, a tal punto que Dios pudo usarlo de una manera muy significativa. Usó a Simeón para proclamar el mayor de los mensajes de todos los tiempos: los eventos y el destino de la vida del niño Mesías.

1. Simeón, un hombre que andaba con Dios (vv. 25-27).
2. El niño era la salvación de Dios (vv. 28-33).
3. El niño sería la causa de la caída y del levantamiento de muchos (v. 34).
4. El destino del niño estaba sellado (vv. 34-35).

[1] (2:25-27) ***Simeón—dedicación:*** Simeón era un hombre que caminaba cerca de Dios. Tan cerca que Dios pudo usarlo de la manera más magnífica para alentar a José y María. Cinco cosas se dicen de su persona.

1. Simeón era un hombre justo y piadoso. La palabra «justo» significa recto, de buen comportamiento, viviendo como correspondía. Simeón era un hombre que trataba a los otros como correspondía: con justicia.

La palabra «piadoso» (*eulabes*) significa cauto y cuidadoso en relación con Dios. Significa reverencia para con Dios, piedad. Simeón era muy cuidadoso en su relación con Dios.

2. Simeón era un hombre que esperaba la venida del Mesías (*véase* Estudio a fondo 2—Mt. 1:18). Esto es lo que quiere decir «la consolación de Israel». Los creyentes fieles entre los judíos creían que Israel solamente hallaría consolación en el Mesías. Anhelaban y esperaban con toda esperanza y paciencia su llegada. José de Arimatea era otro ejemplo de alguien que «esperaba el reino de Dios» (Mr. 15:43).

Pensamiento 1. El mundo solo puede hallar consolación en el Cristo que viene.

> **«Porque la gracia de Dios se ha manifestado para salvación a todos los hombres, enseñándonos que, renunciando a la impiedad y a los deseos mundanos, vivamos en este siglo sobria, justa y piadosamente, aguardando la esperanza bienaventurada y la manifestación gloriosa de nuestro gran Dios y Salvador Jesucristo, quien se dio a sí mismo por nosotros para redimirnos de toda iniquidad y purificar para sí un pueblo propio, celoso de buenas obras» (Tit. 2:11-14).**

Pensamiento 2. Los creyentes deben esperar al Mesías, con toda esperanza y paciencia aguardando su retorno (cp. 2 P. 3:3-18).

3. Simeón era un hombre guiado por el Santo Espíritu. Aparentemente la idea es que el Espíritu estaba continuamente sobre él. En la mayoría de los casos del Antiguo Testamento el Espíritu solamente venía sobre los hombres para servicios especiales. No dice que el Espíritu estuviera continuamente sobre ellos; sin embargo, todo parece indicar que el Espíritu descansaba continuamente sobre Simeón. Esto demuestra cuán cerca de Dios vivía Simeón. Seguramente fue una persona muy, muy especial, un hombre a cuyo corazón Dios era muy querido y a quien Dios tenía muy cerca de su corazón.

4. Simeón era una persona que había recibido una promesa inusual. Aparentemente, Simeón estudiaba constantemente las Escrituras, buscando particularmente las profecías concernientes a la venida del Mesías (1 P. 1:10). En algún momento el Espíritu Santo le reveló que no moriría antes de ver al Mesías. ¡Imagínese cuán cerca debe haber vivido Simeón de Dios! Indudablemente era una persona muy especial para Dios.

5. Simeón fue un hombre que vio y tuvo en sus brazos al Mesías. Note que Simeón nuevamente fue guiado por el Espíritu; fue llevado al templo. Este era el día que tanto había esperado y anhelado, el día en que vería y tendría en sus brazos al Mesías.

El primogénito siempre era llevado al templo para ser dedicado al Señor. Simeón vio inmediatamente que este niño era diferente a todos los otros; reconoció que el niño era el niño—Cristo. Lo tomó en sus brazos y proclamó que Él era el Mesías largamente esperado.

Pensamiento. Lo notable acerca de Simeón es su andar cercano a Dios. Es un ejemplo dinámico de *vigorosa dedicación.* Debido a su *vigorosa dedicación,* Dios pudo bendecir a Simeón más allá de lo imaginable.

«Amad a Jehová, todos vosotros sus santos; a los fieles guarda Jehová, y paga abundantemente al que procede con soberbia» (Sal. 31:23).

«Por tanto, ceñid los lomos de vuestro entendimiento, sed sobrios, y esperad por completo en la gracia que se os traerá cuando Jesucristo sea manifiesto» (1 P. 1:8).

«Presentándote tú en todo como ejemplo de buenas obras; en la enseñanza mostrando integridad, seriedad» (Tit. 2:7).

«Conservaos en el amor de Dios, esperando la misericordia de nuestro Señor Jesucristo para vida eterna» (Jud. 21).

Yo conozco tus obras, y amor, y fe, y servicio, y tu paciencia, y que tus obras postreras son más que las primeras» (Ap. 2:19).

2 (2:28-33) ***Salvación—Jesucristo, vida y destino:*** el niño era la salvación de Dios. Cuando Simeón hubo abrazado al Mesías, prorrumpió en un cántico. El cántico es llamado *Nunc Dimittis,* basado en las palabras iniciales del cántico en latín. Note varios temas.

1. El niño era la salvación de Dios; Él sería la fuente de paz para el mundo. Simeón había visto y tenido en sus brazos al Mesías, la salvación de Dios. Por eso, ahora podía morir en paz. Note que creía y confiaba en Dios; en todas las promesas de Dios. Alabó a Dios por cumplir su Palabra, «conforme a tu palabra». Por la fidelidad de Dios ahora estaba listo para morir. Sabía que seguiría viviendo por siempre con sus padres. (*Véase* nota—Jn. 14:27).

«La paz os dejo, mi paz os doy; yo no la doy como el mundo la da. No se turbe vuestro corazón, ni tenga miedo» (Jn. 14:27).

«Estas cosas os he hablado para que en mí tengáis paz. En el mundo tendréis aflicción; pero confiad, yo he vencido al mundo» (Jn. 16:33).

2. El niño era el designado para ser la salvación de Dios. Fue designado y preparado en «el determinado consejo y anticipado conocimiento de Dios» (Hch. 2:23). Note también que esta era la confesión de Simeón. Confesó que el niño era la salvación de Dios.

Pensamiento 1. Toda persona debe confesar que el niño Jesús es la salvación de Dios; aquel por medio de quien Dios salva el mundo.

«A cualquiera, pues, que me confiese delante de los hombres, yo también le confesaré delante de mi Padre que está en los cielos» (Mt. 10:32).

«Todo aquel que confiese que Jesús es el Hijo de Dios, Dios permanece en él, y él en Dios» (1 Jn. 4:15).

3. El niño fue preparado para todos los pueblos. Simeón vio que la salvación de Dios no era para un pueblo determinado, o nación o grupo. El Mesías había venido para salvar a todos los hombres. Ahora cualquier persona podía ser salvada, no importaba quien era, o qué había hecho. Los prejuicios y el favoritismo son desconocidos por Dios. Dios no quiere que nadie perezca.

«Porque no me avergüenzo del evangelio, porque es poder de Dios para salvación a todo aquel que cree; al judío primeramente, y también al griego» (Ro. 1:16).

«El Señor no retarda su promesa, según algunos la tienen por tardanza, sino que es paciente para con nosotros, no queriendo que ninguno perezca, sino que todos procedan al arrepentimiento» (2 P. 3:9).

4. El niño, la salvación de Dios, sería la luz de los gentiles, de los incrédulos del mundo. El niño vino para ser la luz del mundo. Esto simplemente significa que vino para ser la revelación de Dios, para revelar el camino, la verdad y la vida a los hombres (*véase* nota—Lc. 1:76-79).

«Jesús le dijo: Yo soy el camino, y la verdad, y la vida; nadie viene al Padre, sino por mí» (Jn. 14:6).

«Otra vez Jesús les habló, diciendo: Yo soy la luz del mundo; el que me sigue, no andará en tinieblas, sino que tendrá la luz de la vida» (Jn. 8:12).

5. El niño, la salvación de Dios, sería la gloria de Israel, de los verdaderos creyentes. El Mesías sería la gloria de todos los israelitas (judíos) que realmente creyeran. En efecto, Él sería la gloria de todos los que creyeren, cualquiera fuese su nacionalidad. El motivo lo dan claramente las Escrituras.

a. El creyente es justificado.

«En Jehová será justificada y se gloriará toda la descendencia de Israel» (Is. 45:25).

b. El creyente es salvado para vivir eternamente con Dios.

«En vez de estar abandonada y aborrecida, tanto que nadie pasaba por ti, haré que seas una gloria eterna, el gozo de todos los siglos ... Nunca más se oirá en tu tierra violencia, destrucción ni quebrantamiento en tu territorio, sino que a tus muros llamarás Salvación, y a tus puertas Alabanza. El sol nunca más te servirá de luz para el día, ni el resplandor de la luna te alumbrará, sino que Jehová te será por luz perpetua, y el Dios tuyo por gloria» (Is. 60:15, 18-19).

6. Los padres se maravillaron ante estas predicciones. Eran predicciones que asombrarían a cualquiera, sin embargo fueron dadas por un motivo adicional. José y María necesitaban ser afirmados en su seguridad y alentados. La necesidad de ellos no era sino natural. Imagínese todo lo que habían pasado y lo que todavía pasarían por causa del niño (*véanse* nota—Lc.2:7; Estudio a fondo 1—2:40; Mt.1:18-25). Dios se ocupó de que fuesen fortalecidos en esta experiencia.

3 (2:34) ***Jesucristo, persona; obra—decisión:*** el niño sería la causa de la caída y el levantamiento de muchos. El niño sería lo que las Escrituras llaman piedra de tropiezo y la principal piedra angular.

Muchos tropezarían y caerían por su causa. Serían aquellos que no le prestarían atención ni lo buscarían, estudiarían, preferirían, escogerían, creerían, o confiarían en su salvación. Sencillamente escogerían un camino diferente a Dios. Por eso tropezarían y caerían sobre Él, así como tropezarían con una piedra en su camino.

Muchos se levantarían por su causa. Ellos notarían, escogerían y creerían en Él y en su salvación. Por eso Él se convertiría en el fundamento de ellos, en su piedra angular.

Pensamiento. Decisivamente, Jesucristo lleva a cada persona a tomar una decisión. El hombre, o bien rechaza al Mesías, la salvación de Dios, y cae (eternamente), o bien lo acepta y se levanta (eternamente). (*Véanse* Estudio a fondo 7, ***Jesucristo, la piedra***—Mt. 21:42; Estudio a fondo 9—21:44 para mayor discusión.)

«A Jehová de los ejércitos, a él santificad; sea él vuestro temor, y él sea vuestro miedo. Entonces él será por santuario; pero a las dos casas de Israel, por piedra para tropezar, y por tropezadero para caer, y por lazo y por red al morador de Jerusalén. Y muchos tropezarán entre ellos, y caerá, y serán quebrantados; y se enredarán y serán apresados» (Is. 8:15).

«Para vosotros, pues, los que creéis, él es precioso; pero para los que no creen, la piedra que los edificadores desecharon, ha venido a ser la cabeza del

ángulo; y: Piedra de tropiezo, y roca que hace caer, porque tropiezan en la palabra, siendo desobedientes; a lo cual fueron también destinados» (1 P. 2:7-8).

4 (2:34-35) ***Jesucristo, muerte—humanismo:*** el destino del niño estaba sellado. El niño sería objeto de oposición y enventualmente sería muerto. Sería la «señal que será contradicha».

> ***Pensamiento 1.*** Cristo sería tanto la señal del amor de Dios como del juicio de Dios. Es esto ante lo cual reaccionan los hombres. Los hombres quieren un dios que solamente les de las leyes y la moralidad suficientes para mantener ordenada la sociedad. Quieren un dios que les permita vivir como ellos quieren, no un Dios que demanda completa negación propia y obediencia (*véanse* nota, ptos. 2-4—Lc. 9:23). *Quieren un dios de amor indulgente, no de amor sacrificial; un dios de licencias y no de un amor que establece demandas.* Por eso, cuando Cristo es presentado a los hombres como el Mesías del amor que se niega a sí mismo, y de la obediencia, ellos reaccionan. ¿Por qué? Porque si le desobedecen y fracasan en cuanto a vivir sacrificadamente, acarrean juicio sobre sí mismos.
>
> ***Pensamiento 2.*** En toda sociedad, Cristo y sus seguidores genuinos son *contradichos* con rechazo y persecución de diversa intensidad. La *contradicción* abarca desde el ignorarlos sencillamente hasta matarlos (martirio). Hay...
>
> - ignorancia
> - encarcelamiento
> - burla
> - asesinatos
> - abuso
> - persecuciones
> - odio
> - vituperios

Note las palabras dichas a María, «y una espada traspasará tu misma alma». Esto es en referencia al dolor que experimentaría junto a la cruz, viendo a su Hijo, el único Hijo de Dios, rechazado y muerto por los hombres (cp. Jn. 19:25-27).

Note también el propósito de la muerte del niño: para revelar los pensamientos del corazón del hombre.

> ***Pensamiento.*** O bien el hombre ve el amor de Dios y se rinde a la gracia salvadora de Dios, o, de lo contrario, ve la cruz como algo repulsivo y rechaza la gracia de Dios. O bien ve a Cristo muriendo por sus pecados, recibiendo el perdón de Dios ofrecido en la cruz, o, de lo contrario, se rehusa a pensar en su pecado interior apartándose del perdón de la cruz (*véase* nota, ptos. 2-4—Mt. 16:21-23).
>
> **«Porque la palabra de la cruz es locura a los que se pierden; pero a los que se salvan, esto es, a nosotros, es poder de Dios» (1 Co. 1:18).**
>
> **«¿O menosprecias las riquezas de su benignidad, paciencia y longanimidad, ignorando que su benignidad te guía al arrepentimiento?» (Ro. 2:4).**
>
> **«Por tanto, como la lengua del fuego consume el rastrojo, y la llama devora la paja, así será su raíz como podredumbre, y su flor se desvanecerá como polvo; porque desecharon la ley de Jehová de los ejércitos, y abominaron la palabra del Santo de Israel» (Is. 5:24).**
>
> **¿A quién hablaré y amonestaré, para que oigan? He aquí que sus oídos son incircuncisos, y no pueden escuchar; he aquí que la palabra de Jehová les es cosa vergonzosa, no la aman» (Jer. 6:10).**
>
> **«Los sabios se avergonzaron, se espantaron y fueron consternados; he aquí que aborrecieron la palabra de Jehová; ¿y qué sabiduría tienen?» (Jer. 8:9).**
>
> **«Y pusieron su corazón como diamante, para no oír la ley ni las palabras que Jehová de los ejércitos enviaba por su Espíritu, por medio de los profetas primeros; vino, por tanto, gran enojo de parte de Jehová de los ejércitos» (Zac. 7:12).**

1 Era una profetisa **2 A lo largo de muchos, años nunca perdió la esperanza** **3 Nunca sintió amargura en vista del dolor**	**J. Alabanza de Ana: el niño Jesús es alabado por una profetisa, 2:36-38** 36 Estaba también allí Ana, profetisa, hija de Fanuel, de la tribu de Aser, de edad muy avanzaba, pues había vivido con su marido siete años desde su virginidad,	37 y era viuda hacía ochenta y cuatro años; y no se apartaba del templo, sirviendo de noche y de día con ayunos y oraciones. 38 Esta, presentándose en la misma hora, daba gracias a Dios, y hablaba del niño a todos los que esperaban la redención en Jerusalén.	**4 Nunca dejó de adorar, ni de día ni de noche** **5 Reconoció al instante al niño y dio gracias** **6 Compartió el mensaje con todos los creyentes**

J. Alabanza de Ana: el niño Jesús es alabado por una profetisa, 2:36-38

(2:36-38) ***Introducción:*** nada se sabe de Ana excepto lo que dice aquí. Era hija de Fanuel. Aparentemente, el nombre de su padre provenía del lugar llamado Fanuel, el lugar donde Jacob luchó con Dios cara a cara (Gn. 32:24-30). El nombre de Ana significa llena de gracia. Aparentemente había sido una persona de enorme devoción, alguien que vivía como si estuviera cara a cara con Dios, recibiendo constantemente la gracia de Dios y compartiendo su gracia con otros. Ella sabía que era descendiente de la tribu de Aser.

Un hombre, Simeón, acababa de dar testimonio del niño Jesús como la Salvación de Dios. Ahora una mujer, Ana, dio el mismo testimonio. Tanto hombres como mujeres reconocieron que el niño era el Mesías, la salvación de Dios. Tanto hombres como mujeres de todas las generaciones son urgidos a esperar en Él para su salvación. Jesús es nuestra esperanza.

1. Era una profetisa (v. 36).
2. A lo largo de muchos años nunca perdió la esperanza (v. 36).
3. Nunca sintió amargura en vista del dolor (v. 36).
4. Nunca dejó de adorar, ni de día ni de noche (v. 37).
5. Reconoció al instante al niño y dio gracias (v. 38).
6. Compartió el mensaje con todos los creyentes (v. 38).

[1] (2:36) ***Profetisa:*** Ana era una profetisa. Esto era algo extremadamente inusual. Durante aproximadamente trescientos años no hubo profeta en Israel, sin embargo, se ve que Dios había levantado un profeta, que era mujer. Las mujeres líderes eran muy escasas en aquellos días. Aparentemente era una persona muy especial, alguien que esperaba en Dios con todo su ser (cp. v. 37).

Evidentemente, desde el punto de vista espiritual, estaba a la par de otras santas mujeres usadas por Dios a lo largo de las Escrituras tales como Miriam, Ana, y Débora. Como profetisa estaba constantemente estudiando la Palabra de Dios a efectos de ser aprobada por Dios y proclamar las insondables riquezas de su gracia (cp. 2 Ti. 2:15; 4:2). El tema es que la esperanza de Ana estaba puesta en Dios; por eso Dios la bendijo en gran manera. Dios siempre bendecirá a la persona que espera en Él.

«Esforzaos todos vosotros los que esperáis en Jehová, y tome aliento vuestro corazón» (Sal. 31:24).

«He aquí el ojo de Jehová sobre los que le temen, sobre los que esperan en su misericordia» (Sal. 33:18).

«Y ahora, Señor, ¿qué esperaré? Mi esperanza está en ti» (Sal. 39:7).

«Jehová, no retengas de mí tus misericordia; tu misericordia y tu verdad me guarden siempre» (Sal. 42:11).

«Porque tú, oh Jehová, eres mi esperanza, seguridad mía desde mi juventud» (Sal. 71:5).

«Muestra tus maravillosas misericordias, tú que salvas a los que se refugian a tu diestra, de los que se levantan contra ellos» (Sal. 17:7).

[2] (2:36) ***Constancia—perseverancia:*** a lo largo de muchos, muchos años, Ana nunca perdió la esperanza. Tenía aproximadamente ochenta y cuatro años (v. 37), pero todavía creía y esperaba al Mesías. Aún esperaba la salvación que Dios iba a enviar al mundo. Nunca dejó de creer, sino que permaneció firme, perseverando hasta el fin.

«Y muchos falsos profetas se levantarán, y engañarán a muchos; y por haberse multiplicado la maldad, el amor de muchos se enfriará. Mas el que persevere hasta el fin, éste será salvo» (Mt. 24:12-13).

«Como el Padre me ha amado, así también yo os he amado; permaneced en mi amor» (Jn. 15:9).

«No nos cansemos, pues, de hacer el bien; porque a su tiempo segaremos, si no desmayamos» (Gá. 6:9).

«He aquí, tenemos por bienaventurados a los que sufren. Habéis oído de la paciencia de Job, y habéis visto el fin del Señor, que el Señor es muy misericordioso y compasivo» (Stg. 5:11).

«He aquí, yo vengo pronto; retén lo que tienes, para que ninguno tome tu corona» (Ap. 3:11).

[3] (2:36) ***Dedicación—tristeza—viuda:*** Ana nunca se llenó de amargura ante la tristeza. A temprana edad había estado casada y solamente había vivido siete años con su esposo cuando éste murió. Ella siguió en su condición de viuda pero libre de amargura y desilusión. Por su convicción, la convicción de que su vida pertenecía a Dios, nunca volvió a casarse. Antes de morir su esposo, ella estaba entregada a él; y, según lo que dice este pasaje, necesariamente había sido una esposa ideal. Al morir su esposo aparentemente ella lo entendió como señal de que Dios quería que le dedicara la totalidad de su vida. Por eso se dedicó a servir a Dios, y solamente a Dios por el resto de su vida. Ella puso su esperanza en Dios y solamente en Él.

«Digo, pues, a los solteros y a las viudas, que bueno les fuera quedarse como yo» (1 Co. 7:8).

«Pero esto digo, hermanos: que el tiempo es corto; resta, pues, que los que tienen esposa sean como si no la tuviesen; y los que lloran como si no llorasen; y los que se alegran, como si no se alegrasen; y los que compran, como si no poseyesen; y los que disfrutan de este mundo, como si no lo disfrutasen; porque la apariencia de este mundo se pasa. Quisiera, pues, que estuviéseis sin congoja. El soltero tiene cuidado de las cosas del Señor, de cómo agradar al Señor; pero el casado tiene cuidado de las cosas del mundo, de cómo agradar a su mujer. Hay asimismo diferencia entre la casada y la doncella. La doncella tiene cuidado de las cosas del Señor, para ser santa así en cuerpo como en espíritu; pero la casada tiene cuidado de las cosas del mundo, de cómo agradar a su marido. Esto lo digo para vuestro provecho; no para tenderos lazo, sino para lo honesto y decente, y para que sin impedimento os acerquéis al Señor» (1 Co. 7:29-35).

Note en particular las palabras, «para que sin impedimento os acerquéis [concentréis] al Señor».

[4] (2:37) ***Devoción—adoración:*** Ana nunca dejaba de adorar, ni de día ni de noche. Esta es una afirmación fenomenal; nunca dejaba el templo, sino que servía «de noche y de día con ayunos

y oraciones». Esto, o bien significa que se le había asignado algún tipo de habitación en el templo, o bien ella iba a adorar cada día sin faltar a ningún servicio (cp. Lc. 24:53). Ana era una mujer piadosa, una mujer para quien Dios era todo. Estaba totalmente entregada a Él, rendida completamente a Él, esperando en Él y solamente en Él. Note dos cosas.

1. Los ayunos y oraciones indican que era extremadamente disciplinada, teniendo la constancia en las devociones que a tantas personas les falta.

2. Ayunaba y oraba de día y de noche a pesar de su avanzada edad de ochenta y cuatro años. Al avanzar en edad no se había entregado a la carne, comiendo de más, durmiendo de más, teniendo gratificaciones inmorales, o actividades sin sentido que son pérdida de tiempo. Ella se entregó a servir y esperar en Dios, orando y dando testimonio como sierva suya.

> **«Buscad a Jehová y su poder; buscad su rostro continuamente» (1 Cr. 16:11).**
>
> **«También les refirió una parábola sobre la necesidad de orar siempre, y no desmayar» (Lc. 18:1; cp. Ef. 6:18; 1 Ts. 5:17).**
>
> **«Sino santificad a Dios el Señor en vuestros corazones, y estad siempre preparados para presentar defensa con mansedumbre y reverencia ante todo el que os demande razón de la esperanza que hay en vosotros» (1 P. 3:15).**
>
> **«Vosotros sois mis testigos, dice Jehová, mi siervo que yo escogí, para que me conozcáis y me creáis, y entendáis que yo mismo soy; antes de mí no fue formado Dios, ni lo será después de mi» (Is. 43:10).**

[5] (2:38) ***Jesucristo, salvador—redentor:*** Ana reconoció instantáneamente al niño y dio gracias. Ella era sierva del Señor, de manera que el Señor la guiaba paso a paso. Cuidaba de ella, se ocupaba de su bienestar. Pertenecía de tal manera a Dios que Dios la podía guiar a cada paso. Dios se ocupó de que sus caminos se cruzaran con los del niño Mesías. El niño cuidaba las esperanzas de ella. Note que ella llegó en el momento preciso en que Jesús estaba en el templo, e inmediatamente ella comenzó a dar gracias a Dios por el niño Cristo. ¿Cuál es el mensaje de su gratitud? Redención. Es por la redención que ella alabó a Dios. El niño era el Mesías que había de redimir al pueblo (*véase* nota, pts. 1, 2, 3—Lc. 2:28-33. *Véase* nota—Ef. 1:7.) Ana dio gracias tal como lo había hecho Simeón. Profetizó y proclamó el mismo mensaje: el niño Jesús es la gloriosa esperanza de redención del hombre.

> **«Redención ha enviado a su pueblo; para siempre ha ordenado su pacto; santo y temible es su nombre» (Sal. 111:9).**
>
> **«Espere Israel a Jehová, porque en Jehová hay misericordia, y abundante redención con él» (Sal. 130:7).**
>
> **«Ahora, así dice Jehová, Creador tuyo, oh Jacob, y Formador tuyo, oh Israel: No temas, porque yo te redimí; te puse nombre, mío eres tú» (Is. 43:1).**
>
> **«Siendo justificados gratuitamente por su gracia, mediante la redención que es en Cristo Jesús» (Ro. 3:24).**
>
> **«Mas por él estáis vosotros en Cristo Jesús, el cual nos ha sido hecho por Dios sabiduría, justificación, santificación y redención» (1 Co. 1:30).**
>
> **«Cristo nos redimió de la maldición de la ley, hecho por nosotros maldición (porque está escrito: Maldito todo aquel que es colgado en un madero)» (Gá. 3:13).**
>
> **«En quien tenemos redención por su sangre, el perdón de pecados según las riquezas de su gracia» (Ef. 1:7; cp. Col. 1:14).**
>
> **«Quien se dio a sí mismo por nosotros para redimirnos de toda iniquidad y purificar para sí un pueblo propio, celoso de buenas obras» (Tit. 2:14).**
>
> **«Y no por sangre de machos cabríos ni de becerros, sino por su propia sangre, entró una vez para siempre en el Lugar Santísimo, habiendo obtenido eterna redención» (He. 9:12).**
>
> **«Y cantaban un nuevo cántico, diciendo: digno eres de tomar el libro y de abrir sus sellos; porque tú fuiste inmolado, y con tu sangre nos has redimido para Dios, de todo linaje y lengua y pueblo y nación» (Ap. 5:9).**

[6] (2:38) ***Testificando:*** Ana compartió el mensaje con todos los creyentes. Ella conocía a otros que esperaban la venida del Mesías, de modo que con ellos compartió las gloriosas nuevas (*véase* Estudio a fondo 2—Mt. 1:18). Había visto al niño Mesías, la salvación de Dios, la esperanza gloriosa de todos los hombres.

> **«Díganlo los redimidos de Jehová, los que ha redimido del poder del enemigo» (Sal. 107:2).**
>
> **«Lo que has oído de mí ante muchos testigos, esto encarga a hombres fieles que sean idóneos para enseñar también a otros» (2 Ti. 2:2).**
>
> **«Por tanto, id, y haced discípulos a todas la naciones, bautizándolos en el nombre del Padre, y del Hijo, y del Espíritu Santo; enseñándoles que guarden todas las cosas que os he mandado; y he aquí yo estoy con vosotros todos los días hasta el fin del mundo» (Mt. 28:19-20).**

	K. El crecimiento de Jesús en su niñez, 2:39-40
1 Sus padres lo guiaron a cumplir con la ley **2 Fue criado en Nazaret** EF1 **3 Creció como niño: física, espiritual y mentalmente** **4 Poseía la gracia de Dios**	39 Después de haber cumplido con todo lo prescrito en la ley del Señor, volvieron a Galilea, a su ciudad de Nazaret. 40 Y el niño crecía y se fortalecía, y se llenaba de sabiduría; y la gracia de Dios era sobre él.

K. El crecimiento de Jesús en su niñez, 2:39-40

(2:39-40) ***Introducción:*** el crecimiento de Jesús en su niñez es relatado con sencillez. Lo que dice es significativo y aplicable a la vida del lector reflexivo.

1. Sus padres lo guiaron a cumplir con la ley (v. 39).
2. Fue criado en Nazaret (v. 39).
3. Creció como niño: físicamente, espiritualmente y mentalmente (v. 40).
4. Poseía la gracia de Dios (v. 40).

1 (2:39) ***Jesucristo, cumplió la ley:*** los padres de Jesús los guiaron a cumplir con la ley. Note dos hechos significativos.

1. Dios envió a su Hijo al mundo para cumplir la ley, no para destruirla. Al guardar toda la ley, Jesús sería perfectamente justo, sería el *Hombre Ideal,* el Hombre que sería el *modelo* a seguir por todos los hombres. Otra forma de decir lo mismo es que Dios nos ha dado una vida perfecta que podemos seguir, no solamente letras escritas y palabras. Al cumplir la ley, y no fracasar en un solo detalle, Jesús llegó a ser el Hombre Perfecto, la Vida Ideal que los hombres deben imitar. Ahora los hombres deben mirar a Jesús, y seguirle, en vez de seguir la ley. Jesús ha cumplido la ley; por eso abarca e incluye con su vida a toda la ley *y aun más* (*véanse* notas—Mt. 5:17-18; Estudio a fondo 2—Ro. 8:3).

2. Para cumplir la ley, Jesús tuvo que cumplirla en cada una de sus reglas. Era preciso que cumpliese «toda justicia» (Mt. 3:15). Ahora note, al guardar toda la ley, Jesús estaba prediciendo simbólicamente lo que haría por el hombre pecador. Iba a alcanzar justicia y perfección cumpliendo la ley, convirtiéndose de esa manera en el Hombre Ideal. Como Hombre Ideal todo lo que hiciera cubriría a toda persona que le siguiese. El hombre que siguiese a Jesús sería cubierto por la justicia de Jesús (perfección), por su muerte, por su resurrección y por su ascensión. El hombre que realmente confía en Cristo para ser cubierto por su justicia, será cubierto por su justicia.

Estos son los motivos por los que Dios llevó a María y José a cumplir con toda la ley por el niño Mesías (*véanse* también notas—Lc. 2:22-23; Estudio a fondo 3—Mt. 8:20 para mayor discusión).

> **«Pero Jesús le respondió: Deja ahora, porque así conviene que cumplamos toda justicia. Entonces le dejó» (Mt. 3:15).**
>
> **«No penséis que he venido para abrogar la ley o los profetas; no he venido para abrogar, sino para cumplir» (Mt. 5:17).**
>
> **«¿Quién es el que condenará? Cristo es el que murió; más aun, el que también resucitó, el que además está a la diestra de Dios, el que también intercede por nosotros» (Ro. 8:34).**
>
> **«Porque por cuanto la muerte entró por un hombre, también por un hombre la resurrección de los muertos» (1 Co. 15:21).**

2 (2:39) ***Jesucristo, niñez—Nazaret:*** Jesús fue criado en Nazaret.

1. Lucas simplemente dice que después de la dedicación de Jesús en el templo, sus padres volvieron a Nazaret. No hay mención del relato de Mateo...

- de su retorno a Belén donde lo visitaron los sabios (Mt. 2:1-12).
- de su huida a Egipto (Mt. 2:13-15).
- de la matanza de niños ordenada por Herodes (Mt. 2:16-18).
- de la amenaza de Arquelao (Mt. 2:19-22).

2. Nazaret era un lugar ideal para la crianza del niño Mesías (*véase* Estudio a fondo 1, ***Nazaret***—Lc. 2:39 para la discusión). Pero Nazaret era un lugar oscuro, despreciado y reprochado por otra gente (cp. Jn. 1:46). Era un lugar humillante para ser criado. Por eso, como con el nacimiento de Jesús en un establo que era el lugar más despreciable, el Señor siguió identificándose con la gente que estaba en las más severas circunstancias. También supo lo que era haber nacido y haber sido criado en un lugar despreciable. Desde el comienzo mismo, *Él no tuvo reputación alguna* (Fil. 2:7).

> **«Sino que se despojó a sí mismo, tomando forma de siervo, hecho semejante a los hombres» (Fil. 2:7)**
>
> **«Porque ya conocéis la gracia de nuestro Señor Jesucristo, que por amor a vosotros se hizo pobre, siendo rico, para que vosotros con su pobreza fueseis enriquecidos» (2 Co. 8:9).**
>
> **«Porque ni aun Cristo se agradó a sí mismo; antes bien, como está escrito: Los vituperios de los que te vituperaban, cayeron sobre mí» (Ro. 15:3).**

ESTUDIO A FONDO 1

(2:39) ***Nazaret:*** la ciudad de José y María y del mismo Jesús durante su niñez y juventud. El hecho de criarse en Nazaret tuvo al menos dos ventajas para Jesús.

1. Era una ciudad tranquila, pequeña, intrascendente; hecha para una comunidad pequeña, para un espíritu de vecinal y para la quieta contemplación.

2. También era una ciudad en contacto con la vida moderna y los eventos mundiales de aquel tiempo. Dos de las principales rutas del mundo antiguo pasaban, al alcance de la vista, por las colinas que rodeaban la ciudad; eran las rutas que unían sur y norte (desde Roma hasta Africa), y las rutas que unían las grandes ciudades del este y oeste. Uno puede imaginarse a Jesús sentado o parado en las colinas observando (tal vez teniendo contacto) a algunos de los viajeros y caravanas transitando aquellas rutas que atravesaban al mundo. Tuvo oportunidad de observar y estudiar la naturaleza y los tratos de personas de todo tipo y nacionalidad que usaban aquellas rutas principales. Con cuánta frecuencia le debe haber dolido el corazón y cuántas veces debe haber llorado por causa del mundo perdido necesitado de ser hallado.

3 (2:40) ***Jesucristo, infancia—humillación:*** Jesús creció como un niño, física, espiritual, y mentalmente.

1. La idea es que Jesús creció como niño normal. Pero

note las palabras adicionales: «y se *fortalecía* [*ekrataiouto*]» (un crecimiento vigoroso). No crecía simplemente en sabiduría, sino que se «llenaba de sabiduría» (*pleroumenon sophiai*). Dicho de manera sencilla, en cada etapa de su vida Jesús creía perfectamente.

- Crecía físicamente lo mejor que un cuerpo humano puede crecer (perfectamente bien, plenamente sano).
- «Se fortalecía», con toda la fuerza que un niño puede alcanzar.
- Se «llenaba de sabiduría», tanto como era posible para un niño.

Nunca un niño había sido, ni nunca será, de crecimiento perfecto en las diversas etapas de su niñez, en cambio el niño Jesús sí. Su crecimiento fue el mejor crecimiento posible de un niño; se *llenaba* perfectamente de todas las cualidades que llenan a un niño.

2. ¿Por qué vino Cristo al mundo como un niño y no como un hombre plenamente crecido? El primer hombre, Adán, estaba a la cabeza de la raza humana como representante natural del hombre, y fue creado como hombre maduro. ¿Por qué no fue así con Cristo, el segundo Adán? Él también fue enviado al mundo para estar a la cabeza de la raza humana, como representante espiritual del hombre. Pasar por las etapas del crecimiento de un bebé, y luego de un niño, y luego de adolescente fue una experiencia humillante. ¿Por qué sujetó Dios a su Hijo a tal humillación? Existen al menos dos motivos.

a. Era preciso que Cristo estableciera un vigoroso ejemplo para toda persona, no importa la edad, incluso para los niños. Atravesó la experiencia de ser un bebé indefenso, de *mente sencilla*, luego por la experiencia de ser un niño que depende de sus mayores, y luego la de ser un hombre independiente y responsable. El hecho mismo que el Hijo de Dios haya estado en niveles tan bajos es chocante para cualquier persona reflexiva. Es para todo hombre un ejemplo impactante de *humildad y sencillez mental.*

«Nada hagáis por contienda o por vanagloria; antes bien con humildad, estimando cada no a los demás como superiores a él mismo; no mirando cada uno por lo suyo propio, sino cada cual también por lo de los otros. Haya, pues, en vosotros este sentir que hubo también en Cristo Jesús, el cual siendo en forma de Dios, no estimó el ser igual a Dios como cosa a que aferrarse, sino que se despojó a sí mismo, tomando forma de siervo, hecho semejante a los hombres; y estando en la condición de hombre, se humilló a sí mismo, haciéndose obediente hasta la muerte, y muerte de cruz» (Fil. 2:3-8).

b. Cristo necesitaba demostrar una verdad llamativa a todos los hombres: ninguna persona puede entrar al cielo a menos que se humille como un pequeño hijo. No hay mejor manera de demostrar la lección que la del Hijo del Hombre que pasó por la experiencia humillante de hacerse niño antes de hacerse hombre.

«De cierto os digo, que si no os volvéis y os hacéis como niños, no entraréis en el reino de los cielos. Así que, cualquiera que se humille como este niño, ése es el mayor en el reino de los cielos» (Mt. 18:3-4).

c. Era preciso que Cristo experimentara cada situación, condición y prueba del hombre para llegar a ser aquel que *simpatiza perfectamente, el Salvador.* Por ese motivo pasó por las experiencias más humillantes posibles. Pasó por la experiencia de...

- ser nacido de una madre soltera (Mt. 1:18-19).
- haber nacido en un establo, en las peores condiciones (Lc. 2:7).
- ser nacido de padres pobres (Lc. 2:24).
- ver amenazada su vida de bebé (Mt. 2:13ss).
- ser la causa de inimaginable tristeza (Mt. 2:16ss).
- tener que ser llevado de un lugar a otro siendo bebé (Mt. 2:13ss).
- ser criado en un lugar despreciable, Nazaret (Lc. 2:39).
- quedar huérfano de padre en su juventud (*véase* nota, pto. 3—Mt. 13:53-58).
- tener que mantener a su madre y hermanos y hermanas (*véase* nota, pto. 3—Mt.13:53-58).
- no tener hogar, ni siquiera un lugar donde recostar su cabeza (Mt. 8:20; Lc. 9:58).
- ser odiado y rechazado por los religiosos (Mr. 14:1-2).
- ser culpado de enfermo mental (Mr. 3:21).
- ser culpado de endemoniado (Mr. 3:22).
- ser objeto de oposición por parte de su propia familia (Mr. 3:31-32).
- ser rechazado, aborrecido, y hecho objeto de oposición por parte de sus oyentes (Mt. 13:53-58; Lc. 4:28-29).
- ser traicionado por un amigo íntimo (Mr. 14:10-11, 18).
- ser dejado solo, rechazado y abandonado por todos sus amigos (Mr. 14:50).
- ser juzgado ante la corte suprema acusado de traición (Jn. 18:33)
- ser ejecutado por crucifixión, la peor de las muertes posibles (Jn. 19:16ss).

Note que cada una de estas experiencias alcanzan toda la profundidad de la humillación. Cristo estuvo en el nivel más profundo de la experiencia humana en cada condición, a efectos de llegar a ser aquel que *simpatiza perfectamente* (el Salvador) con todos. Ahora puede identificarse con las circunstancias de cualquier persona y sentir como ella.

«Porque ciertamente no socorrió a los ángeles, sino que socorrió a la descendencia de Abraham. Por lo cual debía ser en todo semejante a sus hermanos, para venir a ser misericordioso y fiel sumo sacerdote en lo que a Dios se refiere, para expiar los pecados del pueblo. Pues en cuanto él mismo padeció siendo tentado, es poderoso para socorrer a los que son tentados» (He. 2:18).

«Porque no tenemos un sumo sacerdote que no pueda compadecerse de nuestras debilidades, sino uno que fue tentado en todo según nuestra semejanza, pero sin pecado. Acerquémonos, pues, confiadamente al trono de la gracia, para alcanzar misericordia y hallar gracia para el oportuno socorro» (He. 4:15-16).

4 (2:40) ***Jesucristo, niñez—plenitud de la gracia de Dios:*** Jesús tenía la gracia de Dios (*charis theou*). La idea es que la gracia de Dios reposaba sobre Jesús en plenitud, sin carencia ni falencia alguna.

Jesús fue escogido para crecer perfectamente, sin carecer nada. Por eso, Dios lo cubrió con su gracia, con su favor. Dios lo favoreció cuidando de él y protegiéndolo perfectamente.

«Porque el que Dios envió, las palabras de Dios habla; pues Dios no da el Espíritu por medida» (Jn. 3:34).

«Mas por él estáis vosotros en Cristo Jesús, el cual nos ha sido hecho por Dios sabiduría, justificación, santificación y redención» (1 Co. 1:30).

	L. Jesús, como joven muchacho en el templo: el primer reconocimiento del carácter mesiánico de Jesús, 2:41-52
1 Su fidelidad en la adoración fue notable a. Fidelidad de los padres	41 Iban sus padres todos los años a Jerusalén en la fiesta de la pascua;
b. Los padres le enseñaron c. Año especial para Jesús: a la edad de doce se hizo hombre	42 y cuando tuvo doce años, subieron a Jerusalén conforme a la costumbre de la fiesta.
2 Su desarrollo social a. Sus padres partieron para el hogar b. Jesús no estaba en la caravana	43 Al regresar ellos, acabada la fiesta, se quedó el niño Jesús en Jerusalén, sin que lo supiesen José y su madre.
c. Sus padres creían que estaba con otros	44 Y pensando que estaba entre la compañía, anduvieron camino de un día; y le buscaban entre los parientes y los conocidos;
d. Sus padres volvieron para buscarlo	45 pero como no le hallaron, volvieron a Jerusalén buscándole.
3 Su conocimiento era sorprendente a. Escuchaba a los maestros b. Hacía preguntas	46 Y aconteció que tres días después le hallaron en el templo, sentado en medio de los doctores de la ley, oyéndoles y preguntándoles.
	47 Y todos los que le oían, se maravillaban de su inteligencia y de sus respuestas.
4 Sus padres malentendieron la misión de Jesús	48 Cuando le vieron, se sorprendieron; y le dijo su madre: Hijo, ¿por qué nos has hecho así? He aquí, tu padre y yo te hemos buscado con angustia.
5 El primer reconocimiento de su carácter mesiánico fue a temprana edad	49 Entonces él les dijo: ¿Por qué me buscábais? ¿No sabíais que en los negocios de mi Padre me es necesario estar? 50 Mas ellos no entendieron las palabras que les habló.
6 Su obediencia a sus padres fue importante	51 Y descendió con ellos, y volvió a Nazaret, y estaba sujeto a ellos. Y su madre guardaba todas estas cosas en su corazón.
7 Crecía en favor tanto para con Dios como para los hombres[EFI]	52 Y Jesús crecía en sabiduría y en estatura, y en gracia para con Dios y los hombres.

L. Jesús, como joven muchacho en el templo: el primer reconocimiento del carácter mesiánico de Jesús, 2:41-52

(2:41-52) ***Introducción:*** este es un pasaje extremadamente importante e interesante. Es el único pasaje referido a la niñez de Jesús. Es importante, porque nos revela el primer momento conocido, en que Jesús afirmó ser el Mesías. Las lecciones contenidas en este pasaje son insondables.

1. Su fidelidad en la adoración fue notable (vv. 41-42).
2. Su desarrollo social fue normal (vv. 43-45).
3. Su conocimiento era sorprendente (vv. 46-47).
4. Sus padres malentendieron la misión de Jesús (v. 48).
5. El primer reconocimiento de su carácter mesiánico fue a temprana edad (vv. 49-50).
6. Su obediencia a sus padres fue impactante (v. 51).
7. Crecía en favor tanto para con Dios como para los hombres (v. 52).

[1] (2:41-42) ***Adoración—Jesucristo, niñez:*** la fidelidad de Jesús en la adoración durante su infancia fue notable. Note varios temas.

1. Los padres de Jesús eran fieles en su adoración. El hecho es mencionado específicamente. Era la *costumbre* de ellos de guardar cada año la fiesta de la pascua. Todos los varones judíos que vivían en un radio de veinte millas de Jerusalén estaban obligados por ley a asistir al templo tres veces por año: en la pascua, en pentecostés, y en la fiesta de los tabernáculos (Éx. 23:14-17). Las mujeres estaban exceptuadas por la ley, pero si querían podían asistir. Note lo que María escogió hacer: ambos padres «Iban...todos los años a Jerusalén en la fiesta de la pascua». Ambos decidieron incondicionalmente ser fieles en su adoración.

2. Los padres de Jesús lo guiaron y le enseñaron a ser fiel en la adoración. No se dice específicamente que Jesús haya ido todos los años con sus padres a Jerusalén, pero es implícito que así lo hizo. Note las palabras «Iban su padres todos los años a ... la pascua». Era la costumbre de que «todos los que podían entender» en lo posible estuvieran presentes (Neh. 8:2).

Nota también su capacidad para discutir temas con las autoridades religiosas (vv. 46-47). Esto indica que los padres de Jesús le enseñaban continuamente, asegurándose que estuviera en la sinagoga adorando y aprendiendo en cada oportunidad. Dios había puesto al niño Jesús en las manos de ellos como un *depósito.* El niño pertenecía a Dios. Solamente les había confiado la tenencia del niño para que fuese cuidado y enseñado. Era responsabilidad de ellos que Él creciera física, mental y espiritualmente y que llegara a ser todo lo que podía llegar a ser. Los padres fueron fieles a su deber.

> ***Pensamiento.*** Qué ejemplo para todos los padres. Los niños no son sino un *depósito* que Dios confió a nuestras manos. Pertenecen a Dios, no a nosotros. Por eso tenemos que educar al niño de la manera que corresponde (Pr. 22:6).

3. Este fue un año muy especial para Jesús. Acababa de cumplir doce años. Cuando un varón judío llegaba a los trece años, se convertía en *hijo de la ley*, lo que significaba que en adelante era considerado hombre y se esperaba que en adelante guardase la ley. Se sugería que el niño fuese llevado uno o dos años antes a la pascua para familiarizarse con el templo y las fiestas. Cuando los principiantes de once y doce años llegaban lógicamente se les brindaba mucha atención e instrucción especial (vv. 46-47).

Pensamiento. Note dos temas cruciales.

1) Todo niño debe ser enseñado desde el principio mismo acerca de Dios y de la adoración, acerca del mundo y de la responsabilidad de una persona en Él.
2) Todo niño, al crecer, debe ser desafiado a convertirse en un «hijo de la ley», un hombre *delante de Dios,* responsable, haciendo su contribución al mundo; todo en el nombre del Señor.

«Y las repetirás a tus hijos, y hablarás de ellas estando en tu casa, y andando por el camino, y al acostarte, y cuando te levantes» (Dt. 6:7).

«Instruye al niño en su camino, y aun cuando fuere viejo no se apartará de él» (Pr. 22:6).

«Venid, hijos, oídme; el temor de Jehová os enseñaré» (Sal. 34:11).

[2] (2:43-45) ***Jesucristo, niñez:*** el desarrollo social de Jesús fue normal. Ello se deduce de lo que ocurrió en estos versículos. Los padres habían terminado con sus obligaciones de la adoración y estaban regresando a su hogar en Nazaret. Jesús se había quedado, pero sin saberlo ellos. Creían que estaba jugando y siendo social con otras familias y niños de la caravana. Las caravanas eran extensas y las rutas cubiertas por miles de peregrinos que dejaban la fiesta. De esto podemos inferir que Jesús era sociable y que se llevaba bien con la gente. El hecho mismo que los padres creyeran que estaba con otros, señala a un normal desarrollo social. Note que estaban tan seguros de que se encontraba con otros que hasta el anochecer no se preocuparon por Él (v. 44). Cuando no lo encontraron entre los parientes y amigos, volvieron a Jerusalén para buscarlo.

Pensamiento. El desarrollo social de un niño es importante. Hay que ayudar al niño y alentarlo, guiarlo y dirigirlo a jugar con otros. También hay que enseñarle cómo jugar y asociarse con otros. Se le debe enseñar...

- a ser paciente.
- a ser leal.
- a cuidar de otros.
- a ser pacífico.
- a amar.
- a ser amable.
- a ser generoso.
- a estar alegre.
- a ser disciplinado.
- a estar dispuesto a ayudar.

... a no ser jactancioso, vengativo, arrogante, egoísta, o fácilmente provocable.

[3] (2:46-47) ***Jesucristo, conocimiento de:*** el conocimiento de Jesús era sorprendente. Le llevó tres días a sus padres encontrarlo. Cuando lo encontraron estaba en el templo, en el recinto o salón donde tenían lugar las clases y discusiones entre los doctores de teología y religión. Era un lugar prominente, y era la costumbre dar clases y discusiones abiertas de manera que el público pudiera escuchar y aprender. El acento de Lucas en este punto es el sorprendente conocimiento de Jesús. Su conocimiento y entendimiento era fenomenal.

1. Jesús fue encontrado «en medio de los doctores». En aquel tiempo había algunos *doctores de religión* muy prominentes, hombres teológicamente muy capaces. Eran...

- Gamaliel, el gran maestro de Salo de Tarso.
- Hillel, uno de los maestros liberales más reverenciados, con un gran número de discípulos (*véase* Estudio a fondo 1—Mt. 19:1-12).
- Shammai, uno de los maestros conservadores más reverenciados que también tenía sus discípulos (*véase* Estudio a fondo 1—Mt. 19:1-12).
- Jonatán que parafraseaba los libros sagrados.
- Simeón que más tarde sucedería a Hillel.
- Nicodemo, tan reverenciado por sus pares, que fue enviado a entrevistar a solas a Jesús.

Probablemente alguno de estos eruditos estaba involucrado en la discusión con Jesús, porque las noticias acerca del joven y de su fenomenal entendimiento deben haber recorrido todos los salones del templo despertando la curiosidad de los *doctores.* Recuerde que Jesús había estado al menos tres días en el templo. El tema notable es cómo aprovechaba la oportunidad que tenía. Estuvo solamente unos pocos días en Jerusalén, expuesto a estos eminentes eruditos, de modo que aprovechó la oportunidad para aprender y tal vez para enseñar cuanto pudo.

2. Se halló a Jesús con sed de aprender y entender. Note lo que dice exactamente.

a. Estaba «*oyendo*» (*akouonta*) lo que los maestros decían. Escuchaba cuidadosamente, atentamente, concentrado. Estaba «pronto a oír» (Stg. 1:19).
b. Les hacía «preguntas» (*eperotonta*) quería respuestas, más entendimiento. Estaba sediento de la verdad y la buscaba.
c. Daba respuestas (*apokrisesin*) a las preguntas de ellos.

Note que sus preguntas y respuestas revelaban un conocimiento y entendimiento fenomenal, a tal punto que todos se maravillaban, incluso los doctores. La palabra *maravillaban* (*existanto de*) significa que todos estaban asombrados, abrumados, confundidos, maravillándose ante este entendimiento.

«Mas que todos mis enseñadores he entendido, porque tus testimonios son mi meditación. Más que los viejos he entendido, porque he guardado tus mandamientos» (Sal. 119:99-100).

Pensamiento. Esta es una lección asombrosa tanto para niños como adultos.

1) Toda oportunidad para aprender la verdad debe ser aprovechada.
2) Debemos estar *sedientos* de conocimiento y entendimiento.

«Dijo entonces Jesús a los judíos que habían creído en él: Si vosotros permanecéis en mi palabra, seréis verdaderamente mis discípulos» (Jn. 8:31).

«Y conoceréis la verdad, y la verdad os hará libres» (Jn. 8:32).

«Vosotros también, poniendo toda diligencia por esto mismo, añadid a vuestra fe virtud; a la virtud, *conocimiento*» (2 P. 1:5).

«Mas alábese en esto el que hubiere de alabar: en entenderme y conocerme, que yo soy Jehová, que hago misericordia, juicio y justicia en la tierra; porque estas cosas quiero, dice Jehová» (Jer. 9:24).

«Si clamares a la inteligencia, y a la prudencia dieres tu voz» (Pr. 2:3).

«Bienaventurado el hombre que halla la sabiduría, y que obtiene la inteligencia» (Pr. 3:13).

«Adquiere sabiduría, adquiere inteligencia; no te olvides ni te apartes de las razones de mi boca» (Pr. 4:5).

«El corazón entendido busca la sabiduría; mas la boca de los necios se alimenta de necedades» (Pr. 15:14).

«Compra la verdad, y no la vendas; la sabiduría, la enseñanza y la inteligencia» (Pr. 23:23).

«Y conoceremos, y proseguiremos en conocer a Jehová; como el alba está dispuesta su salida, y vendrá a nosotros la lluvia, como la lluvia tardía y temprana a la tierra» (Os. 6:3).

[4] (2:48) ***Jesucristo, misión—olvidadizos:*** la misión de Jesús fue malentendida por sus padres. Esto lo demuestran las palabras de María a Jesús. María lo amonestó de manera más bien severa. En su perturbación y dolor, olvidó quién era Jesús. No se trata de que no le enseñara disciplina; tenía que hacerlo. Pero por ley Jesús ahora era un joven hombre, y estaba donde debía estar, atendiendo los negocios de su Padre.

Pensamiento. Esta es la advertencia. Con demasiada frecuencia la perturbación y el dolor nos hacen *olvidar quién es Jesús.* Permitimos que las circunstancias nos nublen la mente, nos perturben y llenen de tristeza nuestras vidas. Y pronto *olvidamos a Jesús*, su comprensión de la situación y su negocio de ministrar a nuestras necesidades.

«Por tanto, guárdate, y guarda tu alma con diligencia, para que no te olvides de las cosas que tus ojos han visto, ni se aparten de tu corazón todos los días de tu vida; antes bien, las enseñarás a tus hijos, y a los hijos de tus hijos» (Dt. 4:9).

[4] (2:49-50) ***Naturaleza mesiánica:*** el primer reconocimiento de la naturaleza mesiánica de Jesús fue a edad temprana. Este es un punto muy significativo. Esta es la primera vez que Jesús afirma ser el Hijo de Dios. Note dos cosas.

1. Él llamó a Dios su Padre. José esaba presente, de manera que Jesús fue amable en la forma de expresar su afirmación, pero también fue claro y definido en referirse a Dios como a su Padre. No se sabe cuándo precisamente supo que Él era el Mesías, el Hijo de Dios; y, francamente, todas las sugerencias son mera especulación. Pero esto es conocido. A la edad de doce años era consciente de una *relación única con Dios*, una relación diferente a los de los otros niños; Dios era su Padre, y Él era el Hijo de Dios, el *Hijo único* en el sentido de que solamente Él había sido engendrado por el Padre.

Esto se ve con mayor claridad aun cuando se estudia la respuesta de Jesús.

2. Jesús estaba diciendo a su madre que su Padre (Dios) había cuidado de Él. Él había estado en los negocios de su Padre, haciendo lo que el Padre quería que hiciera; por eso estaba bajo el cuidado y la mirada protectora del Padre. No había necesidad para ella, su madre, de preocuparse.

Pensamiento. Toda persona tiene que *ponerse bajo* el cuidado y la mirada protectora de Dios. La decisión de seguir a Cristo como Señor hace que Dios adopte a esa persona como hija suyo colocándola bajo el cuidado del Padre.

3. Jesús estaba diciendo que tenía trabajo que hacer para su Padre (Dios) aun si ese trabajo no era entendido. No podía regresar con ellos a casa antes de terminar la obra de su Padre. Primero tenía que hacer lo que el Padre quería.

«Señor, le respondió el enfermo, no tengo quien me meta en el estanque cuando se agita el agua; y entre tanto que yo voy, otro desciende antes que yo» (Jn. 5:7).

«Me es necesario hacer las obras del que me envió, entre tanto que el día dura; la noche viene, cuando nadie puede trabajar» (Jn. 9:4).

«Jesús les respondió: Os lo he dicho, y no creéis; las obras que yo hago en nombre de mi Padre, ellas dan testimonio de mí» (Jn. 10:25).

«Yo te he glorificado en la tierra; he acabado la obra que me diste que hiciese» (Jn. 17:4).

Pensamiento 1. Cristo es el Hijo de Dios, el unigénito Hijo del Padre (Jn. 3:16ss).

Pensamiento 2. Toda persona debe servir primero a Cristo, aun si el trabajo no es entendido. Y con frecuencia no es entendido. Debemos ser fieles a Dios y a su llamado aun cuando somos malentendidos y objeto de oposición.

«Acuérdate de tu Creador en los días de tu juventud, antes que vengan los días malos, y lleguen los años de los cuales digas: No tengo en ellos contentamiento» (Ec. 12:1).

Pensamiento 3. A veces nuestras familias son la mayor oposición a nuestra decisión de trabajar para Dios (cp. Mt. 10:37).

[6] (2:51) ***Niños—familia—obediencia:*** la obediencia de Jesús a sus padres fue poderosa. Este es un cuadro tanto hermoso como influyente. Jesús estuvo sujeto a sus padres; les obedeció. Como Hijo de Dios, dio el ejemplo perfecto de lo que debe ser un hijo para sus padres. Jesús obedeció a sus padres a pesar de...

- que José no era su auténtico padre.
- que Él era más fuerte en espíritu.
- que Él era lleno de sabiduría.
- que su Padre era Dios.

«Hijos, obedeced en el Señor a vuestros padres, porque esto es justo. Honra a tu padre y a tu madre, que es el primer mandamiento con promesa; para que te vaya bien, y seas de larga vida sobre la tierra» (Ef. 6:1-3; cp. Col. 3:20).

«Pero si alguna viuda tiene hijos, o nietos, aprendan éstos primero a ser piadosos para con su propia familia, y a recompensar a sus padres; porque esto es lo bueno y agradable delante de Dios» (1 Ti. 5:4).

«Un el muchacho es conocido por sus hechos, si su conducta fuere limpia y recta» (Pr. 20:11).

«Oye a tu padre, a aquel que te engendró; y cuando tu madre envejeciere, no la menosprecies» (Pr. 23:22).

Note que María nuevamente volvió a guardar todas estas cosas en su corazón. Con humilde fe no dijo nada; no habló con pariente o vecinos ni se jactó de la singularidad de su hijo. Mantuvo el silencio, esperando humildemente que Dios usara a Jesús tal como Él lo había querido. Ella sabía que a su debido tiempo Dios lo revelaría y a su salvación al mundo.

[7] (2:52) ***Jesucristo, niñez:*** Jesús creció en favor tanto para con Dos como para con los hombres.

1. Mentalmente Jesús se «llenaba de sabiduría» (v. 40). Aprendía de los maestros y del estudio y pensamiento personal igual que todos los niños. Pero se diferenciaba de otros niños en el sentido de aprender perfectamente, sin falencia alguna.

Pensamiento. Note cuán pocos niños siguen el ejemplo de Jesús. Son pocos los que realmente quieren aprender. La mayoría se limita a tomar lo que les es asignado y hacen el mínimo requerido. Pocos persiguen verdadera excelencia.

2. Físicamente crecía de manera adecuada igual que los otros chicos.

Pensamiento. Algunos chicos no se desarrollan físicamente como debieran. Algunos no pueden debido a deformaciones o anormalidades. Sin embargo, hay otros chicos que no se desarrollan adecuadamente porque no reciben el ejercicio físico necesario para el desarrollo. Están sentados por allí en vez de estar afuera jugando y trabajando.

3. Espiritualmente «se fortalecía» (v. 40); se fortalecía en espíritu y «en favor con Dios» (v. 52). Miraba a Dos en perfecta obediencia y Dos lo nutría con su perfecto favor.

Pensamiento. Note cuán pocos niños siguen el ejemplo de Jesús. Pocos niños realmente crecen espiritualmente. Pocos están dispuesto a contradecir a la multitud y aceptar el desafío de Jesús y dar un paso al frente por Él.

4. Socialmente crecía en favor con los hombres. Era amable, cariñoso, dispuesto a ayudar, desprendido, puro, honesto y humilde. En las otras familias de la comunidad era bienvenido.

Pensamiento. Note que algunos niños no siguen el ejemplo de Jesús en su desarrollo social. Algunos niños no son bienvenidos por otras familias.

ESTUDIO A FONDO 1

(2:52) ***Crecía*** (*proekorten*): significa crecer constantemente, seguir avanzando. El cuadro es que Jesús aceleraba el camino através de los años de crecimiento, así como un pionero corta camino por el desierto para alcanzar su destino.

CAPÍTULO 3

II. LA APARICIÓN DEL HIJO DEL HOMBRE, 3:1—4:15

A. El antecesor, Juan el Bautista: el eje de la historia, 3:1-6

(Mt. 3:1-6; Mr. 1:2-6; Jn. 1:19-28)

1 Fue un hombre que marcó el punto más crucial de la historia

En el año decimoquinto del
imperio de Tiberio César,
siendo gobernador de Judea
Poncio Pilato, y Herodes
tetrarca de Galilea, y su
hermano Felipe tetrarca de
Iturea y de la provincia
Traconite, y Lisanias tetrarca
de Abilinia,

2 Fue un hombre llamado del desierto

2 y siendo sumo sacer-
dotes Anás y Caifás, vino
palabra de Dios a Juan, hijo
de Zacarías, en el desierto.

3 Fue un hombre que predicó el arrepentimiento y perdón de pecados

3 Y él fue por toda la región
contigua al Jordán, predicando el bautismo del
arrepentimiento para per-
dón de pecados,

4 Fue un hombre que exclamó apocalípticamente: Prepárense; enderesen las sendas de Dios

4 como está escrito en el
libro de las palabras del
profeta Isaías, que dice: Voz
del que clama en el desierto:
Preparad el camino del
Señor; enderezad sus sendas.

a. Los humildes serán enaltecidos
b. Los orgullosos serán humillados
c. Lo torcido se endereza
d. Lo áspero se suaviza
e. Se verá la salvación de Dios

5 Todo valle se rellenará,
y se bajará todo monte y
collado; los caminos tor-
cidos serán enderezados, y
los caminos ásperos
allanados;
6 Y verá toda carne la
salvación de Dios.

II. LA APARICIÓN DEL HIJO DEL HOMBRE, 3:1— 4:15

A. El antecesor, Juan el Bautista: el eje de la historia, 3:1-6

(3:1-6) ***Introducción—historia, punto crucial de la:*** la venida de Jesucristo fue el punto crucial de la historia humana. Cuando Él vino a la tierra, la tierra vio al Hijo de Dios mismo (1 Jn. 1:1-3). Su influjo sobre el mundo nunca puede ser sobreestimado. Cambió tanto al mundo que los hombres miden sus años con referencia a Él. Algunos podrán discutir su significado, pero están equivocados. Y algún día del futuro su equivocación será confrontada ¿Cuándo? Cuando Cristo vuelva. Las Escrituras dicen que Él va a volver a la tierra. Va a volver como Juez, no como Salvador; el Juez que demostrará que Él es el Rey de reyes y Señor de señores, el Dios del mismo Dios, el Mesías. Va a demostrar que Él es la salvación de Dios. Una persona de tal magnitud, la Persona cuya venida sería el punto crucial de la historia, necesitaba de un predecesor. Necesitaba de alquien que fuese delante de Él impulsando a la gente a preparase para su venida. Ese predecesor era Juan el Bautista, un hombre ejemplar para todos nosotros.

1. Fue un hombre que marcó el punto más crucial de la historia (v. 1).
2. Fue un hombre llamado del desierto (v. 2).
3. Fue un hombre que predicó el arrepentimiento y perdón de pecados (v. 3).
4. Fue un hombre que exclamó apocalípticamente: Prepárense; enderecen las sendas de Dios (vv. 4-6).

1 (3:1) ***Historia, punto crucial—Jesucristo—plenitud del tiempo:*** Juan fue el hombre que inauguró el momento más crucial de la historia, la venida de Cristo. Algunos podrán objetar que la venida de Cristo es el acontecimiento más significativo en la historia, pero las Escrituras proclaman que algún día Dios revelará a todos el hecho. Lucas señala al hecho fechando la venida de Cristo con acontecimientos significativos y gobiernos históricos. El primer evento de todos fue el llamado de Dios a Juan. Por eso el comienzo del período más grande de toda la historia lo marca el llamamiento de Juan, el predecesor del Señor. Note varios hechos.

1. Cesar tiberio estaba en décimo quinto año de su reinado cuando Dios llamó a Juan. Tiberio fue el segundo emperador romano; su reinado comienza en 14 d.C. Por eso la aparición de Juan tuvo lugar entre 28–29 d.C.
2. Poncio Pilato era el gobernaor de Judea. Era gobernador civil y también comandante militar. La situación en Judea había empeorado tanto que Roma tuvo que desplazar a Arquelao del control civil y poner en su lugar un comandante militar. Por eso en aquel momento Judea era gobernada directamente por la autoridad romana. Pilato estuvo en el trono desde 26–36 d.C.
3. Herodes Antipas era tetrarca de Galilea y Perea. Tetrarca simplemente significa que gobernaba sobre una cuarta parte. Herodes Antipas era hijo de Herodes el Grande. Al morir éste heredó el territorio de su padre y reinó desde 4 a.C. hasta 39 d.C. Note que gobernaba sobre Galilea donde Jesús pasó la mayor parte de su ministerio. (*Véanse* Estudios a fondo 1, 2, ***Herodes***—Mt. 14:1-14 para mayor discusión.)
4. Felipe fue tetrarca de Iturea y Traconite. Fue un líder de buena reputación, conocido como justo y equitativo. Cesarea de Filipos fue construida y nombrada en su honor. Cesarea fue donde Pedro hizo su gran confesión.
5. Lisanio era tetrarca de Abilene. De él no se sabe nada importante.
6. Anás y Caifás eran sumos sacerdotes. Esta afirmación arroja una luz reveladora sobre el sumo sacerdocio en los tiempos de Jesús. Muestra claramente cuán politizado y corrupto se había vuelto el sumo sacerdocio. Nunca debía haber más que un sacerdote a la vez, puesto que supuestamente el sacerdocio era de por vida y hereditario. Pero con el gobierno romano, el sumo sacerdote se convirtió en una plataforma de poder político. Roma usó esa posición para asegurar su poder sobre la vida judía. Roma ofrecía y daba el puesto a hombres cooperativos y dispuestos a dejar que el pueblo siguiera el gobierno romano. Por ejemplo, entre 37 a.C. y 26 d.C veintiocho hombres diferentes fueron puestos y removidos como sumo sacerdotes.

Lo que Lucas señala es sencillamente esto, el oficio del sumo sacerdotes se había corrompido, y las posiciones religiosas llegaron a tener motivaciones políticas. Anás, que había servido como sumo sacerdote entre 7-14 d.C. seguía siendo el poder detrás del trono. Oficialmente, y a los ojos de Roma, Caifás era el sumo sacerdote, sin embargo, Anás aún era aquel a quien miraba la mayoría de los líderes judíos. Esto se ve concretamente durante el juicio efectuado a Jesús. Jesús fue llevado primero a Anás, a pesar de no ser el sumo sacerdote oficial (Jn.18:3).

«El cual se dio a sí mismo por nuestros pecados para librarnos del presente siglo malo conforme a la voluntad de nuestro Dios y Padre» (Gá. 1:4).

«... el tiempo se ha cumplido, y el reino de Dios se ha acercado; arrepentíos, y creed en el evangelio» (Mr. 1:15).

2 (3:2) ***Ministros, llamamiento de—Dios, llamamiento de—religión institucional:*** Juan fue un hombre llamado del desierto. Note tres temas.

1. El llamamiento de Dios le legó a Juan en el desierto, en un lugar oscuro. El lugar donde fue criado Juan era tan escasamente poblado que se lo conocía como desierto. El área consistía de solamente seis pequeños pueblos o aldeas, esparcidas una lejos de la otra. Dios encontró a Juna en el más apartado de los lugares.

Pensamiento. No importa el lugar donde esté una persona; lo que importa es el corazón de la persona. Si el corazón de la persona está bien con Dios, Dios la llamará no importa dónde esté. Nadie está oculta a Dios, no importa cuán apartada esté su residencia. La Palabra de Dios no es limitada; llega incluso al desierto.

2. El llamamiento de Dios fue un asunto muy personal. Note que Juan nunca reveló cómo le habló Dios. ¿Lo llamó Dos mediante una visión, mediante la aparición de un ángel, mediante una voz audible, o mediante un sentir interior? No lo sabemos. Juan guardó el asunto en su corazón; sencillamente era algo demasiado íntimo, una experiencia demasiado significativa. Y su corazón era genuino y puro. No estaba dipuesto comprometer su intimidad con Dios hablando de ello y jactándose de ello, es decir, actuando de manera superespiritual.

3. El llamamiento de Dos a Juan era para servir a Dios y no a la religión institucional. Juan tendría alrededor de 30 años, la edad en que por herencia debía convertirse en sacerdote hecho y derecho. Recuerde que su padre Zacarías era un sacerdote, y el sacerdocio era por herenica. Supuestamente tuvo unos cinco años de entrenamiento, y al llegar a la edad de treinta debía comenzar su servicio en el templo. Pero el llamado de Dios a Juan era para un ministerio diferente, un ministerio mucho más adecuado a los planes de Dios que a la religión institucional.

Pensamiento 1. Es Dios quien llama al hombre, no la religión institucional. La primera fidelidad de los hombres es hacia Dios, no hacia la religión institucional.

Pensamiento 2. Dios se mueve tanto fuera de la *religión institucional* como dentro de ella (cp. Simeón, probablemente un sacerdote, y Ana, una profetisa en el templo). Note dos cosas.

1) Los *religiosos institucionales* con frecuencia desprecian y se oponen a quienes ministran *fuera* de la institución. Se sienten amenazados, como si el *ministro exterior* estuviera contra ellos. A veces tienen razón; a veces el de fuera se opone a ellos. Pero si el ministro de fuera está realmente ministrando, debe haber apoyo y aliento. Pero con demasiada frecuencia no hay cooperación. El religioso institucional con demasiada frecuencia teme la pérdida de autoridad, posición, y seguridad, consecuentemente se opone al *ministro de fuera.* Tales motivaciones son corruptas y deben ser corregidas. Los ministros, tanto institucionales como no institucionales, deben estar ocupados en el llamamiento y los negocios de Dios. No deben perder el tiempo luchando uno contra otro. El tiempo es demasiado breve, y el llamamiento de Dios llega a los hombres que están en la religión institucional como fuera de ella. El uno debe apoyar al otro en el llamamiento de Dios.

2) El hombre debe hacer y servir a Dios conforme al llamamiento y la voluntad de Dios.

«No me elegisteis vosotros a mí, sino que yo os elegí a vosotros, y os he puesto para que vayáis y llevéis fruto, y vuestro fruto permanezca; para que todo lo que pidiereis al padre en mi nombre, él os lo dé» (Jn. 15:16).

«Y todo esto proviene de Dios, quien nos reconcilió consigo mismo por Cristo, y nos dio el ministerio de la reconciliación ... Así que, somos embajadores en nombre de Cristo, como si Dios rogase por medio de nosotros; os rogamos en nombre de Cristo: Reconciliaos con Dios» (2 Co. 5:18, 20).

«Del cual yo fui hecho ministro por el don de la gracia de Dios que me ha sido dado según la operación de su poder» (Ef. 3:7).

«Doy gracias al que me fortaleció, a Cristo Jesús nuestro Señor, porque me tuvo por fiel poniéndome en el ministerio» (1 Ti. 1:12).

«Del cual fui constituido predicador, apóstol y maestro de los gentiles» (2 Ti. 1:11).

3 (3:3) ***Arrepentimineto—perdón—bautismo:*** Juan fue un hombre que predicó el arrepentimiento y perdón de los pecados. Note las palabras exactas: predicó «el bautismo del arrepentimiento para perdón de pecados». Esto sencillamente significa que si una persona quería el perdón de pecados, se arrepentía. Se volvía de sus pecados, cambiaba su vida; en tal caso era bautizada. El bautismo era la señal a sus vecinos y al mundo de que estaba cambiando su vida (arrepintiendo) porque quería que Dios le perdonara sus pecados. Este es el orden:

- La persona querría que le perdonara sus pecados.
- Por eso la persona tomaba la decisión de arrepentirse, de volverse de sus caminos pecaminosos, y de cambiar su vida (*véase* Estudio a fondo 1, ***Arrepentimiento***—Hch. 17:29-30).
- Inmediatamente la persona era bautizada.

Ahora note que mediante el bautismo se proclamaba a todos que la personaba bautizada anhelaba perdón y separación de sus pecados (se arrepentía). El bautismo era el acto, la señal, que le decía al mundo que en adelante esa persona viviría una vida cambiada de modo que Dios le pudiera perdonar sus pecados.

Aquí se establecen dos cosas sencillas.

1. El perdón de pecados es condicional. La persona tiene que arrepentirse para ser perdonada y si se arrepiente de verdad, es bautizada. ¡El bautismo es parte del arrepentimiento!

2. El bautismo es el testimonio inmediato y la señal de que una persona se arrepiente y cambia su vida. Si la persona realmente es sincera al buscar perdón, es bautizada y cambia su vida, apartándose del pecado y volviéndose a Dios. (*Véanse* Estudio a fondo 2—Mt. 3:11; notas—Mr. 1:3-5; Jn. 1:24-26 para una discusión más detallada sobre el bautismo de Juan.)

«Pedro les dijo: Arrepentíos, y bautícese cada uno de vosotros en el nombre de Jesucristo para perdón de los pecados; y recibiréis el don del Espíritu Santo» (Hch. 2:38).

«Yo a la verdad os bautizo en agua para arrepentimiento; pero el que viene tras mí, cuyo calzado yo no soy digno de llevar, es más poderoso yo; él os bautizará en Espíritu Santo y fuego» (Mt. 3:11).

«Os digo: No; antes si no os arrepentís, todos pereceréis igualmente» (Lc. 13:3).

«Así que, arrepentíos y convertíos, para que sean borrados vuestros pecados; para que vengan de la presencia del Señor tiempos de refrigerio» (Hch. 3:19).

«Echad de vosotros todas vuestras transgresiones con que habéis pecado, y haceos un corazón nuevo y un espíritu nuevo. ¿Por qué moriréis, casa de Israel?» (Ez. 18:31).

«Por eso pues, ahora, dice Jehová, convertíos a mí con todo vuestro corazón, con ayuno y lloro y lamento» (Jl. 2:12).

[4] (3:4-6) ***Prepararse:*** Juan fue un hombre que exclamó apocalípticamente: «Preparad el camino del Señor; enderezad su sendas» (*véase* Estudio a fondo 3, ***Caminos***—Mr. 1:3). Juan advertía a la gente y como autoridad citaba a Isaías 40:3-5. Tomó los temas de Isaías y proclamó su advertencia al pueblo.

1. Prepárense, porque los humildes serán exaltados. Todo valle (los creyentes humildes de la tierra) será llenado, es decir, serán recibidos, enriquecidos, levantados y exaltados.
2. Prepárense porque los orgullosos serán humillados. Toda montaña y colina será nivelada. Las montañas y colinas representan a los grandes y menos grandes, los autosuficientes y confiados en sí mismos, los orgullosos y jactanciosos, los presunciosos y arrogantes. Estos perderón todo y serán nivelados. Serán hechos como polvo de la tierra si no se arrepienten.
3. Prepárense, porque lo torcido será enderezado. El ladrón y negociante torcido, el esposo y la esposa torcida, el estudiante y el profesor torcidos, todos los pecadores torcidos de la tierra cuya manera de ser se ha torcido, todos los que se arrepienten serán enderezados por el Mesías.
4. Prepárense, porque lo áspero será suavizado. Todos los caminos ásperos de la tierra, los caminos de los que no tienen esperanza, de los indefensos, solitarios, inseguros, culpables, los caminos de la vergüenza, muerte, falsa religión y adoración vana, todos los caminos ásperos serán suavizados. El camino a la vida y a la paz será aplanado, nivelado, puesto al alcance.
5. Toda carne verá la salvación de Dios. No solamente los judíos, sino toda la gente verá al Mesías, la salvación de Dios para el mundo. Cuando el camino esté preparado aparecerá el Salvador.

La predicación de Juan movilizó a millares. Los despertó y los sacudió para prepararse y esperar al Mesías. Aparentemente fue la multitud que escuchó a Juan la que eventualmente siguió a Cristo. Además fue la misma multitud la que creó la excitación necesaria para difundir las nuevas de la venida del Mesías.

«Prepárate para venir al encuentro de tu Dios, oh Israel» (Am. 4:12).

«Sembrad para vosotros en justicia, segad para vosotros en misericordia; haced para vosotros barbecho; porque es el tiempo de buscar a Jehová, hasta que venga y os enseñe justicia» (Os. 10:12).

«Por eso pues, ahora, dice Jehová, convertíos a mí con todo vuestro corazón, con ayuno y lloro y lamento. Rasgad vuestro corazón, y no vuestros vestidos, y convertíos a Jehová vuestro Dios; porque misericordioso es y clemente, tardo para la ira y grande en misericordia, y que se duele del castigo» (Jl. 2:12-13).

«Pero en una casa grande, no solamente hay utensilios de oro y de plata, sino también de madera y de barro; y unos son para usos honrosos, y otros para usos viles. Así que, si alguno *se limpia* de estas cosas, será instrumento para honra, santificado, útil al Señor, y dispuesto para toda buena obra» (2 Ti. 2:20-21).

«Por tanto, también vosotros estad preparados; porque el Hijo del Hombre vendrá a la hora que no pensáis» (Mt. 24:44).

«Velad, pues, porque no sabéis cuándo vendrá el Señor de la casa; si al anochecer, o a la medianoche, o al canto del gallo, o a la mañana» (Mr. 13:35).

B. El claro mensaje de Juan el Bautista: un mensaje para todos los tiempos, 3:7-20
(Mt. 3:7-12; Mr. 1:7-8)

1 Predicó la condenación

2 Predicó el arrepentimiento

3 Predicó contra el orgullo

4 Predicó el juicio

5 Predicó la justicia social

a. La gente: debe amarse lo suficiente y cuidar unos de otros para compartir sus posesiones materiales

b. El recaudador de impuestos: debe amar y cuidar de otros lo suficiente para dejar de ejercer autoridad y de robar a la gente

7 Y decía a las multitudes
que salían para ser bautizadas por él: ¡Oh gene-
ración de víboras! ¿Quién
os enseñó a huir de la ira
venidera?
8 Haced, pues, frutos
dignos de arrepentimiento,
y no comencéis a decir
dentro de vosotros mismos:
Tenemos a Abraham por pa-
dre; porque os digo que
Dios puede levantar hijos a
Abraham aun de estas
piedras.
9 Y ya también el hacha
está puesta a la raíz de los
árboles; por tanto, todo
árbol que no da buen fruto
se corta y se echa en el
fuego.
10 Y la gente le pregun-
taba, diciendo: Entonces,
¿qué haremos?
11 Y respondiendo les
dijo: El que tiene dos
túnicas, dé al que no tiene;
y el que tiene qué comer,
haga lo mismo.
12 Vinieron también unos
publicanos para ser bautizados, y le dijeron: Maestro, ¿qué haremos?
13 El les dijo: No exijáis
más de lo que os está
ordenado.
14 También le preguntaron
unos soldados, diciendo: Y
nosotros, ¿qué haremos? Y
les dijo: No hagáis extorsión
a nadie, ni calumniéis; y
contentaos con vuestro
salario.
15 Como el pueblo estaba
en expectativa, pregun-
tándose todos en sus
corazones si acaso Juan
sería el Cristo,
16 respondió Juan, diciendo
a todos: Y a la verdad os
bautizo en agua; pero viene
uno más poderoso que yo,
de quien no soy digno de
desatar la correa de su
calzado; él os bautizará en
Espíritu Santo y fuego.
17 Su aventador está en
su mano, y limpiará su era,
y recogerá el trigo en su
granero, y quemará la paja
en fuego que nunca se
apagará
18 Con estas y otras
muchas exhortaciones
anunciaba las buenas
nuevas al pueblo.
19 Entonces Herodes el
tetrarca, siendo reprendido
por Juan a causa de Hero-
días, mujer de Felipe su
hermano, y de todas las
maldades que Herodes
había hecho,
20 sobre todas ellas,
añadió además esta: ence-
rró a Juan en la cárcel.

c. Los soldados: deben amar y cuidar de otros lo suficiente para proveer seguridad y servir a la nación

6 Predicó que el Mesías viene

a. La persona del Mesías

b. El bautismo del Mesías

c. El juicio del Mesías

7 Predicó muchas otras cosas

8 Predicó contra el pecado

a. Predicó contra el pecado del gobernador

b. Fue arrestado

B. El claro mensaje de Juan el Bautista: un mensaje para todos los tiempos, 3:7-20

(3:7-20) ***Introducción:*** el mensaje de Juan el Bautista fue poderoso, un mensaje para todos los tiempos.

1. Predicó la condenación (v. 7).
2. Predicó el arrepentimiento (v. 8).
3. Predicó contra el orgullo (v. 8).
4. Predicó el juicio (v. 9).
5. Predicó la justicia social (vv. 10-14).
6. Predicó que el Mesías viene (vv. 15-17).
7. Predicó muchas otras cosas (v. 18).
8. Predicó contra el pecado en los lugares altos (vv. 19-20).

1 (3:7) ***Condenación—predicación:*** Juan predicaba la condenación. Note dos cosas.

1. Predicaba la verdad acerca de los hombres, lo que *eran* y lo que *habían llegado a ser.* Eran «víboras» venenosas. Se habían dejado envenenar y ahora estaban envenenando a otros. Estaban enfermos y condenados, y estaban mordiendo a otros, haciendo que ellos también enfermaran y fuesen condenados.
2. Predicó la ira venidera (cp. vv. 8, 17).

«El que cree en el Hijo tiene vida eterna; pero el que rehusa creer en el Hijo no verá la vida, sino que la ira de Dios está sobre él» (Jn. 3:36).

«Porque sabéis esto, que ningún fornicario, o inmundo, o avaro, que es idólatra, tiene herencia en el reino de Cristo y de Dios. Nadie os engañe con palabras vanas, porque por estas cosas viene la *ira* de Dios sobre los hijos de desobediencia» (Ef. 5:5-6).

«Honrad al Hijo, para que no se enoje, y perezcáis en el camino; pues se inflama de pronto su ira» (Sal. 2:12).

2 (3:8) ***Arrepentimiento:*** Juan predicó el arrepentimiento. Note que el hombre primero tiene que arrepentirse y luego llevar fruto. Y el fruto tiene que ser digno (merecedor), consistente con el arrepentimiento, es decir, fruto que muestra un corazón cambiado y alejamiento del pecado. (*Véanse* notas—Lc. 3:3; Estudio a fondo 1—Hch. 17:29-30.)

«Os digo: No; antes si no os arrepentís, todos pereceréis igualmente» (Lc. 13:3).

«Echad de vosotros todas vuestras transgresiones con que habéis pecado, y haceos un corazón nuevo y un espíritu nuevo. ¿Por qué moriréis, casa de Israel?» (Ez. 18:31).

«Para que andéis como es digno del Señor, agradándole en todo, llevando fruto en toda buena obra, y creciendo en el conocimiento de Dios» (Col. 1:10).

3 (3:8) ***Orgullo—predicación—autojustificación:*** Juan predicó contra el orgullo (*véase* nota—Ro. 12:16. cp. 1 Co. 4:10; 5:6). Mucha gente creía ser aceptable a Dios por el simple hecho de ser judíos, es decir, porque eran hijos de Abraham y de antepasados piadosos. Muchos se sentían aceptables para Dios porque se habían sometido a un ritual religioso, la circuncisión. Creían que la justicia de sus padres los salvaba. No importaba cómo vivían. Se creían salvados por ser especiales, suficientemente especiales para ser aceptables a Dios (*véase* Estudio a fondo 1—Ro. 4:1-25).

Pensamiento. La mayoría de la gente es orgullosa. Creen ser suficientemente especiales para ser aceptables a Dios; que Dios nunca los rechazaría. Se sienten especiales porque...

- tienen padres piadosos.
- son bendecidos con abundancia.
- han sido bautizados.
- son un poco religiosos.
- no son tan malos.
- son miembros de la iglesia.
- son suficientemente buenos.
- son adoradores regulares.

«Jesús le dijo: ¿Por qué me llamas bueno? Ninguno hay bueno, sino sólo Dios» (Lc. 18:19).

«El camino del necio es derecho en su opinión; mas el que obedece al consejo es sabio» (Pr. 12:15).

«Todos los caminos del hombre son limpios en su propia opinión; pero Jehová pesa los espíritus» (Pr. 16:2; cp. Pr. 21:2).

«Muchos hombres proclaman cada uno su propia bondad, pero hombre de verdad, ¿quién lo hallará» (Pr. 20:6).

«Hay generación limpia en su propio corazón, si bien no se ha limpiado de su inmundicia» (Pr. 30:12).

«Soy inocente [dijiste], de cierto su ira se apartó de mí. He aquí yo entraré en juicio contigo, dijiste: No he pecado» (Jer. 2:35).

4 (3:9) ***Juicio—predicación:*** Juan predicaba el juicio. Note varios cosas.

1. Dios es el divino leñador que corta los árboles.
2. El hacha ya está puesta a la raíz de los árboles.
3. Los árboles *todavía no* están cortados, pero la advertencia es para todos los hombres.
4. Hay muchos árboles: algunos altos (los orgullosos), algunos frondosos (líderes), algunos enfermos, algunos con buen fruto, algunos con fruto malo, y algunos que no dan nada de fruto.
5. Todos los árboles que no llevan buen fruto serán cortados y echados en el fuego (*véase* Estudio a fondo 4—Lc. 16:24; Mt. 5:22).

«Pero la que produce espinos y abrojos es reprobada, está próxima a ser maldecida, y su fin es el ser quemada» (He. 6:8).

«Pero ahora, aparte de la ley, se ha manifestado la justicia de Dios, testificada por la ley y por los profetas; la justicia de Dios por medio de la fe en Jesucristo, para todos los que creen en él. Porque no hay diferencia, por cuanto todos pecaron, y están destituidos de la gloria de Dios» (Ro. 3:21-23).

«Porque es tiempo que el juicio comience por la casa de Dios; y si primero comienza por nosotros, ¿cuál será el fin de aquellos que no obedecen al evangelio de Dios? Y: Si el justo con dificultad se salva, ¿en dónde aparecerá el impío y el pecador?» (1 P. 4:17-18).

«Pero los cobardes e incrédulos, los abominables y homicidas, los fornicarios y hechiceros, los idólatras y todos los mentirosos tendrán su parte en el lago que arde con fuego y azufre, que es la segunda muerte» (Ap. 21:8).

5 (3:10-14) ***Justicia—predicación—fruto—arrepentimiento—vida cambiada:*** Juan predicaba la justicia social. Juan sacudía a la gente. La gente quería saber cómo afectaría el arrepentimiento sus vidas; querían saber qué significaba vivir una vida cambiada. ¿Qué tipo de fruto debían llevar? Juan respondió en términos totalmente prácticos.

1. El ciudadano promedio debía amar y cuidar del prójimo lo suficiente para compartir sus bienes materiales con los necesitados. Juan mencionó ropa y comida, las necesidades básicas de la vida. Pero note que la entrega debía ser con sacrificio. El *dador* debía dar todo excepto una muda de ropa y media comida. El dador debía amar y cuidar del prójimo lo suficiente para ser movido por misericordia y desprendimiento. Hasta dar lo que poseía. Ese fruto sería evidencia de arrepentimiento, de una vida realmente cambiada, de un hombre que realmente buscaba que Dios le perdonara sus pecados (*véase* nota—Lc. 3:3).
2. Los despreciados recaudadores de impuestos debían amar lo suficiente para dejar de ejercer autoridad y de robar a la gente. En tiempos de Jesús los recaudadores de impuestos eran literalmente despreciados porque representaban el gobierno romano y cobraban más de lo necesario guardándose la diferencia. Un recaudador de impuestos que quería que Dios le perdonara sus pecados debía cambiar su vida y convertirse en una persona de justicia y equidad. Debía amar y cuidar de otros lo suficiente para tratarlos con justicia, respeto y equidad.
3. Los soldados debían tener respeto y amor, ser veraces y honestos, satisfechos con su paga y responsables. Note los tres mandatos específicos para los soldados.
   a. No debían hacer violencia a nadie. La palabra «violencia» (*diaseisete*) significa sacudir violentamente, agitar, aterrorizar. La idea es que algunos cometían extorsiones aterrorizando a las víctimas. Los soldados romanos, por supuesto, debían proteger los intereses de Roma, pero era común entre que permitieran cosas ilegales a cambio de un soborno.
   b. No debían acusar a nadie con falsía. Si una persona no pagaba un soborno, con frecuencia era falsamente acusada por el soldado.
   c. Debían contentarse con su salario. La insatisfacción y las murmuraciones por sus salarios eran una forma común de quejarse entre los soldados.

El soldado debía cambiar su vida completamente: debía respetar y amar a la gente, ser veraz y honesto, contentarse con su paga y ser responsable.

Note que el mensaje de Juan demandaba una vida cambiada. ¿Cuáles eran entonces los frutos que demostraban que uno estaba realmente arrepentido, buscando el perdón de sus pecados? De manera muy práctica, «*los frutos de justicia*» (cp. v. 8).

«Y esto pido en oración, que vuestro amor abunde aun más y más en ciencia y en todo conocimiento, para que aprobéis lo mejor, a fin de que seáis sincero e irreprensibles para el día de Cristo, llenos de frutos de justicia que son por medio de Jesucristo, para gloria y alabanza de Dios» (Fil. 1:9-11).

«Mas el fruto del Espíritu es amor, gozo, paz, paciencia, benignidad, bondad, fe mansedumbre, templanza; contra tales cosas no hay ley» (Gá. 5:22-23).

«Porque el fruto del Espíritu es en toda bondad, justicia y verdad» (Ef. 5:9).

«Pero la sabiduría que es de lo alto es primeramente pura, después pacífica, amable, benigna, llena de misericordia y de buenos frutos, sin incertidumbre ni hipocresía» (Stg. 3:17).

[6] (3:15-17) ***Jesucristo, Mesías—predicación:*** Juan predicó la venida del Mesías. Acentuaba tres puntos en particular.

1. La persona del Mesías. El Mesías era más «digno» y «poderoso» que él.
   a. Más digno: Juan no era digno ni del rango de un esclavo ante Cristo. Los esclavos eran quienes desataban las sandalias y lavaban los pies de los huéspedes. Juan no era *nada* delante del Señor. ¡Qué actitud de humildad!
   b. Más poderoso: Jesús era más poderoso tanto en persona (mencionado arriba) como en obra (bautismo y juicio, vv. 16-17).
2. El bautismo de Mesías (*véase* Estudio a fondo 1—Lc. 3:16 para la discusión).
3. El juicio del Mesías. Note estos temas.
   a. El «aventador» u horquilla de aventar (*pluon*) es el poder del Mesías para recoger tanto el trigo como la paja.
   b. La «era» es la tierra que será purgada o limpiada de toda paja.
   c. El «trigo» representa a todos los creyentes que realmente se arrepienten y llevan fruto. Estos serán recogidos en su granero (su reino o los nuevos cielos y la nueva tierra).
   d. La paja representa a los que profesan de palabra solamente, los que son trigo falso. Están en la era con el trigo, pero no son trigo. Estos serán quemados «en fuego que nunca se apagará». (*Véase* nota—Lc. 3:17 para la discusión.)

ESTUDIO A FONDO 1

(3:16) ***Bautismo:*** la palabra «bautismo» (*baptizein*) significa mojar, inmergir, sumergir, colocar dentro. El bautismo de Juan era con agua, pero el bautismo de Jesús «en Espíritu Santo y fuego».

1. El bautismo de Juan era tanto una preparación como un símbolo del bautismo espiritual que traería Jesús. El bautismo en agua de Juan significaba dos cosas.

Primero, simbolizaba la limpieza de todos los pecados. La persona era preparada para la purificación que proveería Cristo.

Segundo, simbolizaba separación o dedicación. La persona apartaba su vida para Dios en un espíritu de renovada dedicación. Se entrega a Cristo de quien Juan estaba predicando.

2. El bautismo espiritual de Jesús es un bautismo doble. Se utiliza una sola preposición para «Espíritu Santo y fuego», la preposición «en».

Primero, Jesús bautizaba a la persona *en Espíritu Santo.* Hunde, sumerge y coloca a la persona en el Espíritu. La persona puede ser carnal y materialista, pero una vez bautizada en el Espíritu por Cristo, se transforma en persona de mentalidad espiritual (Ro. 8:5-7). Los judíos habían anhelado y esperado el día en que viniera el Espíritu. Los profetas habían predicho una y otra vez su venida; por eso la gente sabía exactamente lo que Juan estaba prediciendo (cp. Ez. 36:26-27; 37:14; 39:29; Is. 44:3; Jl. 2:28). Note que el bautismo de Juan fue llamado «el bautismo de arrepentimiento»; es decir, la persona que se arrepentía era bautizada. No podía haber dudas; se entendía claramente. Si uno se arrepentía y realmente se volvía al Señor, era bautizado.

Segundo, Jesús bautizaba a la persona *en fuego.* El fuego tiene diversas funciones que simbolizan gráficamente la obra de Cristo. Ilumina, calienta, derrite, quema, y destruye completamente. La diferencia entre el bautismo con agua y con fuego es la diferencia entre la obra exterior y la obra interior. El agua solamente limpia por fuera; el fuego purifica interiormente, es decir, el corazón. Jesucristo separa a la persona de su vida anterior y la purifica interiormente con el fuego de su Santo Espíritu. Es de notar que para Juan el «bautismo de fuego» significaba que el Mesías destruiría a los enemigos de Israel. Era el «fuego mesiánico del juicio» que vendría del trono de David (*véanse* Estudio a fondo 2—Mt.1:18; notas—11:1-6; 11:2-3; Estudio a fondo 1—11:5; Estudio a fondo 2—11:6; nota—Lc. 7:21-23).

ESTUDIO A FONDO 2

(3:17) ***Fuego inapagable*** (*puri asbesto*): literalmente dice «con fuego inapagable». Es fuego que no puede ser apagado, ahogado, o extinguido. La idea es que el fuego dura para siempre, ardiendo y ardiendo, sin tener fin jamás (*véase* Estudio a fondo 3—Mt. 25:41).

[7] (3:18) ***Predicación:*** Juan predicó muchas otras cosas. Note la palabra «exhortaciones» (*paracalon*). Significa amonestar, urgir, implorar, intimar. Juan punzaba los oídos y corazones de la gente; presionaba y presionaba sobre la gente con la necesidad que tenía de prepararse para la venida del Señor.

«Pero en una casa grande, no solamente hay utensilios de oro y de plata, sino también de madera y de barro; y unos son para usos honrosos, y otros para usos viles. Así que, *si alguno se limpia* de estas cosas, será instrumento para honra, santificado, útil al Señor, y dispuesto para toda buena obra» (2 Ti. 2:20-21).

«Por eso pues, ahora, dice Jehová, convertíos a mí con todo vuestro corazón, con ayuno y lloro y lamento. Rasgad vuestro corazón, y no vuestros vestidos, y convertíos a Jehová vuestro Dios; porque misericordioso es y clemente, tardo para la ira y grande en misericordia, y que se duele del castigo» (Jl. 2:12-13).

[8] (3:19-20) ***Predicación—pecado, predicación contra:*** Juan predicaba contra el pecado en los lugares altos. Amonestaba a Herodes por su vida llena de maldad y por sus excesos carnales, por su terrible pecado de adulterio. (*Véase* Estudio a fondo 1—Mt. 14:1-14.)

«Entonces el Espíritu de Dios vino sobre Zacarías hijo del sacerdote Joiada; y puesto en pie donde estaba más alto que el pueblo, les dijo: Así ha dicho Dios: ¿Por qué quebrantáis los mandamientos de Jehová? No os vendrá bien por ello; porque por haber dejado a Jehová, él también os abandonará» (2 Cr. 24:20).

«Y manifiestas son las obras de la carne, que son: adulterio, fornicación, inmundicia, lascivia, idolatría, hechicería, enemistades, pleitos, celos, iras, contiendas, disensiones, herejías, envidias, homicidios, borracherasras, orgías, y cosas semejantes a estas; acerca de las cuales os amonesto, como ya os lo he dicho antes, que los que practican tales cosas no heredarán el reino de Dios» (Gá. 5:19-21).

«De éstos también profetizó Enoc, séptimo desde Adán, diciendo: He aquí, vino el Señor con sus santas decenas de millares, para hacer juicio contra todos, y dejar convictos a todos los impíos de todas sus obras impías que han hecho impíamente, y de todas las cosas duras que los pecadores impíos han hablado contra él» (Jud. 14-15).

	C. El bautismo de Jesús: obediencia y la aprobación de Dios, 3:21-22 (Mt. 3:13-17; Mr. 1:9-11; Jn. 1:29-34)
1 Obediencia de Jesús a. Obediente junto al pueblo b. Obediente en oración	21 Aconteció que cuando todo el pueblo se bautizaba, también Jesús fue bautizado; y orando, el cielo se abrió, (Lc.3:21).
2 Señales de la aprobación de Dios a. Los cielos se abrieron b. El Espíritu descendió c. Habló la voz de Dios	22 y descendió el Espíritu Santo sobre él en forma corporal, como paloma, y vino una voz del cielo que decía: Tú eres mi Hijo amado; en ti tengo complacencia.

C. El bautismo de Jesús: obediencia y la aprobación de Dios, 3:21-22

(3:21-22) ***Introducción—bautismo:*** el bautismo significa tanto la obediencia a Dios, como la obtención de su aprobación. Por eso Jesús fue bautizado, y es por eso que nosotros debemos ser bautizados.

1. Obediencia de Jesús (v. 21).
2. Señales de la aprobación de Dios (v. 22).

[1] (3:21) ***Bautismo—obediencia—oración:*** el bautismo es un acto de obediencia a Dios. Jesús estaba obedeciendo a Dios al ser bautizado. Esto se ve en dos hechos.

1. Jesús obedeció a Dios al ser bautizado con la gente. Note las palabras: «cuando todo el pueblo se bautizaba». Algunos eruditos dicen que Jesús fue bautizado *después* que había sido bautizada toda la gente; otros dicen que ocurrió *mientras* eran bautizados. No importa el momento concreto. El tema subrayado es este: Jesús estaba en medio del pueblo, *obedeciendo* a Dios con ellos. Estaba haciendo exactamente lo que Dios quería, se estaba identificando con el pueblo.

Hay una cosa que diferencia a esta gente del resto del público. Estos escucharon el mensaje de Juan y respondieron, haciendo exactamente lo que Dios quería que hicieran. Estaban obedeciendo el llamado de Dios, haciendo lo correcto, obedeciendo la justicia. Ahora, note nuevamente, que Jesús fue bautizado «cuando todo el pueblo se bautizaba», juntamente con todos ellos. Jesús estaba haciendo al menos dos cosas. (*Véanse* bosquejo y notas—Mt. 3:13; 3:15; Mr. 1:9-11 para mayor discusión.)

a. Estaba demostrando que Él, el Hijo de Dios, estaba *cumpliendo toda justicia* (*véase* nota—Mt. 5:17-18). El también era obediente a Dios, *cumpliendo toda ley* de Dios para el hombre.
b. Estaba demostrando su humillación, de que Él era Hombre, plenamente Hombre. Como Hombre era preciso que viviera en obediencia a Dios igual que los otros hombres. Había, sin embargo, una diferencia; Jesús vivió una vida sin pecado, y de esa manera llegó a ser el Hombre Perfecto e Ideal, el Modelo para todos los hombres (*véase* nota—Mt. 8:20).

Pensamiento 1. Cada persona debe responder al evangelio de Dios; es decir, debe buscar el perdón de Dios para sus pecados, arrepentirse, y ser bautizada. Esta es la voluntad de Dios para toda persona. Cada persona debe obedecer a Dios y cumplir toda justicia. El bautismo es un acto de obediencia; es obedecer a Dios juntamente con otros creyentes.

«Entonces Jesús vino de Galilea a Juan al Jordán, para ser bautizado por él. Mas Juan se le oponía diciendo: Yo necesito ser bautizado por ti, ¿y tú vienes a mí? Pero Jesús le respondió: Deja ahora, porque así conviene que cumplamos toda justicia. Entonces le dejó» (Mt. 3:13-15).

«El que creyere y fuere bautizado, será salvo; mas el que no creyere, será condenado» (Mr. 16:16).

«Respondió Jesús: De cierto, de cierto te digo, que el que no naciere de agua y del Espíritu, no puede entrar en el reino de Dios» (Jn. 3:5).

Pensamiento 2. A los ojos de Dios ninguna persona es más que otra. El propio Hijo de Dios tuvo que obedecerle; tuvo que ser bautizado como una *señal de obediencia* a Dios. Nosotros también, debemos ser bautizados si estamos realmente arrepentidos buscando que Dios perdone nuestros pecados. No estamos por encima de la voluntad de Dios y de sus instrucciones de «arrepentíos, y bautícese cada uno» (Hch. 2:38).

«Pedro les dijo: Arrepentíos, y bautícese cada uno de vosotros en el nombre de Jesucristo para perdón de los pecados; y recibiréis el don del Espíritu Santo» (Hch. 2:38).

«Por tanto, id, y haced discípulos a todas las naciones, bautizándolos en el nombre del Padre, y del Hijo, y del Espíritu Santo» (Mt. 8:19).

«Ahora, pues, ¿por qué te detienes? Levántate y bautízate, y lava tus pecados, invocando su nombre» (Hch. 22:16).

2. Jesús obedeció a Dios en oración. Mientras Jesús era bautizado, oraba. Su mente y sus pensamientos estaban puestos en Dios. Estaba en compañerismo y comunión con Dios. Así es como debe ser. ¿Por qué va a estar la mente de una persona sincera en otra parte mientras es bautizada?

- El bautismo es una señal *exterior* de la obra *interior* de Dios en el corazón de la persona. La *obra interior* y *la gracia interior de Dios se buscan con oración.* De modo que el *verdadero* bautismo es el primer acto con el cual una persona muestra que está en comunión con Dios.
- El bautismo, el acto más significativo del discipulado, será seguido por una vida cambiada. La vida cambiada demuestra que la persona se arrepiente y está buscando el perdón de sus pecados. Por eso, mientras una per-

sona es bautizada está en espíritu de oración buscando la gracia y el favor de Dios para salir a un mundo extraño y malvado.

- El bautismo inaugura la nueva vida del creyente. El bautismo es el primer acto de arrepentimiento del creyente, la primera confesión pública de que la persona va a cambiar su forma de vivir y que va a vivir para Dios. (*Véase* Estudio a fondo 1, ***Bautismo***—Hch. 2:38 para mayor discusión.) *El bautismo es la primera confesión pública de la oración de confesión interior a Dios de una persona.* De esa manera el bautismo, la confesión exterior hacia el hombre, debe seguir inmediatamente a la confesión interior y privada a Dios. El espíritu de oración que dio comienzo a todo debe ser el mismo espíritu de oración que lo culmine todo. La oración que hizo confesión privada a Dios debe continuar y ser la oración que confiesa ante el público general. En efecto, desde el momento mismo de la oración de confesión interior de una persona a Dios, el corazón debe continuar en espíritu de oración a lo largo de toda la vida. El espíritu del creyente debe ser un espíritu de oración continua. Esa fue la obediencia de Jesús en oración. Esa debe ser nuestra obediencia en oración. El anhelo ferviente de Dios para nosotros es una comunión ininterrumpida en oración con Dios.

«También les refirió una parábola sobre la necesidad de orar *siempre,* y no desmayar» (Lc. 18:1).

«*Constantes* en la oración» (Ro. 12:12).

«Orando en todo tiempo con toda oración y súplica en el Espíritu, y velando en ello con toda perseverancia y súplica por todos los santos» (Ef. 6:18).

«Por nada estéis afanosos, sino sean conocidas vuestras peticiones delante de Dios *en toda oración* y ruego, con acción de gracias» (Fil. 4:6).

«*Siempre orando por vosotros,* damos gracias a Dios, Padre de nuestro Señor Jesucristo» (Col. 1:3).

«*Perseverando* en la oración, velando en ella con acción de gracias» (Col. 4:2).

«Orando *de noche y de día* con gran insistencia» (1 Ts. 3:10).

«Orad *sin cesar*» (1 Ts. 5:17).

«Confesaos vuestras ofensas unos a otros, y orad unos por otros, para que seáis sanados. La oración *eficaz* del justo puede mucho» (Stg. 5:16).

«Mas el fin de todas las cosas se acerca; sed, pues, sobrios, y *velad* en oración» (1 P. 4:7).

[2] (3:22) ***Bautismo:*** el bautismo obtiene la aprobación de Dios. Cuando una persona es bautizada Dios es muy complacido, porque la persona esta obedeciendo y siguiendo los pasos de Jesús. El bautismo de Jesús complació a Dios. De tres maneras le mostró Dios su aprobación.

1. Los cielos fueron abiertos (v. 2). Probablemente esto tenía dos propósitos.

a. Dar a Jesús una visión y un sentido muy especial de la gloria y presencia de Dios. El bautismo del Señor era el lanzamiento de su ministerio en favor de los hombres. Jesús necesitaba una visión y un sentido muy especial de la gloria y presencia de Dios. Necesitaba el sello de la aprobación y del poder de Dios (cp. Hch. 7:56; Ez. 1:1).

b. Revelar a Juan y tal vez a las otras personas paradas alrededor (si la apertura del cielo fue visible para todos) de que Jesús realmente era el Cordero de Dios que quita los pecados del mundo (Jn. 1:29).

2. El Espíritu Santo descendió sobre Jesús «en forma corporal, como paloma». Para los judíos la paloma era un ave sagrada. Era símbolo de paz y bondad, de pureza e inocencia; lo que es aun más significativo, con frecuencia identificaba al Espíritu de Dios. Cuando la paloma descendió sobre Jesús, simbolizó al Espíritu mismo de Dios descendiendo sobre Él. Descendía sobre Jesús para identificarlo como Mesías y para investir a Jesús con el poder de Dios (*véanse* bosquejo y notas—Mr. 1:9-10). Juan se esforzó en subrayar que el descenso del Espíritu sobre Jesús fue algo único: El Espíritu habitó (Jn. 1:32) y permaneció sobre Jesús (Jn. 1:33). El Espíritu Santo entró una vez para siempre en la vida de Jesús, de manera permanente y poderosa, en su plena manifestación e ilimitado poder.

3. Se oyó la voz de Dios (*véase* nota—Mt. 3:16-17).

Pensamiento. Cuando obedecemos genuinamente a Dios y somos bautizados, Dios se complace. Además obtenemos su aprobación de tres maneras.

1) Dios nos abre los cielos y nos da un sentido muy especial de su presencia, un sentido de su aprobación, un sentido de que le agradamos inmensamente.

«Bendito sea el Dios y Padre de nuestro Señor Jesucristo, que nos bendijo con toda bendición espiritual en los lugares *celestiales* en Cristo» (Ef. 1:3).

«Pero Dios, que es rico en misericordia, por su gran amor con que nos amó, aun estando nosotros muertos en pecados, nos dio vida juntamente con Cristo (por gracia sois salvos), y juntamente con él nos resucitó, y asimismo nos hizo sentar en los lugares celestiales con Cristo Jesús» (Ef. 2:4-6).

2) Dios nos manifiesta y revela su Espíritu en un sentido muy especial. Nosotros le obedecemos, y los momentos de significativa obediencia resultan en manifestaciones especiales del Espíritu (*véase* nota—Jn. 14:21).

«El que tiene mis mandamientos, y los guarda, ése es el que me ama; y el que me ama, será amado por mi Padre, y yo le amaré, y *me manifestaré* a él» (Jn. 14:21).

«Antes bien como está escrito: Cosas que ojo no vio, ni oído oyó, ni han subido en corazón de hombre, son las que Dios ha preparado para los que le aman» (1 Co. 2:9).

«Pero Dios nos la reveló a nosotros por el Espíritu; porque el Espíritu todo lo escudriña, aun lo profundo de Dios» (1 Co. 2:9-10).

«En quien tenemos redención por su sangre, el perdón de pecados según las riquezas de su gracia, que hizo sobreabundar para con nosotros en toda sabiduría e inteligencia, dándonos a conocer el misterio de su voluntad, según su beneplácito, el cual se había propuesto en sí mismo, de reunir todas las cosas en Cristo, en la dispensación del cumplimiento de los tiempos, así las que están en los cielos, como las que están en la tierra» (Ef. 1:7-10).

«El misterio que había estado oculto desde los siglos y edades, pero que ahora ha sido manifestado a sus santos, a quienes Dios quiso dar a conocer las riquezas de la gloria de este misterio entre los gentiles; *que es Cristo en vosotros, la esperanza de gloria*» (Col. 1:26-27).

3) Es oída la voz de Dios. El hecho de ser bautizados es señal de que hemos oído su mandato de ser bautizados, y por el hecho de obedecerle Él nos sigue hablando día tras día mientras buscamos su voluntad en la Biblia y con oración.

«He aquí, yo estoy a la puerta y llamo; si alguno oye mi voz y abre la puerta, entraré a él, y cenaré con él, y él conmigo» (Ap. 3:20).

«Lo que hemos visto y oído, eso os anunciamos, para que también vosotros tengáis comunión con nosotros; y nuestra comunión verdaderamente es con el Padre, y con su Hijo Jesucristo» (1 Jn. 1:3).

	D. La genealogía de Jesús: las raíces del Mesías, 3:23-38 (Mt. 1:1-17)	30 hijo de Leví, hijo de Simeón, hijo de Judá, hijo de José, hijo de Jonán, hijo de Eliaquim, 31 hijo de Melea, hijo de Mainán, hijo de Matata, hijo de Natán,	
1 Jesús tenía aproximadamente treinta años (v. 23)	23 Jesús mismo al comenzar su ministerio era como de treinta años, hijo, según se creía, de José, hijo de Elí,	32 hijo de David, hijo de Isaí, hijo de Obed, hijo de Booz, hijo de Salmón, hijo de Naasón,	**3 Heredero de Adán, para ser sumo sacerdote mesiánico** (vv. 32-38)
2 Heredero de David, para ser Rey mesiánico (vv. 24-31)	24 hijo de Matar, hijo de Leví, hijo de Melqui, hijo de Jana, hijo de José. 25 hijo de Matatías, hijo de Amós, hijo de Nahum, hijo de Esli, hijo de Nagai, 26 hijo de Maat, hijo de Matatías, hijo de Semei, hijo de José, hijo de Judá, 27 hijo de Joana, hijo de Resa, hijo de Zorobabel, hijo de Salatiel, hijo de Neri, 28 hijo de Melqui, hijo de Adi, hijo de Cosam, hijo de Elmodam, hijo de Er, 29 hijo de Josué, hijo de Eliezer, hijo de Jorim, hijo de Matat,	33 hijo de Aminadab, hijo de Aram, hijo de Esrom, hijo de Fares, hijo de Judá, 34 hijo de Jacob, hijo de Isaac, hijo de Abraham, hijo de Taré, hijo de Nacor, 35 hijo de Serug, hijo de Ragau, hijo de Peleg, hijo de Heber, hijo de Sala, 36 hijo de Cainán, hijo de Arfaxad, hijo de Sem, hijo de Noé, hijo de Lamec, 37 hijo de Matusalén, hijo de Enoc, hijo de Jared, hijo de Mahalaleel, hijo de Cainán, 38 hijo de Enós, hijo de Set, hijo de Adán, hijo de Dios.	**4 Heredero de Dios, para ser el profeta mesiánico de Dios (v. 38)**

D. La genealogía de Jesús: las raíces del Mesías, 3:23-38

(3:23-38) ***Introducción:*** ahora Jesús estaba listo para comenzar su ministerio. Pero ¿estaba en su derecho? ¿Qué prueba había de que Él era el Mesías, el Hijo de Dios? En este pasaje Lucas destaca algo fenomenal. Dice que aun las raíces de Jesús, su genealogía, demuestran que Él es el Mesías. Sus raíces le dan el derecho de afirmar su naturaleza mesiánica, de afirmar que Él es el Salvador, el Hijo de Dios.

1. Jesús tenía aproximadamente treinta años (v. 23).
2. Heredero de David, para ser Rey mesiánico (vv. 24-31).
3. Heredero de Adán, para ser sumo sacerdote mesiánico (vv. 32-38).
4. Heredero de Dios, para ser el profeta mesiánico de Dios (v. 38).

ESTUDIO A FONDO 1

(3:23-38) ***Jesús, genealogía:*** aquí hay dos hechos significativos. Primero, Lucas sigue el linaje (genealogía) de María, la madre de Jesús. Segundo, traza el linaje de María hasta el mismo Adán. Lo que hace Lucas es mostrar que el Hijo de Dios realmente se hizo hombre. Jesús era el Mesías prometido. Lucas está escribiendo a gentiles que daban gran importancia a un Dios trascendente, un Dios en algún lugar lejano del espacio, al que se consideraba muy distanciado de los asuntos cotidianos de los hombres. Lucas tenía que demostrar que Jesús era hombre, plenamente humano. Un hombre nacido de una mujer, lleno de emociones y sentimientos y con experiencias personales día tras día, similar a todos los otros hombres.

La genealogía de Mateo es diferente (Mt. 1:1). Mateo escribe primordialmente a los judíos que daban gran énfasis a la pureza del linaje. Un linaje impuro privaba al judío de su nacionalidad, del derecho de ser llamado Judío; y, trágicamente, ello significaba su pérdida del derecho de ser llamado hijo de Dios. Para combatir este problema, Mateo traza el linaje de José hasta el rey David, y de allí hasta Abraham, el fundador de Israel. Lo hace para demostrar que Jesús tenía el derecho legítimo al trono de David y a las promesas hechas a Abraham. Esto no significa que Jesús fuera hijo carnal de José, sino que como Hijo de Dios fue enviado a la familia de José. De esa manera se convertía en heredero legítimo de José (*véanse* Estudio a fondo 3—Mt. 1:16; Estudio a fondo 2—Jn. 8:23). Esto significaba dos cosas. Primero, legalmente Jesús era de linaje puro, y pertenecía a la nación judía. Cumplió las profecías del Antiguo Testamento que afirmaban que el Mesías nacería de la nación judía. Segundo, como judío y como Hijo de Dios, Jesús tenía derecho legítimo a afirmar su naturaleza mesiánica. Tenía el derecho legítimo al trono de David y a las promesas hechas a Abraham (*véase* Estudio a fondo 1—Jn. 4:22; Estudio a fondo 1—Ro. 4:1-25. Cp. Gn. 12:1-3).

[1] (3:23) ***Jesucristo, edad de:*** Jesucristo tenía aproximadamente treinta años cuando comenzó su ministerio. ¿Por qué esperó hasta los treinta años para iniciar su ministerio?

1. Treinta años era la edad con que los levitas comenzaban su obra (Nm. 4:47).
2. Treinta años era también la edad cuando se le permitía al

escriba comenzar su ministerio de enseñanza.

3. Treinta años era la edad cuando se suponía que un hombre había alcanzado su desarrollo completo y que era maduro.

Ahora note un tema crucial. Jesús necesitó vivir treinta años como vivían los otros hombres, aprendiendo y madurando en la rutina cotidiana de la vida y de las reponsabilidades (cp. He. 5:8). ¿Por qué?

1. Fue preciso que Jesús mostrara su fidelidad, para conseguir la justicia en medio de la perdición en que vivían los hombres; tenía que conseguirla en medio de sus deberes cotidianos...

- del trabajo (Jesús era carpintero).
- de la familia (Jesús fue cabeza del hogar cuando murió José).
- del crecimiento físico (Jesús creció y maduró como todos los hombres, día a día).
- del crecimiento mental (estudiaba y aprendía como lo hacen todos los hombres).
- del crecimiento espiritual (buscaba a Dios como deben buscarlo todos los hombres).

«Y aunque era Hijo, por lo que padeció aprendió la obediencia» (He. 5:8).

2. Era preciso que Jesús demostrase (diera una ilustración) cómo deben vivir los hombres en su rutina cotidiana.

3. Jesús tenía que aprender las experiencias cotidianas de la vida (como Hombre); tenía que aprender para poder enseñar a los hombres basado en su experiencia, cómo debían vivir.

4. Jesús tenía que aprender de las experiencias cotidianas para poder ayudar mejor y socorrer a los hombres a lo largo de sus vidas. Al abrirse paso a través de las experiencias de la vida, podía ayudar mejor a los hombres a abrirse paso ellos a través de sus experiencias cotidianas (*véase* nota—Lc. 2:40 para una discusión detallada).

[2] (3:24-31) ***Jesucristo, heredero de David—rey:*** Jesús era heredero de David; estaba calificado para ser el Rey mesiánico. Dios le dio a David y a su simiente (el Mesías) la promesa del gobierno eterno (2 S. 7:12; Sal. 39:3ss; 132:11).

Los judíos creían en estas promesas de Dios. Por eso Jesús «llamado el Cristo» (Mt. 1:16), fue el Hijo prometido de Abraham, el Hijo prometido a David (Mt. 1:1).

Note cuántas veces Jesús fue llamado Hijo de David. (Cp. Mt. 12:23; 15:22; 20:30-31; 21:9, 15; Hch. 2:29-36; Ro. 1:3; 2 Ti. 2:8; Ap. 22:16.) Era el título común y el concepto popular del Mesías. Generación tras generación de judíos había esperado el libertador prometido de Israel. La gente esperaba que fuese un gran general, alguien que librase y restaurase la nación a su grandeza. En efecto, esperaban que hiciera de la nación el centro del gobierno universal. Que, amparado por Dios, conquistase al mundo y centrara la gloria y majestad de Dios mismo en Jerusalén. Y que desde su trono, el trono de David, ejecutase «el fuego mesiánico del juicio» sobre las naciones y los pueblos del mundo. (*Véanse* Estudio a fondo 2—Mt. 1:18; Estudio a fondo 3—3:11; notas—11:1-6; 11:2-3; Estudio a fondo 1—11:5; Estudio a fondo 2—11:6; Lc. 7:21-23. La referencia a estas notas mostrará cuál era el concepto judío del Mesías.) Si Lucas puede demostrar que las raíces de Jesús (genealogía) retroceden hasta David y Adán, habrá mostrado con cuánta seriedad hay que considerar las afirmaciones de Jesús de ser el Mesías (*véase* Estudio a fondo 2—Mt. 1:18).

1. Se había profetizado el rey mesiánico.

«El edificará casa a mi nombre, y yo afirmaré para siempre el trono de su reino» (2 S. 7:13).

«Me has librado de las contiendas del pueblo; me has hecho cabeza de las naciones; pueblo que yo no conocía me sirvió» (Sal. 18:43).

«Dominará de mar a mar, y desde el río hasta los confines de la tierra ... Todos los reyes se postrarán delante de él; todas las naciones le servirán» (Sal. 72:8, 11).

«Hice pacto con mi escogido; juré a David mi siervo, diciendo: Para siempre confirmaré tu descendencia, y edificaré tu trono por todas las generaciones» (Sal. 89:3-4).

«Entonces hablaste en visión a tu santo, y dijiste: He puesto el socorro sobre uno que es poderoso; he exaltado a un escogido de mi pueblo. Hallé a David mi siervo; lo ungí con mi santa unción. Mi mano estará siempre con él, mi brazo también lo fortalecerá ... Sino que quebrantaré delante de él a sus enemigos, y heriré a los que le aborrecen» (Sal. 89:19-21, 23).

«Yo también le pondré por primogénito, el más excelso de los reyes de la tierra ... Pondré su descendencia para siempre, y su trono como los días de los cielos ... Su descendencia será para siempre, y su trono como el sol delante de mí. Como la luna será firme para siempre, y como un testigo fiel en el cielo» (Sal. 89:27, 29, 36-37).

«Jehová dijo a mi Señor: Siéntate a mi diestra, hasta que ponga a tus enemigos por estrado de tus pies. Jehová enviará desde Sion la vara de tu poder; domina en medio de tus enemigos» (Sal. 110:1-2).

«En verdad juró Jehová a David, y no se retractará de ello: De tu descendencia pondré sobre tu trono. Allí haré retoñar el poder de David; he dispuesto lámpara a mi ungido. A sus enemigos vestiré de confusión, mas sobre él florecerá su corona» (Sal. 132:11, 17-18).

«Y juzgará entre las naciones, y reprenderá a muchos pueblos; y volverán sus espadas en rejas de arado, y sus lanzas en hoces; no alzará espada nación contra nación, ni se adiestrarán más para la guerra» (Is. 2:4).

«En el año que murió Uzías vi yo al Señor sentado sobre un trono alto y sublime, y sus faldas llenaban el templo» (Is. 6:1).

«Porque un niño nos es nacido, hijo nos es dado, y el principado sobre su hombro; y se llamará su nombre Admirable, Consejero, Dios fuerte, Padre eterno, Príncipe de paz. Lo dilatado de su imperio y la paz no tendrán límite, sobre el trono de David y sobre su reino, disponiéndolo y confirmándolo en juicio y en justicia desde ahora y para siempre. El celo de Jehová de los ejércitos hará esto» (Is. 9:6-7).

«Saldrá una vara del tronco de Isaí, y un vástago retoñará de sus raíces» (Is. 11:1)

«Acontecerá en aquel tiempo que la raíz de Isaí, la cual estará puesta por pendón a los pueblos, será buscada por las gentes; y su habitación será gloriosa» (Is. 11:10).

«He aquí que para justicia reinará un rey, y príncipes presidirán en juicio» (Is. 32:1).

«Tus ojos verán al rey en su hermosura; verán la tierra que está lejos» (Is. 33:17).

«He aquí que Jehová el Señor vendrá con poder, y su brazo señoreará; he aquí que su recompensa viene con él, y su paga delante de su rostro» (Is. 40:10).

«¡Cuán hermosos son sobre los montes los pies del que trae alegres nuevas, del que anuncia la paz, del que trae nuevas del bien, del que publica salvación, del que dice a Sion: ¡Tu Dios reina!» (Is. 52:7).

«He aquí que mi siervo será prosperado, será engrandecido y exaltado, y será puesto muy alto» (Is. 52:13).

«He aquí que vienen días, dice Jehová, en que levantaré a David renuevo justo, y reinará como Rey, el cual será dichoso, y hará juicio y justicia en la tierra. En sus días será salvo Judá, e Israel habitará confiado; y este será su nombre con el cual le llamarán: Jehová, justicia nuestra» (Jer. 23:5-6).

«Sino que servirán a Jehová su Dios y a David su rey, a quien yo les levantaré» (Jer. 30:9).

«Porque así ha dicho Jehová: No faltará a David varón que se siente sobre el trono de la casa de Israel» (Jer. 33:17).

«Así ha dicho Jehová el Señor: Depón la tiara, quita la corona; esto no será más así; sea exaltado lo bajo, y humillado lo alto. A ruina, a ruina, a ruina lo reduciré, y esto no será más, hasta que venga aquel cuyo es el derecho, y yo se lo entregaré» (Ez. 21:26-27).

«Mi siervo David será rey sobre ellos, y todos ellos

tendrán un solo pastor; y andarán en mis preceptos, y mis estatutos guardarán, y los pondrán por obra. Habitarán en la tierra que di a mi siervo Jacob, en la cual habitaron vuestros padres; en ella habitarán ellos, sus hijos y los hijos de sus hijos para siempre; y mi siervo David será príncipe de ellos para siempre» (Ez. 37:24-25).

«Entonces fueron desmenuzados también el hierro, el barro cocido, el bronce, la plata y el oro, y fueron como tamo de las eras del verano, y se los llevó el viento sin que de ellos quedara rastro alguno. Mas la piedra que hirió a la imagen fue hecha un gran monte que llenó toda la tierra» (Dn. 2:35).

«Y en los días de estos reyes el Dios del cielo levantará un reino que no será jamás destruido, ni será el reino dejado a otro pueblo; desmenuzará y consumirá a todos estos reinos, pero él permanecerá para siempre» (Dn. 2:44).

«Miraba yo en la visión de la noche, y he aquí con las nubes del cielo venía uno como un hijo de hombre, que vino hasta el Anciano de días, y le hicieron acercarse delante de él. Y le fue dado dominio, gloria y reino, para que todos los pueblos, naciones y lenguas le sirvieran; su dominio es dominio eterno, que nunca pasará, y su reino uno que no será destruido» (Dn. 7:13-14).

«Sabe, pues, y entiende, que desde la salida de la orden para restaurar y edificar a Jerusalén hasta el Mesías Príncipe, habrá siete semanas, y sesenta y dos emanas; se volverá a edificar la plaza y el muro en tiempos angustiosos» (Dn. 9:25).

«Después volverán los hijos de Israel, y buscarán a Jehová su Dios, y a David su rey; y temerán a Jehová y a su bondad en el fin de los días» (Os. 3:5).

«Jehová rugirá desde Sion, y dará su voz desde Jerusalén, y temblarán los cielos y la tierra; pero Jehová será la esperanza de su pueblo, y la fortaleza de los hijos de Israel. Y conoceréis que yo soy Jehová vuestro Dios, que habito en Sion mi santo monte; y Jerusalén será santa, y extraños no pasarán más por él» (Jl. 3:16-17).

Pero tú, Belén Efrata, pequeña para estar entre las familias de Judá, de ti me saldrá el que será Señor en Israel; y sus salidas son desde el principio, desde los días de la eternidad ... Y él estará, y apacentará con poder de Jehová, con grandeza del nombre de Jehová su Dios; y morarán seguros, porque ahora será engrandecido hasta los fines de la tierra» (Mi. 5:2, 4).

«En aquel día yo levantaré el tabernáculo caído de David, y cerraré sus portillos y levantaré sus ruinas, y lo edificaré como en el tiempo pasado» (Am. 9:11).

«Y él juzgará entre muchos pueblos, y corregirá a naciones poderosas hasta muy lejos; y martillarán sus espadas para azadones, y sus lanzas para hoces; no alzará espada nación contra nación, ni se ensayarán más para la guerra» (Mi. 4:3).

«Jehová ha apartado tus juicios, ha echado fuera tus enemigos; Jehová es Rey de Israel en medio de ti; nunca más verás el mal» (Sof. 3:15).

«Y le hablarás diciendo: Así ha hablado Jehová de los ejércitos, diciendo: He aquí el varón cuyo nombre es el Renuevo, el cual brotará de sus raíces, y edificará el templo de Jehová. Él edificará el templo de Jehová, y él llevará gloria, y se sentará y dominará en su trono, y habrá sacerdote a su lado; y consejo de paz habrá entre ambos» (Zac. 6:12-13).

«Alégrate mucho, hija de Sion; da voces de júbilo, hija de Jerusalén; he aquí tu rey vendrá a ti, justo y salvador, humilde, y cabalgando sobre un asno, sobre un pollino de asna. Y de Efraín destruiré los carros, y los caballos de Jerusalén, y los arcos de guerra serán quebrados; y hablará paz a las naciones, y su señorío será de mar a mar, y desde el río hasta los fines de la tierra» (Zac. 9:9-10).

(*Véanse* también algunas referencias temáticas: ***Dios y Jesucristo, Reino de***.)

2. Jesucristo fue el rey mesiánico.

«Diciendo: ¿Dónde está el rey de los judíos, que ha nacido? Porque su estrella hemos visto en el oriente, y venimos a adorarle.... Y tú, Belén, de la tierra de Judá, no eres la más pequeña entre los príncipes de Judá; porque de ti saldrá un guiador, que apacentará a mi pueblo Israel» (Mt. 2:2, 6).

«Enviará el Hijo del Hombre a sus ángeles, y recogerán de su reino a todos los que sirven de tropiezo, y a todos los que hacen iniquidad» (Mt. 13:41)

«Cuando el Hijo del Hombre venga en su gloria, y todos los santos ángeles con él, entonces se sentará en su trono de gloria» (Mt. 25:31).

«Jesús, pues, estaba en pie delante del gobernador; y éste le preguntó, diciendo: ¿Eres tú el Rey de los judíos? Y Jesús le dijo: Tú lo dices» (Mt. 27:11).

«Y Jesús se acercó y les habló diciendo: Toda potestad me es dada en el cielo y en la tierra» (Mt. 28:18).

«Este será grande, y será llamado Hijo del Altísimo; y el Señor Dios le dará el trono de David su padre; y reinará sobre la casa de Jacob para siempre, y su reino no tendrá fin» (Lc. 1:32-33).

«Respondió Natanael y le dijo: Rabí, tú eres el Hijo de Dios; tú eres el Rey de Israel» (Jn. 1:49).

«Respondió Jesús: Mi reino no es de este mundo; si mi reino fuera de este mundo, mis servidores pelearían para que yo no fuera entregado a los judíos; pero mi reino no es de aquí. Le dijo entonces Pilato: ¿Luego, eres tú rey? Respondió Jesús: Tú dices que yo soy rey. Yo para esto he nacido, y para esto he venido al mundo, para dar testimonio a la verdad. Todo aquel que es de la verdad, oye mi voz» (Jn. 18:36-37).

«Escribió también Pilato un título, que puso sobre la cruz, el cual decía: Jesús nazareno, Rey de los judíos» (Jn. 19:19).

«A éste, Dios ha exaltado con su diestra por Príncipe y Salvador, para dar a Israel arrepentimiento y perdón de pecados» (Hch. 5:31).

«Porque Cristo para esto murió y resucitó, y volvió a vivir, para ser Señor así de los muertos como de los que viven» (Ro. 14:9).

«Pero cada uno en su debido orden: Cristo, las primicias; luego los que son de Cristo, en su venida. Luego el fin, cuando entregue el reino al Dios y Padre, cuando haya suprimido todo dominio, toda autoridad y potencia. Porque preciso es que él reine hasta que haya puesto a todos sus enemigos debajo de sus pies. Y el postrer enemigo que será destruido es la muerte» (1 Co. 15:23-26).

«La cual operó en Cristo, resucitándole de los muertos y sentándole a su diestra en los lugares celestiales sobre todo principado y autoridad y poder y señorío, y sobre todo nombre que se nombra, no sólo en este siglo, sino también en el venidero; y sometió todas las cosas bajo sus pies, y lo dio por cabeza sobre todas las cosas a la iglesia» (Ef. 1:20-22).

«Por lo cual Dios también le exaltó a los sumo, y le dio un nombre que es sobre todo nombre, para que en el nombre de Jesús se doble toda rodilla de los que están en los cielos, y en la tierra, y debajo de la tierra; y toda lengua confiese que Jesucristo es el Señor, para gloria de Dios Padre» (Fil. 2:9-11).

«La cual a su tiempo mostrará el bienaventurado y solo Soberano, Rey de reyes, y Señor de señores, el único que tiene inmortalidad, que habita en la luz inaccesible; a quien ninguno de los hombres ha visto ni puede ver, al cual sea la honra y el imperio sempiterno» (1 Ti. 6:15-16).

«Pero Cristo, habiendo ofrecido una vez para siempre un solo sacrificio por los pecados, se ha sentado a la diestra de Dios, de ahí en adelante esperando hasta que sus enemigos sean puestos por estrado de sus pies» (He. 10:12-13).

«Quien habiendo subido al cielo está a la diestra de Dios; y a él están sujetos ángeles, autoridades y potestades» (1 P. 3:22).

«Y de Jesucristo el testigo fiel, el primogénito de los muertos, y el soberano de los reyes de la tierra. Al que nos

amó, y nos lavó de nuestros pecados con su sangre y nos hizo reyes y sacerdotes para Dios, su Padre; a él sea gloria e imperio por los siglos de los siglos. Amén. He aquí que viene con las nubes, y todo ojo le verá, y los que le traspasaron; y todos los linajes de la tierra harán lamentación por él. Sí, amén» (Ap. 1:5-7).

«Escribe al ángel de la iglesia en Filadelfia: Esto dice el Santo, el Verdadero, el que tiene la llave de David, el que abre y ninguno cierra, y cierra y ninguno abre» (Ap. 3:7).

«Al que venciere, le daré que se siente conmigo en mi trono, así como yo he vencido, y me he sentado con mi Padre en su trono» (Ap. 3:21).

«Y miré, y he aquí un caballo blanco; y el que lo montaba tenía un arco; y le fue dada una corona, y salió venciendo, y para vencer» (Ap. 6:2).

«Y los reyes de la tierra, y los grandes, los ricos, los capitanes, los poderosos y todo siervo y todo libre, se escondieron en las cuevas y entre las peñas de los montes; y decían a los montes y a las peñas: Caed sobre nosotros, y escondednos del rostro de aquel que está sentado sobre el trono, y de la ira del Cordero; porque el gran día de su ira ha llegado; ¿y quién podrá sostenerse en pie?» (Ap. 6:15-17).

«Los reinos del mundo han venido a ser de nuestro Señor y de su Cristo; y él reinará por los siglos de los siglos» (Ap. 11:15).

«Entonces oí una gran voz en el cielo, que decía: Ahora ha venido la salvación, el poder, y el reino de nuestro Dios, y la autoridad de su Cristo; porque ha sido lanzado fuera el acusador de nuestros hermanos, el que los acusaba delante de nuestro Dios día y noche» (Ap. 12:10).

«Miré, y he aquí una nube blanca; y sobre la nube uno sentado semejante al Hijo del Hombre, que tenía en la cabeza una corona de oro, y en la mano una hoz aguda» (Ap. 14:14).

«Pelearán contra el Cordero, y el Cordero los vencerá, porque él es el Señor de señores y Rey de reyes; y los que están con él son llamados y elegidos fieles» (Ap. 17:14).

«Entonces vi el cielo abierto; y he aquí un caballo blanco, y el que lo montaba se llamaba Fiel y Verdadero, y con justicia juzga y pelea. Sus ojos eran como llama de fuego, y había en su cabeza muchas diademas; y tenía un nombre escrito que ninguno conocía sino él mismo ... De su boca sale una espada aguda, para herir con ella a las naciones, y él las regirá con vara de hierro; y él pisa el lagar del vino del furor y de la ira del Dios Todopoderoso. Y en su vestidura y en su muslo tiene escrito este nombre: Rey de reyes y Señor de señores» (Ap. 19:11-12, 15-16).

«Bienaventurado y santo el que tiene parte en la primera resurrección; la segunda muerte no tiene potestad sobre éstos, sino que serán sacerdotes de Dios y de Cristo, y reinarán con él mil años» (Ap. 20:6).

3 (3:32-38) ***Heredero de Adán—raíces—genealogía:*** Jesús fue el heredero de Adán: estaba calificado para ser el su sumo sacerdote mesiánico, el perfecto sumo sacerdote que representa al hombre ante Dios y a Dios ante los hombres. Esta era la función específica del sumo sacerdote: representar a los hombres ante Dios y a Dios ante de los hombres. El sumo sacerdote llevaba el nombre de Dios ante los hombres y los nombres de los hombres ante Dios (Ro. 8:33-34; He. 2:17; 9:24; 1 Jn. 2:1-2; cp. Is. 49:16). En relación con el Mesías esto significaba dos cosas.

1. El Mesías tenía que *conocer perfectamente al hombre*, y tenía que *conocer perfectamente a Dios.* Tenía que ser el perfecto Dios: Hombre en persona, en ser, en esencia. Tenía que ser Hombre, sí, pero también tenía que ser el Dios encarnado en cuerpo humano. Tenía que haber nacido de Adán, es decir, de la simiente de Adán, de carne humana; pero también tenía que poseer la naturaleza misma de Dios. Esta era la única forma en que el hombre podía tener alguna vez un sumo sacerdote. Era absolutamente necesario —debido a la naturaleza depravada del mundo— era absolutamente necesario que un sumo sacerdote perfecto fuese el *perfecto Dios y perfecto hombre.*

2. El Mesías también tiene que *poder representar a Dios ante el hombre,* representar perfectamente a Dios; y tiene que *poder representar a Dios ante el hombre,* representarlo perfectamente. Como dice la Escritura: «el cual [el Mesías] es fiel [necesariamente] al que lo constituyó» (He. 3:2).

El Mesías tuvo que vivir como perfecto Dios para representar a Dios ante el hombre. El Mesías también tuvo que vivir como perfecto Hombre (sin pecar jamás) para representar al hombre ante Dios (para que el hombre fuese representado como perfecto ante Dios).

Las Escrituras dicen que Jesús vivió una vida perfecta, que nunca pecó (2 Co. 5:21; He. 4:15; 9:28; 3:5).

1. El sumo sacerdote mesiánico fue tipificado por dos hombres sumo sacerdotes del Antiguo Testamento.

a. Por Melquisedec.

«Entonces Melquisedec, rey de Salem y sacerdote del Dios Altísimo sacó pan y vino; y le bendijo, diciendo: Bendito sea Abram del Dios Altísimo, creador de los cielos y de la tierra; y bendito sea el Dios altísimo, que entregó tus enemigos en tus mano. Y le dio Abram los diezmos de todo» (Gn. 14:18-20).

«Juró Jehová, y no se arrepentirá: Tú eres sacerdote para siempre según el orden de Melquisedec» (Sal. 110:4).

b. Por Aarón.

«Y llevarás a Aarón y a sus hijos la puerta del tabernáculo de reunión, y los lavarás con agua. Y harás vestir a Aarón las vestiduras sagradas, y lo ungirá, y lo consagrarás, para que sea mi sacerdote. Después harás que se acerquen sus hijos, y les vestirás las túnicas; y los ungirás, como ungiste a su padre, y serán mis sacerdotes, y su unción les servirá por sacerdocio perpetuo, por sus generaciones» (Éx. 40:12-15).

2. El sumo sacerdocio mesiánico había sido profetizado.

«De ella saldrá su príncipe, y de en medio de ella saldrá su señoreador; y le haré llegar cerca, y él se acercará a mí; porque ¿quién es aquel que se atreve a acercarse a mí? dice Jehová. Y me seréis por pueblo, y yo seré vuestro Dios» (Jer. 30:21-22); (note como el señoreador se acerca en forma de sumo sacerdote).

«Y le hablarás diciendo: Así ha hablado Jehová de los ejércitos, diciendo: He aquí el varón cuyo nombre es el Renuevo, el cual brotará de sus raíces, y edificará el templo de Jehová. Él edificará el templo de Jehová, y él llevará gloria, y se sentará y dominará en su trono, y habrá sacerdote a su lado; y consejo de paz habrá entre ambos» (Zac. 6:12-13).

3. Jesucristo es el sumo sacerdote mesiánico.

«Por tanto, hermanos santos, participantes del llamamiento celestial, considerad al apóstol y sumo sacerdote de nuestra profesión, Cristo Jesús; el cual es fiel al que le constituyó, como también lo fue Moisés en toda la casa de Dios» (He. 3:1-2).

«Por tanto, teniendo un gran sumo sacerdote que traspasó los cielos, Jesús el Hijo de Dios, retengamos nuestra profesión. Porque no tenemos un sumo sacerdote que no pueda compadecerse de nuestras debilidades, sino uno que fue tentado en todo según nuestra semejanza, pero sin pecado. Acerquémonos, pues, confiadamente al trono de la gracia, para alcanzar misericordia y hallar gracia para el oportuno socorro» (He. 4:16).

«Y nadie toma para sí esta honra, sino el que es llamado por Dios, como lo fue Aarón. Así como Cristo se glorificó a sí mismo haciéndose sumo sacerdote, sino el que le dijo: Tú eres mi Hijo, yo te he engendrado hoy. Y aunque era Hijo, por lo que padeció aprendió la obediencia; y habiendo sido perfeccionado, vino a ser autor de eterna salvación para todos los que le obedecen» (He. 5:4-5, 8-9). (*Véase* bosquejo—He. 4:14—5:10 para una vista general. *Véanse* bosquejos—He. 4:14—7:28 para un cuadro completo.)

4 (3:38) ***Jesucristo, profeta:*** Jesús es el heredero de Dios: estaba calificado para ser el profeta mesiánico de Dios mismo. Jesucristo mismo proclamó lo que el profeta mesiánico debía hacer.

«Vino a Nazaret, donde se había criado; y en el día de reposo entró en la sinagoga, conforme a su costumbre, y se levantó a leer. Y se le dio el libro del profeta Isaías; y habiendo abierto el libro, halló el lugar donde estaba escrito: El Espíritu Santo está sobre mí, por cuanto me ha ungido para dar buenas nuevas a los pobres; me ha enviado a sanar a los quebrantados de corazón; a pregonar libertad a los cautivos, y vista a los ciegos; a poner en libertad a los oprimidos; a predicar el año agradable del Señor. Y enrollando el libro, lo dio al ministro, y se sentó; y los ojos de todos en la sinagoga estaban fijos en él. Y comenzó a decirles: Hoy se ha cumplido esta Escritura delante de vosotros» (Lc. 4:16-21).

1. El profeta mesiánico había sido profetizado.

«Pròfeta de en medio de ti, de tus hermanos, como yo, te levantará Jehová tu Dios; a él oiréis» (Dt. 18:15).

«El pueblo que andaba en tinieblas vio gran luz; los que moraban en tierra de sombra de muerte, luz resplandeció sobre ellos» (Is. 9:2).

«Saldrá una vara del tronco de Isaí, y un vástago retoñará de sus raíces. Y reposará sobre él el Espíritu de Jehová; espíritu de sabiduría y de inteligencia, espíritu de consejo y de poder, espíritu de conocimiento y de temor de Jehová. Y le hará entender diligente en el temor de Jehová. No juzgará según la vista de sus ojos, ni argüirá por lo que oigan su sus oídos; sino que juzgará con justicia a los pobres, y argüirá con equidad por los mansos de la tierra; y herirá la tierra con la vara de su boca, y con el espíritu de sus labios matará al impío» (Is. 11:1-4).

«He aquí mi siervo, yo lo sostendré; mi escogido, en quien mi alma tiene contentamiento; he puesto sobre él mi Espíritu; él traerá justicia a las naciones. No gritará, no alzará la voz, ni la hará oír en las calles. No quebrará la caña cascada, ni apagará el pábilo que humeare; por medio de la verdad traerá justicia. No se cansará ni desmayará, hasta que establezca en la tierra justicia; y las costas esperarán su ley» (Is. 42:1-4).

«¡Cuán hermosos son sobre los montes los pies del que trae alegres nuevas, del que anuncia la paz, del que trae nuevas del bien, del que publica salvación, del que dice a Sion: ¡Tu Dios reina!» (Is. 52:7).

«He aquí sobre los montes los pies del que trae buenas nuevas, del que anuncia la paz. Celebra, oh Judá, tus fiestas, cumple tus votos; porque nunca más volverá a pasar por ti el malvado; pereció del todo» (Nah. 1:15).

2. Jesucristo fue el profeta mesiánico de Dios (*véase* arriba la afirmación de Cristo, Lc. 4:16-21).

«Y la gente decía: Este es Jesús el profeta, de Nazaret de Galilea» (Mt. 21:11).

«Y todos tuvieron miedo, y glorificaban a Dios, diciendo: Un gran profeta se ha levantado entre nosotros; y: Dios ha visitado a su pueblo» (Lc. 7:16).

«Sin embargo, es necesario que hoy y mañana y pasado mañana siga mi camino; porque no es posible que un profeta muera fuera de Jerusalén» (Lc. 13:33).

«Porque el que Dios envió, las palabras de Dios habla; pues Dios no da el Espíritu por medida» (Jn. 3:34).

«Aquellos hombres entonces, viendo la señal que Jesús había hecho, dijeron: Este verdaderamente es el profeta que había de venir al mundo» (Jn. 6:14).

«Entonces algunos de la multitud, oyendo estas palabras, decían: Verdaderamente éste es el profeta» (Jn. 7:40).

«Muchas cosas tengo que decir y juzgar de vosotros; pero el que me envió es verdadero; y yo, lo que he oído de él, esto hablo al mundo ... Les dijo, pues, Jesús: Cuando hayáislevantado al Hijo del Hombre, entonces conoceréisque yo soy, y que hada hago por mí mismo, sino que según me enseñó el Padre, así hablo» (Jn. 8:26, 28).

«Entonces volvieron a decirle al ciego: ¿Qué dices tú del que te abrió los ojos? Y él dijo: Que es profeta» (Jn. 9:17).

«Porque yo no he hablado por mi propia cuenta; el Padre que me envió, él me dio mandamiento de lo que he de decir, y de lo que he de hablar. Y sé que su mandamiento es vida eterna. Así pues, lo que yo hablo, lo hablo como el Padre me lo ha dicho» (Jn. 12:49-50).

«¿No crees que yo soy en el Padre, y el Padre en mí? Las palabras que yo os hablo, no las hablo por mi propia cuenta, sino que el Padre que mora en mí, él hace las obras ... El que no me ama, no guarda mis palabras; y la palabra que habéis oído no es mía, sino del Padre que me envió» (Jn. 14:10, 24).

«Ya no os llamaré siervos, porque el siervo no sabe lo que hace, su señor; pero os he llamado amigos, porque todas las cosas que oí de mi Padre, os las he dado a conocer» (Jn. 15:15).

«Porque las palabras que me diste, les he dado; y ellos las recibieron, y han conocido verdaderamente que salí de ti, y han creído que tú me enviaste ... Y les he dado a conocer tu nombre, y lo haré aún, para que el amor con que me has amado, esté en ellos, y yo en ellos» (Jn. 17:8, 26).

1 **La tentación y preparación para servir a Dios**[EF1]
a. Llenarse con el Espíritu
b. Al pasar tiempo a solas con Dios
c. Al ser puesto a prueba
d. Al ayunar y orar
2 **Tentación 1: satisfacer con su propio poder las necesidades de la vida**
a. La tentación de Satanás
b. Respuesta de Jesús: el hombre necesita la vida de Dios
3 **Tentación 2: alcanzar su ambición mediante componendas**
a. El engaño de Satanás:
b. Afirmación de Satanás:
c. Ofrecimiento de Satanás: él entrega el mundo a quien quiere
d. La condición de Satanás
e. La respuesta de Jesús: el hombre debe adorar y seguir sólo a Dios
4 **Tentación 3: exhibirse a sí mismo mediante el sensacionalismo**
a. La tentación de Satanás
1) Escoger otro camino
2) Usar mal y torcer las Escrituras a fines propios
3) Ofrecer una religión de sentimientos
b. La respuesta de Jesús: No hay que tentar a Dios
5 **Conclusión: Satanás se apartó por un tiempo de Jesús**
a. El gran poder de Jesús
b. La gran fama de Jesús
c. El gran ministerio de Jesús

E. La tentación de Jesús: victoria sobre la tentación, 4:1-15 (Mt. 4:1-11; 12-17; Mr. 1:12-13, 14-15)

Jesús, lleno del Espíritu Santo, volvió del Jordán, y fue llevado por el Espíritu al desierto
2 por cuarenta días, y era tentado por el diablo. Y no comió nada en aquellos días, pasados los cuales, tuvo hambre.
3 Entonces el diablo le dijo: Si eres el Hijo de Dios, dí a esta piedra que se convierta en pan.
4 Jesús, respondiéndole, dijo: Escrito está: No sólo de pan vivirá el hombre, sino de toda palabra de Dios.
5 Y le llevó el diablo a un alto monte, y le mostró en un momento todos los reinos de la tierra.
6 Y le dijo el diablo: A ti te daré toda esta potestad, y la gloria de ellos; porque a mí me ha sido entregada, y a quien quiero la doy.
7 Si tú postrado me adorares, todos serán tuyos.
8 Respondiendo Jesús, le dijo: Vete de mí Satanás, porque escrito está: Al Señor tu Dios adorarás y a él solo servirás.
9 Y le llevó a Jerusalén, y le puso sobre el pináculo del templo, y le dijo: Si eres Hijo de Dios, échate de aquí abajo;
10 porque escrito está: A sus ángeles mandará acerca de ti, que te guarden;
11 y, en las manos te sostendrán, para que no tropieces con tu pie en piedra.
12 Respondiendo Jesús le dijo: Dicho está: No tentarás al Señor tu Dios.
13 Y cuando el diablo hubo acabado toda tentación, se apartó de él por un tiempo.
14 Y Jesús volvió en el poder del Espíritu a Galilea, y se difundió su fama por toda la tierra de alrededor.
15 Y enseñaba en las sinagogas de ellos, y era glorificado por todos.

E. La tentación de Jesús: victoria sobre la tentación, 4:1-15(4:1-15)

Introducción: es esencial tener victoria sobre la tentación antes que podamnos vivir para Dios y ministrar. Ninguna tentación ha confrontado al hombre que no haya sido vencida por Jesucristo. Es lo que muestra este pasaje. En su confrontación, Jesús revela lo que hay detrás de cada tentación y cómo vencerla. Una vez conquistada podemos vivir una vida victoriosa y servir eficazmente a Dios.

1. La tentación y preparación para servir a Dios (vv. 1-2).
2. Tentación 1: satisfacer con su propio poder las necesidades de la vida (vv. 3-4).
3. Tentación 2: alcanzar su ambición mediante componendas (vv. 5-8).
4. Tentación 3: exhibirse a sí mismo mediante el sensacionalismo (vv. 9-12).
5. Conclusión: Satanás se apartó por un tiempo de Jesús (vv. 13-15).

[1] (4:1-2) ***Ministerio, preparación—servicio:*** Jesús estaba siendo preparado para servir a Dios. Estaba a punto de lanzar la obra más importante jamás realizada por el hombre. Su obra determinaría el destino eterno del mundo y de cada hombre en el mundo. Jesús tenía que ser fortalecido y preparado a la perfección, sin falencia alguna. Dos cosas involucraron su preparación.

Primero, el plan de Dios. Jesús tenía que estar totalmente entregado a cumplir el plan de Dios, pase lo que pase. El plan de Dios era la cruz, el camino del sacrificio y del sufrimiento para ayudar a otros. Jesús siempre sería tentado a escoger el camino más fácil del ego, del poder, y de la gloria. Era preciso que obtuviera la victoria *una vez para siempre*. No es que no volvería ser tentado; habría otras tentaciones. Pero necesitaba un momento vigoroso de victoria para mostrar que podía conquistar la tentación.

Segundo, la preparación de Jesús involucraba una necesidad personal de fortaleza y seguridad. La única forma en que Jesús podía ser fortalecido y obtener la seguridad era por la tentación. Tuvo que luchar contra la tentación para alcanzar fuerza y vigor, y para estar seguro de que podía conquistar y tener victoria sobre las pruebas de la vida.

Ahora note los dos primeros versículos. Muestran las cuatro cosas esenciales para la preparación. Jesús tenía que ser preparado para servir a Dios. (¡Cuánto más nosotros!)

1. Jesús «lleno del Espíritu Santo». Note el énfasis en el Espíritu Santo. Se lo menciona dos veces.
   a. Jesús tuvo una experiencia dramática con el Espíritu en ocasión de su bautismo (Lc. 3:21-22).
   b. Jesús fue «llevado por el Espíritu» (*egeto en toi pneumati*). Note la palabra griega «*en*». Significa precisamente *en*, es decir que Jesús no solamente fue «llevado por el Espíritu», sino que fue llevado «en el Espíritu», paso a paso y día por día. La persona tiene que estar *en el Espíritu* para ser guiada por el Espíritu.
2. Jesús fue llevado a pasar tiempo a solas con Dios. Fue llevado para estar totalmente solo en el desierto. El tiempo a solas

con Dios es necesario para la preparación.

3. Jesús fue llevado para ser puesto a prueba. Las pruebas nos endurecen, nos fortalecen, nos dan mayor seguridad de que podemos encarar cualquier circunstancia futura.

4. Jesús fue llevado a ayunar y orar, dos cosas absolutamente esenciales en la preparación para hacer una gran obra para Dios.

ESTUDIO A FONDO 1

(4:1-2) ***Tentación*** *(perirazo):* aquí la palabra tentación es usada tanto en un sentido bueno como malo. En el buen sentido significa poner a prueba, probar, demostrar. No implica la seducción al pecado. Su propósito no es derrotar o destruir. La idea no es que uno sea tentado, seducido, engañado, y forzado al pecado por el Espíritu Santo (cp. Stg. 1:13), sino que uno es puesto a prueba, probado, fortalecido, reforzado, y purificado mediante las pruebas de la tentación.

En el sentido malo significa ser tentado, seducido, engañado y apartado por la fuerza de Dios al camino del pecado, del ego, y de Satanás (Mt. 4:1; 1 Co. 7:5; 1 Ts. 3:5; Gá. 6:1; Stg. 1:13-14).

Jesús fue llevado al desierto por el *espíritu para ser tentado.* El Espíritu no sedujo ni engañó a Jesús a hacer el mal, pero condujo a Jesús a las circunstancias en las que podía aprender obediencia y disciplina. Por medio de tales pruebas Jesús iba a ser perfeccionado y capacitado para socorrer a todos los que sufren pruebas (He. 4:15-16; 5:8). (*Véanse* notas—Mt. 4:2-4; 4:5-7; 4:8-10.)

Seis cosas deben ser dichas en cuanto a vencer la tentación.

1. La tentación tiene su raíz más profunda en la pasión, el apetito (Mr. 7:20-23; Stg. 1:14). Proviene directamente del interior, del corazón del hombre, no de fuera. Y no viene de Dios. «Porque Dios no puede ser tentado por el mal, ni Él tienta a nadie» (Stg. 1:13). Dios no tienta a nadie en el sentido malo. Lo que hace es cuidar de su pueblo cuando soporta la tentación, fortaleciéndolo para sobrellevar la tentación. De esa manera le enseña disciplina y obediencia para obras mayores (Ro. 8:28; 2 Co. 1:3-4; He. 5:8; 1 P. 1:6-7).

2. Ninguna persona confronta tentación alguna que no sea común a todos los hombres (1 Cor. 10:13).

3. Dios no permite que el creyente sea tentado más allá de lo que puede soportar. Siempre hay un camino de salida (1 Co. 10:13).

4. Jesucristo entiende la tentación. Él fue tentado en todo igual que todos los hombres son tentados, pero Él nunca pecó (He. 2:18; 4:15).

5. Jesucristo es un sumo sacerdote que simpatiza con el creyente, presto a ayudarle a vencer la tentación (He. 2:17-18; 4:15).

6. La tentación es vencida (a) mediante el sometimiento a Dios y la resistencia al diablo (Stg. 4:7-8; 1 P. 5:8-9) y (b) mediante el uso y la obediencia a las Escrituras para combatir la tentación (Lc. 4:4; cp. Dt. 4:8; 4:12; 6:13, 16; 8:3; 10:20).

2 (4:3-4) ***Jesucristo, tentación—autosuficiencia—necesidades:*** la primera tentación de Jesús fue la de suplir las necesidades vitales por su propio poder. Note dos cosas.

1. La tentación de Satanás era que Jesús hiciera mal uso de su poder y capacidad. (*Véase* nota—Mt. 4:2-4.) Jesús estaba muy hambriento. Tenía el poder para crear comida y satisfacer su necesidad, y el tentador lo tentó a usar su poder para sí mismo. Pero note lo malo de esta tentación. Jesús hubiera hecho mal uso de su poder usándolo de una manera ilegítima. Su poder no le había sido dado para ser usado en sí mismo, sino para demostrar su deidad mostrando a los hombres que Él era el Hijo de Dios. Ni una sola vez usó su poder para sí mismo ni para sus propios fines, ni aun cuando estaba colgado de la cruz (cp. Mt. 26:42; Lc. 23:35). Siempre usó su poder para ayudar a los hombres, demostrando de esa manera y dando evidencia de que sus afirmaciones eran ciertas: Él es el Hijo de Dios enviado para salvar al mundo.

El tema era sencillamente este: Satanás quería que Jesús demostrase su naturaleza mesiánica *centrando* su atención y poder en sí mismo. Si Jesús hubiera usado su poder para sí mismo...

- habría confiado en sí mismo y no en el Padre, actuando de manera totalmente independiente del Padre y de la voluntad del Padre.
- habría estado diciendo que los hombres podían usar sus habilidades de manera egocéntrica en vez de ayudar a un mundo perdido en necesidades.
- habría enseñado que los hombres podían usar sus habilidades para edificarse a sí mismos (orgullo) en vez de honrar a Dios y su voluntad.

2. La respuesta de Jesús era que se requería algo más que la comida física. El hombre necesita ser alimentado espiritualmente. Necesita satisfacer sus necesidades espirituales. El tema es que solamente Jesús puede satisfacer las necesidades espirituales del hombre; por eso Él, el Hijo de Dios, tiene que usar su poder exclusivamente como quiere Dios. (*Véase* nota—Mt. 4:2-4 para una discusión detallada.)

Pensamiento. El hombre tiene necesidades, las necesidades mismas de la vida. Son las necesidades de...

- comida
- autoestima
- aceptación
- techo
- descanso y esparcimiento
- amigos
- ropa
- trabajo
- reconocimiento

Las necesidades son legítimas. Sin embargo, el problema surge cuando somos tentados...

- a usar nuestras habilidades en independencia de Dios, olvidando su voluntad y haciendo lo nuestro.
- a centrar nuestras habilidades en nosotros mismos, obteniendo y guardando más y más en vez de satisfacer las necesidades de un mundo desesperado.
- a usar nuestras habilidades para edificarnos en vez de reconocer a Dios como la Fuente de nuestras habilidades. Demasiadas personas buscan fama, honra, y alabanza por motivos egoístas. Demasiadas personas quieren ser reconocidas como superiores y mejores, como teniendo una posición mejor, mayor autoridad, mejor ropa, casa, auto, tierras y apariencias.

Hay en esto un doble mal.

1) Hacemos mal uso de nuestra habilidad. Olvidamos a Dios y a su voluntad y nos centramos en nosotros mismos.
2) Vivimos para lo físico y no para lo espiritual, para recibir y no para dar. Existe un hambre espiritual que sencillamente no se satisface con pan, es decir, con lo físico y material. (*Véase* nota—Ef. 1:3 para una discusión detallada.)

«A todos los sedientos: Venid a las aguas; y los que no tienen dinero, venid, comprad y comed. Venid, comprad sin dinero y sin precio, vino y leche. ¿Por qué gastéis el dinero en lo que no es pan, y vuestro trabajo en lo que no sacia? Oídme atentamente, y comed del bien, y se deleitará vuestra alma con grosura. Inclinad vuestro oído, y venid a mí; oíd, y vivirá vuestra alma; y haré con vosotros pacto eterno, las misericordias firmes de David» (Is. 55:1-3).

«Jesús les dijo: Yo soy el pan de vida; el que a mí viene, nunca tendrá hambre; y el que en mí

cree, no tendrá sed jamás» (Jn. 6:35).

«Este es el pan que desciende del cielo, para que el que de él come, no muera. Yo soy el pan vivo que descendió del cielo; si alguno comiere de este pan, vivirá para siempre; y el pan que yo daré es mi carne, la cual yo daré por la vida del mundo» (Jn. 6:50-51).

«De cierto, de cierto os digo: El que oye mi palabra, y cree al que me envió, tiene vida eterna; y no vendrá a condenación, mas ha pasado de muerte a vida» (Jn. 5:24).

«Del mandamiento de sus labios nunca me separé; guardé las palabras de su boca más que mi comida» (Job 23:12).

«Fueron halladas tus palabras, y yo las comí; y tu palabra me fue por gozo y alegría de mi corazón; porque tu nombre se invocó sobre mí, oh Jehová Dios de los ejércitos» (Jer. 15:16).

[3] (4:5-8) ***Jesucristo, tentación—componendas—ambición:*** la segunda tentación era que Jesús alcanzara su meta (el reino de Dios) mediante componendas. (*Véase* nota—Mt. 4:8-10.) Jesús había venido a la tierra para buscar y salvar eternamente a los hombres, asegurando la lealtad de ellos hacia Dios, y a establecer el reino de Dios para siempre (*véase* Estudio a fondo 3—Mt. 19:23-24). Tal era la ambición de Jesús. La única forma de alcanzar tan ambiciosa meta era mediante la cruz (librando a los hombres del pecado, la muerte y el juicio). Note lo que ocurrió con esta tentación.

1. Satanás tentó a Jesús por un momento. Durante un instante *iluminó* en la mente de Jesús el cuadro de todos los reinos del mundo en su enorme gloria.
2. Satanás afirmó que controlaba las posesiones y la gloria del mundo. Algún tiempo después Jesús ratificó esa afirmación de Satanás. Jesús dijo que Satanás es «el príncipe de este mundo» (Jn. 12:31;14:30). Otras Escrituras dicen que él es el «príncipe que ahora opera en los hijos de desobediencia» (Ef. 2:2) y el «dios de este mundo» (2 Co. 4:4).
3. Satanás ofreció a Jesús todas las posesiones y toda la gloria del mundo. El mundo estaba bajo la influencia y el control de Satanás, por eso se lo podía a dar a quien él quería.
4. Sin embargo, Satanás tenía una condición. Que Jesús adorase a Satanás, es decir, que siguiese y obedeciera el camino del mundo de Satanás. Jesús tenía que renunciar a sí mismo...
   - renunciando a sus normas y conducta.
   - renunciando a su lealtad y fidelidad a Dios.
   - renunciando a su ministerio y misión.

Note la respuesta: Jesús fue rápido y decisivo, dependiendo totalmente de las Escrituras para conquistar la tentación. «Al Señor tu Dios adorarás y a Él solo servirás» (v. 8). Jesús debe adorar, seguir y servir solamente a Dios, no al camino, a las normas, y al mal del mundo. Seguiría a Dios aunque ello significase no alcanzar su meta. Hay una forma correcta y una forma equivocada para alcanzar el fin y propósito que uno tiene; y Él, el Hijo de Dios escogería la forma correcta.

Pensamiento 1. El *poder* y la *gloria* del mundo provienen de muchas cosas. *El poder y la gloria del mundo* provienen de...

- casas
- automóviles
- tierras
- posesiones
- riqueza
- estimulación
- autoridad
- excitación
- influencia
- fama
- éxito
- posición

Con frecuencia la persona es llevada por Satanás a lo alto de una montaña para ver el poder y la gloria del mundo. Se le ofrece al hombre todo lo que quiere con una sola condición: adorar a Satanás, es decir, seguir el camino de la mundanalidad. El hombre cree que si accede y camina con el mundo (con todo los demás), obtiene lo que quiere y avanza mucho más rápido.

Pensamiento 2. Note un tema significativo. No hay nada malo con la ambición y con el deseo de satisfacer el llamado propio en la vida. No hay nada malo en experimentar el poder y la gloria del llamado que uno siente. Lo malo es seguir a Satanás (al mal) cuando viene la tentación de satisfacer los deseos y ambiciones propias en vez de seguir a Dios.

«Porque ¿qué aprovechará al hombre, si ganare todo el mundo, y perdiere su alma? ¿O qué recompensa dará el hombre por su alma?» (Mt. 16:26).

«No os conforméis a este siglo, sino transformaos por medio de la renovación de vuestro entendimiento, para que comprobéis cuál sea la buena voluntad de Dios, agradable y perfecta» (Ro. 12:2).

«Tú, pues, sufre penalidades como buen soldado de Jesucristo. Ninguno que milita se enreda en los negocios de la vida, a fin de agradar a aquel que lo tomó por soldado» (2 Ti. 2:3-4).

«No améis al mundo, ni las cosas que están en el mundo. Si alguno ama al mundo, el amor del Padre no está en él. Porque todo lo que hay en el mundo, los deseos de la carne, los deseos de los ojos, y la vanagloria de la vida, no proviene del Padre, sino del mundo» (1 Jn. 2:15-16).

«Porque la gracia de Dios se ha manifestado para salvación a todos los hombres enseñándonos que, renunciando a la impiedad y a los deseos mundanos, vivamos en este siglo sobria, justa y piadosamente» (Tit. 2:11-12).

[4] (4:9-12) ***Jesucristo, tentación—sensancionalismo—obediencia:*** esta tentación particular impulsaba a Jesús a ser sensacionalista. Por su mente cruzó el pensamiento de que si saltaba del pináculo del templo, Dios mandaría sus ángeles a sostenerlo. Dios nunca permitiría que Jesús se estrellara. Por eso, cuando la gente viera a Jesús flotando hacia el suelo, sostenido por los ángeles, de asombro creerían inmediatamente y se harían sus seguidores. (Recuerde que Jesús todavía no había hecho ningún milagro. Satanás no tenía idea de los milagros que vendrían, ni que los hombres serían lentos para creer incluso ante la evidencia de señales y milagros.) Note que la tentación de Satanás fue triple.

1. Satanás tentó a Jesús a escoger algún camino diferente al camino de Dios (*véase* Estudio a fondo 1—Lc. 9:23). El camino de Dios era el camino de la cruz y de la identificación con el hombres en sus pruebas y sufrimientos (cp. He. 4:15-16. Luego cp. He. 2:14-18 con Jn. 3:16. Cp. también He. 5:7-9).
2. Satanás tentó a Jesús a hacer mal uso de las Escrituras torciéndola para adecuarla a sus propósitos. Las Escrituras decían que Dios cuidaría de su Hijo en cualquier circunstancia. Los ángeles celestiales tenían orden de ayudarle en todo.
3. Satanás tentó a Jesús a darle sensaciones al pueblo, una religión de sentimientos. La gente no quiere un vida de negación propia, y sacrificio, no quiere demasiada disciplina y control. Quiere lo espectacular, algo que sea rápido, algo...
   - para estimular sus emociones y su carne.
   - para estimular sus sentimientos y proveerles gratificación.
   - para satisfacer sus necesidades con un esfuerzo cada vez menor.
   - para alimentar su cuerpo y alma sin precio.

La respuesta de Jesús fue directa y decisiva: «No tentarás al Señor tu Dios». No hay otro camino que el camino de Dios; hay que seguir solamente el camino de Dios. Y la Palabra de Dios no deber ser estirada o torcida (suponiendo cosas) en el intento de hacer otro camino. Es necesario enseñar la verdad a los hombres. El camino a Dios es el camino de la cruz.

Pensamiento 1. Todos los hombres son tentados a pasar

por alto a Dios, a escoger otro camino. El camino de la cruz es duro y difícil, sin embargo es el único camino a Dios (*véanse* nota y Estudio a fondo 1—Lc. 9:23). Procurar diseñar otro camino a Dios solo lleva a la condenación. (Cp. Jn. 14:6; 1 Ti. 1:15; 2:5-6; Tit. 3:4-7.)

«Pues mucho más, estando ya justificados en su sangre, por él seremos salvos de la ira» (Ro. 5:9).

«Y por medio de él reconciliar consigo todas las cosas, así las que están en la tierra como las que están en los cielos, haciendo la paz mediante la sangre de su cruz» (Col. 1:20).

«Porque la palabra de la cruz es locura a los que se pierden; pero a los que se salvan, esto es, a nosotros, es poder de Dios. Pues está escrito: Destruiré la sabiduría de los sabios, y desecharé el entendimiento de los entendidos» (1 Co. 1:18-19).

«¿Cuánto más la sangre de Cristo, el cual mediante el Espíritu eterno se ofreció a sí mismo sin mancha a Dios, limpiará vuestras conciencias de obras muertas para que sirváis al Dios vivo?» (He. 9:14).

«Sabiendo que fuisteis rescatados de vuestra vana manera de vivir, la cual recibisteis de vuestros padres, no con cosas corruptibles, como oro y plata» (1 P. 1:18).

Pensamiento 2. Algunos tratan de torcer o estirar las Escrituras...

1) para permitirles hacer lo que quieren (pecar).
2) para trazar algún camino a Dios diferente al de la cruz.

5 (4:13-15) ***Ministerio:*** la conclusión a las tentaciones de Jesús fue importante. Satanás se apartó por un tiempo. Por un tiempo dejó solo a Jesús. La victoria había sido ganada; la tentación había sido conquistada, y Satanás había sido eliminado por un tiempo. Volvería, pero por el momento había paz y libertad para ejecutar el ministerio. Note el resultado inmediato de la victoria del Señor.

1. Fue demostrado el gran poder de Jesús.
2. Se difundió la gran fama de Jesús.
3. Se admiró el gran ministerio de Jesús en la sinagoga.

Pensamiento 1. La victoria sobre la tentación no significa que la persona esté librada para siempre de ser tentada. En esta vida la tentación siempre volverá. Así ocurrió con Jesús; así ocurrirá con nosotros (*véase* Estudio a fondo 3—Mt. 4:1-11).

«Dijo Jesús a sus discípulos: Imposible es que no vengan tropiezos; mas ¡ay de aquel por quien vienen!» (Lc. 17:1).

Pensamiento 2. La victoria sobre la tentación llevará a grandes resultados en la vida de una persona. Le dará mayor poder, mayor testimonio, y un ministerio más grande.

«Bienaventurado el varón que soporta la tentación; porque cuando haya resistido la prueba, recibirá la corona de vida, que Dios ha prometido a los que le aman» (Stg. 1:12).

«Al que venciere, le daré que se siente conmigo en mi trono, así como yo he vencido, y me he sentado con mi Padre en su trono» (Ap. 3:21).

«Por cuanto has guardado la palabra de mi paciencia, yo también te guardaré de la hora de la prueba que ha de venir sobre el mundo entero, para probar a los que moran sobre la tierra» (Ap. 3:10).

1 Una escena dramática
a. Jesús visitó su ciudad
b. Jesús entró a la sinagoga

2 Primera escena: la lectura dramática que hizo Jesús del profeta Isaías; referida al Mesías
a. El Mesías es ungido por el Espíritu
b. El Mesías debe predicar el evangelio
c. El Mesías debe ministrar
d. El Mesías debe predicar el año de salvación

3 Segunda escena: la fenomenal afirmación de Jesús
a. La pronta atención de la gente
b. Jesús afirmó ser el Mesías

III. LA ANUNCIADA MISIÓN Y MINISTERIO PÚBLICO DEL HIJO DEL HOMBRE, 4:16—9:17

A. Jesús anuncia su misión: una ilustración gráfica del rechazo que sufriría, 4:16-30 (cp. Mt. 13: 53-58; Mr. 6:1-6)

16 Vino a Nazaret, donde se había criado; y en el día de reposo entró en la sinagoga, conforme a su costumbre, y se levantó a leer.

17 Y se le dio el libro del profeta Isaías; y habiendo abierto el libro, halló el lugar donde estaba escrito:

18 El Espíritu Santo está sobre mí, por cuanto me ha ungido para dar buenas nuevas a los pobres; me ha enviado a sanar a los quebrantados de corazón; a pregonar libertad a los cautivos, y vista a los ciegos; a poner en libertad a los oprimidos;

19 a predicar el año agradable del Señor.

20 Y enrollando el libro, lo dio al ministro, y se sentó; y los ojos de todos en la sinagoga estaban fijos en él.

21 Y comenzó a decirles: Hoy se ha cumplido esta Escritura delante de vosotros.

22 Y todos daban buen testimonio de él, y estaban maravillados de las palabras de gracia que salían de su boca, y decían: ¿No es este el hijo de José?

23 El les dijo: Sin duda me diréis este refrán: Médico, cúrate a ti mismo; de tantas cosas que hemos oído que se han hecho en Capernaum, haz también aquí en tu tierra.

24 Y añadió: De cierto os digo, que ningún profeta es acepto en su propia tierra.

25 Y en verdad os digo que muchas viudas había en Israel en los días de Elías, cuando el cielo fue cerrado por tres años y seis meses, y hubo una gran hambre en toda la tierra;

26 pero a ninguna de ellas fue enviado Elías, sino a una mujer viuda en Sarepta de Sidón.

27 Y muchos leprosos había en Israel en tiempo del profeta Eliseo; pero ninguno de ellos fue limpio, sino Naamán el sirio.

28 Al oír estas cosas, todos en la sinagoga se llenaron de ira; y levantándose, le echaron fuera de la ciudad, y le llevaron hasta la cumbre del monte sobre

29 el cual estaba edificada la ciudad de ellos, para despeñarle.

30 Mas el pasó por medio de ellos, y se fue.

4 Tercera escena: la respuesta de la gente fue declinando
a. Primero: quedaron impresionados
b. Segundo: preguntaron
c. Tercero: pedían pruebas; insistieron en que se sanara a sí mismo, es decir, que hiciera milagros

5 Cuarta escena: doloroso rechazo de la gente
a. Ilustración 1: Solamente a una viuda necesitada le fueron suplidas sus necesidades en tiempos de Elías; porque solamente una viuda aceptó a Elías.
b. Ilustración 2: Solamente un leproso fue limpiado en tiempos de Eliseo; porque un leproso aceptó a Eliseo.

6 Quinta escena: el verdadero espíritu de la gente
a. Ira demencial; mentalidad cerrada
b. Ataque demencial para silenciar a Jesús
c. El comportamiento demencial de la gente fracasó

III. LA ANUNCIADA MISIÓN Y MINISTERIO PÚBLICO DEL HIJO DEL HOMBRE, 4:16—9:17

A. Jesús anuncia su misión: una ilustración gráfica del rechazo que sufriría, 4:16-30

(4:16-30) ***Introducción:*** Jesucristo afirmó ser el Mesías y su afirmación fue rechazada por la gente de su día. Su afirmación sigue siendo rechazada por la gente de hoy. El presente pasaje ofrece una ilustración gráfica del rechazo.

1. Una escena dramática (v. 16).
2. Primera escena: la lectura dramática que hizo Jesús del profeta Isaías; referida al Mesías (vv. 17-19).
3. Segunda escena: la fenomenal afirmación de Jesús (vv. 20-21).
4. Tercera escena: la respuesta de la gente fue declinando (vv. 22-23).
5. Cuarta escena: doloroso rechazo de la gente (vv. 24-27).
6. Quinta escena: el verdadero espíritu de la gente (vv. 28-30).

[1] (4:16) ***Jesús, adoración de:*** esta fue una escena dramática. Jesús visitó su ciudad, Nazaret, donde había sido criado (*véase* Estudio a fondo 4, ***Nazaret***—Mt. 2:23). En el día de reposo entró a la sinagoga para adorar. Note que era su costumbre ir a adorar el día de reposo. Era fiel en su adoración a Dios, y fiel a la iglesia. Esta era la misma sinagoga donde había asistido de niño. Era una pequeña sinagoga comunal donde todos se conocían. Jesús y

la congregación eran vecinos; algunos eran cercanos a su familia.

La sinagoga no tenía predicadores o ministros como los conocemos nosotros (*véase* Estudio a fondo 2, ***Sinagoga***—Mt. 4:23). Los líderes simplemente invitarían a alguna persona a leer y predicar. Habían oído bastante acerca de su vecino Jesús, de modo que en este día de reposo lo invitaron a leer y predicar.

2 (4:17-19) ***Jesucristo—Mesías, ministerio—misión:*** la primera escena fue la lectura dramática que Jesús hizo del profeta Isaías. La profecía se centraba en el Mesías (cp. Is. 61:1-2). Note seis cosas.

1. Jesús se puso de pie para leer las Escrituras por su reverencia a ellas (v. 16).

> ***Pensamiento.*** Siempre debe haber reverencia hacia las Escrituras, tanto para oirlas como para leerlas (cp. Neh. 8:5).

2. El Mesías sería ungido por el Espíritu (v. 18). El Mesías sería *llamado* y *equipado* por el Espíritu (cp. Lc. 3:21-22).

> ***Pensamiento.*** Cuando Dios llama, también unge; Dios equipa al mensajero con su Espíritu. El Espíritu Santo va con el mensajero dondequiera que Dios lo envíe.

3. El Mesías predicaría el evangelio. La palabra «evangelio» (*evanggelizesthai*) significa evangelizar. Note que el Mesías debía hablar a dos tipos de personas.
   a. Debía predicar a los pobres. Los «pobres» no solamente son los pobres en posesiones materiales, sino *pobres en espíritu* (*véase* Estudio a fondo 2—Mt. 5:3).
   b. Debía predicar liberación a los cautivos (*aichmalotois*). Este es el cuadro de los prisioneros de guerra. (*Véase* nota, ***Redención***—Ef. 1:7.)

4. El Mesías debía ministrar. Se menciona un triple ministerio.
   a. Debía ocuparse de los *quebrantados.* Note que no solamente debía ayudar a los quebrantados, sino *sanar* a los...
      - quebrantados
      - manchados de pecado
      - sacudidos
      - violados por el pecado
      - que fueron separados
      - quienes sufren oposición
      - los infectados
      - debilitados
      - heridos
      - enfermos
      - sometidos
      - quebrados
   b. Debía dar vista a los *ciegos,* no solo a los que eran espiritualmente ciegos, sino a los no videntes.
   c. Debía dar libertad a los *oprimidos.* Debía librar a los que estaban física, mental y emocionalmente oprimidos, a los psicológica y espiritualmente oprimidos, a los...
      - discapacitados
      - lastimados
      - heridos
      - los que sufren
      - afligidos
      - apaleados

5. El Mesías debía predicar el año de la salvación. La expresión «año agradable del Señor» significa era, la era o el día de salvación (cp. 2 Co. 6:2). Significa que la era del Mesías había llegado.

6. Note un asunto significativo. Jesús estaba leyendo de Isaías 61:1-2, pero se detuvo abruptamente en medio del versículo 2. ¿Por qué? Porque la última parte del versículo tiene que ver con el juicio, y el ministerio presente de Jesús era salvación, no juicio. Su ministerio futuro sería juzgar al mundo (Is. 61:2*b*). (Cp. Is. 58:6.)

3 (4:20-21) ***Jesucristo, afirmaciones—Mesías:*** la segunda escena fue la fenomenal afirmación de Jesús. La atmósfera del lugar era de ansiosa expectativa. Jesús cerró el libro, lo entregó al ministro, y tomó asiento; en la sinagoga estar sentado era la postura para la predicación. «Los ojos de todos ... estaban fijos en Él» (*esan atenizontes autoi*), una frase descriptiva indicando que todos estaban atónitos, atentos a Él. La atención de ellos estaba concentrada en Él; los ojos de ellos estaban puestos en Él esperando ansiosamente lo que tendría para decir.

La voz de Jesús rasgó el aire: «Hoy se ha cumplido esta Escritura delante de vosotros». Una afirmación fenomenal.

La palabra «hoy» es importante. La gente pensaba en la venida del Mesías y en la era mesiánica en términos de futuro. Jesús proclamó que Él era el Mesías; que la era mesiánica era allí y entonces; que todas las Escrituras de Isaías se habían *cumplido* en Él. Jesús proclamó...

- que Él era sobre quien estaba el Espíritu.
- que Él era el ungido para predicar el evangelio a los pobres y cautivos.
- que Él era quien sana a los quebrantados.
- que Él era quien daba vista a los ciegos.
- que Él era quien libraba a los oprimidos.
- que Él era quien predicaba el año agradable del Señor, la era de la salvación.

> **«El les dijo: Y vosotros, ¿quién decís que soy yo? Respondiendo Simón Pedro, dijo: Tú eres el Cristo, el Hijo del Dios viviente» (Mt. 16:15-16).**
>
> **«Mas Jesús callaba. Entonces el sumo sacerdote le dijo: Te conjuro por el Dios viviente, que nos digas si eres tú el Cristo, el Hijo de Dios. Jesús le dijo: Tú lo has dicho; y además os digo, que desde ahora veréis al Hijo del Hombre sentado a la diestra del poder de Dios, y viniendo en la nubes del cielo» (Mt. 26:63-64).**
>
> **«Entonces él les dijo: ¡Oh insensatos, y tardos de corazón para creer todo lo que los profetas han dicho! ¿No era necesario que el Cristo padeciera estas cosas, y que entrara en su gloria?» (Lc. 24:25-26).**
>
> **«Le dijo la mujer: Sé que ha de venir el Mesías, llamado el Cristo; cuando él venga nos declarará todas las cosas. Jesús le dijo: Yo soy, el que habla**
>
> **«Les dijo, pues, Jesús: Cuando hayáis levantado al Hijo del Hombre, entonces conoceréis que yo soy, y que nada hago por mí mismo, sino que según me enseñó el Padre, así hablo. Porque el que me envió conmigo está; no me ha dejado solo el Padre, porque yo hago siempre lo que le agrada» (Jn. 8:28-29).**
>
> **«Le dijo Jesús: Yo soy la resurrección y la vida; el que cree en mí, aunque esté muerto, vivirá. Y todo aquel que vive y cree en mí, no morirá eternamente. ¿Crees esto? Le dijo: Sí, Señor; yo he creído que tú eres el Cristo, el Hijo de Dios, que has venido al mundo» (Jn. 11:25-27).**
>
> **«Como el Hijo del Hombre no vino para ser servido, sino para servir, y para dar su vida en rescate por muchos» (Mt. 20:28).**
>
> **«Porque el Hijo del Hombre vino a buscar y a salvar lo que se había perdido» (Lc. 19:10).**
>
> **«El ladrón no viene sino para hurtar y destruir; yo he venido para que tengan vida, y para que la tengan en abundancia» (Jn. 10:10).**
>
> **«Palabra fiel y digna de ser recibida por todos: que Cristo Jesús vino al mundo para salvar a los pecadores, de los cuales yo soy el primero» (1 Ti. 1:15).**

4 (4:22-23) ***Jesucristo, respuesta a—señales:*** la tercera escena fue la respuesta declinante de la gente. Note cuán drásticamente declinó esa respuesta.

1. Primero, quedaron impresionados por la elocuencia, el encanto, las palabras atractivas y el poder del mensaje de Jesús. Note la palabra «maravillados» (*ethaumazon*). Significa que comenzaron a maravillarse y asombrarse ante las palabras de gracia que salían de su boca. Estaban *orgullosos* de que uno de sus propios vecinos fuese tan capaz.

2. Segundo, comenzaron a preguntar. Esta fue una reacción rápida, un repentino cambio. Estando allí sentados las preguntas

comenzaron a surgir en sus mentes: «¿No es este el hijo de José?» Mateo es aun más descriptivo. La gente estaba sentada allí, mirando alrededor y preguntando en sus mentes: «¿No se llama su madre María, y sus hermanos ... [y] no están todas sus hermanas con nosotros?» (Mt. 13:55-56). «Y se escandalizaban de él» (Mt. 13:57). La palabra «escandalizaban» significa que les fue motivo de tropiezo. No podían imaginarse que alguien de su propia ciudad, alguien a quien habían conocido desde la niñez, pudiera ser el Mesías, el Hijo de Dios.

3. Tercero, demandaron pruebas, insistieron en que tenía que sanar, es decir, probarse a sí mismo obrando milagros en medio de ellos. Recuerde que todo esto aún eran pensamientos de sus mentes. Todavía estaban sentados allí, escuchándolo, pero sus pensamientos estaban *tropezando* en la afirmación de Jesús de ser el Mesías. Jesús conocía los pensamientos de ellos, de modo que interrumpió su mensaje y les dirigió una afirmación: «Ustedes están pensando en decirme, médico, cúrate a tí mismo. Da pruebas de ti mismo haciendo los milagros que hiciste en Capernaum». El tema es este: la respuesta de la gente a la afirmación de Jesús se deterioró; pasaron de estar *impresionados* a estar *escandalizados* a *demandar pruebas.*

> ***Pensamiento.*** Al principio muchas personas quedan impresionadas por Jesucristo, pero cuando se encuentran con sus afirmaciones y con la cruz, se escandalizan y demandan pruebas. Su afirmación de ser el Dios encarnado en carne humana, de ser el Hijo de Dios nacido de una virgen, de ser quien tuvo que morir por el pecado del hombre siendo crucificado en una vulgar cruz, para algunos es ofensivo. Muchos se rehusan a aceptar afirmaciones tan fenomenales y escenas tan vulgares. Quieren una religión de grandes imágenes, hermosos cuadros, y palabras suaves.
>
> **«Entonces Jesús le dijo: Si no viereis señales y prodigios, no creeréis» (Jn. 4:48).**
>
> **«Porque los judíos piden señales, y los griegos buscan sabiduría; pero nosotros predicamos a Cristo crucificado, para los judíos ciertamente tropezadero, y para los gentiles locura» (1 Co. 1:22-23).**

[5] (4:24-27) ***Jesucristo, rechazo de—salvación:*** la cuarta escena fue el doloroso rechazo de la gente. Jesús siguió hablando, dirigiendo sus comentarios a la audiencia de sus vecinos. Pero note: Jesús sabía que ya lo habían rechazado. Por eso no gratificaría la curiosidad de ellos ni la demanda de señales, ni seguiría predicando; más bien les dio una doble advertencia.

1. «Ningún profeta es *aceptado* en su propia tierra.» Ellos lo habían rechazado y Él lo sabía. No podían ocultar el hecho. Como ocurre tantas veces, habían...

- permitido que la familiaridad despierte desconfianza.
- pensado que era imposible que las afirmaciones de un muchacho de entre ellos pudieran ser ciertas.
- cedido a la envidia de vecinos.

Note las palabras «su propia tierra». Jesús necesariamente pensaba en todo Israel tanto como en Nazaret. Eventualmente la nación judía lo rechazaría, a Él, el verdadero Mesías.

2. Dios rechazaría a aquellos que rechazaron a su profeta, el Mesías. Jesús hizo una advertencia a la gente recordándoles dos casos bien conocidos en la historia de Israel. La audiencia no podía equivocarse en cuanto a su significado. En el pasado, Dios no había dado su misericordia a gente que simplemente *pensaba* ser «pueblo de Dios» (los judíos), sino que Dios había dado su misericordia a aquellos cuyo corazón se se había vuelto a Él y lo había aceptado.

a. El caso de una viuda necesitada en tiempos de Elías. Ella fue la única viuda cuya necesidad fue suplida por Dios en los días del hambre. Había mucha gente sin comida, destituidos y muriendo de hambre, sin embargo, Dios envió su profeta para ayudar a esta única persona que era una despreciada mujer gentil. ¿Por qué? Habiendo tantos otros que *profesaban ser el pueblo escogido de Dios.* ¿Por qué ayudó Dios solamente a esta pobre viuda? ¿Por qué se apartaría Dios de los judíos en favor de otra persona? El punto es claro. Ella fue la única cuyo corazón estaba dirigido hacia Dios, la única que lo había aceptado.

b. El caso también del único leproso que fue limpiado por Eliseo. Cuando Dios mandó a Eliseo a sanar a Naamán, había muchos leprosos judíos, muchos que creían ser el pueblo escogido de Dios. Pero el profeta no ayudó a ninguno de ellos. Dios le mandó sanar al gentil sirio, la única persona cuyo corazón aceptaba a Dios.

Pensamiento. La salvación requiere más que mera profesión, más que pensar que uno es escogido de Dios y que uno nunca será rechazado por Dios. El corazón de la persona tiene que estar dirigido hacia Dios (arrepentimiento) y tiene que aceptar a Dios (creer) para ser salvo.

> **«El que en él cree, ya ha sido condenado, porque no ha creído en el nombre del unigénito Hijo de Dios» (Jn. 3:18).**
>
> **«El que cree en el Hijo tiene vida eterna; pero el que rehusa creer en el Hijo no verá la vida, sino que la ira de Dios está sobre él» (Jn. 3:36).**
>
> **«Por eso os dije que moriréis en vuestros pecados; porque si no creéis que yo soy, en vuestros pecados moriréis» (Jn. 8:24).**
>
> **«Mirad, hermanos, que no haya en ninguno de vosotros corazón malo de incredulidad para apartarse del Dios vivo» (He. 3:12).**

[6] (4:28-30) ***Jesucristo, rechazo de:*** la quinta escena fue la manifestación del verdadero espíritu de la gente. Note lo que Jesús dijo a la gente sentada delante de Él.

1. Jesús dijo (predijo) que si el pueblo lo rechazaba Dios se apartaría de ellos para dar su misericordia a otros. Dios se volvería a aquellos que le respondiesen. No seguiría apelando a aquellos que siempre lo estaban rechazando y endureciendo sus corazones.

2. Jesús también hizo una afirmación mucho más amplia. Dijo que Dios se apartaría de Israel («su tierra», v. 24) si Israel seguía rechazándolo.

Como resultado de estas dos declaraciones, el pueblo se volvió hostil y violento. Se «levantaron». Note tres hechos.

1. La ira demencial del pueblo; eran de mentalidad cerrada.
2. Su demencial ataque; un intento violento de silenciar a Jesús.
3. Su comportamiento demencial fracasó; de alguna manera Jesús pudo escapar al ataque. ¿Cómo? Tal vez la gente en un momento de confusión, un momento de choque, o de alguna ceguera momentánea que le permitió a Jesús escapar rápidamente.

> ***Pensamiento 1.*** El Señor no contenderá para siempre por el hombre. Es posible que la persona vaya demasiado lejos, demasiadas veces, y confronte la eternidad sin la presencia de Dios. La persona tiene que rendirse al Espíritu de Dios mientras hay tiempo.
>
> **«No contenderá mi espíritu con el hombre para siempre, porque ciertamente él es carne; mas serán sus días ciento veinte años» (Gn. 6:3).**
>
> **«Bienaventurado el hombre que siempre teme a Dios; mas el que endurece su corazón caerá en el mal» (Pr. 28:14).**
>
> **«El hombre que reprendido endurece la cerviz, de repente está quebrantado, y no habrá para él medicina» (Pr. 29:1).**
>
> **«¿O menosprecias las riquezas de su benignidad, paciencia y longanimidad, ignorando que su benignidad te guía al arrepentimiento? Pero por tu dureza y por tu corazón no arrepentido, atesoras para ti mismo ira para el día de la ira y de la revelación del justo juicio de Dios» (Ro. 2:4-5).**

«Mirad, hermanos, que no haya en ninguno de vosotros corazón malo de incredulidad para apartarse del Dios vivo; antes exhortaos los unos a los otros cada día, entre tanto que se dice: Hoy; para que ninguno de vosotros se endurezca por el engaño del pecado. Porque somos hechos participantes de Cristo, con tal que retengamos firme hasta el fin nuestra confianza del principio» (He. 3:12-14).

Pensamiento 2. Un pueblo o una persona puede querer silenciar a Jesús y sus seguidores, pero sus esfuerzos serán vanos. El mensaje del evangelio nunca será silenciado.

«Respondiendo Simón Pedro, dijo: Tú eres el Cristo, el Hijo del Dios viviente ... Y yo también te digo, que tú eres Pedro, y sobre esta roca edificaré mi iglesia; y las puertas del Hades no prevalecerán contra ella» Mt. 16:16, 18).

«El cielo y la tierra pasarán, pero mis palabras no pasará» (Lc. 21:33; cp. Mt. 5:18).

«Bendito sea Jehová que ha dado paz a su pueblo Israel, conforme a todo lo que él había dicho; ninguna palabra de todas sus promesas que expresó por Moisés su siervo, ha faltado» (1 R. 8:56).

«Las obras de sus manos son verdad y juicio; fieles son todos sus mandamientos» (Sal. 111:7).

1 Jesús descendió a Capernaum

2 Enseñó con autoridad en el servicio matutino

3 Libró al más impuro
a. Un hombre con espíritu inmundo estaba en el servicio
1) Los espíritus malos reconocían la deidad de Jesús
2) Jesús amonestó el reconocimiento que le tributaba el mal
3) Jesús echó fuera al espíritu inmundo
b. La gente quedó asombrada
c. La gente difundió su fama

B. Jesús ministra y causa un asombroso influjo: un día en la vida de Jesús, 4:31-44 (Mt. 8:14-17; Mr. 1:21-39)

31 Descendió Jesús a
Capernaum, ciudad de
Galilea; y les enseñaba en
los días de reposo.
32 Y se admiraron de su
doctrina, porque su palabra
era con autoridad.
33 Estaba en la sinagoga
un hombre que tenía un
espíritu de demonio
inmundo, el cual exclamó
a gran voz,
34 diciendo: Déjanos;
¿qué tienes con nosotros,
Jesús nazareno? ¿Has
venido para destruirnos?
Yo te conozco quién eres,
el Santo de Dios.
35 Y Jesús le reprendió,
diciendo: Cállate, y sal de
él. Entonces el demonio,
derribándole en medio de
ellos, salió de él, y no le
hizo daño alguno.
36 Y estaban todos mara-
villados, y hablaban unos a
otros, diciendo: ¿Qué palabra es esta, que con autoridad y poder manda a los
espíritus inmundos, y salen?
37 Y su fama se difundía
por todos los lugares de los
contornos.
38 Entonces Jesús se
levantó y salió de la
sinagoga, y entró en casa de
Simón. La suegra de Simón
tenía una gran fiebre; y le
rogaron por ella.
39 E inclinándose hacia
ella, reprendió a la fiebre;
y la fiebre la dejó, y
levantándose ella al
instante, les servía.
40 Al ponerse el sol, todos
los que tenían enfermos de
diversas enfermedades los
traían a él; y él, poniendo
las manos sobre cada uno
de ellos, los sanaba.
41 También salían demo-
nios de muchos, dando
voces y diciendo: Tú eres
el Hijo de Dios. Pero él los
reprendía y no les dejaba
hablar, porque sabían que
él era el Cristo.
42 Cuando ya era de día,
salió y se fue a un lugar
desierto; y la gente le
buscaba, y llegando a donde
estaba, le detenían para que
no se fuera de ellos.
43 Pero él les dijo: Es
necesario que también a
otras ciudades anuncie el
evangelio del reino de
Dios; porque para esto he
sido enviado.
44 Y predicaba en las
sinagogas de Galilea.

4 Sanó a la persona más necesitada
a. Tan necesitada que padecía gran fiebre
b. No podía hablar ni buscar a Jesús por sí misma
c. Ni aun podía venir a Jesús
d. Jesús vino y la sanó

5 Sanó las enfermedades de quienes le buscaban

6 Prohibió a los malos espíritus hacer falsa profesión

7 Procuró estar a solas buscando la presencia de Dios
a. Procuró apartarse
b. Fue hallado y se le pidió quedarse allí

8 Fue fiel a su misión a pesar de la presión

B. Jesús ministra y causa un asombroso influjo: un día en la vida de Jesús, 4:31-44

(4:31-44) ***Introducción:*** este es uno de los pasajes más interesantes en todas las Escrituras. Es el comienzo mismo, el lanzamiento del ministerio de Jesús. Lo que hace Lucas es pintar el cuadro de un día típico en la vida de Jesús, para que el lector tenga una idea de cómo era un día común del Señor. Note cuán ocupado, y lleno de presiones, y cuán cansador fue el día, y note las poderosas lecciones aplicables a nuestras vidas.

1. Jesús descendió a Capernaum (v. 31).
2. Enseñó con autoridad en el servicio matutino (v. 32).
3. Libró al más impuro (vv. 33-37).
4. Sanó a la persona más necesitada (vv. 38-39).
5. Sanó las enfermedades de quienes le buscaban (v. 40).
6. Prohibió a los malos espíritus hacer falsa profesión (v. 41).
7. Procuró estar a solas buscando la presencia de Dios (v. 42).
8. Fue fiel a su misión a pesar de la presión (vv. 43-44).

[1] (4:31) ***Capernaum—cuartel general de Jesús:*** Jesús descendió a Capernaum, una ciudad de Galilea. Note las palabras exactas y mire el versículo 44: «Y predicaba en las sinagogas de Galilea». Capernaum llegó a ser el cuartel general de Jesús. Nazaret era su ciudad, pero ella lo había rechazado. Tuvo que mudarse a otro lugar. La ciudad que escogió como centro de sus operaciones era Capernaum. Capernaum era el centro manufacturero de Palestina; por eso estaba ubicada estratégicamente, siempre inundada de mercaderes itinerantes. Las principales rutas pasaban por sus límites, rutas que conectaban ciudades metropolitanas tales como Damasco, Jerusalén, y las grandes ciudades sirias de Tiro y Sidón. La gran ruta de caravanas que conducía al Mar Meditarráneo también pasaba por la ciudad (cp. 9:1). Era una ubicación ideal para la difusión del evangelio, una ubicación ideal para ser usada por el Mesías como base de operaciones (*véase* nota, ***Capernaum***—Mt. 4:12-13).

[2] (4:32) ***Predicación—Jesucristo, enseñanza de:*** Jesús enseñó con autoridad en el servicio matutino. Su enseñanza no era enseñanza común, ni el tipo de enseñanza que la gente estaba acostumbrada a oír. Estaban asombrados por su doctrina. Era el contenido de su enseñanza lo que los asombraba: «Su palabra era con poder».

- Su palabra tenía autoridad, la autoridad del Espíritu de Dios.
- Su mensaje tenía fuerza de mandamiento.
- Su mensaje enía el poder del Espíritu de Dios, *vivificando* la Palabra en el corazón de los oyentes. *véase* nota—Mt. 7:29.)

«Jesús les respondió y dijo: Mi doctrina no es mía, sino de aquel que me envió. El que quiere hacer la voluntad de Dios, conocerá si la doctrina es de Dios o si yo hablo por mi propia cuenta. El que habla por su propia cuenta, su propia gloria busca; pero el que busca la gloria del que le envió, éste es verdadero, y no hay en él injusticia» (Jn. 7:16-18).

«¿No crees que yo soy en el Padre, y el Padre en mí? Las palabras que yo os hablo, no las hablo por mi propia cuenta, sino que el Padre que mora en mí, él hace las obras» (Jn. 14:10).

3 (4:33-37) ***Impuro—espíritu malo—pecado—resistir:*** Jesús libró a los más impuros. Note varios hechos. (*Véase* bosquejo y notas—Mr. 1:23-28.)

1. El hombre estaba «en la sinagoga», asistiendo concretamente al servicio de adoración; sin embargo era desesperadamente impuro, impuro a más no poder.
2. El hombre tenía el espíritu de un demonio inmundo». «Inmundo» (*akathartou*) significa que el hombre era tanto moral como ceremonialmente impuro, sucio, desgreñado, mugriento. Estaba adorando, pero moralmente era impuro y corrupto; toda su vida estaba desgreñada.
3. El espíritu malo *reconoció* la deidad de Jesús. Tres cosas sabía. (*Véase* nota, pto. 2: Mr.1:23-24 para una discusión detallada.)
    a. Que no tenía nada en común con Jesús. Él era impuro, sucio y pecaminoso en contraste con Jesús.
    b. Sabía que sería destruido por Jesús, que venía el día del juicio.

    «El que practica el pecado es del diablo; porque el diablo peca desde el principio. Para esto apareció el Hijo de Dios, para deshacer las obras del diablo» (1 Jn. 3:8).

    c. Sabía que Jesús era «el santo de Dios» (Stg. 2:19). Sabía y proclamaba que estaba cara a cara con el verdadero Mesías, el Hijo del Dios viviente.

Pensamiento. La persona que es moralmente impura y sucia vive en condiciones desesperantes. Está bajo el control de una fuerza mala que exclama en la misma presencia de Dios...

- «Déjanos.
- ¿qué tienes con nosotros, Jesús nazareno?
- ¿Has venido para destruirnos—ahora?
- Yo te conozco quién eres, el Santo de Dios.»

«¡Duros de cerviz, e incircuncisos de corazón! Vosotros resistís siempre al Espíritu Santo; como vuestros padres, así también vosotros» (Hch. 7:51).

«Y me volvieron la cerviz, y no el rostro; y cuando los enseñaba desde temprano y sin cesar, no escucharon para recibir corrección» (Jer. 32:33).

«La palabra que nos has hablado en nombre de Jehová, no la oiremos de ti» (Jer. 44:16).

«Pero no quisieron escuchar, antes volvieron la espalda, y taparon sus oídos para no oír» (Zac. 7:11).

4. Jesús amonestó el reconocimiento proveniente del espíritu malo. Este es un asunto crucial. Jesús detuvo el reconocimiento, la proclamación del espíritu malo. Jesús no permitiría que el espíritu malo testificase de su deidad. ¿Por qué? Porque era un testimonio falso, solamente de palabras. El espíritu malo no estaba confesando de corazón, ni basado en el deseo de seguir a Jesús. No había nacido de nuevo. La *única confesión* que Jesús aceptaba era la confesión del hombre que tomaba una decisión deliberada de seguirlo *como Señor.* (*Véase* nota—Mr. 1:25-26.)

«Que si confesares con tu boca que Jesucristo es el Señor, y creyeres en tu corazón que Dios le levantó de los muertos, serás salvo. Porque con el corazón se cree para justicia, pero con la boca se confiesa para salvación. Pues la Escritura dice: Todo aquel que en él creyere, no será avergonzado. Porque no hay diferencia entre judío y griego, pues el mismo que es Señor de todos, es rico para con todos los que le invocan; porque todo aquel que invocare el nombre del Señor, será salvo» (Ro. 10:9-13).

5. Jesús echó fuera al espíritu inmundo y salvó al hombre. ¿Cómo? Por su Palabra, simplemente diciendo: «Cállate, y sal de él.» Note el gran poder de la Palabra del Señor.

«Y Jesús se acercó y les habló diciendo: Toda potestad me es dada en el cielo y en la tierra» (Mt. 28:18).

«Como le has dado potestad sobre toda carne, para que dé vida eterna a todos los que le diste» (Jn. 17:2).

6. El espíritu malo arrojó al hombre al suelo, pero salió del hombre y no lo dañó más. (*Véase* nota, pto. 2—Mr. 1:25-26 para una discusión detallada.)
7. La gente quedó asombrada, maravillada, impresionada, atónita. Note lo que les asombró: Su Palabra —la autoridad y el poder de su Palabra— para *limpiar* incluso al más impuro de los hombres.

Pensamiento. El Señor tiene el poder para salvar y limpiar a toda persona que viene a Él, no importa cuán poseída esté por el mal.

«Como le has dado potestad sobre toda carne, para que dé vida eterna a todos los que le diste» (Jn. 17:2).

«Para que sepáis cuál es la esperanza a que él os ha llamado, y cuáles las riquezas de la gloria de su herencia en los santos, y cuál la supereminente grandeza de su poder para con nosotros los que creemos, según la operación del poder de su fuerza» (Ef. 1:18-19).

«Yo conozco que todo lo puedes, y que no hay pensamiento que se esconda de ti» (Job 42:2).

4 (4:38-39) ***Indefensos, los—necesitados, los—ministrando:*** Jesús sanó a los más enfermos. Después del servicio matutino, Jesús fue a casa de Pedro. La suegra de Pedro estaba muy enferma. Note estos simples hechos.

1. Estaba desesperadamente necesitada, atacada de una «gran fiebre».
2. Estaba tan indefensa que ni aun pudo hablar a Jesús para pedir ayuda.
3. Estaba tan debilitada que no pudo levantarse de la cama para buscar la ayuda de Jesús.
4. Jesús vino a ella, amonestó a la fiebre diciendo simplemente la palabra, entonces ella se levantó y comenzó a ministrar.

Pensamiento. Jesús es la gran esperanza para los más necesitados. No importa cuán *desesperados o indefensos o débiles* estén; Jesús dirá la palabra de sanidad. Lo único que hace falta es un corazón y una mente dispuesta.

Si la persona está tan indefensa que no puede pronunciar palabra, puede llamar al Señor con sus pensamientos, y aun así Dios la salvará.

«Porque todo aquel que invocare el nombre del Señor, será salvo» (Ro. 10:13).

«Pues para que sepáis que el Hijo del Hombre tiene potestad en la tierra para perdonar pecados (dice entonces al paralítico): Levántate, toma tu cama y vete a tu casa» (Mt. 9:6).

5 (4:40) ***Indefensos, los—ministrando:*** Jesús sanó todas las enfermedades de aquellos que le buscaron. Nuevamente, note

varios hechos simples. (*Véanse* bosquejo y notas—Mr. 1:32-34 para una discusión detallada.)

1. Estaba atardeciendo, el sol se estaba poniendo. Jesús había estado ministrando de manera más bien intensa durante todo el día y ahora estaba cansado; sin embargo, la gente pudo acercarse a Él. A toda hora uno podía acercarse a Él. Nunca hubo puertas cerradas hacia su presencia.

2. La gente que venía a Él estaba totalmente indefensa. Cada uno de ellos tuvo que ser traído, y había personas suficientemente preocupadas para traerlos.

Pensamiento. Note dos lecciones desafiantes.

1) Los más indefensos pueden venir a Jesús o pueden ser traídos. Jesús siempre está dispuesto a ayudar.
2) Hay un fuerte desafío para nosotros. Tenemos que preocuparnos lo suficiente para traer los indefensos a Jesús.

3. Jesús no pasó por alto ni descuidó a ninguno. Tocó a cada uno y lo sanó. No importaba cual fuese la enfermedad, todos fueron sanados.

Pensamiento. Nadie, no importa cuán indefenso sea, viene a Jesús y se vuelve sin recibir ayuda. Ricos o pobres, fuertes o débiles, el Señor no rechaza a nadie.

«Y cuando llegó la noche, trajeron a él muchos endemoniados; y con la palabra echó fuera a los demonios, y sanó a todos los enfermos; para que se cumpliese lo dicho por el profeta Isaías, cuando dijo: El mismo tomó nuestras enfermedades, y llevó nuestras dolencias» (Mt. 8:16-17).

«Respondiendo Jesús, les dijo: Los que están sanos no tienen necesidad de médico, sino los enfermos. No he venido a llamar a justos, sino a pecadores al arrepentimiento» (Lc. 5:31-32).

«Cómo Dios ungió con el Espíritu Santo y con poder a Jesús de Nazaret, y cómo éste anduvo haciendo bienes y sanando a todos los oprimidos por el diablo, porque Dios estaba con él» (Hch.10:38).

«Porque fuiste fortaleza al pobre, fortaleza al menesteroso en su aflicción, refugio contra el turbión, sombra contra el calor; porque el ímpetu de los violentos es como turbión contra el muro» (Is. 25:4).

«Ciertamente llevó él nuestras enfermedades, y sufrió nuestros dolores; y nosotros le tuvimos por azotado, por herido de Dios y abatido» (Is. 53:4).

[6] (4:41) ***Malos espíritus:*** Jesús prohibió a los malos espíritus a hacer falsa profesión (*véanse* notas—4:33-37; Mr. 1:25-26).

[7] (4:42) ***Jesucristo, oración:*** Jesús procuró estar a solas, buscando la presencia de Dios. Jesús estaba exhausto y agotado, espiritual y físicamente. Aparentemente había estado ministrando durante todo el día y toda la noche, es decir, durante casi veinticuatro horas ininterrumpidas.

1. Procuró estar a solas en un lugar desierto. Necesitaba ser refrescado y reanimado, tanto en cuerpo como en espíritu. Quería tener tiempo a solas con Dios.

2. La gente lo encontró y le rogó permanecer en el lugar. Estaban desesperados e indefensos.

Pensamiento. Note dos grandes lecciones.

1) Necesitamos buscar la renovación de nuestro cuerpo y de nuestro espíritu en la presencia del Señor; necesitamos buscar la renovación mucho más de lo que la mayoría de nosotros lo hacemos.
2) Necesitamos buscarlo y encontrarlo e implorar su ayuda mientras pueda ser hallado. Cuando Jesús estaba en la tierra solamente podía ayudar a quienes los rodeaban. Ahora que está en Espíritu y capacitado para ministrar en todas partes al mismo tiempo, somos tan pocos los que lo buscamos. ¡Qué ejemplo fueron aquellas personas al buscarlo!

«Buscad a Jehová y su poder; buscad su rostro continuamente» (1 Cr. 16:11).

«Buscad a Jehová mientras puede ser hallado, llamadle en tanto que está cercano» (Is. 55:6).

«Pero en cuanto a mí, el acercarme a Dios es el bien; he puesto en Jehová el Señor mi esperanza, para contar todas tus obras» (Sal. 73:28).

«Acerquémonos con corazón sincero, en plena certidumbre de fe, purificados los corazones de mala conciencia, y lavados los cuerpos con agua pura» (He. 10:22).

[8] (4:43-44) ***Jesucristo, misión:*** Jesús fue fiel a su misión a pesar de la presión de algunas personas para apartarlo. Jesús también tenía que predicar en otras ciudades, de manera que no podía permanecer con los que clamaban por Él. Tenía que cumplir su misión. No podía apartarse. Todos tenían que escuchar el evangelio. También tenía que dar a otros la oportunidad. Sabía que cuantos más alcanzaba y discipulaba mayor el número de los que oirían y serían alcanzados. De manera que con decisión inquebrantable prosiguió su camino a pesar de todos los que «le detenían» (*kateichon*): tratar de prevenir, impedir, detener, retener.

«Porque el Hijo del Hombre vino a buscar y a salvar lo que se había perdido» (Lc. 19:10).

«Me es necesario hacer las obras del que me envió, entre tanto que el día dura; la noche viene, cuando nadie puede trabajar» (Jn. 9:4).

1 Lago de Genesaret
2 Paso 1: la visión de un pueblo que necesita oír la Palabra de Dios
3 Paso 2: aprovechar los recursos
a. Viendo los recursos disponibles
b. Viendo a Simón
c. Conduciendo al hombre a servir
4 Paso 3: removiendo la obediencia indecisa

CAPÍTULO 5

C. Jesús llama a sus primeros discípulos: pasos en el llamamiento de hombres, 5:1-11 (Mt. 4:18-22; Mr. 1:16-20; Jn. 1:35-51)

Aconteció que estando
Jesús junto al lago de
Genesaret, el gentío se
agolpaba sobre él para oír
la palabra de Dios.
2 Y vio dos barcas que
estaban cerca de la orilla
del lago; y los pescadores,
habiendo descendido de
ellas, lavaban sus redes.
3 Y entrando en una de
aquellas barcas, la cual era
de Simón, le rogaba que la
apartase de la tierra un
poco; y sentándose, ense-
ñaba desde la barca a la
multitud.
4 Cuando terminó de
hablar, dijo a Simón: Boga
mar adentro, y echad
vuestras redes para pescar.
5 Respondiendo Simón, le
dijo: Maestro, toda la
noche hemos estado traba-
jando, y nada hemos
pescado; mas en tu palabra
echaré la red.
6 Y habiéndolo hecho,
encerraron gran cantidad de
peces, y su red se rompía.
7 Entonces hicieron señas
a los compañeros que
estaban en la otra barca,
para que viniesen a ayu-
darles; y vinieron, y llenaron ambas barcas, de tal
manera que se hundían.
8 Viendo esto Simón Pedro,
cayó de rodillas ante Jesús,
diciendo: Apártate de mí,
Señor, porque soy hombre
pecador.
9 Porque por la pesca que
habían hecho, el temor se
había apoderado de él, y
de todos los que estaban
con él,
10 y asimismo de Jacobo
y Juan, hijos de Zebedeo,
que eran compañeros de
Simón. Pero Jesús dijo a
Simón: No temas; desde
ahora serás pescador de
hombres.
11 Y cuando trajeron a
tierra las barcas, dejándolo
todo, le siguieron.

5 Paso 4: demostrando el poder de Dios
a. Una pesca abundante
b. La red se rompe
c. Hace falta la ayuda de otros
d. Ambas embarcaciones se llenan
e. Las embarcaciones comienzan a hundirse
6 Paso 5: motivando una profunda confesión
a. De pecado
b. De Cristo como Señor
c. De temor reverencial
7 Paso 6: desafiando los hombres al discipulado, es decir, a pescar otros hombres[EF1, 2]
8 Paso 7: esperando la decisión de dejar todo

C. Jesús llama a sus primeros discípulos: pasos en el llamamiento de hombres, 5:1-11

(5:1-11) ***Introducción:*** Jesús se dispuso a pescar hombres, es decir, a pescarlos para Dios. Él quiere pescar a todos los hombres, pero no puede hacerlo por sí mismo. Necesita ayuda, la ayuda de todos los que quieran seguirle. Este pasaje es un cuadro descriptivo de cómo procede Jesús para llamar a los hombres a ayudarle en la enorme tarea de alcanzar el mundo.

1. Lago de Genesaret (v. 1).
2. Paso 1: la visión de un pueblo que necesita oír la Palabra de Dios (v. 1).
3. Paso 2: aprovechar los recursos (vv. 2-3).
4. Paso 4: removiendo la obediencia indecisa (vv. 4-5).
5. Paso 4: demostrando el poder de Dios (vv. 6-7).
6. Paso 5: motivando una profunda confesión (vv. 8-9).
7. Paso 6: desafiando los hombres al discipulado, es decir, a pescar otros hombres (v. 10).
8. Paso 7: esperando la decisión de dejar todo (v. 11).

[1] (5:1) ***Lago de Genesaret:*** la escena de esta experiencia tuvo lugar sobre el Lago de Genesaret, o sea sobre el mar de Galilea (*véase* Estudio a fondo 1—Mr. 1:16; Lc. 8:22).

[2] (5:1) ***Palabra de Dios, hambre de—justicia—visión:*** el primer paso para llamar a los hombres es tener una visión de la gente, de la gente que necesita la Palabra de Dios. La gente estaba concretamente «presionando» (*epikeisthai*) a Jesús. Se reunían y aglomeraban alrededor suyo. Note por qué: para escuchar la Palabra de Dios. Presionaban para oír la Palabra de Dios. Tenían profunda hambre y sed de justicia. Note dos cosas.

1. Jesús satisfizo el hambre y la sed de la gente.

«Bienaventurados los que tienen hambre y sed de justicia, porque ellos serán saciados» (Mt. 5:6).

«Bienaventurados los que ahora tenéis hambre, porque seréis saciados. Bienaventurados los que ahora lloráis, porque reiréis» (Lc. 6:21).

«Mas el que bebiere del agua que yo le daré, no tendrá sed jamás; sino que el agua que yo le daré será en él una fuente de agua que salte para vida eterna» (Jn. 4:14).

«En el último y gran día de la fiesta, Jesús se puso en pie y alzó la voz, diciendo: Si alguno tiene sed, venga a mí y beba (Jn. 7:37).

«Desead, como niños recién nacidos, la leche espiritual no adulterada, para que por ella crezcáis para salvación, si es que habéis gustado la benignidad del Señor» (1 P. 2:2-3).

«Ya no tendrán hambre ni sed, y el sol no caerá más sobre ellos, ni calor alguno» (Ap. 7:16).

«Y el Espíritu y la Esposa dicen ven. Y el que oye, diga: Ven. Y el que tiene sed venga: y el que quiera tome del agua de la vida gratuitamente» (Ap. 22:17).

«Serán completamente saciados de la grosura de tu casa, y tú los abrevarás del torrente de tus delicias» (Sal. 36:8).

«Porque sacia al alma menesterosa, y llena de bien al alma hambrienta» (Sal. 107:9).

«A todos los sedientos: Venid a las aguas; y los que no tienen dinero, venid, comprad y comed. Venid, comprad

sin dinero y sin precio, vino y leche» (Is. 55:1).

«Jehová te pastoreará siempre, y en las sequías saciará tu alma, y dará vigor a tus huesos; y serás como huerto de riego, y como manantial de aguas, cuyas aguas nunca faltan» (Is. 58:11).

«Y les decía: La mies a la verdad es mucha, mas los obreros pocos; por tanto, rogad al Señor de la mies que envíe obreros a su mies» (Lc. 10:2).

3 (5:2-3) ***Recursos—oportunidad, para servir:*** el segundo paso para llamar a los hombres es aprovechar las oportunidades. Jesús tenía que encontrar alguna manera de atender a las multitudes de personas, tanto entonces como en el futuro. Las multitudes eran tan grandes y sus necesidades tan numerosas que sencillamente no podía manejar el desorden. No podía satisfacer las necesidades de cada uno. Parado allí, y confrontado con semejante problema, Jesús escudriña el horizonte buscando alguna forma de controlar el asunto.

Mirando alrededor vio una oportunidad e hizo sus planes. Vio una embarcación y en ella un pescador; Jesús necesitaba ambos. La embarcación podía ser usada como púlpito, y el hombre podía llegar a ser un discípulo. Le pidió al hombre poder usar la embarcación como púlpito y que la alejara un poco de la orilla. El tema es este: Jesús vio y aprovechó los recursos disponibles. Tenía la visión de la gente necesitada de la Palabra de Dios, pero necesitaba un púlpito y otras personas que le ayudaran; escudriñando el horizonte halló ambas cosas.

«¿No decís vosotros: Aún faltan cuatro meses para que llegue la siega? He aquí os digo: Alzad vuestros ojos y mirad los campos, porque ya están blancos para la siega» (Jn. 4:35).

4 (5:4-5) ***Obediencia—indecisión:*** el tercer paso para llamar hombres es remover la obediencia indecisa de los hombres. Tan pronto como Jesús terminó su predicación, decidió conquistar la lealtad y el discipulado de Pedro. Pero primero era preciso que Pedro se humillara. Tenía que mostrarle a Pedro que Él, el Mesías, podía ocuparse y cuidar de Pedro. Le dijo que navegase mar adentro para pescar. Pedro puso objeciones porque había pescado toda la noche sin resultado. Sin embargo, se detuvo en medio de su objeción y obedeció a Jesús. Note lo que ocurrió.

1. Pedro fue indeciso en obedecer a Jesús. Tuvo objeciones a lo que Jesús pedía. Estaba totalmente *exhausto,* porque «estado trabajando». Estaba *desanimado* porque no había pescado nada, y ya había trabajado suficientes horas. A pesar de tener que estar en casa descansando, había permanecido allí para ayudar al Señor en su predicación prestándole la embarcación.
2. Pedro se detuvo en medio de su objeción y obedeció. ¿Qué causó el cambio; qué lo hizo detenerse en su indecisión para estar dispuesto a obedecer? Probablemente dos cosas.
   a. Pedro estaba bien convencido que Jesús era quien afirmaba ser, el Mesías.
   b. Pedro se sintió atraído a seguir a Jesús. Por eso, cuando comenzó a poner objeciones a la voluntad de Jesús, le remordió la conciencia, de modo que obedeció. Hizo caso a su corazón...
      - no a su *mente* pensando que no habría pesca.
      - no a su *experiencia,* habiendo intentado ya sin pescar nada.
      - no a su *cuerpo,* demasiado cansado y agotado, sencillamente incapaz de proseguir.

Pensamiento 1. La indecisión siempre debe ceder a la obediencia. Necesitamos el espíritu que lo *intentará* todo por Dios sin importar los obstáculos o cuán desesperanzada parezca la situación.

Pensamiento 2. Cuando una persona es atraída por Cristo, necesita desesperadamente obedecer a su corazón, y a obedecer inmediatamente.

«En lo que requiere diligencia, no perezosos; fervientes en espíritu, sirviendo al Señor» (Ro. 12:11).

«Así que, hermanos míos amados, estad firmes y constantes, creciendo en la obra del Señor siempre, sabiendo que vuestro trabajo en el Señor no es en vano» (1 Co. 15:58).

«A fin de que no os hagáis perezosos, sino imitadores de aquellos que por la fe y la paciencia heredan las promesas» (He. 6:12).

5 (5:6-7) ***Jesucristo, poder—obediencia, resultados—humildad:*** el cuarto paso para llamar hombres es demostrar el poder de Dios. La obediencia de Pedro dio resultados; su obediencia hizo una pesca, y fue una pesca nada común. Fue una pesca abundante, tan abundante que no podía haber dudas en cuanto a Jesús. Jesús estuvo detrás del milagro; Jesús estaba demostrando el poder de Dios. (Recuerde que este era precisamente el propósito de Jesús, ganar la lealtad y disposición de Pedro para llegar a ser un discípulo a tiempo completo.) Lo que ocurrió es un tanto jocoso si recordamos lo que Jesús estaba haciendo con Pedro, y la indecisión y las objeciones de Pedro, su cansancio y agotamiento. En cierto sentido el Señor le estaba respondiendo con la misma moneda. Pedro había pensado estar cansado, pero todavía no sabía lo que era verdadero agotamiento. El Señor debe haber estado a un costado sonriendo para sí mismo. ¡Cómo amaba el Señor a este hombre Pedro, incluso ahora! Buscaba la lealtad de Pedro, y la obtendría aunque Pedro tuviera que caer de rodillas (que es precisamente lo que ocurrió, v. 8). De todos modos había algo jocoso en lo que comenzaba a ocurrir a este hombre tan indeciso, quejándose y rezongando por su cansancio. Imagínese a Pedro, extenuado hasta el último hueso, rezongando mentalmente contra este carpintero que le decía a él, el experto pescador, cómo pescar. Imagínese el agotamiento y cansancio de Pedro, su indecisión y sus objeciones, quejándose y rezongando, murmurando, y repentinamente hace una pesca, una pesca tan grande que tiene que trabajar durante horas y horas.

- Se rompió la red de Pedro.
- Pedro tuvo que llamar a toda la tripulación de otra embarcación para ayudar.
- Ambas embarcaciones fueron llenas a más no poder.
- Finalmente, además de lo anterior, ambas embarcaciones comenzaron a hundirse.

¡Jesús había ganado al hombre! ¿Qué otra cosa pudo haber hecho Pedro que lo que hizo? En todo lo humorístico de la situación el corazón del Señor se debe haber regocijado porque aquel pescador, con todo lo duro que era, se hallaba ahora como un pequeño niño delante del Señor. Ahora estaba quebrantado por la humildad delante del Señor, y esta experiencia sería solamente la primera de muchas otras experiencias de quebrantamiento.

«Yo conozco que todo lo puedes, y que no hay pensamiento que se esconda de ti» (Job 42:2).

«Aun antes que hubiera día yo era; y no hay quien de mi mano libre. Lo que hago yo, ¿quién lo estorbará?» (Is. 43:13).

6 (5:8-9) ***Confesión:*** el quinto paso en el llamado de hombres es la motivación a una profunda confesión. Pedro sabía exactamente lo que había ocurrido. Había sido indeciso y había puesto objeciones al requerimiento del Señor, y no se había sentido demasiado feliz con los problemas causados por la gran pesca. De todos modos él era un pescador experimentado, y sabía que esa gran pesca no era algo común; era un milagro del Señor, un milagro que el Señor estaba usando para enseñarle que debía obedecer sin vacilar ni objetar.

Note lo que exactamente ocurrió. Cuando Pedro vio que la embarcación comenzaba a hundirse, corrió hacia Jesús, cayó sobre sus rodillas, y en un sentido (continuando con lo humorístico del caso) dijo: «Señor, es suficiente para mí. Déjame. Haré lo que quieras». La suya fue una triple confesión.

1. Confesó su pecado de desobediencia e incredulidad; de ser indeciso en la obediencia, de dudar de la voluntad y del conocimiento y poder del Señor.

2. Confesó que Jesús era el *Señor*. Note que anteriormente Pedro había llamado a Jesús «Maestro» (*epistate*, v. 5), que es una palabra usada para dirigirse a cualquier persona en posición de autoridad. Pero ahora Pedro había aprendido. Ahora lo llama «Señor» (*kurie*). Él es el Señor santo, y convincente, el Señor que debe ser obedecido y seguido.

3. Confesó un temor reverencial por el Señor (cp. vv. 9-10).

«Entonces dije: ¡Ay de mí! que soy muerto; porque siendo hombre inmundo de labios, y habitando en medio de pueblo que tiene labios inmundos, han visto mis ojos al Rey, Jehová de los ejércitos» (Is. 6:5).

«De oídas te había oído; mas ahora mis ojos ven. Por tanto me aborrezco, y me arrepiento en polvo y ceniza» (Job 42:5-6).

«Y Abraham replicó y dijo: He aquí ahora que he comenzado a hablar a mi Señor, aunque soy polvo y ceniza» (Gn. 18:27).

«Pero he aquí, uno con semejanza de hijo de hombre tocó mis labios. Entonces abrí mi boca y hablé, y dije al que estaba delante de mí: Señor mío, con la visión me han sobrevenido dolores, y no me queda fuerza» (Dn. 10:16).

«Que si confesares con tu boca que Jesucristo es el Señor, y creyeres en tu corazón que Dios le levantó de los muertos, serás salvo. Porque con el corazón se cree para justicia, pero con la boca se confiesa para salvación»(Ro. 10:9-10).

«Si confesamos nuestros pecados, él es fiel y justo para perdonar nuestros pecados, y limpiarnos de toda maldad» (1 Jn. 1:9).

«Reconoce, pues, tu maldad, porque contra Jehová tu Dios has prevaricado, y fornicaste con los extraños debajo de todo árbol frondoso, y no oíste mi voz, dice Jehová» (Jer. 3:13).

«El que encubre sus pecados no prosperará; mas el que los confiesa y se aparta alcanzará misericordia» (Pr. 28:13).

«Ahora, pues, dad gloria a Jehová Dios de vuestros padres, y haced su voluntad, y apartaos de los pueblos de las tierras, y de las mujeres extranjeras» (Esd. 10:11).

[7] (5:10) ***Llamamiento—discipulado—misión:*** el sexto paso para llamar a los hombres es desafiarlos al discipulado, es decir, a pescar a otros hombres. Note dos hechos significativos.

1. Las palabras «No temas» (*me phobon*) indican que Pedro estaba realmente aterrorizado. Jesús lo estaba calmando, diciéndole que confíe y que deje de temer. Él, el Señor, tenía el control de todo y se ocupaba de todas las cosas.

2. El llamado a Pedro fue a «pescar hombres». La palabra «pescar» (*zogreo*) significa *pescar con vida* o *pescar para vivir*. La idea es que Pedro ya no pescaría peces para muerte, sino hombres para vida.

«Y les dijo: Venid en pos de mí, y os haré pescadores de hombres» (Mt. 4:19).

«A algunos que dudan, convencedlos. A otros salvad, arrebatándolos del fuego; y de otros tened misericordia con temor, aborreciendo aun la ropa contaminada por su carne» (Jud. 22-23).

«No me elegisteis vosotros a mí, sino que yo os elegí a vosotros, y os he puesto para que vayáis y llevéis fruto, y vuestro fruto permanezca; para que todo lo que pidiereis al padre en mi nombre, él os lo dé» (Jn. 15:16).

«El Señor le dijo: Vé, porque instrumento escogido me es éste, para llevar mi nombre en presencia de los gentiles, y de reyes, y de los hijos de Israel» (Hch. 9:15).

«Después oí la voz del Señor, que decía: ¿A quién enviaré, y quién irá por nosotros? Entonces respondí yo: Heme aquí, envíame a mí» (Is. 6:8).

«Vino, pues, palabra de Jehová a mí, diciendo: Antes que te formase en el vientre te conocí, y antes que nacieses te santifiqué, te di por profeta a las naciones» (Jer. 1:4-5).

«El fruto del justo es árbol de vida; y el que gana almas es sabio» (Pr. 11:30).

«Los entendidos resplandecerán como el resplandor del firmamento; y los que enseñan la justicia a la multitud, como las estrellas a perpetua eternidad» (Dn. 12:3).

ESTUDIO A FONDO 1

(5:10) ***Jacobo:*** hubo dos discípulos de nombre Jacobo. (1) El Jacobo mencionado en este pasaje, hermano de Juan, hijo de Zebedeo. Este juntamente con Pedro, y Juan su hermano, formaron un círculo íntimo alrededor del Señor (Mt. 17:1; Mr. 5:37; 9:2; 14:33). Nunca se lo menciona separado de Juan. Fue muerto a espada por Herodes (Hch.12:2). (2) Jacobo el menor, hijo de Alfeo (Mt. 10:3). Fue llamado el menor porque era de baja estatura.

Hay que notar que hay otros dos hombres de nombre Jacobo en el Nuevo Testamento. (1) Jacobo el hermanastro del Señor (Mt. 13:55; Mr. 6:3; Gá. 1:19). Él y los otros hermanos y hermanas del Señor no creyeron que Jesús fuese el Mesías hasta después de la resurrección (Jn. 7:5; Hch.1:14). Sin embargo, Jacobo llegó a ser un gran líder y pastor en la iglesia primitiva. Pastoreó la iglesia de Jerusalén (Hch. 12:17; 15:13; 21:18; Gá. 1:19; 2:9; 12), y él fue quien escribió la epístola de Santiago. (2) También estaba Jacobo el padre de Judas (Lc. 6:16; Hch. 1:13).

ESTUDIO A FONDO 2

(5:10) ***Apóstol—testimonio:*** *véase* Estudio a fondo 5—Mt. 10:2. Cp. 2 Co. 5:19-20; Jn. 20:21; Hch. 1:8.

[8] (5:11) ***Decisión—dedicación—dejando todo:*** el séptimo paso en el llamado de hombres es esperar la decisión de dejar todo. Note tres cosas.

1. Los hombres respondieron inmediatamente.
2. Los hombres dejaron todo: su negocio, su profesión, y la mayor pesca que habían visto en su vida.
3. Los hombres siguieron a Jesús. Él era el Señor que había hablado, y ellos eran sus discípulos que le obedecían y seguían.

«Y decía a todos: Si alguno quiere venir en pos de mí, niéguese a sí mismo, tome su cruz cada día, y sígame» (Lc. 9:23).

«Si alguno viene a mí, y no aborrece a su padre, y madre, y mujer, e hijos, y hermanos, y hermanas, y aun también su propia vida, no puede ser mi discípulo» (Lc. 14:26).

«Así, pues, cualquiera de vosotros que no renuncia a todo lo que posee, no puede ser mi discípulo» (Lc. 14:33).

«Si alguno me sirve, sígame; y donde yo estuviere, allí también estará mi servidor. Si alguno me sirviere, mi padre le honrará» (Jn. 12:26).

1 Jesús fue confrontado por un hombre desesperado, un intocable a. Era totalmente leproso[EF1] b. Vio a Jesús; cayó sobre su rostro y llamó a Jesús Señor; **2 Jesús limpió al intocable** a. Jesús lo tocó y dijo: «Quiero»	**D. Jesús limpia al intocable, 5:12-16** (Mt. 8:1-4; Mr. 1:40-45) 12 Sucedió que estando él en una de las ciudades, se presentó un hombre lleno de lepra, el cual, viendo a Jesús, se postró con el rostro en tierra y le rogó, diciendo: Señor, si quieres, puedes limpiarme. 13 Entonces, extendiendo él la mano, le tocó, diciendo: Quiero; sé limpio.	Y al instante la lepra se fue de él. 14 Y él le mandó que no lo dijese a nadie; sino vé, le dijo, muéstrate al sacerdote, y ofrece por tu purificación, según mandó Moisés, para testimonio a ellos. 15 Pero su fama se extendía más y más; y se reunía mucha gente para oirle, y para que les sanase de sus enfermedades. 16 Mas él se apartaba a lugares desiertos, y oraba.	b. El leproso fue limpiado **3 Jesús dio órdenes al recién limpiado** a. No decirlo a nadie; no jactarse [EF2] b. Darse prisa para obedecer a Dios **4 Influjo de Jesús** a. Su fama se difundió rápidamente b. Muchos se agolpaban para escucharlo c. Jesús se retiró al desierto para orar

D. Jesús limpia al intocable, 5:12-16

(5:12-16) ***Introducción—intocable, el:*** algunas personas son tratadas por la sociedad como si fueran intocables. Algunas personas están tan atadas y esclavizadas, tan depravadas y destituidas, tan diferentes y abandonados, tan caídas, tan indefensas y sin esperanza que se vuelven intocables para la mayoría de las personas. Pero no para Jesús. Y ése es el mensaje de este acontecimiento. Jesús tocará al intocable y lo limpiará.

1. Jesús fue confrontado por un hombre desesperado, un intocable limpiado (v. 12).
2. Jesús limpió al intocable (v. 13).
3. Jesús dio órdenes al recién limpiado (v. 14).
4. Influjo de Jesús (vv. 15-16).

[1] (5:12) ***Jesucristo, buscando—pecado, terrible—limpieza espiritual:*** Jesús fue confrontado por un hombre desesperado, un hombre intocable.

1. El hombre era totalmente leproso. Evidentemente estaba cubierto de llagas y extremadamente desfigurado (*véase* Estudio a fondo 1, ***Lepra***—Lc. 5:12).
2. El hombre vio a Jesús y se olvidó de todo lo demás...
   - olvidó a toda la gente que rodeaba a Jesús.
   - olvidó la vergüenza de su condición.
   - olvidó su condición embarazosa.
   - olvidó que no debía acercarse a nadie a menos de seis pies de distancia.

Nada importó sino la *esperanza* que sentía en su interior; la posibilidad de que Jesús le ayudara en su desesperada condición. Se dio prisa para llegar a Jesús; la gente se esparció por temor de ser contagiada por la enfermedad. Cayó sobre su rostro y exclamó: «Señor, si quieres, puedes limpiarme». Note varias cosas. (*Véanse* bosquejo y notas—Mt. 8:1-4; Mr. 1:40-45 para una discusión adicional.)

a. La determinación de un hombre de buscar la ayuda de Jesús. Nada ni nadie lo detendría, ni aun el temor y las amenazas de las personas aterrorizadas ante la posibilidad de ser contagiadas con su enfermedad.
b. La humildad del hombre. Realmente se postró, cayendo sobre su rostro ante Cristo.
c. La confesión del hombre en cuanto a Cristo. Lo llamó: «Señor».
d. El pedido del hombre era ser limpiado, no sanado. Estaba pidiendo tanto la purificación espiritual como física. Sabía que estaba manchado y contaminado tanto por dentro como por fuera.

«Cercano está Jehová a los quebrantados de corazón; y salva a los contritos de espíritu» (Sal. 34:18).

«Los sacrificios de Dios son el espíritu quebrantado; al corazón contrito y humillado no despreciarás tú, oh Dios» (Sal. 51:17).

«Rasgad vuestro corazón, y no vuestros vestidos, y convertíos a Jehová vuestro Dios; porque misericordioso es y clemente, tardo para la ira y grande en misericordia, y que se duele del castigo» (Jl. 2:13).

«Aunque afligido yo y necesitado, Jehová pensará en mí. Mi ayuda y mi libertador eres tú; Dios mío, no te tardes» (Sal. 40:17).

«Lávame más y más de mi maldad, y límpiame de mi pecado» (Sal. 51:2).

«Ayúdanos, oh Dios de nuestra salvación, por la gloria de tu nombre; y líbranos, y perdona nuestros pecados por amor de tu nombre» (Sal. 79:9).

«Al oír esto Jesús, les dijo: Los sanos no tienen necesidad de médico, sino los enfermos. No he venido a llamar a justos, sino a pecadores» Mr. 2:17).

«Porque no tenemos un sumo sacerdote que no pueda compadecerse de nuestras debilidades, sino uno que fue tentado en todo según nuestra semejanza, pero sin pecado» (He. 4:15).

ESTUDIO A FONDO 1

(5:12) ***Lepra:*** en tiempos de Jesús la lepra era la más terrible de las enfermedades, era grandemente temida. Desfiguraba a la persona y a veces era fatal. En la Biblia la lepra es símbolo de pecado.

1. Se consideraba al leproso *totalmente impuro*, física y espiritualmente. No podía acercarse más que a seis pies de distancia de otra persona, incluidos los miembros desu familia. «Y el leproso en quien hubiere llaga llevará vestidos rasgados y su cabeza descubierta, y embozado pregonará: ¡Inmundo! ¡Inmundo!» (Lv. 13:45).
2. Se lo consideraba como *muerto, en vida muerto.* Tenía que llevar una vestidura negra para poder ser reconocido como de entre los *muertos.*
3. Era excomulgado de la comunidad como un *paria, totalmente separado* de la sociedad; se lo consideraba sin esperanza de ir al cielo. «Todo el tiempo que la llaga estuviere en él, será inmundo; estará impuro, y habitará solo; fuera del campamento será su morada» (Lv. 13:46). No podía vivir dentro de los muros de ciudad alguna; su morada tenía que ser fuera de las puertas de la ciudad.
4. Se le enseñaba que estaba *contaminado, que era incurable* por medios humanos. La lepra podía ser curada solamente por Dios y su poder. (Note cómo Cristo demuestra su naturaleza mesiánica y su deidad al sanar al leproso.)

Imagínese la angustia y el quebrantamiento de corazón del leproso al ser totalmente excluido de la familia, de los amigos y de la sociedad. Imagínese el dolor emocional y mental. Hay registro de otros casos de leprosos sanados (cp. Mt.10:8; Mr. 1:40; Lc. 7:22; 17:12; y tal vez Mt. 26:6; cp. Mr. 14:3).

[2] (5:13) ***Jesucristo, poder—salvación—purificación espiritual:*** Jesús limpió al intocable. Note diversas cosas.

1. Jesús fue *movido a compasión*, profundamente movido (Mr. 1:41). Aquel cuadro conmovió el corazón de Jesús. La condición del hombre era miserable. Imagínese solamente...

- su cuerpo lleno de llagas
- su carne carcomida
- su soledad
- su alienación
- su vacío
- su falta de esperanza
- su indefensión
- su desesperación

2. Jesús extendió la mano y tocó al hombre. Aquello fue un acto nunca visto. El hombre era intocable, un hombre lleno de lepra, la más temida, rechazada y contagiosa de las enfermedades conocidas en el mundo de aquel tiempo. Sin embargo, Jesús fue condescendiente, bajó al nivel del hombre para tocarlo. Ninguna otra persona lo hubiera hecho. El hombre había sido un leproso por años; tantos años lleno de lepra, en un estado muy avanzado. Durante todos esos años nadie pudo ayudarle. Durante tantos años no había sido tocado por manos humanas; probablemente no recordaba la suavidad de un tierno toque.

3. Jesús dijo: «*Quiero*; quiero limpiarte».

Pensamiento. Jesús quiere que el intocable sea limpiado y totalmente restaurado, restaurado en su propio corazón y restaurado en la sociedad. Jesús quiere tocar a toda persona que ha llegado a ser intocable.

«Y al ver las multitudes, tuvo compasión de ellas; porque estaban desamparadas y dispersas como ovejas que no tienen pastor» (Mt. 9:36).

«Y saliendo Jesús, vio una gran multitud, y tuvo compasión de ellos, y sanó a los que de ellos estaban enfermos» (Mt. 14:14).

«Como el padre se compadece de los hijos, se compadece Jehová de los que le temen» (Sal. 103:13).

«En toda angustia de ellos él fue angustiado, y el ángel de su faz los salvó; en su amor y en su clemencia los redimió, y los trajo, y los levantó todos los días de la antigüedad» (Is. 63:9).

4. Jesús pronunció la palabra de purificación. «Sé limpio». Jesús salvó al hombre espiritual, física y socialmente. El hombre fue limpiado en forma total. Pero note cómo: fue limpiado por la *Palabra* de Jesús.

Pensamiento. La Palabra del Señor es suficiente, capaz de salvar y sanar en grado sumo (He. 7:25).

«Cómo Dios ungió con el Espíritu Santo y con poder a Jesús de Nazaret, y cómo éste anduvo haciendo bienes y sanando a todos los oprimidos por el diablo, porque Dios estaba con él» (Hch. 10:38).

«Por lo cual puede también salvar perpetuamente a los que por él se acercan a Dios, viviendo siempre para interceder por ellos» (He. 7:25).

«Mi mano hizo todas las cosas, y así todas estas cosas fueron, dice Jehová; pero miraré a aquel que es pobre y humilde de espíritu, y que tiembla a mi palabra» (Is. 66:2).

[3] (5:14) ***Advertencia—creyentes, deber:*** Jesús ordenó dos cosas al hombre recién purificado (*véanse* nota y Estudio a fondo 4—Mt. 8:4; Mr. 1:44 para una discusión adicional).

1. Jesús le mandó que no lo dijese a nadie. El hombre había sido salvado de las profundidades máximas de la contaminación. Pocas personas llegan tan abajo y se llenan de tanta lepra (pecado). Había sido salvado de tanto y estaba tan lleno de gozo y regocijo, la felicidad le brotaba a borbotones. Hubiera querido correr para decirle a todo el mundo lo ocurrido, pero en esto había un peligro, el peligro...

- del orgullo y la jactancia en sí mismo.
- de celos y envidias de otros hacia Él.

2. Jesús le ordenó darse prisa para obedecer a Dios. Primero el hombre tenía que adorar y ofrecer su gratitud a Dios y a aprender a obedecer la Palabra de Dios antes de hacer cualquier otra cosa (*véase* Estudio a fondo 2, ***Lepra***—Lc. 5:14).

«Desead, como *niños recién nacidos,* la leche espiritual no adulterada, para que por ella crezcáis para salvación, si es que habéis gustado la benignidad del Señor» (1 P. 2:2-3).

«Procura con diligencia presentarte ante Dios aprobado, como obrero que no tiene de qué avergonzarse, que usa bien la palabra de verdad» (2 Ti. 2:15).

«Así que, los que recibieron su palabra fueron bautizados; y se añadieron aquel día como tres mil personas. Y perseveraban en la doctrina de los apóstoles, en la comunión unos con otros, en el partimiento del pan y en las oraciones» (Hch. 2:41-42).

ESTUDIO A FONDO 2

(5:14) ***Lepra:*** para el caso improbable de que un leproso fuese alguna vez curado, existía una lista detallada de leyes y rituales que debían ser observados. Estos rituales le daban tiempo al sacerdote para confirmar la cura, y llevaba al leproso a presentar una ofrenda de gratitud a Dios (Lv. 14:1-32; cp. 13:38-59). Jesús estaba ordenando al hombre a hacer su ofrenda a Dios y recibir el certificado de su purificación.

[4] (5:15-16) ***Jesucristo, respuesta—oración:*** el influjo de Jesús fue enorme. Las multitudes se agolpaban para oirle y para ser sanadas de sus enfermedades.

1. Jesús tenía tanto el mensaje de salvación como el poder para sanar las enfermedades; era «por medio de Él» y solamente por medio de Él que venía la salvación y la sanidad.

2. Jesús conocía la fuente de su mensaje y poder: Dios y oración. Por eso, con frecuencia se retiraba para estar a solas con Dios y buscar su rostro y tener comunión con Él.

1 Una comisión investigadora visitó a Jesús
a. Eran representantes de todas partes
b. Iban a investigar las afirmaciones de Jesús
c. El poder de Jesús necesariamente hallaría oposición

2 La forma de obtener el perdón de pecados
a. Hay que buscar ayuda de otros
b. Hay que creer en el poder de Jesús
c. Hay que persistir[EF1]
d. Hay que buscar el perdón

E. Jesús demuestra su asombroso poder para perdonar pecados, 5:17-26
(Mt. 9:1-8; Mr. 2:1-12)

17 Aconteció un día, que él estaba enseñando, y estaban sentados los fariseos y doctores de la ley, los cuales habían venido de todas las aldeas de Galilea, y de Judea y Jerusalén; y el poder del Señor estaba con él para sanar.
18 Y sucedió que unos hombres que traían en un lecho a un hombre que estaba paralítico, procuraban llevarle adentro y ponerle delante de él.
19 Pero no hallando cómo hacerlo a causa de la multitud, subieron encima de la casa, y por el tejado le bajaron con el lecho, poniéndole en medio, delante de Jesús.
20 Al ver él la fe de ellos, le dijo: Hombre, tus pecados te son perdonados.
21 Entonces los escribas y los fariseos comenzaron a cavilar, diciendo: ¿Quién es éste que habla blasfemias? ¿Quién puede perdonar pecados sino sólo Dios?
22 Jesús entonces, conociendo los pensamientos de ellos, respondiendo les dijo: ¿Qué caviláis en vuestros corazones?
23 ¿Qué es más fácil, decir: Tus pecados te son perdonados, o decir: Levántate y anda?
24 Pues para que sepáis que el Hijo del Hombre tiene potestad en la tierra para perdonar pecados (dijo al paralítico): A ti te digo: Levántate, toma tu lecho, y vete a tu casa.
25 Al instante, levantándose en presencia de ellos, y tomando el lecho en que estaba acostado, se fue a su casa glorificando a Dios.
26 Y todos, sobrecogidos de asombro, glorificaban a Dios; y llenos de temor, decían: Hoy hemos visto maravillas.

3 El poder necesario para perdonar pecados: solamente el poder de Dios

4 La prueba de que Jesús puede perdonar pecados, de que Él es el Hijo del Hombre
a. Su Palabra: obra
b. Su afirmación: Él es Dios, el Hijo del hombre[EF2]
c. Su poder: salva y sana
d. Su impacto
1) Sobre el hombre: el hombre glorificó a Dios
2) Sobre la multitud: la gente se maravilló, glorificó a Dios y tuvo temor

E. Jesús demuestra su asombroso poder para perdonar pecados, 5:17-26

(5:17-26) ***Introducción:*** este es un pasaje crucial de las Escrituras. Trata el perdón de pecados; el más importante de todos los temas que confrontan al hombre. Siendo así ¿es Jesucristo aquel que tiene el poder para perdonar pecados?

1. Una comisión investigadora visitó a Jesús (v. 17).
2. La forma de acercarse para obtener el perdón de pecados (vv. 18-20).
3. El poder necesario para perdonar pecados: solamente el poder de Dios (v. 21).
4. La prueba de que Jesús puede perdonar pecados, de que Él es el Hijo del Hombre (vv. 22-26).

[1] (5:17) ***Religiosos—críticas—al costado—entrega, carencia de:*** una comisión investigadora compuesta por religiosos visitó a Jesús. Note varios hechos.

1. La comisión estaba compuesta por representantes de todas partes del país. Todas las zonas mayores estaban representadas.
2. Los fariseos y escribas eran los líderes religiosos de Israel (*véanse* Estudio a fondo 1—Lc. 6:2; Estudios a fondo 2, 3—Hch. 23:8).
3. La comisión había venido para *presenciar* (v. 17), investigar, observar a Jesús. No para participar en los servicios y el ministerio. Estaban sentados al costado, no a las pies de Jesús para aprender de Él.
4. El poder de Jesús iba a encontrar oposición. El poder de Dios estaba sobre Él, y Él seguía inmutable con su ministerio. No permitió que quienes venían *presenciar* solamente con espíritu *crítico* afecten su ministerio de predicación. Jesús fue inamovible en su mensaje y llamado.

Pensamiento. Note tres asuntos cruciales.
1) Siempre existen los que solamente *presencian* el servicio, son solamente *espectadores* que nunca escuchan realmente ni aprenden, nunca se involucran.
2) Siempre existen los que tiene un espíritu de crítica, que se consideran saber las cosas mejor, que son censores y jueces de lo que el predicador o maestro hace. Escuchan y vigilan que nada sea demasiado diferente. De lo contrario comienzan a criticar y juzgar.
3) El predicador o maestro tiene que continuar con su llamado y ministerio. «Para su propio señor está en pie, o cae» (Ro. 14:4).

[2] (5:18-20) ***Perdón—Jesucristo, buscar a—fe—persistencia:*** la forma de acercarse para obtener perdón quedó claramente demostrada. Estos hombres dieron cuatro pasos en su búsqueda de perdón y sanidad de parte de Jesús. Los mismos cuatro pasos son necesarios para cualquiera que desee recibir el perdón de pecados.

1. *Buscaron ayuda.* El hombre paralítico buscó la ayuda de sus amigos, y todos juntos buscaban la ayuda de Jesús. El hombre no podía ayudarse a sí mismo, para obtener el perdón de pecados y la sanidad. Tenía que recibir ayuda, la ayuda de Jesús y la ayuda de amigos. Lo mismo ocurría con los amigos del hombre. Eran

incapaces de dar perdón y sanidad al enfermo. Ellos también sabían que necesitaban la ayuda de Jesús y la ayuda recíproca.

Pensamiento. Siempre es necesario buscar la ayuda de Jesús. Y muchas veces es necesario buscar también la ayuda de los amigos.

2. Ellos *creían* y tenían confianza en el poder de Jesús para perdonar pecados y sanar. Creían que si venían Jesús tendría el poder para ayudar, y que tenía suficiente amor y se ocupaba lo suficiente para hacerlo. Por eso vinieron a Jesús. Y note los inconvenientes y dificultades que tuvieron que encarar al venir. El hombre estaba postrado en cama. Tenían que levantar la cama y llevarla por las calles. Además las multitudes serían grandes, tal vez impedirían pasar con la cama por en medio de la gente. ¡Qué fe! ¡Qué desesperación! Son el tipo de desesperación y fe necesarios para obtener perdón y sanidad.

3. *Persistieron* a pesar de la enorme dificultad. Tal como lo habían imaginado la multitud era demasiado grande para pasar por ella y llegar hasta Jesús. Pero no abandonaron. Fueron alrededor de la casa, a la parte trasera y subieron el paralítico en su cama al techo. Removieron una parte del techo y usaron sogas para bajar la cama del hombre, a los pies mismos de Jesús. Por supuesto, sentado allí, Jesús observó toda la escena, sorprendido como todos los demás, de que alguien fuese tan osado y persistente. Pero como también ocurre con nostros, el espíritu de su osadía y persistencia, y el motivo que los traía, marcaba la enorme diferencia. Eran hombres desesperado; la necesidad de ellos era grande y estaban indefensos sin la ayuda de Jesús. Semejante espíritu tocó el corazón del Señor, y sigue tocándolo hoy.

4. *Buscaban perdón.* El enfermo estaba decididamente buscando el perdón de sus pecados así como la sanidad de su cuerpo. Toda la escena lo demuestra. El hombre era paralítico. Tal vez haya sido herido o tal vez haya enfermado por algún pecado necio en el pasado. Además la creencia popular era que el sufrimiento se debía al pecado. La mente del hombre estaba fija en su pecado como *causa* de su problema; por eso quería que Jesús le perdonara su pecado y lo sanara.

Note tres cosas.

1. Jesús «vio la fe de ellos», tanto la fe de los amigos como la fe del enfermo. La fe de los amigos jugaba un importante rol en el perdón de pecados del enfermo. ¡Qué lección para nosotros, para nuestras familias y amigos!

«Sobrellevad los unos las cargas de los otros, y cumplid así la ley de Cristo» (Gá. 6:2).

«No nos cansemos, pues, de hacer el bien; porque a su tiempo segaremos, si no desmayamos» (Gá. 6:9).

«Yo era ojos al ciego, y pies al cojo. A los menesterosos era padre, y de la causa que no entendía, me informaba con diligencia» (Job 29:15-16).

«Alarga su mano al pobre, y extiende sus manos al menesteroso» (Pr. 31:20).

«Pero un samaritano, que iba de camino, vino cerca de él, y viéndole, fue movido a misericordia; y acercándose, vendó sus heridas, echándoles aceite y vino; y poniéndole en su cabalgadura, le llevó al mesón, y cuidó de él» (Lc. 10:33-34).

2. La fe que vio Jesús fue una fe que creía y persistía contra todo tipo de obstáculos, una fe que realmente creía y perseveraba. Es esencial recordar esto en la búsqueda del perdón.

«Y yo os digo: Pedid, y se os dará; buscad, y hallaréis; llamad, y se os abrirá. Porque todo aquel que pide, recibe; y el que busca, halla; y al que llama, se le abrirá» (Lc. 11:9-10).

«Pero sin fe es imposible agradar a Dios; porque es necesario que el que se acerca a Dios crea que le hay, y que es galardonador de los que le *buscan*» (He. 11:6).

«Mas si de allí buscares a Jehová tu Dios, lo hallarás, si lo buscares de todo tu corazón y de toda tu alma» (Dt. 4:29).

«Muchas son las aflicciones del justo, pero de todas ellas le librará Jehová. El guarda todos sus huesos; ni uno de ellos será quebrantado» (Sal. 34:19-20).

«Encomienda a Jehová tu camino, y confía en él; y él hará» (Sal. 37:5).

«¡Cuán grande es tu bondad, que has guardado para los que te temen, que has mostrado a los que esperan en ti, delante de los hijos de los hombres!» (Sal. 31:19).

«Confiad en Jehová perpetuamente, porque en Jehová el Señor está la fortaleza de los siglos» (Is. 26:4).

«Y me buscaréis y me hallaréis, porque me buscaréis de todo vuestro corazón» (Jer. 29:13).

3. Jesús mismo perdonó los pecados del hombre. Este es un hecho de crucial importancia. Jesús no dijo: «Hombre, que Dios te perdone tus pecados». Jesús dijo: «Hombre, yo te perdono tus pecados».

«A éste, Dios ha exaltado con su diestra por Príncipe y Salvador, para dar a Israel arrepentimiento y perdón de pecados» (Hch. 5:31).

«Sabed, pues, esto, varones hermanos: que por medio de él se os anuncia perdón de pecados» (Hch. 13:38).

«En quien tenemos redención por su sangre, el perdón de pecados según las riquezas de su gracia» (Ef. 1:7).

ESTUDIO A FONDO 1

(5:19) ***Casa:*** en el tiempo de Jesús muchas casas tenían una escalera exterior que daba acceso al piso superior. Desde la escalera era fácil llegar al techo. El techo era plano hecho de piedras con forma de teja unidas con una mezcla de lodo y paja. Los techos eran suficientemente fuertes para que la gente se sentara allí a conversar o para otras actividades (*véase* nota—Mt. 24:17). Estos hombres cavaron y escarbaron haciendo una abertura a través del techo. Estaban tan seguros del poder de Jesús para ayudar que nada los detendría de llegar hasta Él; una fe imparable.

[3] (5:21) ***Perdón—fe:*** estaba claramente establecido que solamente Dios tenía poder para perdonar pecados. Solamente Dios tiene el poder para perdonar realmente los pecados. Los religiosos lo sabían, pero no alcanzaban a ver que Jesucristo era uno con Dios, el Hijo del Dios mismo; que él era uno con Dios en ser y naturaleza, en exaltación y dominio, en amor y compasión, en autoridad y poder, todos ellos atributos requeridos para que Jesús pudiera venir a la tierra como Dios encarnado en cuerpo humano (*véanse* Estudio a fondo 1—Jn. 2:2-3; nota—Fil. 2:7). Allí estaban frente a Jesús pensando y razonando, pero sin hablar. Mentalmente estaban diciendo que Jesús era culpable de blasfemia, pero por el momento no lo acusaron públicamente.

Pensamiento. Este es precisamente el tema en el cual tropiezan muchos religiosos: que Jesús sea Dos encarnado en cuerpo humano, el Hijo de Dios que ha venido para salvar al mundo.

«Porque de tal manera amó Dios al mundo, que ha dado a su Hijo unigénito, para que todo aquel que en él cree, no se pierda, mas tenga vida eterna» (Jn. 3:16).

«¿Al que el Padre santificó y envió al mundo, vosotros decís: Tú blasfemas, porque dije: *Hijo de Dios soy?*» (Jn. 10:36).

[4] (5:22-26) ***Jesucristo, deidad; poder; impacto—perdón:*** quedó claramente demostrado que Jesús puede perdonar pecados y que es el Hijo del Hombre. Jesús conocía los pensamientos de los religiosos. Leía sus mentes, dando con ello evidencia de su deidad.

Pensamiento. Jesús conoce nuestros pensamientos; sabe lo que estamos pensando, si son pensamientos...

- de fe o incredulidad.
- de egoísmo.
- de mundanalidad.
- de pureza o impureza.
- de engaño o verdad.
- de bien o de mal.

«Yo conozco que todo lo puedes, y que no hay pensamiento que se esconda de ti» (Job 42:2).

Note cómo se dispuso Jesús a demostrar su deidad, su derecho a perdonar pecados.

1. Su Palabra y el hecho de que su Palabra obra, demuestra su deidad. Jesús propuso someter a prueba el Poder de Dios. Sugirió meramente *decir la Palabra:* «levántate y anda». *Si su Palabra era eficaz para sanar al hombre, también sería eficaz para perdonar pecados.*

Su afirmación demostró su deidad. Él es Dios, el Hijo del Hombre (*véase* Estudio a fondo 3—Mt. 8:20). Jesús no tenía miedo de ponerse a prueba. Quería que todos los hombres lo supieran y creyeran. Por eso, «para que sepáis que el Hijo del Hombre tiene potestad en la tierra para perdonar pecados», les propongo probar mi poder en la vida de aquellos que buscan el perdón.

«Oyó Jesús que le habían expulsado; y hallándole, le dijo: ¿Crees tú en el Hijo de Dios? Respondió él y dijo: ¿Quién es, Señor, para que crea en él? Le dijo Jesús: Pues le has visto, y el que habla contigo, él es» (Jn. 9:35-37).

«Le dijo Jesús: Yo soy la resurrección y la vida; el que cree en mí, aunque esté muerto, vivirá. Y todo aquel que vive y cree en mí, no morirá eternamente. ¿Crees esto? Le dijo: Sí, Señor; yo he creído que tú eres el Cristo, el Hijo de Dios, que has venido al mundo» (Jn. 11:25-27).

«Y yo le vi y he dado testimonio de que éste es el Hijo de Dios» (Jn. 1:34).

3. Su poder era prueba de su deidad. En forma dramática Jesús dijo la Palabra y el hombre se levantó. Fue sanado inmediatamente. ¿Cómo? Por la Palabra del Señor. La *Palabra de Dios* se demostró a sí misma. Cuando Jesús dijo la palabra de sanidad, *el hombre fue sanado; cuando Jesús dijo la* palabra de perdón, *el hombre fue perdonado.*

«Y yo le vi y he dado testimonio de que éste es el Hijo de Dios» (Jn. 1:34).

«Y Jesús se acercó y les habló diciendo: Toda potestad me es dada en el cielo y en la tierra» (Mt. 28:18).

«Cómo Dios ungió con el Espíritu Santo y con poder a Jesús de Nazaret, y cómo éste anduvo haciendo bienes y sanando a todos los oprimidos por el diablo, porque Dios estaba con él» (Hch. 10:38).

4. El influjo demostró la deidad de Jesús. La gente quedó maravillada, glorificando a Dios, influida con temor reverencial.

Pensamiento 1. Las pruebas de la deidad de Jesús deben ser estudiadas cuidadosamente por todos los religiosos y escépticos.

Pensamiento 2. Note cuatro asuntos cruciales.

1) Jesús todavía *quiere* decir la Palabra de perdón y sanidad.
2) Jesús es el Hijo del Hombre y tiene el *propósito* de perdonar los pecados a todos los que quieran (*véase* Estudio a fondo 3—Mt. 8:20).
3) Jesús tiene tanto el poder como la voluntad de decir la Palabra de perdón y sanidad sobre quienes lo *buscan.*
4) El influjo de la vida de Jesús sobre tantas personas, es evidencia de su deidad. El hecho de que algunos glorifiquen genuinamente a Dios y le sirvan en temor reverencial es *vigorosa evidencia* de que Jesús tiene poder para perdonar pecados.

ESTUDIO A FONDO 2

(5:23) ***Pecados—perdonado:*** la creencia popular de aquel tiempo era que el sufrimiento se debía al pecado. La sanidad obrada por Jesús en aquel hombre era prueba de que los pecados del hombre habían sido realmente perdonados, y que Jesús tenía el poder para perdonar pecados. Los religiosos no pudieron negar esto sobre bases lógicas (*véase* Estudio a fondo 4—Mt. 26:28).

ESTUDIO A FONDO 3

(5:24) ***Hijo del hombre:*** *véase* Estudio a fondo 3—Mt. 8:20.

F. Jesús revela su gran misión: la mayor de todas las misiones, 5:27-39 (Mt. 9:9-17; Mr. 2:13-22)

1 La misión de llamar a los publicanos[EFI]
a. Jesús salió
b. Vio
c. Llamó
d. El publicano dejó todo y siguió a Jesús
e. El publicano alcanzó a sus amigos

2 La misión de llamar a los pecadores al arrepentimiento
a. Los religiosos cuestionaron la relación que Jesús tenía con la gente
b. Respuesta de Jesús
1) Ilustra su misión
2) Establece la naturaleza de su misión

3 La misión de traer verdadero gozo
a. Los religiosos cuestionaron la conducta de Jesús
b. Respuesta de Jesús: su presencia da gozo y vitalidad a la vida

4 La misión de morir

5 La misión de una nueva vida y de un movimiento espiritual
a. Ilustración 1: No remendar lo viejo, sino comenzar algo nuevo
b. Ilustración 2: No poner su enseñanza (vino) en botellas viejas, sino en botellas nuevas
c. Ilustración 3: Es difícil aceptar lo nuevo; requiere tiempo

27 Después de estas cosas salió, y vio a un publicano llamado Leví, sentado al banco de los tributos públicos, y le dijo: Sígueme.
28 Y dejándolo todo, se levantó y le siguió.
29 Y Leví le hizo gran banquete en su casa; y había mucha compañía de publicanos y de otros que estaban a la mesa con ellos.
30 Y los escribas y los fariseos murmuraban contra los discípulos, diciendo: ¿Por qué coméis y bebéis con publicanos y pecadores?
31 Respondiendo Jesús, les dijo: Los que están sanos no tienen necesidad de médico, sino los enfermos.
32 No he venido a llamar a justos, sino a pecadores al arrepentimiento.
33 Entonces ellos le dijeron: ¿Por qué los discípulos de Juan ayunan muchas veces y hacen oraciones, y asimismo los de los fariseos, pero los tuyos comen y beben?
34 El les dijo: ¿Podéis acaso hacer que los que están de bodas ayunen, entre tanto que el esposo está con ellos?
35 Mas vendrán días cuando el esposo les será quitado; entonces, en aquellos días ayunarán.
36 Les dijo también una parábola: Nadie corta un pedazo de un vestido nuevo y lo pone en un vestido viejo; pues si lo hace, no solamente rompe el nuevo, sino que el remiendo sacado de él no armoniza con el viejo.
37 Y nadie echa vino nuevo en odres viejos; de otra manera, el vino nuevo romperá los odres y se derramará, y los odres se perderán.
38 Mas el vino nuevo en odres nuevos se ha de echar; y lo uno y lo otro se conservan.
39 Y ninguno que beba del añejo, quiere luego el nuevo; porque dice: El añejo es mejor.

F. Jesús revela su gran misión: la mayor de todas las misiones, 5:27-39

(5:27-39) ***Introducción:*** la vida más grande que haya sido vivida en la tierra fue la vida de Jesucristo. Por eso ninguna misión podrá ser comparada jamás con la misión que Él fue enviado a cumplir. La gran misión de Cristo fue...

- una misión vivificante: dar vida a la gente para con Dios.
- una misión eterna: dar a la gente vida para siempre.
- una misión con propósito: motivar a la gente a entregar sus vidas incondicionalmente a Dios.

El propósito de Lucas en este pasaje es revelar la gran misión de Cristo. Con la mente hábil de un hombre que conoce íntimamente al Señor, entrelaza diversos acontecimientos para expresar la gran misión del Señor.

1. La misión de llamar a los publicanos (vv. 27-29).
2. La misión de llamar a los pecadores al arrepentimiento (vv. 30-32).
3. La misión de traer verdadero gozo (vv. 33-34).
4. La misión de morir (v. 35).
5. La misión de una nueva vida y de un movimiento espiritual (vv. 36-39).

[1] (5:27-29) ***Jesucristo, misión—ministros:*** la misión de llamar a los publicanos, a los que habían sido rechazados por la sociedad. (*Véanse* notas—Mt. 9:9; nota y estudio a fondo 1—Mr. 2:14 para una discusión adicional.)

1. Jesús «salió». Hay un propósito deliberado en esta afirmación. Jesús se levantó y dejó la casa (Lc. 5:19) o bien dejó la ciudad. Salió con el propósito específico de buscar a los rechazados (cp. Lc. 19:10; Jn. 20:21).
2. Jesús «vio a un publicano [recaudador de impuestos] llamado Leví [Mateo]». Era un hombre rechazado, el más odiado de los hombres por el público (*véase* Estudio a fondo 1, ***Recaudador de impuestos***—Lc. 5:27). Sin embargo, cuando Jesús lo vio, «vio a un hombre llamado Leví [Mateo]», un pecador, un hombre que sufría interiormente, un hombre que necesitaba una causa. (*Véase* nota—Mt. 9:9 para la discusión detallada.)
3. Jesús llamó al publicano. De manera muy simple pero convincente Jesús le dijo: «Sígueme». Note dos hechos.
   a. El gran *amor* y *compasión* de Jesús por el publicano. El hombre era despreciado. Al asociarse con un publicano, Jesús se exponía a sí mismo a la crítica y el rechazo de la *clase superior,* el segmento aceptable y social de la sociedad.
   b. Note la gran humildad de Cristo. Se rebajó para alcanzar al rechazado; pero recuerde, que Jesús había venido para salvar a los pecadores, a los que estaban fuera del cielo.

Pensamiento 1. El llamado de Jesús es dirigido a todas las personas rechazadas, a los rechazados del cielo. Sin embargo, hay una condición para llegar a ser aceptable a Dios. La persona tiene que humillarse a sí misma ante Jesús, así como Jesús se humilló ante nosotros.

«Y dijo: De cierto os digo, que si no os volvéis y os hacéis como niños, no entraréis en el reino de los cielos» (Mt. 18:3).

«Porque la tristeza que es según Dios produce arrepentimiento para salvación, de que no hay que arrepentirse; pero la tristeza del mundo produce muerte» (2 Co. 7:10).

«Y estando en la condición de hombre, se humilló a sí mismo, haciéndose obediente hasta la muerte, y muerte de cruz» (Fil. 2:8; cp. Fil. 2:6-9).

«Cercano está Jehová a los quebrantados de corazón; y salva a los contritos de espíritu» (Sal. 34:18).

«Por eso pues, ahora, dice Jehová, convertíos a mí con todo vuestro corazón, con ayuno y lloro y lamento» (Jl. 2:12-13).

Pensamiento 2. La persona que realmente es rechazada por la sociedad, que es rechazada y despreciada por la gente, puede ser salvada y librada del vacío y de la soledad. Jesucristo la salvará. En efecto, anhela salvar y librar al rechazado, al que está vacío y solitario en la tierra.

«Venid a mí todos los que estáis trabajados y cargados, y yo os haré descansar. Llevad mi yugo sobre vosotros, y aprended de mí, que soy manso y humilde de corazón; y hallaréis descanso para vuestras almas; porque mi yugo es fácil, y ligera mi carga» (Mt. 11:28-30).

«A todos los sedientos: Venid a las aguas; y los que no tienen dinero, venid, comprad y comed. Venid, comprad sin dinero y sin precio, vino y leche» (Is. 55:1).

«Venid luego, dice Jehová, y estemos a cuenta: si vuestros pecados fueren como la grana, como la nieve serán emblanquecidos; si fueren rojos como el carmesí, vendrán a ser como blanca lana» (Is. 1:18).

«Diles: Vivo yo, dice Jehová el Señor, que no quiero la muerte del impío, sino que se vuelva el impío de su camino, y que viva. Volveos, volveos de vuestros malos caminos; ¿Por qué moriréis, oh casa de Israel?» (Ez. 33:11).

«Venid y volvamos a Jehová; porque él arrebató, y nos curará; hirió, y nos vendará» (Os. 6:1).

4. El publicano dejó todo y siguió a Jesús. Mateo era un hombre muy rico. Tal es el énfasis de las palabras de Lucas: «Y dejándolo todo». (Note también v. 29 donde Mateo hizo un «gran banquete» en su propia casa. La casa misma debe haber sido muy grande para dar lugar a tanta gente.)

Este publicano «dejó todo», respondiendo inmediatamente a Jesús. ¿Cómo podía un hombre como Mateo renunciar a tanto para seguir a Jesús? Porque el dinero no puede comprar la felicidad, paz, seguridad, sentido de bienestar, satisfacción, cumplimiento, confianza, o seguridad. El dinero solamente puede comprar cosas. Mateo tenía, como tantos, abundancia de cosas: casas, tierra, ropa, comida, muebles. Pero estaba *vacío e intranquilo* en su corazón, *incompleto e inseguro* en su espíritu, *incompleto e insatisfecho* en la vida. Al confrontar a Jesús vio la posibilidad de que Jesús satisfaciera todas sus necesidades, que realmente las satisfaciera.

Pensamiento. Para los ricos es difícil entrar al reino de los cielo, porque se han apegado tanto a este mundo material. Mateo fue uno de los pocos que estuvo dispuesto a renunciar a todo para seguir a Jesús. Así, el reino de los cielos sería suyo.

«Oyendo el joven esta palabra, se fue triste, porque tenía muchas posesiones. Entonces Jesús dijo a sus discípulos: De cierto os digo, que difícilmente entrará un rico en el reino de los cielo. Otra vez os digo, que es más fácil pasar un camello por el ojo de una aguja, que entrar un rico en el reino de Dios. Sus discípulos oyendo esto, se asombraron en gran manera, diciendo: ¿Quién, pues, podrá ser salvo? Y mirándolos, les dijo: Para los hombres esto es imposible; mas para Dios todo es posible» (Mt. 19:23-26; cp. Mt. 19:16-26).

«Así, pues, cualquiera de vosotros que no renuncia a todo lo que posee, no puede ser mi discípulo» (Lc. 14:33).

«Porque todo el que quiera salvar su vida, la perderá; y todo el que pierda su vida por causa de mí y del evangelio, la salvará. Porque ¿qué aprovecha al hombre si ganare todo el mundo, y perdiere su alma» (Mr. 8:35-36).

5. El publicano alcanzó a sus amigos. Este es un hermoso cuadro del tipo de testimonio que todo creyente debe dar. El corazón de Mateo se llenó inmediatamente del genuino gozo que siempre había anhelado. La diferencia era tan grande, había tanto amor, gozo, y paz; sencillamente no podía contenerse. El testimonio le brotaba. Tenía que compartirlo con sus amigos, pero le llevaría tanto tiempo visitar a cada uno por separado; tenía que encontrar una forma de alcanzarlos más rápido. ¿Cómo podía hacerlo más rápido? Se le ocurrió hacer un banquete en su casa. De manera que tuvo un banquete para que sus amigos se encontrasen con Jesús.

Mateo estaba entusiasmado con su fe. Conocía el profundo vacío del que acababa de salir, estaba tan agradecido y apreciaba tanto su nueva vida. (Recuerde: Mateo, el publicano, fue quien escribió el *Evangelio de Mateo.*) Quería que sus amigos conocieran personalmente a Jesús y que conocieran la salvación dada por Cristo.

«Entonces Jesús les dijo otra vez: Paz a vosotros. Como me envió el Padre, así también yo os envío» (Jn. 20:21).

«Y Dios estaba en Cristo reconciliando consigo al mundo, no tomándoles en cuenta a los hombres sus pecados, y nos encargó a nosotro la palabra de la reconciliación. Así que, somos embajadores en nombre de Cristo, como si Dios rogase por medio de nosotros; os rogamos en nombre de Cristo: Reconciliaos con Dios» (2 Co. 5:19-20).

«Pero desecha las cuestiones necias e insensatas, sabiendo que engendran contiendas» (2 Ti. 2:23).

ESTUDIO A FONDO 1

(5:27) ***Cobrador de impuestos:*** el cobrador de impuestos era profundamente odiado por la gente. Había tres motivos.

1. Servían a los conquistadores romanos. La mayoría de los cobradores de impuestos eran judíos, pero a los ojos de la gente habían negado su herencia judía y traicionado a la patria. De manera que eran rechazados, apartados completamente de la sociedad judía y excomulgados de la religión judía y de sus privilegios.

2. Eran mentirosos, deshonestos e injustos. La mayoría de los cobradores de impuestos eran extremadamente ricos. El gobierno romano compensaba a los cobradores de impuestos permitiéndoles cobrar más del porcentaje requerido por el impuesto. Los cobradores de impuestos se abusaban con avaricia de su derecho, agregando el porcentaje que ellos querían y que creían poder cobrar (*véase* Estudio a fondo 1—Ro. 13:6). Recibían sobornos de los ricos que querían evitar los impuestos, abusaban del ciudadano común y mentían al gobierno cada vez que podían.

3. Asumían derechos que pertenecían solamente a Dios. A los ojos de los judíos Dios y el sumo sacerdote en función eran la cabeza del gobierno judío. Por eso Dios y el gobernador designado por Dios eran considerados cabeza del gobierno judío. Dios era el Dios de ellos, y ellos eran su pueblo. Los impuestos debían ser pagados únicamente a Dios y a su gobierno, el cual estaba centrado únicamente en el templo del judaísmo. Pagar impuestos a gobernadores terrenales era un

abuso y una negación de los derechos de Dios. Por eso los cobradores de impuestos eran excomulgados de la religión judía y de sus privilegios. Se los maldecía, eran anatema.

2 (5:30-32) ***Jesucristo, misión:*** la misión de llamar a los pecadores al arrepentimiento. Note dos cosas.

1. Los religiosos cuestionaron a Jesús por asociarse con publicanos y pecadores. Lo criticaban y juzgaban.
   a. Se estaba asociando con aquellos que eran socialmente inaceptables. Pecadores y publicanos habían rechazado la sociedad. Habían renunciado a las normas de aceptabilidad. ¿Por qué se asociaría Jesús con personas que de manera tan clara se habían rebelado contra la sociedad y su comportamiento aprobado?
   b. Se estaba asociando con aquellos que eran religiosa y ceremonialmente impuros. Muchos de ellos, sino todos, nunca habían buscado la purificación religiosa y ceremonial. Eran culpables de quebrantar todas las leyes de la religión y de la decencia. El comportamiento de ellos y su impureza necesariamente contagiaría a otros, contaminaría y extraviaría a toda persona que se asociara con ellos, incluyendo a Jesús.
2. Jesús respondió al cuestionamiento ilustrando la naturaleza de su misión.
   a. Los enfermos (pecadores) son quienes necesitan al médico (a Él, el Salvador). Note que una persona puede estar enferma...
      - y no saberlo; de modo que su enfermedad nunca será curada.
      - no llamar al médico; y su enfermedad nunca será curada.
   b. La misión de Jesús no era llamar a justos sino a pecadores al arrepentimiento.

Pensamiento. Los justos no saben o no aceptan el hecho que necesitan arrepentimiento. Los pecadores quizá sepan, pero tal vez no acepten la profundidad de su necesidad para volverse de sus pecados y ser salvados por Jesús.

«Porque el Hijo del Hombre vino a buscar y a salvar lo que se había perdido» (Lc. 19:10).

«Porque no envió Dios a su Hijo al mundo para condenar al mundo, sino para que el mundo sea salvo por él» (Jn. 3:17).

«El ladrón no viene sino para hurtar y destruir; yo he venido para que tengan vida, y para que la tengan en abundancia» (Jn. 10:10).

«Al que oye mis palabras, y no las guarda, yo no le juzgo; porque no he venido para juzgar al mundo, sino a salvar al mundo» (Jn. 12:47).

«Palabra fiel y digna de ser recibida por todos: que Cristo Jesús vino al mundo para salvar a los pecadores, de los cuales yo soy el primero» (1 Ti. 1:15).

«He aquí, yo estoy a la puerta y llamo; si alguno oye mi voz y abre la puerta, entraré a él, y cenaré con él, y él conmigo» (Ap. 3:20).

3 (5:33-34) ***Jesucristo, misión—creyente, gozo; vida—ayuno:*** la misión de dar verdadero gozo. Los religiosos cuestionaban el comportamiento ligero de Jesús y el hecho de enseñar el mismo comportamiento a sus discípulos. ¿Que se quiere decir con comportamiento ligero? Los discípulos de Jesús comían y bebían, concretamente estaban de fiesta cuando debían estar de ayuno. Por ley los judíos religiosos ayunaban dos veces a la semana, los lunes y jueves (Lc. 18:12). Jesús no solamente era religioso, sino que era un maestro religioso, y más que eso, afirmaba ser el Mesías mismo. ¿Por qué no ayunaba? (*Véase* nota—Mr. 2:18-22 para una discusión detallada.) Note algo importante. Los religiosos ayunaban ritualmente; los días de su ayuno ya estaban establecidos. El ritual o la costumbre y tradición era lo que determinaba el ayuno de ellos. La necesidad que ellos tenían de Dios, de tener un sentido muy especial de la presencia de Dios, no tenía nada que ver con su ayuno. El ayuno era un asunto puramente ritual y habitual.

La respuesta de Jesús fue reveladora y de suprema importancia. Afirmó ser Él el *esposo,* y mientras estuviera con ellos, los hombres no tenían necesidad de ayunar. Ahora note lo que Jesús estaba diciendo. (*Véase* nota—Mt. 9:15; Mr. 2:19.)

1. Su presencia daba gozo y vitalidad a la vida, no requerimientos rituales y ceremoniales.
2. No había necesidad de ayunar para tener un sentido especial de la presencia de Dios si el esposo, el Hijo de Dios, ya estaba presente.
3. Su misión era la de un esposo, dar gozo y vitalidad a la vida.

«Estas cosas os he hablado, para que mi gozo esté cumplido en vosotros, y vuestro gozo sea cumplido» (Jn. 15:11).

«Hasta ahora nada habéis pedido en mi nombre; pedid, y recibiréis, para que vuestro gozo sea cumplido» (Jn. 16:24).

«Porque el reino de Dios no es comida ni bebida, sino justicia, para gozo en el Espíritu Santo» (Ro. 14:17).

«Como entristecidos, mas siempre gozosos; como pobres, mas enriqueciendo a muchos; como no teniendo nada, mas poseyéndolo todo» (2 Co. 6:10).

«Regocijaos en el Señor siempre. Otra vez digo: ¡Regocijaos!» (Fil. 4:4).

«A quien amáis sin haberle visto, en quien creyendo, aunque ahora no lo veáis, os alegráis con gozo inefable y glorioso» (1 P. 1:8).

«Me mostrarás la senda de la vida; en tu presencia hay plenitud de gozo; delicias a tu diestra para siempre» (Sal. 16:11).

«En tu nombre se alegrará todo el día, y en tu justicia será enaltecido» (Sal. 89:16).

«Sacaréis con gozo aguas de las fuentes de la salvación» (Is. 12:3).

«En gran manera me gozaré en Jehová, mi alma se alegrará en mi Dios; porque me vistió con vestidura de salvación, me rodeó de manto de justicia, como a novio me atavió, y como a novia ataviada con sus joyas» (Is. 61:10).

4 (5:35) ***Jesucristo, misión; muerte:*** la misión de morir. Note dos temas. Jesús dijo: «el esposo les será quitado». Quiso decir que Él estaba destinado a morir. Su misión primordial al venir a la tierra, era morir en la cruz. Note tres temas significativos.

1. Su muerte permite que la presencia del Espíritu Santo esté con todos los creyentes del mundo (Jn. 14:16-18, 26;15:26; 16:7, 13).
2. Su muerte causa tristeza al corazón de todo aquel que la ve y entiende. Sin embargo, después, su muerte trae gozo, porque el creyente sabe que Jesús vive para siempre (Jn. 16:16-22; He. 7:25; cp. Ef. 1:19-23).
3. Su muerte y el poder purificador de su muerte pueden ser *olvidados* (2 P. 1:9). La presencia del Señor se puede desvanecer de nuestra conciencia. Podemos llegar a estar tan ocupados y preocupados con los asuntos del mundo que perdemos la sensibilidad para la presencia del Señor. Cuando ello ocurre necesitamos apartarnos a solas con Dios. Nuestra preocupación por la presencia de Dios debe ser tan grande que no importen ni la comida ni el sueño. Nada importa sino recuperar el sentido de la presencia de Dios. Necesitamos ayunar y orar, y orar y ayunar.

Pensamiento. La muerte de Jesús hizo ayunar a los primeros discípulos; debe hacernos ayunar...
- cuando sabemos por primera vez de la muerte de Jesús y de lo que realmente significa.

«Y les dijo: Así está escrito, y así fue necesario que el Cristo padeciese, y resucitase de los muertos al tercer día» (Lc. 24:46).

«Porque de tal manera amó Dios al mundo, que

***ha dado* a su Hijo unigénito, para que todo aquel que en él cree, no se pierda, mas tenga vida eterna» (Jn. 3:16).**

«Mas Dios muestra su amor para con nosotros, en que siendo aún pecadores, Cristo murió por nosotros» (Ro. 5:8).

«Quien llevó él mismo nuestros pecados sobre el madero, para que nosotros, estando muertos a los pecados, vivamos a la justicia; y por cuya herida fuisteis sanados» (1 P. 2:24).

«Porque también Cristo padeció una sola vez por los pecados, el justo por los injustos, para llevarnos a Dios, siendo a la verdad muerto en la carne, pero vivificado en espíritu» (1 P. 3:18).

- cuando recordamos, de manera más bien forzosa, que Jesús murió por nosotros. Esos momentos deben ser de quebrantamiento para el corazón, ocasiones preciosas para orar y ayunar.
- cuando permitimos que por un tiempo su presencia se ausente de nuestra mente. En tales ocasiones necesitamos estar a solas y meditar en su muerte, no permitiendo que nada interfiera, ni aun la comida.

«Velad y orad, para que no entréis en tentación; el espíritu a la verdad está dispuesto, pero la carne es débil» (Mt. 26:41).

«Buscad a Jehová y su poder; buscad su rostro continuamente» (1 Cr. 16:11).

«También les refirió una parábola sobre la necesidad de orar siempre, y no desmayar» (Lc. 18:1).

«Me invocará, y yo responderé; con él estaré yo en la angustia; lo libraré y le glorificaré» (Sal. 91:15).

«Y de igual manera el Espíritu nos ayuda en nuestra debilidad; pues qué hemos de pedir como conviene, no lo sabemos, pero el Espíritu mismo intercede por nosotros con gemidos indecibles. Mas el que escudriña los corazones sabe cuál es la intención del Espíritu, porque conforme a la voluntad de Dios intercede por los santos» (Ro. 8:26-27).

«Porque tuve vergüenza de pedir al rey tropa y gente de a caballo que nos defendiesen del enemigo en el camino; porque habíamos hablado al rey, diciendo: La mano de nuestro Dios es para bien sobre todos los que le buscan; mas su poder y su furor contra todos los que le abandonan. Ayunamos, pues, y pedimos a nuestro Dios sobre esto, y él nos fue propicio» (Esd. 8:22-23).

«Si se humillare mi pueblo, sobre el cual mi nombre es invocado, y oraren, y buscaren mi rostro, y se convirtieren de sus malos caminos; entonces yo oiré desde los cielos, y perdonaré sus pecados, y sanaré su tierra» (2 Cr. 7:14).

5 (5:36-39) ***Jesucristo, misión:*** la misión de dar nueva vida e iniciar un nuevo movimiento espiritual. Jesús dio tres ejemplos para ilustrar lo que decía.

Ilustración 1: No se usa un trozo de tela nueva para remendar una prenda vieja, porque lo uno no hace juego con lo otro. Jesús estaba diciendo que no remendaba la vida vieja, sino que comenzaba una vida nueva y un movimiento nuevo (cp. v. 36. *Véanse* notas—Mt. 9:16; Mr. 2:21 para la discusión).

Ilustración 2: No se pone vino nuevo en botellas viejas, porque el vino nuevo rompe las botellas viejas. Jesús estaba diciendo que no ponía su enseñanza en la vida y el movimiento viejo, sino que estaba inaugurando una vida nueva y un movimiento por Dios (cp. v. 37. *Véanse* notas—Mr. 2:22).

Ilustración 3: Es difícil beber el vino nuevo si uno ha estado bebiendo el viejo. Jesús estaba diciendo que la nueva vida y el movimiento espiritual que Él inauguraba serían difíciles de aceptar; llevaría tiempo. Los hombres son lentos para renunciar a lo viejo, porque están demasiado conformes con ello (con sus caminos religiosos y su autojustificación). Por eso, con frecuencia incluso se rehusarán a considerar esta vida y este movimiento nuevo.

«De modo que si alguno está en Cristo, nueva criatura es; las cosas viejas pasaron; he aquí todas son hechas nuevas» (2 Co. 5:17).

«En cuanto a la pasada manera de vivir, despojaos del viejo hombre, que está viciado conforme a los deseos engañosos; y renovaos en el espíritu de vuestra mente» (Ef. 4:23-24).

«Y revestido del nuevo, el cual conforme a la imagen del que lo creó se va renovando hasta el conocimiento pleno» (Col. 3:10).

«Nos salvó, no por obras de justicia que nosotros hubiéramos hecho, sino por su misericordia, por el lavamiento de la regeneración y por la *renovación* del Espíritu Santo» (Tit. 3:5).

«Siendo *renacidos*, no de simiente corruptible, sino de incorruptible, por la palabra de Dios que vive y permanece para siempre» (1 P. 1:23).

«Todo aquel que cree que Jesús es el Cristo, es nacido de Dios; y todo aquel que ama al que le engendró, ama también al que ha sido engendrado por él» (1 Jn. 5:1).

«Respondió Jesús y le dijo: De cierto, de cierto te digo, que el que no naciere de nuevo, no puede ver el reino de Dios» (Jn. 3:3).

	CAPÍTULO 6 **G. Jesús enseña que la necesidad tiene prioridad sobre la religión, 6:1-11** (Mt. 12:1-13; Mr. 2:23-28; 3:1-6)
1 El día de reposo **2 Primer hecho: Satisfacer las necesidades reales del hombre** a. Los discípulos tenían hambre	Aconteció en un día de reposo, que pasando Jesús por los sembrados, sus discípulos arrancaban espigas y comían, restregándolas con las manos.
b. Los religiosos se escandalizaron porque violaron un reglamento religioso[EF1]	2 Y algunos de los fariseos les dijeron: ¿Por qué hacéis lo que no es lícito hacer en los días de reposo?
c. Respuesta de Jesús: una ilustración. 1) David tuvo hambre	3 Respondiendo Jesús, les dijo: ¿Ni aun esto habéis leído, lo que hizo David cuando tuvo hambre él, y los que con él estaban;
2) David violó los reglamentos religiosos para satisfacer la necesidad[EF2]	4 cómo entró en la casa de Dios, y tomó los panes de la proposición, de los cuales no es lícito comer, sino sólo a los sacerdotes, y comió, y dio también a los que estaban con él?
d. El tema: el Hijo del Hombre[EF3] es tan grande como David	5 Y les decía: el Hijo del Hombre es Señor aun del día de reposo.
3 Segundo hecho: hacer el bien y salvar la vida a. La mano derecha seca de un hombre	6 Aconteció también en otro día de reposo, que él entró en la sinagoga y enseñaba; y estaba allí un hombre que tenía seca la mano derecha.
b. La oposición de los religiosos[EF4]	7 Y le acechaban los escribas y los fariseos, para ver si en el día de reposo lo sanaría, a fin de hallar de qué acusarle.
c. Pregunta y desafío de Jesús 1) Percibió sus pensamientos	8 Mas él conocía los pensamientos de ellos; y dijo al hombre que tenía la mano seca: Levántate, y ponte en medio. Y él, levantándose, se puso en pie.
2) Los desafió a pensar honestamente	9 Entonces Jesús le dijo: Os preguntaré una cosa: ¿Es lícito en día de reposo hacer bien, o hacer mal? ¿Salvar la vida, o quitarla?
3) Sanó al hombre, haciendo bien d. El tema: hacer el bien y salvar la vida vale más que los rituales	10 Y mirándolos a todos alrededor, dijo al hombre: Extiende tu mano. Y él lo hizo así, y su mano fue restaurada.
e. Enojo demencial de los religiosos	11 Y ellos se llenaron de furor, y hablaban entre sí qué podrían hacer contra Jesús.

G. Jesús enseña que la necesidad tiene prioridad sobre la religión, 6:1-11

(6:1-11) ***Introducción:*** los hombres tienen la tendencia de institucionalizar la religión, de llenarla con formas y rituales, reglas y reglamentos, ceremonias y servicios. Los hombres, tanto religiosos como laicos, con demasiada frecuencia son culpables de tener «apariencia de piedad, pero negarán la eficacia de ella» (2 Ti. 3:5). Ese es precisamente el tema que Jesús subraya en este pasaje. El poder de la piedad existe para satisfacer las necesidades del hombre. Pero con demasiada frecuencia, la religión se antepone al hombre y a sus necesidades. Mantener la organización y la forma religiosa, manteniendo las cosas como siempre han sido, es considerado más importante que satisfacer las necesidades del hombre.

1. El día de reposo (v. 1).
2. Primer hecho: satisfacer las necesidades reales del hombre es más importante que la religión y el ritual (vv. 1-5).
3. Segundo hecho: hacer el bien y salvar la vida es más importante que la religión y el ritual (vv. 6-11).

[1] (6:1) ***Día de reposo:*** note que estos dos acontecimiento tuvieron lugar en día de reposo (vv. 1, 6). El acento de Lucas es mostrar que la religión y el ritual nunca deben ser antepuestos a las necesidades del hombre. (*Véase* nota, ***Día de reposo***—Mt. 12:1 para la discusión.)

[2] (6:1-5) ***Necesidades—religión—rituales—Jesucristo, deidad:*** primero, las necesidades reales son más importantes que la religión y los rituales. Los discípulos tenían una necesidad real, estaban muertos de hambre. Desde el día anterior no habían comido nada (Mt. 12:1; Mr. 2:23). Al pasar por un sembrado de cereales comenzaron a arrancar algunas espigas. No estaban robando porque al viajero hambriento se le permitía por ley comer algunas espigas mientras atravesaban el sembrado (Dt. 23:25). El crimen era que los discípulos, al arrancar algunas espigas estaban trabajando en el día de reposo.

Para el judío ortodoxo este era un asunto grave. La seriedad del asunto se refleja en las demandas que regían al día de reposo. Una ley tras otra fue escrita para establecer las actividades de ese día. La persona no podía viajar, apurarse, cocinar, comprar, vender, sacar agua, caminar más de cierta distancia, alzar algo, luchar en una guerra o sanar el sábado a menos que la vida misma estuviera en juego. La persona no debía considerar ninguna clase de trabajo o actividad para el sábado. Un buen ejemplo de las restricciones legales y de la lealtad de la gente a la ley son las mujeres que presenciaron la crucifixión de Jesús. Ni siquiera caminarían hasta el sepulcro para preparar el cuerpo para el sepelio hasta tanto no hubiese pasado el día de reposo (Mr. 16:1ss; Mt. 28:1ss).

Quebrantar la ley del día de reposo era asunto grave. El transgresor era condenado, y si la ofensa era suficientemente grave, tenía que morir.

Para algunos esto les puede parecer demasiado severo, pero tratándose de la nación judía uno tiene que recordar que la religión de ellos fue lo que durante siglos y siglos de exilio los había mantenido unidos como nación. La religión de los judíos (particularmente sus creencias referidas al llamado de Dios dirigido a la nación), el templo, y el sábado se convirtieron en la *fuerza de unión* que mantuvo unidos a los judíos preservando su carácter distintivo como pueblo. Ella los protegía de creencias ajenas y de ser absorbidos por otros pueblo por vía de matrimonios con esos pueblos. Dondequiera que estuvieran, se reunían y adoraban juntos y seguían fieles a sus creencias. Se puede ver un cuadro de esto en la experiencia de Nehemías al conducir a algunos judíos de regreso a Jerusalén (Neh. 13:15-22; cp. Jer. 17:19-27; Ez. 46:1-7).

Todo lo dicho anteriormente explica en cierto grado por qué los religiosos se oponían con tanta hostilidad a Jesús. El problema de ellos era este: habían permitido que la religión y el ritual, la ceremonia y litúrgica, la posición, seguridad, reconocimiento y sustento cobrase más importancia que las cosas esenciales de la vida humana, tales como las necesidades personales, la compasión, y la auténtica adoración y misericordia de Dios. (*Véase* Estudio a fondo 1—Mt. 12:10. Esta es una nota importante referida al presente punto.)

Note varias cosas.

1. Jesús utilizó la experiencia de David para ilustrar su argumento. David, sintiendo hambre, había comido del pan de la proposición en el tabernáculo (*véase* Estudio a fondo 2—Lc. 6:4; Mr. 2:25-27).

2. Jesús declaró que Él «el Hijo del Hombre también es Señor del día de reposo». Este era, en realidad, su argumento. Él era tan grande como David, de hecho, era mayor, porque era el Hijo del Hombre. Por eso era Señor del día de reposo (*véanse* notas y pensamientos—Mt. 12:1-8; Mr. 2:23-28 para la discusión detallada).

«Sepa, pues, ciertísimamente toda la casa de Israel, que a este Jesús a quien vosotros crucificasteis, Dios le ha hecho Señor y Cristo» (Hch. 2:36).

«A éste, Dios ha exaltado con su diestra por Príncipe y Salvador, para dar a Israel arrepentimiento y perdón de pecados» (Hch. 5:31).

«Fiel es Dios, por el cual fuisteis llamados a la comunión con su Hijo Jesucristo nuestro Señor» (1 Co. 1:9).

«Para nosotros, sin embargo, sólo hay un Dios, el Padre, del cual proceden todas las cosas, y nosotros somos para él; y un Señor, Jesucristo, por medio del cual son todas las cosas, y nosotros por medio de él» (1 Co. 8:6).

«Y Jesús se acercó y les habló diciendo: Toda potestad me es dada en el cielo y en la tierra» (Mt. 28:18).

«Y sometió todas las cosas bajo sus pies, y lo dio por cabeza sobre todas las cosas a la iglesia» (Ef. 1:22).

«Quien [Jesucristo] habiendo subido al cielo está a la diestra de Dios; y a él están sujetos los ángeles, autoridades y potestades» (1 P. 3:22).

Pensamiento 1. Cristo muestra que las necesidades humanas son mucho más importantes que las reglas y los reglamentos religiosos. Sin embargo, siempre hay que recordar dos cosas.

1) La necesidad tiene que ser una *necesidad real* antes que los rituales y las reglas religiosas puedan ser violadas. No debemos busar, descuidar o ignorar la adoración y las ceremonias religiosas. Sin embargo, a veces se presenta una necesidad real que debe ser suplida inmediatamente.

2) Jesucristo es el Señor del día de reposo (domingo); por eso, Él debe ser quien dice cuando hay que pasar por alto una ceremonia religiosa. Debemos vivir suficientemente cerca suyo en compañerismo y adoración, en sacrificio y ministerio, para percibir lo que se debe hacer.

«Como el Hijo del Hombre no vino para ser servido, sino para servir, y para dar su vida en rescate por muchos» (Mt. 20:28).

«Entonces Jesús les dijo otra vez: Paz a vosotros. Como me envió el Padre, así también yo os envío» (Jn. 20:21).

«En todo os he enseñado que, trabajando así, se debe ayudar a los necesitados, y recordar las palabras del Señor Jesús, que dijo: Más bienaventurado es dar que recibir» (Hch. 20:35).

«Así que, los que somos fuertes debemos soportar las flaquezas de los débiles, y no agradarnos a nosotros mismos» (Ro. 15:1).

«Sobrellevad los unos las cargas de los otros, y cumplid así la ley de Cristo» (Gá. 6:2).

ESTUDIO A FONDO 1

(6:2) ***Escribas—ley de los escribas—fariseos:*** probablemente estos fariseos eran escribas. Por la profesión de los escribas a veces se los llamaba maestros de la ley (*véase* Estudio a fondo 1—Mt. 22:35). Eran los hombres más devotos a la religión de la historia, y pertenecían a la secta de los fariseos. Pero no todo fariseo era escriba. El escriba era más un erudito, más educado que el fariseo promedio (*véase* Estudio a fondo 3, ***Fariseos***—Hch. 23:8). Tenían dos funciones primordiales.

1. Los escribas copiaban la ley escrita, las Escrituras del Antiguo Testamento. Eran muy estrictos en su función de copistas, contando meticulosamente cada letra de cada palabra. Esta exactitud era necesaria, porque Dios mismo había dado a la nación judía la ley escrita. Por eso, la ley no era solamente la Palabra de Dios, era lo más grandioso en la vida de la nación judía. Se la consideraba la más preciosa de las posesiones de todo el mundo; consecuentemente,la nación judía estaba entregada a la preservación de la ley (Neh. 8:1-8). Para un judío joven no había profesión mayor que la del escriba.

2. Los escribas estudiaban, clasificaban y enseñaban la ley moral. De ello surgió en los tiempos de Jesús, ley oral o la ley de los escribas. Era la ley compuesta de reglas y reglamentos. De hecho había tantos reglamentos que se precisaron cincuenta grandes volúmenes cuando finalmente fueron puestos en forma escrita. La gran tragedia es que a lo largo de los siglos, los judíos comenzaron a poner la ley oral sobre la ley escrita (*véanse* nota—Mt. 12:1-8; nota y estudio a fondo 1—12:10; nota—15:1-20).

Los escribas creían que la ley era la palabra final de Dios. Todo lo que Dios quería que el hombre hiciese podía ser deducido de ella; por eso deducían de la ley todas las reglas posibles e insitían en que la vida debía ser vivida en conformidad con estas reglas. Las reglas debían ser un estilo de vida, la preocupación de los pensamientos del hombre. Al principio estas reglas y reglamentos eran enseñados oralmente; pero en el tercer siglo de la era cristiana se les dio cierta forma escrita.

La Halachtoth: reglas que debían regir el ritual de la adoración.

El Talmud: compuesto de dos partes.

- La Mishna: sesenta y tres discusiones de temas varios de la ley.
- La Germara: las leyendas sagradas del pueblo.

La Midrashim: comentarios sobre los escritos

La Hagada: pensamientos referidos a los comentarios.

ESTUDIO A FONDO 2

(6:4) ***El pan de la proposición:*** la palabra significa el pan del rostro o el pan de la presencia. Simbolizaba la presencia de Dios quien es el pan de vida. Los panes de la proposición estaban constituidos por doce piezas de pan traídos a la casa de Dios como ofrenda simbólica a Dios. Era una ofrenda de gratitud para agradecer a Dios por dar el alimento. Los panes debían ser llevados al Lugar Santo por el sacerdote y colocados en la mesa delante del Señor. Los panes simbolizaban un pacto duradero entre Dios y su pueblo, un pacto por el cual Dios siempre cuidaría que su pueblo tuviese el alimento necesario para el sustento (*véase* bosquejo—Mt. 6:25-34). Los panes debían ser cambiados cada semana. Los panes viejos pasaban al alimento de los sacerdotes y solamente ellos debían comerlos.

ESTUDIO A FONDO 3

(6:5) ***Hijo del hombre:*** *véase* Estudio a fondo 3—Mt. 8:20.

3 (6:6-11) ***Vida, salvar la—necesidades—Jesucristo, deidad; poder—rituales:*** segundo, hacer el bien y salvar la vida es más importante que los rituales religiosos.

1. La necesidad estaba representada por un hombre con su mano derecha seca. Lo único que sabemos del hombre de la mano seca es precisamente eso, que su mano estaba disca-pacitada. Los evangelios no dicen nada acerca del hombre. Sin embargo, existe un fondo dramático ofrecido por uno de los libros que nunca llegó a ser aceptado en el Nuevo Testamento: *El evangelio según los hebreos.* Este evangelio dice que el hombre era un carpintero que se ganaba la vida con el trabajo de sus manos. Agrega que el hombre suplicó a Jesús que lo sanase para no pasar la vergüenza de mendigar comida.
2. Los religiosos «acechaban» (*pareterounto*) a Jesús. Esto significa que observaban cuidadosamente, como un animal observa su presa. Note que el propósito de ellos era acusarlo. (*Véase* Estudio a fondo 1—Mt. 12:10. Esta nota es importante para entender por qué los religiosos tenían tanto conflicto con Jesús.)
3. Jesús conocía los pensamientos de ellos de manera que los desafió a pensar y contemplar el asunto y a ser honestos en su conclusión. «¿Es lícito en día de reposo hacer bien, o hacer mal? ¿salvar la vida, o quitarla?» Note varios hechos.
   a. Conocía los pensamientos de ellos. Esto era evidencia de su deidad.
   b. Jesús afirmaba ser el *Señor del bien y el Señor de la salvación,* el que hace el bien y salva la vida.
   c. El amor de Jesús se extendía inclusive a aquellos que tan violentamente se le oponían, al menos por un tiempo, mientras había alguna esperanza de alcanzarlos. Apelaba a ellos a ser abiertos y honestos, a pensar y razonar y a estar dispuestos a confesar la verdad. Lo que Él, Jesús, estaba haciendo era bueno y salvaba la vida. Él era el Señor del bien y el Señor de la salvación.
4. El argumento de Jesús era claro: hacer el bien y salvar la vida siempre antecede a la religión y los rituales. Imagínese la escena. Allí estaba parado Jesús, mirando alrededor, a los religiosos; el silencio era sepulcral mientras Él observa al auditorio. Estaba esperando la respuesta a su pregunta (v. 9). Anhelaba que le respondan honestamente, que lo confesaran como el Señor del bien y el Señor de la salvación, pero solamente obtuvo silencio sepulcral. Súbitamente, con voz atronadora dio la orden: «Extiende tu mano. Y él lo hizo así, y su mano fue restaurada».

Pensamiento 1. La vida del hombre tenía que ser salvada; su mano tenía que ser restaurada. Tal vez el hombre nunca más volvería a estar ante el Señor. Este era el día de salvación, no mañana.

«Porque dice: En tiempo aceptable te he oído, y en día de salvación te he socorrido. He aquí ahora el tiempo aceptable; he aquí ahora el día de salvación» (2 Co. 6:2).

Pensamiento 2. Hacer el bien y salvar la vida es algo que nunca viola el día de reposo o el domingo. En efecto, no hay mejor día para ayudar y ministrar que el día del Señor.

Pensamiento 3. Si no ayudamos a la gente, no importa qué día, incluso el día de reposo, estamos *reteniendo el bien y haciendo mal a nuestro prójimo.*

«Maestro, ¿cuál es el gran mandamiento en la ley? Jesús le dijo: Amarás al Señor tu Dios con todo tu corazón, y con toda tu alma, y con toda tu mente. Este es el primero y grande mandamiento. Y el segundo es semejante: Amarás a tu prójimo como a ti mismo» (Mt. 22:36-39).

«El amor no hace mal al prójimo; así que el cumplimiento de la ley es el amor» (Ro. 13:10).

«En esto hemos conocido el amor, en que él puso su vida por nosotros; también nosotros debemos poner nuestras vidas por los hermanos. Pero el que tiene bienes de este mundo y ve a su hermano tener necesidad, y cierra contra él su corazón, ¿cómo mora el amor de Dios en él? Hijitos míos, no amemos de palabra ni de lengua, sino de hecho y en verdad. Y en esto conocemos que somos de la verdad, y aseguraremos nuestros corazones delante de él» (1 Jn. 3:16-19).

«Oh hombre, él te ha declarado lo que es bueno, y qué pide Jehová de ti: solamente hacer justicia, y amar misericordia, y humillarte ante tu Dios» (Mi. 6:8).

5. Los religiosos se enfurecieron demencialmente. Se llenaron de ira (*eplesthesan anoias*) que significa furia insana. Según Marcos inmediatamente salieron corriendo de la sinagoga para unir sus fuerzas con los herodianos en un complot para dar muerte a Jesús (*véanse* notas y pensamientos—Mr. 3:6).

ESTUDIO A FONDO 4

(6:7) ***Israel, historia—ley—legalismo—escribas—fariseos:*** para entender a los escribas y fariseos es útil comprender que los judíos eran, por sobre todas las cosas, un pueblo de la ley de Dios. Su nación se basaba en los diez mandamientos y en los primeros cinco libros del Antiguo Testamento, conocidos como la Ley o Pentateuco (Génesis, Éxodo, Levítico, Números, Deuteronomio). Solamente este hecho, de que la nación estaba basada en la ley de Dios, da a Israel un carácter singular entre las naciones sobrevivientes del mundo.

Hay muchas etapas significativas en la historia de Israel que muestran la fuerza dominante que fue la Ley en la supervivencia de la nación.

1. Los judíos fueron un pueblo creado por Dios en un hombre, Abraham (Gn. 12:1-3). Abraham creía haber sido llamado por Dios para ser el padre de una gran nación, y Abraham trasmitió esta fe a su hijo Isaac.
2. La población judía creció enormemente durante los 400 años de esclavitud en Egipto, comenzando con los doce hijos de Jacob. Habían sido llevados a Egipto por José para salvar a la familia del hambre que amenazaba sus vidas. Nuevamente, el hecho significativo fue que los padres trasmitieron a sus hijos la fe de Abraham en cuanto a que ellos eran el pueblo de Dios, escogido para ser la mayor de todas las naciones.
3. La nación como tal nació oficialmente a los pies del Monte Sinaí cuando Dios le dio la ley a Moisés. La nación fue designada para un propósito espiritual: ser guardiana de la ley de Dios. Este acontecimiento fue extremadamente significativo, puesto que Israel estaba siendo designado como mensajero de Dios para el resto del mundo, como el pueblo que debía dar testimonio del único Dios viviente y verdadero y de su Ley. Ellos debían ser los misioneros de Dios ante el mundo.
4. El pueblo judío había sido conquistado y esparcido una y otra vez sobre todo el mundo. En la historia del Antiguo Testamento fueron conquistados y esparcidos por los asirios, babilonios, y persas; pero sobrevivieron a cada uno de los

intentos de aniquilarlos como pueblo. Lo que mantenía unido al pueblo y lo capacitaba para sobrevivir era la Ley de Dios y la fe y práctica de dicha Ley (*véase* Estudio a fondo 1—Mt. 12:10; 12:1-8).

5. Un pequeño remanente del pueblo judío fue autorizado a regresar y reconstruir la capital, Jerusalén, y comenzar totalmente de nuevo bajo el liderazgo de Nehemías y Esdras.

Fue en este punto de la historia de Israel que se produjo el nacimiento de los escribas (aproximadamente 450 a.C). En un momento extremadamente dramático de la historia de Israel; Esdras el escriba tomó la Ley (Génesis–Deuteronomio) y la leyó al puñado de personas que habían regresado. Luego guió al pueblo a rededicarse como pueblo de la Ley de Dios (Neh. 8:1-8). La rededicación fue vigorosa y significativa. Debía ser así, porque la nación casi había sido borrada y eran solamente unos pocos los que habían regresado para comenzarla de nuevo.

Por eso la ley se convirtió en la cosa más grande de la vida del pueblo; y la profesión más honrosa llegó a ser la del escriba, responsable de estudiar, enseñar y preservar la ley (*véase* Estudio a fondo 1—Lc. 6:2). A lo largo de los años los escribas tomaron la ley de Dios e intentaron definir cada una de sus frases y palabras claves. De esta manera terminaron produciendo miles y miles de reglas y reglamentos destinados a regir la vida del pueblo. Con ello el pueblo se diferenciaría de todos los otros pueblos y lo protegería del casamiento con extranjeros o de ser absorbidos por las culturas de otras naciones. Estas reglas y reglamentos recibieron el nombre de Ley del Escriba. Es interesante notar que cuando finalmente se completó la Ley del Escriba, una vez copilada abarcó más de 50 volúmenes.

Los fariseos nacieron como grupo algunos siglos después (aproximadamente 175 a.C). Antíoco Epífanes de Siria marchó contra Jerusalén, capturó la nación e hizo un intento deliberado por destruir al pueblo judío. Para prevenir la aniquilación de su vida como nación y pueblo, un grupo de hombres se consagró a observar cada detalle de la ley (Ley del Escriba), cualquiera fuese el precio. La práctica que estos hombres hicieron de la Ley del Escriba pronto se convirtió en una profesión, porque el esfuerzo por guardar miles y miles de leyes no dejaba tiempo para otra cosa. Dicho de manera muy simple, la práctica de la Ley del Escriba requería más tiempo del que una persona tenía en su vida; por eso nació la profesión de fariseo, profesión destinada a preservar la ley. Un fariseo creía genuinamente que obedeciendo la ley e imponiéndola a otros, estaba salvando al pueblo y a su nación. Fue la ley lo que hizo al pueblo judío, su religión y su nación, a ser diferente a todos los otros pueblos. Por eso los fariseos tenían una devoción que los consumía, ver que la ley fuese enseñada y practicada en el pueblo.

Estas dos cosas *—extremo legalismo y extrema devoción—* eran los principales rasgos de los fariseos. Y estos dos rasgos, cuando anidan en un corazón centrado en sí mismo pueden conducir a un terrible abuso.

1. La persona puede convertirse en un severo legalista, poniendo carga sobre carga en otros hombres. Esa clase de legalismo poco sabe de la misericordia y del perdón de Dios.

2. La persona puede volverse monástica, separada de la gente.

3. La persona puede volverse *super religiosa,* o *super espiritual,* con una actitud y un aire de: *Soy más santo que tú.*

4. La persona puede volverse orgullosa porque pertenece a cierta profesión y tiene cierto lugar o posición o título, o por ser más disciplinada en guardar las reglas. Entonces se siente más elevada que los otros, más honrada, más religiosa, y más aceptable a Dios.

5. La persona se puede volver hipócrita. Sencillamente no hay forma de guardar miles y miles de reglas y reglamentos. La naturaleza humana se opone a ello e impide la obediencia perfecta.

6. La persona puede volverse exhibicionista y ostentosa. La disciplina estricta y el logro personal pone en la persona un deseo de mostrar sus logros y obtener reconocimiento.

7. La persona se puede volver hipócrita, actuando y predicando una cosa en público, pero practicando otra cosa en privado.

1 Los escogió después de considerarlos en oración **2 Los escogió de entre sus discípulos** **3 Los escogió para ser apóstoles** **4 Escogió diferentes personalidades**	**H. Jesús escoge a sus hombres: quién es escogido y por qué, 6:12-19** (Mr. 3:13-19) 12 En aquellos días él fue al monte a orar, y pasó la noche orando a Dios. 13 Y cuando era de día, llamó a sus discípulos, y escogió a doce de ellos, a los cuales también llamó apóstoles: 14 a Simón a quien también llamó Pedro, a Andrés su hermano, Jacobo y Juan, Felipe y Bartolomé, 15 Mateo, Tomás, Jacobo hijo de Alfeo, Simón lla-	mado Zelote, 16 Judas hermano de Jacobo, y Judas Iscariote, que llegó a ser el traidor. 17 Y descendió con ellos, y se detuvo en un lugar llano, en compañía de sus discípulos y de una gran multitud de gente de toda Judea, de Jerusalén y de la costa de Tiro y de Sidón, que había venido para oirle, y para ser sanados de sus enfermedades; 18 y los que habían sido atormentados de espíritus inmundos eran sanados. 19 Y toda la gente procuraba tocarle, porque poder salía de él y sanaba a todos.	**5 Los escogió para que ministrasen con Él** a. Ministraron a dos grupos diferentes 1) A los seguidores 2) A la multitud b. Tenían un ministerio triple 1) Predicar 2) Sanar 3) Conducir el pueblo a Jesús

H. Jesús escoge a sus hombres: quién es escogido y por qué, 6:12-19

(6:12-19) ***Introducción:*** Jesús necesita a la gente. Necesita hombres, mujeres niños y niñas, dispuestos a llevar su mensaje de salvación al mundo. Este pasaje es un cuadro de cómo Jesús procede para escoger a las personas que le van a servir.

1. Los escogió después de considerarlos en oración; después de orar toda la noche (v. 12).
2. Los escogió de entre sus discípulos (v. 13).
3. Los escogió para ser apóstoles (v. 13).
4. Escogió diferentes personalidades (vv. 14-16).
5. Los escogió para que ministrasen con Él (vv. 17-19).

1 (6:12) ***Oración—llamado:*** Jesús escogió a estos hombres después de considerarlos con mucha oración. Pasó toda la noche orando, deliberando y compartiendo con Dios. Tenía que tomar una decisión suprema. Piense en ello. El destino del mundo y el destino de la humanidad estaría sobre los hombros de estos hombres. Ellos debían llevar el mensaje de salvación al mundo. Si ellos fracasaban el mundo se perdía y el hombre sería condenado eternamente. Jesús tenía que saber exactamente a quien escoger. Tenía que hablar del asunto con su Padre. Necesitaba una renovación espiritual; necesitaba que su espíritu y su mente estuviesen despiertos y agudos, llenos de la presencia de Dios a medida que hacía las *cruciales elecciones.* De manera que oró, pero no *solamente* oró. Luchó con Dios *toda la noche* en oración. Note que se fue para estar totalmente *a solas* a la cima de un monte donde no sería interrumpido.

> ***Pensamiento.*** Honestamente, ¿cuántos minutos pasamos en oración cada día? Algunas personas afirman que oran durante todo el día a medida que atienden sus cosas. Es bueno y recomendable orar durante el día mientras estamos andando. Debemos «orar sin cesar» (1 Ts. 5:17). Cristo lo hacía. Pero orar a lo largo del día dirigiendo nuestros pensamientos rápida e instantáneamente hacia Dios no es *oración concentrada,* no es el tipo de oración que realmente hace que las cosas y hace que sucedan. Pensar en Dios y hablar con Él un poco aquí, un poco allí, es *oración de compañerismo.* La oración de compañerismo es fácil. Es algo muy común compartir con Dios a medida que transitamos el día. Pero lo que hace falta, y lo que la Biblia quiere decir primordialmente con oración es la *oración concentrada,* un tiempo apartado durante el cual estamos a solas con Dios y compartimos asuntos específicos con Él. En este pasaje Cristo nos da un ejemplo dinámico de oración concentrada. (*Véanse* notas—Mt. 6:9-13.)
>
> **«Levantándose muy de mañana, siendo aún muy oscuro, salió y se fue a un lugar desierto, y allí oraba» (Mr. 1:35).**
>
> **«Y después que los hubo despedido, se fue al monte a orar» (Mr. 6:46).**
>
> **«Mas él se apartaba a lugares desiertos, y oraba» (Lc. 5:16).**
>
> **«Aconteció que mientras Jesús oraba aparte, estaban con Él los discípulos; y les preguntó, diciendo: ¿Quién dice la gente que soy yo?» (Lc. 9:18).**
>
> **«Y él se apartó de ellos a distancia como de un tiro de piedra; y puesto de rodillas oró» (Lc. 22:41).**

2 (6:13) ***Discípulo—llamado:*** Jesús escogió a sus hombres de entre sus discípulos. Había gran cantidad de personas que seguían a Jesús como discípulos. Un discípulo era un aprendiz. Pero en aquel tiempo un discípulo era mucho más de lo que nosotros entendemos por estudiante, alguien que simplemente estudia una materia, enseñada por un maestro. Un discípulo era la persona que se apegaba a su maestro y que le seguía dondequiera que fuese, estudiando y aprendiendo cuanto podía tanto de la vida de su maestro como de su palabra. (*Véanse* notas—Mt. 8:19-20 para una discusión detallada y aplicaciones.)

Note que Jesús llamó a sus discípulos a estar con Él; llamó a todos los que se habían apegado a Él. (Sería interesante saber quiénes eran todos ellos.) De entre estos discípulos Jesús escogió a doce para servirle como apóstoles, y para unirse a Él en su gran misión y ministerio. Ellos servirían, junto a Él, de una manera muy, muy especial (cp. vv. 17-19. *Véase* bosquejo—Lc. 5:27- 39.)

> **«Lo que has oído de mí ante muchos testigos, esto encarga a hombres fieles que sean idóneos para enseñar también a otros» (2 Ti. 2:2).**

3 (6:13) ***Apóstol—ministerio—creyentes—embajador:*** Jesús escogió a sus hombres para ser apóstoles (*véase* Estudio a fondo 5, ***Apóstol***—Mt. 10:2). Note tres cosas.

1. La palabra «apóstol» (*apostolos*) significa enviar. Un apóstol es la persona escogida directamente por el Señor mismo y por el Espíritu Santo (cp. Mt. 10:1-2; Mr. 3:13-14; Lc. 6:13; Hch. 9:6, 15; 13:2; 22:10, 14-15; Ro. 1:1). Era una persona que o bien había visto al Señor Jesús o bien lo había acompañado.

2. Jesús se llamó a sí mismo apóstol (*apesteilos*, Jn. 17:3) y es llamado el *Apóstol* y sumo sacerdote de nuestra profesión (He. 3:1).

3. Otras personas también fueron llamadas apóstoles (Hch. 14:4, 14, 17; 1 Ti. 2:6; 2 Co. 8:23; Fil. 2:25; Gá. 1:19; Ro. 16:7). Sin embargo, hay una marcada diferencia entre todos éstos y los doce escogidos por Cristo. Los primeros doce fueron...

- escogidos por el Señor mismo mientras estaba en la tierra.
- escogidos para *estar con Él* durante su ministerio terrenal (Mr. 3:14).
- escogidos para ser entrenados exclusiva y personalmente por Él.
- escogidos para ser testigos oculares de su resurrección (Hch. 1:22).
- escogidos para ser quienes llevarían el mensaje proveniente de sus propios labios.

En cierto sentido el don de apostolado todavía es dado y usado en el ministerio actual (*véase* nota, ***Apóstol***—Mt. 10:2).

Pensamiento 1. El creyente es un embajador de Cristo, alguien que sale para representar a Cristo mismo tanto con su vida como con su palabra. El creyente debe *reflejar* la vida misma de Cristo.

«Que Dios estaba en Cristo reconciliando consigo al mundo, no tomándoles en cuenta a los hombres sus pecados, y nos encargó a nosotros la palabra de la reconciliación. Así que, somos embajadores en nombre de Cristo, como si Dios rogase por medio de nosotros; os rogamos en nombre de Cristo: Reconciliaos con Dios» (2 Co. 5:20).

Pensamiento 2. El Señor toma a unos pocos de entre sus seguidores (discípulos) para que le sirvan de manera muy especial. Toda iglesia debe tener a sus líderes; toda zona, estado, país y generación debe tener sus líderes. Dios necesita a aquellos que irán más allá en dar sacrificialmente, en servir y ministrar en cada lugar y generación.

«Hubo un hombre enviado de Dios, el cual se llamaba Juan» (Jn. 1:6).

«Y os daré pastores según mi corazón, que os apacienten con ciencia y con inteligencia» (Jer. 3:15).

«Y pondré sobre ellas pastores que las apacienten; y no temerán más, ni se amedrentarán, ni serán menoscabadas, dice Jehová» (Jer. 23:4).

«Le dijo la tercera vez: Simón, hijo de Jonás, ¿me amas? Pedro se entristeció de que le dijese la tercera vez: ¿Me amas? y le respondió: Señor, tú lo sabes todo; tú sabes que te amo. Jesús le dijo: Apacienta mis ovejas» (Jn. 21:17).

«Por tanto, mirad por vosotros, y por todo el rebaño en que el Espíritu Santo os ha puesto por obispos, para apacentar la iglesia del Señor, la cual ganó por su propia sangre» (Hch. 20:28).

«Apacentad la grey de Dios que está entre vosotros, cuidando de ella no por fuerza, sino voluntariamente; no por ganancia deshonesta, sino con ánimo pronto» (1 P. 5:2).

«Acercaos a mí, oíd esto: desde el principio no hablé en secreto; desde que eso se hizo, allí estaba yo; y ahora me envió Jehová el Señor, y su Espíritu» (Is. 48:16).

4 (6:14-16) ***Apóstoles:*** Jesús escogió diferentes personalidades. Había al menos tres hombres de negocio: Pedro, Jacobo y Juan. Los tres eran pescadores con una empresa más bien considerable (Mr. 1:19-20; Lc. 5:2-3). Un apóstol quizá era rico: Mateo, el recuadador de impuestos. Su casa debe haber sido una considerable propiedad, porque era suficientemente grande para recibir a una multitud y ofrecer un banquete (Lc. 5:27-29). Uno era un político, nacionalista, un insurrecto, Simón el Zelote. Los zelotes se habían juramentado derrocar al gobierno romano, y asesinar a tantos oficiales romanos y adeptos judíos como pudieran (Lc. 6:15; Hch. 1:13). Uno era sin duda profundamente religioso: Natanael (Jn. 1:48). Hasta donde sabemos no había ningún ciudadano oficial o famoso entre los apóstoles.

Sus personalidades eran una mezcla extraña. Mateo, habiendo sido un recaudador de impuestos, excomulgado de la comunidad judía, necesariamente tenía que ser un hombre duro, irreligioso (Mt. 9:9). Los pescadores Jacobo y Juan eran personalidades rudas y atronadoras (Mr. 3:17). Simón el Zelote tenía un espíritu fanático, nacionalista (Lc. 6:15; Hch. 1:13). Pedro aparentemente era un rudo pescador de personalidad locuaz y dominante (Mr. 14:71). Se ve claramente el poder de Cristo al dar propósito y sentido a la vida y al poner paz entre los hombres; y su habilidad para reunir bajo una misma bandera a un grupo tan heterogéneo. (*Véanse* Estudios a fondo 4-15—Mr. 3:16-19 para una discusión de cada uno de los apóstoles.)

«Sino que lo necio del mundo escogió Dios, para avergonzar a los sabios; y lo débil del mundo escogió Dios, para avergonzar a lo fuerte y lo vil del mundo y lo menospreciado escogió Dios, y lo que no es, para deshacer lo que es a fin de que nadie se jacte en su presencia» (1 Co. 1:27-29).

5 (6:17-19) ***Misión—llamado—ministerio:*** Jesús escogió a estos hombres para que cumplan su misión junto a Él. Note que ahora los Doce estaban con Él en una relación muy especial. Jesús «descendió con ellos, y se detuvo en un lugar llano». Parados allí, Él y sus discípulos se encontraban frente a la multitud. Ahora los doce debían aprender cuál sería su misión.

1. La misión de ellos sería aprender a ministrar a dos grupos diferentes de personas: a «la compañía de sus discípulos» y a la multitud de gente.

2. La misión de ellos era aprender a realizar un triple ministerio.

a. El ministerio de predicar a aquellos que venían «para oirle», para oír a Jesús (v. 17).

Pensamiento. El ministro y maestro de Dios debe predicar y enseñar. Debe compartir con todos los que vienen para oír a Jesús.

«Por tanto, id, y haced discípulos a todas la naciones, bautizándolos en el nombre del Padre, y del Hijo, y del Espíritu Santo; enseñándoles que guarden todas las cosas que os he mandado; y he aquí yo estoy con vosotros todos los días hasta el fin del mundo» (Mt. 28:19-20).

«Y les dijo: Id por todo el mundo y predicad el evangelio a toda criatura» (Mr. 16:15).

b. El ministerio de sanar (vv. 17-18).

Pensamiento. El ministro y maestro de Dios debe ministrar a los enfermos y quebrantados de corazón de su comunidad y del mundo. En el nombre y el poder de Jesús debe sanar a los enfermos y levantar a los quebrantados.

«Cómo Dios ungió con el Espíritu Santo y con poder a Jesús de Nazaret, y cómo éste anduvo haciendo bienes y sanando a todos los oprimidos por el diablo, porque Dios estaba con él» (Hch. 10:38).

«El sana a los quebrantados de corazón, y venda sus heridas» (Sal. 147:3).

«Entonces Jesús les dijo otra vez: Paz a vosotros. Como me envió el Padre, así también yo os envío» (Jn. 20:21).

c. El ministerio de conducir a la gente a *tocar a Jesús* para que reciban poder (v. 19). La palabra griega para «poder» (*dunamis*) significa potencia. La gente estaba *tocando a Jesús* para recibir su poder.

Pensamiento. El siervo de Dios debe ser un instrumento del poder de Jesús. El poder de Jesús debe fluir a través de su siervo hacia el exterior, hacia las personas.

«Y Jesús se acercó y les habló diciendo: Toda potestad me es dada en el cielo y en la tierra» (Mt. 28:18).

«Pero recibiréis poder, cuando haya venido sobre vosotros el Espíritu Santo, y me seréis testigos en Jerusalén, en toda Judea, en Samaria, y hasta lo último de la tierra» (Hch. 1:8).

«Y a Aquel que es poderoso para hacer todas las cosas mucho más abundantemente de lo que pedimos o entendemos, según el poder que actúa en nosotros» (Ef. 3:20).

«Que prediques la palabra; que instes a tiempo y fuera de tiempo; redarguye, reprende, exhorta con toda paciencia y doctrina» (2 Ti. 4:2).

1 La promesa a quienes rechazan el materialismo
a. Los pobres heredarán el reino de Dios
b. Los hambrientos serán saciados
c. Los tristes reirán
d. Los perseguidos por causa de Jesús
1) Descripción de los perseguidos: serán aborrecidos, rechazados, reprochados
2) Actitud durante la persecución: regocijo
3) Recompensa: grandeza

2 El juicio a los que siguen el materialismo
a. Los ricos: tendrán necesidad
b. Los saciados: tendrán hambre
c. Los que ríen: llorarán
d. Los orgullosos y permisivos: solamente tendrán aprobación terrenal

I. Jesús enseña sobre los peligros del mundo material, 6:20-26
(Mt. 5:3-12)

20 Y alzando los ojos hacia sus discípulos, decía: Bienaventurados vosotros los pobres, porque vuestro es el reino de Dios.
21 Bienaventurados los que ahora tenéis hambre, porque seréis saciados. Bienaventurados los que ahora lloráis, porque reiréis.
22 Bienaventurados seréis cuando los hombres os aborrezcan, y cuando os aparten de sí, y os vituperen, y desechen vuestro nombre como malo, por causa del Hijo del Hombre.
23 Gozaos en aquel día, y alegraos, porque he aquí vuestro galardón es grandes en los cielos; porque así hacían sus padres con los profetas.
24 Mas ¡ay de vosotros, ricos! porque ya tenéis vuestro consuelo.
25 ¡Ay de vosotros lo que ahora estáis saciados! porque tendréis hambre. ¡Ay de vosotros, los que ahora reís! porque lamentaréis y lloraréis.
26 ¡Ay de vosotros, cuando todos los hombres hablan bien de vosotros! porque así hacían sus padres con los falsos profetas.

I. Jesús enseña sobre los peligros del mundo material, 6:20-26

(6:20-26) ***Introducción:*** Este es un pasaje chocante para el mundo, porque Jesús cambia totalmente los valores existentes. Rechaza totalmente el materialismo (cosas) del mundo y advierte a la gente mundana y materialista que un severo juicio está en camino.

1. La promesa a quienes rechazan el materialismo (vv. 20-23).
2. El juicio a los que siguen el materialismo (vv. 24-26).

[1] (6:20-23) ***Materialismo—mundanalidad—justicia—persecución:*** la promesa a quienes rechazan el materialismo.

1. Bienaventurados los pobres. Esto no significa que la persona tiene que ser miserablemente pobre y financieramente necesitada. Hambre, desnudez y barrios de miseria no agradan a Dios, especialmente cuando este es un mundo de abundancia. Jesús no está hablando de la pobreza material. Quiere decir lo que expresa en Mateo: «los pobres en espíritu» (cp. Mt. 5:3). Ser «pobre en espíritu» significa varias cosas.

a. Significa reconocer la propia indefensa total delante de Dios, la propia pobreza espiritual, la propia necesidad espiritual, reconociendo que uno depende exclusivamente de Dios para suplir las necesidades propias.

b. Significa reconocer la total carencia propia para encarar tanto la vida como la eternidad sin Dios; reconocer que las verdaderas bendiciones de la vida y la eternidad surgen exclusivamente de una correcta relación con Dios (*véase* nota—Ef. 1:3; cp. Jn.10:10; Gá. 5:22-23).

c. Significa reconocer la completa carencia de superioridad ante los demás y la muerte espiritual ante Dios; es reconocer que no importa lo que uno haya logrado en este mundo (fama, fortuna, poder), y que no por eso uno sea mejor, ni más rico, ni superior comparado con el prójimo. Su actitud hacia los otros no es de orgullo ni altivez, ni de superioridad o imposición. «Ser pobre en espíritu» significa reconocer que todo ser humano es una auténtica persona, igual a todas las demás, una persona que tiene una importante contribución que hacer a la sociedad y al mundo. La persona que es «pobre en espíritu» encara la vida con humildad y aprecio, no como si la vida le debiera algo, sino como debiéndole a la vida. Ha recibido el privilegio de vivir; transita por la vida en una actitud de humildad, es decir, con la actitud de ser pobre en espíritu, contribuyendo con espíritu apreciativo en todo lo que puede.

La persona que realmente reconoce su pobreza espiritual da dos pasos esenciales.

a. Aparta su atención primordial de las cosas del mundo, sabiendo que ellas no la pueden enriquecer espiritualmente.

b. Vuelve su atención primordial hacia Dios y a su reino sabiendo que solamente Él le puede dar riqueza espiritual (*véase* nota—Ef. 1:3).

Lo opuesto a «pobre en espíritu» es un espíritu lleno de uno mismo. Hay un mundo de diferencia entre estos dos espíritus. La diferencia que hay entre pensar que uno es justo y reconocer la propio necesidad de justicia; la diferencia que hay entre *tener justicia propia* y tener *justicia ajena.* El hombre necesita *la justicia de otro.* La justicia propia no va más lejos que uno mismo, es decir, no más allá de la muerte. *La justicia de otro,* es decir, la justicia de Cristo, vive para siempre (2 Co. 5:21; Fil. 3:9. *Véanse* notas y Estudio a fondo 1— Ro. 3:21-22; Gá. 2:15-16. *Véanse* bosquejo y notas—Ro. 10:4.)

La promesa dada a los *pobres* es fenomenal. Note las palabras exactas: «Vuestro es el reino de Dios». La promesa no es «será vuestro», sino «es vuestro». Los pobres en espíritu tienen *ahora* el reino de los cielos (*véase* Estudio a fondo 3— Mt. 19:23-24).

2. Bienaventurados los que tienen hambre. Se trata de hambre espiritual, no de hambre corporal. Nuevamente, tener hambre no es una bendición. Con frecuencia es triste y trágico. Jesús está diciendo: «Bienaventurados los que están espiritualmente hambrientos, los que tienen hambre de justicia». Significa tener un espíritu que se muere de hambre, un espíritu que anhela la justicia.

En la Biblia, justicia significa dos cosas sencillas pero profundas. Significa tanto *ser justo como hacer lo que es justo.* (*Véase* Estudio a fondo 5—***Justicia***—Mt. 5:6 para una mayor discusión.)

a. Existen quienes acentúan *el ser justo, pero descuidan*

hacerlo. Esto conduce a dos graves errores.

1) Una falsa seguridad. Hace que la persona acentúe su salvación, el hecho de ser aceptable a Dios por haber *creído en* Jesucristo. Pero es negligente en hacer el bien y en vivir de manera justa. Descuida la obediencia a Dios y el servicio al hombre.
2) Una vida ligera. Le permite a la persona salir y hacer prácticamente todo lo que quiere. La persona se siente segura y cómoda con su *fe en Cristo.* Sabe que lo que hace puede afectar su compañerismo con Dios y con otros creyentes, pero cree que no afectará su salvación. Cree que haga lo que haga, siempre será aceptable a Dios.

El problema con este énfasis es que se trata de una justicia falsa. En la Biblia justicia significa *ser justo* y *hacer lo justo.* La Biblia nada sabe de ser justo sin vivir de manera justa.

b. Existen quienes acentúan el *hacer lo justo pero descuidan el ser justos.* Esto también conduce a dos graves errores.

1) A la justicia propia y al legalismo. Hace que la persona acentúe su salvación y el hecho de ser aceptable a Dios por obrar bien. Trabaja y se comporta moralmente; guarda ciertas reglas y reglamentos; hace las cosas que debe hacer un cristiano para obedecer los principales mandamientos de Dios. Pero descuida el mandamiento básico, el mandamiento del amor y de la aceptación; olvida que Dios la ama y acepta no por ser buena, sino por amar y confiar en la justicia de Cristo (*véase* Estudio a fondo 5—Mt. 5:6).
2) Juzgar y censurar. La persona que acentúa su justicia (el hecho de ser aceptable a Dios) porque guarda ciertos mandamientos, con frecuencia juzga y censura a los demás. Cree que las reglas y reglamentos pueden ser guardados, porque *ella* los guarda. Por eso, todo aquel que falla en guardarlos es juzgado, criticado y censurado.

El problema con este énfasis es que también es justicia falsa. Nuevamente, en la Biblia la justicia consiste tanto *ser justo como hacer lo justo.* La Biblia nada sabe de ser aceptable a Dios sin *ser hecho justo en Jesucristo* (*véanse* notas y Estudio a fondo 5—Mt. 5:6; Ro. 5:1 para una mayor discusión; cp. 2 Co. 5:21).

Note que Jesús no dice: «bienaventurados los justos», puesto que nadie es justo (Ro. 3:10). Jesús dice: «bienaventurados los que tienen *hambre y sed* de justicia». El hombre no es justo, al menos no perfectamente. Su oportunidad de ser justo ha pasado. Ya se ha quedado corto, ya ha errado el blanco. Ya es imperfecto. El hombre tiene una sola esperanza: que Dios le ama tanto que de alguna manera lo *contará* como justo. Que es precisamente lo que Dios hace. Dios toma «el hambre y la sed de justicia» del hombre y considera ese hambre y esa sed como si fuese justicia (*véase* Estudio a fondo 2—Ro. 4:22).

La promesa a los que tienen hambre de justicia es que serán saciados con vida abundante: amor, gozo, paz, paciencia, benignidad, bondad, fe, mansedumbre, templanza (Gá. 5:22-23).

3. Bienaventurados los que lloran, las personas que lloran y gimen. La idea es la de un corazón quebrantado, desesperado, indefenso, inundado de llanto. Llora por el pecado; está quebrantado por el mal y el sufrimiento; es un quebrantamiento del ser interior al ver a Jesús en la cruz y comprender que los propios pecados de uno lo clavaron allí (cp. Stg. 4:9).

¿Quiénes son los que lloran? ¿Son los que con llanto y dolor claman y lloran con gemidos profundos de su interior? Hay tres clases de personas que lloran y gimen de esa manera.

a. La persona *desesperadamente triste* por su pecado y por su indignidad delante de Dios. Tiene tal sentido del pecado que su corazón está sencillamente quebrantado (Lc. 18:13).
b. La persona que realmente *siente* el desesperado dolor y el terrible sufrimiento de los otros. Las tragedias, los problemas, el comportamiento pecaminoso de otros; el estado, la condición, la perdición del mundo, es lo que tanto pesa sobre el corazón del que llora.
c. La persona que *experimenta* una tragedia personal e intenso trauma.

La promesa al que llora es que reirá (*gelasete*). La palabra significa *reír fuertemente* con una risa que surge de un gozo y bienestar profundo. La risa proviene de dos fuentes.

a. El hecho de ver el fin del pecado y la vergüenza, del dolor y sufrimiento, de la tragedia y el trauma.
b. El consuelo recibido (*paraclesia, véase* nota—2 Co. 1:3). Note dos verdades gloriosas.
   1) Hay un consuelo presente.
      - Una paz interior: un alivio, un solaz, un consuelo interior.
      - Una seguridad de perdón y aceptación por parte de Dos.
      - Una plenitud de gozo; un sentido de la presencia de Dios, de su cuidado y guía (Jn. 14:26); un sentido de su soberanía, de que Él obra en todas las cosas para el bien de quienes le aman (Ro. 8:28; cp. Jn. 10:10; 15:11; 2 Co. 6:10; Sal. 16:11).
   2) Hay un consuelo eterno.
      - Un pasar de muerte a vida (Jn. 3:16; Jn. 5:24ss).
      - Un enjugar de toda lágrima (Is. 25:8; Ap. 7:17; 21:4).

4. Bienaventurados los perseguidos, las personas perseguidas por causa de Jesús. Los perseguidos son los que sufren *por causa de Cristo.* Jesús explicó lo que quiso decir con persecución. Quiso decir, ser aborrecidos, separados, reprochados, objeto de todo tipo de habladurías.

Note la actitud que la persona debe tener cuando es perseguida. La persona debe «regocijarse» y «alegrarse». ¿Cómo es posible? Manteniendo los ojos puestos en la recompensa. Note las palabras: «Gozaos en aquel día, y alegraos, porque he aquí vuestro galardón es grandes en los cielos».

Los creyentes son advertidos anticipadamente, sufrirán persecución (Jn. 15:20; 16:4; Fil. 1:29; 2 Ti. 3:12; 1 Jn. 3:13; 1 P. 4:12 ss).

a. Los creyentes sufren persecución porque no *son de este mundo.* Han sido llamados fuera del mundo. Están *en el mundo,* pero no son *del mundo.* Están separados del comportamiento del mundo, por eso el mundo reacciona contra ellos (Jn. 15:19).
b. Los creyentes sufren persecución porque se despojan de la *vestidura mundana de pecado.* Viven y exhiben una vida de justicia. Ello expone el pecado de la gente (Jn. 15:21, 24; cp. 15:18; 2 Ti. 3:12).
c. Los creyentes sufren persecución porque el mundo no conoce a Dios ni a Cristo. No quieren a Dios, no quieren un Señor sobre ellos y sobre sus imaginaciones. Quieren hacer las cosas a su modo, satisfacer sus propios deseos y no lo que otro Señor desea y demanda (Jn. 15:21; 16:3).
d. Los creyentes sufren persecución porque el mundo

tiene un concepto falso y una fe equivocada en cuanto a Dios. El mundo se imagina a Dios como una persona que cumple con los deseos y las pasiones terrenales del hombre (Jn. 16:2-3). La idea que el hombre tiene de Dios es la de un *supremo abuelo*. Este protege, provee, y da, sin importar la conducta del hombre, con tal que el comportamiento no sea demasiado inaceptable. Dios (el supremo abuelo) aceptará y hará que en el análisis final todo resulte bien. Pero el verdadero creyente enseña lo contrario. Dios es amor, pero también es justo y demanda justicia. El mundo se rebela contra tal concepto de Dios (Jn. 16:2-3).

Los perseguidos tienen doble promesa. Su recompensa es grande en el cielo, además siguen los pasos (testimonio) de los grandes profetas del pasado.

1. Los perseguidos reciben una gran recompensa ahora.
   a. Experimentan honra especial (Hch. 5:41).
   b. Experimentan un consuelo especial (2 Co. 1:5).
   c. Experimentan una cercanía muy especial, un atisbo de la presencia del Señor (*véase* nota—1 P. 4:14).
   d. Se convierten en testigos mayores para Cristo (2 Co. 1:4-6).
2. Los perseguidos recibirán eternamente el reino de los cielos (He. 11:35ss; 1 P. 4:12-13; *véase* Estudio a fondo 3—Mt. 19:23-24).

[2] (6:24-26) ***Juicio—materialismo:*** el juicio para quienes siguen el materialismo.

1. Es una advertencia vigorosa para los ricos. ¿Quiénes son los ricos? Desde una perspectiva realista, en contraste con lo que tiene la mayoría de la gente del mundo, un rico es cualquier persona que tiene algo para guardar después de haber suplido las necesidades reales de su familia. Esto es exactamente lo que Cristo y la Biblia dicen una y otra vez (cp. también Mr. 12:41-44; Lc. 21:1-4; Hch. 4:34-35).

¿Por qué son advertidos los ricos? Porque la riqueza aleja a la persona del reino de los cielos. Para un rico es difícil entrar al cielo. Cristo hizo esta afirmación por las cosas que *apartaron* al joven rico del cielo. Existe una succión, una atracción, una fuerza y un poder, un tironeo que se extiende sobre cualquiera que busca o posee riquezas. Hay atracciones tan fuertes que esclavizan y condenan a cualquier rico que no se volvió para abrazar a Dios.

a. *La riqueza crea un gran yo*. Los ricos normalmente son estimados, honrados, y envidiados. La riqueza da posiciones, poder, y reconocimiento. Incentiva el *ego*, y vuelve a la persona autosuficiente e independiente en este mundo. Como resultado existe la tendencia en el rico de creer que realmente es independiente y autosuficiente, que realmente no necesita nada. Y en ese tipo de atmósfera y de pensamientos Dios queda olvidado. El rico olvida que existen cosas que el dinero no puede comprar y eventos de los que el dinero no puede salvar. Paz, amor, gozo, todo lo que realmente importa al espíritu del hombre, jamás podrán ser comprados. Tampoco puede el dinero salvar al rico del desastre, la enfermedad, accidentes y muerte.

b. *La riqueza impulsa al rico a acumular más*. La Biblia establece para todos el principio para el manejo del dinero, incluso para los pobres:

«El que hurtaba, no hurte más, sino trabaje, haciendo con sus manos lo que es bueno para que tenga qué compartir con el que padece necesidad» (Ef. 4:28).

«Honra a tu padre y a tu madre; y, amarás a tu prójimo como a ti mismo» (Mt. 19:19; 22:39).

El mundo se debate en desesperada necesidad. Millones de personas mueren de hambre, están enferma, sin techo y desnudas; multitudes de millones están espiritualmente perdidos y sin Dios en este mundo y condenados a morir sin poder conocer a Cristo. Si cualquiera de nosotros se detiene y mira objetivamente al mundo en su desesperada angustia, cómo podrá dejar de preguntar: «¿Es posible que alguien acumule y no ayude, dando hasta el último centavo disponible? ¿Por qué va a guardar el hombre más de lo que necesita para sí mismo y su familia?»

Cuando Dios mira al rico, necesariamente hace las mismas preguntas. En efecto, sus preguntas necesariamente son más específicas y más punzantes. Esto es exactamente lo que Cristo dijo al joven rico:

«Anda, vende lo que tienes, y dalo a los pobres, y tendrás tesoro en el cielo; y ven y sígueme» (Mt. 19:21).

c. *Las riquezas tienden a volver al hombre egoísta*. Por algún motivo inexplicable, cuanto más tenemos, más queremos. Cuando gustamos las cosas de este mundo y nos sentimos cómodos, tendemos a tener miedo de perder nuestras posesiones. Luchamos por mantener lo que tenemos y por obtener más. Es cierto, muchas personas están dispuestas a hacer contribuciones, pero solamente hasta cierto monto, un monto que no afectará su condición general, o posición o nivel de comodidad y posesiones. Son pocos los que entregan cuanto son y tienen a Cristo para satisfacer las necesidades del mundo.

Como dijo Jesús, «es difícil, muy difícil para los ricos [refiriéndose a los que tienen algo en contraste con el resto del mundo] entrar al cielo» (cp. Lc. 18:24). Si no tenemos compasión, y no cuidamos de nuestros hermanos (compañeros) cuando se encuentran en desesperada necesidad, cómo podemos esperar que Dios tenga compasión y cuide de nosotros cuando encaramos la desesperada necesidad del cielo? Es necio pensar que un Dios que ama y es justo va a suplir nuestra necesidad de vida eterna si nosotros no estamos dispuestos a satisfacer la necesidad de vida terrenal de nuestro prójimo. Los ricos tienen los medios para ayudar y salvar la vida humana, *si quisieran hacerlo*.

d. *La riqueza produce un apego al mundo*. La riqueza capacita al hombre a comprar cosas que...
   - le dan comodidad.
   - halagan su paladar.
   - expanden su experiencia.
   - motivan su ego.
   - desafían su inquietud mental.
   - estimulan su carne.
   - expanden su imagen propia.

Si una persona centra su vida en las cosas del mundo, su atención estará puesta en el mundo y no en Dios. Tiende a ocuparse en conseguir más y a proteger lo que tiene. Con demasiada frecuencia dedica poco tiempo, si es que algo dedica, y pocos pensamientos a los asuntos del cielo. La riqueza y las cosas que pueden proveer normalmente, consumen al rico.

El juicio de los ricos es su riqueza en la tierra. La palabra «tenéis» (*apechete*) significa una entrega plena. El único «consuelo» (*paraklesin*, ayuda, auxilio, aliento) de ellos será el de esta tierra; la riqueza que tienen. No habrá consuelo después de esta vida, ni ayuda, auxilio, aliento, alegría. Han recibido su *pago total*. Escogen esta vida, entonces todo el bien que recibirán es el bien que experimentan ahora.

«Porque nada hemos traído a este mundo, y sin duda nada podremos sacar» (1 Ti. 6:7).

«Porque los que quieren enriquecerse caen en

tentación y lazo, y en muchas codicias necias y dañosas, que hunden a los hombres en destrucción y perdición» (1 Ti. 6:9).

«Vuestro oro y plata están enmohecidos; y su moho testificará contra vosotros, y devorará del todo vuestras carnes como fuego. Habéis acumulado tesoros para los días postreros» (Stg. 5:3).

«Y tus vacas y tus ovejas se aumentaren, y la plata y el oro se te multipliquen, y todo lo que tuvieres se aumente; y se enorgullezca tu corazón, y te olvides de Jehová tu Dios, que te sacó de la tierra de Egipto, de casa de servidumbre» (Dt. 8:13-14).

«Los renuevos de su casa serán transportados, serán esparcidos en el día de su furor» (Job 20:28).

«Aunque amontone plata como polvo, y prepare ropa como lodo» (Job 27:16).

«Ciertamente como una sombra es el hombre; ciertamente en vano se afana; amontona riquezas y no sabe quien las recogerá» (Sal. 39:6).

«Pues verá que aun los sabios mueren; que perecen del mismo modo que el insensato y el necio, y dejan a otros sus riquezas» (Sal. 49:10).

«No confiéis en la violencia, ni en la rapiña; no os envanezcáis; si se aumentan las riquezas, no pongáis el corazón en ellas» (Sal. 62:10).

«¿Has de poner tus ojos en las riquezas, siendo ningunas? Porque se harán alas como alas de águila, y volarán al cielo» (Pr. 23:5).

«Porque las riquezas no duran para siempre; ¿y será la corona para perpetuas generaciones?» (Pr. 27:24).

«El hombre de verdad tendrá muchas bendiciones; mas el que se apresura a enriquecerse no será sin culpa» (Pr. 28:20).

«Asimismo aborrecí todo mi trabajo que había hecho bajo el sol, el cual tendré que dejar a otro que vendrá después de mí» (Ec. 2:18).

«Como la perdiz que cubre lo que puso, es el que injustamente amontona riquezas; en la mitad de sus días las dejará, y en su postrimería será insensato» (Jer. 17:11).

2. La advertencia para los saciados es fuerte. Ellos son el opuesto de los que tienen hambre de justicia. Los saciados son los que están llenos de todo lo que el mundo tiene para ofrecer; en esencia están llenos de sí mismos, de sus propios deseos, necesidades, y anhelos. No tienen hambre de justicia en absoluto. Las Escrituras identifican a los saciados con aquellos que...
   - llenan sus vientres con los bienes del mundo (Lc. 15:16).
   - sirven a sus propios vientres y no al Señor Jesucristo (Ro. 16:18).
   - son indulgentes con la carne (cosas, pecados) del mundo (1 Co. 6:13; cp. 6:9-13).
   - hacen de su vientre su dios (1 Co. 3:19).
   - «estando atestados de toda injusticia, [tal como] fornicación, perversidad, avaricia, maldad; llenos de envidia, homicidios, contiendas, engaños y malignidades; murmuradores, detractores, aborrecedores de Dios, injuriosos, soberbios, altivos, inventores de males, desobedientes a los padres, necios, desleales, sin afecto natural, implacables, sin misericordia; quienes habiendo entendido el juicio de Dios, que los que practican tales cosas son dignos de muerte, no sólo las hacen, sino que también se complacen con los que las practican» (Ro. 1:29-32).

El juicio de los saciados será hambre. Esto significa que...

- al morir dejarán atrás todo lo que los saciaba (Lc. 12:20; 16:25).
- no tendrán más satisfacciones después de esta vida.
- en toda la eternidad no tendrán delicia alguna.
- tendrán hambre del bien (justicia) y de cosas buenas por toda la eternidad.

«Porque tú dices: Yo soy rico, y me he enriquecido, y de ninguna cosa tengo necesidad; y no sabes que tú eres un desventurado, miserable, pobre, ciego y desnudo» (Ap. 3:17).

«Envueltos están en su grosura; con su boca hablan arrogantemente» (Sal. 17:10).

«He aquí que esta fue la maldad de Sodoma tu hermana: soberbia, saciedad de pan, y abundancia de ociosidad tuvieron ella y sus hijas; y no fortaleció la mano del afligido y del menesteroso» (Ez. 16:49).

3. Es una fuerte advertencia a los que ríen, y a los que ríen ahora. Esto significa tres cosas.

Reírse ahora se refiere a aquellos que no tienen sentido del pecado, ni les duele ni lamentan el mal y el sufrimiento, que no conocen quebrantamiento por causa del pecado. El gozo de ellos es carnal y sensual.

Reírse ahora se refiere a los que *ríen en el mundo* con todo su confort y comodidad, sus placeres y estímulos, sus recreaciones y pasatiempos. El gozo de ellos es la indulgencia y el entretenimiento de su carne.

Reírse ahora se refiere a los que prestan poca atención a la realidad del mundo, un mundo que sufre bajo el peso del mal y del desastre, de la codicia y el egoísmo, del pecado y de la muerte. Encuentran su gozo negando e ignorando la verdad del mundo o dando un limosna de tiempo o dinero a efectos de silenciar sus conciencias.

La advertencia y el juicio a los que ríen es que gemirán y llorarán. Están condenados por que se rehusaron a encarar la realidad de un mundo perdido en el pecado y el mal, de un mundo necesitado de atención y ayuda. Se rehusaron a ayudar a los necesitados, a los que sufrían y lloraban tanto en este mundo. Por eso serán abandonados en el mundo venidero para que lloren y lamenten su gran pérdida.

«¿... Que la alegría de los malos es breve, y el gozo del impío por un momento?» (Job 20:5).

«Aun en la risa tendrá dolor el corazón; y el término de la alegría es congoja» (Pr. 14:13).

«Porque la risa del necio es como el estrépito de los espinos debajo de la olla. Y también esto es vanidad» (Ec. 7:6).

«Quitado es el gozo y la alegría del campo fértil; en las viñas no cantarán, ni se regocijarán; no pisará vino en los lagares el pisador; he hecho cesar el grito del lagarero» (Is. 16:10).

«Acercaos a Dios, y él se acercará a vosotros. Pecadores, limpiad las manos; y vosotros los de doble ánimo, purificad vuestros corazones. Afligíos y lamentad, y llorad. Vuestra risa se convierta en lloro, y vuestro gozo en tristeza. Humillaos delante del Señor, y él os exaltará» (Stg. 4:8-10).

4. Es una advertencia fuerte para los orgullosos y complacientes. Estos son el opuesto de los perseguidos por causa de Cristo. Los mundanos hablan bien de los que viven mundanamente...

- que viven como viven ellos.
- que hablan como hablan ellos.
- que se adaptan al mundo.
- que buscan su compañía y aprobación.
- que nunca señalan la verdad del pecado y de la muerte, del juicio y del infierno.

Los hombres mundanos quieren atención y estima, posición y un lugar, honra y honor, reconocimiento y aplauso. Los hombres honran tales ambiciones y recompensas. Por eso hablan bien de quienes las tienen. Pero note lo que dijo Jesús. Dijo que los *falsos profetas* eran aquellos de quien el mundo hablaba bien, y que esa era la recompensa de ellos, otra cosa no reciben. Codiciaron el reconocimiento y la honra del mundo, y lo recibieron, pero a expensas del reconocimiento y de la honra celestial.

Pensamiento. No debemos ser como los falsos profetas, dando palmadas en las espaldas de los hombres, reconociéndolos y ajustándonos a la mundanalidad de ellos. Si lo hacemos, el mundo hablará bien de nosotros, pero perderemos nuestra recompensa. Lo que el creyente tiene que hacer es hablar la verdad a todos; decirles que todos necesitan un Salvador y que su destino eterno depende de que vengan a Cristo buscando su salvación, buscando su justicia.

«No haré ahora acepción de personas, ni usaré con nadie de títulos lisonjeros» (Job 32:21).

«El que anda en chismes descubre el secreto; no te entremetas, pues, con el suelto de lengua» (Pr. 20:19).

«El que dijere al malo: Justo eres, los pueblos lo maldecirán, y le detestarán las naciones» (Pr. 24:24).

«La lengua falsa atormenta al que ha lastimado, y la boca lisonjera hace resbalar» (Pr. 26:28).

«El hombre que lisonjea a su prójimo, red tiende delante de sus pasos» (Pr. 29:5).

«Jehová destruirá a todos los labios lisonjeros, y la lengua que habla jactanciosamente» (Sal. 12:3).

«Porque vendrá tiempo cuando no sufrirán la sana doctrina, sino que teniendo comezón de oír, se amontonarán maestros conforme a sus propias concupiscencias» (2 Ti. 4:3).

«A los cuales es preciso tapar la boca; que trastornan casa enteras, enseñando por ganancia deshonesta lo que no conviene» (Tit. 1:11).

«Pero hubo también falsos profetas entre el pueblo, como lo habrá entre vosotros falsos maestros, que introducirán encubiertamente herejías destructoras, y aun negarán al Señor que los rescató, atrayendo sobre sí mismos destrucción repentina. Y muchos seguirán sus disoluciones, por causa de los cuales el camino de la verdad será blasfemado» (2 P. 2:1-2).

1 Los principios para la vida a. Principios tocante las relaciones personales 1) Amar y hacer el bien 2) Bendecir y orar 3) Ofrecer la otra mejilla b. Principios referidos a la propiedad 1) No privar 2) Dar 3) No demandar bienes materiales c. Principios de conducta[EFI] **2 El argumento: la conducta del creyente tiene que ser superior a la del pecador** a. En amor	**J. Jesús enseña los nuevos principios de la vida, 6:27-38** (Mt. 5:39; 5:43-48; 7:12) 27 Pero a vosotros los que oís, os digo: Amad a vuestros enemigos, haced bien a los que os aborrecen; 28 bendecid a los que os maldicen, y orad por los que os calumnian. 29 Al que te hiera en una mejilla, preséntale también la otra; y al que te quite la capa, ni aun la túnica le niegues. 30 A cualquiera que te pida, dale; y al que tome lo que es tuyo, no pidas que te lo devuelva. 31 Y como queréis que hagan los hombres con vosotros, así también haced vosotros con ellos. 32 Porque si amáis a los que os aman, ¿qué mérito tenéis? Porque también los pecadores aman a los que los aman. 33 Y si hacéis bien a los	que os hacen bien,¿qué mérito tenéis? Porque también los pecadores hacen lo mismo. 34 Y si prestáis a aquellos de quienes esperáis recibir, ¿qué mérito tenéi? Porque también los pecadores prestan a los pecadores, para recibir otro tanto. 35 Amad, pues, a vuestros enemigos, y haced bien, y prestad, no esperando de ello nada; y será vuestro galardón grande, y seréis hijos del Altísimo; porque él es benigno para con los ingratos y malos. 36 Sed, pues, misericordiosos, como también vuestro Padre es misercordioso. 37 no juzguéis, y no seréis juzgados; no condenéis, y no seréis condenados; perdonad, y seréis perdonados. 38 Dad, y se os dará; medida buena, apretada, remecida y rebosando darán en vuestro regazo; porque con la misma medida con que medís, os volverán a medir.	b. En hacer el bien c. En prestar **3 Recompensa por vivir correctamente** a. Será grande b. Quienes lo hace serán hijos del Altísimo c. Actuarán como hijos de Dios **4 La promesa: comportamiento recíproco; se recibe lo que se da** a. En las relaciones b. En propiedad c. El principio: las personas reciben lo que dan

J. Jesús enseña los nuevos principios de la vida, 6:27-38

(6:27-38) ***Introducción:*** Los principios expresados por Jesús son chocantes. Se oponen a cada elemento de la sociedad y a cada fibra del ser del hombre. Por naturaleza el hombre se rebela a lo que Jesús está diciendo; sin embargo, estos nuevos principios tienen que ser guardados, porque son la salvación de la sociedad y la esperanza para la vida del hombre.

1. Los principios para la vida (vv. 27-31).
2. El argumento: la conducta del creyente tiene que ser superior a la del pecador (vv. 32-34).
3. Recompensa por vivir correctamente (vv. 35-36).
4. La promesa: comportamiento recíproco; se recibe lo que da (vv. 37-38).

1 (6:27-31) ***Vida, principios para la—creyentes, conducta:*** los nuevos principios para la vida. Para empezar, es preciso notar dos cosas. Jesús estaba hablando a su discípulos (v. 20) y a los que quisieran oír (v. 27). Jesús sabía que no todos oirían. Aun siendo discípulos, algunos sencillamente cerraban sus oídos si no les gustaba lo que oían. Y lo que Jesús estaba por predicar era algo totalmente diferente a la manera de vivir del hombre y de la sociedad. Estaba por decir algunas cosas que los hombres jamás habían escuchado o pensado. Sabía que algunos cerrarían sus oídos, de modo que hizo una advertencia y los animó a no cerrar sus oídos.

1. Los nuevos principios para regir las relaciones humanas. Jesús hizo referencia a cinco comportamiento específicos.

a. Amor: «Amad a vuestros enemigos». Los creyentes deben *amar a todos los hombres, incluso a sus enemigos.* Deben respetar y honrar a todas las personas (1 P. 2:17). Todo ser humano tiene alguna virtud, aun cuando no sea sino el hecho de ser humano, con un alma que debe ser alcanzada para Dios. Note dos hechos.

Primero, amar a los propios enemigos es contra la naturaleza humana. El comportamiento de la naturaleza humana es reaccionar contra ellos; aborrecer, devolver el golpe, querer herir. En el mejor de los casos la naturaleza humana trata a sus enemigos con frialdad y distancia. La raíz de la reacción humana contra los enemigos es el ego y la amargura. (La auto preservación no es mala en sí misma. *Véanse* nota y Estudio a fondo 1, ***Amor***—Mt. 5:44. La parte sobre el amor ágape destaca que el amor no es aceptación complaciente de la maldad y el ultraje.)

Segundo, lo que un creyente puede tener para con sus enemigos es *misericordia y compasión.* Los enemigos pueden preferir mantenerse antagónicos, pero todavía el creyente puede perdonar con misericordia y compasión. En efecto, si el creyente no tiene compasión de los que le aborrecen, no ha asimilado nada del espíritu de Cristo (v. 36).

b. Hacer el bien: «Haced bien a los que os aborrecen». Imagine el impacto de estas palabras sobre el mundo del tiempo de Jesús. Eran un pueblo esclavizado,

nota, ***Amor—enemigos***—Mt. 6:44 para una mayor discusión.)

Note que *hacer el bien* va más allá de las palabras; realiza cosas concretas para la persona que aborrece. Se extiende a ella a través de su familia y amigos, del trabajo y negocio. Busca caminos para hacerle el bien, comprendiendo que necesita ser alcanzada para Dios. Si no se encuentran caminos inmediatos, el cristiano prosigue bendiciéndola, esperando siempre el día en que el aborrecedor atraviese alguna de las crisis que a todos los humanos tocan. Entonces le creyente va y hace el bien, ministrando como ministró Cristo mismo.

Así que, si tu hermano tuviere hambre, dale de comer; si tuviere sed, dale de beber; pues haciendo esto, ascuas de fuego amontonarás sobre su cabeza» (Ro. 12:20).

«Mirad que ninguno pague a otro mal por mal; antes seguid siempre los bueno uno para con otros, y para con todos» (1 Ts. 5:15).

«Si vieres el asno del que te aborrece caído debajo de su carga, ¿le dejarás sin ayuda? Antes bien le ayudarás a levantarlo» (Éx. 23:5).

«Si el que te aborreciere tuviere hambre, dale de comer pan, y si tuviere sed, dale de beber agua» (Pr. 25:21).

c. Bendecir a las personas: «Bendecid a los que os maldicen». La gente maldice, y a veces maldice a los otros. Cuando alguien maldice a un creyente, el creyente debe bendecirlo a Él, no devolver la maldición. Debe hablar suavemente, usar palabras amables y reconciliantes.

«Bendecid a los que os persiguen; bendecid, y no maldigáis» (Ro. 12:14).

«No devolviendo mal por mal, ni maldición por maldición, sino por el contrario, bendiciendo, sabiendo que fuisteis llamados para que heredaseis bendición» (1 P. 3:9).

«La blanda respuesta quita la ira; mas la palabra áspera hace subir el furor» (Pr. 15:1).

d. Orar por otros: «Orad por los que os calumnian». Note que esto no solo se refiere a los que nos hablan con calumnias, sino a aquellos que *nos usan* con malicia. Es un intento de avergonzarnos tanto en nuestro nombre como en nuestro cuerpo. Alguien intenta avergonzarnos, deshonrarnos, causarnos desgracia y reproche. Y van incluso más allá; abusan de nosotros, nos maltratan, atacan y nos persiguen. ¿Qué debemos hacer? Cristo dice: «Oren por ellos. Cuando abusen de ustedes, oren por ellos». (1) Orar que Dios perdone al perseguidor. (2) Orar por paz entre uno mismo y el perseguidor. (3) Orar por la salvación y corrección del perseguidor.

«Y Jesús decía: Padre, perdónalos, porque no saben lo que hacen. Y repartieron entre sí sus vestidos, echando suerte» (Lc. 23:34).

«Y puesto de rodillas, clamó a gran voz: Señor, no les tomes encuentra este pecado. Y habiendo dicho esto, durmió» (Hch. 7:60).

La oración por el perseguidor beneficiará en gran manera al creyente. Librará al creyente de la amargura, hostilidad, y de una reacción mala.

e. Ofrecer la otra mejilla: «Al que te hiera en una mejilla, preséntale también la otra». La palabra mejilla (*siagon*) realmente significa mentón o quijada. Es un golpe fuerte, un puñetazo; no una mera paliza despectiva. Por su puesto hay desdén y amargura, pero también hay daño físico. Cristo está diciendo que el creyente no debe devolver el golpe, ni vengarse de...

- duros insultos o desprecios.
- amenazas o daño físico.

Cuando el creyente sufre *por causa del evangelio*, por su testimonio personal de Cristo, debe responder al abuso físico tal como lo hizo su Señor. Debe demostrar *fuerza moral por medio de un espíritu tranquilo y manso,* confiando que Dios tocará el corazón de sus perseguidores. (*Véase* notas—Mt. 5:38-39 para mayor discusión.)

«Y escupiéndole, tomaban la caña y le *golpeaban* en la cabeza» (Mt. 27:30).

«Cuando Jesús hubo dicho esto, uno de los alguaciles, que estaba allí, le dio una bofetada, diciendo: ¿Así respondes al sumo sacerdote?» (Jn. 18:22).

«Abrieron contra mí su boca; hirieron mis mejillas con afrenta; contra mí se juntaron todos» (Job 16:10).

«Mas el fruto del Espíritu es amor, gozo, paz, paciencia, benignidad, bondad, fe, mansedumbre, templanza; contra tales cosas no hay ley» (Gá. 5:22-23).

«Que con mansedumbre corrija a los que se oponen, por si quizá Dios les conceda que se arrepientan para conocer la verdad» (2 Ti. 2:25).

«No paguéis a nadie mal por mal; procurad lo bueno delante de todos los hombres» (Ro. 12:17).

«No te vengarás, ni guardarás rencor a los hijos de tu pueblo, sino amarás a tu prójimo como a ti mismo. Yo Jehová» (Lv. 19:18).

«No digas: yo me vengaré; espera a Jehová y Él te salvará» (Pr. 20:22).

«No digas: Como me hizo, así le haré; daré el pago al hombre según su obra» (Pr. 24:29).

«Buscad a Jehová todos los humildes de la tierra, los que pusisteis por obra su juicio; buscad justicia, buscad mansedumbre; quizá seréis guardados en el día del enojo de Jehová» (Sof. 2:3).

2. Los nuevos principios para regir la propiedad. Jesús se refirió a dos comportamientos específicos.

a. No negarse a dar: «Al que te quite la capa, ni aun la túnica le niegues». Los judíos usaban una vestimenta interior y otra exterior. Si alguien tomada la ropa exterior, el creyente debía ofrecer también la interior. La ley judía permitía tomar la ropa interior en pago de una deuda o como garantía, pero nunca la ropa exterior. La persona podía tener varias mudas de ropa interior, pero solamente una de ropa exterior (cp. Éx. 22:26-27).

Dar la vestimenta es difícil. Significa que el creyente no defiende, no se levanta, no objeta ser privado de su propiedad. Perdona y le da más a la persona que se la lleva. Incluso da su túnica si es necesario. El creyente no se ata ni es consumido por sus derechos y privilegios en o fuera de la corte. Solamente tiene tiempo para atender sus obligaciones. Está atado y le consume el vivir con la mayor plenitud posible para Cristo; de extenderse a un mundo perdido y consumido por *disputas, necesitado de la paz que solamente Dios puede dar.* (*Véanse* nota y pensamientos—Mt. 5:39-41 para una discusión adicional).

b. Dar: «A cualquiera que te pida, dale». El creyente debe ayudar a los que tienen necesidad, y debe hacerlo prontamente. Note que Cristo no admite excusas. El cuadro es el del creyente que *da y no se aparta cuando una persona pide.* Note, sin embargo, que la Biblia no habla de dar sin discreción.

«El hombre de bien tiene misericordia, y presta; gobierna sus asuntos con discreción» (Sal. 112:5).

Pensamiento. Hay dos actitudes significativas que deben controlar el dar del creyente.

1) El creyente debe vivir dispuesto, dispuesto a dar y a prestar (cp. 2 Co. 8:11-15, especialmente 11). No vive para esta tierra y este mundo. Vive para Dios y para el cielo. Su ciudadanía está en el cielo, desde donde espera al Salvador (Fil. 3:20). De modo que su apego a las cosas terrenales es solamente para suplir las necesidades de la vida y ayudar a otros. Existe para ayudar y dar.

«Vended lo que poseéis, y dad limosna; haceos bolsas que no se envejezcan, tesoro en los cielos que no se agote, donde ladrón no llega, ni polilla destruye» (Lc. 12:33).

«Compartiendo para las necesidades de los santos; practicando la hospitalidad» (Ro. 12:13).

«Así que, según tengamos oportunidad, hagamos bien a todos, y mayormente a los de la familia de la fe» (Gá. 6:10).

«A los ricos de este siglo manda que no sean altivos, ni pongan la esperanza en las riquezas, las cuales son inciertas, sino en el Dios vivo, que nos da a todos las cosas en abundancia para que las disfrutemos. Que hagan bien, que sean ricos en buenas obras, dadivosos, generosos» (1 Ti. 6:17-18).

«Y de hacer bien y de la ayuda mutua no os olvidéis; porque de tales sacrificios se agrada Dios» (He. 13:16).

«Ahora, pues, llevad también a cabo el hacerlo, para que como estuvisteis prontos a querer, así también lo estéis en cumplir conforme a lo que tengáis. Porque si primero hay la voluntad dispuesta, será acepta según lo que uno tiene, no según lo que no tiene. Porque no digo esto para que haya para otros holgura, y para vosotros estrechez, sino para que en este tiempo, con igualdad, la abundancia vuestra supla la escasez de ellos, para que también la abundancia de ellos supla la necesidad vuestra, para que haya igualdad, como está escrito: él que recogió mucho, no tuvo más; y el que poco, no tuvo menos» (2 Co. 8:11-15).

2) El creyente debe trabajar por dos motivos: (1) para suplir sus propias necesidades; y (2) para tener lo suficiente para ayudar a los que necesitan.

«El que hurtaba, no hurte más, sino trabaje, haciendo con sus manos lo que es bueno, para que tenga qué compartir con el que padece necesidad» (Ef. 4:28).

«En todo os he enseñado que, trabajando así, se debe ayudar a los necesitados, y recordar las palabras del Señor Jesús, que dijo: Más bienaventurado es dar que recibir» (Hch. 20:35).

c. No demandar: «Al que tome lo que es tuyo, no pidas que te lo devuelva». Con frecuencia la persona falla en devolver lo que ha pedido prestado. Toma y se queda con lo prestado, sean herramientas, prendas de vestir, comida, o dinero. El creyente no debe demandar la devolución, al menos no si la persona los *necesita* y si va a quedar privada y dañada por la devolución de lo prestado. El creyente tiene que considerar dos hechos: Primero, la necesidad de la persona; segundo, si la persona no tiene necesidad, el pecado y la irresponsabilidad de ella versus su apartamiento de la persona del testimonio de Cristo. El creyente no debe permitir la negligencia e irresponsabilidad, pero debe ser cuidadoso y no perder su oportunidad de ganar a la persona para Cristo. Ningún objeto, ninguna cantidad de dinero vale lo que vale su alma.

«Al que te pida, dale; y al que quiera tomar de ti prestado, no se lo rehuses» (Mt. 5:42).

3. El nuevo principio que rige toda conducta, la *Regla de oro* misma: «Y como queréis que hagan los hombres con vosotros, así también haced vosotros con ellos». (*Véase* Estudio a fondo 1—Lc. 6:31.)

ESTUDIO A FONDO 1

(6:31) ***Regla de oro —justicia—rectitud:*** probablemente la regla de oro sean las palabras más conocidas que Jesús haya dicho. Es la cumbre de todas las éticas, de la conducta, de la justicia, de la piedad. Es una declaración muy práctica del amor de Dios; es decir, Dios ha sido con nosotros precisamente como quiere que nosotros seamos con Él. Dios nos ha tratado tal como quiere que nosotros lo tratemos a Él (y a todos los demás).

La regla de oro revela el corazón de Dios. Nos muestra claramente cómo el corazón de Dios anhela que vivamos y actuemos. Es una sola sencilla sentencia que nos revela lo que el amor realmente es y cómo será la vida en el cielo (en el mundo perfecto). Le dice a los creyentes que como ciudadanos del cielo y de la tierra deben vivir según el dictado de la regla de oro mientras aun permanecen en la tierra.

Hay cuatro hechos significativos que ponen a la regla de oro en un lugar aparte respecto de toda otra enseñanza.

1. La regla de oro es una sola y simple sentencia que abarca a todo el comportamiento humano. Es asombroso que toda le ley y todo el amor puedan ser expresados en una simple sentencia. La simple sentencia de la regla de oro incluye «toda la ley y los profetas» (Mt. 7:12).

2. La regla de oro *demanda auténtica ley y justicia.* Note las palabras; no son negativas ni pasivas, sin embargo, le dicen al hombre cómo no debe comportarse. Restringe al hombre. Por ejemplo, la regla de oro le enseña al hombre a no mentir, robar, hurtar, o dañar; y enseña mucho más aun.

3. La regla de oro está referida al verdadero amor, es decir, al comportamiento positivo y activo.

a. Es más que dejar de hacer el mal (mentir, robar, hurtar).
b. Es mas que simplemente hacer el bien (ayudar, cuidar, dar).
c. Es estar *buscando formas de hacer el bien* que uno quisiera recibir de otros; y luego hacerlo a ellos.

4. La regla de oro enseña toda la ley, porque toda la ley está contenida en las palabras: «Amarás a tu prójimo como a ti mismo» (Mt. 22:39-40). A todo ser humano le gusta que los demás le traten perfectamente bien; que le amen y cuiden de él en grado sumo, y le expresen ese amor y cuidado. Es así como el creyente debe amar y cuidar mientras aun vive en la tierra. Debe darle a la tierra un anticipo del cielo antes que todas las cosas lleguen a su fin. Las personas así tratadas, personas que en ese supremo trato reciben un anticipo del cielo, podrán entonces volverse a Dios.

[2] (6:32-34) ***Mundo, comportamiento del—negación propia:*** Jesús presentó un argumento lógico para que el creyente viva como Dios manda. Es un argumento fuerte: el creyente debe comportarse mejor que el pecador.

- Los pecadores aman a quienes los aman.
- Los pecadores hacen el bien a aquellos de quienes reciben el bien.
- Los pecadores prestan para obtener un interés o algún favor o alguna ganancia.

Note tres temas.

1. La verdad chocante: los creyentes que no viven como Cristo manda, no hacen más de lo que hacen los pecadores.

2. El mundo ve la virtud y bondad del amor; ve que hacer el bien y prestar es propio de una buena vecindad. Y es bueno amar, hacer el bien y prestar.

3. Pero amar, hacer el bien, y prestar no es suficiente. No alcanza para ir al cielo. No es lo que hizo Cristo. Cristo se negó a sí mismo para ganar el mundo. Amó a sus enemigos e hizo bien a aquellos que lo aborrecían. Se puede decir que incluso prestó su vida al mundo.

«Cristo ... murió por los *impíos*» (Ro. 5:6).

«Siendo aún *pecadores,* Cristo murió por nosotros» (Rm. 5:8).

«Siendo *enemigos*, fuimos reconciliados con Dios por la muerte de su Hijo» (Ro. 5:10).

El creyente debe hacer lo mismo que hizo Cristo, es decir, negarse y sacrificarse a sí mismo para ganar el mundo y ofrecer a la gente el privilegio de ser salvados en grado sumo. Llegar a ser un seguidor de Cristo cuesta más que la virtud y bondad del amor, más que hacer el bien y prestar a la gente. Cuesta negarse y sacrificarse a efectos de alcanzar para Cristo a quienes no lo merecen, a los que son...

- enemigos
- maldicientes
- perseguidores
- despectivos
- egoístas
- aborrecedores
- que toman prestado
- ladrones
- necesitados

3 (6:35-36) ***Recompensa:*** la recompensa por vivir como Jesús manda es desafiante. El creyente obediente recibirá una triple recompensa.

1. Recibirá una *gran recompensa.* Todo lo que el creyente sufre y pierde en la tierra le será restaurado. Pero note que lo perdido no solamente será restaurado, sino que *recibirá mucho más* de lo perdido. Recibirá una *enorme recompensa* por haber obedecido al Señor y por haberse sacrificado para suplir las necesidades de un mundo moribundo. ¿En qué consistirá la *gran recompensa?* Consistirá en al menos dos cosas: vida eterna y la herencia de todo lo que tiene Dios el Padre.

«De cierto, de cierto os digo: él que oye mi palabra, y cree al que me envió, tiene *vida eterna*; y no vendrá a condenación, mas ha pasado de muerte a vida» (Jn. 5:24).

«Para que justificados por su gracia, viniésemos a ser *herederos* de la vida eterna» (Tit. 3:7).

«Bendito el Dios y Padre de nuestro Señor Jesucristo, que según su grande misericordia nos hizo renacer para una esperanza viva, por la resurrección de Jesucristo de los muertos, para una *herencia* incorruptible, incontaminada e inmarcesible, reservada en los cielos para vosotros» (1 P. 1:3-4).

«Entonces el Rey dirá a los de su derecha: Venid, benditos de mi Padre, heredad el reino preparado para vosotros desde la fundación del mundo» (Mt. 25:34. *Véase* Estudio a fondo 3—Mt. 19:23-24).

Dicho de manera sencilla el creyente recibirá tanto la *vida eterna* como *una herencia* por haber obedecido a Cristo y haber servido tan sacrificialmente mientras estaba en la tierra. El creyente tendrá parte en la gloriosa obra que Dios ejecutará en los nuevos cielos y la nueva tierra, una obra que continuará de gloria en gloria.

2. Será un hijo del Altísimo, de Dios mismo.

«Pero cuando vino el cumplimiento del tiempo, Dios envió a su Hijo, nacido de mujer y nacido bajo la ley, para que redimiese a los que están bajo la ley, a fin de que recibiésemos la adopción de hijos. Y por cuanto sois hijos, Dios envió a vuestros corazones el Espíritu de su Hijo, el cual clama: ¡Abba Padre!» (Gá. 4:4-6).

«El Espíritu mismo da testimonio a nuestro espíritu, de que somos hijos de Dios. Y si hijos, también herederos; herederos de Dios y coherederos con Cristo, si es que padecemos juntamente con él, para que juntamente con él seamos glorificados» (Ro. 8:16-17).

3. Actuará como un hijo de Dios. ¡Qué privilegio! ¡El privilegio de conducirse realmente como Dios! ¡El privilegio de demostrar y hacer misericordia! Actuar como actúa Dios, ser misericordioso como Dios es misericordioso, será de enorme beneficio para nosotros. Nos dará una gran seguridad y confianza interior.

«Y ahora, hijitos, permaneced en él, para que cuando se manifieste, tengamos confianza, para que en su venida no nos alejemos de él avergonzados» (1 Jn. 2:28).

4 (6:37-38) ***Recompensa—justicia:*** Jesús hizo una promesa fenomenal al discípulo que vive como Él manda: la promesa de reciprocidad, de recibir de vuelta todo lo que ha dado.

1. La reciprocidad involucra relaciones personales. Aquí hay referencia a tres conductas específicas: juzgar, condenar, y perdonar a otros. Jesús estaba diciendo dos cosas.

   a. Si juzgamos y condenamos y no perdonamos a otros, tanto los hombres como Dios nos tratarán de igual manera. Seremos juzgados, condenados y no perdonados, ni en la tierra ni en el cielo.

   b. Si no juzgamos ni condenamos a los hombres, en cambio les perdonamos, también Dios y la mayoría de los hombres no juzgarán ni condenarán; de ellos también recibiremos perdón.

2. La reciprocidad involucra las posesiones de la persona. El creyente debe dar y tener un espíritu dispuesto a dar, a no ser egoísta ni acumular para sí. Si da, recibirá mucho más. En efecto, su copa será *rebosante.* Dios echará todas las cosas buenas de esta tierra en su vida (*seno*).

3. El principio es claro y desafiante; la persona recibe lo que da. Es un principio absolutamente valedero para con Dios y normalmente también para con los hombres. Lo que un hombre invierte en la vida es lo que de ella obtiene.

«¿No es [tu propósito] que partas tu pan con el hambriento, y a los pobres errantes albergues en tu casa; que cuando veas al desnudo lo cubras, y no te escondas de tu hermano? Entonces nacerá tu luz como el alba, y tu salvación se dejará ver pronto; e irá tu justicia delante de ti, y la gloria de Jehová será tu retaguardia» (Is. 58:7-8).

1 **Atentos a la ceguera: de los líderes propios y de quienes uno lidera** a. Si ambos están en tinieblas b. Ambos tropiezan y caen 2 **Atentos al Maestro (Señor)** a. El discípulo se tiene que someter b. Para ser como su maestro 3 **Atentos a la hipocresía y las críticas de otros**	**K. Jesús enseña sus reglas para el discipulado: la necesidad de estar atentos, 6:39-45** (Mt. 7:3-5, 17-18; 10:25; 12:35) 39 Y les decía una parábola: ¿Acaso puede un ciego guiar a otro ciego? ¿No caerán ambos en el hoyo? 40 El discípulo no es superior a su maestro; mas todo el que fuere perfeccionado, será como su maestro. 41 ¿Por qué miras la paja que está en el ojo de tu hermano, y no echas de ver la viga que está en tu propio ojo? 42 ¿O cómo puedes decir a tu hermano: Hermano, déjame sacar la paja que	está en tu ojo, no mirando tú la viga que está en el ojo tuyo? Hipócrita, saca primero la viga de tu propio ojo, y entonces verás bien para sacar la paja que está en el ojo de tu hermano. 43 No es buen árbol que da malos frutos, ni árbol malo el que da buen fruto. 44 Porque cada árbol se conoce por su fruto; pues no se cosechan higos de los espinos, ni de las zarzas se vendimian uvas. 45 El hombre bueno, del buen tesoro de su corazón saca lo bueno; y el hombre malo, del mal tesoro de su corazón saca lo malo; porque de la abundancia del corazón habla la boca.	a. Ambos tienen un problema b. El problema de quien critica es mayor c. Quien critica es un hipócrita d. Evaluarse uno mismo capacita para ver claramente y saber cómo ayudar a otros 4 **Atentos al fruto que uno produce** a. Todo árbol es conocido por su fruto b. Todo árbol se reproduce según su especie c. Todo hombre reproduce lo que hay en su corazón

K. Jesús enseña sus reglas para el discipulado: la necesidad de estar atentos, 6:39-45

(6:39-45) ***Introducción:*** el hombre debe estar atento a su manera de vivir. Tanto la calidad como el destino de su vida dependen de ello.

- A Dios le importa la calidad de vida de una persona. Quiere que la persona tenga la vida más plena posible.
- A Dios le importa el destino de la persona, el lugar donde pasará la eternidad. Quiere que toda persona reciba vida eterna.

Hay cuatro reglas, cuatro advertencias, que deben ser atendidas si queremos vivir la vida de la forma más plena posible y estar seguros de la vida eterna.

1. Atentos a la ceguera: de los líderes propios y de quienes uno lidera (v. 39).
2. Atentos al maestro (Señor) (v. 40).
3. Atentos a la hipocresía y las críticas de otros (vv. 41-42).
4. Atentos al fruto que uno produce (vv. 43-45).

1 (6:39) ***Ceguera espiritual—tinieblas:*** la primera regla consiste en estar atentos a la ceguera; atentos a los propios líderes y a los que uno lidera. «¿Acaso puede un ciego guiar a otro ciego?» Note varias cosas.

1. Note quiénes son los ciegos. Son los líderes. Los predicadores, maestros, padres; cualquiera que ejerce influencia o tiene responsabilidad sobre otro. De hecho, cualquier persona puede ser ciega y guiar a otro por el mismo camino. Pero observe un hecho significativo. Jesús también dice que los ciegos son los que siguen a otros, es decir, los alumnos, los aprendices, oyentes, los que buscan, niños; cualquiera que espera ser guiado por otro.
2. Note por qué la gente es ciega. Hay varias razones claras.
   a. La persona puede haber nacido ciega. Puede ser discapacitada, sin nunca haber tenido la oportunidad de ver la *verdad* de las cosas, no haber sido nunca expuesta a la luz.
   b. La persona puede ser ciega debido a algún daño sufrido. Tenía la capacidad de ver y tuvo la oportunidad de ver, pero ahora es ciega, es ciega porque...
      - se causó daño por algún descuido. (Es culpable de haberse enceguecido a sí misma para no ver la Luz.)
      - fue enceguecida por otra persona, ya sea deliberada o accidentalmente. (Otros la extraviaron, la llevaron a las tinieblas.)
      - fue enceguecida por la naturaleza. (Circunstancias, herencia, su lugar, la privó de la oportunidad de escapar de las tinieblas.)
   c. La persona puede ser ciega porque quiere y escoge estar en las tinieblas. La tiniebla es su elección; encuentra que la tiniebla es placentera y confortable; por eso se rehusa a salir a la luz para ver la verdad de las cosas.
   d. La persona puede ser ciega porque cierra sus ojos o mira en otra dirección. Sencillamente se rehusa a ver la luz, la verdad.

Jesús advirtió contra la ceguera. Dijo que la ceguera conduce a dos resultados trágicos.

1. Ambos andan en las tinieblas, tanto el líder como el seguidor. El hecho de ser un líder no garantiza que uno camine en la luz. Un líder puede ser ciego, y si el líder es ciego, el seguidor también será ciego. El líder tiene que ver y ha de tener su facultad de visión para que el discípulo también pueda ver. (Note la tremenda responsabilidad de los líderes.)
2. Ambos tropiezan y caen «al hoyo». El hecho de ser un líder no es garantía contra caídas. El ciego tropezará y caerá sin importar lo que sea, sea líder o no. Y note que un líder tropezará y caerá especialmente si se encuentra en terreno extraño y poco familiar. La verdad de Cristo es terreno totalmente desconocido para el maestro ciego, cualquiera sea su profesión.

> **«De manera que cualquiera que quebrante uno de estos mandamientos muy pequeños, y así enseñe a los hombres, muy pequeño será llamado en el reino de los cielos; mas cualquiera que los haga y los enseñe, éste será llamado grande en el reino de los cielos. Porque os digo que si vuestra justicia no fuerte mayor que la de los escribas y fariseos, no entraréis en el reino de los cielos» (Mt. 5:19-20).**

«Queriendo ser doctores de la ley, sin entender ni lo que hablan ni lo que afirman» (1 Ti. 1:7).

«Si alguno enseña otra cosa, y no se conforma a las sanas palabras de nuestro Señor Jesucristo, y a la doctrina que es conforme a la piedad, está envanecido, nada sabe, y delira acerca de cuestiones y contiendas de palabras, de las cuales nacen envidias, pleitos, blasfemias, malas sospechas, disputas necias de hombres corruptos de entendimiento y privados de la verdad, que toman la piedad como fuente de ganancia; apártate de los tales» (1 Ti. 6:3-5).

«Porque vendrá tiempo cuando no sufrirán la sana doctrina, sino que teniendo comezón de oír, se amontonarán maestros conforme a sus propias concupiscencias, y apartarán de la verdad el oído y se volverán a las fábulas» (2 Ti. 4:3-4).

«Pero hubo también falsos profetas entre el pueblo, como habrá entre vosotros falsos maestros, que introducirán encubiertamente herejías destructoras, y aun negarán al Señor que los rescató, atrayendo sobre sí mismos destrucción repentina» (2 P. 2:1).

«La luz en las tinieblas resplandece, y las tinieblas no prevalecieron contra ella» (Jn. 1:5).

«Y esta es la condenación: que la luz vino al mundo, y los hombres amaron más las tinieblas que la luz, porque sus obras eran mala» (Jn. 3:19).

«Pero si tu ojo es maligno, todo tu cuerpo estará en tinieblas. Así que, si la luz que en ti hay es tinieblas, ¿cuántas no serán las mismas tinieblas?» (Mt. 6:23).

«Pero si nuestro evangelio está aún encubierto, entre los que se pierden está encubierto; en los cuales el Dios de este siglo cegó el entendimiento de los incrédulos, para que no les resplandezca la luz del evangelio de la gloria de Cristo, el cual es la imagen de Dios» (2 Co. 4:3-4).

«Esto, pues, digo y requiero en el Señor: que ya no andéis como los otros gentiles, que andan en la vanidad de su mente, teniendo el entendimiento entenebrecido, ajenos de la vida de Dios por la ignorancia que en ellos hay, por la dureza de su corazón» (Ef. 4:17-18).

[2] (6:40) ***Negación propia—dedicación:*** la segunda regla es atender la vida del maestro, del Señor Jesucristo mismo. «El discípulo no es superior a su maestro ... será como su maestro.» Note varios temas.

1. La palabra «perfeccionado» (*katertismenos*) significa completar, terminar, mejorar. Es una palabra común, usada frecuentemente para enmendar, reparar, o restaurar cosas rotas tales como redes (Mt. 4:21) u hombres (Gá. 6:1).

2. El tema es indiscutible: «El discípulo no es superior a su maestro» (*véase* nota, pto. 1—Mt. 10:24-25). El discípulo no es mejor que su Señor; por eso no puede esperar un trato mejor, ni puede esperar más de este mundo que su Señor. El discípulo no puede esperar tener más honra, alabanza, reconocimiento o estima. No puede esperar tener más confort, reposo, o placer. El Señor sufrió, se humilló y se negó a sí mismo por amor al mundo y sus necesidades. El discípulo, como seguidor del Señor, hace lo mismo; se niega a sí mismo a efectos de alcanzar al mundo para su Señor (*véanse* nota y Estudio a fondo 1—Lc. 9:23).

«Para que todo aquel que en él cree, no se pierda, mas tenga vida eterna» (Jn. 3:15).

«Haya, pues, en vosotros este sentir que hubo también en Cristo Jesús, el cual siendo en forma de Dios, no estimó el ser igual a Dios como cosa a que aferrarse, sino que se despojó a sí mismo, tomando forma de siervo, hecho semejante a los hombres; y estando en la condición de hombre, se humilló a sí mismo, haciéndose obediente hasta la muerte, y muerte de cruz» (Fil. 2:5-8).

«Entonces Jesús les dijo otra vez: Paz a vosotros. Como me envió el Padre, así también yo os envío» (Jn. 20:21).

«Pero recibiréis poder, cuando haya venido sobre vosotros el Espíritu Santo, y me seréis testigos en Jerusalén, en toda Judea, en Samaria, y hasta lo último de la tierra» (Hch. 1:8).

3. La meta del discípulo es «ser como su maestro». El discípulo procura ser semejante a su maestro, es decir, conformado, enmendado, reparado, restaurado (perfeccionado) a su propia imagen.

«A fin de conocerle, y el poder de su resurrección, y la participación de sus padecimientos, llegando a ser *semejante a él* en su muerte» (Fil. 3:10).

«Vosotros sois mis testigos, dice Jehová, mi siervo que yo escogí, para que me *conozcáis y me creáis, y entendáis* que yo mismo soy; antes de mí no fue formado Dios, ni lo será después de mí» (Is. 43:10).

«Por tanto, nosotros todos, mirando a cara descubierta como en un espejo la gloria del Señor, somos transformados de gloria en gloria en la misma imagen, como por el Espíritu del Señor» (2 Co. 3:18).

[3] (6:41-42) ***Críticas —hipocresía:*** la tercera regla consiste en estar atentos a la hipocresía y las críticas dirigidas a otros. Note un hecho crucial: Jesús estaba hablando a cada uno de los que tenía ante sí. No importa cuan morales, decentes, fuertes, religiosos o libres de pecados visibles fuesen, Jesús estaba hablando a cada uno allí sentado. Ninguna estaba exenta. Cada uno debía velar por la hipocresía y las críticas de otros. ¿Por qué? Porque cualquier cosa que esté en el ojo de una persona, aunque sea solamente una paja, es grave. Aun una paja hace llorar el ojo, lo enturbia, lo hace parpadear y a cerrarse. La paja inhibe la vista de la persona (vida, andar), le impide ver y servir en plenitud. Ahora note cuatro temas referidos a la parábola.

1. Tanto el que es criticado como quien critica tiene un problema. Ambos tienen necesidad de limpiar la basura de sus ojos. Ninguno de los dos está libre de ella. No hay una sola persona que sirva en perfecta obediencia y ministerio al Señor. Cada uno tiene al menos una paja en su ojo.

2. Quien critica tiene el problema más grande. Normalmente esto se pasa por alto. Criticar a otros es tener una viga en el ojo. Si alguien que tiene una paja en el ojo, comienza a criticar a otros, la paja se vuelve viga. *El criticar a otros es tener un tronco que golpea y enceguese el propio ojo;* le impide ver su propia necesidad, que es la de continua confesión y arrepentimiento. Quien critica se enceguese para con su propia y constante necesidad de la justicia de Jesucristo.

«Pero el que no tiene estas cosas tiene la vista corta; es ciego, habiendo olvidado la purificación de sus antiguos pecados» (2 P. 1:9).

3. Quien critica es un hipócrita (*véase* Estudio a fondo 2—Mt. 23:13). Es una persona semejante a todas las otras, llena de tantas fallas y fracasos, sin embargo, ve las fallas de los otros. Critica, murmura, aflige, condena, juzga, y censura a otros, siendo ella también culpable de fallar en tantas y cuantas áreas. Y note que su mayor falla es la de ponerse de *juez*, como quien tiene derecho a juzgar a los hombres.

4. El discípulo tiene que examinarse primero a sí mismo. Al juzgarse primero a sí mismo se capacita para *ver claramente* de qué manera ayudar a otros. Se requiere un severo examen. La reflexión y la simple honestidad indican que la persona primero tiene que quitar la basura de su propio ojo antes de ver con suficiente claridad para ayudar a otros a limpiar sus ojos.

«No juzguéis, para que no seáis juzgados» (Mt. 7:1).

«¿Tú quién eres, que juzgas al criado ajeno? Para su propio señor está en pie, o cae; pero estará firme, porque poderoso es el Señor para hacerle estar firme» (Ro. 14:4).

«Así que, ya no nos juzguemos más los unos a los otros, sino más bien decidid no poner tropiezo u ocasión de caer al hermano» (Ro. 14:13).

«Porque no nos predicamos a nosotros mismos, sino a Jesucristo como Señor, y a nosotros como vuestros siervos por amor de Jesús» (1 Co. 4:5).

«Uno solo es el dador de la ley, que puede salvar y perder; pero tú, ¿quién eres para que juzgues a otro?» (Stg. 4:12).

4 (6:43-45) ***Fructificar—palabras—lengua:*** hay que estar atento al fruto que uno lleva.

1. Todo árbol es conocido por su fruto, su naturaleza. Una buena persona no es juzgada por una fruta mala que esporádicamente pueda tener, sino por el buen fruto que lleva. Todo árbol produce algunas frutas malas, sin embargo, el árbol no es desechado. El árbol no es rechazado hasta que lo *normal* sea dar frutos malos. Al probar y examinar a las personas no debemos observar acciones aisladas; sino el cuadro general, la tendencia, el comportamiento global de sus vidas. ¡Qué importante! (*Véase* nota—Mt. 7:17 para una discusión detallada.)

2. Cada árbol produce según su naturaleza, según su especie. ¿Cómo podemos saber que una persona es falsa? Hay un señal reveladora: el fruto que junta. La persona se conoce por el fruto con que se alimenta, y con el que alimenta a otros (*véanse* bosquejo y notas—Jn. 15:1-8). Si se alimenta de espinos y cardos y no de uvas e higos, nos permite saber que es mala. Si alimenta a otros con espinos y cardos en vez de uvas e higos, es otra forma para saber que es mala.

Espinos y cardos son alimento falso, mundano (*véase* Estudio a fondo 3—Mt. 13:7, 22). Uvas e higos son verdadero alimento. Solo existe un alimento verdadero para el alma del hombre: el Señor Jesucristo y su Palabra. (*Véanse* nota—Jn. 6:1-71; bosquejo y notas—Jn. 6:30-36; 6:41-51. Cp. bosquejos y notas—6:1-71; Estudio a fondo 4—Jn. 17:17; cp. 5:24; 1 P. 2:2-3.) La persona tiene que alimentarse, y alimentar a otros con el Señor y su Palabra. Toda otra fuente de alimento para el alma del hombre es falsa: son espinos y cardos (mundanalidad). Si ese alimento es comido y provisto a otro, estrangula la vida del alma (Mt. 13:7; cp. 1 Jn. 2:15-16; 2 Co. 6:17-18; Ro. 12:1-2).

3. Toda persona reproduce lo que tiene en su corazón. Note que Jesús se refiere a la boca de la persona, las *palabras* que la persona habla. La persona habla de lo que tiene en su corazón. Sus palabras exponen su corazón y la clase de persona que es. La idea es que las palabras provienen de lo que desborda del corazón, «De la abundancia del corazón habla la boca.» Las palabras de una persona exhiben cinco cosas referidas a ella.

- Las palabras de la persona exhiben su verdadera naturaleza: lo que la persona realmente es debajo de la superficie.
- Las palabras de la persona exhiben lo que es en la profundidad de su corazón; sus motivos, deseos, ambiciones, o su carencia de iniciativa.
- Las palabras de la persona exhiben su verdadero carácter; bueno o malo, bondadoso o cruel.
- Las palabras de la persona exhiben su mente, lo que piensa; pensamientos puros o impuros, pensamientos sucios o limpios.
- Las palabras de la persona exhiben su espíritu, lo que cree y lo que busca; lo legítimo y lo ilegítimo, lo inteligente o ignorante, verdadero o falso, lo que aprovecha o derrocha.

«Así, todo buen árbol da buenos frutos, pero el árbol malo da frutos malos» (Mt. 7:17).

«Así también la fe, si no tiene obras, es muerta en sí misma. Pero alguno dirá; tú tienes fe, y yo tengo obras. Muéstrame tu fe sin tus obras, y yo te mostraré mi fe por mis obras» (Stg. 2:17-18).

«Pero éstos, hablando mal de cosas que no entienden, como animales irracionales, nacidos para presa y destrucción, perecerán en su propia perdición» (2 P. 2:12).

«Y manifiestas son las obras de la carne, que son: adulterio, fornicación, inmundicia, lascivia, idolatría, hechicerías, enemistades, pleitos, celos, iras, contiendas, disensiones, herejías, envidias, homicidios, borracheras, orgías, y cosas semejantes a estas; acerca de las cuales os amonesto, como ya os lo he dicho antes, que los que practican tales cosas no heredarán el reino de Dios. Mas el fruto del Espíritu es amor, gozo, paz, paciencia, benignidad, bondad, fe, mansedumbre, templanza; contra tales cosas no hay ley» (Gá. 5:19-23).

L. Jesús enseña que hay dos fundamentos para la vida: religión genuina vs. religión falsa, 6:46-49
(Mt. 7:24-27)

46 ¿Por qué me llamáis,
Señor, Señor, y no hacéis lo
que yo digo?
47 Todo aquel que viene a
mí, y oye mis palabras y
las hace, os indicaré a quién
es semejante.
48 Semejante es al hombre
que al edificar una casa,
cavó y ahondó y puso el
fundamento sobre la roca; y
cuando vino una inunda-
ción, el río dio con ímpetu
contra aquella casa, pero no
la pudo mover, porque
estaba fundada sobre la
roca.
49 Mas el que oyó y no
hizo, semejante es al hombre que edificó su casa
sobre la tierra, sin fundamento; contra la cual el río
dio con ímpetu, y luego
cayó, y fue grande la ruina
de aquella casa.

1 El fundamento del discipulado es la obediencia

2 El verdadero discípulo pone un fundamento
a. Viene, oye, actúa
b. Es como constructor
1) Construye una casa
2) Cava los cimientos
3) Su fundamento es la roca
c. Resultado: la casa permanece

3 El discípulo falso no pone fundamento
a. Oye, pero no obedece
b. Es como un constructor
1) Construye una casa
2) No cava los cimientos
3) No pone fundamentos
c. Resultado: un gran derrumbe

L. Jesús enseña que hay dos fundamentos para la vida: religión genuina vs. religión falsa, 6:46-49

(6:46-49) ***Introducción—vida—fundamento—profesión, falsa vs. verdadera:*** Jesucristo era carpintero de profesión y oficio. Sabía de casas; conocía el negocio de la construcción.

Es importante notar aquí varios asuntos importantes referidos a la construcción de una casa.

1. Oír instrucciones. Esto es esencial. Es esencial saber cómo construir.
   a. Hay que oír y seguir (obedecer)las instrucciones.
   b. Hay que oír y construir sobre lo que uno oye para el futuro. Los constructores siempre deben estar «atesorando para sí buen fundamento para lo por venir ...» (1 Ti. 6:19).
2. Seleccionar el fundamento. Esto también es esencial. La selección del emplazamiento y del material determinan el futuro de la casa.
   a. Hay que construir sobre un fundamento sólido. Existe solamente un fundamento sobre el cual construir: la roca (1 Co. 3:11).
   a. Uno tiene que hacer su llamado y elección para construir bien (2 P. 1:10).
   c. Hay que saber que construir sobre la roca requiere tiempo y habilidad.
3. Calcular el costo. Esto también es esencial. En otro pasaje Cristo destaca este hecho. Comenzar y no terminar la casa atrae burlas y vergüenza (Lc. 14:28-30).

Este cuadro de la construcción de una casa ofrece varias claras aplicaciones introductorias.

1. Toda persona tiene una casa que construir, una vida que construir. La manera de construir su vida determina su destino, no solamente en esta vida, sino eternamente. Cómo construye su vida reside en la diferencia entre...
   • éxito y fracaso.
   • vida y muerte.
   • recompensa y pérdida.
   • aceptación y rechazo.
   • permancia y caída.
2. Existe solamente un fundamento para la vida: Jesucristo (1 Co. 3:11). Él es la roca sobre la que individuos e iglesias deben construir (Mt. 16:18).
3. Cada persona construye, o bien sobre este mundo o bien sobre Cristo, el cielo mismo. Jesús enseña que hay dos tipos de constructores.
   a. Un constructor sabio. Oye y obedece (vv. 47-48).
   b. Un constructor necio. Oye pero no obedece (v. 49).

1. El fundamento del discipulado es la obediencia (v. 46).
2. El verdadero discípulo pone fundamento (vv. 47-48).
3. El discípulo falso no pone fundamento (v. 49).

1 (6:46) ***Profesión—fundamento—vida:*** el fundamento del discipulado es la obediencia, hacer lo que Jesús dice. No hay sustituto. Si la persona quiere ser un seguidor de Jesucristo, esa persona tiene que hacer lo que Jesús dice.

1. En este pasaje ambos constructores llaman «Señor» a Jesús. Ambos lo reconocen como Señor. Ambos oran y lo llaman «Señor, Señor», y ambos testifican ante otros que Él es el Señor. Ambos son conocidos como seguidores de Jesús.
2. Jesús cuestiona la desobediencia y deslealtad. Amonesta y advierte a todo aquel que le llama Señor pero no hace lo que Él dice. Como Señor que es espera fidelidad y lealtad de todos, especialmente de quienes le llaman Señor.
3. Una profesión de palabras no es suficiente. Ni es suficiente la repetición de esa profesión, «Señor, Señor». Es posible que uno clame y Cristo sin embargo le pregunte: «¿Por qué no haces las cosas que yo digo?»
4. La persona se engaña a sí misma al profesar y no obedecer. La profesión de fe sin obediencia da una falsa seguridad; lo hace sentir a uno aceptable a Dios cuando no lo es. Cristo dice que no lo es, porque el único fundamento del discipulado, la única forma de ser aceptado por Dios, es haciendo las cosas que Cristo dice.

2 (6:47-48) ***Fundamento—discípulo—pruebas:*** el verdadero discípulo pone fundamento. Note tres temas.

1. El verdadero discípulo viene a Cristo, oye a Cristo y hace lo que Cristo dice. Los tres pasos son esenciales.
2. El verdadero discípulo es como un constructor.
   a. El discípulo construye una casa. Cada persona tiene que construir una casa, tiene que construir una vida. Una vez en este mundo el hecho es ineludible. Estamos construyendo nuestras vidas, y la manera de construir nuestras vidas determina nuestro destino eterno.

      El propio Hijo de Dios enseña al hombre cómo construir. El hombre oye y sigue (obedece) las instrucciones o bien oye y rechaza (desobedece) las instrucciones y construye a su propia manera. Las instrucciones, las palabras de Cristo, son los materiales que determinan la estructura y el destino de nuestras vidas. Nuestras vidas y nuestro destino dependen de cómo respondemos a los dichos de Cristo.
   b. El discípulo cava profundamente para poner el fundamento (cimiento). Este es un aspecto crucial. El suelo

no es tierra, sino roca. Demanda gran esfuerzo y energía. Lo más oneroso y costoso para un constructor es *dar en la roca*, y sin embargo, la roca es por mucho el mejor fundamento.

- El constructor escoge la roca para su fundamento. No es que casualmente dio en la roca mientras cavaba los cimientos; sabía que la roca estaba allá y la escogió como fundamento correcto para su casa. Escogió deliberadamente *el más seguro y firme* fundamento disponible.
- Este constructor *cavó profundamente*. No dejó nada al azar. Quería estar absolutamente seguro, tan seguro como fuera posible. De modo que *cavó* tan hondo como le fue posible.
- Este constructor estuvo dispuesto a dedicar el *tiempo, esfuerzo y costo* para cavar en la roca. Fue difícil, agotador, costoso; sin embargo lo hizo. ¿Por qué? Porque era *su casa* y quería estar absolutamente cierto y seguro.

c. Pone el fundamento en la roca. Cristo es el único fundamento sobre el cual podemos construir y estructurar nuestras vidas. «Porque nadie puede poner otro fundamento que el que está puesto, el cual es Jesucristo» (1 Co. 3:11; cp. Ef. 2:20; 1 P. 2:4-5).

Pensamiento. El Señor no es una roca inerte, sino «piedra viva» (1 P. 2:4). Cuando venimos a Él como «piedra viva», somos «edificados como casa espiritual» (1 P. 2:5).

«Desead, como niños recién nacidos, la leche espiritual no adulterada, para que por ella crezcáis para salvación, si es que habéis gustado la benignidad del Señor. Acercándose a él, piedra viva, desechada ciertamente por los hombres, mas para Dios escogida y preciosa, vosotros también, como piedras vivas, sed edificados como casa espiritual y sacerdocio santo, para ofrecer sacrificios espirituales aceptables a Dios por medio de Jesucristo» (1 P. 2:2-5).

3. El verdadero discípulo permanece. La casa (su vida) que construye resiste las tormentas de la vida y de la eternidad. Ahora note que no está exento de las tormentas de la vida. El solo hecho de haber construido sobre la roca no significa que no vendrán tormentas. De hecho, es porque las tormentas vienen que Él construyó sobre la roca. Este hombre (el verdadero discípulo) sabe que llueve sobre «justos e injustos» (Mt. 4:45). Vendrán todo tipo de tormentas, las tormentas de...

- enfermedad
- sufrimiento
- muerte
- malos tratos
- tentación
- quejas
- pecado
- desilusión
- accidentes
- abuso
- tensión
- hospitalización

Pensamiento 1. La persona debe construir sobre Jesucristo. No hay otro fundamento que pueda resistir las tormentas de dolor que vienen, de problemas, de aflicción, mal, y muerte.

«Jesús les dijo: ¿Nunca leísteis en las Escrituras: la piedra que desecharon los edificadores, ha venido a ser cabeza del ángulo. El Señor ha hecho esto, y es cosa maravillosa a nuestros ojos?» (Mt. 21:42).

«Porque nadie puede poner otro fundamento que el que está puesto, el cual es Jesucristo» (1 Co. 3:11).

«Edificados sobre el fundamento de los apóstoles y profetas, siendo la principal piedra del ángulo Jesucristo mismo» (Ef. 2:20).

«Por lo cual también contiene la Escritura: he aquí, pongo en Sion la principal piedra del ángulo, escogida, preciosa; y el que creyere en él, no será avergonzado» (1 P. 2:6).

«Este Jesús es la piedra reprobada por vosotros los edificadores, la cual ha venido a ser la cabeza del ángulo» (He. 4:11).

«Atesorando para sí buen fundamento para lo por venir, que echen mano de la vida eterna» (1 Ti. 6:19).

«Pero el fundamento de Dios está firme, teniendo este sello: Conoce el Señor a los que son suyos; y apártese de iniquidad todo aquel que invoca el nombre de Cristo» (2 Ti. 2:19).

Pensamiento 2. Cuando vienen las tormentas ninguna persona que haya construido su vida sobre Cristo, cae.

1) Dios nos acepta en Cristo; nos adopta como hijos suyos.

«Pero cuando vino el cumplimiento del tiempo, Dios envió a su Hijo, nacido de mujer y nacido bajo la ley, para que redimiese a los que estaban bajo la ley, a fin de que recibiésemos la adopción de hijos. Y por cuanto sois hijos, Dios envió a vuestros corazones el Espíritu de su Hijo, el cual clama: ¡Abba, Padre!» (Gá. 4:4-6).

«En amor habiéndonos predestinado para ser adoptados hijos suyos por medio de Jesucristo, según el puro afecto de su voluntad, para alabanza de la gloria de su gracia, con la cual nos hizo aceptos en el Amado» (Ef. 1:5-6).

2) Dios promete proveer para las necesidades de la vida.

«Mas buscad primeramente el reino de Dios y su justicia, y todas estas cosas os serán añadida» (Mt. 6:33; cp. Mt. 6:25-34).

3) Dios promete obrar para bien en todas las cosas (todas las tormentas) para los que construyen sabiamente.

«Y sabemos que a los que aman a Dios, todas las cosas les ayudan a bien, esto es, a los que conforme a su propósito son llamados» (Ro. 8:28).

4) Dios bendice a los que «oyen la Palabra de Dios y la guardan» (Lc. 11:28).

5) Cristo promete gozo a los que oyen y reciben las cosas que Él dijo.

«Estas cosas os he hablado, para que mi gozo esté cumplido en vosotros, y vuestro gozo sea cumplido (Jn. 15:11; cp. Jn. 13:17).

[3] (6:49) ***Fundamento —discípulo:*** el discípulo falso no pone fundamento. Note tres temas.

1. El discípulo falso oye a Cristo pero *no hace* lo que Cristo dice.

- Ignora lo que Cristo dice.
- Se une a otras cosas.
- Está demasiado ocupado.
- No piensa en las consecuencias.

2. El discípulo falso es como un constructor.

a. Construye una casa, pero note algo muy crucial. Escucha las instrucciones del maestro de la obra (en la iglesia, por medio de sus padres, la radio, libros, amigos, televisión). Se le ha dicho cómo construir, y sabe dónde construir; por eso se espera que construya conforme a las instrucciones. De hecho, es chocante si no construye una casa sólida (note la pregunta y el asombro de Cristo en v. 46).

b. No cava. ¡Qué necio! Acá está ilustrada la profundidad de la necedad del hombre. ¿Por qué no cava?

- La roca le lleva demasiado tiempo y esfuerzo.
- Falla en prever, en considerar el futuro.
- Quiere estar haciendo otra cosa.

c. No pone fundamentos, no hace cimientos. ¿Qué tragedia! Sabía bien que tenía que hacerlo, pero ignoró las instrucciones del maestro constructor. El discípulo falso oyó lo que los profetas y justos de la antigüedad hubieran querido oír (Mt. 13:17; 1 P. 1:10). ¡Qué privilegio el suyo! ¡Pero cómo abusó de ese privilegio! Semana tras semana, día tras día, año tras año estuvo escuchando; sin embargo, nunca siguió las instrucciones en cuanto a cómo construir su vida.

3. El discípulo falso *cae.* La casa (su vida) que ha construido se derrumba ante el embate de las tormentas de la vida y de la eternidad.

a. «Dio con ímpetu contra ella.» Vienen los torrentes de pruebas. No pueden ser detenidos; la casa sin fundamento no puede resistir. Note: «Luego cayó, y fue *grande la ruina de aquella casa ...»*

b. La obra de todo hombre será manifiesta. Nuestra obra será probada en esta vida mediante muchas, muchas pruebas, y en la vida venidera por Cristo. Será grande la caída de una vida que no está construida sobre Cristo. Aquel día el hombre que construyó su casa sobre la arena tendrá que encarar a Cristo (1 Co. 3:13).

Pensamiento 1. La persona que construye sobre la arena se aferra a una *falsa confianza.* Su fe y confianza están puestas en algo erróneo.

«El que confía en sus riquezas caerá; mas los justos reverdecerán como ramas» (Pr. 11:28).

«El que confía en su propio corazón es necio; mas el que camina en sabiduría será librado» (Pr. 28:26).

«Porque te confiaste en tu maldad, diciendo: Nadie me ve. Tu sabiduría y tu misma ciencia te engañaron, y dijiste en tu corazón: yo, y nadie más» (Is. 47:10).

«Así ha dicho Jehová: Maldito el varón que confía en el hombre, y pone carne por su brazo, y su corazón se aparta de Jehová» (Jer. 17:5).

«Di a los recubridores con lodo suelto, que caerá; vendrá lluvia torrencial, y enviaré piedras de granizo que la hagan caer, y viento tempestuoso la romperá» (Ez. 13:11).

«Y vendrán a ti como viene el pueblo, y estarán delante de ti como pueblo mío, y oirán tus palabras, y no las pondrán por obra; antes hacen halagos con sus bocas, y el corazón de ellos anda en pos de su avaricia» (Ez. 33:31).

Pensamiento 2. La persona que construye sobre la arena de este mundo de pecado caerá.

«La justicia del perfecto enderezará su camino; mas el impío por su impiedad caerá» (Pr. 11:5).

«¿Se han avergonzado de haber hecho abominación? Ciertamente no se han avergonzado, ni aun saben tener vergüenza; por tanto, caerán entre los que caigan; cuando los castigue caerán, dice Jehová» (Jer. 6:15).

«La obra de cada uno se hará manifiesta; porque el día la declarará, pues por el fuego será revelada; y la obra de cada uno cuál sea, el fuego la probará. Si permaneciere la obra de alguno que sobreedificó, recibirá recompensa. Si la obra de alguno se quemare, él sufrirá pérdida, si bien él mismo será salvo, aunque así como por fuego» (1 Co. 3:13-15).

«Porque vosotros sabéis perfectamente que el día del Señor vendrá así como ladrón en la noche; que cuando digan: Paz y seguridad, entonces vendrá sobre ellos destrucción repentina, como los dolores de la mujer encinta, y no escaparán» (1 Ts. 5:3; 2 P. 3:4, 9-13).

«Allí cayeron los hacedores de maldad; fueron derribados y no podrán levantarse» (Sal. 36:12).

«Por tanto, su calamidad vendrá de repente; súbitamente será quebrantado, y no habrá remedio» (Pr. 6:15).

«¿Cómo escaparemos nosotros, si descuidamos una salvación tan grande? La cual, habiendo sido anunciada primeramente por el Señor, nos fue confirmada por los que oyeron» (He. 2:3).

1 Jesús regresó a Capernaum

2 Una gran fe se preocupa profundamente por la gente

3 Una gran fe se siente indigna de acercarse a Jesucristo

4 Una gran fe busca a Dios

5 Una gran fe se centra en Jesucristo

a. En Jesús como Señor soberano

b. En el supremo poder de Jesús y de su Palabra

6 Una gran fe motiva el poder de Jesucristo

a. Jesús se maravilló

b. Jesús habló bien del soldado

c. Jesús sanó al siervo

CAPÍTULO 7

M. Jesús halla gran fe en un soldado: qué es una gran fe, 7:1-10
(Mt. 8:5-13)

1 Después que hubo termi-
nado todas sus palabras al
pueblo que le oía, entró en
Capernaum.
2 Y el siervo de un centurión, a quien éste quería
mucho, estaba enfermo y a
punto de morir.
3 Cuando el centurión oyó
hablar de Jesús, le envió
unos ancianos de los judíos,
rogándole que viniese y
sanase a su siervo.
4 Y ellos vinieron a Jesús y
le rogaron con solicitud,
diciéndole: Es digno de que
le concedas esto;
5 porque ama a nuestra
nación, y nos edificó una
sinagoga.
6 Y Jesús fue con ellos.
Pero cuando ya no estaban
lejos de la casa, el centurión
envió a él unos amigos,
diciéndole: Señor, no te
molestes, pues no soy digno
de que entres bajo mi techo;
7 por lo que ni aun me tuve
por digno de venir a ti; pero
dí la palabra, y mi siervo
será sano.
8 Porque también yo soy
hombre puesto bajo auto-
ridad, y tengo soldados bajo
mis órdenes; y digo a éste:
Vé y va; y al otro: Ven, y
viene; y a mi siervo: Haz
esto, y lo hace.
9 Al oír esto, Jesús se
maravilló de él, y volviéndose, dijo a la gente que le
seguía: Os digo que ni aun
en Israel he hallado tanta fe.
10 Y al regresar a casa los
que habían sido enviados,
hallaron sano al siervo que
había estado enfermo.

M. Jesús halla gran fe en un soldado: qué es una gran fe, 7:1-10

(7:1-10) ***Introducción:*** Jesucristo suple las necesidades de todos, gentiles o judíos, ricos o pobres, líderes o seguidores, gobernantes o esclavos. Tiende puentes sobre los abismos, prejuicios y divisiones entre los hombres. El único requisito esencial para obtener su ayuda es la fe. La persona tiene que tener fe en Jesucristo y su poder. Este hecho es claramente demostrado con lo que ocurrió entre este soldado y Jesús. Note que Jesús calificó la fe de este hombre como una «gran fe».

1. Jesús regresó a Capernaum (v. 1).
2. Una gran fe se preocupa profundamente por la gente (v. 2).
3. Una gran fe se siente indigna de acercarse a Jesucristo (v. 3).
4. Una gran fe busca a Dios (vv. 4-5).
5. Una gran fe se centra en Jesucristo (vv. 6-8).
6. Una gran fe motiva el poder de Jesucristo (vv. 9-10).

[1] (7:1) ***Jesucristo, cuartel general:*** Jesús volvió a Capernaum. Capernaum era su cuartel general donde vivía ahora (*véase* nota—Lc. 4:31).

[2] (7:2) ***Cuidar de otros:*** una gran fe se preocupa profundamente por la gente. El soldado era una persona que se preocupaba profundamente por la gente. Note la palabra «quería» (*entimos*) que significa estimar, honrar, apreciar, valorar. En la sociedad de aquel tiempo un esclavo no era nada, solamente una herramienta para ser usada cuando el propietario quisiera. No tenía derechos, ni siquiera el derecho de vivir. Un propietario podía maltratar y matar a un esclavo sin tener que rendir cuentas. Pero el soldado amaba a su esclavo. Esto revela una profunda preocupación y cuidado por la gente. Habría sido mucho menor molestia deshacerse del esclavo o ignorarlo y dejarlo morir simplemente. Pero no fue así para este soldado. Se preocupaba. Note cómo velaba personalmente por el esclavo, una persona que no significaba nada para el resto de la sociedad. En cambio, sus brazos y su amor estuvieron abiertos para hacer cuanto fuese posible para ayudar a esta persona indefensa. Este hecho en sí, de ayudar a una persona que no significaba nada para la sociedad, necesariamente afectaría de manera dramática a Cristo.

> **«Y el segundo es semejante: Amarás a tu prójimo como a ti mismo» (Mt. 22:39).**
>
> **«Este es mi mandamiento: que os améis unos a otros, como yo os he amado» (Jn. 15:12).**
>
> **«El amor sea sin fundamento. Aborreced lo malo, seguid lo bueno» (Ro. 12:9).**
>
> **«Y el Señor os haga crecer y abundar en amor unos para con otros y para con todos, como también lo hacemos nosotros para con vosotros» (1 Ts. 3:12).**
>
> **«Si en verdad cumplís la ley real, conforme a la Escritura: Amarás a tu prójimo como a ti mismo, bien hacéis» (Stg. 2:8).**

ESTUDIO A FONDO 1

(7:2) ***Centurión:*** *véase* Estudio a fondo 1— Hch. 23:23.

[3] 7:3) ***Rechazo—indignidad:*** una gran fe se siente indigna de acercarse a Jesús. El soldado era alguien que había escuchado de Jesús, y lo que había escuchado le hacía sentirse indigno. Note varias cosas.

1. El relato de Lucas difiere del de Mateo. Lucas dice que el centurión envió a algunos de los líderes religiosos a acercarse a Jesús, mientras que Mateo dice que el centurión mismo fue a Jesús. Lo que hay que recordar es que en una sociedad dictatorial, lo que un líder mandaba hacer a otros, es considerado como acto suyo, como si él mismo lo hubiese hecho. Los representantes del líder actuaron por él; consecuentemente se dice que él lo hizo.
2. El centurión estaba en un lugar desde donde podía oír de Jesús. Podía oír el mensaje de esperanza, y al recibir las buenas nuevas, no cerró su mente ni lo ignoró. En cambio, respondió.
3. Sin embargo, el centurión se sentía indigno de acercarse él

mismo a Jesús ¿Por qué?

- Era un soldado, entrenado para quitar la vida, y probablemente culpable de haberla quitado. Lo que había escuchado acerca de Cristo era el mensaje de amor y fraternidad.
- Era un pecador, un terrible pecador, un pagano romano, *totalmente indigno* y rechazado ante los ojos de la mayoría. Creía que Jesús también lo consideraría indigno y que lo rechazaría.

4. El centurión pidió la ayuda de otros. Les pidió que intercedieran por él. Note que no permitió que su sentido de indignidad y rechazo lo derrotase; ni fue demasiado orgulloso para pedir ayuda, a pesar de su posición de superioridad.

Pensamiento. La persona tiene que exponerse al evangelio, estar donde el evangelio es predicado, y humillarse a sí misma ante el Señor si desea las bendiciones de Dios.

«Digo, pues, por la gracia que me es dada, a cada cual que está entre vosotros, que no tenga más alto concepto de sí que el que debe tener, sino que piense de sí con cordura, conforme a la medida de fe que Dios repartió a cada uno» (Ro. 12:3).

«Pero él da mayor gracia. Por esto dice: Dios resiste a los soberbios, y da gracia a los humildes» (Stg. 4:6).

«Humillaos delante del Señor, y él os exaltará» (Stg. 4:10).

«Cercano está Jehová a los quebrantados de corazón; y salva a los contritos de espíritu» (Sal. 34:18).

«Porque Jehová es excelso, y atiende al humilde, mas al altivo mira de lejos» (Sal. 138:6).

«Oh hombre, él te ha declarado lo que es bueno, y qué pide Jehová de ti: solamente hacer justicia, y amar misericordia, y humillarte ante tu Dios» (Mi. 6:8).

«Porque así dijo el Alto y Sublime, el que habita en la eternidad, y cuyo nombre es Santo: Yo habito en la altura y la santidad, y con el quebrantado y humilde de espíritu, para hacer vivir el espíritu de los humildes, y para vivificar el corazón de los quebrantados» (Is. 57:15).

[4] (7:4-5) *Buscar a Dios—judíos—gentiles—rechazados—prejuicios:* una gran fe busca a Dios. El soldado era un hombre que buscaba a Dios.

1. No era un religioso superficial. Había escuchado del Dios de Israel y lo había aceptado rechazando los dioses de Roma. Hizo esto a pesar de la hostilidad y el rechazo de los judíos. Se sentía tan atraído a Dios que evidentemente nada lo detendría hasta encontrar la verdad.

2. Era un hombre de fe (v. 9), un hombre que amaba a Dios. El motivo precisamente para amar a la nación judía (pueblo que en cambio lo despreciaba) y para construirle una sinagoga, era su amor a Dios. Su fe y amor necesariamente eran genuinos. Era extremadamente inusual para un gentil, particularmente para un oficial gentil preocuparse por los judíos. Lo común era el antisimetismo. Los judíos y los gentiles no tenían trato entre sí. (*Véanse* notas—Mt. 15:26-27; Estudio a fondo 1—Mr. 7:25; 7:27). Note hasta qué extremo fue en su amor a Dios: *amaba* a quienes lo habían rechazado y despreciado formalmente, e hizo todo lo que pudo para edificar y apoyar la adoración del pueblo de Dios construyéndole una sinagoga. Su amor y su fe eran tan fuertes y evidentes que quienes lo habían despreciado ahora se sentían cerca de Él, suficientemente cerca para interceder por Él.

«Pero sin fe es imposible agradar a Dios; porque es necesario que el que se acerca a Dios crea que le hay, y que es galardonados de los que le buscan» (He. 11:6).

«Para que busquen a Dios, si en alguna manera, palpando, puedan hallarle, aunque ciertamente no está lejos de cada uno de nosotros» (Hch. 17:27).

«Buscad a Jehová y su poder; buscad siempre su rostro» (Sal. 105:4).

[5] (7:6-8) *Fe:* una gran fe se centra en Jesucristo. El centurión era un hombre de fe. El centurión ilustró a la perfección lo que es la fe (He.11:6).

1. Es creer que «Cristo es». Es decir, que es el Señor soberano (He. 11:6). Todo poder está sujeto a Él.

2. Es creer que «es galardonador de los que le buscan» (He. 11:6). Usará su poder en beneficio de quienes le buscan.

Note que el centurión había buscado diligentemente a Jesús, creyendo que Jesús podía suplir su necesidad. Muchos creyentes buscan diligentemente al Señor, pero la fe del centurión fue mucho más grande que la de la mayoría de los creyentes. ¿Por qué? Porque creyó que *todo lo que hacía falta era la Palabra de Cristo.* No era necesario que Jesús estuviera presente para que la necesidad fuese suplida. Como centurión tenía autoridad sobre otros hombres. Lo único que tenía que hacer era dar una orden, y la orden era ejecutada, estuviese o no presente. Era un comandante soberano. El centurión estaba diciendo: «Cuánto más soberano eres tú, oh Señor. Solamente dí la palabra, y mi necesidad será suplida». ¡Qué lección convincente y poderosa, para todos nosotros, sobre la fe!

«Y Jesús se acercó y les habló diciendo: toda potestad me es dada en el cielo y en la tierra» (Mt. 28:18).

«Encomienda a Jehová tu camino, y confía en él; y él hará» (Sal. 37:5).

«Mejor es confiar en Jehová que confiar en el hombre» (Sal. 118:8).

«Confiad en Jehová perpetuamente, porque en Jehová el Señor está la fortaleza de los siglos» (Is. 26:4).

«Buscad a Jehová mientras pueda ser hallado, llamadle en tanto que está cercano» (Is. 55:6).

[6] (7:9-10) *Fe—Jesucristo, poder de:* una gran fe motiva el poder de Jesús. El centurión fue un hombre que impulsó el gran poder de Jesús.

1. Jesús se maravilló. Hay solamente dos ocasiones en que se dice que Jesús se maravilló. Ante este centurión y ante la incredulidad de la gente de Nazaret (Mr. 6:6). ¡Qué impacto hizo este hombre en Jesús!

2. Jesús recibió y habló bien de este soldado. Lo hizo por la fe que tenía, no por quien era ni por lo que había hecho. *Creer,* es decir, tener verdadera fe, no es frecuente. No muchos creen; a pesar de que la fe en Cristo es una de las mayores virtudes de la vida humana, una virtud ignorada, descuidada y en algunos casos negada.

Habló bien de él ante los otros. Hay momentos en que es preciso dar el reconocimiento y hablar bien respecto de una persona. Pero nuevamente note el motivo. Es por las virtudes espirituales, por la fuerza espiritual. De todos modos siempre es preciso ejercer la cautela para no dar lugar al orgullo y a la auto importancia.

3. Jesús sanó al siervo, y su poder para responder al pedido del centurión demostró la naturaleza mesiánica de Jesús; demostró ser realmente el Hijo de Dios.

Pensamiento: Jesucristo tiene el poder de suplir nuestras necesidades; sin embargo, hay un prerequisito: fe. Tenemos que creer que Jesucristo *puede* suplir nuestras necesidades.

«Respondiendo Jesús, les dijo: Tened fe en Dios. Porque de cierto os digo que cualquiera que dijere a este monte: Quítate y échate en el mar, y no dudare en su corazón, sino creyere que será hecho lo que dice, lo que diga le será hecho. Por tanto, os digo que todo lo que pidiereis orando, creed que los recibiréis, y os vendrá» (Mr. 11:22-24).

«Mas también sé ahora que todo lo que pidas a Dios, Dios te lo dará» (Jn. 11:22).

«Por lo cual puede también salvar perpetuamente a los que por él se acercan a Dios, viviendo siempre para interceder por ellos» (He. 7:25).

1 Jesús llegó a Naín; mucha gente vio la conquista de la muerte **2 La gran compasión de Jesús; se sintió conmovido** a. Por la muerte; por un hombre muerto b. Por un corazón quebrantado c. Por una mujer, con amor y preocupación d. El Señor vio, tuvo compasión[EF1]	**N. Jesús resucita al hijo de una viuda: gran compasión y poder, 7:11-17** 11 Aconteció después, que él iba a la ciudad que se llama Naín, e iban con él muchos de sus discípulos, y una gran multitud. 12 Cuando llegó cerca de la puerta de la ciudad, he aquí que llevaban a enterrar a un difunto, hijo único de su madre, la cual era viuda; y había con ella mucha gente de la ciudad. 13 Y cuando el Señor la vio, se compadeció de ella,	y le dijo: No llores. 14 Y acercándose, tocó el féretro; y los que lo llevaban se detuvieron. Y dijo: Joven, a ti te digo, levántate. 15 Entonces se incorporó el que había muerto, y comenzó a hablar. Y lo dio a su madre. 16 Y todos tuvieron miedo, y glorificaban a Dios, diciendo: Un gran profeta se ha levantado entre nosotros; y: Dios ha visitado a su pueblo. 17 Y se extendió la fama de él por toda Judea, y por toda la región de alrededor.	y habló palabras de aliento **3 El gran poder de Jesús** a. Para pasar por alto creencias tradicionales b. Para detener el cortejo fúnebre c. Para levantar al muerto **4 El gran temor de la gente** a. Glorificaron a Dios b. Creían que era un profeta c. Reconocieron que Dios volvía a tratar con ellos d. Dieron testimonio

N. Jesús resucita al hijo de una viuda: gran compasión y poder, 7:11-17

(7:11-17) ***Introducción —resurrección:*** el acontecimiento más fenomenal en toda la historia es la resurrección de los muertos. Algunas personas tienen una enorme dificultad en creer las afirmaciones sobre la resurrección, ya sea sobre el hecho de que Jesús mismo fue resucitado, o la promesa dada a los creyentes de resucitar un día, o de Jesús resucitando a los muertos. Lucas lo sabía por eso quería ayudar a las mente incrédulas. En este evento Lucas comparte la gran compasión y el gran poder de Jesús para resucitar a los muertos.

1. Jesús llegó a Naín; mucha gente presenció la conquista de la muerte (v. 11).
2. La gran compasión de Jesús; se sintió conmovido (vv. 12-13).
3. El gran poder de Jesús (vv. 14-15).
4. El gran temor de la gente (vv. 16-17).

1 (7:11) ***Jesucristo, seguir a —buscar, motivos:*** Jesús llegó a Naín. Es esta la única vez que se menciona tal ciudad en la Biblia. Distaba solamente seis millas de Nazaret y un día de viaje de desde Capernaum. Note dos hechos.

1. Es la misma zona donde Eliseo resucitó al hijo de la mujer sunamita (2 R. 4:18-37). Por eso, llegó a ser la zona donde la gran compasión y el gran poder de Dios fueron manifestados.
2. Muchas personas presenciaron la conquista de la muerte. Muchos de sus discípulos estuvieron presentes, y había multitudes de otros que no creían. Los incrédulos lo seguían por todo tipo de motivos:
   - curiosidad.
   - compañerismo de vecinos.
   - convicciones éticas.
   - una necesidad de ayuda.
   - admiración.
   - el deseo de hacer algo.
   - estar impresionados por sus enseñanzas.
   - creer que Jesús es un gran profeta.

2 (7:12-13) ***Compasión:*** la gran compasión de Jesús se ve en el hecho de sentirse Jesús conmovido. Note cuatro temas.

1. Jesús fue conmovido por la muerte. Aparentemente el cuadro de la muerte siempre lo conmovía. El hecho que los hombres mueren fue lo que lo trajo a la tierra. Probablemente pasó ante su mente toda la escena del pecado y de la muerte, era la escena...
   - del pecado y de la muerte del hombre (Ro. 5:12; 6:23; He. 9:27).
   - el gran precio del pecado y de la muerte, es decir, su propia muerte cargando los pecados y la muerte del mundo (1 P. 2:24; 1 Jn. 2:1-2).

«Porque Cristo para esto murió y resucitó, y volvió a vivir, para ser Señor así de los muertos como de los que viven» (Ro. 14:9).

2. Jesús fue conmovido por un corazón quebrantado, el corazón de la madre. Note la situación de ella. Era viuda, aparentemente de edad algo avanzada, con un solo hijo, un hijo mayor. Acababa de morir, y ahora ella se hallaba totalmente sola en el mundo, en un mundo rudo y severo, que le ofrecía pocas oportunidades de ganarse un sustento y escasa ayuda permanente. De ahora en más la mujer no tendría compañía permanente, ni quien le proveyese, ni quien la protegiese; y no había quien continuase el linaje de la familia. El nombre de la familia moriría al morir ella. Estaba quebrantada, llena de dolor y pena, sin comprender y sin esperanza. Todo esto lo vio Jesús y fue conmovido por la compasión.
3. Jesús fue conmovido por una mujer llena de amor y preocupación, una mujer muy querida. Note que «había con ella mucha gente de la ciudad». Ello indica que a lo largo de los años había sido una persona que había *amado y se había preocupado* por otros. Por eso otros la amaban y se preocupaban por ella. Era una persona amada. Jesús siempre es conmovido y motivado a ayudar a quienes han ayudado a otros (Lc. 6:38).

«Bienaventurados los misericordiosos, porque ellos alcanzarán misericordia» (Mt. 5:7).

Note que en esta necesidad particular nadie pidió ayuda a Jesús. El mismo inició la ayuda, actuó a partir de su propia compasión. ¿Por qué no lo hacía siempre? Aparentemente la diferencia está en la misma mujer. Aparentemente la vida de ella estaba tan llena de amor y preocupación por otros que sencillamente se destacaba como un glorioso ejemplo de lo que es el amor a Dios (Mt. 22:38-39; Jn. 13:34-35; 1 Jn. 4:7).

4. El Señor vio a la mujer, tuvo compasión de ella y la alentó. Note tres hechos importantes.
   a. «El Señor» que la vio. Esta es la primera vez que Lucas usa el título «el Señor» y su uso es impactante. Lo

que Lucas subraya es que «el Señor», el poder soberano del universo, vio a esta mujer totalmente quebrantada. «El Señor» de todo el poder la vio concretamente.

b. Fue «el Señor» quien tuvo compasión de ella. El hecho es chocante, porque el poder soberano del universo concretamente sintió compasión de una simple mujer. Jesús no era solamente el soberano poder de un vasto universo *distante en algún sitio del espacio exterior,* desentendido y desinteresado en cuanto a esta tierra con sus habitantes. Al contrario, Jesús estaba vitalmente interesado, suficientemente interesado para mirar y ver; y preocupado por lo que vio, lleno de compasión por la persona quebrantada (*véase* nota— Lc. 7:13).

c. Era «el Señor» quien habló y le dio aliento. Nuevamente, es un hecho asombroso, porque el soberano poder del universo habló concretamente y alentó a una simple mujer. Lucas está acentuando definidamente este tremendo pensamiento: «el Señor», la soberana majestad del universo *habla* a los hombres, y *su Palabra* les da gran aliento. El Señor está vitalmente interesado en los hombres, incluso en las angustias de una simple mujer.

«¿Quién nos separará del amor de Cristo? ¿Tribulación, o angustia, o persecución, o hambre, o desnudez, o peligro, o espada?» (Ro. 8:35).

«Porque no tenemos un sumo sacerdote que no pueda compadecerse de nuestras debilidades, sino uno que fue tentado en todo según nuestra semejanza, pero sin pecado» (He. 4:15).

«Echando toda vuestra ansiedad sobre él, porque él tiene cuidado de vosotros» (1 P. 5:7).

«Se acordó de que eran carne, soplo que va y no vuelve» (Sal. 78:39).

«Como el padre se compadece de los hijos, se compadece Jehová de los que le temen» (Sal. 103:13).

«Mas la misericordia de Jehová es desde la eternidad y hasta la eternidad sobre los que le temen, y su justicia sobre los hijos de los hijos» (Sal. 103:17).

«En toda angustia de ellos él fue angustiado, y el ángel de su faz los salvó; en su amor y en su clemencia los redimió, y los trajo, y los levantó todos los días de la antigüedad» (Is. 63:9).

«Por la misericordia de Jehová no hemos sido consumidos, porque nunca decayeron sus miseri cordias» (Lm. 3:22).

ESTUDIO A FONDO 1

(7:13) ***Compasión*** (*esplagchnisthe*): ser conmovido interiormente, gemir con tierna misericordia, afecto, piedad, empatía, compasión. Es el asiento mismo de los afectos del hombre. Es el movimiento más profundo posible de las emociones; ser conmovido en los más profundo del ser.

3 (7:14-15) ***Jesucristo, poder—resurrección:*** el gran poder de Jesús. Aquí se ven tres actos sorprendentes.

1. El poder de Jesús para pasar por alto las creencias tradicionales. La gente de aquel tiempo creía que una persona se contaminaba al tocar un cadáver. La persona quedaba ceremonialmente impura, inaceptable ante Dios. Al tocar el féretro o cuerpo, Jesús estaba mostrando que poseía el derecho y el poder de pasar por alto las creencias y leyes religiosas. Él era el soberano poder aun sobre las creencias religiosas y sobre la muerte y la vida.

2. El poder de Jesús para detener el cortejo fúnebre. Note que quienes llevaban el féretro interrumpieron su marcha; se «detuvieron». Obedecieron el toque de Jesús.

Pensamiento. La disposición y obediencia por parte de quienes llevaban el féretro y por parte de la madre fueron esenciales para que Jesús resucitase al hijo muerto. Nosotros también tenemos que estar dispuestos y ser obedientes si queremos resucitar de los muertos.

«Si *en alguna manera* llegase a la resurrección de entre los muertos» (Fil. 3:11; cp. Fil. 3:7-11).

3. El poder de Jesús para resucitar a los muertos. Fue la orden, la *Palabra* sencilla pero poderosa de Jesús lo que levantó al muerto.

«De cierto, de cierto os digo: El que oye mi *palabra,* y cree al que me envió, tiene vida eterna; y no vendrá a condenación, mas ha pasado de muerte a vida. De cierto, de cierto os digo: Viene la hora, y ahora es, cuando los muertos oirán la *voz* del Hijo de Dios; y los que la oyeren vivirán. Porque como el Padre tiene vida en sí mismo, así también ha dado al Hijo el tener vida en sí mismo; y también le dio autoridad de hacer juicio, por cuanto es el Hijo del Hombre. No os maravilléis de esto; porque vendrá hora cuando todos los que están en los sepulcros oirán su *voz;* y los que hicieron lo bueno, saldrán a resurrección de vida; mas los que hicieron lo malo, a resurrección de condenación» (Jn. 5:24-29).

«Por eso me ama el Padre, porque yo pongo mi vida, para volverla a tomar. Nadie me la quita, sino que yo de mí mismo la pongo. *Tengo poder para ponerla, y tengo poder para volverla a tomar.* Este mandamiento recibí de mi Padre» (Jn. 10:17-18).

«Porque preciso es que él reine hasta que haya puesto a todos sus enemigos debajo de sus pies. Y el postrer enemigo que será destruido es la muerte» (1 Co. 15:25-26).

«Porque el Señor mismo con voz de mando, con voz de arcángel, y con trompeta de Dios, descenderá del cielo; y los muertos en Cristo resucitarán primero. Luego nosotros los que vivimos, los que hayamos quedado, seremos arrebatados juntamente con ellos en las nubes para recibir al Señor en el aire, y así estaremos siempre con el Señor Por tanto, alentaos los unos a los otros con estas palabras» (1 Ts. 4:16-18).

«Cuando le ví, caí como muerto a sus pies. Y él puso su diestra sobre mí, diciéndome: No temas; yo soy el primero y el último; y el que vivo, y estuve muerto; mas he aquí que vivo por los siglos de los siglos, amén. Y tengo las llaves de la muerte y del hades» (Ap. 1:17-18).

«Destruirá a la muerte para siempre; y enjugará Jehová el Señor toda lágrima de todos los rostros; y quitará la afrenta de su pueblo de toda la tierra; porque Jehová lo ha dicho» (Is. 25:8).

4 (7:16-17) ***Jesucristo, respuesta—Dios, temor de:*** el gran temor de la gente. La palabra «temor» (*phobos*) se refiere a un temor reverencial lleno de respeto. Viendo al hombre muerte incorporarse y hablar llenó el corazón de ellos con el temor de Dios.

1. Glorificaron a Dios (*edoxazon*). El tiempo es un imperfecto activo, «*comenzaron* a glorificar a Dios» y *siguieron* glorificando a Dios.
2. Creyeron que Jesús era un *gran* profeta.
3. Reconocieron que Dios estaba tratando con ellos. Había un extenso avivamiento espiritual que recorría todo Israel. El mensaje de Juan el Bautista había sido oído por las multitudes; Jesús estaba afectando las vidas de multitudes de personas. El pueblo sentía que ahora Dios volvía, una vez más a visitar y tratar con Israel.
4. Dieron testimonio por todas partes.

«En esto es glorificado mi Padre, en que *llevéis mucho fruto,* y seáis así mis discípulos» (Jn. 15:8).

«Con gozo dando gracias al Padre que nos hizo aptos para participar de la herencia de los santos en luz» (Col. 1:12).

«Así que, ofrezcamos siempre a Dios, por medio de él,

sacrificio de alabanza, es decir, fruto de labios que confiesen su nombre» (He. 13:15).

«Mas vosotros sois linaje escogido, real sacerdocio, nación santa, pueblo adquirido por Dios, para que anunciéis las virtudes de aquel que os llamó de las tinieblas a su luz admirable» (1 P. 2:9).

«Los que teméis a Jehová, alabadle; glorificadle, descendencia toda de Jacob, y temedle vosotros, descendencia toda de Israel» (Sal. 22:23).

«Y mi lengua hablará de tu justicia y de tu alabanza todo el día» (Sal. 35:28).

«Señor, abre mis labios, y publicará mi boca tu alabanza» (Sal. 51:15).

«Entrad por sus puertas con acción de gracias, por sus atrios con alabanza; alabadle, bendecid su nombre» (Sal. 100:4).

1 Juan el Bautista, en prisión, oyó de las obras de amor de Jesús
- a. Juan quedó asombrado; se imaginaba un Mesías severo
- b. Juan envió dos discípulos a Jesús para preguntar sobre su naturaleza mesiánica

2 El ministerio y mensaje de Jesús demostraba que Él era el Mesías
- a. Mostró el poder y las obras del Mesías
- b. Cumplió las profecías referidas al Mesías[EF1]
- c. Predicó el evangelio del Mesías
- d. Prometió tanto las bendiciones como el juicio del Mesías

3 El antecesor, el mismo Juan, probaba que Jesús era el Mesías
- a. Su convicción y lealtad
- b. Su negación propia y disciplina
- c. Su misión profética
- d. Su identidad como verdadero antecesor

4 El reino de Dios demostraba que Jesús era el Mesías

O. Jesús responde la pregunta de Juan el Bautista: ¿Es Jesús el Mesías? 7:18-28
(Mt. 11:1-15)

18 Los discípulos de Juan
le dieron las nuevas de
todas estas cosas. Y llamó
Juan a dos de sus discípulos,
19 y los envió a Jesús,
para preguntarles: ¿Eres tú
el que había de venir, o
esperaremos a otro?
20 Cuando, pues, los hom-
bres vinieron a él, dijeron:
Juan el Bautista nos ha enviado a ti, para preguntarte:
¿Eres tú el que había de
venir, o esperaremos a otro?
21 En esa misma hora sanó
a muchos de enfermedades
y plagas, y de espíritus
malos, y a muchos ciegos
les dio la vista.
22 Y respondiendo Jesús,
les dijo: Id, haced saber a
Juan lo que habéis visto y
oído: los ciegos ven, los
cojos andan, los leprosos
son limpiados, los sordos
oyen, los muertos son resucitados, y a los pobres es
anunciado el evangelio;
23 y bienaventurado es
aquel que no halle tropiezo
en mí.
24 Cuando se fueron los
mensajeros de Juan, comenzó a decir de Juan a la gente:
¿Qué salisteis a ver al
desierto? ¿Una caña sacu-
dida por el viento?
25 Mas ¿qué salisteis a
ver? ¿A un hombre cubierto
de vestiduras delicadas? He
aquí, los que tienen vestidura preciosa y viven en
deleites, en los palacios de
los reyes están.
26 Mas ¿qué salisteis a ver?
¿A un profeta? Sí, os digo,
y más que profeta.
27 Este es de quién está
escrito: He aquí, envío mi
mensajero delante de tu faz,
el cual preparará tu camino
delante de ti.
28 Os digo que entre los
nacidos de mujeres, no hay
mayor profeta que Juan el
Bautista; pero el más pe-
queño en el reino de Dios es
mayor que él.

O. Jesús responde la pregunta de Juan el Bautista: ¿Es Jesús el Mesías? 7:18-28

(7:18-28) ***Introducción—Mesías:*** algunos cuestionan la naturaleza mesiánica de Jesucristo. Quizá sea por rebelión o por momentos de debilidad y desesperación, pero las preguntas surgen. Juan el Bautista tuvo un momento de duda. Lo que debemos recordar es que las preguntas honestas nunca ofenden a Dios; solo la rebelión es juzgada por Él. Dios atenderá y responderá cualquier pregunta honesta presentada por una persona dolorida y necesitada. Este pasaje ofrece la respuesta de Jesús a la pregunta de Juan; esta es la demostración definitiva de la naturaleza mesiánica de Jesús.

1. Juan el Bautista, en prisión, oyó de las obras de amor de Jesús (vv. 18-20).
2. El ministerio y mensaje de Jesús demostraba que Él era el Mesías (vv. 21-23).
3. El antecesor, el mismo Juan, probaba que Jesús era el Mesías (vv. 24-27).
4. El reino de Dios demostraba que Jesús era el Mesías (v. 28).

[1] (7:18-20) ***Mesías, conceptos falsos de—Juan el Bautista:*** Juan estaba en prisión (cp. Lc. 3:19-20; 9:9). Sus discípulos le llevaron las noticias acerca de las obras de amor de Jesús. Aparentemente sus discípulos podían visitarlo. Juan estaba ansioso de oír de Jesús y del movimiento mesiánico, de modo que ellos le relataban los maravillosos milagros y las enseñanzas de Jesús. Sin embargo, el informe no incluía nada en cuanto a eliminar las injusticias de los hombres, de librar a los hombres de la tiranía y gobierno impuesto por otros; nada de cumplir la esperanza de los hombres sobre la venida del gran Mesías que conquistaría al mundo y gobernaría en justicia, juzgando a todos los hombres y naciones. En efecto, aparentemente ocurría todo lo contrario; porque cuando la gente se levantaba para exaltar a Jesús como su rey, Jesús se retiraba y desalentaba la conducta del pueblo (Lc. 5:16).

Juan quedó asombrado por lo que oyó, porque aparentemente Jesús solo cumplía una mitad de las profecías referidas al Mesías, la mitad referida al ministerio. Las profecías referidas al juicio y a la justicia no se estaban cumpliendo (*véanse* notas—Mt. 11:1-6; 11:2-3).

Juan necesitaba estar seguro, de modo que envió a dos discípulos para preguntar sobre la naturaleza mesiánica de Jesús: «¿Eres tú el que había de venir, o esperaremos a otro?»

[2] (7:21-23) ***Mesías—naturaleza mesiánica—Jesucristo, deidad:*** el ministerio y mensaje de Jesús probaban que Él era el Mesías.

Jesús le dio cuatro seguridades a Juan, seguridades que probaban sin duda alguna que Jesús era el Mesías.

1. Jesús demostró el poder y las obras del Mesías (v. 21). Note lo que ocurrió cuando los discípulos de Juan se acercaron a Jesús diciéndole que Juan necesitaba estar seguro. Jesús se volvió dando a los discípulos un ejemplo de lo que era su ministerio. Ellos solamente habían oído del ministerio que realizaba; ahora verían con sus propios ojos. Jesús sanó a muchos y a muchos devolvió la vista. Aparentemente ministró durante una hora aproximadamente (v. 21).

La cuestión era ésta. Jesús le estaba diciendo a Juan a no oír solo las afirmaciones suyas (afirmando ser el Mesías), sino a mirar las obras que estaba haciendo y lo juzgara por lo que hacía en favor del pueblo. No solamente profesaba ser el Mesías, sino que lo demostraba. Lo probaba ministrando al pueblo en *el poder de Dios.* Jesús demostró específicamente dos gloriosas verdades.

a. Demostró que Dios realmente existe y que es soberano. Está por encima y más allá de la naturaleza, y tiene el poder de pasar por alto las leyes de la naturaleza sanado milagrosamente a los enfermos.

b. Demostró que Dios ama y se preocupa por el hombre y que tiene preparado un camino para salvar al hombre y librarlo para siempre.

2. Jesús cumplió las profecías acerca del Mesías. Después de ministrar al pueblo, Jesús se volvió a los dos discípulos de Juan y les mandó volver a la cárcel y contarle a Juan lo que habían *visto* y *oído.* Note dos cosas.

a. Juan estaba cuestionando la naturaleza mesiánica de Jesús. Los informes que había escuchado no decían nada de movilizar a la gente formando un gran ejército. Jesús no estaba planificando la estrategia para librar a Israel del dominio romano y para establecer el reino de Dios. Juan no había escuchado nada acerca de Dios el Señor, acerca del juicio con fuego mesiánico, acerca de la caída de ciudades y de pecadores juzgados. Y ahora su tiempo se estaba acabando. Pronto sería juzgado y ejecutado. La respuesta que Jesús envió a Juan era un concepto totalmente nuevo de la naturaleza mesiánica. Es la idea que Dios tiene del Mesías, una idea radicalmente distinta a la del hombre. Era una demostración y proclamación de salvación, del cuidado y del amor de Dios por las personas. (*Véanse* notas—Lc. 3:24-31; Estudio a fondo 3—Jn. 1:45 para la discusión. *véanse* también notas—Mt. 1:1; Estudio a fondo 2—1:18; Estudio a fondo 3—3:11; notas—11:1-6; 11:2-3; Estudio a fondo 1—11:5; Estudio a fondo 2—11:6; Estudio a fondo—12:16; notas—22:42.)

b. Jesús estaba diciendo que su poder e interés (amor) eran el poder y el interés *predichos* para el Mesías, y que ambos no tenían limite (*véase* Estudio a fondo 1— Lc. 7:22; *véase* nota, pto. 2—Mt. 11:4-6 para una discusión detallada.)

3. Jesús predicaba el evangelio del Mesías. Los «pobres» representan a los que son «pobres en espíritu», los que estaban necesitados y reconocían su necesidad. El corazón de Dios se extendía a cualquier persona que venía con su necesidad a Él. Eran éstos, los pobres en espíritu, a quienes Jesús predicaba las buenas nuevas. (*Véase* Estudio a fondo 2, pto. 4—Mt. 1:4-6 para una mayor discusión.)

4. Jesús prometió tanto las bendiciones como el juicio del Mesías (*véase* Estudio a fondo 2—Mt. 11:6). Note las dos facetas de lo prometido por Jesús, las dos áreas de trabajo predichas acerca del Mesías.

a. El área de la bendición, del Espíritu, de la salvación, del cuidado de Dios para con la gente. Es el área que Jesús incluye aquí. Hoy es el día de bendición.

«Respondiendo Jesús, les dijo: Id, y haced saber a Juan las cosas que oís y véis. Los ciegos ven, los cojos andan, los leprosos son limpiados, los sordos oyen, los muertos son resucitados, y a los pobres es anunciado el evangelio» (Mt. 11:4-5).

«Porque de tal manera amó Dios al mundo, que ha dado a su Hijo unigénito, para que todo aquel que en él cree, no se pierda, mas tenga vida eterna. Porque no envió Dios a su Hijo al mundo para condenar al mundo, sino para que el mundo sea salvo por él» (Jn. 3:16-17).

«Al que oye mis palabras, y no las guarda, yo no le juzgo; porque no he venido para juzgar al mundo, sino a salvar al mundo» (Jn. 12:47).

«Pero la gracia de nuestro Señor fue más abundante con la fe y el amor que es en Cristo Jesús. Palabra fiel y digna de ser recibida por todos: que Cristo Jesús vino al mundo para salvar a los pecadores, de los cuales yo soy el primero» (1 Ti. 1:14-15).

b. El área de fuego, de ira, de juicio. El Mesías ha de cumplir el juicio de Dios al volver (*véanse* Estudio a fondo 2—Mt. 1:18; Estudio a fondo 3—3:11; notas—11:1-6; 11:1-2; Estudio a fondo 1—12:16; nota 22:42).

ESTUDIO A FONDO 1

(7:22) ***Mesías, concepto falso:*** en este versículo Jesús se estaba refiriendo a las Escrituras. Estaba diciendo a Juan que sus obras fueron profetizadas por los profetas (Is. 35:5-6; 61:1-2; cp. Sal. 72:2; 146:8; Zac. 11:11). Sin embargo, note que Jesús acentuaba el ministerio personal y no el político. Omitió las frases de Isaías 61:1 que podían ser interpretadas como que Él sería un líder político: «publicar libertad a los cautivos; y a los presos apertura de cárcel». Necesitaba que la atención de Juan se apartara del concepto equivocado del Mesías. Jesús se estaba extendiendo en el poder del Espíritu a los individuos, salvándolos y restaurándolos, no movilizando al pueblo para la liberación de Israel de la esclavitud romana.

[3] (7:24-27) ***Mesías—Juan el Bautista:*** el antecesor, el mismo Juan, probaba que Jesús era el Mesías (*véanse* bosquejo y notas—Mt. 11:7-15 para una discusión detallada). Tan pronto se habían ido los discípulos de Juan, Jesús dirigió su atención en la multitud. Era necesario puesto que la gente había escuchado todo lo ocurrido. Algunos pensaron que Juan había flaqueado en su fe. Si se le permitía a la gente pensar esto pronto también preguntaría si Juan realmente era un profeta enviado a preparar el camino del Mesías. Y siguiendo esa pregunta surgirían las preguntas sobre si Jesús era el Mesías. Si comenzaba este tipo de conversación y de preguntas no solo se afectaría a la multitud, sino a los que ya habían creído. Sería devastador para la misión del Señor. En todo esto note cuán inconstante es la gente, y con qué facilidad olvida la gente el verdadero llamado y la fuerza del profeta, y se ocupa, en cambio, de las noticias de un momento de debilidad.

Lo que Jesús hizo fue reprender a la multitud. Vindicó la misión de Juan. Recordó a los olvidadizos e inconstantes que Juan era el antecesor, y que Él, Jesús, afirmaba ser el verdadero Mesías.

1. Juan era un hombre de convicción y lealtad. No era semejante a una caña sacudida por el viento.

- La convicción de Juan de ser el antecesor prueba que Jesús es el Mesías.
- La convicción de Juan de que venía el Mesías prueba que Jesús era el Mesías.
- La convicción de Juan de que Él (Jesús) era el Cordero de Dios prueba que Jesús es el Mesías.
- La lealtad de Juan al oponerse a los religiosos prueba que Jesús es el Mesías.
- La lealtad de Juan al oponerse a Herodes prueba que Jesús es el Mesías.

«Examinadlo todo; retened lo bueno» (1 Ts. 5:21).

«Así que, hermanos míos amados, estad firmes y constantes, creciendo en la obra del Señor siempre, sabiendo que vuestro trabajo en el Señor no es en vano» 1 Co. 15:58).

«Mantengamos firmes, sin fluctuar, la profesión de nuestra esperanza, porque fiel es el que prometió» (He. 10:23).

2. Juan era un hombre que se negaba a sí mismo y se

sacrificaba. No era un hombre vestido con ropas suaves, extravagantes, a la moda. Se negaba a sí mismo y sacrificaba las cosas del mundo para llevar a cabo la obra de Dios.

«Así, pues, cualquiera de vosotros que no renuncia a todo lo que posee, no puede ser mi discípulo» (Lc. 14:33).

«Y ciertamente, aun estimo todas las cosas como pérdida por la excelencia del conocimiento de Cristo Jesús, mi Señor, por amor del cual lo he perdido todo, y lo tengo por basura, para ganar a Cristo» (Fil. 3:8).

3. Juan era un profeta, un hombre enviado a cumplir una misión profética. Proclamó la Palabra de Dios, y su proclamación no podía ser negada. Sin embargo, Juan fue más que profeta.
   a. Juan fue tanto el objeto de su profecía como el mensajero de ella.
   b. Fue el heraldo que trajo al mundo la noticia de que *el Señor había venido.* En esto Juan fue superior a todos los otros profetas. Aquellos solamente *anticiparon* la venida del Mesías, en cambio Juan le *vio* venir.
4. Juan fue el verdadero antecesor. Note dos asuntos cruciales.
   a. Jesús estaba diciendo que Juan era indiscutiblemente el antecesor del Mesías, el mensajero anunciado por las Escrituras.
   b. Jesús *afirmó* ser el Mesías antes que Juan saliera a prepararle el camino.

«Voz que clama en el desierto: Preparad camino a Jehová; enderezad calzada en la soledad a nuestro Dios» (Is. 40:3).

«He aquí, yo envío mi mensajero, el cual preparará el camino delante de mí; y vendrá súbitamente a su templo el Señor a quien vosotros buscáis, y el ángel del pacto, a quien deseáis vosotros. He aquí viene, ha dicho Jehová de los ejércitos» (Mal. 3:1).

«En aquellos días vino Juan el Bautista predicando en el desierto de Judea, y diciendo: Arrepentíos, porque el reino de los cielos se ha acercado. Pues éste es aquel de quien habló el profeta Isaías, cuando dijo: Voz del que clama en el desierto: Preparad el camino del Señor, enderezad sus sendas» (Mt. 3:1-3).

«E irá delante de él con el espíritu y el poder de Elías, para hacer volver los corazones de los padres a los hijos, y de los rebeldes a la prudencia de los justos, para preparar al Señor un pueblo bien dispuesto» (Lc. 1:17).

«Y tú, niño, profeta del Altísimo serás llamado; porque irás delante de la presencia del Señor, para preparar sus caminos» (Lc. 1:76).

[4] (7:28) ***Reino de Dios:*** el reino de Dios probaba que Jesús era el Mesías. La invasión de Jesús en la historia humana dividió al tiempo y a las eras. La parte de la historia anterior a la venida de Jesús es conocida como la era de la promesa. Pero desde la venida de Jesús los hombres viven en el tiempo y en la era del reino de Dios. Juan vivió en la era de la promesa, mientras que los seguidores de Jesús vivieron en la era del reino de Dios. Por eso, el menor en el reino es mayor que el más grande de los profetas que haya vivido en la era de la promesa. El motivo es Jesucristo; toda la diferencia en los privilegios de una persona consiste en conocerlo personalmente a Él. El ciudadano del reino de Dios sabe de la presencia de Cristo en su cuerpo mediante la Persona del Espíritu Santo, y conoce el control activo que Dios ejerce en su vida (1 Co. 6:19-20; cp. Jn. 14:16-18, 20, 23). En cambio, los que vivieron en la era de la promesa solamente contaban con la esperanza de la promesa (Ro. 8:16-17; Gá. 4:4-6). (*Véase* nota—Mt. 11:11 para mayor discusión).

«A quien amáis sin haberle visto, en quien creyendo, aunque ahora no lo veáis, os alegráis con gozo inefable y glorioso; obteniendo el fin de vuestra fe, que es la salvación de vuestras almas. Los profetas que profetizaron de la gracia destinada a vosotros, inquirieron y diligentemente indagaron acerca de esta salvación, escudriñando qué persona y qué tiempo indicaba el Espíritu de Cristo que estaba en ellos, el cual anunciaba de antemano los sufrimientos de Cristo, y las glorias que vendrían tras ellos. A estos se les reveló que no para sí mismos, sino para nosotros, administraban las cosas que ahora os son anunciadas por los que os han predicado el evangelio por el Espíritu Santo enviado del cielo; cosas en las cuales anhelan mirar los ángeles» (1 P. 1:8-12; cp. vv. 13-16).

«Bendito el Dios y Padre de nuestro Señor Jesucristo, que según su grande misericordia nos hizo renacer para una esperanza viva, por la resurrección de Jesucristo de los muertos, para una herencia incorruptible, incontaminada e inmarcesible, reservada en los cielos para vosotros» (1 P. 1:3-4).

«Gracia y paz os sean multiplicadas, en el conocimiento de Dios y de nuestro Señor Jesús. Como todas las cosas que pertenecen a la vida y a la piedad nos han sido dadas por su divino poder, mediante el conocimiento de aquel que nos llamó por su gloria y excelencia, por medio de las cuales nos ha dado preciosas y grandísimas promesas, para que por ellas llegaseis a ser participantes de la naturaleza divina, habiendo huido de la corrupción que hay en el mundo a causa de la concupiscencia» (2 P. 1:2-4).

P. Jesús revela el veredicto de Dios sobre esta generación y esta era, 7:29-35 (Mt. 11:16-27).

1 Distintas reacciones ante Juan
a. El pueblo y los recaudadores de impuestos fueron bautizados; vindicaban a Juan
b. Los religiosos no fueron bautizados; rechazaron el propósito de Dios
c. Jesús hizo una advertencia a su generación y era

29 Y todo el pueblo y los publicanos, cuando lo oyeron, justificaron a Dios, bautizándose con el bautismo de Juan.
30 Mas los fariseos y los intérpretes de la ley desecharon los designios de Dios respecto de sí mismos, no siendo bautizados por Juan.
31 Y dijo el Señor: ¿A qué pues, compararé los hombres de esta generación, y a qué os haré semejantes?
32 Semejantes son a los muchachos sentados en la plaza, que dan voces unos a otros y dicen: Os tocamos flauta, y no bailasteis; os endechamos, y no llorasteis.
33 Porque vino Juan el Bautista, que ni comía pan ni bebía vino, y decís: Demonio tiene.
34 Vino el Hijo del Hombre, que come y bebe, y decís: Este es un hombre comilón y bebedor de vino, amigo de publicanos y de pecadores.
35 Mas la sabiduría es justificada por todos sus hijos.

2 Una era de espíritu infantil

3 Una era de escapismo: procurando escapar de la responsabilidad
a. Acusó a Juan de conservador; demasiado negativo
b. Acusó a Jesús de licencioso; demasiado liberal

4 Una era con pocos sabios para con Dios

P. Jesús revela el veredicto de Dios sobre esta generación y esta era, 7:29-35

(7:29-35) ***Introducción:*** Jesús dio el veredicto sobre su propia generación. Con ello permitió atisbar el veredicto de Dios sobre toda generación humana. (*Véanse* bosquejo y notas—Mt. 11:16-27 para una mayor discusión.)

1. Distintas reacciones ante Juan (vv. 29-31).
2. Una era de espíritu infantil (v. 32).
3. Una era de escapismo; procurando escapar de la responsabilidad (vv. 33-34).
4. Una era con pocos sabios para con Dios (v. 35).

[1] (7:29-31) ***Juan el Bautista—religiosos:*** la reacción de la gente para con Juan fue doble. La gente común y los recaudadores de impuestos aceptaron a Juan y su ministerio, pero los religiosos lo rechazaron. Note varias cosas.

1. Los recaudadores de impuestos eran separados por la gente misma. Eran despreciados y rechazados. Realmente se los trataba como una clase aparte, una clase de traidores (generalmente ricos) que había abandonado a la gente común. Por su puesto, los recaudadores de impuestos sentían el dolor del rechazo; en algunos casos sentían su propio pecado y la necesidad de arrepentirse. Estos respondieron positivamente a Juan.
2. Era «el pueblo» quien *oyó* a Juan y se arrepintió.
   - El pueblo quería perdón de pecados; sentía la necesidad del arrepentimiento.
   - El pueblo creyó el mensaje de que el Mesías estaba viniendo.
3. Las personas que se arrepentían «justificaron a Dios». Al arrepentirse y ser bautizadas, vindicaban el ministerio de Juan. Proclamaron que Dios es recto y justo, y que a Él le debían sus vidas. Aceptaron a Dios y cambiaron sus vidas. El arrepentimiento de ellas demostró que tanto Dios como Juan eran justos y verdaderos.
4. Los religiosos (fariseos y maestros de la ley) rechazaron el consejo de Dios. Era evidente en lo que no hicieron: no se arrepintieron y no fueron bautizados por Juan. Siendo ellos los líderes religiosos, debían haber sido los primeros en responder, pero no lo hicieron. ¡Y qué sorpresa! Los fariseos eran quienes practicaban la religión, toda una secta de hombres que había dado sus vidas para vivir la ley hasta el último detalle (*véase* Estudio a fondo 3—Hch. 23:8). Los maestros de la ley (escribas) eran quienes habían dado sus vidas al estudio y aprendizaje de la ley para cumplirla de la manera más completa posible (*véanse* Estudio a fondo 1—Lc. 6:2; Estudio a fondo 1—Mt. 22:35).
5. Jesús hizo una advertencia a su generación. Era una generación religiosa que...
   - debía haber conocido y estado preparada para el profeta de Dios y su mensaje.
   - tenía la Palabra de Dios, y sin embargo, la rechazaba.
   - tenía la adoración y las ordenanzas de Dios, y sin embargo, las descuidaba.
   - a quien Dios había enviado sus profetas, pero los habían rechazado.
   - a quien Dios envió a su Hijo, y sin embargo, lo rechazaron.
   - que estaba satisfecha con su propia habilidad y suficiencia.

[2] (7:32) ***Mundo—generación—perversidad:*** una generación de espíritu infantil. Note tres cosas.

1. Mirando a su propia generación, Jesús preguntó: «¿A qué pues, compararé los hombres de esta generación, y a qué os haré semejantes?» La ilustración más adecuada que le vino a la mente era la de unos niños (*véase* nota—Mt. 11:16-19). Estaba diciendo que su propia generación era una *generación infantil.* Con infantil quiso decir *perversa.* Su generación era perversa. Se apartaba de lo recto y bueno y se dirigía a lo corrupto; actuaba en contra de la evidencia; se oponía al bien, a lo razonable y aceptable; y era obstinada en su oposición. Era irreflexiva. No quería la verdad, de modo que presentaba excusas para no recibirla.
2. La ilustración usada por Jesús es clara. Hay niños jugando en la plaza. Algunos juegan a tocar música nupcial con sus flautas dando voces a los toros: «juguemos a la boda». Los otros le responden: «No. Hoy no queremos andar danzando». Entonces el primer grupo, deseoso de jugar, comienza a tocar música fúnebre y vuelve a dar voces: «Bueno, juguemos al funeral». «No, tampoco queremos jugar al funeral. No queremos andar tristes.»
3. Todas las generaciones son similares en el sentido de tener sus privilegios. Algunas usan los privilegios, otros los ignoran o abusan de ellos. Desde la venida de Cristo, el propio Hijo de Dios, el mayor privilegio del mundo entero ha sido el de poder conocer personalmente a Jesús y de ser llevado a una correcta relación con Dios. Como con todos los privilegios, algunos lo han conocido personalmente, pero la vasta mayoría lo ha ignorado y abusado de Él.

«Porque mi pueblo es necio, no me conocieron; son hijos

ignorantes y no entendidos; sabios para hacer el mal, pero hacer el bien no supieron» (Jer. 4:22).

«Para que ya no seamos niños fluctuantes, llevados por doquiera de todo viento de doctrina, por estratagema de hombres que para engañar emplean con astucia las artimañas del error» (Ef. 4:14).

«De manera que yo, hermanos, no pude hablaros como a espirituales, sino como a carnales, como a niños en Cristo. Os di a beber leche, y no vianda; porque aún no erais capaces, ni sois capaces todavía» (1 Co. 3:1-2).

«Cuando yo era niño, hablaba como niño, pensaba como niño, juzgaba como niño; mas cuando ya fui hombre, dejé lo que era de niño» (1 Co. 13:11).

«Porque debiendo ser ya maestros, después de tanto tiempo, tenéis necesidad de que se os vuelva a enseñar cuáles son los primeros rudimentos de las palabras de Dios; y habéis llegado a ser tales que tenéis necesidad de leche, y no de alimento sólido» (He. 5:12).

[3] (7:33-34) ***Escapismo—licencia vs. libertad:*** una generación de escapismo, siempre procurando encontrar una excusa para escapar de la responsabilidad personal. Era una generación contradictoria, irreflexiva, infantil; dada a ver los errores sin contentarse con nada. La gente le encontraba defectos a todo. Sencillamente no podían aceptar nada que pusiera restricciones a su juego libertino. Un enfoque ascético del evangelio les parecía mal, y también les parecía mal un enfoque sociable.

1. Acusaron a Juan de ser demasiado conservador y demasiado negativo. Vino Juan que no comía ni bebía; era un asceta. Era del desierto; y vivía una vida estricta, austera altamente disciplinada. No se asociaba con la gente; no hacía amistades. Sencillamente se aislaba, se separaba de los demás y se retiraba de la sociedad. Su mensaje fue un mensaje de arrepentimiento y separación en cuanto a las cosas del mundo. Por eso, fue acusado de tener un «demonio», de estar fuera de sus cabales por escoger ese tipo de vida.

2. Acusaron a Jesús de licencioso, de ser demasiado liberal. Jesús era el opuesto absoluto de Juan. Vivía y predicaba un evangelio de libertad, comiendo y bebiendo con el pueblo. Los acompañaba en sus momentos sociales; y se movía entre todo tipo de personas, mezclándose, siendo amistoso y abierto y accesible a todos, sin importar el terrible concepto que se tenía de ellos.

Por eso fue acusado de ser el mismo un pecador; un glotón, un bebedor de vino, y un amigo inmoral de los pecadores.

Dios usó claramente ambos enfoques de la justicia (cp. 1 Co. 12:6-7). Jesús no condenó el enfoque de Juan, y Juan no condenó el enfoque de Jesús. Se apoyaban mutuamente, pero la mayoría de la gente rechazaba todo intento dirigido a restringirle el *propio juego.* Querían seguir haciendo lo que hacían; buscando placer, buscando metas intelectuales, intereses seculares, compromisos religiosos. La mayoría solo estaba dispuesta a recorrer una distancia limitada cuando se trataba de restringir sus propios deseos, su propia voluntad, y su propio camino. Pocos estaban dispuestos a negar completamente su ego (*véanse* nota y Estudio a fondo 1—Lc. 9:23).

«Y os hablé, y no disteis oído; antes fuisteis rebeldes al mandado de Jehová, y persistiendo con altivez subisteis al monte» (Dt. 1:43).

«El hombre que reprendido endurece la cerviz, de repente está quebrantado, y no habrá para él medicina» (Pr. 29:1).

«Porque así dijo Jehová el Señor, el Santo de Israel: En descanso y en reposo seréis salvos; en quietud y en confianza será vuestra fortaleza. Y no quisisteis» (Is. 30:15).

«Pero éstos, hablando mal de cosas que no entienden, como animales irracionales, nacidos para presa y destrucción, perecerán en su propia perdición, recibiendo el galardón de sus injusticias, ya que tienen por delicia el gozar deleites cada día. Estos son inmundicias y manchas, quienes aun mientras comen con vosotros, se recrean en sus errores. Tienen los ojos llenos de adulterio, no se sacian de pecar, seducen a las almas inconstantes, tienen el corazón habituado a la codicia, y son hijos de maldición. Han dejado el camino recto, y se han extraviado siguiendo el camino de Balaam hijo de Beor, el cual amó el premio de la maldad» (2 P. 2:12-15).

«Antes exhortaos los unos a los otros cada día, entre tanto que se dice: Hoy; para que ninguno de vosotros se endurezca por el engaño del pecado» (He. 3:13).

[4] (7:35) ***Sabios, los —libertino vs. ascético:*** una generación que solo tiene unos pocos sabios para con Dios. Note lo que dijo Jesús: «la sabiduría es justificada por todos sus hijos».

1. La sabiduría tiene hijos, hijos sabios.

2. Los hijos sabios justificarán (declararán sabiduría) lo que es sabio y correcto.

3. Por eso los sabios declararán que tanto Juan como Jesús estaban en lo cierto. La forma en que vivieron y predicaron, el asceta vs. el sociable, ambos son correctos. Ambos provenían de Dios, uno el antecesor y el otro, el Mesías, el Hijo de Dios. (*Véanse* nota, pto. 2—Mt. 11:16-19 y Estudio a fondo 1—Mt. 11:19 para una interpretación alternativa de este versículo.)

4. Los sabios (hijos de sabiduría) son los que no critican, los salvados que saben que Dios envió a ambos, tanto a Juan el asceta como a Jesús el Mesías. Los sabios son, sencillamente los pocos que aceptan el ministerio tanto de Juan como de Jesús; ambos cumplieron con la sabiduría que es justificada por todos sus hijos; con la palabra profética de Dios.

«Mas por él estáis vosotros en Cristo Jesús, el cual nos ha sido hecho por Dios sabiduría, justificación, santificación y redención» (1 Co. 1:30; cp. 1 Co. 1:24).

«En quien están escondidos todos los tesoros de la sabiduría y del conocimiento» (Col. 2:3; cp. Is. 11:2).

«Y dijo al hombre: He aquí que el temor del Señor es la sabiduría, y el apartarse del mal, la inteligencia» (Job 28:28; cp. Os. 14:9).

Q. Jesús contrasta las actitudes del arrepentido con las de quien se justifica a sí mismo, 7:36-50

1 Simón, un fariseo, invitó a Jesús a comer y Jesús aceptó
2 La actitud del arrepentido: una mujer prostituta
a. Ella percibió su propia desesperada necesidad
b. A pesar de todo se acercó a Jesús
c. Se rindió ante el Señor en completa humildad
d. Amó mucho y dio su posesión más preciada
3 La actitud de quien se justifica a sí mismo
a. Era un hombre considerado, pero autosuficiente
b. Se consideraba mejor que otros
c. No sentía necesidad de perdón
4 Las dos actitudes ilustradas: la parábola de los dos deudores
a. Un deudor debía mucho; el otro poco
b. Perdón gratuito para ambos
c. Una pregunta punzante: ¿Quién apreció y amó más?
d. Una respuesta poco entusiasta
5 La necesidad de quien se justificaba a sí mismo: ver realmente a Jesús; verlo con los ojos de arrepentido; reconocer en Él lo que reconoce el arrepentido
a. Jesús es quien merece más que cortesías comunes
1) Cortesías comunes vs. actitud de adoración
2) Saludo común vs. saludo humilde
3) Don común vs. don sacrificial
b. Jesús es quien tiene poder para perdonar pecados
c. Jesús es aquel por quien tiene que preguntar la gente
d. Jesús es quien salva al arrepentido

36 Uno de los fariseos rogó a Jesús que comiese con él. Y habiendo entrado en casa del fariseo, se sentó a la mesa.
37 Entonces una mujer de la ciudad, que era pecadora, al saber que Jesús estaba a la mesa en casa del fariseo, trajo un frasco de alabastro con perfume;
38 y estando detrás de él a sus pies, llorando, comenzó a regar con lágrimas sus pies, y los enjugaba con sus cabellos; y besaba sus pies, y los ungía con el perfume.
39 Cuando vio esto el fariseo que le había convidado, dijo para sí: Este, si fuera profeta, conocería quién y qué clase de mujer es la que le toca, que es pecadora.
40 Entonces respondiendo Jesús, le dijo: Simón, una cosa tengo que decirte. Y él dijo: Dí, Maestro.
41 Un acreedor tenía dos deudores: el uno le debía quinientos denarios, y el otro cincuenta;
42 y no teniendo ellos con qué pagar, perdonó a ambos. Dí, pues, ¿cuál de ellos le amará más?
43 Respondiendo Simón, dijo: Pienso que aquel a quien perdonó más. Y él le dijo: Rectamente has juzgado.
44 Y vuelto a la mujer, dijo a Simón: ¿Ves a esta mujer? Entré en tu casa, y no me diste agua para mis pies; mas ésta ha regado mis pies con lágrimas, y los ha enjugado con sus cabellos.
45 No me diste beso; mas ésta, desde que entré, no ha cesado de besar mis pies.
46 No ungiste mi cabeza con aceite; mas ésta ha ungido con perfume mis pies.
47 Por lo cual te digo que sus muchos pecados le son perdonados, porque amó mucho; mas aquel a quien se le perdona poco, poco ama.
48 Y a ella le dijo: Tus pecados te son perdonados.
49 Y los que estaban juntamente sentados a la mesa, comenzaron a decir entre sí: ¿Quién es éste, que también perdona pecados?
50 Pero él dijo a la mujer: Tu fe te ha salvado, vé en paz.

(7:36-50) ***Introducción:*** este pasaje contrasta las actitudes del pecador (arrepentido) con las de quien se justifica a sí mismo. Es preciso estudiarlo cuidadosamente porque la autojustificación es un grave pecado. Es común y es dañino.

1. Simón, un fariseo, invitó a Jesús a comer y Jesús aceptó (v. 36).
2. La actitud del arrepentido: una mujer prostituta (vv. 37-38).
3. La actitud de quien se justifica a sí mismo (v. 39).
4. Las dos actitudes ilustradas: la parábola de los dos deudores (vv. 40-43).
5. La necesidad de quien se justificaba a sí mismo: ver realmente a Jesús; verlo con los ojos de arrepentido; reconocer en Él lo que reconoce el arrepentido (vv. 44:50).

1 (7:36) ***Jesucristo, hombre que busca a:*** Simón, un fariseo, invitó a Jesús a comer. Note varias cosas.

1. Simón invitó a Jesús a su casa pero no le ofreció las cortesías comunes (vv. 44-46). Tuvo una conducta grosera para con Jesús. Ni aun estaba seguro de que Jesús fuese un profeta, mucho menos el Mesías (v. 39). ¿Por qué invitó a Jesús a su casa? No lo sabemos; no se indica ningún motivo. La mejor especulación es que Simón disfrutaba de la compañía de celebridades, y había oído tantas cosas acerca de Jesús que quiso tener un encuentro con Él y hablar con Él en tono informal y amistoso.
2. Jesús comía tanto con pecadores como con religiosos (fariseos) (Lc. 5:29-30). Nadie era excluido de su atención y amor, aun cuando no le manifestaban las cortesías y el respeto cotidiano (vv. 44-46). Jesús buscaba a todo hombre.
3. La casa de Simón era la casa de un rico. Los ricos siempre tenían un patio abierto, normalmente en el centro de la casa, es decir, la casa estaba construida alrededor de un patio abierto. A veces el anfitrión permitía la presencia del público en el patio para que escuchase las discusiones, especialmente cuando el huésped principal era una rabino o alguna celebridad.

2 (7:37-38) ***Arrepentimiento—salvación—humildad — Jesucristo, buscar a:*** la actitud del arrepentido. La mujer era una pecadora, una prostituta. Ella demostró lo que un pecador tiene que hacer para venir a Jesús.

1. Sentía una desesperada necesidad. O bien fue convencida al oír a Jesús, o bien le había oído antes y ahora se sentía profundamente compungida. El llamado de Jesús a hombres y mujeres a arrepentirse y prepararse para el reino de Dios le había partido el corazón. Se sabía pecadora, impura, perdida, condenada. La culpa y peso de su pecado era más de lo que podía soportar. Anhelaba ser perdonada y limpiada, anhelaba liberación, libertad.
2. A pesar de todo se acercó al Señor. Sabía que el público se mofaría y pasaría chismes acerca de ella; la así llamada gente decente no querría tener nada que ver con ella. ¿Qué haría Jesús?

¿Qué haría aquel que dijo: «Venid a mí todos los que estáis trabajados y cargados, y yo os haré descansar ...» (Mt. 11:28-30)? Ella sabía que si era reconocida el fariseo podía echarla de la casa. Él la conocía (v. 39). Al pensar en la situación sus pensamientos se volvieron esperanza, y su esperanza, fe. Seguramente la recibiría aquel que había extendido tal invitación. Antes que nadie pudiera detenerla se apresuró para llegar donde estaba Jesús y se detuvo detrás suyo a sus pies. (Recuerde que en oriente la gente se reclinaba para comer. Se apoyaba en el brazo izquierdo y, ubicados alrededor de la mesa, se miraban uno al otro; el cuerpo y los pies en dirección opuesta a la mesa.)

3. En completa humildad ella se rindió al Señor. Parada allí fue sobrecogida de compunción y emoción. Cayó a los pies de Jesús llorando con tanto quebrantamiento que sus ojos vertían abundantes lágrimas. Entonces desató su cabello y secó y besó los pies de Jesús. Pocas veces alguien demostró tanto amor y devoción a Jesús.

Ahora note que existía una sola cosa que podía hacer entrar a una prostituta a la casa de un fariseo, la desesperación. La mujer fue presa de un profundo sentido de perdición, desesperanza y urgencia. El soltarse los cabellos para secar los pies de Jesús era algo que una mujer no podía hacer en público. Ella debe haber estado tan desesperada que ignoró totalmente a las personas presentes. El tema es este: ella estaba rindiendo su corazón y su vida al Señor, rogándole su perdón. Ella estaba tan quebrantada que no podía hablar, pero Jesús conocía su corazón. Las palabras no eran necesarias (vv. 47-48).

4. Ella amó mucho, entregando la más preciosa de sus posesiones. En aquel tiempo el perfume era muy valorado por las mujeres (*véase* nota—Mt. 26:8-9). Aparentemente, al describirlo, Lucas estaba acentuando el alto costo del perfume y el gran sacrificio que ella estaba haciendo. Probablemente era la posesión más costosa que ella tenía, y la estaba entregando al Señor. Pero hay algo más importante aun aquí. Note lo que ella hizo con el perfume. Ungió al Señor; ungió sus pies en un acto de suprema humildad, amor y entrega (*véase* nota—Lc. 7:44-50).

Pensamiento. La persona que viene a Cristo, tiene que venir con un corazón quebrantado y contrito.

«Venid a mí todos los que estáis trabajados y cargados, y yo os haré descansar» (Mt. 11:28).

«Porque no tenemos un sumo sacerdote que no pueda compadecerse de nuestras debilidades, sino uno que fue tentado en todo según nuestra semejanza, pero sin pecado. Acerquémonos, pues, confiadamente al trono de la gracia, para alcanzar misericordia y hallar gracia para el oportuno socorro» (He. 4:15-16).

«Cercano está Jehová a los quebrantados de corazón; y salva a los contritos de espíritu» (Sal. 34:18).

«Porque así dijo el Alto y Sublime, el que habita en la eternidad, y cuyo nombre es Santo: Yo habito en la altura y la santidad, y con el quebrantado y humilde de espíritu, para hacer vivir el espíritu de los humildes, y para vivificar el corazón de los quebrantados» (Is. 57:15).

«Mi mano hizo todas estas cosas, y así todas estas cosas fueron, dice Jehová; pero miraré a aquel que es pobre y humilde de espíritu, y que tiembla a mi palabra» (Is. 66:2).

[3] (7:39) ***Autojustificación:*** la actitud del que se justifica a sí mismo. El comportamiento de quien se auto justifica revela varias cosas.

1. El hombre era considerado, pero auto suficiente. Note que solamente pensó estas cosas; no las diría públicamente para no avergonzara sus huéspedes. (¡Cuán similar a los autosuficientes!)

2. El hombre se consideraba mejor que los otros. Se sentía mejor que la mujer pecadora, por lo tanto nunca permitiría ser tocado por ella. La mantendría a distancia, la ignoraría, trataría de no tener nada que ver con ella. Pero note algo más. Consideraba que su propio juicio, conocimiento, opiniones y comportamiento eran mejores que los de otros. Esperaba que otros (Jesús) juzgara y actuara como Él. Pensaba que si Jesús supiese quien era la mujer, también la rechazaría.

Pensamiento. Muchas personas viven de manera autosuficiente. Creen que viven y actúan mejor que otros. Se sienten y actúan con superioridad porque tienen...

- mejor casa
- mejor educación
- mejor hijo
- mejor ingreso
- mejor posición
- más éxito
- mejor trabajo
- mejor vida
- mejor profesión
- mejor religión
- mejor herencia
- más disciplina
- mejor habilidad
- más reconocimiento
- mayores habilidades

3. El hombre no sentía necesidad de arrepentimiento y perdón. En dos áreas se creía *suficientemente bueno*.

a. Se creía *suficientemente bueno en la religión.* Note que era aun fariseo, un hombre que había entregado su vida a practicar la religión. Si había alguien *suficientemente bueno en la religión* tenía que ser él (*véase* Estudio a fondo 3—Hch. 23:8).

b. Se creía *suficientemente bueno* en su conducta. Era de buen comportamiento, decente y moral, justo y equitativo, respetado y altamente estimado. No era inmoral; en efecto, no hubiera querido tener nada que ver con la inmoralidad. Nunca había cometido ni cometería un pecado que sería públicamente condenado. Por eso creía que no había hecho nada para necesitar el perdón.

«No todo el que me dice: Señor, Señor, entrará en el reino de los cielos, sino el que hace la voluntad de mi Padre que está en los cielos» (Mt. 7:21).

«Respondiendo él, les dijo: Hipócritas, bien profetizó de vosotros Isaías, como está escrito: Este pueblo de labios me honra, mas su corazón está lejos de mí» (Mr. 7:6).

«Porque no nos atrevemos a contarnos ni a compararnos con algunos que se alaban a sí mismos; pero ellos, midiéndose a sí mismos por sí mismos, y comparándose consigo mismos, no son juiciosos» (2 Co. 10:12).

«Profesan conocer a Dios, pero con los hechos lo niegan, siendo abominables y rebeldes, reprobados en cuanto a toda buena obra» (Tit. 1:16).

«Hijitos míos, no amemos de palabra ni de lengua, sino de hecho y en verdad» (1 Jn. 3:18).

«Muchos hombres proclaman cada uno su propia bondad, pero hombre de verdad, ¿quién lo hallará?» (Pr. 20:6).

«Hay generación limpia en su propio corazón, si bien no se ha limpiado de su inmundicia» (Pr. 30:12).

[4] (7:40-43) ***Jesucristo, deidad; conocimiento:*** las dos actitudes ilustradas. Jesús relató una parábola sobre dos deudores. Note dos cosas que hablan mucho al autosuficiente.

1. Jesús *anunció* que tenía que decir algo, algo de crucial importancia. Se requería total atención. Toda persona autosuficiente necesita escuchar y escuchar atentamente.

2. Jesús era un profeta, y más que profeta. Era el Hijo de Dios; por eso no solamente conocía a las personas sentadas alrededor suyo, sino que conocía sus pensamientos. De aquí en adelante Jesús estaba respondiendo a los *pensamientos* de Simón. Simón en ningún momento dijo algo de que Jesús no sabía quien era la mujer, ni de sus propias dudas en cuanto a que Jesús era profeta. Simón solamente había pensado estas cosas «para sí» (v. 39).

Pensamiento. Jesús es el Hijo de Dios; por eso, lo que el hombre piensa carece de importancia ante aquel que conoce todos los pensamientos, incluso lo que uno realmente piensa y siente *en su propio interior.* Jesús conoce la verdad de cada pensamiento y sentimiento en el interior del hombre. Si una persona es autosuficiente, Jesús lo sabe. Si una persona se arrepiente, si realmente se arrepiente, Jesús lo sabe. Nadie puede esconder nada ante Él, ningún sentimiento, ningún pensamiento.

3. El significado de la parábola es sumamente claro. Esto lo muestra una rápida mirada a los versículos y puntos del bosquejo. Note con qué claridad la parábola ilustra la gracia de Dios al perdonar gratuitamente el pecado (salvación) (cp. Ef. 1:7; 2:8-9; 1 Jn. 1:9; 2:1-2).

5 (7:44-50) ***Autosuficiencia:*** la necesidad del autosuficiente de ver realmente a Jesús, tal como lo ve el arrepentido. Note lo que Jesús le preguntó a Simón: «¿Simón: ¿Ves a esta mujer?» La mujer arrepentida tenía mucho que enseñar al autosuficiente sobre Jesús. El arrepentido realmente ve a Jesús, ve quien realmente es.

1. Jesús era aquel que merecía más que cortesías comunes. Normalmente el anfitrión mostraba su respeto proveyendo agua para los huéspedes para que lavasen sus polvorientos pies calzados con sandalias. El beso era el saludo aceptado entre amigos, y el aceite se daba normalmente a los huéspedes que se honraba para que se refresquen después de viajar al calor del sol. Era costoso, de modo que se lo reservaba para los huéspedes distinguidos.
   a. Jesús merecía *más que el respeto normal* (agua); merecía un respeto lleno de adoración. El arrepentido lo veía como Señor y lo respetaba como Señor. Solamente Él podía suplir las necesidades del corazón humano; por eso Él era quien debía ser adorado. Esto era algo que debía aprender el autosuficiente.
   b. Jesús merecía *más que un saludo normal*; merecía un saludo humilde, con el corazón quebrantado. El arrepentido se acercó con un sentido de indignidad y humildad. El arrepentido vio la dignidad de Jesús y captó algo de su tremenda personalidad como Hijo de Dios y como soberano Señor del universo; por eso, Él era a quien todos los hombres deben lealtad, el único con el poder de perdonar y aceptar a los hombres. La mujer arrepentida vio a Jesús como el único que podía ayudarle, el único que tenía poder para ayudar, de modo que se acercó a Jesús y le saludó con un profundo sentido de humildad e indignidad. Esto era algo que el autosuficiente tenía que aprender.
   c. Jesús merece *más que un regalo común*; merece un regalo sacrificial. El arrepentido vio a Jesús como esperanza y Salvador de su vida, de manera que le entregó la propia vida, todo lo que era y tenía. La mujer arrepentida le rindió su vida y le dio el más precioso de los dones que tenía para ungir al Señor. Esto era algo que tenía que aprender el autosuficiente.

2. Jesús es aquel que tiene poder para perdonar pecados. Aquí hay tres simples hechos que son importantes.
   a. Los pecados de la mujer eran muchos. Jesús no pasó por alto sus pecados, ni la gravedad de los mismos. Después de todo, fueron los pecados de ella, y los pecados de otros, los que produjeron la *humillación* de Jesús, la necesidad de que Él viniera a este mundo pecador para morir por los pecados de los hombres. Jesús perdonó los pecados de la mujer, los perdonó a pesar de ser terribles. Todo pecador debiera notar esto cuidadosamente.
   b. La autosuficiencia solo necesitaba un *pequeño* perdón; por eso el auto suficiente amó poco. El autosuficiente solo tenía una relación formal, distante con Dos. Su relación era fría, con solamente un pequeño sentido de pecado y una pequeña necesidad de perdón. Le bastaba con tener a Jesús sentado a su mesa (la mesa es prácticamente el único lugar donde muchas personas reconocen su presencia).

Pensamiento. El acercamiento del auto suficiente a Dios...
- solo tiene un pequeño sentido de pecado; por eso solo siente una pequeña necesidad de perdón.
- es ciego ante la *condición pecaminosa* del hombre, ante el verdadero ser del hombre, el de no haber alcanzado la gloria de Dios (Ro. 3:23).
- tiene escaso sentido de la necesidad de misericordia y gracia especial, es ciego ante la soberana majestad y persona de Dios.
- solo tiene una relación formal y distante con Dios; su relación personal con Dios es escasa.
- honra escasamente a Dios, hace pocos sacrificios por Dios.

   c. Jesús perdonó el pecado. Tenía el poder para perdonar los pecados de esta mujer arrepentida.

Pensamiento. El hecho del perdón, el saber que millones de personas han sido realmente perdonadas, demuestra que Cristo es el Hijo de Dios, aquel a quién los hombres deben ir para ser perdonados.

3. Jesús es aquel por quien tiene que preguntar la gente.

Pensamiento. El hecho en sí de que Jesús afirmara tener el derecho y poder para perdonar pecados debe motivar a toda persona a prestar atención y preguntar: «¿Quién es éste?»

«A éste, Dios ha exaltado con su diestra por Príncipe y Salvador, para dar a Israel arrepentimiento y perdón de pecados» (Hch. 5:31).

«Sabed, pues, esto, varones hermanos: que por medio de él se os anuncia perdón de pecados» (Hch. 13:38).

«En quien tenemos redención por su sangre, el perdón de pecados según las riquezas de su gracia» (Ef. 1:7).

«Él es quien perdona todas tus iniquidades, el que sana todas tus dolencias» (Sal. 103:3).

«Pero en ti hay perdón, para que seas reverenciado» (Sal. 130:4).

«Yo, yo soy el que borro tus rebeliones por amor de mí mismo, y no me acordaré de tus pecados» (Is. 43:25).

«Yo deshice como una nube tus rebeliones, y como niebla tus pecados; vuélvete a mí, porque yo te redimí» (Is. 44:22).

«Deje el impío su camino, y el hombre inicuo sus pensamientos, y vuélvase a Jehová, el cual tendrá de él, misericordia, y al Dios nuestro, el cual será amplio en perdonar» (Is. 55:7).

«Y los limpiaré de toda su maldad con que pecaron contra mí; y perdonaré todos sus pecados con que contra mí pecaron, y con que contra mí se rebelaron» (Jer. 33:8).

4. Jesús fue quien salvó a la mujer arrepentida. La mujer creyó que Cristo era el Salvador, aquel que podía perdonar sus pecados. Por eso Cristo la salvó.

«Porque de tal manera amó Dios al mundo, que ha dado a su Hijo unigénito, para que todo aquel que en él cree, no se pierda, mas tenga vida eterna» (Jn. 3:16).

«Jesús le dijo: Yo soy el camino, y la verdad, y la vida; nadie viene al Padre, sino por mí» (Jn. 14:6).

«Que si confesares con tu boca que Jesucristo es el Señor, y creyeres en tu corazón que Dios le levantó de los muertos, serás salvo. Porque con el corazón se cree para justicia,

pero con la boca se confiesa para salvación» (Ro. 10:9-10).

«Palabra fiel y digna de ser recibida por todos: que Cristo Jesús vino al mundo para salvar a los pecadores, de los cuales yo soy el primero» (1 Ti. 1:15).

1 Apoyaban un ministerio de predicación [EF1,2] a. Que se extendía b. Que era fiel al evangelio; el reino de Dios	**CAPÍTULO 8** **R. Jesús y las mujeres que lo apoyaban, 8:1-3** Aconteció después, que Jesús iba por todas las ciudades y aldeas predicando y anunciando el evangelio del reino de Dios, y los doce con él,	2 y algunas mujeres que habían sido sanadas de espíritus malos y de enfermedades: María, que se llamaba Magdalena, de la que habían salido siete demonios, 3 Juana, mujer de Chuza intendente de Herodes, y Susana, y otras muchas que le servían de sus bienes.	**2 Apoyaban un ministerio de discipulado** **3 Apoyaban un ministerio de salvación** a. María Magdalena; un pasado oscuro[EF3] b. Juana, una mujer de la corte del rey[EF4] c. Susana, una seguidora desconocida[EF5] d. Muchas desconocidas[EF6]

R. Jesús y las mujeres que lo apoyaban, 8:1-3

(8:1-3) ***Introducción:*** este es un pasaje interesante. Muestra que Jesús recibía apoyo financiero para su ministerio. Hubo algunas mujeres, aparentemente en buena condición económica, que lo apoyaban.

1. Apoyaban un ministerio de predicación (v. 1).
2. Apoyaban un ministerio de discipulado (v. 1).
3. Apoyaban un ministerio de salvación (vv. 2-3).

[1] (8:1) ***Predicación:*** Las mujeres apoyaban un ministerio de predicación. Predicar era la principal actividad de Jesús; para predicar había venido, era su principal llamado y misión. Note la palabra «después» (*en to kathexes*). La palabra significa uno tras otros, un paso ordenado, sucesivo. Lo que se sugiere es que inmediatamente después del banquete en casa de Simón, Jesús se levantó para ocuparse de su tarea principal, la predicación y proclamación del evangelio. No se detenía en prolongar el compañerismo, ni en ninguna otra cosa, por más legítima y placentera que fuese. Era fiel y constante en predicar y proclamar el evangelio. El tema es este: las mujeres apoyaban un sólido ministerio de predicación. Apoyaban al Señor porque predicaba y era fiel a su llamado de predicar. Note particularmente dos hechos.

1. Apoyaban un ministerio de extensión. Jesús «recorría todas las ciudades y aldeas predicando». Tenía un anhelo, una compasión por todos, no quería que ninguno se pierda. Buscaba a todos los que estaban *a su alcance*. Note que no buscaba la luz de las ciudades. También iba a las aldeas y al campo. Había sido enviado a predicar, y alcanzar a todos los que pudiera. Este era el tipo de ministerio que las mujeres apoyaban.

«Como el Hijo del Hombre no vino para ser servido, sino para servir, y para dar su vida en rescate por muchos» (Mt. 20:28).

«Y todos a una comenzaron a excusarse. El primero dijo: He comprado una haciendo, y necesito ir a verla; te ruego que me excuses. Otro dijo: He comprado cinco yuntas de bueyes, y voy a probarlos; te ruego que me excuses» (Lc. 14:18-19).

«Pero él les dijo: Es necesario que también a otras ciudades anuncie el evangelio del reino de Dios; porque para esto he sido enviado» (Lc. 4:43).

«Porque el Hijo del Hombre vino a buscar y a salvar lo que se había perdido» (Lc. 19:10).

«El ladrón no viene sino para hurtar y destruir; yo he venido para que tengan vida, y para que la tengan en abundancia» (Jn. 10:10).

«Al que oye mis palabras, y no las guarda, yo no le juzgo; porque no he venido para juzgar al mundo, sino a salvar al mundo» (Jn. 12:47).

«Le dijo entonces Pilato: ¿Luego, eres tú rey? Respondió Jesús: Tú dices que yo soy rey. Yo para esto he nacido, y para esto he venido al mundo, para dar testimonio a la verdad. Todo aquel que es de la verdad, oye mi voz» (Jn. 18:37).

«Le dijo entonces Pilato: ¿Luego, eres tú rey? Respondió Jesús: Tú dices que yo soy rey. Yo para esto he nacido, y para esto he venido al mundo, para dar testimonio a la verdad. Todo aquel que es de la verdad, oye mi voz» (Jn. 18:37).

«Palabra fiel y digna de ser recibida por todos: que Cristo Jesús vino al mundo para salvar a los pecadores de los cuales yo soy el primero» (1 Ti. 1:15).

«He aquí, yo estoy a la puerta y llamo; si alguno oye mi voz y abre la puerta, entraré a Él, y cenaré con Él, y Él conmigo» (Ap. 3:20).

2. Apoyaban un ministerio que era *fiel* al evangelio, un ministerio que proclamaba las buenas nuevas del reino de Dios (*véase* Estudio a fondo 3—Mt. 19:23-24). Note que Jesús no predicaba religión ni ritual, ni ceremonias ni ordenanzas, leyes o reglas, obras y acciones, mente y espíritu, alma y cuerpo, pensamiento y razonamiento. Tocaba todos estos temas, pero no eran su mensaje primordial. Su mensaje eran las *buenas nuevas*.

«Porque de tal manera amó Dios al mundo, que ha dado a su Hijo unigénito, para que todo aquel que en él cree, no se pierda, mas tenga vida eterna. Porque no envió Dios a su Hijo al mundo para condenar al mundo, sino para que el mundo sea salvo por él. El que en él cree, ya ha sido condenado, porque no ha creído en el nombre del unigénito Hijo de Dios» (Jn. 3:16-18).

«De cierto, de cierto os digo: Él que oye mi palabra, y cree al que me envió, tiene vida eterna; y no vendrá a condenación, mas ha pasado de muerte a vida» (Jn. 5:24).

«Hijitos, aún estaré con vosotros un poco: Me buscaréis; pero como dije a los judíos, así os digo ahora a vosotros: A donde yo voy, vosotros no podéis ir. Un mandamiento nuevo os doy: Que os améis unos a otros; como yo os he amado, que también os améis unos a otros» (Jn. 13:33-34).

«Y este es su mandamiento: Que creamos en el nombre de su Hijo Jesucristo, y nos amemos unos a otros como nos lo ha mandad» (1 Jn. 3:23).

ESTUDIO A FONDO 1

(8:1) ***Predicar—predicando*** (*kerusso*): proclamar, publicar, ser un heraldo, predicar el evangelio como un heraldo.

ESTUDIO A FONDO 2

(8:1) ***Mostrar las buenas nuevas—predicar*** (*euanggelizomenos*): preciar las buenas nuevas, anunciar buenas nuevas, declarar buenas nuevas, proclamar el evangelio de Jesucristo. Notecómo la palabra griega se asemeja a la palabra *evangelismo*. La palabra española *evangelismo* deriva de ella. Por la misma naturaleza de su obra, el predicador es un evangelista. Es un heraldo que viene en el nombre del Rey, representando al Rey (cp. 2 Co. 5:20). Solamente proclama el mensaje del Rey; no tiene mensaje propio. En el supuesto caso de comenzar a proclamar su propio mensaje, deja de ser representante o vocero del Rey.

[2] (8:1) ***Discipulado—mayordomía:*** apoyaban un ministerio de discipulado. Este era un ministerio de crucial importancia, un ministerio que Jesús acentuaba en la práctica de su propia vida. Hacer discípulos de otras personas era lo que hacía con los doce,

y pronto ello se convertiría en la gran comisión de todos sus seguidores. El apoyo de las mujeres a este ministerio era crucial, porque era poco probable que los discípulos pudieran haberse entregado tiempo completo a Jesús sin apoyo financiero. (*Véase* nota—Mt. 28:19-20 para la discusión detallada).

> **«Por tanto, id, y haced discípulos a todas la naciones, bautizándolos en el nombre del Padre, y del Hijo, y del Espíritu Santo; enseñándoles que guarden todas las cosas que os he mandado; y he aquí yo estoy con vosotros todos los días hasta el fin del mundo» (Mt. 28:19-20).**
>
> **«Entonces Jesús les dijo otra vez: Paz a vosotros. Como me envió el Padre, así también yo os envío» (Jn. 20:21).**
>
> **«Lo que has oído de mí ante muchos testigos, esto encarga a hombres fieles que sean idóneos para enseñar también a otros» (2 Ti. 2:2).**

[3] (8:2-3) ***Devoción —mayordomía:*** apoyaban a Jesús movidas por la devoción a Él. Estaban agradecidas por lo que Él había hecho en favor de ellas. Note que cada una de ellas había sido alcanzada y sanada por Jesús. Habían sido tocadas de manera muy especial por Él, y en respuesta ellas «le servían de sus bienes» (con sus medios, finanzas, propiedades). Note las mujeres que ministraban (*véanse* Estudios a fondo 3-6—Lc. 8:2-3).

ESTUDIO A FONDO 3

(8:2) ***María Magdalena:*** fue librada de siete demonios (Lc. 8:2); fue uno de los primordiales apoyos financieros de Jesús (Lc. 8:3); estuvo entre las mujeres que valientemente permanecieron junto a la cruz (Mt. 27:55-56); fue una de las mujeres a quienes Jesús apareció después de la resurrección (Mt. 28:1; Mr. 16:1; Lc. 24:10; cp. Jn. 10:11).

ESTUDIO A FONDO 4

(8:3) ***Juana:*** Su esposo era intendente de Herodes, el oficial que en la corte se ocupaba del estado de los intereses financieros. Esa era la tarea de un intendente. La propia naturaleza de su trabajo demuestra que debe haber sido un oficial de mucha confianza (cp. Lc. 24:10).

ESTUDIO A FONDO 5

(8:3) ***Susana:*** No existe ninguna otra referencia a Susana. Representa al prominente discípulo que todos conocen, pero que sirve en una capacidad que pocos notan. Sin embargo, note que fue una sierva tan devota en su servicio que su nombre es conocido.

ESTUDIO A FONDO 6

(8:3) ***Muchas otras:*** Estas representan a las seguidoras del Señor que son desconocidas pero de suprema importancia. Sirven en el fondo, nunca en el frente; por eso son totalmente desconocidas. Note sin embargo, que son fieles, constantes y leales.

S. Jesús enseña sobre el destino seguro de la palabra: cómo la gente recibe la palabra, 8:4-15
(Mt. 13:1-23; Mr. 4:1-20)

1 Las multitudes se agolpaban junto a Jesús
2 La parábola: un sembrador sembró semilla
a. Algunas cayeron junto al camino
1) Fueron pisoteadas
2) Fueron devoradas
b. Algunas cayeron sobre la roca
1) Se echaron a perder, fueron quemadas
2) No tuvieron humedad o profundidad
c. Algunas cayeron entre espinos; se hogaron
d. Algunas cayeron en buena tierra; dieron fruto
3 Por qué hablaba Jesús en parábolas
a. Para revelar la verdad a los corazones abiertos
b. Para ocultar la verdad a las mentes cerradas
4 La interpretación
a. La semilla es la Palabra de Dios
b. Algunas personas están junto al camino
1) Oyen la Palabra
2) El diablo les arrebata la Palabra
c. Algunas personas están en la roca
1) Oyen la Palabra
2) No tienen raíz; cuando son tentadas se apartan
d. Algunas personas están entre espinos
1) Oyen la Palabra
2) Son ahogadas por el materialismo y los placeres
e. Algunas personas están en buena tierra
1) Guardan la Palabra
2) Tienen corazones honestos y buenos
3) Llevan fruto

4 Juntándose con una gran multitud, y los que de cada ciudad venían a él, les dijo esta parábola:
5 El sembrador salió a sembrar su semilla; y mientras sembraba, una parte cayó junto al camino, y fue hollada, y las aves del cielo la comieron.
6 Otra parte cayó sobre la piedra; y nacida, se secó, porque no tenía humedad.
7 Otra parte cayó entre espinos, y los espinos que nacieron juntamente con ella, la ahogaron.
8 Y otra parte cayó en buena tierra, y nació y llevó fruto a ciento por uno. Hablando estas cosas, decía a gran voz: El que tiene oídos para oír, oiga.
9 Y sus discípulos le preguntaron, diciendo: ¿Qué significa esta parábola?
10 Y él dijo: A vosotros os es dado conocer los misterios del reino de Dios; pero a los otros por parábolas, para que viendo no vean, y oyendo no entiendan.
11 Esta es, pues, la parábola: la semilla es la palabra de Dios.
12 Y los de junto al camino son los que oyen, y luego viene el diablo y quita de su corazón la palabra, para que no crean y se salven.
13 Los de sobre la piedra son los que habiendo oído, reciben la palabra con gozo; pero éstos no tienen raíces; creen por algún tiempo, y en el tiempo de la prueba se apartan.
14 La que cayó entre espinos, éstos son los que oyen, pero yéndose, son ahogados por los afanes y las riquezas y los placeres de la vida, y no llevan fruto.
15 Mas la que cayó en buena tierra, éstos son los que con corazón bueno y recto retienen la palabra oída, y dan fruto con perseverancia.

S. Jesús enseña sobre el destino seguro de la palabra: cómo la gente recibe la palabra, 8:4-15

(8: 4-15) ***Introducción —avivamiento—multitudes—adoración —asistencia a la iglesia—decisión—Palabra de Dios:*** todo el país estaba en estado de avivamiento. Había comenzado con Juan el Bautista y continuó con Jesús el Mesías. Las multitudes se agolpaban junto a Jesús y eran desafiadas a arrepentirse y a seguir a Dios. La nación toda estaba cargada de expectativa, porque el carpintero de Nazaret no solamente afirmaba ser el Mesías, sino que respaldaba sus afirmaciones con demostraciones fenomenales de poder, el poder de Dios. Pero como dicen las Escrituras: «él sabía lo que había en el hombre» (Jn. 2:25). Jesús sabía que muchos no eran realmente sinceros. No tenían lo necesario para ello. Carecían de...

- un verdadero espíritu de arrepentimiento.
- de un cambio de vida.
- de una entrega honesta.
- de una fe genuina.
- de una disposición al sacrificio.
- de una obediencia constante.

Jesús sabía que muchos le seguían, no porque querían conocer a Dios, no porque eran genuinos, sino por...

- la familia y los amigos..
- el compañerismo.
- la identificación social.
- los buenos sentimientos.
- algunas necesidades que eran satisfechas.

Por supuesto, la falta de sinceridad de tantas personas, le hería el corazón a Jesús; pero lo mismo procuró advertir y alcanzar a tantos como fuera posible. De esto trata la parábola de la semilla. Jesús quería que la gente supiera que *oír* la Palabra de Dios no era suficiente. Hay muchas maneras de oír la Palabra de Dios, pero solamente una lleva fruto. Una sola forma de recepción nos hace aceptables a Dios. Si recibimos la Palabra de Dios de otra manera, la misma se vuelve infructuosa y no hace ningún bien. Es arrebatada o quemada, o ahogada. Una sola manera de recibirla llevará fruto.

Note cómo la parábola le habla a toda persona. Es una *advertencia* a todos los que oyen la Palabra, especialmente a los que no son seguidores genuinos de Cristo. Les da gran *seguridad* a los que sí oyen; ineludiblemente éstos llevarán fruto. Es un gran aliento para el predicador y maestro y para el testigo laico. La semilla que siembran llevará *algún* fruto. (*Véanse* bosquejo y notas: Mt. 13:1-9; Mr. 4:1-20 para mayor discusión.)

1. Las multitudes se agolpaban junto a Jesús (v. 4).
2. Por qué hablaba Jesús en parábolas (vv. 5-8).
3. Un sembrador sembró semilla (vv. 9-10).
4. La interpretación (vv. 11-15).

[1] (8:4) ***Multitudes—Jesucristo, multitudes le siguen—avivamiento:*** las multitudes se agolpaban junto a Jesús, venían de todas las ciudades. Note la palabras «gran multitud» y «de cada ciudad». Eran miles los que llegaban a Jesús de todas partes. Se puede estimar la cantidad tomando como base la ocasión en que alimentó a cinco mil. Ese número no cuenta a las mujeres y niños, que en ambos casos superarían por mucho al número de los hombres. Probablemente podemos decir con seguridad, como también ocurre en cada generación, que a Jesús le seguían más mujeres que hombres; y las familias eran más numerosas que

las familias actuales con su promedio de cuatro miembros. Aparentemente la multitud superaba cómodamente las veinte mil personas.

2 (8:5-8) ***Sembrador, parábola del—Palabra de Dios:*** la parábola fue tomada de un acontecimiento cotidiano. Se refería a un sembrador, un agricultor que salió a sembrar semilla. Note que salió y sembró.

> ***Pensamiento.*** ¿Cuántos *no salen*? De los que salen, ¿cuántos realmente siembran la semilla de la Palabra? Es tan fácil para el ministro y el creyente...
> - sentarse en la comodidad del hogar o de la oficina y descansar y trabajar administrativamente en vez de salir y a sembrar.
> - visitar y cuidar del rebaño en sus necesidades en vez de salir a los campos y sembrar.

Al relatar la parábola, Jesús dijo que a la semilla, al ser sembrada, le ocurrieron cuatro cosas.

1. Alguna semilla cayó junto al camino, al costado, fuera del campo, sobre las sendas y rutas de los caminantes. Las sendas y rutas lógicamente estaban apisonadas, su tierra era dura; por eso la semilla quedó en la superficie y vinieron los pájaros y la devoraron.
2. Alguna semilla cayó sobre la roca, es decir, sobre alguna zona de rocas inmediatamente debajo de la superficie. Por supuesto, esta semilla creció rápidamente debido al agua que quedaba sobre la roca después de llover. Pero pronto se echó a perder porque el agua se evaporó rápidamente, no dejando nada sino suelo seco. El sol quemó la tierna planta.
3. Alguna semilla cayó entre espinos. La semilla brotó, pero las plantas pronto fueron ahogadas por las espinas.
4. Otra semilla cayó sobre buena tierra. La semilla germinó y fue muy fructífera, dando fruto al ciento por uno.

Ahora note lo que hizo Jesús. Inmediatamente, al finalizar la parábola, exclamó (*ephonei*) en alta voz: «El que tiene oídos para oír, oiga». Les advirtió diciendo: «¡Oigan!»

3 (8:9-10) ***Parábolas:*** por qué habló Jesús en parábolas. Después, cuando Jesús y sus discípulos estaban a solas, los discípulos le pidieron que les explicara la parábola. Pero Jesús usó la ocasión para explicar primero porqué estaba comenzando ahora a enseñar por medio de parábolas. Hasta el momento había estado enseñando mediante afirmaciones directas, y claras ilustraciones, usando pocas parábolas. Pero desde ahora en adelante habría una diferencia. Su método principal serían las parábolas. ¿Por qué? Jesús dio dos motivos.

1. Jesús quería que los *corazones abiertos*, las personas que realmente buscaban a Dios, aprendieran todo lo que fuera posible acerca de los *misterios* del reino de Dios. Las parábolas requerían mucha reflexión para captar su significado. La persona que realmente buscaba a Dios, reflexionaría, se esforzaría, pensaría y preguntaría hasta encontrar el significado de la parábola. Luego masticaría ese significado sacando todo el sentido de la parábola y así aprender todo lo posible acerca de Dios.

> ***Pensamiento.*** Lo que Cristo dijo en cuanto a buscar la verdad se aplica especialmente a quienes ya conocen personalmente a Dios. Pero también se aplica a la multitud, a cualquier persona que es honesta en su búsqueda de Dios y que todavía no lo ha enontrado. Cristo quiere alcanzar a todos los que realmente le buscan. La parábola es un método excelente para despertar el interés y la curiosidad entre los hombres. Por supuesto, si una persona es genuinamente sincera en su deseo de conocer *la Verdad*, descubrirá el significado (Verdad), sin importar cuánto tiempo y esfuerzo sea requerido.

2. Jesús quería ocultar la verdad de las mentes cerradas. Las mentes cerradas está endurecidas y no están dispuestas a considerar los *misterios* del reino de Dios. Sentados allí, entre el auditorio, escuchaban y entendían las palabras y los cuadros que las palabras pintaban. Pero había escaso interés en descubrir el significado oculto (misterios) de la parábola. No valía el tiempo y el esfuerzo requeridos. Los de mente cerrada y los carnales sencillamente no estaban suficientemente interesados. Jesús y su mensaje eran interesantes, puesto que era un predicador muy capaz, lleno de carisma y de aplicaciones prácticas para la vida. Sin embargo, ir al extremo de entregar la vida totalmente a su causa y a sus mandamientos, ir al extremo de negarse uno mismo de manera completa y sacrificar todo lo que uno es y tiene, ir a ese extremo es demasiado para la persona carnal. Por eso el carnal no estaba dispuesto a dar el tiempo y el esfuerzo requeridos para descubrir el significado de la parábola. Jesús dijo concretamente que quería ocultar su significado de los de mente cerrada.

Note también algo más. El de mente cerrada, corazón endurecido y carnal, con frecuencia *reacciona* ante la verdad cuando el dedo le toca en la llaga. (*Véanse* bosquejo y notas—Mt. 13:10-17 para un bosquejo completo de por qué Jesús habló en parábolas.)

4 (8:11-15) ***Palabra de Dios—testificar—profesión—mundanalidad—conversión, dramática:*** Jesús dio la interpretación de la parábola. El sembrador es el Señor Jesucristo o un siervo suyo. Los siervos del Señor, ministros o laicos, son «colaboradores con Dios» (1 Co. 3:9). La semilla es la Palabra de Dios o la Palabra del reino. Se la llama (1) la «simiente incorruptible» (1 P. 1:23), y (2) «el evangelio que lleva fruto» (Col. 1:5-6).

El suelo sobre el que la semilla es sembrada es el corazón del creyente. Jesús dijo dos cosas significativas acerca del suelo. (1) Hay diferentes maneras de escuchar y recibir la Palabra (semilla). Y (2) advierte a todos los oyentes (todos los tipos de suelos), diciendo que el destino de la Palabra, su buen crecimiento, depende del oyente.

> ***Pensamiento.*** El éxito de la semilla depende de una sola cosa, la condición del suelo (corazón) que recibe la semilla (Palabra). Si el suelo (corazón) es suave y rico, lleno de ricos materiales (cualidades espirituales) y libre de toda basura y escombro, arado y dado vuelta, entonces estrá listo para recibir la semilla.

1. La semilla junto al camino. La persona junto al camino escucha la Palabra de Dios. Está presente, pero está al costado, fuera del camino, sin involucrarse. Permite que sus pensamientos divaguen un poco y prácticamente no se involucra en nada. Respeta a Cristo y al predicador y no falta a ningún servicio, pero está en el círculo exterior, prestando poca atención a las advertencias y promesas de la Palabra.

Note lo que ocurre. Antes que la persona crea, viene el diablo y arrebata la Palabra. La persona es depojada de la Palabra; nunca la aplica a su vida, en realidad nunca vive sacrificialmente para Cristo. (Cp. Judas Iscariote y cp. Herodes que disfrutaba oyendo a Juan el Bautista: Mr. 6:20.)

> **«Porque el corazón de este pueblo se ha engrosado, y con los oídos oyeron pesadamente, y sus ojos han cerrado, para que no vean con los ojos, y oigan con los oídos, y entiendan de corazón, y se conviertan, y yo los sane» (Hch. 28:27).**
>
> **«Los cuales, después que perdieron toda sensibilidad, se entregaron a la lascivia para cometer con avidez toda clase de impureza» (Ef. 4:19).**
>
> **«Antes exhortaos los unos a los otros cada día, entre tanto que se dice: Hoy; para que ninguno de vosotros se endurezca por el engaño del pecado» (He. 3:13).**
>
> **«Bienaventurado el hombre que siempre teme a Dios; mas el que endurece su corazón caerá en el mal» (Pr. 28:14).**
>
> **«El hombre que reprendido endurece la cerviz, de repente está quebrantado, y no habrá para él medicina» (Pr. 29:1).**

«Pero por tu dureza y por tu corazón no arrepentido, atesoras para ti mismo ira para el día de la ira y de la revelación del justo juicio de Dios» Ro. 2:5).

2. La semilla sobre la roca. Esta persona oye la Palabra, y se entusiasma con ella. Recibe la Palabra, dice creer en Cristo, y hace una profesión de fe ante el mundo. Pero no calcula el precio, no considera el compromiso, la negación del ego, el sacrificio, el estudio, el aprendizaje, las horas y el esfuerzo requeridos. No se aplica a *aprender a Cristo;* por eso no llega a tener raíces y fundamentos en la Palabra. Es solamente un creyente superficial.

Note lo que ocurre. Cuando vienen las pruebas y tentaciones, se aparta. Su profesión de fe es quemada y consumida, el fuego de la prueba y la tentación la quema. (Cp. Juan Marcos que al principio falló y no soportó, Hch. 13:13; Demas, Fil. 1:24; y los hombres que descubrieron que seguir a Cristo sencillamente les costaba demasiado, Lc. 9:57-62).

«Y muchos falsos profetas se levantarán, y engañarán a muchos; y por haberse multiplicado la maldad, el amor de muchos se enfriará» (Mt. 24:12).

«Mas el que oyó y no hizo, semejante es al hombre que edificó su casa sobre la tierra, sin fundamento; contra la cual el río dio con ímpetu, y luego cayó, y fue grande la ruina de aquella casa» (Lc. 6:49).

«Y Jesús le dijo: Ninguno que poniendo su mano en el arado mira hacia atrás, es apto para el reino de Dios» (Lc. 9:62).

«Mas ahora, conociendo a Dios, o más bien, siendo conocidos por Dios, ¿cómo es que os volvéis de nuevo a los débiles y pobres rudimentos, a los cuales os queréis volver a esclavizar?» (Gá. 4:9).

«Mas el justo vivirá por fe ; y si retrocediere, no agradará a mi alma» (He. 10:38).

«Señor y Salvador Jesucristo, enredándose otra vez en ellas son vencidos, su postrer estado viene a ser peor que el primero. Porque mejor les hubiera sido no haber conocido el camino de la justicia, que después de haberlo conocido, volverse atrás del santo mandamiento que les fue dado. Pero les ha acontecido lo del verdadero proverbio: el perro vuelve a su vómito, y la puerca lavada a revolcarse en el cieno» (2 P. 2:20-22).

«Pero tengo contra ti, que has dejado tu primer amor. Recuerda, por tanto, de dónde has caído, y arrepiéntete, y haz las primeras obras; pues si no, vendré pronto a ti, y quitaré tu candelero de su lugar, si no te hubieres arrepentido» (Ap. 2:4-5).

3. La semilla entre espinos. Esta es una persona que recibe la Palabra y *procura honestamente* (profesa) vivir por Cristo. Cristo y sus seguidores y la iglesia con sus actividades le apelan. De manera que se une a ellos, incluso testificando de Cristo en sus asuntos diarios. Pero hay un problema: los espinos de la mundanalidad. No está dispuesta a separarse totalmente del mundo: «a salir de en medio de ellos» (2 Co. 6:17-18). Vive una vida doble, procurando vivir para Cristo pero viviendo al mismo tiempo en el mundo. Crece en medio de los espinos, entregando su mente y atención a los *afanes* y las *riquezas y placeres* de este mundo.

Note lo que ocurre. Lleva fruto. El fruto aparece, pero nunca llega a madurar; nunca puede ser cosechado. Los espinos ahogan su vida. Nunca vive lo suficiente para ser usado. (Cp. el joven rico, Lc. 18:18ss; Ananías y Safira, Hch. 5:1ss.)

Pensamiento 1. Note las tres áreas que ahogan la vida de los hombres.

1) Los afanes de esta vida.

«Por tanto os digo: No os afanéis por vuestra vida, qué habéis de comer o qué habéis de beber; ni por vuestro cuerpo, qué habéis de vestir. ¿No es la vida más que el alimento, y el cuerpo más que es vestido?» (Mt. 6:25).

«No os afanéis, pues, diciendo: ¿Qué comeremos, o qué beberemos, o qué vestiremos?» (Mt. 6:31).

«Vosotros, pues, no os preocupéis por lo que habéis de comer, ni por lo que habéis de beber, ni estéis en ansiosa inquietud» (Lc. 12:29).

«Mirad también por vosotros mismos, que vuestros corazones no se carguen de glotonería y embriaguez y de los afanes de esta vida, y venga de repente sobre vosotros aquel día» (Lc. 21:34).

«Por nada estéis afanosos, sino sean conocidas vuestras peticiones delante de Dios en toda oración y ruego, con acción de gracias» (Fil. 4:6).

«Echando toda vuestra ansiedad sobre él, porque él tiene cuidado de vosotros» 1 P. 5:7).

«Ciertamente como una sombra es el hombre; ciertamente en vano se afana; amontona riquezas y no sabe quien las recogerá» (Sal. 39:6).

«Por demás es que os levantéis de madrugada, y vayáis tarde a reposar, y que comáis pan de dolores; pues que a su amado dará Dios el sueño» (Sal. 127:2).

2) Las riquezas de la vida.

«Pero los afanes de este siglo, y el engaño de las riquezas, y las codicias de otras cosas, entran y ahogan la palabra, y se hace infructuosa» (Mr. 4:19).

«Porque los que quieren enriquecerse caen en tentación y lazo, y en muchas codicias necias y dañosas, que hunden a los hombres en destrucción y perdición» (1 Ti. 6:9).

«Vuestro oro y plata están enmohecidos; y su moho testificará contra vosotros, y devorará del todo vuestras carnes como fuego. Habéis acumulado tesoros para los días postreros» (Stg. 5:3).

«Oyendo el joven esta palabra, se fue triste, porque tenía muchas posesiones. Entonces Jesús dijo a sus discípulos: De cierto os digo, que difícilmente entrará un rico en el reino de los cielos» (Mt. 19:23).

«Porque nada hemos traído a este mundo y sin duda nada podremos sacar» (1 Ti. 6:7).

«Y tus vacas y tus ovejas se aumentaren, y la plata y el oro se te multipliquen, y todo lo que tuvieres se aumente; y se enorgullezca tu corazón, y te olvides de Jehová tu Dios, que te sacó de la tierra de Egipto, de casa de servidumbre» (Dt. 8:13-14).

«Los renuevos de su casa serán transportados, serán esparcidos en el día de su furor» (Job 20:28).

«Pues verá que aun los sabios mueren; que perecen del mismo modo que el insensato y el necio, y dejan a otros sus riquezas» (Sal. 49:10).

«¿Has de poner tus ojos en las riquezas, siendo ningunas? Porque se harán alas como alas de águila, y volarán al cielo» (Pr. 23:5).

«Asimismo aborrecí todo mi trabajo que había hecho bajo el sol, el cual tendré que dejar a otro que vendrá después de mí» (Ec. 2:18).

«Como la perdíz que cubre lo que puso, es el que injustamente amontona riquezas; en la mitad de sus días las dejará, y en su postrimerías será insensato» (Jer. 17:11).

3) Los placeres de la vida.

«Y diré a mi alma: Alma, muchos bienes tienes guardados para muchos años; repósate, come, bebe, regocíjate» (Lc. 12:19).

«Pero la que se entrega a los placeres, viviendo está muerta» (1 Ti. 5:6).

«También debes saber esto: que en los postreros días vendrán tiempos peligrosos. Porque habrá hombres amadores de sí mismos, avaros, vanagloriosos, soberbios, blasfemos, desobedientes a los padres, ingratos, impíos ... amadores de los deleites más que de Dios» (2 Ti. 3:1-2, 4).

«Porque nosotros también éramos en otro

tiempo insensatos, rebeldes, extraviados, esclavos de concupiscencias y deleites diversos, viviendo en malicia, envidia, aborrecibles, y aborreciéndonos unos a otros» (Tit. 3:3).

«Habéis vivido en deleites sobre la tierra, y sido disolutos; habéis engordado vuestros corazones como en día de matanza» (Stg. 5:5).

«Recibiendo el galardón de su injusticia, ya que tienen por delicia el gozar de deleites cada día. Estos son inmundicias y manchas, quienes aun mientras comen con vosotros, se recrean en sus errores» (2 P. 2:13).

«Oye, pues, ahora esto, mujer voluptuosa, tú que estás sentada confiadamente, tú que dices en tu corazón: Yo soy, y fuera de mí no hay más; no quedaré viuda, ni conoceré orfandad. Estas dos cosas te vendrán de repente en un mismo día, orfandad y viudez; en toda su fuerza vendrán sobre ti, a pesar de la multitud de tus hechizos y de tus muchos encantamientos» (Is. 47:8-9).

4. La semilla en buena tierra. Estos son los que tienen un corazón honesto y bueno. Por eso, cuando oyen la Palabra, la guardan. Note varias cosas.

a. Sus corazones son «honestos» (*kalei*). La palabra significa justo, noble, equitativo. Tiene la idea de permanecer. Son personas honestas y justas; son personas nobles para escuchar y considerar la Palabra. Buscan honestamente aprender y conocer la verdad, tanto espiritual como físicamente.

«Y éstos eran más nobles que los que estaban en Tesalónica, pues recibieron la palabra con toda solicitud, escudriñando cada día las Escrituras para ver si estas cosas eran así» (Hch. 17:11).

«Así que, los que recibieron su palabra fueron bautizados; y se añadieron aquel día como tres mil personas» (Hch. 2:41)

«Por lo cual también nosotros, sin cesar damos gracias a Dios, de que cuando recibisteis la palabra de Dios que oísteis de nosotros, la recibisteis no como palabra de hombres, sino según es en verdad, la palabra de Dios, la cual actúa en vosotros los creyentes» (1 Ts. 2:13).

b. Sus corazones son «buenos» (*agathei*), es decir, devotos, entregados, dados a la verdad. Una vez que conocen la verdad se aferran a ella.

«Pero gracias a Dios, que aunque erais esclavos del pecado, habéis obedecido de corazón a aquella forma de doctrina a la cual fuisteis entregados» (Ro. 6:17).

«¡Quién diera que tuviesen tal corazón, que me temiesen y guardase todos los días todos mis mandamientos, para que a ellos y a sus hijos les fuere bien para siempre!» (Dt. 5:29).

«Jehová tu Dios te manda hoy que cumplas estos estatutos y decretos; cuida, pues, de ponerlos por obra con todo tu corazón y con toda tu alma» (Dt. 26:16).

«Nunca se apartará de tu boca este libro de la ley, sino que de día y de noche meditarás en él, para que guardes y hagas conforme a todo lo que en él está escrito: porque entonces harás prosperar tu camino, y todo te saldrá bien» (Jos. 1:8).

«Pronto está mi corazón, oh Dios, mi corazón está dispuesto; cantaré, y trovaré salmos» (Sal. 57:7).

«Y les daré corazón para que me conozcan que yo soy Jehová; y me serán por pueblo, y yo les seré a ellos por Dios; porque se volverán a mí de todo corazón» (Jer. 24:7).

«Os daré corazón nuevo, y pondré espíritu nuevo dentro de vosotros; y quitaré de vuestra carne el corazón de piedra, y os daré un corazón de carne» (Ez. 36:26; Ez. 11:19).

c. Guardan la Palabra. No permiten que el diablo la arrebate, ni la quemen las pruebas y tentaciones de la vida; no permiten que los afanes y las riquezas y los placeres de la vida la ahoguen.

«De cierto, de cierto os digo, que el que guarda mi palabra, nunca verá muerte» (Jn. 8:51).

«Respondió Jesús y le dijo: El que me ama, mi palabra guardará; y mi Padre le amará, y vendremos a él, y haremos morada con él» (Jn. 14:23).

«He manifestado tu nombre a los hombres que del mundo me diste; tuyos eran, y me los diste, y han guardado tu palabra» (Jn. 17:6).

«Y en esto sabemos que nosotros le conocemos, si guardamos sus mandamientos» (1 Jn. 2:3).

«Yo conozco tus obras; he aquí, he puesto delante de ti una puerta abierta, la cual nadie puede cerrar; porque aunque tienes poca fuerza, has guardado mi palabra, y no has negado mi nombre» (Ap. 3:8).

d. Dan fruto con *paciencia*. Perseveran y estudian, crecen y sirven más y más. Constantemente riegan la semilla y arrancan las malezas y espinos y siguen haciéndolo hasta que el fruto ha crecido totalmente y es cosechado y *llevado* al Dueño de la casa.

«De modo que si alguno está en Cristo, nueva criatura es; las cosas viejas pasaron; he aquí todas son hechas nuevas» (2 Co. 5:17).

«De cierto, de cierto os digo, que si el grano de trigo no cae en la tierra y muere, queda solo; pero si muere lleva mucho fruto» (Jn. 12:24).

«Yo soy la vid, vosotros los pámpanos; el que permanece en mí, y yo en él, éste lleva mucho fruto; porque separados de mí nada podéis hacer» (Jn. 15:5).

«Porque el fruto del Espíritu es en toda bondad, justicia y verdad» (Ef. 5:9).

«Llenos de frutos de justicia que son por medio de Jesucristo, para gloria y alabanza de Dios» (Fil. 1:11).

«Para que andéis como es digno del Señor, agradándole en todo, llevando fruto en toda buena obra, y creciendo en el conocimiento de Dios» (Col. 1:10).

«Plantados en la casa de Jehová, en los atrios de nuestro Dios florecerán. Aun en la vejez fructificarán; estarán vigorosos y verdes» (Sal. 92:13-14).

1 Una luz (vida) tiene el propósito de iluminar a. No se la cubre, ni oculta b. Se la pone a la vista	**T. Jesús enseña tres principios fundamentales de la vida, 8:16-18** (Mt. 5:15-16; 10:26-27; 13:12; Mr. 4:21-23; cp. Lc. 11:33-36) 16 Nadie que enciende una luz la cubre con una vasija, ni la pone debajo de la cama, sino que la pone en un candelero para que los que	entran vean la luz. 17 Porque nada hay oculto, que no haya de ser manifestado; ni escondido que no haya de ser conocido, y de salir a la luz. 18 Mirad, pues, cómo oís; porque a todo el que tiene, se le dará; y a todo el que no tiene, aun lo que piensa tener se le quitará.	**2 El secreto es imposible; todas las cosas serán descubiertas** **3 La verdad es muy estrecha** a. La persona tiene que fijarse en cómo oye b. El motivo: la verdad será recompensada; la verdad «aparente» será quitada

T. Jesús enseña tres principios fundamentales de la vida, 8:16-18

(8:16-18) ***Introducción:*** Cristo ofrece tres principios fundamentales para la vida, principios que hablan claramente a todos los creyentes, tanto al laico como al predicador.

1. Una luz (la vida) tiene el propósito de iluminar (v. 16).
2. El secreto es imposible; todas las cosas serán descubiertas (v. 17).
3. La verdad es muy estrecha (v.18).

[1] (8:16) ***Luz—propósito—vida:*** una luz, una vida, tiene el propósito de iluminar. Note cinco hechos simples acerca de su propósito.

1. La luz es una luz recibida. No ha sido comprada ni ganada. Dios le da la luz a cada persona. Esta es la clave. La luz es un don de Dios. El hombre la tiene, pero debe usarla para que sea de beneficio. La luz es la vida de la persona, la vida que ha recibido en el momento de nacer en este mundo.

2. La luz debe ser encendida. Una vela existe meramente hasta que es encendida; sin ello no cumple su función primaria. Su función es dar luz, pero puede ser usada para otras cosas, cosas útiles tales como ...

- decoraciones para embellecer (vidas que embellecen).
- rellenar agujeros y grietas con la cera de la vela (una vida puede llenar los vacíos de la sociedad).
- instrumento para hacer fuerza, tirando o empujando (una vida que empuja o tironea según la necesidad).
- un adorno para atraer la atención (una vida que halaga y se centra en sí misma).

Note un hecho significativo: en la mayoría de estos casos la luz o vida de una persona es útil y de ayuda; pero la luz (vela) todavía tiene que cumplir su función *primaria*, la función para la cual fue hecha y formada. La luz tiene que ser encendida antes de poder iluminar. La persona misma tiene que tomar la iniciativa para tener su luz encendida. Tiene que venir a Cristo, la Luz del mundo, y recibir la chispa vivificante de su luz. La persona tiene que extenderse buscando la luz que es Jesucristo. Cristo es la Luz, y el hombre tiene que acercar la vela de su vida a Cristo a efectos de encenderla, y darle vida (Jn. 1:9; Jn. 8:12; 11:9-10; 12:36, 46; Ef. 5:8).

3. La luz no debe ser escondida. Una vez que la luz ha sido encendida *nadie* la va a cubrir con un recipiente ni la va a poner debajo de la cama. Sería jocoso, necio, irracional. Toda la energía y esfuerzo y el propósito de encender la luz se desperdicia si se la oculta debajo de la cama o se la cubre. En ese caso la vela y su luz es inútil, sin propósito.

> **«Porque el que se avergonzare de mí y de mis palabras en esta generación adúltera y pecadora, el Hijo del Hombre se avergonzará también de él, cuando venga en la gloria de su Padre con los santos ángeles» (Mr. 8:38).**
>
> **«Porque no nos ha dado Dios, espíritu de cobardía, sino de poder, de amor y de dominio propio. Por tanto no te avergüences de dar testimonio de nuestro Señor, ni de mí, preso suyo, sino participa de las aflicciones por el evangelio según el poder de Dios» (2 Ti. 1:7-8).**

4. La luz debe ser puesta a la vista, en alto, sobre un candelero. La luz de todo auténtico creyente ha sido encendida, ha tocado a Cristo, la Luz del mundo, y Cristo les ha dado luz. Por eso el creyente arde e ilumina. La única pregunta es ¿con qué intensidad ilumina? Su luz puede ser resplandeciente u opaca, fuerte o débil, titilante o resplandeciente, intermitente o constante, humeante o clara. Cristo dice que es necio tener luz y no encenderla, y no ponerla a la vista para que ilumine.

> **«Conforme a mi anhelo y esperanza de que en nada seré avergonzado; antes bien con toda confianza, como siempre, ahora también será magnificado Cristo en mi cuerpo, o por vida o por muerte» (Fil. 1:20).**
>
> **«Pero si alguno padece como cristiano, no se avergüence, sino glorifique a Dios por ello» (1 P. 4:16).**
>
> **«Y ahora, hijitos, permaneced en él, para que cuando se manifieste, tengamos confianza, para que en su venida no nos alejemos de él avergonzados» (1 Jn. 2:28).**
>
> **«Compañero soy yo de todos los que te temen y guardan tus mandamientos» (Sal. 119:63).**
>
> **«Porque Jehová el Señor me ayudará, por tanto no me avergoncé; por eso puse mi rostro como un pedernal, y sé que no seré avergonzado» (Is. 50:7).**
>
> **«Comeréis hasta saciaros, y alabaréis el nombre de Jehová vuestro Dios, el cual hizo maravillas con vosotros; y nunca jamás será mi pueblo avergonzado» (Jl. 2:26).**

5. La luz debe ser vista por todos los que entran. Note un asunto crucial. Este es precisamente el propósito de la *luz encendida, el de proveer iluminación.* Y la luz opera numerosos efectos (*véase* Estudio a fondo 1, ***Luz, propósito***—Lc. 8:16).

> **«Vosotros sois la luz del mundo; una ciudad asentada sobre un monte no se puede esconder. Ni se enciende una luz y se pone debajo de un almud, sino sobre el candelero, y alumbra a todos los que estén en casa. Así alumbre vuestra luz delante de los hombres, para que vean vuestras buenas obras, y glorifiquen a vuestro Padre que está en los cielos» (Mt. 5:14-16).**
>
> **«Porque no podemos dejar de decir lo que hemos visto y oído» (Hch. 4:20).**
>
> **«No os embriaguéis con vino, en lo cual hay disolución; antes bien sed llenos del Espíritu, hablando entre vosotros con salmos, con himnos y cánticos espirituales, cantando y alabando al Señor en vuestros corazones» (Ef. 5:18-19).**
>
> **«Sino santificad a Dios el Señor en vuestros corazones, y estad siempre preparados para presentar defensa con mansedumbre y reverencia ante todo el que demande razón de la esperanza que hay en vosotros» (1 P. 3:15).**
>
> **«Sobre tus muros, oh Jerusalén, he puesto guardas; todo el día y toda la noche no callarán jamás. Los que os acordáis de Jehová, no reposéis» (Is. 62:6).**
>
> **«Jehová sacó a luz nuestras justicias; venid y contemos en Sion la obra de Jehová nuestro Dios» (Jer. 51:10).**
>
> **«Venid, oíd todos los que teméis a Dios, y contaré lo que ha hecho a mi alma» (Sal. 66:16).**

ESTUDIO A FONDO 1

(8:16) ***Luz—propósito:*** Cristo dijo: «Yo soy la luz del mundo» (Jn. 8:12; 9:5). Aquí está diciendo que el discípulo debe ser como Él, «la luz del mundo». Por eso el discípulo debe experimentar una transformación radical. Debe llegar a ser como Cristo, más y más, y reflejar la luz de Cristo (2 Co. 3:18; 4:6-7). La luz es y hace diversas cosas.

1. La luz es clara y pura. Es clara, es decir, buena, correcta y verdadera (Ef. 5:8ss).
2. La luz es penetrante. Corta la oscuridad y la elimina.
3. La luz ilumina. Aumenta la visión y la zona de conocimiento de la persona.
4. La luz es reveladora. Abre la zona de la verdad, todo un mundo nuevo, y aclara el camino de manera que la persona pueda ver la verdad y la vida (Jn. 14:6).
5. La luz guía (Jn. 12:36, 46). Señala el camino a transitar; guía por el buen camino.
6. La luz despoja (Jn. 3:19-20). Despoja a la vida las tinieblas que la oscurecen.
7. La luz desplaza el caos (cp. Gn. 1:2-3). Da paz en lugar de la turbación causada por el andar en tinieblas.
8. La luz distingue entre el camino correcto y el camino equivocado (*véase* nota—Ef. 5:10; cp. 5:8-10).
9. La luz advierte. Advierte los peligros que le esperan a uno en el camino.

[2] (8:17) ***Pecado, secreto—juicio:*** el secreto es imposible. Todas las cosas serán descubiertas. En este versículo se dicen tres cosas.

1. Los hombres procuran ocultar cosas. Procuran guardar algunas cosas en secreto.
   a. Los hombres procuran ocultar el pecado y la vergüenza. Pecan en la oscuridad y tras puertas cerradas, y cuando están fuera de casa y de los amigos; llevan libros y cuentas secretas.
   b. Los hombres procuran ocultar sus posesiones para no tener que dar o gastar más.
   c. Los hombres procuran ocultar habilidades y talentos, para no tener que servir, para no tener que usarlos. Prefieren la comodidad y el confort de la complacencia y llenura en vez de los rigores y del sacrificio requerido para suplir las necesidades de un mundo sufriente.
   d. Los hombres procuran ocultar la Luz y la Verdad que han llegado a conocer. Son perezosos y complacientes, avergonzados, tímidos y temerosos; o bien les falta la visión, voluntad, entrega, iniciativa, y perseverancia para poner la Luz y la Verdad delante de los hombres. Sencillamente mantienen silencio en su propio mundo, no están dispuestos a sacrificarse o negarse a sí mismos a efectos de *ir* y compartir con los que están en tinieblas e ignorancia.
2. Los hombres serán descubiertos. Creen que sus secretos quedarán ocultos por siempre, que nunca serán descubiertos...
   - ni por mamá o papá.
   - ni por amigos o allegados.
   - ni por el predicador o Dios.
   - ni por la esposa o los hijos.
   - ni por la sociedad u organización.

Muchos creen estar a salvo con su secreto. Creen que nunca tendrán malas consecuencias; que el sufrimiento y el castigo, el mal y la desgracia nunca los tocará. Que podrán guardar el secreto por siempre y escapar al castigo.

3. Cristo dijo que nada, ni una sola cosa, quedará oculta para siempre. Toda cosa secreta será revelada y descubierta. Lo oculto es visto, si no es por los hombres, es por Dios; y será revelado. El día del juicio, si no es antes, Dios revelará la verdad. Los engaños, los disfraces, los secretos, las cosas ocultas de todos los hombres serán abiertas y develadas; entonces todos verán, porque será manifestado para que todos vean (Ro. 2:2, 6, 11, 16).

«Porque no nos predicamos a nosotros mismos, sino a Jesucristo como Señor, y a nosotros como vuestros siervos por amor de Jesús» (1 Co. 4:5).

«En el día en que Dios juzgará por Jesucristo los secretos de los hombres, conforme a mi evangelio» (Ro. 2:16).

«Mas si así no lo hacéis, he aquí habréis pecado contra Jehová; y sabed que vuestro pecado os alcanzará» (Nm. 32:23).

«Si pequé, tú me has observado, y no me tendrás por limpio de mi iniquidad» (Job 10:14).

«Pero ahora me cuentas los pasos, y no das tregua a mi pecado» (Job 14:16).

«Los cielos descubrirán su iniquidad, y la tierra se levantará contra él» (Job 20:27).

«Porque Dios traerá toda obra a juicio, juntamente con toda cosa encubierta, sea buena o sea mala» (Ec. 12:14).

«Aunque te laves con lejía, y amontones jabón sobre ti, la mancha de tu pecado permanecerá aún delante de mí, dijo Jehová el Señor» (Jer. 2:22).

«Porque mis ojos están sobre todos sus caminos, los cuales no se me ocultaron, ni su maldad se esconde de la presencia de mis ojos» (Jer. 16:17).

«Yo Jehová, que escudriño la mente, que pruebo el corazón, para dar a cada uno según su camino, según el fruto de sus obras» (Jer. 17:10).

«¿Se ocultará alguno, dice Jehová, en escondrijos que yo no lo vea? ¿No lleno yo, dice Jehová, los cielos y la tierra?» (Jer. 23:24).

«Y vino sobre mí el Espíritu de Jehová, y me dijo: Dí: Así ha dicho Jehová: Así habéis hablado, oh casa de Israel, y *las cosas* que suben a vuestro espíritu, yo las he entendido» (Ez. 11:5).

«Y no consideran en su corazón que tengo en memoria toda su maldad; ahora les rodearán sus obras; delante de mí están» (Os. 7:2).

«Porque yo sé de vuestras muchas rebeliones, y de vuestros grandes pecados; sé que afligís al justo, y recibís cohecho, y en los tribunales hacéis perder su causa a los pobres» (Am. 5:12).

[3] (8:18) ***Verdad—buscar:*** la verdad es estrecha, muy estrecha. Este versículo es una severa advertencia. Vuelve a referirse a la semilla o a la Palabra de Dios y a sus oyentes. Cristo sencillamente nos advierte que tenemos que escuchar y usar lo que escuchamos si queremos que Dios nos conceda cosas. Si escuchamos y no usamos lo escuchado, también lo que tenemos nos será quitado.

Note dos temas.

1. Debemos estar atentos a *cómo* escuchamos. Podemos escuchar, pero equivocadamente. Podemos pensar y suponer e imaginarnos saber lo que escuchamos, pero ello es falso y engañoso, y nos será quitado. Note que debemos «mirar», discernir lo que escuchamos. Debemos asegurarnos de tener la verdad. (*Véanse* Estudio a fondo 1—Jn. 1:9; Estudio a fondo 1—8:32; Estudio a fondo 2—14:6.)
2. El *motivo* por el que debemos estar atentos a cómo oímos es claro: la verdad será revelada, pero la verdad *aparente* será quitada. Si usamos lo que oímos, recibiremos más; si no utilizamos lo que tenemos, aun lo que tenemos nos será quitado.

Quienes buscan y tienen logros, recibirán más. El que no sueña y es complaciente recibe poco y obtiene menos. Esta es una ley en todos los reinos.

1. Es la ley de la naturaleza. Quien madruga obtiene lo suyo y sobrevive. El pájaro madrugador obtiene el gusano; el tardío obtiene poco y sufre.
2. Es la ley del hombre. Los hombres recompensan la energía y el esfuerzo, la producción y los resultados. Amenazan al perezoso e inactivo y con frecuencia lo despojan. Los que trabajan

y se esfuerzan y son diligentes y persistentes siempre verán y oirán y obtendrán más. Están en la posición de obtener más y más y de recibir más y más. En cambio el indolente, el que no trabaja, el negligente e infiel siempre perderá.

A lo largo de toda la vida del hombre, o bien gana o bien pierde. Pocas veces, si es que alguna vez, se mantiene estático. Todo depende de los sueños, del esfuerzo y de la energía que está dispuesto a ejercer.

3. Es la ley de Dios.

«Bienaventurados los que tienen hambre y sed de justicia, porque ellos serán saciados» (Mt. 5:6).

«Mas buscad primeramente el reino de Dios y su justicia, y todas estas cosas os serán añadidas» (Mt. 6:33).

«Pedid, y se os dará; buscad y hallaréis; llamad, y se os abrirá. Porque todo aquel que pide, recibe; y el que busca, halla; y al que llama, se le abrirá» (Mt. 7:7-8).

«El que es fiel en lo muy poco, también en lo más fiel es fiel; y el que en lo muy poco es injusto, también en lo más es injusto» (Lc. 16:10).

«Y te hará Jehová tu Dios abundar en toda obra de tus manos, en el fruto de tu vientre, en el fruto de tu bestia, y en el fruto de tu tierra, para bien; porque Jehová volverá a gozarse sobre ti para bien, de la manera que se gozó sobre tus padres» (Dt. 30:9).

Pensamiento: Este versículo es un gran aliento y una amenaza realista.

1) Es un gran aliento para los...
   - fieles.
   - diligentes.
   - constantes—esforzados.
   - perseverantes—consistentes.
   - pacientes—los que trabajan esforzadamente.
   - los que practican con vigor.
   - los que comienzan y terminan.
   - los que inician y finalizan.
   - los que estudian mucho.

2) Es una amenaza realista y entendible para los...
   - perezosos.
   - inactivos.
   - complacientes.
   - inconsistentes.
   - de mente cerrada.
   - de ojos cerrados.
   - de oídos cerrados.
   - los satisfechos consigo mismos.
   - improlijos.
   - descuidados.
   - inútiles.
   - sin propósito.
   - de mucho dormir.
   - de comenzar tarde.
   - quienes pierden el tiempo.
   - mal encaminados.

«Pero deseamos que cada uno de vosotros muestre la misma *solicitud* hasta el fin, para plena certeza de la esperanza, a fin de que no os hagáis *perezoso,* sino imitadores de aquellos que por la fe y la paciencia heredan las promesas» (He. 6:11-12).

«En lo que requiere diligencia, no perezosos; fervientes en espíritu, sirviendo al Señor» (Ro. 12:11; cp. Mt. 25:24-27).

«Porque también cuando estábamos con vosotros, os ordenábamos esto: Si alguno no quiere trabajar, tampoco coma. Porque oímos que algunos de entre vosotros andan desordenadamente, no trabajando en nada, sino entremetiéndose en lo ajeno a los tales mandamos y exhortamos por nuestro Señor Jesucristo, que trabajando sosegadamente, coman su propio pan» (2 Ts. 3:10-12).

«Por cuanto no serviste a Jehová tu Dios con alegría y con gozo de corazón, por la abundancia de todas las cosas, servirás, por tanto, a tus enemigos, que enviare Jehová contra ti, con hambre y con sed y con desnudez, y con falta de todas las cosas; y él pondrá yugo de hierro sobre tu cuello, hasta destruirte» (Dt. 28:47-48).

«Vaga alrededor tras el pan, diciendo: ¿En dónde está? Sabe que le está preparado día de tinieblas» (Job 15:23).

«Porque las saetas del Todopoderoso están en mí, cuyo veneno bebe mi espíritu; y terrores de Dios me combaten» (Pr. 6:4).

«Vé a la hormiga, oh perezoso, mira sus caminos y sé sabio; la cual no teniendo capitán, ni gobernador, ni señor, prepara en el verano su comida, y recoge en el tiempo de la siega su mantenimiento. Perezoso, ¿hasta cuándo has de dormir? ¿Cuándo te levantarás de tu sueño? Un poco de sueño, un poco de dormitar, y cruzar un poco las manos para reposo; así vendrá tu necesidad como caminante, y tu pobreza como hombre armado» (Pr. 6:6-11).

«El que recoge en el verano es hombre entendido; el que duerme en el tiempo de la siega es hijo que avergüenza» (Pr. 10:5).

«El alma del perezoso desea, y nada alcanza; mas el alma de los diligentes será prosperada» (Pr. 13:4).

«El camino de los perezosos es como el seto de espinos; mas la vereda de los rectos, como una calzada» (Pr. 15:19).

«También el que es negligente en su trabajo es hermano del hombre disipador» (Pr. 18:9).

«La pereza hace caer en profundo sueño, y el alma negligente padecerá hambre» (Pr. 19:15).

«El perezoso mete su mano en el plato, y ni aun a su boca la llevará» (Pr. 19:24).

«No ames el sueño, para que no te empobrezcas; abre tus ojos, y te saciarás de pan» (Pr. 20:13).

«El deseo del perezoso le mata, porque sus manos no quieren trabajar» (Pr. 21:25).

«Hay quien todo el día codicia; pero el justo da, y no detiene su mano» (Pr. 21:26).

«Dice el perezoso: El león está fuera; seré muerto en la calle» (Pr. 22:13).

«Porque el bebedor y el comilón empobrecerán, y el sueño hará vestir vestidos rotos» (Pr. 23:21).

«Pasé junto al campo del hombre perezoso, y junto a la viña del hombre falto de entendimiento; y he aquí que por toda ella habían crecido los espinos, ortigas habían ya cubierto su faz, y su cerca de piedra estaba ya destruida. Miré, y lo puse en mi corazón; lo vi, y tomé consejo. Un poco de sueño, cabeceando otro poco, poniendo mano sobre mano otro poco para dormir; así vendrá como caminante tu necesidad, y tu pobreza como hombre armado» (Pr. 24:30-34).

«Dice el perezoso: El león está en el camino; el león está en las calles. Como la puerta gira sobre sus quicios, así el perezoso se vuelve en su cama. Mete el perezoso su mano en el plato; se cansa de llevarla a su boca. En su propia opinión el perezoso es más sabio que siete que sepan aconseja» (Pr. 26:13-16).

«Por la pereza se cae la techumbre, y por la flojedad de las manos se llueve la casa» (Ec. 10:18).

1 La familia de Jesús lo buscaba
2 El verdadero

U. Jesús enseña el fundamento del genuino parentesco, 8:19-21
(Mt. 12:46-50;
Mr. 3:31-35)

19 Entonces su madre y sus
hermanos vinieron a él;
pero no podían llegar hasta
él por causa de la multitud.
20 Y se le avisó diciendo:
Tu madre y tus hermanos
están fuera y quieren verte.
21 El entonces respon-
diendo, les dijo: Mi madre
y mis hermanos son los que
oyen la palabra de Dios, y
la hacen.

parentesco no está basado en relaciones humanas
3 El verdadero parentesco está basado en la Palabra de Dios; en oír y hacer la Palabra

U. Jesús enseña el fundamento del genuino parentesco, 8:19-21

(8:19-21) ***Introducción:*** generalmente se considera a la familia inmediata como el vínculo más estrecho en la tierra. A veces lo es; a veces no. Siempre debería ser muy, muy estrecho. Sin embargo, Cristo enseña que hay un lazo más estrecho que el de la familia, es el lazo que lo une a Él con sus seguidores. Tal es la lección de este pasaje, una lección que enseña una verdad fenomenal. (*Véanse* bosquejo y notas—Mt. 12:46-50; Mr. 3:31-35 para mayor discusión.)

1. La familia de Jesús lo buscaba (v. 19).
2. El verdadero parentesco no está basado en relaciones humanas (v. 20).
3. El verdadero parentesco está basado en la Palabra de Dios; en oír y hacer la Palabra (v. 21).

[1] (8:19) ***Jesucristo, familia—acusado de ser demente:*** la familia de Jesús lo buscaba. Es interesante observar lo que la familia no hizo.

1. No estaban haciendo una visita social. No era una visita amistosa, los miembros de la familia visitando a otros miembros de la familia. Jesús estaba predicando y conduciendo un servicio, sin embargo, su familia lo interrumpió en el medio mismo del servicio. No obstante, Jesús no dejó de predicar; continuó sin interrumpir. De hecho usó la ocasión para enseñar una gran verdad espiritual.
2. No estaban visitando a Jesús para oírlo predicar ni para aprender de Él. Esto es sabido puesto que sus hermanos no creían en Él, además la familia no entró al servicio. Note también que la familia llegó tarde al servicio; llegó cuando Jesús ya estaba predicando y conduciendo el servicio.
3. No se abrieron camino a través de la multitud. En cambio le enviaron un mensaje por otra persona llamándolo a salir fuera (Mt. 12:47; Mr. 3:31). Aparentemente se sentían demasiado avergonzados para que uno de ellos procurase alcanzarlo.

¿Por qué lo estaba buscando su familia? Hay que considerar varios hechos para responder a la pregunta.

1. Al principio algunos de la familia apoyaban a Jesús y seguían su liderazgo. Lo acompañaron junto a sus discípulos en una de sus primeras giras evangelísticas a Capernaum, y permanecieron por mucho tiempo con Él, ayudando aparentemente tanto en las tareas prácticas como las del ministerio (Jn. 2:12).
2. Segundo, la familia presenció dos *acontecimientos increíbles* en el comienzo del ministerio de Jesús cuando éste visitó su propia ciudad, Nazaret. Oyeron a Jesús afirmando ser el Mesías, Aquel que era el cumplimiento de las Santas Escrituras; Él, que había salido de en medio de ellos. Imagine el impacto; oír al propio hermano afirmando ser el Mesías, el Salvador del mundo. Luego presenciaron cómo sus propios vecinos, conciudadanos, lo rechazaron e intentaron darle muerte. Concretamente vieron a sus vecinos más cercanos y amigos más queridos, volverse demencialmente violentos contra su hermano. Nuevamente, imagine el impacto y el temor por el bienestar de Jesús, y la vergüenza que sentirían al frecuentar a sus amigos en los días y semanas siguientes. Sería muy difícil vivir y encarar a los propios vecinos y conciudadanos después de semejante incidente (Lc. 4: 16-31).
3. Tercero, la familia estaba bajo la constante presión de los amigos de traer a casa a Jesús; eran amigos que se consideraban suficientemente queridos para aconsejar a la familia. Los amigos pensaban que Jesús era *demente* y que estaba *fuera de sí* al hacer las afirmaciones que hacía, afirmaciones que incluían la de ser el Hijo de Dios. Aparentemente, en algún momento la familia dio permiso a algunos amigos a ir y traer a Jesús a casa (Mr. 3:21).
4. Cuarto, los hermanos de Jesús no lo apoyaban ni creían en Él. De hecho, eventualmente la incredulidad de ellos se degradó al punto de mofarse de Él. Esto ocurrió aproximadamente seis meses antes de la crucifixión (Jn. 7:5). Como punto de interés es de notar que los hermanos nunca creyeron en Él, sino hasta después de su resurrección.

Lo que aparentemente ocurrió es que María y la familia vinieron para llevarse a Jesús a casa. Los hermanos se habían convencido de que Jesús, o bien era demente o bien era presa del frenesí y las alabanzas del pueblo, y María temía por su bienestar y por su vida. Actuando por el amor y la precupación de una madre, María quiso ser responsable y traerlo a casa y ayudarle cuánto fuese posible. (*Véanse* notas—Mt. 12:46-50; Mr. 3:31-35.)

[2] (8:20) ***Hermandad—familia:*** el verdadero parentesco no se basa en relaciones humanas. Imagine la escena. Jesús estaba al frente de una multitud predicando, y repentinamente es interrum-pido; se le dice que su madre y sus hermanos están fuera deseando verle. Jesús por supuesto sabía por qué habían venido y vio en el hecho una oportunidad única para enseñar una profunda verdad, la verdad de que el verdadero parentesco no está basado en relaciones humanas.

> ***Pensamiento:*** una verdadera familia, un verdadero parentesco, no existe simplemente porque algunas personas tienen los mismos genes, rasgos y sangre. Esto se ve claramente en las páginas diarias sobre las historias de las familias. Demasiadas familias viven en tormenta, divididas y separadas. Demasiadas familias están en constantes conflictos, incluyendo desde los leves ataques verbales hasta los ataques criminales. Hay...
>
> - padres contra hijos.
> - hijos contra padres.
> - hermano contra hermano.
> - esposo contra esposa.
> - hermana contra hermana.
> - pariente contra pariente.
>
> **«Mas todos los que le recibieron, a los que creen en su nombre, les dio potestad de ser hechos hijos de Dios; los cuales no son engendrados de *sangre,* ni de *voluntad de carne,* ni de *voluntad de varón,* sino de Dios» (Jn. 1:12-13).**
>
> **«Siendo renacidos, no de *simiente corruptible,* sino de incorruptible, por la palabra de Dios que vive y permanece para siempre» (1 P. 1:23).**

[3] (8:21) ***Hermandad—palabra de Dios—creyentes:*** el verdadero parentesco está basado en la Palabra de Dios, en ir y hacer la Palabra de Dios. El acento, por supuesto, es hacer la

Palabra de Dios. La persona que está más cercana a Dios es la que obedece a Dios, la que toma en serio su Palabra. Toda persona honesta sabe que el niño que obedece es el que está más cerca del corazón de sus padres.

Las relaciones más profundas en la vida no son las que determinan la sangre, sino los corazones y las mentes que se han unido. Las relaciones más profundas están basadas en propósitos, preocupaciones y conductas comunes. Sin embargo, el creyente cristiano tiene algo que va aun más allá, es decir, la propia *Palabra de Dios mismo.* Cuando el creyente oye y hace la Palabra, es decir, la voluntad de Dios, ocurren cinco cosas.

1. Dios toma la vida y el corazón del creyente y los une a las vidas y corazones de otros creyentes, de manera espiritual y sobrenatural. Llegan a ser los hijos adoptivos de Dios; por eso, las personas que oyen la Palabra de Dios y la hace, están espiritualmente unidas en la familia de Dios.

a. Adopción por redención.

«Pero cuando vino el cumplimiento del tiempo, Dios envió a su Hijo, nacido de mujer y nacido bajo la ley, para que redimiese a los que estaban bajo la ley, a fin de que recibiésemos la adopción de hijos. Y por cuanto sois hijos, Dios envió a vuestros corazones el Espíritu de su Hijo, el cual clama: ¡Abba, Padre!» (Gá. 4:4-6).

«Mas todos los que le recibieron, a los que creen en su nombre, les dio potestad de ser hechos hijos de Dios» (Jn. 1:12).

«Pues no habéis recibido el espíritu de esclavitud para estar otra vez en temor, sino que habéis recibido el espíritu de adopción, por el cual clamamos: ¡Abba, Padre! El Espíritu mismo da testimonio a nuestro espíritu, de que somos hijos de Dios. Y si hijos, también herederos; herederos de Dios y coherederos con Cristo, si es que padecemos juntamente con él, para que juntamente con él seamos glorificados» (Ro. 8:15-17).

«Porque por medio de él los unos y los otros tenemos entrada por un mismo Espíritu al Padre. Así que ya no sois extranjeros ni advenedizos, sino conciudadanos de los santos, y miembros de la familia de Dios» (Ef. 2:18-19).

«Ahora, así dice Jehová, Creador tuyo, oh Jacob, y Formador tuyo, Oh Israel: No temas, porque yo te redimí; te puse nombre, mío eres tú» (Is. 43:1).

b. Adopción por separación.

«Por lo cual, salid de en medio de ellos, y apartaos, dice el Señor, y no toquéis lo inmundo; y yo os recibiré, y seré para vosotros por Padre, y vosotros me seréis hijos e hijas, dice el Señor todopoderoso» (2 Co. 6:17-18).

«Porque el que santifica y los que son santificados, de uno son todos; por lo cual no se avergüenza de llamarlos hermanos» (He. 2:11).

«Porque eres pueblo santo a Jehová tu Dios, y Jehová te ha escogido para que le seas un pueblo único de entre todos los pueblos que están sobre la tierra» (Dt. 14:2).

2. Los creyentes se convierten en un pueblo que escudriña la Palabra de Dios, que la absorbe en sus vidas y la práctica. La Palabra de Dios se convierte en vida y conducta de ellos. Los creyentes obedecen los tres mandamientos básicos.

a. El mandamiento de Dios.

«Y este es su mandamiento: Que creamos en el nombre de su Hijo Jesucristo, y nos amemos unos a otros como nos lo ha mandado» (1 Jn. 3:23).

b. El mandamiento de Cristo.

«De cierto, de cierto os digo: él que oye mi palabra, y cree al que me envió, tiene vida eterna; y no vendrá a condenación, mas ha pasado de muerte a vida» (Jn. 5:24)

c. El mayor mandamiento de todos.

«Maestro, ¿cuál es el gran mandamiento en la ley? Jesús le dijo: Amarás al Señor tu Dios con todo tu corazón, y con toda tu alma, y con toda tu mente. Este es el primero y grande mandamiento. Y el segundo es semejante: Amarás a tu prójimo como a ti mismo. De estos dos mandamientos depende toda la ley y los profetas» (Mt. 22:36-40).

3. Los creyentes viven obedientemente en una relación muy especial con Dios y Cristo.

«El que tiene mis mandamientos, y los guarda, ése es el que me ama; y el que me ama, será amado por mi Padre, y yo le amaré, y me manifestaré a él» (Jn. 14:21).

«Desead, como niños recién nacidos, la leche espiritual no adulterada, para que por ella crezcáis para salvación si es que habéis gustado la benignidad del Señor» (1 P. 2:2-3).

«Procura con diligencia presentarte ante Dios aprobado, como obrero que no tiene de qué avergonzarse, que usa bien la palabra de verdad» (2 Ti. 2:15).

4. Los creyentes están unidos y viven unidos en *compañerismo* en la iglesia y en la sociedad. Están unidos por la Palabra de Dios y la verdadera familia de Dios. (*Véanse* Estudio a fondo 3, ***Compañerismo***—Hch. 2:42 para mayor discusión.)

«Y perseveraban en la doctrina de los apóstoles, en la comunión unos con otros, en el partimiento del pan y en las oraciones» (Hch. 2:42).

«Así nosotros, siendo muchos, somos un cuerpo en Cristo, y todos miembros los unos de los otros» (Ro. 12:5).

«Siendo uno solo el pan, nosotros, con ser muchos, somos un cuerpo; pues todos participamos de aquel mismo pan» (1 Co. 10:17).

«Porque así como el cuerpo es uno, y tiene muchos miembros, pero todos los miembros del cuerpo, siendo muchos, son un solo cuerpo, así también Cristo. Porque por un solo Espíritu fuimos bautizados en un cuerpo, sean judíos o griegos, sean esclavos o libres; y a todos se nos dio a beber de un mismo Espíritu» (1 Co. 12:12-13).

«Vosotros, pues, sois el cuerpo de Cristo, y miembros cada uno en particular» (1 Co. 12:27).

«Hasta que todos lleguemos a la unidad de la fe y del conocimiento del Hijo de Dios, a un varón perfecto, a la medida de la estatura de la plenitud de Cristo» (Ef. 4:13).

5. Los creyentes se convierten en la nueva comunidad de Dios, en la nueva sociedad, la nueva raza, la nueva nación. Se convierten en su iglesia, su nueva creación, nacidos espiritual y sobrenaturalmente constituyen la verdadera familia de Dios. (*Véanse* Estudio a fondo 8—Mt. 21:43; nota—Mr. 3:34-35; Estudio a fondo 1—Jn. 4:22; notas—Ef. 2:11-18; pto. 4—Ef. 2:14-15; 2:15; 4:17-19; cp. 1 P. 2:9-10; Ap. 21:1ss. para la discusión.)

«Porque por medio de él los unos y los otros tenemos entrada por un mismo Espíritu al Padre. Así que ya no sois extranjeros ni advenedizos, sino conciudadanos de los santos, y miembros de la familia de Dios. Edificados sobre el fundamento de los apóstoles y profetas, siendo la principal piedra del ángulo Jesucristo mismo, en quien todo el edificio bien coordinado, va creciendo para ser un templo santo en el Señor; en quien todos vosotros también sois juntamente edificados para morada de Dios en el Espíritu» (Ef. 2:18-22).

1 **Jesús cruzó el mar de Galilea**
2 **Jesús era definidamente un hombre**
a. Necesitaba y requería la ayuda de los hombres
b. Se cansó y durmió

V. Jesús calma una tormenta: deidad y soberanía de Jesús, 8:22-25 (Mt. 8:23-27; Mr. 4:35-41)

22 Aconteció un día, que
entró en una barca con sus
discípulos, y les dijo: Pasemos
al otro lado del lago. Y
partieron.
23 Pero mientras navegaban,
él se durmió. Y se desencadenó una tempestad de viento
en el lago; y se anegaban y
peligraban.
24 Y vinieron a él y le despertaron, diciendo: ¡Maestro,
Maestro, que perecemos!
Despertando él, reprendió al
viento y a las olas; y cesaron,
y se hizo bonanza.
25 Y les dijo: ¿Dónde está
vuestra fe? Y atemorizados, se
maravillaban, y se decían unos
a otros: ¿Quién es éste, que
aun a los vientos y a las aguas
manda, y le obedecen?

3 **La confianza de Jesús en sus hombres**
4 **Poder y soberanía de Jesús; Jesús era definidamente Dios**
a. Los discípulos se desesperaron
b. Jesús calmó la tormenta
5 **La fe de Jesús en Dios**
a. Cuestionó la fe de los discípulos
b. Motivó a los discípulos a preguntar quién era

V. Jesús calma una tormenta: deidad y soberanía de Jesús, 8:22-25

(8:22-25) ***Introducción:*** este evento es una clara demostración de la deidad y soberanía del Señor Jesucristo. Muestra claramente el poder soberano de Cristo para calmar las tormentas que se levantan en la vida del hombre.

1. Jesús cruzó el mar de Galilea (v. 22).
2. La humanidad de Jesús; era definidamente un hombre (vv. 22-23).
3. La confianza de Jesús en sus hombres (v. 23).
4. Poder y soberanía de Jesús; Jesús era definidamente Dios (v. 24).
5. La fe de Jesús en Dios (v. 25).

[1] (8:22) ***El mar de Galilea:*** Jesús cruzó el mar de Galilea (*véase* nota—Mr. 1:16).

[2] (8:22-23) ***Jesucristo, humanidad—Dios, poder de—Jesucristo, encarnación:*** en estos versículos se ven claramente dos cuadros que ilustran la humanidad de Jesús.

Primero, Jesús necesitaba y requería la ayuda de los discípulos. Quería cruzar el lago. Podía haber caminado alrededor de Él; la distancia no superaba una milla; pero quería ir en bote para alejarse de la multitud. Durante la mayor parte del día la gente lo había estado presionando, demandando y necesitando su ayuda. La *presión y el agotamiento físico* habían afectado a Jesús, lo habían cansado totalmente. Necesitaba apartarse por un tiempo de las multitudes. Si iba caminando la gente lo seguiría, de modo que pidió a los discípulos que con su habilidad de marinos lo llevaran a través del lago. Con el bote podía apartarse a algún lugar solitario, incluso se podía apartar de sus discípulos.

Segundo, Jesús estaba cansado y necesitaba dormir. Era totalmente hombre, carne y sangre; por eso, a veces sufría el agotamiento como lo sufre cualquier persona que trabaja mucho.

Ahora note que cuando se estudia la deidad de Jesús es útil ver su humanidad, el hecho de que era totalmente hombre. Viendo a Jesús como Hombre es una tremenda ayuda para entender a Dios, puesto que la humanidad de Jesús (siendo totalmente hombre) destaca aun más a Dios. Destaca y realza su deidad en por lo menos dos formas.

1. La humanidad de Cristo, el tener que sufrir en la vida como un hombre, nos muestra el gran amor de Dios. En Cristo, Dios se identifica con el hombre, se identifica plenamente en todo y en cada cosa. Él sabe cómo no sentimos y sufrimos porque Él fue totalmente hombre. Él conoce todas las pruebas y experiencias y las rutinas cotidianas de la vida; por eso puede salvarnos de las profundidades y llevarnos a la cima.

> **«Porque ciertamente no socorrió a los ángeles, sino que socorrió a la descendencia de Abraham. Por lo cual debía ser en todo semejante a sus hermanos, para venir a ser misericordioso y fiel sumo sacerdote en lo que a Dios se refiere, para expiar los pecados del pueblo. Pues en cuanto él mismo padeció siendo tentado,es poderoso para socorrer a los que son tentados» (He. 2:16-18).**
>
> **«Porque no tenemos un sumo sacerdote que no pueda compadecerse de nuestras debilidades, sino uno que fue tentado en todo según nuestra semejanza, pero sin pecado. Acerquémonos, pues, confiadamente al trono de la gracia, para alcanzar misericordia y hallar gracia para el oportuno socorro» (He. 4:15-16).**

2. La humanidad de Cristo nos muestra el gran poder de Dios.
   a. Nos muestra el poder de Dios para convertirse realmente en un hombre, para ejecutar la encarnación. De pie ante nosotros como carne y sangre, Jesucristo es una poderosa demostración de la gran soberanía de Dios. Dios es soberano. Puede hacer todo, incluso convertirse en un Hombre. Al participar de carne y sangre, Jesucristo muestra el enorme poder (soberanía) de Dios.

> **«Por tanto, el Señor mismo os dará señal: He aquí que la virgen concebirá, y dará a luz un hijo, y llamará su nombre Emanuel» (Is. 7:14).**
>
> **«Porque un niño nos es nacido, hijo nos es dado, y el principado sobre su hombro; y se llamará su nombre Admirable, Consejero, Dios Fuerte, Padre Eterno, Príncipe de paz» (Is. 9:6).**
>
> **«El nacimiento de Jesucristo fue así: Estando desposada María su madre con José, antes que se juntasen, se halló que había concebido del Espíritu Santo. José su marido, como era justo, y no quería infamarla, quiso dejarla secretamente. Y pensando él en esto, he aquí un ángel del Señor le apareció en sueños y le dijo: José, hijo de David, no temas recibir a María tu mujer, porque lo que en ella es engendrado, del Espíritu Santo es. Y dará a luz un hijo, y llamarás su nombre JESÚS, porque él salvará a su pueblo de sus pecados. Todo esto aconteció para que se cumpliese lo dicho por el Señor por medio del profeta, cuando dijo: He aquí, una virgen concebirá y dará a luz un hijo, y llamarás su nombre Emanuel, que traducido es: Dios con nosotros» (Mt. 1:18-23).**
>
> **«Y aquel Verbo fue hecho carne, y habitó entre nosotros (y vimos su gloria, gloria como del unigénito del Padre), lleno de gracia y de verdad» (Jn. 1:14).**
>
> **«Varones hermanos, se os puede decir libremente del patriarca David, que murió y fue sepultado, y su sepulcro está con nosotros hasta el día de hoy. Pero siendo profeta, y sabiendo que con juramento Dios le había jurado que de su descendencia, en cuanto a la carne, levantaría**

al Cristo para que se sentase en su trono, viéndolo antes, habló de la resurrección de Cristo, que su alma no fue dejada en el hades, ni su carne vio corrupción. A este Jesús resucitó Dios, de lo cual todos nosotros somos testigos» (Hch. 2:29-32).

«Pablo, siervo de Jesucristo, llamado a ser apóstol, apartado para el evangelio de Dios, que él había prometido antes por sus profetas en las santas Escrituras, acerca de su Hijo, nuestro Señor Jesucristo, que era del linaje de David según la carne, que fue declarado Hijo de Dios con poder, según el Espíritu de santidad, por la resurrección de entre los muertos» (Ro. 1:1-4).

«Porque lo que era imposible para la carne, por cuanto era débil por la carne, Dios, enviando a su Hijo en semejanza de carne de pecado y a causa del pecado, condenó al pecado en la carne» (Rm. 8:3).

«Sino que se despojó a sí mismo, tomando forma de siervo, hecho semejante a los hombres» (Fil. 2:7).

«E indiscutiblemente, grande es el misterio de la piedad: Dios fue manifestado [revelado] en carne, justificado en el Espíritu, visto de los ángeles, predicado a los gentiles, creído en el mundo, recibido arriba en gloria» (1 Ti. 3:16).

«Así que, por cuanto los hijos participaron de carne y sangre, él también participó de lo mismo, para destruir por medio de la muerte al que tenía el imperio de la muerte, esto es, al diablo» (He. 2:14).

«En esto conoced el Espíritu de Dios: Todo espíritu que confiesa que Jesucristo ha venido en carne, es de Dios» (1 Jn. 4:2)

«Porque muchos engañadores han salido por el mundo, que no confiesan que Jesucristo ha venido en carne. Quien esto hace es el engañador y el anticristo» (2 Jn. 7).

b. La humanidad de Cristo muestra el poder de Dios para controlar los acontecimientos físicos. Cuando Jesús el carpintero calma la tormenta y alimenta a las multitudes, se realzan el poder y la soberanía de Dios; se realzan mucho más que cuando alguna fuerza o accidente caprichoso interviene en los eventos físicos. Cuando Jesús, puesto de pie, obra un milagro ante los ojos mismos de los hombres, *el poder de Dios es visto con claridad.* Es visible y no hay dudas al respecto. La presencia y el poder, el mismo ser y la soberanía de Dios actúan para que todos vean; *solamente un corazón duro y necio lo negaría.*

[3] (8:23) ***Ministros, llamado—creyentes—confianza:*** Jesús demostró un tema muy importante. Tenía confianza en sus hombres. Les encomendó su propia vida, lo cual significa que depositó la terminación de su misión en las manos de ellos. Note la enorme confianza que tenía en sus hombres. Dormía profundamente, permaneciendo aparte aun durante la más feroz de las tormentas. El bote se estaba llenando de agua. Note dos cosas.

1. Confiaba decididamente en sus hombres y en la habilidad de ellos. Estaba confiando su vida y misión en las manos de ellos.

2. Jesús estaba presente, pero no estaba activamente involucrado en esta tarea particular. Los discípulos tenían la capacidad natural de manejar este trabajo, de modo que se esperaba que lo hicieran. Y note que la tarea era difícil, demandando de ellos toda su habilidad de marinos.

«Doy gracias al que me fortaleció, a Cristo Jesús nuestro Señor, porque me tuvo por fiel poniéndome en el ministerio» (1 Ti. 1:12).

«Por lo cual, teniendo nosotros este ministerio según la misericordia que hemos recibido, no desmayamos» (2 Co. 4:1).

[4] (8:24) ***Jesucristo, poder de; deidad; soberanía:*** en este evento se ven claramente el poder y la soberanía de Jesús. Jesús era definidamente Dios, así como era definidamente hombre (cp. v. 22).

1. Los discípulos se acercaron a Él exclamando: «¡Maestro, Maestro, que perecemos!»

a. No tenían problema en comprender y reconocer su necesidad.

b. Creían y estaban seguros que Él podía salvarlos.

c. Fue el clamor de ellos, un clamor desesperado, ferviente, lo que lo despertó y luego produjo la calma. Jesús despertó ante la necesidad de ellos, y el peligro y el temor fueron aliviados. La calma y la quietud vinieron porque habían clamado con toda sinceridad.

2. Jesús amonestó con su mera palabra al viento y al mar enfurecidos. Fue su Palabra lo que removió la amenaza y trajo la calma tanto a la naturaleza como a sus atemorizados corazones (cp. Sal. 89:9; Fil. 4:6-7).

3. El poder de Jesús sobre el mar era absoluto, mostrando claramente (revelando) que Él era el soberano Señor del universo. Más aun, el poder de Jesús sobre el temor del corazón humano era absoluto, mostrando claramente que Él era el Dios de amor que el hombre necesitaba tan desesperadamente.

Pensamiento 1: Cristo puede calmar las tormentas que con tanta frecuencia sobrevienen al hombre; las tormentas de...

- sufrimiento.
- tentación.
- odio.
- codicia.
- pruebas.
- angustia.
- bancarrota.
- pérdida.
- pasión.
- problemas.
- enojo.
- persecución.

Pensamiento 2: que se calmen las tormentas de la vida implica hacer lo que hicieron los discípulos: venir a Cristo.

1) Reconocer que uno está pereciendo.
2) Creer que Jesús puede salvar.
3) Clamar que Jesús salve.

Pensamiento 3: la Palabra de Dios es la fuente y el poder que puede traer calma a las tormentas de la vida.

«Y Jesús se acercó y les habló diciendo: Toda potestad me es dada en el cielo y en la tierra» (Mt. 28:18).

«La paz os dejo, mi paz os doy; yo no la doy como el mundo la da. No se turbe vuestro corazón, ni tenga miedo» (Jn. 14:27).

«Estas cosas os he hablado para que en mí tengáis paz. En el mundo tendréis aflicción; pero confiad, yo he vencido al mundo» (Jn. 16:33).

«Y el Señor me librará de toda obra mala, y me preservará para su reino celestial. A él sea gloria por los siglos de los siglos» (2 Ti. 4:18).

«No temas, porque yo estoy contigo; no desmayes, porque yo soy tu Dios que te esfuerzo; siempre te ayudaré, siempre te sustentaré con la diestra de mis justicia» (Is. 41:10).

«Clama a mí y yo te responderé, y te enseñaré cosas grandes y ocultas que tú no conoces» (Jer. 33:3).

[5] (8:25) ***Fe—Jesucristo, deidad de:*** en este versículo se demuestra la fe de Jesús en Dios. Mire cuidadosamente la pregunta de Jesús: «¿Dónde está vuestra fe?» Estaba contrastando la fe propia con la de ellos. Él confiaba en Dios (como Hombre). ¿Por qué ellos no confiaban en Dios? Note tres temas.

1. Jesús estaba subrayando la necesidad absoluta de que su pueblo tenga fe en Dios. Demostró perfectamente su fe al dormir en medio de una tempestad. Su vida estaba en las manos de Dios; Él la había depositado allí. Por eso su destino estaba bajo el control de Dios y a disposición de Dios. Esta era la lección que Cristo quería enseñar a sus discípulos.

2. Jesús estaba amonestando a sus discípulos, el temor y la falta de fe de ellos. No debían haber estado atemorizados ni desconfiados. Debían haber seguido trabajando contra la tormenta sabiendo que Él, Jesús estaba cerca y nunca permitiría que ellos pereciesen. Debían haber sabido que las vidas y el destino de ellos estaban en sus manos y bajo su amor, cuidado y poder.

Note una lección crucial. La fe de los discípulos debía ser usada. La fe de ellos no debía estar dormida, descansando en el corazón de ellos, sin hacer nada. La fe existe con el propósito de combatir las tormentas. Ellos debían ejercer su fe al venir la tormenta.

Pensamiento. La lección es clara. El momento preciso para que usemos nuestra fe es cuando vienen las tormentas de la vida. Nuestra fe debe levantarse y ser ejercida contra las tormentas.

«Jesús les dijo: Por vuestra poca fe; porque de cierto os digo, que si tuviereis fe como un grano de mostaza, diréis a este monte: Pásate de aquí allá, y se pasará; y nada os será imposible» (Mt. 17:20).

«Jesús le dijo: Si puedes creer, al que cree todo le es posible» (Mr. 9:23).

«Sobre todo, tomad el escudo de la fe, con que podáis apagar todos los dardos de fuego del maligno» (Ef. 6:16).

«Pero sin fe es imposible agradar a Dios; porque es necesario que el que se acerca a Dios crea que le hay, y que es galardonador de los que le buscan» (He. 11:6).

«Y si alguno de vosotros tiene falta de sabiduría, pídala a Dios, el cual da a todos abundantemente y sin reproche, y le será dada. Pero pida con fe, no dudando nada; porque el que duda es semejante a la onda del mar, que es arrastrada por el viento y echada de una parte a la otra» (Stg. 1:5-6).

«Y cuando se levantaron por la mañana, salieron al desierto de Tecoa. Y mientras salían, Josafat, estando en pie, dijo: Oídme, Judá y moradores de Jerusalén. Creed en Jehová vuestro Dios, y estaréis seguros; creed a sus profetas, y seréis prosperados» (2 Cr. 20:20).

3. Los discípulos temieron como si estuviesen en la presencia de Dios mismo. Por supuesto, no entendían totalmente a la persona de Cristo. Pero sabían que estaban en la presencia de uno que despertaba el mismo temor reverencial que uno le debe a Dios. Esto se ve en tres respuestas.

a. Estuvieron «atemorizados», influidos por un sentido de respeto y reverencia.
b. Se «maravillaban», es decir, se maravillaron ante este enorme poder y soberanía
c. Preguntaron: «¿Quién este ...? Esto era precisamente lo que Jesús quería que preguntasen. Era preciso que ellos reflexionaran sobre quién era Jesús.

«Y no temáis los que matan el cuerpo, mas el alma no pueden matar; temed más bien a aquel que puede destruir el alma y el cuerpo en el infierno» (Mt. 10:28).

«Y su misericordia es de generación en generación a los que le temen» (Lc. 1:50).

«Sino que en toda nación se agrada del que le teme y hace justicia» (Hch. 10:35).

«Y si invocáis por Padre a aquel que sin acepción de personas juzga según la obra de cada uno, conducíos en temor todo el tiempo de vuestra peregrinación» (1 P. 1:17).

«Ahora, pues, Israel, ¿qué pide Jehová tu Dios de ti, sino que temas a Jehová tu Dios, que andes en todos sus caminos, y que lo ames, y sirvas a Jehová tu Dios con todo tu corazón y con toda tu alma» (Dt. 10:12).

«Ahora, pues, temed a Jehová, y servidle con integridad y en verdad» (Jos. 24:14).

«¿Quién es el hombre que teme a Jehová? Él le enseñará el camino que ha de escoger» (Sal. 25:12).

«¡Cuán grande es tu bondad, que has guardado para los que te temen, que has mostrado a los que esperan en ti, delante de los hijos de los hombres!» (Sal. 31:19).

«Tema a Jehová toda la tierra; teman delante de él todos los habitantes del mundo» (Sal. 33:8).

«Dios temible en la gran congregación de los santos, y formidable sobre todos los que están alrededor de él» (Sal. 89:7).

«No seas sabio en tu propia opinión; teme a Jehová y apártate del mal» (Pr. 3:7).

«El fin de todo el discurso oído es este: Teme a Dios, y guarda sus mandamientos; porque esto es el todo del hombre» (Ec. 12:13).

«A Jehová de los ejércitos, a él santificad; sea él vuestro temor, y él sea vuestro miedo» (Is. 8:13).

«¿Quién hay entre vosotros que teme a Jehová, y oye la voz de su siervo? El que anda en tinieblas y carece de luz, confíe en el nombre de Jehová, y apóyese en su Dios» (Is. 50:10).

1 **El carácter de los malos espíritus**

a. Un hombre poseído
b. Hizo perder a un hombre su sentido de vergüenza y su conciencia
c. Le causó una total alienación
d. Despojó al hombre de su ropa
e. Se enfureció contra el Señor
   1) Lo conocía
   2) Se le opuso
   3) Le temía
f. Se apoderó de un hombre
g. Odiaba ser sujetado, (cp. v. 31)
h. Eran numerosos, formidables
i. Necesitaban un cuerpo donde habitar a efectos de hacer el mal
j. Estuvo sujeto a la orden y al poder del Señor[EF1]

2 **La reacción de un pueblo codicioso**

a. Vio una gran liberación y un gran bien; temió lo desconocido, lo que no podía entender
b. Temieron una gran pérdida de posesiones
   1) Rechazaron a Jesús
   2) Temieron a Jesús y temieron sufrir mayores pérdidas

3 **El espíritu de un hombre liberado**

a. Quiso entrar al discipulado
b. Fue enviado como discípulo a su propia ciudad

W. En Gádara Jesús echa fuera demonios: poder para librar a los hombres de espíritus malos, 8:26-39
(Mt. 8:28-34; Mr. 5:1-20)

26 Y arribaron a la tierra de
los gadarenos, que está en la
ribera opuesta a Galilea.
27 Al llegar él a tierra, vino a
su encuentro un hombre de la
ciudad, endemoniado desde
hacía mucho tiempo; y no vestía ropa, ni moraba en casa,
sino en los sepulcros.
28 Este, al ver a Jesús, lanzó
un gran grito, y postrándose a
sus pies exclamó a gran voz:
¿Qué tienes conmigo, Jesús,
Hijo del Dios Altísimo? Te
ruego que no me atormentes.
29 (Porque mandaba al espíritu inmundo que saliese del
hombre, pues hacía mucho
tiempo que se había apoderado
de él; y le ataban con cadenas
y grillos, pero rompiendo las
cadenas, era impelido por el
demonio a los desiertos.)
30 Y le preguntó Jesús diciendo: ¿Cómo te llamas? Y
él dijo: Legión. Porque muchos demonios habían entrado
en él.
31 Y le rogaban que no los
mandase ir al abismo.
32 Había allí un hato de
muchos cerdos que pacían en
el monte; y le rogaron que los
dejase entrar en ellos; y les
dio permiso.
33 Y los demonios, salidos
del hombre, entraron en los
cerdos; y el hato se precipitó
por un despeñadero al lago, y
se ahogó.
34 Y los que apacentaban los
cerdos, cuando vieron lo que
había acontecido, huyeron, y
yendo dieron aviso en la
ciudad y por los campos.
35 Y salieron a ver lo que
había sucedido; y vieron de
quién habían salido los
demonios, sentado a los pies
de Jesús, vestido, y en su cabal juicio; y tuvieron miedo.
36 Y los que lo habían visto,
les contaron cómo había sido
salvado el endemoniado.
37 Entonces toda la multitud
de la región de alrededor de los
gadarenos le rogó que se
marchase de ellos, pues tenían
gran temor. Y Jesús entrando
en la barca, se volvió.
38 Y el hombre de quien
habían salido los demonios le
rogaba que le dejase estar con
él; pero Jesús le despidió,
diciendo:
39 Vuélvete a tu casa, y
cuenta cuán grandes cosas ha
hecho Dios contigo. Y él se
fue, publicando por toda la
ciudad cuán grandes cosas
había hecho Jesús con él..

W. En Gádara Jesús echa fuera demonios: poder para librar a los hombres de espíritus malos, 8:26-39

(8:26-39) ***Espíritus malos—espíritus inmundos—diablos (daimonia):*** los espíritus malos son demonios. Hay solamente un diablo (*véase* Estudio a fondo, ***Satanás, diábolos***—Ap. 12:9). Sin embargo, hay muchos espíritus malos, o espíritus inmundos o demonios, y el Nuevo Testamento tiene mucho que decir sobre ellos.

Las características de los demonios, diferentes a las del bosquejo anterior, son las que siguen:

1. Son espíritus (Mt. 12:43-45).
2. Son emisarios de Satanás (Mt. 12:26-27).
3. Saben que su destino es la condenación eterna (Mt. 8:29; Lc. 8:31).
4. Afectan la salud del hombre (Mt. 12:22; 17:15-18; Lc. 13:16). Aparentemente hay que distinguir entre posesión demoníaca y enfermedad mental.
5. Seducen a los hombres a una falsa religión de ascetismo (1 Ti. 4:1-3).
6. Seducen a los hombres a apartarse de la fe (1 Ti. 4:1).
7. Son expulsados por la gente (exorcismo) en el nombre de Jesucristo (Hch. 16:18).
8. Participarán en el juicio apocalíptico que viene sobre la tierra (Ap. 9:11, 20). Los malos espíritus son enemigos de Cristo y del hombre. Como tales oprimen, posesionan, obsesiones a la gente. (1) Engañan al mundo y lo enceguecen respecto de Cristo (Ef. 2:2). (2) Atacan a la teología (1 Ti. 4:1-3). (3) Atacan a la sociedad (Ap. 9:3, 20-21). (4) Atacan a los individuos (Lc. 8:29). (5) Inducen a la gente a cometer los pecados de la adoración demónica, idolatría, brujería, fornicación, robo, homicidio y muchas cosas más (Ap. 9:20-21).

La defensa del creyente es el Señor. El creyente tiene que orar y ayunar y tomar la armadura de Dios para oponerse al poder de ellos (Mt. 17:21; Ef. 6:12ss).

Este es un pasaje excelente para estudiar el carácter de los espíritus malos y del poder del Señor para librar a los hombres de ellos.

1. El carácter de los malos espíritus (vv. 26-33).

2. La reacción de un pueblo codicioso vv. 34-37).
3. El espíritu de un hombre liberado (vv. 38-39).

1 (8:26-33) ***Espíritus malos—demonios —diablos:*** el carácter de los malos espíritus. En este pasaje se ven al menos diez rasgos de los malos espíritus. (*Véanse* notas—Mt. 8:28-31; Mr. 5:2-5 para una mayor discusión, pensamientos y aplicaciones.)

1. Los espíritus malos son enemigos del hombre; se posesionan de él durante largos períodos de tiempo. Aprisionan a un hombre controlando sus facultades, impulsándolo a actuar de manera anormal, dañándose a sí mismo y a otros.

2. Los malos espíritus hacen perder al hombre su sentido de vergüenza y su conciencia. Este hombre fue impulsado a andar desnudo. El tema es que los malos espíritus destruyen en el hombre el sentido de modestia, intimidad, y respeto. Los espíritus malos hacen que el hombre disfrute de la atención del público y de la vergüenza de otros.

3. Los malos espíritus causan alienación, la pérdida de todos los amigos y de la vida social. Llevan al hombre a ser *separado*, apartado de los otros. Con frecuencia obligan al hombre a retirarse en sí mismo y a alejarse de los otros, incluso de la familia inmediata; o impulsan a la sociedad a expulsar al hombre, obligándolo a vivir solo o con otros semejantes a él. Con frecuencia los malos espíritus destruyen al hombre haciéndole vivir como entre los muertos, entre aquellos que no tienen contacto con el mundo de los vivientes. Esto se ve en este hombre obligado a vivir entre los sepulcros de los muertos.

4. Los espíritus malos se enfurecen contra el Señor. Note tres cosas en este versículo. Sabían que Jesús era el Hijo del Altísimo (cp. el Santo de Dios, Mr. 4:34). También se le oponían y le temían (*véase* nota—Mr. 1:23-24; 5:6-7; cp. Mt. 8:31-32; Stg. 2:19.)

5. Los espíritus malos se apoderan de los hombres. Su influencia y naturaleza irrestricta parece ir y venir, de momento mantiene la calma, luego surge con violencia.

6. Los espíritus malos aborrecen ser sujetados e impulsan a los hombres a maltratar y oponerse a otros. Impulsan a los hombres a luchar contra la moralidad y justicia, se oponen a ser gobernados, atados, controlados y disciplinados. Impulsan a los hombres a vivir vidas salvajes y liberales, a hacer lo que les place. Llevan a los hombres a la impureza, a volverse intratables, violentos y maldicientes (cp. Mt. 8:28; 9:33; 10:1; 12:43; Mr. 1:23; 5:3-5; 9:17-20; Lc. 6:18; 9:39).

7. Los malos espíritus despojan al hombre de su nombre, de su identidad y reconocimiento. Le privan al hombre de su propósito, sentido, significado. Destruyen su imagen propia y su imagen pública.

Note que Cristo preguntó al hombre cuál era su nombre. El Señor estaba despertando en el interior del hombre memorias queridas del nombre que llevaba antes de llegar a estar poseído.

8. Los espíritus malos son muchos y son formidables. El espíritu malo exclamó desde el interior del hombre, afirmando que su nombre era *Legión*. La legión está referida a la legión militar de los romanos que incluía a más de seiscientos hombres. Esto indica indiscutiblemente que el estado del hombre era desesperado; los espíritus malos en él eran formidables, tan formidables como una legión militar. (Cp. María Magdalena que había estado poseída por siete demonios, Mr. 16:9. Note cómo era conocido el número específico. Cp. también Mr. 5:9 «muchos».)

9. Los espíritus malos necesitan un cuerpo donde habitar a efectos de hacer el mal. Quieren ser malvados, violentos y destructivos. Aquí dice que fueron los malos espíritus quienes hablaron. Reconocieron la soberanía de Jesús. Note cómo los espíritus malos pensaron y obraron.

a. Habitaban en el interior de ese hombre y lo dañaban física, mental y espiritualmente.
b. En el caso de ser exorcisados del cuerpo humano querían dañar a otros hombres dañando y destruyendo la propiedad de ellos.
c. Querían, en caso de ser exorcisados, apartar a otros hombres de Cristo destruyendo la propiedad de ellos e impulsándolos a culpar a Dios por la destrucción y pérdida.

10. Los espíritus malos están sujetos al poder de Señor. Cristo tenía el poder de su Palabra. El poder de los demonios puede ser grande, pero la Palabra de Cristo es omnipotente (todopoderoso), puesto que todo poder le pertenece a Él.

«Hijitos, vosotros sois de Dios, y los habéis vencido; porque mayor es el que está en vosotros, que el que está en el mundo» (1 Jn. 4:4).

«Si Dios es por nosotros, ¿quién contra nosotros?» (Ro. 8:31. Lea la totalidad de este pasaje que contiene una poderosa descripción del amor y poder del Señor.)

El resultado de la Palabra de Jesús. El hombre fue salvado; los malos espíritus fueron expulsado del hombre. Cristo tenía el poder de librar y salvar. Lo único que tenía que hacer era decir: «Sal fuera», y cualquiera fuese el espíritu, debía salir de inmediato. El hombre fue librado del mal; de su presencia, de su culpa y de sus consecuencias. El hombre fue «salvado hasta lo sumo» (He. 7:25). (*Véase* nota—Mr. 5:8 para una mayor discusión, pensamientos y aplicaciones.)

«Pues para que sepáis que el Hijo del Hombre tiene potestad en la tierra para perdonar pecados (dice entonces al paralítico): Levántate, toma tu cama y vete a tu casa» (Mt. 9:6).

«Y mirándolos, les dijo: Para los hombres esto es imposible; mas para Dios todo es posible» (Mt. 19:26).

«Y Jesús se acercó y les habló diciendo: Toda potestad me es dada en el cielo y en la tierra» (Mt. 28:18).

«Luego que hubo hablado, le rogó un fariseo que comiese con él; y entrando Jesús en la casa, se sentó a la mesa» (Lc. 11:37).

«Como le has dado potestad sobre toda carne, para que dé vida eterna a todos los que le diste» (Jn. 17:2).

«Cómo Dios ungió con el Espíritu Santo y con poder a Jesús de Nazaret, y cómo éste anduvo haciendo bienes y sanando a todos los oprimidos por el diablo, porque Dios estaba con él» (Hch. 10:38).

«Por lo cual puede también salvar perpetuamente a los que por él se acercan a Dios, viviendo siempre para interceder por ellos» (He. 7:25).

«Yo conozco que todo lo puedes, y que no hay pensamiento que se esconda de ti» (Job 42:2).

ESTUDIO A FONDO 1

(8:33) ***Cerdo:*** con frecuencia se plantea la pregunta sobre los cerdos que fueron muertos. Este tema se discute en Mateo (*véase* Estudio a fondo 2—Mt. 8:32).

2 (8:34-37) ***Codicia:*** la reacción de gente codiciosa (*véase* Estudio a fondo 2— Mt. 8:32; Mr. 5:14-17 para mayor discusión y aplicación). Note tres cosas.

1. La gente vio la gran obra, la maravillosa liberación del hombre endemoniado. Sin embargo, la respuesta de ellos no fue la de regocijo; fue de temor; temor ante el poder de Cristo. Habían conocido al hombre endemoniado, cuán desesperada había sido su condición; ahora estaba sentado, liberado, y sano. ¡Qué enorme poder tenía Jesús!

2. La gente rechazó a Jesús sobrecogida de «gran temor». Necesariamente debieron percibir una sensación de juicio ante la muerte de sus cerdos. Necesariamente también se preguntarían si el proclamado Mesías había venido a juzgarlos antes de tiempo o a destruir sus posesiones. Sabían claramente que estaban quebrantando la ley de Dios al *criar cerdos* (cp. Lv. 11:7; Is. 65:3-4; 66:17). Debido a este pecado y a otros pecados, y debido a su dureza hacia el endemoniado sanado, necesariamente debían estar llenos de temor al encontrarse cara a cara ante el Hijo de Dios. No estaban dispuestos a arrepentirse de sus pecados y a comenzar a vivir para Dios. De modo que no podían sino sentir temor.

3. Jesús hizo exactamente lo que le pidieron. Los dejó. Ellos

prefirieron el alimento sabroso, voluminoso, de los *cerdos del mundo* antes que el gozo y la salvación de Cristo. Y, hasta donde nosotros sabemos, los dejó para siempre, sin volver jamás a aquellos que codiciaron más al mundo que a él.

> **«No améis al mundo y a las cosas que están en el mundo. Si alguno ama al mundo, el amor del Padre no está en él. Porque todo lo que hay en el mundo, los deseos de la carne, los deseos de los ojos, y la vanagloria de la vida, no proviene del Padre, sino del mundo» (1 Jn. 2:15-16).**
>
> **«Porque ¿qué aprovechará al hombre, si ganare todo el mundo, y perdiere su alma? ¿O qué recompensa dará el hombre por su alma?» (Mt. 16:26).**
>
> **«Y a cualquiera que me niegue delante de los hombres, yo también le negaré delante de mi Padre que está en los cielos» (Mt. 10:33).**
>
> **«Porque el que se avergonzare de mí y de mis palabras en esta generación adúltera y pecadora, el Hijo del Hombre se avergonzará también de él, cuando venga en la gloria de su Padre con los santos ángeles» (Mr. 8:38).**
>
> **«El que ama el dinero, no se saciará de dinero; y el que ama el mucho tener, no sacará fruto. También esto es vanidad» (Ec. 5:10).**
>
> **«¿Por qué gastáis el dinero en lo que no es pan, y vuestro trabajo en lo que no sacia? Oídme atentamente, y comed del bien, y se deleitará vuestra alma con grosura?» (Is. 55:2).**

3 (8:38-39) ***Testificar—llamado:*** el espíritu de un hombre liberado. El hombre fue un ejemplo dinámico. Tan pronto como fue librado, imploró estar «con Cristo», ir a todas partes con Él, compartiendo las buenas nuevas de Cristo. Estaba encendido para con el Señor, y quería dedicarse al ministerio. Pero note lo que hizo Cristo. Reencauzó al hombre; lo mandó a ir a su propia ciudad.

> ***Pensamiento 1.*** Con frecuencia Cristo vuelve a dirigir nuestro fervor y disposición. Sabe donde podemos servirle mejor, tanto a Él como a la causa de su reino.
>
> ***Pensamiento 2.*** Toda persona, al ser salvada, debe convertirse en un testigo dinámico del Señor y estar dispuesto a ir a cualquier lugar.
>
> ***Pensamiento 3.*** Nunca debemos permitir que una redirección o un llamado a ir a otro lugar apague nuestro fervor.
>
> > **«Así alumbre vuestra luz delante de los hombres, para que vean vuestras buenas obras, y glorifiquen a vuestro Padre que está en los cielos» (Mt. 5:16).**
> >
> > **«Por tanto, id, y haced discípulos *a todas la naciones,* bautizándolos en el nombre del Padre, y del Hijo, y del Espíritu Santo; enseñándoles que guarden todas las cosas que os he mandado; y he aquí yo estoy con vosotros todos los días hasta el fin del mundo. Amén» (Mt. 28:19-20).**
> >
> > **«Y les dijo: Id por todo el mundo y predicad el evangelio a *toda criatura*» (Mr. 16:15).**
> >
> > **«Pero recibiréis poder, cuando haya venido sobre vosotros el Espíritu Santo, y me seréis testigos en Jerusalén, en toda Judea, en Samaria, y hasta *lo último de la tierra*» (Hch. 1:8).**
> >
> > **«Y sacándolos, les dijo: Señores, ¿qué debo hacer para ser salvo? Ellos dijeron: Cree en el Señor Jesucristo, y serás salvo, tú y tu casa» (Hch. 16:30-31).**
> >
> > **«Pero los que fueron esparcidos iban por todas partes anunciando el evangelio» (Hch. 8:4).**
> >
> > **«Sino santificad a Dios el Señor en vuestros corazones, y estad siempre preparados para presentar defensa con mansedumbre y reverencia ante todo el que os demande razón de la esperanza que hay en vosotros» (1 P. 3:15).**

X. Jesús resucita a la hija de Jairo y sana a una mujer: la recompensa a la auténtica fe, 8:40-56
(Mt. 9:18-26; Mr. 5:21-43)

40 Cuando volvió Jesús, le
recibió la multitud; porque
todos le esperaban. En-
toncesvino un varón llamado
Jairo, que era principal de la
sinagoga, y postrándose a los
41 pies de Jesús, le rogaba
que entrase en su casa;
42 porque tenía una hija
única, como de doce años, que
se estaba muriendo. Y mientras iba, la multitud le oprimía.
43 Pero una mujer que pa-
decía de flujo de sangre desde
hacía doce años, y que había
gastado en médicos todo
cuanto tenía, y por ninguno
había podido ser curada,
44 se le acercó por detrás y
tocó el borde de su manto: y
al instante se detuvo el flujo
de su sangre.
45 Entonces Jesús dijo:
¿Quién es el que me ha
tocado? Y negando todos,
dijo Pedro y los que con él
estaban: Maestro, la multitud de aprieta y oprime, y
dices: ¿Quién es el que me
ha tocado?
46 Pero Jesús dijo: Alguien
me ha tocado; porque yo he
conocido que ha salido
poder de mí.
47 Entonces, cuando la
mujer vio que no había
quedado oculta, vino tem-
blando, y postrándose a sus
pies le declaró delante de
todo el pueblo por qué causa
le había tocado, y cómo al
instante había sido sanada.
48 Y él le dijo: Hija, tu fe
te ha salvado; vé en paz.
49 Estaba hablando aún,
cuando vino uno de casa del
principal de la sinagoga a
decirle: Tu hija ha muerto; no
molestes más al Maestro.
50 Oyéndolo Jesús, le respondió: Note mas; cree
solamente, y será salva.
51 Entrando en la casa, no
dejó entrar a nadie consigo,
sino a Pedro, a Jacobo, a
Juan, y al padre y a la madre
de la niña.
52 Y lloraban todos y hacían
lamentación por ella. Pero él
dijo: No lloréis; no está
muerta, sino que duerme.
53 Y se burlaban de él,
sabiendo que estaba muerta.
54 Mas él, tomándola de
la mano, clamó diciendo:
Muchacha, levántate.
55 Entonces su espíritu
volvió, e inmediatamente se
levantó; y él mandó que se
le diese de comer.
56 Y sus padres estaban
atónitos; pero Jesús les
mandó que a nadie dijesen lo
que había sucedido.

1 Los gadarenos rechazaron a Jesús; los galileos lo recibieron

2 La fe de un gobernante desesperado
a. Su rango: un principal religioso
b. Su acercamiento: olvidó su orgullo y posición; se negó a sí mismo
c. Su fe: creyó que Jesús podía salvar a su hija
d. La recompensa: Jesús acudió para ayudarle

3 La fe de una mujer avergonzada y sin esperanza
a. Su desesperanza
b. Su vergüenza: era ceremonialmente impura y socialmente expulsada
c. Su inusual «toque de fe»: muchos tocaban a Jesús, pero solamente ella fue salvada
d. Su temor reverencial y su confianza honesta
e. Su recompensa: la concentrada atención de Jesús y su sanidad

4 La fe de padres obstinados e indefensos
a. La indefensión de los padres: la hija murió
b. La necesidad de los padres: una fe vigorosa [EF1]
c. La vigorosa fe de los padres: siguieron a Jesús a pesar de las burlas
d. La recompensa: la concentrada atención de Jesús y su poder para resucitar
e. Un mandamiento inusual

X. Jesús resucita a la hija de Jairo y sana a una mujer: la recompensa a la auténtica fe, 8:40-56

(8:40-56) ***Introducción:*** la verdadera fe será recompensada. Este pasaje nos permite atisbar la enorme recompensa a la fe.

1. Los gadarenos rechazaron a Jesús; los galileos lo recibieron (v. 40).
2. La fe de un gobernante desesperado (vv. 41-42).
3. La fe de una mujer avergonzada y sin esperanza (vv. 43-48).
4. La fe de padres obstinados e indefensos (vv. 49-56).

[1] (8:40) ***Ministro—Jesucristo, rechazo:*** los gadarenos rechazaron a Jesús, los galileos en cambio, lo recibieron. Note dos temas.

1. Un pueblo lo desplazó; el otro puso su esperanza en Él. Un país se mantuvo cerrado; otro estuvo abierto.
2. Jesús buscaba trabajo. Note un tema crucial. Cuando fue rechazado por un pueblo, Cristo...
   - no se vengó, no devolvió el golpe.
   - no comenzó a quejarse, a murmurar, o lamentarse.
   - no se dejó desalentar ni deprimir.
   - no abandonó.

¿Qué fue lo que hizo? Inmediatamente dejó a esa gente, el país que lo habían rechazado, y buscó otro sitio donde ministrar.

[2] (8:41-42) ***Fe—negación propia—preocupación— humildad:*** la fe de un gobernante desesperado. Una de las personas que esperaban a Jesús era un hombre llamado Jairo.

1. Jairo era un principal religioso, probablemente el de más alto rango oficial de la zona. Era el principal de la sinagoga, centro mismo de la vida judía en la ciudad. Evidentemente era de buena condición y gozaba de alta estima entre la gente.
2. Jairo se acercó a Jesús dispuesto a pagar el mayor de los precios.
   a. Dejó de lado su posición a efectos de buscar la ayuda de Jesús. Los religiosos estaban oponiéndose a Jesús

con una dureza pocas veces vista, ya lo atacaban públicamente. Al venir a Jesús, Jairo estaba corriendo el riesgo de atraer sobre sí la hostilidad de sus pares y de ser censurado y de perder su posición.

b. Jairo se negó y se olvidó completamente de sí mismo, dejando de lado todo orgullo. Salió corriendo al encuentro de Jesús, se postró a sus pies e imploró su ayuda (*véanse* nota y Estudio a fondo 1—Lc. 9:23).

«Porque todo el que quiera salvar su vida, la perderá; y todo el que pierda su vida por causa de mí, éste la salvará. Pues ¿qué aprovecha al hombre, si gana todo el mundo, y se destruye o se pierde a sí mismo? Porque el que se avergonzare de mí y de mis palabras, de éste se avergonzará el Hijo del Hombre cuando venga en su gloria, y en la del Padre, y de los santos ángeles» (Lc. 9:24-26).

«Pero él da mayor gracia. Por esto dice: Dios resiste a los soberbios, y da gracia a los humildes» (Stg. 4:6).

«Humillaos delante del Señor, y él os exaltará» (Stg. 4:10).

3. La preocupación de Jairo estaba referida a otra persona. Estaba corriendo el riesgo de perder todo por amor a otra persona, su hija de doce años. Era su única hija y se estaba muriendo. Note la fe de Jairo. Imploró (rogó) a Jesús que le ayudara. Creía con todo su corazón que Jesús podía salvar a su hija si solamente llegaba hasta su casa.

«Me invocará, y yo responderé; con él estaré yo en la angustia; lo libraré y le glorificaré» (Sal. 91:15).

«Entonces invocarás, y te oirá Jehová; clamarás, y dirá él: Héme aquí. Si quitares de en medio de ti el yugo, el dedo amenazador, y el hablar vanidad» (Is. 58:9).

«Clama a mí y yo te responderé, y te enseñaré cosas grandes y ocultas que tú no conoces» (Jer. 33:3).

4. La fe de Jairo fue inmediatamente recompensada. *Jesús fue;* respondió al ruego. Jesús se volvió y comenzó a ir a la casa de Jairo. El acercamiento humilde de Jairo, su negación propia, motivó a Jesús a ir y comenzar a suplir su desesperada necesidad.

«Y todo lo que pidiereis en oración, creyendo, lo recibiréis» (Mt. 21:22).

«Si algo pidiereis en mi nombre, yo lo haré» (Jn. 14:14).

3 (8:43-48) ***Desesperanza —fe—Jesucristo, obra de:*** la fe de una mujer avergonzada. Se exponen aquí cinco temas sencillos referidos a esta mujer.

1. Estaba sin esperanza.

2. Estaba avergonzada, extremadamente avergonzada por causa de su problema. Había un doble motivo. Primero, era considerada ceremonialmente impura; es decir, estaba separada de la sociedad y de la adoración religiosa (Lc. 15:19-33). Incluso había sido divorciada, pues eso era lo requerido por la ley (Lc. 15:25-27). Imagine a la mujer teniendo que vivir con la vergüenza de haber sido divorciada por causa de un problema físico. Segundo, no quería que nadie conociera su condición. Su hemorragia era un asunto personal, íntimo, de ella sola, algo que no quería que fuese conocido ni discutido públicamente.

3. Su inusual *toque de fe*. Note que muchas personas se agolpaban alrededor de Jesús y lo tocaban, pero solamente una persona lo tocó con fe. La mujer tenía una *actitud expectante, llena de fe.* Creía que si solamente podía tocar a Jesús sería sanada (v. 47; cp. Mt. 9:21), y así ocurrió: «al instante se detuvo el flujo de su sangre» (*este*).

«Jesús le dijo: Si puedes creer, al que cree todo le es posible» (Mr. 9:23).

«¡Cuán grande es tu bondad, que has guardado para los que te temen, que has mostrado a los que esperan en ti, delante de los hijos de los hombres!» (Sal. 31:19).

«Encomienda a Jehová tu camino, y confía en él; y él hará» (Sal. 37:5).

4. Su temor reverencial y honesta confianza. Note lo que ocurrió.

a. Jesús sabía lo que había pasado. Había permitido que la mujer fuese sanada a efectos de ayudarle en su sentimiento de vergüenza. Sin embargo, el discipulado secreto era imposible. Ella tenía que confesar su liberación.

«Os digo que todo aquel que me confesare delante de los hombres, también el Hijo del Hombre le confesará delante de los ángeles de Dios» (Lc. 12:8).

«A cualquiera, pues, que me confiese delante de los hombres, yo también le confesaré delante de mi Padre que está en los cielos» (Mt. 10:32).

«Que si confesares con tu boca que Jesucristo es el Señor, y creyeres en tu corazón que Dios le levantó de los muertos, serás salvo. Porque con el corazón se cree para justicia, pero con la boca se confiesa para salvación» (Ro. 10:9-10).

b. El servir y ayudar a otros le cuesta a Jesús, y le cuesta mucho. Virtud (*dunamin*), poder espiritual, salió de su ser y entró en la mujer. Esto fue lo que la salvó. Note que los discípulos no eran conscientes de lo que le costaba a Jesús ministrar. Eran insensibles a la energía espiritual que Él ejercía; ignoraban lo que Jesús estaba haciendo.

- Estaba cargando sobre sí mismo nuestras dolencias y enfermedades.

  «Para que se cumpliese lo dicho por el profeta Isaías, cuando dijo: el mismo tomó nuestras enfermedades, y llevó nuestras dolencias» (Mt. 8:17; cp. Is. 53:4).

- Estaba enseñando que la confesión pública es esencial.

Note lo que hizo la mujer «cuando ... vio que no había quedado oculta». Ella sabía que quien tenía semejante poder sabía quién le había tocado, de modo que vino, como todos deben venir, y se acercó al Señor «temblando, y postrándose a sus pies», confesando todo.

Pensamiento: Es virtud espiritual lo que fluye y entra en cualquiera de nosotros, la virtud (poder) espiritual de Cristo.

5. La fe de la mujer fue recompensada maravillosamente. Su fe motivó a Jesús a hablarle cara a cara; su fe le ayudó maravillosamente en varias cosas.

a. Fue llamada «hija». Esta es la única vez que Jesús le dice «hija» a una mujer. ¡Qué singular privilegio! Significa que se había convertido en hija de Dios.

«El Espíritu mismo da testimonio a nuestro espíritu, de que somos hijos de Dios. Y si hijos, también herederos; herederos de Dios y coherederos con Cristo, si es que padecemos juntamente con él, para que juntamente con él seamos glorificados» (Ro. 8:16-17).

«Pero cuando vino el cumplimiento del tiempo, Dios envió a su Hijo, nacido de mujer y nacido bajo la ley, para que redimiese a los que estaban bajo la ley, a fin de que recibiésemos la adopción de hijos. Y por cuanto sois hijos, Dios envió a vuestros corazones el Espíritu de su Hijo, el cual clama: ¡Abba, Padre!» (Gá. 4:4-6).

b. Recibió consuelo (*tharsei*), o más precisamente, alegría, aliento, confianza y osadía en su fe y sanidad.

c. Tuvo la seguridad de haber sido sanada para siempre. Su liberación duraría.

d. Recibió paz (*véase* nota—Jn. 14:27).

«Y la paz de Dios, que sobrepasa todo entendimiento, guardará vuestros corazones y vuestros pensamientos en Cristo Jesús» (Fil. 4:6-7).

«La paz os dejo, mi paz os doy; yo no la doy como el mundo la da. No se turbe vuestro corazón, ni tenga miedo» (Jn. 14:27).

«Estas cosas os he hablado para que en mí tengáis paz. En el mundo tendréis aflicción; pero confiad, yo he vencido al mundo» (Jn. 16:33).

4 (8:49-56) ***Fe—indefensión:*** la fe de padres obstinados e indefensos. Hay cinco temas en el suspenso de esta escena.

1. La indefensión de Jairo. Su hija murió. Mientras Jesús aún hablaba con la mujer que padecía hemorragias llegó la noticia a Jairo: su hija había muerto. Note tres cosas.
   a. La fe de Jairo había sido probada severamente. Su hija estaba gravemente enferma; fue obligado a esperar mientras Jesús ministraba a otra paciente. Lo que Jairo temía, ocurrió. Jesús llegaría tarde; su hija había muerto.
   b. Jairo fue llevado a un costado, se le dijo que no molestara más al Señor; el Maestro estaba demasiado ocupado para preocuparse por su situación ahora que su hija estaba muerta.
   c. Se creyó que el poder de Jesús era limitado e ineficaz para enfrentar la muerte. De modo que el mensajero sugirió que Jairo podía volver a su casa. El tema es que Jairo estaba totalmente indefenso; se creía que el poder de Jesús estaba limitado a los vivientes. El mensajero ni por un momento pensó que el poder de Jesús sería eficaz para tratar con la muerte.

2. La necesidad de los padres: una fe vigorosa, obstinada. Jesús ni le dio tiempo a Jairo a hablar. Jesús dijo enérgicamente:
   - «No temas» (*me phobou*): no seas presa del terror, angustia, miedo, ansiedad.
   - «Cree solamente» (*véanse* notas—Mr. 11:22-23; Estudio a fondo 2—Jn. 2:24; nota—Ro. 10:16-17; Estudio a fondo 1—He. 10:38).
   - «Será salva» (*swthesetai*): restaurada, vivificada, salvada.

Imagine la vigorosa fe requerida para creer la mera Palabra de Jesús, lo que Él decía.

3. La vigorosa fe de los padres. Siguieron a Jesús a pesar de las burlas.
   a. Jesús solamente llevó a los padres y a su círculo íntimo al interior de la casa. Tanto los padres como la hija necesitarían quietud y tiempo para ser reunidos y para recuperar un estado de gozo antes de ver a la gente. El círculo íntimo daría suficiente testimonio para verificar y registrar el incidente para todas las generaciones.
   b. Los que lloraban y se burlaban de Jesús probablemente incluirían a parientes, amigos, vecinos además de los lamentadores profesionales. Los lamentadores profesionales eran una costumbre en el oriente. Note cómo se burlaron y mofaron de Jesús.
   c. La niña estaba muerta. Algunos lectores subrayan las palabras de Jesús: «no está muerta, sino que duerme», afirmando que en realidad todavía vivía (*véase* Estudio a fondo 1, ***Muerte***—Lc. 8:50).
   d. La obstinada fe de los padres fue recompensada, y grandemente. La fe de ellos motivó a Jesús a salvarles la hija, a levantarla literalmente de los muertos. El espíritu de ella volvió a su cuerpo y se levantó.

   Note que Jesús ordenó que se le diese de comer. Esta actividad ayudaría a su madre a superar las emociones del momento y a fortalecer a la hija.

Pensamiento. Muchos padres necesitan desesperadamente una *obstinada fe* para con sus hijos. Note sin embargo, lo que debe preceder a la fe obstinada: una fe desesperada que se olvida de sí mismo y niega al ego y busca a Jesús cualquiera sea el precio. Los casos difíciles requieren tanto una fe desesperada como una fe obstinada. Esa es la fe que recibe *gran* recompensa.

«Jesús les dijo: Por vuestra poca fe; porque de cierto os digo, que si tuviereis fe como un grano de mostaza, diréis a este monte: Pásate de aquí allá, y se pasará; y nada os será imposible» (Mt. 17:20; cp. Mt. 21:21).

«Respondiendo Jesús, les dijo: Tened fe en Dios. Porque de cierto os digo que cualquiera que dijere a este monte: Quítate y échate en el mar, y no dudare en su corazón, sino creyere que será hecho lo que dice, lo que diga le será hecho. Por tanto, os digo que todo lo que pidiereis orando, creed que los recibiréis, y os vendrá» (Mr. 11:22-24).

«Oyéndolo Jesús, le respondió: No temas; cree solamente, y será salva» (Lc. 8:50).

«Y cuando se levantaron por la mañana, salieron al desierto de Tecoa. Y mientras salían, Josafat, estando en pie, dijo: Oídme, Judá y moradores de Jerusalén. Creed en Jehová vuestro Dios, y estaréis seguros; creed a sus profetas, y seréis prosperados» (2 Cr. 20:20).

   e. Jesús dio una orden inusual. Probablemente le ordenó a los padres que mantuvieran silencio sobre lo ocurrido porque las multitudes que le rodeaban ya eran demasiado grandes.

ESTUDIO A FONDO 1

(8:50) ***Muerte—sueño:*** algunas personas afirman que la niña realmente estaba viva y que Jesús lo sabía. Sin embargo, note varios hechos. (*Véase* Estudio a fondo 1—Jn. 11:13 para una mayor discusión.)

1. Jesús y la Biblia hablan de la muerte como si fuera solamente un sueño. Con sueño se quiere decir *descanso y consuelo en Dios* (Mt. 27:52; Hch. 7:60; 1 Ts. 4:13-18). Muchas personas en el mundo piensan que la muerte es aniquilación o el cese de la existencia. Jesús trazó el contraste a efectos de decir que la muerte no es aniquilación. Los creyentes siguen existiendo, descansando en la vida y el consuelo de Dios.

2. Note que Jesús sabía que la niña estaba muerta (v. 53). Lo dijo claramente.

3. Note la palabras «su espíritu volvió». El tema es este, su espíritu había abandonado el cuerpo, y ante la orden de Jesús, regresó. Su vida volvió inmediatamente al cuerpo.

1 El llamado a los discípulos: reunirse para el ministerio
2 El equipamiento de los discípulos: poder y autoridad
3 La misión: predicar y ministrar
4 El método
a. No buscar éxito mediante la apariencia personal ni el materialismo
b. Ministrar en los hogares, a los interesados y hospitalarios[EF1]
c. Advertir a quienes rechazan
5 La obediencia de los discípulos: salieron, predicaron y ministraron
6 El efecto
a. Herodes quedó perturbado por el mensaje de ellos
b. La gente especulaba acerca de la identidad de Jesús
c. Herodes quería conocer la identidad de Jesús

Y. Jesús comisiona a sus discípulos, 9:1-9
(Mt. 9:35—10:42; Mr. 6:7-13)

Habiendo reunido a sus
doce discípulos, les dio
poder y autoridad sobre
todos los demonios, y para
sanar enfermedades.
2 Y los envió a predicar
el reino de Dios, y a sanar
a los enfermos.
3 Y les dijo: No toméis
nada para el camino, ni
bordón, ni alforja, ni pan,
ni dinero; ni llevéis dos
túnicas.
4 Y en cualquier casa
donde entréis, quedad allí,
y de allí salid.
5 Y dondequiera que no
os recibieren, salid de
aquella ciudad, y sacudid el
polvo de vuestros pies en
testimonio contra ellos.
6 Y saliendo, pasaban por
todas las aldeas, anunciando el evangelio y sanando por todas partes.
7 Herodes el tetrarca oyó
de todas las cosas que hacía
Jesús: y estaba perplejo,
porque decían algunos:
Juan ha resucitado de los
muertos;
8 otros: Elías ha aparecido;
y otros: Algún profeta de los
antiguos ha resucitado.
9 Y dijo Herodes: A Juan
yo le hice decapitar;
¿quién, pues, es éste, de
quien oigo tales cosas? Y
procuraba verle.

Y. Jesús comisiona a sus discípulos, 9:1-9

(9:1-9) ***Introducción:*** ésta fue la primera vez que Jesús mandó a solas a sus discípulos; por eso, es un evento significante. Necesita cada generación de creyentes las instrucciones dadas por Jesús a los primeros discípulos. Es la única manera que asegura que el mundo puede ser alcanzado y y enraizado en el el Señor.

1. El llamado a los discípulos: reunirse para el ministerio (v. 1).
2. El equipamiento de los discípulos: poder y autoridad (v. 1).
3. La misión: predicar y ministrar (v. 2).
4. El método (vv. 3-5).
5. La obediencia de los discípulos: salieron, predicaron y ministraron (v. 6).
6. El efecto (vv. 7-9).

[1] (9:1) ***Ministros, llamado—unidad—Jesucristo, ministerio de—poder:*** el llamado a los discípulos era para reunirlos a efectos de hacer el ministerio. Jesús tuvo que llamar a sus discípulos para reunirlos. Note la palabra «reunidos» (*sunkalesamenos*). La palabra nos revela varias cosas.

1. Los discípulos tenían familias y responsabilidades. Tendemos a ensalzar a los discípulos y a Jesús, olvidando que los discípulos eran hombres comunes con tareas cotidianas que cumplir. En esta ocasión no estaban con el Señor. Tenían que pasar algún tiempo en sus hogares ocupándose de sus familias y de sus obligaciones. Sin duda pasaban la mayor parte del tiempo con Jesús como evangelistas itinerantes, pero en ciertas ocasiones volvían a sus hogares para atender los asuntos de familia.

2. El ingrediente básico para el ministerio es estar *reunidos*. Note las palabras: «Habiendo reunido». El acento mismo de las palabras señala la importancia de *reunirse*.

> **«Hijitos, aún estaré con vosotros un poco, me buscaréis; pero como dije a los judíos, así os digo ahora a vosotros: A donde yo voy, vosotros no podéis ir. Un mandamiento nuevo os doy: Que os améis unos a otros; como yo os he amado, que también os améis unos a otros» (Jn. 13:33-34).**
>
> **«Que estáis firmes en un mismo espíritu, combatiendo unánimes por la fe del evangelio» (Fil. 1:27).**

3. El propósito de reunirse es ministrar. Jesús estaba completando su ministerio galileo. Estaba listo para dirigir su rostro a Jerusalén (Lc. 9:51). Su ministerio había sido exitoso. Las multitudes sabían que había venido a la tierra, muchos habían sido ayudados y algunos habían creído y confiado. Ahora, antes de dejar la región, quería extenderse una vez más a los que estaban listos para creer y arraigar más profundamente a los que ya habían creído.

4. El llamado de Jesús era para que los discípulos tuviesen poder sobre «todos los demonios, y para sanar enfermedades».

a. «Poder ... sobre todos los demonios.» La palabra «todos» significa que el discípulo debía tener poder sobre todo tipo de mal, no importa cuán malo y cuán esclavizante, fuerte y feroz, sutil y oculto. Además señala su glorioso propósito. Jesús había venido para derrotar y conquistar a las fuerzas del mal de este mundo, derrotar y triunfar sobre «todos» ellos.

> **«Porque no tenemos lucha contra sangre y carne, sino contra principados, contra potestades, contra los gobernadores de las tinieblas de este siglo, contra huestes espirituales de maldad en las regiones celestes» (Ef. 6:12).**
>
> **«Ahora es el juicio de este mundo; ahora el príncipe de este mundo será echado fuera» (Jn. 12:31).**
>
> **«El cual nos ha librado de la potestad de las tinieblas, y trasladado al reino de su amado Hijo, en quien tenemos redención por su sangre, el perdón de pecados» (Col. 1:13-14).**
>
> **«Y despojando a los principados y a las potestades, los exhibió públicamente, triunfando sobre ellos en la cruz» (Col. 2:15).**
>
> **«Así que, por cuanto los hijos participaron de carne y sangre, él también participó de lo mismo, para destruir por medio de la muerte al que tenía el imperio de la muerte, esto es, al diablo, y librar a todos los que por el temor de la muerte estaban durante toda la vida sujetos a servidumbre» (He. 2:14-15).**
>
> **«El que practica el pecado es del diablo; porque el diablo peca desde el principio. Para esto apareció el Hijo de Dios, para deshacer las**

obras del diablo» (1 Jn. 3:8).

b. «Poder ... para sanar enfermedades.» Esto demostraba la gran compasión del Señor atrayendo la gente a Él (Jn. 12:32). También ayudaba de manera tremenda a confirmar la fe de algunos.

2 (9:1) ***Poder—autoridad:*** el equipamiento de los discípulos sería poder y autoridad. Jesús equipó a sus discípulos con poder y con la autoridad para usar ese poder. El poder es el don, el recurso necesario para ministrar; la autoridad es el derecho a ministrar. El discípulo tiene que decidir cuándo y donde ejercer su poder (recurso). La espantosa responsabilidad de semejante poder debía ayudar al discípulo a permanecer postrado ante Dios reconociendo su total dependencia de Él. También debía ayudar al discípulo a buscar la cercanía de Dios, una auténtica sensibilidad hacia el Espíritu de Dios.

Pensamiento. ¡Piense en el escaso poder que realmente se ve en las vidas y ministerios de los creyentes, tanto ministros como laicos! Cuán *desubicados o mal ubicados* están tantos creyentes. La *autoridad* para ministrar (donde y cuando) no ha sido debidamente usada. El rostro del Señor no ha sido buscado, al menos no en la medida en que una verdadera cercanía al Espíritu Santo haya dirigido nuestra autoridad. Hemos tomado la autoridad, el derecho a ministrar donde queremos, en nuestras propias manos. La evidencia: después de 2000 años tantos sectores del mundo todavía no han escuchado el evangelio.

«Por tanto, id, y haced discípulos a todas las naciones, bautizándolos en el nombre del Padre, y del Hijo, y del Espíritu Santo; enseñándoles que guarden todas las cosas que os he mandado; y he aquí yo estoy con vosotros todos los días hasta el fin del mundo. Amén» (Mt. 28:19-20).

«Pero recibiréis poder, cuando haya venido sobre vosotros el Espíritu Santo, y me seréis testigos en Jerusalén, en toda Judea, en Samaria y hasta lo último de la tierra» (Hch. 1:8).

«Y con gran poder los apóstoles daban testimonio de la resurrección del Señor Jesús, y abundante gracia era sobre todos ellos» (Hch. 4:33).

«Y ni mi palabra ni mi predicación fue con palabras persuasivas de humana sabiduría, sino con demostración del Espíritu de poder» (1 Co. 2:4).

«Doy gracias al que me fortaleció, a Cristo Jesús nuestro Señor, porque me tuvo por fiel, poniéndome en el ministerio» (1 Ti. 1:12).

«El cual asimismo nos hizo ministros competentes de un nuevo pacto, no de la letra, sino del espíritu; porque la letra mata, mas el espíritu vivifica» (2 Co. 3:16).

«Y poderoso es Dios para hacer que abunde en vosotros toda gracia, a fin de que, teniendo siempre en todas las cosas todo lo suficiente, abundéis para toda buena obra» (2 Co. 9:8).

«Todo lo puedo en Cristo que me fortalece» (Fil. 4:13).

«Y a Aquel que es poderoso para hacer todas las cosas mucho más abundantemente de lo que pedimos o entendemos, según el poder que actúa en nosotros» (Ef. 3:20).

«Pues nuestro evangelio no llegó a vosotros en palabras solamente, sino también en poder, en el Espíritu Santo y en plena certidumbre, como bien sabéis cuáles fuimos entre vosotros por amor de vosotros» (1 Ts. 1:5).

«Porque no nos ha dado Dios, espíritu de cobardía, sino de poder, de amor y de dominio propio» (2 Ti. 1:7).

3 (9:2) ***Ministros, deber de—misión:*** la misión de los discípulos era predicar y ministrar. Note tres temas.

1. Fueron enviados a la misma misión que realizaba Cristo.

«Entonces Jesús les dijo otra vez: Paz a vosotros. Como me envió el Padre, así también yo os envío» (Jn. 20:21).

«Y cuando la gente lo supo, le siguió; y él les recibió, y les hablaba del reino de Dios, y sanaba a los que necesitaban ser curados» (Lc. 9:11).

2. Debían predicar el reino de Dios (*véase* Estudio a fondo 3—Mt. 19:23-24). La predicación suplía las necesidades espirituales del alma humana.

«Porque el Hijo del Hombre vino a buscar y a salvar lo que se había perdido» (Lc. 19:10; cp. 20:31).

3. Debían sanar a los enfermos. La sanidad suplía las necesidades del cuerpo humano.

«Como el Hijo del Hombre no vino para ser servido, sino para servir, y para dar su vida en rescate por muchos» (Mt. 20:28).

«Finalmente, sed todos de un mismo sentir, compasivos, amándoos fraternalmente, misericordiosos, amigables» (1 P. 3:8).

«A algunos que dudan, convencedlos. A otros salvad, arrebatándolos del fuego; y de otros tened *misericordia* con temor, aborreciendo aun la ropa contaminada por su carne» (Jud. 22-23).

«Así habló Jehová de los ejércitos, diciendo: Juzgad conforme a la verdad, y haced misericordia y piedad cada cual con sus hermano» (Zac. 7:9-10).

«Para que se muestre paciente con los ignorantes y extraviados, puesto que él también está rodeado de debilidad» (He. 5:2).

4 (9:3-5) ***Misión—ministerio—método:*** el método de los discípulos era triple.

1. No debían buscar éxito mediante la apariencia personal o el materialismo. Debían vivir de manera totalmente sencilla y humilde. Tal era el objetivo de las cosas enumeradas por Cristo (v. 3. *Véase* nota—Mr. 6:8-13 para una mayor discusión). Cristo les estaba diciendo tres cosas a los discípulos.

a. La necesidad y la hora eran urgentes. Hay que concentrarse en predicar y ministrar. No hay que desviarse.

«Poned la mira en las cosas de arriba, no en las de la tierra» (Col. 3:2).

b. Deben aprender a creer y confiar en Dios día a día. Ser ejemplos vivos de lo que es predicado: fe en Dios. No deben comenzar a confiar en las cosas del mundo. Deben aprender a confiar diariamente en Dios, así otros pueden aprender por el ejemplo de ellos lo que significa «creer» y «confiar» en Dios.

«Mas buscad primeramente el reino de Dios y su justicia, y todas estas cosas os serán añadidas» (Mt. 6:33).

c. Deben evitar la mera apariencia del mal. El tener la mente en las cosas de este mundo los distraería de Dios y de las necesidades de los hombres y del ministerio. Deben estar solamente apegados a Dios y a su reino; no al dinero, ni a casas, tierras, automóviles, apariencias, comida, ni a comprar, vender y acumular. Deben tener la mente puesta en el cielo, centrada en el ministerio, de manera que la gente sepa que hay una patria mucho mejor que la ofrecida por esta tierra.

«Porque los que son de la carne piensan en las cosas de la carne; pero los que son del Espíritu, en las cosas del Espíritu. Porque el ocuparse de la carne es muerte, pero el ocuparse del Espíritu es vida y paz» (Ro. 8:5-8).

«Conforme a la fe murieron todos éstos sin haber recibido lo prometido, sino mirándolo de lejos, y creyéndolo, y saludándolo, y confesando que eran extranjeros y peregrinos sobre la tierra. Porque los que esto dicen, claramente dan a entender que buscan una patria; pues si hubieran estado pensando en aquella de donde

salieron, ciertamente tenían tiempo de volver. Pero anhelaban una mejor, esto es, celestial; por lo cual Dios no se avergüenza de llamarse Dios de ellos; porque les ha preparado una ciudad» (He. 11:13-16).

«Por la fe Moisés, hecho ya grande, rehusó llamarse hijo de la hija de Faraón, escogiendo antes ser maltratado con el pueblo de Dios, que gozar de los deleites temporales del pecado, teniendo por mayores riquezas el vituperio de Cristo que los tesoros de los egipcios; porque tenía puesta la mirada en el galardón» (He. 11:24-26).

2. Debían ministrar en los hogares de familias interesadas y hospitalarias (*véase* Estudio a fondo 1—Lc. 9:4).

3. Debían advertir a quienes los rechazaban. Si una comunidad o ciudad no recibía el testimonio de ellos y si no se hallaba un hogar que pudiera recibirlos, los discípulos debían dejar el lugar.

a. El discípulo no debe forzar la recepción ni crear una situación difícil, ni para quien le rechaza ni para sí mismo. No debe crear habladurías, ni acusaciones ni divisiones.

b. Al ser rechazado, el discípulo debe salir sencillamente del lugar; y al salir debe dar un testimonio *silencioso* contra ellos. Debe sacudir aun el polvo de sus pies. Esto era símbolo de severo juicio. Significaba que ni aun el polvo de ese lugar era digno del evangelio de Dios, mucho menos aun la gente. El lugar y su gente eran *dejados* a su propia suerte, tal como ellos lo querían. Eran dejados *sin Dios* y sin sus gloriosas nuevas de salvación; eran dejados a gobernarse ellos mismos tal como lo habían querido. Dios los *abandonaría* a su propio camino y a la vida que habían escogido.

ESTUDIO A FONDO 1

(9:4) ***Iglesia, en hogares:*** el método escogido por Cristo para la evangelización es el del evangelismo de hogares (cp. 10:5ss). Note esto, pues debe hablarnos elocuente y claramente. El discípulo debía investigar y buscar cuidadosamente una familia y un hogar que le recibiera. Ese hogar sería el centro de su ministerio. Note varias cosas acerca de este método.

a. Acentúa a la familia, haciéndola el eje del ministerio.

b. Subraya la estabilidad, seguridad, continuidad. Nada en la tierra es más seguro y estable que la familia. Al ubicar el centro del ministerio en el hogar, el reino de Dios se vuelve seguro y estable.

c. Centra la predicación y el ministerio en medio de la comunidad, allí donde la gente anda y vive. Permite que Cristo sea visible en la vida cotidiana.

d. Sirve como centro desde el cual el mensaje puede extenderse en círculos cada vez más amplios, extendiéndose de una familia a otra.

Pensamiento. Probablemente la forma ideal de evangelismo sea este método dado por Cristo; un hogar y una familia escogida como centro del testimonio a una comunidad o ciudad. La iglesia primitiva ciertamente estaba centrada en hogares y en creyentes entregados (Hch. 5:42; 12:12; 16:40; 20:20; 1 Co. 16:19; Col. 4:15; Fil. 2).

[5] (9:6) ***Obediencia:*** los discípulos salieron y predicaron y ministraron. Los discípulos hicieron exactamente lo que Cristo les mandó hacer. No fallaron en nada.

a. Salieron. No hubo vacilación, ni preguntas, ni condición, ni un quedarse, ni lentitud para moverse.

b. Fueron por las ciudades. Llegaban a un hogar y ministraban a la comunidad circundante, extendiéndose cada vez más a la totalidad de la ciudad. Luego proseguían a otra ciudad para dar testimonio también a sus habitantes.

c. Predicaron y ministraron «por todas partes». Tuvieron un ministerio extenso, muy eficaz en su extensión, ministrando tanto al alma (predicando) como al cuerpo (sanando).

«Pero los que fueron esparcidos iban por todas partes anunciando el evangelio» (Hch. 8:4).

«Que prediques la palabra; que instes a tiempo y fuera de tiempo; redarguye, reprende, exhorta con toda paciencia y doctrina» (2 Ti. 4:2).

«Jesús le dijo: Deja que los muertos entierren a sus muertos; y tú vé, y anuncia el reino de Dios» (Lc. 9:60).

«Id, y puestos en pie en el templo, anunciad al pueblo todas las palabras de esta vida» (Hch. 5:20).

[6] (9:7-9) ***Jesucristo, respuesta a:*** el efecto que causaron fue fenomenal. El mensaje y ministerio de Jesús y sus apóstoles llegó incluso a los salones del gobierno. El influjo del mensaje y ministerio llegó muy lejos durante aquellos días (*véanse* bosquejo y notas—Mt. 14:1-14; Mr. 6:14-29 para una discusión detallada).

1. Herodes se perturbó. Había dado muerte a Juan el Bautista, y ahora algunos estaban diciendo que Jesús era Juan el Bautista, resucitado de los muertos. Por supuesto, a Herodes le molestaba su conciencia, como ocurre con todos los hombres que se hacen cuestionamientos internos (al menos sobre la realidad y el más allá). Creía haberse deshecho de la convincente predicación de Juan. ¿Era posible que Juan hubiera resucitado o que otro, semejante a Juan, hubiera aparecido sobre la escena? Herodes quería saberlo.

2. La gente estaba especulando acerca de la identidad de Jesús (*véanse* bosquejo y notas—Jn. 7:37-53).

1 Demostró y enseñó la necesidad de privacidad y descanso a. Los doce volvieron e informaron a Jesús b. Jesús buscó soledad para él y sus discípulos **2 Permitió que los necesitados interrumpieran su muy necesaria soledad y descanso** **3 Jesús suplía tanto las necesidades espirituales como físicas** **4 Jesús desafió a sus discípulos a suplir las necesidades de la gente** a. Actitud equivocada:	**Z. Jesús enseña cómo ministrar, 9:10-17** (Mt. 14:15-21; Mr. 6:30-44; Jn. 6:1-14) 10 Vueltos los apóstoles, le contaron todo lo que había hecho. Y tomándolos, se retiró aparte, a un lugar desierto de la ciudad llamada Betsaida. 11 Y cuando la gente lo supo, le siguió; y él les recibió, y les hablaba del reino de Dios, y sanaba a los que necesitaban ser curados. 12 Pero el día comenzaba a declinar; y acercándose los doce, le dijeron: Despide a la gente, para que vayan a las aldeas y campos alrededor, y se alojen y encuentren alimentos; porque aquí estamos en lugar desierto. 13 El les dijo: Dadles voso-	tros de comer. Y dijeron ellos: No tenemos más que cinco panes y dos pescados, a no ser que vayamos nosotros a comprar alimentos para toda esta multitud. 14 Y eran como cinco mil hombres. Entonces dijo a sus discípulos: Hacedlos sentar en grupos, de cincuenta en cincuenta. 15 Así lo hicieron, haciéndolos sentar a todos. 16 Y tomando los cinco panes y los dos pescados, levantando los ojos al cielo, los bendijo, y los partió, y dio a sus discípulos para que los pusiesen delante de la gente. 17 Y comieron todos, y se saciaron; y recogieron lo que les sobró, doce cestas de pedazos.	que la gente se ocupe de sí misma b. Actitud correcta: que los discípulos suplan las necesidades de la gente c. El problema: recursos inadecuados **5 Encaró las necesidades de manera ordenada** **6 Al suplir las necesidades esperaba en Dios** a. Dio gracias a Dios por lo que tenía b. Partió y dio lo que tenía c. Utilizó todo para ministrar y alimentar en el futuro

Z. Jesús enseña cómo ministrar, 9:10-17

(9:10-17) ***Introducción:*** en cierta ocasión Jesús dijo: «El Hijo del Hombre no vino para ser servido, sino para servir». Y así es con el discípulo, siendo de vital importancia cómo lo hace, porque su forma de ministrar determina la vida eterna de los hombres y el éxito o fracaso de la misión del Señor. En este pasaje Jesús enseña a sus discípulos cómo ministrar. (*Véanse* bosquejos y notas—Mt. 14:15-21; Mr. 6:30-44 para una maycr discusión y aplicaciones.)

1. Demostró y enseñó la necesidad de soledad y descanso (v. 10).
2. Permitió que los necesitados interrumpieran su muy necesaria soledad y descanso (v. 11).
3. Jesús suplía tanto las necesidades espirituales como físicas (v. 11).
4. Jesús desafió a sus discípulos a suplir las necesidades de la gente (vv. 12-13).
5. Encaró las necesidades de manera ordenada (vv. 14-15).
6. Al suplir las necesidades esperaba en Dios (vv. 16-17).

[1] (9:10) ***Devoción—descanso —evaluación:*** Jesús demostró y enseñó la necesidad de la soledad. Los doce regresaron de su misión e informaron lo que había ocurrido. Nunca antes necesitó Jesús tanto estar a solas con ellos como ahora, porque ahora estaba terminando su ministerio en Galilea. De hecho, después de esto su ministerio público sería escaso. Desde ese momento en adelante iba a concentrarse en sus discípulos, dándoles un entrenamiento intensivo (*véanse* notas—Mt. 16:13-20; 16:21-28; 17:1-13; 17:22; 17:24-27; 20:17; 20:20-28 para ver el énfasis puesto en este entrenamiento intensivo).

1. Jesús quería discutir con ellos la gira de testimonio que habían realizado. Al informar ellos, Jesús vio la necesidad de destacar tanto los pro y los contra referidos a la actuación de ellos. Los discípulos tenían que aprender a ministrar de la forma más eficiente posible. Hacía falta una reunión de evaluación.

2. Los discípulos tenían necesidad de evaluarse a sí mismos; pero tenían que hacerlo en la presencia de Dios solamente, de manera de poder restaurar sus espíritus y sus cuerpos. Estaban físicamente agotados y sus espíritus estaban exhaustos.

¿Qué hizo Jesús? «Tomándolos, se retiró aparte, a un lugar desierto [de las cercanías] de la ciudad llamada Betsaida». Note que los llevó a un «lugar desierto». Dos veces se mencionan la quietud y soledad, lo cual indica que realmente no entraron a la ciudad (vv. 10, 12).

Para los discípulos el tema quedó claramente demostrado. Hay tiempo para ministrar y hay tiempo para evaluar el ministerio hecho; también hay un tiempo para la renovación del espíritu y del cuerpo.

«Venid a mí todos los que estáis trabajados y cargados, y yo os haré descansar» (Mt. 11:28).

«El les dijo: Venid vosotros aparte a un lugar desierto, y descansad un poco. Porque eran muchos los que iban y venían, de manera que ni aun tenían tiempo para comer» (Mr. 6:31).

«Seis días trabajarás, mas en el séptimo día descansarás; aun en la arada y en la siega, descansarás» (Éx. 34:21; cp. Éx. 23:12; 31:15; 35:2).

«Seis días se trabajará, mas el séptimo día será de reposo, santa convocación; ningún trabajo haréis; día de reposo es de Jehová en dondequiera que habiteis» (Lv. 23:3).

«Y dije: ¡Quién me diese alas como de paloma! Volaría yo, y descansaría. Ciertamente huiría lejos; moraría en el desierto» (Sal 55:6-7).

«Y él dijo: Mi presencia irá contigo, y te daré descanso» (Éx. 33:14).

«Vuelve, oh alma mía, a tu reposo, porque Jehová te ha hecho bien» (Sal. 116:7).

«A los cuales él dijo: Este es el reposo; dad reposo al cansado; y este es el refrigerio; mas no quisieron oír» (Is. 28:12).

«Porque así ha dicho Jehová el Señor, el Santo de Israel: En descanso y en reposo seréis salvos; en quietud y en confianza será vuestra fortaleza. Y no quisisteis» (Is. 30:15).

«Ocúpate en estas cosas; permanece en ellas, para que tu aprovechamiento se manifiesto a todos» (1 Ti. 4:15).

«Llevad mi yugo sobre vosotros, y aprended de mí, que soy manso y humilde de corazón; y hallaréis descanso para vuestras almas» (Mt. 11:29).

«Meditaré en todas tus obras, y hablaré de tus hechos» (Sal. 77:12).

«Dulce será mi meditación en él; yo me regocijaré en Jehová» (Sal 104:34).

«En tus mandamientos meditaré; consideraré tus caminos» (Sal. 119:15).

«Me acordé de los días antiguos; meditaba en todas tus obras; reflexionaba en las obras de tus manos» (Sal. 134:5).

2 (9:11) ***Ministerio—visión:*** Jesús permitió que los necesitados interrumpan su muy necesario descanso. El énfasis está puesto en las palabras «la gente ... le siguió; y él les recibió». (*Véase* nota—Mr. 6:33 en cuanto al drama de la escena). La gente estaba perturbando e interrumpiendo la soledad tan necesaria de los discípulos, su necesidad de descanso y renovación. Los discípulos habían estado ministrando, haciendo todo lo que podía, sin embargo, aquí estaba la gente demandando más. Note el contraste entre Jesús y los discípulos. Los discípulos se irritaron (v. 12; cp. la crudeza de la afirmación «a no ser que vayamos nosotros a comprar alimentos para toda esta multitud» del versículo 13). Jesús, en cambio, estaba lleno de compasión por la gente (cp. Mr. 6:34). Los discípulos tenían que aprender una lección muy necesaria, y era más necesario aprender la lección que descansar. La lección era simple, pero dramática: mientras uno descansa las multitudes aún están perdidas. Están perdidas como ovejas sin pastor (Mr. 6:34). El discípulo no debe descansar en tanto no sea absolutamente necesario. Demasiadas personas están perdidas y heridas.

«¿No decís vosotros: Aún faltan cuatro meses para que llegue la siega? He aquí os digo: Alzad vuestros ojos y mirad los campos, porque ya están blancos para la siega» (Jn. 4:35).

«Me es necesario hacer las obras del que me envió, entre tanto que el día dura; la noche viene, cuando nadie puede trabajar» (Jn. 9:4).

«Porque no podemos dejar de decir lo que hemos visto y oído» (Hch. 4:20).

«Pues si anuncio el evangelio, no tengo por qué gloriarme; porque me es impuesta necesidad; y ¡ay de mí si no anunciare el evangelio!» (1 Co. 9:16).

«Por lo cual te aconsejo que avives el fuego del don de Dios que está en ti por la imposición de mis manos» (2 Ti. 1:6).

«Todo lo que te viniere a la mano para hacer, hazlo según tus fuerzas; porque en el Seol, adonde vas, no hay obra, ni trabajo, ni ciencia, ni sabiduría» (Ec. 9:10).

«Por amor de Sion no callaré, y por amor de Jerusalén no descansaré, hasta que salga como resplandor su justicia, y su salvación se encienda como una antorcha» (Is. 62:1).

«Y dije: No me acordaré más de él, ni hablaré más en su nombre; no obstante había en mi corazón como un fuego ardiente metido en mis huesos; traté de sufrirlo, y no pude» (Jer. 20:9).

3 (9:11) ***Sana—sanar:*** Jesús suplía tanto las necesidades espirituales como físicas. La gente no necesitaba solamente que se le predique; también necesitaba ayuda física. Tanto el cuerpo como el alma necesitaban ser salvados y restaurados. Por eso Jesús...

- les hablaba (predicaba) el reino de Dios.
- sanaba a los que tenían necesidad de ser sanados.

Note dos temas:

1. Jesús predicaba el reino de Dios, que es gobernado por Dios y al que está sujeto el hombre; el reino donde la Palabra de Dios es ley, y donde se demanda la obediencia del hombre.

2. Jesús sanaba a aquellos que «tenían necesidad de ser sanados». Esto siempre es así. Un creyente que realmente *necesita ser sanado* es bendecido por Dios y es sanado. Pero note que *la necesidad de ser sanado no siempre es la mayor necesidad de una persona.* A veces Dios usa la necesidad física para tratar lo que es mucho más importante: la necesidad espiritual y la gloria de Dios. Por eso no siempre son sanados todos los creyentes. A veces los creyentes tienen que aprender a amar, a estar gozosos, con paz, a tener paciencia, a orar, confiar, tener fe y esperanza en medio del sufrimiento. (*Véase* Estudio a fondo 3— Mt. 8:1-4 para una discusión detallada.)

Sin embargo, existe y ha existido a lo largo de los siglos un problema con esta verdad. Tantas personas usan la necesidad espiritual como excusa por no tener la fe y el poder de Dios para ser sanados y para sanar. Como el mismo Jesús dijo, es mucho más fácil decir al hombre que sus pecados son perdonados que decirle que tome su lecho y ande. Jesús suplía ambas necesidades del hombre, las espirituales y las físicas: «sanaba a los que necesitaban ser curados». (*Véase* Estudio a fondo 3— Mt. 8:1-4 para una discusión detallada.)

Los discípulos tuvieron que aprender que es preciso suplir tanto las necesidades espirituales como las necesidades físicas de los hombres.

«Cómo Dios ungió con el Espíritu Santo y con poder a Jesús de Nazaret, y cómo éste anduvo haciendo bienes y sanando a todos los oprimidos por el diablo, porque Dios estaba con él» (Hch. 10:38).

4 (9:12-13) ***Recursos —ministrando —necesidades, actitudes hacia:*** Jesús desafió a sus discípulos a suplir las necesidades de la gente. La gente había estado durante horas escuchando a Jesús. Se aproximaba la puesta del sol. Había peligro que la gente fuese sorprendida por la oscuridad en medio del desierto, sin posibilidad de conseguir comida hasta el día siguiente. Algunos ya habían pasado la mayor parte del día sin comer. Era tiempo que Jesús terminara y dejara ir a la gente; sin embargo, no daba señales de terminar. De manera que los discípulos le sugirieron que despida a la multitud. Note las dos actitudes ante las necesidades de la gente.

1. La actitud equivocada, ilustrada por los discípulos. Sugirieron que Jesús dejara ir a la gente para que se ocupase de sus propias necesidades. Recuerde que la multitud no había sido bienvenida por los discípulos, al menos no en esta ocasión. El día debía haber sido de descanso y renovación espiritual para ellos. El tema es este, los discípulos no habían sentido ninguna responsabilidad personal respecto del *hambre* (físico o espiritual) de la multitud. Estaban dispuestos, incluso querían que la multitud se fuera, sin importarles las dificultades que tendrían para defenderse a sí mismos.

2. La actitud correcta, ilustrada por Jesús. Jesús dijo enfáticamente: «Dadles vosotros de comer». El «vosotros» en el griego es enfático. Jesús estaba acentuando que era responsabilidad de los discípulos. Ellos debían ocuparse de las necesidades de la gente. Ellos debían «alimentar» a la gente (física y espiritualmente). La gente no debía ser abandonada a sí misma. No podían defenderse ni proveer para sí mismos.

Note algo más: Para la gente era más importante escuchar el evangelio y recibir el ministerio que salir a buscar pan. «No sólo de pan vivirá el hombre, sino de toda palabra de Dios» (Lc. 4:4). Por supuesto, alguna vez es necesario buscar pan para sobrevivir, pero buscar alimento espiritual es absolutamente necesario. La búsqueda de alimento espiritual solamente debe ser interrumpida cuando es necesario.

«Respondiendo Jesús, le dijo: Marta, Marta, afanada y turbada estás con muchas cosas. Pero sólo una cosa es necesaria; y María ha escogido la buena parte, la cual no le será quitada» (Lc. 10:41-42).

«Jesús les dijo: Yo soy el pan de vida; el que a mí viene, nunca tendrá hambre; y el que en mí cree, no tendrá sed jamás» (Jn. 6:35).

«Yo soy el pan vivo que descendió del cielo; si alguno comiere de este pan, vivirá para siempre; y el pan que

yo daré es mi carne, la cual yo daré por la vida del mundo» (Jn. 6:51).

3. El problema eran los recursos inadecuados. Los discípulos estuvieron prontos a confesar que no tenían lo suficiente para suplir la necesidad de la gente. Piense por un momento en la enormidad de aquella situación. Era una multitud grande; la tarea era *imposible*. Era imposible que los discípulos pudieran suplir la necesidad de la gente. Pero note que hicieron exactamente lo que debían hacer:

- Dijeron a Jesús precisamente lo que tenían.
- Pensaron lo mejor que podían, dando la mejor solución posible.

Lo que los discípulos tenían era inadecuado, pero lo que tenían lo pusieron ante Jesús; discutieron la única solución que conocían (ir y comprar comida).

«Y entonces mandé a vuestros jueces, diciendo: Oíd entre vuestros hermanos, y juzgad justamente entre el hombre y su hermano, y el extranjero. No hagáis distinción de persona en el juicio; así al pequeño como al grande oiréis; no tendréis temor de ninguno, porque el juicio es de Dios; y la causa que os fuere difícil la traeréis a mí, y yo la oiré» (Dt. 1:16-17).

«Cada primer día de la semana cada uno de vosotros ponga aparte algo, según haya prosperado, guardándolo, para que cuando yo llegue no se recojan entonces ofrendas» (1 Co. 16:2).

«Dad, y se os dará; medida buena, apretada, remecida y rebosando darán en vuestro regazo; porque con la misma medida con que medís, os volverán a medir» (Lc. 6:38).

«Al que te pida, dale; y al que quiera tomar de ti prestado, no se lo rehuses» (Mt. 5:42).

«En todo os he enseñado que, trabajando así, se debe ayudar a los necesitados, y recordar las palabras del Señor Jesús, que dijo: Más bienaventurado es dar que recibir» (Hch. 20:35).

5 (9:14-15) ***Organización:*** Jesús encaró las necesidades de manera ordenada. Había allí más de cinco mil hombres, sin contar mujeres y niños. La necesidad era grande, y para suplirla hacía falta organización. La necesidad fue dividida y distribuida entre los discípulos quienes debían sentar a la gente en grupos. Cada grupo o compañía era de cincuenta personas, o filas dobles de cincuenta personas cada una (Mr. 6:40).

Pensamiento. La tarea es enorme. Solamente puede ser realizada si se enfoca con orden y organización.

6 (9:16-17) ***Ministrando:*** para suplir las necesidades Jesús esperaba en Dios. Note lo que hizo exactamente Jesús.

1. Levantó los ojos al cielo, dando gracias a Dios por lo que tenía. Esto es lo que quiere decir que *bendijo*.

2. Jesús partió y dio lo que tenía. Note un asunto crucial. Jesús estaba haciendo lo que podía: mirando a Dios, dando gracias y entregando lo que tenía. Más no podía hacer.

Pensamiento. Es una lección clara para todo creyente. Una vez que hacemos nuestra parte, Dios multiplica nuestros recursos.

3. Jesús utilizó todo. Había suficiente para alimentar a todos, de hecho, más que suficiente.

Pensamiento. Siempre habrá lo suficiente para alimentar a todos si solamente confesemos la insuficiencia de nuestros recursos, damos gracias por lo que tenemos, y luego repartimos lo que tenemos.

«Mas buscad primeramente el reino de Dios y su justicia, y todas estas cosas os serán añadidas» (Mt. 6:33).

«Traed todos los diezmos al alfolí y haya alimento en mi casa; y probadme ahora en esto, dice Jehová de los ejércitos, si no os abriré las ventanas de los cielos, y derramaré sobre vosotros bendición hasta que sobreabunde» (Mal. 3:10).

«De Jehová es la tierra y su plenitud; el mundo, y los que en él habitan» (Sal. 24:1).

«Bienaventurado el que piensa en el pobre; en el día malo lo librará Jehová» (Sal. 41:1).

«Porque mía es toda bestia del campo, y los millares de animales en los collados» (Sal. 50:10).

«El alma generosa será prosperada; y el que saciare, él también será saciado» (Pr. 11:25).

«El ojo misericordioso será bendito, porque dio de su pan al indigente» (Pr. 22:9).

«El que da al pobre no tendrá pobreza; mas el que aparta sus ojos tendrá muchas maldiciones» (Pr. 28:27).

«Echa tu pan sobre las aguas; porque después de muchos días lo hallarás» (Ec. 11:1).

«Pero el generoso pensará generosidades, y por generosidades será exaltado» (Is. 32:8).

«Y si dieres tu pan al hambriento, y saciares al alma afligida, en las tinieblas nacerá tu luz, y tu oscuridad será como el mediodía» (Is. 58:10).

«Mía es la plata, y mío es el oro, dice Jehová de los ejércitos» (Hag. 2:8).

1 Jesús estaba a solas orando 2 La gente creía: Jesús sólo es un gran hombre	**IV. INTENSA PREPARACIÓN DADA POR EL HIJO DEL HOMBRE A SUS DISCÍPULOS ANTE LA INMINENCIA DE JERUSALÉN Y DE LA MUERTE DE CRISTO, 9:18-50** **A. La primera predicción de la muerte. Quién es realmente Jesús, 9:18-22** (Mt. 16:13-23; Mr. 8:27-33) 18 Aconteció que mientras Jesús oraba aparte, estaban con él los discípulos; y les preguntó, diciendo: ¿Quién	dice la gente que soy yo? 19 Ellos respondieron: Unos, Juan el Bautista; otros, Elías; y otros, que algún profeta de los antiguos ha resucitado. 20 El les dijo: ¿Y vosotros, quién decís que soy? Entonces respondiendo Pedro, dijo: El Cristo de Dios. 21 Pero él les mandó que a nadie dijesen esto, encargándoselo rigurosamente, 22 y diciendo: Es necesario que el Hijo del Hombre padezca muchas cosas, y sea desechado por los ancianos, por los principales sacerdotes y por los escribas, y que sea muerto, y resucite al tercer día.	3 La convicción de los discípulos 4 Todo el significado de la convicción a. Aún no captaban el significado completo b. El significado completo: Jesús es el Salvador sufriente y conquistador[EF1]

IV. INTENSA PREPARACIÓN DADA POR EL HIJO DEL HOMBRE A SUS DISCÍPULOS ANTE LA INMINENCIA DE JERUSALÉN Y DE LA MUERTE DE CRISTO, 9:18-50

A. La primera predicción de la muerte. Quién es realmente Jesús, 9:18-22

(9:18-22) ***Introducción:*** ¿Quién es Jesús? El momento más crucial en la vida de una persona es cuando responde a esta pregunta.

1. Jesús estaba a solas orando (v. 18).
2. Lo que la gente creía: Jesús sólo es un gran hombre (vv. 18-19).
3. La convicción de los discípulos (v. 20).
4. Todo el significado de la convicción (vv. 21-22).

1 (9:18) ***Oración:*** Jesús estaba a solas orando. Sentía una profunda necesidad de orar.

1. Personalmente necesitaba fuerza. Estaba «afirmando su rostro hacia Jerusalén», es decir, estaba afirmando su rostro hacia la cruz en la cual moriría por los pecados de los hombres (Lc. 9:51). Los días que le esperaban le deparaban inmensos sufrimientos.

2. Los discípulos necesitaban ser *vivificados* de manera especial por Dios. Ellos también encararían la cruz, el hecho que el Mesías tenía que morir por los pecados del mundo a efectos de salvar a los hombres. Este era un concepto radicalmente distinto al concepto popular del Mesías. Según el concepto popular, el Mesías iba a ser el Hijo de David, el prometido Rey que libraría a Israel de sus enemigos y establecería el reino de Dios sobre todas las naciones de la tierra (*véase* nota—Mt. 16:21-28).

Los discípulos también tenían una necesidad muy especial, la necesidad de una *revelación* especial en cuanto a la persona de Jesús. Para ellos había llegado el momento de captar y confesar, sin vacilación alguna, que él era el Mesías, el Hijo mismo de Dios. Ahora Jesús estaba listo para examinar el corazón de ellos en cuanto a su convicción acerca del Cristo, de modo que fue a la presencia de Dios implorando el *discernimiento especial* y una revelación muy especial del Espíritu para los discípulos.

Pensamiento. Se pueden deducir tres lecciones importantes sobre la oración de lo que Cristo estaba haciendo.

1) Antes de situaciones decisivas debemos orar.

«Pedid, y se os dará; buscad y hallaréis; llamad, y se os abrirá» (Mt. 7:7).

«¿Está alguno entre vosotros afligido? Haga oración. ¿Está alguno alegre? Cante alabanza» (Stg. 5:13).

«Clama a mí y yo te responderé, y te enseñaré cosas grandes y ocultas que tú no conoces» (Jer. 33:3).

2) Debemos orar por otros pidiendo que tengan un discernimiento especial y el poder vivificante del Espíritu en sus vidas.

«Orando en todo tiempo con toda oración y súplica en el Espíritu, y velando en ello con toda perseverancia y súplica por todos los santos» (Ef. 6:18).

3) Debemos orar por fuerzas para resistir las severas pruebas, para poder llevar cualquier cruz que nos espere en el camino.

«Velad y orad, para que no entréis en tentación; el espíritu a la verdad está dispuesto, pero la carne es débil» (Mt. 26:41).

«Y de igual manera el Espíritu nos ayuda en nuestra debilidad; pues qué hemos de pedir como conviene, no lo sabemos, pero el Espíritu mismo intercede por nosotros con gemidos indecibles» (Ro. 8:26).

«Me invocará, y yo responderé; con él estaré yo en la angustia; lo libraré y le glorificaré» (Sal. 91:15).

«Los afligidos y menesterosos buscan las aguas, y no las hay; seca está de sed su lengua; yo Jehová los oiré, yo el Dios de Israel no los desampararé» (Is. 41:17).

«Entonces invocarás, y te oirá Jehová; clamarás, y dirá él: Héme aquí. Si quitares de en medio de ti el yugo, el dedo amenazador, y el hablar vanidad» (Is. 58:9).

«Y antes que clamen, responderé yo; mientras aún hablan, yo habré oído» (Is. 65:24).

«Y meteré en el fuego a la tercera parte, y los fundiré como se funde la plata, y los probaré como se prueba el oro. El invocará mi nombre, y yo le oiré, y diré: Pueblo mío; y él dirá: Jehová es mi Dios» (Zac. 13:9).

2 (9:18-19) ***Jesucristo, concepto de—hombre, su concepto de Cristo:*** la gente creía que Jesús era sólo un gran hombre. La escena muestra a Jesús apartado, a cierta distancia de los discípulos, totalmente solo. Estaba buscando el rostro de Dios y agonizando en oración. De pronto dejó de orar, se incorporó y caminó hasta donde estaban los discípulos. De inmediato les preguntó: «¿Quién dice la gente que soy yo?» ¿Por qué hizo Jesús esta pregunta? ¿Qué estaba haciendo?

1. El concepto que los discípulos tenían del Mesías tenía que ser corregido. El concepto de ellos era el concepto popular que veía al Mesías como el mayor de todos los hombres, y nada más. Ellos necesitaban desesperadamente captar y comprender de la manera más completa posible quién era Jesús. El destino mismo del mundo yacía en sus manos. Los hombres serían condenados para siempre si los discípulos no lo entendían plenamente. Por eso Jesús tuvo que examinarlos y asegurarse de que pensaran por su propia cuenta rechazando las ideas falsas que los hombres tenían acerca del Mesías.

2. El concepto popular acerca del Mesías era errado. La mayoría de la gente honraba en gran manera a Jesús. Lo veían como un gran hombre; de hecho, lo veían como uno de los hombres más grandes. Sin embargo, si ese concepto no era corregido, significaría la condenación para el mundo; Jesús tenía que asegurarse de que la idea del pueblo no afectase y corrompiese el pensamiento de los discípulos.

   a. Algunos pensaban que Jesús era Juan el Bautista, es decir, el antecesor del Mesías (Mal. 4:5). Tanto Juan como Jesús estaban haciendo una singular obra para Dios. Ambos eran divinamente escogidos y dotados por Dios, y ambos proclamaban el reino de Dios preparando a la gente para Él. Por eso, cuando algunas personas veían a Jesús y su ministerio, pensaban que Jesús no era el Mesías mismo, sino el prometido antecesor del Mesías (Mal. 4:5).

   b. Algunos creían que Jesús era Elías. Afirmaban que Jesús era el mayor de los profetas y maestros de todos los tiempos. Así era considerado Elías, y también estaba predicho que Elías precedería la venida del Mesías (Mal. 4:5). Hasta el día de hoy los judíos esperan el regreso de Elías precediendo al Mesías. Al celebrar la Pascua siempre dejan una silla libre para ser ocupada por él. Elías también había sido usado por Dios para alimentar milagrosamente a una viuda y a su hijo (1 R. 17:14). La gente relacionaba el milagro de Elías con la alimentación de la multitud efectuada por Jesús.

   c. Algunos creían que Jesús era uno de los profetas antiguos. Con ello profesaban que Jesús era un gran profeta enviado para el día y los tiempos de ellos. Lo consideraban uno de los grandes profetas que había vuelto a vivir o en quien habitaba el espíritu de un gran profeta (cp. Dt. 18:15, 18).

Pensamiento. Note que la misma falsa confesión acerca de Cristo existe en cada generación.

1) El concepto de que Jesús solamente era un gran hombre de justicia, martirizado por causa de su fe. Como tal nos deja un gran ejemplo de cómo vivir y tomar nuestro lugar por lo que creemos.
2) Fue uno de los más grandes maestros y profetas de todos los tiempos.
3) Fue un gran hombre que nos reveló algunas cosas importantes acerca de Dios y la religión. Como tal puede hacer una contribución significativa a todo hombre en su búsqueda de Dios.
4) El concepto de que Jesús fue un gran hombre y profeta enviado a la gente (judíos) de su tiempo; al estudiar su vida podemos aprender muchas cosas útiles para nosotros.

«¿No es éste el carpintero, hijo de María, hermano de Jacobo, de José, de Judas y de Simón? ¿No están también con nosotros sus hermanas? Y se escandalizaban de él» (Mr. 6:3).

«En el mundo estaba, y el mundo por él fue hecho; pero el mundo no le conoció. A lo suyo vino, y los suyos no le recibieron» (Jn. 1:10-11).

«¿Quién es el mentiroso, sino el que niega que Jesús es el Cristo? Este es anticristo, el que niega al Padre y al Hijo. Todo aquel que niega al Hijo, tampoco tiene al Padre. El que confiesa al Hijo, también tiene al Padre» (1 Jn. 2:22-23).

«Y todo espíritu que no confiesa que Jesucristo ha venido en carne, no es de Dios; y este es el espíritu del anticristo, el cual vosotros habéis oído que viene, y que ahora ya está en el mundo» (1 Jn. 4:3).

3 (9:20) ***Jesucristo, concepto—hombre, su concepto de Cristo:*** los discípulos estaban convencidos de que Jesús era el Mesías. Jesús se sentó y escuchó atentamente lo que los discípulos le decían acerca de las ideas de la gente sobre Él. Ahora estaba listo para hacer la pregunta que...

- determina la salvación eterna del hombre.
- la pregunta más significativa que alguna vez se haya preguntado.

«¿Y vosotros, quién decís que soy?» El «vosotros» es enfático. Jesús acentuó el aspecto *personal*, la importancia de una respuesta personal: «¿Y *vosotros*, quién *decís* que soy?» Note varias cosas.

1. La respuesta fue inmediata y enérgica: *el Cristo de Dios.* Pedro fue el vocero de todos, declarando enfáticamente que Jesús era *el Cristo de Dios.* Era una declaración poderosa, una declaración de profundo significado.

2. La respuesta fue de profundo significado, puesto que Jesús era «el Cristo», es decir, «el Mesías», *el Ungido de Dios* (*véase* Estudio a fondo 2—Mt. 1:18). Esto significa tres cosas.

   a. Jesús fue enviado a una misión determinada, la misión de salvar al hombre (Lc. 19:10).

   b. Jesús fue *enviado y designado* por Dios para ejecutar esa misión (Jn. 3:16; 4:34; 5:23-24, 30, 36-38; 6:29, 38-40, 44, 57; 7:16, 18, 28-29; 8:16, 18, 26, 42; 9:4; 10:36; 11:42; 12:45, 49; 14:24; 15:21; 16:5; 17:3, 18, 21, 23, 25; 20:21; 1 Jn. 4:9-10, 14).

   c. Jesús era el cumplimiento de las profecías que anunciaban al hombre la venida del Mesías.

3. La pregunta era muy personal. Incluso podía ofender a algunos. Pero Jesús quería que fuese personal. Era preciso que lo fuera, porque el destino eterno del hombre es determinado por su respuesta. Jesús no era solamente un hombre como declaraba la idea popular. Era más, mucho más. Era *el Cristo de Dios.* La vida del hombre, su muerte y su destino eterno dependen de cómo veían y confesaban a Cristo.

«A cualquiera, pues, que me confiese delante de los hombres, yo también le confesaré delante de mi Padre que está en los cielos. Y a cualquiera que me niegue delante de los hombres, yo también le negaré delante de mi Padre que está en los cielos» (Mt. 10:32-33).

«Porque el que se avergonzare de mí y de mis palabras en esta generación adúltera y pecadora, el Hijo del Hombre se avergonzará también de él, cuando venga en la gloria de su Padre con los santos ángeles» (Mr. 8:38).

«Os digo que todo aquel que me confesare delante de los hombres, también el Hijo del Hombre le confesará delante de los ángeles de Dios» (Lc. 12:8).

«Que si confesares con tu boca que Jesucristo es el Señor, y creyeres en tu corazón que Dios le levantó de los muertos, serás salvo. Porque con el corazón se cree para justicia, pero con la boca se confiesa para salvación» (Ro. 10:9-10).

«Todo aquel que niega al Hijo, tampoco tiene al Padre. El que confiesa al Hijo, tiene también al Padre» (1 Jn. 2:23).

«Todo aquel que confiese que Jesús es el Hijo de Dios, Dios permanece en él, y él en Dios» (1 Jn. 4:15).

«El que encubre sus pecados no prosperará; mas el que

los confiesa y se aparta alcanzará misericordia» (Pr. 28:13).

«Y aquel Verbo fue hecho carne, y habitó entre nosotros (y vimos su gloria, gloria como del unigénito del Padre), lleno de gracia y de verdad» (Jn. 1:14).

«Felipe halló a Natanael, y le dijo: Hemos hallado a aquel de quien escribió Moisés en la ley, así como los profetas: a Jesús, el hijo de José, de Nazaret» (Jn. 1:45).

«Respondió Natanael y le dijo: Rabí, tú eres el Hijo de Dios; tú eres el Rey de Israel» (Jn. 1:49).

«Venid, ved a un hombre que me ha dicho todo cuanto he hecho. ¿No será éste el Cristo?» (Jn. 4:29).

«Y nosotros hemos creído y conocemos que tú eres el Cristo, el Hijo del Dios viviente» (Jn. 6:69).

«Le dijo: Sí, Señor; yo he creído que tú eres el Cristo, el Hijo de Dios, que has venido al mundo» (Jn. 11:27).

«Entonces Tomás respondió y le dijo: ¡Señor mío, y Dios mío!» (Jn. 20:28).

«Y yendo por el camino, llegaron a cierta agua, y dijo el eunuco: Aquí hay agua; ¿qué impide que yo sea bautizado? Felipe dijo: Si crees de todo corazón, bien puedes. Y respondiendo, dijo: Creo que Jesucristo es el Hijo de Dios» (He. 8:36-37).

[4] (9:21-22) ***Mesías—naturaleza mesiánica—Jesucristo, muerte; resurrección:*** el significado completo de esta convicción. Aquí hay dos temas significativos.

1. Aun no habían captado el significado completo del Mesías. Los discípulos todavía debían experimentar la muerte y resurrección de Jesucristo. Las profecías sobre el Mesías que se destacaban en sus mentes eran las referidas a la exaltación, el poder, y la gloria de Cristo. Lo veían gobernando y reinando sobre la tierra y sometiendo a los hombres por la fuerza a Dios. La idea que ellos tenían del Mesías era la de un gobierno terrenal dentro de los límites del mundo físico y material. La idea que tenían del mundo espiritual era escasa o nula; por eso no estaban listos para compartir con otros la verdad sobre el Mesías (*véase* nota—Ef. 1:3). Compartirían un mensaje incompleto, un mensaje falso; de modo que Jesús tuvo que encargarles que no lo dijeran a nadie, todavía no; no hasta tanto entendieran el significado real de la salvación espiritual que Jesús traía al hombre. Note la importancia de entender el significado completo del Mesías. Jesús les recomendó y les mandó que no dijeran nada de ello hasta tanto lo entendieran bien.

2. Jesús comenzó a revelar con claridad que el Mesías necesariamente tenía que ser un Salvador sufriente y un Salvador conquistador. Durante algún tiempo Jesús le había estado hablando a sus discípulos acerca de su muerte y resurrección, pero ellos no lo habían entendido. ¿Por qué? Hay dos motivos:

- La idea de un Mesías sufriente difería radicalmente de la propia idea que tenían del Mesías (*véanse* notas— Mt. 1:1; Estudio a fondo 2—1:18; Estudio a fondo 3—3:11; notas—11:1-6; 11:2-3; Estudio a fondo 1—11:15; Estudio a fondo 2—11:6; Estudio a fondo 1—12:16; nota—Lc. 7:21-23).
- La revelación estaba oculta en cuadros y símbolos.

«Respondió Jesús y les dijo: Destruid este templo, y en tres días lo levantaré» (Jn. 2:19).

«Y como Moisés levantó la serpiente en el desierto, así es necesario que el Hijo del Hombre sea levantado» (Jn. 3:14).

«Yo soy el pan vivo que descendió del cielo; si alguno comiere de este pan, vivirá para siempre; y el pan que yo daré es mi carne, la cual yo daré por la vida del mundo» (Jn. 6:51).

La diferencia era que ahora Jesús ya no hablaba en cuadros y símbolos, sino con palabras sencillas y directas (Mt. 20:18-20; Lc. 18:31-33). Había comenzado una nueva etapa en la revelación del plan de Dios para el mundo; el Hijo de Dios debía morir y ser resucitado por los pecados del mundo. El plan de Dios para salvar al mundo tendría lugar mediante un Mesías sufriente, no de un conquistador que entregaría un mundo *materialista* en manos de sus seguidores. Su muerte debía inaugurar el reino de Dios y dar la posibilidad de que sus seguidores viviesen eternamente en la presencia misma de Dios (*véase* Estudio a fondo 3—Mt. 19:23-24; cp. Jn. 3:16; 5:24 ss).

Note la palabra «necesario» (*dei*). Es una palabra fuerte; significa obligación, imperativo, una necesidad impuesta. No tenía elección. Su muerte y resurrección habían sido planeadas y queridas por Dios desde la eternidad. Los profetas lo habían predicho así. Jesús debía cumplir la voluntad de Dios, y Dios había ordenado su muerte. (*Véase* Estudio a fondo 3—Hch. 2:23 para mayor discusión; cp. 26:54.)

«¿No era necesario que el Cristo padeciera estas cosas, y que entrara en su gloria?» (Lc. 24:26).

«Y les dijo: Así está escrito, y así fue necesario que el Cristo padeciese, y resucitase de los muertos al tercer día; y que se predicase en su nombre el arrepentimiento y el perdón de pecados en todas las naciones, comenzando desde Jerusalén» (Lc. 24:46-47).

ESTUDIO A FONDO 1

(9:22) ***Jesucristo, oposición:*** note cuáles eran los tres grupos de judíos que encabezarían la ejecución de Jesús. Eran los tres grupos que constituían el sanhedrín, la suprema corte de justicia judía. Estaba compuesto por setenta miembros (cp. la base histórica para esta estructura, 2 Cr. 19:5-11).

1. Los ancianos. Eran los hombres de mayor edad, respetados por la comunidad. Eran los jueces en las cortes civiles, de asuntos temporales (Éx. 3:29; 12:21; 24:9; Nm. 11:25; 1 S. 16:4; Esd. 10:14; Mt. 27:12).

2. Los principales sacerdotes. Eran los principales líderes de entre los saduceos que ocupaban los puestos oficiales de mayor rango en el gobierno judío bajo la dominación romana (*véase* nota—Hch. 23:8). Los principales sacerdotes eran jueces en asuntos religiosos.

3. Los escribas. Eran los fariseos que ocupaban los puestos de enseñanza de la nación (*véase* Estudio a fondo 1—Lc. 6:2).

B. Los requisitos del discipulado, 9:23-27
(Mt.16:24-28;
Mr. 8:34—9:1)

23 Y decía a todos: Si alguno quiere venir en pos de mí, niéguese a sí mismo, tome su cruz cada día, y sígame.
24 Porque todo el que quiera salvar su vida, la perderá; y todo el que pierda su vida por causa de mí, éste la salvará.
25 Pues ¿qué aprovecha al hombre, si gana todo el mundo, y se destruye o se pierde a sí mismo?
26 Porque el que se avergonzare de mí y de mis palabras, de éste se avergonzará el Hijo del Hombre cuando venga en su gloria, y en la del Padre, y de los santos ángeles.
27 Pero os digo en verdad, que hay algunos de los que están aquí, que no gustarán la muerte hasta que vean el reino de Dios.

1 Los requisitos del discipulado
a. Tiene que negarse a sí mismo
b. Tiene que tomar la cruz todos los días[EF1]
c. Tiene que seguir a Jesús
2 Advertencia a los materialistas
a. No salvar la vida para uno mismo
b. Entregar la vida por Cristo
3 La pregunta dirigida al materialista
a. Si gana el mundo
b. Y se pierde él
c. ¿Qué ha ganado? [EF2]
4 El juicio del materialista
a. La causa: vergüenza e Jesús y sus palabras
b. El juicio: no ser apto para la gloria
5 La recompensa del discípulo: el reino de Dios

B. Los requisitos del discipulado, 9:23-27

(9:23-27) ***Introducción:*** Jesús iba a llevar la cruz en favor del hombre. Acababa de discutir esto con sus discípulos (Lc. 9:22).

Ahora dijo que había otra cruz, la cruz que el hombre tiene que llevar por Jesús. Si una persona quiere seguir a Cristo, tiene que llevar su cruz. No hay opción. Es el requerimiento del discipulado.

1. Los requisitos del discipulado (v. 23).
2. Advertencia a los materialistas (v. 24).
3. La pregunta dirigida al materialista (v. 25).
3. El juicio del materialista (v. 26).
5. La recompensa del discípulo: el reino de Dios (v. 27).

[1] (9:23) ***Cruz—negación del ego—muerte al ego—discipulado:*** el discipulado tiene tres requisitos para la persona que quiere seguir a Cristo.

1. La persona tiene que negarse a sí misma. El hombre tiene la tendencia de ser indulgente consigo mismo y hacer exactamente lo que le place; pero el creyente no debe ser indulgente consigo mismo, con su confort y comodidad, con sus apetitos y necesidades, con sus pensamientos y sentimientos, con sus desengaños y tentaciones, con sus complots e intrigas, con su orgullo y jactancia, con sus reacciones y su perturbación. El creyente debe negarse a sí mismo mediante la disciplina y el control; debe amar y cuidar de otros, sacrificarse y dar, ayudar y ministrar.

2. La persona tiene que tomar su cruz, y tomarla todos los días (*véase* nota, ***Cruz***—Lc. 9:23).

3. La persona debe seguir a Jesús. Sin embargo, la tendencia del hombre es seguir a otro, y dar su lealtad primordial a algo diferente. En el mundo hay muchas cosas a las que el hombre puede servir y poner en primer lugar. En el mundo hay...

- organizaciones de servicios.
- necesidades humanitarias.
- religión (institucional).
- la familia.
- recreación.
- pasatiempos.
- educación.
- profesión.
- casas.
- negocios.
- comercio.
- clubes.
- el ego (fama–honra).
- comodidad.
- ropa.
- aceptación social.
- placer.
- salud.
- apariencia.
- deportes.
- estimulación carnal.

«Otra vez Jesús les habló, diciendo: Yo soy la luz del mundo; el que me sigue, no andará en tinieblas, sino que tendrá la luz de la vida» (Jn. 8:12).

«Mis ovejas oyen mi voz, y yo las conozco, y me siguen, y yo les doy vida eterna; y no perecerán jamás, ni nadie las arrebatará de mi mano. Mi Padre que me las dio, es mayor que todos, y nadie las puede arrebatar de la mano de mi Padre» (Jn. 10:27-29).

«Si alguno me sirve, sígame; y donde yo estuviere, allí también estará mi servidor. Si alguno me sirviere, mi padre le honrará» (Jn. 12:26).

«Digo, pues: andad en el Espíritu y no satisfagáis los deseos de la carne» (Gá. 5:16).

«Sed, pues, imitadores de Dios como hijos amados. Y andad en amor, como también Cristo nos amó, y se entregó a sí mismo por nosotros, ofrenda y sacrificio a Dios en olor fragante» (Ef. 5:1-2).

«Porque sabéis esto, que ningún fornicario, o inmundo, o avaro, que es idólatra, tiene herencia en el reino de Cristo y de Dios» (Ef. 5:5).

«Por tanto, de la manera que habéis recibido al Señor Jesucristo, andad en él» (Col. 2:6).

«Pues para esto fuisteis llamados; porque también Cristo padeció por nosotros, dejándonos ejemplo, para que sigáis sus pisadas» (1 P. 2:21).

«El que dice que permanece en él, debe andar como él anduvo» (1 Jn. 2:6).

ESTUDIO A FONDO 1

(9:23) ***Cruz—discipulado:*** en el tiempo de Jesús la gente sabía lo que significaba «tomar la cruz».

Veían a numerosos criminales llevando su cruz al lugar de su ejecución, y presenciaban numerosas ejecuciones, algunas de ellas incluso a la orilla de los caminos que entraban y salían de las ciudades.

La cruz no significa llevar meramente la propia dificultad de la vida, como puede ser la escasa salud, ser víctima de abusos, desempleo, padres inválidos, un cónyuge incrédulo, un hijo extraviado. La cruz siempre es instrumento de muerte, no simplemente un objeto para llevar y cargar. El cristiano debe morir mental y activamente. Debe negarse diariamente a sí mismo. Debe dejar que la mente de Cristo llene sus pensamientos cada día; debe humillarse cada día al punto de la muerte (Fil. 2:5-8; 2 Co. 10:3-5). Debe dar muerte a su voluntad, sus deseos, sus necesidades, sus ambiciones. En cambio debe seguir a Jesús y hacer su voluntad durante todo el día.

Note que esto no es una conducta negativa o pasiva. Requiere un comportamiento positivo, activo de la *voluntad*, de *negación del ego*, de *tomar* la propia cruz, de *seguir* a Cristo. Para morir al ego la persona tiene que actuar, trabajar, ocuparse, ser diligente, constante y paciente.

Hay varias formas en que el creyente muere al ego. Romanos 6:11-13 las expresa de la manera más clara.

«Así también vosotros consideraos muertos al pecado, pero vivos para Dios en Cristo Jesús, Señor nuestro. No reine pues el pecado en vuestro cuerpo mortal, de modo que lo obedezcáis en sus concupiscencias; ni tampoco presentéis vuestros miembros al pecado como instrumentos de iniquidad, sino presentaos vosotros mismos a Dios como vivos de entre los muertos, y vuestros miembros a Dios como instrumentos de justicia» (Ro. 6:11-13; cp. Ro. 6:2-10).

1. El creyente se considera o se tiene a sí mismo como crucificado con Cristo.

«Así también vosotros consideraos muertos al pecado» (Ro. 6:11*a*).

«Sabiendo esto, que nuestro viejo hombre fue crucificado juntamente con él, para que el cuerpo del pecado sea destruido, a fin de que no sirva más al pecado» (Ro. 6:6).

«Con Cristo estoy juntamente crucificado, y ya no vivo yo, mas vive Cristo en mí; y lo que ahora vivo en la carne, lo vivo en la fe del hijo de Dios, el cual me amó y se entregó a sí mismo por mí» (Gá. 2:20).

«Pero los que son de Cristo han crucificado la carne con sus pasiones y deseos» (Gá. 5:24).

2. El creyente se considera o se tiene así mismo muerto al pecado, pero vivo para Dios.

«Así también vosotros consideraos muertos al pecado, pero vivos para Dios en Cristo Jesús, Señor nuestro» (Ro. 6:11)

«Para no vivir el tiempo que resta en la carne, conforme a las concupiscencias de los hombres, sino conforme a la voluntad de Dios (1 P. 4:2).

3. El creyente no permite que el pecado reine en su cuerpo.

«No reine pues el pecado en vuestro cuerpo mortal, de modo que lo obedezcáis en sus concupiscencias» (Ro. 6:12).

«Haced morir, pues, lo terrenal en vosotros: fornicación, impureza, pasiones desordenadas, malos deseos y avaricia, que es idolatría» (Col. 3:5).

4. Los creyentes no entregan sus miembros corporales como instrumentos de pecado.

«Ni tampoco presentéis vuestros miembros al pecado como instrumentos de iniquidad» (Ro. 6:13).

«Porque si vivís conforme a la carne, moriréis; mas si por el Espíritu hacéis morir las obras de la carne, viviréis» (Ro. 8:13).

5. El creyente se entrega a Dios, como aquellos que se han levantado de la muerte y están rendidos a Dios.

«Sino presentaos vosotros mismos a Dios como vivos de entre los muertos» (Ro. 6:13*b*)

«Así que, hermanos, os ruego por las misericordias de Dios, que presentéis vuestros cuerpos en sacrificio vivo, santo, agradable a Dios, que es vuestro culto racional» (Ro. 12:1).

«Sino vestíos del Señor Jesucristo, y no proveáis para los deseos de la carne» (Ro. 13:14).

6. El creyente entrega sus miembros corporales como instrumentos de justicia.

«Presentaos vosotros mismos ... y vuestros miembros a Dios como instrumentos de justicia» (Ro. 6:11-13*c*).

«Digo, pues: andad en el Espíritu y no satisfagáis los deseos de la carne» (Gá. 5:16).

Es de notar que las dificultades o cargas pueden llevar a una persona al lugar donde Dios puede tratar con ella. Es entonces que las dificultades se convierten en la cruz y en la negación del ego a la que Jesús se refiere. Entonces, en un acto de autonegación el cristiano puede considerarse como vivo para Dios (Ro. 6:13). Es entonces que puede seguir a Jesús. Este es un acto que puede ser descrito como entregar todo lo que uno es y tiene a Cristo. Es un acto que debe ser repetido todos los días (cp. Mt. 10:38). (*Véanse* bosquejos y notas—Mt. 19:21-22, 23-26, 27-30.)

2 (9:24) ***Vida:*** la clara advertencia a los materialistas. Note la palabra «vida» (*psuche*). En este contexto quiere decir vida natural, animal; la vida terrenal que pasa rápidamente; la vida que se desvanece, envejece, decae y se corrompe en la tierra. La advertencia es doble. (*Véase* nota—Mt. 16:25-28 para una mayor discusión).

1. No salvar la vida para uno mismo. Si una persona salva su vida, es decir, trabaja para agradarse a sí misma en esta tierra, perderá su vida eterna. El hombre no tiene vida...

- para ser indulgente consigo mismo consiguiendo todas las comodidades, placeres e intereses de la vida.
- para acumular y guardar todos los bienes de la vida, involucrándose escasamente en dar y sacrificar para ayudar a quienes no tienen.

«La que cayó entre espinos, éstos son los que oyen, pero yéndose, son ahogados por los afanes y las riquezas y los placeres de la vida, y no llevan fruto» (Lc. 8:14).

«Y diré a mi alma: Alma, muchos bienes tienes guardados para muchos años; repósate, come, bebe, regocíjate. Pero Dios le dijo: Necio, esta noche vienen a pedirte tu alma; y lo que has provisto, ¿de quién será? Así es el que hace para sí tesoros, y no es rico para con Dios» (Lc. 12:19-21).

«Pero la que se entrega a los placeres, viviendo está muerta» (1 Ti. 5:6).

«Pero éstos, hablando mal de cosas que no entienden, como animales irracionales, nacidos para presa y destrucción, perecerán en su propia perdición, recibiendo el galardón de sus injusticias, ya que tienen por delicia el gozar deleites cada día. Estos son inmundicias y manchas, quienes aun mientras comen con vosotros, se recrean en sus errores. Tienen los ojos llenos de adulterio, no se sacian de pecar, seducen a las almas inconstantes, tienen el corazón habituado a la codicia, y son hijos de maldición» (2 P. 2:12-14).

«Pero éstos, hablando mal de cosas que no entienden, como animales irracionales, nacidos para presa y destrucción, perecerán en su propia perdición, recibiendo el galardón de sus injusticias, ya que tienen por delicia el gozar deleites cada día. Estos son inmundicias y manchas, quienes aun mientras comen con vosotros, se recrean en sus errores. Tienen los ojos llenos de adulterio, no se sacian de pecar, seducen a las almas inconstantes, tienen el corazón habituado a la codicia, y son hijos de maldición» (2 P. 2:12-14).

«Todo el trabajo del hombre es para su boca, y con todo eso su deseo no se sacia» (Ec. 6:7).

«Y les sucederá como el que tiene hambre y sueña, y le parece que come, pero cuando despierta, su estómago está vacío; o como el que

tiene sed y sueña, y le parece que bebe, pero cuando despierta, se halla cansado y sediento; así será la multitud de todas las naciones que pelearán contra el monte de Sion» (Is. 29:8).

«Bienaventurado el hombre que hace esto, y el hijo del hombre que lo abraza; que guarda el día de reposo para no profanarlo, y que guarda su mano de hacer todo mal» (Is. 56:2).

2. Entregar la vida para Cristo. Note las palabras «por causa de mí». La persona que pierde su vida, es decir, que trabaja para agradar a Cristo en esta tierra, salvará su vida eternamente.

a. El hombre tiene vida para conocer a Dios y tener compañerismo con Dios.

«Lo que hemos visto y oído, eso os anunciamos, para que también vosotros tengáis comunión con nosotros; y nuestra comunión verdaderamente es con el Padre, y con su Hijo Jesucristo» (1 Jn. 1:3).

«Vosotros sois mis testigos, dice Jehová, mi siervo que yo escogí, para que me conozcáis y me creáis, y entendáis que yo mismo soy; antes de mí no fue formado Dios, ni lo será después de mí» (Is. 43:10).

b. El hombre tiene vida para conocer a los hombres y tener compañerismo con ellos.

«Y dijo Jehová Dios: No es bueno que el hombre esté solo; le haré ayuda idónea para él» (Gn. 2:18).

«Pero si andamos en luz, como él está en luz, tenemos comunión unos con otros, y la sangre de Jesucristo su Hijo nos limpia de todo pecado» (1 Jn. 1:7).

«Y perseveraban en la doctrina de los apóstoles, en la comunión unos con otros, en el partimiento del pan y en las oraciones» (Hch. 2:42).

«Compañero soy yo de todos los que te temen y guardan tus mandamientos» (Sal. 119:63).

«Mejores son dos que uno; porque tienen mejor paga de su trabajo. Porque si cayeren, el uno levantará a su compañero; pero ¡ay del solo! que cuando cayere, no habrá segundo que lo levante» (Ec. 4:9-10).

«Entonces los que temían a Jehová hablaron cada uno a su compañero; y Jehová escuchó y oyó, y fue escrito libro de memoria delante de él para los que temen a Jehová, y para los que piensan en su nombre» (Mal. 3:16).

c. El hombre tiene vida para ayudar a salvar un mondo perdido en pecado y vergüenza y sufrimiento.

«Como el Hijo del Hombre no vino para ser servido, sino para servir, y para dar su vida en rescate por muchos» (Mt. 20:28).

«Porque el Hijo del Hombre vino a buscar y a salvar lo que se había perdido» (Lc. 19:10).

«Entonces Jesús les dijo otra vez: Paz a vosotros. Como me envió el Padre, así también yo os envío» (Jn. 20:21).

«Así que, los que somos fuertes debemos soportar las flaquezas de los débiles, y no agradarnos a nosotros mismos» (Ro. 15:1).

[3] (9:25) ***Materialismo—mundanalidad—riqueza—alma—vida:*** el hombre materialista es interrogado. El hombre que procura salvar su vida, que trabaja para complacerse a sí mismo, es desafiado a pensar con honestidad. Cristo le hace una pregunta al materialista, es una pregunta que tiene dos partes o cuadros. (*Véase* nota—Mt. 16:25-28 para una mayor discusión).

1. El cuadro de ganar *todo* el mundo. Note que Cristo no dijo: «¿Qué si el hombre pudiera ganar y poseer toda la tierra de Texas, o toda la riqueza de Africa?» Preguntó sobre el caso en que pudiera ganar *todo el mundo,* toda...

- la tierra del mundo.
- todo su oro.
- todo el placer.
- toda su honra.
- toda su riqueza.
- toda la satisfacción del mundo.

Imagine por un instante qué pasaría si un hombre pudiera ganar todo el mundo. Nadie puede ganar ni ganará todo; pero muchos lo intentan y algunos ganan una gran cantidad de tierra, riqueza, honra, placer, y satisfacción carnal.

2. El cuadro de perderse a sí mismo, o de ser desechado. Note que este es un hecho establecido, un resultado inevitable y cierto. La persona que busca agradarse a sí misma es condenada a «perderse a sí misma» y a ser «desechada». *Procuró hallarse a sí misma* aquí en la tierra, pero nunca lo logró. Se *perdió a sí misma.* Perdió lo más grande que hay en todo el mundo, esto es, la certeza, seguridad, confianza y satifacción de saber que está eternamente asegurada y destinada a vivir y servir a Dios por siempre.

«Pues ¿qué aprovecha al hombre, si gana todo el mundo, y se destruye o se pierde a sí mismo?» (Lc. 9:25).

«Y os digo que vendrán muchos del oriente y del occidente, y se sentarán con Abraham e Isaac y Jacob en el reino de los cielos; mas los hijos del reino serán echados afuera; allí será el lloro y el crujir de diente» (Mt. 8:11-12).

«Y le dijo: Amigo, ¿cómo entraste aquí, sin estar vestido de boda? Mas él enmudeció. Entonces el rey dijo a los que servían: Atadle de pies y manos, y echadle en las tinieblas de afuera; allí será el lloro y el crujir de dientes» (Mt. 22: 12-13).

«Y al siervo inútil echadle en las tinieblas de afuera; allí será el lloro y el crujir de dientes» (Mt. 25:30).

«No me elegisteis vosotros a mí, sino que yo os elegí a vosotros, y os he puesto para que vayáis y llevéis fruto, y vuestro fruto permanezca; para que todo lo que pidiereis al padre en mi nombre, él os lo dé» (Jn. 15:16).

«Sino que golpeo mi cuerpo, y lo pongo en servidumbre, no sea que habiendo sido heraldo para otros, yo mismo venga a ser eliminado» (1 Co. 9:27).

«Mirad también por vosotros mismos, que vuestros corazones no se carguen de glotonería y embriaguez y de los afanes de esta vida, y venga de repente sobre vosotros aquel día» (Lc. 21:34).

ESTUDIO A FONDO 2

(9:25) ***Perderse a sí mismo*** (*zemiotheis*): sufrir pérdida de algo, ser objeto de decomiso, perder lo de mayor valor, ser castigado mediante decomiso y pérdida.

[4] (9:26) ***Juicio—Jesucristo, retorno—avergonzado de Cristo—rechazo de Cristo:*** el juicio del materialista es trágico. No era necesario que sufriera el juicio de Dios, pero había escogido al mundo y su cosas y placeres en vez de escoger a Cristo, ¿Por qué es juzgado el materialista?

1. Básicamente por un motivo: el materialista se avergüenza *de Jesús y de sus palabras.* Se siente avergonzado y embarazado por cosas como...

- ser conocido como auténtico creyente.
- seguir y obedecer completamente a Cristo.
- testificar y tomar su lugar por Cristo y la moral.
- vivir con menos extravagancia que otros.
- tener menos por dar tanto.
- asociarse con los necesitados para ayudarles.
- conducir un automóvil menos costoso.
- vivir en un hogar menos costoso.
- no asociarse con los mundanos.
- no contemporizar con ellos.
- no tener las cosas que otros tienen.
- no participar de conversaciones y bromas de mal gusto.

Dicho de manera sencilla el materialista *amó* demasiado la

aceptación y el reconocimiento de la sociedad, la comodidad y el placer del mundo; lo amó demasiado para entregar su vida y llevar el reproche de Cristo. Calculó mal, valorando más los escasos años (diez a treinta de abundancia que los interminables años de la nueva tierra y el nuevo cielo.

2. El juicio es el evento más trágico que uno se pueda imaginar en la vida del materialista. Es considerado como inepto para la gloria.

   a. El Señor está viniendo. Esto se afirma inequívocamente. Es algo definido y establecido. Jesús dijo que vendría.
   b. El Señor viene en una gloria triple.
      - En su propia gloria, exaltado como el Mesías, el Cristo de Dios (Fil. 2:9-11).
      - En la gloria de Dios, con todo el resplandor y esplendor de su persona (1 Ti. 6:16; 1 Jn. 1:5; Ap. 22:15).
      - En la gloria de los ángeles, en su magnificencia y resplandor. Estos acompañarán a Jesús cuando Él vuelva a la tierra.

El tema es claro: cuando Jesús venga en su gloria el materialista no se unirá a Él. No será recibido en la gloria del Señor. ¿Por qué? Cristo se *avergonzará* de Él. Se sentirá avergonzado del hombre, demasiado embarazado para reconocer que conoce a ese hombre. El hombre...

- no está adecuadamente vestido (con la justicia de Dios).
- no está ocupado (en las cosas de Dios).
- está demasiado sucio (moralmente, sin justicia).
- demasiado pobre (en espíritu).
- demasiado inmoral (sin arrepentirse).
- demasiado injusto (sin cambiar).
- demasiado desagradable (por ser obstinado en su incredulidad).
- demasiado diferente (a los hijos de Dios).
- demasiado carente de educación (en las cosas de Dios).

«Y entonces les declararé: Nunca os conocí; apartaos de mí, hacedores de maldad» (Mt. 7:23).

«Mas él, respondiendo, dijo: De cierto os digo que no os conozco» (Mt. 25:12).

«Mas el que me negare delante de los hombres, será negado delante de los ángeles de Dios» (Lc. 12:9).

«Pero os dirá: Os digo que no sé de dónde sois; apartaos de mí todos vosotros, hacedores de maldad» (Lc. 13:27).

[5] (9:27) ***Recompensa—reino de Dios:*** la recompensa del discípulo es el reino de Dios. El creyente, al creer, entra inmediatamente al reino de Dios (*véase* Estudio a fondo 3—Mt. 19:23-24). De pie allí en la multitud, delante de Cristo, algunos serían testigos de la muerte y resurrección de Cristo y de la venida del Espíritu Santo. Gustarían y experimentarían el reino de Dios. Desde entonces muchas personas han sido salvadas y han visto el reino de Dios antes de experimentar la muerte física (cp. Jn. 3:16; 5:24; 8:52; He. 2:9, 14-15).

C. Los eventos de la transfiguración: un atisbo de la gloria, 9:28-36 (Mt. 17:1-13; Mr. 9:2-13)

28 Aconteció como ocho días después de estas palabras, que tomó a Pedro, a Juan y a Jacobo, y subió al monte a orar.

29 Y entre tanto que oraba, la apariencia de su rostro se hizo otra, y su vestido blanco y resplandeciente.

30 Y he aquí dos varones que hablaban con él, los cuales eran Moisés y Elías;

31 quienes aparecieron rodeados de gloria, y hablaban de su partida, que iba Jesús a cumplir en Jerusalén.

32 Y Pedro y los que estaban con él estaban rendidos de sueño; mas permaneciendo despiertos vieron la gloria de Jesús, y a los dos varones que estaban con él.

33 Y sucedió que apartándose ellos de él, Pedro dijo a Jesús: Maestro, bueno es para nosotros que estemos aquí; y hagamos tres enramadas, una para ti, una para Moisés, y una para Elías; no sabiendo lo que decía.

34 Mientras él decía esto, vino una nube que los cubrió; y tuvieron temor al entrar en la nube.

35 Y vino una voz desde la nube, que decía: Este es mi Hijo amado; a él oíd.

36 Y cuando cesó la voz, Jesús fue hallado solo; y ellos callaron, y por aquellos días no dijeron nada a nadie de lo que habían visto.

1 Jesús llevó a tres discípulos a una montaña
2 Primer evento: Jesús estaba orando
3 Segundo evento: el rostro y la vestimenta de Jesús adquirieron un color blanco resplandeciente
4 Tercer evento: aparecieron dos hombres y hablaron con Jesús
a. Moisés, el dador de la ley; Elías, el gran profeta
b. Discutieron la muerte de Jesús
5 Cuarto evento: tres discípulos presenciaron el acontecimiento
a. Pedro, Jacobo y Juan
b. Quisieron prolongar la experiencia
6 Quinto evento: una nube los cubrió
7 Sexto evento: una voz les habló
8 Séptimo evento: Sobrevino un gran silencio

C. Los eventos de la transfiguración: un atisbo de la gloria, 9:28-36

(9:28-36) ***Introducción—transfiguración:*** la transfiguración tuvo al menos siete motivos.

1. Jesús necesitaba una fuerza muy especial para encarar la tensión de la cruz. En la transfiguración y en el huerto de Getsemaní, se ve a Dios fortaleciendo de manera maravillosa a su Hijo. Jesús fue capacitado para llevar los pecados del mundo (2 Co. 5:21).
2. Los discípulos necesitaban ser fortalecidos para encarar lo que les esperaba. Por eso Dios les permitió atisbar la gloria de Jesús, les permitió ver que Él «es el resplandor de su gloria, y la imagen misma de su sustancia» (He. 1:3).
3. Los discípulos necesitaban el poder vivificante y el discernimiento del Espíritu de Dios porque Jesús iba a ser muerto (Mt. 16:21; cp. Mt. 17:1-2). Después de la resurrección la memoria de los discípulos tendría que ser *vivificada* para entender el significado espiritual de la cruz. De esa manera se convertirían en testigos dinámicos de Cristo. Al recordar la transfiguración afirmarían la convicción de ellos.
4. Los discípulos necesitaban saber que Jesús era más que un gran dador de leyes y más que un gran profeta. De hecho, Él era el propio Hijo de Dios que cumplía la ley y los profetas (el Antiguo Testamento). Él era quien iba a inaugurar el Nuevo Testamento o pacto entre Dios y el hombre (*véanse* bosquejo y notas—Mt. 5:17-18; 2 Co. 3:6-18; cp. Mt. 9:16-17).
5. Los discípulos necesitaban tener una visión de la gloria del mundo espiritual y de la realidad de la vida después de la muerte. Los discípulos necesitaban entender el propósito de Dios en Cristo, es decir, el propósito de salvar al hombre eternamente y de darle la posibilidad de ser transferido, al morir, de este mundo al otro. El camino de Dios era el Mesías de la cruz, no el Mesías de poder y dominio.
6. En el futuro los discípulos necesitarían recordar la gloria de Cristo, puesto que la cruz era una visión horrenda de sangre y sufrimiento, y pecado y muerte. Pero también fue un evento glorioso, planificado por Dios, con el cual revelaba su amor y gracia, y mediante el cual salvaba al mundo. (*Véanse* bosquejo y notas—Mt. 16:21-28).
7. Los discípulos necesitaban atisbar la gloria que experimentarán cuando todos los creyentes sean resucitados y transformados a la imagen del Señor. Al ver a Moisés y Elías, los discípulos vieron a dos creyentes del Antiguo Testamento, veían que *todavía vivían*, y que vivían en una estado glorioso (vv. 30-31). También supieron que Cristo tenía poder sobre la vida y la muerte. Podía resucitar a quien Él quería para que estuviese en gloria con Él.

La transfiguración fue un acontecimiento importante, un evento que interesa e intriga a los hombres. Pero, como ya se ha dicho, su propósito no fue la intriga. Debemos aprender de la transfiguración, aprender más acerca de quien realmente es Jesús, y acerca de la vida que vamos a vivir.

1. Jesús llevó a tres discípulos a una montaña (v. 28).
2. Primer evento: Jesús estaba orando (v. 28).
3. Segundo evento: el rostro y la vestimenta de Jesús adquirieron un color blanco resplandeciente (v. 29).
4. Tercer evento: aparecieron dos hombres y hablaron con Jesús (vv. 30-31).
5. Cuarto evento: tres discípulos presenciaron el acontecimiento (vv. 32-33).
6. Quinto evento: una nube los cubrió (v. 34).
7. Sexto evento: una voz les habló (v. 35).
8. Séptimo evento: sobrevino un gran silencio (v. 36).

[1] (9:28) ***El círculo íntimo:*** Jesús llevó a tres discípulos a la montaña. Los discípulos eran Pedro, Jacobo y Juan, su círculo íntimo (*véase* Estudio a fondo 1, ***Círculo íntimo***—Mr. 9:2). ¿Por qué llevó solamente a estos tres discípulos? No se nos da la respuesta. Tal vez sea por el mismo motivo por el cual los líderes a veces necesitan estar a solas con solamente unos pocos amigos más cercanos.

- Existe la necesidad de compañerismo de apoyo y oración cuando hay severas presiones.
- Existe la necesidad de evitar que los acontecimientos sean difundidos públicamente antes de tiempo.

El líder sabe que cuánto menor el número de los testigos de un evento, menor la probabilidad de su difusión. En el caso de Jesús, las presiones eran fuertes, y la transfiguración y la gloria de su persona no podían ser entendidos sino hasta después de la cruz y la resurrección. Por el momento debía guardar silencio sobre el evento (cp. v. 36).

2 (9:28) ***Jesucristo, oración de—oración:*** el primer evento fue la oración de Jesús. La transfiguración fue algo espectacular; un evento que suplía las necesidades especiales de Jesucristo. Note que Jesús fue a la montaña con el propósito expreso de orar (v. 28). En esta ocasión al menos dos motivos lo impulsaban a orar.

1. La cruz lo esperaba de manera inmediata. El *peso* y la *carga* de llevar el pecado del mundo se cernía sobre Él, y la presión era prácticamente más de lo que podía soportar. La aterradora tensión y presión se ven en tres eventos significativos que lo esperaban de inmediato: la necesidad de hablar con Moisés y Elías sobre su muerte; la insoportable presión del Getsemaní; y el grito aterrador desde la cruz (Mt. 26:36-46; *véase* nota—Mt. 27:46-49).
2. Los discípulos tenían que aprender tanto, y el tiempo era tan corto. Jesús estaba ante un grave problema: cómo hacerles entender que el poder y la fuerza terrenal no eran el camino de Dios (*véanse* notas—Mt. 1:1; Estudio a fondo 2—1:18; Estudio a fondo 3—3:11; notas—11:1-6; 11:2-3; Estudio a fondo 1—11:5; Estudio a fondo 2—11:6; Estudio a fondo 1—12:16; nota—Lc. 7:21-23), sino el camino de la salvación espiritual y eterna (Jn. 3:16; 2 Co. 5:21; 1 P. 2:24; 3:18).

Con semejante presión y responsabilidad Jesús no tenía alternativa. Tenía que buscar a Dios y confiar que Dios supliera su necesidad, y Dios lo hizo; lo hizo de la manera más notable y alentadora. Al suplir Dios la necesidad de Jesús, también suplía las necesidades de los tres discípulos que lo acompañaban.

Pensamiento. Dios siempre suplirá las necesidades de la persona que ora y busca su ayuda.

«Me invocará, y yo responderé; con él estaré yo en la angustia; lo libraré y le glorificaré» (Sal. 91:15).

«Los afligidos y menesterosos buscan las aguas, y no las hay; seca está de sed su lengua; yo Jehová los oiré, yo el Dios de Israel no los desampararé» (Is. 41:17).

«Entonces invocarás, y te oirá Jehová; clamarás, y dirá él: Héme aquí. Si quitares de en medio de ti el yugo, el dedo amenazador, y el hablar vanidad» (Is. 58:9).

«Y antes que clamen, responderé yo; mientras aún hablan, yo habré oído» (Is. 65:24).

«Clama a mí y yo te responderé, y te enseñaré cosas grandes y ocultas que tú no conoces» (Jer. 33:3).

«Y yo os digo: Pedid, y se os dará; buscad, y hallaréis; llamad, y se os abrirá. Porque todo aquel que pide, recibe; y el que busca, halla; y al que llama, se le abrirá» (11:9-10).

«Si algo pidiereis en mi nombre, yo lo haré» (Jn. 14:14).

«Si permanecéis en mí, y mis palabras permanecen en vosotros, pedid todo lo que queréis, y os será hecho» (Jn. 15:7).

«Y cualquier cosa que pidiéremos la recibiremos de él, porque guardamos sus mandamientos, y hacemos las cosas que son agradables delante de él» (1 Jn. 3:22).

3 (9:29) ***Jesucristo, deidad—gloria:*** el segundo acontecimiento fue el cambio en la apariencia y vestimenta de Jesús. Note tres temas.

1. Su rostro o semblante fue alterado y se hizo diferente. «Resplandeció su rostro como el sol» (Mt. 17:2). Imagine, ser resplandeciente «¡como el sol!»
2. Su vestimenta fue alterada y se hizo diferente. «Tomó un color blanco resplandeciente. La palabra «resplandeciente» o «brillante» (*exastrapon*) significa resplandecer como el relámpago, alumbrar, brillar, ser radiante.

«Blanco como luz» (Mt. 17:2).
«Blanco como nieve» (Mr. 9:3).
«Blanco y resplandeciente» (Lc. 9:29).

3. Jesús estaba orando cuando ocurrieron estos cambios. Aparentemente se concentraba con tanta intensidad y estaba tan absorbido en la presencia de Dios que Dios lo transformó; es decir, permitó que su naturaleza divina resplandeciera a través de Él.

Pensamiento 1. Note varias lecciones.

1) En este evento se ve la naturaleza divina de Cristo. Dios está mostrando al hombre que Cristo es indiscutiblemente su Hijo. No hay excusa para la incredulidad.
2) La necesidad de Cristo era desesperante, de manera que Dios suplía su necesidad de manera especial. Cuando nuestras necesidades son desesperantes, Dios las suplirá de manera especial si nos acercamos a Él en intensa oración.

Pensamiento 2. Cuando un genuino creyente ora con intensidad y gran concentración, a veces su aspecto es cambiado. Experimenta un brillo precioso, un resplandor, una luz en todo su rostro.

«Por tanto, nosotros todos, mirando a cara descubierta como en un espejo la gloria del Señor, somos transformados de gloria en gloria en la misma imagen, como por el Espíritu del Señor» (2 Co. 3:18).

«Para que seáis irreprensibles y sencillos, hijos de Dios sin mancha en medio de una generación maligna y perversa, en medio de la cual resplandecéis como luminares en el mundo» (Fil. 2:15).

«Si tu dispusieres tu corazón, y extendieres a él tus manos; si alguna iniquidad hubiere en tu mano, y la echares de ti, y no consintieres que more en tu casa la injusticia, entonces levantarás tu rostro limpio de mancha, y serás fuerte, y nada temerás; y olvidarás tu miseria, o te acordarás de ella como de aguas que pasaron. La vida te será más clara que el mediodía; aunque oscureciere, será como la mañana» (Job 11:13-17).

«Los que miraron a él fueron alumbrados, y sus rostros no fueron avergonzados» (Sal. 34:5).

«¿Quién como el sabio? ¿y quién como el que sabe la declaración de las cosas? La sabiduría del hombre ilumina su rostro, y la tosquedad de su semblante se mudará» (Ec. 8:1).

«Los entendidos resplandecerán como el resplandor del firmamento; y los que enseñan la justicia a la multitud, como las estrellas a perpetua eternidad» (Dn. 12:3).

4 (9:30-31) ***Jesucristo, muerte—Moisés—Elías—Éxodo—salvación:*** el tercer evento fue el de los dos hombres que aparecieron y hablaron con Jesús. Note dos cosas.

1. Moisés y Elías aparecieron y hablaron con Jesús. Moisés era el gran dador de la ley y Elías el mayor de todos los profetas. Estos dos hombres estaban honrando y ministrando a Jesús. Con ello estaban *simbolizando* que la ley y los profetas hallaban su cumplimiento en Jesús. Jesús era aquel de quien hablaban la ley y los profetas; Él era hacia quien la ley y los profetas señalaban (cp. Lc. 24:26-27; 1 P. 1:11).
2. La conversación concernía a la muerte de Jesús. Jesús estaba percibiendo una extrema presión al pensar en su muerte; probablemente no dejaba de pensar en ella. Para Él la muerte significaba tanto más que para los hombres. Él iba a morir por los pecados de todos los hombres de todas las generaciones, y Dios iba a apartarse de Él. La presión y el sufrimiento eran insoportables (*véase* nota—Mt. 20:19; Mr. 10:33). Necesitaba desesperadamente ser fortalecido, interior y espiritualmente, para

soportar el sufrimiento de la cruz.

Aparentemente Jesús necesitaba una clase muy especial de aliento, un aliento de los creyentes del Antiguo Testamento que habían vivido la en fe y esperanza de su venida para salvarlos. Al compartir el amor que le tenían y su confianza y esperanza en la muerte de Jesús en favor de ellos, lo impulsaban a continuar por amor a la humanidad. Aquel debe haber sido un momento precioso para los tres. Lucas nos da algún indicio de ello. Su palabra para «partida» (*exodos*) significa precisamente éxodo. Allí estaba Moisés compartiendo cómo Dios había salvado tan milagrosamente y librado a los hijos de Israel de la esclavitud, y cómo el éxodo (liberación) era sólo un cuadro de la maravillosa liberación que Él, el Hijo de Dios, iba a ejecutar para el hombre. Jesús iba a cumplir un nuevo éxodo, una nueva *liberación salvadora*, con la diferencia de que esta vez sería para todos los hombres. Todos los hombres serían librados de la esclavitud del pecado y de la muerte, del diablo y del infierno, librados a la gloriosa libertad de Dios y de la vida, abundante y eterna. Moisés y Elías acentuaron que la muerte de Jesús lo valía todo. Note que el preciso aliento que necesitaba nuestro Señor le fue dado por dos hombres que creían y esperaban en su venida. El hecho de recordar la maravillosa liberación (éxodo) que había ocurrido mucho tiempo atrás necesariamente tenía que fortalecer y animar el corazón de Cristo. El solo hecho de ver allí a Moisés y Elías, dos de los que habían creído y esperado, necesariamente tenía que levantar el espíritu del Señor. Jesús fue grandemente alentado sabiendo que no podía fallar a estos hombres que tanto habían creído y esperado en Él.

El énfasis de Elías naturalmente habrá sido la cantidad de profecías concernientes a los sufrimientos de Jesús y la gloria que le seguiría. Nuevamente, Lucas parece señalar esto en la palabra «cumplir» (*pleroo*).

> **«Tomando Jesús a los doce, les dijo: He aquí subimos a Jerusalén y se cumplirán todas las cosas escritas por los profetas acerca del Hijo del Hombre» (Lc. 18:31. Cp. Lc. 12:50; 22:37.)**
>
> **«Los profetas que profetizaron de la gracia destinada a vosotros, inquirieron y diligentemente indagaron acerca de esta salvación, escudriñando qué persona y qué tiempo indicaba el Espíritu de Cristo que estaba en ellos, el cual anunciaba de antemano los sufrimientos de Cristo, y las glorias que vendrían tras ellos» (1 P. 1:10-11).**

> ***Pensamiento 1.*** Nuestra fe y esperanza se realizan y cumplen en Cristo. Él es nuestro libertador o éxodo que nos libra de la prisión del pecado y de la muerte, del diablo y del infierno. En Cristo podemos ser libres, libres para vivir abundante y eternamente.
>
> **«De cierto, de cierto os digo: El que oye mi palabra, y cree al que me envió, tiene vida eterna; y no vendrá a condenación, mas ha pasado de muerte a vida» (Jn. 5:24).**
>
> **«El cual se dio a sí mismo por nuestros pecados para librarnos del presente siglo malo, conforme a la voluntad de nuestro Dios y Padre» (Gá. 1:4).**
>
> **«Quien se dio a sí mismo por nosotros para redimirnos de toda iniquidad y purificar para sí un pueblo propio, celoso de buenas obras» (Tit. 2:14).**
>
> **«Así que, por cuanto los hijos participaron de carne y sangre, él también participó de lo mismo, para destruir por medio de la muerte al que tenía el imperio de la muerte, esto es, al diablo, y librar a todos los que por el temor de la muerte estaban durante toda la vida sujetos a servidumbre» (He. 2:14-15).**
>
> **«Y de Jesucristo el testigo fiel, el primogénito de los muertos, y el soberano de los reyes de la tierra. Al que nos amó, y nos lavó de nuestros pecados con su sangre» (Ap. 1:5).**
>
> **«Ahora, pues, ninguna condenación hay para los que están en Cristo Jesús, los que no andan conforme a la carne, sino conforme al Espíritu. Porque la ley del Espíritu de vida en Cristo Jesús me ha librado de la ley del pecado y de la muerte. Porque lo que era imposible para la ley, por cuanto era débil por la carne, Dios, enviando a su Hijo en semejanza de carne de pecado y a causa del pecado, condenó al pecado en la carne; para que la justicia de la ley se cumpliese en nosotros, que no andamos conforme a la carne, sino conforme al Espíritu» (Ro. 8:1-4).**

> ***Pensamiento 2.*** El discutir la muerte no debe causarnos temor, al menos no si somos creyentes genuinos. El compartir con otros creyentes nos alentará en nuestra fe y esperanza.

5 (9:32-33) ***Experiencias espirituales—gloria:*** el cuarto evento fue la presencia de los tres discípulos para ser testigos de lo ocurrido. Aparentemente era de noche (v. 37). Los tres se habían dormido. Repentinamente algo los despertó, probablemente el resplandor de la luz, la gloria Shekiná sobre Cristo. Los tres estaban gustando la gloria. Estaban en la presencia de Dios mismo y estaban gustando algo de la perfección del cielo: gozo, paz, seguridad, cumplimiento. No querían irse de aquel sitio santi-ficado.

Note lo que hizo Pedro.

1. Pedro propuso construir tres *enramadas* (*skenas*) para Jesús y los dos profetas. Con ello esperaba extender la estadía de los huéspedes celestiales y de aquella gloriosa experiencia. Las enramadas propuestas eran las chozas hechas de ramas y pasto que se podían levantar rápidamente, el tipo de chozas que los viajeros levantaban frecuentemente al detenerse en su camino para pasar la noche.

2. Pedro dijo: «Maestro, bueno es ... que ... hagamos ...» Aun en un momento tan glorioso como aquel, Pedro no haría nada contra la voluntad de su Señor. Imagine su devoción y lealtad.

> ***Pensamiento.*** Siempre existe la tendencia de vivir en la gloria y olvidar la necesidad humana; de experimentar lo alto y descuidar lo bajo. Siempre tenemos que recordar que es la disciplina del servicio donde hay necesidad y el ministerio a los decaídos, lo que resulta en gloria y en las experiencias de las alturas.
>
> **«¿No es que partas tu pan con el hambriento, y a los pobres errantes albergues en tu casa; que cuando veas al desnudo lo cubras, y no te escondas de tu hermano?» (Is. 58:7).**
>
> **«En todo os he enseñado que, trabajando así, se debe ayudar a los necesitados, y recordar las palabras del Señor Jesús, que dijo: Más bienaventurado es dar que recibir» (Hch. 20:35).**
>
> **«Así que, los que somos fuertes debemos soportar las flaquezas de los débiles, y no agradarnos a nosotros mismos» (Ro. 15:1).**
>
> **«Sobrellevad los unos las cargas de los otros, y cumplid *así la ley de Cristo*» (Gá. 6:2).**
>
> **«Acordaos de los presos, como si estuvierais presos juntamente con ellos; y de los maltratados, como que también estáis en el cuerpo» (He. 13:3).**
>
> **«La religión pura y sin mácula delante de Dios el Padre es esta: Visitar a los huérfanos y a las viudas en sus tribulaciones, y guardarse sin mancha del mundo» (Stg. 1:27).**
>
> **«Finalmente, sed todos de un mismo sentir, compasivos, amándoos fraternalmente, misericordiosos, amigables» (1 P. 3:8).**

6 (9:34) ***Jesucristo, deidad—pactos—ley vs. gracia:*** el quinto evento fue la nube que los cubrió. La nube y la voz de Dios dejó aterrados a los discípulos de modo que inmediatamente cayeron sobre sus rostros, postrados, incapaces de levantar la vista. Como hombres mortales que eran el temor los aplastó, el terror los paralizó. Note tres hechos.

1. La nube era resplandeciente. Esta era la gloria shekiná, la nube que simbolizaba la presencia de Dios. Era la nube que guió a Israel a salir de Egipto y que descansaba sobre el tabernáculo y

sobre el asiento de misericordia en el lugar santísimo (Éx. 40:34-38). Dios «El único que tiene inmortalidad, que habita en la luz ***inaccesible***» (1 Ti. 6:16). Dios mora en luz inaccesible que ningún hombre puede mirar. Después Pedro la llama: «la magnífica gloria» (2 P. 1:17).

2. La nube resplandeciente que cubrió a Cristo fue un agudo contraste con la nube oscura y amenazante que cubrió la entrega del antiguo pacto a Moisés, es decir, la ley (Éx. 19:18; 20:21). Hay un tema para destacar aquí. La ley (antiguo pacto) era oscura y amenazante (*véase* notas—Gá. 3:10). El nuevo pacto (el amor de Cristo) es resplandeciente; es dado para salvar y bendecir, no para amenazar y condenar (He. 12:18-24); cp. He. 8:6-13).

3. La voz que habló dijo concretamente: «Este es mi Hijo, el Amado» (griego). Note los dos hechos acentuados: Cristo es el Hijo de Dios, y es el Amado. La idea es que Cristo es el *único Hijo engendrado* que sería dado al mundo.

> **«Porque de tal manera amó Dios al mundo, que ha dado a su Hijo unigénito, para que todo aquel que en él cree, no se pierda, mas tenga vida eterna» (Jn. 3:16).**
>
> **«Él que no escatimó ni a su propio Hijo, sino que lo entregó por todos nosotros, ¿cómo no nos dará también con él todas las cosas?» (Ro. 8:32).**

7 (9:35) ***Jesucristo, deidad:*** el sexto evento fue la voz que habló desde la nube. El mensaje fue claro: «Este es mi Hijo amado [*ho huios mou, ho eklegmenos*]; a Él oíd». «A Él oíd, porque es mi Hijo, el Escogido.» Dios estaba diciendo y advirtiendo a los discípulos a oír a Cristo...

- Él era el Hijo de Dios, el amado y escogido.
- lo que Jesús hablaba era verdad, aun al predecir su muerte y resurrección.

Pensamiento. Por esos mismos dos motivos Dios advierte a toda persona viviente a escuchar a Cristo.

> **«Si recibimos el testimonio de los hombres, mayor es el testimonio de Dios; porque este es el testimonio con que Dios ha testificado acerca de *su Hijo*. El que cree en el Hijo de Dios, tiene el testimonio en sí mismo; el que no cree en Dios, le ha hecho mentiroso, porque no ha creído en el testimonio que Dios ha dado acerca de su Hijo. Y este es el testimonio: que Dios nos ha dado vida eterna; y esta vida está en su Hijo. El que tiene al Hijo, tiene la vida; el que no tiene al Hijo de Dios no tiene la vida» (1 Jn. 5:9-12).**
>
> **«Muchas cosas tengo que decir y juzgar de vosotros; pero el que me envió es verdadero; y yo, lo que he oído de él, esto hablo al mundo» (Jn. 8:26).**
>
> **«Porque yo no he hablado por mi propia cuenta; el Padre que me envió, él me dio mandamiento de lo que he de decir, y de lo que he de hablar» (Jn. 12:49).**
>
> **«¿No crees que yo soy en el Padre, y el Padre en mí? Las palabras que yo os hablo, no las hablo por mi propia cuenta, sino que el Padre que mora en mí, él hace las obras» (Jn. 14:10).**
>
> **«Porque las palabras que me diste, les he dado; y ellos las recibieron, y han conocido verdaderamente que salí de ti, y han creído que tú me enviaste» (Jn. 17:8).**
>
> **«Porque Moisés dijo a los padres: el Señor vuestro Dios os levantará profeta de entre vuestros hermanos, como a mí; a él oiréis en todas las cosas que os hable» (Hch. 3:22).**

8 (9:36) ***Silencio:*** el séptimo evento fue el profundo silencio. Allí estaba Jesús completamente solo. El silencio era total. Nadie decía nada, ni aun Jesús. Podemos imaginarnos el silencio de la noche. Aparentemente pasaron toda la noche en la montaña (v. 37). Note que durante esos días los discípulos no dijeron nada de aquella experiencia (*véase* nota, ***Círculo íntimo***—Lc. 9:28).

Pensamiento. Hay un tiempo para guardar silencio, de estar callado y meditar en el Señor.

> **«Temblad, y no pequéis; meditad en vuestro corazón estando en vuestra cama, y callad» (Sal. 4:4).**
>
> **«Estad quietos, y conoced que yo soy Dios; seré exaltado entre las naciones; enaltecido seré en la tierra» (Sal. 46:10).**
>
> **«Ahora, pues, aguardad, y contenderé con vosotros delante de Jehová acerca de todos los hechos de salvación que Jehová ha hecho con vosotros y con vuestros padres» (1 S. 12:7).**
>
> **«Ojalá callarais por completo, porque esto os fuera sabiduría« (Job 13:5).**
>
> **«Escucha esto, Job; detente, y considera las maravillas de Dios» (Job 37:14).**
>
> **«En las muchas palabras no falta pecado; mas el que refrena sus labios es prudente» (Pr. 10:19).**
>
> **«El que ahorra sus palabras tiene sabiduría; de espíritu prudente es el hombre entendido» (Pr. 17:28).**
>
> **«Tiempo de romper, y tiempo de coser; tiempo de callar, y tiempo de hablar» (Ec. 3:7).**
>
> **«Mas Jehová está en su santo templo; calle delante de él toda la tierra» (Hab. 2:20).**
>
> **«Calla en la presencia de Jehová el Señor, porque el día de Jehová está cercano; porque Jehová ha preparado sacrificio, y ha dispuesto a sus convidados» (So. 1:7).**
>
> **«Calle toda carne delante de Jehová; porque él se ha levantado de su santa morada» (Zac. 2:13).**
>
> **«Puesto que esto no puede contradecirse, es necesario que os apacigüéis, y que nada hagáis precipitadamente» (He. 19:36).**
>
> **«Y que procuréis tener tranquilidad, y ocuparos de vuestros negocios, y trabajar con vuestras manos de la manera que os hemos mandado» (1 Ts. 4:11).**
>
> **«Sino el interno, el del corazón, en el incorruptible ornato de un espíritu afable y apacible, que es de grande estima delante de Dios» (1 P. 3:4).**

D. La segunda predicción de la muerte: amonestación a la generación actual, 9:37- 45,
(Mt. 17:14-23;
Mr. 9:14-32)

1 El día después de la transfiguración
a. Una multitud salió al encuentro de Jesús
b. Un hombre clamó desesperado
1) Por su único hijo
2) El problema: estaba poseído por un espíritu malo[EF1]
c. Los discípulos no tenían poder

2 Primera amonestación: falta de fe y corazón perverso[EF2, 3]

3 Segunda amonestación: carencia del poder de Dios
a. Con su acto de sanidad Jesús amonestó la carencia de poder de los discípulos
b. La gente se maravilló

4 Tercera amonestación: la lentitud para captar la muerte del Mesías

37 Al día siguiente, cuando
descendieron del monte, una
gran multitud les salió al
encuentro.
38 Y he aquí un hombre de
la multitud clamó diciendo:
Maestro, te ruego que veas a
mi hijo, pues es el único que
tengo;
39 y sucede que un espíritu
le toma, y de repente da voces,
y le sacude con violencia, y le
hace echar espuma, y estropeándole, a duras penas se
aparta de él.
40 Y rogué a tus discípulos
que le echasen fuera, y no
pudieron.
41 Respondiendo Jesús dijo:
¡Oh generación incrédula y
perversa! ¿Hasta cuándo he
de estar con vosotros, y os he
de soportar? Trae acá a tu hijo.
42 Y mientras se acercaba el
muchacho, el demonio le
derribó y le sacudió con violencia; pero Jesús reprendió al
espíritu inmundo, y sanó al
muchacho, y se lo devolvió a
su padre.
43 Y todos se admiraban de
la grandeza de Dios. Y maravillándose todos de todas las
cosas que hacía, dijo a sus
discípulos:
44 Haced que os penetren bien
en los oídos estas palabras;
porque acontecerá que el Hijo
del Hombre será entregado en
manos de hombres.
45 Mas ellos no entendían
estas palabras, pues les estaban veladas para que las
entendiesen; y temían preguntarle sobre esas palabras.

D. La segunda predicción de la muerte: amonestación a la generación actual, 9:37- 45,

(9:37-45) ***Introducción:*** Jesús estaba amonestando a su generación (v. 41). Merecía ser amonestada, como toda generación culpable de tanta incredulidad.

1. El día después de la transfiguración (vv. 37-40).
2. Primera amonestación: falta de fe y corazón perverso (v. 41)
3. Segunda amonestación: carencia del poder de Dios (vs. 42-43).
4. Tercera amonestación: la lentitud para captar la muerte del Mesías (vv. 44-45).

[1] (9:37-40) ***Falta de poder —buscar a Cristo:*** era el día después de la transfiguración. Jesús y los tres discípulos regresaban después de haber pasado la noche en la montaña. Una gran multitud salió al encuentro de Jesús y de en medio de ella salió un hombre, abriéndose paso para llegar a Jesús (Mt. 17:14; Mr. 9:15).

1. Desesperado, el hombre exclamó: «Maestro, te ruego». Las palabras «clamó» y «te ruego» son fuertes; el hombre gritaba y pedía que Jesús supliera su necesidad. «Que veas a mi hijo, pues es el único que tengo.» Las palabras para «que veas» (*epiblepsai*) es un término médico. Significa examinar cuidadosamente al paciente, mirarlo con piedad. El hijo estaba poseído de un espíritu malo que abusaba físicamente de él (*véase* Estudio a fondo 1—Lc. 9:39).

2. Los discípulos carecían de poder para ayudar al hombre, a pesar de su desesperada necesidad. Esto era trágico, porque significaba que el poder de Dios los había dejado. En su gira de predicación acababan de demostrar el poder para echar fuera demonios (Lc. 9:1-6), pero ahora no tenían poder. Algo estaba mal en su vida, algún pecado, alguna carencia que estaba bloqueando el poder de Dios. Luego Jesús les dijo que no habían estado orando y ayunando como era debido (Mt. 17:21).

ESTUDIO A FONDO 1

(9:39) ***Espíritus malos:*** aparentemente la enfermedad del hijo era tanto física como espiritual. La descripción de la enfermedad en Marcos señala a lo que hoy es conocido como epilepsia y posesión demónica (Mt. 17:15; Mr. 9:17-18). La posesión demónica parece haber aumentado y agravado la condición del muchacho, causándole tal vez una tendencia suicida (Mt. 17:15; Mr. 9:22). A lo largo de los evangelios esta parece ser una de las principales obras de los espíritus malos, es decir, aumentar y agravar condiciones existentes.

[2] (9:41) ***Incredulidad —corazón perverso:*** la primera amonestación fue por la falta de fe y el corazón perverso. Note tres cosas.

1. Jesús hablaba a toda su generación. Extendió sus comentarios más allá de sus discípulos. Ellos no tenían poder; ni nadie de su generación lo tenía. La carencia de los discípulos era una carencia de todos. Sus pecados eran los pecados de todos, los pecados de *ser incrédulos y perversos* (*véanse* Estudios a fondo 2, 3—Lc. 9:41).

2. En realidad Jesús dijo que su presencia no siempre estaría al alcance de ellos; no por siempre tendría paciencia con la incredulidad. Note que en su afirmación hay una alusión al juicio que viene.

3. Jesús solamente era considerado como un gran profeta y ministro...
- no como la presencia de Dios mismo en medio de ellos.
- no como el verdadero Mesías ante quien tiene que arrepentirse la persona.
- no como el Cristo a quien la persona debe su vida y servicio.

De manera que aquella generación era incrédula y perversa delante de Dios, tan carente de poder y tan indefensa como siempre.

«Y les dijo: ¿Por qué estáis así amedrentados? ¿Cómo no tenéis fe?» (Mr. 4:40).

«Pero sin fe es imposible agradar a Dios; porque es necesario que el que se acerca a Dios crea que le hay, y que es galardonador de los que le buscan» (He. 11:6).

«¿Eres tú el Cristo? Dínoslo. Y les dijo: Si os lo dijere, no creeréis» (Lc. 22:67).

«De cierto, de cierto te digo, que lo que sabemos hablamos, y lo que hemos visto, testificamos; y no recibís nuestro testimonio» (Jn. 3:11).

«Y le rodearon los judíos y le dijeron: ¿Hasta cuándo nos turbarás el alma? Si tú eres el Cristo, dínoslo abiertamente. Jesús les respondió: Os lo he dicho, y no creéis; las obras que yo hago en nombre de mi Padre, ellas dan testimonio de mí» (Jn. 10:24-25).

«Pero a pesar de que había hecho tantas señales delante de ellos, no creían en él» (Jn. 12:37).

«¿Quién ha creído a nuestro anuncio? ¿y sobre quién se ha manifestado el brazo de Jehová?» (Is. 53:1).

ESTUDIO A FONDO 2

(9:41) ***Sin fe*** *(apistos):* incrédulos, no tener fe; con la fe agotada; no guardar la fe, no creer (cp. Tit. 1:15).

ESTUDIO A FONDO 3

(9:41) ***Perverso*** *(diastrepho):* distorcionar, torcer, poner de lado o aparte, romper en dos, ser corrompido (cp. Hch. 20:30; Fil. 2:15).

«Para que seáis irreprensibles y sencillos, hijos de Dios sin mancha en medio de una generación maligna y perversa, en medio de la cual resplandecéis como luminares en el mundo» (Fil. 2:15).

«Y de vosotros mismos se levantarán hombres que hablen cosas perversas para arrastrar tras sí a los discípulos» (Hch. 20:30).

«Disputas necias de hombres corruptos de entendimiento y privados de la verdad, que toman la piedad como fuente de ganancia; apártate de los tales» (1 Ti. 6:5).

«La integridad de los rectos los encaminará; pero destruirá a los pecadores la perversidad de ellos» (Pr. 11:3).

«Según su sabiduría es alabado el hombre; mas el perverso de corazón será menospreciado» (Pr. 12:8).

«La lengua apacible es árbol de vida; mas la perversidad de ella es quebrantamiento de espíritu» (Pr. 15:4).

«Mejor es el pobre que camina en su integridad, que el de perversos caminos y rico» (Pr. 28:6).

3 (9:42-43) ***Ministro, deber del:*** la segunda amonestación era por no tener el poder de Dios. Note dos temas significativos.

1. Con su propio acto de sanidad Jesús amonestó la falta de poder de los discípulos.

a. Jesús sanó al muchacho mientras el espíritu malo lo estaba atacando, en el momento en que peor estaba. El poder del Señor quedó claramente demostrado.

«Pues para que sepáis que el Hijo del Hombre tiene potestad en la tierra para perdonar pecados (dice entonces al paralítico): Levántate, toma tu cama y vete a tu casa» (Mt. 9:6).

«Y Jesús se acercó y les habló diciendo: Toda potestad me es dada en el cielo y en la tierra» (Mt. 28:18).

«Porque nada hay imposible para Dios» (Lc. 1:37).

«Cómo Dios ungió con el Espíritu Santo y con poder a Jesús de Nazaret, y cómo éste anduvo haciendo bienes y sanando a todos los oprimidos por el diablo, porque Dios estaba con Él» (Hch. 10:38).

«Yo conozco que todo lo puedes, y que no hay pensamiento que se esconda de ti» (Job 42:2).

b. Jesús amonestó al espíritu, con *su Palabra* quebró el poder del diablo. Satanás no pudo mantenerse ante la Palabra de Dios. Jesús propuso a despojar a los principados y potestades.

«Ahora es el juicio de este mundo; ahora el príncipe de este mundo será echado fuera» (Jn. 12:31).

«El cual nos ha librado de la potestad de las tinieblas, y trasladado al reino de su amado Hijo en quien tenemos redención por su sangre, el perdón de pecados» (Col. 1:13-14).

«Y despojando a los principados y a las potestades, los exhibió públicamente, triunfando sobre ellos en la cruz» (Col. 2:15).

«Así que, por cuanto los hijos participaron de carne y sangre, él también participó de lo mismo, para destruir por medio de la muerte al que tenía el imperio de la muerte, esto es, al diablo, y librar a todos los que por el temor de la muerte estaban durante toda lavida sujetos a servidumbre» (He. 2:14-15).

«El que practica el pecado es del diablo; porque el diablo peca desde el principio. Para esto apareció el Hijo de Dios, para deshacer las obras del diablo» (1 Jn. 3:8).

c. Jesús mostró ternura a los hombres. Entregó al muchacho a su padre.

2. La gente quedó totalmente maravillada (*exeplessonto depantes*). Se maravillaron y se asombraron «ante la grandeza del poder de Dios». La palabra griega es «*megaleioteti*», que significa majestad. Se admiraron ante la «majestad de Dios». Note que Jesús dio la honra a Dios, no a sí mismo.

Pensamiento. La falta de poder no tiene excusa. ¿Por qué? Porque Cristo ha revelado a los creyentes cómo tener el poder y la fuerza de Dios.

«Jesús les dijo: Por vuestra poca fe; porque de cierto os digo, que si tuviereis fe como un grano de mostaza, diréis a este monte: Pásate de aquí allá, y se pasará; y nada os será imposible. Pero este género no sale sino con oración y ayuno» (Mt. 17:20-21).

«Respondió Juan y dijo: No puede el hombre recibir nada, si no le fuere dado del cielo» (Jn. 3:27).

«Yo soy la vid, vosotros los pámpanos; el que permanece en mí, y yo en él, éste lleva mucho fruto; porque *separados de mí nada podéis hacer*» (Jn. 15:5).

«No que seamos competentes por nosotros mismos para pensar algo como de nosotros mismos, sino que nuestra *competencia proviene de Dios*» (2 Co. 3:5).

«Pero recibiréis poder, *cuando haya venido sobre vosotros el Espíritu Santo,* y me seréis testigos en Jerusalén, en toda Judea, en Samaria, y hasta lo último de la tierra» (Hch. 1:8. *Véase* bosquejo—Ro. 8:1-17.)

4 (9:44-45) ***Indolencia—entendimiento, carencia de:*** la tercera amonestación fue por la lentitud para captar la muerte del Mesías. Aparentemente, los discípulos comenzaron a pensar en el reino terrenal de Jesús. El poder de Dios demostraba que Jesús podía conquistar la tierra y sujetar a sí mismo a todos los hombres. Las esperanzadas de los discípulos crecieron.

Pero note lo que hizo Jesús. Los amonestó por pensar en un Mesías físico y material. Nuevamente tuvo que mostrarles que el Mesías de Dios tenía que morir a efectos de salvar al mundo.

1. La vigorosa exhortación de Jesús: «Haced que os penetren bien en los oídos estas palabras». El griego dice: «Pongan estos dichos en sus oídos». Préstenles atención especial.

2. La palabra «entregado» (*paradidosthai*) significa ser ordenado, predeterminado en el consejo y plan de Dios. (*Véase* nota—Mt. 17:22.)

«A éste, entregado por el determinado consejo y

anticipado conocimiento de Dios, prendisteis y matasteis por manos de inicuos, crucificándole» (Hch. 2:23).

«El que no escatimó ni a su propio Hijo, sino que lo entregó por todos nosotros, ¿cómo no nos dará también con él todas las cosas?» (Ro. 8:32).

3. Los discípulos no captaban la muerte del Mesías, sencillamente no la entendían. Note por qué: les estaba oculto, de modo que no podían percibirlo.

¿Por qué les estaba oculto? Ciertamente no por causa de Dios. Necesariamente la razón era la incredulidad de ellos y su perversidad. Sencillamente se rehusaban a verlo. Eran espiritualmente lentos, carentes de una sensibilidad para la verdad espiritual.

«Entonces él les dijo: ¡Oh insensatos, y tardos de corazón para creer todo lo que los profetas han dicho!» (Lc. 24:25).

«¡Hipócritas! Sabéis distinguir el aspecto del cielo y de la tierra; ¿y cómo no distinguís este tiempo?» (Lc. 12:56).

«¿Por qué no entendéis mi lenguaje? Porque no podéis escuchar mi palabra» (Jn. 8:43).

«Porque el corazón de este pueblo se ha engrosado, y con los oídos oyeron pesadamente, y sus ojos han cerrado, para que no vean con los ojos, y oigan con los oídos, y entiendan de corazón, y se conviertan, y yo los sane» (Hch. 28:27).

«No hay quien entienda, no hay quien busque a Dios» (Ro. 3:11).

«Pero el hombre natural no percibe las cosas que son del Espíritu de Dios, porque para él son locura, y no las puede entender, porque se han de discernir espiritualmente» (1 Co. 2:14).

«Acerca de esto tenemos mucho que decir, y difícil de explicar, por cuanto os habéis hecho tardos para oír» (He. 5:11).

«Te haré entender y te enseñaré el camino en que debes andar; sobre ti fijaré mis ojos. No seáis como el caballo, o como el mulo, sin entendimiento, que han de ser sujetados con cabestro y con freno, porque si no se acercan a ti» (Sal. 32:8-9).

«El hombre que está en honra y no entiende, semejante es a las bestias que perecen» (Sal. 49:20).

«Cuando sus ramas se sequen, serán quebradas; mujeres vendrán a encenderlas; porque aquel no es pueblo de entendimiento; por tanto, su Hacedor no tendrá de él misericordia, ni se compadecerá de él el que lo formó» (Is. 27:11).

«Porque mi pueblo es necio, no me conocieron; son hijos ignorantes y no entendidos; sabios para hacer el mal, pero hacer el bien no supieron» (Jer. 4:22).

«Oíd ahora esto, pueblo necio y sin corazón, que tiene ojos y no ve, que tiene oídos y no oye. ¿A mí no me temeréis? dice Jehová. ¿No os amedrentaréis ante mí, que puse arena por término al mar, por ordenación eterna la cual no quebrantará? Se levantarán tempestades, mas no prevalecerán; bramarán sus ondas, mas no lo pasarán. No obstante, este pueblo tiene corazón falso y rebelde; se apartaron y se fueron. Y no dijeron en su corazón: Temamos ahora a Jehová Dios nuestro, que da lluvia temprana y tardía en su tiempo, y nos guarda los tiempos establecidos de la siega» (Jer. 5:21-24).

«Mas ellos no conocieron los pensamientos de Jehová, ni entendieron su consejo; por lo cual los juntó como gavillas en la era» (Mi. 4:12).

	E. El camino a la grandeza: humildad, 9:46-50 (Mt. 18:1-4; Mr. 9:33-41)	y cualquiera que me recibe a mí, recibe al que me envió; porque el que es más pequeño entre todos vosotros, ése es el más grande.	b. Recompensa 1) Recibirá a Jesús 2) Recibirá a Dios 3) Será grande
1 El anhelo de grandeza: querer un lugar, reconocimiento, y poder	46 Entonces entraron en discusión sobre quién de ellos sería el mayor.	49 Entonces respondiendo Juan, dijo: Maestro, hemos visto a uno que echaba fuera demonios en tu nombre; y se lo prohibimos, porque no sigue con nosotros.	**4 Verdadera grandeza: no es un derecho exclusivo**
2 El cuadro de la grandeza a. Jesús tomó un niño b. Jesús sostuvo al niño	47 Y Jesús, percibiendo los pensamientos de sus corazones, tomó a un niño y lo puso junto a sí,		
3 Concepto correcto de grandeza a. Recibir un niño en el nombre de Jesús	48 y les dijo: Cualquiera que reciba a este niño en mi nombre, a mí me recibe;	50 Jesús le dijo: No se lo prohibáis; porque el que no es contra nosotros, por nosotros es.	

E. El camino a la grandeza: humildad, 9:46-50

(9:46-50) ***Introducción:*** a la gente le interesa en diferente medida tener grandeza. Para algunos es suficiente con ser aceptados y aprobados por amigos y vecinos; para ellos es grandeza suficiente. Otros quieren más; quieren ser elevados a cierta posición, vivir en determinada vecindad, poseer cierto tipo de automóvil, pertenecer a determinado club; quieren algo que les dé mayor reconocimiento y prestigio. Anhelan tener más grandeza que otros. Algunos quieren la grandeza de la autoridad y del gobierno, de poder y fama, de posición y riqueza. Quieren el prestigio y la honra y un reconocimiento mayor que los demás.

Otro hecho es que la naturaleza de la persona determina si obtiene su grandeza por las buenas o por las malas o mediante el respeto y la honestidad; mediante bajeza y depravación, o por derecho y bondad. El corazón de la persona determina si otros son bendecidos o dañados por su grandeza. Un buen vecino o gobernador bendice a los demás. Un vecino o gobernador malo daña a los demás.

Jesús enseña el camino a la grandeza.

1. El anhelo de grandeza: querer un lugar, reconocimiento, y poder (v. 46).
2. El cuadro de la grandeza (v. 47).
3. Concepto correcto de grandeza (v. 48).
4. Verdadera grandeza: no es un derecho exclusivo (vv. 49-50).

1 (9:46) ***Grandeza—mundanalidad—material vs. espiritual—egoísmo:*** los discípulos querían tener grandeza en el reino de Cristo. Querían posiciones de honor, reconocimiento y poder.

1. En realidad los discípulos estaban discutiendo sobre las posiciones más elevadas en el reino del Señor. La palabra «discusión» (*dialogismos*) significa disputa, debate, o argumento. Estaban maniobrando para obtener posiciones de liderazgo. Después Jacobo y Juan incluso manipularon a su propia madre para pedir a Jesús las posiciones más altas.

2. Los discípulos estaban pensando en un reino terrenal, un gobierno físico y material, aquí mismo en la tierra. Lo que ellos querían era la posición en el mundo, un nombre, reconocimiento, honra, autoridad, desafío, obligaciones, placeres y riqueza. No estaban pensando en términos de bondad o de carácter. No se referían a tener el amor más grande o en ser grandes cuidando de otros, ministrando y ayudando, sino en posiciones y gobierno, renombre y reconocimiento.

3. Los discípulos estaban llenos de su propio ego, igual que todos los hombres. Pensaban en sí mismos, no en otros, no en cómo ser grandes ayudando a otros. Ni siquiera estaban pensando en Jesús. Y recuerde, que Jesús acababa de revelar que iba a *entregar* su vida para la salvación del mundo (v. 44; cp. Mr. 9:33-34.) Los pensamientos de ellos debían haber estado centrados en Jesús y en el significado de lo que había dicho. Debían haber procurado alentarlo y aprender cuanto pudieran de Él. En cambio. estaban tan llenos de egoísmo que no podían sino pensar en sí mismos.

> ***Pensamiento.*** Es difícil admitir que estamos llenos de nosotros mismos, es decir, centrados en nosotros y en nuestro egoísmo. Es un hecho hiriente; nos rebelamos contra Él. Pero es preciso encarar la verdad antes de poder llegar a ser lo que debemos.
>
> **«Porque el que se enaltece será humillado, y el que se humilla será enaltecido» (Mt. 23:12).**
>
> **«¿Cómo podéis vosotros creer, pues recibís gloria los unos de los otros, y no buscáis la gloria que viene del Dios único?» (Jn. 5:44).**
>
> **«Digo, pues, por la gracia que me es dada, a cada cual que está entre vosotros, que no tenga más alto concepto de sí que el que debe tener, sino que piense de sí con cordura, conforme a la medida de fe que Dios repartió a cada uno» (Ro. 12:3).**
>
> **«Unánimes entre vosotros; no altivos, sino asociándoos con los humildes. No seáis sabios en vuestra propia opinión» (Ro. 12:16).**
>
> **«Porque el que se cree ser algo, no siendo nada, a sí mismo se engaña» (Gá. 6:3).**
>
> **«Nada hagáis por contienda o por vanagloria; antes bien con humildad, estimando cada uno a los demás como superiores a él mismo; no mirando cada uno por lo suyo propio, sino cada cual también por lo de los otros» (Fil. 2:3-4).**
>
> **«Pero por cuanto eres tibio, y no frío ni caliente, te vomitaré de tu boca. Porque tú dices: Yo soy rico, y me he enriquecido, y de ninguna cosa tengo necesidad; y no sabes que tú eres un desventurado, miserable, pobre, ciego y desnudo» (Ap. 3:16-17).**
>
> **«Porque el malo se jacta del deseo de su alma, bendice al codicioso, y desprecia a Jehová» (Sal. 10:3).**
>
> **«Los que confían en sus bienes, y de la muchedumbre de sus riquezas se jactan; ninguno de ellos podrá en manera alguna redimir al hermano, ni dar a Dios su rescate» (Sal. 49:6-7).**
>
> **«Como nubes y vientos sin lluvia, así es el hombre que se jacta de falsa liberalidad» (Pr. 25:14).**
>
> **«Porque te confiaste en tu maldad, diciendo: Nadie me ve. Tu sabiduría y tu misma ciencia te engañaron, y dijiste en tu corazón: Yo, y nadie más» (Is. 47:10).**
>
> **«Si te remontares como águila, y aunque entre las estrellas pusieres tu nido, de ahí te derribaré, dice Jehová» (Abd. 4).**

4. Los discípulos no entendieron lo que era el reino de los cielos. Seguían viendo un reino terrenal y temporal y no un reino espiritual y eterno. Todavía pensaban en términos de conseguir cuanto pudieran para unos breves años en la tierra. No habían

captado la esperanza y realidad del mundo espiritual, de la vida eterna y sus bendiciones. (*Véase* Estudio a fondo 3—Mt. 19:23-24; Ef. 1:3 para mayor discusión.)

2 (9:47) ***Grandeza—salvación—liberación—libertad—esclavitud:*** Jesús presentó un cuadro de la grandeza. Note que ilustró lo que era la grandeza antes de explicar el concepto correcto. El cuadro involucró dos actos. Primero, extendió su mano y tomó a un niño; segundo, sentó al niño junto a sí. ¿Qué estaba haciendo Jesús?

Jesús estaba *mostrando* de manera muy sencilla lo que es la grandeza. La persona es grande cuando toma a un niño y lo trae a Jesús. La grandeza rodea a Cristo y los niños, niños que están *dispuestos* a ser traídos a Cristo. La grandeza es poner a los niños, a la gente del mundo, junto a Cristo, junto a Aquel que puede suplir todas sus necesidades.

1. La grandeza es llevar la gente a Aquel que les puede dar libertad de las cadenas de este mundo. Imagine la grandeza de la persona que muestra a los hombres cómo ser librados de...

- pecados.
- ebriedad.
- opresión.
- sufrimiento.
- hurtos.
- muerte.
- maledicencia.
- odio.
- culpa.
- inmoralidad.
- soledad.
- mentiras.
- vacío.
- pereza.
- egoísmo.

2. Grandeza es llevar la gente a Aquel que puede darles el derecho a vivir, a vivir abundantemente en esta tierra y eternamente al entrar al otro mundo.

«Mas todos los que le recibieron, a los que creen en su nombre, les dio potestad de ser hechos hijos de Dios» (Jn. 1:12).

«Porque de tal manera amó Dios al mundo, que ha dado a su Hijo unigénito, para que todo aquel que en él cree, no se pierda, mas tenga vida eterna» (Jn. 3:16).

«De cierto, de cierto os digo: El que oye mi palabra, y cree al que me envió, tiene vida eterna; y no vendrá a condenación, mas ha pasado de muerte a vid» (Jn. 5:24).

«Y este es el testimonio: que Dios nos ha dado vida eterna; y esta vida está en su Hijo. El que tiene al Hijo, tiene la vida; el que no tiene al Hijo de Dios no tiene la vida. Estas cosas os he escrito a vosotros que creéis en el nombre del Hijo de Dios, para que sepáis que tenéis vida eterna, y para que creáis en el nombre del Hijo de Dios» (1 Jn. 5:11-13).

«Para que, justificados por su gracia, viniésemos a ser herederos conforme a la esperanza de la vida eterna» (Tit. 3:7).

«El Espíritu mismo da testimonio a nuestro espíritu, de que somos hijos de Dios. Y si hijos, también herederos; herederos de Dios y coherederos con Cristo, si es que padecemos juntamente con él, para que juntamente con Él seamos glorificados» (Ro. 8:16-17).

«El fruto del justo es árbol de vida; y el que gana almas es sabio» (Pr. 11:30).

«Los entendidos resplandecerán como el resplandor del firmamento; y los que enseñan la justicia a la multitud, como las estrellas a perpetua eternidad» (Dn. 12:3).

3 (9:48) ***Grandeza:*** explicación del concepto correcto de grandeza. Grandeza es recibir a un niño, es decir, a una persona, en el nombre de Jesús. Recibir a un niño significa al menos tres cosas.

1. Significa hacer precisamente lo que hizo Jesús: *extendernos y recibir y aceptar* a una persona en nuestros brazos. Esto parece ser fácil, tomar a un niño en nuestros brazos, pero no siempre lo es. A veces la persona...

- está despeinada, sucia, y aun mugrienta.
- es de comportamiento repulsivo, bajo, de mala conducta.
- desagradable, rechazada, inaceptable para otros.

Y siempre existe la amenaza de que al recibir a una persona nuestros amigos nos quiten su amistad porque esa persona es inaceptable para ellos.

2. Significa compartir con ellos las mejores noticias que tenemos, las *buenas nuevas del reino de Dios*. Note que Jesús no dijo que la grandeza es *simplemente* recibir a un niño. Agrega que el niño debe ser recibido *en su nombre*. El nombre de Jesús tiene que ser compartido con la persona. Se le debe decir y mostrar a la persona que actuamos en el nombre y en la causa de Jesús. El reino de Dios tiene que ser compartido con el niño (la persona recibida).

3. Significa que ayudamos a la persona de todas las formas posibles, no importa el costo. Hacemos lo mejor que podemos para satisfacer sus..

- necesidades físicas y mentales.
- materiales y sociales.
- espirituales e interiores.

«Como el Hijo del Hombre no vino para ser servido, sino para servir, y para dar su vida en rescate por muchos» (Mt. 20:28).

«Entonces Jesús les dijo otra vez: Paz a vosotros. Como me envió el Padre, así también yo os envío» (Jn. 20:21).

«En todo os he enseñado que, trabajando así, se debe ayudar a los necesitados, y recordar las palabras del Señor Jesús, que dijo: Más bienaventurado es dar que recibir» (Hch. 20:35).

«Así que, los que somos fuertes debemos soportar las flaquezas de los débiles, y no agradarnos a nosotros mismos» (Ro. 15:1).

«Sobrellevad los unos las cargas de los otros, y cumplid así la ley de Cristo» (Gá. 6:2).

Note los temas que Jesús cubrió con esto. Reveló cuál será la recompensa por recibir a personas en su nombre. Esto acentúa la importancia de recibir personas. Es algo que está en su corazón, es el propósito mismo por el que vino a la tierra (Mt. 20:28). Es lo que sus seguidores deben estar haciendo, precisamente a lo que debemos entregar nuestras vidas. Por eso quiere desafiar a sus seguidores a hacerlo. Para ellos no hay mejor desafío que exponer ante ellos la recompensa. La recompensa es triple para el creyente que recibe a personas *en el nombre de Jesucristo*.

1. El discípulo recibe a Cristo. Note que es en el mismo acto de recibir a otros que recibimos a Cristo. Esto significa que el discípulo recibe una presencia muy especial de Cristo, una presencia que le habita, una presencia que se preocupa por Él y guía y dirige su vida.

Otra forma de ver lo que Cristo está diciendo es esta:

- Recibir a nuestro prójimo es *igual* a recibir a Cristo.
- Amar a nuestro prójimo es igual a *amar* a Cristo.

«Si alguno dice: yo amo a Dios [Cristo], y aborrece a su hermano, es mentiroso. Pues el que no ama a su hermano a quien ha visto, ¿cómo puede amar a Dios a quien no ha visto?» (1 Jn. 4:20. Cp. Mt. 22:36-39.)

2. El discípulo recibe a Dios. Nuevamente, esto es acción, es decir, es en *la acción misma* de recibir a Cristo que recibimos a Dios. Dios entra a la vida del discípulo *en el preciso instante* en que éste recibe a Cristo.

«Amad, pues, a vuestros enemigos, y haced bien, y prestad, no esperando de ello nada; y será vuestro galardón grande, y seréis hijos del Altísimo; porque él es benigno para con los ingratos y malos. Sed, pues, misericordiosos, como también vuestro Padre es misercordioso» (Lc. 6:35-36).

3. El discípulo será grande. Note que Jesús no dijo *el más grande*; dijo: «grande». Todo aquel que sirve trayendo personas a Cristo, recibiendo a otros *en el nombre de Cristo* será grande.

Note un tema crucial. Es la persona que recibe a otros y que realmente se extiende hacia otros en el nombre de Jesús, la que *recibe a Cristo.* Extenderse y recibir a otros es evidencia de que uno ha recibido a Cristo. El corazón de la persona tuvo que abrirse tanto a Cristo como a otras personas para que Cristo pudiera entrar en su vida. Abrir el corazón a Cristo es abrirlo a otros. No hay tal cosa como un corazón abierto a Dios y una mano cerrada para el hombre. El hombre actúa de acuerdo a su corazón. Si su corazón pertenece a Dios, su mano (vida) pertenece al hombre. Hará todo lo que pueda para amar y ayudar al hombre, recibiendo y aceptando a todo niño que quiera ser traído a Cristo. Esa persona «será grande».

«Y cualquiera que dé a uno de estos pequeñitos un vaso de agua fría solamente, por cuanto es discípulo, de cierto os digo que no perderá su recompensa» (Mt. 10:42).

«Entonces los justos resplandecerán como el sol en el reino de su Padre. El que tiene oídos para oír, oiga» (Mt. 13:43).

«Y cualquiera que haya dejado casas, o hermanos, o hermanas, o padre, o madre, o mujer, o hijos o tierras, por mi nombre, recibirá cien veces más, y heredará la vida eterna» (Mt. 19:29).

«Su señor le dijo: Bien, buen siervo y fiel; sobre poco has sido fiel, sobre mucho te pondré; entra en el gozo de tu señor» (Mt. 25:43).

«Si alguno me sirve, sígame; y donde yo estuviere, allí también estará mi servidor. Si alguno me sirviere, mi padre le honrará» (Jn. 12:26).

«Pero gloria y honra y paz a todo el que hace lo bueno, al judío primeramente y también al griego» (Ro. 2:10).

«El Espíritu mismo da testimonio a nuestro espíritu, de que somos hijos de Dios. Y si hijos, también herederos; herederos de Dios y coherederos con Cristo, si es que padecemos juntamente con él, para que juntamente con él seamos glorificados» (Ro. 8:16-17).

«Mas nuestra ciudadanía está en los cielos, de donde también esperamos al Salvador, al Señor Jesucristo; El cual transformará el cuerpo de la humillación nuestra, para que sea semejante al cuerpo de la gloria suya por el poder con el cual puede también sujetar a sí mismo todas las cosas» (Fil. 3:20-21).

«Cuando Cristo, vuestra vida, se manifieste, entonces vosotros también seréis manifestados con él en gloria» (Col. 3:4).

«Si sufrimos, también reinaremos con él; si le negáremos, él también nos negará» (2 Ti. 2:12).

«Porque de los presos también os compadecisteis, y el despojo de vuestros bienes sufristeis con gozo, sabiendo que tenéis en vosotros una mejor y perdurable herencia en los cielos» (He. 10:34).

«Teniendo por mayores riquezas el vituperio de Cristo que los tesoros de los egipcios; porque tenía puesta la mirada en el galardón» (He. 11:26).

«Y cuando aparezca el Príncipe de pastores, vosotros recibiréis la corona incorruptible de gloria» (1 P. 5:4).

«He aquí, yo vengo pronto; retén lo que tienes, para que ninguno tome tu corona» (Ap. 3:11).

4 (9:49-50) ***Tolerancia:*** el derecho a la grandeza no es un derecho exclusivo. Juan sabía que los apóstoles habían hecho precisamente lo que Cristo les había mostrado que no hicieran. Acababan de no recibir a un hombre; de hecho, lo habían rechazado. Y para peor de males, ése hombre estaba ministrando en el nombre de Cristo. Juan quería saber si hacían bien en prohibir a otros a predicar en el nombre de Jesús. Juan creía que necesariamente debía haber límites a lo que Jesús estaba diciendo; ciertamente, creía que no todos debían ser recibidos y traídos a Jesús; algunas personas «no sigue con nosotros». Son personas...

- diferentes.
- inmorales.
- su doctrina no es sana.
- demasiado a la derecha.
- carentes de educación.
- sin educación.
- intratables.
- no autorizadas.
- demasiado a la izquierda.

Lo que Jesús dijo es específico y claro, sin embargo, difícil de aceptar para algunos.

- «No se lo prohibáis.»
- «El que no es contra nosotros, por nosotros es.»

Note que Jesús dijo: *«contra nosotros».* Jesús y sus seguidores son uno. La persona que se opone a nosotros se opone a Jesús, y quien se opone a Jesús se opone a nosotros. Hay que prestar atención a la actitud y conducta de la persona. La actitud hacia Cristo y sus seguidores determina que le recibamos o no. La persona que es contra Jesús y sus seguidores no debe ser recibida. La persona que recibe a Jesús y sus seguidores debe ser recibida (cp. Lc. 9:5; 10:10-11). (*Véanse* bosquejo y notas—Mr. 9:38-41 para una mayor discusión.)

«Mas en cualquier ciudad o aldea donde entréis, informaos quién en ella sea digno, y posad allí hasta que salgáis. Y al entrar en la casa, saludadla. Y si la casa fuere digna, vuestra paz vendrá sobre ella; mas si no fuere digna, vuestra paz se volverá a vosotros. Y si alguno no os recibiere, ni oyere vuestras palabras, salid de aquella casa o ciudad, y sacudid el polvo de vuestros pies. De cierto os digo que en el día del juicio, será más tolerable el castigo para la tierra de Sodoma y de Gomorra, que para aquella ciudad» (Mt. 10:11-15).

«También tengo otras ovejas que *no son de este redil*; aquéllas también debo traer, y oirán mi voz; y habrá un rebaño, y un pastor» (Jn. 10:16).

«Algunos, a la verdad, predican a Cristo por envidia y contienda; pero otros de buena voluntad. Los unos anuncian a Cristo por contención, no sinceramente, pensando añadir aflicción a mis prisiones; pero los otros por amor, sabiendo que estoy puesto para la defensa del evangelio. ¿Qué, pues? que no obstante, de todas maneras, o por pretexto o por verdad, Cristo es anunciado; y en esto me gozo, y me gozaré aún» (Fil. 1:15-18).

«El que a vosotros oye, a mí me oye; y el que a vosotros desecha, a mí me desecha; y el que me desecha a mí, desecha al que me envió» (Lc. 10:16).

«El que no es conmigo, contra mí es; y el que conmigo no recoge, desparrama» (11:23).

«Ningún siervo puede servir a dos señores; porque o aborrecerá al uno y amará al otro, o estimará al uno y menospreciará al otro. No podéis servir a Dios y a las riquezas» (Lc. 16:13).

«De esta manera, pues, pecando contra los hermanos e hiriendo su débil conciencia, contra Cristo pecáis» (1 Co. 8:12).

	V. EL GRAN VIAJE DEL HIJO DEL HOMBRE A JERUSALÉN (*Primera etapa*): SU MISIÓN Y DESAFÍO PÚBLICO, 9:51—13:21 **A. La misión del Hijo del Hombre: su misión es malentendida, 9:51-56**	preparativos.	a. Envió mensajeros a preparar el camino
		53 Mas no le recibieron, porque su aspecto era como de ir a Jerusalén.	b. Fue rechazado por los samaritanos[EF2]
		54 Viendo esto sus discípulos Jacobo y Juan, dijeron: Señor, ¿quieres que mandemos que descienda fuego del cielo, como hizo Elías, y los consuma?	c. Los discípulos reaccionaron contra los samaritanos
		55 Entonces volviéndose él, los reprendió, diciendo: Vosotros no sabéis de qué espíritu sois;	**3 Su misión fue explicada**
1 Su misión: obtener la salvación a. Mediante la ascensión[EF1] b. Mediante la muerte: Jesús afirmó su rostro hacia Jerusalén	51 Cuando se cumplió el tiempo en que él había de ser recibido arriba, afirmó su rostro para ir a Jerusalén.	56 porque el Hijo del Hombre no ha venido para perder las almas de los hombres, sino para salvarlas. Y se fueron a otra aldea.	a. No vino a usar su poder para destruir las vidas de los hombres b. Vino a usar su poder para salvar a los hombres
2 Su misión fue malentendida	52 Y envió mensajeros delante de él, los cuales fueron y entraron en una aldea de los samaritanos para hacerle		

V. EL GRAN VIAJE DEL HIJO DEL HOMBRE A JERUSALÉN (PRIMERA ETAPA): SU MISIÓN Y DESAFÍO PÚBLICO, 9:51—13:21

A. La misión del Hijo del Hombre: su misión es malentendida, 9:51-56

(9:51—19:28) ***El propósito de Jesús:*** este pasaje marca un significativo giro en el ministerio de Jesús. Los versículos 9:51—19:28 no tienen paralelo en los otros evangelios. La mayoría de estos eventos son registrados únicamente por Lucas. El énfasis del pasaje es que el rostro de Jesús estaba afirmado hacia Jerusalén.

Lucas divide este viaje de Jesús en tres etapas. Cada una comienza subrayando vigorosamente que Jesús iba a Jerusalén (Lc. 9:51, 53; 13:22; 17:11). Hay varios pasajes más que señalan o mencionan el viaje (Lc. 9:53, 57; 10:1, 38; 13:33; 14:25; 18:31; 19:11, 28).

(9:51-56) ***Introducción:*** Jesús hizo un giro y afirmó su rostro hacia Jerusalén y hacia su muerte. Este fue uno de los momentos decisivos de su vida. Al tomar esta nueva dirección el primer tema que cubre Lucas es la misión de Jesús. Se ve claramente la misión del Hijo del Hombre; tan claramente que los seguidores del Señor no pueden confundir su significado.

1. Su misión: obtener la salvación (v. 51).
2. Su misión fue malentendida (vv. 52-54).
3. Su misión fue explicada (vv. 55-56).

[1] (9:51) ***Jesucristo, misión:*** la misión de Jesús en la tierra era obtener la salvación. Jesús conocía su misión; sabía por qué había venido a la tierra. También sabía que el tiempo de morir por la salvación de los hombres había llegado. Note las palabras: «Cuando se cumplió el tiempo». Era totalmente consciente que el momento había llegado (Lc. 9:22, 27, 31). Por eso dio media vuelta y «afirmó su rostro para ir a Jerusalén».

¿Qué había tan significativo en Jerusalén? Sencillamente que era Jerusalén donde Jesús iba a morir por la salvación de los hombres, y donde iba a ser recibido en las alturas, es decir, ascender al cielo. Cuando Jesús «afirmó su rostro para ir a Jerusalén», Jerusalén simbolizaba la muerte, resurrección y ascensión para nuestro Señor. Fue en Jerusalén donde Jesús obtuvo la salvación del hombre, y la obtuvo con su muerte, resurrección y ascensión.

1. Jesucristo obtuvo la salvación mediante su ascensión (*véase* Estudio a fondo 1, ***Ascensión***—Lc. 9:51 para la discusión).
2. Jesucristo obtuvo la salvación mediante su muerte.

«Mas Dios muestra su amor con para con nosotros, en que siendo aún pecadores, Cristo murió por nosotros» (Ro. 5:8).

«Cristo nos redimió de la maldición de la ley, hecho por nosotros maldición (porque está escrito: Maldito todo el que es colgado de un madero» (Gá. 3:13).

«El cual nos ha librado de la potestad de las tinieblas, y trasladado al reino de su amado Hijo, en quien tenemos redención por su sangre, el perdón de pecados» (Col. 1:13-14).

«Tú, pues, sufre penalidades como buen soldado de Jesucristo. Ninguno que milita se enreda en los negocios de la vida, a fin de agradar a aquel que lo tomó por soldado. Y también el que lucha como atleta, no es coronado sino lucha legítimamente. El labrador, para participar de los frutos, debe trabajar primero» (2 Ti. 2:3-6).

«Pero vemos a aquel que fue hecho un poco menor que los ángeles, a Jesús, coronado de gloria y de honra, a causa del padecimiento de la muerte, para que por la gracia de Dios gustase la muerte por todos» (He. 2:9).

«Así también Cristo fue ofrecido una sola vez para llevar los pecados de muchos; y aparecerá por segunda vez, sin relación con el pecado, para salvar a los que le esperan» (He. 9:28).

«Quien llevó él mismo nuestros pecados sobre el madero, para que nosotros, estando muertos a los pecados, vivamos a la justicia; y por cuya herida fuisteis sanados» (1 P. 2:24; cp. 1 P. 3:18).

«Mas él herido fue por nuestras rebeliones, molido por nuestros pecados; el castigo de nuestra paz fue sobre él, y por su llaga fuimos nosotros curados» (Is. 53:5).

ESTUDIO A FONDO 1

(9:51) ***Jesucristo, ascensión:*** las palabras «recibido arriba» (*analempseos*) significa ser llevado arriba. Se refieren a la ascensión de Cristo (cp. *analambano*, Hch. 1:2, 11, 22; 1 Ti. 3:16). La salvación iba a ser obtenida mediante la ascensión de Cristo ¿Cómo? El Señor ascendido significa al menos cuatro cosas.

1. Significa *el Señor resucitado.* La ascensión significa que Cristo resucitó de los muertos. Si hubiera permanecido en

el sepulcro, aún estaría allí en forma de polvo de tierra. No pudo haber ascendido. Si iba a ser «recibido arriba» tenía que *ser resucitado, vivificado, revivido, y ascendido.* Nadie puede ser *ascendido* sin haber sido resucitado primero. Por eso hablar de la ascensión es señalar que Cristo ha resucitado. La muerte es conquistada; ahora el hombre puede ser salvado de la muerte.

«Pero si se predica de Cristo que resucitó de los muertos, ¿cómo dicen algunos entre vosotros que no hay resurrección de muertos? Porque si no hay resurrección de muertos, tampoco Cristo resucitó. Y si Cristo no resucitó, vana es entonces nuestra predicación, vana es también vuestra fe. Y somos hallados falsos testigos de Dios; porque hemos testificado de Dios que él resucitó a Cristo, al cual no resucitó, si en verdad los muertos no resucitan. Porque si los muertos no resucitan, tampoco Cristo resucitó; y si Cristo no resucitó, vuestra fe es vana; aún estáis en vuestros pecados. Entonces también los que durmieron en Cristo perecieron. Si en esta vida solamente esperamos en Cristo, somos los más dignos de conmiseración de todos los hombres. Mas ahora Cristo ha resucitado de los muertos; primicias de los que durmieron es hecho. Porque por cuanto la muerte entró por un hombre, también por un hombre la resurrección de los muertos. Porque así como en Adán todos mueren, también en Cristo todos serán vivificados. Pero cada uno en su debido orden: Cristo, las primicias; luego los que son de Cristo, en su venida. Luego el fin, cuando entregue el reino al Dios y Padre, cuando haya suprimido todo dominio, toda autoridad y potencia» (1 Co. 15:12-24).

«Sino que se despojó a sí mismo, tomando forma de siervo, hecho semejante a los hombres; y estando en la condición de hombre, se humilló a sí mismo, haciéndose obediente hasta la muerte, y muerte de cruz. Por lo cual Dios también le exaltó a lo sumo, y le dio un nombre que es sobre todo nombre» (Fil. 2:7-9).

«Y no solamente con respecto a él se escribió que fue contada, sino también con respecto a nosotros a quienes ha de ser contada, esto es, a los que creemos en el que levantó de los muertos a Jesús, Señor nuestro, el cual fue entregado por nuestras transgresiones, y resucitado para nuestra justificación» (Ro. 4:23-25).

2. Significa que Jesús es *el Señor abogado o representante.* Cristo vivió una vida perfecta en la tierra; fue sin pecado (2 Co. 5:21; He. 4:15; 1 P. 1:19; 2:22; Jn. 8:46). Fue «obediente hasta la muerte, y muerte de cruz. Por lo cual Dios también le exaltó hasta lo sumo, y le dio un nombre que es sobre todo nombre» (Fil. 2:8-9). Jesús está «sentado a la diestra de Dios» (Col. 3:1). Es «Jesucristo el justo»; por eso, es nuestro «abogado ... para con el Padre» (1 Jn.2:1). Él puede representarnos ante Dios porque ha vivido sobre la tierra y obtenido una justicia perfecta. El es el Hombre ideal (*véase* nota—Mt. 5:17-18), nuestro abogado, aquel que está capacitado para interceder por nuestro caso ante Dios para que seamos salvados.

«Por lo cual puede también salvar perpetuamente a los que por él se acercan a Dios, viviendo siempre para interceder por ellos» (He. 7:25).

3. Significa que el *Señor es sacerdote o intercesor.* Toda persona sufre mientras está en la tierra; sufre dolor, prueba, necesidad, tentación, pérdida, enfermedad y eventualmente la muerte. No sabemos ni aun cómo orar a efectos de obtener la ayuda que necesitamos. Pero Cristo lo sabe y entiende. Ha estado en la tierra y sufrido como sufrimos nosotros. Por eso sabe cómo interceder por nosotros y cómo librarnos.

«Por tanto, teniendo un gran sumo sacerdote que traspasó los cielos, Jesús el Hijo de Dios, retengamos nuestra profesión. Porque no tenemos un sumo sacerdote que no pueda compadecerse de nuestras debilidades, sino uno que fue tentado en todo según nuestra semejanza, pero sin pecado. Acerquémonos, pues, confiadamente al trono de la gracia, para alcanzar misericordia y hallar gracia para el oportuno socorro» (He. 4:14-16).

«Porque ciertamente no socorrió a los ángeles, sino que socorrió a la descendencia de Abraham. Por lo cual debía ser en todo semejante a sus hermanos, para venir a ser misericordioso y fiel sumo sacerdote en lo que a Dios se refiere, para expiar los pecados del pueblo. Pues en cuanto él mismo padeció siendo tentado, es poderoso para socorrer a los que son tentados» (He. 2:16-18).

«¿Quién acusará a los escogidos de Dios? Dios es el que justifica. ¿Quién es el que condenará? Cristo es el que murió; más aun, el que también resucitó, el que además está a la diestra de Dios, el que también intercede por nosotros» (Ro. 8:33-34).

4. Significa que *el Señor es exaltado.* Cristo ha ascendido para ser exaltado, para gobernar y reinar sobre el universo de Dios. Viene un gran día de juicio sobre el mundo, un día cuando todos los hombres doblarán sus rodillas y reconocerán que Jesús es Señor, el Hijo del Dios viviente.

«Por lo cual Dios también le exaltó a los sumo, y le dio un nombre que es sobre todo nombre, para que en el nombre de Jesús se doble toda rodilla de los que están en los cielos, y en la tierra, y debajo de la tierra; y toda lengua confiese que Jesucristo es el Señor, para gloria de Dios Padre» (Fil. 2:9-11).

«Y cuál la supereminente grandeza de su poder para con nosotros los que creemos, según la operación del poder de su fuerza, la cual operó en Cristo, resucitándole de los muertos y sentándole a su diestra en los lugares celestiales, sobre todo principado y autoridad y poder y señorío, y sobre todo nombre que se nombra, no sólo en este siglo, sino también en el venidero; y sometió todas las cosas bajo sus pies, y lo dio por cabeza sobre todas las cosas a la iglesia, la cual es su cuerpo, la plenitud de Aquel que todo lo llena en todo» (Ef. 1:19-23).

«Luego el fin, cuando entregue el reino al Dios y Padre, cuando haya suprimido todo dominio, toda autoridad y potencia. Porque preciso es que él reine hasta que haya puesto a todos sus enemigos debajo de sus pies. Y el postrer enemigo que será destruido es la muerte» (1 Co. 15:24-26).

[2] (9:52-54) ***Jesucristo, misión:*** la misión de Jesús en la tierra fue malentendida. Note tres cosas de vital importancia.

1. Jesús envió a algunos discípulos a que se adelantaran a efectos de preparar el camino para su llegada. Aparentemente este era el *método* usado por Cristo para que la gente de la región supiera que Él estaba por llegar. Así, los que tuvieran interés podían estar preparados para su venida.

2. Jesús fue rechazado por los samaritanos ¿Por qué? Porque iba a Jerusalén, camino a un lugar despreciado. Los judíos eran inaceptables para ellos; por eso, si Jesús iba para ministrar en Jerusalén, ellos no querían tener nada que ver con Él. Jerusalén tenía su propia adoración y sacerdotes, y los samaritanos tenían los suyos. Si Jesús iba a ser solamente de ellos lo habrían recibido gustosamente; de lo contrario no era bienvenido en sus círculos. (*Véase* Estudio a fondo 2, ***Samaritanos***—Lc. 10:33 para una discusión más detallada.)

3. Jacobo y Juan estaban indignados, furiosamente enojados por semejante rechazo. Preguntaron a Jesús si iban a destruir la aldea pidiendo que fuego del cielo consumiera a esa gente. Note dos temas cruciales.

a. La fe de Jacobo y Juan en Jesús era vigorosa. Creían, sin ninguna duda, que Jesús tenía la autoridad de controlar el poder del cielo, ya sea obrando él mismo o por medio de ellos.

b. El concepto equivocado que Jacobo y Juan tenían de la misión de Jesús también era fuerte. Creían en términos de un gobernador terrenal, sometiendo a los hombres y forzándolos a adorar y servir a Dios. Veían al Mesías juzgando a quienes le rechazaban.

Note que Jacobo y Juan eran culpables del mismo error que acababan de cometer los samaritanos. Estaban llenos de amargura, ira, y venganza; reaccionaron contra los samaritanos tal como los samaritanos habían reaccionado contra los judíos y contra Jesús. Quisieron destruir a los samaritanos porque los samaritanos no quisieron adorar (a Jesús) y vivir tal como Jacobo y Juan querían.

«Porque no envió Dios a su Hijo al mundo para condenar al mundo, sino para que el mundo sea salvo por él» (Jn. 3:17).

«Al que oye mis palabras, y no las guarda, yo no le juzgo; porque no he venido para juzgar al mundo, sino a salvar al mundo» (Jn. 12:47).

ESTUDIO A FONDO 2

(9:53) ***Samaritanos:*** *véase* Estudio a fondo 2—Lc. 10:33.

[3] (9:55-56) ***Jesucristo, misión:*** la misión de Jesús explicada. La misión de Jesús no era destruir la vida, sino salvarla. Esto se repite una y otra vez.

«Porque el Hijo del Hombre vino a buscar y a salvar lo que se había perdido» (Lc. 19:10).

«De cierto, de cierto os digo: El que oye mi palabra, y cree al que me envió, tiene vida eterna; y no vendrá a condenación, mas ha pasado de muerte a vida» (Jn. 5:24).

«El ladrón no viene sino para hurtar y destruir; yo he venido para que tengan vida, y para que la tengan en abundancia» (Jn. 10:10).

«Ahora, pues, ninguna condenación hay para los que están en Cristo Jesús, los que no andan conforme a la carne, sino conforme al Espíritu» (Ro. 8:1).

«¿Quién es el que condenará? Cristo es el que murió; más aun, el que también resucitó, el que además está a la diestra de Dios, el que también intercede por nosotros» (Ro. 8:34).

«Palabra fiel y digna de ser recibida por todos: que Cristo Jesús vino al mundo para salvar a los pecadores, de los cuales yo soy el primero» (1 Ti. 1:15).

Pensamiento. Note varios hechos.

1) Cristo proclamó que hoy es el día de salvación, y lo proclamó en voz alta y de manera clara.

   «Porque dice: En tiempo aceptable te he oído, y en día de salvación te he socorrido. He aquí ahora el tiempo aceptable; he aquí ahora el día de salvación» (2 Co. 6:2).

   «He aquí, yo estoy a la puerta y llamo; si alguno oye mi voz y abre la puerta, entraré a él, y cenaré con él, y él conmigo» (Ap. 3:20).

   «Porque el Hijo del Hombre vino a buscar y a salvar lo que se había perdido» (Lc. 19:10).

2) Las Escrituras dicen que el juicio *viene.* Hay un día «establecido para los hombres que mueran una sola vez, y después de esto el juicio».

   «Y de la manera que está establecido para los hombres que mueran una sola vez, y después de esto el juicio» (He. 9:27).

1 Es preciso que la persona cuente el costo
a. La persona se ofreció
b. Jesús no ofrecía lujo, ni materialismo, sino solamente negación propia y sacrificio[EF1]

2 Es preciso que la persona siga inmediatamente
a. Jesús invitó al hombre

B. El gran costo del discipulado, 9:57-62
(Mt. 8:18-22)

57 Yendo ellos, uno le dijo
en el camino: Señor, te seguiré
adondequiera que vayas.
58 Y le dijo Jesús: Las zorras
tiene guaridas, y las aves de los
cielos nidos; mas el Hijo del
Hombre no tiene dónde recostar su cabeza.
59 Y dijo a otro: Sígueme. El
le dijo: Señor, déjame que primero vaya y entierre a mi padre.
60 Jesús le dijo: Deja que los
muertos entierren a sus
muertos; y tú vé, y anuncia el
reino de Dios.
61 Entonces también dijo a
otro: Te seguiré, Señor; pero
déjame que me despida primero de los que están en mi
casa.
62 Y Jesús le dijo: Ninguno
que poniendo su mano en el
arado mira hacia atrás, es apto
para el reino de Dios.

b. La atención del hombre estaba dividida
c. El deseo de Jesús
1) Un sentido de urgencia
2) Ir ahora y predicar

3 Es preciso que la persona no mire atrás
a. Otra persona se ofreció
b. Doble lealtad de la persona
c. El juicio de Jesús: mirar atrás descalifica a la persona.

B. El gran costo del discipulado, 9:57-62

(9:57-62) ***Introducción:*** algunas personas quieren seguir a Cristo. Por eso se unen a Él y van a la iglesia. Sin embargo, se quedan muy cortas y no alcanzan la vida eterna. ¿Por qué? Porque nunca conocieron el precio del discipulado. Debían pagar un precio muy alto, pero no lo sabían o no estaban dispuestos a pagarlo. El verdadero discipulado cuesta todo lo que una persona es y tiene.

1. Es preciso que la persona cuente el precio (vv. 57-58).
2. Es preciso que la persona siga inmediatamente (vv. 59-60).
3. Es preciso que la persona no mire atrás (vv. 61-62).

1 (9:57-58) ***Discipulado:*** es preciso contar el precio. Una persona se ofreció a ser seguidor de Jesús haciendo una promesa inusual: seguiría a Jesús donde quiere que Él fuera. ¿Por qué? Por los mismos motivos que a tantas personas atraen al Señor.

- Disfrutaba de la presencia del Señor y de sus discípulos.
- Se sentía motivada por la sabiduría y las enseñanzas del Señor.
- Apreciaba el bien que el Señor hacía.

La respuesta de Jesús fue contundente. Puesto que Jesús no ofrecía lujos ni comodidad material, sino solamente negación propia, es preciso que la persona cuente el precio. La persona tenía que negarse a sí misma y sacrificar cuanto era y tenía. Note varios hechos. (*Véase* nota—Mt. 8:19-20 para una mayor discusión.)

1. Jesús mismo era el primer ejemplo. Se negó completamente a sí mismo. Sacrificó y dio todo, se dio a sí mismo y dio cuanto tenía. Ni siquiera tenía un lugar donde reclinar su cabeza. Los animales del mundo lo tenían; las aves tenían sus nidos y los zorros sus cuevas, pero Jesús no tenía lugar. Jesús entregó todo para suplir las necesidades de un mundo moribundo y desesperado.
2. Jesús dijo al hombre que contara el precio. Una profesión de meras palabras no era suficiente. Estar *dispuesto a seguir* no es suficiente. El hombre tenía que negarse totalmente a sí mismo, sacrificando y dando cuanto era y tenía para satisfacer las necesidades de un mundo perdido y desesperado (*véase* nota y Estudio a fondo 1—Lc. 9:23 para la discusión).
3. Jesús se denominó a sí mismo el Hijo del Hombre (*véase* Estudio a fondo 1—Lc. 9:58 para la discusión). Ello ilustra exactamente quien era. Él hombre debía seguir a Jesús, aceptarlo como el Hijo del Hombre. Debía aceptar a Jesús como el siervo ideal del hombre, el hombre ideal que amaba, cuidaba de otros, ministraba y sentía por todos, y que lo hacía de manera perfecta.

Pensamiento: Algunas personas están dispuestas y decididas a ir hasta lo último de la tierra. Sin embargo Jesús dijo que *Él, el Hijo del Hombre, su patrón de vida,* debe ser aceptado.

Muchas personas están entregadas, pero su entrega es a *sí mismos,* no es una entrega Cristo céntrica. Debemos comprender que las entregas a uno mismo pueden surgir de: (1) voluntades fuertes, (2) fuertes decisiones, y (3) de una fuerte disciplina. Y la persona puede tener éxito en esa entrega. Pero la entrega a uno mismo no es suficiente para Cristo. Debe haber una entrega total al Hijo del Hombre, abandonando todo lo concerniente al ego y todo lo concerniente al mundo.

«Y decía a todos: Si alguno quiere venir en pos de mí, niéguese a sí mismo, tome su cruz cada día, y sígame» (Lc. 9:23).

«Pues para esto fuisteis llamados; porque también Cristo padeció por nosotros, dejándonos ejemplo, para que sigáis sus pisadas» (1 P. 2:21).

«Haya, pues, en vosotros *este sentir* que hubo también en Cristo Jesús, el cual siendo en forma de Dios, no estimó el ser igual a Dios como cosa a que aferrarse, sino que se despojó a sí mismo, tomando forma de siervo, hecho semejante a los hombres; y estando en la condición de hombre, se humilló a sí mismo, haciéndose obediente hasta la muerte, y muerte de cruz» (Fil. 2:5-8).

«Porque nosotros que vivimos, siempre estamos entregados a muerte por causa de Jesús, para que también la vida de Jesús se manifieste en nuestra carne mortal» (2 Co. 4:11).

«Porque ya conocéis la gracia de nuestro Señor Jesucristo, que por amor a vosotros se hizo pobre, siendo rico, para que vosotros con su pobreza fueseis enriquecidos» (2 Co. 8:9).

ESTUDIO A FONDO 1

(9:58) ***Hijo del Hombre:*** Jesús no era solamente lo que es un hombre común, hijo de un hombre; Jesús fue lo que todo hombre debería ser, el propio Hijo del Hombre. Como tal ha venido a ser el hombre ideal, el hombre representativo, el hombre perfecto, el *Modelo,* la *Encarnación* de todo lo que el hombre debería ser (*véase* Estudio a fondo 3—Mt. 1:16). Jesucristo es el *cuadro perfecto* de un hombre. Todo lo que Dios quiere que se vea en un hombre se ve perfectamente en Jesucristo (cp. Jn. 1:14; Col. 2:9-10; He. 1:3). El título también significa el *siervo ideal* del hombre. Acentúa su simpatía por los pobres, los de corazón quebrantado, los cautivos, los ciegos, los golpeados, expulsados, los despojados (cp. Lc. 4:18). Jesús es el patrón, el modelo, el ejemplo perfecto de preocupación y cuidado de otros. Él sirvió como todo hombre debería servir a los demás.

Jesús se denominó a sí mismo «el Hijo del Hombre» y lo hizo aproximadamente ochenta veces. Era su término favorito.

El título *Hijo del Hombre* probablemente se base en el Hijo del Hombre de Daniel 7:13-14. Ofrece un cuadro de Jesús como el Hijo del Hombre celestial en contraste con Adán el hombre terrenal de 1 Corintios 15:45-57. Ambos sirvieron como hombres representativos en el plan de Dios para la historia del mundo.

2 (9:59-60) ***Discipulado—decisión—llamado:*** es preciso seguir inmediatamente a Jesús. Note tres cosas.

1. Fue Jesús quien invitó al hombre a seguirle. Había algo muy especial en este hombre que llamó la atención a Jesús, y Jesús se sintió movido a llamarlo. De hecho, el aspecto *especial* en este hombre era de tal calidad que Jesús insistió aún después de haber vacilado el hombre. El hombre era demasiado valioso para dejarlo ir, de modo que Jesús razonó y argumentó con él e incluso le mandó «tú vé, y anuncia el reino de Dios».

Pensamiento: Note dos temas importantes.

1) Cada persona es extremadamente valiosa para Jesús. Por eso el Espíritu sigue al hombre todo el tiempo que éste lo permita, a pesar del egoísmo del hombre.
2) Toda persona que es llamada por Cristo a «anunciar el reino de Dios» debe escuchar y responder inmediatamente. El llamado del Señor debe ser el énfasis primordial en la vida de esa persona.

2. La atención del hombre estaba dividida. El llamado de Dios llegó a esta persona, pero ella vaciló (*véase* nota—Mt. 8:21). Note dos hechos.

a. La vacilación del hombre era legítima. Cuidar de los padres es algo esencial. O bien su padre ya estaba muerto o bien estaba a punto de morir. La presencia del hombre era realmente necesaria en el hogar.

b. El problema del hombre fue su *atención dividida.* Al sentir el llamado de Dios consideró su propia situación y no se entregó inmediatamente. Lo que ocurrió es lo que ocurre tantas veces. Los problemas y circunstancias lo abrumaron, de manera que quiso esperar hasta controlar la situación. Tan pronto tuviera las cosas bajo control, dejaría todo para seguir a Jesús.

«Si alguno viene a mí, y no aborrece a su padre, y madre, y mujer, e hijos, y hermanos, y hermanas, y aun también su propia vida, no puede ser mi discípulo. Y el que no lleva su cruz y viene en pos de mí, no puede ser mi discípulo» (Lc. 14:26-27).

«Entonces Pedro comenzó a decirle: He aquí, nosotros lo hemos dejado todo, y te hemos seguido. Respondió Jesús y dijo: De cierto os digo que no hay ninguno que haya dejado casa, o hermanos, o hermanas, o padres, o madres, o mujer, o hijos, o tierras, por causa de mí y del evangelio, que no reciba cien veces más ahora en este tiempo; casas, hermanos, hermanas, madres, hijos, y tierras, con persecuciones; y en el siglo venidero la vida eterna» (Mr. 10:28-30).

«Lo que has oído de mí ante muchos testigos, esto encarga a hombres fieles que sean idóneos para enseñar también a otros. Tú, pues, sufre penalidades como buen soldado de Jesucristo. Ninguno que milita se enreda en los negocios de la vida, a fin de agradar a aquel que lo tomó por soldado» (2 Ti. 2:2-4).

«Porque el siervo del Señor no debe ser contencioso, sino amable para con todos, apto para enseñar, sufrido; que con mansedumbre corrija a los que se oponen, por si quizá Dios les conceda que se arrepientan para conocer la verdad, y escapen del lazo del diablo, en que están cautivos a voluntad de él» (2 Ti. 2:24-26).

«Pero tú sé sobrio en todo, soporta las aflicciones, haz obra de evangelista, cumple tu ministerio» (2 Ti. 4:5).

3. Jesús demandó que el hombre actuase inmediatamente, sin esperar. Jesús miró a través de esa entrega parcial del hombre. Percibió su falta de confianza en Dios. Jesús espera que cuidemos de nuestros padres (1 Ti. 5:3-8), pero primero demanda lealtad y respuesta inmediata a Él. Demanda particularmente dos cosas.

a. Un sentido de urgencia. ¡Imagine! Jesús se rehusó a dar tiempo al hombre a sepultar al muerto. ¿Por qué? Porque la necesidad es tan grande y los hombres están muriendo sin Cristo. Nada se puede hacer por los muertos (su padre), pero los que viven pueden ser alcanzados y rescatados de las cadenas de la muerte y salvados a vida eterna. Si vacilamos, cualquiera sea el motivo, algunos que podríamos haber alcanzado morirán y serán condenados. La cuestión contundente: hay urgencia.

«Y les dijo Jesús: Venid en pos de mí, y haré que seáis pescadores de hombres. Y dejando luego sus redes, le siguieron» (Mr. 1:17-18).

«Jesús les dijo: Mi comida es que haga la voluntad del que me envió, y que acabe su obra» (Jn. 4:34).

«Me es necesario hacer las obras del que me envió, entre tanto que el día dura; la noche viene, cuando nadie puede trabajar» (Jn. 9:4).

«Y esto, conociendo el tiempo, que es ya hora de levantarnos del sueño; porque ahora está más cerca de nosotros nuestra salvación que cuando creíamos. La noche está avanzada, y se acerca el día. Desechemos, pues, las obras de las tinieblas, y vistámonos las armas de la luz» (Ro. 13:11-12).

«Pero esto digo, hermanos: que el tiempo es corto; resta, pues, que los que tienen esposa sean como si no la tuviesen» (1 Co. 7:29).

«Aprovechando bien el tiempo, porque los días son malos» (Ef. 5:16).

«Andad sabiamente para con los de afuera, redimiendo el tiempo» (Col. 4:5).

«Por lo cual te aconsejo que avives el fuego del don de Dios que está en ti por la imposición de mis manos» (2 Ti. 1:6).

«Pues tengo por justo, en tanto que estoy en este cuerpo, el despertaros con amonestación» (2 P. 1:13).

«Enséñanos de tal modo a contar nuestros días, que traigamos al corazón sabiduría» (Sal. 90:12),

«Acuérdate de tu Creador en los días de tu juventud, antes que vengan los días malos, y lleguen los años de los cuales digas: No tengo en ellos contentamiento» (Ec. 12:1).

b. Vé, y anuncia el reino de Dios. Note que Cristo le dice a sus mensajeros qué mensaje deben predicar, y sin embargo, cuán escasamente es predicado el verdadero mensaje del reino de Dios (*véase* nota—Mt. 19:23-24).

«Porque no podemos dejar de decir lo que hemos *visto y oído*» (Hch. 4:20).

«Y cuando Silas y Timoteo vinieron de Macedonia, Pablo estaba entregado por entero a la predicación de la palabra, testificando a los judíos que *Jesús era el Cristo*» (Hch. 18:5).

«Me es impuesta necesidad; y ¡ay de mí si no anunciare *el evangelio*!» (1 Co. 9:16).

«Que *prediques* la palabra; que instes a tiempo y fuera de tiempo; redarguye, reprende, exhorta con toda paciencia y doctrina» (2 Ti. 4:2).

«Y dije: No me acordaré más de él, ni hablaré más en su nombre; no obstante había en mi corazón como un fuego ardiente metido en mis huesos; traté de sufrirlo, y no pude» (Jer. 20:9).

«Si el león ruge, ¿quién no temerá? Si habla

Jehová el Señor, ¿quién no profetizará?» (Am. 3:8).

3 (9:61-62) *Decisión—discipulado:* es preciso no mirar atrás. Note tres cosas.

1. Este hombre se ofreció espontáneamente. Estaba *dispuesto* a seguir a Jesús. Algo del Señor le tocó el corazón o se sintió atraído por la enseñanza y ministerio del Señor. Vio el enorme beneficio que era para los hombres y la sociedad el ministerio de Cristo a las necesidades de los hombres. Cualquiera sea el caso, tomó la decisión de seguir a Jesús. Estaba *dispuesto.*

2. El hombre tenía una *doble lealtad.* Note las palabras «pero» y «primero». El hombre había reflexionado sobre su decisión y llegado a la conclusión que estaba dispuesto a seguir a Cristo, *pero* había algo que quería atender *primero*: un asunto de familia, un negocio, algo relacionado con el trabajo, un asunto financiero; algún otro interés fue antepuesto (como ocurre con tantas personas).

Es posible que alguna otra cosa preocupara al hombre. Tal vez quería conocer el consejo y la recomendación de su familia, y ver qué pensaban ellos al respecto. Tal vez creía necesitar la aprobación de ellos. Entonces, nuevamente, pudo haber antepuesto su amor a la familia al amor a Cristo. Tal vez estaba más apegado a su familia que a Cristo. Nuestra *primera* lealtad debe ser para nuestra familia, *después* de nuestra lealtad a Cristo. Cristo debe ser el primero en nuestras vidas.

«Mas *buscad primeramente* el reino de Dios y su justicia, y todas estas cosas os serán añadidas» (Mt. 6:33).

«El que no es conmigo, contra mí es; y el que conmigo no recoge, desparrama» (Mt. 12:30).

«Entonces el Rey dirá a los de su derecha: Venid, benditos de mi Padre, heredad el reino preparado para vosotros desde la fundación del mundo. Porque tuve hambre, y me disteis de comer; tuve sed, y me disteis de beber; fui forastero, y me recogisteis; estuve desnudo, y me cubristeis; enfermo, y me visitasteis; en la cárcel, y *vinisteis a mí*» (Mt. 25:34-36).

«¿Quién pues de estos tres te parece que fue el prójimo del que cayó en manos de los ladrones? Él dijo: El que usó de misericordia con él. Entonces Jesús le dijo: *Vé y haz tú lo mismo*» (Lc. 10:36-37).

«Así, pues, cualquiera de vosotros que no renuncia a todo lo que posee, no puede ser mi discípulo» (Lc. 14:33).

«Ningún siervo puede servir a dos señores; porque o aborrecerá al uno y amará al otro, o estimará al uno y menospreciará al otro. No podéis servir a Dios y a las riquezas» (Lc. 16:13).

«Cuando hubieron comido, Jesús dijo a Simón Pedro: Simón, hijo de Jonás, ¿me amas más que éstos? Le respondió: Si Señor; tú sabes que te amo. El le dijo: *Apacienta mis corderos.* Volvió a decirle la segunda vez: Simón, hijo de Jonás, ¿me amas? Pedro le respondió: Sí Señor; tú sabes que te amo. Le dijo: *Pastorea mis ovejas.* Le dijo la tercera vez: Simón, hijo de Jonás, ¿me amas? Pedro se entristeció de que le dijese la tercera vez: ¿Me amas? y le respondió: Señor, tú lo sabes todo; tú sabes que te amo. Jesús le dijo: *Apacienta mis ovejas*» (Jn. 21:15-17).

«Y ciertamente, aun estimo todas las cosas como pérdida por la excelencia del conocimiento de Cristo Jesús, mi Señor, por amor del cual lo he perdido todo, y lo tengo por basura, para ganar a Cristo» (Fil. 3:8).

«Apacentad la grey de Dios que está entre vosotros, cuidando de ella no por fuerza, sino voluntariamente; no por ganancia deshonesta, sino con ánimo pronto» (1 P. 5:2).

«Dios, que andes en todos sus caminos, y que lo ames, y *sirvas a Jehová tu Dios* con todo tu corazón y con toda tu alma» (Dt. 10:12).

«Ahora, pues, temed a Jehová, y servidle con integridad y en verdad; y quitad de entre vosotros los dioses a los cuales sirvieron vuestros padres al otro lado del río, y en Egipto; y servid a Jehová» (Jos. 24:14).

«Y Samuel dijo: ¿Se complace Jehová tanto en los holocaustos y víctimas, como en que se *obedezca a las palabras de Jehová*? Ciertamente el obedecer es mejor que los sacrificios» (1 S. 15:22).

«Y Elías volvió a decir al pueblo: Sólo yo he quedado profeta de Jehová; mas de los profetas de Baal hay cuatrocientos cincuenta hombres» (1 R. 18:21).

«Y tú, Salomón, hijo mío, reconoce al Dios de tu padre, y sírvele con corazón perfecto y con ánimo voluntario; porque Jehová escudriña los corazones de todos, y entiende todo intento de los pensamientos. Si tú le buscares, lo hallarás; mas si lo dejares, él te desechará para siempre» (1 Cr. 28:9).

«*Servid a Jehová* con temor, y alegraos con temblor» (Sal. 2:11).

«Ponte a la puerta de la casa de Jehová, y proclama allí esta palabra, y dí: Oíd palabra de Jehová, todo Judá los que entráis por estas puertas para adorar a Jehová» (Jer. 7:2).

«Hijo de hombre, yo te he puesto por atalaya a la casa de Israel; oirás, pues, tú la palabra de mi boca, y los amonestarás de mi parte» (Ez. 3:17).

3. La valoración de Jesús es expresada descriptivamente; tan descriptivamente que una vez oída o leída es difícil olvidarla: «Ninguno que poniendo su mano en el arado mira hacia atrás, es apto para el reino de Dios.» El hombre entendió la cuestión y probablemente nunca la olvidó. Es más que probable que haya tenido cargos de conciencia y se haya sentido perturbado cada vez que esas palabras le cruzaban por la mente. Había querido seguir a Cristo, pero había «mirado hacia atrás». Por lo tanto no era apto para el reino de Dios.

La idea es esta. Una persona que comienza a arar y luego mira hacia atrás...

- ara un surco torcido. Nunca un surco (persona) es derecho, tan derecho como debería ser. (Cada surco o persona solo recibe enseñanza parcial.)
- ara un campo inconsistente. El campo bajo su cuidado nunca está maduro; nunca recibe un trabajo consistente.
- ara con un espíritu carente de entrega total. En cualquier momento puede abandonar, dejando el trabajo inconcluso.
- ara, pero dando lugar a distracciones e interrupciones que afectan la cosecha (las plantas son descuidadas).

«No todo el que me dice: Señor, Señor, entrará en el reino de los cielos, sino el que hace la voluntad de mi Padre que está en los cielos» (Mt. 7:21).

«Pero cualquiera que me oye estas palabras y no las hace, le compararé a un hombre insensato, que edificó su casa sobre la arena; y descendió lluvia, y vinieron ríos, y soplaron vientos, y dieron con ímpetu contra aquella casa; y cayó, y fue grande su ruina» (Mt. 7:26-27).

«Jesús le dijo: Si quieres ser perfecto, anda, vende lo que tienes, y dalo a los pobres, y tendrás tesoro en el cielo; y *ven y sígueme.* Oyendo el joven esta palabra, se fue triste, porque tenía muchas posesiones. Entonces Jesús dijo a sus discípulos: De cierto os digo, que difícilmente entrará un rico en el reino de los cielos» (Mt. 19: 19-23).

«Aquel siervo que conociendo la voluntad de su señor, no se preparó, ni hizo conforme a su voluntad, recibirá muchos azotes» (Lc. 12:47).

«El Espíritu es el que da vida; la carne para nada aprovecha; las palabras que os he hablado son espíritu y son vida. Pero hay algunos de vosotros que no creen. Porque Jesús sabía desde el principio quiénes eran los que no reían, y quién le había de entregar. Y dijo: Por eso os he dicho que ninguno puede venir a mí, si no le fuere dado del Padre. Desde entonces muchos de sus

discípulos volvieron atrás, y ya no andaban con él. Dijo entonces Jesús a los doce: ¿Queréis acaso iros también vosotros? Le respondió Simón Pedro: Señor, ¿a quién iremos? Tú tienes palabras de vida eterna. Y nosotros hemos creído y conocemos que tú eres el Cristo, el Hijo del Dios viviente. Jesús les respondió: ¿No os he escogido yo a vosotros los doce, y uno de vosotros es diablo?» (Jn. 6:63-70).

«Estoy maravillado de que tan pronto os hayáis alejado del que os llamó por la gracia de Cristo, para seguir un evangelio diferente. No que haya otro, sino que hay algunos que os perturban y quieren pervertir el evangelio de Cristo» (Gá. 1:6-7).

«Mas ahora, conociendo a Dios, o más bien, siendo conocidos por Dios, ¿cómo es que os volvéis de nuevo a los débiles y pobres rudimentos, a los cuales os queréis volver a esclavizar?» (Gá. 4:9).

«Mas el justo vivirá por fe ; y si retrocediere, no agradará a mi alma» (He. 10:38).

«Considerad a aquel que sufrió tal contradicción de pecadores contra sí mismo, para que vuestro ánimo no se canse hasta desmayar» (He. 12:3).

«El hombre de doble ánimo es inconstante en todos sus caminos» (Stg. 1:8).

«Acercaos a Dios, y él se acercará a vosotros. Pecadores, limpiad las manos; y vosotros los de doble ánimo, purificad vuestros corazones» (Stgo. 4:8).

«Y al que sabe hacer lo bueno, y no lo hace, le es pecado» (Stg. 4:17).

«Ciertamente, si habiéndose ellos escapado de las contaminaciones del mundo, por el conocimiento del Señor y Salvador Jesucristo, enredándose otra vez en ellas son vencidos, su postrer estado viene a ser peor que el primero» (2 P. 2:20).

«Así que vosotros, oh amados, sabiéndolo de antemano, guardaos, no sea que arrastrados por el error de los inicuos, caigáis de vuestra firmeza» (2 P. 3:17).

«Salieron de nosotros, pero no eran de nosotros; porque si hubiesen sido de nosotros, habrían permanecido con nosotros; pero salieron para que se manifestase que no todos son de nosotros» (1 Jn. 2:19).

«Pero tengo contra ti, que has dejado tu primer amor. Recuerda, por tanto, de dónde has caído, y arrepiéntete, y haz las primeras obras; pues si no, vendré pronto a ti, y quitaré tu candelero de su lugar, si no te hubieres arrepentido» (Ap. 2:4-5).

«Maldito el que hiciere indolentemente la obra de Jehová, y maldito el que detuviere de la sangre su espada» (Jer. 48:10).

CAPÍTULO 10

C. Envío de los setenta: gran propósito, 10:1-16 (cp. Mt. 10)

1 Jesús designó a setenta discípulos que le preparasen el camino
a. Tenía muchos discípulos
b. Los envió de dos en dos
c. Vio la tremenda necesidad
d. Los envió como mensajeros
2 Primero, orar por más obreros
3 Segundo, ir a un mundo antagónico
4 Tercero, confiar en Dios y sentir la urgencia de la hora
5 Cuarto, proteger el mensaje; no imponerlo por fuerza
6 Aceptar la compensación, pero no buscar lujo
7 Séptimo, adecuarse y adaptarse
a. Identificarse con gente
b. Ministrar a la gente
c. Proclamar el reino de Dios
8 Apartarse de los rechazadores
a. De cualquier ciudad o gente que rechace
1) Simbolizar el rechazo de Dios sacudiendo aun el polvo de la ciudad contra ella
2) El motivo: el reino de Dios se acercó, pero ellos lo rechazaron
3) Juicio: será mayor que el de Sodoma
b. Cualquiera que *solamente profese* ser pueblo de Dios[EF1]
1) Ilustrado por dos ciudades judías
2) El motivo: vieron las obras de Cristo, pero fue rechazado
3) El juicio: será más terrible
c. Cualquiera que tenga un testimonio constante pero lo rechaza, sufrirá el mayor juicio, el infierno
9 Octavo, saber que el obrero cristiano representa al Señor

Después de estas cosas, designó el Señor también a otros setenta, a quienes envió de dos en dos delante de él a toda ciudad y lugar adonde él había de ir.
2 Y les decía: La mies a la verdad es mucha, mas los obreros pocos; por tanto, rogad al Señor de la mies que envíe obreros a su mies.
3 Id; he aquí yo os envío como corderos en medio de lobos.
4 No llevéis bolsa, ni alforja, ni calzado; y a nadie saludéis en el camino
5 En cualquier casa donde entréis, primeramente decid: Paz sea a esta casa.
6 Y si allí hubiere algún hijo de paz, vuestra paz reposará sobre él; y si no, se volverá a vosotros.
7 Y posad en aquella misma casa, comiendo y bebiendo lo que os den; porque el obrero es digno de su salario. No os paséis de casa en casa.
8 En cualquier ciudad donde entréis, y os reciban, comed lo que os pongan delante;
9 y sanad a los enfermos que en ella haya, y decidles: Se ha acercado a vosotros el reino de Dios.
10 Mas en cualquier ciudad donde entréis, y no os reciban, saliendo por sus calles, decid:
11 Aun el polvo de vuestra ciudad que se ha pegado a nuestros pies, lo sacudimos contra vosotros. Pero esto sabed, que el reino de Dios se ha acercado a vosotros.
12 Y os digo que en aquel día será más tolerable el castigo para Sodoma, que para aquella ciudad.
13 ¡Ay de ti, Corazín! ¡Ay de ti, Betsaida! que si en Tiro y en Sidón se hubieran hecho los milagros que se han hecho en vosotras, tiempo ha que sentadas en cilicio y ceniza, se habrían arrepentido.
14 Por tanto, en el juicio será más tolerable el castigo para Tiro y Sidón, que para vosotras.
15 Y tú, Capernaum, que hasta los cielos eres levantada, hasta el hades serás abatida.
16 El que a vosotros oye, a mí me oye; y el que a vosotros desecha, a mí me desecha; y el que me desecha a mí, desecha al que me envió.

C. Envío de los setenta: gran propósito, 10:1-16

(10:1-16) ***Introducción:*** este pasaje le dice al obrero cristiano cómo hacer su trabajo, y le dice al oyente cómo tratar al obrero de Dios.

1. Jesús designó a setenta discípulos que le preparasen el camino (v. 1).
2. Primero, orar por más obreros (v. 2).
3. Segundo, ir a un mundo antagónico (v. 3).
4. Tercero, confiar en Dios y sentir la urgencia de la hora(v. 4).
5. Cuarto, proteger el mensaje; no imponerlo por fuerza (vv. 5-6).
6. Aceptar la compensación, pero no buscar lujo (v. 7).
7. Séptimo, adecuarse y adaptarse (vv. 8-9).
8. Apartarse de los rechazadores (vv. 10-15).
9. Octavo, saber que el obrero cristiano representa al Señor (v. 16).

1 (10:1) ***Apóstoles—discípulos—Jesucristo, seguidores de—testificar:*** Jesús designó setenta discípulos a prepararle el camino. El número setenta es discutido, porque algunos manuscritos muy confiables dicen que fueron designados setenta y dos. No importa qué número se adopte, el número se considera simbólico, como también se considera simbólico el número de los doce apóstoles. Se dice que los doce apóstoles simbolizan...

- a los doce patriarcas.
- a las doce tribus de Israel.
- a los doce líderes de las tribus.

Los setenta pueden simbolizar...

- las naciones del mundo (cp. Génesis 10 donde hay una lista de setenta naciones; (setenta y dos en la versión de la septuaginta griega del Antiguo Testamento). Lo importante en este simbolismo es que el evangelio debe ir a todo el mundo.
- los setenta ancianos que vieron la gloria de Dios (Éx. 24:1, 9).
- los setenta ancianos de Israel (Nm. 11:16ss).
- las setenta palmeras en Elim (Éx. 15:27). (Note que también había doce vertientes de agua en Elim que representarían a los doce apóstoles.)

- el gran sanhedrín, cuerpo gobernante de los judíos, constituido por setenta miembros.

Cualquiera sea el caso, el versículo destaca cuatro temas significativos.

1. Jesús tuvo muchos discípulos, muchos más que los doce frecuentemente mencionados. Hubo al menos setenta discípulos que seguían de tan cerca a Jesús que Él pudo enviarlos como testigos suyos. Pedro se refirió a estos discípulos diciendo: «estos hombres que han estado juntos con nosotros todo el tiempo que el Señor Jesús entraba y salía entre nosotros» (Hch. 1:21; cp. 1:15).
2. Jesús los envió de dos en dos para alentarse y ayudarse mutuamente.
3. Jesús veía una gran necesidad, una necesidad tan grande que se requería un gran contingente de testigos.
4. Jesús envió a los setenta como precursores. Ellos debían preparar a la gente para su venida (cp. Tit. 2:12-13).

Pensamiento. Cualquiera de estos cuatro puntos se aplican a nosotros. Considérelos cuidadosamente. ¿Cuántos de nosotros seguimos tan fielmente al Señor que Él puede enviarnos como testigos suyos?

2 (10:2) ***Oración—mundo—ministros—visión—obreros:*** Primero, ore por más obreros (para una mayor discusión del tema *véanse* el bosquejo y las notas de Mt. 9:37-38). Este era el primer deber. Puesto que la tarea era abrumadora no había suficientes obreros. (Siempre debemos orar con diligencia por los obreros.) Jesús mencionó cuatro motivos.

1. Había una gran cosecha de preciosas almas que debían ser alcanzadas con el evangelio. Era un número desconcertante, y la vasta mayoría estaba sin Jesús, debatiéndose bajo el peso de los problemas de un mundo moribundo.

«¿No decís vosotros: Aún faltan cuatro meses para que llegue la siega? He aquí os digo: Alzad vuestros ojos y mirad los campos, porque ya están blancos para la siega. Y el que siega recibe salario, y recoge fruto para vida eterna, para que el que siembra goce juntamente con el que siega» (Jn. 4:35-36).

«No nos cansemos, pues, de hacer el bien; porque a su tiempo segaremos, si no desmayamos» (Gá. 6:9).

2. Los obreros eran pocos, muy pocos.
3. La necesidad era urgente; el campo estaba maduro, listo para la *siega.* Algunos deseaban el *evangelio,* la respuesta a la vida. Estaban literalmente listos para ser segados, deseaban un propósito, sentido, y significado para sus vidas. Tal vez no sabían lo que les causaba el anhelo y la angustia de sus corazones; tal vez no sabían cómo identificar su necesidad, pero estaban listos para aferrarse a la respuesta. Y la respuesta era Jesús.
4. Dios es quien debe enviar obreros. Él es la fuente de los obreros, y la oración es el método que usa para enviarlos.

Pensamiento. Note un asunto crucial. La preocupación de una generación determina la manera en que esa generación se conduce bajo el cuidado de Dios. La generación que anhela a Dios —que pide a Dios enviar obreros— esa generación tendrá obreros y durante su vida habrá una buena medida de justicia. La generación que ignora a Dios se encuentra con inmoralidad e impiedad, injusticia y mal, las cosas irán de mal en peor. La respuesta para que una generación sea sólida es la oración: oración por obreros para ser enviados a recoger la preciosa cosecha de almas. Si no hay voces que proclamen amor, moralidad y justicia, reinarán el pecado y la muerte.

«Y cuando el fruto está maduro, en seguida se mete la hoz, porque la siega ha llegado» (Mr. 4:29).

«Los que sembraron con lágrimas, con regocijo segarán. Irá andando y llorando el que lleva la preciosa semilla; mas volverá a venir con regocijo, trayendo sus gavillas» (Sal. 126:5-6).

«Sembrad para vosotros en justicia, segad para vosotros en misericordia; haced para vosotros barbecho; porque es el tiempo de buscar a Jehová, hasta que venga y os enseñe justicia» (Os. 10:12).

3 (10:3) ***Persecución—ovejas—lobos:*** segundo, id a un mundo opositor (para una mayor discusión *véase* nota, pto. 2—Mt. 10:16). Note dos cuestiones.

1. La amenaza o peligro de persecución. Jesús dijo que algunos hombres serían como lobos...
   - protegiendo su territorio, contendiendo y aplastando al mensajero de Dios, tratando de ahuyentarlo de su intento de conquistar al mundo.
   - regañando y amenazando al creyente que se opone a los caminos del mundo.
   - hambrientos y dispuestos a cazar, atacar y consumir.
2. El espíritu del obrero cristiano. Debía ser como una oveja: manso, inofensivo, no combativo.

«Por tanto, mirad por vosotros, y por todo el rebaño en que el Espíritu Santo os ha puesto por obispos, para apacentar la iglesia del Señor, la cual él ganó por su propia sangre. Porque yo sé que después de mi partida entrarán en medio de vosotros lobos rapaces, que no perdonarán al rebaño. Y de vosotros mismos se levantarán hombres que hablen cosas perversas para arrastrar tras sí a los discípulos. Por tanto, velad, acordándoos que por tres años, de noche y de día, no he cesado de amonestar con lágrimas a cada uno» (Hch. 20:28-31).

«Acordaos de la palabra que yo os he dicho: El siervo no es mayor que su señor. Si a mí me han perseguido, también a vosotros os perseguirán; si han guardado mi palabra, también guardarán la vuestra» (Jn. 15:20).

«Estas cosas os he hablado, para que no tengáis tropiezo. Os expulsarán de las sinagogas; y aun viene la hora cuando cualquiera que os mate, pensará que rinde servicio a Dios. Y harán esto porque no conocen al Padre ni a mí. Mas os he dicho estas cosas, para que cuando llegue la hora, os acordéis de que ya os lo había dicho. Esto no os lo dije al principio porque yo estaba con vosotros» (Jn. 16:1-4).

«Porque a vosotros os es concedido a causa de Cristo, no sólo que creáis en él, sino también que padezcáis por él» (Fil. 1:29).

«A fin de que nadie se inquiete por estas tribulaciones; porque vosotros mismos sabéis que para esto estamos puestos» (1 Ts. 3:3).

«Y también todos los que quieren vivir piadosamente en Cristo Jesús padecerán persecución» (2 Ti. 3:12).

«Amados, no os sorprendáis del fuego de prueba que os ha sobrevenido, como si alguna cosa extraña aconteciese, sino gozaos por cuanto sois participantes de los padecimientos de Cristo, para que también en la revelación de su gloria os gocéis con gran alegría. Si sois vituperados por el nombre de Cristo, sois bienaventurados, porque el glorioso Espíritu de Dios reposa sobre vosotros. Ciertamente, de parte de ellos, él es blasfemado, pero por vosotros es glorificado. Así que, ninguno de vosotros padezca como homicida, o ladrón o malhechor, o por entremeterse en lo ajeno; pero si alguno padece como cristiano, no se avergüence, sino glorifique a Dios por ello» (1 P. 4:12-16).

«No como Caín, que era del maligno y mató a su hermano. Y por qué causa le mató? Porque sus obras eran malas, y las de su hermano justas» (1 Jn. 3:12).

«No temas en nada lo que vas a padecer. He aquí, el diablo echará a algunos de vosotros en la cárcel, para que seáis probados, y tendréis tribulación por diez días. Sé fiel hasta la muerte, y yo te daré la corona de la vida» (Ap. 2:10).

«Y guardaos de los hombres, porque os entregarán a los concilios, y en sus sinagogas os azotarán» (Mt. 10:17).

4 (10:4) ***Conversación—confianza—necesidades—ministro:*** En tercer lugar, confía en Dios y siente la urgencia de la hora. Era un doble mandato.

1. Confiar en Dios. No debían llevar bolsa (monedero, alforja)

o bolsa de viajero (*pera*) ni dos pares de sandalias. Debían confiar en Dios para sus provisiones, sin preocuparse por el dinero para comida, casa, o ropa (Mt. 6:24-34). Preocuparse por tales cosas resultaría embarazoso y les quitaría tiempo precioso para ministrar. Además, estaban predicando un mensaje de fe y confianza en Dios. Tenían que vivir lo que predicaban y ser un ejemplo vivo de la dependencia que Dios quiere ver en toda persona.

«Mas buscad primeramente el reino de Dios y su justicia, y todas estas cosas os serán añadidas» (Mt. 6:33).

«No lo digo porque tenga escasez, pues he aprendido a contentarme, cualquiera sea mi situación. Sé vivir humildemente, y sé tener abundancia; en todo y por todo estoy enseñado, así para estar saciado como para tener hambre, así para tener abundancia como para padecer necesidad. Todo lo puedo en Cristo que me fortalece» (Fil. 4:11-13).

«Confía en Jehová y haz el bien; y habitarás en la tierra, y te apacentarás de la verdad» (Sal. 37:3).

«Encomienda a Jehová tu camino, y confía en él; y él hará» (Sal. 37:5).

«Los que teméis a Jehová, confiad en Jehová; él es vuestra ayuda y vuestro escudo» (Sal. 115:11).

«Mejor es confiar en Jehová que confiar en el hombre» (Sal. 118:8).

«Fíate de Jehová de todo tu corazón, y no te apoyes en tu propia prudencia» (Pr. 3:5).

«Tú guardarás en completa paz a aquel cuyo pensamiento en ti persevera; porque en ti ha confiado. Confiad en Jehová perpetuamente, porque en Jehová el Señor está la fortaleza de los siglos» (Is. 26:3-4).

«¿Quién hay entre vosotros que teme a Jehová, y oye la voz de su siervo? El que anda en tinieblas y carece de luz, confíe en el nombre de Jehová, y apóyese en su Dios» (Is. 50:10).

2. Actuar ahora, es urgente. No debían perder tiempo deteniéndose a lo largo del camino para conversaciones innecesarias. Ese tiempo debía ser dedicado al ministerio o a la oración. La misión de ellos estaba enfocada en otro mundo que duraría eternamente, un mundo al que toda persona debía entrar. El hombre necesitaba desesperadamente sentir la urgencia y el compromiso necesario para entrar al reino de Dios. Los obreros cristianos no debían ocuparse de este mundo y de sus innecesarios asuntos. (Note que no todos los asuntos son innecesarios, pero muchos de ellos frecuentemente sí lo son.)

«Me es necesario hacer las obras del que me envió, entre tanto que el día dura; la noche viene, cuando nadie puede trabajar» (Jn. 9:4).

«Pero esto digo, hermanos: que el tiempo es corto; resta, pues, que los que tienen esposa sean como si no la tuviesen» (1 Co. 7:29).

«Aprovechando bien el tiempo, porque los días son malos» (Ef. 5:16).

«Andad sabiamente para con los de afuera, redimiendo el tiempo» (Col. 4:5).

«Enséñanos de tal modo a contar nuestros días, que traigamos al corazón sabiduría» (Sal. 90:12).

[5] (10:5-6) ***Paz:*** cuarto, proteger el mensaje, no imponerlo por la fuerza. Jesús acentuó tres puntos.

1. El mensaje del obrero era paz (para la discusión del tema *véase* nota, ***Paz***—Jn. 14:27).

- La paz con Dios.
- La paz de Dios morando en el corazón de la persona.
- La paz entre los hombres.

«Justificados, pues, por la fe, tenemos paz para con Dios por medio de nuestro Señor Jesucristo» (Ro. 5:1).

«¿Y cómo predicarán si no fueren enviados? Como está escrito: ¡Cuán hermosos son los pies de los que anuncian la paz, de los que anuncian buenas nuevas?» (Ro. 10:15).

«Pero ahora en Cristo Jesús, vosotros que en otro tiempo estabáis lejos, habéis sido hechos cercanos por la sangre de Cristo. Porque él es nuestra paz, que de ambos pueblos hizo uno, derribando la pared intermedia de separación, aboliendo en su carne las enemistades, la ley de los mandamientos expresados en ordenanzas, para crear en sí mismo de los dos un solo y nuevo hombre, haciendo la paz, y mediante la cruz reconciliar con Dios a ambos en un solo cuerpo, matando en ella las enemistades. Y vino y anunció las buenas nuevas de paz a vosotros que estabais lejos, y a los que estaban cerca» (Ef. 2:13-17).

«Y [tengan] calzados los pies con el apresto del evangelio de la paz» (Ef. 6:15).

2. El obrero debía proclamar paz a toda casa donde entraba. Si el «hijo de paz», es decir, la cabeza de la familia, era un hombre de paz, el mensaje de paz debía ser proseguido. Pero si el mensaje de paz no era aceptado, dicho mensaje debía ser retirado. El discípulo no debía proclamar el mensaje de paz a cualquier persona si no estaba dispuesta a recibirlo. Ni el mensajero ni el mensaje debían ser impuestos a nadie por la fuerza.

«Y al entrar en la casa, saludadla. Y si la casa fuere digna, vuestra paz vendrá sobre ella; mas si no fuere digna, vuestra paz se volverá a vosotros. Y si alguno no os recibiere, ni oyere vuestras palabras, salid de aquella casa o ciudad, y sacudid el polvo de vuestros pies. De cierto os digo que en el día del juicio, será más tolerable el castigo para la tierra de Sodoma y de Gomorra, que para aquella ciudad» (Mt. 10:12-15).

3. El método usado por Cristo era *evangelismo casa por casa* (para la discusión del tema *véase* Estudio a fondo 1—Lc. 9:4).

[6] (10:7) ***Mayordomía—ministro, compensación:*** en quinto lugar, aceptar la compensación, pero sin buscar lujo. Hay tres asuntos para ser acentuados.

1. «El obrero es digno de su salario»; por eso se le debe compensar su trabajo y se debe cuidar de Él (1 Ti. 5:18). Las Escrituras dicen que en realidad el obrero es digno de doble compensación, y que se le debe expresar el aprecio de su trabajo (1 Ti. 5:17). Nunca nadie debe aprovecharse de Él. Se debe cuidar de él de modo que tenga vivienda, comida y bebida, y cubiertas todas las necesidades de la vida.

«Así también ordenó el Señor a los que anuncian el evangelio, que vivan del evangelio» (1 Co. 9:14).

«El que es enseñado en la palabra, haga partícipe de toda cosa buena al que le instruye» (Gá. 6:6).

«Sin embargo, bien hicisteis en participar conmigo en mi tribulación» (Fil. 4:14).

«Pues las Escrituras dicen: No pondrás bozal al buey que trilla; y: digno es el obrero de su salario» (1 Ti. 5:18).

«A los ricos de este siglo manda que no sean altivos, ni pongan la esperanza en las riquezas, las cuales son inciertas, sino en el Dios vivo, que nos da a todos las cosas en abundancia para que las disfrutemos. Que hagan bien, que sean ricos en buenas obras, dadivosos, generosos» (1 Ti. 6:17-18).

2. El obrero debía aceptar la compensación de su trabajo. No debía mostrarse orgulloso ni avergonzado por recibir el pago de su trabajo.

3. *Sin embargo,* no debía buscar lujo yendo de casa en casa y de persona en persona procurando más y más de las cosas buenas de la vida. *El obrero debía vivir con sencillez, entregándolo todo más allá de sus necesidades, dando todo para satisfacer las necesidades de otros.* Procuraría cubrir las necesidades de los hombres y no asegurarse de las cosas de este mundo. Qué contraste de valores: cosas versus personas. Con cuánta frecuencia los hombres dan lugar a una confucisón de valores.

«Si, pues, habéis resucitado con Cristo, buscad las cosas de arriba, donde está Cristo sentado a la diestra de Dios.

Poned la mira en las cosas de arriba, no en las de la tierra» (Col. 3:1-2).

«Porque los que son de la carne piensan en las cosas de la carne; pero los que son del Espíritu, en las cosas del Espíritu. Porque el ocuparse de la carne es muerte, pero el ocuparse del Espíritu es vida y paz» (Ro. 8:5-6).

«Conforme a la fe murieron todos éstos sin haber recibido lo prometido, sino mirándolo de lejos, y creyéndolo, y saludándolo, y confesando que eran extranjeros y peregrinos sobre la tierra. Porque los que esto dicen, claramente dan a entender que buscan una patria; pues si hubieran estado pensando en aquella de donde salieron, ciertamente tenían tiempo de volver. Pero anhelaban una mejor, esto es, celestial; por lo cual Dios no se avergüenza de llamarse Dios de ellos; porque les ha preparado una ciudad» (He. 11:13-16).

«Por la fe Moisés, hecho ya grande, rehusó llamarse hijo de la hija de Faraón, escogiendo antes ser maltratado con el pueblo de Dios, que gozar de los deleites temporales del pecado, teniendo por mayores riquezas el vituperio de Cristo que los tesoros de los egipcios; porque tenía puesta la mirada en el galardón» (He. 11:24-26).

7 (108-9) ***Misiones—misioneros:*** sexto, ser hospitalarios, saber acomodarse y adaptarse. Jesús dio tres mandatos que ayudarán al mensajero a alcanzar a quienes visita.

1. Identificarse con la gente. Esto era lo que Jesús acentuaba. Y para subrayar su importancia usó la cosa más básica y de mayor sensibilidad, la comida. Si era necesario, el mensajero de Dios debía cambiar sus costumbres y hábitos para alcanzar a la gente. Debía acomodarse y adaptarse a la gente que trataba de alcanzar, al extremo de incluir su comida. La gente debía ver que el mensajero los aceptaba y recibía en su vida y en su corazón.

«[El obispo tiene que ser] hospedador, amante de lo bueno, sobrio, justo, santo, dueño de sí mismo» (Tit. 1:8).

«Permanezca el amor fraternal. No os olvidéis de la hospitalidad, porque por ella algunos, sin saberlo, hospedaron ángeles» (He. 13:1-2).

«Hospedaos los unos a los otros sin murmuraciones» (1 P. 4:9).

«Amarás a tu prójimo como a ti mismo. No hay otro mandamiento mayor que éstos» (Mr. 12:31; cp. Gá. 5:14; Stg. 2:8).

«El amor no hace mal al prójimo; así que el cumplimiento de la ley es el amor» (Ro. 13:10).

«Cada uno de nosotros agrade a su prójimo en lo que es bueno, para edificación» (Ro. 15:2).

2. Ministrar a la gente. El mensajero debía ministrar a las necesidades físicas de la gente, inclusive sanando a los enfermos.

«Como el Hijo del Hombre no vino para ser servido, sino para servir, y para dar su vida en rescate por muchos» (Mt. 20:28).

«Entonces Jesús les dijo otra vez: Paz a vosotros. Como me envió el Padre, así también yo os envío» (Jn. 20:21).

«Cómo Dios ungió con el Espíritu Santo y con poder a Jesús de Nazaret, y cómo éste anduvo haciendo bienes y sanando a todos los oprimidos por el diablo, porque Dios estaba con él» (Hch. 10:38).

«En todo os he enseñado que, trabajando así, se debe ayudar a los necesitados, y recordar las palabras del Señor Jesús, que dijo: Más bienaventurado es dar que recibir» (Hch. 20:35).

«Así que, los que somos fuertes debemos soportar las flaquezas de los débiles, y no agradarnos a nosotros mismos» (Ro. 15:1).

«Sobrellevad los unos las cargas de los otros, y cumplid así la ley de Cristo» (Gá. 6:2).

3. Proclamar el reino de Dios. Note que el mensaje fue dado por Cristo; no era un mensaje creado en la mente de mensajero. Note también que el reino estaba cerca de la gente, a la mano. Tenían la oportunidad real de recibir el reino, en ese mismo momento y lugar (para mayor discusión de este tema *véase* Estudio a fondo 3, ***Reino de Dios***—Mt. 19:23-24).

«Desde entonces comenzó Jesús a predicar, y a decir: arrepentíos, porque el reino de los cielos se ha acercado" (Mt. 4:17).

«Y yendo, predicad, diciendo: El reino de los cielos se ha acercado» (Mt. 10:7).

«Pero él les dijo: Es necesario que también a otras ciudades anuncie el evangelio del reino de Dios; porque para esto he sido enviado» (Lc. 4:43).

«Aconteció después, que Jesús iba por todas las ciudades y aldeas predicando y anunciando el evangelio del reino de Dios, y los doce con él» (Lc. 8:1).

«Y los envió a predicar el reino de Dios, y a sanar a los enfermos» (Lc. 9:2).

«La ley y los profetas eran hasta Juan; desde entonces el reino de Dios es anunciado, y todos se esfuerzan por entrar en él» (Lc. 16:16).

«Así también vosotros, cuando veáis que suceden estas cosas, sabed que está cerca el reino de Dios» (Lc. 21:31).

«A quienes también, después de haber padecido, se presentó vivo con muchas pruebas indubitables, apareciéndoseles durante cuarenta días y hablándoles acerca del reino de Dios» (Hch. 1:3).

«Pero cuando creyeron a Felipe, que anunciaba el evangelio del reino de Dios y el nombre de Jesucristo, se bautizaban hombres y mujeres» (Hch. 8:12).

«Y ahora, he aquí, yo sé que ninguno de todos vosotros, entre quienes he pasado predicando el reino de Dios, verá más mi rostro» (Hch. 20:25).

«Y habiéndole señalado un día vinieron a él muchos a la posada, a los cuales les declaraba y les testificaba el reino de Dios desde la mañana hasta la tarde, persuadiéndoles acerca de Jesús, tanto por la ley de Moisés como por los profetas» (Hch. 28:23).

8 (10:10-15) ***Rechazo—juicio, grados de juicio—profesión de palabras:*** Séptimo, alejarse de quienes rechazan el mensaje. Esto, por supuesto, protegía, al menos en cierta medida, al mensa-jero de ser lastimado. También servía como advertencia inmediata a quien rechazaba el mensaje, motivándolo tal vez a pensar más detenidamente en el asunto y a cambiar su mente y corazón respecto de Jesús. Jesús mencionó a tres clases de personas que rechazan el mensaje.

1. Habría ciudades que rechazarían a Jesús (vv. 10-12). El mensajero debía simbolizar el rechazo de Dios hacia esas ciudades sacudiéndose el polvo de sus pies. Este era un testimonio silencioso de que Dios hacía precisamente lo que ellas querían: dejarlas caminar solas por la vida, tal como querían hacerlo (para mayor discusión del tema *véase* nota, pto. 3—Lc. 9:3-5).

El motivo para el juicio de Dios era que ellas habían rechazado el reino de Dios. El reino se había acercado a ellas; tuvieron la oportunidad, pero la rechazaron. Le cerraron sus puertas a Dios. Por eso sería mayor el juicio sobre ellas que sobre Sodoma (para mayor discusión del tema *véanse* Estudio a fondo 4—Mt. 10:15; Estudio a fondo 4—11:23).

2. Habría quienes profesarían *de palabra solamente* ser pueblo de Dios. Estos fueron ilustrado por dos ciudades densamente pobladas por judíos que profesaban ser el pueblo de Dios. Pero lo hacían *solamente de palabra.* Rechazaron al Hijo de Dios, a pesar de las poderosas obras efectuadas entre ellos. Por eso serían juzgados. La profesión de ellos, era nada más que una profesión. Por lo tanto, el juicio sobre ellos sería mayor que el juicio sobre los paganos. ¿Por qué? Porque tuvieron la oportunidad de aceptar a Cristo, una oportunidad que los paganos nunca tuvieron (Tiro y Sidón). Note los distintos grados de juicio. (Para mayor discusión del tema *véanse* bosquejo y notas—Mt. 11:20-24; Ro. 2:11-15.)

3. Estarían quienes tendrían un testimonio constante. Estos recibirían el mayor juicio de todos, el infierno mismo. Capernaum era la ciudad *escogida* y el cuartel general de Cristo (Mt. 9:1), sin embargo, rechazó a Cristo. (Para mayor discusión de este tema *véanse* bosquejo y notas—Mt. 11:20-24.)

Pensamiento. El juicio viene realmente, y todo aquel que rechaza a Jesucristo será condenado.

«Porque el que se avergonzare de mí y de mis palabras en esta generación adúltera y pecadora, el Hijo del Hombre se avergonzará también de él, cuando venga en la gloria de su Padre con los santos ángeles» (Mr. 8:38).

«Mas el que sin conocerla hizo cosas dignas de azotes, será azotado poco; porque a todo aquel a quien se haya dado mucho, mucho se le demandará; y al que mucho se le haya confiado, más se le pedirá» (Lc. 12:48).

«Y esta es la condenación: que la luz vino al mundo, y los hombres amaron más las tinieblas que la luz, porque sus obras eran malas» (Jn. 3:19).

«Pero por tu dureza y por tu corazón no arrepentido, atesoras para ti mismo ira para el día de la ira y de la revelación del justo juicio de Dios» (Ro. 2:5).

«De manera que cada uno de nosotros dará a Dios cuenta de sí» (Ro. 14:12).

«Y a vosotros que sois atribulados, daros reposo con nosotros, cuando se manifieste el Señor Jesús desde el cielo con los ángeles de su poder, en llama de fuego, para dar retribución a los que no conocieron a Dios, ni obedecen al evangelio de nuestro Señor Jesucristo» (2 Ts. 1:7-8).

«Antes exhortaos los unos a los otros cada día, entre tanto que se dice: Hoy; para que ninguno de vosotros se endurezca por el engaño del pecado» (He. 3:13).

«A éstos les parece cosa extraña que vosotros no corráis con ellos en el mismo desenfreno de disolución, y os ultrajan; pero ellos darán cuenta al que está preparado para juzgar a los vivos y a los muertos» (1 P. 4:4-5).

«De éstos también profetizó Enoc, séptimo desde Adán, diciendo: He aquí, vino el Señor con sus santas decenas de millares, para hacer juicio contra todos, y dejar convictos a todos los impíos de todas sus obras impías que han hecho impíamente, y de todas las cosas duras que los pecadores impíos han hablado contra él» (Jud. 14-15).

«... cada uno morirá por su pecado» (Dt. 24:16).

«El hombre que reprendido endurece la cerviz, de repente será quebrantado, y no habrá para él medicina» (Pr. 29:1).

«Ahora, pues, por cuanto vosotros habéis hecho todas estas obras, dice Jehová, y aunque os hablé desde temprano y sin cesar, no oísteis, y os llamé y no respondisteis; haré también a esta casa sobre la cual es invocado mi nombre, en la que vosotros confiáis, y a este lugar que di a vosotros y a vuestros padres, como hice a Silo. *Os echaré de mi presencia,* como eché a todos vuestros hermanos, a toda la generación de Efraín» (Jer. 7:13-15).

«Sino que cada cual morirá por su propia maldad; los dientes de todo hombre que comiere las uvas agrias, tendrán la dentera» (Jer. 31:30).

«El alma que pecare, esa morirá; el hijo no llevará el pecado del padre, ni el padre llevará el pecado del hijo; la justicia del justo será sobre él, y la impiedad del impío será sobre él» (Ez. 18:20).

ESTUDIO A FONDO 1

(10:13) ***Ay:*** no es un llamado a la venganza, sino una expresión de profundo lamento y advertencia (cp. 6:24).

[9] (10:16) ***Ministros, rechazo; aceptación; cómo tratar a los ministros:*** Saber que el mensajero representa al Señor. Esto acentúa dos temas de crucial importancia.

1. La posición y el mensaje del mensajero eran del más alto valor. El mensajero representaba a Cristo y debía ser escuchado de la manera más seria posible. Se consideraba que era Cristo mismo quien hablaba.
2. Rechazar al ministro era la más grave de las ofensas. Era como rechazar a Dios mismo.

«El que a vosotros recibe, a mí me recibe; y el que me recibe a mí, recibe al que me envió» (Mt. 10:40).

«Y cualquiera que reciba en mi nombre a un niño como este, *a mí me recibe*» (Mt. 18:5).

«Y respondiendo el Rey, les dirá: De cierto os digo que en cuanto lo hicisteis a uno de estos mis hermanos más pequeños, *a mí lo hicisteis*» (Mt. 25:40).

«Entonces les responderá diciendo: De cierto os digo que en cuanto no lo hicisteis a uno de estos más pequeños, *tampoco a mí lo hicisteis.* E irán éstos al castigo eterno, y los justos a la vida eterna» (Mt. 25:45-46).

«Saulo, respirando aún amenazas y muerte contra los discípulos del Señor, vino al sumo sacerdote, y le pidió cartas para las sinagogas de Damasco, a fin de que si hallase algunos hombres o mujeres de este Camino, los trajese presos a Jerusalén. Mas yendo por el camino, aconteció que al llegar cerca de Damasco, repentinamente le rodeó un resplandor de luz del cielo; y cayendo en tierra, oyó una voz que le decía: Saulo, Saulo, *¿por qué me persigues?*» (Hch. 9:1-4).

«De esta manera, pues, pecando contra los hermanos e hiriendo su débil conciencia, contra Cristo pecáis» (1 Co. 8:12).

1 Los setenta regresaron a. Con gozo b. Con grandes resultados y testimonio de poder **2 El obrero cristiano tiene poder sobre**	**D. El regreso de los setenta (*Primera parte*): gran poder, 10:17-20** 17 Volvieron los setenta con gozo, diciendo: Señor, aun los demonios se nos sujetan en tu nombre. 18 Y les dijo: Yo veía a Satanás caer del cielo como	un rayo. 19 He aquí os doy potestad de hollar serpientes y escorpiones, y sobre toda fuerza del enemigo, y nada os dañará. 20 Pero no os regocijéis de que los espíritus se os sujetan, sino regocijaos de que vuestros nombres están escritos en los cielos.	**Satanás** **3 El obrero cristiano tiene poder sobre todos os enemigos: tiene una seguridad perfecta** **4 El obrero cristiano debe regocijarse en su salvación, no en su poder**

D. El regreso de los setenta (*Primera parte*): gran poder, 10:17-20

(10:17-20) ***Introducción:*** a la persona que de todo corazón trabaja para Él, Cristo le da gran poder. La presencia del poder de Dios en la vida del obrero es algo maravilloso; sin embargo, es algo que puede ser malinterpretado y sometido a abuso. Cuando regresaron los setenta, Jesús aprovechó la oportunidad para impartir una enseñanza muy necesaria sobre el poder de Dios en la vida de una persona.

1. Los setenta regresaron (v. 17).
2. El obrero cristiano tiene poder sobre Satanás (v. 18).
3. El obrero cristiano tiene poder sobre todos los enemigos: tiene una seguridad perfecta (v. 19).
4. El obrero cristiano debe regocijarse en su salvación, no en su poder (v. 20).

[1] (10:17) ***Poder—ministerio; resultados; alabanza por los resultados:*** los setenta regresaron. El testimonio del regreso de los setenta tiene varias lecciones significativas para todas las generaciones de obreros cristianos.

1. Regresaron con gozo (*chara*). La palabra significa gozo y regocijo, un corazón lleno de alegría. El espíritu de ellos era francamente distinto al que expresan muchas personas después de un arduo ministerio. No hablaban ni se jactaban de...

- cuánto habían hecho por Cristo.
- de lo agotador que había sido el trabajo.
- de la fuerza con que la oposición y el enemigo habían luchado.

Con los setenta ocurrió exactamente lo contrario. Estaban llenos de gozo y se regocijaban en Cristo, en el extraordinario poder que había en su nombre.

2. Regresaron con resultados asombrosos; resultados obrados mediante el nombre de Cristo. Los setenta expresaron su sorpresa: «Señor, aun los demonios se nos sujetan en tu nombre». Note, sin embargo, dos hechos:

a. El poder vino *por medio del nombre de Cristo.*

«Y en ningún otro hay salvación; porque no hay otro nombre bajo el cielo dado a los hombres, en que podamos ser salvos» (Hch. 4:12).

b. El momento experimentado ante semejante poder y semejantes resultados los llevó a confesar sus propia debilidad e insignificancia delante de Cristo. Ellos sabían, y de buena gana reconocieron que el poder para hacer la obra no provenía de ellos. Solamente el nombre de Cristo podía dar genuino poder y resultados.

3. Regresaron dando gloria a Cristo. Lo alabaron por la gloriosa experiencia que les había hecho vivir «mediante su nombre». En ningún sentido de la palabra estaban llamando la atención sobre sí mismos. Glorificaban y alababan a Cristo. Los demonios se les sujetaban mediante *el nombre de Cristo.*

4. Regresaron habiendo ministrado tanto al cuerpo como al alma. Las personas fueron sanadas físicamente (v. 9), y fueron liberadas espiritualmente cuando los demonios y las fuerzas del mal fueron expulsadas de sus vidas. (Para mayor discusión y pensamientos sobre el tema *véanse* bosquejo y notas—Mt. 8:28-32.)

[2] (10:18) ***Poder—Satanás, derrota de Satanás:*** hubo poder sobre Satanás (*véase* Estudio a fondo 1, ***Satanás***—Ap. 12:9). Satanás «cayendo del cielo» significa que caía de las alturas y de la cima del poder. La palabra «veía» (*etheorum*) significa que Jesús pensaba en ello, que le prestaba completa atención, contemplando, viendo a Satanás caer de la cima del poder como el dios y príncipe de este mundo (*véase* Estudio a fondo 1, ***Satanás***—Ap. 12:9). La idea es que Jesús vio la victoriosa misión de los setenta como una señal de que estaba comenzando la derrota final sobre Satanás.

1. Jesús vio a Satanás derrotado en el alma de los hombre.

«Y él os dio vida a vosotros, cuando estabais muertos en vuestros delitos y pecados, en los cuales anduvisteis en otro tiempo, siguiendo la corriente de este mundo, conforme al príncipe de la potestad del aire, el espíritu que ahora opera en los hijos de desobediencia» (Ef. 2:1-2; cp. vv. 3-10).

«El cual nos ha librado de la potestad de las tinieblas, y trasladado al reino de su amado Hijo, en quien tenemos redención por su sangre, el perdón de pecados» (Col. 1:13-14).

2. Jesús vio a Satanás derrotado mediante la difusión del evangelio.

«Ahora es el juicio de este mundo; ahora el príncipe de este mundo será echado fuera. Y yo, si fuere levantado de la tierra, a todos atraeré a mí mismo» (Jn. 12:31-32).

«Pero yo os digo la verdad: Os conviene que yo me vaya; porque si no me fuese, el Consolador no vendría a vosotros; mas si me fuere, os lo enviaré. Y cuando él venga, convencerá al mundo de pecado, de justicia y de juicio. De pecado, por cuanto no creen en mí; de justicia, por cuanto voy al Padre, y no me veréis más; y de juicio, por cuanto *el príncipe de este mundo ha sido ya juzgado*» (Jn. 16:7-11).

«En los cuales el dios de este siglo cegó el entendimiento de los incrédulos, para que no les resplandezca la luz del evangelio de la gloria de Cristo, el cual es la imagen de Dios» (2 Co. 4:4).

3. Jesús vio a Satanás derrotado en las estrategias diarias y en las luchas con que combate al creyente individual (*véase* nota—Ro. 8:2-4).

«El que practica el pecado es del diablo; porque el diablo peca desde el principio. Para esto apareció el Hijo de Dios, para deshacer las obras del diablo» (1 Jn. 3:8).

«Por lo demás, hermanos míos, fortaleceos en el Señor, y en el poder de su fuerza. Vestíos de toda la armadura de Dios, para que podáis estar firmes contra las asechanzas del diablo. Porque no tenemos lucha contra sangre y carne, sino contra principados, contra potestades, contra los gobernadores de las tinieblas de este siglo, contra huestes

espirituales de maldad en las regiones celestes» (Ef. 6:10-12; cp. vv. 13-18).

4. Jesús vio a Satanás derrotado en su poder sobre la muerte

«Habéis oído que yo os he dicho: Voy, y vengo a vosotros. Si me amarais, os habríais regocijado, porque he dicho que voy al Padre; porque el Padre mayor es que yo. Y ahora os lo he dicho antes que suceda, para que cuando suceda, creáis. No hablaré ya mucho con vosotros; porque viene el príncipe de este mundo, y él nada tiene en mí. Mas para que el mundo conozca que amo al Padre, y como el Padre me mandó, así hago. Levantaos, vamos de aquí» (Jn. 14:28-31).

«Así que, por cuanto los hijos participaron de carne y sangre, él también participó de lo mismo, para destruir por medio de la muerte al que tenía el imperio de la muerte, esto es, al diablo, y librar a todos los que por el temor de la muerte estaban durante toda la vida sujetos a servidumbre» (He. 2:14-15).

5. Jesús vio a Satanás derrotado mediante su muerte en la cruz.

«Y despojando a los principados y a las potestades, los exhibió públicamente, triunfando sobre ellos en la cruz» (Col. 2:15).

«Quien llevó Él mismo nuestros pecados sobre el madero, para que nosotros, estando muertos a lospecados, vivamos a la justicia; y por cuya herida fuisteis sanados» (1 P. 2:24; cp. Jn. 12:32).

6. Jesús vio que en el fin del mundo, en la consumación de las eras y de los tiempos, Satanás estaba derrotado. (*Véanse* bosquejos y notas—Ap. 20:1-3; 20:7-10.)

«Y el diablo que los engañaba fue lanzado en el lago de fuego y azufre, donde estaban la bestia y el falso profeta; y serán atormentados día y noche por los siglos de los siglos» (Ap. 20:10).

Pensamiento. Debemos «ver» el poder de Dios de la misma manera en que los «vio» Cristo. El poder de Dios tiene el propósito de derrotar a Satanás, de librar a los hombres del poder de Satanás.

3 (10:19) ***Poder—liberación—Satanás, poder sobre él:*** él creyente cristiano tiene poder sobre todos los enemigos; tiene una seguridad perfecta. ¿Las palabras «poder sobre escorpiones y serpientes» deben ser tomadas literal o figurativamente? (Cp. Mr. 16:15-18.)

1. En un sentido tienen significado literal. Si el propósito de Dios es seguir usando a su siervo, Dios lo protegerá cualquiera sea la amenaza o el daño, sea naufragio (Hch. 28:14ss) o mordedura de serpiente (Hch. 28:3-5). La vida de un genuino creyente está momento a momento en las manos de Dios, durante toda su vida, y Dios tiene cuidado de él. Le ocurra lo que le ocurra, todo está bajo la voluntad y el cuidado de Dios (Ro. 8:28ss; cp. 2 Co. 11:23-30 para tener un cuadro descriptivo de las cosas que le suceden al siervo de Dios y un cuadro de cómo Dios lo libra hasta el momento de llamarlo a su presencia).

Pero note un tema crucial. El hombre no pone a prueba a Dios; no se jacta en el poder de Dios. El verdadero siervo de Dios no se expone a la amenaza del peligro. Si lo hiciera estaría obrando equivocadamente. La obra del siervo es ocuparse en alcanzar a las personas para Cristo, no de demostrar su habilidad con los animales o su inmunidad a las mordeduras de ellos.

2. También tienen un significado espiritual. Dios le da poder sobre el enemigo (Satanás). Note estas cinco verdades.

a. El enemigo tiene poder; la idea es que tiene un enorme poder.

«Porque no tenemos lucha contra sangre y carne, sino contra principados, contra potestades, contra los gobernadores de las tinieblas de este siglo, contra huestes espirituales de maldad en las regiones celestes» (Ef. 6:12).

b. El poder del Señor es más grande, mucho más grande.

«¿Qué, pues, diremos a esto? Si Dios es por nosotros, ¿quién contra nosotros?» (Ro. 8:31).

«Porque mayor es el que está en vosotros, que el que está en el mundo» (1 Jn. 4:4; He. 2:14-15; 1 Jn. 3:8).

c. Dios le da su poder al obrero.

«Habiendo reunido a sus doce discípulos, les dio poder y autoridad sobre todos los demonios, y para sanar enfermedades» (Lc. 9:1).

«Porque no nos ha dado Dios, espíritu de cobardía, sino de poder, de amor y de dominio propio» (2 Ti. 1:7).

d. El poder del obrero es sobre *todo* poder del enemigo.

«Y cuál la supereminente *grandeza de su poder para con nosotros* los que creemos, según la operación del poder de su fuerza» (Ef. 1:19).

«Y a Aquel que es poderoso para hacer todas las cosas mucho más abundantemente de lo que pedimos o entendemos, según el poder que actúa en nosotros» (Ef. 3:20).

e. El obrero tiene *seguridad perfecta* ante todos los enemigos. Ningún poder espiritual puede de manera alguna tocarlo. El obrero está seguro en las manos de Dios.

«Mi Padre que me las dio, es mayor que todos, y nadie las puede arrebatar de la mano de mi Padre» (Jn. 10:29; cp. Ef. 6:10-18).

«Y ya no estoy en el mundo, yo voy a ti. Padre santo, a los que me has dado, guárdalos en tu nombre, para que sean uno, así como nosotros» (Jn. 17:11).

«Estando persuadido de esto, que el que comenzó en vosotros la buena obra, la perfeccionará hasta el día de Jesucristo» (Fil. 1:6).

«Pero fiel es el Señor, que os afirmará y guardará del mal» (2 Ts. 3:3).

«Por lo cual asimismo padezco esto; pero no me avergüenzo, porque yo sé a quien he creído, y estoy seguro que es poderoso para guardar mi depósito para aquel día» (2 Ti. 1:12).

«Y el Señor me librará de toda obra mala, y me preservará para su reino celestial. A él sea gloria por los siglos de los siglos» (2 Ti. 4:18).

«Que sois guardados por el poder de Dios mediante la fe, para alcanzar la salvación que está preparada para ser manifestada en el tiempo postrero» (1 P. 1:5).

«Y a aquel que es poderoso para guardaros sin caída, y presentaros sin mancha delante de su gloria con gran alegría. Al único y sabio Dios, nuestro Salvador, sea gloria y majestad, imperio y potencia, ahora y por todos los siglos» (Jud. 24-25).

«He aquí, yo estoy contigo, y te guardaré por dondequiera que fueres, y volveré a traerte a esta tierra; porque no te dejaré hasta que haya hecho lo que te he dicho» (Gn. 28:15).

4 (10:20) ***Gozo—libro de la vida—salvación:*** el obrero cristiano debe regocijarse en su salvación, no en su poder. Note dos temas.

1. El verdadero motivo para el gozo no es poder, sino salvación. El gran privilegio de un creyente no es su obra y ministerio, sino el hecho de ser un hijo de Dios y de haber recibido vida eterna.

- El creyente ha sido adoptado como hijo o hija de Dios.

«Pero cuando vino el cumplimiento del tiempo, Dios envió a su Hijo, nacido de mujer y nacido bajo la ley, para que redimiese a los que están bajo la ley, a fin de que recibiésemos la adopción de hijos. Y por cuanto sois hijos, Dios envió a

vuestros corazones el Espíritu de su Hijo, el cual clama: ¡Abba Padre» (Gá. 4:4-6).

«Por lo cual, salid de en medio de ellos, y apartaos, dice el Señor, y no toquéis lo inmundo; y yo os recibiré, y seré para vosotros por Padre, y vosotros me seréis hijos e hijas, dice el Señor todopoderoso» (2 Co. 6:17-18).

«Pues no habéis recibido el espíritu de esclavitud para estar otra vez en temor, sino que habéis recibido el Espíritu de adopción, por el cual clamamos: ¡Abba, Padre!» (Ro. 8:15).

«Y de igual manera el Espíritu nos ayuda en nuestra debilidad; pues qué hemos de pedir como conviene, no lo sabemos, pero el Espíritu mismo intercede por nosotros con gemidos indecibles» (Ro. 8:26).

«Hasta ahora [antes de la muerte de Jesús, la salvación] nada habéis pedido en mi nombre; pedid, y recibiréis, para que vuestro gozo sea cumplido» (Jn. 16:24).

«El Espíritu mismo da testimonio a nuestro espíritu, de que somos hijos de Dios. Y si hijos, también herederos; herederos de Dios y coherederos con Cristo, si es que padecemos juntamente con él, para que juntamente con él seamos glorificados» (Ro. 8:16-17).

«Para que justificados por su gracia, viniésemos a ser herederos de la vida eterna» (Tit. 3:7).

«Bendito el Dios y Padre de nuestro Señor Jesucristo, que según su grande misericordia nos hizo renacer para una esperanza viva, por la resurrección de Jesucristo de los muertos, para una herencia incorruptible, incontaminada e inmarcesible, reservada en los cielos para vosotros» (1 P. 1:3-4).

2. El nombre del creyente está anotado en el cielo (cp. Ap. 13:8; 17:8; 20:12; 22:19).

«El que venciere será vestido de vestiduras blancas; y no borraré su nombre del libro de la vida, y confesaré su nombre delante de mi Padre, y delante de sus ángeles» (Ap. 3:5).

«Asimismo te ruego también a ti, compañero fiel, que ayudes a éstas que combatieron juntamente conmigo en el evangelio, con Clemente también y los demás colaboradores míos, cuyos nombres están en el libro de la vida» (Fil. 4:3).

«Sino que os habéis acercado al monte de Sion, a la ciudad del Dios vivo, Jerusalén la celestial, a la compañía de muchos millares de ángeles, a la congregación de los primogénitos que están *inscritos en los cielos*, a Dios el Juez de todos, a los espíritus de los justos hechos perfectos» (He. 12:22-23).

«No entrará en ella ninguna cosa inmunda, o que hace abominación y mentira, sino solamente los que están inscritos en el libro de la vida del Cordero» (Ap. 21:27).

«Que perdones ahora su pecado, y si no, ráeme de tu libro que has escrito. Y Jehová respondió a Moisés: Al que pecare contra mí, a éste raeré yo de mi libro» (Éx. 32:32-33).

«Sean raídos del libro de los vivientes, y no sean escritos entre los justos» (Sal. 69:28; cp. Jer. 17:13).

«En aquel tiempo se levantará Miguel, el gran príncipe que está de parte de los hijos de tu pueblo; y será tiempo de angustia, cual nunca fue desde que hubo gente hasta entonces; pero en aquel tiempo será libertado tu pueblo, todos los que se hallen escritos en el libro» (Dn. 12:1).

1 **Jesús se regocijó** 2 **Privilegio 1: discernimiento espiritual de la verdad** a. De «estas cosas» b. Dios esconde la verdad de los sabios y entendidos c. Dios revela la	**E. Regreso de los setenta (*Segunda parte*): grandes privilegios, 10:21-24** (Mt. 11:25-27) 21 En aquella misma hora Jesús se regocijó en el Espíritu, y dijo: Yo te alabo, oh Padre, Señor del cielo y de la tierra, porque escondiste estas cosas de los sabios y entendidos, y las has revelado a los niños. Sí, Padre, porque así te agradó. 22 Todas las cosas me fueron	entregadas por mi Padre; y nadie conoce quién es el Hijo sino el Padre; ni quién es el Padre, sino el Hijo, y aquel a quien el Hijo lo quiera revelar. 23 Y volviéndose a los discípulos, les dijo aparte: Bienaventurados los ojos que ven lo que vosotros veis; 24 porque os digo que muchos profetas y reyes desearon ver lo que vosotros veis, y no lo vieron; y oír lo que oís, y no lo oyeron.	verdad a los bebés d. Esto complace Dios 3 **Privilegio 2: el conocimiento de Dios y de su único Hijo** a. Solamente Dios y el Hijo se conocen mutuamente b. A algunos el Hijo revela al Padre 4 **Privilegio 3: el discernimiento y privilegio de aprender la revelación completa de Dios**

E. Regreso de los setenta (*Segunda parte*): grandes privilegios, 10:21-24

(10:21-24) ***Introducción:*** el obrero cristiano tiene tres privilegios. Jesús se llenó de tanto gozo por estos privilegios que sencillamente prorrumpió en alabanzas a Dios. Cómo anhela el corazón del Señor compartir estos privilegios con toda persona.

1. Jesús se regocijó (v. 21).
2. Privilegio 1: discernimiento espiritual de la verdad (v. 21).
3. Privilegio 2: el conocimiento de Dios y de su único Hijo (v. 22)
4. Privilegio 3: el discernimiento y privilegio de aprender la revelación completa de Dios (v. 23)

1 (10:21) ***Gozo—regocijarse:*** Jesús se regocijó (*egalliasato*). La palabra es mucho más fuerte que el término español *regocijarse.* El griego significa un gozo muy grande, alborozo triunfante. Significa estar lleno de gozo o estar encantado de gozo. Tiene la idea de un gozo victorioso debido al triunfo sobre el enemigo ancestral Satanás (vv. 18-20). Note que este gozo solamente proviene del Espíritu; no es algo que se pueda elaborar. Es un gozo de confianza y seguridad que surge de lo más profundo del interior, una confianza y seguridad de que todo está bien con Dios y que la victoria sobre el mal ha sido ganada. Este fue el gozo experimentado por Cristo cuando regresaron los setenta. Las almas habían sido rescatadas del lazo del pecado y de la muerte, porque el poder de Dios sobre el mal había sido ejecutado por los hombres. La caída de Satanás estaba asegurada. Dios tendría la victoria en el mundo a medida que sus siervos difundieran el evangelio; el Espíritu de Dios impulsó a Jesús a regocijarse grandemente en la victoria ganada.

> **«Puestos los ojos en Jesús, el autor y consumador de la fe, el cual por el gozo puesto delante de él sufrió la cruz, menospreciando el oprobio, y se sentó a la diestra del trono de Dios» (He. 12:2).**

2 (10:21) ***Verdad—autosuficiente—predestinación—humanismo—incredulidad—«bebés»—«sabios y entendidos»:*** en primer lugar está el privilegio del discernimiento espiritual de la verdad. El obrero cristiano tiene la capacidad de captar la verdad espiritual de las cosas. Note cuatro temas.

1. La expresión «estas cosas» se refiere al evangelio del Señor Jesucristo. Sin embargo, de manera más específica, se refiere a la verdad que los setenta habían aprendido (vv. 19-20); es decir, que Dios obra activamente en el mundo. Dios salva a los hombres y los protege, les da poder sobre las fuerzas del mal y escribe sus nombres en el cielo. Note un hecho importante: conocer «estas cosas» es tener el conocimiento más grande del mundo. Ningún conocimiento podrá jamás superar el de conocer a Dios de una manera tan personal, de saber...
   - que Él nos salva.
   - que Él se preocupa por nosotros y nos protege.
   - que nos libra del poder del mal.
   - que nos llena de certeza y confianza y de una seguridad perfecta.
2. Dios oculta «estas cosas» de los sabios y entendidos. Esas personas son las que se creen sabias e inteligentes. Son autosuficientes, orgullosas, son los sabios de este mundo (1 Co. 1:21, 25-29; 2:14). Son personas ciegas para el Señor del cielo y de la tierra y para la verdad. Los orgullosos y auto suficientes por su naturaleza no sienten necesidad de ayuda y se rehusan a recibir ayuda. Descansan en sus propias habilidades y logros.
   a. La verdad espiritual está *oculta.* ¿Dónde? En Dios. Dios hizo lo lógico. Tomó la verdad espiritual y la encerró en sí mismo. El único acceso a la verdad es por medio de Dios. La única llave a la verdad espiritual es fe y confianza en Dios.

   La persona que se considera sabia e inteligente a sí misma y se cree suficiente sin Dios nunca llega a Dios. Por eso, nunca llega a conocer una relación personal con Dios. La persona autosuficiente nunca llega a conocer a Dios ni a la verdad espiritual *oculta* en Dios (Ro. 1:18-22). Dios y su presencia y su plan para los siglos son cosas extrañas para la persona autosuficiente. No cree en Dios, no lo suficiente para acercarse a Él. Por eso las cosas del Espíritu y del evangelio le son ocultas. Sin embargo, el corazón y las verdades de Dios están abiertas al que se acerca con actitud de dependencia y confianza.

   Note un tema crucial. Lo que Cristo condena no es la inteligencia y sabiduría, sino el orgullo intelectual y la auto suficiencia. Dios hizo al hombre para que piense y razone, para que busque y escudriñe, para descubrir y construir, pero Dios espera que el hombre «no tenga más alto concepto de sí que el que debe tener» (Ro. 12:3; cp. Fil. 2:3-4). El hombre debe andar con humildad durante su breve estadía en la tierra, sabiendo de quién proviene y hacia quién va. Debe confiar en Dios, poniendo su tiempo y destino en las manos de Dios.

   b. Dios no puede revelar la verdad a los «sabios y entendidos» de este mundo. ¿Por qué? Porque éstos *descansan* en sus propias habilidades y logros. No sienten necesidad de Dios. Son personas que...
      - mantienen a Dios fuera de sus vidas.
      - apartan a Dios.
      - niegan la existencia de Dios.
      - cuestionan el valor de Dios.
      - creen no tener necesidad de Dios, al menos no ahora.

- creen que Dios es irrelevante en un mundo científico y tecnológico.

c. Dios no es el autor de la autosuficiencia y del orgullo del hombre. Es el hombre que hace de sí mismo su propio *dios* y quien crea la religión del humanismo (el hombre es suficiente en sí mismo). Dios no tiene alternativa. Se ve obligado a hacer dos cosas.

Primero, Dios tiene que abandonar a tales personas a sí mismas. Dios no puede forzar al hombre a adorarlo, porque un comportamiento forzado haría del hombre un robot. Y Dios quiere ser amado y adorado por los hombres porque ellos *deciden* hacerlo. Por eso, el pecado del hombre se convierte en su castigo; su rechazo se vuelve más y más duro, su alejamiento de Dios es cada vez mayor; le ocurre al hombre exactamente lo que ha querido (Jn. 12:39-40; Ro. 1:18-32. Cp. Hch. 28:26-27; Ro. 11:7-8).

Segundo, Dios tiene que ocultar la verdad de tales personas porque sus *malos corazones* no haría sino corromper la verdad. Mezclarían la verdad con sus propias *ideas racionalizadas y humanizadas.* Note otro hecho: si los auto suficientes conocieran la verdad, serían honrados como los creadores de ella. Exaltarían al hombre como fuente de la verdad. Desafortunadamente esta es precisamente la afirmación que tantos hacen. Pero Dios no va a compartir la honra que es debida solamente a su Hijo. Su Hijo, el único Hijo de Dios, debe recibir toda honra y alabanza de esta tierra. ¿Por qué? Porque Él es quien ha amado perfectamente, quien ha amado tanto que ha entregado su vida para salvar al mundo.

d. Si el hombre honra a Dios con lo que tiene (su inteligencia, capacidades y logros), Dios le dará «estas cosas». Pero si toma lo que tiene y afirma ser auto suficiente, a Dios no le queda otra alternativa que ocultar «estas cosas» del entendimiento de ellos.

«A unos que confiaban en sí mismos como justos, y menospreciaban a los otros, dijo también esta parábola» (Lc. 18:9).

«Jesús entonces les dijo: Si vuestro padre fuese Dios, ciertamente me amaríais; porque yo de Dios he salido, y he venido; pues no he venido de mí mismo, sino que él me envió. *¿Por qué no entendéis mi lenguaje*? Porque no podéis escuchar mi palabra» (Jn. 8:42-43).

«¿Quién de vosotros me redarguye de pecado? Pues si digo la verdad, ¿por qué vosotros no me creéis? El que es de Dios, las palabras de Dios oye; por esto no las oís vosotros, porque no sois de Dios» (Jn. 8:46-47).

«Por esto no podían creer, porque también dijo Isaías: Cegó los ojos de ellos, y endureció su corazón; para que no vean con los ojos, y entiendan con el corazón, y se conviertan, y yo los sane» (Jn. 12:39-40).

«Al que oye mis palabras, y no las guarda, yo no le juzgo; porque no he venido para juzgar al mundo, sino a salvar al mundo. *El que me rechaza, y no recibe mis palabras,* tiene quien le juzgue; la palabra que he hablado, ella le juzgará en el día postrero. Porque yo no he hablado por mi propia cuenta; el Padre que me envió, él me dio mandamiento de lo que he de decir, y de lo que he de hablar. Y sé que su mandamiento es vida eterna. Así pues, lo que yo hablo, lo hablo como el Padre me lo ha dicho» (Jn. 12:47-50).

«El que no me ama, no guarda mis palabras; y la palabra que habéis oído no es mía, sino del Padre que me envió» (Jn. 14:24).

«Porque las cosas invisibles de él, su eterno poder y deidad, se hacen claramente visibles desde la creación del mundo, siendo entendidas por medio de las cosas hechas, de modo que no tienen excusa. Pues habiendo conocido a Dios, no le glorificaron como a Dios, ni le dieron gracias, sino que se envanecieron en sus razonamientos, y su necio corazón fue entenebrecido Profesando ser sabios, se hicieron necios» (Ro. 1:20-22; cp. vv. 18-32).

«De manera que, teniendo diferentes dones, según la gracia que nos es dada, si el de profecía, úsese conforme a la medida de la fe» (Ro. 12:6).

«Porque la palabra de la cruz es locura a los que se pierden; pero a los que se salvan, esto es, a nosotros, es poder de Dios. Pues está escrito: Destruiré la sabiduría de los sabios, y desecharé el entendimiento de los entendidos. Pues ya que en la sabiduría de Dios, el mundo no conoció a Dios mediante la sabiduría, agradó a Dios salvar a los creyentes por la locura de la predicación» (1 Co. 1:18-21; cp. 1 Co. 3:19-21).

«Y si alguno se imagina que sabe algo, aún no sabe nada como debe saberlo» (1 Co. 8:2).

«Así que, el que piense estar firme, mire que no caiga» (1 Co. 10:12).

«Porque el que se cree ser algo, no siendo nada, a sí mismo se engaña» (Gá. 6:3).

«Porque tú salvas al pueblo afligido, mas tus ojos están sobre los altivos para abatirlos» (2 S. 22:28).

«No seas sabio en tu propia opinión; teme a Jehová y apártate del mal" (Pr. 3:7).

"Muchos hombres proclaman cada uno su propia bondad, pero hombre de verdad, ¿quién lo hallará?» (Pr. 20:6).

«¿Haz visto hombre sabio en su propia opinión? Más esperanza hay del necio que de él» (Pr. 26:12).

«El que confía en su propio corazón es necio; mas el que camina en sabiduría será librado» (Pr. 28:26

«Se destruyó, cayó la tierra; enfermó, cayó el mundo; enfermaron los altos pueblos de la tierra» (Is. 24:4).

«Oye, pues, ahora esto, mujer voluptuosa, tú que estás sentada confiadamente, tú que dices en tu corazón: Yo soy, y fuera de mí no hay más; no quedaré viuda, ni conoceré orfandad. Estas dos cosas te vendrán de repente en un mismo día, orfandad y viudez; en toda su fuerza vendrán sobre ti, a pesar de la multitud de tus hechizos y de tus muchos encantamientos porque te confiaste en tu maldad, diciendo: Nadie me ve. Tu sabiduría y tu misma ciencia te engañaron, y dijiste en tu corazón: Yo, y nadie más» (Is. 47:8-10).

«Habéis arado impiedad, y segasteis iniquidad; comereis fruto de mentira, porque confiaste en tu camino y en la multitud de tus valientes» (Os. 10:13).

«La soberbia de tu corazón te ha engañado, tú que moras en las hendiduras de las peñas, en tu altísima morada; que dices en tu corazón: ¿Quién me derribará a tierra? Si te remontares como águila, y aunque entre las estrellas pusieres tu nido, de ahí te derribaré, dice Jehová» (Ab. 3-4).

«Esta es la ciudad alegre que estaba confiada, la que decía en su corazón: Yo, y no más. ¡Cómo fue asolada, hecha guarida de fieras! Cualquiera que pasare junto a ella, se burlará y sacudirá su mano» (Sof. 2:15).

3. Dios revela «estas cosas» a los *bebés* (*véase* Estudio a fondo 4—Mr. 10:14). Los bebés son los humildes delante de Dios, los que reconocen...

- que este mundo no es todo lo que existe.
- que unos pocos y breves años de vida no es todo lo que hay.
- que no están capacitados para solucionar la *simiente de corrupción*, es decir, la simiente de pecado y

muerte en el mundo.

- que Dios existe, y que Él es su Padre.
- que Dios existe y que es galardonador de quienes le buscan con diligencia (He.11:6).

Los *bebés* son los que miran a Dios como a su Padre...

- porque están abiertos y tienen el espíritu receptivo.
- porque dependen y confían espiritualmente.
- porque responden y son sumisos a la verdad espiritual.
- porque se dejan enseñar y obedecen a Dios.
- porque aman y perdonan a otros (Mt. 22:36-40; 1 Jn. 4:20-21; Mt. 6:14-15).

(*Véase* pto. 1 de esta nota en cuanto a lo que Dios revela a los bebés).

4. A Dios le complace enormemente poder revelar «estas cosas» a los «bebés» de la tierra.

«Dijo entonces Jesús a los judíos que habían creído en él: Si vosotros permanecéisen mi palabra, seréis verdaderamente mis discípulos; y conoceréis la verdad, y la verdad os hará libres» (Jn. 8:31-32).

«Vosotros sois mis amigos, si haceis lo que yo os mando. Y a no os llamaré siervos, porque el siervo no sabe lo que hace, su señor; pero os he llamado amigos, porque todas las cosas que oí de mi Padre, os las he dado a conocer» (Jn. 15:14-15).

«Antes bien como está escrito: Cosas que ojo no vio, ni oído oyó, ni han subido en corazón de hombre, son las que Dios ha preparado para los que *le aman*. Pero Dios nos la reveló a nosotros por el Espíritu; porque el Espíritu todo lo escudriña, aun lo profundo de Dios» (1 Co. 2:9-10).

«Desead, como niños recién nacidos, la leche espiritual no adulterada, para que por ella crezcáis para salvación, si es que habéis gustado la benignidad del Señor» (1 P. 2:2-3).

3 (10:22) ***Revelación—mundo espiritual—Jesucristo, deidad; conoce a Dios; soberanía:*** en segundo lugar, el privilegio de conocer a Dios y a Cristo de una manera muy personal. Cuatro cosas dice Cristo.

1. Cristo ocupa el lugar supremo del universo.Todas las cosas han sido entregadas en las manos del Hijo de Dios, porque todas las cosas han sido hechas para el Hijo de Dios (Col. 1:16-17). Jesucristo es la suprema autoridad del universo; por eso Él supervisa y gobierna el universo. Sin embargo, su soberanía no se ve ahora, al menos la vasta mayoría de los hombres no la ve. Jesús no fue entendido ni aceptado por la gente de su tiempo, ni es entendido ni aceptado por la gente de hoy (Jn. 1:10-11). Pero algún día la verdad será evidente, porque viene el día cuando el Hijo de Dios será revelado al mundo.

«Por cuanto ha establecido un día en el cual juzgará al mundo con justicia, por aquel varón a quien designó, dando fe a todos con haberle levantado de los muertos» (Hch. 17:31).

«Luego el fin, cuando entregue el reino al Dios y Padre, cuando haya suprimido todo dominio, toda autoridad y potencia. Porque preciso es que él reine hasta que haya puesto a todos sus enemigos debajo de sus pies» (1 Co. 15:24-25)

«Y vosotros que sois atribulados, daros reposo con nosotros, cuando se manifieste el Señor Jesús desde el cielo con los ángeles de su poder, en llama de fuego, para dar retribución a los que no conocieron a Dios, ni obedecen al evangelio de nuestro Señor Jesucristo; los cuales sufrirán pena de eterna perdición, excluidos de la presencia del Señor y de la gloria de su poder, cuando venga en aquel día para ser glorificado en sus santos y ser admirado en todos los que creyeron (por cuanto nuestro testimonio ha sido creído entre vosotros)» (2 Ts. 1:7-10).

«Y estando en la condición de hombre, se humilló a sí mismo, haciéndose obediente hasta la muerte, y muerte de cruz. Por lo cual Dios también le exaltó hasta lo sumo, y le dio un nombre que es sobre todo nombre, para que en el nombre de Jesús se doble toda rodilla de los que están en los cielos, y en la tierra, y debajo de la tierra» (Fil. 2:8-10)

2. Dios y Cristo son los únicos que tienen conocimiento perfecto. Por eso, un conocimiento perfecto de Dios solamente se puede obtener por medio del Hijo, y un conocimiento completo del Hijo solamente se puede obtener por medio de Dios el Padre.

«Jesús entonces, enseñando en el templo, alzó la voz y dijo: A mí me conocéis, y sabéis de dónde soy; y no he venido de mí mismo, pero el que me envió es verdadero, a quien vosotros no conocéis. Pero yo le conozco, porque de Él procedo, y él me envió» (Jn. 7:28-29).

«Respondió Jesús: Si yo me glorifico a mí mismo, mi gloria nada es; mi Padre es el que me glorifica, el que vosotros decís que es vuestro Dios. Pero vosotros no le conocéis; mas yo le conozco, y si dijere que no le conozco, sería mentiroso como vosotros; pero le conozco, y guardo su palabra» (Jn. 8:54-55).

«Así como el Padre me conoce, y yo conozco al Padre; y pongo mi vida por las ovejas» (Jn. 10:15).

«Padre justo, el mundo no te ha conocido, pero yo te he conocido, y éstos han conocido que tú me enviaste» (Jn. 17:25).

3. Dios es Espíritu (Jn. 4:24). Es de una dimensión totalmente diferente. Si el hombre va a conocer el mundo espiritual es preciso que Dios le revele al hombre ese mundo espiritual y las cosas de ese mundo. Esto es lo que Jesús está afirmando vehementemente. Solamente Él y Dios se conocen mutuamente; pero Él ha decidido revelar el Padre, que es Espíritu, a algunos. Pasajes tales como el versículo 21 muestran que las personas escogidas para recibir su revelación son los humildes que realmente buscan a Dios y confían en el testimonio del Hijo. (*Véanse* bosquejo y notas—1 Co. 2:6-13; 2:14—3:4; Jn. 4:23-24.)

«Sin embargo, hablamos sabiduría entre los que han alcanzado madurez; y sabiduría, no de este siglo, ni de los príncipes de este siglo, que perecen. Mas hablamos sabiduría de Dios en misterio, la sabiduría oculta, la cual Dios predestinó antes de los siglos para nuestra gloria, la que ninguno de los príncipes de este siglo conoció; porque si la hubieran conocido, nunca habrían crucificado al Señor de la gloria» (1 Co. 2:6-8).

«Pero el hombre natural no percibe las cosas que son del Espíritu de Dios, porque para él son locura, y no las puede entender, porque se han de discernir espiritualmente. En cambio el espiritual juzga todas las cosas; pero él no es juzgado de nadie. Porque ¿Quién conoció la mente del Señor? ¿Quién la instruirá? Mas nosotros tenemos la mente de Cristo» (1 Co. 2:14-16).

4. Las personas escogidas para recibir esta revelación son los bebés que realmente buscan a Dios y confían en el testimonio del *Hijo* (*véase* nota, ***Verdad,*** pto. 3—Lc. 10:21).

4 (10:23-24) ***Revelación—conocimiento, oculto—profetas, salvación predicha:*** en tercer lugar, el privilegio de ver y aprender la revelación completa de Dios. Note varias cosas.

1. Jesús compartió esto únicamente con sus discípulos. Lo que dijo solamente es entendido por sus discípulos.

2. Jesús dijo que Él mismo era la gran salvación que los profetas de Dios y los reyes de antaño desearon ver y oír. Jesús estaba afirmando ser el Mesías, el Hijo del Dios viviente. El era el que Dios había prometido a lo largo de los siglos. (Cp. Is. 53:1ss.)

«Tu salvación esperé, oh Jehová» (Gn. 49:18).

«Y ahora, por la esperanza de la promesa que hizo Dios a nuestros padres soy llamado a juicio; promesa cuyo cumplimiento esperan que han de alcanzar nuestras doce tribus, sirviendo constantemente a Dios de día y de noche. Por esta esperanza, o rey Agripa, soy acusado por los judíos. ¡Qué! ¿Se juzga entre vosotros cosa increíble que Dios resucite a los muertos?» (Hch. 26:6-8).

> **«Misterio que en otras generaciones no se dio a conocer a los hijos de los hombres, como ahora es revelado a sus santos apóstoles y profetas por el Espíritu» (Ef. 3:5).**
>
> **«Los profetas que profetizaron de la gracia destinada a vosotros, inquirieron y diligentemente indagaron acerca de esta salvación, escudriñando qué persona y qué tiempo indicaba el Espíritu de Cristo que estaba en ellos, el cual anunciaba de antemano los sufrimientos de Cristo, y las glorias que vendrían tras ellos. A estos se les reveló que no para sí mismos, sino para nosotros, administraban las cosas que ahora os son anunciadas por los que os han predicado el evangelio por el Espíritu Santo enviado del cielo; cosas en las cuales anhelan mirar los ángeles» (1 P. 1:10-12).**

3. Jesús estaba diciendo que sus discípulos eran en gran manera privilegiados al conocerlo y verlo; de ver y oírlo a Él, y la verdad que Él revelaba.

> **«De cierto, de cierto os digo: El que oye mi palabra, y cree al que me envió, tiene vida eterna; y no vendrá a condenación, mas ha pasado de muerte a vida» (Jn. 5:24; cp. 1 P. 10-13).**

1 Un intérprete de la ley probó a Jesús
2 Primera pregunta: ¿Cómo heredamos la vida eterna? EF1
a. Primero, la ley era la respuesta
b. Segundo, amar a Dios de manera suprema
c. Tercero, al prójimo como a uno mismo
d. Cuarto, obedece y vivirás
3 Segunda pregunta: ¿Quién es mi prójimo?
a. El viajero: hombre necio e irresponsable
1) Viajaba solo
2) Fue víctima de robo
3) Fue asaltado y dejado medio muerto

F. La parábola del buen samaritano: las dos preguntas supremas de la vida, 10:25-37 (cp. Mt. 22:34-40; Mr. 12:28-34)

25 Y he aquí un intérprete de la ley se levantó y dijo para probarle: Maestro, ¿haciendo qué cosa heredaré la vida eterna?
26 El le dijo: ¿Qué está escrito en la ley? ¿cómo lees?
27 Aquél, respondiendo, dijo: Amarás al Señor tu Dios con todo tu corazón, y con toda tu alma, y con todas tus fuerzas, y con toda tu mente; y a tu prójimo como a ti mismo.
28 Y le dijo: Bien has respondido; haz esto, y vivirás.
29 Pero él, queriendo justificarse a sí mismo, dijo a Jesús: ¿Y quién es mi prójimo?
30 Respondiendo Jesús, dijo: Un hombre descendía de Jerusalén a Jericó, y cayó en manos de ladrones, los cuales le despojaron; e hiriéndole, se fueron, dejándole medio muerto.
31 Aconteció que descendió un sacerdote por aquel camino, y viéndole, pasó de largo.
32 Asimismo un levita, llegando cerca de aquel lugar, y viéndole, paso de largo.
33 Pero un samaritano, que iba de camino, vino cerca de él, y viéndole, fue movido a misericordia;
34 y acercándose, vendó sus heridas, echándoles aceite y vino; y poniéndole en su cabalgadura, le llevó al mesón, y cuidó de él.
35 Otro día al partir, sacó dos denarios, y los dio al mesonero, y le dijo: Cuídamele; y todo lo que gastes de más, yo te lo pagaré cuando regrese.
36 ¿Quién pues de estos tres te parece que fue el prójimo del que cayó en manos de los ladrones?
37 El dijo: El que usó de misericordia con él. Entonces Jesús le dijo: Vé y haz tú lo mismo.

b. El sacerdote: antepuso el trabajo a la gente
1) Vio al viajero herido
2) Pasó apresuradamente junto a Él
c. El levita: antepuso la seguridad a la compasión
1) Lo vio
2) Se detuvo y observó
d. El samaritano: EF2 antepuso la compasión al prejuicio y la opinión de otros
1) Dio su corazón: compasión
2) Sacrificó su trabajo, tiempo, energía, bienes, y dinero
3) Se ocupó de que el heridor recibiera atención continua
e. El mandato del Señor: Vé y haz lo mismo

F. La parábola del buen samaritano: las dos preguntas supremas de la vida, 10:25-37

(10:25-37) ***Introducción:*** en la vida hay dos preguntas supremas, son preguntas que podrían revolucionar al mundo si los hombres las preguntasen y luego se atuviesen a sus respuestas.

1. Un intérprete de la ley probó a Jesús (v. 25).
2. Primera pregunta: ¿Cómo heredamos la vida eterna? (vv. 25-28).
3. Segunda pregunta: ¿Quién es mi prójimo? (vv. 29-37).

1 (10:25) ***Jesucristo, interrogado:*** un intérprete de la ley probó a Jesús (*véase* Estudio a fondo 1, ***Intérprete de la ley***—Mt. 22:35). El intérprete no estaba buscando la verdad. No estaba tratando realmente de descubrir el camino a Dios. Su propósito era sorprender a Jesús, llevarlo a desacreditarse a sí mismo mediante alguna respuesta fuera de lo normal que le atrajera la oposición de la gente.

2 (10:25-28) ***Vida eterna—amor:*** la primera pregunta suprema de la vida es: ¿Cómo heredamos la vida eterna? Note que la pregunta del intérprete acentúa las obras. Preguntó: «¿haciendo qué cosa?» En su concepto la salvación era por obras. Dios lo iba a aceptar por el hecho de ser o de poder llegar a ser suficientemente bueno. No tenía idea de la parte que el amor y la gracia de Dios tenían en la salvación (cp. Ef. 2:8-9; Tit. 3:5-7 en cuanto a una descripción de lo que no alcanzaba a ver).

Note con cuánta claridad guió Jesús la conversación para explicar los pasos a la vida eterna.

1. Primero, la ley tiene la respuesta. Si alguien desea la vida eterna, tiene que buscar en la ley de Dios. Note las instrucciones de Jesús al intérprete de la ley: «¿Cómo lees?» El intérprete tenía una pequeña caja llamada filacteria. En ella había varias páginas de las Escrituras; dos pasajes eran Deuteronomio 6:3 y 6:11. Estos dos versículos son lo que Jesús citó.

> ***Pensamiento.*** Dios nos ha dado en términos claros la respuesta a la vida eterna; en términos tan claros que no tenemos excusa.
> 1) Nos ha dado la respuesta en palabras escritas. Está en blanco sobre negro, de manera inconfundible.
> 2) Nos ha dado la respuesta en la vida de Cristo mismo. Dios ha hecho que las palabras fuesen vividas por una vida humana, dándonos el ejemplo de la Vida Ideal (*véase* Estudio a fondo 1, ***Jesucristo, la Palabra***—Jn. 1:1-5).

2. Segundo, amar a Dios de manera suprema.
   a. «Amarás al Señor tu Dios.» Amar a Dios como *tu* propio Dios. Esto es una relación personal, no una relación distante. Dios no es impersonal, no está en algún sitio distante del espacio exterior, lejos y apartado. Dios es personal, está tan cerca, y nosotros debemos estar personalmente involucrados con Dios como si estuviésemos cara a cara con Él. El mandamiento es *«Amarás al Señor tu Dios»*. Amar a Dios es algo vivo y activo, no muerto e inactivo. Por eso debemos mantener una relación personal con Dios que sea viva y activa.
   b. Amarás a Dios con todo lo que eres, con todo tu ser, toda tu naturaleza. Jesús subdivide nuestro ser en tres partes: el corazón, el alma, y la mente (*véanse* notas—

Mr. 12:29-31 para una mayor discusión).

«Y el Señor encamine vuestros corazones al amor de Dios, y a la paciencia de Cristo» (2 Ts. 3:5).

«Conservaos en el amor de Dios, esperando la misericordia de nuestro Señor Jesucristo para vida eterna» (Jud. 21).

«Y amarás a Jehová tu Dios de todo tu corazón, y de toda tu alma, y con todas tus fuerzas» (Dt. 6:5).

«Ahora, pues, Israel, ¿qué pide Jehová tu Dios de ti, sino que temas a Jehová tu Dios, que andes en todos sus caminos, y que lo ames, y sirvas a Jehová tu Dios con todo tu corazón y con toda tu alma» (Dt. 10:12).

«Amarás, pues, a Jehová tu Dios, y guardarás sus ordenanzas, sus estatutos, sus decretos y sus mandamientos, todos los días» (Dt. 11:1).

«Solamente que con diligencia cuidéis de cumplir el mandamiento y la ley que Moisés siervo de Jehová os ordenó: que améis a Jehová vuestro Dios, y andéis en todos sus caminos; que guardéis sus mandamientos, y le sigáis a él, y le sirváis de todo vuestro corazón y de toda vuestra alma» (Jos. 22:5).

«Amad a Jehová, todos vosotros sus santos; a los fieles guarda Jehová, y paga abundantemente al que procede con soberbia» (Sal. 31:23).

3. Tercero, amarás a tu prójimo como a tí mismo. Si una persona desea la vida eterna tiene que amar a su *prójimo.* El primer mandamiento, «amarás a Dios», es abstracto; no se lo puede ver ni entender en sí mismo. Es preciso que haya una *demostración, una acción, algo hecho* para que el amor sea visto y entendido. Una declaración de amor sin demostración es vacía. Es solo un declaración. El amor no se conoce a menos que se demuestre. Aquí es preciso decir varias cosas importantes acerca del amor.

a. El amor es una experiencia activa, no inactiva o latente. Esto era lo que Jesús estaba subrayando. El amor a Dios *actúa.* El amor actúa demostrándose a sí mismo. Es inadecuado y necio que una persona diga: «Amar a Dios», para luego permanecer inactiva, quieta, sin hacer nada por Dios. Si realmente ama a Dios, *hará* cosas por Dios. Toda persona que ama hace cosas por quien ama.

b. Lo *primordial* que Dios quiere de nosotros es que amemos a nuestro prójimo, no que hagamos cosas religiosas. Es bueno hacer cosas religiosas, pero no es lo primordial que Dios quiere. Dios quiere que el amar a nuestro prójimo tenga el primer lugar en nuestras vidas. El hacer cosas religiosas solamente tiene que ver con cosas tales como rituales, observación de reglas, ordenanzas, leyes. Esas son cosas inertes, sin sentimientos y sin respuesta. Son objetos materiales; por eso no reciben ninguna ayuda al hacerlas nosotros. Solamente nosotros somos ayudados. Nos hacen sentir bien y religiosos, lo cual es beneficioso para nuestro crecimiento, pero las cosas religiosas no son lo que demuestra nuestro amor a Dios. El amar a nuestro prójimo demuestra nuestro amor a Dios. Una persona puede decir que ama a Dios, pero si aborrece a su prójimo y actúa sin bondad hacia él todo el mundo sabe que su religión son meras palabras. (*Véase* nota—Mt. 22:39 para mayor discusión.)

4. Obedece, y vivirás eternamente.

«Nosotros sabemos que hemos pasado de muerte a vida, en que amamos a los hermanos. El que no ama a su hermano, permanece en muerte» (1 Jn. 3:14).

«Si alguno dice: Yo amo a Dios, y aborrece a su hermano, es mentiroso. Pues el que no ama a su hermano a quien ha visto, ¿cómo puede amar a Dios a quien no ha visto? Y nosotros tenemos este mandamiento de él: «El que ama a Dios, ame también a su hermano» (1 Jn. 4:20-21).

«Pero yo os digo: Amad a vuestros enemigos, bendecid a los que os maldicen, haced bien a los que os aborrecen, y orad por los que os ultrajan y os persiguen» (Mt. 5:44).

«Y el segundo es semejante: Amarás a tu prójimo como a ti mismo. No hay otro mandamiento mayor que éstos» (Mr. 12:31).

«Un mandamiento nuevo os doy: Que os améis unos a otros; como yo os he amado, que también os améis unos a otros. En esto conocerán todos que sois mis discípulos, si tuvieres amor los unos con los otros» (Jn. 13:34-35).

«Este es mi mandamiento: Que os améis unos a otros, como yo os he amado» (Jn. 15:12).

«El amor sea sin fingimiento. Aborreced lo malo, seguid lo bueno» (Ro. 12:9).

«No debáis a nadie nada, sino el amaros unos a otros; porque el que ama a su prójimo, ha cumplido la ley. Porque: No adulterarás, no matarás, no hurtarás, no dirás falso testimonio, no codiciarás, y cualquier otro mandamiento, en esta sentencia se resume: Amarás a tu prójimo como a ti mismo. El amor no hace mal al prójimo; así que el cumplimiento de la ley es el amor» (Ro. 13:8-10).

«Porque toda la ley en esta sola palabra se cumple: Amarás a tu prójimo como a ti mismo» (Gá. 5:14).

«Y el Señor os haga crecer y abundar en amor unos para con otros y para con todos, como también lo hacemos nosotros para con vosotros» (1 Ts. 3:12).

«Permanezca el amor fraternal» (He. 13:1).

«Si en verdad cumplís la ley real, conforme a la Escritura: Amarás a tu prójimo como a ti mismo, bien hacéis» (Stg. 2:8).

«Habiendo purificado vuestras almas por la obediencia a la verdad, mediante el Espíritu, para el amor fraternal no fingido, amaos uno a otros entrañablemente, de corazón puro» (1 P. 1:22-25).

«Amados, amémonos unos a otros; porque el amor es de Dios. Todo aquel que ama, es nacido de Dios, y conoce a Dios. El que no ama, no ha conocido a Dios; porque Dios es amor. En esto se mostró el amor de Dios para con nosotros, en que Dios envió a su Hijo unigénito al mundo, para que vivamos por él. En esto consiste el amor: no en que nosotros hayamos amado a Dios, sino en que él nos amó a nosotros, y envió a su Hijo en propiciación por nuestros pecados. Amados, si Dios nos ha amado así, debemos también nosotros amarnos unos a otros» (1 Jn. 4:7-11).

«Como a un natural de vosotros tendréis al extranjero que more entre vosotros, y lo amarás como a ti mismo; porque extranjeros fuisteis en la tierra de Egipto. Yo Jehová vuestro Dios» (Lv. 19:34).

ESTUDIO A FONDO 1

(10:25) ***Vida eterna:*** *véase* Estudio a fondo 2—Jn. 1:4; Estudio a fondo 1—10:10; Estudio a fondo 1—17:2-3.

3 (10:29-37) ***Amor—amor fraternal—compasión—ministrando—cuidar de otros:*** la segunda pregunta suprema de la vida es: ¿Quién es mi prójimo? Note que el intérprete de la ley procuró «justificarse a sí mismo». Percibió que Jesús estaba diciendo que no había cumplido la ley; había fallado en amar a su prójimo, de modo que formuló la pregunta lógica: «¿Quién es mi prójimo?» Jesús respondió grabando el tema sobre el corazón humano, haciendo lo que tantas veces había hecho, dando una ilustración.

1. Hubo un viajero necio e irresponsable. Fue necio porque viajó por la ruta entre Jerusalén y Jericó, conocida por su peligro. Era una distancia de aproximadamente veinte millas, atravesando una zona silvestre, áspera, rocosa en gran parte. Era morada favorita de ladrones merodeadores, a tal extremo que la ruta era conocida como *el camino de sangre.* Los viajeros nunca iban solos por allí. Siempre hacían el viaje en caravanas. Por eso, este viajero fue irresponsable, necio y descuidado. Algunos incluso

dirían que semejante imprudencia no merecía ninguna ayuda.

Pensamiento. ¿Cuántas personas son necias e imprudentes en la vida, exponiendo y destruyendo sus cuerpos por andar donde no deberían andar, haciendo lo que no deberían hacer?

«El avisado ve el mal que se esconde; mas los simples pasan y reciben el daño» (Pr. 22:3).

«¿Quién es sabio para que entienda esto, y prudente para que lo sepa? Porque los caminos de Jehová son rectos, y los justos andarán por ellos; mas los rebeldes caerán en ellos» (Os. 14:9).

2. Hubo el sacerdote que antepuso su trabajo religioso al bienestar del hombre. Note que este era un religioso y ni siquiera dio muestras de dirigirse al herido para ayudarle. «Pasó de largo», significa que se alejó apresuradamente. Probablemente el sacerdote se apresuraba para cumplir sus obligaciones religiosas vespertinas. El trayecto requería un día de viaje, de modo que se habrá apresurado para llegar. También había un reglamento religioso por el cual una persona quedaba impura durante siete días después de tocar un cuerpo muerto. Este rito ceremonial hacía perder a un sacerdote su turno en las obligaciones del templo. El sacerdote no iba a sacrificar su trabajo primordial y su privilegio por ayudar a aquel hombre.

Pensamiento 1. ¿Cuántos anteponen el trabajo, incluso el trabajo religioso, y el *estar ocupados* a la obligación ayudar a otros?

Pensamiento 2. ¿Cuántos anteponen su iglesia y sus ceremoniasy rituales a las necesidades de personas desesperadas? ¿Cuánto menos se invertiría en edificios y lugares si se vieran a los hombres como viajeros medio muertos que necesitan nuestra compasión y ayuda?

«Entonces dirá también a los de la izquierda: Apartaos de mí malditos, el fuego eterno preparado para el diablo y sus ángeles. Porque tuve hambre, y no me disteis de comer; tuve sed, y no me disteis de beber; fui forastero y no me recogisteis; estuve desnudo, y no me cubristeis; enfermo, y en la cárcel, y no me visitasteis» (Mt. 25:41-43).

«Aquel siervo que conociendo la voluntad de su señor, no se preparó, ni hizo conforme a su voluntad, recibirá muchos azotes» (Lc. 12:47).

«Y al que sabe hacer lo bueno, y no lo hace, le es pecado» (Stg. 4:17).

«Porque misericordia quiero, y no sacrificio, y conocimiento de Dios más que holocaustos» (Os. 6:6).

«Oh hombre, él te ha declarado lo que es bueno, y qué pide Jehová de ti: solamente hacer justicia, y amar misericordia, y humillarte ante tu Dios» (Mi. 6:8).

3. Hubo el levita que antepuso la seguridad a la compasión. El levita fue conmovido a suficiente sensibilidad para acercarse y mirar al hombre. Pero rehuyó el prestarle ayuda. Tal vez...

- temía ser identificado con los ladrones.
- temía que los ladrones todavía estuviesen ocultos en las sombras de las rocas alrededor.
- sentía que ocuparse de aquella pobre alma sencillamente sería demasiada molestia.

«Había un hombre rico, que se vestía de púrpura y de lino fino, y hacía cada día banquete con esplendidéz. Había también un mendigo llamado Lázaro, que estaba echado a la puerta de aquél, lleno de llagas, y ansiaba saciarse de las migajas que caían de la mesa del rico; y aun los perros venían y le lamían las llagas. Aconteció que murió el mendigo, y fue llevado por los ángeles al seno de Abraham; y murió también el rico, y fue sepultado. Y en el Hades alzó sus ojos, estando en tormentos, y vio a Abraham, y a Lázaro en su seno» (Lc. 16:19-23).

«Hermanos míos, ¿de qué aprovechará si alguno dice que tiene fe y no tiene obras? ¿Podrá la fe salvarle? Y si un hermano o una hermana están desnudos, y tienen necesidad del mantenimiento de cada día, y alguno de vosotros les dice: Id en paz, calentaos y saciaos, pero no les dais las cosas que son necesarias para el cuerpo, ¿de qué aprovecha?» (Stg. 2:14-16).

«Pero el que tiene bienes de este mundo y ve a su hermano tener necesidad, y cierra contra él su corazón, ¿cómo mora el amor de Dios en él? Hijitos míos, no amemos de palabra ni de lengua, sino de hecho y en verdad» (1 Jn. 3:17-18).

«Por cuanto no se acordó de hacer misericordia, y persiguió al hombre afligido y menesteroso, al quebrantado de corazón para darle muerte. Amó la maldición, y ésta le sobrevino; y no quiso la bendición, y ella se alejó de él» (Sal. 109:16-17).

«El que cierra su oído al clamor del pobre, también él clamará y no será oído» (Pr. 21:13).

«Libra a los que son llevados a la muerte; salva a los que están en peligro de muerte. Porque si dijeres: Ciertamente no lo supimos, ¿acaso no lo entenderá el que pesa los corazones? El que mira por tu alma, él lo conocerá, y dará a los hombres según sus obras» (Pr. 24:11-12).

«No fortalecisteis las débiles, ni curasteis la enferma; no vendasteis la perniquebrada, ni volvisteis al redil la descarriada, ni buscasteis la perdida, sino que os habéis enseñoreado de ellas con dureza y con violencia» (Ez. 34:4; cp. vv. 5-10).

4. El buen samaritano antepuso la compasión a todo lo demás: prejuicios, opiniones, trabajo, tiempo, energía, y dinero. El *buen samaritano* nos enseña de manera incuestionable quién es nuestro prójimo. El buen samaritano dio su corazón, su compasión, su todo, a efectos de ayudar al hombre desesperado.

a. El hombre herido era un judío. El buen samaritano y los judíos eran de razas diferentes, razas que se aborrecían y despreciaban mutuamente. Nunca hubo prejuicios más profundos que los que había entre esto dos (*véase* nota—Lc. 10:33). Sin embargo, el buen samaritano tenía un sentido de *humanitarismo común.* Era un hombre que vio a otro hombre, no a un judío o a un enemigo. Esto era de lo más extraño, porque los judíos maldecían a los samaritanos, y existía la probabilidad de que el judío herido maldijera al samaritano una vez recuperado. Sin embargo y a pesar de todo, el buen samaritano vio a un semejante, un ser humano desesperadamente necesitado, y fue conmovido a compasión.

b. El buen samaritano dejó su trabajo, tiempo, y energía para ayudar al hombre. Note lo que hizo. Cada paso es importante para demostrar cómo debemos amar a nuestros semejantes.

- Se acercó; fue hacia él, fue personalmente para ayudarle.
- Vendó sus heridas; alivió su dolor.
- Vertió aceite y vino en sus heridas; dio de sus bienes.
- Lo sentó en su propia cabalgadura; sacrificó su propia comodidad.
- Le proveyó hospedaje; suplió sus necesidades básicas.
- Cuidó de él; lo atendió, se ocupó personalmente de él.

Note el tiempo, la energía y el dinero que esto involucraba. Mostrar amor al prójimo es poner el amor en acción y poner el amor en acción requiere tiempo, energía y dinero. El amor no es una mera idea o un sentimiento hacia Dios. Es *acciones prácticas y entrega* para ayudar a cualquiera que necesite ayuda.

c. El buen samaritano se ocupó de que siguiera recibiendo compasión y los cuidados necesarios. *Dos denarios* equivalía aproximadamente entre veinticuatro a cuarenta y ocho días de hospedaje y comida, una suma considerable. Y note que el samaritano dijo que si costaba más lo pagaría a su regreso. El buen samaritano vio una necesidad desesperada e *hizo cuanto pudo* para ayudar.

5. El mandato del Señor fue contundente: «Vé y haz tú lo mismo». Note un aspecto importante: Cristo todavía no había respondido al intérprete de la ley. No era necesario. La respuesta era asombrosamente clara. Si el intérprete de la ley quería vida eterna, debía ir y «hacer lo mismo». Sabía quién era su prójimo; cualquier persona que necesitaba misericordia, fuese un amigo, un simple allegado o un enemigo. El intérprete de la ley se vio obligado a admitir esto. Sin embargo, hacía falta más que una simple confesión. Hacia falta amor. El intérprete y todos nosotros debemos demostrar amor al ocuparnos de nuestros asuntos cotiellos, alrededor nuestro que están heridos y sufren.

«Porque tuve hambre, y me disteis de comer; tuve sed, y me disteis de beber; fui forastero, y me recogisteis; estuve desnudo, y me cubristeis; enfermo, y me visitasteis; en la cárcel, y vinisteis a mí. Entonces los justos le responderán diciendo: Señor, ¿Cuándo te vimos hambriento, y te sustentamos, o sediento, y te dimos de beber? ¿Y cuándo te vimos forastero, y te recogimos, o desnudo, y te cubrimos? ¿O cuándo te vimos enfermo, o en la cárcel, y vinimos a ti? Y respondiendo el Rey, les dirá: De cierto os digo que en cuanto lo hicisteis a uno de estos mis hermanos más pequeños, a mi lo hicisteis» (Mt. 25:35-40).

«En todo os he enseñado que, trabajando así, se debe ayudar a los necesitados, y recordar las palabras del Señor Jesús, que dijo: Más bienaventurado es dar que recibir» (Hch. 20:35).

«Así que, si tu hermano tuviere hambre, dale de comer; si tuviere sed, dale de beber; pues haciendo esto, ascuas de fuego amontonarás sobre su cabeza» (Ro. 12:20).

«Sobrellevad los unos las cargas de los otros, y cumplid así la ley de Cristo» (Gá. 6:2).

«Acordaos de los presos, como si estuvierais presos juntamente con ellos; y de los maltratados, como que también estáis en el cuerpo» (He. 13:3).

«Si encontrares el buey de tu enemigo o su asno extraviado, vuelve a llevárselo» (Éx. 23:4).

«Y cuando tu hermano empobreciere y se acogiere a ti, tú lo ampararás; como forastero y extranjero vivirá contigo» (Lv. 25:35).

«Porque Jehová vuestro Dios es Dios de dioses, y Señor de señores, Dios grande, poderoso y temible, que no hace acepción de personas, ni toma cohecho; que hace justicia al huérfano y a la viuda; que ama también al extranjero dándole pan y vestido. Amaréis, pues, al extranjero; porque extranjeros fuisteis en la tierra de Egipto» (Dt. 10:17-19).

«Cuando cayere tu enemigo, no te regocijes, y cuando tropezare, no se alegre tu corazón» (Pr. 24:17).

«Si el que te aborreciere tuviere hambre, dale de comer pan, y si tuviere sed, dale de beber agua; porque ascuas amontonarás sobre su cabeza, y Jehová te lo pagará» (Pr. 25:21-22).

«¿No es más bien el ayuno que yo escogí, desatar las ligaduras de impiedad, soltar las cargas de opresión, y dejar ir libres a los quebrantados, y que rompáis todo yugo? ¿No es que partas tu pan con el hambriento, y a los pobres errantes albergues en tu casa; que cuando veas al desnudo lo cubras, y no te escondas de tu hermano?» (Is. 58:6-7).

ESTUDIO A FONDO 2

(10:33) ***Samaritanos:*** Samaria era la parte central de Palestina.

Palestina era un país pequeño, de solamente ciento veinte millas de norte a sur. El país estaba dividido en tres sectores:

- Judea, el sector sur.
- Galilea, el sector norte.
- Samaria, el sector central, ubicado entro los otros dos.

Había un profundo odio entre judíos y samaritanos. Dos cosas en particular eran causa de este odio.

1. Los samaritanos eran mestizos, o semi-judíos, su nacionalidad era una mezcla. Esto es lo que había ocurrido. Siglos antes (aproximadamente 720 a.C.), el rey de Asiria había cautivado a las tribus de Israel y había deportado un gran número de ella, esparciéndolas por toda Media (cp. 2 R. 17:6-14). Luego tomó gente de todo el imperio asirio y los radicó en Samaria para repoblar la tierra. El resultado fue lo natural. Gente de una raza comenzó a casarse con la de otra, dando lugar a una mezcla de nacionalidades. La mezcla incluía...

- a las personas reubicadas.
- a los débiles de la tierra que habían quedado atrás.
- los expulsados e irreligiosos que se habían casado con los samaritanos originales.

La realidad de una mezcla de nacionalidades por supuesto enfureció a los judíos estrictos que propugnaban una raza pura.

2. Los samaritanos eran mestizos o semi-judíos, una mezcla de nacionalidades y religiones. Los paganos traídos de Media por supuesto trajeron consigo sus dioses. Eventualmente el Dios de Israel prevaleció, sin embargo, la religión de los samaritanos nunca llegó a ser un judaísmo puro. Hubo tres causas para ello.

a. Cuando Esdras condujo el regreso de los exiliados en Babilonia, lo primero que hicieron los judíos fue comenzar la reconstrucción del templo. Los samaritanos se ofrecieron para ayudar, pero los judíos rechazaron su ayuda, declarando que los samaritanos, por vía de matrimonios interraciales y por la adoración de dioses falsos habían perdido su pureza y su derecho a adorar al único Dios verdadero. Por su puesto, esta grave acusación llenó a los samaritanos de amargura contra los judíos en Jerusalén.

b. Los samaritanos construyeron un templo rival en el Monte Gerizim a efectos de competir con el templo judío en Jerusalén (cp. Jn. 4:20-21).

c. Los samaritanos torcieron las Escrituras al igual que la historia a efectos de favorecer a su propio pueblo y nación.

- Torcieron las Escrituras aceptando solamente los primeros cinco libros de la Biblia, el Pentatéuco. ¡Imagine! Renunciaron a todas las riquezas y profundidad de los salmos y profetas.
- Torcieron la historia afirmando que en el Monte Gerizim tuvieron lugar tres grandes acontecimientos, eventos que lo establecía como lugar de adoración. Afirmaron que fue el lugar donde Abraham ofreció a Isaac, donde Melquisedec encontró a Abraham y donde Moisés construyó el primer altar después de sacar a Israel de la esclavitud de Egipto.

1 Jesús entró en una aldea
2 Dos personas de carácter fuerte
a. El carácter de Marta
1) Generosa
2) Osada
3) Preocupada por otros y amorosa
b. El carácter de María
1) Amorosa y humilde
2) Espiritualmente hambrienta
3 El problema de Marta: se distraía
a. Se distraía sirviendo
b. Se distraía con cosas materiales: comida, necesidades y los afanes del mundo
4 La única necesidad de Marta: sentarse tranquila y escuchar a Jesús

G. Lo único necesario: sentarse a los pies de Jesús, 10:38-42

38 Aconteció que yendo de
camino, entró en una aldea;
y una mujer llamada Marta
le recibió en su casa.
39 Esta tenía una hermana
que se llamaba María, la cual,
sentándose a los pies de
Jesús, oía su palabra.
40 Pero Marta se preocupaba con muchos quehaceres,
y acercándose dijo: Señor, ¿no
te da cuidado que mi hermana
me deje servir sola? Dile,
pues, que me ayude.
41 Respondiendo Jesús, le
dijo: Marta, Marta, afanada y
turbada estás con muchas
cosas.
42 Pero sólo una cosa es
necesaria; y María ha escogido la buena parte, la cual
no le será quitada.

G. Lo único necesario: sentarse a los pies de Jesús, 10:38-42

(10:38-42) ***Introducción—devoción:*** desde el punto de vista histórico este acontecimiento está fuera de su lugar real, puesto que María y Marta vivían en Betania, un suburbio de Jerusalén, distante dos o tres millas. ¿Entonces, por qué Lucas lo ubica aquí en el viaje de Jesús a Jerusalén? Tal vez temía que la parábola del buen samaritano fuese interpretada como salvación por obras. La experiencia de María y Marta enseña que esperar y sentarse a los pies de Jesús es mucho más importante que correr de un lado a otro tratando de ganar el favor de Dios. Hay una cosa fundamental, esencial en la vida, y es sentarse a los pies de Jesús y oír su Palabra.

1. Jesús entró en una aldea (v. 38).
2. Dos personas de carácter fuerte (vv. 38-39).
3. El problema de Marta: se distraía (v. 40).
4. La única necesidad de Marta: sentarse tranquila y escuchar las palabras de Jesús (vv. 41-42).

[1] (10:38) ***Betania:*** Jesús entró a cierta aldea. La aldea era Betania, un suburbio de Jerusalén, distante solamente dos millas [3 km.] (*véase* nota, ***Betania***—Mt. 21:17; cp. Jn. 11:1).

[2] (10:38-39) ***Hambre espiritual—carácter—María—Marta:*** La escena muestra a dos personas de carácter fuerte.

1. La primera persona que se ve es Marta, y su carácter es altamente positivo. Hay una indicación según la cual Jesús «amaba a Marta» (Jn. 11:5). Por eso es importante ver los aspectos positivos de su carácter, y ver por qué motivo había fracasado una persona tan fuerte.
   a. Marta era una persona *generosa.* Note que poseía una casa suficientemente grande para hospedar a Jesús y sus discípulos. Atender a tantos huéspedes era costoso, sin embargo ella lo hizo gustosamente. Los siguientes dos rasgos también muestran cuán generosa era.
   b. Marta era una persona *osada.* Ya era peligroso asociarse demasiado con Jesús, especialmente en las cercanías de Jerusalén. Las autoridades buscaban alguna forma de matar a Jesús (*véase* Jn. 7:25, 30, 32). Muchos de sus propios discípulos lo habían abandonado (Jn. 5:66) y otros ya comenzaban a hablar contra Él (Jn. 7:20, 43-44). Su propia familia lo había rechazado (Jn. 7:3-5). Sin embargo, Marta lo recibió; quería que el mundo conociera la devoción que ella le tenía.
   c. Marta era una persona amorosa que se preocupaba por otros. Amaba y cuidaba de su hermana María. Note que María vivía con Marta, y que el hermano de ambas, Lázaro, también vivía allí (Jn. 11:1ss). Por algún motivo desconocido Marta cuidaba de ambos. Tenía una gran devoción por su familia, amando y cuidando mucho de ellos. Esto fue evidente aun en medio de la perturbación que sintió hacia María (v. 40).
2. María también era de buen carácter. (Su nombre en hebreo era *Miriam.*)
   a. Era amorosa y humilde. Note cuánto amaba a Jesús; se apegó a Él. Su amor y devoción eran profundos, tan profundos que nada importó sino el estar junto a Él. Note también su humildad. Se *sentó* a sus pies, no a su lado ni en frente suyo. La sala o patio era suficientemente grande para recibir mucha gente, de manera que pudo haber escogido cualquier otro sitio. María sentía definidamente un amor devoto y una humildad hacia su Señor.
   b. María estaba espiritualmente hambrienta de la Palabra del Señor: ella «oía su palabra». Se sentó allí fijando sus ojos y su atención en Él. Centró su mente en lo que decía Jesús, escuchando y concentrándose y escuchando lo que tenía para decir. No dejó que su mensaje pasara de largo. Tenía hambre de Cristo, de modo que estuvo pendiente de sus palabras, escuchándolas. Esto significa que ella tenía...
      - hambre espiritual.
      - disposición para oír.
      - un deseo de ser sumisa.
      - disposición para actuar.

[3] (10:40) ***Servicio—ministerio, opresión—estrés—presión—demasiada ocupación—quejas:*** el problema de Marta es que comenzó a distraerse. Las palabras «se preocupaba» (*periespato*) significa dar vueltas, torcer, ser atraída de aquí y de allá, distraerse. La idea es que Marta era tironeada de una cosa a otra y oprimida por la ansiedad y preocupación. Se distrajo corriendo de un lugar a otro, preocupada por atender a esta persona y a aquella. Hay dos formas en que la distracción de Marta puede ser vista y aplicada a nuestras vidas.

1. Se distrajo con muchos «quehaceres». Amaba a los otros, de modo que les ministraba, ayudando a quien fuese y a quien pudiese, utilizando incluso su propio hogar como centro para cuidar de otros. Pero Marta tenía un problema, «se preocupaba», se dejaba oprimir por los afanes y necesidades de otros. Llegó a estar tan oprimida y cargada, tan cansada y fatigada, tan presionada y tensa ...
   - que perdió de vista su prioridad.
   - que comenzó a amargarse y a criticar a quienes no ayudaban.
2. También es posible que Marta se distrajera con cosas materiales, con la comida y las necesidades y los afanes de este mundo. Marta era rica, lo cual es indicado por el hecho de hospedar a Jesús y a su numeroso grupo. Aparentemente era una

mujer muy activa, con iniciativa y algunas habilidades administrativas. Era mucho lo que tenía que atender, incluyendo a un hermano y una hermana que vivían con ella. Eran las cosas de este mundo, comida, necesidades, afanes sociabilidad, lo que la distrajeron.

Como lo haría cualquier mujer de la casa, se sentía responsable por atender a los huéspedes y suplir sus necesidades. Cuando llegaron Jesús y su numeroso grupo, naturalmente esperaba que su hermana le ayudase preparando las comidas y el alojamiento. El problema en su interior era que ni siquiera Jesús sugirió que María ayudara. Marta estaba perturbada tanto por Jesús como por María.

La queja de Marta era legítima, y esa legitimidad destaca la importancia que tiene el sentarse a los pies de Jesús para oír su Palabra (v. 39). No importa *cuán* importante sea todo lo demás, sentarse a los pies de Jesús es lo único que debe recibir prioridad.

El hecho que Marta poseyera una casa, hospedara a Jesús y su numeroso grupo, y cuidara de su hermana demuestra que era una persona amorosa que se preocupaba por la gente. Pero evidentemente se había vuelto demasiado ocupada. Tal vez su riqueza, iniciativa, hospitalidad, condición social, y su habilidad administrativa, eran las cosas que habían ocupado la prioridad de su mente y de su vida. Por buenas que fuesen todas ellas, no eran suficientes, porque no suplían la única necesidad esencial de la vida que es satisfacer su hambre espiritual con la Palabra de Cristo mismo.

Pensamiento 1. El hombre necesita comida, suplir sus necesidades y tener alguna sociabilidad. Pero no debe distraerse con estas cosas. Los afanes de este mundo no lo deben ahogar.

«La que cayó entre espinos, éstos son los que oyen, pero yéndose, son ahogados por los afanes y las riquezas y los placeres de la vida, y no llevan fruto» (Lc. 8:14).

«Vosotros, pues, no os preocupéis por lo que habéis de comer, ni por lo que habéis de beber, ni estéis en ansiosa inquietud» (Lc. 12:29).

«Mirad también por vosotros mismos, que vuestros corazones no se carguen de glotonería y embriaguez y de los afanes de esta vida, y venga de repente sobre vosotros aquel día» (Lc. 21:34).

«Ninguno que milita se enreda en los negocios de la vida, a fin de agradar a aquel que lo tomó por soldado» (2 Ti. 2:4).

Pensamiento 2. Debemos servir y servir, trabajar hasta el agotamiento para suplir las necesidades de un mundo desesperado. Pero no debemos llegar a estar preocupados y recargados al extremo de...

- que la presión nos venza.
- que comencemos a criticar a otros.

«Jesús respondió y les dijo: No murmuréis entre vosotros» (Jn. 6:43).

«No murmuréis como algunos de ellos murmuraron, y perecieron por el destructor» (1 Co. 10:10).

«Haced todo sin murmuraciones y contiendas, para que seáis irreprensibles y sencillos, hijos de Dios sin mancha en medio de una generación maligna y perversa, en medio de la cual resplandecéis como luminares en el mundo» (Fil. 2:14-15).

«Ciertamente como una sombra es el hombre; ciertamente en vano se afana; amontona riquezas y no sabe quien las recogerá» (Sal. 39:6).

«La insensatez del hombre tuerce su camino, y luego contra Jehová se irrita su corazón» (Pr. 19:3).

«Asimismo aborrecí todo mi trabajo que había hecho bajo el sol, el cual tendré que dejar a otro que vendrá después de mí» (Ecl. 2:18).

«¿Por qué se lamenta el hombre viviente? Laméntese el hombre en su pecado» (Lm. 3:39).

[4] (10:41-42) ***Devociones—adoración—tiempo devocional—ansiedad—quehaceres:*** la única necesidad de Marta era sentarse tranquila y escuchar las palabras de Jesús. Note cuatro cosas.

1. Jesús amaba a Marta y fue tierno con ella a pesar de su error. Esto se ve al nombrarla dos veces: «Marta, Marta». Jesús estaba profundamente preocupado por ella. Ella estaba muy tensionada y presionada y se había perturbado. Tantas personas la habían invadido y ella procuraba hacer lo mejor que podía para atender las necesidades de todos. El corazón de Jesús se extendió hacia ella queriendo aliviar la presión, la situación tan tensa y su enojo con María (cp. Lc. 22:31; Hch. 9:4 en cuanto a nombrar dos veces a una persona con ternura).

2. Jesús la amonestó por estar ansiosa y preocupada «con muchas cosas».

La palabra «afanada» (*merimnais*) significa preocupación. Tiene la idea de estar desgarrado y dividido interiormente, de distraerse del enfoque que la mente de uno y el corazón y la vida debieran tener. La palabra «turbada» (*thorubazei*) significa estar perturbado, agitado, en un torbellino, incitado, disgustado. Marta procuraba agradar a Jesús con su servicio y sus atenciones, pero se equivocó en dos cosas.

- Se preocupaba «por muchas cosas», demasiadas. Estaba procurando hacer *demasiado* para tantas personas.
- Se había llenado de ansiedad y preocupación.

3. Jesús dijo «una cosa es necesaria». ¿Cuál? Jesús dijo claramente que era la *buena parte* escogida por María. Según las palabras de las Escrituras: «*María ... sentándose a los pies de Jesús, oía su palabra*». El error de Marta fue no hacer lo que hizo María. Dejó que «muchas cosas» la distrajeran de su *devoción* al Señor, de sentarse a sus pies y oír su Palabra. Note lo que Jesús quiso decir con «muchas cosas», lo que distraía concretamente a Marta de sus devociones:

- hospedar y dar de comer a quienes tanto lo necesitaban.
- preparar la comida para quienes la necesitaban.
- servir a los hambrientos.
- proveer comodidad a los necesitados.

(Recuerde que en cuanto a bienes del mundo Jesús era pobre, no teniendo lugar donde recostar su cabeza, y, aparentemente, a veces no tenía dinero para la comida. Sin embargo, aún acentuaba lo espiritual sobre lo físico.)

4. Jesús dijo que la «buena parte» escogida por María no le sería quitada. El hambre y la sed de justicia (Palabra de Dios) serían saciados para siempre (Mt. 5:6).

Pensamiento. Nuestra devoción a Cristo es un asunto diario (Lc. 9:23). Por eso, procurar oír su Palabra debe ser una experiencia diaria. Todo creyente debe tener lo que comúnmente se llama *devociones diarias*, un tiempo diario apartado para estar a solas con Dios, un tiempo para estar a los pies de Dios, para buscar su Palabra.

«Levantándose muy de mañana, siendo aún muy oscuro, salió y se fue a un lugar desierto, y allí oraba» (Mr. 1:35).

«Y era viuda hacía ochenta y cuatro años; y no se apartaba del templo, sirviendo de *noche y de día* con ayunos y oraciones» (Lc. 2:37).

«Y éstos eran más nobles que los que estaban en Tesalónica, pues recibieron la palabra con toda solicitud, escudriñando *cada día* las Escrituras para ver si estas cosas eran así» (Hch. 17:11).

«Porque las cosas que se escribieron antes, para nuestra enseñanza se escribieron, a fin de que por la paciencia y la consolación de las Escrituras tengamos esperanza» (Ro. 15:4).

«*Ocúpate en estas cosas*; permanece en ellas, para que tu aprovechamiento se manifiesto a todos» (1 Ti. 4:15).

«Y lo tendrá consigo, y leerá en él *todos los días de su vida*, para que aprenda a temer a Jehová su Dios, para guardar todas sus palabras de esta ley y estos estatutos, para ponerlos por obra» (Dt. 17:19).

«Nunca se apartará de tu boca este libro de la ley, sino que de día y de noche meditarás en él, para que guardes y hagas conforme a todo lo que en él está escrito: porque entonces harás prosperar tu camino, y todo te saldrá bien» (Jos. 1:8).

«Sino que en la ley de Jehová está su delicia, y en su ley *medita de día y de noche.* Será como árbol plantado junto a corrientes de aguas, que da su fruto en su tiempo, y su hoja no cae; y todo lo que hace prosperará» (Sal. 1:2-3).

«Temblad, y no pequéis; *meditad* en vuestro corazón estando en vuestra cama, y callad» (Sal. 4:4).

«Oh Jehová, *de mañana* oirás mi voz; de mañana me presentaré delante de ti, y esperaré» (Sal. 5:3).

«Sean gratos los dichos de mi boca y la meditación de mi corazón delante de ti, oh Jehová, roca mía, y redentor mío» (Sal. 19:14).

«*Tarde y mañana y a mediodía* oraré y clamaré, y él oirá mi voz» (Sal. 55:17).

«Me acordaré de las obras de JAH; sí, haré yo memoria de tus maravillas antiguas» (Sal. 77:11).

«Meditaré en todas tus obras, y hablaré de tus hechos» (Sal. 77:12; cp. Sal. 104:34; 119:15-16, 47, 96-11, 148; 127:1-2; 143:5).

«Tú guardarás en completa paz a aquel *cuyo pensamiento en ti persevera*; porque en ti ha confiado. Confiad en Jehová perpetuamente, porque en Jehová el Señor está la fortaleza de los siglos» (Is. 26:3-4).

«Cuando Daniel supo que el edicto había sido firmado, entró en su casa, y abiertas las ventanas de su cámara que daban hacia Jerusalén, se arrodilló *tres veces al día*, y oraba y daba gracias delante de su Dios, como lo solía hacer antes» (Dn. 6:10).

	CAPÍTULO 11 **H. El gran motivo de oración, 11:1-13** (cp. Mt. 6:5-15; Mr. 11:20-26)
1 Jesús oró a. Los discípulos pidieron a Jesús que les enseña a orar b. Juan había enseñado a sus discípulos a orar	Aconteció que estaba Jesús orando en un lugar, y cuando terminó, uno de sus discípulos le dijo: Señor, enséñanos a orar, como también Juan enseñó a sus discípulos.
2 La oración modelo de Jesús a. Agradecer a Dios 1) Por ser nuestro Padre 2) Por el cielo b. Alabar su nombre c. Orar 1) Por su reino 2) Por el pan de cada día 3) Por perdón 4) Por liberación	2 Y les dijo: Cuando oréis, decid: Padre nuestro que estás en los cielos, santificado sea tu nombre. Venga tu reino. Hágase tu voluntad, como en el cielo, así también en la tierra. 3 El pan nuestro de cada día, dánoslo hoy. 4 Y perdónanos nuestros pecados, porque también nosotros perdonamos a todos los que nos deben. Y no nos metas en tentación, mas líbranos del mal.
3 La parte del hombre en la oración[EF1] a. Ilustración: el hombre debe perseverar y ser paciente en oración	5 Les dijo también: ¿Quién de vosotros que tenga un amigo, va a él a medianoche y le dice: Amigo, préstame tres panes, 6 porque un amigo mío ha venido a mí de viaje, y no tengo qué ponerle delante; 7 y aquél, respondiendo desde adentro, le dice: No me molestes; la puerta ya está cerrada, y mis niños están conmigo en cama; no puedo levantarme, y dártelos?
b. La enseñanza: perseverancia y paciencia reciben lo pedido	8 Os digo, que aunque no se levante a dárselos por ser su amigo, sin embargo por su importunidad se levantará y le dará todo lo que necesita.
c. La exhortación 1) Pedid; se os dará 2) Buscad; hallaréis 3) Llamad; se os abrirá	9 Y yo os digo: Pedid, y se os dará; buscad, y hallaréis; llamad, y se os abrirá.
d. Respuesta segura	10 Porque todo aquel que pide, recibe; y el que busca, halla; y al que llama, se le abrirá.
4 La parte de Dios en la oración a. La ilustración: Dios no es malo, sino bueno; es como un padre	11 ¿Qué padre de vosotros, si su hijo le pide pan, le dará una piedra? ¿o si pescado, en lugar de pescado, le dará una serpiente? 12 ¿O si le pide un huevo, le dará un escorpión:
b. La enseñanza: Dios está *totalmente* dispuesto a dar, especialmente el Espíritu Santo para que more en el corazón y la vida del hombre	13 Pues si vosotros, siendo malos, sabéis dar buenas dádivas a vuestros hijos, ¿cuánto más vuestro Padre celestial dará el Espíritu Santo a los que se lo pidan?

H. El gran motivo de oración, 11:1-13

(11:1-13) ***Introducción:*** este es uno de los pasajes más exhaustivos de todas las Escrituras concerniente al gran tema de la oración. Es un pasaje que se debe estudiar una y otra vez.

1. Jesús oró (v. 1).
2. La oración modelo de Jesús (vv. 2-4).
3. La parte del hombre en la oración (vv. 5-10).
4. La parte de Dios en la oración (vv. 11-13).

1 (11:1) ***Jesucristo, vida de oración:*** Jesús oraba. Había sido profetizado que se entregaría a la oración (Sal. 109:4), y, de hecho, siempre oraba. (*Véase* ***Introducción***, ***Aspectos especiales***, pto. 7 concerniente a una lista completa de las veces que Jesús oró.)

- Oró en ocasión de su bautismo (Lc. 3:21).
- Oró durante su tentación (Lc. 5:16).
- Pasó toda la noche orando (Lc. 6:12).
- Estaba a solas orando (Lc. 9:18).
- Subió a una montaña para orar (Lc. 9:28).
- Ahora estaba orando en cierto lugar (Lc. 11:1).

Mientras Jesús oraba, algo llamó la atención de los discípulos. Aparentemente estaban aparte, a cierta distancia, pero viendo y oyendo a Jesús. Tres cosas los impulsaron a pedir que Jesús les enseñara a orar.

1. Jesús oraba con frecuencia, y acentuaba la oración como una de las mayores necesidades de la vida humana. Siempre insistía en que orar era la fuente de su fuerza para vivir y servir a Dios. Por eso, los discípulos sintieron hambre de la misma fuerza para vivir y servir.

2. Jesús oraba como un Hijo a su Padre, y esa intimidad impulsó a los discípulos a desear una relación similar con Dios.

Juan había enseñado a sus discípulos a orar. Para un maestro era común instruir a sus discípulos en oración. Los discípulos de Jesús usaron esto como base para pedirle: «Señor, enséñanos a orar».

2 (11:2-4) ***Oración:*** la oración modelo de Jesús. Por supuesto, Jesús enseñará a orar a cualquiera persona, a cualquier persona que realmente es sincera y quiere comenzar a orar. Note lo que hizo Jesús. Dijo: «***Cuando oréis, decid***...» o bien «Oren de esta manera», o bien «Oren así». Les estaba dando una oración modelo en la cual basar nuestras oraciones. Es una guía cuyos puntos deben ser seguidos en oración. El creyente debe desarrollar esos puntos al orar. (*Véase* nota—Mt. 6:9-13) para una mayor discusión).

1. Agradecer a Dios por dos cosas.
    a. Agradecer a Dios por ser «nuestro Padre». Hay una relación personal, una relación familiar, la relación de un hijo hacia su padre. Es una relación familiar obrada en la persona mediante el nuevo nacimiento (Jn. 1:12-13; 2 Co. 6:17-18. Cp. Gá. 4:4-7). La persona tiene que dar gracias a Dios por su Padre, por crear la familia de Dios y permitirle ser parte de una familia tan gloriosa.
    b. Agradecer a Dios por el cielo. El cielo es la dimensión

espiritual del ser; es el mundo real, incorruptible e incontaminado, que no se desvanece. Lo más importante, es donde está Dios, y es donde estaremos nosotros. Tenemos que dar gracias a Dios por el cielo, por el hecho que Dios está allí y que nosotros estaremos en el cielo con Él.

2. Alabar a Dios. Su nombre es santo, apartado, diferente. Dios es santo, justo, puro, lleno de amor, bondadoso, misericordioso, lleno de gracia. Por eso, Dios debe ser alabado por quien Él es.

3. Pedir cuatro cosas en particular. Pero note que estas cosas solo deben ser pedidas cuando hemos agradecido y alabado a Dios.

a. Pedir que el reino de Dios venga. Cristo tiene que ser entronado, su gobierno y reinado tiene que ser establecido en la tierra. Su voluntad tiene que ser hecha en nuestras vidas tal como es hecha en el cielo. Tenemos que pedirlo. (*Véase* Estudio a fondo 3—Mt. 19:23-24 referida a una discusión del reino de Dios mostrando lo que debemos pedir.)

b. Pedir el pan de cada día, es decir, por las necesidades de la vida. La gente tiene hambre, se muere de hambre, tanto física como espiritualmente. Todos necesitamos ser alimentados tanto por fuera como por dentro. Tenemos que orar tanto por nuestros cuerpos como por nuestros espíritus, tenemos que hacerlo *diariamente* (cp. 6:24-32).

c. Pedir perdón. Debemos pedir al Padre que perdone nuestros pecados, y tenemos que tomarnos algún tiempo para desarrollar el tema ante nuestro Padre. Pero note una palabra «nuestros». Tenemos que pedir a Dios que perdone «nuestros pecados», los de nuestra familia, los de nuestros semejantes, ciudad, estado, nación, y el mundo. El pecado es una vergüenza, una afrenta a Dios. El pecado es lo más grave y el evento más trágico que haya ocurrido al universo. Es algo que debe ser discutido diariamente con el Padre; no solo nuestros pecados, sino los pecados del mundo. La oración intercesora por los pecadores del mundo debe ser algo diario en la vida de cada creyente. Pero note un hecho crucial: pecados antiguos que han sido confesados y cubiertos por la sangre de Cristo no deben ser mencionados de nuevo ante Dios. Ya han sido perdonados, escondidos y apartados de Dios. Dios no quiere recordarlos más. Son demasiado dolorosos e hirientes. Sin embargo, hay nuevos pecados, cosas nuevas que uno comete cada día, tantas cosas de nuestro corazón y del mundo que abruman la mente humana. Siempre estamos tan lejos de la gloria de Dios, lejos de ser *conformados* a la imagen de Cristo, sin desarrollo e inmaduros; tan lejos de lo que deberíamos ser. Son éstos, y los pecados inconfesos del mundo, y los pecados nuevos del corazón humano lo que necesita ser perdonado. El creyente necesita llegar todos los días a Dios implorando una nueva experiencia de perdón, tanto para sí mismo como para el mundo.

Note que hay una condición para el perdón. Tenemos que perdonar a los que han pecado contra nosotros. Nosotros pecamos, y frecuentemente, contra Dios. Si esperamos que Él nos perdone, nosotros tenemos que perdonar a quienes nos ofenden a nosotros.

«Porque si perdonáis a los hombres sus ofensas, os perdonará también a vosotros vuestro Padre celestial; mas si no perdonáis a los hombres sus ofensas, tampoco vuestro Padre os perdonará vuestras ofensas» (Mt. 6:14-15).

«Y cuando estéis orando, perdonad, si tenéis algo contra alguno, para que también vuestro Padre que está en los cielos os perdone vuestras ofensas» (Mr. 11:25).

d. Pedir liberación. A algunas personas les perturba la idea de que Dios meta a la gente en tentación. Dios no tienta a nadie a hacer el mal (Stg. 1:13). Lo que este pedido significa es: «Oren que Dios nos libre de la tentación del malo, de Satanás» (cp. Lc. 22:40; 1 Co. 10:13).

3 (11:5-10) ***Oración:*** la parte del hombre en la oración. No podría haberse dado una explicación más clara de la parte del hombre en la oración.

1. Jesús *ilustró* de manera muy sencilla cuál es la parte del hombre. La historia se explica sola.

2. Jesús *destacó la enseñanza*: perseverancia y paciencia reciben lo que piden. El creyente recibirá lo que pide si...

- no deja el trono de Dios.
- no se aleja.
- no abandona a Dios.

La enseñanza de todo ello es que la persona que ora tiene que ser sincera, ferviente, constante, persistente, perseverante, y constante en buscar el rostro de Dios concerniente a lo que pide.

3. Jesús hizo una exhortación, dio un mini-sermón sobre perseverar y ser pacientes en oración; esto lo afirmó perfectamente de dos maneras.

a. La persona que ora debe seguir pidiendo lo que necesita.
- Pedid, y se os dará. Pero si pidiendo no recibe, entonces...
- Buscad, y hallaréis. Y si buscando no recibe, entonces...
- Llamad, y se os abrirá.

La enseñanza es esta: tenemos que ser sinceros con lo que pedimos, y la forma de mostrar a Dios nuestra sinceridad es seguir pidiendo lo que necesitamos.

b. Los verbos pedir, buscar, y llamar están todos en tiempo de *acción continua*. Debemos seguir pidiendo y buscando y llamando, implorando a Dios que nos oiga.

4. La respuesta es segura. Dios oirá y responderá a la persona que persevera y es paciente en oración. El creyente siempre recibe lo que pide. En la parábola relatada por Jesús el amigo estaba ocupado en una necesidad muy importante y digna, estaba restableciendo su cuerpo mediante el descanso. La enseñanza es esta: muchas personas han tenido la experiencia de ser perturbadas mientras dormían (sea por el llanto de un niño o por algún otro ruido), y se levantaron lentamente. Pocas personas se levantan si el pedido no es insistente. Pero uno siempre se levanta si el niño tose o llora, o si el ruido se repite una y otra vez. La persistencia demuestra la sinceridad de la persona. Hay ciertos pedidos que requieren un «venir de continuo» (Lc. 18:5). (*Véase* Estudio a fondo 1—Mt. 7:7.)

Dios está totalmente dispuesto a dar. El hijo de Dios puede estar tranquilo que cuando las circunstancias de la vida se tornan duras, Dios dará la presencia y el poder del Espíritu Santo para conducir a su hijo a través de la dificultad.

Ahora note otro hecho. Dios no solamente está dispuesto a responder, sino que está *extremadamente dispuesto* a responder. Ama al hombre y lo cuida en todas sus necesidades. Es preciso recordarlo siempre. (*Véase* Estudio a fondo 1—Lc. 11:5-10). Note algo más: Dios siempre responde nuestras oraciones, pero algunas veces la respuesta tiene que ser «no». ¿Por qué? Porque lo que pedimos no siempre es para nuestro bien, y Dios siempre va a hacer lo que es mejor para nosotros.

«*Velad y orad,* para que no entréis en tentación; el espíritu a la verdad está dispuesto, pero la carne es débil» (Mt. 26:41).

«También les refirió una parábola sobre la necesidad de *orar siempre*, y no desmayar» (Lc. 18:1).

«Velad, pues, *en todo tiempo orando* que seáis tenidos por dignos de escapar de todas estas cosas que vendrán, y de estar en pie delante del Hijo del Hombre» (Lc. 21:36).

«*Orando en todo tiempo* con toda oración y súplica en el Espíritu, y velando en ello con toda perseverancia y súplica por todos los santos» (Ef. 6:18).

«Por nada estéis afanosos, sino sean conocidas vuestras peticiones delante de Dios en *toda oración* y ruego, con acción de gracias» (Fil. 4:6).

«*Perseverando* en la oración, velando en ella con acción de gracias» (Col. 4:2).

«Orad *sin cesar*» (1 Ts. 5:17).

«Mas si de allí *buscares* a Jehová tu Dios, lo hallarás, si lo buscares de todo tu corazón y de toda tu alma» (Dt. 4:29).

«Buscad a Jehová y su poder; buscad su rostro *continuamente*» (1 Cr. 16:11).

«*Buscad* a Jehová mientras pueda ser hallado, llamadle en tanto que está cercano» (Is. 55:6).

«Y me buscaréis y me hallaréis, porque me buscaréis *de todo vuestro corazón*» (Jer. 29:13).

«Buscad a Jehová y su poder; buscad *siempre* su rostro» (Sal. 105:4).

«Yo amo a los que me aman, y me hallan los que temprano me buscan» (Pr. 8:17).

ESTUDIO A FONDO 1

(11:5-10) ***Oración—compañerismo:*** ¿Por qué Dios no contesta siempre nuestras oraciones de manera inmediata? ¿Por qué es necesario pedir y buscar y llamar y seguir pidiendo y buscando y llamando? ¿Por qué tenemos que pedir si Dios conoce nuestras necesidades aun antes que nosotros pidamos?

Hay al menos cuatro motivos.

1. La oración nos enseña a comunicarnos y a a tener comunión con Dios; a confiar y buscar más y más a Dios. Cuando Dios retiene lo pedido nosotros seguimos viniendo y hablando y compartiendo cada vez más con Él. Así como un padre humano anhela ese compañerismo y confianza, nuestro Padre celestial desea nuestro compañerismo y confianza.

2. La oración nos enseña paciencia y esperanza en Dios y en sus promesas. Cuando Dios no da inmediatamente lo pedido, nosotros seguimos viniendo pacientemente a su presencia, aguardando y esperando en lo que nos ha prometido (Mt. 21:22: Jn. 14:26; 1 Jn. 5:14-15).

3. La oración nos enseña a amar más y más a Dios como nuestro Padre. Sabiendo que lo que pedimos está viniendo y el tener que esperarlo nos lleva a acercarnos más y más a Dios y a sus dones. Y luego, cuando el don es concedido, nuestros corazones se lo agradecen mucho más.

4. La oración demuestra cuán profundamente confiamos en Dios y cuánto le amamos y dependemos de Él. La persona que realmente confía en Dios, que realmente sabe que lo pedido será recibido, traerá más y más a Dios. Vendrá cada vez más a Dios. Pero la persona que no está totalmente segura de recibir lo pedido solo vendrá ocasionalmente, por lo general solo en las emergencias. Por nuestra vida de oración Dios ve claramente cuánto le amamos realmente y cuánto confiamos en Él.

[4] (11:11-13) ***Oración:*** la parte de Dios en la oración. No podría haber una explicación más clara que la de este pasaje de la parte de Dios en la oración.

1. Jesús ilustró cuál es la parte de Dios. Dios no es malo; es bueno así como un padre terrenal es bueno. Jesús acentúa la enseñanza con tres sencillas ilustraciones. Note que las tres ilustraciones tienen que ver con un padre y su hijo.

2. Jesús dio la enseñanza: Dios está extremadamente dispuesto a dar. Note dos cosas.

a. El hombre es malo, lleno de egoísmo y pecado, sin embargo le da a su hijo lo que pide. (Note el enorme contraste entre el hombre malo, y Dios que es perfectamente bueno. Si el hombre malo da, es imposible que Dios, siendo bueno, no dé.)

b. Nuestro Padre celestial nos da la fuente misma de todas las cosas buenas, el Espíritu Santo mismo. ¡Imagine solamente, la propia presencia de Dios morando en nuestros corazones y cuerpos! Si Él mora en nosotros, toda cosa buena está asegurada. Una vez que tenemos el Espíritu Santo, no tenemos que orar a un Dios *distante* en alguna parte del espacio exterior. No tenemos que esperar que sus dones lleguen. Tenemos su presencia en nosotros...

- para acompañarnos y estar con nosotros.

  «Pero yo os digo la verdad: Os conviene que yo me vaya; porque si no me fuese, el Consolador no vendría a vosotros; mas si me fuere, os lo enviaré» (Jn. 16:7).

- Para ocuparse de nosotros y cuidarnos.

  «Mas el fruto del Espíritu es amor, gozo, paz, paciencia, benignidad, bondad, fe, mansedumbre, templanza; contra tales cosas no hay ley» (Gá. 5:23).

- Para dirigirnos y guiarnos.

  «Porque todos los que son guiados por el Espíritu de Dios, éstos son hijos de Dios» (Ro. 8:14).

  «Pero cuando venga el Espíritu de verdad, él os guiará a toda verdad; porque no hablará por su propia cuenta, sino que hablará todo lo que oyere, y os hará saber las cosas que habrán de venir» (Jn. 16:13).

- Para darnos seguridad y alentarnos.

  «Mas el Consolador, el Espíritu Santo, a quien el Padre enviará en mi nombre, él os enseñará todas las cosas, y os recordará todo lo que yo os he dicho» (Jn. 14:26).

  «Pues no habéis recibido el espíritu de esclavitud para estar otra vez en temor, sino que habéis recibido el espíritu de adopción, por el cual clamamos: ¡Abba, Padre! El Espíritu mismo da testimonio a nuestro espíritu, de que somos hijos de Dios. Y si hijos, también herederos; herederos de Dios y coherederos con Cristo, si es que padecemos juntamente con él, para que juntamente con él seamos glorificado» (Ro. 8:15-17).

- Para orar e interceder por nosotros.

  «Y de igual manera el Espíritu nos ayuda en nuestra debilidad; pues qué hemos de pedir como conviene, no lo sabemos, pero el Espíritu mismo intercede por nosotros con gemidos indecibles» (Ro. 8:26).

Pensamiento. Dios responde a la oración.

«Y todo lo que pidiereis en oración, creyendo, lo recibiréis» (Mt. 21:22).

«Por tanto, os digo que todo lo que pidiereis orando, creed que los recibiréis, y os vendrá» (Mr. 11:24).

«Y todo lo que pidiereis al Padre en mi nombre, lo haré, para que el Padre sea glorificado en el Hijo. Si algo pidiereis en mi nombre, yo lo haré» (Jn. 14:13-14).

«Si permanecéis en mí, y mis palabras permanecen en vosotros, pedid todo lo que queréis, y os será hecho» (Jn. 15:7).

«Hasta ahora nada habéis pedido en mi nombre; pedid, y recibiréis, para que vuestro gozo sea cumplido» (Jn. 16:24).

«Y si alguno de vosotros tiene falta de sabiduría, pídala a Dios, el cual da a todos abundantemente y sin

reproche, y le será dada. Pero pida con fe, no dudando nada; porque el que duda es semejante a la onda del mar, que es arrastrada por el viento y echada de una parte a la otra» (Stg. 1:5-6).

«Y cualquier cosa que pidiéremos la recibiremos de él, porque guardamos sus mandamientos, y hacemos las cosas que son agradables delante de él» (1 Jn. 3:22).

«Y esta es la confianza que tenemos en él, que si pedimos alguna cosa conforme a su voluntad, él nos oye. Y si sabemos que Él nos oye en cualquier cosa que pidamos, sabemos que tenemos las peticiones que le hayamos hecho» (1 Jn. 5:14-15).

«Si se humillare mi pueblo, sobre el cual mi nombre es invocado, y oraren, y buscaren mi rostro, y se convirtieren de sus malos caminos; entonces yo oiré desde los cielos, y perdonaré sus pecados y sanaré su tierra» (2 Cr. 7:14).

«Me invocará, y yo responderé; con él estaré yo en la angustia; lo libraré y le glorificaré» (Sal. 91:15).

«Los afligidos y menesterosos buscan las aguas, y no las hay; seca está de sed su lengua; yo Jehová los oiré, yo el Dios de Israel no los desampararé» (Is. 41:17).

«Entonces invocarás, y te oirá Jehová; clamarás, y dirá él: Héme aquí. Si quitares de en medio de ti el yugo, el dedo amenazador, y el hablar vanidad» (Is. 58:9).

«Y antes que clamen, responderé yo; mientras aún hablan, yo habré oído» (Is. 65:24).

«Clama a mí y yo te responderé, y te enseñaré cosas grandes y ocultas que tú no conoces» (Jer. 33:3).

«Y meteré en el fuego a la tercera parte, y los fundiré como se funde la plata, y los probaré como se prueba el oro. El invocará mi nombre, y yo le oiré, y diré: Pueblo mío; y él dirá: Jehová es mi Dios» (Zac. 13:9).

1 Jesús demostró ser el Mesías; expulsó el demonio que habitaba en un hombre

a. La gente se preguntó: ¿Quién es Jesús?

b. Algunos acusaron a Jesús diciendo que era un farsante, procedente de Beelzebú

c. Algunos quisieron probarlo pidiendo una señal

2 Ilustración 1: un reino y una casa; Jesús afirmó ser de otro reino y de otra casa que el reino y la casa de Satanás

3 Ilustración 2: religiosos exorcistas; Jesús afirmó tener el derecho de ser respetado, al menos tanto como otros ministros

4 Ilustración 3: el dedo de Dios; Jesús afirmó tener el poder de inaugurar el reino de Dios

5 Ilustración 4: un hombre más fuerte; Jesús afirmó ser más fuerte que Satanás

6 Ilustración 5: un pastor y un rebaño; Jesús afirmó ser la figura central o decisiva de la historia

7 Ilustración 6: Jesús afirmó que el hombre tiene que abandonar la autoreforma y volverse a Él y ser llenado de su presencia

8 Conclusión: lo realmente necesario: oír la Palabra de Dios y guardarla

I. La prueba de que Jesús es el Mesías, 11:14-28
(Mt. 12:22-30; Mr. 3:22-30)

14 Estaba Jesús echando fuera un demonio, que era mudo; y aconteció que salido el demonio, el mudo habló; y la gente se maravilló.

15 Pero algunos de ellos decían: Por Beelzebú, príncipe de los demonios, echa fuera los demonios.

16 Otros, para tentarle, le pedían señal del cielo.

17 Mas él, conociendo los pensamientos de ellos, les dijo: Todo reino dividido contra sí mismo, es asolado; y una casa dividida contra sí misma, cae.

18 Y si también Satanás está dividido contra sí mismo, ¿cómo permanecerá su reino? ya que decís que por Beelzebú echo yo fuera los demonios.

19 Pues si yo echo fuera los demonios por Beelzebú, ¿vuestros hijos por quién los echan? Por tanto, ellos serán vuestros jueces.

20 Mas si por el dedo de Dios echo yofuera los demonios, ciertamente el reino de Dios ha llegado a vosotros.

21 Cuando el hombre fuerte armado guarda su palacio, en paz está lo que posee.

22 Pero cuando viene otro más fuerte que él y le vence, le quita todas sus armas en que confiaba, y reparte el botín.

23 El que no es conmigo, contra mí es; y el que conmigo no recoge, desparrama.

24 Cuando el espíritu inmundo sale del hombre, anda por lugares secos, buscando reposo; y no hallándolo, dice: volveré a mi casa de donde salí.

25 Y cuando llega, la halla barrida y adornada. Entonces va, y toma otros siete espíritus peores que él; y entrados, moran allí; y el

26 postrer estado de aquel hombre viene a ser peor que el primero.

27 Mientras él decía estas cosas, una mujer de entre la multitud levantó la voz y le dijo: Bienaventurado el vientre que te trajo, y los senos que mamaste.

28 Y él dijo: Antes bienaventurados los que oyen la palabra de Dios, y la guardan.

I. La prueba de que Jesús es el Mesías, 11:14-28

(11:14-28) ***Introducción:*** Jesús ha sido rechazado, negado, y blasfemado por la mayoría de las personas. Sin embargo, hay enormes evidencias de que Él es precisamente lo que afirmó ser. En este pasaje Jesús mismo dio algunas de las evidencias indiscutibles.

1. Jesús demostró ser el Mesías; expulsó el demonio que habitaba en un hombre (vv. 14-16).
2. Ilustración 1: un reino y una casa; Jesús afirmó ser de otro reino y de otra casa que el reino y la casa de Satanás (vv. 17-18).
3. Ilustración 2: religiosos exorcistas; Jesús afirmó tener el derecho de ser respetado, al menos tanto como otros ministros (v. 19).
4. Ilustración 3: el dedo de Dios; Jesús afirmó tener el poder de inaugurar el reino de Dios (v. 20).
5. Ilustración 4: un hombre más fuerte; Jesús afirmó ser más fuerte que Satanás (vv. 21-22).
6. Ilustración 5: un pastor y un rebaño; Jesús afirmó ser la figura central o decisiva de la historia (v. 23).
7. Ilustración 6: Jesús afirmó que el hombre tiene que abandonar la autoreforma y volverse a Él y ser llenado de su presencie (vv. 24-26).
8. Conclusión: lo realmente necesario: oír la Palabra de Dios y guardarla (vv. 27-28).

[1] (11:14-16). ***Señales, búsqueda de—Jesucristo, acusaciones contra Él:*** Jesús demostró ser el Mesías expulsando el demonio que habitaba en un hombre. Demostró que...

- estaba combatiendo a las fuerzas malignas de este mundo (Ef. 6:12).
- había venido para destruir las obras del mal (Jn. 3:8).

Jesús vio a un hombre poseído del mal, de algún espíritu que lo había vuelto mudo y ciego (cp. Mt. 12:22). El corazón de Jesús se extendió hacia el hombre, se sintió conmovido de compasión por él. Jesús expulsó al espíritu malo y sanó al hombre. Con ello demostró a todos que Él era el verdadero Mesías, aquel que tenía de modo perfecto el poder de Dios. La respuesta de la gente fue triple.

1. Algunos se asombraron y maravillaron, preguntándose quién sería Jesús.
2. Otros inmediatamente rechazaron a Jesús. Pero note que no cuestionaron su poder. Tuvieron que admitir que Jesús tenía el poder para hacer cosas maravillosas. La tragedia del rechazo de ellos fue esta: dijeron que el poder era de Beelzebú, el principal de los demonios. (*Véase* Estudio a fondo 1—Mr. 3:22 para mayor discusión.)
3. Otros pidieron señales carnales, físicas, que diesen satisfacción a sus deseos mundanos. Confesar a Cristo les costaría cuanto tenían, tanto riquezas como amigos (*véanse* nota y Estudio

a fondo 1—Lc. 9:23; Mt. 19:16-22). Ya había evidencia abundante de que Jesús era el verdadero Mesías; sencillamente no estaban dispuestos a dar cuanto tenían para satisfacer las necesidades de un mundo desesperado y a sufrir las burlas y los abusos del mundo (*véase* nota—Mt. 16:2-4). Por eso demandaron una señal, una señal tan grande que convirtiese a cada persona y cosa de una sola vez. Si todo pudiese ser convertido de una sola vez, el cielo estaría en la tierra y todos los deseos carnales del hombre quedarían satisfechos. (*Véanse* bosquejo y notas—Jn. 6:22-29, especialmente 6:26-27, 80). Por eso pidieron una señal del cielo, una señal que convirtiera a todos los hombres. (Note que si Dios la hubiera dado nos hubiera tratado como a robots, eliminando nuestra libertad de elección y voluntad.)

Pensamiento. Los hombres creen que si tienen una señal espectacular, todos creerían y dos cosas ocurrirían. (1) Todo el mundo creería. Si todo el mundo cree no habrá abuso, burla o persecución de amigos o vecinos ni de nadie. (2) Todo el mundo se convertiría. Vendría el reino de Dios a la tierra y habría abundancia para todos. No habría necesidad de proteger lo que uno tiene, ni de temer el egoísmo y mal de otros. Esto, por supuesto, es falso, porque el hombre es *egoísta y centrado en sí mismo,* procurando controlar su propia vida. El hombre todavía seguiría sin creer y sin confiar en a Dios, y seguiría queriendo hacer lo que le place en vez de hacer la voluntad de Dios.

«Engañoso es el corazón más que todas las cosas, y perverso; ¿quién lo conocerá?» (Jer. 17:9).

Jesús conocía los pensamientos de los incrédulos alrededor suyo, de modo que asestó un golpe destructor a esos pensamientos e incredulidad. Lo hizo mediante seis ilustraciones.

[2] (11:17-18) ***Jesucristo, deidad—Mesías, pruebas del—Satanás, propósito de:*** primera ilustración: un reino. Jesús afirmó ser de otro reino y de otra casa que Satanás. Note varios hechos.

1. Jesús usó una ilustración muy sencilla para su afirmación, la de un reino y de una casa divididos. Es una ilustración claramente entendida por todos porque todos saben de reinos y casas divididos que se desmoronan todos los días.

2. Jesús dio por sentada la existencia de Satanás, de su reino, y de su lucha contra la justicia y el bien. No negó la existencia de Satanás ni trató de corregir la noción equivocada *del hombre acerca del diablo y de su reino.* ¿Por qué? Porque el diablo y su reino no son *nociones equivocadas.* Son muy, muy reales (*véase* Estudio a fondo 1—Ap. 12:9).

3. Jesús dijo que Satanás no está dividido contra sí mismo. No va a hacer el bien ni va a construir el reino de Dios. Precisamente lo contrario. Satanás va a construir su propio reino, su propio gobierno y reino. Desea oponerse a Dios y exaltarse a sí mismo. Quiere que los hombres lo sigan a Él y a su camino del mal, y herir de esa manera el corazón de Dios. Desea herir a Dios, y sabe que se siente herido cuando el hombre se extravía y se aparta del reino de Dios (*véase* Estudio a fondo 3—Mt. 19:23-24). Por eso Satanás procura llevar los hombres al mal tentándolos con deseos carnales y físicos de la naturaleza humana. Satanás sabe que el pecado lleva a la enfermedad y a destrucción del cuerpo y de la familia humana. Sabe que esa destrucción causa mucho dolor, heridas y sufrimiento a Dios, lo cual aparentemente es su propósito final.

El tema es claro: Satanás no va a expulsar el mal. Por eso el poder de Cristo necesariamente tiene que ser de Dios. Su poder es bueno; expulsa el mal. Por eso Él, el Mesías, es del reino y de la casa de Dios, no del reino y de la casa de Satanás.

«El que en él cree, ya ha sido condenado, porque no ha creído en el nombre del unigénito Hijo de Dios» (Jn. 3:18).

«Al que el Padre santificó y envió al mundo, vosotros decís: Tú blasfemas, porque dije: Hijo de Dios soy? Si no hago las obras de mi Padre, no me creáis. Mas si las hago, aunque no me creáis a mí creed a las obras, para que conozcáis y creáis que el Padre está en mí, y yo en el Padre» (Jn. 10:36-38).

«Cuánto mayor castigo pensáis que merecerá el que pisoteare al Hijo de Dios, y tuviere por inmunda la sangre del pacto en la cual fue santificado, e hiciere afrenta al Espíritu de gracia?» (He. 10:29).

[3] (11:19) ***Jesucristo, respuesta a:*** segunda ilustración: los religiosos exorcistas. Jesús afirmó tener el derecho a ser respetado, al menos tanto como los otros ministros. Este es un argumento simple. Había exorcistas judíos, hijos de la nación judía, que procuraban expulsar los demonios en el nombre de Dios. Jesús afirmó que ellos no eran acusados de actuar con poder infernal. ¿Por qué lo acusaban a Él? La pregunta es específica e instructiva, puesto que Jesús siempre sanaba y siempre tenía éxito en expulsar el mal. Ciertamente debía haber sido respetado tanto, o más que los otros ministros.

Pensamiento 1. El error de los judíos era que exaltaban a los sacerdotes (ministros) y a la religión más que a Dios. Actualmente muchos hacen lo mismo. Leen, citan, y usan a otros ministros como fuente mucho más que a Jesús y las Santas Escrituras.

Pensamiento 2. Jesucristo debe ser exaltado como Mesías, el Hijo de Dios, el único que puede expulsar el mal. Por eso debe ser leído, citado y predicado todos los días. Jesucristo tiene que ser honrado por todo hombre.

«Para que todos honren al Hijo como honran al Padre. El que no honra al Hijo, no honra al Padre que le envió. De cierto, de cierto os digo: El que oye mi palabra, y cree al que me envió, tiene vida eterna; y no vendrá a condenación, mas ha pasado de muerte a vida» (Jn. 5:23-24).

«Escudriñad las Escrituras; porque a vosotros os parece que en ellas tenéis vida eterna; y ellas son las que dan testimonio de mí» (Jn. 5:39; cp. vv. 40-47).

«Le respondió Simón Pedro: Señor, ¿a quién iremos? *Tú tienes* palabras de vida eterna» (Jn. 6:68).

«Los alguaciles respondieron: ¡Jamás hombre alguno ha hablado como este hombre!» (Jn. 7:46).

«Respondió Jesús y le dijo: El que me ama, mi palabra guardará; y mi Padre le amará, y vendremos a él, y haremos morada con él. El que no me ama, no guarda mis palabras; y la palabra que habéis oído no es mía, sino del Padre que me envió» (Jn. 14:23-24).

«Y en esto sabemos que nosotros le conocemos, si guardamos sus mandamientos» (1 Jn. 2:3).

«Yo conozco tus obras; he aquí, he puesto delante de ti una puerta abierta, la cual nadie puede cerrar; porque aunque tienes poca fuerza, has guardado mi palabra, y no has negado mi nombre» (Ap. 3:8).

«Dad a Jehová la gloria debida a su nombre; adorad a Jehová en la hermosura de la santidad» (Sal. 29:2).

«Díganlo los redimidos de Jehová, los que ha redimido del poder del enemigo» (Sal. 107:2).

«Jehová, Tú eres mi Dios; te exaltaré, alabaré tu nombre, porque has hecho maravillas; tus mconsejos antiguos son verdad y firmeza» (Is. 25:1).

[4] (11:20) ***Reino de Dios—Mesías:*** tercera ilustración: el dedo de Dios. Jesús afirmó tener el poder de inaugurar el reino de Dios. El dedo de Dios es sinónimo del Espíritu de Dios (cp. Mt. 12:28). El poder que expulsa a los demonios es el poder de Dios que proviene de Dios y de ningún otro (*véase* nota, pto. 3: Lc. 11:17-18).

Ahora note algo de crucial importancia. Jesús dijo: «Si yo tengo el poder de Dios, les estoy trayendo el reino de Dios. Donde quiera esté el poder de Dios, está el reino de Dios, porque el poder de Dios es usado para instalar el gobierno y reinado de Dios. Por eso, el reino de Dios ha venido a ustedes y está comenzando en este día y en este siglo. Ahora el poder del mal está siendo expulsado». Por supuesto, Jesús los está exhortando a que ninguno deje de ver el reino de Dios. Jesús lo está inaugurando, pero los hombres tienen que aceptarlo (*véase* Estudio a fondo 3—Mt. 19:23-24).

«La ley y los profetas eran hasta Juan; desde entonces el reino de Dios es anunciado, y todos se esfuerzan por entrar en Él» (Lc. 16:16).

«Preguntado por los fariseos, cuándo había de venir el reino de Dios, les respondió y dijo: El reino de Dios no vendrá con advertencia. Ni dirán: Helo aquí, o helo allí; porque he aquí el reino de Dios está *entre* vosotros» (Lc. 17:20-21).

«Después que Juan fue encarcelado, Jesús vino a Galilea predicando el evangelio del reino de Dios, diciendo: el tiempo se ha cumplido, y el reino de Dios se ha acercado; arrepentíos, y creed en el evangelio» (Mr. 1:14-15).

«De cierto os digo, que el que no reciba el reino de Dios como un niño, no entrará en Él» (Mr. 10:15).

«Respondió Jesús y le dijo: De cierto, de cierto te digo, que el que no naciere de nuevo, no puede ver el reino de Dios ... Respondió Jesús: De cierto, de cierto te digo, que el que no naciere de agua y del Espíritu, no puede entrar en el reino de Dios» (Jn. 3:3, 5).

«Jesús entonces, viendo que había respondido sabiamente, le dijo: No estás lejos del reino de Dios. Y ya ninguno osaba preguntarle» (Mr. 12:34).

«Y Él les dijo: De cierto os digo, que no hay nadie que haya dejado casa, o padres, o hermanos, o mujer, o hijos, por el reino de Dios, que no haya de recibir mucho más en este tiempo, y en el siglo venidero la vida eterna» (Lc. 18:29-30).

«Pero si por causa de tu comida tu hermano es contristado, ya no andas conforme al amor. No hagas que por la comida tuya se pierda aquel por quien Cristo murió» (Ro. 14:15).

[5] (11:21-22) ***Satanás—Jesucristo destruye a Satanás:*** cuarta ilustración—un hombre más fuerte. Jesús afirmó ser más fuerte que Satanás.

1. Satanás es el hombre fuerte. Note que está armado.
2. Lo «que posee» Satanás son personas sujetas a Él; personas que siguen el camino del mundo, es decir, el egoísmo, el rechazo de Dios y la rebelión contra la justicia.
3. Satanás actúa para mantener su lugar (reino) y «lo que posee» en paz, es decir, bajo su control y reinado. Hay algo de *paz y tranquilidad* en el reino de Satanás. Satanás dará placeres a la persona para mantenerla en su reino. Pero note que solo es por un tiempo (He. 11:25; 9:27).
4. El hombre más fuerte es Jesucristo.

- Jesucristo vino sobre Satanás.

«El que practica el pecado es del diablo; porque el diablo peca desde el principio. Para esto apareció el Hijo de Dios, para deshacer las obras del diablo» (1 Jn. 3:8).

«Así que, por cuanto los hijos participaron de carne y sangre, Él también participó de lo mismo, para destruir por medio de la muerte al que tenía el imperio de la muerte, esto es, al diablo, y librar a todos los que por el temor de la muerte estaban durante toda la vida sujetos a servidumbre» (He. 2:14-15).

- Jesucristo venció a Satanás.

«El cual nos ha librado de la potestad de las tinieblas, y trasladado al reino de su amado Hijo, en quien tenemos redención por su sangre, el perdón de pecados» (Col. 1:13-14).

- Jesucristo libró al hombre de las estrategias de Satanás.

«Por lo demás, hermanos míos, fortaleceos en el Señor, y en el poder de su fuerza. Vestíos de toda la armadura de Dios, para que podáis estar firmes contra las asechanzas del diablo» (Ef. 6:10-11; cp. vv. 12-18).

- Jesucristo repartió el botín de Satanás; el botín es una mente clara, un cuerpo limpio, corazón puro, y los dones del Espíritu.

«Por lo cual dice: Subiendo a lo alto, llevó cautiva la cautividad, y dio dones a los hombres. Y eso de que subió, ¿qué es, sino que también había descendido primero a las partes más bajas de la tierra? El que descendió, es el mismo que también subió por encima de todos los cielos para llenarlo todo» (Ef. 4:8-11; cp. 5:22-23).

[6] (11:23) ***Pastor—decisión—figura central de la historia:*** quinta ilustración—un pastor y un rebaño. Jesús afirmó ser la figura central o decisiva de la historia. Reunir y esparcir es una figura propia del pastor y su rebaño. La persona que no está con Cristo no recoge, sino esparce el rebaño. Que una persona esté en relación con Jesucristo determina el éxito e impacto de la vida de esa persona. Jesucristo es la figura decisiva de la historia; determina el destino de la persona (*véase* nota—Lc. 7:28).

No hay *neutralidad* con Cristo; la persona o está con Él, o está contra Él. O bien la persona lucha contra el mal, o bien contra la justicia; lucha por el reino de Dios, o por el reino del mal. Es imposible mantenerse inmóvil puesto que la inmovilidad es no hacer nada por Dios. Permanecer inmóvil, ser neutral, es trabajar para el mal permitiendo que el mal continúe y crezca sin oposición. El silencio es una voz a favor del mal.

«No podéis beber la copa del Señor, y la copa de los demonios; no podéis participar de la mesa del Señor, y de la mesa de los demonios» (1 Co. 10:21).

«El hombre de doble ánimo es inconstante en todos sus caminos» (Stg. 1:8).

«Acercaos a Dios, y él se acercará a vosotros. Pecadores, limpiad las manos; y vosotros los de doble ánimo, purificad vuestros corazones» (Stg. 4:8).

«Y Jesús le dijo: Ninguno que poniendo su mano en el arado mira hacia atrás, es apto para el reino de Dios» (Lc. 9:62).

«Ningún siervo puede servir a dos señores; porque o aborrecerá al uno y amará al otro, o estimará al uno y menospreciará al otro. No podéis servir a Dios y a las riquezas» (Lc. 16:13).

«Mira, yo he puesto delante de ti hoy la vida y el bien, la muerte y el mal» (Dt. 30:15).

«A los cielos y la tierra llamo por testigos hoy contra vosotros, que os he puesto delante la vida y la muerte, la bendición y la maldición; escoge, pues, la vida, para que vivas tú y tu descendencia» (Dt. 30:19).

«Y Elías volvió a decir al pueblo: Sólo yo he quedado profeta de Jehová; mas de los profetas de Baal hay cuatrocientos cincuenta hombres» (1 R. 18:21).

«Temían a Jehová, y honraban a sus Dioses, según la costumbre de las naciones de donde habían sido trasladados» (2 R. 17:33).

«Está dividido su corazón. Ahora serán hallados culpables; Jehová demolerá sus altares, destruirá sus ídolos» (Os. 10:2).

[7] (11:24-26) ***Reformarse—regenerarse—nuevo nacimiento:*** sexta ilustración: una casa vacía. Jesús afirmó que la persona tiene que dejar de reformarse y volverse a Él y ser llena de la presencia de Dios. Note tres cosas.

1. ¿Qué ocurre cuando una persona expulsa al mal (espíritu) de su vida?
   a. La persona experimenta muchos «lugares secos». No importa a donde vaya o qué hace, hay un vacío, un lugar vacante. Aparentemente nada reemplaza al mal (espíritu) expulsado.
   b. El mal (espíritu) que estaba en el hombre, que ha sido expulsado, busca descanso, pero no lo halla. Cuando

el espíritu malo del hombre es subyugado o expulsado, se vuelve inquieto. Va de un lado a otro, buscando *descanso*, pero no lo encuentra.

c. El hombre siempre siente el anhelo que el mal tiene de volver. El mal (espíritu) dice: «Volveré». Note las palabras: «a mi casa», al lugar que era tan cómodo, donde se sentía tan bien, donde estaba a gusto. En esencia dice: «Volveré a lo que siempre pareció tan bueno, y que tenía tanto de sabroso, y que me hacía sentir tan bien».

2. Todo lo dicho arriba concierne a la persona que se reforma y se limpia a sí misma. Sin embargo, note lo que ocurrió cuando el mal (espíritu) volvió llamando a la puerta de sus pensamientos y atisbando por las ventanas de sus deseos.

a. Halló la casa vacía y *desocupada.*

b. La halló barrida; limpia y en orden, lista para ser ocupada. La persona había removido toda basura y barrido toda suciedad. Había limpiado la casa (su vida) pero no había invitado al inquilino (al Señor Jesucristo) a entrar y ocupar sus habitaciones.

3. ¿Qué ocurrió cuando el mal (espíritu) halló la casa vacía y desocupada?

a. El mal entró y la inundó con más fuerza que nunca.

c. El mal *habitó* allí. Es poco probable que el hombre volvería a limpiar su casa otra vez.

«Y por haberse multiplicado la maldad, el amor de muchos se enfriará» (Mt. 24:12).

«Ciertamente, en otro tiempo, no conociendo a Dios, servíais a los que por naturaleza no son dioses; mas ahora, conociendo a Dios, o más bien, siendo conocidos por Dios, ¿cómo es que os volvéis de nuevo a los débiles y pobres rudimentos, a los cuales os queréis volver a esclavizar? Guardáis los días, los meses, los tiempos y los años» (Gá. 4:8-10).

«Mas los malos hombres y los engañadores irán de mal en peor, engañando y siendo engañados» (2 Ti. 3:13).

«Ciertamente, si habiéndose ellos escapado de las contaminaciones del mundo, por el conocimiento del Señor y Salvador Jesucristo, enredándose otra vez en ellas son vencidos, su postrer estado viene a ser peor que el primero. Porque mejor les hubiera sido no haber conocido el camino de la justicia, que después de haberlo conocido, volverse atrás del santo mandamiento que les fue dado» (2 P. 2:20-21).

«Pero tengo contra ti, que has dejado tu primer amor» (Ap. 2:4).

Pensamiento. La respuesta para ser lleno de la presencia de Cristo no es reformarse, no es el cambio exterior o de lo que se ve, sino la transformación o regeneración del corazón. La respueta es que el corazón del hombre y de la sociedad sea llenado de Cristo mismo y de las obras del amor y de los cuidados cristianos. El mensaje y las obras de amor y de los cuidados de los cristianos deben ser llevados a un mundo que sufre y que se debate en dolor y guerra, condenado a morir y a estar eternamente sin la presencia de Dios.

[8] (11:27-28) ***Palabra de Dios:*** lo realmente necesario es oír la Palabra de Dios y guardarla. Lucas es el único evangelista que menciona este incidente. Lo que aparentemente ocurrió es que alguna mujer de la multitud fue cautivada por la enseñanza y presencia de Jesús. Sencillamente exclamó que una mujer que pudo dar a luz a alguien como Jesús tenía que ser bendita. Pero note lo que dijo Jesús. Hay una bendición mayor aun a la de María ¡Imagine! Una bendición mayor que la de poder decir que había dado a luz a Jesús! ¿Qué es? «Bienaventurados los que oyen la palabra de Dios, y la guardan» (v. 28).

«El que tiene mis mandamientos, y los guarda, ése es el que me ama; y el que me ama, será amado por mi Padre, y yo le amaré, y me manifestaré a él» (Jn. 14:21).

«Mas el que mira atentamente en la perfecta ley, la de la libertad, y persevera en ella, no siendo oidor olvidadizo, sino hacedor de la obra, éste será bienaventurado en lo que hace» (Stg. 1:25).

«Y cualquier cosa que pidiéremos la recibiremos de Él, porque guardamos sus mandamientos, y hacemos las cosas que son agradables delante de él» (1 Jn. 3:22).

«Bienaventurados los que lavan sus ropas, para tener derecho al árbol de la vida, y para entrar por las puertas de la ciudad» (Ap. 22:14).

«Ahora, pues, si diereis oído a mi voz, y guardareis mi pacto, vosotros seréis mi especial tesoro sobre todos los pueblos; porque mía es toda la tierra» (Éx. 19:5).

«Cuando estuviereis en angustia, y te alcanzaren todas estas cosas, si en los postreros días te volvieres a Jehová tu Dios, y oyeres su voz; porque Dios misericordioso es Jehová tu Dios; no te dejará ni te destruirá, ni se olvidará del pacto que les juró a tus padres» (Dt. 4:30-31).

«¡Quién diera que tuviesen tal corazón, que me temiesen y guardase todos los días todos mis mandamientos, para que a ellos y a sus hijos les fuere bien para siempre!» (Dt. 5:29).

«Y si anduvieres en mis caminos, guardando mis estatutos y mis mandamientos, como anduvo David tu padre, yo alargaré tus días» (1 R. 3:14).

«Si oyeren, y le sirvieren, acabarán sus días en bienestar, y sus años en dicha» (Job 36:11).

«El que guarda la ley es hijo prudente; mas el que es compañero de glotones avergüenza a su padre» (Pr. 28:7).

1 **Las multitudes se agolpaban junto a Jesús**
  a. Jesús aseveró: esta es una generación mala
  b. El motivo: querían una señal

2 **La única señal: la señal de Jonás, es decir, la resurrección**

3 **El efecto de la señal (resurrección): condenará a esta mala generación**
  a. Porque no buscó a Cristo (como la reina buscó sabiduría)
  b. Porque no se arrepintió al oír la predicación de Cristo (como Nínive)

J. La gran prueba de que Jesús es el Mesías: la resurrección, 11:29-36
(Mt. 5:14-16; 12:38-42; Mr. 4:21-22; cp. Lc. 8:16)

29 Y apiñándose las multitudes, comenzó a decir: Esta generación es mala; demanda señal, pero señal no le será dada, sino la señal de Jonás.

30 Porque así como Jonás fue señal a los ninivitas, también lo será el Hijo del Hombre a esta generación.

31 La reina del Surse levantará en el juicio con los hombres de esta generación, y los condenará; porque ella vino de los fines de la tierra para oír la sabiduría de Salomón, y he aquí más que Salomón en este lugar.

32 Los hombres de Nínive se levantarán en el juicio con esta generación, y la condenarán; porque a la predicación de Jonás se arrepintieron, y he aquí más que Jonás en este lugar.

33 Nadie pone en oculto la luz encendida, ni debajo del almud, sino en el candelero, para que los que entran vean la luz.

34 La lámpara del cuerpo es el ojo; cuando tu ojo es bueno, también todo tu cuerpo está lleno de luz; pero cuando tu ojo es maligno, también tu cuerpo está en tinieblas.

35 Mira pues, no suceda que la luz que en ti hay, sea tinieblas.

36 Así que, si todo tu cuerpo está lleno de luz, no teniendo parte alguna de tinieblas, será todo luminoso, como cuando una lámpara te alumbra con su resplandor.

4 **La visibilidad de la señal (resurrección): se ve claramente como una antorcha encendida**
  a. Un hecho: una antorcha encendida no se oculta, sino es colocada donde alumbra
  b. Una elección: ver la señal (resurrección) con ojo bueno o con ojo malo
  c. Una advertencia: cuidarse de un ojo malo, de un cuerpo lleno de oscuridad
  d. Una promesa: un ojo bueno dará gran luz

J. La gran prueba de que Jesús es el Mesías: la resurrección, 11:29-36

(11:29-36) ***Introducción:*** la gran prueba de que Jesucristo es el Mesías, el Hijo del Dios viviente, es la resurrección. Los hombres podrán buscar otras pruebas y otras señales, pero Dios ha dado esta única señal suprema. Jamás se dará otra señal al hombre. La resurrección deja al hombre sin excusa.

1. Las multitudes se agolpaban junto a Jesús (v. 29).
2. La única señal: la señal de Jonás, es decir, la resurrección (vv. 29-30).
3. El efecto de la señal (resurrección): condenará a esta mala generación (vv. 31-32).
4. La visibilidad de la señal (resurrección): se ve claramente como una antorcha encendida (vv. 33-36).

[1] (11:29) ***Hombre, incredulidad—Jesucristo, deidad—señales:*** las multitudes apretaban a Jesús. Tan pronto se ubicó la multitud, Jesús comenzó a predicar; el mensaje que tenía era fuerte. Lanzó una grave acusación contra su generación: «Esta es una generación mala». ¿Por qué? Porque busca una señal.

1. ¿Qué hay de malo en buscar una señal, en buscar alguna prueba de que Jesús realmente es quien afirma ser? Nada. No hay nada malo en buscar evidencias de que Jesús es el Hijo de Dios. El problema no es la búsqueda de evidencias; el problema es buscar *más y más* evidencias. Piense por un momento. ¿Qué señal mayor podría haber dado Dios que la de *revelarse a sí mismo* al hombre? La señal más grande de todo el mundo fue el hecho de tener al propio Hijo de Dios en presencia de los hombres, de manera que pudieran verlo y tocarlo.

> **«Y aquel Verbo fue hecho carne, y habitó entre nosotros (y vimos su gloria, gloria como del unigénito del Padre), lleno de gracia y de verdad. Juan dio testimonio de él, y clamó diciendo: Este es de quien yo decía: El que viene después de mí, es antes de mí; porque era primero que yo. Porque de su plenitud tomamos todos, y gracia sobre gracia» (Jn. 1:14-16).**

> **«Lo que era desde el principio, lo que hemos oído, lo que hemos visto con nuestros ojos, lo que hemos contemplado, y palparon nuestras manos tocante al Verbo de vida (porque la vida fue manifestada, y la hemos visto, y testificamos, y os anunciamos la vida eterna, la cual estaba con el Padre, y se nos manifestó); lo que hemos visto y oído, eso os anunciamos, para que también vosotros tengáis comunión con nosotros; y nuestra comunión verdaderamente es con el Padre, y con su Hijo Jesucristo» (1 Jn. 1:1-3).**

2. ¿Qué evidencia mayor podía dar Dios de que Jesús es su Hijo? Dios suplió *todas las necesidades de los hombres* mientras Jesús estaba en medio de ellos. La mayor evidencia en todo el mundo es ver a Jesús demostrando el *amor y poder* de Dios...

- alimentando a los hambrientos.
- calmando tanto la naturaleza como el temor de los hombres.
- predicando y enseñando como ningún hombre lo había hecho jamás.
- sanando todo tipo de enfermedades y dolencias.
- expulsando a los malos espíritus.
- resucitando a los muertos.

> **«Bienaventurados los que tienen hambre y sed de justicia, porque ellos serán saciados» (Mt. 5:6).**
>
> **«Mas el que bebiere del agua que yo le daré, no tendrá sed jamás; sino que el agua que yo le daré será en él una fuente de agua que salte para vida eterna» (Jn. 4:14).**
>
> **«En el último y gran día de la fiesta, Jesús se puso en pie y alzó la voz, diciendo: Si alguno tiene sed, venga a mí y beba» (Jn. 7:37).**
>
> **«Mi Dios, pues, suplirá todo lo que os falta conforme a sus riquezas en gloria en Cristo Jesús» (Fil. 4:19).**
>
> **«Serán completamente saciados de la grosura de tu casa, y tú los abrevarás del torrente de tus delicias (Sal. 36:8; cp. Sal. 23:1ss).**
>
> **«Jehová te pastoreará siempre, y en las sequías saciará tu alma, y dará vigor a tus huesos; y serás**

como huerto de riego, y como manantial de aguas, cuyas aguas nunca faltan» (Is. 58:11).

3. ¿Qué prueba mayor (señal) pudo haber dado Dios que la de traer la salvación al hombre? Dios envió a su Hijo al mundo para salvar personalmente al hombre. ¿Qué mayor evidencia pudo dar Dios que la de...

- hacer vivir a su Hijo como hombre, viviendo una vida totalmente sin pecado, y asegurando por medio de su perfección la justicia para el hombre?
- hacer morir a su Hijo por *los hombres?*
- resucitar a su Hijo de los muertos?

Los judíos, igual que todos los hombres, no tienen justificación alguna para buscar señales adicionales. Dios ha dado las mayores señales que se pudieran dar. Si el hombre rechaza las señales ya dadas, rechazará cualquier otra señal, no importa cual sea. El problema del hombre no son las señales y evidencias; el problema del hombre es doble.

1. El hombre sencillamente no cree y no quiere creer. Quiere vivir según sus deseos, hacer las cosas a su modo. El hombre no quiere tener ningún Señor, no quiere que nadie le demande cuánto es y tiene. El corazón del hombre es duro, y es obstinado en su incredulidad (*véanse* notas—Lc. 10:21; Estudio a fondo 4—Mt. 12:24; nota—12:31-32).

2. El hombre no entiende el amor y la fe de Dios, es decir, la verdadera religión según Dios. No alcanza a ver lo que quiere Dios y lo que siempre ha querido, es decir, fe y amor, no señales y obras. Dios quiere que la persona sencillamente crea en Él y le ame, por lo que es y por lo que hace por el hombre. La verdadera religión de Dios no es una religión de obras y señales, sino de fe y amor en Jesucristo, su propio Hijo (*véanse* Estudio a fondo 2—Jn. 2:24; Estudio a fondo 1—4:22; nota—4:48-49; Estudio a fondo 1—Ro. 4:1-25; nota—4:4-5. Cp. Hch. 2:22.)

2 (11:29-30) ***Jesucristo, deidad—resurrección:*** la única señal, la señal de Jonás, es decir, la resurrección (cp. v. 32). La señal de Jonás apuntaba a la resurrección de Jesús de los muertos (*véase* nota—Mt. 12:38-40). La resurrección es la gran prueba de que Jesús es el Mesías, el Salvador del mundo. Él fue «declarado Hijo de Dios con poder, según el Espíritu de santidad, por la resurrección de entre los muertos» (Ro. 1:4).

Jesús afirmó ser mayor que Jonás. Afirmó ser el mensajero más grande que haya venido, el Mesías mismo. Desde su venida los hombres son decididamente inexcusables. Los peores pecadores de la historia se arrepintieron al oír la predicación de un mero hombre, el profeta Jonás. Ahora ha venido el Mesías mismo, el propio Hijo de Dios. Y ha predicado y anunciado que el reino de Dios mismo está a la mano. Ahora toda persona, es sin duda alguna, inexcusable.

3 (11:31-32) ***Jesucristo, deidad; resurrección—reina de Sabá—buscar a Jesús—sabiduría:*** el efecto de la señal (resurrección): condenará a esta mala generación. Hay dos motivos para ello.

1. Esta mala generación no buscó a Jesús, a Aquel que conocía la verdad. Jesús dio un claro ejemplo de lo que quiso decir mencionando a la reina de Sabá (cp. 1 R. 10:1ss; 2 Cr. 9:1 ss). La reina de Sabá demostró cómo la persona debe buscar la verdad y cuán importante es buscar a Cristo. Ella tuvo que buscar con toda la diligencia y soportar todo lo que se debía soportar en su búsqueda de la verdad.

a. Su búsqueda fue prolongada y peligrosa. Tuvo que viajar desde «el extremo de la tierra» para buscar la verdad.

b. Tenía responsabilidades inmensas. Era una reina con agobiantes obligaciones y un horario muy ocupado como cabeza del estado. Como ocurre con todas las cabezas de estados, había muchas cosas que requerían su tiempo y presencia, muchas cosas que dependían de la atención que ella le diera, sin embargo, no dejó que nada le impidiese buscar la verdad.

c. Su búsqueda era incierta. Era una búsqueda al azar; era, en por lo menos dos sentidos incierta.

- No podía estar absolutamente segura de que Salomón fuese tan sabio en cuanto a la verdad como se decía. Las reputaciones se exageran cuando son trasmitidas de boca en boca, y ella lo sabía.
- No tenía una invitación personal para visitar a Salomón. La fama adula a los hombres; éstos se vuelven inaccesibles a efectos de aumentar su fama, de ocuparse y estar sobrecargados de pesadas responsabilidades, y de rodearse de mayor grandeza aun. Ella no podía estar segura que Él la recibiría ni que le concedería mucho tiempo.

d. Ella tuvo que soportar terribles prejuicios. Era una mujer en un mundo de hombres. En su tiempo las mujeres no eran más que objetos, poseídos y usados por los hombres para el propio placer, para hacer lo que ellos quisieran.

En el día del juicio la reina de Sabá será usada como testimonio. Su búsqueda diligente será un testimonio contra todos los que fallan en buscar a Cristo. Su búsqueda dejará sin excusa a todos los demás. No hay distancia demasiado grande, ni camino demasiado peligroso, ni responsabilidad tan importante, ni tema tan grave, ni prejuicio ni oposición tan fuerte que puede impedir a una persona su búsqueda de Cristo. La reina de Sabá encaró todos los obstáculos, y sin embargo, buscó la verdad. Era el impulso primordial de su vida; por eso, su ejemplo hace inexcusables a todos los demás.

«Mas buscad primeramente el reino de Dios y su justicia, y todas estas cosas os serán añadidas» (Mt. 6:33).

«Y yo os digo: Pedid, y se os dará; buscad, y hallaréis; llamad, y se os abrirá» (Lc. 11:9).

«Porque todo aquel que pide, recibe; y el que busca, halla; y al que llama, se le abrirá» (Lc. 11:10; cp. vv. 5-8).

«Y de una sangre ha hecho todo el linaje de los hombres, para que habiten sobre toda la faz de la tierra; y les ha prefijado el orden de los tiempos, y los límites de su habitación; para que busquen a Dios, si en alguna manera, palpando, puedan hallarle, aunque ciertamente no está lejos de cada uno de nosotros» (Hch. 17:26-27).

«Mas si de allí buscares a Jehová tu Dios, lo hallarás, si lo buscares de todo tu corazón y de toda tu alma» (Dt. 4:29).

«Mas ¿dónde se hallará la sabiduría? ¿Dónde está el lugar de la inteligencia? ... Y dijo al hombre: He aquí que el temor del Señor es la sabiduría, y el apartarse del mal, la inteligencia» (Job 28:12, 28; cp. vv. 13-27).

«Buscad a Jehová y su poder; buscad siempre su rostro» (Sal. 105:4).

«Si clamares a la inteligencia, y a la prudencia dieres tu voz; si como a la plata la buscares, y la escudriñares como a tesoros, entonces entenderás el temor de Jehová, y hallarás el conocimiento de Dios» (Pr. 2:3-5).

«Buscad a Jehová mientras puede ser hallado, llamadle en tanto que está cercano» (Is. 55:6).

«Porque yo sé los pensamientos que tengo acerca de vosotros, dice Jehová, pensamientos de paz, y no de mal, para daros el fin que esperáis. Entonces me invocaréis, y vendréis y oraréis a mí, y yo os oiré; y me buscaréis y me hallaréis, porque me buscaréis de todo vuestro corazón» (Jer. 29:11-13).

«Pero así dice Jehová a la casa de Israel: Buscadme, y viviréis» (Am. 5:4).

«Sembrad para vosotros en justicia, segad para vosotros en misericordia; haced para vosotros barbecho; porque es el tiempo de buscar a Jehová, hasta que venga y os enseñe justicia» (Os. 10:12).

«Buscad a Jehová todos los humildes de la tierra, los

que pusisteis por obra su juicio; buscad justicia, buscad mansedumbre; quizá seréis guardados en el día del enojo de Jehová» (Sof. 2:3).

Note que Jesús afirmó ser mayor que Salomón. Afirmó ser el camino, la verdad y la vida. ¡Imagine! Afirmó ser la *vida* misma (Jn. 14:6). Afirmó ser aquel a quien todos deben buscar y hallar para no ir a condenación.

Desde que Jesús vino los hombres son decididamente inexcusables. La persona más improbable (la reina de Sabá) fue a los extremos más lejanos para buscar la verdad de un mero hombre, Salomón. Ahora, el Mesías, que es *la verdad* él mismo, ha venido y revelado la verdad de Dios. Sin duda, ahora toda persona es inexcusable.

«Y aquel Verbo fue hecho carne, y habitó entre nosotros (y vimos su gloria, gloria como del unigénito del Padre), lleno de gracia y de verdad» (Jn. 1:14).

«Jesús le dijo: Yo soy el camino, y la verdad, y la vida; nadie viene al Padre, sino por mí» (Jn. 14:6).

«Jesús le dijo: ¿Tanto tiempo hacer que estoy con vosotros, y no me has conocido, Felipe? El que me ha visto a mí, ha visto al Padre; ¿cómo, pues, dices tú: Muéstranos el Padre? ¿No crees que yo soy en el Padre, y el Padre en mí? Las palabras que yo os hablo, no las hablo por mi propia cuenta, sino que el Padre que mora en mí, él hace las obras. Creedme que yo soy en el Padre, y el Padre en mí; de otra manera, creedme por las mismas obras» (Jn. 14:9-11).

«Porque hay un solo Dios, y un solo *mediador* entre Dios y los hombres, Jesucristo hombre» (1 Ti. 2:5).

«Pero ahora tanto mejor ministerio es el suyo, cuanto es mediador de un mejor pacto, establecido sobre mejores promesas» (He. 8:6).

«Así que, por eso es *mediador* de un nuevo pacto, para que interviniendo muerte para la remisión de las transgresiones que había bajo el primer pacto, los llamados reciban la promesa de la herencia eterna» (He. 9:15).

«Porque no entró Cristo en el santuario hecho de mano, figura del verdadero, sino en el cielo mismo para presentarse ahora por nosotros ante Dios» (He. 9:24).

«A Jesús el *mediador* del nuevo pacto, y a la sangre rociada que habla mejor que la de Abel. Mirad que no desechéis al que habla. Porque si no escaparon aquellos que desecharon al que los amonestaba en la tierra, mucho menos nosotros, si desecháremos al que amonesta desde los cielos» (He. 12:24-25).

«Hijitos míos, estas cosas os escribo para que no pequéis; y si alguno hubiere pecado, abogado tenemos para con el Padre, a Jesucristo el justo» (1 Jn. 2:1).

2. Esta mala generación no se arrepintió al oír la predicación de Jesús. Note varias cosas.

a. Toda una generación puede ser mala y adúltera, tan mala y adúltera que su estilo de vida y su carácter dominante puede ser llama «mala y adúltera» (Mt. 12:39).

b. Los ninivitas dieron un claro ejemplo de *arrepentimiento* y de cuán necesario es el arrepentimiento. La persona tiene que arrepentirse para no ser condenada.

c. Hay en el futuro un día de juicio. Note las palabras, «en juicio» y «en el juicio». Ambas frases señalan a un día definido de juicio.

d. El arrepentimiento de los ninivitas será usado como testimonio en el día del juicio. La gente de Nínive dio un claro ejemplo de personas que se vuelven a Dios desde la profundidad del pecado. Habían caído en el pozo del pecado, habían caído tan profundo como se puede caer. Pero se arrepintieron al oír la predicación de Jonás.

e. El arrepentimiento de los ninivitas deja a todos *sin excusa.* ¿Por qué? No hay nadie que haya caído más profundamente en el pecado que ellos, sin embargo, se arrepintieron. Ello muestra que cualquiera se puede volver a Dios del pecado, no importa cuan terrible sea su pecado. Nadie tiene excusas para no volverse a Dios.

«Bienaventurados los que lloran, porque ellos recibirán consolación» (Mt. 5:4).

«Os digo: No; antes si no os arrepentís, todos pereceréis igualmente» (Lc. 13:3).

«Pedro les dijo: Arrepentíos, y bautícese cada uno de vosotros en el nombre de Jesucristo para perdón de los pecados; y recibiréis el don del Espíritu Santo» (Hch. 2:38).

«Yo reprendo y castigo a todos los que amo; sé pues, celoso, y arrepiéntete» (Ap. 3:19).

«Arrepiéntete, pues, de tu maldad, y ruega a Dios, si quizá te sea perdonado el pensamiento de tu corazón» (Hch. 8:22).

«Pero Dios, habiendo pasado por alto los tiempos de esta ignorancia, ahora manda a todos los hombres en todo lugar, que se arrepientan» (Hch. 17:30).

«Si se humillare mi pueblo, sobre el cual mi nombre es invocado, y oraren, y buscaren mi rostro, y se convirtieren de sus malos caminos; entonces yo oiré desde los cielos, y perdonaré sus pecados, y sanaré su tierra» (2 Cr. 7:14).

«Deje el impío su camino, y el hombre inicuo sus pensamientos, y vuélvase a Jehová, el cual tendrá de él, misericordia, y al Dios nuestro, el cual será amplio en perdonar» (Is. 55:7).

«Vé y clama estas palabras hacia el norte; y dí: Vuélvete oh rebelde Israel, dice Jehová; no haré caer mi ira sobre ti, porque misericordioso soy yo, dice Jehová, no guardaré para siempre el enojo» (Jer. 3:12).

«Mas el impío, si se apartare de todos sus pecados que hizo, y guardare todos mis estatutos e hiciere según el derecho y la justicia, de cierto vivirá; no morirá» (Ez. 18:21).

«Diles, pues: Así ha dicho Jehová de los ejércitos: Volveos a mí, dice Jehová de los ejércitos, y yo me volveré a vosotros, ha dicho Jehová de los ejércitos» (Zac. 1:3).

f. Jesús afirmó ser mayor, ser superior a Jonás (*véase* nota—Lc. 11:30).

4 (11:33-36) ***Jesucristo, resurrección:*** la visibilidad de la señal (resurrección). La señal se ve claramente como una antorcha resplandeciente. Note cuatros temas.

1. Un hecho: una luz encendida no se oculta, se coloca en un sitio desde donde puede alumbrar y ser vista. Jesús dijo que la luz encendida, la *resurrección* no se guardaría en secreto, ni sería un secreto. Jesús fue resucitado abierta y públicamente, para que todos los que «entrasen [pudiesen] ver la luz» y ser convencidos de que Él es el verdadero Mesías.

2. Una decisión: ver la señal (resurrección) con ojo bueno o malo. El ojo bueno es el que no ve doble, el que se concentra en ver la luz, el camino y la justicia de Dios. El ojo malo es el que se centra en el mundo y las cosas materiales, en carne y pasión, placeres y estimulación, ego y riquezas. Note que la señal que Dios ha dado es dramáticamente clara, es la resurrección. Dios no ha guardado la señal como un secreto, ni la ha ocultado. La señal puede ser vista con tanta claridad como una luz encendida en la oscuridad de medianoche. La única cosa imaginable que puede impedir a la persona ver la señal es un ojo deficiente o malo; y si el ojo de una persona es malo todo su cuerpo está lleno de tiniebla, es decir, de mal y de muerte.

3. Una advertencia: hay que cuidarse de tener un ojo malo, un cuerpo lleno de tiniebla. Cada persona cree que ve la luz y que tiene luz, que ve la verdad y tiene la verdad. Dicho de manera

sencilla, todos creen que lo que ven (cosas que creen) y abrazan es la verdad. La advertencia es clara. Mirad que...

- lo que ven lo vean con ojo bueno.
- lo que hay en ustedes sea luz y no tiniebla.

La *resurrección es la luz de Dios. Ver cualquier otra luz es ver tinieblas.* Es ver la luz y la verdad con un ojo malo.

4. Una promesa: un ojo bueno dará mucha luz. Sencillamente, si una persona está «llena de luz»...

- por haber visto la resurrección,
- y no haber permitido la entrada de ninguna tiniebla (duda, incredulidad, creencia falsa)...

...todo su ser será lleno de luz. Esa persona será tan llena de luz como la más resplandeciente de las antorchas.

> ***Pensamiento.*** Jesucristo es la Luz del mundo; Él es la Luz a la que los hombres tienen que abrir la puerta de sus entenebrecidos corazones. Él es la luz que los hombres tienen que recibir en sus vidas pecaminosas y en el mundo de tinieblas.
>
> **«En él estaba la vida, y la vida era la luz de los hombres» (Jn. 1:4).**
>
> **«Aquella luz verdadera, que alumbra a todo hombre, venía a este mundo» (Jn. 1:9).**
>
> **«Otra vez Jesús les habló, diciendo: Yo soy la luz del mundo; el que me sigue, no andará en tinieblas, sino que tendrá la luz de la vida» (Jn. 8:12).**
>
> **«Entonces Jesús les dijo: Aún por un poco está la luz entre vosotros; andad entre tanto que tenéis luz, para que no os soprendan las tinieblas; porque el que anda en tinieblas, no sabe a dónde va» (Jn. 12:35).**
>
> **«Yo, la luz, he venido al mundo, para que todo aquel que cree en mí no permanezca en tinieblas» (Jn. 12:46).**
>
> **«Porque Dios, que mandó que de las tinieblas resplandeciese luz, es el que resplandeció en nuestros corazones, para iluminación del conocimiento de la gloria de Dios en la faz de Jesucristo» (2 Co. 4:6).**
>
> **«En otro tiempo erais tinieblas, mas ahora sois luz en el Señor; andad como hijos de luz» (Ef. 5:8-9).**
>
> **«Por lo cual dice: Despiértate tú que duermes, y levántate de los muertos, y te alumbrará Cristo» (Ef. 5:14).**
>
> **«Para que seáis irreprensibles y sencillos, hijos de Dios sin mancha en medio de una generación maligna y perversa, en medio de la cual resplandecéis como luminares en el mundo» (Fil. 2:15).**
>
> **«Sin embargo, os escribo un mandamiento nuevo, que es verdadero en él y en vosotros, porque las tinieblas van pasando, y la luz verdadera ya alumbra» (1 Jn. 2:8).**
>
> **«La ciudad no tiene necesidad de sol ni de luna que brillen en ella; porque la gloria de Dios la ilumina, y el Cordero es su lumbrera» (Ap. 21:23).**
>
> **«El pueblo que andaba en tinieblas vio gran luz; los que moraban en tierra de sombra de muerte, luz resplandeció sobre ellos» (Is. 9:2).**
>
> **«Yo Jehová te he llamado en justicia, y te sostendré por la mano; te guardaré y te pondré por pacto al pueblo, por luz de las naciones, para que abras los ojos de los ciegos, para que saques de la cárcel a los presos, y de casas de prisión a los que moran en tinieblas» (Is. 42:6-7; cp. Mt. 4:14-16; Lc. 1:79).**

1 Un fariseo invitó a Jesús a comer
- a. Jesús aceptó la invitación
- b. Se le preguntó acerca de la limpieza ceremonial

2 Primera acusación: los religiosos son ceremonialmente limpios, pero interiormente no
- a. Limpian el exterior, pero no el interior
- b. Dios hizo tanto el exterior como el interior (corazón) del hombre
- c. La entrega del corazón limpia todo

3 Segunda acusación: los religiosos obedecen en el diezmo, pero ignoran la justicia y el amor

4 Tercera acusación: los religiosos anhelan prominencia y honor

5 Cuarta acusación: los religiosos extravían a otros, motivando que se vuelvan impuros y corruptos

6 Quinta acusación: los religiosos sobrecargan a los hombres con reglas y reglamentos
- a. Ceguera espiritual de un maestro de la ley
- b. Acusación de Jesús

7 Sexta acusación: los religiosos honran a los verdaderos profetas de Dios ... siempre que estén muertos
- a. El honor que reciben los siervos de Dios del pasado
- b. El rechazo mostrado a los siervos de Dios del presente
- c. El juicio requerido[EF1, 2]

8 Séptima acusación: los religiosos han quitado la llave a la verdad acerca de Dios

9 Conclusión: una reacción de hostilidad hacia Jesús

K. Severas acusaciones contra los religiosos, 11:37-54
(cp. Mt. 23:13-36)

37 Luego que hubo hablado, le rogó un fariseo que comiese con él; y entrando Jesús en la casa, se sentó a la mesa.
38 El fariseo, cuando lo vio, se extrañó de que no se hubiese lavado antes de comer.
39 Pero el Señor le dijo: Ahora bien, vosotros los fariseos limpiáis lo de fuera del vaso y del plato, pero por dentro estáis llenos de rapacidad y de maldad.
40 Necios, ¿el que hizo lo de fuera, no hizo también lo de adentro?
41 Pero dad limosna de lo que tenéis, y entonces todo os será limpio.
42 Mas ¡ay de vosotros, fariseos! que diezmáis la menta, y la ruda, y toda hortaliza, y pasáis por alto la justicia y el amor de Dios. Esto os era necesario hacer, sin dejar aquello.
43 ¡Ay de vosotros, fariseos! que amáis las primeras sillas en las sinagogas, y las salutaciones en las plazas.
44 ¡Ay de vosotros, escribas y fariseos, hipócritas! que sois como sepulcros que no se ven, y los hombres que andan encima no lo saben.
45 Respondiendo uno de los intérpretes de la ley, le dijo: Maestro, cuando dices esto, también nos afrentas a nosotros.
46 Y él dijo: ¡Ay de vosotros también, intérpretes de la ley! porque cargáis a los hombres con cargas que no pueden llevar, pero vosotros ni aun con un dedo las tocáis.
47 ¡Ay de vosotros, que edificáis los sepulcros de los profetas a quienes mataron vuestros padres!
48 De modo que sois testigos y consentidores de los hechos de vuestros padres; porque a la verdad ellos los mataron, y vosotros edificáis sus sepulcros.
49 Por eso la sabiduría de Dios también dijo: Les enviaré profetas y apóstoles; y de ellos, a unos matarán y a otros perseguirán,
50 para que se demande de esta generación la sangre de todos los profetas que se ha derramado desde la fundación del mundo,
51 desde la sangre de Abel hasta la sangre de Zacarías, que murió entre el altar y el templo; sí, os digo que será demandada de esta generación.
52 ¡Ay de vosotros, intérpretes de la ley! porque habéis quitado la llave de la ciencia; vosotros mismos no entrasteis, y a los que entraban se lo impedisteis.
53 Diciéndoles estas cosas, los escribas y fariseos comenzaron a estrecharle en gran manera, y a provocarle a que hablase de muchas cosas;
54 acechándole, y procurando cazar alguna palabra de su boca para acusarle.

K. Severas acusaciones contra los religiosos, 11:37-54

(11:37-54) ***Introducción:*** la mayoría de la gente se cree religiosa. Por eso, la persona religiosa tiene que prestar cuidadosa atención a lo que Jesús dice en este pasaje. La persona religiosa tiene que examinar su corazón y su vida para estar segura de que su religión es genuina. Jesús fue severo con sus acusaciones contra los falsos religiosos. (*Véanse* bosquejo y notas—Mt. 23:1-12; 23:13-36; Lc. 15:25-32; 18:9-12; Ro. 2:17-29 para una mayor discusión y aplicaciones.)

1. Un fariseo invitó a Jesús a comer (vv. 37-38).
2. Primera acusación: los religiosos son ceremonialmente limpios, pero interiormente no (vv. 39-41).
3. Segunda acusación: los religiosos obedecen en el diezmo, pero ignoran la justicia y el amor (v. 42).
4. Tercera acusación: los religiosos anhelan prominencia y honor (v. 43).
5. Cuarta acusación: los religiosos extravían a otros, motivando que se vuelvan impuros y corruptos (v. 44).
6. Quinta acusación: los religiosos sobrecargan a los hombres con reglas y reglamentos (vv. 45-46).
7. Sexta acusación: los religiosos honran a los verdaderos

profetas de Dios ... siempre que estén muertos (vv. 47-51).

8. Acusación 7: los religiosos han quitado la llave a la verdad acerca de Dios (v. 52).

9. Conclusión: una reacción de hostilidad hacia Jesús (vv. 53-54).

1 (11:37-38) ***Ley de los escribas—lavamiento de manos:*** un fariseo invitó a Jesús a comer con él. Probablemente el fariseo había estado en el auditorio de Jesús y se había interesado en sus enseñanzas. Quería hablar personalmente con Jesús de manera que lo invitó a comer. Lo que ocurrió fue esto. Cuando Jesús entró a la casa del hombre, fue directamente a la mesa a comer; no se lavó las manos. Esto asombró al fariseo, puesto que significaba una grave violación de la ley religiosa. No tenía nada que ver con higiene, sino con la pureza ceremonial. Se enseñaba que las manos de una persona habían estado en contacto con un mundo pecador; por eso la persona debía lavarse las manos antes de comer para evitar que la impureza entrase a su cuerpo. El fariseo (religioso) pensó para sí mismo que Jesús había violado gravemente la ley de la pureza. Jesús, por supuesto, conocía los pensamientos del fariseo y comenzó a responder. Su respuesta fue en forma de siete graves acusaciones.

2 (11:39-41) ***Los religiosos—corazón, bien vs. mal— depravación—ritual—justicia propia:*** la primer acusación era que los religiosos son ceremonialmente limpios, pero interiormente no. Guardaban sus ceremonias religiosas, pero sin hacer nada concerniente al corazón.

1. Los religiosos habían limpiado el exterior pero no el interior. Trataban a la religión como si fuese una persona lavando platos. La persona lavaba el exterior de la copa y del plato, pero dejaba sucio el interior. El corazón del religioso estaba lleno de...

- avaricia (*harpazo*), que significa rapacidad, hurto, extorsión, robo, despojo por la fuerza.
- maldad (*ponerias*).

La mayoría de los religiosos niegan, tal como lo hacían en tiempos de Jesús, que cometen rapacidad y maldad. Pero note que Jesús no solamente a acusaba al religioso de hacer esto, sino de estar lleno de ello. ¿Qué quiso decir Jesús? El religioso hace *rapacidad* del camino de Dios, intenta *asir* el reino de Dios a su propio modo, en vez de seguir el camino de Dios. Comete extorsión y robo contra la salvación que Dios ha establecido. El religioso estaba «lleno ... de maldad», es decir, desobedecía a Dios y se negaba a seguir a Jesús, el camino de justicia establecido por Dios (Ro. 10:3-4; Fil. 3:9). En vez de venir a Dios por medio del Mesías, el religioso venía a Dios por medio de su propia justicia. Procuraba limpiarse a sí mismo cumpliendo las ceremonias y la adoración religiosa. (*Véase* nota—Mt. 23:25-26 para una mayor discusión y una explicación diferente.)

Pensamiento. Note dos lecciones cruciales que deben oír los religiosos.

1) Jesucristo es la justicia de Dios.

«Porque ignorando la justicia de Dios, y procurando establecer la suya propia, no se han sujetado a la justicia de Dios; porque el fin de la ley es Cristo, para justicia de todo aquel que cree. Porque de la justicia que es por la ley de Moisés escribe así: El hombre que haga estas cosas, vivirá por ellas» (Ro. 10:3-5).

«Pero ahora, aparte de la ley, se ha manifestado la justicia de Dios, testificada por la ley y por los profetas; *la justicia de Dios por medio de la fe en Jesucristo,* para todos los que creen en él. Porque no hay diferencia, por cuanto todos pecaron, y están destituidos de la gloria de Dios, siendo justificados gratuitamente por su gracia, mediante la redención que es en Cristo Jesús, a quien Dios puso como propiciación por medio de la fe en su sangre, para manifestar su justicia, a causa de haber pasado por alto, en su paciencia, los pecados pasados» (Ro. 3:21-25).

«Y ser hallado en él, no teniendo mi propia justicia, que es por la ley, sino la que es por la fe de *Cristo, la justicia que es de Dios* por la fe» (Fil. 3:9).

2) El hombre, religioso o no, no puede establecer su propia justicia. No puede hacerse a sí mismo suficientemente limpio para acercarse a Dios, ni por obras, ni por ceremonia religiosa ni culto; no puede acercarse limpiando el exterior de su plato o vida.

«Porque os digo que si vuestra justicia no fuere mayor que la de los escribas y fariseos, no entraréis en el reino de los cielos» (Mt. 5:20).

«Muchos me dirán en aquel día: Señor, Señor, ¿no profetizamos en tu nombre, y en tu nombre echamos fuera demonios, y en tu nombre hicimos muchos milagros? Y entonces les declararé: Nunca os conocí; apartaos de mí, hacedores de maldad» (Mt. 7:22-23).

«Ya que por las obras de la ley ningún ser humano será justificado delante de él; porque por medio de la ley es el conocimiento del pecado» (Ro. 3:20).

«Sabiendo que el hombre no es justificado por las obras de la ley, sino por la fe en Jesucristo, nosotros también hemos creído en Jesucristo, para ser justificados por la fe de Cristo y no por las obras de la ley, por cuanto por las obras de la ley nadie será justificado» (Gá. 2:16).

«Porque por gracia sois salvos por medio de la fe; y esto no de vosotros, pues es don de Dios; no por obras, para que nadie se glorie» (Ef. 2:8-9).

«Pero cuando se manifestó la bondad de Dios nuestro Salvador, y su amor para con los hombres, nos salvó, no por obras de justicia que nosotros hubiéramos hecho, sino por su misericordia, por el lavamiento de la regeneración y por la renovación en el Espíritu Santo, el cual derramó en nosotros abundantemente por Jesucristo nuestro Salvador, Para que, justificados por su gracia, viniésemos a ser herederos conforme a la esperanza de la vida eterna» (Tit. 3:4-7).

2. Dios hizo tanto el exterior como el interior (el corazón) del hombre. Jesús dijo que no solamente el exterior es impuro. El interior también es impuro y tiene que ser limpiado para llegar a ser aceptable a Dios. Note que llama «necios» a los religiosos. Hizo a todo el hombre, tanto su corazón como su cuerpo. El hombre tiene que dar a Dios un corazón limpio y un cuerpo limpio, un corazón espiritual y un cuerpo religioso.

Pensamiento. El corazón es la fuente del mal; por eso tiene que ser limpiado por Cristo, incluso el corazón del religioso.

«Porque de dentro, del corazón de los hombres, salen los malos pensamientos, los adulterios, las fornicaciones, los homicidios» (Mr. 7:21).

«Mirad, hermanos, que no haya en ninguno de vosotros corazón malo de incredulidad para apartarse del Dios vivo» (He. 3:12).

«Pero hubo también falsos profetas entre el pueblo, como lo habrá entre vosotros falsos maestros, que introducirán encubiertamente herejías destructoras, y aun negarán al Señor que los rescató, atrayendo sobre sí mismos destrucción repentina. Y muchos seguirán sus disoluciones, por causa de los cuales el camino de la verdad será blasfemado, y por avaricia harán mercadería de vosotros, con palabras fingidas. Sobre los tales ya largo tiempo la condenación no se tarda, y su perdición no se duerme ... [Estos falsos maestros] tienen los ojos llenos de adulterio, no se sacian de pecar, seducen a las almas inconstantes, tienen el *corazón* habituado a la codicia, y son hijos de maldición» (2 P. 2:1-3, 14; cp. vv. 1-22).

«Este mal hay entre todo lo que se hace debajo del sol, que un mismo suceso acontece a todos, y también que el corazón de los hijos de los hombres está

lleno de mal **y de insensatez en su corazón durante su vida; y después de esto se van a los muertos» (Ec. 9:3).**

«Engañoso es el corazón más que todas las cosas, y *perverso*; ¿quién lo conocerá?» (Jer. 17:9).

3. La entrega del corazón limpia todo. Note lo que dijo Jesús: «Dad limosna de lo que tenéis [en vuestro corazón]». Lo único que el hombre tiene que puede dar, es su corazón. Si entrega su corazón a Dios, será limpio en todas las cosas. Estará dando y no tomando, dando a Dios y dando a los hombres. Dicho de manera sencilla, Jesús afirmó que el hombres debe...

- dar a Dios *todo lo que es,* con lo cual *será* interiormente limpio.
- dar a Dios *todo lo que tiene*, con lo cual *demostrará* estar interiormente limpio.

«Que si confesares con tu boca que Jesucristo es el Señor, y creyeres en tu corazón que Dios le levantó de los muertos, serás salvo. Porque con el corazón se cree para justicia, pero con la boca se confiesa para salvación» (Ro. 10:9-10).

«Pero gracias a Dios, que aunque erais esclavos del pecado, habéis obedecido de corazón a aquella forma de doctrina a la cual fuisteis entregados; y libertados del pecado, vinisteis a ser siervos de la justicia ... Porque cuando erais esclavos del pecado, erais libres acerca de la justicia. ¿Pero qué fruto teníais de aquellas cosas de las cuales ahora os avergonzáis? Porque el fin de ellas es muerte. Mas ahora que habéis sido libertados del pecado y hechos siervos de Dios, tenéis por vuestro fruto la santificación, y como fin, la vida eterna. Porque la paga del pecado es muerte, mas la dádiva de Dios es vida eterna en *Cristo Jesús, Señor nuestro*» (Ro. 6:17-18; 20-23).

«Mas la que cayó en buena tierra, éstos son los que con corazón bueno y recto *retienen la palabra oída, y dan fruto* con perseverancia» (Lc. 8:15).

«Acerquémonos con corazón sincero, en plena certidumbre de fe, purificados los corazones de mala conciencia, y lavados los cuerpos con agua pura. Mantengamos firme, *sin fluctuar,* la profesión de nuestra esperanza, porque fiel es el que prometió» (He. 10:22-23).

«Aquél, respondiendo, dijo: Amarás al Señor tu Dios con todo tu corazón, y con toda tu alma, y con todas tus fuerzas, y con toda tu mente; y a tu prójimo como a ti mismo. Y le dijo [Jesús]: Bien has respondido; haz esto, y vivirás» (Lc. 10:27-28).

3 (11:42) ***Diezmo—justicia—Dios, amor de—pobres — oprimidos:*** la segunda acusación era que los religiosos obedecen a Dios con el diezmo pero ignoran la justicia y el amor. Note varias cosas.

1. Los religiosos tomaban muy en serio el diezmar. Diezmar es mandato de Dios y debía ser una experiencia gozosa (Dt. 14:22-23; Lv. 27:30). Los religiosos querían estar seguros de hacer exactamente lo que Dios quería, de manera que hacían más de lo requerido por Dios. Diezmaban cada pequeñez, incluso las plantas de sus jardines y las pequeñas plantas en macetas que pueden haber tenido en sus hogares. (*Véase* Estudio a fondo 6, ***Diezmar***—Mt. 23:23 para una mayor discusión.)

2. Jesús no dijo que dar del diezmo fuese malo. De hecho, Dios demanda todo (*véanse* bosquejo y notas—Mt. 19:16-22; cp. Lc. 9:23). Jesús no estaba discutiendo el diezmo; solamente usaba el diezmo como ilustración de su enseñanza.

3. La cuestión es que los religiosos acentuaban las obras externas, tales como diezmar y hacer ceremonias, los rituales y ordenanzas, las obras y formalidades; pero descuidaban las obligaciones interiores tales como la *justicia y el amor a Dios.*

- *Justicia* es la forma como tratamos a otros. Los religiosos y sus organizaciones eclesiásticas son quienes reciben el diezmo y las ofrendas del pueblo de Dios. Demasiadas veces los dineros y dones son codiciados por ellos mismos y por la edificación de la organización más que para el ministerio a los pobres, oprimidos y perdidos. Demasiadas veces los dineros son guardados para edificios extravagantes, sustento y comodidad personal; dineros que Dios quiere para alimentar a los pobres, vestir a los desnudos, hospedar al huérfano, cuidar de las viudas y alcanzar a los pobres. La extravagancia y el mal uso de los diezmos revela un corazón injusto. Es robar a los necesitados del mundo. Es como dijo Jesús, pasar por alto la justicia. Es pasar por alto lo que es recto y justo en un mundo que se debate bajo el peso de millones de personas desesperadamente necesitadas.
- *El amor de Dios* es tanto el amor que nos ha dado en Cristo como el amor que nosotros sentimos por Él y por nuestro semejante.

«Jesús le dijo: Si quieres ser perfecto, anda, vende lo que tienes, y dalo a los pobres, y tendrás tesoro en el cielo; y ven y sígueme» (Mt. 19:21).

«Y el segundo es semejante: Amarás a tu prójimo como a ti mismo» (Mt. 22:39).

«El amor sea sin fingimiento. Aborreced lo malo, seguid lo bueno» (Ro. 12:9).

«No debáis a nadie nada, sino el amaros unos a otros; porque el que ama a su prójimo, ha cumplido la ley» (Ro. 13:8).

«Amos, haced lo que es justo y recto con vuestros siervos, sabiendo que también vosotros tenéis un Amo en los cielos» (Col. 4:1).

«Y si un hermano o una hermana están desnudos, y tienen necesidad del mantenimiento de cada día, y alguno de vosotros les dice: Id en paz, calentaos y saciaos, pero no les dais las cosas que son necesarias para el cuerpo, ¿de qué aprovecha?» (Stg. 2:15-16).

«No oprimirás al jornalero pobre y menesteroso, ya sea de tus hermanos o de los extranjeros que habitan en tu tierra dentro de tus ciudades» (Dt. 24:14).

«Cuando haya en medio de ti menesteroso de alguno de tus hermanos en alguna de tus ciudades, en la tierra que Jehová tu Dios te da, no endurecerás tu corazón, ni cerrarás tu mano contra tu hermano pobre» (Dt. 15:7).

«La justicia, la justicia seguirás, para que vivas y heredes la tierra que Jehová tu Dios te da» (Dt. 16:20).

«Bienaventurado el que piensa en el pobre; en el día malo lo librará Jehová» (Sal. 41:1).

«No confiéis en la violencia, ni en la rapiña; no os envanezcáis; si se *aumentan las riquezas,* no pongáis el corazón en ellas» (Sal. 62:10).

«Defended al débil y al huérfano; haced justicia al afligido y al menesteroso» (Sal. 82:3).

«Peca el que menosprecia a su prójimo; mas el que tiene misericordia de los pobres es bienaventurado» (Pr. 14:21).

«El que oprime al pobre afrenta a su Hacedor; mas el que tiene misericordia del pobre, lo honra» (Pr. 14:31).

«A Jehová presta el que da al pobre, y el bien que ha hecho, se le volverá a pagar» (Pr. 19:17).

«Hacer justicia y juicio es a Jehová más agradable que sacrificio» (Pr. 21:3).

«El que cierra su oído al clamor del pobre, también él clamará y no será oído» (Pr. 21:13).

«El que oprime al pobre para aumentar sus ganancias, o que da al rico, ciertamente se empobrecerá» (Pr. 22:16).

«Hacer acepción de personas no es bueno; hasta por un bocado de pan prevaricará el hombre» (Pr. 28:21).

«Si opresión de pobres y perversión de derecho y de justicia vieres en la provincia, no te maravilles de ello; porque sobre el alto vigila otro más alto, y uno más alto está sobre ellos» (Ec. 5:8).

«Así dijo Jehová: Guardad derecho, y haced justicia; porque cercana está mi salvación para venir, y mi justicia para manifestarse» (Is. 56:1).

«El juzgó la causa del afligido y del menesteroso, y entonces estuvo bien. *¿No es esto conocerme a mí?* dice Jehová» (Jer. 22:16).

«Así habló Jehová de los ejércitos, diciendo: Juzgad conforme a la verdad, y haced misericordia y piedad cada cual con sus hermano; no oprimáis a la viuda, al huérfano, al extranjero ni al pobre; ni ninguno piense mal en su corazón contra su hermano» (Zac. 7:9-10).

[4] (11:43) ***Egoísmo—diezmos—honor—posiciones:*** la tercera acusación era que los religiosos buscaban prominencia y honor. Jesús mencionó dos cosas.

1. Los religiosos amaban las posiciones más prominentes. En las sinagogas se sentaban al frente, mirando la congregación. Toda iglesia tiene individuos que buscan prominencia, posiciones y asientos.

2. Amaban los títulos que los honraban y reconocían. En tiempos de Jesús el título era «Rabino». En nuestros días son los diversos títulos que damos para honrar a la persona que está sobre las otras. Sin embargo, Jesús no dijo que las posiciones y los títulos sean malos. Es el *amor* a ellos lo que condena. Entonces tenemos que ser abiertos con nosotros mismos y escudriñar nuestros corazones con honestidad.

«¿Cómo podéis vosotros creer, pues recibís gloria los unos de los otros, y no buscáis la gloria que viene del Dios único?» (Jn. 5:44).

«Porque toda carne es como hierba, y toda la gloria del hombre como flor de la hierba. La hierba se seca y la flor se cae» (1 P. 1:24).

«Yo he escrito a la iglesia; pero Diótrefes, al cual le gusta tener el primer lugar entre ellos, no nos recibe» (3 Jn. 9).

«Mas el hombre no permanecerá en honra; es semejante a las bestias que perecen. Este su camino es locura; con todo, sus descendientes se complacen en el dicho de ellos» (Sal. 49:12-13).

«Porque cuando muera no llevará nada, ni descenderá tras él su gloria» (Sal. 49:17).

«Porque lo que sucede a los hijos de los hombres, y lo que sucede a las bestias, un mismo suceso es: como mueren los unos, así mueren otros, y una misma respiración tienen todos; ni tiene más el hombre que la bestia; porque todo es vanidad» (Ec. 3:19).

«Por eso ensanchó su interior el Seol, y sin medida extendió su boca; y allá descenderá la gloria de ella, y su multitud, y su fausto, el que en él se regocijaba» (Is. 5:14).

[5] (11:44) ***Pecado, descarriar a otros—hipocresía:*** la cuarta acusación era que los religiosos descarriaban a otros haciéndolos impuros y corruptos. Nuevamente, Jesús hablaba de la impureza ceremonial y religiosa. Se consideraba que una persona era impura o corrompida si pisaba un sepulcro. Los hombres caminaban sobre los fariseos como sobre sepulcros, sin saber que se contaminaban y corrompían. Note lo que Jesús dijo exactamente. Los religiosos son como sepulcros, como hombres declarados muertos y sepultados, pero sus sepulturas no están marcadas. La gente al ver a los religiosos no podía saber que éstos los descarriaban y contaminaban. (*Véase* nota—Mt. 23:27-28 para mayor discusión del tema.)

«Así también vosotros por fuera, a la verdad, os mostráis justos a los hombres, pero por dentro estáis llenos de hipocresía e iniquidad» (Mt. 23:28).

«En esto, juntándose por millares la multitud, tanto que unos a otros se atropellaban, comenzó a decir a sus discípulos, primeramente: Guardaos de la levadura de los fariseos, que es la hipocresía. Porque nada hay encubierto que, que no haya de descubrirse; ni oculto, que no haya de saberse» (Lc. 12:1-2).

«Porque vergonzoso es aun hablar de lo que ellos hacen en secreto» (Ef. 5:12).

«Pero el Espíritu dice claramente que en los postreros tiempos algunos apostatarán de la fe, escuchando a espíritus engañadores y a doctrinas de demonios; por la hipocresía de mentirosos que, teniendo cauterizada la conciencia» (1 Ti. 4:1-2).

«Profesan conocer a Dios, pero con los hechos lo niegan, siendo abominables y rebeldes, reprobados en cuanto a toda buena obra» (Tit. 1:16).

[6] (11:45-46) ***Cargas—reglas y reglamentos—palabra de Dios, agregar a la:*** la quinta acusación era que los religiosos sobrecargaban a la gente con reglas y reglamentos. Note tres cosas.

1. Hasta aquí el maestro de la ley se había excluído a sí mismo y a su profesión. Aplicaba todo lo mencionado por Jesús a los demás. ¡No se le había ocurrido que Jesús podía estarle hablando a él! Repentinamente algo hizo impacto en la mente del maestro, y comenzó a sentir que Jesús lo estaba incluyendo. Jesús prosiguió para no dejar duda alguna. Estaba hablando a todos los que anteponían la religión, las ceremonias, herencia, y todo lo demás, a Dios. El deber del hombre, incluso el de los religiosos, es entregar su corazón y ser a Dios.

2. Ahora Jesús acusaba a los religiosos de ser autores de reglas y reglamentos. Jesús se refería a la ley de los escribas (*véase* Estudio a fondo 1—Lc. 6:2). Se consideraba que la ley de los escribas era más importante aun que la misma Palabra de Dios. Según el concepto de los religiosos, la ley de Dios era algo difícil de entender, no así las reglas y reglamentos de los religiosos. Por eso se consideraba deliberada y muy grave cualquier violación de la ley de ellos. Jesús también acusaba a los religiosos por no levantar un dedo para ayudar al hombre a guardar la ley. En vez de ayudar al hombre los religiosos lo condenaban.

«Pero cualquiera que me oye estas palabras y no las hace, le compararé a un hombre insensato, que edificó su casa sobre la arena; y descendió lluvia, y vinieron ríos, y soplaron vientos, y dieron con ímpetu contra aquella casa; y cayó, y fue grande su ruina» (Mt. 7:26-27).

«Aquel siervo que conociendo la voluntad de su señor, no se preparó, ni hizo conforme a su voluntad, recibirá muchos azote» (Lc. 12:47).

«Y al que sabe hacer lo bueno, y no lo hace, le es pecado» (Stg. 4:17).

«Tú, pues, que enseñas a otro, ¿no te enseñas a ti mismo? Tú que predicas que no se ha de hurtar, ¿hurtas?» (Ro. 2:21).

3. Jesús dijo que la ley, la Palabra de Dios, era adecuada en sí misma. No era necesario que el hombre le agregara reglas y reglamentos. (*Véase* nota—Mt. 23:4 para mayor discusión.)

[7] (11:47-51) ***Herencia—raíces:*** la sexta acusación era que los religiosos honraban a los verdaderos profetas de Dios, siempre que éstos estuviesen muertos.

1. Los religiosos honraban el pasado. Mostraban gran respeto por los profetas de la antigüedad; renovaban, adornaban y cuidaban sus sepulcros y reliquias. Se sentían muy orgullosos de sus raíces.

«Haced, pues, frutos dignos de arrepentimiento, y no comencéis a decir dentro de vosotros mismos: *Tenemos a Abraham por padre*; porque os digo que Dios puede levantar hijos a Abraham aun de estas piedras» (Lc. 3:8).

«Le respondieron: *Linaje de Abraham somos*, y jamás hemos sido esclavos de nadie. ¿Cómo dices tú: Seréis libres?» (Jn. 8:33).

«Respondieron y le dijeron: *Nuestro padre es Abraham*. Jesús les dijo: Si fueseis hijos de Abraham, las obras de Abraham haríais» (Jn. 8:39).

«Y le injuriaron, y dijeron: Tú eres su discípulo; pero nosotros, *discípulos de Moisés somos*» (Jn. 9:28).

2. Sin embargo, los religiosos rechazaban el presente. *Rechazaban la enseñanza y las vidas piadosas* de los profetas y apóstoles enviados por Dios. Reverenciaban el pasado, a Abraham y Moisés y Zacarías, pero rechazaban al propio Hijo de Dios. Con su rechazo daban testimonio de ser como sus padres: homicidas (v. 48).

«Y salidos los fariseos, tomaron consejo con los herodianos contra él para destruirle» (Mr. 3:6).

«Y lo oyeron los escribas y los principales sacerdotes, y buscaban cómo matarle; porque le tenían miedo, por cuanto todo el pueblo estaba admirado de su doctrina» (Mr. 11:18).

«Dos días después era la pascua, y la fiesta de los panes sin levadura; y buscaban los principales sacerdotes y los escribas cómo prenderle por engaño y matarle. Y decían: No durante la fiesta, para que no se haga alboroto del pueblo» (Mr. 14:2).

3. El juicio sobre los religiosos será más severo que sobre otros. La sangre de todos los profetas, desde Abel a Zacarías, caerá sobre la cabeza de ellos. ¿Por qué la sangre de todos? Porque la generación de Jesús tuvo el mayor privilegio y la mayor oportunidad que el hombre haya conocido. El hijo de Dios mismo, la suma de todos los profetas, estaba ahora en el mundo, y particularmente en medio de los religiosos. Rechazar a Jesús era rechazar a todos los profetas. El era *El Profeta* que encerraba a todos los profetas, aquel a quien todos los profetas habían esperado. (Véanse notas—Mt. 23:29-33; 23:34-36; Estudios a fondo 10, 11—23:35; Estudio a fondo 12—23:36.)

«Porque el Hijo del Hombre vendrá en la gloria de su Padre con sus ángeles, y entonces pagará a cada uno conforme a sus obras» (Mt. 16:27).

«Pero por tu dureza y por tu corazón no arrepentido, atesoras para ti mismo ira parael día de la ira y de la revelación del justo juicio de Dios, el cual pagará a cada uno conforme a sus obras» (Ro. 2:5-6).

«Porque es necesario que todos nosotros comparezcamos ante el tribunal de Cristo, para que cada uno reciba según lo que haya hecho mientras estaba en el cuerpo, sea bueno o sea malo» (2 Co. 5:10).

«Y si invocáis por Padre a aquel que sin acepción de personas juzga según la obra de cada uno, conducíos en temor todo el tiempo de vuestra peregrinación» (1 P. 1:17).

«Y a sus hijos heriré de muerte, y todas las iglesias sabrán que yo soy el que escudriña la mente y el corazón; y os daré a cada uno según vuestras obras» (Ap. 2:23).

«Y vi a los muertos, grandes y pequeños, de pie ante Dios; y los libros fueron abiertos, y otro libro fue abierto, el cual es el libro de la vida; y fueron juzgados los muertos por las cosas que estaban escritas en los libros, según sus obras» (Ap. 20:12; cp. 22:12).

«Y tuya, oh Señor, es la misericordia; porque tú pagas a cada uno conforme a su obra» (Sal. 62:12).

«Porque si dijeres: Ciertamente no lo supimos, ¿acaso no lo entenderá el que pesa los corazones? El que mira por tu alma, él lo conocerá, y dará al hombres según sus obras» (Pr. 24:12).

«Yo Jehová, que escudriño la mente, que pruebo el corazón, para dar a cada uno según su camino, según el fruto de sus obras» (Jer. 17:10).

«Grande en consejo, y magnífico en hechos; porque tus ojos están abiertos sobre todos los caminos de los hijos de los hombres, para dar a cada uno según sus caminos, y según el fruto de sus obras» (Jer. 32:19).

«Por tanto, yo os juzgaré a cada uno según sus caminos, oh casa de Israel, dice Jehová el Señor. Convertíos y apartaos de todas vuestras transgresiones, y no os será la iniquidad causa de ruina» (Ez. 18:30).

ESTUDIO A FONDO 1

(11:51) ***Zacarías:*** *véase* Estudio a fondo 11—Mt. 23:35.

ESTUDIO A FONDO 2

(11:51) ***Abel:*** cp. Gn. 4:8.

8 (11:52) ***Religiosos—piedra de tropiezo—maestros falsos:*** la séptima acusación era que los religiosos habían quitado la llave a la verdad de Dios. Habían quitado la llave que abría las Escrituras y el camino a Dios.

- Acentuaban lo externo, la ceremonia, la formalidad religiosa, más que el corazón y el arrepentimiento, las Escrituras y la obediencia.
- Apartaban a la gente de las Escrituras en favor de sus propias ideas y pensamientos, reglas y reglamentos.

«Entonces respondiendo Jesús, les dijo: Erráis, ignorando las Escrituras y el poder de Dios» (Mt. 22:29).

«Pues no somos como muchos, que medran falsificando la palabra de Dios, sino que con sinceridad, como de parte de Dios, y delante de Dios, hablamos en Cristo» (2 Co. 2:17).

«Casi en todas las epístolas, hablando en ellas de estas cosas; entre las cuales hay algunas difíciles de entender, las cuales los indoctos e inconstantes tuercen, como también las otras Escrituras, para su propia perdición» (2 P. 3:16).

Note que algunas personas estaban entrando en la verdad, pero solo hasta ser asidos por los religiosos. Los religiosos les impedían la entrada.

«Mas ¡ay de vosotros, escribas y fariseos, hipócritas! porque cerráis el reino de los cielos delante de los hombres; pues ni entráis vosotros, ni dejáis entrar a los que están entrando» (Mt. 23:13).

«Porque los labios del sacerdote han de guardar la sabiduría, y de su boca el pueblo buscará la ley; porque mensajero es de Jehová de los ejércitos. Mas vosotros os habéis apartado del camino; habéis hecho tropezar a muchos en la ley; habéis corrompido el pacto de Leví, dice Jehová de los ejércitos» (Mal. 2:7-8).

9 (11:53-54) ***Jesucristo, respuesta a:*** la conclusión fue hostilidad hacia Jesús. Los religiosos no podían aceptar la verdad. Se enfurecieron y encendieron contra Jesús. Procuraron atraparlo de manera de poder arrestarlo y detenerlo.

1 **Una innumerable multitud rodeó a Jesús**
2 **Mensaje 1: A los discípulos: teman la hipocresía**[EF1]
a. Las obras serán expuestas
b. Las palabras serán expuestas
3 **Mensaje 2: a los amigos de Cristo: qué cosas hay que temer**[EF2]
a. A los hombres no, sino a Dios, y solamente a Dios
b. A las necesidades no; Dios suple
c. Al espíritu de deslealtad, el negar a Cristo
d. Hay que temer al pecado imperdonable
e. No a las persecución y pruebas; el Espíritu Santo da poder

L. Las cosas que los hombres deben temer, 12:1-12

En esto, juntándose por millares la multitud, tanto que
unos a otros se atropellaban,
comenzó a decir a sus discípulos, primeramente: Guardaos de la levadura de los
fariseos, que es la hipocresía.
2 Porque nada hay encubierto
que, no haya de descubrirse; ni
oculto, que no haya de saberse.
3 Por tanto, todo lo que habéis
dicho en tinieblas, a la luz se
oirá; y lo que habéis hablado
al oído en los aposentos, se
proclamará en las azoteas.
4 Mas os digo, amigos míos:
No temáis a los que matan el
cuerpo, y después nada más
pueden hacer.
5 Pero os enseñaré a quien
debéis temer: Temed a aquel
que después de haber quitado
la vida, tiene poder para echar
en el infierno; sí, os digo, a éste
temed.
6 ¿No se venden cinco pajarillos por dos cuartos? Con
todo, ni uno de ellos está
olvidado delante de Dios.
7 Pues aun los cabellos de
vuestra cabeza están todos
contados. No temáis, pues;
más valéis vosotros que
muchos pajarillos.
8 Os digo que todo aquel que
me confesare delante de los
hombres, también el Hijo del
Hombre le confesará delante
de los ángeles de Dios;
9 mas el que me negare
delante dos hombres, será
negado delante de los ángeles
de Dios.
10 A todo aquel que dijere
alguna palabra contra el Hijo
del Hombre, le será perdonado; pero al que blasfemare
contra el Espíritu Santo, no
le será perdonado.
11 Cuando os trajeren a las
sinagogas, y ante los magis-
trados y las autoridades, no
os preocupéis por cómo o qué
habréis de responder, o qué
habréis de decir;
12 porque el Espíritu Santo
os enseñará en la misma hora
lo que debáis decir.

L. Las cosas que los hombres deben temer, 12:1-12

(12:1-12) ***Introducción:*** hay cosas en la vida a las que hay que temer, algunas son muy graves. Sin embargo, hay una profunda diferencia entre lo que la gente normalmente teme y lo que Dios dice que hay que temer. Las cosas que los hombres temen normalmente son invento propio, y si confiaran en Dios no tendrían motivo para temerlas (guerra, engaño, mal, robo, bancarrota, y otros temores humanos).

Jesús mostró lo que los hombres deben temer. Note que primero habló a sus discípulos (vv. 1-3), luego a sus amigos (vv. 4-12). Había una cosa en particular que los discípulos debían temer, algo que debe ser temido por todos, y que es la hipocresía.

1. Una innumerable multitud rodeó a Jesús (v. 1).
2. Mensaje 1: a los discípulos—teman la hipocresía (vv. 1-3).
3.. Mensaje 2: a los amigos de Cristo—qué cosas hay que temer vv. 4-12).

[1] (12:1) ***Jesucristo, multitudes que le seguían:*** una gran multitud rodeó a Jesús, era tan grande que no podía ser contada. Muchos miles (*muriadon*) es la palabra griega. Note que eran tantos los que se habían reunido que se empujaban y pisaban unos a otros. Estaban tan ansiosos de oír la Palabra de Dios que trataban de acercarse lo más posible.

> ***Pensamiento.*** ¡Qué lección para el hombre moderno; sentir tanta necesidad de la Palabra de Dios que nos agolpemos para oir su predicación y luchemos por estar adelante!

[2] (12:1-3) ***Hipocresía—pecado expuesto:*** el primer mensaje estaba dirigido a los discípulos de Cristo. Cristo dijo: «Teman la hipocresía». La hipocresía era la levadura de los religiosos. (*Véanse* Estudio a fondo 3—Mt. 16:12; nota y Estudios a fondo 1, 2—Mr. 8:15 para una mayor discusión y aplicaciones.)

1. Sorprendentemente, los religiosos eran los culpables de la hipocresía, esto es, decían una cosa y hacían otra. (*Véase* Estudio a fondo 2, ***Hipocresía***—Mt. 23:13.) Afirmaban ser seguidores de Dios, de guiar a la gente a Dios...

- con sus ceremonias y rituales.
- con sus formas de adoración y enseñanza.
- con su doctrina y predicación.

Sin embargo, Jesús dijo que era hipocresía lo que hacían lo religiosos, puesto que las formas religiosas no son el camino de Dios a la salvación.

> **«Hipócritas, bien profetizó de vosotros Isaías, cuando dijo: Este pueblo de labios me honra; mas su corazón está lejos de mí. Pues en vano me honran, enseñando como doctrinas, mandamientos de hombres» (Mt. 15:7-9).**
>
> **«Mas ¡ay de vosotros, escribas y fariseos, hipócritas! porque cerráis el reino de los cielos delante de los hombres; pues ni entráis vosotros, ni dejáis entrar a los que están entrando» (Mt. 23:13).**
>
> **«Así también vosotros por fuera, a la verdad, os mostráis justos a los hombres, pero por dentro estáis llenos de hipocresía e iniquidad» (Mt. 23:28).**
>
> **«¿Por qué miras la paja que está en el ojo de tu hermano, y no echas de ver la viga que está en tu propio ojo? ¿O cómo puedes decir a tu hermano: Hermano, déjame sacar la paja que está en tu ojo, no mirando tú la viga que está en el ojo tuyo? Hipócrita, saca primero**

la viga de tu propio ojo, y entonces verás bien para sacar la paja que está en el ojo de tu hermano. No es buen árbol que da malos frutos, ni árbol malo el que da buen fruto» (Lc. 6:41-43).

«¡Hipócritas! Sabéis distinguir el aspecto del cielo y de la tierra; ¿y cómo no distinguís este tiempo? ¿Y por qué no juzgáis por vosotros mismos lo que es justo?» (Lc. 12:56-57).

«Mas os ruego, hermanos, que os fijéis en los que causan divisiones y tropiezos en contra de la doctrina que vosotros habéis aprendido, y que os apartéis de ellos. Porque tales personas no sirven a nuestro Señor Jesucristo, sino a sus propios vientres, y con *suaves palabras y lisonjas engañan* los corazones de los ingenuos» (Ro. 16:17-18).

«Pero el Espíritu dice claramente que en los postreros tiempos algunos apostatarán de la fe, escuchando a espíritus engañadores y a doctrinas de demonios; por la hipocresía de mentirosos que, teniendo cauterizada la conciencia» (1 Ti. 4:1-2).

«Profesan conocer a Dios, pero con los hechos lo niegan, siendo abominables y rebeldes, reprobados en cuanto a toda buena obra» (Tit. 1:16).

«Porque cual es su pensamiento en su corazón, tal es él. Come y bebe, te dirá; mas su corazón no está contigo» (Pr. 23:7).

2. La hipocresía de los religiosos era como levadura (*véase* Estudio a fondo 1, ***Levadura***—Lc. 12:1).

«Entonces entendieron que no les había dicho que se guardase de la levadura del pan, sino de la doctrina de los fariseos y de los saduceos» (Mt. 16:12).

«Mirad que nadie os engañe por medio de filosofías y huecas sutilezas, según las tradiciones de los hombres, conforme a los rudimentos del mundo» (Col. 2:8).

«No os dejéis llevar de doctrinas diversas y extrañas; porque buena cosa es afirmar el corazón con la gracia, no con viandas, que nunca aprovecharon a los que se han ocupado de ellas» (He. 13:9).

Los discípulos de Jesús eran quienes debían temer particularmente la hipocresía. ¿Por qué? Porque eran los maestros, los maestros de justicia. Ellos debían proclamar y vivir la verdad.

1. Las obras de los discípulos serían expuestas. No hay nada oculto o escondido que permanezca así. Todo acto, sea hecho detrás de puertas cerradas, en la oscuridad, colocado en un archivo o en una caja, escrito en un libro, panfleto o carta, todo será revelado y conocido.

2. Las palabras de los discípulos será expuestas. No hay palabra que no será oída y proclamada para que todos oigan. Cada palabra, sea hablada en la oscuridad, o susurrada al oído de alguien o simplemente concebida en la mente, cada palabra vendrá a luz.

«Porque nada hay oculto, que no haya de ser manifestado; ni escondido que no haya de ser conocido, y de salir a la luz» (Lc. 8:17).

«Mas no irán más adelante; porque su insensatez será manifiesta a todos, como también lo fue la de aquéllos» (2 Ti. 3:9).

«Porque no nos predicamos a nosotros mismos, sino a Jesucristo como Señor, y a nosotros como vuestros siervos por amor de Jesús» (1 Co. 4:5).

«Mas si así no lo hacéis, he aquí habréis pecado contra Jehová; y sabed que vuestro pecado os alcanzará» (Nm. 32:23).

«Si pequé, tú me has observado, y no me tendrás por limpio de mi iniquidad» (Job 10:14).

«Pero ahora me cuentas los pasos, y no das tregua a mi pecado» (Job 14:16).

«Los cielos descubrirán su iniquidad, y la tierra se levantará contra él» (Job 20:27).

«Porque sus ojos están sobre los caminos del hombre, y ve todos sus pasos» (Job 34:21).

«Porque los caminos del hombre están ante los ojos de Jehová, y él considera todas sus veredas» (Pr. 5:21).

«Porque Dios traerá toda obra a juicio, juntamente con toda cosa encubierta, sea buena o sea mala» (Ec. 12:14).

«Aunque te laves con lejía, y amontones jabón sobre ti, la mancha de tu pecado permanecerá aún delante de mí, dijo Jehová el Señor» (Jer. 2:22).

«Porque mis ojos están sobre todos sus caminos, los cuales no se me ocultaron, ni su maldad se esconde de la presencia de mis ojos» (Jer. 16:17).

«Grande en consejo, y magnífico en hechos; porque tus ojos están abiertos sobre todos los caminos de los hijos de los hombres, para dar a cada uno según sus caminos, y según el fruto de sus obras» (Jer. 32:19).

«Y vino sobre mí el Espíritu de Jehová, y me dijo: Dí: Así ha dicho Jehová: Así habéis hablado, oh casa de Israel, y las cosas que suben a vuestro espíritu, yo las he entendido» (Ez. 11:5).

«Porque yo sé de vuestras muchas rebeliones, y de vuestros grandes pecados; sé que afligís al justo, y recibís cohecho, y en los tribunales hacéis perder su causa a los pobres» (Am. 5:12).

ESTUDIO A FONDO 1

(12:1) ***Levadura:*** la levadura se mezcla con la masa, y una vez mezclada actúa al menos de cuatro maneras.

1. La levadura penetra, invade y se abre paso a través de toda la masa. No se la puede ver, pero aun así obra.
2. La levadura se difunde. Se esparce lentamente, pero una vez introducida, no puede ser detenida. Sigue difundiéndose hasta que toda la masa es leudada.
3. La levadura aumenta la masa. La levanta, hace aparecer la masa mucho más grande de lo que realmente es. Note que no le agrega nada a la masa. Solamente cambia su apariencia.
4. La levadura fermenta y agría la masa. Cambia la naturaleza misma de la masa.

[3] (12:4-12) ***Temor—provisión de Dios—pecado imperdonable—Jesucristo, hijo del hombre:*** el segundo mensaje estaba dirigido a los amigos de Jesús. Les dijo qué cosas debían temer.

1. A los hombres no, sino solamente a Dios. El motivo es lógico: los hombres solamente pueden matar el cuerpo. Dios puede arrojar «al infierno» tanto el cuerpo como el alma. (*Véanse* Estudio a fondo 2, ***Temor***—Lc. 12:4; nota y estudio a fondo 1—Mt. 10:28; Estudio a fondo 2—5:22.)

2. No temer las necesidades. Note la palabra «olvidado». El amigo del Señor no está olvidado, no importa cuáles sean las circunstancias. Hay algo muy precioso aquí, y también hay aquí una revelación de poder.

- Es precioso el pensamiento de que todo gorrión, no importa cuan común u olvidado e ignorado, es muy querido por Dios.
- Hay poder en el hecho de que Dios conoce a cada gorrión de la tierra, y que ninguno cae sin que Él lo sepa. La idea es que la herida del gorrión causa un dolor y sufrimiento que es percibido por Dios. El sufrimiento se debe a la corrupción y al mal del mundo; la corrupción y el mal siempre hacen sufrir a Dios.

a. La providencia de Dios. Dios ve, conoce, cuida, y supervisa todos los eventos y acontecimientos en la tierra, incluso para el pequeño gorrión que es tan común y tan olvidado.

«Por tanto os digo: No os afanéis por vuestra vida, qué habéis de comer o qué habéis de beber; ni por vuestro cuerpo, qué habéis de vestir. ¿No es la vida más que el alimento, y el cuerpo más que es vestido? Mirad las aves del cielo, que no siembran, ni siegan, ni recogen en graneros; y vuestro Padre celestial las alimenta. ¿No valéis vosotros mucho más que ellas?» Mt. 6:25-26).

«Echando toda vuestra ansiedad sobre él, porque Él tiene cuidado de vosotros» (1 P. 5:7).

b. El conocimiento (omnisciencia) de Dios. Dios conoce

cada pequeño acontecimiento, y todo lo que hay, incluso el más diminuto detalle. Sabe cuando un pequeño gorrión cae a tierra. Conoce cada cabello en la cabeza de una persona, incluso el número de sus cabellos.

«No os hagáis, pues, semejantes a ellos; porque vuestro Padre sabe de qué cosas tenéis necesidad, antes que vosotros le pidáis» (Mt. 6:8).

«Ahora entendemos que sabes todas las cosas, y no necesitas que nadie te pregunte; por esto creemos que has salido de Dios» (Jn. 16:30).

«Y otra vez: El Señor conoce los pensamientos de los sabios, que son vanos. Así que, ninguno se gloríe en los hombres; porque *todo es vuestro*» (1 Co. 3:20-21).

«No multipliquéis palabras de grandeza y altanería; cesen las palabras arrogantes de vuestra boca» (1 S. 2:3).

«¿No has sabido, no has oído que el Dios eterno es Jehová, el cual creó los confines de la tierra? No desfallece, ni se fatiga con cansancio, y su entendimiento no hay quien lo alcance» (Is. 40:28).

c. El poder de Dios (omnipotencia). Dios tiene el poder para controlar los eventos que acontecen al creyente, no importa cuán detallados y pequeños. Él puede controlarlos y obrar en ellos para bien, y hacerlo a tal extremo que no haya motivos de temor para el creyente.

«Y sabemos que a los que aman a Dios, todas las cosas les ayudan a bien, esto es, a los que conforme a su propósito son llamados» (Ro. 8:28).

«Porque esta leve tribulación momentánea produce en nosotros un cada vez más excelente y eterno peso de gloria» (2 Co. 4:17).

«Y me ha dicho: Bástate mi gracia; porque mi poder se perfecciona en la debilidad. Por tanto, de buena gana me gloriaré más bien en mis debilidades, para que repose sobre mí el poder de Cristo» (2 Co. 12:9).

d. El amor de Dios. Nada puede separarnos del amor de Cristo y Dios.

«¿Quién nos separará del amor de Cristo? ¿Tribulación, o angustia, o persecución, o hambre, o desnudez, o peligro, o espada ... Por lo cual estoy seguro de que ni la muerte, ni la vida, ni ángeles, ni principados, ni potestades, ni lo presente, ni lo por venir, ni lo alto, ni lo profundo, ni ninguna otra cosa creada nos podrá separar del amor de Dios, que es en Cristo Jesús Señor nuestro» (Ro. 8:35, 38-39).

3. Temer el espíritu de deslealtad, de negar a Cristo. Note tres temas.

a. Los hombres serán juzgados en presencia de los ángeles de Dios. Los ángeles presenciarán nuestra aceptación o nuestro rechazo por parte de Dios.

b. El juicio será efectuado por el Hijo de Dios mismo. Solamente Él es el Hombre que vivió y experimentó todas las tentaciones y pruebas de la vida, y quien nunca pecó. Solo Cristo lo ha pasado todo y conquistado todo. Solo Él es digno de juzgar. Solo Él sabe...

- lo que una persona es.
- lo que una persona cree y lo que no cree.
- lo que una persona puede y no puede hacer.
- lo que una persona hace y lo no alcanza a hacer.

«Y serán reunidas delante de él todas las naciones; y apartará los unos de los otros, como aparta el pastor las ovejas de los cabritos» (Mt. 25:32).

«Porque el Padre a nadie juzga, sino que todo el juicio dio al Hijo» (Jn. 5:22).

«Y nos mandó que predicásemos al pueblo, y testificásemos que él es el que Dios ha puesto por Juez de vivos y muertos» (Hch. 10:42).

«Por cuanto ha establecido un día en el cual juzgará al mundo con justicia, por aquel varón a quien designó, dando fe a todos con haberle levantado de los muertos» (Hch. 17:31).

«En el día en que Dios juzgará por Jesucristo los secretos de los hombres, conforme a mi evangelio» (Ro. 2:16).

«Pero tú, ¿por qué juzgas a tu hermano? O tú también, ¿por qué menosprecias a tu hermano? Porque todos compareceremos ante el tribunal de Cristo» (Ro. 14:10).

«Te encarezco delante de Dios y del Señor Jesucristo, que juzgará a los vivos y a los muertos en su manifestación en su reino» (2 Ti. 4:1).

c. La base del juicio es la actitud del hombre hacia el hijo del hombre (*véase* nota—Mt. 8:20).

- La persona que realmente confiesa a Cristo (que vive por Él) delante de los hombres, será confesada (recibirá vida) delante de los ángeles de Dios.

«A cualquiera, pues, que me confiese delante de los hombres, yo también le confesaré delante de mi Padre que está en los cielos» (Mt. 10:32).

«Que si confesares con tu boca que Jesucristo es el Señor, y creyeres en tu corazón que Dios le levantó de los muertos, serás salvo. Porque con el corazón se cree para justicia, pero con la boca se confiesa para salvación» (Ro. 10:9-10).

«Todo aquel que niega al Hijo, tampoco tiene al Padre. El que confiesa al Hijo, tiene también al Padre» (1 Jn. 2:23).

«Todo aquel que confiese que Jesús es el Hijo de Dios, Dios permanece en él, y él en Dios» (1 Jn. 4:15).

- La persona que niega a Cristo (que fracasa en vivir por Él) de delante de los hombres, será negada (no recibirá vida) delante de los ángeles de Dios.

«Y a cualquiera que me niegue delante de los hombres, yo también le negaré delante de mi Padre que está en los cielos» (Mt. 10:33).

«Porque el que se avergonzare de mí y de mis palabras en esta generación adúltera y pecadora, el Hijo del Hombre se avergonzará también de él, cuando venga en la gloria de su Padre con los santos ángeles» (Mr. 8:38).

«Si sufrimos, también reinaremos con él; si le negáremos, él también nos negará» (2 Ti. 2:12).

«Profesan conocer a Dios, pero con los hechos lo niegan, siendo abominables y rebeldes, reprobados en cuanto a toda buena obra» (Tit. 1:16).

«Pero hubo también falsos profetas entre el pueblo, como lo habrá entre vosotros falsos maestros, que introducirán encubiertamente herejías destructoras, y aun negarán al Señor que los rescató, atrayendo sobre sí mismos destrucción repentina» (2 P. 2:1).

«¿Quién es el mentiroso, sino el que niega que Jesús es el Cristo? Este es anticristo, el que niega al Padre y al Hijo» (1 Jn. 2:22).

4. Temer el pecado imperdonable. Note dos temas cruciales.

a. La blasfemia contra Cristo, el Hijo de Dios, puede ser perdonada. Si una persona es culpable de maldecir a Cristo y realmente desea ser perdonada, puede pedir perdón, y Dios le perdonará se si arrepiente.

b. La blasfemia contra el Espíritu Santo no puede ser perdonada. Este pecado no se refiere solamente a *decir* palabras contra el Espíritu. Significa poner la mente y el corazón contra el Espíritu. Significa que las palabras dichas contra el Espíritu provienen de un corazón opuesto al Espíritu y a la obra del Espíritu (*véase* nota—Mt. 12:31-32 para una mayor discusión).

5. No temer la persecución y las pruebas. ¿Por qué? Porque el Espíritu Santo da poder al creyente. Este tema tiene que ver con la persecución, sea ésta una suave burla o abuso físico y martirio. El Espíritu Santo dará poder al amigo (seguidor) de Jesús, la fuerza para soportar y las palabras para decir.

Sencillamente, en la hora de la prueba es preciso confiar en Dios; confiar para recibir la fuerza para soportar cualquier cosa que los hombres nos puedan hacer. Esto no significa que no oremos ni pensemos, pero significa que debemos confiar en Dios para nuestra defensa. Hay un motivo. Solamente Dios conoce el corazón de los perseguidores y de toda otra persona presente. De modo que solamente Él sabe lo que hay que decir para tocar sus corazones o para que sirva de testimonio contra ellos en el futuro.

«Mas cuando os entreguen, no os preocupéis por cómo o qué hablaréis; porque en aquella hora os será dado lo que habéis de hablar» (Mt. 10:19).

«Porque yo os daré palabra de sabiduría, la cual no podrán resistir ni contradecir todos los que se opongan» (Lc. 21:15).

«Lo cual también hablamos, no con palabras enseñadas por sabiduría humana, sino con las que enseña el Espíritu, acomodando lo espiritual a lo espiritual» (1 Co. 2:13).

«Ahora pues, vé, y yo estaré con tu boca, y te enseñaré lo que hayas de hablar» (Éx. 4:12).

«Jehová el Señor me dio lengua de sabios, para saber hablar palabras al cansado; despertará mañana tras mañana, despertará mi oído para que oiga como los sabios» (Is. 50:4).

«Y en tu boca he puesto mis palabras, y con la sombra de mi mano te cubrí, extendiendo los cielos y echando los cimientos de la tierra, y diciendo a Sion: Pueblo mío eres tú» (Is. 51:16).

«Por tanto, así ha dicho Jehová Dios de los ejércitos: Porque dijeron esta palabra, he aquí yo pongo mis palabras en tu boca por fuego, y a este pueblo por leña, y los consumirá» (Jer. 5:14).

ESTUDIO A FONDO 2

(12:4) ***Temor—persecución:*** el temor al hombre es algo terrible. Es un tema que debe ser considerado cuidadosamente. Jesús dijo que el temor le puede costar a la persona su destino eterno, incluso siendo la persona un amigo, un seguidor suyo. (Note que Jesús se está dirigiendo a sus «amigos», a sus seguidores, v. 4.)

1. El temor a los hombres tiene varios efectos.
   - Perturba a la persona en el interior de su corazón y mente; pierde la paz.
   - Hace perder a la persona su fervor; pierde su entrega.
   - Aparta a la persona del camino, o bien la hace renunciar a lo que sabe que es la voluntad de Dios; pierde su misión, su sentido y propósito.

«Porque no nos ha dado Dios, espíritu de cobardía, sino de poder, de amor y de dominio propio» (2 Ti. 1:7).

«En el amor no hay temor, sino que el perfecto amor echa fuera el temor; porque el temor lleva en sí castigo. De donde el que teme, no ha sido perfeccionado en el amor» (1 Jn. 4:18).

«No temas, porque yo estoy contigo; no desmayes, porque yo soy tu Dios que te esfuerzo; siempre te ayudaré, siempre te sustentaré con la diestra de mi justicia» (Is. 41:10).

«Ahora, así dice Jehová, Creador tuyo, oh Jacob, y Formador tuyo, Oh Israel: No temas, porque yo te redimí; te puse nombre, mío eres tú. Cuando pases por las aguas, yo estaré contigo; y si por los ríos, no te anegarán. Cuando pases por el fuego, no te quemarás, ni la llama arderá en ti. Porque yo Jehová, Dios tuyo, el Santo de Israel, soy tu Salvador; a Egipto he dado por tu rescate, a Etiopía y a Seba por ti» (Is. 43:1-3).

2. Hay numerosos motivos para no temer a los hombres.
   a. Los hombres solamente pueden matar el cuerpo, el alma no. El poder de ellos es limitado; no puede ir más allá. No pueden tocar el alma o la vida de una persona.
   b. Los hombres solamente pueden mandarnos fuera de este mundo, no del cielo. De todos modos «estar con Cristo ... es mucho mejor» (Fil. 1:23; 3:20-21).
   c. Los hombres solamente pueden separarnos de este mundo, no de la vida. Tenemos vida eterna. La muerte no forma parte de la experiencia del creyente, porque el creyente no «gustará» la muerte. Cristo la «gustó», es decir, Cristo experimentó la muerte por el creyente (He. 2:9). El creyente ya ha pasado de muerte a vida y vive para siempre (Jn. 5:24). Cuando encara la muerte, sencillamente es transferido de este mundo, de esta dimensión física de la existencia, al otro mundo, a la dimensión celestial o espiritual de la existencia (*véase* Estudio afondo 2—2 Ti. 4:18).

«De cierto, de cierto os digo: El que oye mi palabra, y cree al que me envió, tiene vida eterna; y no vendrá a condenación, mas ha pasado de muerte a vida» (Jn. 5:24).

«Pero vemos a aquel que fue hecho un poco menor que los ángeles, a Jesús, coronado de gloria y de honra, a causa del padecimiento de la muerte, para que por la gracia de Dios gustase la muerte por todos. Porque convenía a aquel por cuya causa son todas las cosas, y por quien todas las cosas subsisten, que habiendo de llevar muchos hijos a la gloria, perfeccionase por aflicciones al autor de la salvación fe ellos. Porque el que santifica y los que son santificados, de uno son todos; por lo cual no se avergüenza de llamarlos hermanos» (He. 2:9-11; cp. vv. 12-18).

«Y el Señor me librará de toda obra mala, y me preservará para su reino celestial. A él sea gloria por los siglos de los siglos. Amén» (2 Ti. 4:18).

   d. Los hombres solamente pueden separarnos de los incrédulos y de los creyentes de esta tierra, no del amor de Dios y de los santos en gloria.

«¿Quién nos separará del amor de Cristo? ¿Tribulación, o angustia, o persecución, o hambre, o desnudez, o peligro, o espada? Como está escrito: Por causa de ti somos muertos todo el tiempo; somos contados como ovejas de matadero. Antes, en todas estas cosas somos más que vencedores por medio de aquel que nos amó. Por lo cual estoy seguro de que ni la muerte, ni la vida, ni ángeles, ni principados, ni potestades, ni lo presente, ni lo por venir, ni lo alto, ni lo profundo, ni ninguna otra cosa creada nos podrá separar del amor de Dios, que es en Cristo Jesús Señor nuestro» (Ro. 8:35-39).

3. Hay dos motivos *primordiales* por los que no debemos

temer a los hombres y a la persecución.

a. Dios nos ha dado una causa grande y gloriosa: alcanzar a las personas para Cristo. De manera muy concreta algunas personas no quieren ser alcanzadas; por eso, se rebelan y reaccionan y se convierten en perseguidores. Pero algunas quieren ser salvadas, y el hecho de que puedan recibir la vida eterna es tan glorioso que es digno de cualquier precio que tengamos que pagar a efecto de verlos salvados.

«Sepa que el que haga volver al pecador del error de su camino, salvará de muerte un alma, y cubrirá multitud de pecados» (Stg. 5:20).

«Porque de tal manera amó Dios al mundo, que ha dado a su Hijo unigénito, para que todo aquel que en él cree, no se pierda, mas tenga vida eterna. Porque no envió Dios a su Hijo al mundo para condenar al mundo, sino para que el mundo sea salvo por él» (Jn. 3:16-17).

«Porque la paga del pecado es muerte, mas la dádiva de Dios es vida eterna en Cristo Jesús Señor nuestro» (Ro. 6:23).

«Porque el ocuparse de la carne es muerte, pero el ocuparse del Espíritu es vida y paz» (Ro. 8:6).

«Por lo cual puede también salvar *perpetuamente* a los que por él se acercan a Dios, viviendo siempre para interceder por ellos» (He. 7:25).

«En el amor no hay temor, sin que el perfecto amor echa fuera el temor; porque el temor lleva en sí castigo. De donde el que teme, no ha sido perfeccionado en el amor» (1 Jn. 4:18).

b. Dios nos ha dado una gran esperanza (*véase* pensamiento—Mt. 10:26-27).

«De cierto, de cierto os digo, que el que guarda mi palabra, nunca verá muerte» (Jn. 8:51).

«Y todo aquel que vive y cree en mí, no morirá eternamente. ¿Crees esto?» (Jn. 11:26).

«Teniendo esperanza en Dios, la cual ellos también abrigan, de que ha de haber resurrección de los muertos, así de justos como de injustos. Y por esto procuro siempre tener una conciencia sin ofensa ante Dios y ante los hombres» (He. 24:15-16).

«Vida eterna a los que, perseverando en bien hacer, buscan gloria y honra e inmortalidad» (Ro. 2:7).

«Porque todos sabemos que si nuestra morada terrestre, este tabernáculo, se deshiciere, tenemos de Dios un edificio, una casa no hecha de manos, eterna, en los cielos» (2 Co. 5:1).

«A causa de la esperanza que os está guardada en los cielos, de la cual habéis oído por la palabra verdadera del evangelio» (Col. 1:5).

«Mas nuestra ciudadanía está en los cielos, de donde también esperamos al Salvador, al Señor Jesucristo; el cual transformará el cuerpo de la humillación nuestra, para que sea semejante al cuerpo de la gloria suya, por el poder con el cual puede también sujetar a sí mismo todas las cosas» (Fil. 3:20-21).

«Aguardando la esperanza bienaventurada y la manifestación gloriosa de nuestro gran Dios y Salvador Jesucristo» (Ti. 2:13).

«Por lo cual, queriendo Dios mostrar más abundantemente a los herederos de la promesa la inmutabilidad de su consejo, interpuso juramento; para que por dos cosas inmutables, en las cuales es imposible que Dios mienta, tengamos un fortísimo consuelo los que hemos acudido para asirnos de la esperanza puesta delante de nosotros. La cual tenemos como segura y firme ancla del alma, y que penetra hasta dentro del velo, donde Jesús entró por nosotros como precursor, hecho sumo sacerdote para siempre según el orden de Melquisedec» (He. 6:17-20).

«Bendito el Dios y Padre de nuestro Señor Jesucristo, que según su grande misericordia nos hizo renacer para una esperanza viva, por la resurrección de Jesucristo de los muertos, para una herencia incorruptible, incontaminada e inmarcesible, reservada en los cielos para vosotros» (1 P. 1:3-4).

4. Hay un remedio para impedirnos el temor a los hombres: Dios. Dios debe ser temido (*véase* nota—Mt. 10:28). Note varias cosas.

a. Dios puede destruirnos, tanto el cuerpo como el alma, y echarnos «al infierno»(*véase* Estudio a fondo 2—Mt. 5:22). Con «destruir» Jesús no quiso decir que nuestro cuerpo y alma dejarán de existir, sino que tendrán una existencia indigna, que serán arruinados para siempre, sufrirán ruina eterna (*véase* Estudio a fondo 1—Mt. 10:28).

b. En este pasaje Jesús estaba hablando a los creyentes. Dios debe ser temido mucho más y mucho antes que los hombres. El terror de los hombres empalidece y se vuelve absolutamente insignificante comparado con el terror de Dios. Imagine este único hecho. El terror del hombre dura, a los sumo, un breve tiempo; pero el terror de Dios es para *siempre.* La Biblia dice que nunca tiene fin. El tema es claro. Antes de ceder a la persecución del hombre, tenemos que recordar el *temor de Dios.*

c. La destrucción del alma proviene de Dios, no del hombre. El poder para destruir el alma es poder exclusivo de Dios. ¡Cuán temerosos debemos ser de Dios, incluso nosotros que somos creyentes! (*véase* nota—Mt. 10:28).

«Y no temáis los que matan el cuerpo, mas el alma no pueden matar; temed más bien a aquel que puede destruir el alma y el cuerpo en el infierno» (Mt. 10:28).

«Y si invocáis por Padre a aquel que sin acepción de personas juzga según la obra de cada uno, conducíos en temor todo el tiempo de vuestra peregrinación» (1 P. 1:17).

«Honrad a todos. Amad a los hermanos. Temed a Dios. Honrad al rey» (1 P. 2:17).

«Y: Si el justo con dificultad se salva, ¿en dónde aparecerá el impío y el pecador?» (1 P. 4:18).

«Diciendo a gran voz: Temed a Dios, y dadle gloria, porque la hora de su juicio ha llegado; y adorad a aquel que hizo el cielo y la tierra, el mar y las fuentes de las aguas» (Ap. 4:17).

«Sea, pues, con vosotros el temor de Jehová; mirad lo que hacéis, porque con Jehová nuestro Dios no hay injusticia, ni acepción de personas, ni admisión de cohecho» (2 Cr. 19:7).

1 Un pedido dirigido a Jesús, a dar una sentencia jurídica a. Concerniente a una herencia y riqueza b. Jesús se rehusó enérgicamente **2 Motivo de temor: la vida no consiste de cosas** a. Grave advertencia: miren; tengan cuidado b. El gran pecado: codicia c. El gran «yo» (6 veces en vv. 16-19*a*): egoísmo agresivo	**M. Parábola del necio rico; el hombre que tiene riquezas, 12:13-21** 13 Le dijo uno de la multitud: Maestro, dí a mi hermano que parta conmigo la herencia. 14 Mas él le dijo: Hombre, ¿quién me ha puesto sobre vosotros como juez y partidor? 15 Y les dijo: Mirad, y guardaos de toda avaricia; porque la vida del hombre no consiste en la abundancia de los bienes que posee. 16 También les refirió una parábola, diciendo: La heredad de un hombre rico había producido mucho.	17 Y él pensaba dentro de sí, diciendo: ¿Qué haré, porque no tengo dónde guardar mis frutos? 18 Y dijo: Esto haré: derribaré mis graneros, y los edificaré mayores, y allí guardaré todo mis frutos y mis bienes; 19 y diré a mi alma: Alma, muchos bienes tienes guardados para muchos años; repósate, come, bebe, regocíjate. 20 Pero Dios le dijo: Necio, esta noche vienen a pedirte tu alma; y lo que has provisto, ¿de quién será? 21 Así es el que hace para sí tesoros, y no es rico para con Dios.	d. El gran error: ser indulgente consigo mismo y vivir de modo extravagante **3 Motivo de temor: el alma puede ser pedida y demandada esta noche** **4 Motivo de temor: la riqueza no es una posesión permanente; alguna otra persona la poseerá**

M. Parábola del necio rico; el hombre que tiene riquezas, 12:13-21

(12:13-21) ***Introducción:*** el hombre que tiene riquezas con frecuencia es auto suficiente, pero hay algunas cosas que debe temer.

1. Un pedido dirigido a Jesús a dar una sentencia jurídica (vv. 13-14).
2. Motivo de temor: la vida no consiste de cosas (vv. 15-19).
3. Motivo de temor: el alma puede ser pedida y demandada esta noche (v. 20).
4. Motivo de temor: la riqueza no es una posesión permanente; alguna otra persona la poseerá (vv. 20-21).

[1] (12:13-14) ***Mundano—materialismo:*** hubo un pedido dirigido a Jesús a dar una sentencia jurídica. Una persona disputaba con su hermano sobre la herencia de la propiedad dejada por el padre. La ley asignaba dos tercios al hijo mayor y un tercio al hijo menor. El hombre creía que no estaba recibiendo lo que legalmente le correspondia, de modo que apeló a Jesús, pidiendo su ayuda, para obtener la parte requerida. Era una práctica común de los rabinos zanjar en disputas jurídicas. Note cinco cosas.

1. El hombre estaba en la congregación escuchando la predicación de Jesús. También es muy posible que el hombre incluso fuese un seguidor de Jesús. Esto se ve porque aparentemente Jesús había hecho una pausa para descansar brevemente entre los sermones, y el hombre conocía suficientemente bien a Jesús para acercarse con este asunto en medio de la gran multitud.

2. Lo que el hombre quería era significativo. Quería riqueza material, dinero, y propiedades. Note que apeló a Jesús pidiendo ayuda para obtener lo que probablemente le había sido *robado.* Es muy probable que la propiedad era de todos modos legítimamente suya. Habría sido un acto de justicia dar sentencia sobre la herencia.

3. Jesús se rehusó enérgicamente. Se dirigió vigorosamente al hombre como si fuese un extraño: «Hombre». Trata al hombre como ajeno al Señor en su propósito terrenal. Jesús se rehusó a involucrarse en asuntos mundanos, a zanjar en disputas sobre propiedades y dinero.

4. El hombre expuso un grave defecto de su vida espiritual. Jesús acababa de predicar sobre la confianza en Dios en cuanto a las necesidades dela vida, porque Dios cuida y provee. Aparentemente el hombre *no había escuchado el mensaje.* Físicamente había estado presente, pero sus pensamienos estaban demasiado ocupados con la propiedad y el dinero para oír la Palabra y recibir el mensaje.

> ***Pensamiento.*** Escuchar la Palabra predicada no significa que «oigamos la Palabra», ni que aprendamos de ella. La Palabra, la salvación, y la madurez espiritual no *penetran en una mente distraída o en una vida mundana.*

5. El contraste entre la mente y actitud del hombre y la de Jesús es significativo. La mente del hombre estaba puesta en las cosas de la tierra y del mundo, en propiedades y dinero, riqueza y egoísmo. La mente del Señor estaba puesta en cosas más elevadas y nobles, en la salvación y la vida, en el cielo y la eternidad. La misión de Jesús no era dar propiedades al hombre, sino vida, tanto abundante como eterna. Las propiedades no son nada sin la vida.

[2] (12:15-19) ***Temor—mundano—egoísmo—indulgencia: motivo de temor:*** la vida no consiste de cosas. Note cuatro temas.

1. La advertencia de Jesús era vigorosa. Era una advertencia doble: «*Mirad, y guardaos*». Era una advertencia que merecía cuidadosa atención. La palabra «guardaos» (*phulassesthe*) significa cuidarse uno mismo de algún enemigo.

2. El gran pecado del hombre es la *codicia* (*véase* Estudio a fondo 1— Lc. 12:15; Estudio a fondo 1—Stg. 4:1-3 para mayor discusión). Este es el gran pecado del mundo, querer tener más y más. Sin embargo, la felicidad y confort del hombre, su alma y cuerpo, no dependen de lo que tiene; *muchas personas pobres* son felices y se siente bien teniendo el alma y el cuerpo sanos. La vida no consiste en posesiones; en una linda casa, ropa a la moda, un automóvil nuevo, propiedades, dinero, riqueza.

3. El *gran «yo»* muestra que el codicioso está *agresivamente centrado en sí mismo.* Note cómo Jesús trata el tema de la codicia del hombre. Relata la parábola de un hombre que también estaba *agresivamente centrado en sí mismo.* En apenas tres breves versículos, que describen sus pensamiento, el hombre de la parábola dijo seis veces «yo» y cinco veces «mi». La atención del hombre estaba puesta exclusivamente en sí mismo. Ahora note la parábola.

a. El hombre había sido bendecido materialmente; había sido bendecido en gran manera, sin embargo, no daba *gracias* a Dios por sus bendiciones.

b. El hombre llamó al fruto de la tierra y a sus posesiones «*mi fruto*» y «*mis bienes*» (vv. 17:18).

c. El hombre llamó a su alma «*mi alma*». No hay señal de que haya dado su alma a Dios.

d. Se vuelvió *engreído,* orgulloso de lo que había hecho. Comenzó a pensar en cosas *más grandes y más grandes,* en *yo y yo,* en *mí y mío.*

4. El gran error del hombre era su *egoísmo,* su indulgencia consigo mismo, su vida extravagante (*véase* Estudio a fondo 1—Lc. 16:19-21). Note que el único propósito del hombre era sentirse bien, tener suficiente para comer y beber, y para disfrutar la vida según sus deseos. Note varios hechos concernientes al hombre de la parábola.

a. Sólo pensaba en sí mismo, en vivir cómoda y confortablemente, en ser indulgente consigo mismo y en ser tan extravagante como quisiera. No pensó en ayudar a otros. Olvidó que vivía en un mundo necesitado, perdido y moribundo.

b. Postergó el vivir y disfrutar de la vida hasta que hubo construido sus graneros. La idea es que era una *adicto al trabajo,* una persona consumida por la pasión de obtener lo que quería. (¡Cuántos son semejantes a él cuando quieren algo!)

c. Ahora note el aspecto más importante: el hombre *solamente* pensó estas cosas. Nunca llegó a hacerlas; eran solamente pensamientos de su corazón.

«Cuídate de no olvidarte de Jehová tu Dios, para cumplir sus mandamientos, sus decretos y sus estatutos que yo te ordeno hoy; no suceda que comas y te sacies, y edifiques buenas casas en que habites, y tus vacas y tus ovejas se aumentaren, y la plata y el oro se te multipliquen, y todo lo que tuvieres se aumente; y se enorgullezca tu corazón, y te olvides de Jehová tu Dios, que te sacó de la tierra de Egipto, de casa de servidumbre» (Dt. 8:11-14).

«Hay quienes reparten, y les es añadido más; y hay quienes retienen más de lo que es justo, pero vienen a pobreza» (Pr. 11:24).

«El que cierra su oído al clamor del pobre, también él clamará y no será oído» (Pr. 21:13).

«Libra a los que son llevados a la muerte; salva a los que están en peligro de muerte. Porque si dijeres: Ciertamente no lo supimos, ¿acaso no lo entenderá el que pesa los corazones? El que mira por tu alma, él lo conocerá, y dará al hombre según sus obras» (Pr. 24:11-12).

«El que da al pobre no tendrá pobreza; mas el que aparta sus ojos tendrá muchas maldiciones» (Pr. 28:27).

«¡Ay de los que juntan casa a casa, y añaden heredada heredad hasta ocuparlo todo! ¿Habitaréis vosotros solos en medio de la tierra?» (Is. 5:8).

«Hay un mal doloroso que he visto debajo del sol: las riquezas guardadas por sus dueños para su mal» (Ec. 5:13).

«Y cuando coméis y bebéis, ¿no coméis y bebéis para vosotros mismos?» (Zac. 7:6).

«Entonces Jesús dijo a sus discípulos: De cierto os digo, que difícilmente entrará un rico en el reino de los cielo» (Mt. 19:23).

«Porque tuve hambre, y no me disteis de comer; tuve sed, y no me disteis de beber; fui forastero y no me recogisteis; estuve desnudo, y no me cubristeis; enfermo, y en la la cárcel, y no me visitasteis» (Mt. 25:42-43).

«Pero los afanes de este siglo, y el engaño de las riquezas, y las codicias de otras cosas, entran y ahogan la palabra, y se hace infructuosa» (Mr. 4:19).

«Porque los que quieren enriquecerse caen en tentación y lazo, y en muchas codicias necias y dañosas, que hunden a los hombres en destrucción y perdición» (1 Ti. 6:9).

«Pero el que tiene bienes de este mundo y ve a su hermano tener necesidad, y cierra contra él su corazón, ¿cómo mora el amor de Dios en él» (1 Jn. 3:17).

ESTUDIO A FONDO 1

(12:15) ***Codicia*** (*pleonexia*): significa anhelar, desear más. Es avaricia; no estar satisfecho con lo que es suficiente. Incluye el anhelo de cosas materiales como de indulgencia carnal. Es desear lo que pertenece a otros; hurtar algo que pertenece a otros; el amor a poseer, un clamor de dáme, dáme (cp. 2 P. 2:14).

- Es un deseo tan profundo en el hombre que termina hallando su felicidad en las cosas y no en Dios.
- Es una codicia tan profunda que termina deseando el poder que otorgan las cosas más que las cosas mismas.
- Es un apetito intenso de ganancia; una pasión por el placer que las cosas pueden dar. Va más allá del placer de poseer cosas por el hecho de poseerlas.

«No os hagáis tesoros en la tierra donde la polilla y el orín corrompen, y donde ladrones minan y hurtan; sino haceos tesoros en el cielo, donde ni la polilla ni el orín corrompen, y donde ladrones no minan ni hurtan. Porque donde esté vuestro tesoro, allí estará también vuestro corazón» (Mt. 6:19-21).

«Ninguno puede servir a dos señores; porque o aborrecerá al uno y amará al otro. No podéis servir a Dios y a las riquezas» (Mt. 6:24).

«Porque ¿qué aprovechará al hombre, si ganare todo el mundo, y perdiere su alma? ¿O qué recompensa dará el hombre por su alma?» (Mt. 16:26).

«Pero fornicación y toda inmundicia, o *avaricia,* ni aun se nombre entre vosotros, como conviene a santos ... Porque sabéis esto, que ningún fornicario, o inmundo, o avaro, que es idólatra, tiene herencia en el reino de Cristo y de Dios» (Ef. 5:3, 5).

«Haced morir, pues, lo terrenal en vosotros: fornicación, impureza, pasiones desordenadas, malos deseos y *avaricia,* que es idolatría; cosas por las cuales la ira de Dios viene sobre los hijos de desobediencia» (Col. 3:5-6).

«Porque por ahí andan muchos, de los cuales os dije muchas veces, y aún ahora lo digo llorando, que son enemigos de la cruz de Cristo; el fin de los cuales será perdición, cuyo dios es el vientre, y cuya gloria es su vergüenza; que sólo piensan en lo terrenal» (Fil. 3:18-19).

«Pero es necesario que el obispo sea irreprensible, marido de una sola mujer, sobrio, prudente, decoroso, hospedador, apto para enseñar ... no avaro» (1 Ti. 3:2-3; cp. Tit. 1:7).

«Porque nada hemos traído a este mundo y sin duda nada podremos sacar. Así que, teniendo sustento y abrigo, estemos contentos con esto. Porque los que quieren enriquecerse caen en tentación y lazo, y en muchas codicias necias y dañosas, que hunden a los hombres en destrucción y perdición; porque raíz de todos los males es el amor al dinero, el cual *codiciando* algunos, se extraviaron de la fe, y fueron traspasados de muchos dolores» (1 Ti. 6:7-10).

«A los ricos de este siglo manda que no sean altivos, ni pongan la esperanza en las riquezas, las cuales son inciertas, sino en el Dios vivo, que nos da a todos las cosas en abundancia para que las disfrutemos» (1 Ti. 6:17).

«Porque habrá hombres amadores de sí mismos, avaros, vanagloriosos, soberbios, blasfemos, desobedientes a los padres, ingratos, impíos» (2 Ti. 3:2).

«Sean vuestras costumbres sin avaricia, contentos con lo que tenéis ahora; porque él dijo: No te desampararé, ni te dejaré» (He. 13:5).

«Codiciáis, y no tenéis; matáis y ardéis de envidia, y no podéis alcanzar; combatís y lucháis, pero no tenéis lo que deseáis, porque no pedís. Pedís, y no recibís, porque pedís mal, para gastar en vuestros deleites» (Stg. 4:2-3).

«¡Vamos ahora, ricos! Llorad y aullad por las miserias que os vendrán. Vuestras riquezas están podridas, y vuestras ropas están comidas de polilla. Vuestro oro y plata están enmohecidos; y su moho testificará contra vosotros, y devorará del todo vuestras carnes como fuego. Habéis acumulado tesoros para los días postreros» (Stg. 5:1-3; cp. 4-6).

«Apacentad la grey de Dios que está entre vosotros, cuidando de ella no por fuerza, sino voluntariamente; no por ganancia deshonesta, sino con ánimo pronto» (1 P. 5:2).

«Y por avaricia harán mercadería de vosotros, con palabras fingidas. Sobre los tales ya largo tiempo la condenación no se tarda, y su perdición no se duerme» (2 P. 2:3).

«Tienen los ojos llenos de adulterio, no se sacian de pecar, seducen a las almas inconstantes, tienen el corazón *habituado a la codicia,* y son hijos de maldición» (2 P. 2:14).

«Si puse en el oro mi esperanza, y dije al oro: Mi confianza eres tú; si me alegré de que mis riquezas se multiplicasen, y de que mi mano hallase mucho ... Esto también sería maldad juzgada; porque habría negado al Dios soberano» (Job 31:24-25, 28).

«Porque el malo se jacta del deseo de su alma, bendice al codicioso, y desprecia a Jehová» (Sal. 10:3).

«No confiéis en la violencia, ni en la rapiña; no os envanezcáis; si se aumentan las riquezas, no pongáis el corazón en ellas» (Sal. 62:10).

«Inclina mi corazón a tus testimonios, y no a la avaricia» (Sal. 119:36).

«Alborota su casa el codicioso; mas el que aborrece el soborno vivirá» (Pr. 15:27).

«El deseo del perezoso le mata, porque sus manos no quieren trabajar. Hay quien todo el día codicia; pero el justo da, y no detiene su mano» (Pr. 21:25-26).

«El que oprime al pobre para aumentar sus ganancias, o que da al rico, ciertamente se empobrecerá» (Pr. 22:16).

«No te afanes por hacerte rico; sé prudente, y desiste. ¿Has de poner tus ojos en las riquezas, siendo ningunas? Porque se harán alas como alas de águila, y volarán al cielo» (Pr. 23:4-5).

«Porque las riquezas no duran para siempre; ¿y será la corona para perpetuas generaciones?» (Pr. 27:24).

«El que hace errar a los rectos por el mal camino, él caerá en su misma fosa; mas los perfectos heredarán el bien» (Pr. 28:10).

«El hombre de verdad tendrá muchas bendiciones; mas el que se apresura a enriquecerse no será sin culpa» (Pr. 28:20).

«Vanidad y palabra mentirosa aparta de mí; no me despobreza ni riqueza; manténme del pan necesario; no sea que me sacie y te niegue, y diga: ¿Quién es Jehová? O que siendo pobre, hurte, y blasfeme el nombre de mi Dios» (Pr. 30:8-9).

«El que ama el dinero, no se saciará de dinero; y el que ama el mucho tener, no sacará fruto. También esto es vanidad» (Ec. 5:10).

«Tus príncipes, prevaricadores y compañeros de ladrones; todos aman el soborno, y van tras las recompensas; no hacen justicia al huérfano, ni llega a ellos la causa de la viuda» (Is. 1:23).

«Y esos perros comilones son insaciables; y los pastores mismos no saben entender; todos ellos siguen sus propios caminos, cada uno busca su propio provecho, cada uno por su lado» (Is. 56:11).

«Por la iniquidad de su codicia me enojé, y le herí, escondí mi rostro y me indigné; y él siguió rebelde por el camino de su corazón» (Is. 57:17).

«Por la iniquidad de su codicia me enojé, y le herí, escondí mi rostro y me indigné; y él siguió rebelde por el camino de su corazón» (Is. 57:17; cp. Jer. 8:10).

«Mas tus ojos y tu corazón no son sino para tu avaricia, y para derramar sangre inocente, y para opresión y para hacer agravio» (Jer. 22:17).

«Tú, la que moras entre muchas aguas, rica en tesoros, ha venido tu fin, la medida de tu codicia» (Jer. 51:13).

«Precio recibieron en ti para derramar sangre; interés y usura tomaste, y a tus prójimos defraudaste con violencia; te olvidaste de mí, dice Jehová el Señor» (Ez. 22:12).

«Y vendrán a ti como viene el pueblo, y estarán delante de ti como pueblo mío, y oirán tus palabras, y no las pondrán por obra; antes hacen halagos con sus bocas, y el corazón de ellos anda en pos de su avaricia» (Ez. 33:31).

«Codician las heredades, y las roban; y casas, y las toman; oprimen al hombre y a su casa, al hombre y a su heredad» (Mi. 2:2).

«Sus jefes juzgan por cohecho, y sus sacerdotes enseñan por precio, y sus profetas adivinan por dinero; y se apoyan en Jehová, diciendo: ¿No está Jehová entre nosotros? No vendrá mal sobre nosotros» (Mi. 3:11).

«Para completar la maldad con sus manos, el príncipe demanda, y el juez juzga por recompensa; y el grande habla el antojo de su alma, y lo confirman» (Mi. 7:3).

«¡Ay del que codicia injusta ganancia para su casa, para poner en alto su nido, para escaparse del poder del mal! Tomaste consejo vergonzoso para tu casa, asolaste muchos pueblos, y has pecado contra tu vida» (Hab. 2:9-10).

«Sembráis mucho, y recogéis poco; coméis

y no os saciáis; bebéis, y no quedáis satisfechos; os vestís, y no os calentáis; y el que trabaja a jornal recibe su jornal en saco roto» (Hag. 1:6).

[3] (12:20) ***Muerte—temor—juicio:*** temer; porque el alma puede ser requerida esta misma noche. Note varias cosas.

1. Ahora fue Dios quien habló. Era Dios quien conocía los pensamientos del hombre. Era Dios quien sabía que el hombre iba a morir esa misma noche. El hombre no lo sabía, ni nadie lo sabía.
2. El hombre iba a morir esa noche. Todos tienen su noche (día) para morir, y ésta sería su noche.
3. El «alma» del hombre era requerida. Dios la requería y demandaba. Su alma no dejaría de existir. Existiría en otro mundo. Para el hombre no habría pasadola existencia. Su alma simplemente estaría en otro mundo, en la dimensión espiritual de la existencia.
4. El hombre fue tildado de «necio» por Dios. Había vivido como un necio, había vivido totalmente para sí mismo. Se había negado a pensar en la verdad, en la incertidumbre de la vida. Era muy posible que no viviera una vida tan larga como deseaba.

«Pero sabed esto, que si supiese el padre de familia a qué hora el ladrón había de venir, velaría ciertamente, y no dejaría minar su casa. Vosotros, pues, también, estad preparados, porque a la hora que no penséis, el Hijo del Hombre vendrá» (Lc. 12:39-40).

«¿Pero qué fruto teníais de aquellas cosas de las cuales ahora os avergonzáis? Porque el fin de ellas es muerte» (Ro. 6:21).

«Pero la que produce espinos y abrojos es reprobada, está próxima a ser maldecida, y su fin es el ser quemada» (He. 6:8).

«Mas el fin de todas las cosas se acerca; sed, pues, sobrios, y velad en oración» (1 P. 4:7).

«Porque es tiempo que el juicio comience por la casa de Dios; y si primero comienza por nosotros, ¿cuál será el fin de aquellos que no obedecen al evangelio de Dios? Y: Si el justo con dificultad se salva, ¿en dónde aparecerá el impío y el pecador?» (1 P. 4:17-18).

«Estas son fuentes sin agua, y nubes empujadas por la tormenta; para los cuales la más densa oscuridad está reservada para siempre» (2 P. 2:17).

«Fieras ondas del mar, que espuman su propia vergüenza; estrellas errantes, para las cuales está reservada eternamente la oscuridad de las tinieblas» (Jud. 13).

«Pero los cobardes e incrédulos, los abominables y homicidas, los fornicarios y hechiceros, los idólatras y todos los mentirosos tendrán su parte en el lago que arde con fuego y azufre, que es la segunda muerte» (Ap. 21:8).

«Los malos serán trasladados al Seol, todas las gentes que se olvidan de Dios» (Sal. 9:17).

«Porque como hierba serán pronto cortados, y como la hierba verde se secarán» (Sal. 37:2).

«Pues de aquí a poco no existirá el malo; observarás su lugar, y no estará allí» (Sal. 37:10).

«Vi yo al impío sumamente enaltecido, y que se extendía como laurel verde. Pero él pasó, y he aquí ya no estaba; lo busqué y no fue hallado» (Sal. 37:35-36).

«Mas tú, oh Dios, harás descender aquéllos al pozo de perdición. Los hombres sanguinarios y engañadores no llegarán a la mitad de sus días; pero yo en ti confiaré» (Sal. 55:23).

«Cuando brotan los impíos como la hierba, y florecen todos los que hacen iniquidad, es para ser destruidos eternamente» (Sal. 92:7).

«Lo verá el impío y se irritará; crujirá los dientes y se consumirá. El deseo de los impíos perecerá» (Sal. 112:10).

«Porque los caminos del hombre están ante los ojos de Jehová, y él considera todas sus veredas. Prenderán al impío sus propias iniquidades, y retenido será con las cuerdas de su pecado. El morirá por falta de corrección, y errará por lo inmenso de su locura» (Pr. 5:21-23).

«Al tiempo de la tarde, he aquí la turbación, pero antes de la mañana el enemigo ya no existe. Esta es la parte de los que nos aplastan, y la suerte de los que nos saquean» (Is. 17:14).

«¿Quiero yo la muerte del impío? dice Jehová el Señor. ¿No vivirá si se apartare de sus caminos?» (Ez. 18:23).

[4] (12:20-21) ***Dimensión espiritual—muerte—juicio—riqueza:*** temer porque la riqueza no es una posesión permanente; irá a manos de otra persona. El hombre dejó hasta el último centavo. No se llevó nada. Ahora note por qué. Es un tema pocas veces considerado. No pudo llevarse nada porque la fuerza, la energía, el poder, la vida de su cuerpo lo había abandonado. La Biblia revela que...

- la vida del cuerpo de una persona es su espíritu.
- que el espíritu vive para siempre.

Note que cuando se fue el espíritu, también se fue la fuerza, energía y poder del hombre. Su cuerpo tuvo que quedar caído. Note algo más: *su espíritu era espiritual,* perteneciente a otra dimensión de la existencia. Pertenecía a otro mundo, a otra vida. Por eso, tuvo que dejar atrás todas las posesiones *materiales.*

«Porque nada hemos traído a este mundo y sin duda nada podremos sacar» (1 Ti. 6:7).

«Por la fe Moisés, hecho ya grande, rehusó llamarse hijo de la hija de Faraón, escogiendo antes ser maltratado con el pueblo de Dios, que gozar de los *deleites temporales* del pecado» (He. 11:24-25).

«Vuestro oro y plata están enmohecidos; y su moho testificará contra vosotros, y devorará del todo vuestras carnes como fuego. Habéis acumulado tesoros para los días postreros» (Stg. 5:3).

«Pero por cuanto eres tibio, y no frío ni caliente, te vomitaré de tu boca. Porque tú dices: Yo soy rico, y me he enriquecido, y de ninguna cosa tengo necesidad; y no sabes que tú eres un desventurado, miserable, pobre, ciego y desnudo» (Ap. 3:16-17).

«Los renuevos de su casa serán transportados, serán esparcidos en el día de su furor» (Job 20:28).

«Ciertamente como una sombra es el hombre; ciertamente en vano se afana; amontona riquezas y no sabe quien las recogerá» (Sal. 39:6).

«Pues verá que aun los sabios mueren; que perecen del mismo modo que el insensato y el necio, y dejan a otros sus riquezas» (Sal. 49:10).

«Asimismo aborrecí todo mi trabajo que había hecho bajo el sol, el cual tendré que dejar a otro que vendrá después de mí» (Ec. 2:18).

«Porque al hombre que le agrada, Dios le da sabiduría, ciencia y gozo; mas al pecador da el trabajo de recoger y amontonar, para darlo al que agrada a Dios. También esto es vanidad y aflicción de espíritu» (Ec. 2:26).

«Como la perdíz que cubre lo que puso, es el que injustamente amontona riquezas; en la mitad de sus días las dejará, y en su postrimería será insensato» (Jer. 17:11).

«Pues así ha dicho Jehová de los ejércitos: Meditad bien sobre vuestros caminos. Sembráis mucho, y recogéis poco; coméis y no os saciáis; bebéis, y no quedáis satisfechos; os vestís, y no os calentáis; y el que trabaja a jornal recibe su jornal en saco roto» (Hag. 1:5-6).

	N. El creyente genuino: no se preocupa por las necesidades, 12:22-34 (Mt. 6:25-34)
1 No estén ansiosos por la comida y la ropa	22 Dijo luego a sus discípulos: Por tanto os digo: No os afanéis por vuestra vida, qué comeréis; ni por el cuerpo, qué vestiréis.
a. Ilustración 1: la vida y el cuerpo significan más que las cosas	23 La vida es más que la comida, y el cuerpo que el vestido.
b. Ilustración 2: los cuervos son alimentados por Dios	24 Considerad los cuervos, que ni siembran ni siegan; que ni tienen despensa, ni granero, y Dios los alimenta. ¿No valéis vosotros mucho más que las aves?
c. Ilustración 3: la estatura de una persona; la preocupación no le agrega nada	25 ¿Y quién de vosotros podrá con afanarse añadir a su estatura un codo? 26 Pues si no podéis ni aun lo que es menos, ¿por qué os afanáis por lo demás?
d. Ilustración 4: los lirios y la hierba los viste Dios	27 Considerad los lirios, cómo crecen; no trabajan, ni hilan; mas os digo, que ni aun Salomón con toda su gloria se vistió como uno de ellos.
e. Una trágica verdad: escasa fe	28 Y si así viste Dios la hierba que hoy está en el campo, y mañana es echada al horno, ¿cuánto más a vosotros, hombres de poca fe?
2 No estén absorbidos por conseguir comida y bebida, ni en dudar del cuidado de Dios	29 Vosotros, pues, no os preocupéis por lo que habéis de comer, ni por lo que habéis de beber, ni estéis en ansiosa inquietud.
a. Lo cual es mundanalidad b. Dios conoce las necesidades de ustedes	30 Porque todas estas cosas buscan las gentes del mundo; pero vuestro Padre sabe que tenéis necesidad de estas cosas.
3 Busquen el reino de Dios a. Dios provee para las necesidades	31 Mas buscad el reino de Dios, y todas estas cosas os serán añadidas.
b. Dios les da el reino	32 No temáis, manada pequeña, porque a vuestro Padre le ha placido daros el reino.
c. Dios da tesoros que no envejecen, ni decaen, ni se corrompen, ni pueden ser hurtados	33 Vended lo que poseéis, y dad limosna; haceos bolsas que no se envejezcan, tesoro en los cielos que no se agote, donde ladrón no llega, ni polilla destruye.
d. Dios advierte: el corazón de ustedes estará donde esté su tesoro	34 Porque donde está vuestro tesoro, allí estará también vuestro corazón.

N. El creyente genuino: no se preocupa por las necesidades, 12:22-34

(12:22-34) ***Introducción:*** este mensaje no es para el mundo; es para los discípulos, los seguidores de Jesús. Jesús habló «a sus discípulos» (v. 22). «Afanarse» (*merimnan*), es decir, preocuparse, estar ansioso y totalmente absorbido por la preocupación, es un problema constante entre los hombres. No lo debe ser en el pueblo de Dios. (*Véanse* bosquejo y notas—Mt. 6:25-34 para una discusión mayor y aplicaciones.)

1. No estén ansiosos por la comida y la ropa (vv. 22-28).
2. No estén absorbidos por conseguir comida y bebida, ni en dudar del cuidado de Dios (vv. 29-30).
3. Busquen el reino de Dios (vv. 31-34).

[1] (12:22-28) ***Necesidades—comida—ropa—cuerpo—vida—aves:*** no estén ansiosos por la comida y la ropa. Uno de los grandes pecados de los hombres es su deseo de tener cosas cada vez mejores, tales como comida y ropa, casas y muebles, posiciones y reconocimiento, propiedades y riquezas. El pecado es la codicia (v. 15). Es un pecado tan común que Jesús advirtió a sus discípulos a no caer en él. No debían estar ansiosos y preocupados por tales cosas. Jesús remarcó la enseñanza con cuatro ilustraciones.

1. La primera ilustración es referida a la vida y al cuerpo. La vida y el cuerpo significan mucho más que la comida que ingerimos y la ropa que usamos. Piense un instante. ¿Qué tiene mayor importancia? Un trozo de carne asada o la vida? ¿Una prenda de vestir o el cuerpo? La respuesta es obvia. Por eso, la preocupación de la persona tiene que ser su vida y su cuerpo, no deliciosas comidas o los últimos estilos de la moda. La persona tiene que dar su tiempo, energía y esfuerzo en cuidar de su vida y de su cuerpo, no a las cosas deliciosas ni al estilo de las cosas del mundo. Note dos temas.

   a. Un *cuerpo sano* extenderá la vida de la persona en la tierra, y una *vida bien llevada* le asegura a la persona vivir eternamente en la presencia de Dios. El hombre debe preocuparse por la vida y el cuerpo, no por la comida y la ropa. (*Véase* nota—Mt. 6:25 para mayor discusión.)
   b. Jesús no dijo que no debamos pensar y planificar en cuanto a las necesidades de la vida. Dijo que no debemos preocuparnos ni estar ansiosos por esas necesidades. Todas las cosas de la vida requieren alguna preocupación y planificación, pero nada debe ser codiciado tanto que nos cause ansiedad y absorbente preocupación.

2. La segunda ilustración es referida a los cuervos (cornejas). Ellos son alimentados por Dios. Jesús dijo: «Consideren», es decir, piensen en las aves. Aprendan de lo que les pasa a ellas.

   - No siembran ni cosechan para su comida.
   - No recojen en graneros para alimentarse.
   - Sin embargo, Dios les provee.
   - Pueden recoger la comida que necesitan.

Aprendan que el creyente es de mucho más valor que las aves.

   a. Es un ser superior, en un nivel mucho más alto de la creación. Es más noble y excelente, un ser espiritual capaz de estar en relación personal con Dios (Job 35:11; Jn. 3:16).
   b. El creyente es un hijo de Dios. Dios es el Creador de las aves, pero es el Padre de los creyentes (Ro. 8:15-16; Gá. 4:4-6).
   c. El creyentes es un heredero de Dios. Recibirá todas

las posesiones de Dios en aquel glorioso día de la redención (Ro. 8:16-17; Tit. 3:7; 1 P. 1:3-4).

Sin embargo, hay que repetirlo, Jesús no estaba alentando la negligencia de sus seguidores. Estaba hablando de no preocuparse con ansiedad por la comida, la ropa y el techo. Dios no admite la pereza e indolencia, ni la falta de planificación e iniciativa y esfuerzo. Jesús planificaba anticipadamente (Jn. 12:6) y predicaba sobre la necesidad de trabajar esmeradamente (Lc. 16:8; cp. 1-10). La Biblia es clara en cuanto al fiel cumplimiento del hombre en su trabajo, incluso en cuanto a trabajos adicionales para tener lo suficiente para ayudar a suplir las necesidades de un mundo desesperado (Ef. 4:28). (*Véase* nota—Mt. 6:25-34.)

«Pues ¿qué aprovecha al hombre, si gana todo el mundo, y se destruye o se pierde a sí mismo? (Lc. 9:25).

«Y la paz de Dios, que sobrepasa todo entendimiento, guardará vuestros corazones y vuestros pensamientos en Cristo Jesús» (Fil. 4:6-7).

«Quisiera, pues, que estuviéseis sin congoja [ansiedad, sin preocupaciones]» (1 Co. 7:32).

«Tú guardarás en completa paz a aquel cuyo pensamiento en ti persevera; porque en ti ha confiado» (Is. 26:3).

«Confiad en Jehová perpetuamente, porque en Jehová el Señor está la fortaleza de los siglos» (Is. 26:4).

«¡Cuán grande es tu bondad, que has guardado para los que te temen, que has mostrado a los que esperan en ti, delante de los hijos de los hombres!» (Sal. 31:19).

«Pues así ha dicho Jehová de los ejércitos: Meditad bien sobre vuestros caminos» (Hag. 1:5).

Pensamiento. El creyente que realmente confía en Jesucristo jamás será abandonado por Dios. Esto no significa que jamás va a sufrir, ni que jamás va a tener que enfrentarse al martirio. A veces el sufrimiento es necesario para el crecimiento de la fe del creyente y como un testimonio al mundo (*véase* notas—Mt. 5:10-12; 10:24-25). Sin embargo, Dios nunca abandona al creyente. Dios cuida del creyente cualesquiera sean las circunstancias que lo confronten. Dios cuida del creyente y lo alimenta mucho antes que a los cuervos del cielo.

«Entonces mandó a la gente recostarse sobre la hierba; y tomando los cinco panes y los dos peces, y levantando los ojos al cielo, bendijo, y partió y dio los panes a los discípulos, y los discípulos a la multitud. Y comieron todos, y se saciaron; y recogieron lo que sobró de los pedazos, doce cestas llenas» (Mt. 14:19-20).

«No lo digo porque tenga escasés, pues he aprendido a contentarme, cualquiera sea mi situación. Sé vivir humildemente, y sé tener abundancia; en todo y por todo estoy enseñado, así para estar saciado como para tener hambre, así para tener abundancia como para padecer necesidad. Todo lo puedo en Cristo que me fortalece» (Fil. 4:11-13).

«Mi Dios, pues, suplirá todo lo que os falta conforme a sus riquezas en gloria en Cristo Jesús» (Fil. 4:19).

«Confía en Jehová y haz el bien; y habitarás en la tierra, y te apacentarás de la verdad» (Sal. 37:3).

«Visitas la tierra, y la riegas; en gran manera la enriqueces; con el río de Dios lleno de aguas, preparas el grano de ellos, cuando así lo dispones» (Sal. 65:9).

«Bendito el Señor; cada día nos colma de beneficios el Dios de nuestra salvación» (Sal. 68:19; cp. Sal.107: 31-38; 114:11-15 en cuanto al fundamento de las bendiciones de Dios).

«Y hasta la vejez yo mismo, y hasta las canas os soportaré yo; yo hice, yo llevaré, yo soportaré y guardaré» (Is. 46:4).

«Bendito el varón que confía en Jehová, y cuya confianza es Jehová. Porque será como el árbol plantado junto a las aguas, que junto a la corriente echará sus raíces, y no verá cuando viene el calor, sino que su hoja estará verde; y en el año de sequía no se fatigará, ni dejará de dar fruto» (Jer. 17:7-8).

3. La tercera ilustración estaba referida a la estatura del hombre. La palabra «estatura» (*helikia*) significa altura, calidad, o condición alcanzada por el crecimiento; pero a veces también significa edad. La palabra «codo» (*pechus*) significa literalmente una medida de espacio, o distancia (aproximadamente 18 pulgadas); pero también puede significar una medida de tiempo o de edad (Jn. 9:21). De modo que el versículo puede ser leído de ambas formas: «quien podrá añadir un codo a su estatura» o «un minuto a la duración de su vida».

El tema es importante: la preocupación es inútil, tan inútil como querer agregar a la propia estatura o alargar un minuto la propia vida (cuando el momento de partir ha llegado). No todas las estaturas y no todo los cuerpos son perfectos. El mundo está contaminado y es imperfecto (*véase* nota—Mt. 6:19-20). Pero hay una gloriosa esperanza en Dios, una esperanza que reconoce que Dios ama y cuida de los suyos y que ha prometido nuevos cielos y nueva tierra que serán perfectos. En esos cielos y en esa tierra perfectos todos los cuerpos serán normales y perfectamente formados. Dios «enjugará toda lágrima» (Ap. 21:4; cp. 1-7).

«Mas nuestra ciudadanía está en los cielos, de donde también esperamos al Salvador, al señor Jesucristo; el cual transformará el cuerpo de la humillación nuestra, para que sea semejante al cuerpo de la gloria suya por el poder con el cual puede también sujetar a sí mismo todas las cosas» (Fil. 3:20-21).

«Así también es la resurrección de los muertos. Se siembra en corrupción, resucitará en incorrupción. Se siembra en deshonra, resucitará en gloria; se siembra en debilidad, resucitará en poder. Se siembra cuerpo animal, resucitará cuerpo espiritual. Hay cuerpo animal, y hay cuerpo espiritual» (1 Co. 15:42-44).

«Y así como hemos traído la imagen del terrenal, traeremos también la imagen del celestial» (1 Co. 15:49).

«Y por esto también gemimos, deseando ser revestidos de aquella nuestra habitación celestial» (2 Co. 5:2).

«Mas los que fueren tenidos por dignos de alcanzar aquel siglo y la resurrección de entre los muertos, ni se casan, ni se dan en casamiento. Porque no pueden ya más morir, pues son *iguales a los ángeles,* y son hijos de Dios, al ser hijos de la resurrección» (Lc. 20:25-36).

«Porque el Cordero que está en medio del trono los pastoreará, y Dios enjugará toda lágrima de los ojos de ellos» (Ap. 7:17).

«Enjugará Dios toda lágrima de los ojos de ellos; y ya no habrá muerte, ni habrá más llanto, ni dolor, ni clamor, ni dolor; porque las primeras cosas pasaron» (Ap. 21:4).

Pensamiento. Note que el necio rico no pudo agregar un solo minuto a su vida. Había una noche (día) designada para él, y no pudo cambiar esa noche (cp. Lc. 12:16-21).

De manera muy práctica, algunas personas tienen un cuerpo imperfecto o anormal. ¿Cómo hacen para evitar la ansiosa preocupación?

1) Hay una esperanza gloriosa para todos (*véase* nota—Mt. 6:27 para la discusión).
2) Está la certeza de la promesa de Dios de obrar para bien en todas las cosas para quienes realmente le amen.

«Y sabemos que a los que aman a Dios, todas las cosas les ayudan a bien, esto es, a los que conforme a su propósito son llamados» (Ro. 8:28).

3) Está el vigoroso desafío de contentarse con la condición o la vida que a uno le ha tocado.

«Pero cada uno como el Señor le repartió, y como Dios llamó a cada uno, así haga; esto ordeno en todas las iglesias ... Cada uno en el estado en que fue llamado, en él se quede ... Cada uno, hermanos, en el estado en que fue llamado, así permanezca para con Dios» (1 Co. 7:17, 20, 24).

«No lo digo porque tenga escasés, pues he aprendido a contentarme, cualquiera sea mi situación. Sé vivir humildemente, y sé tener abundancia; en todo y por todo estoy enseñado, así para estar saciado como para tener hambre, así para tener abundancia como para padecer necesidad. Todo lo puedo en Cristo que me fortalece» (Fil. 4:11-13).

«El hermano que es de humilde condición, gloríese en su exaltación; pero el que es rico, en su humillación; porque él pasará como la flor de la hierba. Porque cuando sale el sol abrasador, la hierba se seca, su flor se cae, y perece su hermosa apariencia; así también se marchitará el rico en todas sus empresas» (Stg. 1:9-11).

4) Está el desafío de confiar en el cuidado de Dios.

«Echando toda vuestra ansiedad sobre él, porque él tiene cuidado de vosotros» (1 P. 5:7).

«Por demás es que os levantéis de madrugada, y vayáis tarde a reposar, y que comáis pan de dolores; pues que a su amado dará Dios el sueño» (Sal. 127:2).

4. La cuarta ilustración fue la de los lirios y la hierba. Dios los viste. Nuevamente Jesús dijo: «consideren», miren y piensen en los lirios del campo. Aprendan de ellas.

- Los lirios no trabajan por dinero para comprar ropa.
- Los lirios no hilan para hacerse ropa.
- Sin embargo, los lirios están mejor vestidos que Salomón en toda su gloria.
- Los lirios dejan de existir, casi de la noche a la mañana, sin embargo, Dios cuida lo suficiente de ellas para vestirlas.

Aprendan que ustedes son de mucho más valor que los lirios. Dios los vestirá.

Hay tres preocupaciones referidas a la ropa. (A veces estas preocupaciones son tan intensas que se transforman en temor.)

1. La preocupación por la popularidad. La persona teme no tener la ropa correcta para ser popular. A veces la preocupación es tan grande que se niega a ir a cierto lugar sin la ropa adecuada.
2. La preocupación por el estilo y la moda. La persona se preocupa por el último estilo y la última moda. No puede permitir que su ropa esté mínimamente desactualizada.
3. La preocupación por ser aceptable. La mayoría de los adultos están en esta categoría. La ropa es algo que realmente involucra los sentimientos internos. La preocupación existe realmente. Se invierte tiempo, pensamientos y esfuerzo para mantener el estilo, al menos lo suficiente para ser aceptable.

El tema que Jesús estaba subrayando es este: no se angustien, no se preocupen, no estén ansiosos por la ropa. En cambio, busquen primero, centren su vida y pensamientos y esfuerzos en Dios y en su justicia; no en la popularidad, moda y aceptación; luego todas estas cosas (ropa) les serán añadidas (Mt. 6:33).

«El que fue sembrado entre espinos, éste es el que oye la palabra, pero el afán de este siglo y el engaño de las riquezas ahogan la palabra, y se hace infructuosa» (Mt. 13:22).

«Asimismo que las mujeres se atavíen de ropa decorosa, con pudor y modestia; no con peinado ostentoso, ni oro, ni perlas, ni vestidos costosos, sino con buenas obras, como corresponde a mujeres que profesan piedad» (1 Ti. 2:9-10).

«Considerando vuestra conducta casta y respetuosa. Vuestro atavío no sea el externo de peinados ostentosos, de adornos de oro o de vestidos lujosos, sino el interno, el del corazón, en el incorruptible ornato de un espíritu afable y apacible, que es de gran estima delante de Dios. Porque también así se ataviaban en otro tiempo aquellas mujeres que esperaban en Dios, estando sujetas a sus maridos» (1 P. 3:2-5).

«En todo tiempo sean blancos tus vestidos [limpios, lavados], y nunca falte ungüento sobre tu cabeza [que siempre esté cuidada]» (Ec. 9:8).

«No vestirá la mujer traje de hombre, ni el hombre vestirá ropa de mujer; porque abominación es a Jehová tu Dios cualquiera que esto hace» (Dt. 22:5).

«Asimismo dice Jehová: Por cuanto las hijas de Sion se ensoberbecen, y andan con el cuello erguido y con ojos desvergonzados; cuando andan van danzando, y haciendo son con los pies; por tanto, el Señor raerá la cabeza de las hijas de Sion, y Jehová descubrirá sus vergüenzas. Aquel día quitará el Señor el atavío del calzado, las redecillas, las lunetas, los collares, los pendientes y los brazaletes, las cofias, los atavíos de las piernas, los partidores del pelo, los pomitos de olor y los zarcillos, los anillos, y los joyeles de las narices, las ropas de gala, los mantoncillos, los velos, las bolsas, los espejos, el lino fino, las gasas y los tocados. Y en lugar de los perfumes aromáticos vendrá hediondez; y cuerda en lugar de cinturón, y cabeza rapada en lugar de la compostura del cabello; en lugar de ropa de gala ceñimiento de cilicio, y quemadura en vez de hermosura» (Is. 3:16-24).

ESTUDIO A FONDO 1

(12:28) ***«Hombres de poca fe»:*** *véase* Estudio a fondo 1—Mt. 6:30 para la discusión.

[2] (12:29-30) ***Mundanalidad—materialismo:*** no estén absorbidos por la búsqueda de comida y bebida, ni por las dudas en cuanto al cuidado de Dios. Note un hecho significativo: este no es un desafío; es una orden. El creyente debe centrar su mente y su vida en el Señor y en la obra que Dios le ha dado para hacer, no en ganarse la vida y en comer y beber. Jesús tiene dos motivos para dar esta orden.

1. Estar absorbido buscando comida y bebida es mundanalidad. Es lo que hacen las naciones del mundo, los gentiles, los paganos, los perdidos. Ellos centran la totalidad de su vida en obtener más y más de las cosas de este mundo. Hablan y hablan, piensan y piensan en la comida y bebida y en la ropa. Ello consume la totalidad de su ser. No saben sino conseguir cada vez más de lo que el mundo ofrece. Para ellos la vida es comida y bebida y posesiones (casa, muebles, posiciones, promoción, reconocimiento, dinero, los últimos estilos, mantenerse al nivel de los demás). El creyente no debe estar buscando estas cosas. Es diferente. Debe estar buscando el reino de Dios sin dudar del cuidado y de la provisión de Dios.

«Porque los gentiles buscan todas estas cosas; pero vuestro Padre celestial sabe que tenéis necesidad de todas estas cosas» (Mt. 6:32).

«Porque ¿qué aprovechará al hombre, si ganare todo el mundo, y perdiere su alma? ¿O qué recompensa dará el hombre por su alma?» (Mt. 16:26).

«Mirad también por vosotros mismos, que vuestros corazones no se carguen de glotonería [siendo auto indulgentes, extravagantes], embriaguez y de los afanes de esta vida, y venga de repente sobre vosotros aquel día» (Lc. 21:34).

«Poned la mira en las cosas de arriba, no en las de la tierra» (Col. 3:2).

«Enseñándonos que, renunciando a *la impiedad y a los deseos mundanos*, vivamos en este siglo sobria, justa y piadosamente, aguardando la esperanza bienaventurada y la manifestación gloriosa de nuestro gran Dios y Salvador Jesucristo» (Tit. 2:12-13).

«¡Oh almas adúlteras! ¿No sabéis que la amistad del mundo es enemistad contra Dios? Cualquiera, pues, que quiera *ser amigo del mundo*, se constituye enemigo de Dios» (Stg. 4:4).

2. Dios sabe que el creyente tiene necesidades. El creyente debe saber que ... Dios conoce sus necesidades.

- No debe tener una *mente llena de dudas y ansiedad.*

- Debe confiar en Dios y en su poder, para suplir la necesidad de comida y ropa (las necesidades de la vida).

«Jesús le dijo: Si puedes creer, al que cree todo le es posible» (Mr. 9:23).

«Porque todo lo que es nacido de Dios vence al mundo; y esta es la victoria que ha vencido al mundo, nuestra fe» (1 Jn. 5:4).

«Jehová redime el alma de sus siervos, y no serán condenados cuantos en él confían» (Sal. 34:22).

«Encomienda a Jehová tu camino, y confía en él; y él hará» (Sal. 37:5).

«Jehová se acordó de nosotros; nos bendecirá; bendecirá a la casa de Israel; bendecirá a la casa de Aarón» (Sal. 115:12).

«Mejor es confiar en Jehová que confiar en el hombre» (Sal. 118:8).

«Fíate de Jehová de todo tu corazón, y no te apoyes en tu propia prudencia» (Pr. 3:5).

«Confiad en Jehová perpetuamente, porque en Jehová el Señor está la fortaleza de los siglos» (Is. 26:4).

«¿Quién hay entre vosotros que teme a Jehová, y oye la voz de su siervo? El que anda en tinieblas y carece de luz, confíe en el nombre de Jehová, y apóyese en su Dios» (Is. 50:10).

3 (12:31-34) ***Servicio—dar—riqueza verdadera:*** busquen el reino de Dios (*véase* Estudio a fondo 3—Mt. 19:23-24). El creyente no debe buscar las cosas del mundo. Debe centrar su vida en el reino de Dios y en la obra que Dios le ha dado para hacer. Debe dejar su bienestar en las manos de Dios. Dios hizo tres grandes promesas y una importante advertencia.

1. Dios proveerá para cubrir las necesidades de la vida de la persona que busca primeramente a Dios.

«Y yo os digo: Pedid, y se os dará; buscad, y hallaréis; llamad, y se os abrirá. Porque todo aquel que pide, recibe; y el que busca, halla; y al que llama, se le abrirá. ¿Qué padre de vosotros, si su hijo le pide pan, le dará una piedra? ¿o si pescado, en lugar de pescado, le dará una serpiente? ¿O si le pide un huevo, le dará un escorpión: Pues si vosotros, siendo malos, sabéis dar buenas dádivas a vuestros hijos, ¿cuánto más vuestro Padre celestial dará el Espíritu Santo a los que se lo pidan?» (Lc. 11:9-13).

«¿Y acaso Dios no hará justicia a sus escogidos, que claman a él de día y de noche? ¿Se tardará en responderles?» (Lc. 18:7).

«Si algo pidiereis en mi nombre, yo lo haré» (Jn. 14:14).

2. Dios dará su reino a su «manada pequeña», a quienes realmente buscan primero el reino de Dios y confían que Él cuidará de ellos. Note la expresión «manada pequeña». Nos dice dos cosas.

a. El número es pequeño. Sólo unos pocos realmente buscan primero el reino de Dios.

«Porque estrecha es la puerta, y angosto el camino que lleva a la vida, y pocos son los que la hallan» (Mt. 7:14).

«Porque muchos son llamados, y pocos escogidos» (Mt. 22:14).

«Bienaventurados los pobres en espíritu, porque de ellos es el reino de los cielos» (Mt. 5:3).

«Entonces el Rey dirá a los de su derecha: Venid, benditos de mi Padre, heredad el reino preparado para vosotros desde la fundación del mundo. Porque tuve hambre, y me disteis de comer; tuve sed, y me disteis de beber; fui forastero, y me recogisteis» (Mt. 25:34-35).

«Porque el reino de Dios no es comida ni bebida, sino justicia, paz y gozo en el Espíritu Santo» (Ro. 14:17).

«Pero esto digo, hermanos: que la carne y la sangre no pueden heredar el reino de Dios, ni la corrupción hereda incorrupción» (1 Co. 15:50).

«Hermanos míos amados, oíd: ¿No ha elegido Dios a los pobres de este mundo, para que sean ricos en fe y herederos del reino que ha prometido a los que le aman?» (Stg. 2:5).

b. La protección de Dios es segura. Él es el Pastor y sus verdaderos seguidores son las ovejas de *su prado.*

«A éste abre el portero, y las ovejas oyen su voz; y a sus ovejas llama por nombre, y las saca. Y cuando ha sacado fuera todas las propias, va delante de ellas; y las ovejas le siguen, porque conocen su voz» (Jn. 10:3-4).

«Yo soy el buen pastor; y conozco mis ovejas, y las mías me conocen ... También tengo otras ovejas que no son de este redil; aquéllas también debo traer, y oirán mi voz; y habrá un rebaño, y un pastor» (Jn. 10:14, 16).

«Jehová es mi pastor; nada me faltará» (Sal. 23:1; cp. vv. 2-6).

3. Dios da tesoros que no envejecen, ni decaen ni se corrompen; tesoros que tampoco pueden ser hurtados. Lo que Jesús dijo es revolucionario: «Vended lo que poseéis, y dad limosna». Sencillamente, cuando nuestras necesidades han sido suplidas, no necesitamos más. Ya no podemos hacer nada con ellas, excepto...

- desperdiciarlas.
- almacenarlas.

A esto precisamente, Jesús se opuso de modo tan severo. Cuando vivimos en un mundo tan lleno de necesidades, en un mundo perdido y moribundo, una vez que hemos suplido nuestras necesidades debemos tomar lo que queda y darlo para suplir las necesidades de otros. No importa qué clase de posición, o profesión o ingreso tengamos; una vez cubiertas nuestras necesidades debemos comenzar a suplir las necesidades del mundo. De hecho, el creyente tiene orden de procurar las *buenas profesiones y trabajos* para tener *más* para dar a los necesitados (Ef. 4:28). Note el propósito: no es para tener una posición de buena reputación ni para ganar riquezas. El propósito es buscar el reino de Dios, difundir el amor de Dios supliendo las necesidades de otros.

a. El creyente debe llenar su alforja (billetera, bolsillo, cuenta bancaria) con los *dones o dádivas* de dinero y *acciones* de ayuda. Estas nunca envejecerán.

«Al que te pida, dale; y al que quiera tomar de ti prestado, no se lo rehúses» (Mt. 5:42).

«Y respondiendo les dijo: El que tiene dos túnicas, dé al que no tiene; y el que tiene qué comer, haga lo mismo» (Lc. 3:11).

«En todo os he enseñado que, trabajando así, se debe ayudar a los necesitados, y recordar las palabras del Señor Jesús, que dijo: Más bienaventurado es dar que recibir» (Hch. 20:35).

«Compartiendo para las necesidades de los santos; practicando la hospitalidad» (Ro. 12:13).

«Así que, según tengamos oportunidad, hagamos bien a todos, y mayormente a los de la familia de la fe» (Gá. 6:10).

«... haciendo con sus manos lo que es bueno, para que tenga qué compartir con el que padece necesidad» (Ef. 4:28).

«Que hagan bien, que sean ricos en buenas obras, dadivosos, generosos» (1 Ti. 6:18).

«Y de hacer bien y de la ayuda mutua no os olvidéis; porque de tales sacrificios se agrada Dios» (He. 13:16).

b. El creyente debe procurar los tesoros de la aprobación de Dios y de almas ganadas en el cielo. Estos tesoros jamás decaerán ni se corromperán, ni serán hurtados.

«Porque ¿Cuál es nuestra esperanza, o gozo, o corona de que me gloríe? ¿No lo sois vosotros, delante de nuestro Señor Jesucristo, en su venida?» (1 Ts. 2:19).

En esta tierra todas las cosas envejecen, decaen, se corrompen, y pueden ser hurtadas. Pero la persona que solamente usa lo que necesita, dando a otros lo que queda, llena su bolsa con *verdadero tesoro*, dinero y tesoro que...

- nunca envejecerá.
- nunca decaerá.
- nunca se corromperá.
- nunca será hurtado.

«Y ciertamente, aun estimo todas las cosas como pérdida por la excelencia del conocimiento de Cristo Jesús, mi Señor, por amor del cual lo he perdido todo, y lo tengo por basura, para ganar a Cristo» (Fil. 3:8).

«Atesorando para sí buen fundamento para lo por venir, que echen mano de la vida eterna» (1 Ti. 6:19).

«Bendito el Dios y Padre de nuestro Señor Jesucristo, que según su grande misericordia nos hizo renacer para una esperanza viva, por la resurrección de Jesucristo de los muertos, para una herencia incorruptible, incontaminada e inmarcesible, reservada en los cielos para vosotros» (1 P. 1:3-4).

«Por tanto, yo te aconsejo que de mí compres oro refinado en fuego, para que sea rico, y vestiduras blancas para vestirte, y que no se descubra la vergüenza de tu desnudez; y unge tus ojos con colirio, para que veas» (Ap. 3:18).

4. Jesús advirtió a sus seguidores: sus corazones estarán donde esté su tesoro. Si el tesoro de ellos está en el mundo, si viven vidas indulgentes y extravagantes, sus corazones estarán en el mundo.

«Sino haceos tesoros en el cielo, donde ni la polilla ni el orín corrompen, y donde ladrones no minan ni hurtan» (Mt. 6:20).

«Además el reino de los cielos es semejante a un tesoro escondido en el campo, el cual el hombre halla, y lo esconde de nuevo; y gozoso por ello va y vende todo lo que tiene, y compra aquel campo» (Mt. 13:44).

«Jesús le dijo: Si quieres ser perfecto, anda, vende lo que tienes, y dalo a los pobres, y tendrás tesoro en el cielo; y ven y sígueme» (Mt. 19:21).

«No améis al mundo, ni las cosas que están en el mundo. Si alguno ama al mundo, el amor del Padre no está en él. Porque todo lo que hay en el mundo, los deseos de la carne, los deseos de los ojos, y la vanagloria de la vida, no proviene del Padre, sino del mundo. Y el mundo pasa, y sus deseos; pero el que hace la voluntad de Dios permanece para siempre» (1 Jn. 2:15-17).

1 **El mandato: velar; estar preparados para el regreso del Señor**
a. Porque el Señor está volviendo
b. Porque ustedes serán servidos por Cristo mismo
c. Porque ustedes serán bendecidos
d. Porque Cristo vendrá súbita, inesperadamente
e. Porque Cristo vendrá a la hora menos esperada

2 **Parábola del siervo (administrador)**
a. La pregunta de Pedro

O. La parábola del siervo fiel y del infiel: una fuerte advertencia: estad preparados, 12: 35-48 (Mt. 24:37-25:30)

35 Estén ceñidos vuestros lomos, y vuestras lámparas encendidas;

36 y vosotros sed semejantes a hombres que aguardan a que su señor regrese de las bodas, para que cuando llegue y llame, le abran en seguida.

37 Bienaventurados aquellos siervos a los cuales su señor, cuando venga, halle velando; de cierto os digo que se ceñirá, y hará que se sientan a la mesa, y vendrá a servirles.

38 Y aunque venga a la segunda vigilia, y aunque venga a la tercera vigilia, si los hallare así, bienaventurados son aquellos siervos.

39 Pero sabed esto, que si supiese el padre de familia a qué hora el ladrón había de venir, velaría ciertamente, y no dejaría minar su casa.

40 Vosotros, pues, también, estad preparados, porque a la hora que no penséis, el Hijo del Hombre vendrá.

41 Entonces Pedro le dijo: Señor, ¿dices esta parábola a nosotros, o también a todos?

42 Y dijo el Señor: ¿Quién es el siervo fiel y prudente al cual su señor pondrá sobre su casa, para que a tiempo les dé su ración?

43 Bienaventurado aquel siervo al cual, cuando su señor venga, le halle haciendo así.

44 En verdad os digo que lo pondrá sobre todos sus bienes.

45 Mas si aquel siervo dijere en su corazón: Mi señor tarda en venir; ycomenzare a golpear a los criados y a las criadas, y a comer y beber y embriagarse,

46 vendrá el señor de aquel siervo en día que éste no espera, y a la hora que no sabe, y le castigará duramente, y le pondrá con los infieles.

47 Aquel siervo que conociendo la voluntad de su señor, no se preparó, ni hizo conforme a su voluntad, recibirá muchos azotes.

48 Mas el que sin conocerla hizo cosas dignas de azotes, será azotado poco; porque a todo aquel a quien se haya dado mucho, mucho se le demandará; y al que mucho se le haya confiado, más se le pedirá.

b. Existe un siervo fiel y prudente
1) Es un siervo
2) Es un esclavo
3) Se halla «haciendo», sirviendo fielmente
4) Será recompensado; se hará gobernador

c. Existe un siervo (administrador) infiel e imprudente
1) Dice que «hay mucho tiempo»
2) Hace su propia voluntad, sus propias cosas
3) Será juzgado con los incrédulos

d. El siervo infiel es identificado
1) La primera clase de siervos infieles: pecaron deliberadamente; conociendo la voluntad del Señor
2) La segunda clase de siervos: pecaron en ignorancia; no conocían la voluntad del Señor.
3) El fundamento del juicio: tener mucho, demanda mucho

O. La parábola del siervo fiel y del infiel: una fuerte advertencia: estad preparados, 12: 35-48

(12:35-48) ***Introducción:*** Jesús todavía estaba tratando el tema de los hombres que quieren tener cosas, riquezas, tesoros y abundancia. Todavía estaba tratando el tema de la codicia (Lc. 12:13-21, 22-34). La mente del creyente debe estar puesta en la pureza de la vida y en el servicio, no en las posesiones y los afanes de este mundo. Jesús les advirtió severamente: estén preparados.

1. El mandato: velar; estar preparados para el regreso del Señor (vv. 35-40).
2. Parábola del siervo (administrador) (vv. 41-48).

[1] (12:35-40) ***Jesucristo—regreso:*** el mandato—velen y estén preparados para el regreso del Señor. Jesús dio una ilustración impactante. Era el cuadro de un hacendado que salió en viaje de boda. Sus siervos quedaron a cargo de la casa; tenían que esperar el regreso del amo. Los siervos debían haber estado muy gozosos por la boda de su señor. Tal vez no estaban gozosos, pero debían haber estado; también debían atender con toda diligencia los asuntos de la casa hasta que él regresara. Jesús tomó ese cuadro y lo aplicó a sí mismo y a sus discípulos.

El creyente debe estar siempre preparado. Siempre debe estar listo, velando siempre y esperando el regreso del Señor.

- Debe estar vestido, incluso su cinturón bien ajustado. Esto se refiere a la preparación personal, es decir, a la pureza de corazón y vida, a mantener el cuerpo preparado para salir al encuentro del Señor. En el oriente los hombres usabas vestimentas que debían ser sujetadas con un cinto en la cintura para que no estorbasen los movimientos y el trabajo. Era imposible moverse con rapidez y libertad sin tener el cinto ajustado.
- El siervo del Señor debe tener las luces encendidas, nunca permitiendo que se apaguen. Mantener las luces encendidas se refiere a trabajar para el Señor. Debe mantener encendidas las luces del trabajo sirviendo fielmente y trabajando para el Señor.

Por supuesto, la idea tanto del cinto como de la luz, es la de estar *preparados*; estar corporalmente preparados y ocupados en el trabajo, siendo puros y fieles. El creyente nunca debe abandonar o dormitar, nunca debe ser sorprendido desprevenido o sin preparación. Jesús dio seis motivos para vivir en un estado de preparación, pureza y fidelidad.

1. El creyente debe permanecer preparado porque el Señor está regresando. Él es la Cabeza de la casa; es el Propietario de

la hacienda. No ha abandonado ni la casa ni la propiedad. Viajó a la gran boda. Pero volverá a *su casa y a su propiedad* (el mundo). Note que las palabras «vuestros» (v. 35) y «vuestras» son enfáticas. No importa lo que hagan otros, «vuestros lomos ... vuestras lámparas» deben estar preparados. Ustedes deben ser como hombres que esperan y permanecen despiertos y miran y están preparados para su Señor. Deben estar *listos* para abrir la puerta *tan pronto* Él llame, porque va a volver y va a llamar. Su regreso es absolutamente seguro (cp. Jn. 14:2-3; Tit. 2:12-13).

«Mas él callaba, y nada respondía. El sumo sacerdote le volvió a preguntar, y le dijo: ¿Eres tú el Cristo, el Hijo del Bendito? Y Jesús le dijo: Yo soy; y veréis al Hijo del Hombre sentado a la diestra del poder de Dios, y *viniendo en las nubes del cielo*» (Mr. 14:61-62).

«Entonces verán al Hijo del Hombre, que vendrá en una nube con poder y gran gloria» (Lc. 21:27)

«Los cuales también les dijeron: Varones galileos, ¿por qué estáis mirando al cielo? Este mismo Jesús, que ha sido tomado de vosotros al cielo, así vendrá como le habéis visto ir al cielo» (Hch. 1:11).

«Tampoco queremos, hermanos, que ignoréis acerca de los que duermen, para que no os entristezcáis como los otros que no tienen esperanza. Porque si creemos que Jesús murió y resucitó, así también traerá Dios con Jesús a los que durmieron en él. Por lo cual os decimos esto en palabra del Señor: que nosotros que vivimos, que habremos quedado hasta la venida del Señor, no precederemos a los que durmieron. Porque el Señor mismo con voz de mando, con voz de arcángel, y con trompeta de Dios, descenderá del cielo; y los muertos en Cristo resucitarán primero. Luego nosotros los que vivimos, los que hayamos quedado, seremos arrebatados juntamente con ellos en las nubes para recibir al Señor en el aire, y así estaremos siempre con el Señor. Por tanto, alentaos los unos a los otros con estas palabras» (1 Ts. 4:13-18).

«Así también Cristo fue ofrecido una sola vez para llevar los pecados de muchos; y aparecerá por segunda vez, sin relación con el pecado, para salvar a los que le esperan» (He. 9:28).

Pensamiento. También hay un mensaje de salvación aquí. La persona tiene que estar lista para abrir inmediatamente la puerta del corazón cuando Jesús llama.

«He aquí, yo estoy a la puerta y llamo; si alguno oye mi voz y abre la puerta, entraré a él, y cenaré con él, y él conmigo» (Ap. 3:20).

2. El creyente debe permanecer preparado porque será servido por Cristo mismo. Esta es una promesa sumamente preciosa y maravillosa, una promesa por demás inusual. Imagine al Señor del universo *sirviéndonos* en un banquete. ¡Sin embargo, es la promesa hecha por Jesús! ¿Por qué haría semejante promesa al creyente?

Dios solamente tiene un Hijo, y Dios ama *tanto* a su único Hijo, que promete tomar a todo aquel que honre a su Hijo para elevarlo a la más alta de las posiciones. Toda persona que honre al Hijo de Dios será grandemente honrada por Dios.

«Si alguno me sirve, sígame; y donde yo estuviere, allí también estará mi servidor. Si alguno me sirviere, mi padre le honrará» (Jn. 12:26).

La persona que honra al Hijo de Dios es adoptada como hijo de Dios, y esa persona se convierte en hermano de Cristo y en heredero de Dios.

«Pero cuando vino el cumplimiento del tiempo, Dios envió a su Hijo, nacido de mujer y nacido bajo la ley, para que redimiese a los que están bajo la ley, a fin de que recibiésemos la adopción de hijos. Y por cuanto sois hijos, Dios envió a vuestros corazones el Espíritu de su Hijo, el cual clama: ¡Abba Padre! . Así que ya no eres esclavo, sino hijo; y si hijo, también heredero de Dios por medio de Cristo» (Gá. 4:4-7).

«Pues no habéis recibido el espíritu de esclavitud para estar otra vez en temor, sino que habéis recibido el espíritu de adopción, por el cual clamamos: ¡Abba, Padre! El Espíritu mismo da testimonio a nuestro espíritu, de que somos hijos de Dios. Y si hijos, también herederos; herederos de Dios y coherederos con Cristo, si es que padecemos juntamente con Él, para que juntamente con Él seamos glorificados. Pues tengo por cierto que las aflicciones del tiempo presente no son comparables con la gloria venidera que en nosotros ha de manifestarse» (Ro. 8:15-18).

«En la casa de mi Padre muchas moradas hay; si así no fuera, yo os lo hubiera dicho; voy, pues, a preparar lugar para vosotros. Y si me fuere y os preparare lugar, vendré otra vez, y os tomaré a mí mismo, para que *donde yo estoy, vosotros también estéis*» (Jn. 14:2-3).

«Porque no nos predicamos a nosotros mismos, sino a Jesucristo como Señor, y a nosotros como vuestros siervos por amor de Jesús» (1 Co. 4:5).

El creyente debe permanecer preparado porque precisamente ha trabajado para el regreso de Cristo. Cuando Cristo nos reúna a todos, su corazón estará tan rebosante de amor y gozo (como también el nuestro) que inmediatamente comenzará a servirnos; nos conformará a su imagen, explicando y discutiendo todas las cosas con nosotros, asignándonos nuestras responsabilidades eternas.

«Mas nuestra ciudadanía está en los cielos, de donde también esperamos al Salvador, al señor Jesucristo; el cual transformará el cuerpo de la humillación nuestra, para que sea semejante al cuerpo de la gloria suya por el poder con el cual puede también sujetar a sí mismo todas las cosas» (Fil. 3:20-21).

«Cuando Cristo, vuestra vida, se manifieste, entonces vosotros también seréis manifestados con él en gloria» (Col. 3:4).

«Para que sean afirmados vuestros corazones, irreprensibles en santidad delante de Dios nuestro Padre, en la venida de nuestro Señor Jesucristo con todos sus santos» (1 Ts. 3:13).

«Amados, ahora somos hijos de Dios, y aún no se ha manifestado lo que hemos de ser; pero sabemos que cuando él se manifieste, seremos semejantes a él, porque le veremos tal como él es» (1 Jn. 3:2).

3. El creyente debe permanecer preparado porque será bendecido. La palabra «bienaventurados» (*makarioi*) significa pronunciar dicha o bendición sobre una persona. La idea es que Cristo hará feliz y dichoso al creyente. La felicidad y dicha se convertirán en un estado permanente de la existencia, serán la experiencia constante del creyente. Pero note dos temas.

a. Es condicional. El creyente debe velar y estar preparado para la venida del Señor (puro y fiel) si desea ser bendecido.

b. El Señor no regresa en la primera vigilia. Su regreso será en la segunda o tercera vigilia. Los romanos dividían la noche en cuatro vigilias, los judíos en tres. La cuestión es estar preparados; aunque la hora de su regreso es desconocida, él está regresando. Tal vez sea inmediatamente; tal vez más tarde. La idea es que nadie sabe el momento, pero si quieres ser bendecido, debes estar listo, preparado.

«Vuestra gentileza sea conocida de todos los hombres. El Señor está cerca» (Fil. 4:5).

«Tened también vosotros paciencia, y afirmad vuestros corazones; porque la venida del Señor se acerca» (Stg. 5:8).

«He aquí, yo vengo pronto; retén lo que tienes, para que ninguno tome tu corona» (Ap. 3:11).

4. El creyente debe permanecer preparado porque Cristo vendrá inesperadamente. La parábola es clara; no se conoce la hora del regreso del Señor; su regreso será súbito. El creyente...

- no debe ser negligente; no debe cansarse de esperar, ni dormirse, ni ser sorprendido desprevenido, ni comenzar a dudar. (Todo esto le puede ocurrir a un dueño de casa esperando al ladrón).

- Debe velar; estar seguro, permanecer levantado, despierto, oír, mirar, tomar nota de todos los ruidos y de cada cosa (señales). (El ladrón siempre viene en un momento inesperado.)

El creyente debe velar y estar preparado tanto como un dueño de casa que sabe de la venida de un ladrón.

«Porque como el relámpago que sale del oriente y se muestra hasta el occidente, así será también la venida del Hijo del Hombre» (Mt. 24:27).

«Pero el día y la hora nadie sabe, ni aun los ángeles de los cielos, sino sólo mi Padre» (Mt. 24:36).

«Velad, pues, porque no sabéis cuándo vendrá el Señor de la casa; si al anochecer, o a la medianoche, o al canto del gallo, o a la mañana» (Mr. 13:35).

5. El creyente debe permanecer preparado porque Cristo vendrá en el momento *menos* esperado. No pudo Jesús haberlo dicho de manera más clara; no pudo haber hablado de manera más directa. Vendrá «en día que ... no espera». Vendrá cuando menos lo esperemos. Por eso «estad preparados».

«Por tanto, también vosotros estad preparados; porque el Hijo del Hombre vendrá a la hora que no pensáis» (Mt. 24:44).

«Pero mientras ellas iban a comprar, vino el esposo; y las que estaban preparadas entraron con él a las bodas; y se cerró la puerta. Después vinieron también las otras vírgenes, diciendo: ¡Señor, señor, ábrenos!Mas él, respondiendo, dijo: De cierto os digo que no os conozco. Velad, pues, porque no sabéis el día ni la hora en que el Hijo del Hombre ha de venir» (Mt. 25:10-13; cp. vv. 6-9).

«Porque vosotros sabéis perfectamente que el día del Señor vendrá así como ladrón en la noche» (1 Ts. 5:2).

«Acuérdate, pues, de lo que has recibido y oído; y guárdalo, y arrepiéntete. Pues si no velas, vendré sobre ti como ladrón, y no sabrás a qué hora vendré sobre ti» (Ap. 3:3).

«He aquí, yo vengo como ladrón. Bienaventurado el que vela, y guarda sus ropas, para que no ande desnudo, y vean su vergüenza» (Ap. 16:15).

2 (12:41-48) ***Siervo—dedicación—fidelidad vs. infidelidad—recompensas—castigo, grados de:*** la parábola del siervo.

1. Pedro quería saber si el mensaje de *velar y estar preparados* era solamente para los discípulos o si también se aplicaba al mundo. Jesús contó una parábola conocida como la parábola del siervo.

2. Hubo un siervo fiel y prudente. Jesús dijo cuatro cosas de este siervo.

a. Era un siervo. Precisamente lo que Jesús dijo que era, un hombre que debía administrar la casa de su Señor. Era el administrador de la propiedad del Señor, responsable de todo lo concerniente a ella.

«Porque el reino de los cielos es como un hombre que yéndose lejos, llamó a sus siervos y les entregó sus bienes. A uno dio cinco talentos, y a otro dos, y a otro uno, a cada uno conforme a su capacidad; y luego se fue lejos» (Mt. 25:14-15).

«Y llamando a diez siervos suyos, les dio diez minas, y les dijo: *Negociad entre tanto que vengo*» (Lc. 19:13).

b. Era un esclavo (*doulos*), una persona sometida totalmente a la voluntad del Señor. Era propiedad del Señor, y su vida dependía de hacer todo lo que el Señor decía (*véase* nota, ***Esclavo***—Ro. 1:1).

c. Fue hallado «haciendo», es decir, sirviendo fielmente en el momento en que regresó su Señor. El Señor lo halló *haciendo exactamente* lo que debía estar haciendo (1 Co. 4:2).

- Estaba supervisando la casa de su amo.

«Porque habéis sido comprados por precio; glorificad, pues, a Dios en vuestro cuerpo y en vuestro espíritu, los cuales son de Dios» (1 Co. 6:20).

«Así que, hermanos míos amados, estad firmes y constantes, creciendo en la obra del Señor siempre, sabiendo que vuestro trabajo en el Señor no es en vano» (1 Co. 15:58).

«*Sirviendo* de buena voluntad, como al Señor y no a los hombres» (Ef. 6:7)

«Obedeced a vuestros pastores, y sujetaos a ellos; porque ellos *velan por vuestras almas*, como quienes han de dar cuenta; para que lo hagan con alegría, y no quejándose, porque esto no es provechoso» (He. 13:17).

«Oh Timoteo, *guarda lo* que se te ha encomendado, evitando las profanas pláticas sobre cosas vanas, y los argumentos de la falsamente llamada ciencia» (1 Ti. 6:20).

«Guarda el buen depósito por el Espíritu Santo que mora en nosotros» (2 Ti. 1:14).

«Apacentad la grey de Dios que está entre vosotros, cuidando de ella no por fuerza, sino voluntariamente; no por ganancia deshonesta, sino con ánimo pronto; no como teniendo señorío sobre los que están a vuestro cuidado, sino siendo ejemplos de la grey» (1 P. 5:2-3).

- Fielmente daba de comer a la familia del maestro.

«Cuando hubieron comido, Jesús dijo a Simón Pedro: Simón, hijo de Jonás, ¿me amas más que éstos? Le respondió: Si Señor; tú sabes que te amo. El le dijo: Apacienta mis corderos» (Jn. 21:15; cp. vv. 16-17).

«Ahora bien, se requiere de los administradores que cada uno sea hallado fiel» (1 Co. 4:2).

«Ten cuidado de ti mismo y de la doctrina; persiste en ello, pues haciendo esto, te salvarás a ti mismo y a los que te oyeren» (1 Ti. 4:16).

«Cada uno según el don que ha recibido, minístrelo a otros, como buenos administradores de la multiforme gracia de Dios» (1 P. 4:10).

d. Sería recompensado, *promovido para gobernar sobre todo* lo que el Señor tenía. La idea es que el creyente fiel y prudente será enaltecido tanto como sea posible. Se le dará todo lo que tiene el Amo y Señor, es decir, una propiedad completa para administrar (*véanse* notas—Lc. 16:10-12; 19:15-23; 22:28-30).

«Su señor le dijo: Bien, buen siervo y fiel; sobre poco has sido fiel, *sobre mucho* te pondré; entra en el gozo de tu señor» (Mt. 25:23).

«Entonces el Rey dirá a los de su derecha: Venid, benditos de mi Padre, *heredad el reino* preparado para vosotros desde la fundación del mundo» (Mt. 25:34).

«Amad, pues, a vuestros enemigos, y haced bien, y prestad, no esperando de ello nada; y será vuestro galardón grande, y seréis hijos del Altísimo; porque él es benigno para con los ingratos y malos» (Lc. 6:35).

«Vino el primero, diciendo: Señor, tu mina ha ganado diez minas» (Lc. 19:16).

«El le dijo: Está bien, buen siervo; por cuanto en lo poco has sido fiel, tendrás autoridad sobre diez ciudades» (Lc. 19:17).

«Pero vosotros sois los que habéis permanecido conmigo en mis pruebas. Yo, pues, os asigno un reino, como mi Padre me lo asignó a mí» (Lc. 22:28-29).

«Pues si por la transgresión de uno solo reinó la muerte, *mucho más reinarán en vida por uno solo, Jesucristo*, los que reciben la abundancia de la gracia y del don de la justicia» (Ro. 5:17).

«¿O no sabéis que los santos han de *juzgar* [gobernar, tener autoridad] al mundo?» (1 Co. 6:2).

«Si sufrimos, también reinaremos con él; si le

negáremos, él también nos negará» (2 Ti. 2:12).

«Y de Jesucristo el testigo fiel, el primogénito de los muertos, y el soberano de lo reyes de la tierra. Al que nos amó, y nos lavó de nuestros pecados con su sangre, y nos hizo reyes y sacerdotes para Dios, su Padre; a él sea gloria e imperio por los siglos de los siglos» (Ap. 1:5-6).

«Al que venciere, le daré que se siente conmigo en mi *trono*, así como yo he vencido, y me he sentado con mi Padre en su trono» (Ap. 3:21).

«Y vi *tronos,* y se sentaron sobre ellos los que recibieron facultad de *juzgar;* y vi las almas de los decapitados por causa del testimonio de Jesús y por la palabra de Dios, los que no habían adorado a la bestia ni a su imagen, y que no recibieron la marca en sus frentes ni en sus manos; y vivieron y reinaron con Cristo mil años» (Ap. 20:4).

«No habrá allí más noche; y no tienen necesidad de luz de lámpara, ni de luz de sol, porque Dios el Señor los iluminará; y *reinarán* por los siglos de los siglos» (Ap. 22:5).

3. Otro siervo (mayordomo) fue infiel e imprudente. Jesús dijo tres cosas acerca de este siervo.

a. El siervo infiel dijo que había *mucho tiempo.* ¿Por qué? Porque el Señor estaba demorando su venida; por eso el siervo pensó que aún faltaba mucho para el regreso del Señor. Note que no dudó del regreso del Señor. Sabía que el Señor iba a regresar, pero no creía que fuese pronto.

«Y diré a mi alma: Alma, muchos bienes tienes guardados para muchos años; repósate, come, bebe, regocíjate» (Lc. 12:19).

«Pero al disertar Pablo acerca de la justicia, del dominio propio y del juicio venidero, Félix se espantó, y dijo: Ahora vete; pero cuando tenga oportunidad te llamaré» (Hch. 24:25).

«¡Vamos ahora! los que decís: Hoy y mañana iremos a tal ciudad, y estaremos allá un año, y traficaremos, y ganaremos; cuando no sabéis lo que será mañana. Porque¿ Qué es vuestra vida? Ciertamente es neblina que se aparece por un poco de tiempo, y luego se desvanece» (Stg. 4:13-14).

«No te jactes del día de mañana; porque no sabes qué dará de sí el día» (Pr. 27:1).

«Venid, dicen, tomemos vino, embriaguémonos de sidra; y será el día de mañana como este, o mucho más excelente» (Is. 56:12).

b. Hizo su propia voluntad, atendió sus propias cosas. Maltrató a los otros y se abusó de ellos, tanto de hombres como de mujeres; usó y abusó de sus semejantes como quiso.Vivió una vida mundana, indulgente con los placeres de la carne, andando en fiestas y derroches, comiendo y bebiendo.

«La que cayó entre espinos, éstos son los que oyen, pero yéndose, son ahogados por los afanes y las riquezas y los placeres de la vida, y no llevan fruto» (Lc. 8:14).

«El que es fiel en lo muy poco, también en lo más fiel es fiel; y el que en lo muy poco es injusto, también en lo más es injusto» (Lc. 16:10).

«Pero la que se entrega a los placeres, viviendo está muerta» (1 Ti. 5:6).

«También debes saber esto: que en los postreros días vendrán tiempos peligrosos. Porque habrá hombres amadores de sí mismos, avaros, vanagloriosos, soberbios, blasfemos, desobedientes a los padres, ingratos, impíos, sin afecto natural, implacables, calumniadores, intemperantes, crueles, aborrecedores de lo bueno, traidores, impetuosos, infatuados, amadores de los deleites más que de Dios» (2 Ti. 3:1-4).

«Porque nosotros también éramos en otro tiempo insensatos, rebeldes, extraviados, esclavos de concu-piscencias y deleites diversos, viviendo en malicia, envidia, aborrecibles, y aborreciéndonos unos a otros» (Tit. 3:3).

«Habéis vivido en deleites sobre la tierra, y sido disolutos; habéis engordado vuestros corazones como en día de matanza» (Stg. 5:5).

«Recibiendo el galardón de su injusticia, ya que tienen por delicia el gozar de deleites cada día. Estos son inmundicias y manchas, quienes aun mientras comen con vosotros, se recrean en sus errores» (2 P. 2:13).

«No oprimirás al jornalero pobre y menesteroso, ya sea de tus hermanos o de los extranjeros que habitan en tu tierra dentro de tus ciudades» (Dt. 24:14).

«No confiéis en la violencia, ni en la rapiña; no os envanezcáis; si se aumentan las riquezas, no pongáis el corazón en ellas» (Sal. 62:10).

«¿Hasta cuándo juzgaréis injustamente, y aceptaréis las personas de los impíos?» (Sal. 82:2).

«No envidies al hombre injusto, ni escojas ninguno de sus caminos» (Pr. 3:31).

«El que oprime al pobre afrenta a su Hacedor; mas el que tiene misericordia del pobre, lo honra» (Pr. 14:31).

«El que oprime al pobre para aumentar sus ganancias, o que da al rico, ciertamente se empobrecerá» (Pr. 22:16).

«Si opresión de pobres y perversión de derecho y de justicia vieres en la provincia, no te maravilles de ello; porque sobre el alto vigila otro más alto, y uno más alto está sobre ellos» (Ec. 5:8).

c. Sería juzgado con los incrédulos. El Señor fue muy claro en esto.

- El siervo infiel será sorprendido por el Señor, sorprendido *desprevenidamente,* «en día que éste no espera».

«Mirad también por vosotros mismos, que vuestros corazones no se carguen de glotonería y embriaguez y de los afanes de esta vida, y venga de repente sobre vosotros aquel día. Porque como un lazo vendrá sobre todos los que habitan sobre la faz de toda la tierra» (Lc. 21:34-35).

«Porque el hombre tampoco conoce su tiempo; como los peces que son presos en la mala red, y como las aves que se enredan en lazo, así son enlazados los hijos de los hombres en el tiempo malo, cuando cae de repente sobre ellos (Ec. 9:12).

«Porque como en los días antes del diluvio estaban comiendo y bebiendo, casándose y dando en casamiento, hasta el día en que Noé entró en el arca, y no entendieron hasta que vino el diluvio y se llevó a todos, así será también la venida del Hijo del Hombre» (Mt. 24:38-39).

- El Señor «le pondrá con los infieles». Esto significa que será condenado a muerte, cortado de entre los vivientes, exiliado de la vida eterna. Lo más trágico, es que será separado de la presencia de Dios.
- El Señor dará al infiel u porción con los incrédulos. ¿Por qué? Porque no fue genuino. Fue un hipócrita.

«Y lo castigará duramente, y pondrá su parte con los hipócritas; allí será el lloro y el crujir de dientes» (Mt. 24:51).

«Cuando se pusiere a llenar su vientre, Dios enviará sobre él el ardor de su ira, y la hará llover sobre él y sobre su comida... Los cielos descubrirán su iniquidad, y la tierra se levantará contra él. Los renuevos de su

casa serán transportados, serán esparcidos en el día de su furor. Esta es la porción que Dios prepara para el hombre impío, y la heredad que Dios le señala por su palabra» (Job 20:23, 27-29).

«Sobre los malos hará llover calamidades; fuego, azufre y viento abrasador será la porción del cáliz de ellos» (Sal. 11:6).

«Esta es tu suerte, la porción que yo he medido para ti, dice Jehová, porque te olvidaste de mí y confiaste en la mentira. Yo, pues, descubriré también tus faldas delante de tu rostro, y se manifestará tu ignominia, tus adulterios, tus relinchos, la maldad de tu fornicación sobre los collados; en el campo vi tus abominaciones. ¿Ay de ti, Jerusalén! ¿No serás al fin limpia? ¿Cuánto tardarás tú en purificarte?» (Jer. 13:25-27).

4. El siervo infiel fue identificado. Note que en estos dos versículos Jesús respondió a la pregunta de Pedro. Estaba hablando tanto a creyentes como a incrédulos. ¿Quién debe estar velando y vivir constantemente preparado? ¿Quién será servido por Cristo y grandemente bendecido? La respuesta es clara: el siervo fiel, no el infiel. ¿Quién es entonces el siervo infiel? Se mencionan dos clases de siervos infieles.

a. La primera clase: el *siervo* que conocía la voluntad del Señor, pero no se preparó (v. 35), ni hizo la voluntad del Señor (cp. 1 Jn. 3:23). El juicio de este siervo es trágico, porque conocía la voluntad del Señor, sin embargo, la rechazó deliberadamente. Por eso será castigado con muchos azotes, es decir, será juzgado y castigado mucho más severamente.

«E irán éstos al castigo eterno, y los justos a la vida eterna» (Mt. 25:46; cp. vv. 25-45).

«Pero cualquiera que blasfeme contra el Espíritu Santo, no tiene jamás perdón, sino que es reo de juicio eterno» (Mr. 3:29).

«...y [Cristo] recogerá el trigo en su granero, y quemará la paja en fuego que nunca se apagará» (Lc. 3:17)

«Pero ira y enojo a los que son contenciosos y no obedecen a la verdad, sino que obedecen a la injusticia; *tribulación y angustia* sobre todo ser humano que hace lo malo, el judío primeramente y también el griego» (Ro. 2:8-9).

«Y a vosotros que sois atribulados, daros reposo con nosotros, cuando se manifieste el Señor Jesús desde el cielo con los ángeles de su poder, en llama de fuego, para dar retribución a los que no conocieron a Dios, ni obedecen al evangelio de nuestro Señor Jesucristo; los cuales sufrirán pena de eterna perdición, excluidos de la presencia del Señor, y de la gloria de su poder» (2 Ts. 1:7-9).

«Cuánto mayor castigo pensáis que merecerá el que pisoteare al Hijo de Dios, y tuviere por inmunda la sangre del pacto en la cual fue santificado, e hiciere afrenta al Espíritu de gracia? Pues conocemos al que dijo: Mía es la venganza, yo daré el pago, dice el Señor. Y otra vez: El Señor juzgará a su pueblo» (He. 10:29-30).

«Sabe el Señor librar de tentación a los piadosos, y reservar a los injustos para ser castigados en el día del juicio» (2 P. 2:9).

«Y el que no se halló inscrito en el libro de la vida fue lanzado al lago de fuego» (Ap. 20:15).

«Pero los cobardes e incrédulos, los abominables y homicidas, los fornicarios y hechiceros, los idólatras y todos los mentirosos tendrán su parte en el lago que arde con fuego y azufre, que es la segunda muerte» (Ap. 21:8)

b. La segunda clase: los hombres que no conocían la voluntad del Señor; por eso no pudieron prepararse debidamente, ni pudieron servir fielmente al Señor.

Sin embargo note un punto crucial. Estos siervos también hicieron cosas dignas de castigo. Por eso serán juzgados y condenados, pero no con tanta severidad (cp. 1:20 ss; 2:11-16).

El fundamento del juicio es la justicia perfecta; tener muchos dones y poseer mucha riqueza le significa a la persona servir y dar mucho. La persona tiene que usar y dar todo lo que es y tiene, sin retener nada. Note que hay una enseñanza sobre grados de recompensas y castigos.

1 **Primer concepto errado: el Mesías trae paz a la tierra**
a. Verdad 1: vino a traer juicio, (v. 49)
b. Verdad 2: vino a sufrir y morir
c. Verdad 3: vino a traer división

2 **Segundo concepto errado: el Mesías todavía no ha venido**
a. Verdad 1: la gente discierne el tiempo, es decir, los eventos terrenales
b. Verdad 2: la gente no discierne las señales de los tiempos, la era mesiánica
c. Verdad 3: la gente no discierne los asuntos espirituales

3 **Tercer concepto errado: la gente no necesita hacer paz con Dios**
a. Verdad 1: el caso de la gente ante Dios, el Juez, no tiene esperanza
b. Verdad 2: el tiempo urge: «sed diligentes»
c. Verdad 3: el pago, es decir, el juicio, es seguro

P. Tres conceptos gravemente errados del hombre, 12:49-59

49 Fuego vine a echar en la tierra; ¿y qué quiero, si ya se ha encendido?
50 De un bautismo tengo que ser bautizado; y ¡cómo me angustio hasta que se cumpla!
51 ¿Pensáis que he venido para dar paz en la tierra? Os digo: No, sino disensión.
52 Porque de aquí en adelante, cinco en una familia estarán divididos, tres contra dos, y dos contra tres.
53 Estará dividido el padre contra el hijo, y el hijo contra el padre; la madre contra la hija, y la hija contra la madre; la suegra contra la nuera, y la nuera contra la suegra.
54 Decía también a la multitud: Cuando véis la nube que sale del poniente, luego decís: Agua viene; y así sucede.
55 Y cuando sopla el viento del sur, decís: Hará calor; y lo hace.
56 ¡Hipócritas! Sabéis distinguir el aspecto del cielo y de la tierra; ¿y cómo no distinguís este tiempo?
57 ¿Y por qué no juzgáis por vosotros mismos lo que es justo?
58 Cuando vayas al magistrado con tu adversario, procura en el camino arreglarte con él, no sea que te arrastre al juez, y el juez te entregue al alguacil, y el alguacil te meta en la cárcel.
59 Te digo que no saldrás de allí, hasta que hayas pagado aun la última blanca.

P. Tres conceptos gravemente errados del hombre, 12:49-59

(12:49-50) ***Introducción:*** Jesús se refirió, severamente, a tres conceptos sumamente errados del hombre.

1. Primer concepto errado: el Mesías trae paz a la tierra (vv. 49-53).
2. Segundo concepto errado: el Mesías todavía no ha venido (vv. 54-57).
3. Tercer concepto errado: la gente no tiene necesidad de hacer paz con Dios (vv. 58-59).

[1] (12:49-53) ***Paz—juicio—Jesucristo, obra de—pecado:*** el primer concepto errado es que el Mesías vino para traer paz a la tierra. Normalmente los hombres piensan en Cristo como quien ha traído el mensaje de paz a la tierra, y efectivamente lo hizo. Trajo paz con Dios al corazón del hombre, y la paz de Dios a la vida del hombre (*véase* nota, Paz—Jn. 14:27). Pero note tres significativas verdades que Jesús dice acerca de esto.

1. Cristo no solamente trajo paz, sino también fuego a la tierra, es decir, juicio. Normalmente el fuego es símbolo de juicio (cp. la expresión *fuego del infierno*). Este es aquí el significado más claro, puesto que Cristo estaba hablando de su muerte (v. 50).
   a. La palabra «qué» (*ti*) probablemente pueda ser traducida por *cómo*: «cómo quiero, que ya esté encendido». Cristo anhelaba que la cruz ya hubiese pasado. El juicio sobre Él como el que *lleva los pecados* del mundo prácticamente era demasiado para ser soportado (cp. Lc. 22:39-46, Getsemaní).
   b. Fue la muerte de Cristo lo que trajo el fuego del juicio al mundo.
      - Su muerte juzgó (condenó) el pecado en la carne.

        «Porque lo que era imposible para la carne, por cuanto era débil por la carne, Dios, enviando a su Hijo en semejanza de carne de pecado y a causa del pecado, condenó al pecado en la carne» (Ro. 8:3).

        «Porque también Cristo padeció una sola vez por los pecados, el justo por los injustos, para llevarnos a Dios, siendo a la verdad muerto en la carne, pero vivificado en espíritu» (1 P. 3:18).
      - Su muerte juzgó (condenó) al príncipe de este mundo.

        «Ahora es el juicio de este mundo; ahora el príncipe de este mundo será echado fuera. Y yo, si fuere levantado de la tierra, a todos atraeré a mí mismo» (Jn. 12:31-32).

        «Y de juicio, por cuanto el príncipe de este mundo ha sido ya juzgado» (Jn. 16:11).
      - Su muerte llevó a los hombres a juzgarse a sí mismos como pecadores, pecadores espiritualmente muertos para Dios.

        «Porque el amor de Dios nos constriñe, pensando esto: que si uno murió por todos, luego todos murieron; y por todos murió, para que los que viven, ya no vivan para sí, sino para aquel que murió y resucitó por ellos» (2 Co. 5:14-15).

        «Quien llevó él mismo nuestros pecados en su cuerpo sobre el madero, para que nosotros, estando muertos a los pecados, vivamos a la justicia; y por cuya herida fuisteis sanados» (1 P. 2:24).
      - Su muerte llevó a los hombres a juzgarse a sí mismos en la carne, a juzgar su carne como débil y sujeta al pecado. La carne de los hombres tiene que ser controlada y negada y sometida a Cristo.

        «Yo sé que en mí, esto es, en mi carne, no mora el bien; porque el querer el bien está en mí, pero no el hacerlo. Porque no hago el bien que quiero, sino el mal que no quiero, eso hago. Y si hago lo que no quiero, ya no lo hago yo, sino el pecado que mora en mí» (Ro. 7:18-20).

        «Si, pues, nos examinásemos a nosotros

mismos, no seríamos juzgados» (1 Co. 11:31).

«Sabiendo esto, que nuestro viejo hombre fue crucificado juntamente con él, para que el cuerpo del pecado sea destruido, a fin de que no sirva más al pecado... Porque en cuanto murió, al pecado murió una vez por todas; mas en cuanto vive, para Dios vive. Así también vosotros consideraos muertos al pecado, pero vivos para Dios en Cristo Jesús, Señor nuestro. No reine, pues, el pecado en vuestro cuerpo mortal, de modo que los obedezcáis en sus concupiscencias; ni tampoco presentéis vuestros miembros al pecado como instrumentos de iniquidad, sino presentaos vosotros mismos a Dios como vivos de entre los muertos, y vuestros miembros a Dios como instrumentos de justicia» (Ro. 6:6, 10-13).

«Y decía a todos: Si alguno quiere venir en pos de mí, niéguese a sí mismo, tome su cruz cada día, y sígame» (Lc. 9:23).

2. Cristo vino para sufrir y morir, es decir, para ser bautizado con el juicio de la muerte y para ser separado de Dios. La expresión «de un bautismo tengo que ser bautizado» se refiere a la muerte de Cristo. Debía ser inmerso, puesto en condición de muerto, ser separado de Dios *por amor al hombre.* Su sufrimiento al llevar el juicio de Dios trasciende todo lo imaginable. Note que usó las metáforas de *fuego y bautismo* para describir su muerte. Note también que se *angustiaba*, se sentía presionado por cumplir y dejar atrás el mandamiento del juicio, de soportar el juicio y compeltar la salvación del hombre.

«Iban por el camino subiendo a Jerusalén; y Jesús iba delante, y ellos se asombraron, y le seguían con miedo. Entonces volviendo a tomar a los doce aparte, les comenzó a decir las cosas que le habían de acontecer: He aquí subimos a Jerusalén, y el Hijo del Hombre será entregado a los principales sacerdotes y a los escribas, y le condenarán a muerte, y le entregarán a los gentiles; y le escarnecerán, le azotarán, y escupirán en él, y le matarán; mas al tercer día resucitará.... Entonces Jesús les dijo: No sabéis lo que pedís. ¿Podéis beber el vaso que yo bebo, o ser bautizados con el bautismo con que yo soy bautizado» (Mr. 10:32-34, 38).

3. Cristo vino para traer divisiones a la tierra. (*Véanse* bosquejo y notas—Mt. 10:34-37 para una discusión más amplia y aplicaciones.) Note tres cosas.

a. Es Cristo quien *pone* a un miembro de la familia contra otro. Es importante ver esto. Cristo llama a la persona a salir del mundo; a ser separada del mundo y a corregir el pecado y el mal del mundo. Si una familia sigue viviendo en pecado y prosigue hacia la tumba sin volverse a Dios y a una vida de justicia, normalmente ocurren dos cosas.
   1) El creyente lucha por testificar a sus seres queridos, no importa el precio y la oposición que pueda encontrar.
   2) Los miembros de la familia con frecuencia se rebelan a la justicia y a los esfuerzos del creyente.

b. El creyente es llamado a una vida de justicia y a una lucha contra el pecado y el mal. Si un miembro de su familia está del lado del mal, surge un *conflicto natural* entre el creyente y ese miembro de la familia.
   1) El miembro incrédulo de la familia todavía es de la tierra y vive primordialmente para satisfacer sus deseos terrenales. Los pensamientos referidos a Dios son reprimidos y postergados para poder satisfacer sus deseos físicos y materiales.
   2) El creyente es de la tierra, pero también es del cielo. Es físico y espiritual, y, sobre todo, vive primordialmente para Dios y su justicia; vive para alcanzar a los hombres con el glorioso evangelio de Cristo.

   Las dos naturalezas difieren drásticamente. Se oponen mutuamente de manera dramática. La persona del mundo habla principalmente del mundo y vive para los propósitos del mundo. La persona del espíritu hace de Dios la principal fuerza de su vida; habla de Dios y de las cosas de la justicia, y sigue los propósitos de Dios y de la justicia.

c. El creyente debe amar a su familia, pero principalmente y en primer lugar, debe amar a Dios. Nuestra lealtad primordial es con Dios. Cuando anteponemos nuestra familia a Dios ocurren dos cosas terribles.
   1) Nuestra familia no puede ser lo que debe ser sin Dios. Ninguna familia puede alcanzar su pleno potencial sin Dios. Habrá una falta de crecimiento y fuerza espiritual, falta de convicción y entrega, de confianza y seguridad, de propósito y sentido, de vida y de Dios; sobre todo, esta falta será por la eternidad.No habrá sentido, ni seguridad de cosa alguna más allá de esta vida.
   2) Nuestras familias no pueden ser protegidas por Dios a menos que en ellas Dios reciba el lugar que le corresponde. Si la familia toma el control de su propia vida, ignorando a Dios y su control, lo que le ocurra está en sus propias manos. Dios es apartado, excluido y separado. No tiene intervención en el bienestar de esa familia. La familia queda abandonada a sí misma, y normalmente surge toda clase de problemas. Ciertamente, habrá una carencia de fuerza espiritual para encarar las pruebas y crisis que confrontan a cada familia a lo largo de la vida.

Estos dos hechos nos enseñan lo siguiente: debemos amar,de manera suprema a Dios, ponerlo sobre todas las cosas, incluso anteponerlo a nuestra familia. Si lo hacemos, nuestra familia tiene la seguridad de ser lo que debe ser y de recibir el cuidado y la protección de Dios (Mt. 6:33). Por eso la decisión de una persona de seguir a Cristo, sin importar el sacrificio de su familia, es una decisión sabia; de hecho es la única decisión razonable.

«No penséis que he venido a traer paz a la tierra; no he venido para traer paz, sino espada. Porque he venido para poner en disención al hombre contra su padre, a la hija contra su madre, y a la nuera contra su suegra; y los enemigos del hombre serán los de su casa. El que ama a padre o madre más que a mí, no es digno de mí; el que ama a hijo o hija más que a mí, no es digno de mí» Mt. 10:34-37).

«Así que, hermanos, os ruego por las misericordias de Dios, que presentéis vuestros cuerpos en sacrificio vivo, santo, agradable a Dios, que es vuestro culto racional. No os conforméis a este siglo, sino transformaos por medio de la renovación de vuestro entendimiento, para que comprobéis cuál sea la buena voluntad de Dios, agradable y perfecta» (Ro. 12:1-2).

«Jesús le dijo: Amarás al Señor tu Dios con todo tu corazón, y con toda tu alma, y con toda tu mente. Este es el primero y grande mandamiento» (Mt. 22:37-38).

«Conservaos en el amor de Dios, esperando la misericordia de nuestro Señor

Jesucristo para vida eterna» (Jud. 21).

«Y amarás a Jehová tu Dios de todo tu corazón, y de toda tu alma, y con todas tus fuerzas» (Dt. 6:5)

«Ahora, pues, Israel, ¿qué pide Jehová tu Dios de ti, sino que temas a Jehová tu Dios, que andes en todos sus caminos, y que lo ames, y sirvas a Jehová tu Dios con todo tu corazón y con toda tu alma» (Dt. 10:12).

2 (12:54-57) ***Mesías—incredulidad—encarnación:*** el segundo concepto equivocado es que el Mesías todavía no ha venido. La gente del tiempo de Jesús no creía que Él fuese el Mesías, y la gente de hoy tampoco cree que Él sea el Mesías. Jesús expresó dos verdades respecto de todos los incrédulos.

1. La gente discierne el tiempo (si será bueno o malo), es decir, las cosas físicas del mundo. Los sentidos del hombre pueden tener un gran discernimiento y ser muy agudos. El hombre es hábil para estudiar y experimentar y sacar conclusiones del mundo natural. Cristo mencionó como ejemplo, el tiempo; pero el tema podían ser igualmente las finanzas, la medicina, la sociedad o cualquier otro tema terrenal. Jesús dijo que la gente es muy capaz para discernir los asuntos materiales y físicos de su mundo.
2. La gente no discierne las cosas espirituales. Cuando se trata de los sentidos espirituales, el hombre está muerto y carece de discernimiento. No se toma el tiempo para observar ni para experimentar el mundo espiritual, al menos no realmente.
   a. La gente había *fallado en discernir los tiempos,* es decir, la venida del Mesías. Las señales que apuntaban a Jesús como el Mesías eran visibles. La persona reflexiva y genuinamente espiritual podía ver esas señales, y algunos las habían visto, como Simeón y Ana (Lc. 3:25ss). Algunas de las señales eran:
      - El Cetro, es decir, el dador de la ley, había venido de Judá en la persona de Jesucristo (Mt. 1:2).
      - Las semanas y eras predichas por Daniel estaban culminando (*véanse* nota y Estudio a fondo 1—Mt. 24:15).
      - El profeta Elías, predecesor del Mesías, había venido y proclamado que el Mesías era Jesús (Mt. 3:1-12).
      - El niño Jesús había nacido en Belén (Mt. 2:1).
      - Muchas personas en todo el mundo esperaban la venida de alguien grande, de algún Mesías (Mt. 1:18).
      - Muchos judíos piadosos estaban esperando la venida del Mesías, el gran libertador de Israel enviado por Dios (Lc. 2:25ss).
      - El mensaje y las obras de Jesús fueron una gran evidencia; los milagros fenomenales dados por Dios para apoyar las afirmaciones de Jesús (*véanse* nota y Estudio a fondo 1—Jn. 14:11).

   Además de éstas, ¿qué señales mayores podía dar Dios que las señales que cambian vidas, que las cambian radicalmente? La incredulidad no tiene excusa. El problema es que los hombres quieren señales de su propia elección, no las señales que Dios ha escogido. Los hombres siempre quieren que Dios los trate mediante alguna...
      - señal espectacular.
      - visión brillante.
      - verdad asombrosa.
      - argumento irrefutable.
      - experiencia milagrosa.
      - liberación increíble.

   El gran interés de Dios no son las *señales del cielo,* no son las señales exteriores al hombre. El gran interés de Dios es encontrar a la gente en sus vidas, en el interior de sus corazones, allí donde realmente necesitan ayuda. La gente tiene que discernir los tiempos si quiere vivir abundantemente en esta tierra y eternamente en el mundo venidero. Dios quiere encontrar a la gente en sus enfermedades, penas y perdición. El hecho de encontrar al hombre en su necesidad es una señal irrefutable que Dios da a cada generación.

   b. *Fallaron en discernir y juzgar lo correcto.* Esta fue una de las preguntas más honestas, provocativas, y reveladoras hechas en cuanto al hombre. Obliga a la persona honestamente abierta, a la persona dispuesta a que su corazón sea expuesto tal como es realmente, a responder. «¿Y por qué no juzgáis ... o que es justo?»

Pensamiento. ¿Por qué no disciernen los hombres, por qué no juzgan lo que es justo?

1) ¿Por qué no disciernen los hombres que Dios *es,* que Él existe?

«En el principio ... *Dios*» (Gn. 1:1).

«Tú solo eres Jehová; tú hiciste los cielos; y los cielos de los cielos, con todo su ejército, la tierra y todo lo que está en ella, los mares y todo lo que hay en ellos; y tú vivificas todas estas cosas, y los ejércitos de los cielos te adoran» (Neh. 9:6).

«A ti te fue mostrado, para que supieses que Jehová es Dios, y no hay otro fuera de Él» (Dt. 4:35).

«Oye Israel: Jehová nuestro Dios, Jehová uno es. Y amarás a Jehová tu Dios de todo tu corazón, y de toda tu alma, y con todas tus fuerzas» (Dt. 6:4-5).

«Y conozcan que tu nombre es Jehová; tú solo Altísimo sobre toda la tierra» (Sal. 83:18).

«Porque tú eres grande, y hacedor de maravillas; sólo tú eres Dios» (Sal. 86:10).

«Yo, yo Jehová y fuera de mí no hay quien salve. Yo anuncié, y salvé, e hice oír, y no hubo entre vosotros dios ajeno. Vosotros, pues, sois mis testigos, dice Jehová, que yo soy Dios» (Is. 43:11-12).

«Así dice Jehová Rey de Israel, y su Redentor, Jehová de los ejércitos: Yo soy el primero, y yo soy el postrero, y fuera de mí no hay Dios» (Is. 44:6).

«Porque así dijo Jehová, que creó los cielos; él es Dios, el que formó la tierra, el que la hizo y la compuso; no la creó en vano, para que fuese habitada la creó: Yo soy Jehová, y no hay otro» (Is. 45:18).

«Jesús le respondió: El primer mandamiento de todos es: Oye, Israel; el Señor nuestro Dios, el Señor uno es. Y amarás al Señor tu Dios con todo tu corazón, y con toda tu alma, y con toda tu mente y contodas tus fuerzas. Este el principal mandamiento» (12:29-30).

«Acerca, pues, de las viandas que se sacrifican a los ídolos, sabemos que un ídolo nada es en el mundo, y que no hay más que un Dios» (1 Co. 8:4).

«Un cuerpo, y un Espíritu, como fuisteis también llamados en una misma esperanza de vuestra vocación; un Señor, una fe, un bautismo, *un Dios y Padre de todos*, el cual es sobre todos, y por todos, y en todos» (Ef. 4:4-6).

«Porque hay un solo Dios, y un solo mediador entre Dios y los hombres, Jesucristo hombre, el cual se dio a sí mismo en rescate por todos, de lo cual se dio testimonio a su debido tiempo» (1 Ti. 2:5-6).

«Porque tres son los que dan testimonio en el cielo: el Padre, el Verbo y el Espíritu Santo; *y estos tres son uno*» (1 Jn. 5:7).

2) ¿Por qué los hombres no disciernen que Jesucristo realmente es el Hijo de Dios?

«Entonces los que estaban en la barca vinieron y le adoraron, diciendo: Verdaderamente eres Hijo

de Dios» (Mt. 14:33).

«Principio del evangelio de Jesucristo, Hijo de Dios» (Mr. 1:1).

«Y yo le vi y he dado testimonio de que éste es el Hijo de Dios» (Jn. 1:34).

«Porque de tal manera amó Dios al mundo, que ha dado a su Hijo unigénito, para que todo aquel que en él cree, no se pierda, mas tenga vida eterna. Porque no envió Dios a su Hijo al mundo para condenar al mundo, sino para que el mundo sea salvo por él. El que en él cree, ya ha sido condenado, porque no ha creído en el nombre del unigénito Hijo de Dios» (Jn. 3:16-18).

«Oyó Jesús que le habían expulsado; y hallándole, le dijo: ¿Crees tú en el Hijo de Dios? Respondió él y dijo: ¿Quién es, Señor, para que crea en él? Le dijo Jesús: Pues le has visto, y el que habla contigo, él es» (Jn. 9:35-37).

«Al que el Padre santificó y envió al mundo, vosotros decís: Tú blasfemas, porque dije: Hijo de Dios soy?» (Jn. 10:36).

«Le dijo Jesús: Yo soy la resurrección y la vida; el que cree en mí, aunque esté muerto, vivirá. Y todo aquel que vive y cree en mí, no morirá eternamente. ¿Crees esto? Le dijo: Sí, Señor; yo he creído que tú eres el Cristo, el Hijo de Dios, que has venido al mundo» (Jn. 11:25-27).

«Cuánto mayor castigo pensáis que merecerá el que pisoteare al Hijo de Dios, y tuviere por inmunda la sangre del pacto en la cual fue santificado, e hiciere afrenta al Espíritu de gracia?» (He. 10:29).

«Todo aquel que confiese que Jesús es el Hijo de Dios, Dios permanece en él, y él en Dios» (1 Jn. 4:15).

3) ¿Por qué los hombres no disciernen que la justicia es el camino de la vida para los hombres y la forma para que las comunidades y el mundo resuelvan sus asuntos?

«Porque os digo que si vuestra justicia no fuere mayor que la de los escribas y fariseos, no entraréis en el reino de los cielos» (Mt. 5:20).

«Porque el reino de Dios no es comida ni bebida, sino justicia, paz y gozo en el Espíritu Santo» (Ro. 14:17).

«Velad debidamente, y no pequéis; porque algunos no conocen a Dios; para vergüenza vuestra lo digo» (1 Co. 15:34).

«Porque raíz de todos los males es el amor al dinero, el cual codiciando algunos, se extraviaron de la fe, y fueron traspasados de muchos dolores. Mas tú, oh hombre de Dios, huye de estas cosas, y sigue la justicia, la piedad, la fe, el amor, la paciencia, la mansedumbre. Pelea la buena batalla de la fe, echa mano de la vida eterna, a la cual asimismo fuiste llamado, habiendo hecho la buena profesión delante de muchos testigos» (1 Ti. 6:10-12).

«Enseñándonos que, renunciando a la impiedad y a los deseos mundanos, vivamos en este siglo sobria, justa y piadosamente, aguardando la esperanza bienaventurada y la manifestación gloriosa de nuestro gran Dios y Salvador Jesucristo» (Tit. 2:12-13).

«El Señor no retarda su promesa, según algunos la tienen por tardanza, sino que es paciente para con nosotros, no queriendo que ninguno perezca, sino que todos procedan al arrepentimiento. Pero el día del Señor vendrá como ladrón en la noche; en el cual los cielos pasarán con grande estruendo, y los elementos ardiendo serán deshechos, y la tierra y las obras que en ella hay serán quemadas. Puesto que todas estas cosas han de ser deshechas, ¡cómo no debéis vosotros andar en santa y piadosa manera de vivir, esperando y apresurándoos para la venida del día de Dios, en el cual los cielos, encendiéndose, serán deshechos, y los elementos, siendo quemados, se fundirán! Pero nosotros esperamos, según sus promesas, cielos nuevos y tierra nueva, en los cuales *mora la justicia*. Por lo cual, oh amados, estando en espera de estas cosas, procurad con diligencia ser hallados por él sin mancha e irreprensibles, en paz» (2 P. 3:9-14).

Jesús estaba diciendo que las señales de todos los tiempos, las señales dadas a cada generación, las señales de la naturaleza misma, son suficientes para señalar hacia Dios en todo su amor y justicia. «¿Y por qué no juzgáis ... lo que es justo?»

[3] (12:58-59) ***Mesías, concepto errado—hombre, necesidad del:*** el tercer concepto equivocado es que los hombres no tienen necesidad de hacer paz con Dios. Jesús usó una ilustración terrenal para subrayar estas tres verdades.

1. El caso de los hombres, ante Dios el Juez, carece de esperanza.
2. Cuando el caso de un hombre es desesperado ante su adversario, lo mejor que puede hacer es *procurar un arreglo fuera de la corte.*
3. De lo contrario será llevado a juicio y será juzgado y tendrá que pagar *hasta el último centavo.*

Así es con Dios. La hora está muy avanzada. Es preciso que el hombre haga paz con Dios; tiene que hacer el esfuerzo inmediatamente, con toda diligencia. Si falla en hacer la paz, tendrá que pagar la más severa de las penalidades, hasta el último céntimo.

«¡Serpientes, generación de víboras! ¿Cómo escaparéis de la condenación del infierno?» (Mt. 23:33).

«¿Y piensas esto, oh hombre, tú que juzgas a los que tal hacen, y haces lo mismo, que tú escaparás del juicio de Dios?» (Ro. 2:3).

«Que cuando digan: Paz y seguridad, entonces vendrá sobre ellos destrucción repentina, como los dolores de la mujer encinta, y no escaparán» (1 Ts. 5:3).

«¿Cómo escaparemos nosotros, si descuidamos una salvación tan grande? La cual, habiendo sido anunciada primeramente por el Señor, nos fue confirmada por los que oyeron» (He. 2:3).

«Mirad que no desechéis al que habla. Porque si no escaparon aquellos que desecharon al que los amonestaba en la tierra, mucho menos nosotros, si desechàremos al que amonesta desde los cielos» (He. 12:25).

«Tarde o temprano, el malo será castigado; mas la descendencia de los justos será librada» (Pr. 11:21).

«Abominación es a Jehová todo altivo de corazón; ciertamente no quedará impune» (Pr. 16:5).

«Por tanto, así ha dicho Jehová: He aquí yo traigo sobre ellos mal del que no podrán salir; y clamarán a mí, y no los oiré» (Jer. 11:11).

«¡Ay de los que desean el día de Jehová! ¿Para qué quereis este día de Jehová? Será de tinieblas, y no de luz; como el que huye de delante del león y se encuentra con el oso; o como si entrare en casa y apoyare su mano en la pared, y le muerde una culebra. ¿No será al día de Jehová tinieblas, y no luz; oscuridad, que no tiene resplandor?» (Am. 5:18-20).

«Aunque cavasen hasta el Seol, de allá los tomará mi mano; y aunque subieren hasta el cielo, de allá los haré descender» (Am. 9:2).

1 Las personas no sufren por pecar más que otras [EF1]
a. Primer evento: las últimas noticias de un horrible hecho criminal
1) Las víctimas no sufrieron por ser más pecadoras
2) Todos deben arrepentirse o perecer
b. Segundo evento: las últimas noticias de una terrible tragedia
1) Las víctimas no sufrieron por ser más pecadoras
2) Todos deben arrepentirse o perecer

2 Los hombres deben llevar fruto, de lo contrario perecerán
a. El privilegio de la higuera en la viña
b. El propósito de la higuera: llevar fruto
c. Llegó el día de la cosecha
1) No había fruto
2) La higuera estaba ocupando un valioso espacio sin dar fruto
d. La misericordia de Dios
1) Le dio otra oportunidad
2) Fertilizó y regó la higuera
e. Los frutos eran el fundamento del juicio

Q. La verdad acerca del sufrimiento y del pecado: la necesidad de todos de arrepentirse, 13:1-9 (cp. Mt. 21:18-21; Mr. 11:12-14, 20-26; Is. 5:1-7)

En este mismo tiempo estaban allí algunos que le contaban acerca de los gentiles cuya sangre Pilato había mezclado con los sacrificios de ellos.
2 Respondiendo Jesús, les dijo: ¿Pensáis que estos galileos, porque padecieron tales cosas, eran más pecadores que todos los galileos?
3 Os digo: No; antes si no os arrepentís, todos pereceréis igualmente.
4 O aquellos dieciocho sobre los cuales cayó la torre en Siloé, y los mató, ¿pensáis que eran más culpables que todos los hombres que habitan en Jerusalén?
5 Os digo: No; antes si no os arrepentís, todos pereceréis igualmente.
6 Dijo también esta parábola: Tenía un hombre una higuera plantada en su viña, y vino a buscar fruto en ella, y no lo halló.
7 Y dijo al viñador: He aquí, hace tres años que vengo a buscar fruto en esta higuera, y no lo hallo; córtala; ¿para que inutiliza también la tierra?
8 El entonces, respondiendo, le dijo: Señor, déjala todavía este año, hasta que yo cave alrededor de ella, y la abone.
9 Y si diere fruto, bien; y si no, la cortarás después.

Q. La verdad acerca del sufrimiento y del pecado: la necesidad de todos de arrepentirse, 13:1-9

(13:1-9) ***Introducción:*** uno de los problemas que más perplejo tiene al mundo es el del sufrimiento: ¿Por qué sufren los hombres? Algunos afirman que los hombres sufren porque son más pecadores. Con demasiada frecuencia el resultado es que quienes sufren creen que es cierto; consecuentemente terminan con toda clase de culpas y problemas emocionales. Creen que su sufrimiento se debe a algún gran pecado que han cometido, y que Dios los está castigando por haber pecado tanto. Este es el tema del presente pasaje.

1. Las personas no sufren *por pecar más* que otras (vv. 1-5).
2. Los hombres deben llevar fruto, de lo contrario perecerán (vv. 6-9).

1 (13:1-5) ***Sufrimiento—pecado—arrepentimiento:*** las personas no sufren por pecar más que otras. Jesús usó dos de los últimos acontecimientos, ocurridos en su tiempo, para enseñar esta lección.

1. Algunas personas relataron a Jesús las últimas noticias de una horrible masacre. Unos galileos estaban en el templo adorando, ofreciendo sus sacrificios a Dios, cuando Herodes los hizo atacar y masacrar por sus soldados. (*Véase* Estudio a fondo 1—Lc. 13:1-5.) La multitud fue cruel y emitió un juicio muy cruel. La gente decía que los galileos fueron masacrados por ser *más pecadores* que otras personas. La multitud estaba respondiendo a lo que Jesús había enseñado en cuanto a la necesidad de los hombres de hacer paz con Dios antes que sea demasiado tarde (Lc. 12:58-59). Decían que los galileos habían perecido, conforme a la descripción de Jesús; consecuentemente, deben haber sido grandes pecadores.

Jesús fue preciso y claro al refutar los pensamientos de ellos. Note que la gente no había expresado sus pensamientos; *solamente habían contado* lo ocurrido. Sin embargo, interiormente pensaban que los galileos habían sufrido una muerte tan horrenda por ser grandes pecadores, o, para decirlo con la afirmación tantas veces hecha: el sufrimiento se debe al pecado.

Jesús dijo: «¡No; antes si no os arrepentís, todos pereceréis igualmente!» Ese argumento se basa en una autojustificación. El tema es inequívoco: todos los hombres deben arrepentirse de sus pecados, porque todos los hombres son pecadores, tan pecadores como los galileos.

2. Ahora note también que el tema es tan importante, y es tan necesario que los hombres capten la lección, que Jesús se refirió a otro acontecimiento reciente, la terrible tragedia de una torre que cayó sobre dieciocho obreros que trabajan en su construcción. Es significativo que Jesús usara una tragedia como segunda ilustración en vez de un evento similar al acto criminal recién discutido. Su enseñanza es inconfundible: el sufrimiento no se debe necesariamente al pecado o a mayores niveles de pecado. Si el sufrimiento fuese causado por el pecado, no existiría vida alguna. ¿Por qué? Porque *todos son tan pecadores* que solamente merecen el más terrible de los sufrimientos, es decir, la muerte misma. Con ello Jesús remarcó su enseñanza: todos deben arrepentirse o perecer. (*Véanse* Estudio a fondo 2—Lc. 5:23; nota—Jn. 9:1-3.)

Note lo que Jesús acababa de decir:

1. El sufrimiento no siempre se debe a *pecados mayores.*

«¿O cómo dirás a tu hermano: Déjame sacar la paja de tu ojo, y he aquí la viga en el ojo tuyo?» (Mt. 7:4).

«Cuando los naturales vieron la víbora colgando de su mano, se decían unos a otros: Ciertamente este hombre es homicida, a quien, escapado del mar, la justicia no deja vivir» (Hch. 28:4; *véanse* bosquejo y notas—1 Co. 1:3-11; 1:3-4 para una discusión más amplia y versículos).

2. Todos los hombres son culpables de grandes pecados, suficientemente grandes para perecer.

«Como está escrito: No hay justo, ni aun uno; no hay quien entienda, no hay quien busque a Dios. Todos se desviaron, a una se hicieron inútiles; no hay quien haga lo bueno, no hay ni siquiera uno. Sepulcro abierto es su garganta; con su lengua engañan. Veneno de áspides hay debajo de sus labios; su boca está llena de maldición y de amargura; sus pies se apresuran para derramar sangre; quebranto y desventura hay en sus caminos; y no conocieron camino de paz. No hay temor de Dios delante de sus ojos» (Ro. 3:10-18).

«Por cuanto todos pecaron, y están destituidos de la

gloria de Dios» (Ro. 3:23).

«Y manifiestas son las obras de la carne, que son: adulterio, fornicación, inmundicia, lascivia, idolatría, hechicerías, enemistades, pleitos, celos, iras, contiendas, disenciones, herejías, envidias, homicidios, borracheras, orgías, y cosas semejantes a estas; acerca de las cuales os amonesto, como ya os lo he dicho antes, que los que practican tales cosas no heredarán el reino de Dios» (Gá. 5:19-21).

3. Todos los hombres están condenados a perecer.

«Porque la paga del pecado es muerte, mas la dádiva de Dios es vida eterna en Cristo Jesús Señor nuestro» (Ro. 6:23).

«Porque el ocuparse de la carne es muerte, pero el ocuparse del Espíritu es vida y paz» (Ro. 8:6).

«Pero los cobardes e incrédulos, los abominables y homicidas, los fornicarios y hechiceros, los idólatras y todos los mentirosos tendrán su parte en el lago que arde con fuego y azufre, que es la segunda muerte» (Ap. 21:8).

«El alma que pecare, esa morirá; el hijo no llevará el pecado del padre, ni el padre llevará el pecado del hijo; la justicia del justo será sobre él, y la impiedad del impío será sobre él» (Ez. 18:20).

4. Existe solamente un camino para no perecer: arrepentirse.

«Pedro les dijo: Arrepentíos, y bautícese cada uno de vosotros en el nombre de Jesucristo para perdón de los pecados; y recibiréis el don del Espíritu Santo» (Hch. 2:38).

«Yo reprendo y castigo a todos los que amo; sé pues, celoso, y arrepiéntete» (Ap. 3:19).

«Arrepiéntete, pues, de tu maldad, y ruega a Dios, si quizá te sea perdonado el pensamiento de tu corazón» (Hch. 8:22).

«Pero Dios, habiendo pasado por alto los tiempos de esta ignorancia, ahora manda a todos los hombres en todo lugar, que se arrepientan» (Hch. 17:30).

ESTUDIO A FONDO 1

(13:1-5) ***Sufrimiento—galileos, obreros de la construcción:*** ¿Quiénes eran los galileos masacrados por Herodes y los obreros sobre quienes cayó la torre? No hay información segura, más de la que se encuentra aquí, sobre los dos grupos.

Las *suposiciones* más aceptables son éstas:

Existen dos sugerencias en cuanto a los galileos. Primero, que eran seguidores de Judas el Galileo que se oponía al pago de impuestos establecido por los romanos (Hch. 5:37). O bien Herodes sabía que algunos de los seguidores de Judas estaban en el templo adorando, o bien confundió a otro grupo de galileos con los seguidores de aquel, haciéndolos masacrar. Lo cierto es esto. Pilato emprendió la construcción de un nuevo sistema de agua para Jerusalén. Era un gran proyecto de construcción, y para financiar la obra Pilato tuvo que insistir en tomar el dinero de las finanzas del templo. Por supuesto, esto enfureció a los judíos, puesto que los dineros del templo eran ofrendas a Dios y pertenecían a Dios. Los galileos eran gente muy susceptible, por eso generalmente estaban en el primer lugar de los problemas. Segundo, algunos comentaristas creen que los galileos masacrados eran revolucionarios que habían llegado a la ciudad para perpetrar actos terroristas contra el gobierno. Herodes supo de ellos, y los tomó desprevenidos mientras estaban adorando en el templo. Note que fueron tomados tan desprevenidamente que la sangre de ellos se derramó y se mezcló con la sangre de los animales que estaban sacrificando a Dios.

La mayoría de los comentaristas cree que los obreros constructores estaban reparando alguna de las torres que eran parte de las fortificaciones de los muros de Jerusalén. Creen que era en las cercanías de la fuente de Siloé.

2 (13:6-9) ***Llevar fruto:*** los hombres deben llevar fruto, de lo contrario perecerán. Jesús quería remarcar la necesidad del arrepentimiento contando la parábola referida a un hombre que buscaba frutos. El hombre representa a Dios; el viñador representa a Cristo; la viña representa o bien al mundo o bien a Israel. Note los siguientes hechos referidos a la higuera.

1. La higuera era grandemente privilegiada. Estaba en el viñedo, lo cual significaba varias cosas.

   a. Fue plantada (había nacido) por el viñador (Dios o Cristo) mismo. Dios es la causa del nacimiento de todo individuo en el mundo. Él, como Creador y Señor, está detrás de la vida de cada persona.

   «Porque en él vivimos, y nos movemos, y somos; como algunos de vuestros propios poetas también han dicho; porque linaje suyo somos» (Hch. 17:28).

   «El espíritu de Dios me hizo, y el soplo del Omnipotente me dio vida» (Job 33:4).

   «Reconoced que Jehová es Dios; él nos hizo, y no nosotros a nosotros mismos; pueblo suyo somos, y ovejas de su prado» (Sal. 100:3).

   «Y ya te has olvidado de Jehová tu Hacedor, que extendió los cielos y fundó la tierra; y todo el día temiste continuamente del furor del que aflige, cuando se disponía para destruir. ¿Pero en donde está el furor del que aflige?» (Is. 51:13).

   «¿No tenemos todos un mismo padre? ¿No nos ha creado un mismo Dios? ¿Por qué, pues, nos portamos deslealmente el uno contra el otro, profanando el pacto de nuestros padres?» (Mal. 2:10).

   b. Estaba plantada en la viña misma, en el lugar preciso donde otros árboles daban su fruto. Tenía la misma tierra, el mismo alimento, lluvia, sol y cielo. Así es con todas las personas que han nacido en naciones donde el evangelio es predicado libremente.

   «Oíd otra parábola: Hubo un hombre, padres de familia, el cual plantó una viña, la cercó de vallado, cavó en ella un lagar, edificó una torre, y la arrendó a unos labradores, y se fue lejos» (Mt. 21:33).

2. El propósito de la higuera era dar fruto. Había sido plantada para dar fruto, y para eso existía. Por naturaleza era un árbol frutal; por eso era de esperar que diese fruto. Su existencia no tenía otro propósito. Así es con el hombre (Lc. 10:27; Gá. 5:22-23. *Véase* Estudio a fondo 1—Jn. 15:1-8.)

   «Haced pues frutos dignos de arrepentimiento» (Mt. 3:8).

   «Porque el reino de los cielos es semejante a un hombre, padre de familia, que salió por la mañana a contratar obreros para su viña» (Mt. 20:1).

   «En esto es glorificado mi Padre, en que llevéis mucho fruto, y seáis así mis discípulos» (Jn. 15:8).

   «No me elegisteis vosotros a mí, sino que yo os elegí a vosotros, y os he puesto para que vayáis y llevéis fruto, y vuestro fruto permanezca; para que todo lo que pidiereis al Padre en mi nombre, él os lo dé» (Jn. 15:16).

3. Llegó el día de la cosecha. Jesús dijo cinco cosas acerca del día de la cosecha.

   a. El dueño de la viña, Dios mismo, vino para buscar el fruto. El segador no era alguna otra persona; era Dios mismo.

   - Él plantó la viña para obtener fruto (Dios puso al hombre en la tierra para llevar fruto).
   - Dios esperaba fruto, porque fue Él quien plantó el árbol.

   «Así, todo buen árbol da buenos frutos, pero el árbol malo da frutos malos» (Mt. 7:17).

   «Yo soy la vid, vosotros los pámpanos; el que permanece en mí, y yo en él, éste lleva mucho fruto; porque separados de mí nada podéis hacer» (Jn. 15:5).

   «*Mas el fruto del Espíritu* es amor, gozo,

paz, paciencia, benignidad, bondad, fe, mansedumbre, templanza; contra tales cosas no hay ley» (Gá. 5:22-23).

b. El dueño del viñedo no encontró fruto. El árbol no tenía fruto.

- Fracasó en su propósito. (Tantas personas tienen todos los privilegios, sin embargo, son tan pocos los que honran a Dios o llevan el debido fruto.)
- La inversión en la vida del árbol había sido un desperdicio.

«El que fue sembrado entre espinos, éste es el que oye la palabra, pero el afán de este siglo y el engaño de las riquezas ahogan la palabra, y se hace *infructuosa*» (Mt. 13:22).

«La había cercado y despedregado y plantado de vides escogidas; había edificado en medio de ella una torre, y hecho también en ella un lagar; y esperaba que diese uvas, y dio uvas silvestres» (Is. 5:2).

«Habéis arado impiedad, y segasteis iniquidad; comeréis fruto de mentira, porque confiaste en tu camino y en la multitud de tus valientes» (Os. 10:13).

c. El dueño del viñedo había esperado mucho tiempo. Había venido una y otra vez buscando fruto.

- El árbol tuvo mucho tiempo para dar fruto, si es que alguna vez lo iba a dar.
- La paciencia del Dueño fue extremadamente grande.

«El Señor no retarda su promesa, según algunos la tienen por tardanza, sino que es paciente para con nosotros, no queriendo que ninguno perezca, sino que todos procedan al arrepentimiento» (2 P. 3:9).

d. El árbol estaba desperdiciando y usando mal el lugar. El propósito de la viña, el motivo mismo de su existencia era el de dar frutos para el Dueño.

- Se necesitaba todo el espacio disponible para los frutos.
- Era inadmisible desperdiciar cualquier lugar, o al menos no para siempre.
- El árbol estaba dañando la producción del viñedo. El ejemplo de creyentes falsos afecta a todo el viñedo. Desacreditan al viñedo (mundo, iglesia) y hacen que otros no deseen su fruto.

«Por cuanto ha establecido un día en el cual juzgará al mundo con justicia, por aquel varón a quien designó, dando fe a todos con haberle levantado de los muertos» (Hch. 17:31).

«Tú que te jactas de la ley, ¿con infracción de la ley *deshonras a Dios*? Porque como está escrito, el nombre de Dios es blasfemado entre los gentiles por causa de vosotros» (Ro. 2:23-24).

«Y muchos seguirán sus disoluciones, por causa de los cuales el camino de la verdad será blasfemado» (2 P. 2:2).

e. El árbol iba a ser cortado. El dueño pronunció la sentencia.

«No os engañéis; Dios no puede ser burlado: pues todo lo que el hombre sembrare, eso también segará. Porque el que siembra para su carne, de la carne segará corrupción; mas el que siembra para el Espíritu, del Espíritu segará vida eterna» (Gá. 6:7-8).

«Porque la paga del pecado es muerte, mas la dádiva de Dios es vida eterna en Cristo Jesús Señor nuestro» (Ro. 6:23).

«Y serán reunidas delante de él todas las naciones; y apartará los unos de los otros, como aparta el pastor las ovejas de los cabritos» (Mt. 25:32).

4. La misericordia de Dios. El viñador intercedió por el árbol sin fruto. Pidió otro año, una última oportunidad para el árbol.

- Dios concedió una última oportunidad; la concedió por última vez.
- Pero el año siguiente sería la última ocasión, la última oportunidad para el árbol.

«¿Quién es el que condenará? Cristo es el que murió; más aun, el que también resucitó, el que además está a la diestra de Dios, el que también *intercede por nosotros*» (Ro. 8:34).

«Por lo cual puede también salvar perpetuamente a los que por él se acercan a Dios, *viviendo siempre para interceder por ellos*» (He. 7:25).

«Y Jesús decía: Padre, perdónalos, porque no saben lo que hacen. Y repartieron entre sí sus vestidos, echando suerte» (Lc. 23:34).

«Porque de la vid de Sodoma es la vid de ellos, y de los campos de Gomorra; las uvas de ellos son uvas ponzoñosas, racimos muy amargos tienen. Veneno de serpientes es su vino, y ponzoña cruel de áspides. ¿No tengo yo esto guardado conmigo, sellado en mis tesoros? Mía es la venganza y la retribución; a su tiempo su pie resbalará, porque el día de su aflicción está cercano, y lo que les está preparado se apresura» (Dt. 32:32-35).

5. Los frutos eran el fundamento del juicio (*véanse* bosquejo y notas—Jn. 15:1-8; Gá. 5:22-23).

«Y ya también el hacha está puesta a la raíz de los árboles; por tanto, todo árbol que no da buen fruto es cortado y echado en el fuego» (Mt. 3:10).

«El que en mí no permanece, será echado fuera como pámpano, y se secará; y los recogen, y los echan en el fuego, y arden» (Jn. 15:6).

«Pero la que produce espinos y abrojos es reprobada, está próxima a ser maldecida, y su fin es el ser quemada» (He. 6:8).

1 Jesús enseñaba en la sinagoga en día de reposo
2 La mujer adoraba a Dios
a. Estaba adorando
b. Tenía la espalda encorvada
c. Jesús la vio y llamó
d. Ella recibió la palabra y el toque de Jesús
e. Ella glorificó primero a Dios
3 El principal (religioso) adoraba a Dios[EF1]
a. Se enojó con la gente
b. Torció la palabra de Dios
c. Rechazó a Cristo
d. Era un hipócrita
1) Anteponía los animales a las personas
2) Anteponía la religión a las personas
4 El efecto de las obras y palabras de Jesús
a. Los opositores fueron humillados
b. Las multitudes se regocijaban

R. Personas vs. religión. ¿Qué es más importante? 13:10-17

10 Enseñaba Jesús en una sinagoga en el día de reposo;
11 y había allí una mujer que desde hacía dieciocho años tenía espíritu de enfermedad, y andaba encorvada, y en ninguna manera se podía enderezar.
12 Cuando Jesús la vio, la llamó y le dijo: Mujer, eres libre de tu enfermedad.
13 Y puso las manos sobre ella; y ella se enderezó luego, y glorificaba a Dios.
14 Pero el principal de la sinagoga, enojado de que Jesús hubiese sanado en el día de reposo, dijo a la gente: Seis días hay en que se debe trabajar; en éstos, pues, venid y sed sanados, y no en el día de reposo.
15 Entonces el Señor le respondió y dijo: Hipócrita, cada uno de vosotros, ¿no desata en el día de reposo su buey o su asno del pesebre y lo lleva a beber?
16 Y a esta hija de Abraham, que Satanás había atado dieciocho años, ¿no se le debía desatar de esta ligadura en el día de reposo?
17 Al decir él estas cosas, se avergonzaban todos sus adversarios; pero todo el pueblo se regocijaba por todas las cosas gloriosas hechas por él.

R. Personas vs. religión. ¿Qué es más impor tante? 13:10-17

(13:10-17) ***Introducción:*** una de las grandes tragedias de la religión es que tantas veces es antepuesta al hombre y a sus necesidades. Jesús trató frontalmente a este problema.

1. Jesús eseñaba en la sinagoga en día de reposo (v. 10).
2. La mujer adoraba a Dios (vv. 22-23).
3. El principal (religioso) adoraba a Dios (vv. 14-16).
4. El efecto de las obras y palabras de Jesús (v. 17).

[1] (13:10) ***Jesucristo, adoración de:*** Jesús enseñaba en la sinagoga en día de reposo. Es preciso ver tres hechos significativos aquí.

1. Hasta donde nosotros sabemos, esta fue la última vez que Jesús estuvo en una sinagoga. Desde este momento en adelante Jesús era una figura tan controvertida que ninguna sinagoga le cedería el púlpito.

2. El presente milagro de sanidad tuvo lugar en día de reposo, y sucede que estaba prohibido sanar en día de reposo. A menos que fuese una cuestión de vida o muerte se lo consideraba un trabajo. La presente disputa fue causada porque Jesús quebrantó la ley del día de reposo.

3. Note que tanto la mujer como el religioso eran adoradores de Dios (vv. 11-16).

> ***Pensamiento 1.*** Jesús estaba adorando en día de reposo, haciendo exactamente lo que debía estar haciendo.
>
> ***Pensamiento 2.*** Existe una diferencia entre los adoradores. Esto lo ilustra la mujer y el hombre (vv. 11-16). Ella procuraba acercarse al Señor, buscando liberación; el hombre solamente practicaba su ceremonia y ritual.

[2] (13:11-13) ***Salvación—adoración—Jesucristo—compasión:*** la mujer adoraba a Dios. Note cinco cosas acerca de ella.

1. Estaba adorando. Era su hábito adorar, buscar el rostro del Señor, la protección del Señor para su vida. Por eso estaba donde se suponía que debía estar en aquel particular día de reposo, es decir, en la adoración. Y por el hecho de estar allí, iba a recibir un toque muy especial de parte de Dios. Ella no lo sabía todavía, pero así sería. ¿Por qué ella? Porque era sincera, muy sincera buscando a Dios y su protección.

«Entonces Jesús le dijo: Vete, Satanás, porque escrito está: Al Señor tu Dios adorarás, y a él solo servirás» (Mt. 4:10).

«Dios es Espíritu; y los que le adoran, en espíritu y en verdad es necesario que adoren» (Jn. 4:24).

«Dad a Jehová la honra debida a su nombre; traed ofrenda, y venid delante de él; postraos delante de Jehová en la hermosura de la santidad» (1 Cr. 16:29).

«Ciertamente el bien y la misericordia me seguirán todos los días de mi vida, y en la casa de Jehová moraré por largos días» (Sal. 23:6).

«Jehová, la habitación de tu casa he amado, y el lugar de la morada de tu gloria» (Sal. 26:8).

«Una cosa he demandado a Jehová, ésta buscaré; que esté yo en la casa de Jehová todos los días de mi vida, para contemplar la hermosura de Jehová, y para inquirir en su templo» (Sal. 27:4).

«Bienaventurado el que tú escogieres y atrajeres a ti, para que habite en tus atrios; seremos saciados del bien de tu casa, de tu santo templo» (Sal. 65:4).

«Anhela mi alma y aun ardientemente desea los atrios de Jehová; mi corazón y mi carne cantan al Dios vivo» (Sal. 84:2).

«Porque mejor es un día en tus atrios que mil fuera de ellos. Escogería antes estar a la puerta de la casa de mi Dios, que habitar en las moradas de maldad» (Sal. 84:10).

«Yo me alegré con los que me decían: A la casa de Jehová iremos» (Sal. 122:1).

2. Tenía la espalda encorvada. Aparentemente sufría alguna forma de artritis en las uniones de la espina dorsal. Lucas, el médico, da la descripción médica de su tiempo de la enfermedad. Durante dieciocho años estuvo deformada. Hay que notar dos hechos.

a. La había afligido un «espíritu de enfermedad». Jesús dijo que era un *espíritu malo de enfermedad:* «[ella era] una hija ... que Satanás había atado» (v. 16). De modo que la mujer necesitaba ser sanada espiritual y físicamente.

b. Estaba en la adoración *a pesar* de su deformación, y note que su deformación era acentuada. Estaba totalmente encorvada, incapaz de enderezarse. A veces el dolor era agudo. Sin embargo, tenía el hábito de asistir a la adoración y buscar el favor y la ayuda de Dios sobre su vida.

«Mas buscad primeramente el reino de Dios y su justicia, y todas estas cosas os serán añadidas» (Mt. 6:33).

«Y yo os digo: Pedid, y se os dará; buscad, y hallaréis; llamad, y se os abrirá. Porque todo aquel que pide, recibe; y el que busca, halla; y al que llama, se le abrirá» (Lc.11:9-10).

«Para que busquen a Dios, si en alguna manera, palpando, puedan hallarle, aunque ciertamente no está lejos de cada uno de nosotros» (Hch. 17:27).

«Buscad a Jehová y su poder; buscad siempre su rostro» (Sal. 105:4).

«Pero así dice Jehová a la casa de Israel: Buscadme, y viviréis» (Am. 5:4).

3. Jesús la vio y llamó. La fidelidad de la mujer en adorar a Dios a pesar de su deformación y dolor, atrajo a Jesús. El conocía tanto su condición con todo su dolor e inconvenientes, y el gran sacrificio que hizo para adorar a Dios. Jesús fue movido a compasión. Note que ella no tuvo que llamarlo para ser ayudada; fue Jesús quien la llamó a ella a *acercarse a Él.*

«Como el padre se compadece de los hijos, se compadece Jehová de los que le temen» (Sal. 103:13).

«Mas la misericordia de Jehová es desde la eternidad y hasta la eternidad sobre los que le temen, y su justicia sobre los hijos de los hijos» (Sal. 103:17).

«En toda angustia de ellos él fue angustiado, y el ángel de su faz los salvó; en su amor y en su clemencia los redimió, y los trajo, y los levantó todos los días de la antigüedad» (Is. 63:9).

«Porque no tenemos un sumo sacerdote que no pueda compadecerse de nuestras debilidades, sino uno que fue tentado en todo según nuestra semejanza, pero sin pecado» (He. 4:15).

«¿Quién nos separará del amor de Cristo? ¿Tribulación, o angustia, o persecución, o hambre, o desnudez, o peligro, o espada?» (Ro. 8:35).

«Echando toda vuestra ansiedad sobre él, porque él tiene cuidado de vosotros» (1 P. 5:7).

«Por la misericordia de Jehová no hemos sido consumidos, porque nunca decayeron sus misericordias» (Lm. 3:22).

4. La mujer recibió la palabra y el toque de Jesús. Esto fue crucial. Jesús la había llamado a acercarse «a Él». Ella tuvo que responder a su llamado; Jesús no pudo acercarse a ella. Ella tuvo que dar, por sí misma, el paso de acercarse a Él. Cuando ella obedeció, Jesús dijo la palabra, las *buenas nuevas* para ella: «eres libre de tu enfermedad». (Recuerde que su problema era tanto espiritual como físico.) Jesús extendió su mano y la tocó «y ella se enderezó». Ella se paró derecha. *Experimentó tanto el poder de la palabra como del toque de Jesús.* Pero note que fue porque se acercó cuando Jesús la llamó; y pudo oír el llamado de Jesús porque estaba adorando a Dios y buscando su gracia y protección.

Pensamiento 1. El Señor solamente puede puede sanar a los doblegados.

«Jehová abre los ojos de los ciegos; Jehová levanta a los caídos; Jehová ama a los justos» (Sal. 146:8).

Pensamiento 2. Las almas que están caídas o doblegadas pueden ser levantadas por Jesús, no importa lo que haya causado su estado:

- humillación y vergüenza.
- falta de educación.
- accidente.
- apariencia exterior.
- pecado.
- pérdida de todo.
- enfermedad.
- personalidad.

«Estoy encorvado, estoy humillado en gran manera, ando enlutado todo el día. Porque mis lomos están llenos de ardor, y nada hay sano en mi carne. Estoy debilitado y molido en gran manera; gimo a causa de la conmoción de mi corazón. Señor, delante de ti están todos mis deseos, y mi suspiro no te es oculto. Mi corazón está acongojado, me ha dejado mi vigor, y aun la luz de mis ojos me falta ya» (Sal. 38:6-10).

«Como el Hijo del Hombre no vino para ser servido, sino para servir, y para dar su vida en rescate por muchos» (Mt. 20:28).

«Y cuando llegó la noche, trajeron a él muchos endemoniados; y con la palabra echó fuera a los demonios, y sanó a todos los enfermos; para que se cumpliese lo dicho por el profeta Isaías, cuando dijo: Él mismo tomó nuestras enfermedades, y llevó nuestras dolencias» (Mt. 8:16-17).

«Respondiendo Jesús, les dijo: Los que están sanos no tienen necesidad de médico, sino los enfermos. No he venido a llamar a justos, sino a pecadores al arrepentimiento» (Lc. 5:31-32).

«Cómo Dios ungió con el Espíritu Santo y con poder a Jesús de Nazaret, y cómo éste anduvo haciendo bienes y sanando a todos los oprimidos por el diablo, porque Dios estaba con él» (Hch. 10:38).

«Porque fuiste fortaleza al pobre, fortaleza al menesteroso en su aflicción, refugio contra el turbión, sombra contra el calor; porque el ímpetu de los violentos es como turbión contra el muro» (Is. 25:4).

«Ciertamente llevó él nuestras enfermedades, y sufrió nuestros dolores; y nosotros le tuvimos por azotado, por herido de Dios y abatido» (Is. 53:4).

5. En primer lugar ella glorificó a Dios. Note la expresión «y glorificaba a Dios». Fue algo inmediato.

«Mas gracias sean dadas a Dios, que nos da la victoria por medio de nuestro Señor Jesucristo» (1 Co. 15:57).

«Porque habéis sido comprados por precio; glorificad, pues, a Dios en vuestro cuerpo y en vuestro espíritu, los cuales son de Dios» (1 Co. 6:20).

«¡Gracias a Dios por su don inefable!» (2 Co. 9:15).

«Dando siempre gracias por todo al Dios y Padre, en el nombre de nuestro Señor Jesucristo» (Ef. 5:20).

«Dad gracias en todo, porque esta es la voluntad de Dios para con vosotros en Cristo Jesús» (1 Ts. 5:18).

«Así que, ofrezcamos siempre a Dios, por medio de él, sacrificio de alabanza, es decir, fruto de labios que confiesen su nombre» (He. 13:15).

«Mas vosotros sois linaje escogido, real sacerdocio, nación santa, pueblo adquirido por Dios, para que anunciéis las virtudes de aquel que os llamó de las tinieblas a su luz admirable» (1 P. 2:9).

«Alabad a Jehová, invocad su nombre, dad a conocer en los pueblos sus obras» (1 Cr. 16:8).

«Cantad a Jehová, que habita en Sion; publicad entre los pueblos sus obras» (Sal. 9:11).

«Sacrifica a Dios alabanza, y paga tus votos al Altísimo» (Sal. 50:14).

«Te alaben los pueblos, oh Dios; todos los pueblos te alaben» (Sal. 67:3).

«Bendito el Señor; cada día nos colma de beneficios el Dios de nuestra salvación» (Sal. 68:19).

«Bueno es alabarte, oh Jehová, y cantar salmos a tu nombre, oh Altísimo» (Sal. 92:1).

3 (13:14-16) ***Religiosos—tradición—hipocresía:*** el principal (religioso) adoraba a Dios. Era la cabeza de la sinagoga (*véase* Estudio a fondo—2 Mt. 4:23; 9:18-19). Era un adorador diferente a la mujer deformada. Mientras la mujer buscaba a Dios en medio de su necesidad y dependencia, buscando el favor y la ayuda personal de Dios, el principal buscaba a Dios en medio de formas y rituales, ceremonial y reglamentos. Hay una vasta diferencia entre los dos enfoques. Si hay algo que Dios enseña es que el hombre tiene que acercarse a Él como un niño, dependiente y necesitado. Note cuatro faltas o pecados del religioso. (*Véanse* bosquejo y notas—Mt. 12:1-8; 12:9-13 para una mayor discusión y aplicaciones.)

1. El principal se enojó con la gente. En efecto, la gente con la que se enojó eran sus propios vecinos, las personas que se sentaban todas las semanas con Él para adorar. Dejó que su temperamento se descontrolara. La gente solamente buscaba ayuda porque estaba desesperadamente necesitada, especialmente la mujer, y Él lo sabía. Pero, puesto que difería con la gente se exaltó contra ella.

Pensamiento 1. ¡Cuántas personas son temperamentales! ¡Cuántas personas atacan cuando difieren! ¡Cuán pocas se controlan a sí mismas!

Pensamiento 2. Note dos cosas.

1) El hombre se descontroló en presencia de Jesús. Todo descontrol es conocido por Dios; Él conoce el pecado cometido en el momento del descontrol.
2) El hombre estaba realmente enojado con Jesús y con la gente. Sin embargo, *temía* atacar directamente a Jesús; sentía que Jesús era más fuerte y más capaz. De modo que atacó a las personas más débiles. ¡Qué similar a la persona *enojada*!

2. El principal entendió mal y torció la ley de Dios (del día de reposo). A su entender, Jesús había cometido un grave crimen. Había sanado en día de reposo (*véanse* Estudios a fondo 1, 2—Lc. 13:14 para la discusión).

3. Se rehusó a reconocer al Mesías, al Hijo de Dios que estaba allí en su propia presencia (*véanse* bosquejo y notas—Ro. 1:28-29; 1 Ts. 2:15-16 para la discusión).

«No todo el que me dice: Señor, Señor, entrará en el reino de los cielos, sino el que hace la voluntad de mi Padre que está en los cielos» (Mt. 7:21).

«A cualquiera, pues, que me confiese delante de los hombres, yo también le confesaré delante de mi Padre que está en los cielos. Y a cualquiera que me niegue delante de los hombres, yo también le negaré delante de mi Padre que está en los cielos» (Mt. 10:32-33).

«Jesús le dijo: Yo soy el camino, y la verdad, y la vida; nadie viene al Padre, sino por mí» (Jn. 14:6).

«Porque hay un solo Dios, y un solo mediador entre Dios y los hombres, Jesucristo hombre, el cual se dio a sí mismo en rescate por todos, de lo cual se dio testimonio a su debido tiempo» (1 Ti. 2:5-6).

«Y este es su mandamiento: Que creamos en el nombre de su Hijo Jesucristo, y nos amemos unos a otros como nos lo ha mandado» (1 Jn. 3:23).

4. Era un hipócrita. Anteponía a la gente tanto los animales como las reglas *hechas por hombres*. Permitió que la tradición y el ritual, la ceremonia y las reglas fuesen más importantes que suplir las necesidades básicas de la vida humana, es decir, la necesidad de Dios y la necesidad de ayuda espiritual, física y mental; todas ellas estarían en segundo lugar respecto de los rituales religiosos. La ofensa del religioso era grave. Note que la mujer era...

- una «hija de Abraham», una creyente profesa de Dios.
- una mujer con necesidades espirituales. Había sido atada por Satanás.
- una mujer que había sufrido durante dieciocho años.

«Y si supieses qué significa: Misericordia quiero, y no sacrificio, no condenaríais a los inocentes; porque el Hijo del Hombre es Señor del día de reposo» (Mt. 12:7-8).

«Maestro, ¿cuál es el gran mandamiento en la ley? Jesús le dijo: Amarás al Señor tu Dios con todo tu corazón, y con toda tu alma, y con toda tu mente. Este es el primero y grande mandamiento. Y el segundo es semejante: Amarás a tu prójimo como a ti mismo» (Mt. 22:36-39).

«¡Ay de vosotros, escribas y fariseos, *hipócritas*! porque limpiáis lo de fuera del vaso y del plato, pero por dentro estáis llenos de robo y de injusticia. ¡Fariseo ciego! Limpia primero lo de dentro del vaso y del plato, para que también lo de fuera sea limpio. Ay de vosotros, escribas y fariseos, hipócritas! porque sois semejantes a sepulcros blanqueados, que por fuera, a la verdad, se muestran hermosos, mas por dentro están llenos de huesos de muertos y de toda inmundicia. Así también vosotros por fuera, a la verdad, os mostráis justos a los hombres, pero por dentro estáis llenos de hipocresía e iniquidad» (Mt. 23:25-28).

«Respondiendo él, les dijo: *Hipócritas,* bien profetizó de vosotros Isaías, como está escrito: Este pueblo de labios me honra, mas su corazón está lejos de mí. Pues en vano me honran, enseñando como doctrinas mandamientos de hombres. Porque dejando el mandamiento de Dios, os aferráis a la tradición de los hombres: los lavamientos de los jarros y de los vasos de beber; y hacéis otras muchas cosas semejantes. Les decía también: Bien invalidáis el mandamiento de Dios para guardar vuestra tradición» (Mr. 7:6-9).

«¿Por qué me llamáis, Señor, Señor, y no hacéis lo que yo digo?» (Lc. 6:46).

«El amor no hace mal al prójimo; así que el cumplimiento de la ley es el amor» (Ro. 13:10).

«Mirad que nadie os engañe por medio de filosofías y huecas sutilezas, según las tradiciones de los hombres, conforme a los rudimentos del mundo» (Col. 2:8).

«Que tendrán apariencia de piedad, pero negarán la eficacia de ella; a éstos evita» (2 Ti. 3:5).

«Profesan conocer a Dios, pero con los hechos lo niegan, siendo abominables y rebeldes, reprobados en cuanto a toda buena obra» (Tit. 1:16).

«Este testimonio es verdadero; por tanto, repréndelos duramente, para que sean sanos en la fe, no atendiendo a fábulas judaicas, ni a mandamientos de hombres que se apartan de la verdad» (Tit. 1:13-14).

«La religión pura y sin mácula delante de Dios el Padre es esta: Visitar a los huérfanos y a las viudas en sus tribulaciones, y guardarse sin mancha del mundo» (Stg. 1:27).

«En esto hemos conocido el amor, en que él puso su vida por nosotros; también nosotros debemos poner nuestras vidas por los hermanos. Pero el que tiene bienes de este mundo y ve a su hermano tener necesidad, y cierra contra él su corazón, ¿cómo mora el amor de Dios en él? Hijitos míos, no amemos de palabra ni de lengua, sino de hecho y en verdad. Y en esto conocemos que somos de la verdad, y aseguraremos nuestros corazones delante de él» (1 Jn. 3:16-19).

«Porque misericordia quiero, y no sacrificio, y conocimiento de Dios más que holocaustos» (Os. 6:6).

«Oh hombre, él te ha declarado lo que es bueno, y qué pide Jehová de ti: solamente hacer justicia, y amar misericordia, y humillarte ante tu Dios» (Mi. 6:8).

ESTUDIO A FONDO 1

(13:14) ***Ley del día de reposo—religiosos:*** el crimen cometido por Jesús fue el de «violar la ley del día de reposo», es decir, de trabajar en día de reposo. Para el judío ortodoxo esto era algo grave. Se puede ver su gravedad en los requisitos estrictos que regían el día de reposo. Se había escrito ley tras ley para gobernar todas las actividades del día de reposo. La persona no podía viajar, ni apurarse, ni cocinar, ni comprar o vender, ni buscar agua, ni caminar más allá de cierta distancia, ni alzar nada, ni hacer guerra o sanar, a menos que la vida estuviese en juego. La persona no debía ni aun mirar ninguna clase de trabajo o actividad. Un buen ejemplo de la restricción legal yde la lealtad dela gente a ella son las mujeres que presenciaron la crucifixión de Jesús. A pesar del inmenso amor que le tenían, ni aun caminarían hasta su sepulcro para preparar el cuerpo para el sepelio hasta que el día de reposo hubiese transcurrido (Mr. 16:1ss, Mt. 28:1ss).

Quebrantar la ley del sábado era asunto grave. El transgresor era condenado, y si la ofensa era suficientemente grave, tenía que morir.

A algunos esto les puede parecer demasiado severo, pero tratándose de la nación judía uno tiene que recordar que esa *era la religión* que durante siglos y siglos de exilio los había mantenido unidos como nación. La religión de los judíos (particularmente sus creencias referidas al llamado de Dios dirigido a la nación, el templo y el sábado) se convirtieron en la *fuerza de unión* que mantuvo unidos a los judíos preservando su carácter distintivo como pueblo. Ella los protegía de creencias ajenas y de ser absorbidos por otros pueblo por vía de matrimonios con esos pueblos. Dondequiera que estuvieran, se reunían y adoraban juntos y seguían fieles a sus creencias. Se puede ver un cuadro de esto en la insistencia de Nehemías al conducir a algunos judíos de regreso a Jerusalén (Neh. 13:15-22; cp. Jer. 17:19-27; Ez. 46:1-7).

Todo lo dicho anteriormente explica en cierto grado por qué los religiosos se oponían con tanta hostilidad a Jesús. El problema de ellos era este: habían permitido que la religión y el ritual, la ceremonia y litúrgica y probablemente la posición, seguridad, y reconocimiento personal cobrasen más importancia que las cosas esenciales de la vida humana, tales como las necesidades personales y la compasión, y la auténtica adoración y misericordia de Dios. (*Véanse* Estudio a fondo 1—Mt. 12:10. Esta es una nota importante referida al presente punto.)

ESTUDIO A FONDO 2

(13:14) ***Religiosos—palabra de Dios:*** los religiosos (maestros judíos) torcieron la Palabra de Dios. Esto se hace de dos maneras (Ap. 22:18-19; Pr. 30:6).

1. Quitando de las palabras de las Escritura de Dios. La persona quita de la Palabra de Dios negando secciones que no le agradan o no entiende, descuidando de vivir conforme a todo el consejo de Dios, e interpretando de manera demasiado superficial algún mandamiento.

2. Agregando a las palabras de las Escrituras de Dios. La persona agrega a la Palabra de Dios interpretando y viviendo de modo demasiado estricto. Esto exalta la carne y no es otra cosa que disciplina extrema y auto control. Por supuesto, tanto la disciplina como el auto control son cualidades recomendables y demandadas por la Palabra de Dios, pero no son un fin en sí mismas.

La Palabra de Dios es práctica y conduce a una vida abundante, a una vida real. No es fría, cruel, restrictiva, monástica, irreal, o impráctica. Dios no dio su Palabra para un grupo selecto (clero); la dio para el hombre común. «Sus mandamientos no son gravosos» (1 Jn. 5:3).

Los saduceos eran especialmente culpables de quitar de la Palabra de Dios, mientras que los fariseos y escribas eran especialmente culpables de agregar a la Palabra de Dios (*véanse* Estudio a fondo 2—Hch. 23:8; Estudio a fondo 1—Lc. 6:2).

> **«Porque de cierto os digo que hasta que pasen el cielo y la tierra, ni una jota ni una tilde pasaré de la ley, hasta que todo se haya cumplido» (Mt. 5:18).**
>
> **«Y si alguno quitare de las palabras de esta profecía, Dios quitará su parte del libro de la vida, y de la santa ciudad y de las cosas que están escritas en este libro» (Ap. 22:19).**
>
> **«No añadiréis a la palabra que yo os mando, ni disminuiréis de ella, para que guardéis los mandamientos de Jehová vuestro Dios que yo os ordeno» (Dt. 4:2).**
>
> **«Cuidarás de hacer todo lo que yo te mando; no añadirás a ello, ni de ello quitará» (Dt. 12:32).**
>
> **«Toda palabra de Dios es limpia; él es escudo a los que en él esperan. No añadas a sus palabras, para que no te reprenda, y seas hallado mentiroso» (Pr. 30:5-6).**

ESTUDIO A FONDO 3

(13:15-16) ***Hombre, engaño:*** el hombre se enojó con Jesús, pero lo disimuló atacando a la gente respecto de una tradición religiosa. Su vida se había vuelto tan rutinaria que estaba torcida; mostraba más preocupación por los animales que por los seres humanos. La amonestación frontal de Jesús indica que el hombre probablemente nunca había pensado en su propia y lamentable condición. Si lo hubiera hecho, probablemente Jesús habría procurado llevarlo a una adecuada decisión.

4 (13:17) ***Jesucristo, efecto:*** el efecto de la obra y de las palabras de Jesús fue la humillación de quienes se oponían a Él y el regocijo de quienes estaban abiertos a Él.

1 **El reino de Dios ilustrado** 2 **Es como una semilla de mostaza**[EF1] a. Es plantada por Dios	**S. La parábola de la semilla de mostaza y de la levadura: el reino de Dios, 13:18-21** (Mt. 13: 31-33; Mr. 4:30-32) 18 Y dijo: ¿A qué es semejante el reino de Dios, y con qué le compararé? 19 Es semejante al grano de mostaza, que un hombre tomó	y sembró en su huerto; y creció, y se hizo árbol grande, y las aves del cielo anidaron en sus ramas. 20 Y volvió a decir: ¿A qué compararé el reino de Dios? 21 Es semejante a la levadura, que una mujer tomó y escondió en tres medidas de harina, hasta que todo hubo fermentado.	1) Como semilla 2) En su huerto b. Crece hasta ser grande[EF2] c. Cobija a todos 3 **Es como levadura actuando en el pan**[EF3, 4] a. Se la toma y mezcla con la harina b. Actúa hasta que todo esté cambiado

S. La parábola de la semilla de mostaza y de la levadura: el reino de Dios, 13:18-21

(13:18-21) ***Introducción:*** Jesús todavía estaba en la sinagoga enseñando. Algunos lo habían rechazado; otros lo habían aceptado (v. 17). Esto lo motivó a pensar en el reino de Dios, un tema que la gente necesitaba comprender plenamente.

1. El reino de Dios ilustrado (v. 18).
2. Es como una semilla de mostaza (v. 19).
3. Es como levadura actuando en el pan (vv. 20-21).

1 (13:18) ***Reino de Dios:*** el reino de Dios ilustrado. Jesús motivó la reflexión de la gente acerca del reino haciendo dos preguntas.

1. ¿A qué se asemeja el reino de Dios?
2. ¿A qué se comparará el reino de Dios?

2 (13:19) ***Reino de Dios—cristianismo, crecimiento del—semilla de mostaza:*** el reino de Dios es semejante a una semilla de mostaza. Jesús dijo tres cosas acerca de esta semilla particular de mostaza.

1. La semilla de mostaza fue plantada por Dios. El hombre en la parábola es Dios o Cristo. Note la palabra «tomó» (*labon*, habiendo tomado). Significa tomar deliberadamente, tomar con propósito y predeterminación. La semilla no fue plantada por casualidad; no es algo que simplemente ocurrió. Con propósito y predeterminación Dios plantó y alimentó la semilla (reino).

a. La plantó como pequeña semilla (*véase* Estudio a fondo 1, ***Semilla de mostaza***—Lc. 13:19 para la discusión).

b. La plantó en su huerto. El huerto de Dios es el mundo, la creación de su mano.

«En el principio creó Dios los cielos y la tierra» (Gn. 1:1).

«Tú solo eres Jehová; tú hiciste los cielos, y los cielos de los cielos, con todo su ejército, la tierra y todo lo que está en ella, los mares y todo lo que hay en ellos; y tú vivificas todas estas cosas, y los ejércitos de los cielos te adoran» (Neh. 9:6).

«Desde el principio tú fundaste la tierra, y los cielos son obra de tus manos» (Sal. 102:25).

2. La semilla de mostaza creció hasta ser grande. En realidad este es el tema principal de Lucas, es decir, mostrar cómo el reino iba a crecer a partir de unas pocas personas hasta convertirse en un gran movimiento. Imagine la escena. Allí estaba Jesús en la sinagoga, con solamente unas pocas personas que realmente creían que Él estaba trayendo el reino de Dios a la tierra. De hecho, la mayoría de los que estaban sentados frente a Él no le creían en absoluto; se oponían a Él. Pero Él sabía algo. Dios estaba plantando, por medio de Él, el reino en la tierra; por eso el reino estaba destinado a crecer y a triunfar. (*Véase* Estudio a fondo 2, ***Cristianismo***—Lc. 13:19).

«Los gentiles, oyendo esto, se regocijaban y glorificaban la palabra del Señor, y creyeron todos los que estaban ordenados para vida eterna» (Hch. 13:48).

«Sabed, pues, que a los gentiles es enviada esta salvación de Dios; y ellos oirán» (Hch. 28:28).

«Y para que los gentiles glorifiquen a Dios por su misericordia, como está escrito» (Ro. 15:9).

«Para que en Cristo Jesús la bendición de Abraham alcanzase a los gentiles, a fin de que por la fe recibiésemos la promesa del Espíritu» (Gá. 3:14).

«Que los gentiles son coherederos y miembros del mismo cuerpo, y copartícipes de la promesa en Cristo Jesús por medio del evangelio» (Ef. 3:6).

«Será echado un puñado de grano en la tierra, en las cumbres de los montes; su fruto hará ruido como el Líbano, y los de la ciudad florecerán como la hierba de la tierra» (Sal. 72:16).

«Lo dilatado de su imperio y la paz no tendrán límite, sobre el trono de David y sobre su reino, disponiéndolo y confirmándolo en juicio y en justicia desde ahora y para siempre. El celo de Jehová de los ejércitos hará esto» (Is. 9:7).

«Porque te extenderás a la mano derecha y a la mano izquierda; y tu descendencia heredará las naciones, y habitará las ciudades asoladas» (Is. 54:3).

«He aquí, llamarás a gente que no conociste, y gentes que no te conocieron correrán a ti, por causa de Jehová tu Dios, y del Santo de Israel que te ha honrado» (Is. 55:5).

«Entonces verás y resplandecerás; se maravillará y ensanchará tu corazón, porque se haya vuelto a ti la multitud del mar, y las riquezas de las naciones hayan venido a ti» (Is. 60:5).

«El pequeño vendrá a ser mil, el menor, un pueblo fuerte. Yo Jehová, a su tiempo haré que esto sea cumplido pronto» (Is. 60:22).

3. El arbusto de mostaza cobijaba a los pájaros del aire. Las aves acudiendo al árbol son un cuadro de los pueblos y las naciones de la tierra buscando refugio en el cristianismo.

a. Algunos dicen que los pájaros son aquellos del mundo que hallan un lugar de protección en el reino, en el reino (la iglesia, el cristianismo) que al principio había sido tan pequeño, pero que ahora se está transformando en un respetable movimiento. Muchas personas del mundo, creyentes y no creyentes, han hallado ayuda y seguridad bajo sus ramas. En gran medida han surgido de este magnífico movimiento leyes e instituciones de misericordia, justicia y honor. Esta interpretación se apoya fuertemente en el cuadro que presenta el Antiguo Testamento. Allí se dice que un gran imperio es como un árbol, y que las naciones conquistadas son como las aves que se cobijan bajo su sombra (Ez. 17:22-24; 31:6; Dn. 4:14).

b. Otros dicen que las aves son los hijos del maligno que ven las comodidades y la protección del reino y quisieran cobijarse allí.

«La ley y los profetas eran hasta Juan; desde entonces el reino de Dios es anunciado, y todos se esfuerzan por entrar en él» (Lc. 16:16).

ESTUDIO A FONDO 1

(13:19) ***Semilla de mostaza:*** la semilla de mostaza no era realmente la semilla más pequeña conocida en tiempos de Jesús, sin embargo, la era pequeña, y la planta crecía hasta el tamaño de algunos árboles. Se ha informado que un jinete montado en su caballo podía hallar sombra bajo sus ramas. El hecho que una semilla tan pequeña podía producir resultados tan grandes hizo que la gente usara a la semilla de mostaza como proverbio para describir la pequeñez.

ESTUDIO A FONDO 2

(13:19) ***Cristianismo—reino de Dios:*** hay numeroso hechos que muestran cuán pequeño era realmente el comienzo del reino o del cristianismo.

1. Comenzó en el alma de una sola persona. Jesús mismo lanzó el movimiento. La idea, el sueño, no existía en ninguna otra alma sino en la suya. El comenzó solo, en la fuerza de Dios.
2. Nació en el alma de un carpintero de una oscura aldea, Nazaret, y en una nación oscura y despreciada, Israel (*véase* nota—Mt. 8:5-13; Lc. 7:4-5).
3. Fue proseguido por hombres que no tenían posiciones ni prestigio. No hubo poderosos, ni nobles, ni personas famosas entre sus primeros seguidores. Eran todos gente común, algunos con profesiones honorables tales como la pesca (Mt. 4:18-21), y algunos con profesiones despreciadas tales como la cobranza de impuestos (Mt. 9:9). (Cp. 1 Co. 1:26.)
4. El crecimiento comenzó en unas pocas personas que tenían muy *poca fe* (cp. Mt. 14:31; Lc. 12:32).
5. Se formó como iglesia, y en el comienzo mismo no contaba más que ciento veinte personas (Hch. 1:15).

3 (13:20-21) ***Reino de Dios—cristianismo—levadura:*** el reino de Dios es como la levadura que actúa en el pan. Note rápidamente lo que Jesús dijo: El reino de Dios es como la levadura que se mezcla con la harina (el mundo), allí actúa hasta que todo (el mundo) sea cambiado. Note dos temas principales.

1. La levadura (reino) es tomada y colocada en la harina (mundo).

a. El reino o evangelio es tomado deliberadamente y colocado en el mundo. El reino y el evangelio de Dios no existen por casualidad (*véanse* Estudio a fondo 2, pto. 1, ***Reino de Dios***—Lc. 13:19).

«Porque de tal manera amó Dios al mundo, que ha dado a su Hijo unigénito, para que todo aquel que en él cree, no se pierda, mas tenga vida eterna» (Jn. 3:16).

«Mas Dios muestra su amor para con nosotros, en que siendo aún pecadores, Cristo murió por nosotros» (Ro. 5:8).

«Porque no hay diferencia entre judío y griego, pues el mismo que es Señor de todos, es rico para con todos los que le invocan» (Ro. 10:12).

«El que quiere que todos los hombres sean salvos y vengan al conocimiento de la verdad» (1 Ti. 2:4).

«Y él es la propiciación por nuestros pecados; y no solamente por los nuestros, sino también por los de todo el mundo» (1 Jn. 2:2).

«Mirad a mí, y sed salvos, todos los términos de la tierra, porque yo soy Dios, y no hay más» (Is. 45:22).

b. El propósito del reino es leudar, es decir, cambiar la totalidad de un individuo y de la sociedad misma.

- Procura leudar a los individuos, es decir, apenetrarlos con el evangelio hasta que *todo* su ser sea transformado.
- Procura leudar a la sociedad como un todo, a penetrar la sociedad con el evangelio hasta que toda la sociedad sea transformada.

«De modo que si alguno está en Cristo, nueva criatura es; las cosas viejas pasaron; he aquí todas son hechas nuevas» (2 Co. 5:17).

«Porque en Cristo Jesús ni la circuncisión vale nada, ni la incircuncisión, sino una nueva creación» (Gá. 6:15).

«Y renovaos en el espíritu de vuestra mente, y vestíos del nuevo hombre, creado según Dios en la justicia y santidad de la verdad» (Ef. 4:23-24).

«Y revestido del nuevo, el cual conforme a la imagen del que lo creó se va renovando hasta el conocimiento pleno» (Col. 3:10).

c. La levadura tiene un poder transformador, realizador, un poder que satisface (*véase* Estudio a fondo 3—Lc. 13:21 para la discusión).

2. La levadura (reino) actúa hasta que todo (el mundo) es cambiado. (*Véase* Estudio a fondo 4, ***Levadura***—Lc. 13:21 para la discusión.)

«Y Jesús les dijo: De cierto, de cierto os digo: No os dio Moisés el pan del cielo, mas mi Padre os da el verdadero pan del cielo. Porque el pan de Dios es aquel que descendió del cielo y da vida al mundo» (Jn. 6:32-33).

«Jesús les dijo: Yo soy el pan de vida; el que a mí viene, nunca tendrá hambre; y el que en mí cree, no tendrá sed jamás» (Jn. 6:35).

«De cierto, de cierto os digo: El que cree en mí, tiene vida eterna. Yo soy el pan de vida. Vuestros padres comieron el maná en el desierto, y murieron. Este es el pan que desciende del cielo, para que el que de él come, no muera. Yo soy el pan vivo que descendió del cielo; si alguno comiere de este pan, vivirá para siempre; y el pan que yo daré es mi carne, la cual yo daré por la vida del mundo» (Jn. 6:48-51).

«Este es el pan que descendió de cielo; no como vuestros padres comieron el maná, y murieron; el que come de esta pan, vivirá eternamente» (Jn. 6:58).

«El ladrón no viene sino para hurtar y destruir; yo he venido para que tengan vida, y para que la tengan en abundancia» (Jn. 10:10).

«Y de conocer el amor de Cristo que excede a todo conocimiento, para que seáis llenos de toda la plenitud de Dios» (Ef. 3:19).

«El que sacia de bien tu boca de modo que te rejuvenezcas como el águila» (Sal. 103:5).

«Porque sacia al alma menesterosa, y llena de bien al alma hambrienta» (Sal. 107:9).

ESTUDIO A FONDO 3

(13:21) ***Levadura —transformación—evangelio—reino de Dios:*** la levadura cambia y transforma el pan. El pan hecho con agua es duro, seco, y no demasiado nutritivo; pero la levadura, mezclada con la masa, cambia y transforma de manera tremenda el pan. Actúa al menos en cinco maneras en favor del pan.

1. Le da suavidad, le quita la dureza, al pan. La levadura del evangelio hace lo mismo: penetra el corazón del hombre y suaviza la dureza de su vida. De esa manera el hombre se vuelve mucho más abierto al Señor y hacia las necesidades de otros. Se transforma en una persona más generosa, más preocupada por otros. Ciertamente, la suavidad es una de las características de una persona transformada.
2. La levadura vuelve al pan poroso y húmedo, le quita su dureza. Lo mismo hace la levadura del evangelio: penetra en la sequedad del corazón y de la vida del hombre. De esa manera penetra el evangelio, crea poros en su vida, humedece

su corazón de manera que puede transformarse en una persona fructífera.

3. La levadura hace que el pan sea sabroso, le quita su insipidez. Nuevamente, lo mismo hace el evangelio en favor del hombre que vive una vida de frustración, sin propósito ni significado. El evangelio leuda, es decir, transforma el corazón de la persona, le da propósito, gozo y esperanza a su vida, todas las satisfacciones que una persona puede desear.

4. La levadura confiere al pan propiedades alimenticias, elimina su escaso beneficio. Lo mismo hace la levadura del evangelio en favor del hombre que aparentemente logra tan poco en la vida. El evangelio no solamente le da *propósito* sino que *inspira, envía,* y motiva al hombre a *alimentar a otros.* La persona transformada por el evangelio tiene la capacidad de alimentar al mundo con la verdad. El evangelio tiene la capacidad de explicar las razones del vacío y de la soledad del corazón humano, y de lo que Dios ha provisto para ello.

ESTUDIO A FONDO 4

(13:21) ***Levadura:*** note varios hechos importantes acerca de cómo actúa la levadura.

1. La levadura actúa quieta y silenciosamente. Sin fanfáreas ni espectacularidad. Aquí hay una profunda lección en cuanto a cómo debe ser presentado el el evangelio (*véanse* bosquejo y notas—Mt. 4:5-7; 12:38-40).

> **«Porque el siervo del Señor no debe ser contencioso, sino amable para con todos, apto para enseñar, sufrido; que con mansedumbre corrija a los que se oponen, por si quizá Dios les conceda que se arrepientan para conocer la verdad» (2 Ti. 2:25).**
>
> **«Que a nadie difamen, que no sean pendencieros, sino amables, mostrando toda mansedumbre para con todos los hombres» (Tit. 3:2).**
>
> **«¿Quién es sabio y entendido entre vosotros? Muestre por la buena conducta sus obras en sabia mansedumbre» (Stg. 3:13).**
>
> **«Sino santificad a Dios el Señor en vuestros corazones, y estad siempre preparados para presentar defensa con mansedumbre y reverencia ante todo el que demande razón de la esperanza que hayen vosotros» (1 P. 3:15).**

2. La levadura hace su obra completa. Una vez insertada en la masa, nada puede detenerla ni eliminarla. La levadura va a transformar la masa. Esta es una gran lección en cuanto a la seguridad de la persona que genuinamente permite que el evangelio penetre su corazón y su vida.

> **«Y yo les doy vida eterna; y no perecerán jamás, ni nadie las arrebatará de mi mano» (Jn. 10:28).**
>
> **«Estando persuadido de esto, que el que comenzó en vosotros la buena obra, la perfeccionará hasta el día de Jesucristo» (Fil. 1:6).**
>
> **«Yo sé a quien he creído, y estoy seguro que es poderoso para guardar mi depósito para aquel día» (2 Ti. 1:12).**
>
> **«Pero fiel es el Señor, que os afirmará y guardará del mal» (2 Ts. 3:3).**
>
> **«Que sois guardados por el poder de Dios mediante la fe, para alcanzar la salvación que está preparada para ser manifestada en el tiempo postrero» (1 P. 1:5).**
>
> **«Y a aquel que es poderoso para guardaros sin caída, y presentaros sin mancha delante de su gloria con gran alegría, al único y sabio Dios, nuestro Salvador, sea gloria y majestad, imperio y potencia, ahora y por todos los siglos» (Jud. 24-25).**
>
> **«Por cuanto has guardado la palabra de mi paciencia, yo también te guardaré de la hora de la prueba que ha de venir sobre el mundo entero, para probar a los que moran sobre la tierra» (Ap. 3:10).**
>
> **«Y ya no estoy en el mundo, yo voy a ti. Padre santo, a los que me has dado, guárdalos en tu nombre, para que sean uno, así como nosotros» (Jn. 17:11).**
>
> **«He aquí, yo estoy contigo, y te guardaré por dondequiera que fueres, y volveré a traerte a esta tierra; porque no te dejaré hasta que haya hecho lo que te he dicho» (Gn. 28:15).**
>
> **«Jehová es tu guardador; Jehová es tu sombra a tu mano derecha. El sol no te fatigará de día, ni la luna de noche. Jehová te guardará de todo mal; guardará tu alma. Jehová guardará tu salida y tu entrada desde ahora y para siempre» (Sal. 121:5-8).**

3. La levadura actúa lenta, gradual, pero consistentemente. Le lleva tiempo a la levadura leudar toda la masa. De este hecho el creyente puede aprender al menos dos lecciones.

a. Le llevará tiempo crecer personalmente en el evangelio. Así como un niño crece físicamente por medio del alimento adecuado, así el creyente crecerá espiritualmente si recibe el alimento adecuado. Su crecimiento espiritual llevará tiempo, pero será consistente y seguro.

> **«Y ahora, hermanos, os encomiendo a Dios, y a la palabra de su gracia, que tiene poder para sobreedificaros y daros herencia con todos los santificados» (Hch. 20:32).**
>
> **«Desead, como niños recién nacidos, la leche espiritual no adulterada, para que por ella crezcáis para salvación, si es que habéis gustado la benignidad del Señor» (1 P. 2:2-3).**
>
> **«Procura con diligencia presentarte ante Dios aprobado, como obrero que no tiene de qué avergonzarse, que usa bien la palabra de verdad» (2 Ti. 2:15).**
>
> **«Toda la Escritura es inspirada por Dios, y útil para enseñar, para redargüir, para corregir, para instruir en justicia» (2 Ti. 3:16).**

b. Llevará tiempo hasta que su propio testimonio y obre y produzca pan. Sin embargo, su obra leudante (servicio y ministerio)va a leudar la masa de harina (la gente) con la que trabaja y actúa.

4. La levadura cambia la calidad, no la sustancia de la masa. Sigue siendo masa, pero es una masa cambiada. El hombre que recibe el evangelio sigue siendo un hombre; pero es un hombre cambiado, un hombre de calidad, un hombre de Dios.

5. La levadura cambia toda la masa. Invade cada poro de la masa. Así es con el hombre. Una vez que el evangelio penetra genuinamente, invade y afecta la totalidad de su vida (cp. 2 Co. 5:17; Gá. 6:15; Ef. 4:23-24; Col. 3:10).

VI. EL GRAN VIAJE DEL HIJO DEL HOMBRE A JERUSALÉN (*Segunda etapa*): SU ENSEÑANZA Y SU CONFLICTO PÚBLICO, 13:22-17:10

A. Discusión sobre los salvados, 13:22-30

1 Jesús se encaminó a Jerusalén
a. Enseñaba en las ciudades y aldeas
b. En el camino alguien preguntó a Jesús acerca de la salvación
2 Los salvados se esfuerzan por entrar por la puerta estrecha
3 Los salvados actúan a tiempo; es posible reaccionar demasiado tarde
4 Los salvados no son los ciudadanos de naciones que se dicen cristianas, ni los miembros de ciertos grupos de compañerismo
5 Los salvados serán separados de los perdidos y éstos los verán entrar al reino de Dios[EF1, 2]
6 Los salvados vendrán de todas las naciones y clases de la sociedad

22 Pasaba Jesús por las ciudades y aldeas, enseñando, y encaminándose a Jerusalén.
23 Y alguien le dijo: Señor, ¿son pocos los que se salvan? Y él les dijo:
24 Esforzaos a entrar por la puerta angosta; porque os digo que muchos procurarán entrar, y no podrán.
25 Después que el padre de familia se haya levantado y cerrado la puerta, y estando fuera empecéis a llamar a la puerta, diciendo: Señor, Señor, ábrenos, él respondiendo os dirá: No sé de dónde sois.
26 Entonces comenzaréis a decir: Delante de ti hemos comido y bebido, y en nuestras plazas enseñaste.
27 Pero os dirá: Os digo que no sé de dónde sois; apartaos de mí todos vosotros, hacedores de maldad.
28 Allí será el llanto y el crujir de dientes, cuando veáis a Abraham, a Isaac, a Jacob y a todos los profetas en el reino de Dios, y vosotros estéis excluidos.
29 Porque vendrán del oriente y del occidente a la mesa en el reino de Dios.
30 Y he aquí, hay postreros que serán primeros, y primeros que serán postreros.

VI. EL GRAN VIAJE DEL HIJO DEL HOMBRE A JERUSALÉN (*Segunda etapa*): SU ENSEÑANZA Y SU CONFLICTO PÚBLICO, 13:22—17:10

A. Discusión sobre los salvados, 13:22-30

(13:22-30) ***Introducción:*** ¿Quiénes son los salvados? ¿Serán muchos los salvados? En este pasaje Cristo responde a estas preguntas. Sin embargo, no responde para satisfacer la curiosidad. Responde para desafiarnos, de manera que nos cercioremos de ser salvos.

1. Jesús se encaminó a Jerusalén (vv. 22-23).
2. Los salvados se esfuerzan por entrar por la puerta estrecha (v. 24).
3. Los salvados actúan a tiempo; es posible reaccionar demasiado tarde (v. 25).
4. Los salvados no son los ciudadanos de naciones que se dicen cristianas, ni los miembros de ciertos grupos de compañerismo (v. 26).
5. Los salvados serán separados de los perdidos y éstos los verán entrar al reino de Dios (vv. 27-28).
6. Los salvados vendrán de todas las naciones y clases de la sociedad (vv. 29-30).

[1] (13:22-23) ***Jesucristo, cruz—salvación:*** Jesús iba a Jerusalén. Esta es la segunda etapa de su gran travesía hacia la cruz. (Ver nota: Lc. 9:51; Cpe. Lc. 17:11). Note que a lo largo de su viaje enseñaba dondequiera que fuese. Siguió haciendo lo que Dios le envió hacer, sin descuidar ni olvidar su llamado y su misión. No importaba que estuviese en una ciudad grande o en una pequeña aldea; Jesús se extendía a cuanta persona podía alcanzar.

En alguna parte del camino, alguien le preguntó puntualmente: «Señor, ¿son pocos los que se salvan?» El hombre no quería saber cómo ser salvo, sino si los salvados serían numerosos o pocos. Probablemente su pregunta era una de dos cosas. Una pregunta basada en la curiosidad, una cuestión muchas veces discutida entre la gente: ¿Se salva la mayoría o no? Pero también pudo haber sido una pregunta legítima, procurando claridad sobre el tema. Los judíos enseñaban que todos ellos serían salvados simplemente por ser judíos, por nacimiento y por circuncisión. Pero Jesús enseñaba que la nacionalidad y el ritual nada tenían que ver con la salvación, y siempre subrayaba que muchos son llamados, pero pocos son escogidos. Tal vez el hombre hizo la pregunta para saber cómo reconciliar ambas enseñanzas. Note que Jesús usó la ocasión para hablarles a todos, a toda la multitud.

> ***Pensamiento 1.*** Muchas personas son curiosas, pero no lo suficientemente curiosas para buscar realmente al Señor y su salvación. Están listos y dispuestos a discutir *temas religiosos,* pero no están dispuestos a negarse a sí mismas y buscar diligentemente a Dios.
>
> ***Pensamiento 2.*** El nacimiento y el ritual no son suficientes para salvar a una persona, ni aun siendo el ritual la circuncisión (para los judíos) o el bautismo (para los cristianos). El bautismo no otorga mayor salvación a la persona *nacida en círculos cristianos* que la circuncisión a un judío *nacido en círculos judíos.*

[2] (13:24) ***Salvación—puerta estrecha —Jesucristo, mediador —buscar:*** los salvados se esfuerzan por entrar por la puerta estrecha. Note tres hechos significativos.

1. La entrada a la salvación es una *puerta estrecha.* Esto significa al menos dos cosas.
   a. El camino a la salvación es específico, muy específico.
   b. El camino a la salvación es el único camino. No existen muchos caminos para ser salvados; existe solamente un camino.

«Jesús le dijo: Yo soy el camino, y la verdad, y la vida; nadie viene al Padre, sino por mí» (Jn. 14:6).

«Y en ningún otro hay salvación; porque *no hay otro nombre* bajo el cielo dado a los hombres, en que podamos ser salvos» (Hch. 4:12).

«Porque hay un solo Dios, y un solo *mediador entre* Dios y los hombres, Jesucristo hombre, el cual se dio a sí mismo en rescate por todos, de lo cual se

dio testimonio a su debido tiempo (1 Ti. 2:5-6).

«Pero ahora tanto mejor ministerio es el suyo, cuanto es *mediador* de un mejor pacto, establecido sobre mejores promesas» (He. 8:6).

«Así que, por eso es *mediador* de un nuevo pacto, para que interviniendo muerte para la remisión de las transgresiones que había bajo el primer pacto, los llamados reciban la promesa de la herencia eterna» (He. 9:15).

«A Jesús el mediador del nuevo pacto, y a la sangre rociada que habla mejor que la de Abel» (He. 12:24).

«Hijitos míos, estas cosas os escribo para que no pequéis; y si alguno hubiere pecado, *abogado* tenemos para con el Padre, a Jesucristo el justo» (1 Jn. 2:1).

c. El camino a la salvación es recto. No es torcido en su dirección o propósito o moralidad. Es el camino recto.

2. La persona tiene que «esforzarse» (*agonizesthe*) para ser salvada. La palabra significa agonizar, luchar, combatir, esforzarse al máximo, trabajar fervientemente. Se requiere un *esfuerzo de todo corazón y con toda dedicación.* Pero note un asunto crucial: la idea no es que la persona trabaje para ganar su salvación, sino que *busque diligentemente* a Dios. Se arroja en total rendición sobre la *fe de que Dios es,* que Dios realmente existe (cp. He. 11:6). Es el espíritu, la actitud, el corazón que se centra en Dios y se rehusa a ser apartado o entregado a alguna otra cosa. Es la entrega total de la vida de uno a Dios por la salvación.

«Y yo os digo: Pedid, y se os dará; buscad, y hallaréis; llamad, y se os abrirá. Porque todo aquel que pide, recibe; y el que busca, halla; y al que llama, se le abrirá» (Lc. 11:9-10).

«Para que busquen a Dios, si en alguna manera, palpando, puedan hallarle, aunque ciertamente no está lejos de cada uno de nosotros» (Hch. 17:27; vv. 24-28).

«Pero sin fe es imposible agradar a Dios; porque es necesario que el que se acerca a Dios crea que le hay, y que es galardonador de los que le *buscan*» (He. 11:6).

«Mas si de allí buscares a Jehová tu Dios, lo hallarás, si lo buscares de todo tu corazón y de toda tu alma» (Dt. 4:29).

«Buscad a Jehová mientras pueda ser hallado, llamadle en tanto que está cercano» (Is. 55:6).

«Y me buscaréis y me hallaréis, porque me buscaréis de todo vuestro corazón» (Jer. 29:13).

«Sembrad para vosotros en justicia, segad para vosotros en misericordia; haced para vosotros barbecho; porque es el tiempo de buscar a Jehová, hasta que venga y os enseñe justicia» (Os.10:12).

«Pero así dice Jehová a la casa de Israel: Buscadme, y viviréis» (Am. 5:4).

«Buscad a Jehová todos los humildes de la tierra, los que pusisteis por obra su juicio; buscad justicia, buscad mansedumbre; quizá seréis guardados en el día del enojo de Jehová» (Sof. 2:3).

3. Muchos procurarán entrar por la puerta de la salvación pero «no podrán». El motivo es lo que Jesús dijo. Hay que «*esforzarse*» para entrar, y pocos están dispuestos a pagar el precio de negarse a sí mismos. Les cuesta demasiado renunciar al mundo (*véanse* nota y Estudio a fondo 3—Lc. 9:23).

«Y decía a todos: Si alguno quiere venir en pos de mí, niéguese a sí mismo, tome su cruz cada día, y sígame. Porque todo el que quiera salvar su vida, la perderá; y todo el que pierda su vida por causa de mí, éste la salvará» (Lc. 9:23-24).

[3] (13:25) ***Salvación—decisión—tiempo aceptable:*** los salvados actúan a tiempo; es posible que alguien reaccione demasiado tarde. La parábola es simple y claramente entendible. Note tres cosas.

1. La persona que se esfuerza *ahora* puede entrar a la salvación. Esto se ve en la palabra «procurarán» (v. 24); la palabra está en tiempo futuro; es decir, es en el futuro que muchos «procurarán entrar, y no podrán». Ahora, en el presente, todos los que se «esfuercen» por entrar a la salvación podrán ser salvos.

«Porque dice: En tiempo aceptable te he oído, y en día de salvación te he socorrido. He aquí ahora el tiempo aceptable; he aquí ahora el día de salvación» (2 Co. 6:2).

«Mi pecado te declaré, y no encubrí mi iniquidad. Dije: Confesaré mis transgresiones a Jehová; y tú perdonaste la maldad de mi pecado. *Por esto* orará a ti todo santo en el tiempo en que puedas ser hallado; ciertamente en la inundación de mucha aguas no llegarán éstas a él. Tú eres mi refugio; me guardarás de la angustia; con cánticos de liberación me rodearás» (Sal. 32:5-7).

«Porque él es nuestro Dios; nosotros el pueblo de su prado, y ovejas de su mano. Si oyereis hoy su voz» (Sal. 95:7).

«Así dijo Jehová: En tiempo aceptable te oí, y en el día de salvación te ayudé; y te guardaré, y te daré por pacto al pueblo, para que restaures la tierra, para que heredes asoladas heredades» (Is. 49:8).

2. El Señor de la casa se levantará y cerrará la puerta de la salvación. Hay un límite de tiempo para la salvación. La puerta no siempre estará abierta.

a. Se cierra al morir la persona. A ninguna persona que viva al presente se le ha cerrado la puerta; pero para algunos, la puerta se cerrará en los próximos minutos, en la próxima hora, el próximo día» (He. 9:27).

b. Se cierra cuando regrese el Señor y tenga lugar el gran día del juicio. La era de la gracia y el día de salvación habrán concluido para todo el mundo, para todo hombre y mujer y niño que hayan alcanzado la edad de ser responsables.

3. Muchos se levantarán y llamarán a la puerta cerrada pidiendo entrar. La escena pintada por Cristo es esta: los hombres se levantarán y clamarán por misericordia y salvación cuando ya sea demasiado tarde. Una vez que la persona muere, es demasiado tarde. Una vez que Cristo haya vuelto, será demasiado tarde.

«Porque al que tiene, le será dado, y tendrá más; y al que no tiene, aun lo que tiene le será quitado. Y al siervo inútil echadle en las tinieblas de afuera; allí será el lloro y el crujir de dientes» (Mt. 25:29-30; cp. 24-30).

«Entonces dirá también a los de la izquierda: Apartaos de mí malditos, el fuego eterno preparado para el diablo y sus ángeles. Porque tuve hambre, y no me disteis de comer; tuve sed, y no me disteis de beber; fui forastero y no me recogisteis; estuve desnudo, y no me cubristeis; enfermo, y en la cárcel, y no me visitasteis. Entonces también ellos le responderán diciendo: Señor, ¿cuándo te vimos hambriento, sediento, forastero, desnudo, enfermo, o en la cárcel, y no te servimos? Entonces les responderá diciendo: De cierto os digo que en cuanto no lo hicisteis a uno de estos más pequeños, tampoco a mí lo hicisteis. E irán éstos al castigo eterno, y los justos a la vida eterna» (Mt. 25:41-46).

«Y de la manera que está establecido para los hombres que mueran una sola vez, y después de esto el juicio» (He. 9:27).

«Porque ya sabéis que aun después, deseando heredar la bendición, fue desechado, y no hubo oportunidad para el arrepentimiento, aunque la procuró con lágrimas» (He. 12:17).

«Pasó la siega, terminó el verano, y nosotros no hemos sido salvos» (Jer. 8:20).

[4] (13:26) ***Falsa profesión de fe—herencia—nación cristiana:*** los salvados no son los ciudadanos de naciones que se dicen cristianas ni los miembros de ciertos grupos de compañerismo o de ciertas iglesias. Note las palabras exactas de los hombres cuando en aquel día estén ante Cristo:

1. «Delante de ti hemos *comido y bebido.*» Estuvieron...
   - donde estaba Él, en su propia presencia (en la iglesia, en la presencia de creyentes).
   - donde su Palabra era enseñada.
   - donde su obra era ejecutada.
2. «En nuestras plazas enseñaste.»

- Eran ciudadanos de países que permitieron su enseñanza.
- Permitieron que su enseñanza se diera en sus plazas, vecindarios, ciudades y hogares.

Sin embargo, eran *creyentes de palabra nada más;* no eran creyentes genuinos. Eran personas que tuvieron todos los privilegios del evangelio; algunos incluso eran miembros de iglesia bautizados, y personas de buena moral, pero nunca entregaron la totalidad de su ser para *esforzarse* en procura de salvación. (*Véanse* bosquejo y notas—Jn. 1:12-13; Fil. 3:7-11). Siguieron viviendo vidas mundanas e injustas, buscando posesiones, confort, y el poder de este mundo.

«No todo el que me dice: Señor, Señor, entrará en el reino de los cielos, sino el que hace la voluntad de mi Padre que está en los cielos» (Mt. 7:21).

«Respondiendo él, les dijo: Hipócritas, bien profetizó de vosotros Isaías, como está escrito: Este pueblo de labios me honra, mas su corazón está lejos de mí» (Mr. 7:6).

«Profesan conocer a Dios, pero con los hechos lo niegan, siendo abominables y rebeldes, reprobados en cuanto a toda buena obra» (Tit. 1:16).

«Hijitos míos, no amemos de palabra ni de lengua, sino de hecho y en verdad» (1 Jn. 3:18).

«Se acordaron de que Dios era su refugio, y el Altísimo su redentor» (Sal. 78:35).

«Y vendrán a ti como viene el pueblo, y estarán delante de ti como pueblo mío, y oirán tus palabras, y no las pondrán por obra; antes hacen halagos con sus bocas, y el corazón de ellos anda en pos de su avaricia. Y he aquí que tú eres a ellos como cantor de amores, hermoso de voz y que canta bien; y oirán tus palabras, pero no las pondrán por obra» (Ez. 33:31-32).

[5] (13:27-28) ***Juicio—perdido, rechazado por Dios:*** los salvados serán separados de los perdidos, y los perdidos los verán entrar al reino de Dios. (*Véase* Estudio a fondo 3, ***Reino de Dios***—Mt. 19:23-24.) Note varios hechos trágicos.

1. El Señor no conocerá a los perdidos, no sabrá de donde son. Habían vivido en una vida y en un reino diferente, en un mundo de pensamientos y conductas diferentes al suyo. Vendrán de un trasfondo totalmente diferente al del Señor. Por eso, no los conocerá ni sabrá de donde son.

«Porque os digo que si vuestra justicia no fuere mayor que la de los escribas y fariseos, no entraréis en el reino de los cielo» (Mt. 5:20).

«Y dijo: De cierto os digo, que si no os volvéis y os hacéis como niños, no entraréis en el reino de los cielos» (Mt. 18:3; cp. Mr. 10:15).

«¿No sabéis que los injustos no heredarán el reino de Dios? No erréis; ni los fornicarios, ni los idólatras, ni los adúlteros, ni los afeminados, ni los que se echan con varones» (1 Co. 6:9; cp. Gá. 5:19-21; cp. vv. 22-23).

«Pero esto digo, hermanos: que la carne y la sangre no pueden heredar el reino de Dios, ni la corrupción hereda incorrupción» (1 Co. 15:50).

«No entrará en ella ninguna cosa inmunda, o que hace abominación y mentira, sino solamente los que están inscritos en el libro de la vida del Cordero» (Ap. 21:27).

2. El Señor tendrá que rechazar a los perdidos, porque han sido «hacedores de maldad» (cp. Sal. 6:8).

«Muchos me dirán en aquel día: Señor, Señor, ¿no profetizamos en tu nombre, y en tu nombre echamos fuera demonios, y en tu nombre hicimos muchos milagros? Y entonces les declararé: Nunca os conocí; apartaos de mí, hacedores de maldad» (Mt. 7:23).

«Dejad crecer juntamente lo uno con lo otro hasta la siega; y al tiempo de la siega yo diré a los segadores: Recoged primero la cizaña, y atadla en manojos para quemarla; pero recoged el trigo en mi granero» (Mt. 13:30).

«Así será el fin del siglo: saldrán los ángeles, y apartarán a los malos de entre los justos» (Mt. 13:49).

«Entonces estarán dos en el campo; el uno será tomado, y el otro será dejado. Dos mujeres estarán moliendo en un molino; la una será tomada, y la otra será dejada» (Mt. 24:40-41; cp. Lc. 17:34-36).

«Después vinieron también las otras vírgenes, diciendo: ¡Señor, señor, ábrenos! Mas él, respondiendo, dijo: De cierto os digo que no os conozco» (Mt. 25:11-12).

«E irán éstos al castigo eterno, y los justos a la vida eterna» (Mt. 25:46).

«Además de todo esto, una gran sima está puesta entre nosotros y vosotros, de manera que los que quisieren pasar de aquí a vosotros, no pueden, ni de allá pasar acá» (Lc. 16:26).

3. Los perdidos llorarán y crujirán sus dientes (*véanse* Estudios 1, 2—Lc. 13:28). Note el motivo: verán concretamente a sus padres, hombres piadosos de cuyas raíces ellos provenían, entrar al reino de Dios; en cambio ellos mismos serán echados fuera. Note que los perdidos podrán ver a los creyentes entrar al cielo, al reino de Dios (*véase* nota, pto. 2—Lc. 16:23-31).

Pensamiento. ¿Cuántos verán a sus padres piadosos, hijos, amigos, y allegados, entrar al reino de Dios, siendo ellos mismos excluídos? En aquel trágico día habrá llanto y crujir de dientes. ¿Por qué? Sencillamente porque ellos (los perdidos) no se habrán «esforzado» parta entrar a la salvación. No estuvieron dispuestos a negarse a sí mismos (*véanse* nota y Estudio 1—Lc. 9:23).

ESTUDIO A FONDO 1

(13:28) ***Llanto:*** fuerte aflicción, lamento, gemido, lloro con torrente y torrentes de lágrimas.

ESTUDIO A FONDO 2

(13:28) ***Crujir*** *(brugmos):* moler, morder con hostilidad, amargura e indignación; hacer sonar despectivamente los dientes; enojo, furia y desesperación porque no se puede hacer nada. La condición de la persona es establecida de manera permanente (cp. Is. 51:20).

[6] (13:29-30) ***Gentil, conversión—salvación, universal—recompensa:*** los salvados vendrán de todas las naciones y clases de la sociedad. Esta es una predicción del gran avivamiento y conversión de los gentiles que tendrá lugar. Por su puesto, estamos actualmente en medio de este gran avivamiento. Note tres hechos.

1. Los salvados vendrán de los cuatro puntos cardinales del mundo. La salvación no es de un solo rincón ni de una sola nación de la tierra. Es de Dios, quien gobierna sobre la tierra, y es por fe, por *esforzarse* para entrar en el reino de Dios (*véanse* notas—Ro. 4:11-12. *Véanse* bosquejo y Estudio a fondo 1—Ro. 4:1-25.)

«Id, pues, a las salidas de los caminos, y llamad a las bodas a cuantos halléis» (Mt. 22:9).

«Por tanto, id, y haced discípulos a todas las naciones, bautizándolos en el nombre del Padre, y del Hijo, y del Espíritu Santo; enseñándoles que guarden todas las cosas que os he mandado; y he aquí yo estoy con vosotros todos los días hasta el fin del mundo» (Mt. 28:19-20).

«En el último y gran día de la fiesta, Jesús se puso en pie y alzó la voz, diciendo: *Si alguno* tiene sed, venga a mí y beba» (Jn. 7:37).

«Porque no hay diferencia entre judío y griego, pues el mismo que es Señor de todos, es rico para con todos los que le invocan» (Ro. 10:12).

«Y el Espíritu y la Esposa dicen: Ven. Y el que oye, diga: Ven. Y el que tiene sed venga: y *el que quiera,* tome del agua de la vida gratuitamente» (Ap. 22:17).

«Mirad a mí, y sed salvos, todos los términos de la tierra, porque yo soy Dios, y no hay más» (Is. 45:22).

«A todos los sedientos: Venid a las aguas; y los que no tienen dinero, venid, comprad y comed. Venid, comprad sin dinero y sin precio, vino y leche» (Is. 55:1).

2. Los salvados se sentarán en el reino de Dios. El cuadro es el de la gran boda del Mesías. (*Véanse* bosquejo y notas—Lc. 14:15-24; Mt. 22:1-14 para la discusión.)

«Al que venciere, le daré que se siente conmigo en mi trono, así como yo he vencido, y me he sentado con mi Padre en su trono» (Ap. 3:21).

3. Los salvados vienen de todas las clases, aun de aquellas que el hombre califica como «últimas». Para Dios las *clases* carecen de importancia. Él no hace acepción de personas. Él salva a toda persona que se *esfuerza* por entrar a la salvación. De manera que muchos primeros (que están seguros y protegidos) en medio de ellos mismos y de otros, serán postreros (perdidos), y muchos considerados como postreros, serán primeros.

«Entonces, Pedro, abriendo la boca, dijo: En verdad comprendo que Dios no hace acepción de personas, sino que en toda nación se agrada del que le teme y hace justicial (Hch. 10:34-35).

«Pero gloria y honra y paz a todo el que hace lo bueno, al judío primeramente y también al griego; porque no hay acepción de personas para con Dios» (Ro. 2:10-11).

«Porque no hay diferencia entre judío y griego, pues el mismo que es Señor de todos, es rico para con todos los que le invocan» (Ro. 10:12).

«Dios no hace acepción de personas» (Gá. 2:6).

«Quitó los tronos a los poderosos, y exaltó a los humildes» (Lc. 1:52).

«¡Ay de vosotros lo que ahora estáis saciados! porque tendréis hambre. ¡Ay de vosotros, los que ahora reís! porque lamentaréis y lloraréis» (Lc. 6:25).

1 Algunos fariseos advirtieron a Jesús que había un complot destinado a darle muerte **2 El rechazo de los líderes políticos** a. Su ministerio será perfeccionado, es decir, llevado hasta el fin b. Su andar hoy, mañana, y el día después de mañana «es necesario»	**B. Trágico rechazo hacia Jesús, 13:31-35** (Mt. 23:37-39; cp. Lc. 19:41-44) 31 Aquel mismo día llegaron unos fariseos, diciéndole: Sal, y vete de aquí, porque Herodes te quiere matar. 32 Y le dijo: Id, y decid a aquella zorra: He aquí, echo fuera demonios y hago curaciones hoy y mañana, y al tercer día termino mi obra. 33 Sin embargo, es necesario que hoy y mañana y pasado mañana siga mi camino;	porque no es posible que un profeta muera fuera de Jerusalén. 34 ¡Jerusalén, Jerusalén, que matas a los profetas, y apedreas a los que son enviados! ¡Cuántas veces quise juntar a tus hijos, como la gallina a sus polluelos debajo de sus alas, y no quisiste! 35 He aquí, vuestra casa os es dejada desierta; y os digo que no me veréis, hasta que llegue eltiempo en que digáis: Bendito el que viene en nombre del Señor.	c. Tiene que proseguir diligentemente hacia su muerte en Jerusalén **3 El rechazo de los religiosos y de la gente** a. Mataron a los profetas y mensajeros de Dios b. Rechazaron la salvación del Mesías **4 La advertencia a todos los que rechazan a Jesús** a. Serán rechazados por Dios b. Vendrá un día cuando Jesús regrese y gobierne de modo supremo

B. Trágico rechazo hacia Jesús, 13:31-35

(13:31-35) ***Introducción:*** los hombres siempre rechazaron y se opusieron a Jesucristo. El hombre común, el religioso y el gobernante se ha opuesto y aún se opone a Él. No hay una sola clase de hombres que acuda masivamente a Cristo, al menos no con auténtica fe. La oposición a Jesús abarca desde ignorarlo hasta procurar aniquilar el testimonio de sus seguidores. Algunas personas ridiculizan y se abusan de los seguidores del Señor, mientras que otros los persiguen y los matan. Este pasaje es acerca de personas que rechazaron a Jesucristo.

1. Algunos fariseos advirtieron a Jesús que había un complot destinado a darle muerte (v. 31).
2. El rechazo de los líderes políticos (vv. 31-33).
3. El rechazo de los religiosos y de la gente (v. 34).
4. La advertencia a todos los que rechazan a Jesús (v. 35).

(13:31-35) ***Otro bosquejo:*** algunas cosas inusuales acerca de Jesús.

1. Algunos fariseos se preocupaban por Jesús (v. 31).
2. Herodes tenía un complot para matar a Jesús (v. 31).
3. Jesús usaba palabras agudas: «aquella zorra» (v. 32).
4. Jesús conocía la duración de su propia vida (v. 33).
5. Jesús conocía el lugar de su muerte (v. 33).
6. Jesús entró deliberadamente a la trampa asesina preparada para Él (v. 33).
7. Jesús se lamentaba de quienes lo rechazaban (v. 34).
8. Jesús predijo un día futuro de la supremacía de Dios (v. 35).

[1] (13:31) ***Fariseos:*** algunos fariseos advirtieron a Jesús el complot de Herodes. Este versículo demuestra que unos pocos fariseos respetaban a Jesús y no le eran hostiles. Aparentemente, la vasta mayoría lo rechazaba y se oponía a Él, pero había unos pocos que realmente lo amaban y creían en Dios. Por eso, nunca pensarían en complotarse para matar a un hombre, mucho menos a Jesús. Cuando miraban a Jesús, sentían que era un hombre bueno, tal vez un profeta, incluso tal vez el Mesías. Sabemos que algunos fariseos aceptaron a Jesús como el Mesías (Hch. 6:7; 15:5; 18:8, 17). Probablemente fueron algunos de estos los que advirtieron a Jesús acerca de Herodes.

[2] (13:31-33) ***Jesucristo, rechazo:*** el rechazo de parte de los líderes políticos. Herodes tramaba un complot para dar muerte a Jesús. Este es un hecho pocas veces considerado, pero era un complot real y peligroso. Así lo muestran la palabras del Señor dirigidas a Herodes (v. 32). Recuerde la escena. Jesús estaba en territorio de Herodes, en Galilea, y miles de personas le seguían al atravesar la región. En todo el país corrían rumores acerca del Mesías. Y cuando aparecía el tema de un Mesías judío, las autoridades le daban cuidadosa atención. Normalmente, cuando una persona afirmaba ser un Mesías, se producía algún tipo de sublevación. Necesariamente Herodes tenía que prestarle cuidadosa atención sin apartar su mirada de Jesús y de sus movimientos.

> ***Pensamiento.*** Los fariseos que dieron la advertencia a Jesús, fueron contra la corriente. Lo que hicieron no era aprobado por sus compañeros, sin embargo, hicieron lo que sabían que era correcto. Se *levantaron en favor de Cristo.*

Hay otro hecho conocido acerca de Herodes. Había reaccionado contra la justicia de Juan el Bautista y lo había matado. Herodes fue presa de lo que experimentan tantos líderes políticos:

- El temor de que la lealtad *primordial* del pueblo sea hacia Dios y no hacia el estado. (Los líderes del gobierno con frecuencia no ven que el reino de Cristo no es de esta tierra, y que Dios demanda lealtad al estado. *Véanse* notas—Lc. 20:19-26; Mt. 22:15-22; 17:24-27.)
- El temor de la enseñanza de Cristo: la responsabilidad de los hombres hacia Dios.
- El temor de la *auténtica* rectitud, de la justicia y el amor. (Con frecuencia tales virtudes son contrarias a lo que los líderes del gobierno realmente quieren).

Estos son los motivos por los que los hombres quieren borrar el testimonio de Cristo. Note que Jesús tildó a Herodes de «aquella zorra». El *zorro* era símbolo de...

- un hombre taimado.
- de alguien ordinario.
- de un hombre indigno.
- de un hombre artificioso.
- un hombre sutil.
- de alguien traicionero.
- de un hombre destructor.

De las siguientes maneras el hombre atacaría el testimonio de Cristo...

- siendo astuto.
- ordinario.
- traicionero.
- indigno.
- sutil.
- artificioso.
- destructor.

Jesús dijo tres cosas reveladoras acerca del ataque contra su testimonio.

1. Su ministerio y testimonio será «terminado» (*teleioumai*). La palabra significa completado y finalizado. Su testimonio de liberar espiritual y físicamente a los hombres (echando fuera a los malos espíritus y sanando) no será detenido por hombre alguno, ni aun por gobernantes tales como Herodes.

Las palabras «al tercer día termino mi obra» significan que su testimonio y su poder liberador serán completados y finalizados. Existe un *tiempo determinado* para ello, luego su testimonio cesará. Ya no será más. Pero hasta ese día nada puede detener su ministerio y testimonio. Esto, por su puesto, es una referencia a la muerte de Jesús y a su resurrección el tercer día. Note que la resurrección señala la terminación de su ministerio. Es por el hecho de resucitar que la muerte es conquistada y la salvación del hombres es asegurada.

«Mas vosotros negasteis al Santo y al Justo, y pedisteis que se os diese un homicida, y matasteis al Autor de la vida, a quien Dios ha resucitado de los muertos, de lo cual nosotros somos testigos» (Hch. 3:14-15).

«Y nosotros *somos testigos de todas las cosas que Jesús hizo* en la tierra de Judea y en Jerusalén; a quien mataron colgándole en un madero. A éste levantó Dios al tercer día, e hizo que se manifestase; no a todo el pueblo, sino a los testigos que Dios había ordenado de antemano, a nosotros que comimos y bebimos con él después que resucitó de los muertos» (Hch. 10:39-41).

«Que fue declarado Hijo de Dios con poder, según el Espíritu de santidad, por la resurrección de entre los muertos» (Ro. 1:4).

«Mas ahora Cristo ha resucitado de los muertos; *primicias* de los que durmieron es hecho. Porque por cuanto la muerte entró por un hombre, también por un hombre la resurrección de los muertos. Porque así como en Adán todos mueren, también en Cristo todos serán vivificados. Pero cada uno en su debido orden: Cristo, las primicias; luego los que son de Cristo, en su venida» (1 Co. 15:20-23).

«Sabiendo que el que resucitó al Señor Jesús, a nosotros también nos resucitará con Jesús, y nos presentará juntamente con vosotros» (2 Co. 4:14).

«Sino también con respecto a nosotros a quienes ha de ser contada, esto es, a los que creemos en el que levantó de los muertos a Jesús, Señor nuestro, el cual fue entregado por nuestras transgresiones, y resucitado para nuestra justificación» (Ro. 4:24-25).

«Que si confesares con tu boca que Jesús es el Señor, y creyeres en tu corazón que Dios le levantó de los muertos, serás salvo» (Ro. 10:9).

«Porque si creemos que Jesús murió y resucitó, así también traerá Dios con Jesús a los que durmieron en él» (1 Ts. 4:14).

«Bendito el Dios y Padre de nuestro Señor Jesucristo, que según su grande misericordia nos hizo renacer para una esperanza viva, por la resurrección de Jesucristo de los muertos, para una herencia incorruptible, incontaminada e inmarcesible, reservada en los cielos para vosotros» (1 P. 1:3-4).

2. Su andar hoy, mañana y pasado mañana «debe ser». La palabra «debe» (*dei*) quiere decir que es necesario por la propia naturaleza del caso. El testimonio de Jesús era una necesidad divina, supervisada y ordenada por Dios, y no podía ser detenido. Los caminos y el testimonio de Jesús eran dirigidos por Dios.

«A éste, entregado por el determinado consejo y anticipado conocimiento de Dios, prendisteis y matasteis por manos de inicuos, crucificándole; al cual Dios levantó, sueltos los dolores de la muerte, por cuanto era imposible que fuese retenido por ella» (Hch. 2:23-24. *Véase* Estudio a fondo 3, *Determinado consejo*—Hch. 2:23.)

«Y Pablo, como acostumbraba, fue a ellos, y por tres días de reposo discutió con ellos. Declarando y exponiendo por medio de las Escrituras, que era necesario que el Cristo padeciese, y resucitase de los muertos; y que Jesús, a quien yo os anuncio, decía él, es el Cristo» (Hch. 17:2-3).

Pensamiento. Note dos preguntas cruciales.

1) ¿Cuántos de nosotros conocemos la *necesidad divina* de Dios de testificar?
2) ¿Cuántos de nosotros andamos *hoy y mañana* bajo la dirección (necesidad divina) de Dios?

3. Su muerte necesariamente *tiene que ser en Jerusalén.* Jerusalén era la capital de la nación, el centro simbólico del gobierno del pueblo, de la religión y de las esperanzas. Era allí donde estaba el templo y donde gobernaba y juzgaba su gobierno (el sanhedrín). Si un profeta iba a morir, la decisión de esa muerte era tomada en Jerusalén. Por eso, Jesús estaba diciendo lo siguiente acerca de su propia muerte:

- ¿Cuando la gente le de muerte (al Hijo de Dios), ello debía ocurrir en el lugar que simbolizaba todas las esperanzas y actividades del hombre (gobierno y religión). ¿Por qué? Porque iba a morir por todos los hombres en todas partes; por todas las corrupciones de ellos en el gobierno y en la religión, y por todas las injusticias de ellos en ambas esferas. Ellos aún no entendían los motivos, pero pronto los entenderían.

«Quien llevó él mismo nuestros pecados en su cuerpo sobre el madero, para que nosotros, estando muertos a los pecados, vivamos a la justicia; y por cuya herida fuisteis sanados» (1 P. 2:24).

«Porque también Cristo padeció una sola vez por los pecados, el justo por los injustos, para llevarnos a Dios, siendo a la verdad muerto en la carne, pero vivificado en espíritu» (1 P. 3:18).

3 (13:34) ***Jesucristo, rechazo:*** el rechazo por parte de los religiosos y de la gente. Jesús, mirando a Jerusalén, lloró. Lloró porque vio a la ciudad como el símbolo de toda religión formal y de todos los hombres que rechazaron su testimonio. (*Véase* nota, pto. 3: Lc. 13:31-33.) Por eso, este pasaje es conocido como el lamento de Jesús sobre Jerusalén (*véanse* bosquejo y notas—Mt. 23:37-39 para mayor discusión).

1. Los religiosos y la gente rechazaron, ridiculizaron, se abusaron, persiguieron y mataron a los profetas y mensajeros de Dios. Es preciso que la gente que se abusa de los mensajeros de Dios recuerde algo. Dios los tiene muy cerca de su corazón; Dios es extremadamente protector para con sus mensajeros. Ridiculizar y abusar de uno de sus verdaderos seguidores es una ofensa muy grave. Jerusalén y el pueblo de Israel era culpable de muchos pecados, pero era éste pecado el que Jesús destacó como el *más digno de condenación*. En relación con este pensamiento está el hecho de que en el desierto fue primordialmente la *murmuración* de Israel contra Moisés y contra Dios lo que motivó a Dios a juzgar tan severamente a esa generación.

Las Escrituras dicen:

«¿Tú quién eres, que juzgas al criado ajeno? Para su propio señor está en pie, o cae; pero estará firme, porque poderoso es el Señor para hacerle estar firme» (Ro. 14:4). (*Véase* nota, *Judíos, pecados de los*—Mt. 23:37 en cuanto a una lista de los profetas maltratados por el pueblo.)

2. El pueblo rechazó la salvación del Mesías.
   a. Note la enorme paciencia de Dios. A pesar del repetido rechazo y homicidio de los piadosos, Dios siguió preocupándose por el pueblo.
   b. Note la constante paciencia y amor de Cristo. «¡Cuántas veces quise juntar.» Jesús hubiera salvado a la gente una y otra vez, porque deseaba salvarlos, no condenarlos.

«Porque el Hijo del Hombre vino a buscar y a salvar lo que se había perdido» (Lc. 19:10).

«Porque no envió Dios a su Hijo al mundo para condenar al mundo, sino para que el mundo sea salvo por él» (Jn. 3:17).

«El ladrón no viene sino para hurtar y destruir; yo he venido para que tengan vida, y para que la tengan en abundancia» (Jn. 10:10).

«Y halló Jesús un asnillo, y montó sobre él, como está escrito» (Jn. 12:14).

«Le dijo entonces Pilato: ¿Luego, eres tú rey? Respondió Jesús: Tú dices que yo soy rey. Yo para esto he nacido, y para esto he venido al mundo,

para dar testimonio a la verdad. Todo aquel que es de la verdad, oye mi voz» (Jn. 18:37).

«Palabra fiel y digna de ser recibida por todos: que Cristo Jesús vino al mundo para salvar a los pecadores, de los cuales yo soy el primero» (1 Ti. 1:15).

c. Note las trágicas palabras: «y no quisiste». Él quería salvarlos, pero ellos no querían ser salvos. La gente tuvo todos los privilegios y oportunidades imaginables. Oyeron a Cristo y aprendieron de Él, sin embargo, lo rechazaron. Ese rechazo fue una *decisión deliberada.*

«A lo suyo vino, y los suyos no le recibieron» (Jn. 1:11).

«Yo he venido en nombre de mi Padre, y no me recibís; si otro viniere en su propio nombre, a éste recibiréis» (Jn. 5:43).

«El que me rechaza, y no recibe mis palabras, tiene quien le juzgue; la palabra que he hablado, ella le juzgará en el día postrero» (Jn. 12:48).

[4] (13:35) ***Jesucristo, exaltación—juicio—rechazo:*** la advertencia a todos los que rechazan a Cristo es doble.

1. Ellos y su casa serán abandonados por Dios. La casa puede ser una casa literal, una nación, un cuerpo religioso, una ciudad, un grupo local, no importa, si rechazan una y otra vez a Cristo, si rechazan los privilegios que tienen, Dios los abandonará a sí mismos. Serán abandonados, dejados sin la presencia de Dios. Y un lugar sin la presencia de Dios es semejante a un desierto o a un páramo; es ser abandonados y dejados a su ruina. (*Véanse* bosquejos y notas—Mt. 23:38-39; Ro. 1:24-32.)

«Mas los hijos del reino serán echados a las *tinieblas de afuera*; allí será el lloro y el crujir de diente» (Mt. 8:12).

«Entonces el rey dijo a los que servían: Atadle de pies y manos, y echadle en las tinieblas de afuera; allí será el lloro y el crujir de dientes» (Mt. 22:13).

«Y al siervo inútil echadle en las *tinieblas de afuera*; allí será el lloro y el crujir de dientes» (Mt. 25:30).

«El que en mí no permanece, será *echado fuera* como pámpano, y se secará; y los recogen, y los echan en el fuego, y arden» (Jn. 15:6).

«Y Dios se apartó, y los *entregó* a que rindiesen culto al ejército del cielo [cp. astrología]» (Hch. 7:42).

«Por lo cual también Dios *los entregó* a la inmundicia, en las concupiscencias de sus corazones, de modo que deshonraron entre sí sus propios cuerpos, ya que cambiaron la verdad de Dios por la mentira, honrando y dando culto a las criaturas antes que al Creador, el cual es bendito por los siglos. Por esto Dios *los entregó* a pasiones vergonzosas; pues aun sus mujeres cambiaron el uso natural por el que es contra naturaleza, y de igual modo también los hombres, dejando el uso natural de la mujer, se encendieron en su lascivia unos con otros, cometiendo hechos vergonzosos hombres con hombres, y recibiendo en sí mismos la retribución debida a su extravío. Y como ellos no aprobaron tener en cuenta a Dios, *Dios los entregó* a una mente reprobada, para hacer cosas que no convienen; estando atestados de toda injusticia, fornicación, perversidad, avaricia, maldad; llenos de envidia, homicidios, contiendas, engaños y malignidades; murmuradores, detractores, aborrecedores de Dios, injuriosos, soberbios, altivos, inventores de males, desobedientes a los padres, necios, desleales, sin afecto natural, implacables, sin misericordia; quienes habiendo entendido el juicio de Dios, que los que practican tales cosas son dignos de muerte, no sólo las hacen, sino que también se complacen con los que las practican» (Ro. 1:24-32).

«Y le mostraré que *yo juzgaré su casa* para siempre, por la iniquidad que él sabe; porque sus hijos han blasfemado a Dios, y él no los ha estorbado» (1 S. 3:13).

«No seáis como vuestros padres y como vuestros hermanos, que se rebelaron contra Jehová el Dios de sus padres, y *él los entregó* a desolación, como vosotros véis» (2 Cr. 30:7).

«Pero mi pueblo no oyó mi voz, e Israel no me quiso a mí. Los dejé, por tanto, a la dureza de su corazón; caminaron en sus propios consejos» (Sal. 81:11-12).

«Entonces me llamarán, y no responderé; me buscarán de mañana, y no me hallarán. Por cuanto aborrecieron la sabiduría, y no escogieron el temor de Jehová, ni quisieron mi consejo, y menospreciaron toda reprensión mía, comerán del fruto *de su camino*, y serán hastiados de sus *propios consejos*. Porque el desvío de los ignorantes los matará, y la prosperidad de los necios los echará a perder; mas el que me oyere, habitará confiadamente, y vivirá tranquilo, sin temor del mal» (Pr. 1:28-33).

«Efraín es dado a los ídolos; *déjalo*» (Os. 4:17).

2. Vendrá el día de su regreso y de su gobierno supremo. Esta es una referencia concreta al regreso de Jesús a la tierra (cp. Sal. 118:26). Note que todo aquel que rechazó a Jesucristo lo verá regresar, pero entonces será demasiado tarde. Volverá con juicio, para doblegar las rodillas de quienes rechazaron su supremacía.

«Por lo cual Dios también le exaltó a los sumo, y le dio un nombre que es sobre todo nombre, para que en el nombre de Jesús se doble toda rodilla de los que están en los cielos, y en la tierra, y debajo de la tierra; y toda lengua confiese que Jesucristo es el Señor, para gloria de Dios Padre» (Fil. 2:9-11).

«Enseñándonos que, renunciando a la impiedad y a los deseos mundanos, vivamos en este siglo sobria, justa y piadosamente, aguardando la esperanza bienaventurada y la manifestación gloriosa de nuestro gran Dios y Salvador Jesucristo» (Tit. 2:12-13).

«Y el Señor después que les habló, fue recibido arriba en el cielo, y se sentó a la diestra de Dios» (Mr. 16:19).

«Pero desde ahora el Hijo del Hombre se sentará a la diestra del poder de Dios» (Lc. 22:69).

«El que de arriba viene, es sobre todos; el que es de la tierra, es terrenal, y cosas terrenales habla; el que viene del cielo, es sobre todos» (Jn. 3:31).

«Vosotros me llamáis Maestro, y Señor; y decís bien, porque lo soy» (Jn. 13:13).

«Sepa, pues, ciertísimamente toda la casa de Israel, que a este Jesús a quien vosotros crucificasteis, Dios le ha hecho Señor y Cristo» (Hch. 2:36).

«Así que, sigamos lo que contribuye a la paz y a la mutua edificación» (Ro. 14:19).

«Porque preciso es que él reine hasta que haya puesto a todos sus enemigos debajo de sus pies» (1 Co. 15:25).

«La cual operó en Cristo, resucitándole de los muertos y sentándole a su diestra en los lugares celestiales» (Ef. 1:20).

«Quien habiendo subido al cielo está a la diestra de Dios; y a él están sujetos los ángeles, autoridades y potestades» (1 P. 3:22).

«Y miré, y oí la voz de muchos ángeles alrededor del trono, y de los seres vivientes, y de los ancianos; y su número era millones de millones, que decían a gran voz: El Cordero que fue inmolado es digno de tomar el poder, las riquezas, la sabiduría, la fortaleza, la gloria y la alabanza. Y a todo lo creado que está en el cielo, y sobre la tierra, y debajo de la tierra, y en el mar, y de todas las cosas que en ellos hay, oí decir: Al que está sentado en el trono, y al Cordero, sea la alabanza, la honra, la gloria y el poder, por los siglos de los siglos. Los cuatro seres vivientes decían: Amén; y los veinticuatro ancianos se postraron sobre sus rostros y adoraron al que vive por los siglos de los siglos» (Ap. 5:11-14).

1 Los religiosos observaban con ojos críticos a Jesús **2 Los religiosos ignoraban lo que era realmente necesario** **3 Los religiosos daban**	**CAPÍTULO 14** **C. Los religiosos y su error, 14:1-6** (Mt. 12:9-13) Aconteció un día de reposo, que habiendo entrado para comer en casa de un gobernante, que era fariseo, éstos le acechaban. 2 Y he aquí estaba delante de él un hombre hidrópico. 3 Entonces Jesús habló a	los intérpretes de la ley y a los fariseos, diciendo: ¿Es lícito sanar en el día de reposo? 4 Mas ellos callaron. Y él, tomándole, le sanó, y le despidió. 5 Y dirigiéndose a ellos, dijo: ¿Quién de vosotros, si su asno o su buey cae en algún pozo, 6 no lo sacará inmediatamente, aunque sea en día de reposo? Y no le podían replicar a estas cosas.	**más importancia a las formas que a la sanidad de un hombre** **4 Los religiosos se rehusaban a confesar la verdad enseñada por Jesús** **5 No alcanzaban a ver la inconsistencia de su propia fe y conducta** **6 Conclusión: los religiosos fueron silenciados**

C. Los religiosos y su error, 14:1-6

(14:1-6) ***Introducción:*** un fariseo principal invitó a comer a Jesús en día de reposo. Algunos comentaristas creen que fue una invitación malintencionada, un complot para atrapar a Jesús quebrantando la ley del día de reposo para así descalificarlo ante los ojos del pueblo por ser un violador de la ley. Sin embargo, esto no se menciona y, normalmente, cuando los religiosos procuraban atrapar a Jesús el autor del evangelio lo menciona. Lo que se sabe es esto: Jesús estaba sentado a la mesa para comer, rodeado de religiosos; vio entonces una oportunidad única para destacar los errores de dichos religiosos. Cada generación de religiosos comete los mismos errores.

1. Los religiosos observaban con ojos críticos a Jesús (v. 1).
2. Los religiosos ignoraban lo que era realmente necesario (v. 2).
3. Los religiosos daban más importancia a las formas que a la sanidad de un hombre (v. 3).
4. Los religiosos se rehusaban a confesar la verdad enseñada por Jesús (v. 4).
5. Los religiosos no alcanzaban a ver la inconsistencia de su propia fe y conducta (v. 5).
6. Conclusión: los religiosos fueron silenciados (v. 6).

[1] (14:1) ***Religiosos, error—negación:*** los religiosos «acechaban» a Jesús con ojos críticos. La palabra «acechaban» (*parateroumenoi*) significa observar con un propósito siniestro; mirar en busca de algo malo, escudriñar buscando lo incorrecto, observar el error. Significa mirar con ojos críticos y cínicos. Allí estaban sentados los religiosos observando a Jesús, esperando que cometiera alguna equivocación.

> ***Pensamiento.*** Los hombres deben procurar aprender de Cristo, pero demasiadas veces buscan la manera de negarlo. Buscan errores en su palabra y equivocaciones en su conducta a efectos de negar las demandas de Jesús sobre sus vidas. Creen que si pueden desacreditar su Palabra y Persona, son libres para vivir como quieren.
>
> **«Y le acechaban para ver si en el día de reposo le sanaría, a fin de poder acusarle» (Mr. 3:2).**
>
> **«Y acechándole enviaron espías que se simulasen justos, a fin de sorprenderle en alguna palabra, para entregarle al poder y autoridad del gobernador» (Lc. 20:20).**
>
> **«Acecha el impío al justo, y procura matarlo» (Sal. 37:32).**
>
> **«Porque el violento será acabado, y el escarnecedor será consumido; serán destruidos todos los que se desvelan para hacer iniquidad» (Is. 29:20).**
>
> **«Porque oí la murmuración de muchos, temor de todas partes: Denunciad, denunciémosle. Todos mis amigos miraban si claudicaría. Quizá se engañará, decían, y prevaleceremos contra él, y tomaremos de él nuestra venganza. Mas Jehová está conmigo como poderoso gigante; por tanto, los que me persiguen tropezarán, y no prevalecerán; serán avergonzados en gran manera, porque no prosperarán; tendrán perpetua confusión que jamás será olvidada. Oh Jehová de los ejércitos, que pruebas a los justos, que ves los pensamientos y el corazón, vea yo tu venganza de ellos; porque a ti he encomendado mi causa. Cantad a Jehová, load a Jehová; porque ha librado el alma del pobre de mano de los malignos» (Jer. 20:10-13).**

[2] (14:2) ***Religiosos, errores de los—necesidad:*** los religiosos pasaron por alto lo que realmente era necesario. El hombre hidrópico no estaba invitado; sencillamente apareció allí. O bien vino por su propia cuenta esperando ser ayudado por Jesús, o bien había sido puesto allí por los mismos religiosos para ver si Jesús quebrantaría la ley del día de reposo. Cualquiera sea el caso, se ve allí un auténtico error de los religiosos. No vieron la necesidad del hombre. Era una persona rechazada, anormal, estaba abajo y fuera de la sociedad, un hombre con una deseseprante necesidad. Sin embargo, los religiosos fallaron en ver esa necesidad y en extenderse hacia él para ayudarle. Si ellos mismos lo habían puesto allí, su error era aún más severo, puesto que lo estarían usando para sus propios propósitos en lugar de extenderse hacia él para ayudarle.

> ***Pensamiento 1.*** En este acontecimiento se ven dos graves errores.
>
> 1) El error de los hombres de ocuparse de sus asuntos sin extenderse para ayudar a los necesitados. En este caso eran los religiosos quienes se ocupaban de sus propios asuntos religiosos.
> 2) El uso de los necesitados para satisfacer propósitos propios. Puede ser el propósito de demostrar que uno es benevolente, o de silenciar la propia conciencia, o de aumentar las propias estadísticas trayéndolos a la iglesia. Cualquiera sea el caso, estos son motivos impuros y desdeñables.
>
> ***Pensamiento 2.*** Este tema impone hacer varias preguntas cruciales que deben tocar el corazón de toda persona que haya tenido un techo sobre su cabeza y una comida caliente en las últimas doce horas.
>
> 1) ¿Cuántas personas realmente *ven* alguna vez a los necesitados en la iglesia? ¿Cuántas personas *pasan por alto* a los necesitados? ¿Cuántos necesitados, aquellos que están bien *abajo y afuera,* vienen a la iglesia y encuentran que otras personas se *sientan* aparte? ¿Cuántos han venido a la iglesia en busca de ayuda y han sido despedidos con las manos vacías?
> 2) ¿Cuántas iglesias permanecen cerradas durante días y días, sin ser usadas, mientras tantas personas

caminan por las calles temblando de frío? ¿Acaso se los pasa deliberadamente por alto? ¿O es que la iglesia sencillamente los ignora y pasa por alto?

3) ¿Cuántos creyentes y cuántas iglesias tienen bonitas casas y edificios, y comida abundante, sin embargo sus propias comunidades o ciudades están llenas de personas necesitadas, hambrientas, sin ropa y sin techo?

4) ¿Cuántas personas piensan por un instante en el mundo lleno de millones de personas desesperadas y necesidades; en las personas que están sufriendo y están perdidas, que nunca han escuchado el evangelio?

«¿No es que partas tu pan con el hambriento, y a los pobres errantes albergues en tu casa; que cuando veas al desnudo lo cubras, y no te escondas de tu hermano?» (Is. 58:7).

«[Religiosos] que dicen: Estate en tu lugar, no te acerques a mí, porque soy más santo que tú; éstos son humo en mi furor, fuego que arde todo el día» (Is. 65:5).

3 (14:3) ***Religiosos, errores de los—ritual—ceremonial—necesidad:*** los religiosos dieron más importancia a sus formalidades religiosas que a la curación de los hombres. Note que el hombre estaba de pie «delante» de Jesús, y que Jesús fue conmovido por sus necesidades. Jesús sabía que era día de reposo, el día en que los judíos no permitían la realización de trabajo alguno (*véase* Estudio a fondo 1, ***Día de Reposo***—Lc. 13:14). Jesús vio que tenía una oportunidad única para enseñar una verdad muy necesaria: la verdad de que sanar y ayudar a una persona necesitada es mucho más importante que las formalidades y los ceremoniales religiosos, que los rituales y los reglamentos de la religión.

Note la pregunta de Jesús: «¿Es lícito sanar en el día de reposo?» La ley respondía con un categórico «no». En el día de reposo no se podía hacer absolutamente nada, ni siquiera sanar a un hombre. (*Véanse* Estudio a fondo 1—Lc. 13:14; nota y Estudio a fondo 1—Mt. 12:10 en cuanto a una clara comprensión de este tema.)

Lo que Jesús hizo fue demostrar que el propósito en sí de Dios es *sanar al hombre.* Dios busca al hombre para salvarlo, para reconciliarlo consigo mismo. Por eso el propósito esencial de la religión es *sanar al hombre,* no el cumplir formalidades y ceremoniales, no los rituales y reglamentos.

Pensamiento 1. Los religiosos siempre anteponen sus *formalidades y sus prácticas* de la religión al imperativo de cubrir las necesidades de los hombres. A pocos kilómetros de la iglesia las personas pueden estar desesperadamente necesitadas; sin embargo los religiosos...

- cobijarán sus servicios religiosos durante unas pocas horas, nada más, por semana (sin importar el precio) mientras tantas personas nunca tienen un techo.
- alimentarán tres veces por día a sus propios rebaños mientras tantas personas tienen menos que una comida por día, y mientras hay multitudes que se mueren de hambre cada día de la semana.
- vestirán a sus propios rebaños mientras tantos pasan frío; mientras algunos incluso se mueren de frío.
- llenarán sus propios edificios religiosos con las comodidades más delicadas y con bienestar, mientras tantas personas están desesperadamente necesitadas.
- predicarán y enseñarán al hombre, exaltando el mensaje de la autoayuda y de las mejoras sociales, mientras tantas personas están muriendo sin oír jamás de la salvación personal de Dios para el alma humana.
- observarán su culto y su ritual, sus reglamentos y ceremoniales sin extenderse jamás hacia fuera para ayudar a aquellos que los rodean y que están tan desesperadamente necesitados.

«Y si supieses qué significa: Misericordia quiero, y no sacrificio, no condenaríais a los inocentes; porque el Hijo del Hombre es Señor del día de reposo» (Mt. 12:7-8).

«Y el segundo es semejante: Amarás a tu prójimo como a ti mismo» (Mt. 22:39).

«Les decía también: Bien invalidáis el mandamiento de Dios para guardar vuestra tradición» (Mr. 7:9).

«El amor no hace mal al prójimo; así que el cumplimiento de la ley es el amor» (Ro. 13:10).

«Profesan conocer a Dios, pero con los hechos lo niegan, siendo abominables y *rebeldes,* reprobados en cuanto a toda buena obra» (Tit. 1:16).

«En esto hemos conocido el amor, en que él puso su vida por nosotros; también nosotros debemos poner nuestras vidas por los hermanos. Pero el que tiene bienes de este mundo y ve a su hermano tener necesidad, y cierra contra él su corazón, ¿cómo mora el amor de Dios en él?» (1 Jn. 3:16-17).

Pensamiento 2. El religioso cumplirá con su culto y las formalidades religiosas sin arrepentirse jamás de su pecado; sin volverse a Dios totalmente rendido, negándose a sí mismo. Demasiadas veces deposita su confianza en el bautismo, en la ceremonia religiosa, en la membresía de la iglesia, en la asistencia a los cultos, en reglamentos y reglas, en vez de depositarla en Cristo mismo.

4 (14:4) ***Religiosos, errores de—iglesia, problemas:*** los religiosos se negaron a confesar la verdad enseñada por Jesús. Jesús había preguntado si era lícito sanar a un hombre en día de reposo. «Mas ellos callaron.» No respondieron a la pregunta de Jesús. Cualquiera hubiera sido la respuesta de ellos, habrían ofendido a un gran número de personas y corrido el riesgo de perder la lealtad de ellas. Por eso guardaron silencio.

- Podían haber concordado con Cristo diciendo: «Sí, es lícito y más importante ayudar a un hombre que cumplir las reglas religiosas». Pero si hubieran respondido con «sí», otros religiosos los habrían acusado de deslealtad y superficialidad respecto de la ley.
- Podían haber respondido: «No, no es lícito ayudar a un hombre en día de reposo, cualquiera fuese la gravedad de su caso, a menos que estuviese muriendo». Esta respuesta habría impulsado a las personas honestas y reflexivas a acusarlos de ser *duros e indiferentes* ante el sufrimiento humano.

Por eso, los religiosos guardaron silencio. Permanecieron sentados ignorando a Jesús. Aparentemente era algo ridículo, porque Jesús estaba allí, y acababa de dirigirles una pregunta. Pero ellos se negaron a responder para no caerse en una trampa ellos mismos. Después de un prolongado silencio y una pausa en la actividad, Jesús aparentemente tomó al hombre en sus brazos y lo sanó.

Pensamiento 1. Hay motivos por los que el religioso se niega a confesar la verdad enseñada por Jesús, motivos por los que las formalidades religiosas y el orden actual de las cosas son antepuestas al hombre y a la satisfacción de sus verdaderas necesidades.

1) Demasiadas personas de entre nosotros terminan en una rutina, en una forma de hacer las cosas, y sencillamente las siguen haciendo porque les resulta cómodo.
2) Demasiadas personas de entre nosotros temen el cambio; temen perder a algunas personas y el apoyo que de ellas reciben.
3) Demasiadas personas de entre nosotros temen la pérdida de su posición y seguridad.
4) Demasiadas personas de entre nosotros temen el fracaso, el debilitamiento de lo que ya tenemos, la pérdida de lealtad de quienes no siguen en nuestra propia posición y práctica religiosa.

Pensamiento 2. Nada debe impedirnos suplir las necesidades del hombre, de ponerlo a él, con sus necesidades, en primer lugar, de anteponerlo a todos los rituales y formalidades religiosas.

1) Es la única forma para que el corazón del hombre sea alcanzado y satisfecho (Col. 2:9-10; Jn. 10:10).
2) Es la única forma para evitar la pérdida de multitudes de personas. Como se ha dicho: Entran por la puerta delantera, y con la misma rapidez se van por la puerta trasera. ¿Por qué? Sus necesidades no fueron satisfechas.

Es preciso preguntar algo más a nuestros corazones. ¿Realmente son tantos los que vienen? ¿Realmente vienen multitudes para aceptar a Cristo? ¿Por qué no? ¿No dijo el Señor que los campos están blancos para la *siega*? ¿Es posible que estemos tan aferrados a la *religión* que damos a la religión mayor importancia que al cubrir las verdaderas necesidades de los hombres?

Pensamiento 3. La necesidad básica del hombre es conocer y adorar personalmente a Dios. Pero nosotros anteponemos el culto y la formalidad, el orden y los rituales al intento de alcanzar al hombre y llenar su verdadera necesidad. Con demasiada frecuencia actuamos como si...

- el hombre existiera para la religión, y no la religión para el hombre.
- como si el hombre existiera para los servicios religiosos, y no los servicios religiosos para el hombre.
- como si el hombre existiera para mantener la organización, en vez de que la organización exista para el hombre.
- el hombre existiera para las reglas y los rituales, en vez de que estas existan para el hombre.

«Como el Hijo del Hombre no vino para ser servido, sino para servir, y para dar su vida en rescate por muchos» (Mt. 20:28).

«En todo os he enseñado que, trabajando así, se debe ayudar a los necesitados, y recordar las palabras del Señor Jesús, que dijo: Más bienaventurado es dar que recibir» (Hch. 20:35).

«Así que, los que somos fuertes debemos soportar las flaquezas de los débiles, y no agradarnos a nosotros mismos» (Ro. 15:1).

«Sobrellevad los unos las cargas de los otros, y cumplid así la ley de Cristo» (Gá. 6:2).

5 (14:5) ***Religiosos, errores de los—necesidades:*** los religiosos no alcanzaron a ver la inconsistencia de su propia fe y conducta. La ilustración de Jesús fue poderosa. Cualquier hombre deja de lado sus reglas religiosas para aydar a su buey a salir del pozo. Su buey, o sus pertenencias personales son rápidamente antepuestas a sus reglas religiosas. ¿Por qué entonces no se antepondría a un hombre necesitado a las reglas religiosas?

Pensamiento. El mundo se debateante la muerte de millones de personas por causa del hambre y la enfermedad, por causa de los elementos naturales y de la guerra, de la ignorancia espiritual y la muerte eterna, mientras los religiosos que profesan creer en Dios...

- construyen nuevos edificios que sólo serán usadas durante unas pocas horas a la semana.
- acentúan la asistencia a la iglesia en vez de acentuar a Cristo.
- predican y enseñan el bienestar físico en vez de la salvación espiritual y la paz del corazón y de la mente.
- codician los automóviles de último modelo, ropa, peinados y moblaje a la moda.
- desean casas y posiciones mejores, mayor pago, mayor seguridad.

«No todo el que me dice: Señor, Señor, entrará en el reino de los cielos, sino el que hace la voluntad de mi Padre que está en los cielos» (Mt. 7:21).

«Respondiendo él, les dijo: Hipócritas, bien profetizó de vosotros Isaías, como está escrito: Estepueblo de labios me honra, mas su corazón está lejos de mí» (Mr. 7:6).

«Y vendrán a ti como viene el pueblo, y estarán delante de ti como pueblo mío, y oirán tus palabras, y no las pondrán por obra; antes hacen halagos con sus bocas, y el corazón de ellos anda en pos de su avaricia» (Ez. 33:31).

6 (14:6) ***Religiosos, errores de los—culpa:*** la conclusión es que los religiosos fueron silenciados. ¿Qué puede decir alguien de nosotros, si realmente es honesto y reflexivo, contra lo que Cristo acababa de enseñar?

1 Jesús estaba en un banquete
  a. Notó que algunos escogían los primeros asientos
  b. Contó una parábola
2 La parábola del huésped ambicioso
  a. El primer hombre: busca el lugar de honor
    1) Es desplazado
    2) Todos los asientos ya están ocupados
    3) Tiene que conformarse con el último asiento
    4) Se avergüenza
  b. El segundo hombre: escoge el último asiento

D. La importancia de la humildad, 14:7-14

7 Observando cómo escogían los primeros asientos a la mesa, refirió a los convidados una parábola, diciéndoles:
8 Cuando fueres convidado por alguno a bodas, no te sientes en el primer lugar, no sea que otro más distinguido que tú esté convidado por él,
9 y viniendo el que te convidó a ti y a él, te diga: Da lugar a éste; y entonces comiences con vergüenza a ocupar el último lugar.
10 Mas cuando fueres convidado, vé y siéntate en el último lugar, para que cuando venga el que te convidó, te diga: Amigo, sube más arriba; entonces tendrás gloria delante de los que se sienten contigo a la mesa.
11 Porque cualquiera que se enaltece, será humillado; y el que se humilla, será enaltecido.
12 Dijo también al que le había convidado: Cuando hagas comida o cena, no llames a tus amigos, ni a tus hermanos, ni a tus parientes, ni a vecinos ricos; no sea que ellos a su vez te vuelvan a convidar, y seas recompensado.
13 Mas cuando hagas banquete, llama a los pobres, los mancos, los cojos y los ciegos;
14 y serás bienaventurado; porque ellos no te pueden recompensar, pero te será recompensado en la resurrección de los justos.

    1) Es reconocido
    2) Es recompensado con una posición más honorable
    3) Es honrado por todos
3 La enseñanza de la parábola
  a. La auto exaltación desacredita
  b. La humildad exalta[EF1]
4 Demostración de humildad
  a. La humildad no rinde servicios a quienes los pueden devolver
  b. La humildad rinde servicios a los necesitados que no los pueden devolver
  c. La humildad será recompensada

D. La importancia de la humildad, 14:7-14

(14:7-14) ***Introducción:*** el énfasis de este pasaje es la importancia de la humildad.

1. Jesús estaba en un banquete (v. 7).
2. La parábola del huésped ambiciosos (vv. 8-10).
3. La enseñanza de la parábola (v. 11).
4. Demostración de humildad (vv. 12-14).

[1] (14:7) ***Jesucristo, vida social:*** Jesús todavía estaba en el banquete del fariseo principal (v. 1). Llegó el momento para que cada uno tomara asiento para comer; entonces Jesús notó cómo algunos huéspedes se apresuraron por alcanzarlos primeros asientos. Hoy normalmente colocamos los nombres de los huéspedes más honrados junto a sus platos. Sin embargo, en tiempos de Jesús el asiento de mayor honra era el de la derecha del anfitrión, el que le seguía era el de su izquierda; así el grado de honor descendía alternando de derecha a izquierda hasta el último asiento, el de menor honra, el más alejado del anfitrión. De manera muy sencilla, cuanto más cerca se sentaba uno del anfitrión, mayor honra recibía. Cuando Jesús vio que algunos se apresuraron para estar cerca del anfitrión vio la oportunidad para enseñar sobre la gran importancia de la humildad. La frase «los primeros asientos» (*tas protoklisias*) se refiere a los principales lugares.

[2] (14:8-10) ***Ambición—ser egocéntrico—parábola:*** la parábola es la del huésped ambicioso. Jesús se refirió directamente al hombre ambicioso, al que busca mayor reconocimiento, honra, y posición. Jesús dijo algo muy práctico, algo que debe ser visto claramente por el hombre ambicioso: el ambicioso no debe sentarse en un asiento superior a su propia posición o capacidad, no sea que venga un hombre más honorable y lo desplace. Si el hombre ambicioso ocupa un asiento de mayor honra, probablemente ocurrirán cuatro cosas.

1. Será desplazado.
2. Hallará que todos los otros asientos ya están ocupados.
3. Se verá obligado a tomar un asiento de menor honra.
4. Se sentirá avergonzado.

Lo que el hombre ambicioso debe hacer es ocupar el asiento de menor honra. Tres cosas ocurren cuando lo hace.

1. Su presencia es reconocida por el anfitrión.
2. Es recompensado y llevado a un lugar y posición de mayor honra.
3. Es reconocido y honrado por todos, no importa cuán cerca o lejos esté de la posición principal.

La parábola tiene una doble enseñanza: la exaltación propia desacredita; la humildad exalta.

[3] (14:11) ***Autoexaltación—orgullo—arrogancia—ser egocéntrico—ambición:*** la enseñanza de la parábola es nítidamente contraria a las ambiciones y a la conducta de la mayoría de las personas. La persona que se exalta a sí misma será desacreditada. Esto no es una mera posibilidad, sino que será desacreditada. Jesús lo dijo.

1. La persona que se exalta hace al menos cuatro cosas.
   a. Desacredita a otros. Tiene que tratar a los otros como inferiores y menores a sí misma para poder exaltarse.
      - Degrada a otros; desacredita la habilidad o persona, la posición o los logros, la apariencia o aceptación de los otros.
      - Disminuye a los otros; procura ofenderlos e injuriarlos, avergonzarlos y humillarlos.
      - Desprestigia a los otros; procura rebajarlos, herirlos, disminuirlos y dañarlos.
   b. Actúa con autosuficiencia. Tal vez no sea auto suficiente, pero para exaltarse a sí misma está obligada a actuar...
      - controladamente.
      - como dominando la situación.
      - mostrándose muy capaz.
      - independiente.
      - como superior a los otros.

   Note que el gran problema de la persona auto suficiente es que cree no necesitar ni aun de Dios en su vida. Puede ser una persona religiosa, pero no vive una vida transformada que demostrando verdadera confianza en Dios y dependencia de Él para su salvación y para su vida.

c. Corrompe la moral y la justicia. La persona que se exalta a sí misma controla todas las cosas según pueda avanzar y lograr mayores posiciones y reconocimientos. Quizá piense en la moral y justicia, pero si es necesario, las deja de lado. El ambicioso que se exalta a sí mismo con frecuencia tiene que...
- mentir.
- hurtar.
- pasar chismes.
- abusar de otros.
- ridiculizarlos.
- avergonzarlos.
- no dar el merecido reconocimiento.
- mantener a otros en el fondo o atrás.
- herir, dañar o matar.

d. Vive una vida de lucha. Siempre se siente interiormente presionada para maniobrar y eliminar a otros para alcanzar el mejor asiento o el mayor reconocimiento posible. Pocas veces tiene paz interior, no importa la impresión que trasmita.

2. La persona que se exalta a sí misma será desacreditada. Como ya se dijo, esto no es una mera posibilidad, sino algo seguro. Esa persona será desacreditada. Lo más probable es que sea desacreditada en esta vida, y si no, será desacreditada por Dios en la eternidad (cp. v. 14). Cuatro cosas le ocurrirán.

a. Será desplazada. Será apartada de su honorable asiento, posición y reconocimiento. Probablemente ocurrirá en este mundo, porque solo se puede engañar y abusar de la gente por cierto tiempo. Eventualmente la gente lo capta y reacciona. Lo más trágico es que la persona que se exalta a sí misma (orgullosa) será desplazada por Dios. Perderá su lugar en el cielo, será expulsada del cielo.

b. Encontrará que todos los otros asientos y posiciones ya están ocupados. No habrá lugar para ella. Esto ocurre frecuentemente en el mundo de los negocios cuando una persona es desacreditada o despedida. Ya no encuentra una posición adecuada a su habilidad y a su verdadero valor. Lo mismo ocurrirá en el cielo. Si un hombre se ha exaltado a sí mismo, encontrará que todos los asientos están ocupados. No encontrará su nombre escrito en ninguno de los asientos del cielo. Se alejará cada vez más recorriendo la fila sin hallar un lugar vacío.

c. Se verá obligado a conformarse con el último asiento. Note que este hombre fue invitado al banquete y que acudió. Entró y se mezcló con todos los huéspedes. Pero tuvo un problema. Se exaltó a sí mismo de modo que tuvo que ser desplazado hasta el último asiento. El último asiento era el de menor reconocimiento y honra, destinado a todos los hipócritas (cp. Mt. 25:41. *Véase* nota, pto. 3—Lc. 12:41-48.)

d. Se sentirá embarazado y avergonzado por su desplazamiento.

«Unánimes entre vosotros; no altivos, sino asociándoos con los humildes. No seáis sabios en vuestra propia opinión» (Ro. 12:16).

«Y si alguno se imagina que sabe algo, aún no sabe nada como debe saberlo» (1 Co. 8:2).

«Porque el que se cree ser algo, no siendo nada, a sí mismo se engaña» (Gá. 6:3).

«Porque todo lo que hay en el mundo, los deseos de la carne, los deseos de los ojos, y la *vanagloria de la vida*, no proviene del Padre, sino del mundo» (1 Jn. 2:16).

«Mas tus ojos están sobre los altivos para abatirlos» (2 S. 22:28).

«Con arrogancia el malo persigue al pobre; será atrapado en los artificios que ha ideado» (Sal. 10:2).

«Cuando viene la soberbia, viene también la deshonra; mas con los humildes está la sabiduría» (Pr. 11:2).

«Ciertamente la soberbia concebirá contienda; mas con los avisados está la sabiduría» (Pr. 13:10).

«Antes del quebrantamiento es la soberbia, y antes de la caída la altivez de espíritu» (Pr. 16:18).

«Altivez de ojos, y orgullo de corazón, y pensamiento de impíos, son pecado» (Pr. 21:4).

«¿Has visto hombre sabio en su propia opinión? Más esperanza hay del necio que de él» (Pr. 26:12).

«El altivo de ánimo suscita contiendas; mas el que confía en Jehová prosperará» (Pr. 28:25).

«¡Ay de los sabios en sus propios ojos, y de los que son prudentes delante de sí mismos!» (Is. 5:21).

«Se destruyó, cayó la tierra; enfermó, cayó el mundo; enfermaron los altos pueblos de la tierra» (Is. 24:4).

«Si te remontares como águila, y aunque entre las estrellas pusieres tu nido, de ahí te derribaré, dice Jehová» (Abd. 4).

«He aquí que aquel cuya alma no es recta, se enorgullece; mas el justo por su fe vivirá» (Hab. 2:4).

«En aquel día no serás avergonzada por ninguna de tus obras con que te rebelaste contra mí; porque entonces quitaré de en medio de ti a los que se alegran en tu soberbia, y nunca más te ensoberbecerás en mi santo monte» (Sof. 3:11).

ESTUDIO A FONDO 1

(14:11) ***Humildad —exaltación:*** el hombre que se humilla a sí mismo será exaltado. La exaltación es segura, y una persona no puede pedir nada más grande que tener la seguridad de ser exaltada.

Humildad (*tareinophrosume*) significa una mente no altiva. Es una palabra acuñada por el cristianismo. Antes de Cristo se consideraba a la persona humilde como cobarde; una persona vil, sin atractivo, afeminada. Pero después de Cristo, la humildad fue elevada al rango más digno de alabanza. Cuando los hombres miraban a Cristo, veían la fuerza de la humildad; veían la humildad a través de Aquel que fue perfecto en mansedumbre y humildad de corazón. Ser humilde tiene cinco significados.

1. *Andar* como un siervo de los otros, siempre listo y dispuesto para ayudar (cp. Fil. 2:8).
2. *Conducirse* sin presunción, sin ostentación ni pretensiones, sin orgullo ni altivez, ni arrogancia ni petulancia.

«Así que, cualquiera que se humille como este niño, ése es el mayor en el reino de los cielos» (Mt. 18:4).

«Digo, pues, por la gracia que me es dada, a cada cual que está entre vosotros, que no tenga más alto concepto de sí que el que debe tener, sino que piense de sí con cordura, conforme a la medida de fe que Dios repartió a cada uno» (Ro. 12:3).

3. *Asumir* un espíritu de humildad y sumisión; identificarse y ser uno con los otros; no mostrar amor propio, superioridad o jactancia.

«Entonces Jesús, llamándolos, dijo: Sabéis que los gobernantes de las naciones se enseñorean de ellas, y los que son grandes ejercen sobre ellas potestad. Mas entre vosotros no será así, sino que el que quiera hacerse grande entre vosotros, será vuestro servidor, y el que quiera ser el primero entre vosotros será vuestro siervo; como el Hijo del Hombre no vino para ser servido, sino para servir, y para dar su vida en rescate por muchos» (Mt. 20:25-28).

«Pero él les dijo: Los reyes de las naciones se enseñorean de ellas, y los que sobre ellas tienen autoridad son llamados bienaventurados; mas no así

vosotros, sino sea el mayor entre vosotros como el más joven, y el que dirige, como el que sirve» (Lc. 22:25-26).

«Sirviendo al Señor con toda humildad, y con muchas lágrimas, y pruebas que me han venido por las asechanzas de los judíos» (Hch. 20:19).

«Igualmente, jóvenes, estad sujetos a los ancianos; y todos, sumisos unos a otros, revestíos de humildad; porque: Dios resiste a los soberbios, y da gracia a los humildes. Humillaos, pues, bajo la poderosa mano de Dios, para que él os exalte cuando fuere tiempo» (1 P. 5:5-6).

4. Tener un sentido de humildad e indignidad, tener una opinión modesta de sí mismo, sabiendo que otras personas son igualmente significativas y valiosas.

«Nada hagáis por contienda o por vanagloria; antes bien con humildad, estimando cada uno a los demás como superiores a él mismo; no mirando cada uno por lo suyo propio, sino cada cual también por lo de los otros» (Fil. 2:3-4).

«Yo pues, preso en el Señor, os ruego que andéis como es digno de la vocación con que fuisteis llamados, con toda humildad y mansedumbre, soportándoos con paciencia los unos a los otros en amor» (Ef. 4:1-2).

«Vestíos, pues, como escogidos de Dios, santos y amados, de entrañable misericordia, de benignidad, de humildad, de mansedumbre, de paciencia» (Col. 3:12).

5. Acercarse regularmente a Dios y confesar la propia necesidad e indignidad espiritual.

«Humillaos delante del Señor, y él os exaltará» (Stg. 4:10).

Para la mayoría de las personas la humildad es un problema. ¿Por qué? Porque el mundo ve a la humildad como un signo de debilidad y cobardía. Ve al humilde como una persona que se cubre y achica ante otros, como una persona a la que el mundo...

- usa abusando de ella.
- ignora y pasa por alto.
- con la que es descuidada y negligente.
- a la que esclaviza y oprime.
- a la que esquiva y desprecia.

Los hombres temen la humildad. Temen que la humildad los convertirá en objeto de desprecio y abuso; temen ser ignorados. Sin embargo, ocurre todo lo contrario. La humildad lleva a la persona...

- a Cristo y a la conversión.
- a comprender todo su potencial.
- a evaluarse a sí misma y esforzarse para mejorar.
- a llegar a ser todo lo que puede y debe ser.
- a desarrollar relaciones más sanas con la gente.
- a una comunidad y mundo más fuerte y productivo.

Cuando los hombres consideran a otros (se humillan), ganan amigos e influyen sobre la gente. Construyen y fortalecen a cada persona y cosa involucrada.

La humildad tiene un triple resultado.

1. La persona humilde será reconocida. Tanto los hombres como Dios notarán su espíritu y energía en el servicio a otros, sin importar cuán baja sea su posición. Su actitud de poner a otros primero, sean personas, proyectos, trabajos o compañía, no pasará mucho tiempo desapercibida. Su dedicación en servir y trabajar y ayudar a otros será vista y reconocida.

2. La persona humilde será recompensada. La gente se acercará a ella; su presencia, energía, y esfuerzo serán deseados y promovidos; esa persona será puesta donde pueda servir al máximo.

3. La persona humilde será honrada por todos. Habrá vivido para servir y ayudar a otros; por eso, cuando es exaltada, todos se alegrarán con ella.

«Riquezas, honra y vida son la remuneración de la humildad y del; temor a Jehová» (Pr. 22:4).

«La soberbia del hombre le abate; pero el humilde de espíritu sustenta la honra» (Pr. 29:23).

«Porque así dijo el Alto y Sublime, el que habita en la eternidad, y cuyo nombre es Santo: Yo habito en la altura y la santidad, y con el quebrantado y humilde de espíritu, para hacer vivir el espíritu de los humildes, y para vivificar el corazón de los quebrantados» (Is. 57:15).

«Así que, cualquiera que se humille como este niño, ése es el mayor en el reino de los cielos» (Mt. 18:4).

«Os digo que éste descendió a su casa *justificado* antes que el otro; porque cualquiera que se enaltece, será humillado; y el que se humilla será *enaltecido*» (Lc. 18:14).

La humildad tiene tres orígenes. (Las siguientes ideas provienen de William Barclay en *Cartas a los Gálatas y Efesios*, Ef. 4:1-3.)

a. La humildad proviene de compararnos a nosotros mismos con el Señor Jesús. Cuando una persona se compara a sí misma con Cristo, se contrasta con la Perfección, porque Cristo fue sin pecado (Jn. 8:46; 2 Co. 5:21; He. 4:15; 7:26; 1 P. 1:19; 2:22). En contraste con otras personas, un hombre puede ser moralmente bueno, pero Dios demanda que cada persona se contraste a sí misma con la perfección de Cristo. En contraste con Aquel, y ante semejante demanda, no queda lugar para el orgullo. (*Véase* Estudio a fondo 3—Mt. 8:20.)

b. La humildad proviene de ser constantemente consciente de la presencia de Dios. Nadie tiene nada, al menos no realmente; ni aire, ni comida, ni ropa, ni nada. Cuanto tenemos y cuanto conocemos se deteriora y decae, incluso nuestros propios cuerpos. Y todo aquello que se cruza por nuestro camino lo tenemos sólo por un breve tiempo, porque muy pronto viene el fin de todas las cosas. Dependemos totalmente de Dios quien ha dado todo y controla todo y quien, al final, tomará todo. Ante Él solamente podemos andar en humildad.

c. La humildad proviene de conocernos a nosotros mismos, tal como somos en la realidad. Proviene de una evaluación honesta de nosotros mismos. Hay que tener coraje para mirarse uno mismo, y honestidad para verse como realmente es. Es decir, básicamente egocéntrico, un manojo de auto admiración y amor propio. Tenemos la tendencia de presentarnos dramáticamente. De mirarnos a través de vidrios rosados. Nos vemos a nosotros mismos...

- como el centro de la acción.
- como el héroe de algún rescate espectacular.
- como el gran político que va a la victoria.
- como el renombrado deportista que en el últimos segundo salva el partido, o alcanza un record sin igual.
- como la reina de la belleza que marea a la multitud.
- como el obrero brillante.
- como el príncipe encantador o la cenicienta que aleja a los otros de sus pies.

Siempre estamos en el centro del cuadro. La humildad comienza cuando nos vemos honestamente a nosotros mismos admitiendo que somos egocéntricos. El egocentrismo debilita y limita y destruye las relaciones y los logros. La humildad alcanza su clímax cuando perdemos nuestras vidas por causa de Cristo y el bienestar de otros.

4 (14:12-14) ***Humildad—ministerio—servicio—necesitados, los:*** la demostración de humildad fue claramente expresada por Jesús. Jesús dirigió sus palabras al fariseo principal, el más orgulloso y ambicioso de los presentes. Lo que dijo, lo dijo con vigor; fue una gran advertencia, porque nadie puede entrar al reino de los cielos sin verdadera humildad.

1. La humildad no rinde sus servicios ni centra su vida alrededor de quienes pueden devolverlos. Jesús usó como ilustración al banquete. Si el anfitrión busca la presencia de aquellos que le pueden devolver el favor, ya ha recibido su recompensa. Recibirá los favores de ellos, pero eso será todo lo que recibirá. No tendrá el favor de Dios; se quedará únicamente con el favor humano.

Note que Jesús no estaba desmereciendo la vida social normal ni el compañerismo cristiano. Estaba diciendo que el anfitrión no había demostrado una mentalidad humilde; no se había dado, ni a sí mismo ni a sus bienes, a quienes realmente los necesitaban. El anfitrión solamente había servido a aquellos que le podían devolver el favor agregando así a su propio bienestar. No se había humillado para ayudar a alguien que realmente necesitaba ayuda.

2. Humildad es servir a aquellos que son realmente necesitados y no lo pueden devolver. Ahora, si una persona sirve a los pobres, a los tullidos, cojos y ciegos, esa persona demuestra humildad. Su motivación es pura; tiene un espíritu humilde, un espíritu dispuesto a bajar al nivel de la persona necesitada y ayudarle. Jesús se refiere a cualquier persona capaz de ayudar a otros por tener salud, posición, o finanzas. Cuando se da a sí misma y sus bienes para ayudar a aquellos que necesitan ayuda, está demostrando humildad. El hombre vive en un mundo lleno de desesperantes necesidades; por eso, el hombre debe vivir bondadosamente y dar con generosidad. Pero note el tema crucial: no debe dar para recibir de vuelta, sino para ayudar y alentar y edificar a otros.

> **«Jesús le dijo: Si quieres ser perfecto, anda, vende lo que tienes, y dalo a los pobres, y tendrás tesoro en el cielo; y ven y sígueme» (Mt. 19:21).**
>
> **«Dad, y se os dará; medida buena, apretada, remecida y rebosando darán en vuestro regazo; porque con la misma medida con que medís, os volverán a medir» (Lc. 6:38).**
>
> **«A Jehová presta el que da al pobre, y el bien que ha hecho, se lo volverá a pagar» (Pr. 19:17).**
>
> **«Bienaventurado el que piensa en el pobre; en el día malo lo librará Jehová» (Sal. 41:1).**
>
> **«Peca el que menosprecia a su prójimo; mas el que tiene misericordia de los pobres es bienaventurado» (Pr. 14:21).**
>
> **«El que da al pobre no tendrá pobreza; mas el que aparta sus ojos tendrá muchas maldiciones» (Pr. 28:27).**
>
> **«Y si dieres tu pan al hambriento, y saciares al alma afligida, en las tinieblas nacerá tu luz, y tu oscuridad será como el mediodía» (Is. 58:10).**

3. La humildad será recompensada. Note cuándo: en la resurrección de los justos.
   a. Una persona humilde es una persona *justa* y recta, una persona que hace lo correcto.
   b. La persona humilde será resucitada de los muertos para vivir eternamente con todas las otras personas justas, y, por supuesto, con Dios mismo quien es la encarnación de la justicia. (*Véase* nota, ptos. 2, 3: Lc. 14:11.)

> **«De cierto, de cierto os digo: El que oye mi palabra, y cree al que me envió, tiene vida eterna; y no vendrá a condenación, mas ha pasado de muerte a vida. De cierto, de cierto os digo: Viene la hora, y ahora es, cuando los muertos oirán la voz del Hijo de Dios; y los que la oyeren vivirán» (Jn. 5:24-25).**
>
> **«Y esta es la voluntad del que me ha enviado: Que todo aquel que ve al Hijo, y cree en él, tenga vida eterna; y yo le resucitaré en el día postrero» (Jn. 6:40).**
>
> **«Le dijo Jesús: Yo soy la resurrección y la vida; el que cree en mí, aunque esté muerto, vivirá» (Jn. 11:25).**
>
> **«Teniendo esperanza en Dios, la cual ellos también abrigan, de que ha de haber resurrección de los muertos, así de justos como de injustos» (Hch. 24:15).**
>
> **«Sabiendo que el que resucitó al Señor Jesús, a nosotros también nos resucitará con Jesús, y nos presentará juntamente con vosotros» (2 Co. 4:14).**
>
> **«Si en alguna manera llegase a la resurrección de entre los muertos» (Fil. 3:11).**
>
> **«Porque el Señor mismo con voz de mando, con voz de arcángel, y con trompeta de Dios, descenderá del cielo; y los muertos en Cristo resucitarán primero. Luego nosotros los que vivimos, los que hayamos quedado, seremos arrebatados juntamente con ellos en las nubes para recibir al Señor en el aire, y así estaremos siempre con el Señor. Por tanto, alentaos los unos a los otros con estas palabras» (1 Ts. 4:16-18).**
>
> **«Enseñándonos que, renunciando a la impiedad y a los deseos mundanos, vivamos en este siglo sobria, justa y piadosamente, aguardando la esperanza bienaventurada y la manifestación gloriosa de nuestro gran Dios y Salvador Jesucristo» (Tit. 2:12-13).**

E. La parábola de la gran cena: la invitación y las excusas del hombre, 14:15-24 (Mt. 22:1-4)

1 Jesús todavía estaba en el banquete del fariseo principal (v. 1)
a. La alegría de un fariseo
b. Parábola de Jesús: una gran cena
2 La invitación a la «gran cena de Dios» es dirigida a muchos invitados
3 Los huéspedes invitados presentan excusas
a. Excusa 1: demasiado absorbido por los negocios

15 Oyendo esto uno de los
que estaban sentados con él a
la mesa, le dijo: Bienaventurado el que coma pan en el
reino de Dios.
16 Entonces Jesús le dijo: Un
hombre hizo una gran cena, y
convidó a muchos.
17 Y a la hora de la cena envió
a su siervo a decir a los
convidados: Venid, que ya
todo está preparado.
18 Y todos a una comen-
zaron a excusarse. El primero dijo: He comprado una
haciendo, y necesito ir a
verla; te ruego que me excuses.
19 Otro dijo: He comprado
cinco yuntas de bueyes, y voy
a probarlos; te ruego que me
excuses.
20 Y otro dijo: Acabo de ca-
sarme, y por tanto no puedo ir.
21 Vuelto el siervo, hizo saber estas cosas a su señor.
Entonces enojado el padre de
familia, dijo a su siervo: Vé
pronto por las plazas y las
calles de la ciudad, y trae a los
pobres, los mancos, los cojos
y los ciegos.
22 Y dijo el siervo: Señor, se
ha hecho como mandaste, y
aún hay lugar.
23 Dijo el señor al siervo: Vé
por los caminos y por los
vallados, y fuérzalos a entrar,
para que se llene mi casa.
24 Porque os digo que ninguno de aquellos hombres que
fueron convidados, gustarán
mi cena.

b. Excusa 2: demasiado ocupado con nuevas adquisiciones
c. Excusa 3: demasiado absorbido por la familia
4 El Señor se enoja por los huéspedes tan ocupados que rechazan la invitación
5 El Señor envía rápidamente invitaciones a personas extrañas
a. Aun así le es difícil llenar el reino
b. Demanda un doble y agotador esfuerzo
6 Los huéspedes que rechazaron la invitación son excluidos

E. La parábola de la gran cena: la invitación y las excusas del hombre, 14:15-24

(14:15-24) ***Introducción:*** este pasaje ofrece un cuadro claro de la gran invitación del Señor a la humanidad, y de las excusas superficiales que los hombres dan para no aceptar su invitación. La escena es conocida como la gran cena de Dios. Es conveniente comparar este pasaje con el gran banquete de bodas en Mateo. Hay algunas similitudes, pero las diferencias son muchas (*véanse* bosquejo y nota—Mt. 22:1-4).

1. Jesús todavía estaba en el banquete del fariseo principal (v. 15).
2. La invitación a la «gran cena de Dios» es dirigida a muchos invitados (vv. 16-17).
3. Los huéspedes invitadas presentan excusas (vv. 18-20).
4. El Señor se enoja por los huéspedes tan ocupados que rechazan la invitación (v. 21).
5. El Señor envía —rápidamente— invitaciones a personas extrañas (vv. 21-23).
6. Los huéspedes que rechazaron la invitación son excluidos (v. 24).

1 (14:15) ***La gran cena de Dios***: Jesús todavía se encontraba en el banquete del fariseo principal (v. 1). Cuando Jesús mencionó la resurrección (v. 14), súbitamente uno de los fariseos prorrumpió en gozosa alabanza: «Bienaventurado el que coma pan en el reino de Dios» (v. 15). El fariseo se refería al cuadro judío del gran banquete mesiánico. Dios ofrecería ese banquete a su pueblo en ocasión de establecer su reino en la tierra.

El fariseo se vio, sólo a sí mismo y a la nación judía, invitados a la gran cena de Dios. Ningún extranjero, ni gentil ni pecador sería invitado. Jesús sabía lo que había en la mente del fariseo, de modo que decidió corregir su concepto errado acerca de la gran cena de Dios. Note tres cosas.

1. *La gran cena de Dios* tendrá lugar. El fariseo estaba en lo cierto con su cuadro de una gran reunión y banquete en «la resurrección» (v. 14).
2. *La gran cena de Dios* incluirá huéspedes de los caminos y los vallados del mundo, no solamente a los judíos. En esto el fariseo estaba equivocado. Esto era lo que Jesús se dispuso a corregir.
3. En los versículos 16-22 la parábola puede ser aplicada a Israel, y en los versículos 23-24 a los gentiles. Sin embargo, la parábola tiene un vigoroso mensaje personal a todos los hombres en todas partes, es decir, los hombres son salvados cuando responden a la invitación de Dios, y se pierden cuando ofrecen excusas. Note algo más que es significativo: Dios está planeando realizar una *gran cena* que reunirá a todos los que aceptan su invitación. Una vez completada la lista de huéspedes, el tiempo dejará de existir; todas las cosas habrán llegado a su fin. Las puertas al salón de fiesta serán cerradas para siempre.

2 (14:16-17) ***Invitación—decisión:*** la invitación a la gran cena de Dios va dirigida a muchos. Note cuatro cosas.

1. «Ya todo está preparado» (v. 17). Mediante su muerte y resurrección, Cristo ha comprado salvación para todo hombre. Las provisiones para la gran cena del Señor han sido aseguradas y están esperando que los invitaos acepten.
2. La invitación es dirigida a «muchos». Los muchos son los que oyen el evangelio...
   - en la iglesia.
   - de boca de un predicador.
   - de un creyente que testifica.
   - por radio o TV.
   - leyendo.
   - por medio de la conciencia (Ro. 2:11-16).

Los muchos son todos los que oyen, ven o leen el evangelio y que se sienten personalmente invitados a unirse a Dios en su gran banquete.

3. La invitación es dada más de una vez; pertenece tanto al futuro como al pasado. Esto lo muestran los versículos 16-17. La invitación fue enviada para informar al pueblo de la futura cena. Luego fue reiterada cuando «todo estuvo preparado». (*Véase* nota: Mt. 22:3-7 en cuanto a una aplicación a Israel.)
4. La invitación es aceptada por todos. Note esto, pues es una tema crucial. El siervo fue enviado «a los convidados

[anteriormente invitados]». Ya habían aceptado; ahora se les decía que era hora de venir puesto que había llegado el día de la cena. El tema es que estas personas afirman haber aceptado la invitación de Dios, pero sólo de palabra. No se preparan para concurrir, no limpian sus ropas ni se visten.

«Porque muchos son llamados, y pocos escogidos» (Mt. 22:14).

«Respondiendo él, les dijo: Hipócritas, bien profetizó de vosotros Isaías, como está escrito: Este pueblo de labios me honra, mas su corazón está lejos de mí» (Mr. 7:6).

«Profesan conocer a Dios, pero con los hechos lo niegan, siendo abominables y rebeldes, reprobados en cuanto a toda buena obra» (Tit. 1:16).

«El que en él cree, ya ha sido condenado, porque no ha creído en el nombre del unigénito Hijo de Dios» (Jn. 3:18).

[3] (14:18-20) *Excusas—decisión:* los invitados presentaron excusas.

1. Primera excusa: un hombre dijo estar demasiado absorbido por los negocios. El hombre había comprado un campo y tenía que ir a verlo. Es posible que una persona llegue a involucrarse demasiado en los negocios, no solamente para desarrollar la propiedad y el campo. El hombre no debe permitir que los negocios, la profesión y los asuntos personales consuman su vida. Dios debe ser el centro de la vida de una persona, y es Dios alrededor de quien debe girar todo lo demás.

«Porque ¿qué aprovechará al hombre, si ganare todo el mundo, y perdiere su alma? ¿O qué recompensa dará el hombre por su alma?» (Mt. 16:26).

«La que cayó entre espinos, éstos son los que oyen, pero yéndose, son ahogados por los afanes y las riquezas y los placeres de la vida, y no llevan fruto» (Lc. 8:14).

«Vosotros, pues, no os preocupéis por lo que habéis de comer, ni por lo que habéis de beber, ni estéis en ansiosa inquietud» (Lc. 12:29).

«Ninguno que milita se enreda en los negocios de la vida, a fin de agradar a aquel que lo tomó por soldado» (2 Ti. 2:4).

«Ciertamente como una sombra es el hombre; ciertamente en vano se afana; amontona riquezas y no sabe quien las recogerá» (Sal. 39:6).

«Volvió, por tanto, a desesperanzarse mi corazón acerca del todo el trabajo en que me afané, y en que había ocupado debajo del sol mi sabiduría» (Ec. 2:20).

2. Segunda excusa: otro hombre dijo estar demasiado absorbido por nuevas adquisiciones. Los bueyes acababan de ser comprados. Era una nueva adquisición, y el flamante dueño quería *probarlos.* Así ocurre con las nuevas adquisiciones tales como casas, tierras, automóviles, bicicletas, grabaciones, libros, radios, televisiones, y una cantidad de otras cosas materiales. Pero el tema es éste: las cosas nunca deben alejarnos de Dios.

«Mirad también por vosotros mismos, que vuestros corazones no se carguen de glotonería y embriaguez y de los afanes de esta vida, y venga de repente sobre vosotros aquel día» (Lc. 21:34).

«No os conforméis a este siglo, sino transformaos por medio de la renovación de vuestro entendimiento, para que comprobéis cuál sea la buena voluntad de Dios, agradable y perfecta» (Ro. 12:2).

«Enseñándonos que, renunciando a la impiedad y a los deseos mundanos, vivamos en este siglo sobria, justa y piadosamente» (Tit. 2:12).

«¡Oh almas adúlteras! ¿No sabéis que la amistad del mundo es enemistad contra Dios? Cualquiera, pues, que quiera ser amigo del mundo, se constituye enemigo de Dios» (Stg. 4:4).

«No améis al mundo, ni las cosas que están en el mundo. Si alguno ama al mundo, el amor del Padre no está en él. Porque todo lo que hay en el mundo, los deseos de la carne, los deseos de los ojos, y la vanagloria de la vida, no proviene del Padre, sino del mundo» (1 Jn. 2:15-16).

«Porque tú dices: Yo soy rico, y me he enriquecido, y de ninguna cosa tengo necesidad; y no sabes que tú eres un desventurado, miserable, pobre, ciego y desnudo» (Ap. 3:17).

«...(Engordaste, te cubriste de grasa); entonces abandonó al Dios que lo hizo, y menospreció la roca de su salvación» (Dt. 32:15).

«Envueltos están en su grosura; con su boca hablan arrogantemente» (Sal. 17:10).

«Oye, pues, ahora esto, mujer voluptuosa, tú que estás sentada confiadamente, tú que dices en tu corazón: Yo soy, y fuera de mí no hay más; no quedaré viuda, ni conoceré orfandad» (Is. 47:8).

«Se engordaron y se pusieron lustrosos, y sobrepasaron los hechos del malo; no juzgaron la causa, la causa del huérfano; con todo, se hicieron prósperos, y la causa de los pobres no juzgaron» (Jer. 5:28).

3. Tercera excusa: otro dijo que su familia lo tenía demasiado absorbido. Este hombre acababa de casarse, y es cierto que el matrimonio es un mandato de Dios. Sin embargo no debe ser antepuesto a Dios. El hombre debía haberse preparado para *la gran cena* antes de casarse. Nada, ni familia, ni amigos, ni importantes funciones sociales deben ser antepuestos a la *gran cena de Dios.*

«Así, pues, cualquiera de vosotros que no renuncia a todo lo que posee, no puede ser mi discípulo» (Lc. 14:33).

«Cuando hubieron comido, Jesús dijo a Simón Pedro: Simón, hijo de Jonás, ¿me amas más que éstos? Le respondió: Sí, Señor; tú sabes que te amo. El le dijo: Apacienta mis corderos. Volvió a decirle la segunda vez: Simón, hijo de Jonás, ¿me amas? Pedro le respondió: Sí, Señor; tú sabes que te amo. Le dijo: Pastorea mis ovejas. Le dijo la tercera vez: Simón, hijo de Jonás, ¿me amas? Pedro se entristeció de que le dijese la tercera vez: ¿Me amas? y le respondió: Señor, tú lo sabes todo; tú sabes que te amo. Jesús le dijo: Apacienta mis ovejas» (Jn. 21:15-17).

«Ahora, pues, Israel, ¿qué pide Jehová tu Dios de ti, sino que temas a Jehová tu Dios, que andes en todos sus caminos, y que lo ames, *y sirvas a Jehová tu Dios* con todo tu corazón y con toda tu alma» (Dt. 10:12).

«Ahora, pues, temed a Jehová, y servidle con integridad y en verdad; y quitad de entre vosotros los dioses a los cuales sirvieron vuestros padres al otro lado del río, y en Egipto; y servid a Jehová» (Jos. 24:14).

[4] (14:21) *Jesucristo, rechazado—respuesta:* el Señor se enoja con los huéspedes tan ocupados. Note tres cosas.

1. Los invitados que rechazaron la invitación mostraron indiferencia y desprecio.
   a. Mostraron indiferencias hacia el *gran precio* pagado por Dios para preparar y proveer «todas las cosas» (la muerte de Cristo, v. 17). Poco les importó el elevado costo y gran precio pagado por Él.
   b. Mostraron desprecio al engañar al Señor. Aceptaron la primera invitación, pero nunca comenzaron a lavarse o vestirse adecuadamente para la fiesta.
2. El Señor tenía motivos para estar enojado. Los huéspedes que rechazaron la invitación lo habían engañado y despreciado, sin detenerse a pensar en el gran precio que Dios había pagado por ellos.
3. Note dos temas cruciales. Ni uno solo de los huéspedes que rechazaron la invitación pudo *gustar su cena* (v. 24).

«Porque sabéis esto, que ningún fornicario, o inmundo, o avaro, que es idólatra, tiene herencia en el reino de Cristo y de Dios. Nadie os engañe con palabras vanas, porque por estas cosas viene la ira de Dios sobre los *hijos de desobediencia*» (Ef. 5:5-6).

«Porque la ira de Dios es revelada desde el cielo contra toda impiedad e injusticia de los hombres que detienen con injusticia la verdad» (Ro. 1:18).

«Pero ira y enojo a los que son contenciosos y no obedecen a la verdad, sino que obedecen a la injusticia» (Ro. 2:8).

5 (14:21-23) ***Evangelismo—testimonio—decisión—invitación:*** el Señor manda invitaciones a los de afuera, y lo hace «pronto». Note varios hechos.

1. El Señor no permitirá que su plan sea detenido. Ha planeado un banquete y nadie podrá impedir que se haga.

2. El Señor va a llenar «pronto» la sala del banquete. Note que envía a su siervo, diciendo: «Vé pronto». (¡Qué desafío a todos los creyentes! Dios quiere que el trabajo sea hecho rápidamente. Qué emocionante es pensar que estaremos con Él en la gran cena, y que será pronto!)

3. El siervo del Señor debe ir por las plazas y las calles de la ciudad. Debe dejar las casas de los ricos y del lujo, a los autosuficientes y a los de mentalidad mundana, a los religiosos y a los que se justifican a sí mismos. Debe salir de en medio de los aceptables y establecidos para alcanzar a la gente de las calles y de los caminos.

4. El siervo del Señor debe ir a los que necesitan ayuda a efectos de venir; debe ir a los que saben y rápidamente admiten su necesidad de ayuda. Note que el siervo debe «traer» a aquellos a quienes es enviado ahora.

a. Debe hacer «entrar» a los pobres, a los que van a necesitar vestimenta nueva y apropiada. Algunos de los pobres aceptarán la vestimenta.

«Al que no conoció pecado, por nosotros lo hizo pecado, para que nosotros fuésemos hechos justicia de Dios en él» (2 Co. 5:21).

«Bienaventurados los pobres en espíritu, porque de ellos es el reino de los cielos» (Mt. 5:3).

b. Debe hacer «entrar» a los pobres y cojos, a aquellos que necesitarán ayuda, a aquellos que tal vez necesiten ser llevados al banquete.

c. Debe hacer «entrar» a los ciegos, a aquellos que tendrán que ser guiados y dirigidos.

Note que algunos de estos conocen su propia necesidad. Es una necesidad evidente, y ellos están dispuestos a *confesarla y a aceptar la ayuda.*

Ahora note dos temas cruciales.

1. El siervo del Señor todavía tiene dificultad en hallar suficiente gente que acepte la invitación. Algunos de los pobres, cojos, mancos y ciegos no les importa venir. Son demasiado orgullosos o amargados, o avergonzados o se sienten mal, demasiado centrados en sí mismos, o demasiado auto compasivos para aceptar ayuda o para aceptar una invitación que tantos rechazan.

2. El Señor demanda un esfuerzo doble y agotador. Envía a su siervo a los caminos y vallados para invitar a quienquiera que encuentre. Note tres hechos.

a. De acuerdo a cómo uno enfoque este pasaje, esto se refiere a los gentiles o a los grandes pecadores.

b. El Señor dice: «fuérzalos». Esto no significa que los va a obligar con fuerza física; se refiere a la fuerza de la predicación y persuasión, al poder del Espíritu Santo.

«Conociendo, pues, el temor del Señor, persuadimos a los hombres; pero a Dios le es manifiesto lo que somos; y espero que lo sea también a vuestras conciencias» (2 Co. 5:11).

«Pues conozco vuestra buena voluntad, de la cual me glorío entre los de Macedonia, que Acaya está preparada desde el año pasado; y vuestro celo ha estimulado a la mayoría» (2 Co. 9:2).

«Y yendo, predicad, diciendo: El reino de los cielos se ha acercado» (Mt. 10:7).

«Lo que os digo en tinieblas, decidlo en la luz; y lo que oís al oído, proclamadlo desde las azoteas» (Mt. 10:27).

«Y les dijo: Id por todo el mundo y predicad el evangelio a toda criatura» (Mr. 16:15).

«Jesús le dijo: Deja que los muertos entierren a sus muertos; y tú vé, y anuncia el reino de Dios» (Lc. 9:60).

«Id, y puestos en pie en el templo, anunciad al pueblo todas las palabras de esta vida» (Hch. 5:20).

c. El Señor dice: «que se llene mi casa». Recuerde el mandato: «Vé pronto». Conecte el mandato a esta promesa con lo cual todo pareciera indicar a un pronto cumplimiento. Sin embargo, tenemos que tener en mente que mil años son como un día para el Señor (2 P. 3:8).

«En el último y gran día de la fiesta, Jesús se puso en pie y alzó la voz, diciendo: Si alguno tiene sed, venga a mí y beba» (Jn. 7:37).

«Porque todo aquel que invocare el nombre del Señor, será salvo» (Ro. 10:13).

«El que quiere que *todos los hombres* sean salvos y vengan al conocimiento de la verdad» (1 Ti. 2:4).

«Y el Espíritu y la Esposa dicen: Ven. Y el que oye, diga: Ven. Y el que tiene sed, venga; y *el que quiera,* tome del agua de la vida gratuitamente» (Ap. 22:17).

«Así será mi palabra que sale de mi boca; no volverá a mí vacía, sino que hará lo que yo quiero, y será prosperada en aquello para que la envié» (Is. 55:11).

6 (14:24) ***Juicio—salvación rechazada:*** los que rechazaron la invitación son excluidos. Este es un pronunciamiento trágico, pero muy merecido. El Señor dice que ninguno de los rechazadores «gustarán mi cena». No hay una segunda oportunidad.

«Pero mientras ellas iban a comprar, vino el esposo; y las que estaban preparadas entraron con él a las bodas; y se cerró la puerta» (Mt. 25:10).

«De cierto os digo, que el que no reciba el reino de Dios como un niño, no entrará en él» (Mr. 10:15).

«¿No sabéis que los injustos *no* heredarán el reino de Dios? No erréis; ni los fornicarios, ni los idólatras, ni los adúlteros, ni los afeminados, ni los que se echan con varones, ni los ladrones, ni los avaros, ni los borrachos, ni los maldicientes, ni los estafadores, heredarán el reino de Dios» (1 Co. 6:9-10).

«Pero esto digo, hermanos: que *la carne y la sangre* no pueden heredar el reino de Dios, ni la corrupción hereda incorrupción» (1 Co. 15:50).

«No entrará en ella ninguna cosa inmunda, o que hace abominación y mentira, sino solamente los que están inscritos en el *libro de la vida* del Cordero» (Ap. 21:27).

«Vuestras iniquidades han estorbado estas cosas, y vuestros pecados apartaron de vosotros el bien» (Jer. 5:25).

«*Pasó* la siega, *terminó* el verano, y nosotros no hemos sido salvos» (Jer. 8:20).

«Mi Dios os desechará, porque ellos no lo oyeron; y andarán errantes entre las naciones» (Os. 9:17).

1 **Grandes multitudes seguían a Jesús; Jesús les presentaba desafíos**
2 **Para el hombre, Cristo debe estar primero; primero que la familia, y primero que él mismo**
3 **El hombre tiene que llevar la cruz de la muerte: de la muerte a sí mismo**
4 **El hombre tiene que reflexionar sobre el discipulado; tiene que calcular el precio y las consecuencias**
a. Ilustración 1: un constructor tiene que contar sus recursos

F. El costo del discipulado, 14:25-35
(Mt. 5:13; cp. Mt. 10:37-39; Mr. 9:50)

25 Grandes multitudes iban
con él; y volviéndose, les
dijo:
26 Si alguno viene a mí, y
no aborrece a su padre, y
madre, y mujer, e hijos, y
hermanos, y hermanas, y aun
también su propia vida, no
puede ser mi discípulo.
27 Y el que no lleva su cruz
y viene en pos de mí, no
puede ser mi discípulo.
28 Porque ¿quién de vosotros, queriendo edificar una
torre, no se sienta primero y
calcula los gastos, a ver si
tiene lo que necesita para
acabarla?
29 No sea que después que
haya puesto el cimiento, y no
pueda acabarla, todos lo que
lo vean comiencen a hacer
burla de él,
30 diciendo: Este hombre
comenzó a edificar, y no pudo
acabar.
31 ¿O qué rey, al marchar a
la guerra contra otro rey, no
se sienta primero y considera
si puede hacer frente con diez
mil al que viene contra él con
veinte mil?
32 Y si no puede, cuando el
otro está todavía lejos, le
envía una embajada y le
pide condiciones de paz.
33 Así, pues, cualquiera de
vosotros que no renuncia a
todo lo que posee, no puede
ser mi discípulo.
34 Buena es la sal; mas si
la sal se hiciere insípida, ¿con
qué se sazonará?
35 Ni para la tierra ni para
el muladar es útil; la arrojan
fuera. El que tiene oídos para
oír, oiga.

b. Ilustración 2: un rey en guerra tiene que calcular las consecuencias
c. La enseñanza: el hombre tiene que pagar el precio máximo, es decir, renunciar a todo
5 **El hombre tiene que tener la sal del discipulado; la sal de la negación de sí mismo**
a. Una decisión vacilante
1) Es inútil
2) Será echada fuera
b. Una invitación: oír es una decisión

F. El costo del discipulado, 14:25-35

(14:25-35) ***Introducción:*** a Cristo no le interesan las invitaciones y el discipulado barato. Demasiadas veces el llamado al discipulado es el llamado a recibir los grandes beneficios y ventajas ofrecidos por Dios. Hay beneficios y ventajas eternas, pero la salvación y el discipulado involucra mucho más. Involucra un precio increíble, el sacrificio supremo. La persona tiene que pagar el precio máximo, todo lo que es y tiene, para seguir a Cristo. ¿Precisamente, cuál es el precio de seguir a Cristo? Tal es el tema supremo del presente pasaje.

1. Grandes multitudes seguían a Jesús; Jesús les presentaba desafíos (v. 25).
2. Para el hombre, Cristo debe estar primero; primero que la familia, y primero que él mismo (v. 26).
3. El hombre tiene que llevar la cruz de la muerte: de la muerte a muerte a sí mismo (v. 27).
4. El hombre tiene que reflexionar sobre el discipulado; tiene que calcular el precio y las consecuencias (vv. 28-33).
5. El hombre tiene que tener la sal del discipulado; la sal de la negación de sí mismo (vv. 34-35).

(14:25-35) ***Otro bosquejo:*** el precio o las condiciones del discipulado pueden ser bosquejadas de la siguiente manera:

1. Renunciamiento (v. 26).
2. Negación de sí mismo (v. 27).
3. Reflexión; calcular el precio (vv. 28-32).
4. Renunciamiento a todo (vv. 33-35).

Hay otras tres *condiciones*, dadas por Cristo en otra parte, *para el discipulado*.

1. Amor a los demás. «En esto conocerán todos que sois mis discípulos, si tuvieres amor los unos con los otros» (Jn. 13:35; cp. 33).
2. Constancia: «Si vosotros permanecéis en mi palabra, seréis verdaderamente mis discípulos» (Jn. 8:31).
3. Frutos: «En esto es glorificado mi Padre, en que llevéis mucho fruto, y seáis así mis discípulos» (Jn. 15:8).

[1] (14:25) ***Discipulado:*** grandes multitudes seguían a Jesús. En la mente de Jesús estaban la cruz y las necesidades del mundo (v. 27). Sus pensamientos eran consumidos por el enorme sacrificio y precio requeridos para alcanzar al mundo. Necesitaba seguidores dispuestos a sacrificarse totalmente para que el mensaje fuese llevado al mundo. Los de segunda clase no le servían. Dios no acepta sino el primer lugar en la vida del hombre. Jesús tenía que aclararles lo que significaba y costaba ser discípulo suyo.

[2] (14:26) ***Familia—negación de sí mismo—dedicación—discipulado:*** Cristo tiene que tener el primer lugar en la vida de una persona, aun antes de su familia y de sí misma. (*Véanse* bosquejo y nota—Mt. 10:35-37.) Las palabras: «no aborrece» (*ou misei*) son fuertes. Significan no mostrar preferencia, tener indiferencia, aversión, desconsideración (cp. Gn. 29:31; 33; Dt. 21:15). Cristo no estaba diciendo que la familia de una persona y el ego de una persona debían ser literalmente aborrecidos. El auténtico creyente debe amar incluso a sus enemigos (Lc. 6:27). ¿Qué quiso decir entonces Cristo? Muy simple...

- Cristo debe ser *primero* en la vida de la persona; primero que la familia, incluso primero que ella misma.
- Cristo debe ser antepuesto a la familia; aun cuando su familia se oponga a su decisión de seguir a Cristo.
- Cristo debe *ser primero*; debe estar antes que el compañerismo, el bienestar y el placer de la familia y el hogar.
- Todo, la familia y el ego incluídos, deben ser puestos después de Cristo y su misión. Todo debe ser puesto detrás del amor y la devoción de la persona por Cristo y su causa.

«Entonces Pedro comenzó a decirle: He aquí,

nosotros lo hemos dejado todo, y te hemos seguido» (Mr. 10:28).

«Y cuando trajeron a tierra las barcas, dejándolo todo, le siguieron» (Lc. 5:11).

«Después de estas cosas salió, y vio a un publicano llamado Leví, sentado al banco de los tributos públicos, y le dijo: Sígueme» (Lc. 5:27).

«Y él les dijo: De cierto os digo, que no hay nadie que haya dejado casa, o padres, o hermanos, o mujer, o hijos, por el reino de Dios, que no haya de recibir mucho más en este tiempo, y en el siglo venidero la vida eterna» (Lc. 18:29-30).

«Y ciertamente, aun estimo todas las cosas como pérdida por la excelencia del conocimiento de Cristo Jesús, mi Señor, por amor del cual lo he perdido todo, y lo tengo por basura, para ganar a Cristo» (Fil. 3:8).

[3] (14:27) ***Negación de sí mismo:*** el hombre debe llevar la cruz de la muerte de su propio ego. (*Véase* Estudio a fondo 1—Lc. 9:23; Mt. 16:24 para la discusión y aplicaciones.)

[4] (14:28-33) ***Decisión—discipulado—reflexión—mente:*** el hombre debe pensar y reflexionar sobre el discipulado; debe calcular el precio y las consecuencias. Cristo usó dos parábolas para enseñar esto.

1. Un hombre que quiere construir una torre se sienta primero a *pensar* en el proyecto y a calcular el precio. ¿Tiene *suficientes recursos*, tiene lo suficiente para terminar la obra? Debe asegurarse de ello, de lo contrario no podrá terminar, convirtiéndose en objeto de burlas. El tema es claro: antes que una persona comience a seguir a Cristo, Cristo quiere que reflexione al respecto. Quiere que la persona esté segura, absolutamente segura. ¿Podrá soportar hasta el fin? ¿tiene lo necesario para construir la torre (vida)? ¿Por qué? Porque una profesión de palabras daña al reino de Dios.

Una profesión de palabras...

- despierta las burlas del mundo; los verdaderos creyentes son acusados de hipócritas.
- desanima a los creyentes en perspectiva.
- estorba e impide el ministerio de los creyentes.
- desanima a algunos creyentes.

2. La segunda parábola es acerca de dos reyes en guerra. El rey atacado contaba solamente con diez mil soldados, mientras que el rey atacante viene con veinte mil. El rey atacado se sentó y pensó exhaustivamente en sus recursos y las consecuencias. Tuvo que pensar en la pérdida de vidas y propiedades aun en el caso de triunfar. Note que este rey aún no había tomado una decisión. Estaba siendo invadido. O bien presentaba batalla al rey invasor, o bien se rendía. Tuvo que pensar *en las consecuencias que sufriría en ambos casos*, tanto si presentaba batalla como si se rendía. (cp. al rey invasor con Cristo y al rey invadido con el individuo).

La enseñanza de las dos parábolas es clara: el hombre tiene que pagar el supremo precio. Tiene que renunciar a todo, renunciar y entregar cuanto *es y tiene*, de lo contrario «no puede ser mi discípulo». Cuando una persona calcula el precio de seguir a Cristo, tiene que pensar en dos cosas.

1. Le va a costar *todo lo que es*. La persona tiene que estar dispuesta a centrar su vida en Cristo y en su misión para alcanzar al mundo perdido y lleno de desesperantes necesidades. Le costará al hombre...

- su corazón: esto es devoción y entrega total.
- su mente: ser inundado y controlado por Cristo.
- sus ojos: para mirar lo que mira Él.
- sus oídos: para oír lo que oye Él.
- sus manos: fijándose en lo que toca y toma.
- sus pies: fijándose a dónde camina.
- su boca: fijándose lo que come, bebe y dice.
- su deseos: fijándose, controlando y cambiando sus urgencias y anhelos.
- su energía: entregando su fuerza, iniciativa y voluntad a Cristo.
- su esfuerzo y trabajo: dedicando y centrando todo en Cristo, usando sus esfuerzos y su obra en la causa de Cristo.

«Sabiendo esto, que nuestro viejo hombre fue crucificado juntamente con él, para que el cuerpo del pecado sea destruido, a fin de que no sirva más al pecado» (Ro. 6:6).

«Así que, hermanos, os ruego por las misericordias de Dios, que presentéis vuestros cuerpos en sacrificio vivo, santo, agradable a Dios, que es vuestro culto racional» (Ro. 12:1).

«Bueno es no comer carne, ni beber vino, ni nada en que tu hermano tropiece, o se ofenda, o se debilite» (Ro. 14:21).

«¿O ignoráis que vuestro cuerpo es templo del Espíritu Santo, el cual está en vosotros, el cual tenéis de Dios, y que no sois vuestros? Porque habéis sido comprados por precio; glorificad, pues, a Dios en vuestro cuerpo y en vuestro espíritu, los cuales son de Dios» (1 Co. 6:19-20).

«Ninguno busque su propio bien, sino el del otro» (1 Co. 10:24).

«Por lo cual, salid de en medio de ellos, y apartaos, dice el Señor, y no toquéis lo inmundo; y yo os recibiré, y seré para vosotros por Padre, y vosotros me seréis hijos e hijas, dice el Señor todopoderoso» (2 Co. 6:17-18).

«Con Cristo estoy juntamente crucificado, y ya no vivo yo, mas vive Cristo en mí; y lo que ahora vivo en la carne, lo vivo en la fe del hijo de Dios, el cual me amó y se entregó a sí mismo por mí» (Gá. 2:20).

«Pero los que son de Cristo han crucificado la carne con sus pasiones y deseos» (Gá. 5:24).

«Porque habéis muerto, y vuestra vida está escondida con Cristo en Dios» (Col. 3:3).

2. Le va a costar *todo lo que tiene*. La persona tiene que estar dispuesta a entregar todo lo que tiene a Cristo, sin rebajar la totalidad del precio. Es esto lo que motiva la perdición y condenación de tantos (*véanse* bosquejo y notas—Lc. 18:18-30; Mt. 19:16-22). Seguir realmente a Cristo costará...

- la familia, pues Cristo tendrá prioridad sobre ella.
- los amigos, pués vendrán después de Cristo y serán centrados en Él.
- el hogar con todas sus comodidades y extravagancias.
- el trabajo, pues estará centrado en Cristo y será usado para ganar lo suficiente para dar a quienes no tienen (Ef. 4:28).
- automóviles, pues no serán lujosos, para así tener más para dar a los necesitados del mundo.
- inversiones, usándolas para la causa de Cristo.
- el dinero, supliendo las necesidades personales y usando el resto en la causa de Dios.

Le costará a la persona todo lo que tenga. Debe rendirlo a Cristo, es decir, debe estar dispuesta a usarlo en la misión del Señor, en la misión de ayudar a los perdidos del mundo y a los que sucumben bajo el peso de necesidades enormes.

Cuando un hombre calcula lo que cuesta seguir a Cristo, tiene que pensar en las consecuencias, tanto de luchar contra Cristo como de rendirse a Cristo. Si el hombre escoge rechazar a Cristo, luchar contra Él, entonces...

- nunca experimentará la vida abundante, ni profunda satisfacción alguna (Jn. 10:10).
- nunca conocerá a Dios, ni su amor y protección diaria.
- nunca tendrá un *sentido de propósito eterno*, ni significado, ni importancia.
- nunca conocerá ni tendrá la seguridad de la vida eterna.
- nunca será libre de las incertidumbres de la vida.
- nunca será libre del terror y temor de la muerte.

- nunca será libre de algún sentido de juicio y de lo vendrá.
- nunca será libre de un sentido de falsa seguridad.

Las consecuencias de rendirse a Cristo, por supuesto, será lo opuesto de lo mencionado arriba.

«Jesús le dijo: Si quieres ser perfecto, anda, vende lo que tienes, y dalo a los pobres, y tendrás tesoro en el cielo; y ven y sígueme» (Mt. 19:21; cp. Lc. 18:22).

«Pero los afanes de este siglo, y el engaño de las riquezas, y las codicias de otras cosas, entran y ahogan la palabra, y se hace infructuosa» (Mr. 4:19).

«Vended lo que poseéis, y dad limosna; haceos bolsas que no se envejezcan, tesoro en los cielos que no se agote, donde ladrón no llega, ni polilla destruye, porque donde está vuestro tesoro, allí estará también vuestro corazón» (Lc. 12:33-34).

«Entonces Zaqueo, puesto en pie, dijo al Señor: He aquí, Señor, la mitad de mis bienes doy a los pobres; y si en algo he defraudado a alguno, se lo devuelvo cuadruplicado» (Lc. 19:8).

«Como también yo en todas las cosas agrado a todos, no procurando mi propio beneficio, sino el de muchos, para que sean salvos» (1 Co. 10:33).

«Porque ya conocéis la gracia de nuestro Señor Jesucristo, que por amor a vosotros se hizo pobre, siendo rico, para que vosotros con su pobreza fueseis enriquecidos» (2 Co. 8:9).

«Porque los que quieren enriquecerse caen en tentación y lazo, y en muchas codicias necias y dañosas, que hunden a los hombres en destrucción y perdición» (1 Ti. 6:9).

«Pero el que tiene bienes de este mundo y ve a su hermano tener necesidad, y cierra contra él su corazón, ¿cómo mora el amor de Dios en él?» (1 Jn. 3:17).

5 (14:34-35) ***Decisión—vacilación—dedicación:*** el hombre tiene que tener la sal del discipulado que es el renunciamiento a sí mismo, es sacrificar y dar cuanto uno es y tiene. (*Véanse* notas—Mt. 5:13; Mr. 9:50 para una discusión más extensa.) Cristo dijo tres cosas muy puntuales.

1. La decisión vacilante carece de valor. *No puede madurar o penetrar.* No ayuda para nada ni a nadie.

«Y Jesús le dijo: Ninguno que poniendo su mano en el arado mira hacia atrás, es apto para el reino de Dios» (Lc. 9:62).

2. Una decisión vacilante será echada fuera. La sal que no tiene valor y es inútil siempre es echada fuera, porque no sirve para nada.

«Mas los hijos del reino serán echados a las tinieblas de afuera; allí será el lloro y el crujir de diente» (Mt. 8:12).

«Entonces el rey dijo a los que servían: Atadle de pies y manos, y echadle en las tinieblas de afuera; allí será el lloro y el crujir de dientes» (Mt. 22:13).

«Y al siervo inútil echadle en las tinieblas de afuera; allí será el lloro y el crujir de dientes» (Mt. 25:30).

«Pero os dirá: Os digo que no sé de dónde sois; apartaos de mí todos vosotros, hacedores de maldad» (Lc. 13:27).

«El que en mí no permanece, será echado fuera como pámpano, y se secará; y los recogen, y los echan en el fuego, y arden» (Jn. 15:6).

«El que es enseñado en la palabra, haga partícipe de toda cosa buena al que lo instruye. No os engañéis; Dios no puede ser burlado: pues todo lo que el hombre sembrare, eso también segará. Porque el que siembra para su carne, de la carne segará corrupción; mas el que siembra para el Espíritu, del Espíritu segará vida eterna» (Gá. 6:6-8).

«Mas el justo vivirá por fe; y si retrocediere, no agradará a mi alma. Pero nosotros no somos de los que retroceden para perdición, sino de los que tienen fe para preservación del alma» (He. 10:38-39).

«Ciertamente, si habiéndose ellos escapado de las contaminaciones del mundo, por el conocimiento del Señor y Salvador Jesucristo, enredándose otra vez en ellas son vencidos, su postrer estado viene a ser peor que el primero» (2 P. 2:20).

3. La persona que tiene oídos debe escuchar la invitación. El escuchar la verdad espiritual es una decisión que el hombre debe hacer. Decide si escuchar o no la verdad.

«Cualquiera, pues, que me oye estas palabras, y las hace, le compararé a un hombre prudente, que edificó su casa sobre la roca. Descendió lluvia, y vinieron ríos, y soplaron vientos, y golpearon contra aquella casa; y no cayó, porque estaba fundada sobre la roca. Pero cualquiera que me oye estas palabras y no las hace, le compararé a un hombre insensato, que edificó su casa sobre la arena; y descendió lluvia, y vinieron ríos, y soplaron vientos, y dieron con ímpetu contra aquella casa; y cayó, y fue grande su ruina» (Mt. 7:24-27).

«Mas la que cayó en buena tierra, éstos son los que con corazón bueno y recto retienen la palabra oída, y dan fruto con perseverancia» (Lc. 8:15).

«Mas Abraham le dijo: Si no oyen a Moisés y a los profetas, tampoco se persuadirán aunque alguno se levante de los muertos» (Lc. 16:31).

«Por lo cual también nosotros, sin cesar damos gracias a Dios, de que cuando recibisteis la palabra de Dios que oísteis de nosotros, la recibisteis no como palabra de hombres, sino según es en verdad, la palabra de Dios, la cual actúa en vosotros los creyentes» (1 Ts. 2:13).

«Porque si alguno es oidor de la palabra pero no hacedor de ella, éste es semejante al hombre que considera en un espejo su rostro natural. Porque él se considera a sí mismo y se va, y luego olvida cómo era» (Stg. 1:23-24).

«El oído que escucha las amonestaciones de la vida, entre los sabios morar» (Pr. 15:31).

1 Los recaudadores de impuestos y pecadores se acercaron a Jesús
a. Los religiosos: murmuraban contra Jesús por juntarse con «pecadores»
b. Jesús: relató una parábola
2 La oveja estaba perdida[EF1]

G. La parábola de la oveja perdida: el pecador perdido en el mundo, 15:1-7
(Mt. 18:11-14)

Se acercaban a Jesús todos los
publicanos y pecadores para
oírle,
2 y los fariseos y los escribas
murmuraban, diciendo: Este a
los pecadores recibe, y con
ellos come.
3 Entonces él les refirió esta
parábola, diciendo:
4 ¿Qué hombre de vosotros,
teniendo cien ovejas, si pierde
una de ellas, no deja las
noventa y nueve en el de-
sierto, y va tras la que se
perdió, hasta encontrarla?
5 Y cuando la encuentra, la
pone sobre sus hombros
gozoso;
6 y al llegar a casa, reúne a
sus amigos y vecinos, di-
ciéndoles: Gozaos conmigo,
porque he encontrado mi
oveja que se había perdido.
7 Os digo que así habrá más
gozo en el cielo por un pecador que se arrepiente, que por
noventa y nueve justos que no
necesitan de arrepentimiento.

3 La oveja estaba perdida por culpa de su ego
4 La oveja estaba perdida «en el desierto»
5 La oveja fue buscada hasta ser hallada
6 La oveja, una vez hallada, fue motivo de gran gozo
7 La oveja representaba a un pecador arrepentido

G. La parábola de la oveja perdida: el pecador perdido en el mundo, 15:1-7

(15:1-7) ***Introducción:*** el capítulo 15 es uno de los capítulos más importantes de toda la Biblia. Contiene tres de las parábolas más famosas que se hayan contado. Las parábolas tratan del pecador perdido y del gran amor de Dios para buscar y recibir al pecador perdido cuando éste se arrepiente y vuelve al hogar. La primer parábola es la de la oveja perdida en el desierto del mundo.

1. Los recaudadores de impuestos y pecadores se acercaron a Jesús (vv. 1-3).
2. La oveja estaba perdida (v. 4).
3. La oveja estaba perdida por culpa de su ego (v. 4).
4. La oveja estaba perdida «en el desierto» (v. 4).
5. La oveja fue buscada hasta ser hallada (v. 5).
6. La oveja, una vez hallada, fue motivo de gran gozo (vv. 5-6).
7. La oveja representaba a un pecador arrepentido (v. 7).

[1] (15:1-3) ***Separación—hambre espiritual:*** los recaudadores de impuestos y los pecadores su acercaron a Jesús. Note que «todos» se acercaban a Él. Esto demuestra dos cosas.

1. Tenían hambre de su mensaje. No venían por curiosidad, ni para observar, ni para buscar bendiciones físicas; venían impulsados por su necesidad espiritual; impulsados por su necesidad de recibir el mensaje de salvación de Jesús.

2. Reconocieron la gran necesidad que tenían. Los publicanos, es decir, los recaudadores de impuestos trabajaban para el gobierno romano, la nación que había conquistado a Israel. Por ese motivo se los consideraba traidores tanto de Israel como de Dios. Consecuentemente eran despreciados por la gente y separados y excluidos por los religiosos. Los pecadores eran personas inmorales e injustas que no guardaban la ley, por ejemplo, las rameras (cp. Mt. 21:32), los mentirosos, ladrones, criminales. Todo estos eran pecadores, traidores de Dios y de los hombres, y ellos lo sabían. De modo que cuando Cristo vino predicando liberación del pecado y esperanza del reino de Dios, ellos se agolparon alrededor suyo.

La actitud de los religiosos era trágica. Murmuraban contra Jesús por juntarse y comer con pecadores tan terribles. Creían que no correspondía a la dignidad de cualquier persona respetable asociarse con pecadores tan viles. Note un tema importante: Jesús no era del mundo, pero estaba en el mundo, tratando de alcanzar a los hombres para Dios. Esto es lo que muchas veces pasan por alto tanto los liberales como los separatistas.

- El verdadero creyente debe salir «de en medio de ellos [de los mundanos], y apartaos, dice el Señor, y no toquéis lo inmundo; y yo os recibiré, y seré para vosotros por Padre, y vosotros me seréis hijos e hijas, dice el Señor todopoderoso» (2 Co. 6:17-18). No debe estar en el mundo con los pecadores, haciendo cosas mundanas y teniendo conversaciones mundanas (Ef. 4:29; Col. 4:6).
- El verdadero creyente debe ir «por todo el mundo y predicad el evangelio a toda criatura [pecador]» (Mr. 16:15). El creyente va, no se queda a esperar que los pecadores vengan a Él y a la iglesia. El creyente sale al lugar donde están los pecadores.

Pensamiento. Si actualmente se predicase todo el evangelio con poder y autoridad, ¿cuántos se agolparían para escuchar...

- el evangelio de la salvación del pecado y de la muerte?
- el evangelio de la esperanza en el reino de Dios. (*Véase* Estudio a fondo 3, ***Reino de Dios***—Mt. 19:23-24.)

Jesús respondió a los religiosos contando tres grandes parábolas. La primera es una de las parábolas más queridas que se hayan contado, es la parábola de la oveja perdida.

[2] (15:4) ***Ovejas:*** la oveja estaba perdida. Representa al incrédulo, al pecador que sale al desierto del mundo; a la persona que se ha extraviado y está perdida para Dios. Note el significado de la palabra «perdida» (*véase* Estudio a fondo 1, ***Perdido***—Lc. 15:4).

ESTUDIO A FONDO 1

(15:4) ***Perdida*** (*appolumi*): perecer, destruir, perder, perder vida eterna, estar espiritualmente destituido, estar separado.

[3] (15:4) ***Oveja perdida—hombre perdido:*** la oveja estaba perdida por culpa de su ego. La oveja se pierde en una de cinco maneras.

1. La oveja se siente atraída por algo afuera «en el desierto», lejos del rebaño del pastor. Lo que la oveja ve es más atractivo, le apela más. La oveja es tentada y seducida y codicia aquello que la seduce («los deseos de la carne, los deseos de los ojos», 1 Jn. 2:16).

2. La oveja anda sin sentido cierto, sin prestar atención a lo que está ocurriendo. Se aleja sin tener una dirección cierta, y mientras se está perdiendo, la oveja no sabe que está extraviando el camino. Cuando la oveja descubre que se ha perdido, realmente ya está perdida.

3. La oveja se rehusa a escuchar las advertencias del pastor y a seguir el ejemplo de las otras ovejas («la vanagloria de la vida» 1 Jn. 2:16).

4. La oveja no está suficientemente apegada al pastor y a las otras ovejas. No existe el lazo o la unión que debería existir. Por eso se mantiene apartada, comiendo y descansando y trabajando a solas, hasta que eventualmente se aparta sin que nadie lo note, ni siquiera ella misma (He. 10:25).

5. La oveja no confía en el pastor. No cree que el pastor se ocupará de cuidarla y de buscar que haya suficiente comida. Se extravía buscando pasturas más verdes y comida más satisfactoria (*véase* nota—Mt. 18:14 en cuanto a la ayuda que el pastor necesita de otros para cuidar de las ovejas).

«Todos nosotros nos descarriamos como ovejas, cada cual se apartó por su camino; mas Jehová cargó en él el pecado de todos nosotros» (Is. 53:6).

«El hombre que se aparta del camino de la sabiduría vendrá a parar en la compañía de los muertos» (Pr. 21:16).

«Cual ave que se va de su nido, tal es el hombre que se va de su lugar» (Pr. 27:8).

«Titubearon como ciegos en las calles, fueron contaminados con sangre, de modo que no pudiesen tocarse las vestiduras» (Lm. 4:14).

«Reconoce, pues, tu maldad, porque contra Jehová tu Dios has prevaricado, y fornicaste con los extraños debajo de todo árbol frondoso, y no oíste mi voz, dice Jehová» (Jer. 2:13).

«Tú me dejaste, dice Jehová; te volviste atrás; por tanto, yo extenderé sobre ti mi mano y te destruiré; estoy cansado de arrepentirme» (Jer. 15:6).

«Y por haberse multiplicado la maldad, el amor de muchos se enfriará» (Mt. 24:12).

«Mas el justo vivirá por fe; y si retrocediere, no agradará a mi alma» (He. 10:38).

«Han dejado el camino recto, y se han extraviado siguiendo el camino de Balaam hijo de Beor, el cual amó el premio de la maldad» (2 P. 2:15).

«Fieras ondas del mar, que espuman su propia vergüenza; estrellas errantes, para las cuales está reservada eternamente la oscuridad de las tinieblas» (Jud. 13).

4 (15:4) ***Mundo—mundano—desierto—perdido:*** la oveja estaba perdida en el desierto. El desierto tenía cierto encanto. Lo desconocido y los riesgos despertaban sus emociones, pero una vez que la oveja se aventuró a salir al desierto, halló que el terreno era áspero, lleno de agudas lomadas, profundas barrancas y grietas. Era difícil de transitar allí, el suelo estaba cubierto de espesos arbustos, agudas espinas, sendas peligrosas; y si no hallaba el camino de salida, el desierto agotarían y terminaría rápidamente la fuerza de la oveja. Eventualmente el desierto cobraría su vida.

El desierto y los encantos del mundo atraen a la persona. El mundo tiene mucho que ofrecer.

1. El mundo le ofrece al hombre...
   - ocupación y propósito.
   - estilo de vida y aceptación.
   - ego y auto estima.
   - reconocimiento y privilegio.
   - cada vez mayor honra.
   - posición e imagen.
   - plenitud y riqueza.
   - oportunidad y satisfacción.
   - autoridad y poder.
2. El mundo estimula y levanta al hombre, haciendo que...
   - su sangre corra.
   - su corazón se acelere.
   - sienta piel de gallina.
   - tenga vértigo.
   - deseos.
   - anhelos.
   - escapes.
   - relajamiento.

«No améis al mundo, ni las cosas que están en el mundo. Si alguno ama al mundo, el amor del Padre no está en él. Porque todo lo que hay en el mundo, los deseos de la carne, los deseos de los ojos, y la vanagloria de la vida, no proviene del Padre, sino del mundo» (1 Jn. 2:15-16).

«Y manifiestas son las obras de la carne, que son: adulterio, fornicación [sexo premarital], inmundicia, lascivia [toda forma de inmoralidad], idolatría, hechicería [brujería], enemistades, pleitos [peleas], celos, iras, contiendas, disensiones [divisiones], herejías, envidias, homicidios, borracheras, orgías, y cosas semejantes a estas; acerca de las cuales os amonesto, como ya os lo he dicho antes, que los que practican tales cosas no heredarán el reino de Dios» (Gá. 5:19-21).

«Ovejas perdidas fueron mi pueblo; sus pastores las hicieron errar, por los montes las descarriaron; anduvieron de monte en collado, y se olvidaron de sus rediles» (Jer. 50:6)

«Anduvieron perdidas mis ovejas por todos los montes, y en todo collado alto; y en toda la faz de la tierra fueron esparcidas mis ovejas, y no hubo quien las buscase, ni quien preguntase por ellas» (Ez. 34:6).

«Y al ver las multitudes, tuvo compasión de ellas; porque estaban desamparadas y dispersas como ovejas que no tienen pastor» (Mt. 9:36).

5 (15:4) ***Ministerio—buscar a los perdidos:*** la oveja fue buscada hasta ser hallada. Note cuatro cosas.

1. La oveja perdida fue buscada (v. 4). El pastor dejó a las noventa y nueve para buscar a la oveja perdida. Las noventa y nueve estaban seguras; ya se encontraban en el corral. Pero aquella oveja estaba perdida. Era la que tenía que ser buscada. Era ésta la que necesitaba la atención del pastor, la que debía ocupar su tiempo, energía y esfuerzo. Mientras la oveja estuvo perdida, el propósito primordial del pastor era buscarla. (¡Qué lección para los ministros de la iglesia!)

2. La búsqueda era urgente. El pastor fue tras la oveja perdida (v. 4). Estaba profundamente preocupado por ella. Fue en busca de la oveja perdida como si ella fuese la única. Note la dedicación y entrega del pastor para buscar a la perdida.

3. El pastor la buscó hasta hallarla. Su búsqueda no fue pausada y lenta, como si hubiese mucho tiempo. Ni abandonó la búsqueda en vista de las dificultades a lo largo del áspero terreno, ni del cansancio de las largas horas de búsqueda, ni del tedio de encontrarse una y otra vez en callejones sin salida. Buscó y siguió buscando hasta encontrar a la oveja perdida. En ningún momento se dejó estar, ni se quedó ni abandonó.

4. Cuando el pastor encontró a la oveja, la abrazó y se la echó al hombro. La recibió...
   - con brazos abiertos.
   - abrazándola.
   - sintió gozo en el corazón.
   - la llevó alzada hasta la casa (v. 6).

«Ciertamente llevó él nuestras enfermedades, y sufrió nuestros dolores; y nosotros le tuvimos por azotado, por herido de Dios y abatido. Mas él herido fue por nuestras rebeliones, molido por nuestros pecados; el castigo de nuestra paz fue sobre él, y por su llaga fuimos nosotros curados. Todos nosotros nos descarriamos como ovejas, cada cual se apartó por su camino; mas Jehová cargó en él el pecado de todos nosotros» (Is. 53:4-6).

«Porque vosotros erais como ovejas descarriadas, pero ahora habéis vuelto al Pastor y Obispo de vuestras almas» (1 P. 2:25).

«Yo anduve errante como oveja extraviada; busca a tu siervo, porque no me he olvidado de tus mandamientos» (Sal. 119:176).

6 (15:5-6) ***Salvación, resultados:*** una vez hallada, la oveja fue motivo de gran gozo. Note lo que hizo el pastor.

1. Reunió a todos sus vecinos. Quería que todos supiesen que la oveja perdida había sido hallada. Todos habían estado tan

preocupados —orando, esperando— querían participar del regocijo.

2. Todos se regocijaron porque el esfuerzo del pastor no fue en vano.

3. El pastor llamó tiernamente a la oveja perdida: «*mi oveja*»; «mi oveja que se había perdido». Era suya, sin importar cuán sucia, desgreñada, impura, destituida, depravada, fea y perdida había estado. Aún era la oveja del pastor.

Note que Dios no envió un ángel como siervo, sino a su Hijo, para buscar a los perdidos (cp. Is. 53:4-6, 10-12).

> **«Porque de tal manera amó Dios al mundo, que ha dado a su Hijo unigénito, para que todo aquel que en él cree, no se pierda, mas tenga vida eterna» (Jn. 3:16).**
>
> **«Quien llevó él mismo nuestros pecados en su cuerpo sobre el madero, para que nosotros, estando muertos a los pecados, vivamos a la justicia; y por cuya herida fuisteis sanados. Porque vosotros erais como ovejas descarriadas, pero ahora habéis vuelto al Pastor y Obispo de vuestras almas» (1 P. 2:24-25).**
>
> **«Porque el Hijo del Hombre vino a buscar y a salvar lo que se había perdido» (Lc. 19:10).**

(15:7) ***Arrepentimiento:*** la oveja representa a un pecador arrepentido. El pecador tiene que arrepentirse (*véanse* nota y
7 estudio a fondo 1—Hch. 17:29-30).

> **«Pedro les dijo: Arrepentíos, y bautícese cada uno de vosotros en el nombre de Jesucristo para perdón de los pecados; y recibiréis el don del Espíritu Santo» (Hch. 2:38).**
>
> **«Yo reprendo y castigo a todos los que amo; sé pues, celoso, y arrepiéntete» (Ap. 3:19).**
>
> **«Deje el impío su camino, y el hombre inicuo sus pensamientos, y vuélvase a Jehová, el cual tendrá de él, misericordia, y al Dios nuestro, el cual será amplio en perdonar» (Is. 55:7).**
>
> **«Mas el impío, si se apartare de todos sus pecados que hizo, y guardare todos mis estatutos e hiciere según el derecho y la justicia, de cierto vivirá; no morirá» (Ez. 18:21).**

	H. Parábola de la moneda perdida: el pecador perdido en el seno de la familia, 15:8-10
1 La moneda estaba perdida (v. 8) **2 La moneda se perdió por culpa de otros (v. 8)** **3 La moneda estaba perdida en el interior de la casa (v. 8)** **4 La moneda fue buscada hasta ser hallada (v. 9)** **5 La moneda, una vez hallada, fue motivo de gran gozo (v. 9)** **6 La moneda representaba al pecador arrepentido (v. 10)**	8 ¿O qué mujer que tiene diez dracmas, si pierde una dracma, no enciende la lámpara, y barre la casa, y busca con diligencia hasta encontrarla? 9 Y cuando la encuentra, reúne a sus amigas y vecinas, diciendo: Gozaos conmigo, porque he encontrado la dracma que había perdido. 10 Así os digo que hay gozo delante de los ángeles de Dios por un pecador que se arrepiente.

H. Parábola de la moneda perdida: el pecador perdido en el seno de la familia, 15:8-10

(15:8-10) ***Introducción:*** con frecuencia este pasaje es predicado y enseñado juntamente con la parábola de la oveja perdida (Lc. 15:1-7). La oveja perdida estaba perdida en el desierto del mundo, mientras que la moneda se había perdido en el propio hogar. Note que los diversos puntos son similares para ambas parábolas, pero su aplicación es diferente.

1. La moneda estaba perdida (v. 8).
2. La moneda se había perdido por culpa de otros (v. 8).
3. La moneda estaba perdida en el interior de la casa (v. 8).
4. La moneda fue buscada hasta ser hallada (v. 9).
5. La moneda, una vez hallada, fue motivo de gran gozo (v. 9).
6. La moneda representaba al pecador arrepentido (v. 10).

[1] (15:8) ***Perdido—moneda:*** la moneda representa a la persona no creyente, al pecador perdido en el seno de la familia, al miembro de la familia que se ha extraviado y está perdido, tanto para Dios como para su madre. Note dos hechos.

1. La moneda era de plata, de inmenso valor, deseada en gran manera.
2. La moneda estaba perdida, y destinada a seguir perdida por siempre si no era hallada (para la discusión del tema *véase* Estudio a fondo 1, ***Perdido***—Lc. 15:4).

[2] (15:8) ***Perdido—familia—testificar:*** la moneda se perdió por culpa de otros. Este es un importante cuadro de la responsabilidad que tienen los miembros de la familia unos por otros. En el seno de la familia una moneda (persona) se puede perder de cuatro maneras diferentes.

1. Ignorando la moneda. La moneda es apartada y olvidada. Una vez que ha sido traída a la casa, se le da poca o ninguna atención. Demasiadas ocupaciones, el hecho de ignorar su valor y de confundir las prioridades pueden hacer que la moneda sea ignorada.
2. Descuidando la moneda. La persona puede ser consciente de que la moneda está allí y conocer su valor, y sin embargo descuidarla. Puede dejar de prestarle atención por tanto tiempo que finalmente olvida donde está.
3. Tratándola descuidadamente. Se la trata mal, se la deja caer, se la pierde.
4. Poniéndola inconscientemente en algún lugar. Se la deja sin premeditación en algún sitio, y, consecuentemente se le presta poca atención. La persona atiende sencillamente sus asuntos diarios sin pensar nunca en usar la moneda. Eventualmente la moneda es olvidada.

«Que enseñen a las mujeres jóvenes a amar a sus maridos y a sus hijos, que enseñan a las mujeres jóvenes a amar a sus maridos y a sus hijos, a ser prudentes, castas, cuidadosas de su casa, buenas, sujetas a sus maridos, para que la palabra de Dios no sea blasfemada» (Tit. 2:4-5).

«Cuando hubieron comido, Jesús dijo a Simón Pedro: Simón, hijo de Jonás, ¿me amas más que éstos? Le respondió: Si Señor; tú sabes que te amo. El le dijo: Apacienta mis *corderos*» (Jn. 21:15).

«He aquí, por tercera vez estoy preparado para ir a vosotros; y no os seré gravoso, porque no busco lo vuestro, sino a vosotros, pues no deben atesorar los hijos para los padres, sino los padres para los hijos» (2 Co. 12:14).

«Y las repetirás a tus hijos, y hablarás de ellas estando en tu casa, y andando por el camino, y al acostarte, y cuando te levantes» (Dt. 6:7).

«Y las enseñarás a vuestros hijos, hablando de ellas cuando te sientes en tu casa, cuando andes por el camino, cuando te acuestes, y cuando te levantes» (Dt. 11:19).

«Instruye al niño en su camino, y aun cuando fuere viejo no se apartará de él» (Pr. 22:6).

«¿A quién se enseñará ciencia, o a quién se hará entender doctrina? ¿A los destetados? ¿a los arrancados de los pechos?» (Is. 28:9).

«El que vive, el que vive, éste te dará alabanza, como yo hoy; el padre hará notoria tu verdad a los hijos» (Is. 38:19).

«Levántate, da voces en la noche, al comenzar las vigilias; derrama como agua tu corazón ante la presencia del Señor; alza tus manos a él [a Dios] implorando la vida de tus pequeñitos, que desfallecen de hambre en las entradas de todas las calles» (Lm. 2:19).

[3] (15:8) ***Perdido—familia—testificando:*** la moneda estaba perdida en la casa. Note tres cosas.

1. La moneda, aunque estaba perdida en la casa, estaba perdida en la tierra y suciedad del piso. No estaba limpia como las otras nueve monedas sobre la cómoda. Lentamente la tierra y la suciedad la estaban cubriendo y ocultando bajo la basura.
2. La experiencia de la moneda, a pesar de estar en la casa,

era terrible. Por el hecho de estar perdida era...

- inútil; incapaz de contribuir a las necesidades de la familia.
- indefensa; incapaz de cumplir con su propósito.
- ausente; no estaba allí para participar de las funciones de la familia.
- ignorada; no se la veía, no podía ser lustrada y cuidada.
- pisoteada; allí en el piso, cubierta de tierra y suciedad nadie la veía; por lo tanto era sometida a mal uso y abuso.

«La vara y la corrección dan sabiduría; mas el muchacho consentido avergonzará a su madre» (Pr. 29:15).

«Y el menor de ellos dijo a su padre: Padre, dame la parte de los bienes que me corresponde; y les repartió los bienes. No muchos días después, juntándolo todo el hijo menor, se fue lejos a una provincia apartada; y allí desperdició sus bienes viviendo perdidamente» (Lc. 15:12-13).

«Ella, instruida primero por su madre, dijo: Dame aquí en un plato la cabeza de Juan el Bautista» (Mt. 14:8).

«Y le mostraré [a Elí] que yo juzgaré su casa para siempre, por la iniquidad que él sabe; porque sus hijos han blasfemado a Dios, y él no los ha estorbado» (1 S. 3:13).

«Pero no anduvieron los hijos por los caminos de su padre, antes se volvieron tras la avaricia, dejándose sobornar y pervirtiendo el derecho» (1 S. 8:3).

«E hizo lo malo ante los ojos de Jehová, y anduvo en el camino de su padre, y en el camino de su madre, y en el camino de Jeroboam hijo de Nabat, que hizo pecar a Israel» (1 R. 22:52).

«También él anduvo en los caminos de la casa de Acab, pues su madre le aconsejaba que actuase impiamente» (2 Cr. 22:3).

«Antes se fueron tras la imaginación de su corazón, y en pos de los baales, según les enseñaron sus padres» (Jer. 9:14).

«Antes dije en el desierto a sus hijos: No andéis en los estatutos de vuestros padres, ni guardéis sus leyes, ni os contaminéis con sus ídolos. Yo soy Jehová vuestro Dios; andad en mis estatutos, y guardad mis preceptos, y ponedlos por obra» (Ez. 20:18-19).

3. La moneda no era consciente de estar perdida. Note tres cosas.

a. Un miembro de la familia puede no ser consciente ni sentirse perdido. Tal vez no sienta incomodidad, ni angustia ni ansiedad; sin embargo, todavía existe la responsabilidad personal. Cada uno, no importa quien sea, es responsable de su propia vida y salvación. No puede culpar a sus padres, a madre, padre, hermano, hermana, hijo o hija. El miembro de la familia que peca es responsable de su propia conducta. Es él quien está perdido en la suciedad de la tierra.

b. No hay excusa para seguir a compañeros y personalidades más fuertes. No hay excusa para ser pasivo, débil, o fácilmente descarriable. Eventualmente el miembro de la familia es responsable por su propia vida.

c. Los otros miembros de la familia tal vez no conozcan la *verdad* acerca del amor de Dios y de Cristo, del privilegio que es ser salvado y tener el perdón de los pecados y heredar la vida eterna. Por eso, el miembro de la familia tiene la responsabilidad de salir y buscar la verdad de parte de aquellos que la conocen.

«Así que, todo lo que os digan que guardéis, guardadlo y hacedlo; mas no hagáis conforme sus obras, porque dicen, y no hacen» (Mt. 23:3).

«Guárdate que no tropieces yendo en pos de ellas, después que sean destruidas delante de ti...» (Dt. 12:30).

«Y desecharon sus estatutos, y el pacto que él había hecho con sus padres, y los testimonios que él había prescrito a ellos; y siguieron la vanidad, y se hicieron vanos, y fueron en pos de las naciones que estaban alrededor de ellos, de las cuales Jehová les había mandado que no hiciesen a la manera de ellas» (2 R. 17:15).

«Así ha dicho Jehová: Por tres pecados de Judá, y por el cuarto, no revocaré su castigo; porque menospreciaron la ley de Jehová, y no guardaron sus ordenanzas, y les hicieron errar sus mentiras, en pos de las cuales anduvieron sus padres» (Am. 2:4).

4 (15:9) ***Testificando—perdido, buscando:*** la moneda fue buscada hasta ser hallada. Hay varios hechos significativos en este punto.

1. La mujer cambió toda la atmósfera de la casa. Encendió una lámpara, puesto que las casas del aquel tiempo eran muy oscuras. La mayoría sólo tenían una pequeña ventana de menos de dos pies cuadrados. La única esperanza para la mujer de encontrar la moneda era encendiendo una luz.

La luz representa a Cristo, la Luz del mundo (*véase* Estudio a fondo 1— Jn. 8:12). La mujer se volvió a Cristo para llevar luz a su oscura casa. Note que en su búsqueda utilizó la luz, buscando detrás de cada puerta, debajo de cada mesa, en cada estante y en todos los demás lugares. No dio paso alguno sin la luz. (La luz también representa la luz de su vida, es decir, su confianza en la justicia de Dios. *Véanse* notas—Mt. 5:14; Estudio a fondo 5— 12:35-36.)

2. Ella barrió toda la casa. Barrió toda la tierra suelta y suciedad sacándola fuera de su casa (cp. pecado en la casa). Dos cosas sabía:

a. Mientras hubiese tierra suelta y suciedad en la casa (pecado) jamás encontraría su preciosa moneda.

b. Si no sacaba toda la tierra suelta y suciedad (pecado), podía perder otra moneda.

3. La mujer buscó inmediata y urgentemente la moneda. Cuanto más tiempo permaneciera perdida la moneda...

- más se ensuciaría.
- más se intimidaría.
- más se acostumbraría a la suciedad.
- más difícil sería encontrarla.

4. La mujer buscó diligentemente la moneda hasta hallarla. Percibía una gran pérdida, como si no existiese otra moneda de plata. El saber que las otras monedas estaban seguras no la consolaba. Era muchísimo lo que dependía de hallar a esta moneda en particular.

El propósito y la utilidad de la moneda en la vida dependían de que fuese hallada y salvada de la suciedad de la tierra, de modo que una cosa estaba clara: la mujer no abandonaría hasta hallarla.

- Ella *quería* hallar la moneda; dedicó su vida y se dispuso a hallarla, pidiendo siempre la dirección de Dios y confiando en la ayuda de Dios.
- Ella *trabajó* diligentemente; puso todos sus pensamientos, energía y esfuerzo en la búsqueda de su moneda perdida. La búsqueda de la moneda se convirtió en el centro de su vida hasta que la halló.
- Ella *perseveró;* fue un trabajo tedioso y pesado porque implicó barrer la tierra y suciedad de debajo de cada mueble y de cada rincón y lugar fuera del alcance de la vista. Ella miraba y oraba mientras caminaba, se inclinaba, se torcía y se arrodillaba. A pesar de la incomodidad y de la dificultad, ella movía, cambiaba y reordenando todo el mobiliario a efectos de limpiar y llegar a los lugares de difícil acceso; lo hizo todo

en su intento de alcanzar y hallar a la moneda perdida.

«Porque el Hijo del Hombre vino a buscar y a salvar lo que se había perdido» (Lc. 19:10).

«Después *le halló* Jesús en el templo, y le dijo: Mira, has sido sanado; no peques más, para que no te venga alguna cosa peor» (Jn. 5:14).

«Respondieron y le dijeron: Tú naciste del todo en pecado, ¿y nos enseñas a nosotros? Y le expulsaron. Oyó Jesús que le habían expulsado; y hallándole, le dijo: ¿Crees tú en el Hijo de Dios?» (Jn. 9:34-35).

«Al que oye mis palabras, y no las guarda, yo no le juzgo; porque no he venido para juzgar al mundo, sino a salvar al mundo» (Jn. 12:47).

«Yo reprendo y castigo a todos los que amo; sé, pues, celoso, y arrepiéntete. He aquí, yo estoy a la puerta y llamo; si alguno oye mi voz y abre la puerta, entraré a él, y cenaré con él, y él conmigo» (Ap. 3:19-20).

«Pero nosotros esperamos, según sus promesas, cielos nuevos y tierra nueva, en los cuales mora la justicia. Por lo cual, oh amados, estando en espera de estas cosas, procurad con *diligencia* ser hallados por él *sin mancha* e *irreprensibles*, en paz» (2 P. 3:13-14).

«Vuélvete a tu casa, y cuenta cuán grandes cosas ha hecho Dios contigo. Y él se fue, publicando por toda la ciudad cuán grandes cosas había hecho Jesús con él» (Lc. 8:39).

«Porque deseara yo mismo ser anatema, separado de Cristo, por amor a mis hermanos, los que son mis parientes según la carne» (Ro. 9:3).

[5] (15:9) ***Salvación—gozo—testificando:*** la moneda, una vez hallada, fue de gran gozo. Note varias cosas.

1. Las oraciones y esfuerzos de la mujer valieron la pena. Ella halló su moneda perdida. Esa clase de oración y diligencia son recompensados por Dios.
2. La mujer reunió a sus amigas y vecinos para una gloriosa celebración. Su moneda perdida había sido hallada. Aquel fue un momento de gozo y ella quiso compartirlo con sus seres queridos.
3. Es de crucial importancia recordar esto. Note su palabras: «la drama que [*yo*] *había* perdido». Era ella quien había perdido la moneda. ¿Por qué la había perdido? Note que la lámpara no había estado encendida. La casa solamente tenía la luz natural que entraba por una pequeña ventana hecha por el hombre. La luz (Cristo) no había estado resplandeciendo en su casa.
4. Ahora la mujer podía regocijarse porque...
   - tenía luz (Cristo).
   - había barrido toda la tierra y suciedad fuera de su casa.
   - había orado y buscado diligentemente su moneda perdida.
   - sus esfuerzos y oraciones la llevaron a la moneda.

[6] (15:10) ***Arrepentimiento:*** la moneda representa al pecador arrepentido. Note dos temas sencillos pero profundos.

1. El pecador hallado es una persona que se arrepiente (*véanse* nota y Estudio a fondo 1— Hch. 17:29-30).
2. Dios y todos los ángeles se regocijan en gran manera cuando un pecador se arrepiente.

«Pedro les dijo: Arrepentíos, y bautícese cada uno de vosotros en el nombre de Jesucristo para perdón de los pecados; y recibiréis el don del Espíritu Santo» (Hch. 2:38).

«Buscad a Jehová mientras pueda ser hallado, llamadle en tanto que está cercano. Deje el impío su camino, y el hombre inicuo sus pensamientos, y vuélvase a Jehová, el cual tendrá de él, misericordia, y al Dios nuestro, el cual será amplio en perdonar» (Is. 55:6-7).

1 **Dijo: «Dame»**

a. Mi herencia[EF1]

b. Mi independencia

c. Resultado: desperdició su vida viviendo perdidamente

2 **Le llegó el día del sufrimiento y tuvo necesidad**

a. Sufrió al verse despojado

b. Sufrió el desastre natural

c. Sufrió humillación[EF2]

d. Sufrió hambre

e. Sufrió la pérdida de sus amigos

3 **Volvió en sí; volvió de**

I. Parábola del hijo pródigo: el hijo descarriado, 15:11-24

11 También dijo: Un hombre
tenía dos hijos;
12 y el menor de ellos dijo a
su padre: Padre, dame la parte
de los bienes que me corresponde; y les repartió los
bienes.
13 No muchos días después,
juntándolo todo el hijo menor,
se fue lejos a una provincia
apartada; y allí desperdició
sus bienes viviendo perdidamente.
14 Y cuando todo lo hubo
malgastado, vino una gran
hambre en aquella provincia,
y comenzó a faltarle.
15 Y fue y se arrimó a uno de
los ciudadanos de aquella
tierra, el cual le envió a su hacienda para que apacentase
cerdos.
16 Y deseaba llenar su vientre
de las algarrobas que comían
los cerdos, pero nadie le daba.
17 Y volviendo en sí, dijo:
¡Cuántos jornaleros en casa
de mi padre tienen abun-
dancia depan, y yo aquí
perezco de hambre!
18 Me levantaré e iré a mi
padre, y le diré: Padre, he pecado contra el cielo y contra ti.
19 Ya no soy digno de ser
llamado tu hijo; hazme como
a uno de tus jornaleros.
20 Y levantándose vino a su
padre. Y cuando aún estaba
lejos, lo vio su padre, y fue
movido a misericordia, y
corrió, y se echó sobre su
cuello, y le besó.
21 Y el hijo le dijo: Padre, he
pecado contra el cielo y contra ti, y ya no soy digno de ser
llamado tu hijo.
22 Pero el padre dijo a sus
siervos: Sacad el mejor
vestido, y vestidle; y poned un
anillo en su mano, y calzado
en sus pies.
23 Y traed el becerro gordo y
matadlo, y comamos y hagamos fiesta;
24 porque este mi hijo
muerto era, y ha revivido; se
había perdido, y es hallado.
Y comenzaron a regocijarse.

su locura a la realidad

a. Recordó a su padre y su enorme riqueza

b. Pensó en la aflicción que atravesaba

c. Pensó en humillarse

1) Arrepintiéndose

2) Confesando su pecado y su indignidad

4 **Se levantó y volvió a casa de su padre**

a. Se arrepintió; abandonó su vida pecaminosa

b. Fue aceptado aun antes de hacer su confesión

c. Hizo su confesión

5 **Cuando regresó a casa de su padre fue aceptado**

a. El padre lo restauró

b. El padre alimentó a su hijo y celebró su regreso

c. El padre proclamó la nueva vida del hijo

I. Parábola del hijo pródigo: el hijo descarriado, 15:11-24

(15:11-24) ***Introducción:*** la parábola del hijo pródigo es la historia más grande y más amada que se haya contado en lenguaje humano. Dios ama y se extiende al más perdido de los hombres, y corre para abrazar a todo hijo pródigo que se arrepiente y vuelve al hogar. Dios perdona a su hijo pródigo y lo restaura, no importa cuán terrible haya sido su pecado y error.

1. Dijo: «dame» (vv. 11-13).
2. Le llegó el día del sufrimiento y tuvo necesidad (vv. 14-16).
3. Volvió en sí; volvió de su locura a la realidad (vv. 17-19).
4. Se levantó y volvió a casa de su padre (vv. 20-21).
5. Cuando regresó a casa de su padre fue aceptado (vv. 22-24).

1 (15:11-13) ***Egoísmo—dureza—independencia—ego—testarudo—mundanalidad:*** el hijo pródigo dijo: «Dame». Note que el muchacho era por nacimiento hijo de su padre. Pertenecía a la propiedad (al mundo) del padre por nacimiento. Pero de lo que sigue queda claro que de corazón, mente o espíritu no pertenecía al padre. El pródigo quería dos cosas.

1. Dijo: «*Dame* mi herencia». Quería el dinero y las cosas y posesiones de la propiedad (el mundo) que iba a heredar. Quería todo lo que el Padre le daría para disfrutarlo ahora.

   a. No lo había ganado, todavía no; por eso no lo merecía.

   b. Era egoísta y centrado en sí mismo, rudo y descortés. Dijo: «dame», no «por favor», o «¿podrías darme». Poco y nada le importaba al pródigo el efecto de esta actitud sobre su padre y la propiedad. No le importaba ni el sufrimiento del padre ni la pérdida de dinero y bienes que sufriría la propiedad.

«Pero los afanes de este siglo, y el engaño de las riquezas, y las codicias de otras cosas, entran y ahogan la palabra, y se hace infructuosa» (Mr. 4:19).

«Y les dijo: Mirad, y guardaos de toda avaricia; porque la vida del hombre no consiste en la abundancia de los bienes que posee» (Lc. 12:15).

«Porque los que quieren enriquecerse caen en tentación y lazo, y en muchas codicias necias y dañosas, que hunden a los hombres en destrucción y perdición; porque raíz de todos los males es el amor al dinero, el cual codiciando algunos, se extraviaron de la fe, y fueron traspasados de muchos dolores» (1 Ti. 6:9-10).

«También debes saber esto: que en los postreros días vendrán tiempos peligrosos. Porque habrá hombres amadores de sí mismos» (2 Ti. 3:1-2).

«Pero el que tiene bienes de este mundo y ve a su hermano tener necesidad, y cierra contra él su corazón, ¿cómo mora el amor de Dios en él?» (1 Jn. 3:17).

«Porque desde el más chico de ellos hasta el más grande, cada uno sigue la avaricia; y desde el profeta hasta el sacerdote, todos son engañadores» (Jer. 6:13).

«Y cuando coméis y bebéis, ¿no coméis y bebéis para vosotros mismos?» (Zac. 7:6).

2. El muchacho dijo: «Dame mi independencia». Esto era lo que en realidad quería el pródigo, el derecho a la vida propia. Estaba atado a la propiedad de su padre y era responsable de

cuidarla. Quería *cortar los lazos*: *estar lejos* del padre, libre de la responsabilidad de la propiedad. Quería vivir su propia vida, hacer las cosas a su manera (Lc. 15:12).

El hijo pródigo rechazó y se apartó del padre y de su estilo de vida porque creía que el padre...

- le demandaría y exigiría demasiado trabajo.
- le cortaría y limitaría su libertad.
- desaprobaría y restringiría su diversión y placer.
- sería injusto y no lo entendería.
- lo controlaría y disciplinaría demasiado.
- lo vigilaría.

Note un tema crucial: el padre le dio al hijo su libertad y sus posesiones. El hijo pudo hacer lo que quiso con su vida y con sus bienes (habilidades, talentos, dinero, cosas). Todo fue puesto en las manos del hijo. Podía usar su vida y cuanto poseía como quisiera y sin interferencia de parte del padre. Puesto que era un hijo adulto quería su independencia respecto del padre, y éste respetó tal deseo. Nada podía hacer el padre en cuanto a la vida escogida por el hijo. Debía dejarlo ir, a que viviera como quería.

«¡Duros de cerviz, e incircuncisos de corazón! Vosotros resistís siempre al Espíritu Santo; como vuestros padres, así también vosotros» (Hch. 7:51).

«Y mayormente a aquellos [los impíos] que, siguiendo la carne, andan en concupiscencia e inmundicia, y desprecian el señorío [autoridad]. Atrevidos y contumaces, no temen decir mal de las potestades superiores [autoridad]» (2 P. 2:10).

«Dijo más Jehová a Moisés: Yo he visto a este pueblo, que por cierto es pueblo de dura cerviz» (Éx. 32:9).

«Y les envió profetas para que los volviesen a Jehová, los cuales les amonestaron; mas ellos no los escucharon» (2 Cr. 24:19).

«No endurezcáis, pues, ahora vuestra cerviz como vuestros padres; someteos a Jehová, y venid a su santuario, el cual él ha santificado para siempre; y servid a Jehová vuestro Dios, y el ardor de su ira se apartará de vosotros» (2 Cr. 30:8).

«A los cuales él dijo: Este es el reposo; dad reposo al cansado; y este es el refrigerio; mas no quisieron oír» (Is. 28:12).

«Porque así ha dicho Jehová el Señor, el Santo de Israel: En descanso y en reposo seréis salvos; en quietud y en confianza será vuestra fortaleza. *Y no quisisteis*» (Is. 30:15).

«No seáis como el caballo, como el mulo, sin entendimiento, que han de ser sujetados con cabestro y con freno, porque si no se acercan a ti» (Sal. 32:9).

«Bienaventurado el hombre que siempre teme a Dios; mas el que endurece su corazón caerá en el mal» (Pr. 28:14).

«El hombre que reprendido endurece la cerviz, de repente será quebrantado, y no habrá para él medicina» (Pr. 29:1).

«Oídme, duros de corazón, que estáis lejos de la justicia» (Is. 46:12).

«Por cuanto conozco que eres duro, y barra de hierro tu cerviz, y tu frente de bronce» (Is. 48:4).

«Y me volvieron la cerviz, y no el rostro; y cuando los enseñaba desde temprano y sin cesar, no escucharon para recibir corrección» (Jer. 32:33).

«La palabra que nos has hablado en nombre de Jehová, no la oiremos de ti» (Jer. 44:16).

«Pero no quisieron escuchar, antes volvieron la espalda, y taparon sus oídos para no oír» (Zac. 7:11).

«Si no oyereis, y si no decidís de corazón dar gloria a mi nombre, ha dicho Jehová de los ejércitos, enviaré maldición sobre vosotros, y maldeciré vuestras bendiciones; y aun las he maldecido, porque no os habéis decidido de corazón» (Mal. 2:2).

3. El pródigo malgastó su vida viviendo perdidamente.
   a. Dejó a su padre; se rebeló, se sublevó y se fue a un *país lejano*. Escogió un país que era drásticamente distinto al de su padre, un país lleno de libertinaje y ebriedad, de fiestas e inmoralidad, de egoísmo y avaricia, de pecado y vergüenza, de muerte e infierno.
   b. Vivió una vida mundana y carnal, atendiendo solamente a los placeres de esta vida. «Vivir perdidamente» significa vivir en libertinaje, despiadadamente, salvajemente, en forma extravagante. Significa...
      - gastar y gastar.
      - andar en orgías en la cama prohibida.
      - borracheras.
      - libertinaje.
      - maldiciones.
      - contar chistes verdes.
      - comer y comer.
      - beber.
      - andar de fiesta en fiesta.
      - vestirse con el propósito de atraer.
      - tener la boca llena.

«La que cayó entre espinos, éstos son los que oyen, pero yéndose, son ahogados por los afanes y las riquezas y los placeres de la vida, y no llevan fruto» (Lc. 8:14).

«Y diré a mi alma: Alma, muchos bienes tienes guardados para muchos años; repósate, come, bebe, regocíjate» (Lc. 12:19).

«Y manifiestas son las obras de la carne, que son: adulterio, fornicación, inmundicia, lascivia, idolatría, hechicerías, enemistades, pleitos, celos, iras, contiendas, disensiones, herejías, envidias, homicidios, borracheras, orgías, y cosas semejantes a estas; acerca de las cuales os amonesto, como ya os lo he dicho antes, que los que practican tales cosas no heredarán el reino de Dios» (Gá. 5:19-21).

«Pero la que se entrega a los placeres, viviendo está muerta» (1 Ti. 5:6).

«También debes saber esto: que en los postreros días vendrán tiempos peligrosos. Porque habrá hombres amadores de sí mismos, avaros, vanagloriosos, soberbios, blasfemos, desobedientes a los padres, ingratos, impíos, ... traidores, impetuosos, infatuados, amadores de los deleites más que de Dios» (2 Ti. 3:1-2, 4).

«Porque nosotros también éramos en otro tiempo insensatos, rebeldes, extraviados, esclavos de concupiscencias y deleites diversos, viviendo en malicia, envidia, aborrecibles, y aborreciéndonos unos a otros» (Tit. 3:3).

«Habéis vivido en deleites sobre la tierra, y sido disolutos; habéis engordado vuestros corazones como en día de matanza» (Stg. 5:5).

«Recibiendo el galardón de su injusticia, ya que tienen por delicia el gozar de deleites cada día. Estos son inmundicias y manchas, quienes aun mientras comen con vosotros, se recrean en sus errores» (2 P. 2:13).

«Pero un pecador destruye mucho bien» (Ec. 9:18).

«Oye, pues, ahora esto, mujer voluptuosa, tú que estás sentada confiadamente, tú que dices en tu corazón: Yo soy, y fuera de mí no hay más; no quedaré viuda, ni conoceré orfandad» (Is. 47:8).

ESTUDIO A FONDO 1

(15:12) ***Herencia:*** por ley el hijo menor recibía un tercio y el hijo mayor dos tercios de la propiedad de su padre cuando este moría. Sin embargo, si el padre lo quería podía en vida hacer dádivas a sus hijos. El hijo pródigo estaba pidiendo una dádiva enorme equivalente a lo que sería su herencia.

2 (15:14-16) ***Mundanalidad—pecado—esclavitud—ataduras —sufrimiento—amigos—insatisfacción—despojo—pobreza espiritual:*** llegó el día en que le tocó sufrir al hijo pródigo; estaba necesitado. Cinco sufrimientos le sobrevinieron.

1. Sufrió al verse *despojado.* «Gastó todo.» Desperdició y gastó e hizo mal uso...

- de su dinero.
- de sus talentos.
- de sus oportunidades.
- de sus pensamientos.
- de su cuerpo.
- de su propiedad.
- de su propósito.
- de su mente.
- de sus manos.
- de su alma.

Todo esto lo malusó por los placeres de la carne. Note que todas estas cosas, desde su dinero hasta su alma, provenían de Dios. El hijo las había recibido de su Padre, ya sea por naturaleza al nacer, o mediante una dádiva directa. Todo se lo debía al Padre. Debía haber estado trabajando para honrar el nombre de su Padre, sirviendo y devolviendo al Padre todas sus maravillosas dádivas. En cambio, el hijo se hizo rebelde, se hizo pródigo y «desperdició» todo «viviendo perdidamente».

El tema central es que el pródigo no tenía nada en la tierra que le ayude. Había rodeado su vida con los placeres y la seguridad del mundo; pero ahora, habiendo gastado todo, no quedaba nada que le ayudase. Allí estaba *desnudo, vacío, solo, y despojado.* Todo aquello en que había basado su vida, se había ido. Ahora sabía que el mundo era corruptible y pasajero. Note que Él mismo se había separado del Padre (Dios), de manera que de parte de Dios no tenía ninguna seguridad. Estaba totalmente despojado de la confianza y fuerza espiritual de que Dios cuidaría de él y le ayudaría a recuperarse. No se había fijado en Dios ni confiado en Dios ni lo había honrado con su vida y sus bienes. Por eso estaba despojado de toda ayuda espiritual, solo y abandonado en el mundo, habiendo «gastado todo».

«¿Pero qué fruto teníais de aquellas cosas de las cuales ahora os avergonzáis? Porque el fin de ellas es muerte ... Porque la paga del pecado es muerte, mas la dádiva de Dios es vida eterna en Cristo Jesús Señor nuestro» (Ro. 6:21, 23).

«El que sigue el mal lo hace para su muerte» (Pr. 11:19).

«En aquel tiempo estabais sin Cristo, alejados de la ciudadanía de Israel y ajenos a los pactos de la promesa, *sin esperanza* y *sin Dios* en el mundo» (Ef. 2:12).

«Porque tú dices: Yo soy rico, y me he enriquecido, y de ninguna cosa tengo necesidad; y no sabes que tú eres un desventurado, miserable, pobre, ciego y desnudo» (Ap. 3:17).

«En cuanto a mí, casi se deslizaron mis pies; por poco resbalaron mis pasos» (Sal. 73:2).

«Pero los rebeldes y pecadores a una serán quebrantados, y los que dejan a Jehová serán consumidos. Entonces os avergonzarán las encinas que amasteis y os afrentarán los huertos que escogisteis. Porque seréis como encina a la que se le cae la hoja, y como huerto al que le faltan las aguas» (Is. 1:28-30).

«Oh Jehová, ¿No miran tus ojos a la verdad? Los azotaste, y no les dolió; los consumiste, y no quisieron recibir corrección; endurecieron sus rostros más que la piedra, no quisieron convertirse. Pero yo dije: Ciertamente estos son pobres que han enloquecido, pues no conocen el camino de Jehová, el juicio de su Dios» (Jer. 5:3-4).

«Habéis arado impiedad, y segasteis iniquidad; comeréis fruto de mentira, porque confiaste en tu camino y en la multitud de tus valientes» (Os. 10:13).

«He aquí vienen días, dice Jehová el Señor, en los cuales enviaré hambre a la tierra, no hambre de pan, ni sed de agua, sino de oír la palabra de Jehová. E irán errantes de mar a mar; desde el norte hasta el oriente discurrirán buscando palabra de Jehová, y no la hallarán» (Am. 8:11-12).

2. Sufrió *desastres naturales.* Hubo hambre. Esto se refiere a todas las pruebas severas y desastres de la vida, causados por la misma naturaleza del mundo. Puede ser tormenta, enfermedad, accidente, muerte. Sea lo que fuere, es desastroso y causa gran pérdida. Nuevamente, el hijo pródigo estaba solo, sin la presencia de Dios; por eso tuvo que encarar el desastre sin el cuidado y la ayuda de Dios.

«Pero cualquiera que me oye estas palabras y no las hace, le compararé a un hombre insensato, que edificó su casa sobre la arena; y descendió lluvia, y vinieron ríos, y soplaron vientos, y dieron con ímpetu contra aquella casa; y cayó, y fue grande su ruina» (Mt. 7:26-27).

«La obra de cada uno se hará manifiesta; porque el día la declarará, pues por el fuego será revelada; y la obra de cada uno cuál sea, el fuego la probará» (1 Co. 3:13).

3. Sufrió esclavitud y humillación. (Para la discusión del tema *véase* Estudio a fondo 2—Lc. 15:15.)

4. Sufrió hambre. Los desechos del mundo (vida licenciosa) siempre dejarán al hombre vacío y hambriento. El mundo, sus placeres, riqueza y estilos, agradarán al cuerpo, pero dejan al alma vacía. El mundo no puede permanentemente...

- satisfacer.
- alimentar.
- suplir.
- llenar.
- proveer.
- agradar.

El mundo dejará a un hombre sentirse (profundamente en el alma)...

- insatisfecho.
- incumplido.
- malnutrido.
- vacío.
- malsuplido.
- desagradado.

Por otra parte, solamente la persona que tiene hambre y sed de justicia será llenada llevando el fruto del Espíritu de Dios (*véanse* bosquejos, notas y Estudios a fondo 5, 6— Mt. 5:6; Gá. 5:22-23).

«Respondió Jesús y le dijo: Cualquiera que bebiere de esta agua, volverá a tener sed; mas el que bebiere del agua que yo le daré, no tendrá sed jamás; sino que el agua que yo le daré será en él una fuente de agua que salte para vida eterna» (Jn. 4:13-14).

«Y vino a él el tentador, y le dijo: Si eres Hijo de Dios, dí que estas piedras se conviertan en pan» (Mt. 4:3).

«Los frutos codiciados por tu alma se apartaron de ti, y todas las cosas exquisitas y espléndidas te han faltado, y nunca las hallarán» (Ap. 18:14).

«Las viandas para el vientre, y el vientre para las viandas; pero tanto al uno como a las otras destruirá Dios. Pero el cuerpo no es para la fornicación, sino para el Señor, y el Señor para el cuerpo» (1 Co. 6:13).

«Vaga alrededor tras el pan, diciendo: ¿En dónde está? Sabe que le está preparado día de tinieblas» (Job 15:23).

«Todo el trabajo del hombre es para su boca, y con todo eso su deseo no se sacia» (Ec. 6:7).

«De cenizas se alimenta; su corazón engañado le desvía, para que no libre su alma...» (Is. 44:20).

«¿Por qué gastáis el dinero en lo que no es pan, y vuestro trabajo en lo que no sacia? Oídme atentamente, y comed del bien, y se deleitará vuestra alma con grosura?» (Is. 55:2; cp. Is. 29:8; 65:13).

5. Sufrió la pérdida de amigos. Los *así llamados amigos* que le rodeaban cuando tenía abundancia, ahora habían desaparecido. Note dos cosas.

a. Cuando él tenía abundancia y podía mantener el mismo nivel social de sus amigos, estos se complacían en llamarlo amigo. Pero cuando ya no pudo mantenerse *a la altura* del nivel de vida de ellos, dejaron de apreciarlo. Ellos eran *superiores* a él; él era *inferior.* De hecho, él les resultaba un estorbo. No lo querían en su cercanía porque alguien podría asociarlos con él, una persona sin éxito, fracasada.

b. Los amigos, al menos algunos de ellos, también sintieron el aguijón del hambre. Note el egoísmo del mundo: «nadie le daba». ¡Qué similitud con la gran mayoría de la gente actual! ¡Y hay tantos que tienen tanto que podrían dar!

«Todos mis íntimos amigos me aborrecieron, y los que yo amaba se volvieron contra mí» (Job 19:19).

«Mis amigos y mis compañeros se mantienen lejos de mi plaga, y mis cercanos se han alejado» (Sal. 38:11).

«Velo y soy como el pájaro solitario sobre el tejado» (Sal. 102:7).

«Mira a mi diestra y observa, pues no hay quien me quiera conocer; no tengo refugio, ni hay quien cuide de mi vida» (Sal. 142:4).

«No creáis en amigo, ni confiéis en príncipe» (Mi. 7:5).

ESTUDIO A FONDO 2

(15:15) ***Pecado:*** para un judío estaba prohibido relacionarse con un gentil, un hombre de un «país lejano». Pero aun pasando por alto esta prohibición, la humillación de limpiar comederos de cerdos era un terrible dolor para aquel joven anteriormente fino y rico. Hay tres cuadros aquí.

1. El cuadro de una persona espiritual, emocional y mentalmente agotada. Su fuerza espiritual se agotó; gastó su herencia.

2. El cuadro de relacionarse y quedar esclavizado a una persona de un «país lejano». Espiritualmente agotado buscó refugio en alguien de un «país lejano», un hombre que estaba lejos de Dios.

3. El cuadro del pecado que lleva y esclaviza al hombre a los chiqueros del mundo.

«Jesús les respondió: De cierto, de cierto os digo, que todo aquel que hace pecado, esclavo es del pecado» (Jn. 8:34).

«¿No sabéis que si os sometéis a alguien como esclavos para obedecerle, sois esclavos de aquel a quien obedecéis, sea del pecado para muerte, o sea de la obediencia para justicia» (Ro. 6:16; cp. Ro. 6:21).

«Pero veo otra ley en mis miembros, que se rebela contra la ley de mi mente, y que me lleva cautivo a la ley del pecado que está en mis miembros» (Ro. 7:23).

«Les prometen libertad, y son ellos mismos esclavos de corrupción. Porque el que es vencido por alguno es hecho esclavo del que lo venció» (2 P. 2:19).

«Así que, si alguno se limpia de estas cosas, será instrumento para honra, santificado, útil al Señor, y dispuesto para toda buena obra» (2 Ti. 2:21).

«Prenderán al impío sus propias iniquidades, y retenido será con las cuerdas de su pecado» (Pr. 5:22).

«Por tanto, mi pueblo fue llevado cautivo, porque no tuvo conocimiento; y su gloria pereció de hambre, y su multitud se secó de sed» (Is. 5:13).

[3] (15:17) ***Pecado—arrepentimiento—volver en sí:*** el pródigo volvió en sí, escapó de su estado de locura, volvió a la realidad. Note las palabras: «volviendo en sí». Jesús considera que la persona alejada de Dios está loca, mentalmente insana, viviendo en un mundo irreal.

«Este mal hay entre todo lo que se hace debajo del sol, que un mismo suceso acontece a todos, y también que el corazón de los hijos de los hombres está lleno de mal y de insensatez en su corazón durante su vida; y después de esto se van a los muertos» (Ec. 9:3).

Se señalan dos cosas aquí sobre el arrepentimiento.

- El arrepentimiento es el comienzo de la sanidad, de la vuelta a la realidad, la base misma para construir una vida sana.
- El comienzo del arrepentimiento es la reflexión, el hecho de pensar en la propia necesidad y volverse a Dios.

Note las palabras: «Y volviendo en sí, dijo»; es decir, comenzó a pensar en sí mismo. Pensó prolongada y profundamente en las siguientes cosas.

1. Pensó en su Padre (Dios) y en la enorme provisión que tenía.
   a. Los muchos «jornaleros» serían los creyentes, los hijos de Dios.
   b. El «pan» del Padre era suficiente para alimentar a todos, y aun sobraría.

El hijo pródigo recordó cómo el padre pudo proveer para todos. Recordó la sensación de pertenecer a la familia y al compañerismo entre todos los siervos de Dios, la gran provisión de amor, gozo y paz, de propósito, sentido y significado. Su padre lo tenía todo y aun le sobraba.

2. Pensó en su aflicción: «perezco» (v. 17). Esto tiene un significado tanto presente como futuro.
   a. Estaba pereciendo en ese momento; estaba vacío, solo, desdichado, humillado, despojado, sin propósito, sentido o significado, sin familia ni amigos.
   b. Estaba condenado a perecer eternamente (Jn. 3:16; *véase* Estudio a fondo 1—He. 9:27).

3. Pensó en humillarse. Humillarse implicaría dos pasos importantes.
   a. Arrepentirse. Note que el hijo pródigo tendría que «levantarse», es decir, volver, dejando el país lejano, y ir a casa de su padre. Estos son los pasos que implica el arrepentimiento...
      - levantarse, incorporarse.
      - dejar la vida pecaminosa.
      - volver y dirigirse a Dios.

      Note que el arrepentimiento es simplemente un cambio de vida, una vida que deja el pecado y se vuelve a la justicia, que se vuelve del ego a Dios, de este mundo al cielo, de lo temporal a lo eterno.
   b. Confesión. El hijo pródigo tendría que confesar lo siguiente...
      - su pecado.
      - su indignidad de ser llamado hijo de Dios.

Pensamiento. Note que el hijo pródigo solamente pensaba en estas cosas, no las estaba haciendo, al menos todavía no. Sin embargo, el deseo y anhelo de volver a su padre le carcomía profundamente el corazón.

«Bienaventurados los que tienen hambre y sed de justicia, porque ellos serán saciados» (Mt. 5:6; cp. Lc. 6:21).

«En el último y gran día de la fiesta, Jesús se puso en pie y alzó la voz, diciendo: Si alguno tiene sed, venga a mí y beba» (Jn. 7:37).

«Extendí mis manos a ti, mi alma a ti como la tierra seca» (Sal. 143:6; cp. Sal. 38:9; 42:2; 63:1; 119:174).

«A todos los sedientos: Venid a las aguas; y los que no tienen dinero, venid, comprad y comed. Venid, comprad sin dinero y sin precio, vino y leche» (Is. 55:1).

[4] (15:20-21) ***Arrepentimiento—confesión—Dios, hombres que buscan—contrición:*** el hijo pródigo se levantó y volvió a su padre. Este fue el momento más grande para el pródigo, el evento supremo en la vida de todo pecador. Es el clímax de la experiencia humana. El pródigo volvió a Dios; buscó la reconciliación con su Padre.

1. Se arrepintió: se levantó y dejando su vida pecaminosa fue hacia su Padre. Ahora ya no se limitaba a pensarlo; ahora se estaba arrepintiendo y yendo a casa de su Padre.

«Bienaventurados los que lloran, porque ellos recibirán consolación» (Mt. 5:4).

«Así que, arrepentíos y convertíos, para que sean borrados vuestros pecados; para que vengan de la

presencia del Señor tiempos de refrigerio» (Hch. 3:19).

«Arrepiéntete, pues, de esta tu maldad, y ruega a Dios, si quizá te sea perdonado el pensamiento de tu corazón» (Hch. 8:22).

«Porque la tristeza que es según Dios produce arrepentimiento para salvación, de que no hay que arrepentirse; pero la tristeza del mundo produce muerte» (2 Co. 7:10).

«Deje el impío su camino, y el hombre inicuo sus pensamientos, y vuélvase a Jehová, el cual tendrá de él, misericordia, y al Dios nuestro, el cual será amplio en perdonar» (Is. 55:7).

«Mas el impío, si se apartare de todos sus pecados que hizo, y guardare todos mis estatutos e hiciere según el derecho y la justicia, de cierto vivirá; no morirá» (Ez. 18:21; cp. Ez. 18:31).

«Diles: Vivo yo, dice Jehová el Señor, que no quiero la muerte del impío, sino que se vuelva el impío de su camino, y que viva. Volveos, volveos de vuestros malos caminos; ¿Por qué moriréis, oh casa de Israel» (Ez. 33:11; cp. Jl. 2:12).

«Diles pues: Así ha dicho Jehová de los ejércitos: Volveos a mí, dice Jehová de los ejércitos, y yo me volveré a vosotros, ha dicho Jehová de los ejércitos» (Zac. 1:3; cp. Mal. 3:7).

2. Fue aceptado aun antes de haber confesado. Este es un tema destacable. El arrepentimiento es la muestra de que somos sinceros al confesar, y Dios sabe que somos sinceros cuando en efecto estamos dejando nuestros malos caminos. Él perdona cuando nos arrepentimos, cuando realmente queremos que nos perdone. Es por eso que el Padre sale corriendo al encuentro de su hijo. El hijo había regresado del país lejano y había *vuelto* al Padre. Note esto:

- el Padre tenía ojos llenos de misericordia; sin importar lo que había visto quería tener misericordia.
- el Padre tenía el corazón lleno de misericordia; quería extenderse en compasión hacia su hijo pecador.
- el Padre tenía los pies llenos de misericordia; quería correr al encuentro del pecador y *escoltarlo* hasta el hogar.
- el Padre tenía los brazos llenos de misericordia; quiso abrazar al hijo pródigo y llorar con él.
- el Padre tenía los labios llenos de misericordia; quiso recibir al hijo pródigo en el hogar con toda la ternura de un buen Padre.

«Cercano está Jehová a los quebrantados de corazón; y salva a los contritos de espíritu» (Sal. 34:18).

«Los sacrificios de Dios son el espíritu quebrantado; al corazón contrito y humillado no despreciarás tú, oh Dios» (Sal. 51:17).

«Cantad la gloria de su nombre; poned gloria en su alabanza» (Sal. 66:2).

«Rasgad vuestro corazón, y no vuestros vestidos, y convertíos a Jehová vuestro Dios; porque misericordioso es y clemente, tardo para la ira y grande en misericordia, y que se duele del castigo» (Jl. 2:13).

3. Confesó. Tuvo necesidad de confesar su terrible mal, el hecho de haberse rebelado, de haber rechazado a su Padre y de haber pecado contra él. Había pecado contra el cielo, contra todo lo que el cielo es en toda su justicia y santidad; había pecado ante los ojos de Dios; había ido en contra de todo lo que era el Padre sabiendo que lo que el Padre representaba era lo mejor.

«Si confesamos nuestros pecados, él es fiel y justo para perdonar nuestros pecados, y limpiarnos de toda maldad» (1 Jn. 1:9).

«Ahora, pues, dad gloria a Jehová Dios de vuestros padres, y haced su voluntad, y apartaos de los pueblos de las tierras, y de las mujeres extranjeras» (Esd. 10:11).

«El que encubre sus pecados no prosperará; mas el que los confiesa y se aparta alcanzará misericordia» (Pr. 28:13).

«Reconoce, pues, tu maldad, porque contra Jehová tu Dios has prevaricado, y fornicaste con los extraños debajo de todo árbol frondoso, y no oíste mi voz, dice Jehová» (Jer. 3:13).

«El que mira sobre los hombres (Dios); y *al que dijere*: Pequé, y pervertí lo recto, y no me ha aprovechado, Dios redimirá su alma para que no pase al sepulcro, y su vida se verá en luz» (Job 33:27-28).

5 (15:22-24) ***Perdón—restauración:*** el hijo pródigo fue aceptado y restaurado. Pero note que no habría sido aceptado ni restaurado si no hubiera vuelto. La clave para ser aceptado por Dios es arrepentimiento. Es un hecho que siempre debemos recordar, un hecho que determina nuestro destino eterno.

1. El padre lo restauró.
   a. Con el «*vestido*» lo restauró a su posición de hijo, a su posición de honor. Simbolizaba estar vestido con la justicia de Cristo.

«Al que no conoció pecado, por nosotros lo hizo pecado, para que nosotros fuésemos hechos justicia de Dios en él» (2 Co. 5:21).

«Sino vestíos del Señor Jesucristo, y no proveáis para los deseos de la carne» (Ro. 13:14).

«Y vestíos del nuevo hombre, creado según Dios en la justicia y santidad de la verdad» (Ef. 4:24).

«Y revestido del nuevo, el cual conforme a la imagen del que lo creó se va renovando hasta el conocimiento pleno» (Col. 3:10).

b. Con el «*anillo*» lo restauró a una posición de autoridad. Ahora el hijo representaba al padre y a su reino.

«Y por cuanto sois hijos, Dios envió a vuestros corazones el Espíritu de su Hijo, el cual clama: ¡Abba Padre! Así que ya no eres esclavo, sino hijo; y si hijo, también heredero de Dios por medio de Cristo» (Gá. 4:6-7).

«Al que venciere, le daré que se siente conmigo en mi trono, así como yo he vencido, y me he sentado con mi Padre en su trono» (Ap. 3:21).

«Pues no habéis recibido el espíritu de esclavitud para estar otra vez en temor, sino que habéis recibido el Espíritu de adopción, por el cual clamamos: ¡Abba, Padre! El Espíritu mismo da testimonio a nuestro espíritu, de que somos hijos de Dios. Y si hijos, también herederos; herederos de Dios y coherederos con Cristo, si es que padecemos juntamente con él, para que juntamente con él seamos glorificados» (Ro. 8:15-17).

«Para que, justificados por su gracia, viniésemos a ser herederos conforme a la esperanza de la vida eterna» (Tit. 3:7).

c. Los «*zapatos*» lo restauraron inmediatamente y lo colocaron encima de la servidumbre, es decir, que se convertía en un *hombre libre*. Ahora el hijo estaba calzado con zapatos para llevar el evangelio adonde quiera que fuese.

«Y conoceréis la verdad, y la verdad os hará libres» (Jn. 8:32).

«Y libertados del pecado, vinisteis a ser siervos de la justicia» (Ro. 6:18).

«Porque la ley del Espíritu de vida en Cristo Jesús me ha librado de la ley del pecado y de la muerte» (Ro. 8:2).

«Porque el Señor es el Espíritu; y donde está el Espíritu del Señor, allí hay libertad» (2 Co. 3:17).

«Pero mirad que esta libertad vuestra no venga a ser tropezadero para los débiles» (1 Co. 8:9).

«Porque vosotros hermanos, a libertad fuisteis llamados; solamente que no uséis la libertad como ocasión para la carne, sino servíos por amor los unos a los otros» (Gá. 5:13).

«Y calzados los pies con el apresto del evangelio

de la paz» (Ef. 6:15).

«Como libres, pero no como los que tienen la libertad como pretexto para hacer lo malo, sino como siervos de Dios» (1 P. 2:16).

d. La *celebración* representa reconciliación, plena aceptación, y el gran gozo de la ocasión.

«Pero cuando se manifestó la bondad de Dios nuestro Salvador, y su amor para con los hombres, nos salvó, no por obras de justicia que nosotros hubiéramos hecho, sino por su misericordia, por el lavamiento de la regeneración y por la renovación en el Espíritu Santo, el cual derramó en nosotros abundantemente por Jesucristo nuestro Salvador, Para que, justificados por su gracia, viniésemos a ser herederos conforme a la esperanza de la vida eterna» (Tit. 3:4-7).

2. El padre alimentó a su hijo y celebró su regreso. Ambos hechos son importante. El hijo recibió todo el alimento que necesitaba. Fue aceptado plenamente en la familia; por eso fue puesto ante él todo el alimento del cielo. Allí tenía todo el alimento necesario para ser fortalecido. Pero hubo algo más: hubo celebración y gran gozo por el regreso del hijo. Toda la casa comenzó a celebrar con gozo.

«Para mostrar en los siglos venideros las abundantes riquezas de su gracia en su bondad, para con nosotros en Cristo Jesús» (Ef. 2:7).

«Mi Dios, pues, suplirá todo lo que os falta conforme a sus riquezas en gloria en Cristo Jesús» (Fil. 4:19).

«Pero la gracia de nuestro Señor fue más abundante con la fe y el amor que es en Cristo Jesús» (1 Ti. 1:14).

«Las riquezas y la honra están conmigo; riquezas duraderas y justicia» (Pr. 8:18).

«La bendición de Jehová es la que enriquece, y no añade tristeza con ella» (Pr. 10:22).

3. El Padre proclamó la nueva vida de su hijo.

a. «Muerto era, y ha revivido.»

«Porque de tal manera amó Dios al mundo, que ha dado a su Hijo unigénito, para que todo aquel que en él cree, no se pierda, mas tenga vida eterna» (Jn. 3:16).

«De cierto, de cierto os digo: El que oye mi palabra, y cree al que me envió, tiene vida eterna; y no vendrá a condenación, mas ha pasado de muerte a vida» (Jn. 5:24).

«Y él os dio vida a vosotros, cuando estabais muertos en vuestros delitos y pecados» (Ef. 2:1).

«Siendo renacidos, no de simiente corruptible, sino de incorruptible, por la palabra de Dios que vive y permanece para siempre» (1 P. 1:23).

b. «Se había perdido, y es hallado.»

«Todos nosotros nos descarriamos como ovejas, cada cual se apartó por su camino; mas Jehová cargó en él el pecado de todos nosotros» (Is. 53:6).

«Y al llegar a casa, reúne a sus amigos y vecinos, diciéndoles: Gozaos conmigo, porque he encontrado mi oveja que se había perdido... Y cuando la encuentra, reúne a sus amigas y vecinas, diciendo: Gozaos conmigo, porque he encontrado la dracma que había perdido» (Lc. 15:6, 9).

«Porque el Hijo del Hombre vino a buscar y a salvar lo que se había perdido» (Lc. 19:10).

«Quien llevó él mismo nuestros pecados en su cuerpo sobre el madero, para que nosotros, estando muertos a los pecados, vivamos a la justicia; y por cuya herida fuisteis sanados. Porque vosotros erais como ovejas descarriadas, pero ahora habéis vuelto al Pastor y Obispo de vuestras almas» (1 P. 2:24-25).

1 Primera equivocación: estaba en el campo, lejos del hogar

2 Segunda equivocación: el mismo se excluyó

J. La parábola del hijo mayor: el religioso autosuficiente, 15:25-32

25 Y su hijo mayor estaba en el campo; y cuando vino, y llegó cerca de la casa, oyó la música y las danzas;
26 y llamando a uno de los criados, le preguntó qué era aquello.
27 El le dijo: Tu hermano ha venido; y tu padre ha hecho matar el becerro gordo, por haberle recibido bueno y sano.
28 Entonces se enojó, y no quería entrar. Salió por tanto su padre, y le rogaba que entrase.
29 Mas él respondiendo, dijo al padre: He aquí, tantos años te sirvo, no habiéndote desobedecido jamás, y nunca me has dado ni un cabrito para gozarme con mis amigos.
30 Pero cuando vino este tu hijo, que ha consumido tus bienes con rameras, has hecho matar para él el becerro gordo.
31 El entonces le dijo: Hijo, tú siempre estás conmigo, y todas mis cosas son tuyas.
32 Mas era necesario hacer fiesta y regocijarnos, porque este tu hermano era muerto, y ha revivido; se había perdido, y es hallado.

3 Tercera equivocación: era autosuficiente
a. Afirmó ser religioso
b. Afirmó tener buena moral y ser justo
c. Creyó merecer más; que no se lo reconocía suficientemente

4 Cuarta equivocación: no tenía compasión ni entendía a los pecadores

5 Quinta equivocación: no alcanzó a ver dos hechos cruciales
a. Que disponía de las mismas bendiciones
b. Que su hermano fue realmente salvado

J. La parábola del hijo mayor: el religioso autosuficiente, 15:25-32

(15:25-32) ***Introducción:*** este pasaje está referido al segundo hijo del padre (versículos 11, 25). El hijo mayor representa a la persona religiosa, autosuficiente; a la persona moral, justa, buena; a la persona que nunca ha cometido un pecado grande y visible. Es una persona religiosa que hace obras religiosas y por eso cree ser aceptable ante Dios. En esta parábola Jesús destacó cinco equivocaciones propias de la persona religiosa. (Para una mayor discusión de este tema *véanse* bosquejo y notas—Lc. 11:37-54; 18:9-12; Ro. 2:17-29.)

1. Primera equivocación: estaba en el campo, lejos del hogar (vv. 25-27).
2. Segunda equivocación: el mismo se excluyó (v. 28).
3. Tercera equivocación: era autosuficiente (v. 29).
4. Cuarta equivocación: no tenía compasión ni entendía a los pecadores (v. 30).
5. Quinta equivocación: no alcanzó a ver dos hechos cruciales (vv. 31-32).

[1] (15:25-27) ***Religiosos—errores de los:*** el primer error de la persona religiosa es su trágica posición. Estaba «en el campo» lejos de la casa. Estaba en el campo de la religión, y no en la casa de salvación. No era consciente de los asuntos del padre (vv. 26-27).

1. El hijo mayor estaba *en el campo* de su padre. Estaba trabajando diligentemente atendiendo las responsabilidades del campo. Es lo que ocurre con la persona religiosa. Trabaja diligentemente en el campo de las cosas religiosas: servicios religiosos, rituales, ceremonias, ordenanzas, oraciones. Incluso habla en términos religiosos en su conversación diaria. Asiste a las reuniones y ora y habla mucho para satisfacer la necesidad de su conciencia.

El tema es que la persona religiosa está «en el campo» de la religión. Afirma conocer a Dios y ser un seguidor de la religión. La cantidad de religión que practica depende de cuánta religión necesita para salvar su conciencia y sentirse aceptable a Dios. La mayoría de las personas quieren sentirse aceptables a Dios, de modo que practican toda la religión necesaria para sentirse aceptables.

Pensamiento. ¿Cuánta religión necesita una persona para sentirse aceptable ante Dios?

1. Algunos sienten la necesidad de *muy poca actividad religiosa.*
2. Otros sienten la necesidad de *muchísima actividad religiosa*, al extremo de convertirse en ministros profesionales.

2. El hijo mayor estaba en el campo, no en la casa de su padre.
   - No sabía lo que estaba ocurriendo en la casa (de salvación y arrepentimiento), sólo conocía lo que estaba ocurriendo en el campo (de la religión).
   - Al ver la *celebración* de los pecadores arrepentidos comenzó a dudar, no entendía nada.
   - Tuvo que preguntar por el significado aquello (qué significaba la celebración del arrepentimiento y la salvación).

«Que tendrán apariencia de piedad, pero negarán la eficacia de ella» (2 Ti. 3:5).

«¡Ay de vosotros, escribas y fariseos, hipócritas! porque diezmáis ... y dejáis lo más importante de la ley: la *justicia, la misericordia y la fe.* Esto era necesario hacer, sin dejar de hacer aquello» (Mt. 23:23).

«Guardáis los días, los meses, los tiempos y los años. Me temo de vosotros, que haya trabajado en vano con vosotros» (Gá. 4:10-11).

«Porque por gracia sois salvos por medio de la fe; y esto no de vosotros, pues es don de Dios; no por obras, para que nadie se gloríe» (Ef. 2:8-9).

«[Dios] Quien nos salvó y llamó con llamamiento santo, no conforme a nuestras obras, sino según el propósito suyo y la gracia que nos fue dada en Cristo Jesús antes de los tiempos de los siglos» (2 Ti. 1:9).

«Pero cuando se manifestó la bondad de Dios nuestro Salvador, y su amor para con los hombres, nos salvó, no por obras de justicia que nosotros hubiéramos hecho, sino por su misericordia, por el lavamiento de la regeneración y por la renovación en el Espíritu Santo, el cual derramó en nosotros abundantemente por Jesucristo nuestro Salvador, para que, justificados por su gracia, viniésemos a ser herederos conforme a la esperanza de la vida eterna» (Tit. 3:4-7).

[2] (15:28) ***Religiosos—celos—incredulidad:*** el segundo error del religioso es su trágico rechazo de Dios. Se excluye a sí mismo.

Note que el hijo que estaba en el campo se enojó por causa del hijo arrepentido que ahora estaba en casa del padre. No entendió el arrepentimiento; cómo un hombre que había sido tan inmoral, sucio, e impuro pudo cambiar tan drásticamente. El hecho de estar a salvo y seguro y los sonidos de la celebración y el testimonio perturbaron al hijo que venía del campo. Es lo que ocurre con la persona religiosa. No entiende cosas tales como...

- ser salvo.
- ser salvado *por Dios mismo.*
- ser lleno de poder.
- estar lleno de gozo.
- ser librado en forma *instantánea* de hábitos esclavizantes (tales como el alcohol, el tabaco, inmoralidades, blasfemia, codicia, egoísmo).
- ser sanado.
- ser habitado por el poder del Espíritu Santo recibiendo su poder.

El religioso reacciona contra estas cosas. ¿Cómo? No quiere tener nada que ver con semejante *casa de arrepentimiento y salvación.* Se excluye a sí mismo. A veces inclusive habla en contra de y critica esa celebración y esa casa.

«Mas ¡ay de vosotros, escribas y fariseos, hipócritas! porque cerráis el reino de los cielos delante de los hombres; pues ni entráis vosotros, ni dejáis entrar a los que están entrando» (Mt. 23:13).

«Dice, pues, el Señor: Porque este pueblo se acerca a mí con su boca, y con sus labios me honra, pero su corazón está lejos de mí, y su temor de mí no es más que un mandamiento de hombres que les ha sido enseñado; por tanto, he aquí que nuevamente excitaré yo la admiración de este pueblo con un prodigio grande y espantoso; porque perecerá la sabiduría de sus sabios, y se desvanecerá la inteligencia de sus entendidos» (Is. 29:13-14; cp. Mr. 7:6).

«Porque los labios del sacerdote han de guardar la sabiduría, y de su boca el pueblo buscará la ley; porque mensajero es de Jehová de los ejércitos. Mas vosotros os habéis apartado del camino; habéis hecho tropezar a muchos en la ley; habéis corrompido el pacto de Leví, dice Jehová de los ejércitos» (Mal. 2:7-8).

Note un hecho significativo: el religioso *se excluyó a sí mismo.* Dios no lo excluye. El *padre* «salió ... y le rogaba que entrase». El padre hace más por el religioso que por el pródigo, pues sale a buscarle, en tanto el pródigo tuvo que regresar antes que el padre pudiera correr a su encuentro. El padre salió e imploró al hijo religioso que entienda el arrepentimiento y la salvación, y que entrase. (El religioso ya está en el campo de la religión, cerca del evangelio, en tanto el hijo pródigo esta afuera en el mundo, lejos de la iglesia y del evangelio.)

Note los terribles celos y la envidia en el corazón del hijo mayor. Tenía celos del trato, y del fruto y de la bendición que se le daba al hijo pródigo. (Para mayor discusión del tema *véase* Estudio a fondo 1, ***Fruto–llevar***—Jn. 15:1-8; cp. Gá. 5:22-23.)

3 (15:29) ***Religiosos—justicia propia:*** el tercer error del religioso es su trágica autosuficiencia. El creerse justo. Note las tres cosas que el hijo mayor afirmó acerca de sí mismo:

1. Afirmó ser religioso: «Yo te sirvo». La persona religiosa sirve a Dios mediante cosas religiosas: adora, ora, diezma, testifica, lee la Biblia, y enseña.

2. Afirmó ser justo y tener una buena moral. «No habiéndote desobedecido jamás.» Nunca cometió una inmoralidad, ni ninguna otra cosa sucia o impura que saltase públicamente a la vista. Nunca robó, ni pasó chismes, ni mintió, ni blasfemó. Fue obediente a sus padres y responsable en sus trabajos y tareas, tanto ante Dios como ante el hombre.

3. Creyó merecer más;creyó que no se lo reconocía suficientemente: «Nunca me has dado ni un cabrito», es decir, el alimento espiritual de poder, amor, gozo, paz, confianza, alegría y la seguridad absoluta del cielo y de la vida eterna. Creía no recibir lo suficiente, que merecía más que aquellos que ahora estaban tan llenos de alimento espiritual y celebración. Note lo que le faltaba al religioso: *fe* (Mt. 23:22). Sencillamente no confiaba en el amor y juicio del Padre, ni en su plan de salvación y arrepentimiento *para todos.*

«Soy inocente, [dijiste] de cierto su ira se apartó de mí. He aquí yo entraré en juicio contigo, dijiste: No he pecado» (Jer. 2:35).

«Muchos me dirán en aquel día: Señor, Señor, ¿no profetizamos en tu nombre, y en tu nombre echamos fuera demonios, y en tu nombre hicimos muchos milagros? Y entonces les declararé: Nunca os conocí; apartaos de mí, hacedores de maldad» (Mt. 7:22-23).

«Sabiendo que el hombre no es justificado por las obras de la ley, sino por la fe en Jesucristo, nosotros también hemos creído en Jesucristo, para ser justificados por la fe de Cristo y no por las obras de la ley, por cuanto por las obras de la ley nadie será justificado» (Gá. 2:16).

«¡Ay de vosotros, escribas y fariseos, hipócritas! porque limpiáis lo de fuera del vaso y del plato, pero por dentro estáis llenos de robo y de injusticia» (Mt. 23:25).

«Así también vosotros por fuera, a la verdad, os mostráis justos a los hombres, pero por dentro estáis llenos de hipocresía e iniquidad» (Mt. 23:28).

4 (15:30) *Justicia propia—compasión, carencia de—orgullo:* El cuarto error del religioso es su trágica carencia de compasión y el hecho de no comprender la fiesta espiritual de Dios. Note tres cosas acerca del hijo mayor.

1. No llamó «hermano» al hijo pródigo. Con arrogancia dijo: «*tu hijo*». Se sentía *superior* y *mejor* que el hijo pródigo, a pesar del cambio de corazón y vida que había experimentado el hijo arrepentido. No sintió ni compasión ni gozo. Pero note esto: su afirmación era cierta. El hijo arrepentido era el *verdadero hijo de Dios.*

2. Centró su atención en las faltas cometidas por el pródigo; destacó especialmente la inmoralidad de su vida pasada. Ignoró el arrepentimiento, el regreso al hogar, y la gloriosa reunión. Ignoró ...

- el gran amor de Dios.
- el gran perdón de Dios.
- el inmenso gozo de Dios.

3. No entendió la fiesta espiritual de Dios. El becerro gordo simboliza el alimento espiritual que Dios da al pecador arrepentido.

a. El alimento que es la seguridad absoluta de salvación y vida eterna.

«Pues no habéis recibido el espíritu de esclavitud para estar otra vez en temor, sino que habéis recibido el espíritu de adopción, por el cual clamamos: ¡Abba, Padre! El Espíritu mismo da testimonio a nuestro espíritu, de que somos hijos de Dios. Y si hijos, también herederos; herederos de Dios y coherederos con Cristo, si es que padecemos juntamente con él, para que juntamente con Él seamos glorificados» (Ro. 8:15-17).

«Pero cuando vino el cumplimiento del tiempo, Dios envió a su Hijo, nacido de mujer y nacido bajo la ley, para que redimiese a los que están bajo la ley, a fin de que recibiésemos la adopción de hijos. Y por cuanto sois hijos, Dios envió a vuestros corazones el Espíritu de su Hijo, el cual clama: ¡Abba Padre!» (Gá. 4:4-6).

b. El alimento de amor, gozo y paz.

«Mas el fruto del Espíritu es amor, gozo, paz, paciencia, benignidad, bondad, fe, mansedumbre, templanza; contra tales cosas no hay ley» (Gá. 5:22-23).

«No todo el que me dice: Señor, Señor, entrará en el reino de los cielos, sino el que hace la voluntad de mi Padre que está en los cielos» (Mt. 7:21).

«Hijitos míos, no amemos de palabra ni de

lengua, sino de hecho y en verdad» (1 Jn. 3:18).

«Y este es su mandamiento: Que creamos en el nombre de su Hijo Jesucristo, y nos amemos unos a otros como nos lo ha mandado» (1 Jn. 3:23).

5 (15:31-32) ***Religiosos—incredulidad—rechazo:*** el quinto error del religioso es su trágica ceguera. Hay dos hechos cruciales que el religioso no puede ver.

1. Que tiene los mismos privilegios que el pródigo arrepentido. Note las palabras: «todas mis cosas son tuyas». Tiene la adoración, la Palabra, las promesas, la predicación y la enseñanza. Tiene constante acceso a todo lo que es de Dios (para una mayor discusión *véanse* bosquejo y notas—Ro. 9:4-5). A toda hora puede entrar a la «casa de salvación» de Dios. Sólo tiene que arrepentirse y dejar de confiar en el campo de la religión, y entrar en la casa de Dios. Solamente tiene que creer y confiar en el amor de Dios. Debe dejar de oponerse al amor que Dios le tiene al pecador pródigo, debe volver en sí.

2. La salvación del pródigo arrepentido era real.

• «Este tu hermano era muerto, y ha revivido.»

«De cierto, de cierto os digo: El que oye mi palabra, y cree al que me envió, tiene vida eterna; y no vendrá a condenación, mas ha pasado de muerte a vida» (Jn. 5:24).

«Y él os dio vida a vosotros, cuando estabais muertos en vuestros delitos y pecados» (Ef. 2:1).

«Siendo renacidos, no de simiente corruptible, sino de incorruptible, por la palabra de Dios que vive y permanece para siempre» (1 P. 1:23).

«Porque de tal manera amó Dios al mundo, que ha dado a su Hijo unigénito, para que todo aquel que en él cree, no se pierda, mas tenga vida eterna» (Jn. 3:16).

• «Este tu hermano ... se había perdido, y es hallado.»

«Todos nosotros nos descarriamos como ovejas, cada cual se apartó por su camino; mas Jehová cargó en él el pecado de todos nosotros» (Is. 53:6).

«Y al llegar a casa, reúne a sus amigos y vecinos, diciéndoles: Gozaos conmigo, porque he encontrado mi oveja que se había perdido.... Y cuando la encuentra, reúne a sus amigas y vecinas, diciendo: Gozaos conmigo, porque he encontrado la dracma que había perdido» (Lc. 15:6, 9).

«Porque el Hijo del Hombre vino a buscar y a salvar lo que se había perdido» (Lc. 19:10).

«Quien llevó él mismo nuestros pecados en su cuerpo sobre el madero, para que nosotros, estando muertos a los pecados, vivamos a la justicia; y por cuya herida fuisteis sanados. Porque vosotros erais como ovejas descarriadas, pero ahora habéis vuelto al Pastor y Obispo de vuestras almas» (1 P. 2:24-25).

1 El mayordomo infiel
- a. Fue acusado de hurtar y malgastar los bienes del Señor
- b. Se le pidió una última rendición de cuentas
- c. Sabía que era culpable, pero no estaba dispuesto a cambiar y clamar por misericordia
- d. Decidió olvidar al Señor y buscar el favor y las recompensas de los hombres[EF1]

CAPÍTULO 16

K. La parábola del mayordomo infiel: el hombre y el dinero, 16:1-13

Dijo también a sus discípulos: Había un hombre rico que tenía un mayordomo, y éste fue acusado ante él como disipador de sus bienes.

2 Entonces le llamó, y le dijo: ¿Qué es eso que oigo acerca de ti? Da cuenta de tu mayordomía, porque ya no podrás más ser mayordomo.

3 Entonces el mayordomo dijo para sí: ¿Qué haré? Porque mi amo me quita la mayordomía. Cavar, no puedo; mendigar, me da vergüenza.

4 Ya sé lo que haré para que cuando se me quite de la mayordomía, me reciban en sus casas.

5 Y llamando a cada uno de los deudores de su amo, dijo al primero: ¿Cuánto debes a mi amo?

6 El dijo: Cien barriles de aceite. Y le dijo: Toma tu cuenta, siéntate pronto, y escribe cincuenta.

7 Después dijo a otro: Y tú ¿cuánto debes? Y él le dijo: Cien medidas de trigo. El le dijo: Toma tu cuenta, y escribe ochenta.

8 Y alabó el amo al mayordomo malo por haber hecho sagazmente; porque los hijos de este siglo son más sagaces en el trato con sus semejantes que los hijos de luz.

9 Y yo os digo: Ganad amigos por medio de las riquezas injustas, para que cuando éstas falten, os reciban en las moradas eternas.

10 El que es fiel en lo muy poco, también en lo más fiel es fiel; y el que en lo muy poco es injusto, también en lo más es injusto.

11 Pues si en las riquezas injustas no fuisteis fieles, ¿quién os confiará lo verdadero?

12 Y si en lo ajeno no fuisteis fieles ¿quién os dará lo que es vuestro?

13 Ningún siervo puede servir a dos señores; porque o aborrecerá al uno y amará al otro, o estimará al uno y menospreciará al otro. No podéis servir a Dios y a las riquezas.

2 Los mundanos son más sabios en sus propósitos materiales que el pueblo de Dios en sus propósitos espirituales

3 El cristiano debe usar las riquezas materiales para el bien
- a. En la hora de la muerte las riquezas fallan
- b. Dar y recibir recíprocamente

4 El cristiano debe ser fiel en el manejo de sus posesiones: ello determinará lo que se le confiará en la eternidad
- a. El dinero es lo «muy poco»
- b. La infidelidad descalifica al hombre para las riquezas verdaderas, celestiales
- c. La infidelidad descalifica al hombre para recibir todo lo que debe recibir

5 El cristiano no puede servir a dos señores: debe escoger entre Dios y las riquezas

K. La parábola del mayordomo infiel: el hombre y el dinero, 16:1-13

(16:1-13) ***Introducción—mayordomo infiel:*** este pasaje es considerado como uno de los más difíciles de entender en todas las Escrituras. La razón principal es el versículo ocho. El estudio del pasaje se puede hacer desde dos enfoques generales. Se puede leer la parábola y los comentarios hechos por Cristo, y limitarse a tomar todo por lo que dice, es decir, sin agregar ningún comentario y sin ver en la parábola aplicación alguna. Sin embargo, también se puede ver una aplicación tanto en la parábola como en lo que Jesús enseñó al respecto. Para ayudar a los interesados en este último enfoque, se ofrece una aplicación a las diversas partes de la parábola.

El mayordomo era un esclavo de confianza a quien se le encomendó la propiedad de su señor. Se le tenía un alto concepto y estima, se lo consideraba totalmente digno de confianza. El término «*mayordomo*» se aplica a los ministros (1 Co. 4:1) y a los creyentes en general (1 P. 4:10; Lc. 16:1). (*Véase* nota, pto. 2—Lc. 12:41-48.)

1. El mayordomo infiel (vv. 1-7).
2. Los mundanos son más sabios en sus propósitos materiales que el pueblo de Dios en sus propósitos espirituales (v. 8).
3. El cristiano debe usar las riquezas materiales para el bien (v. 9).
4. El cristiano debe ser fiel en el manejo de sus posesiones: Ello determinará lo que se le confiará en la eternidad (versículos 10-12).
5. El cristiano no puede servir a dos señores: debe escoger entre Dios y las riquezas (v. 13).

[1] (16:1-7) ***Parábola del mayordomo infiel:*** en la parábola Jesús dijo cuatro cosas tocante el mayordomo infiel.

1. El mayordomo fue acusado de hurto, de *malgastar los «bienes» del Señor.* Estaba a cargo de la propiedad del Señor, de todos los bienes del Señor. Por eso le resultó fácil usar esos bienes para sus propios propósitos, como bien le parecía. El tema es que a toda persona Dios le ha dado algunos «bienes»: vida, talentos, casa, propiedad, dinero, deberes, un sentido de responsabilidad, conciencia, familia, y un sinnúmero de otros bienes. Toda persona es acusada de hurto, porque en cierta medida usa mal esos bienes.

> **«Porque el reino de los cielos es como un hombre que yéndose lejos, llamó a sus siervos y les entregó sus bienes. A uno dio cinco talentos, y a otro dos, y a otro uno, a cada uno conforme a su capacidad; y luego se fue lejos» (Mt. 25:14-15; cp. Ro. 12:6-8; 1 Co. 12:7ss).**
>
> **«Y llamando a diez siervos suyos, les dio diez minas, y les dijo: Negociad entre tanto que vengo» (Lc. 19:13).**
>
> **«Ahora bien, se requiere de los administradores, que cada uno sea hallado fiel» (1 Co. 4:2).**
>
> **«Cada uno según el don que ha recibido, minístrelo a los otros, como buenos administradores de la multiforme gracia de Dios» (1 P. 4:10).**

2. Se le pidió al mayordomo a preparar una rendición final de cuentas. Hay dos hechos importantes aquí.

a. El Señor oye que el mayordomo ha usado mal «sus bienes». Note que el Señor solamente había *oído* del hurto. Aun no se conocía la evidencia completa. El Señor le dio una oportunidad para demostrar su fidelidad y que era digno de confianza. La rendición de cuentas no significaba el despido del mayordomo de la propiedad del Señor (cielo, reino de Dios); solamente tenía que demostrar su fidelidad y que era digno de confianza. Por supuesto, si el mayordomo realmente había sido infiel atendiendo los bienes del Señor, sería despedido: «ya no podrás más [*ougar-dunei*] ser mayordomo».

b. La rendición final de cuentas es a la hora de la muerte (He. 9:27). Si el mayordomo es hallado infiel, será *despedido* y *echado* de la propiedad del Señor (reino, cielo, vida eterna. *Véase* Estudio a fondo 3—Mt. 19: 23-24).

Pensamiento. La muerte nos separará de todos nuestros bienes terrenales. Si nuestra rendición de cuentas nos justifica, recibiremos responsabilidades mucho mayores, responsabilidades eternas, ante el Señor.

«Por lo cual el reino de los cielos es semejante a un rey que quiso hacer cuentas con sus siervos» (Mt. 18:23).

«Y cuando se acercó el tiempo de los frutos, envió a sus siervos a los labradores, para que recibiesen sus frutos» (Mt. 21:34).

«Después de mucho tiempo vino el señor de aquellos siervos, y arregló cuentas con ellos» (Mt. 25:19).

«Aconteció que vuelto él, después de recibir el reino, mandó llamar ante él a aquellos siervos a los cuales había dado el dinero, para saber lo que había negociado cada uno» (Lc. 19:15).

«De manera que cada uno de nosotros dará a Dios cuenta de sí» (Ro. 14:12).

«Y de la manera que está establecido para los hombres que mueran una sola vez, y después de esto el juicio» (He. 9:27).

«A éstos les parece cosa extraña que vosotros no corráis con ellos en el mismo desenfreno de disolución, y os ultrajan» (1 P. 4:4).

3. El mayordomo se sabía culpable, pero no estaba dispuesto a cambiar o pedir misericordia. Note dos cosas.

a. Las palabras: «¿Qué haré?» El mayordomo sabía que era culpable y que su Señor lo despediría.

b. El mayordomo pensó en lo que haría. En su razonamiento halló dos cursos de acción.

- Podía cavar. Pero no estaba dispuesto a ello; no estaba dispuesto a ser degradado a la categoría de un peón de campo; no quería servir en una categoría tan baja.
- Podía mendigar. Sin embargo, era *demasiado orgulloso* para dejar al Señor y mendigar abiertamente. Le daba vergüenza.

Ahora note algo que no se menciona. Era demasiado orgulloso para pedir el perdón del Señor, demasiado orgulloso para ser conocido como un ladrón (pecador) arrepentido. Este es el tema dominante. La única esperanza del mayordomo era mendigar el perdón de su Señor. Analizó todos los cursos de acción, excepto éste.

«El que encubre sus pecados no prosperará; mas el que los confiesa y se aparta alcanzará misericordia» (Pr. 28:13).

«¡Ay de los que se esconden de Jehová, encubriendo el consejo, y sus obras están en tinieblas, y dicen: ¿Quién nos ve, y quién nos conoce?» (Is. 29:15).

«¡Ay de los hijos que se apartan, dice Jehová, para tomar consejo, y no de mí; para cobijarse con cubierta, y no de mi espíritu, añadiendo pecado a pecado!» (Is. 30:1).

4. El mayordomo decidió qué hacer: olvidaría al Señor y buscaría el favor y las recompensas de los hombres. Hizo cuanto pudo para asegurarse la aceptación y el favor de ellos.

a. Los indujo a ser deshonestos, a borrar y achicar sus deudas con el Señor. Fueron inducidos a *hurtar y retener* algunos de los bienes del Señor. Note que el mayordomo tenía una posición de responsabilidad (era un religioso) y llevó por mal camino a otros.

Pensamiento. Cuántos religiosos llevan por mal camino a otros mediante falsas enseñanzas, induciendo a tantos a no usar sus vidas y dones para Dios.

b. Con esta acción *robó* al Señor; robó los bienes del Señor (vida y dones) de otros.

c. El mayordomo llevó por mal camino a otros para beneficiarse él mismo, para asegurarse su posición y sustento. Y lo hizo con la mayor sagacidad, de un modo agradable y provechoso a los deudores. Cualquiera de ellos le ayudaría gustosamente en caso de necesidad. (*Véase* Estudio a fondo 1—Lc. 16:6-7.)

«Mas vosotros os habéis apartado del camino; habéis hecho tropezar a muchos en la ley; habéis corrompido el pacto de Leví, dice Jehová de los ejércitos» (Mal. 2:8).

«... Ya no nos juzguemos más los unos a los otros, sino más bien decidid no poner tropiezo u ocasión de caer al hermano» (Ro. 14:13).

ESTUDIO A FONDO 1

(16:6-7) ***Medida—aceite—riqueza:*** una medida de aceite (*batos*) equivalía a 22 litros. De modo que el pago era de unos 200 litros. La medida de trigo (*coros*) equivalía a 220 litros. Esta suma también era considerable, aproximadamente 22.000 litros.

2 (16:8) ***Dedicación—mundano—materialismo:*** la gente del mundo es más sabia en sus propósitos materiales que el pueblo de Dios en sus propósitos espirituales. Note dos hechos.

1. Jesús dijo que el mayordomo infiel obró «sabiamente».

- Miró en derredor suyo por su propio bien, su bienestar personal. En esto obró con mucha sabiduría.
- Estaba dedicado y entregado a su futuro.

Jesús no estaba felicitando al mayordomo por su astuto engaño. Lo felicitó porque se preocupaba por el futuro y por su dedicación y su energía. El mayordomo estaba *entregado* a lograr una meta, y esa parte de su vida era digna de ser destacada. Su error fue estar entregado a lograr riqueza material y confort, en vez de buscar a Cristo.

2. Jesús dijo que la gente del mundo es más sabia «en su generación» que los creyentes. ¿Por qué? Porque dedican tanta energía y esfuerzo al bienestar terrenal.

El tema esencial queda claro. Cada discípulo debe estar tan dedicado y entregado a los propósitos espirituales como la gente del mundo a los propósitos materiales. El discípulo no debe ser superado en su energía y dedicación.

Pensamiento. Note que fue mucho mayor la iniciativa y energía dedicados por este hombre del mundo a sus propósitos que la que de muchos cristianos respecto a los propósitos espirituales.

«Mas el que fue sembrado en buena tierra, éste es el que oye y entiende la palabra, y da fruto; y produce a *ciento*, a *sesenta*, y a *treinta* por uno» (Mt. 13:23).

«Y decía a todos: Si alguno quiere venir en pos de mí, niéguese a sí mismo, tome su cruz cada día, y sígame. Porque todo el que quiera salvar su vida, la perderá; y todo el que pierda su vida por causa de mí, éste la salvará» (Lc. 9:23-24).

«Así que, hermanos, os ruego por las misericordias de Dios, que presentéis vuestros cuerpos en sacrificio vivo, santo, agradable a Dios, que es vuestro culto racional» (Ro. 12:1).

«Fíate de Jehová de todo tu corazón, y no te apoyes en tu propia prudencia» (Pr. 3:5).

«Dame, hijo mío, tu corazón, y miren tus ojos por mis caminos» (Pr. 23:26).

3 (16:5) ***Mayordomía—abundancia—riqueza—materialismo:*** el cristiano debe usar la riqueza material para el bien. No se le dice al cristiano que busque la amistad de los ricos; se le dice que use su riqueza para ayudar a otros. Ayudando de esa manera se hará de amigos y los predispondrá para Cristo. Luego, si este discípulo llega a encontrarse sin recursos, es más probable que le ayuden aquellos a quienes él ayudó antes.

«Mas buscad primeramente el reino de Dios y su justicia, y todas estas cosas os serán añadidas» (Mt. 6:33).

«Y él les dijo: De cierto os digo, que no hay nadie que haya dejado casa, o padres, o hermanos, o mujer, o hijos, por el reino de Dios, que no haya de recibir mucho más en este tiempo, y en el siglo venidero la vida eterna» (Lc. 18:29-30).

«Mas a Jehová vuestro Dios serviréis, y él bendecirá tu pan y tus aguas; y yo quitaré toda enfermedad de en medio de ti» (Éx. 23:25).

«Traed todos los diezmos al alfolí y haya alimento en mi casa; y probadme ahora en esto, dice Jehová de los ejércitos, si no os abriré las ventanas de los cielos, y derramaré sobre vosotros bendición hasta que sobreabunde» (Mal. 3:10).

Note otro punto significativo: Si el cristiano no recibe ayuda en esta vida, ciertamente a la hora de la muerta tendrá una abundante bienvenida en el cielo. Su iniciativa compasiva en ayudar a otros le asegurará la aprobación de Dios. (Para mayor discusión del tema *véase* nota—Stg. 1:10-11.)

«Sino haceos tesoros en el cielo, donde ni la polilla ni el orín corrompen, y donde ladrones no minan ni hurtan» (Mt. 6:20).

«Jesús le dijo: Si quieres ser perfecto, anda, vende lo que tienes, y dalo a los pobres, y tendrás tesoro en el cielo; y ven y sígueme» (Mt. 19:21).

«Vended lo que poseéis, y dad limosna; haceos bolsas que no se envejezcan, tesoro en los cielos que no se agote, donde ladrón no llega, ni polilla destruye» (Lc. 12:33).

«Así, pues, cualquiera de vosotros que no renuncia a todo lo que posee, no puede ser mi discípulo» (Lc. 14:33).

«Porque todos sabemos que si nuestra morada terrestre, este tabernáculo, se deshiciere, tenemos de Dios un edificio, una casa no hecha de manos, eterna, en los cielos» (2 Co. 5:1).

«Y ciertamente, aun estimo todas las cosas como pérdida por la excelencia del conocimiento de Cristo Jesús, mi Señor, por amor del cual lo he perdido todo, y lo tengo por basura, para ganar a Cristo» (Fil. 3:8).

«Atesorando para sí buen fundamento para lo por venir, que echen mano de la vida eterna» (1 Ti. 6:19).

«Por lo cual, hermanos, tanto más procurad hacer firme vuestra vocación y elección; porque haciendo estas cosas, no caeréis jamás. Porque de esta manera os será otorgada amplia y generosa entrada en el reino eterno de nuestro Señor y Salvador Jesucristo» (2 P. 1:10-11).

«Por tanto, yo te aconsejo que de mí compres oro refinado en fuego, para que sea rico, y vestiduras blancas para vestirte, y que no se descubra la vergüenza de tu desnudez; y unge tus ojos con colirio, para que veas» (Ap. 3:18).

4 (16:10-12) ***Recompensas:*** el cristiano debe ser fiel en el manejo de las posesiones, porque su fidelidad determinará lo que se le encomiende en la eternidad.

1. El dinero y las posesiones son los bienes menores que se le encomiendan a una persona (v. 10). No son nada en comparación con la salvación eterna, el amor, gozo, paz, y la seguridad y confianza absoluta de la vida eterna. No son nada en comparación con la presencia, el compañerismo, el poder y liderazgo del Espíritu Santo. No son nada en comparación con la posesión de la Palabra de Dios y las promesas de Dios. No son nada comparados con el conocimiento personal de Dios y el ser hechos herederos de Dios y coherederos con Cristo.

2. La infidelidad en el uso de dinero y posesiones descalifica a la persona para tener riquezas verdaderas, riquezas celestiales. Alguien puede pensar que su vida y posesiones son algo propio, para hacer con ellas según el propio antojo, pero no es así. La vida y las posesiones de una persona son de Dios. Dios le ha encomendado la vida y las posesiones durante el tiempo que esté en esta tierra. El titular es solamente un mayordomo de lo que tiene. Al morir la persona no se puede llevar la vida o posesiones fuera de este mundo. Su vida y posesiones son temporales, algo que se le ha encomendado. Si maneja mal su vida y sus posesiones demuestra no ser apta para responsabilidades en los nuevos cielos y la nueva tierra.

Las Escrituras dicen que las verdaderas recompensas y *riquezas espirituales* trascienden toda comprensión:

Recompensas referidas a nuestra naturaleza y condición

- Fuimos adoptados como hijos de Dios (Gá. 4:4-7; 1 Jn. 3:1).
- Somos hechos irreprensibles y sencillos (Fil. 2:15).
- Recibimos vida eterna (Jn. 3:16; 1 Ti. 6:19).
- Recibimos una herencia perdurable (He. 10:34).
- Recibimos un cuerpo glorioso (Fil. 3:11, 21; 1 Co. 15:42-44).
- Recibimos eterna gloria, honor y paz (Ro. 2:10).
- Recibimos descanso y paz eternos (He. 4:9; Ap. 14:13).
- Recibimos las bendiciones del Señor (Pr. 10:22).
- Recibimos el conocimiento del Jesucristo (Fil. 3:8).
- Recibimos riquezas y justicia perdurables (Pr. 8:18).
- Fuimos hechos sacerdotes (Ap. 20:6).
- Recibimos una corona incorruptible (1 Co. 9:25).
- Recibimos una corona de justicia (2 Ti. 4:8).
- Recibimos una corona de vida (Stg. 1:12).
- Recibimos una corona de gloria (1 P. 5:4).

Recompensas referidas al trabajo, posición o función

- Fuimos hechos seres exaltados (Ap. 7:9-12).
- Recibimos el gobierno sobre muchas cosas (Mt. 25:23).
- Recibimos el reino de Dios (Stg. 2:5; Mt. 25:34).
- Recibimos una posición o función y autoridad (Lc. 12:42-44; Lc. 22:28-29; 1 Co. 6:2-3).
- Recibimos responsabilidad y gozo eternos (Mt. 25:21, 23).
- Recibimos el gobierno y la autoridad sobre ciudades (Lc. 19:17, 19).
- Recibimos tronos y el privilegio de reinar para siempre (Ap. 20:4; 22:5).
- Tenemos el privilegio de rodear el trono de Dios (Ap. 7:9-13; 20:4).
- Fuimos hechos sacerdotes (Ap. 20:6).
- Somos hechos reyes (Ap. 1:5; 5:10).

Recompensas referidas a nuestra herencia o riqueza

- Fuimos hechos herederos de Dios (Ro. 8:16-17; Tit. 3:7).
- Recibimos una herencia incorruptible (1 P. 1:3-4).
- Recibimos las bendiciones del Señor (Pr. 10:22).
- Recibimos riquezas duraderas y justicia (Pr. 8:18).
- Recibimos riquezas inescrutables (Ef. 3:8).
- Recibimos riquezas en el cielo (Mt. 19:21; Lc. 12:33).

3. La infidelidad descalifica a la persona de cuanto debería recibir. El otro hombre mencionado en el versículo 12 está

referido a Dios. Nuestras vidas y posesiones son suyas. Si no somos fieles en su uso, ¿cómo podemos esperar ser recompensados? Note que una persona nunca tendrá cuanto debería si no busca a Dios y le da a otros lo que les corresponde. (Cp. Mt. 19:29; Mr. 10:29-30; Lc. 18:30.)

«Por tanto, debías haber dado mi dinero a los banqueros, y al venir yo, hubiera recibido lo que es mío con los intereses. Quitadle, pues, el talento, y dadlo al que tiene diez talentos. Porque al que tiene, le será dado, y tendrá más; y al que no tiene, aun lo que tiene le será quitado» (Mt. 25:27-29).

«Porque ¿qué aprovecha al hombre si ganare todo el mundo, y perdiere su alma?» (Mr. 8:36).

«La obra de cada uno se hará manifiesta; porque el día la declarará, pues por el fuego será revelada; y la obra de cada uno cuál sea, el fuego la probará. Si permaneciere la obra de alguno que sobreedificó, recibirá recompensa. Si la obra de alguno se quemare, él sufrirá pérdida, si bien él mismo será salvo, aunque así como por fuego» (1 Co. 3:13-15).

«Vuestras iniquidades han estorbado estas cosas, y vuestros pecados apartaron de vosotros el bien» (Jer. 5:25).

5 (16:13) ***Decisión—lucha espiritual:*** el cristiano no puede servir a dos señores; debe escoger entre Dios o las riquezas. Note tres asuntos significativos:

1. Hay dos señores en la vida; o bien es Dios, o bien son las cosas y riquezas de este mundo.
2. Cada persona sirve a uno de los dos señores. O se entrega a uno, o se entrega al otro.
   - O bien enfoca su vida en las cosas y riquezas del mundo, o la enfoca en Dios.
   - O bien se vuelve a las cosas y riquezas del mundo, o bien se vuelve a Dios.
   - O bien piensa primordialmente en las cosas del mundo, o en Dios.
   - O bien dedica su tiempo, energía y esfuerzo a las cosas del mundo, o bien a Dios.
   - O bien permite que sus propósitos mundanales controlen a Cristo, o bien permite que Cristo controle esos propósitos.
3. Una persona, o bien lucha contra Dios o bien lucha contra las cosas y riquezas del mundo. Nadie puede servir a Dios y a las riquezas.
   - Si aborrece a uno, ama al otro.
   - Si aprecia a uno, desprecia al otro.

«Entonces Jesús le dijo: Vete, Satanás, porque escrito está: Al Señor tu Dios adorarás, y a él solo servirás» (Mt. 4:10).

«Entonces Jesús, mirándole, le amó, y le dijo: Una cosa te falta: anda, vende todo lo que tienes, y dalo a los pobres, y tendrás tesoro en el cielo; y ven, sígueme, tomando tu cruz» (Mr. 10:21).

«No podéis beber la copa del Señor, y la copa de los demonios; no podéis participar de la mesa del Señor, y de la mesa de los demonios» (1 Co. 10:21).

«El, de su voluntad, nos hizo nacer por la palabra de verdad, para que seamos primicias de sus criaturas» (Stg. 1:18).

«Acercaos a Dios, y él se acercará a vosotros. Pecadores, limpiad las manos; y vosotros los de doble ánimo, purificad vuestros corazones» (Stg. 4:8).

«Mira, yo he puesto delante de ti hoy la vida y el bien, la muerte y el mal» (Dt. 30:15).

«Y si mal os parece servir a Jehová, escogeos a quién sirváis; si a los dioses a quienes sirvieron vuestros padres, cuando estuvieron al otro lado del río, o a los dioses de los amorreos en cuya tierra habitáis; pero yo y mi casa serviremos a Jehová» (Jos. 24:15).

«Y Elías volvió a decir al pueblo: Sólo yo he quedado profeta de Jehová; mas de los profetas de Baal hay cuatrocientos cincuenta hombres» (1 R. 18:21).

	L. El malentendido en cuanto a la riqueza y el reino de Dios, 16:14-18	16 La ley y los profetas eran hasta Juan; desde entonces el reino de Dios es anunciado, todos se esfuerzan por entrar en él.	**2 El malentendido en cuanto al nuevo reino y el mundo o el orden social** a. Es de Dios, no de la tierra b. Es para todos
1 El malentendido en cuanto al dinero y las posesiones a. La persona tiende a usar sus posesiones para justificarse b. Dios conoce el corazón c. Dios detesta que los hombres estimen tanto el dinero y las cosas	14 Y oían también todas estas cosas los fariseos, que eran avaros, y se burlaban de él. 15 Entonces les dijo: Vosotros sois los que os justificáis a vosotros; mas Dios conoce vuestros corazones; porque lo que los hombres tienen por sublime, delante de Dios es abominación.	17 Pero más fácil es que pasen el cielo y la tierra, que se frustre una tilde de la ley. 18 Todo el que repudia a su mujer, y se casa con otra, adultera; y el que se casa con la repudiada del marido, adultera.	**3 El malentendido en cuanto a la ley** a. La ley no es destruida por el nuevo reino b. El matrimonio es un ejemplo de la infalible ley en ambos reinos

L. El malentendido en cuanto a la riqueza y el reino de Dios, 16:14-18

(16:14-18) ***Introducción:*** este pasaje abarca tres de los mayores malentendidos existentes entre los hombres. Este es un mensaje de crucial importancia. Debe ser escuchado por los hombres para que puedan corregir el malentendido.

1. El malentendido en cuanto al dinero y las posesiones (vv. 14-15).
2. El malentendido en cuanto al nuevo reino y el mundo o el orden social (v. 16).
3. El malentendido en cuanto a la ley (vv. 17-18).

1 (16:14-15) ***Dinero—riqueza—materialismo—corazón:*** el malentendido en cuanto al dinero y las posesiones. Jesús acababa de decir: «Ningún siervo puede servir a dos señores; porque o aborrecerá al uno y amará al otro, o estimará al uno y menospreciará al otro. No podéis servir a Dios y a las riquezas» (Lc. 16:13).

Los religiosos y otras personas que estaban en presencia de Jesús no podían creer lo que oían.

- Jesús estaba diciendo que la energía y el esfuerzo del hombre por buscar dinero eran un error; que el hombre no puede buscar dinero y al mismo tiempo mantener su mente y sus pensamientos en Dios. Es imposible concentrarse en ambos. Jesús estaba requiriendo una fidelidad total, la totalidad de la mente y de los pensamientos del hombre, de su energía y esfuerzo. Los que oían a Jesús sabían perfectamente bien de qué estaba hablando.
- Jesús estaba diciendo que el hombre no debe entregarse a la búsqueda de comodidad y bienestar y a los placeres y posesiones del mundo.
- Jesús estaba yendo contra la filosofía del mundo, una filosofía que había infiltrado incluso a los círculos religiosos: una filosofía según la cual el dinero y las posesiones son señal de las bendiciones de Dios.

Lo que Jesús estaba enseñando molestaba a la gente, especialmente a las personas religiosas. El motivo tiene que ver con la naturaleza del hombre. Por naturaleza los hombres desean tener dinero y posesiones, comodidad y bienestar, aceptación y reconocimiento; y al mismo tiempo también quieren ser conocidos como *cercanos a Dios.* El hombre desea encajar en el mundo y ser aceptado por él, y al mismo tiempo quiere sentirse aceptado por Dios. Por eso el hombre se turba, y a veces en forma extrema, cuando se le dice...

- que no puede entregar su mente y sus pensamientos, su energía y esfuerzo tanto a Dios como al dinero (a las posesiones del mundo).
- que no puede servir simultáneamente a Dios y al dinero.
- que Dios pide lealtad total, la totalidad de la mente y de los pensamientos, de la energía y el esfuerzo de una persona.

Note cuatro cosas.

1. Los hombres pueden ser religiosos y codiciosos al mismo tiempo; los más codiciosos a veces son los más religiosos. Los hombres que se estaban burlando de Jesús eran fariseos, probablemente la secta más religiosa que haya existido, y sin embargo, tenían fama de ser codiciosos. Querían, al mismo tiempo, las cosas del mundo y las cosas de Dios.

> **«Ninguno puede servir a dos señores; porque o aborrecerá al uno y amará al otro. No podéis servir a Dios y a las riquezas» (Mt. 6:24).**
>
> **«Porque por ahí andan muchos, de los cuales os dije muchas veces, y aún ahora lo digo llorando, que son enemigos de la cruz de Cristo; el fin de los cuales será perdición, cuyo dios es el vientre, y cuya gloria es su vergüenza; que sólo piensan en lo terrenal» (Fil. 3:18-19).**
>
> **«Porque la raíz de todos los males es el amor al dinero, el cual codiciando algunos, se extraviaron de la fe, y fueron traspasados de muchos dolores» (1 Ti. 6:10).**

2. Jesús dijo que los hombres tienden a usar su riqueza para justificarse a sí mismos delante de los hombres.

a. Usan su riqueza para ganar el favor y honor de hombres y mujeres. Aunque obtienen sus riquezas de manera injusta, lo compensan siendo generosos, sosteniendo o aportando a algún proyecto digno o a alguna necesidad. Y desafortunadamente, tanto hombres como mujeres lo aceptan y siguen la corriente de los ricos.

b. Algunas personas ricas son conscientes de necesitar una correcta relación con Dios y de su obligación de ayudar a la gente. Por eso viven estrictamente vidas religiosas y usan parte de su riqueza para ganar el favor y honor de la gente por medio de causas religosas. El mundo, incluyendo el mundo religioso, honra las dádivas benevolentes provenientes de los ricos.

> **«Respondiendo él, les dijo: Hipócritas, bien profetizó de vosotros Isaías, como está escrito: Este pueblo de labios me honra, mas su corazón está lejos de mí» (Mr. 7:6).**
>
> **«Porque no nos atrevemos a contarnos ni a compararnos con algunos que se alaban a sí mismos; pero ellos, midiéndose a sí mismos por sí mismos, y comparándose consigo mismos, no son juiciosos» (2 Co. 10:12).**
>
> **«Profesan conocer a Dios, pero con los hechos lo niegan, siendo abominables y rebeldes, reprobados en cuanto a toda buena obra» (Tit. 1:16).**
>
> **«Hijitos míos, no amemos de palabra ni de**

lengua, sino de hecho y en verdad» (1 Jn. 3:18).

«Muchos hombres proclaman cada uno su propia bondad, pero hombre de verdad, ¿quién lo hallará?» (Pr. 20:6).

«Hay generación limpia en su propio corazón, si bien no se ha limpiado de su inmundicia» (Pr. 30:12)

3. Jesús dijo: «Dios conoce vuestros corazones», ¿Qué quiso decir?

a. Una persona es aceptable ante Dios porque su corazón es recto ante Él, no porque tenga mucho dinero. El dinero no significa que la persona sea grandemente bendecida por Dios. Las bendiciones de Dios no consisten en cosas materiales.

- Algunas personas son grandemente bendecidas con dinero, sin embargo, son impías y sucias a más no poder.
- Algunas personas son piadosas, muy piadosas, sin embargo, tienen poco dinero y pocas cosas del mundo.
- Algunos son piadosos y también tienen algún dinero y posesiones.

El tema central es éste: es el corazón lo que *hace* a una persona aceptable ante Dios, no el dinero. El dinero no significa que una persona sea bendecida por Dios. Es el corazón del hombre el que muestra las bendiciones de Dios. Las bendiciones de Dios no son cosas materiales; las bendiciones de Dios son cosas espirituales (*véanse* notas—Mt. 19:25; Ef. 1:3).

«Entonces Jesús dijo a sus discípulos: De cierto os digo, que difícilmente entrará un rico en el reino de los cielos. Otra vez os digo, que es más fácil pasar un camello por el ojo de una aguja, que entrar un rico en el reino de Dios. Sus discípulos oyendo esto, se asombraron en gran manera, diciendo: ¿Quién, pues, podrá ser salvo?» (Mt. 19:23-25).

«Bendito sea el Dios y Padre de nuestro Señor Jesucristo, que nos bendijo con toda *bendición espiritual* en los lugares celestiales en Cristo» (Ef. 1:3).

b. Note otro hecho importante. Cuando Jesús dijo que el hombre no puede servir a Dios y al dinero, no quiso decir que no puede poner su mente y pensamientos en su profesión y trabajo.

«Por lo demás, hermanos, todo lo que es verdadero, todo lo honesto, todo lo justo, todo lo puro, todo lo amable, todo lo que es de buen nombre; si hay virtud alguna, si algo digno de alabanza, en esto pensad» (Fil. 4:8).

«Derribando argumentos y toda altivez que se levanta contra el conocimiento de Dios, y llevando cautivo todo pensamiento a la obediencia a Cristo» (2 Co. 10:5).

Las Escrituras son muy claras al respecto. La profesión de una persona y las actividades con que se gana la vida están incluidas en las cosas de Dios. Las cosas legítimas de la vida deben ser ganadas con verdad y honestidad. Por eso el hombre debe vivir y trabajar bien. Vivir y trabajar bien son un gran testimonio en favor del nombre de Dios; por eso, un genuino creyente debería ser el mejor en cuanto a vivir y trabajar, demostrando que el pueblo de Dios es la gente más veraz y honesta, pura y amable de la tierra.

c. Al tratar con el dinero y las posesiones del mundo, debemos proveer adecuadamente para suplir las necesidades de nuestra familia. Pero, habiendo provisto adecuadamente, surge la pregunta: ¿qué más debemos hacer? Dios es claro en sus instrucciones: debemos trabajar para tener lo suficiente para ayudar a los necesitados. Debemos ayudar a satisfacer las necesidades de un mundo desesperado.

«Jesús le dijo: Si quieres ser perfecto, anda, vende lo que tienes, y dalo a los pobres, y tendrás tesoro en el cielo; y ven y sígueme» (Mt. 19:21).

«El que hurtaba, no hurte más, sino trabaje, haciendo con sus manos lo que es bueno, para que tenga qué compartir con el que padece necesidad» (Ef. 4:28).

4. Dios detesta la estima de hombres cuyas vidas están centradas en dinero y posesiones. Dios quiere que los hombres centren sus vidas y estima en las cosas del corazón, y no en las cosas que poseen. La posesiones materiales pasan; las espirituales son para siempre (*véase* nota—Ef. 1:3. Para una discusión mayor en cuanto a las enseñanzas de Cristo sobre la riqueza *véanse* bosquejo y notas—Mt. 19:16-22; 19:23-26; 19:27-30).

«Sino haceos tesoros en el cielo, donde ni la polilla ni el orín corrompen, y donde ladrones no minan ni hurtan» (Mt. 6:20).

«Vended lo que poseéis, y dad limosna; haceos bolsas que no se envejezcan, tesoro en los cielos que no se agote, donde ladrón no llega, ni polilla destruye» (Lc. 12:33).

2 (16:16) ***Reino de Dios—riquezas—nuevo orden—Antiguo y Nuevo Testamentos:*** el malentendido en cuanto al reino y al nuevo orden. Note tres cosas.

1. Jesús ve que el *período de Israel* (la ley y los profetas) dura e incluye al ministerio de Juan el Bautista. Jesús, como Mesías de Dios, inaugura un *período nuevo y un nuevo orden social,* es decir, el reino de Dios. En la actualidad el reino de Dios es un reino espiritual que tiene lugar en el interior del hombre y produce efectos en las obras y el comportamiento de los hombres. Desde que ha venido Jesús todo hombre debe dejar gobernar a Dios en su corazón y vida (*véase* Estudio a fondo 3—Mt. 19:23-24 para una mayor discusión del tema).

2. Ahora es predicado el reino, un mensaje que no decide por lo que un hombre tiene, sino por lo que es: por lo que es en su corazón. Ahora el mensaje se centra en el individuo y su potencial eterno en Dios, no en bendiciones materiales y temporales. (*Véanse* Estudio a fondo 3—Mt. 19:23-24; nota—Ef. 1:3.)

«Preguntado por los fariseos, cuándo había de venir el reino de Dios, les respondió y dijo: El reino de Dios no vendrá con advertencia. Ni dirán: Helo aquí, o helo allí; porque he aquí el reino de Dios está *entre vosotros*» (Lc. 17:20-21).

«Diciendo: el tiempo se ha cumplido, y el reino de Dios se ha *acercado*; arrepentíos, y creed en el evangelio» (Mr. 1:15).

«Y alzando los ojos hacia sus discípulos, decía: Bienaventurados vosotros los pobres, porque *vuestro* es el reino de Dios» (Lc. 6:20).

«Porque el reino de Dios no es comida ni bebida, sino justicia, paz y gozo en el Espíritu Santo» (Ro. 14:17).

3. Todo hombre lucha por entrar al reino. El reino de Dios no es para una sola raza; el reino es para todos los pueblos, en todas partes. Cuando la gente escucha el mensaje glorioso del reino, se esfuerza y lucha por entrar a él. Ya no quieren una religión barata, formal y un mensaje fácil. Es algo con que ya no pueden contentarse, al menos no cuando *realmente vieron algo* del reino de Dios. Una vez que vieron la gloria y el valor del reino de Dios, se esfuerzan y luchan por entrar, no importa a qué precio.

«Bienaventurados los que tienen hambre y sed de justicia, porque ellos serán saciados» (Mt. 5:6).

«Y yo, si fuere levantado de la tierra, a todos atraeré a mí mismo» (Jn. 12:32).

«Y éstos eran más nobles que los que estaban en Tesalónica, pues recibieron la palabra con toda solicitud, escudriñando cada día las Escrituras para ver si estas cosas eran así» (Hch. 17:11).

«Sembrad para vosotros en justicia, segad para

vosotros en misericordia; haced para vosotros barbecho; porque es el tiempo de buscar a Jehová, hasta que venga y os enseñe justicia» (Os. 10:12).

«Con mi alma te he deseado en la noche, y en tanto que me dure el espíritu dentro de mí, madrugaré a buscarte; porque luego que hay juicios tuyos en la tierra, los moradores del mundo aprenden justicia» (Is. 26:9).

3 (16:17-18) ***Antiguo Testamento—ley—Palabra de Dios que esclaviza:*** el malentendido en cuanto a la ley. Aquí Jesús trató un tema muy serio, un tema que preocupa a los hombres. ¿Existe una ley superior, una ley de Dios a la que los hombres deben someter sus vidas? ¿Qué fue del Antiguo Testamento y de la ley y los profetas desde que ha venido Cristo, y desde que existe un nuevo orden y un Nuevo Testamento? ¿Debemos todavía usar y seguir al Antiguo Testamento y sus leyes? ¿Cuál es el lugar de la ley? ¿Ha sido borrada? ¿Tiene su lugar en el nuevo reino de Dios? Jesús dijo que existe una ley superior, una ley de Dios que ha sido dada en el Antiguo Testamento. No ha sido borrada; tiene su lugar en el nuevo orden. En efecto, el Antiguo Testamento es cumplido en el nuevo reino, y sobrevivirá al cielo y a la tierra. Un ejemplo es la ley que rige el matrimonio. Es la ley para ambos órdenes sociales. Nunca cambia. (Para una discusión detallada de Cristo cumpliendo la ley *véanse* nota—Mt. 5:17-18; Estudio a fondo 2—Ro. 8:3; para una discusión detallada del matrimonio *véase* Estudio a fondo 1— Mt. 19:1-12.)

Pensamiento. Existe una *ley superior*, una ley de Dios, dada por Dios en el Antiguo Testamento, es decir, en la antigua dispensación. Ha sido cumplida en Cristo; por eso, todos deben obedecer la *ley de Dios*. (Nuevamente, *véase* nota—Mt. 5:17-18. Esta es una nota de extrema importancia en cuanto a cómo se ha cumplido la Ley del Antiguo Testamento en Cristo.)

«No penséis que he venido para abrogar la ley o los profetas; no he venido para abrogar, sino para cumplir. Porque de cierto os digo que hasta que pasen el cielo y la tierra, ni una jota ni una tilde pasaré de la ley, hasta que todo se haya cumplido» (Mt. 5:17-18).

«El cielo y la tierra pasarán, pero mis palabras no pasarán» (Mt. 24:35).

«Mas la palabra del Señor permanece para siempre. Y esta es la palabra que por el evangelio os ha sido anunciada» (1 P. 1:25).

«Para siempre, oh Jehová, permanece tu palabra en los cielos» (Sal. 119:89).

«Hace ya mucho que he entendido tus testimonios» (Sal. 119:152).

«Sécase la hierba, marchítase la flor; mas la palabra del Dios nuestro permanece para siempre» (Is. 40:8).

1 **Una vida diferente**[EF1]
a. El hombre rico aparece sin nombre, Lázaro, con nombre
b. El hombre rico es pudiente; Lázaro es pobre
c. El hombre rico tenía buena salud; Lázaro era un inválido
d. El hombre rico vivía suntuosamente; Lázaro mendigaba, era indigente
2 **Una muerte diferente: Lázaro murió y fue llevado al paraíso; el hombre rico murió y fue sepultado**[EF2]
3 **Una eternidad diferente**
a. El hombre rico en el infierno; Lázaro en el paraíso[EF3]
b. El hombre rico *vio* la gloria; Lázaro *estaba en* gloria
c. El hombre rico estaba solo; Lázaro tenía

M. El hombre rico y Lázaro: el hombre indulgente consigo mismo y el hombre de fe, 16:19-31

19 Había un hombre rico, que se vestía de púrpura y de lino fino, y hacía cada día banquete con esplendidez.
20 Había también un mendigo llamado Lázaro, que estaba echado a la puerta de aquél, lleno de llagas,
21 y ansiaba saciarse de las migajas que caían de la mesa del rico; y aun los perros venían y le lamían las llagas.
22 Aconteció que murió el mendigo, y fue llevado por los ángeles al seno de Abraham; y murió también el rico, y fue sepultado.
23 Y en el Hades alzó sus ojos, estando en tormentos, y vio a Abraham, y a Lázaro en su seno.
24 Entonces él, dando voces, dijo: Padre Abraham, ten misericordia de mí, y envía a Lázaro para que moje la punta de su dedo en agua, y refresque mi lengua; porque estoy atormentado en esta llama.
25 Pero Abraham le dijo: Hijo, acuérdate que recibiste tus bienes en tu vida, y Lázaro también males; pero ahora éste es consolado aquí, y tú atormentado.
26 Además de todo esto, una gran sima está puesta entre nosotros y vosotros, de manera que los que quisieren pasar de aquí a vosotros, no pueden, ni de allá pasar acá.
27 Entonces le dijo: Te ruego, pues, padre, que le envíes a la casa de mi padre,
28 porque tengo cinco hermanos, para que les testifique, a fin de que no vengan ellos también a este lugar de tormento.
29 Y Abraham le dijo: A Moisés y a los profetas tienen; óiganlos.
30 El entonces dijo: No, padre Abraham; pero si alguno fuere a ellos de entre los muertos, se arrepentirán.
31 Mas Abraham le dijo: Si no oyen a Moisés y a los profetas, tampoco se persuadirán aunque alguno se levante de los muertos.

compañerismo
d. El hombre rico tenía la sensación de arder; Lázaro tenía agua
e. El hombre rico era atormentado;[EF4] Lázaro era consolado
f. El hombre rico recordaba su vida anterior; Lázaro guardaba silencio
g. El hombre rico no podía salir del infierno; Lázaro no podía salir del paraíso
h. El hombre rico agonizaba por sus seres queridos; Lázaro vivía en la eternidad
i. El hombre rico gemía por otra oportunidad; Lázaro estaba en silencio y tenía paz
j. El hombre rico no pudo hacer nada por su familia; Lázaro descansaba en las promesas de Dios

M. El hombre rico y Lázaro: el hombre indulgente consigo mismo y el hombre de fe, 16:19-31

(16:19-31) ***Introducción:*** note dos cosas. Jesús identifica a Lázaro; Lázaro tenía nombre. Al relatar una parábola Jesús nunca ponía nombre a los protagonistas. Note también que Jesús no dijo que esta fuera una parábola. Estos dos hechos, sumados al lenguaje usado para comenzar el relato, lo señalan como una experiencia real. Por supuesto, siempre hay que recordar que las verdades espirituales y eternas deben ser descritas en lenguaje humano y terrenal. Ello de ninguna manera disminuye la bendición o el terror de la verdad; al contrario, la verdad eterna es *mucho de mucha mayor bendeción* y *mucho más aterradora* que una mera descripción humana.

1. Una vida diferente (vv. 19-21).
2. Una muerte diferente: Lázaro murió y fue llevado al paraíso; el hombre rico murió y fue sepultado (v. 22).
3. Una eternidad diferente (vv. 23-31).

1 (16:19-21) ***Vida—cristianos:*** las vidas suelen ser diferentes. Aquí hay cuatro diferencias.

1. Una diferencia principal entre Lázaro y el rico es que el rico no tenía nombre, en cambio Lázaro sí. La diferencia es enorme. Es la diferencia de ser conocido y honrado por Dios y de no ser conocido ni honrado por Dios. El hombre rico no conocía a Dios; por eso Dios no lo conocía a él ni tampoco podía honrarlo. Para Dios carecía de nombre. Lázaro conocía a Dios y era conocido por Él. Su mismo nombre, Lázaro, significa *Dios es mi Ayuda o Ayudador.* Confiaba en que Dios cuidaría de él, y sus ojos estaban puestos en el cielo y en las bendiciones del cielo, no en la tierra. La palabra latina para «rico» es Dives. Por eso al hombre rico frecuentemente se lo llama *Dives.* Sin embargo, siempre debemos recordar que ese no era su nombre; para Dios era un hombre sin nombre.

«Yo soy el buen pastor; y conozco mis ovejas, y las mías me conocen» (Jn. 10:14; cp. Jn. 10:27).

«Pero si alguno ama a Dios, es conocido por él» (1 Co. 8:3).

«Y ahora vemos por espejo, oscuramente; mas entonces veremos cara a cara. Ahora conozco en parte; pero entonces conoceré como fui conocido» (1 Co. 13:12).

«Ciertamente, en otro tiempo, no conociendo a Dios, servíais a los que por naturaleza no son dioses; mas ahora, conociendo a Dios, o más bien, siendo conocidos por Dios, ¿cómo es que os volvéis de nuevo a los débiles y pobres

rudimentos, a los cuales os queréis volver a esclavizar?» (Gá. 4:8-9).

2. El hombre rico era pudiente; Lázaro era pobre. (Para mayor discusión del tema *véase* Estudio a fondo 1, ***Pecado***—Lc. 16:19-21.)

3. El hombre rico tenía buena salud; Lázaro era un inválido. Lázaro estaba cubierto de llagas ulcerosas, incapaz de trabajar y ganarse el pan. O bien fue llevado a la puerta del hombre rico, o bien llegar hasta allí. Era lo que se llama un *mendigo*, aunque no porque quisiera, sino porque era un inválido carente de familia o amigos que lo amasen lo suficiente para cuidar de él. ¡Qué tragedia! Qué acusación contra los *hombres*. Note que la acusación es dirigida contra el hombre rico, no contra la *sociedad*. La sociedad es sólo una *idea;* los hombres son realidad. El término o *idea de sociedad* permite a algunas personas, incluyendo a algunos asistentes sociales, escapar de su responsabilidad y acceder a buenos salarios, a un saludable nivel de vida, y a riquezas personales, mientras los necesitados siguen sufriendo. Cada persona es personalmente responsable de los pobres y necesitados de la tierra. Ese es el punto que Cristo destacó. En presente caso el hombre rico era responsable de Lázaro.

4. El hombre rico vivía suntuosamente; Lázaro mendigaba, era indigente. El cuadro muestra a Lázaro yaciendo a la puerta del hombre rico (algo que la mayoría de la gente no permitiría). El hombre rico estaba demasiado ocupado con su propia condición, sus intereses y placeres; ignoró a Lázaro postrado ante su puerta. No le ayudó, y aparentemente no le importó. Mientras Lázaro esperaba las migajas de la mesa del rico, demasiado débil para ahuyentar a los perros que le lamían las llagas, encontraba esperanza y paz en Dios. Los ricos usaban la miga del pan para limpiarse las manos, luego arrojaban la miga fuera. Este era elpan que Lázaro esperaba.

ESTUDIO A FONDO 1

(16:19-21) ***Pecado:*** a los ojos de la mayoría de las sociedades el pecado del rico no era pecado. No se menciona ningún pecado terrible, flagrante; ningún pecado vulgar y público. Tampoco no era cruel; nunca mandó a Lázaro que se retire de su puerta ni le rehusó las migas de pan que caían de su mesa. No era un tirano; no era un opresor de los pobres. No era un miembro monstruoso de la sociedad. Era un hombre más bien responsable, un ciudadano recto, respetado y estimado. Jamás una corte terrenal pensaría en arrestarlo o condenarlo. A los ojos de la sociedad era un hombre honorable y muy estimado. La gente lo quería y hablaba bien de él. ¿Cuál fue entonces su pecado?

1. La palabra «esplendidez» (*lamparos*) significa que era ostentoso, que exhibía su riqueza en forma materialista.

2. La «puerta» era una puerta grande indicando que se trataba de un casa espaciosa o de una mansión.

3. La púrpura y el lino fino muestran que vestía lujosamente según el último grito de la moda.

4. Las palabras «cada día» indican que hacía fiesta todos los días. Su pecado era la *indulgencia consigo mismo, el confort, la comodidad, el lujo, la vida extravagante.* Buscaba las cosas y los placeres de este mundo. Se complacía en las riquezas, las amontonaba, permitía que el dinero lo rodease y producía más y más para sí mismo y su propiedad. Mientras tanto existían necesidades alrededor suyo, a la puerta de su propia casa. Era negligente con otros, los ignoraba, especialmente a Lázaro. Poco y nada le preocupaban las necesidades de un mundo pervertido. Quería tener lo que otros tenían en el mundo, abundancia cada vez mayor para sí mismos. El mundo reconocía y honraba a los que tenían abundancia, y él también quería ese reconocimiento y honor. Quería tener lo que otros tenían, quería estar a la par de ellos.

«Su señor le dijo: Bien, buen siervo y fiel; sobre poco has sido fiel, sobre mucho te pondré; entra en el gozo de tu señor» (Mt. 25:43).

«Pero el que tiene bienes de este mundo y ve a su hermano tener necesidad, y cierra contra él su corazón, ¿cómo mora el amor de Dios en él?» (1 Jn. 3:17).

«Pero los afanes de este siglo, y el engaño de las riquezas, y las codicias de otras cosas, entran y ahogan la palabra, y se hace infructuosa» (Mr. 4:19).

«Atesorando para sí buen fundamento para lo por venir, que echen mano de la vida eterna» (1 Ti. 6:19).

«Y cuando coméis y bebéis, ¿no coméis y bebéis para vosotros mismos?» (Zac. 7:6).

«Cuando haya en medio de ti menesteroso de alguno de tus hermanos en alguna de tus ciudades, en la tierra que Jehová tu Dios te da, no endurecerás tu corazón, ni cerrarás tu mano contra tu hermano pobre» (Dt. 15:7).

[2] (16:22) ***Muerte:*** murieron de manera diferente: Lázaro murió y fue llevado al paraíso; el hombre rico murió y fue sepultado. Note que las únicas palabras referidas a la muerte del hombre rico son: «murió ... y fue sepultado». ¿Qué legado más terrible y desalentador puede dejar un hombre? Probablemente el rico fue sepultado en las mejores condiciones, con las ropas más finas, en el mejor sepulcro y cementerio. Su funeral debe haber sido impresionante con la numerosa asistencia de la clase alta de su comunidad. Probablemente se pronunciaron palabras de alabanza en su memoria, palabras que reconocían su respetabilidad y contribución a la sociedad por proveer tanto para su comunidad y para su religión. Probablemente se colocó una costosa estatua sobre su tumba. Sin embargo, su experiencia fue la *tragedia de las tragedias.* No supo *nada* de todo ello. No estuvo allí para disfrutarlo. Simplemente murió y fue sepultado.

Note, en cambio, lo que se dice acerca de Lázaro: «fue llevado por los ángeles al seno de Abraham» (*véase* Estudio a fondo 2, ***Seno de Abraham***—Lc. 16:22 o paraíso). Aquí hay tres temas importantes.

1. Lázaro siguió viviendo aunque su cuerpo estaba muerto. Su ser —su espíritu y alma— no murieron, no dejaron de existir, ni cayeron en un estado de adormecimiento.

2. El alma de Lázaro se encontró inmediatamente con los ángeles. Al morir Lázaro, los ángeles estuvieron junto a su cuerpo, instantáneamente —como en un abrir y cerrar de ojos— para llevar su alma al paraíso.

3. Lázaro fue llevado al lugar mismo donde se encuentra la *Fuente* de toda riqueza, donde están todos los que confiaron en Dios, el lugar donde se encuentra Abraham: el paraíso mismo de Dios. (Para mayor discusión del tema *véase* Estudio a fondo 3, ***Paraíso***—Lc. 16:23.)

«Porque de tal manera amó Dios al mundo, que ha dado a su Hijo unigénito, para que todo aquel que en él cree, no se pierda, mas tenga vida eterna» (Jn. 3:16).

«El que cree en el Hijo tiene vida eterna; pero el que rehusa creer en el Hijo no verá la vida, sino que la ira de Dios está sobre él» (Jn. 3:36).

«De cierto, de cierto os digo: El que oye mi palabra, y cree al que me envió, tiene vida eterna; y no vendrá a condenación, mas ha pasado de muerte a vida» (Jn. 5:24).

«Porque esta leve tribulación momentánea produce en nosotros un cada vez más excelente y eterno peso de gloria» (2 Co. 4:17).

«Porque el que siembra para su carne, de la carne segará corrupción; mas el que siembra para el Espíritu, del Espíritu segará vida eterna» (Gá. 6:8).

«Por lo cual, hermanos, tanto más procurad hacer firme vuestra vocación y elección; porque haciendo estas cosas, no caeréis jamás. Porque de esta manera os será otorgada amplia y generosa entrada en el reino eterno de nuestro Señor y Salvador Jesucristo» (2 P. 1:10-11).

ESTUDIO A FONDO 2

(16:22) ***Seno de Abraham:*** se refiere al paraíso. Es un término que expresaba la felicidad que los creyentes podían esperar al morir. Conlleva la idea de sentarse con Abraham y hacer fiesta en el paraíso. Se lo llama el seno de Abraham porque Abraham fue el padre de la nación judía.

3 (16:23-31) ***Vida eterna:*** la eternidad puede ser diferente. Aquí hay diez contrastes.

1. El rico estaba en el infierno; Lázaro en el paraíso (*véase* Estudio a fondo 3, ***Infierno***—Mt. 16:23).

   a. La muerte despojó al rico de su confort y de sus placeres y de sus bienes materiales y de la riqueza de esta vida. Y se halló inmediatamente en el infierno, el lugar de miseria y tormento. (*Véase* Estudio a fondo 3, ***Infierno***—Mt. 16:23.)

   «E irán éstos al castigo eterno, y los justos a la vida eterna» (Mt. 25:46).

   «Y el humo de su tormento sube por los siglos de los siglos. Y no tienen reposo de día ni de noche los que adoran a la bestia y a su imagen, ni nadie que reciba la marca de su nombre» (Ap. 14:11).

   b. El hombre rico no fue apto para el paraíso. ¿Por qué? Porque había vivido en un *paraíso terrenal* mientras otros estaban hambrientos y morían desnutridos, enfermos y despojados, morían de frío y desnudez, gente desprovista y moribunda. Había tenido las «cosas buenas» de la vida mientras otros no tenían nada; se había mantenido indiferente, guardado en bancos, amontonado más allá de lo que realmente necesitaba, y todo por obtener el reconocimiento de la gente. Fue necesario hacer justicia. No era apto para vivir en un paraíso de justicia y amor. Merecía ser atormentado y ser desprovisto de las «cosas buenas» porque se había rehusado a aliviar los tormentos de otras personas en la tierra y aun los había aumentado,

   «El que cierra su oído al clamor del pobre, también él clamará y no será oído» (Pr. 21:13).

2. El rico solamente vio la gloria; Lázaro la experimentaba y compartía. Note tres cosas.

   a. El rico pudo ver el paraíso, pero estaba muy, muy lejos, fuera de su alcance.

   b. El rico pudo ver el interior del paraíso, pudo ver tanto a Abraham como a Lázaro. Vio toda la gloria y el confort, la perfección y el gozo del paraíso. Vio a Lázaro con quien había sido indiferente y a quien había tratado superficialmente. Vio a Lázaro en toda la gloria y perfección del cielo, lo envidió y se lamentó por lo que veía.

   «Allí será el llanto y el crujir de dientes, *cuando veáis* a Abraham, a Isaac, a Jacob y a todos los profetas en el reino de Dios, y vosotros estéis excluidos» (Lc. 13:28).

   c. Note que Lázaro aparentemente no tenía conciencia del infierno. Simplemente vivía en el paraíso, en la gloria y perfección de Dios.

   «Porque es necesario que esto corruptible se vista de incorrupción, y esto mortal se vista de inmortalidad» (1 Co. 15:53).

3. El hombre rico estaba dolorosamente solo; Lázaro tenía compañía. No se menciona la presencia de alma alguna cerca del rico. Estaba totalmente solo, sin hablarle a nadie en el infierno. Solamente veía a los de paraíso. Qué drástica diferencia con lo que se imaginan y expresan tantas veces los perdidos de este mundo, al pensar que en el infierno tendrán abundante compañía. El verdadero cuadro, presentado por Cristo, es que la persona en el infierno será atormentada con soledad, que la persona...

   - estará totalmente sola.
   - no verá a nadie.
   - no sentirá a nadie.
   - será separada de otros.
   - quedará desolada.
   - su existencia sombría.

   Lázaro tenía la compañía de Abraham y de los santos en gloria. Referente a los «hacedores de maldad» Cristo había enseñado esto:

   «Allí será el llanto y el crujir de dientes, cuando veáis a Abraham, a Isaac, a Jacob y a todos los profetas en el reino de Dios, y vosotros [hacedores de maldad] estéis excluidos» (Lc. 13:28).

4. El rico tenía la sensación de quemarse; Lázaro tenía agua. Es un contraste dramático. El rico se estaba quemando tan miserablemente y tan dolorosamente en la «llama» (la ira de Dios) que imploró misericordia: si no podía ser librado de esa llama y miseria, pedía solamente una gota de agua para sentir un alivio momentáneo. En cambio, mire a Lázaro. Tenía agua; tenía toda la frescura necesaria para refrescar su cuerpo.

   «... la paja en fuego que nunca se apagará» (Lc. 3:17).

   «Después me mostró un río limpio de agua de vida, resplandeciente como cristal, que salía del trono de Dios y del Cordero» (Ap. 22:1).

5. El hombre rico era atormentado; Lázaro era consolado (*véase* Estudio a fondo 4, ***Infierno***—Lc. 16:24).

   «Mas los hijos del reino serán echados afuera; allí será el lloro y el crujir de diente» (Mt. 8:12).

   «Y los echarán en el horno de fuego; allí será el lloro y el crujir de dientes» (Mt. 13:42).

   «Y el que no se halló inscrito en el libro de la vida fue lanzado al lago de fuego» (Ap. 20:15).

6. El hombre rico recordó su vida anterior; Lázaro guardaba silencio.

   a. Note que la palabra «tus» (v. 25) es enfática. El rico tuvo lo que *él* escogió tener en la tierra. Recibió *sus* «buenas cosas» (lo que él consideraba «bueno») durante *su* vida, y contribuyó para que Lázaro tuviese «cosas malas». Note también: no golpeó, ni lastimó ni persiguió a Lázaro; *pero tampoco no le ayudó*. Pudo haber ayudado porque tenía una propiedad y un banco lleno de dinero; pero no ayudó. Por eso *mantuvo* a Lázaro rebajado y destituido. Contribuyó a que Lázaro tuviese «cosas malas» cuando pudo haber contribuido para que Lázaro fuese auxiliado.

   b. Lázaro no tuvo la culpa de las cosas malas que le sobrevinieron. Fue *atrapado* por las cosas malas de este mundo debido a circunstancias y hombres como el rico que lo ignoraron, descuidaron y abusaron de él.

   c. El hombre rico recordó...

   - sus pecados (confort, comodidad, indulgencia, placer, extravagancia).
   - sus oportunidades desaprovechadas (de ayudar a Lázaro).
   - su oído sordo a la conciencia, a Dios, a la Palabra, a Lázaro y a todos los otros que tanto necesitaban.
   - su fracaso buscando la verdad (He. 11:6).
   - su rechazo de advertencia tras advertencia.

7. El rico estaba encerrado en el infierno; Lázaro, en el paraíso. No había forma de pasar del infierno al paraíso, o del paraíso al infierno. Había un abismo permanente entre ambos, y su *propósito* era evitar el paso del uno al otro. El pecador que escoge ser separado de Dios y del paraíso, obtiene lo que desea. Es separado.

   «Dejad crecer juntamente lo uno con lo otro hasta la siega; y al tiempo de la siega yo diré a los

segadores: Recoged primero la cizaña, y atadla en manojos para quemarla; pero recoged el trigo en mi granero» (Mt. 13:30).

«Así será el fin del siglo: saldrán los ángeles, y apartarán a los malos de entre los justos» (Mt. 13:49).

«E irán éstos al castigo eterno, y los justos a la vida eterna» (Mt. 25:46).

8. El hombre rico agonizaba por sus seres queridos; Lázaro estaba en la eternidad. El hombre rico tenía cinco hermanos. Les había dado un ejemplo tan malo que ellos también estaban camino al infierno. Note que el rico estaba diciendo dos cosas.

a. El infierno es un lugar tan malo que no es digno de toda la riqueza, confort, comodidad y placer de este mundo. Cristo dijo lo mismo:

«Porque ¿qué aprovecha al hombre si ganare todo el mundo, y perdiere su alma?» (Mr. 8:36).

b. El infierno es un lugar tan malo que hay que advertir al mundo que huya de él. (Note que Cristo está relatando lo terrible que es el infierno y que debemos intentar desesperadamente huir de él.)

Se le dijo al rico que sus hermanos tenían las Escrituras, la Palabra de Dios que les explicaba y advertía el futuro. Debían oír las Escrituras, porque son testimonio suficiente.

Lázaro estaba en la eternidad. Marcaba un gran contraste con los hermanos del rico. ¿Por qué? Porque había creído las Escrituras confiando en Dios y en sus promesas.

«De cierto, de cierto os digo: El que oye mi palabra, y cree al que me envió, tiene vida eterna; y no vendrá a condenación, mas ha pasado de muerte a vida» (Jn. 5:24).

9. El rico pidió otra oportunidad; Lázaro guardaba silencio. Tenía paz conforme lo prometían las Escrituras. El hombre rico en el infierno pidió otra oportunidad. Es lo que se ve al mirar detrás de las palabras del rico. Si Abraham permitía que alguien resucite para hablar a los vivientes, el rico podía argumentar que tenía menos oportunidades. Pensó que él también tendría derecho a dar una señal sensacional y milagrosa.

Note que Lázaro tenía paz, tal como las Escrituras lo habían prometido. Lázaro había creído y con ello fue salvado.

10. El rico no pudo hacer nada por su familia; Lázaro descansaba en la presencia de Dios. Note las palabras: «tampoco se persuadirán aunque alguno se levante de los muertos».

a. Un hombre, el Señor Jesucristo, resucitó de los muertos, y sin embargo, los hombres no creyeron. La incredulidad del hombre no se debe a la falta de señales; se debe al amor que le tiene al mundo con todo su confort creado, su reconocimiento, indulgencia y egoísmos, placeres y honores.

«Pero por tu dureza y por tu corazón no arrepentido, atesoras para ti mismo ira para el día de la ira y de la revelación del justo juicio de Dios» (Ro. 2:5).

b. Las Escrituras y el testimonio que nos dan de la resurrección del Señor son un testimonio mucho mayor que el que puede dar un hombre muerto parado delante de nosotros en alguna *forma fantasmal y misteriosa.*

«Escudriñad las Escrituras; porque a vosotros os parece que en ellas tenéis vida eterna; y ellas son las que dan testimonio de mí» (Jn. 5:39).

«Sino también con respecto a nosotros a quienes ha de ser contada [justicia], esto es, a los que creemos en el que levantó de los muertos a Jesús, Señor nuestro, el cual fue entregado por nuestras transgresiones, y resucitado para nuestra justificación» (Ro. 4:24-25).

ESTUDIO A FONDO 3

(16:23) ***Paraíso—Infierno (Hades):*** la palabra griega ***Hades*** es similar a la hebrea ***Sheol*** (*véase* Estudio a fondo 3—Gn. 37:35). La imagen del Hades revelada por Jesús es la del otro mundo, es decir, del mundo invisible, del mundo espiritual, de la dimensión espiritual del ser. Jesús dice que el Hades es un lugar dividido en dos inmensas áreas o sectores, o departamentos. Las dos áreas están separadas por un abismo grande e infranqueable (versículo 26). Un área es lugar de dolores (versículos 23-24, 28). La otra es el sitio del paraíso al que van los creyentes. Decir que una persona está muerta es decir que está en el hades, en el otro mundo.

Note un hecho fundamental: el otro mundo, el mundo espiritual y la dimensión espiritual del ser, realmente existe. Y existen dos zonas en el otro mundo: el Paraíso, el lugar de gloria, y el infierno, el lugar del tormento. Jesús dijo que realmente existen. (Cp. 22-23, *véanse* bosquejo y notas—Lc. 16:19-31); *véase* Estudio a fondo 4—Lc. 16:24; notas—Mt. 27:52-53; Ef. 4:8-10; *véase* Estudio a fondo 1—1 P. 3:19-20.)

ESTUDIO A FONDO 4

(16:24) ***Infierno —tormento:*** el infierno es ser angustiado, torturado, apenado en gran manera; sufrir dolor y pena. La Biblia enseña incuestionablemente que existe un tormento en fuego para los incrédulos. Sin embargo, es preciso recordar que el fuego que nosotros conocemos es material y temporal; no es espiritual o eterno. El fuego terrenal no dura para siempre. En la tierra nada dura para siempre. El fuego terrenal pertenece a la dimensión física del ser. El fuego del infierno, cualquiera sea su naturaleza y sus cualidades, es espiritual y eterno. No tiene fin. Los hombres deben afrontar esto; no deben huir de la verdad del infierno. Será mucho peor que cualquier experiencia física imaginable. Tal es la enseñanza de las Escrituras. Esto es lo que Jesús estaba enseñando. El hombre debe huir, de manera absoluta, del infierno. El hombre debe huir, de manera absoluta, a Cristo buscando salvación (*véase* Estudio a fondo 2—Mt. 5:22). (Cp. Mt. 5:22, 29; 10:28; 18:9; 23:15, 33; 25:41; Mr. 9:43-48; Lc. 12:5; 16:23; 2 Ts. 1:8-9; 2 P. 2:4; Ap. 14:10-11; 16:10; 18:10; 19:20; 20:10-15; 21:8.)

1 Primera ley: inducir a otro al pecado produce juicio
a. El pecado es inevitable
b. Inducir a otros a pecar es terrible
c. Inducir a otros a pecar es condenado[EF1]

2 Segunda ley: es esencial perdonar a otros
a. Si uno peca debe ser amonestado
b. Si uno se arrepiente debe ser perdonado
c. ¿Cuántas veces? Una y otra vez

CAPÍTULO 17

N. El discípulo cristiano y cuatro leyes, 17:1-10
(cp. Mt. 18:6, 15; 17:20)

Dijo Jesús a sus discípulos:
Imposible es que no vengan
tropiezos; mas ¡ay de aquel por
quien vienen!
2 Mejor le fuera que se la
atase al cuello una piedra de
molino y se le arrojase al mar,
que hacer tropezar a uno de
estos pequeñitos.
3 Mirad por vosotros mismos.
Si tu hermano pecare contra ti,
repréndele; y si se arre-
pintiere, perdónale.
4 Y si siete veces al día pecare
contra ti, y siete veces al día
volviere a ti, diciendo: Me
arrepiento; perdónale.
5 Dijeron los apóstoles al
Señor: Auméntanos la fe.
6 Entonces el Señor dijo: Si
tuvierais fe como un grano de
mostaza, podríais decir a este
sicómoro: Desarráigate, y
plántate en el mar; y os
obedecería.
7 ¿Quién de vosotros, teniendo un siervo que ara o
apacienta ganado, al volver él
del campo, luego le dice: Pasa,
siéntate a la mesa?
8 ¿No le dice más bien:
Prepárame la cena, cíñete, y
sírveme hasta que haya
comido y bebido; y después
de esto come y bebe tú?
9 ¿Acaso da gracias al siervo
porque hizo lo que se le había
mandado? Pienso que no.
10 Así también vosotros,
cuando hayáis hecho todo lo
que os ha sido ordenado,
decid: Siervos inútiles somos,
pues lo que debíamos hacer,
hicimos.

3 Tercera ley: es esencial tener fe, una de la fuerzas más poderosas del mundo[EF2]

4 Cuarta ley: obedecer a Dios es un deber, no un servicio
a. La ilustración: un siervo es un esclavo que sirve a su señor
1) Le sirve todo el día
2) Le sirve toda la noche
3) Le sirve hasta retirarse todos los demás
4) Le sirve reciba o no gratitud y aprecio
b. El creyente debe servir y obedecer hasta que todos los mandamientos de Dios hayan sido cumplidos
c. Él debe ser humilde en su servicio al Señor

N. El discípulo cristiano y cuatro leyes, 17:1-10

(17:1-10) ***Introducción:*** en este pasaje hay cuatro leyes que podrían revolucionar la sociedad. Deben revolucionar la vida del creyente. El creyente debe «mirar por sí mismo» y cumplir las leyes (v. 3).

1. Primera ley: inducir a otro al pecado produce juicio (vv. 1-2).
2. Segunda ley: es esencial perdonar a otros (vv. 3-4).
3. Tercera ley: es esencial tener fe, una de la fuerzas más poderosas del mundo (vv. 5-6).
4. Cuarta ley: obedecer a Dios es un deber, no un servicio (vv. 7-10).

1 (17:1-2) ***Pecado, inducir a otros—piedras de tropiezo:*** la primera ley es una severa advertencia: inducir a otra persona al pecado produce juicio celestial. Note varios factores.

1. El Señor estaba hablando a sus discípulos. El discípulo debía cuidarse de este grave pecado. Siempre estaría sujeto a tentaciones, y si cedía induciría a otros a mal camino. Ningún pecado será condenado con más severidad que el de llevar a otros al pecado.

2. El pecado es inevitable. Note las palabras precisas de Jesús: «Imposible es que no vengan tropiezos».

> ***Pensamiento.*** El pecado penetra al mundo. Entra en los negocios, la oficina, el mercado, la cancha de juegos, el club, incluso el hogar y la iglesia. No hay lugar que escape del pecado, porque no hay persona perfecta. Donde haya una persona, hay pecado. No hay persona sin pecado.

3. Cometer pecado es algo terrible, pero inducir a otros al pecado es aun más terrible. La palabra «tropezar» significa ser una piedra de tropiezo; engañar, seducir y poner zancadilla a alguien (para una discusión más extensa *véase* nota, ***Ofender***— Mt. 17:27). ¿Quiénes son los que hacen caer a otros? Dicho en una palabra, es cualquiera que *practica el pecado,* cualquiera que *sigue en pecado.*

a. Una piedra de tropiezo es cualquiera que *seduce a otros a pecar.* Muchas personas seducen a otros al pecado de...
   - gruñir, quejarse y criticar.
   - tomar parte contra otros.
   - ser mundanos y materialistas.
   - amontonar más y más.
   - ser engreídos y orgullosos.
   - vivir vidas superficiales e inmorales.
   - blasfemar y hablar sucio.

b. Una piedra de tropiezo es cualquiera que *hace una profesión de fe falsa,* cualquiera que afirma ser seguidor de Cristo, pero que no lo es. La persona que hace una falsa profesión de fe escandaliza el nombre de Cristo. Es un hipócrita que hace que otros se mantengan lejos y detesten a Cristo y la iglesia. Los que hacen falsa profesión de fe no solamente se excluyen a sí mismos del reino, sino que conducen a sus hijos a una religión falsa e hipócrita que los excluye del reino. Los que hacen falsa profesión de fe hacen decir a otros que no quieren tener nada que ver con la iglesia porque está llena de hipócritas.

c. Una piedra de tropiezo es cualquiera que *desalienta a una persona* de seguir y servir a Cristo, ya sea por...
   - palabra o hecho.
   - abuso o negligencia.
   - persecución o daño.
   - chisme o calumnia.
   - enojo u hostilidad.

4. Los que inducen a otros al pecado son severamente condenados (*véase* Estudio a fondo 1— Lc. 17:2).

> **«Cualquiera que haga tropezar a uno de estos pequeñitos que creen en mí, mejor le fuera si se le atase una piedra de molino al cuello, y se le arrojase en el mar» (Mr. 9:42).**
>
> **«Así que, ya no nos juzguemos más los unos a los otros, sino más bien decidid no poner tropiezo u ocasión de caer al hermano» (Ro. 14:13).**

«Pero si por causa de tu comida tu hermano es contristado, ya no andas conforme al amor. No hagas que por la comida tuya se pierda aquel por quien Cristo murió» (Ro. 14:15).

«Bueno es no comer carne, ni beber vino, ni nada en que tu hermano tropiece, o se ofenda, o se debilite» (Ro. 14:21).

«No seáis tropiezo ni a judíos, ni a gentiles, ni a la iglesia de Dios» (1 Co. 10:32).

«No damos a nadie ninguna ocasión de tropiezo...» (2 Co. 6:3).

«El que ama a su hermano, permanece en luz, y en él no hay tropiezo» (1 Jn. 2:10).

ESTUDIO A FONDO 1

(17:2) ***Piedra de molino*** (*monos onikos*): la palabra *onos* se usa para el asno. La palabra *mulos* se usa para la piedra de molino que el asno hacía girar para moler grano. Por eso, la piedra de molino mencionada por Jesús es la gran piedra de molino, no la del pequeño molino manual que las mujeres usaban para moler un poco de grano. Note que el hecho en sí de que Jesús escoja la gran piedra de molino demuestra cuan grande es este pecado. La persona sería llevada al fondo del mar por el espantoso y terrible peso. El pecado de extraviar a otros es el pecado más terrible que puede ser cometido. Jesús esta resaltando que su condenación será espantosa y terrible.

2 (17:3-4) ***Perdón—iglesia, disciplina—reprensión:*** la segunda ley afirma que es esencial perdonar. Note las palabras «Mirad por vosotros mismos». Lo que dijo Jesús era de crucial importancia. Si una persona peca contra nosotros, debemos amonestarla; pero si se arrepiente, debemos perdonarla. El énfasis es fuerte. En el pueblo de Dios no debe haber un sentimiento de culpas imperdonadas, no importa cuan grave haya sido el pecado contra nosotros, no importa cuan grande la piedra de tropieza puesta en nuestro camino (cp. vv. 1-2).

La palabra «reprender» (*epitimeson*) es importante. Significa culpar, enfáticamente. El creyente debe confrontar a la persona que lo *ofende* y pone una *piedra de tropiezo* en su camino. Debemos hacer lo que esté a nuestro alcance para corregir al hermano ofensor, pero la corrección debe ser hecha con amor y compasión, no en espíritu de censura y juicio. El tema general de esta instrucción es el perdón; perdonar significa que hay un espíritu de amor y compasión. Esta instrucción no significa que el creyente es débil o indiferente al pecado, sino que más bien responde con amor y compasión al maltrato.

Pensamiento. Los creyentes deben corregir a quienes pecan contra ellos y les hacen daño. Permitir que el pecado continúe es ser indulgente y dar licencia al pecado, y lo último que Dios quiere es que seamos indulgentes con el pecado y que le demos rienda suelta.

«Y no participéis en las obras infructuosas de las tinieblas, sino más bien reprendedlas» (Ef. 5:11).

«También os rogamos, hermanos, que *amonestéis* a los ociosos, que alentéis a los de poco ánimo, que sostengáis a los débiles, que seáis pacientes para con todos» (1 Ts. 5:14).

«Mas no lo tengáis por enemigo, sino amonestadle como a hermano» (2 Ts. 3:15).

«No reprendas al anciano, sino exhórtalo como a padre; a los más jóvenes, como a hermanos» (1 Ti. 5:1).

«Que prediques la palabra; que instes a tiempo y fuera de tiempo; *redarguye, reprende*, exhorta con toda paciencia y doctrina» (2 Ti. 4:2).

«Esto habla y exhorta y reprende con toda autoridad. Nadie te menosprecie» (Tit. 2:15).

«Al hombre que cause divisiones, después de una y otra amonestación deséchalo» (Tit. 3:10).

«No puede el mundo aborreceros a vosotros; mas a mí me aborrece, porque yo testifico de él, que sus obras son malas» (Jn. 7:7).

«No escribo esto para avergonzaros, sino para amonestaros como a hijos míos amados» (1 Co. 4:14).

«Que el justo me castigue, será un favor, y que me reprenda será un excelente bálsamo que no me herirá la cabeza; pero mi oración será continuamente contra las maldades de aquéllos» (Sal. 141:5).

«Sino que desechasteis todo consejo mío y mi reprensión no quisisteis» (Pr. 1:25).

«Camino a la vida es guardar la instrucción; pero quien desecha la reprensión, yerra» (Pr. 10:17).

«El que ama la instrucción ama la sabiduría; mas el que aborrece la reprensión es ignorante» (Pr. 12:1).

«El necio menosprecia el consejo de su padre; mas el que guarda la corrección vendrá a ser prudente» (Pr. 15:5).

«La reconvención es molesta al que deja el camino; y el que aborrece la corrección morirá» (Pr. 15:10).

«El hombre que reprendido endurece la cerviz, de repente será quebrantado, y no habrá para él medicina» (Pr. 29:1).

«Mejor es oír la reprensión del sabio que la canción de los necios» (Ec. 7:5).

«Ellos aborrecieron al reprensor en la puerta de la ciudad, y al que hablaba lo recto abominaron» (Am. 5:10).

El mandamiento de perdonar también es enfático. De hecho, este es uno de los cuadros más hermosos del ilimitado perdón de Dios. Él sigue perdonando y perdonando. Es cierto, el creyente no tiene licencia para pecar; la Biblia es muy clara al respecto (Ro. 6:1-2; Gá. 5:13; 1 P. 2:16). El creyente no debe aprovecharse del perdón de Dios, porque a la persona que de esa manera abusa de la gracia de Dios le espera juicio. Sin embargo, la Biblia es igualmente enfática proclamando que Dios perdona y perdona al creyente que se arrepiente sinceramente, incluso cuando peca una y otra vez. Es el ilimitado perdón de Dios lo que requiere que el creyente perdone a cualquier ofensor sinceramente arrepentido, incluso si tiene que hacerlo siete veces al día. (*Véase* Estudio a fondo 4—Mt. 26:28.)

«Bienaventurados los misericordiosos, porque ellos alcanzarán misericordia» (Mt. 5:7).

«Y cuando estéis orando, perdonad, si tenéis algo contra alguno, para que también vuestro Padre que está en los cielos os perdone vuestras ofensas» (Mr. 11:25).

«Sed, pues, misericordiosos, como también vuestro Padre es misericordioso» (Lc. 6:36).

«Antes sed benignos unos con otros, misericordiosos, perdonándoos unos a otros, como Dios también os perdonó a vosotros en Cristo» (Ef. 4:32).

«Soportándoos unos a otros, y perdonándoos unos a otros si alguno tuviere queja contra otro. De la manera que Cristo os perdonó, así también hacedlo vosotros» (Col. 3:13).

«Nunca se aparten de ti la misericordia y la verdad; átalas a tu cuello, escríbelas en la tabla de tu corazón» (Pr. 3:3).

«A su alma hace bien el hombre misericordioso; mas el cruel se atormenta a sí mismo» (Pr. 11:17).

«Tú, pues, vuélvete a tu Dios; guarda misericordia y juicio, y en tu Dios confía siempre» (Os. 12:6).

«Oh hombre, él te ha declarado lo que es bueno, y qué pide Jehová de ti: solamente hacer justicia, y amar misericordia, y humillarte ante tu Dios» (Mi. 6:8).

3 (17:5-6) ***Fe—valentía:*** la tercera ley: es esencial tener fe; la fe es una fuerza poderosa. Hay algo que los discípulos sabían y es que la fe de ellos era débil, demasiado débil para vivir conforme a lo que Jesús decía. Jesús insistía en una fe tan fuerte que...

- jamás harían tropezar a otra persona.
- tendrían tanto amor y serían suficientemente compasivos para perdonar una y otra vez a una persona, incluso siete veces en un mismo día.

Sabían que necesitaban desesperadamente tener más fe en el poder y amor de Cristo; que el poder y amor de Cristo los llenaría totalmente. Sabían que debían confiar más y más en su presencia. Note la respuesta de Jesús.

1. Lo que hace falta es una fe genuina, no una fe grande. El énfasis no está en la cantidad, no está en cuánta fe una persona tenga. No es una asunto de una *fe creciente;* es asunto de *poseer* y *tener fe.* Es un asunto de de esa *fe genuina.* La más pequeña cantidad de fe genuina, aunque fuese tan pequeña como una semilla de mostaza, puede obrar lo imposible. Nada es imposible al que tiene genuina fe, aunque esa fe sea en extremo pequeña. (*Véase* Estudio a fondo 2, ***Semilla de mostaza***—Lc. 17:6.)

2. Se requiere valentía. Requiere de valor acercarse a un árbol y decirle que se desarraigue. ¡Imagine creer realmente que la orden será cumplida! O lo creemos, o no lo creemos. No es un asunto de cuánto creemos; es un asunto de creer genuinamente. Si la fe de la persona es genuina, la orden será cumplida.

«Respondiendo Jesús, les dijo: De cierto os digo, que si tuviereis fe, y no dudareis, no sólo haréis esto de la higuera, sino que si a este monte dijereis: Quítate y échate en el mar, será hecho. Y todo lo que pidiereis en oración, creyendo, lo recibiréis» (Mt. 21:21-22).

«Jesús le dijo: Si *puedes creer,* al que cree todo le es posible» (Mr. 9:23).

«Es, pues, la fe la certeza de lo que se espera, la convicción de lo que no se ve» (He. 11:1).

«Pero sin fe es imposible agradar a Dios; porque es necesario que el que se acerca a Dios crea que le hay, y que es galardonador de los que le buscan» (He. 11:6).

«¡Cuán grande es tu bondad, que has guardado para los que te temen, que has mostrado a los que esperan en ti, delante de los hijos de los hombres!» (Sal. 31:19).

«Encomienda a Jehová tu camino, y confía en él; y él hará» (Sal. 37:5).

ESTUDIO A FONDO 2

(17:6) ***Semilla de mostaza—fe:*** ¿Qué quiso decir Jesús con «fe como un grano de mostaza»? La semilla de mostaza era conocida por su pequeñez a pesar de la cual se convertía en uno de los mayores arbustos (*véase* nota—Mt. 13:32). Imagine una semilla de mostaza en su mano. Es *real y muy pequeña;* imagine también su potencial de *crecimiento y uso.* Así es la «fe como un grano de mostaza». La fe es *real y pequeña,* sin embargo, tiene un enorme poder de crecimiento y ministerio.

4 (17:7-10) ***Servicio—ministerio—fidelidad—obra—constancia:*** la cuarta ley concierne a la obediencia; es un deber obedecer a Dios, no un servicio. Existe el peligro de que los creyentes se enorgullezcan y se agranden por los dones y el poder que Dios les otorga, especialmente cuando comienzan a vivir victoriosamente en fe, tal como acaba de describirse (versículos 5-6). Jesús usó una ilustración y señaló tres factores para combatir este peligro.

1. El creyente es un siervo, y un siervo es un esclavo que sirve a su Señor. (La parábola es clara, pero para mayor discusión *véase* nota, *Siervo*—Ro. 1:1.)

2. El creyente debe servir y obedecer los mandamientos de Dios hasta que la obra sea cumplida. Debe dar de comer al ganado y arar el campo, luego, al anochecer debe servir en la casa y atender la mesa. Arar y dar de comer es trabajo pesado, requiere un cuerpo y espíritu sano y disciplinado. Requiere perseverancia. Note que el siervo trabaja todo el día y toda la noche hasta que todos los demás se han acostado. Se va a dormir *después* que todos los demás se han retirado, y se levanta *antes* que todos los demás. *El siervo sirve a su Señor.* (¡Qué lección expone Cristo para el creyente! ¡Son pocos los que sirven al Señor con tanta diligencia! ¿Cuántos se levantan antes que los otros para pasar un tiempo a solas con el Señor, y luego, cuando todos los demás se han retirado, pasan los últimos minutos del día con el Señor?).

«Pero no será así entre vosotros, sino que el que quiera hacerse grande entre vosotros será vuestro servidor, y el que de vosotros quiera ser el primero, será siervo de todos» (Mr. 10:43-44).

«Jesús les dijo: Mi comida es que haga la voluntad del que me envió, y que acabe su obra» (Jn. 4:34).

«Me es necesario hacer las obras del que me envió, entre tanto que el día dura; la noche viene, cuando nadie puede trabajar» (Jn. 9:4).

«Y habiéndole señalado un día vinieron a él muchos a la posada, a los cuales les declaraba y les testificaba el reino de Dios desde la mañana hasta la tarde, persuadiéndoles acerca de Jesús, tanto por la ley de Moisés como por los profetas» (Hch. 28:23).

«En lo que requiere diligencia, no perezosos; fervientes en espíritu, sirviendo al Señor» (Ro. 12:11).

«Así que, hermanos míos amados, estad firmes y constantes, creciendo en la obra del Señor siempre, sabiendo que vuestro trabajo en el Señor no es en vano» (1 Co. 15:58).

«No nos cansemos, pues, de hacer el bien; porque a su tiempo segaremos, si no desmayamos. Así que, según tengamos oportunidad, hagamos bien a todos, y mayormente a los de la familia de la fe» (Gá. 6:9-10).

«Por lo cual te aconsejo que avives el fuego del don de Dios que está en ti por la imposición de mis manos» (2 Ti. 1:6).

«Pero tú sé sobrio en todo, soporta las aflicciones, haz obra de evangelista, cumple tu ministerio» (2 Ti. 4:5).

«Pero deseamos que cada uno de vosotros muestre la misma solicitud hasta el fin, para plena certeza de la esperanza, a fin de que no os hagáis perezosos, sino imitadores de aquellos que por la fe y la paciencia heredan las promesas» (He. 6:11-12).

«Por tanto, nosotros también, teniendo en derredor nuestro tan grande nube de testigos, despojémonos de todo peso y del pecado que nos asedia, y corramos con paciencia la carrera que tenemos por delante» (He. 12:1).

«Así que vosotros, oh amados, sabiéndolo de antemano, guardaos, no sea que arrastrados por el error de los inicuos, caigáis de vuestra firmeza» (2 P. 3:17).

«Todo lo que te viniere a la mano para hacer, hazlo según tus fuerzas; porque en el Seol, adonde vas, no hay obra, ni trabajo, ni ciencia, ni sabiduría» (Ec. 9:10).

3. El creyente debe ser humilde en su servicio al Señor. No importa qué hagamos por Cristo, es nuestro *deber* hacerlo. No somos dignos de servirle. Debemos considerarnos «*siervos inútiles*». Nadie puede decir que hizo todo lo que debía; lo sabemos. Todos nos quedamos cortos, no importa cuánto hagamos o cuán grande sea la obra. No hay lugar para el orgullo o la arrogancia o la jactancia. Dios ordena la perfección; por eso espera humildad.

«Sed, pues, vosotros perfectos, como vuestro Padre que está en los cielos es perfecto» (Mt. 5:48).

«Así que, cualquiera que se humille como este niño, ése es el mayor en el reino de los cielos» (Mt. 18:4).

«Bien; por su incredulidad fueron desgajadas, pero tú por la fe estás en pie. No te ensoberbezcas, sino teme» (Ro. 11:20).

«Digo, pues, por la gracia que me es dada, a cada cual que está entre vosotros, que no tenga más alto concepto de sí que el que debe tener, sino que piense de sí con cordura, conforme a la medida de fe que Dios repartió a cada uno» (Ro. 12:3).

«Nada hagáis por contienda o por vanagloria; antes bien con humildad, estimando cada uno a los demás como superiores a él mismo; no mirando cada uno por lo suyo propio, sino cada cual también por lo de los otros» (Fil. 2:3-4).

«Haya, pues, en vosotros este sentir que hubo también en Cristo Jesús, el cual siendo en forma de Dios, no estimó el ser igual a Dios como cosa a que aferrarse, sino que se despojó a sí mismo, tomando forma de siervo, hecho semejante a los hombres; y estando en la condición de hombre, se humilló a sí mismo, haciéndose obediente hasta la muerte, y muerte de cruz» (Fil. 2:5-8).

«Humillaos delante del Señor, y él os exaltará» (Stg. 4:10).

«Igualmente, jóvenes, estad sujetos a los ancianos; y todos, sumisos unos a otros, revestíos de humildad; porque: Dios resiste a los soberbios, y da gracia a los humildes» (1 P. 5:5).

1 **Jesús iba camino a Jerusalén**

2 **Enseñanza sobre la necesidad: diez leprosos fueron sanados**[EF1]
a. Hubo desesperación
b. Hubo humildad
c. Hubo un clamor por misericordia
d. Hubo perseverancia
e. Hubo fe, prueba y obediencia

3 **Enseñanza sobre la gratitud**
a. Todos fueron bendecidos
b. Uno dio gracias
1) Glorificó a Dios
2) Adoró a Jesús
3) Era un samaritano
c. La mayoría no dio gracias
d. El más rechazado de todos fue el más agradecido
e. El agradecido tendrá la seguridad de la salvación

VII. EL GRAN VIAJE DEL HIJO DEL HOMBRE A JERUSALÉN (*Tercera etapa*): SUS ENSEÑANZAS Y ADVERTENCIAS, 17:11—19:27

A. La enseñanza sobre necesidad y gratitud, 17:11-19

11 Yendo Jesús a Jerusalén,
pasaba entre Samaria y
Galilea.
12 Y al entrar en una aldea,
le salieron al encuentro diez
hombres leprosos, los cuales
se pararon de lejos
13 y alzaron la voz, diciendo:
¡Jesús, Maestro, ten misericordia de nosotros!
14 Cuando él los vio, les
dijo: Id, mostraos a los sacerdotes Ya conteció que mientras iban, fueron limpiados.
15 Entonces uno de ellos,
viendo que había sido sanado,
volvió, glorificando a Dios a
gran voz,
16 y se postró rostro en tierra
a sus pies, dándole gracias; y
éste era samaritano.
17 Respondiendo Jesús le
dijo: ¿No son diez los que
fueron limpiados? Y los
nueve, ¿dónde están?
18 ¿No hubo quien volviese
y diese gloria a Dios sino este
extranjero?
19 Y le dijo: Levántate, vete;
tu fe te ha salvado.

VII. EL GRAN VIAJE DEL HIJO DEL HOMBRE A JERUSALÉN (*Tercera etapa*): SUS ENSEÑANZAS Y ADVERTENCIAS, 17:11—19:27

A. La enseñanza sobre necesidad y gratitud, 17:11-19

(17:11-19) ***Introducción:*** este pasaje tiene dos grandes enseñanzas, una sobre cómo lograr que las necesidades propias sean suplidas, la otra sobre la gratitud.

1. Jesús iba camino a Jerusalén (v. 11).
2. Enseñanza sobre la necesidad: diez leprosos fueron sanados (vv. 12-14).
3. Enseñanza sobre la gratitud (vv. 15-19).

1 (17:11) ***Jesucristo, propósito:*** Jesús se dirigía a Jerusalén. Tenía la meta de cumplir su propósito en la tierra: morir *por* el hombre (*véase* Estudio a fondo 1—Lc. 9:51; nota—13:22).

2 (17:12-14) ***Necesidad—limpieza—fe—perseverancia—oración, respuesta:*** Esta enseñanza es sobre la necesidad—hay diez leproso sanados. (*Véase* Estudio a fondo 1, ***Leproso***—Lc. 17:12-13.) Hay cinco factores que contribuyeron a que la necesidad de ellos fuera suplida.

1. La desesperación. Los hombres estaban enfermos de lepra, la enfermedad más temida de aquel tiempo (*véase* Estudio a fondo 1, ***Lepra***—Lc. 17:12-14). Encontraron a Jesús cuando éste entraba a la ciudad después de un largo viaje. Los leprosos no tenían idea del destino de Jesús: podía ser que iba a una importante reunión, o bien podía estar cansado y exhausto, o bien podía no disponer de tiempo para ser interrumpido; pero a los leprosos no les importó. Estaban tan desesperados que lo interrumpirían sin importarles nada.

> ***Pensamiento.*** Hay una cosa esencial para que la necesidad de uno sea suplida: un sentido de desesperación. Cuando sentimos una necesidad tan desesperadamente que nada nos detendrá de llegar a Jesús, nuestras necesidades serán satisfechas.
>
> **«Buscad a Jehová y su poder; buscad siempre su rostro» (Sal. 105:4).**
>
> **«Pero así dice Jehová a la casa de Israel: Buscadme, y viviréis» (Am. 5:4).**
>
> **«Buscad a Jehová mientras puede ser hallado, llamadle en tanto que está cercano» (Is. 55:6).**

2. Humildad. Note que «se pararon de lejos». Respetaron la ley que les exigía mantenerse a por lo menos seis pies de distancia de una persona. Por supuesto, estos leprosos estaban a una distancia mucho mayor de Jesús debido a la gran multitud que lo seguía. Demostraron un gran respeto a la ley manteniéndose lejos de la multitud. En otras ocasiones, quienes buscaban sanidad habían ignorado la ley, abriéndose paso entre la muchedumbre y corriendo hacia Jesús. Indefectiblemente Jesús tenía que notar la humildad de estos hombres y el hecho de reconocerse impuros.

> ***Pensamiento.*** Cada persona, al acercarse a Jesús, debe reconocer su impureza. Debe acercarse con humildad...
>
> • *confesando su indignidad* para acercarse a alguien tan santo.
>
> **«Humillaos delante del Señor, y él os exaltará» (Stg. 4:10).**
>
> **«Cercano está Jehová a los quebrantados de corazón; y salva a los contritos de espíritu» (Sal. 34:18).**
>
> **«Porque así dijo el Alto y Sublime, el que habita en la eternidad, y cuyo nombre es Santo: Yo habito en la altura y la santidad, y con el quebrantado y humilde de espíritu, para hacer vivir el espíritu de los humildes, y para vivificar el corazón de los quebrantados» (Is. 57:15).**
>
> • *confesando su necesidad* del toque purificador del Santo de Dios, es decir del Señor Jesucristo.

3. Clamaron por misericordia. Note dos cosas.
   a. Llamaron a Jesús «Maestro». La palabra griega para «maestro» no es *Rabbi*, el Maestro, sino *epistata*, que significa el jefe, el comandante, el supervisor, aquel que tiene poder para suplir las necesidades. Note que la necesidad de ellos no es de instrucción (*Rabbi*), sino sanidad; y con sanidad ellos se referían tanto a la limpieza física de sus cuerpos como al pecado espiritual que les había causado esa enfermedad. Los judíos siempre relacionaban la lepra con el pecado, de modo que esto es indiscutiblemente lo que querían. Reconocían que Jesús era el Jefe que podía limpiar tanto el cuerpo como el espíritu, quien podía darles tanto la sanidad como el perdón de pecados.
   b. Clamaron por misericordia. No solamente sanidad

física; pidieron sanidad espiritual, y el perdón de sus pecados. Clamaron por misericordia sobre la totalidad de su ser.

«Porque no tenemos un sumo sacerdote que no pueda compadecerse de nuestras debilidades, sino uno que fue tentado en todo según nuestra semejanza, pero sin pecado. Acerquémonos, pues, confiadamente al trono de la gracia, para alcanzar misericordia y hallar gracia para el oportuno socorro» (He. 4:15-16).

«Jehová, no me reprendas en tu enojo, ni me castigues con tu ira. Ten misericordia de mí, oh Jehová, porque estoy enfermo; sáname, o Jehová porque mis huesos se estremecen» (Sal. 6:1-2).

«Oye, oh Jehová, mi voz con que a ti clamo; ten misericordia de mí, y respóndeme» (Sal. 27:7).

«Este pobre clamó, y le oyó Jehová, y lo libró de todas sus angustias» (Sal. 34:6).

«Ten piedad de mí, oh Dios, conforme a tu misericordia; conforme a la multitud de tus piedades borra mis rebeliones» (Sal. 51:1).

«Muéstranos, oh Jehová, tu misericordia, y danos tu salvación» (Sal. 85:7).

«Para siempre le conservaré mi misericordia, y mi pacto será firme con él» (Sal. 89:28).

«Misericordioso y clemente es Jehová; lento para la ira, y grande en misericordia» (Sal. 103:8).

«Mas la mnisericordia de Jehová es desde la eternidad y hasta la eternidad sobre los que le temen, y su justicia sobre los hijos de los hijos» (Sal. 103:17).

«Vengan a mí tus misericordias, para que viva, porque tu ley es mi delicia» (Sal. 119:77).

«Ten misericordia de nosotros, oh Jehová, ten misericordia de nosotros, porque estamos muy hastiados de menosprecio. Hastiada está nuestra alma del escarnio de los que están en holgura, y del menosprecio de los soberbios» (Sal. 123:3-4).

«Deje el impío su camino, y el hombre inicuo sus pensamientos, y vuélvase a Jehová, el cual tendrá de él, misericordia, y al Dios nuestro, el cual será amplio en perdonar» (Is. 55:7).

4. Perseveraron. Jesús no los vio inmediatamente. Para probarlos ignoró su clamor. Tuvieron que clamar una y otra vez por misericordia a efectos de demostrar su sinceridad y afirmar su sentido de necesidad. Es importante notar las siguientes dos cosas: Dios no siempre responde inmediatamente nuestras oraciones. A veces tenemos que aprender a confiar más en Él, o a establecer un mayor sentido de necesidad y desesperación. Ambas cosas se logran al forzarnos a buscar y llamar y perseverar. Y cuando Dios responde nuestra oración aprendemos a confiar más en Él. Además hay otro tema crucial. Al forzarnos a permanecer de rodillas y a perseverar en oración día tras día, nos mantenemos en su presencia. La oración profundamente concentrada nos da uno de los más dulces sentidos de comunión y compañerismo que hayamos experimentado, y esa comunión y compañerismo es lo que Dios busca.

«Y yo os digo: Pedid, y se os dará; buscad, y hallaréis; llamad, y se os abrirá» (Lc. 11:9).

«Mas si desde allí buscares a Jehová tu Dios, lo hallarás, si lo buscares de todo tu corazón y de toda tu alma» (Dt. 4:29).

«Y me buscaréis y me hallaréis, porque me buscaréis de todo vuestro corazón» (Jer. 29:13).

5. *Creyeron y obedecieron*. Jesús no los sanó inmediatamente. Hubo algunas cosas que hacer, instrucciones que debían obedecer para que sus necesidades fuesen suplidas. Debían obedecer la ley que les mandaba a presentarse al sacerdote para certificar que habían sido purificados. Si obedecían la ley y creían la Palabra del Señor (promesa de purificación) serían purificados. Ahora bien, note esto: fueron purificados «mientras iban». Este fue un gran legado referido a la fe que Jesús dejaba para futuras generaciones (cp. He. 11:7ss). ¡Piense en la gran fe que tenían en la palabra y el poder de Jesús! Debían dirigirse al templo para ser revisados y declarados limpios, ¡pero todavía no habían sido limpiados! Mientras obedecían la ley judía de la purificación serían purificados (Lv. 14:1ss).

«Jesús le dijo: Vé, tu hijo vive. Y el hombre creyó la palabra que Jesús le dijo, y se fue» (Jn. 4:50).

«Pero sin fe es imposible agradar a Dios; porque es necesario que el que se acerca a Dios crea que le hay, y que es galardonador de los que le buscan» (He. 11:6).

«Y habiendo sido perfeccionado, vino a ser autor de eterna salvación para todos los que le obedecen» (He. 5:9).

«¡Cuán grande es tu bondad, que has guardado para los que te temen, que has mostrado a los que esperan en ti, delante de los hijos de los hombres!» (Sal. 31:19).

«Jehová redime el alma de sus siervos, y no serán condenados cuantos en él confían» (Sal. 34:22).

«Encomienda a Jehová tu camino, y confía en él; y él hará» (Sal. 37:5).

ESTUDIO A FONDO 1

(17:12-14) ***Lepra:*** en el tiempo de Jesús la lepra era la más terrible de las enfermedades; se la temía en gran manera. Desfiguraba al enfermo y a veces era fatal. En la Biblia la lepra tipifica al pecado.

1. Se consideraba al leproso como *totalmente impuro*, física y espiritualmente. No debía acercarse a menos de seis pies [2 metros] de cualquier persona, incluídos los miembros de su propia familia. «Y el leproso en quien hubiere llaga llevará vestidos rasgados y su cabeza descubierta, y embozado pregonará: ¡Inmundo! ¡inmundo!» (Lv. 13:45).
2. Se lo consideraba *muerto—un muerto viviente*. Debía vestir un manto negro para ser reconocido como perteneciente a los muertos.
3. Era desterrado como un paria, separado totalmente de la sociedad, terrenal y celestialmente. «Todo el tiempo que la llaga estuviere en él, será *inmundo*; estará *impuro*, y *habitará solo*; fuera del campamento será su morada» (Lv. 13:46). No se le permitía vivir en ninguna ciudad; sus morada debía ser de las puertas de la ciudad hacia afuera.
4. Se lo consideraba contaminado; para los medios humanos, cualesquiera que fuersen, era incurable. Sólo Dios y su poder podían curar la lepra. (Note cómo Jesús demostró su naturaleza mesiánica y su deidad sanando al leproso.)

Imagine la angustia y el quebranto de corazón de los leprosos, totalmente separados de su familia, de amigos y de la sociedad. Imagine el dolor emocional y mental. Los evangelios registran otros casos de leprosos sanados (cp. Lc. 7:22; Mt. 8:1; 10:8; 11:15; Mr. 1:40; y tal vez Mt. 26:6; cp. Mr. 14:3).

[3] (17:15-19) ***Gratitud:*** hay cinco puntos en esta enseñanza sobre la gratitud.

1. Todos estos leprosos fueron bendecidos y debían haber estado agradecidos. Esto se aplica a los diez leprosos y debería aplicarse a toda persona. Cada uno de los diez debía haber regresado para dar gracias. Todos ellos fueron bendecidos por Cristo. Note que todos ellos habían...

- reconocido su propia necesidad.
- demostrado humildad.
- clamado por misericordia.
- perseverado.
- creído y obedecido.

La necesidad de ellos había sido suplida; todos ellos habían sido sanados. Ahora era preciso que regresaran para agradecer y mostrar su aprecio.

«Así alumbre vuestra luz delante de los hombres, para que vean vuestras buenas obras, y glorifiquen a vuestro Padre que está en los cielos» (Mt. 5:16).

«Para que unánimes, a una voz, glorifiquéis al Dios y Padre de nuestro Señor Jesucristo» (Ro. 15:6).

«Porque habéis sido comprados por precio; glorificad, pues, a Dios en vuestro cuerpo y en vuestro espíritu, los cuales son de Dios» (1 Co. 6:20).

«Así que, ofrezcamos siempre a Dios, por medio de él, sacrificio de alabanza, es decir, fruto de labios que confiesen su nombre» (He. 13:15).

«Cantad a Jehová, que habita en Sion; publicad entre los pueblos sus obras» (Sal. 9:11).

«Y mi lengua hablará de tu justicia y de tu alabanza todo el día» (Sal. 35:28).

«Te alaben los pueblos, oh Dios; todos los pueblos te alaben» (Sal. 67:3).

2. Uno solo dio gracias. Note lo que hizo.
   a. Inmediatamente glorificó a Dios. Exclamó con toda la fuerza de sus pulmones y toda la voz de su garganta. *Testificó* en favor de Dios. Dios lo había purificado y quería que todos conocieran la gran misericordia y amor de Dios.
   b. Adoró a Jesús. Note que se postró sobre su rostro a los pies de Jesús. Esto era al mismo tiempo humildad y reconocimiento del poder de Dios en Cristo, dos factores esenciales para la auténtica purificación espiritual (salvación, v. 19).
   c. Era un samaritano. La persona más despreciada y rechazada de entre los hombres. (*Véase* Estudio a fondo 2, ***Samaritano***—Lc. 10:33.)

3. La mayoría no dio gracias. Siguieron haciendo lo que tenían entre manos. No interrumpieron lo que estaban haciendo ni regresaron al Señor para dar gracias. Sin embargo, note esto: regresaron a su mundo original, a la vida que habían vivido antes.

Pensamiento. El comportamiento de los leprosos encierra una lección. Cristo espera que regresemos constantemente a Él para glorificarlo y adorarlo como la fuente de nuestro poder y fuerza para la vida.

«Porque habrá hombres amadores de sí mismos, avaros, vanagloriosos, soberbios, blasfemos, desobedientes a los padres, *ingratos*, impíos» (2 Ti. 3:2).

«Pues habiendo conocido a Dios, no le glorificaron como a Dios, ni le dieron gracias, sino que se envanecieron en sus razonamientos, y su necio corazón fue entenebrecido» (Ro. 1:21).

«¿Así pagáis a Jehová, pueblo loco e ignorante? ¿No es él tu padre que te creó? El te hizo y te estableció» (Dt. 32:6).

4. El más rechazado de los leprosos fue el más agradecido. Note la palabra «extranjero» (*alogenes*, versículo 18). Significa que era un «*ajeno* a los pactos de la promesa, sin esperanza y sin Dios en el mundo» (Ef. 2:12). Había sentido más profunda y agudamente su propia necesidad. Sabía que necesitaba ser salvado, genuinamente, espiritual y físicamente. A pesar de no haber conocido nunca las verdaderas promesas de Dios y que había estado sin Dios en este mundo, ahora conocía a Dios. Su corazón sencillamente estallaba dando gloria a Dios. Era tanto de lo que Jesús lo había salvado.

«Con gozo dando gracias al Padre que nos hizo aptos para participar de la herencia de los santos en luz» (Col. 1:12).

«Mas vosotros sois linaje escogido, real sacerdocio, nación santa, pueblo adquirido por Dios, para que anunciéis las virtudes de aquel que os llamó de las tinieblas a su luz admirable» (1 P. 2:9).

«Dad gracias en todo, porque esta es la voluntad de Dios para con vosotros en Cristo Jesús» (1 Ts. 5:18).

5. El hombre agradecido será el único verdaderamente salvado, espiritualmente. El verbo «hecho sano» (*sesoken*) literalmente significa «te ha salvado». Evidentemente el cuerpo del hombre estaba sano. Es algo que se podía ver claramente, pero nadie podía ver la purificación espiritual e interior. Jesús le dijo al hombre que sus pecados habían sido perdonados; le estaba dando la seguridad de la salvación. Ahora note un asunto importante. ¿Los otros nueve también habían sido purificados espiritualmente como lo fueron físicamente? ¿O es que no fueron purificados espiritualmente y por eso no volvieron para dar gracias? ¿O es que Jesús simplemente le daba una gran seguridad de salvación a este hombre?

No se nos dice, pero hay un elemento crucial que conocemos. Este hombre, el leproso agradecido, fue el que recibió la *seguridad de haber sido purificado y de haber recibido el perdón de pecados*. Los otros no. Fracasaron en cuanto a ser agradecidos.

Otro hecho notable es este: la gratitud y la alabanza dan seguridad al corazón. Es algo que mueve a Cristo a hablar al corazón humano, dándole seguridad de aceptación y limpieza.

«De modo que si alguno está en Cristo, nueva criatura es; las cosas viejas pasaron; he aquí todas son hechas nuevas» (2 Co. 5:17).

«Nos salvó, no por obras de justicia que nosotros hubiéramos hecho, sino por su misericordia, por el lavamiento de la regeneración y por la renovación del Espíritu Santo» (Tit. 3:5).

«Siendo renacidos, no de simiente corruptible, sino de incorruptible, por la palabra de Dios que vive y permanece para siempre» (1 P. 1:23).

«Yo dije: Jehová, ten misericordia de mí; sana mi alma porque contra ti he pecado» (Sal. 41:4).

«Mas él herido fue por nuestras rebeliones, molido por nuestros pecados; el castigo de nuestra paz fue sobre él, y por su llaga fuimos nosotros curados» (Is. 53:5).

1 **Viene el reino de Dios**
a. No se lo puede observar

b. Es interior

2 **Será un día anhelado**

3 **Es un día desconocido; viene repentina y visiblemente**

4 **El día no puede venir hasta tanto no ocurran algunas cosas**

5 **El día será como los días de Noé y Lot: la gente estará ocupada en asuntos normales y rutinarios**
a. Los días de Noé
1) Los asuntos normales

B. Viene el día del reino de Dios y del retorno de Jesús, 17:20-37
(cp. Mt.24; Mr. 13)

20 Preguntado por los fariseos,
cuándo había de venir el reino
de Dios, les respondió y dijo:
Elreino de Dios no vendrá con
advertencia.
21 ni dirán: Helo aquí, o helo
allí; porque he aquí el reino
de Dios está entre vosotros.
22Y dijo a sus discípulos:
Tiempo vendrá cuando dese-
aréis ver uno de los días del Hijo
del Hombre, y no lo veréis.
23 Y os dirán: Helo aquí, o
helo allí. No vayáis, ni los
sigáis.
24 Porque como el relám-
pago que al fulgurar resplandece desde un extremo del
cielo hasta el otro, así también
será el Hijo del Hombre en su
día.
25 Pero primero es necesario
que padezca mucho, y sea
desechado por esta gene-
ración.
26 Como fue en los días de
Noé, así también será en los
días del Hijo del Hombre.
27 Comían, bebían, se casaban y se daban en casamiento,
hasta el día en que entró Noé
en el arca, y vino el diluvio y
los destruyó a todos.
28 Asimismo como sucedió
en los días de Lot; comían,
bebían, compraban, vendían,
plantaban, edificaban;
29 mas el día en que Lot
salió de Sodoma, llovió del
cielo fuego y azufre, y los
destruyó a todos.
30 Así será el día en que el
Hijo del Hombre se mani-
fieste.
31 En aquel día, el que esté
en la azotea, y sus bienes en
casa,no descienda a tomarlos;
y el que en el campo, asimismo no vuelva atrás.
32 Acordaos de la mujer de
Lot.
33 Todo el que procure salvar
su vida, la perderá; y todo el
que la pierda, la salvará.
34 Os digo que en aquella
noche estarán dos en una
cama; el uno será tomado, y
el otro será dejado.
35 Dos mujeres estarán
moliendo juntas; la una será
tomada, y la otra dejada.
36 Dos estarán en el campo;
el uno será tomado, y el otro
dejado.
37 Y respondiendo, le dijeron: ¿Dónde, Señor? El les
dijo: Donde estuviere el
cuerpo, allí se juntarán
también las águilas.

seguirán su curso
2) El juicio vendrá repentinamente, inesperadamente
b. Los días de Lot
1) Los asuntos normales seguirán su curso
2) El juicio vendrá repentinamente, inesperadamente
c. El día del Hijo del Hombre será similar: repentino, inesperado

6 **Será un día de urgencia para todos**
a. La urgencia ilustrada
b. El destino de quienes vuelven atrás, ilustrado
c. Lo esencial: abandono total

7 **Será un día de separación**

8 **Será un día universal, mundial**

B. Viene el día del reino de Dios y del retorno de Jesús, 17:20-37

(17:20-37) ***Introducción:*** los religiosos (fariseos) preguntaron cuándo vendría el reino de Dios. El reino de Dios era el centro de la predicación y conversación de Jesús. Era el tema de conversación en la boca de todos. El Mesías había venido, y el reino de Dios estaba por ser inaugurado. Los religiosos (fariseos) estaban particularmente interesados. Ellos...

- habían oído predicar a Jesús diciendo: «Arrepentíos porque el reino de Dios está cerca». Querían saber cuándo vendría, porque traería gran bendición a Israel y a ellos en forma personal como líderes religiosos.
- Habían oído a Jesús instruyendo a sus discípulos a orar por la venida del reino de Dios. Esto despertó la curiosidad de ellos y ahora querían saber cuándo esperarlo.

Jesús les respondió con una frase muy simple de dos versículos (vv. 20-21). Note lo que hizo luego. Dirigiéndose a sus discípulos (v. 22) les dio un dinámico mensaje sobre *la venida del reino de Dios y sobre su propio retorno.* Es importante notar dos cosas (para mayor discusión del tema *véase* Estudio a fondo 3—Mt. 19:23-24).

- Jesús se refiere aquí a dos etapas del reino de Dios: el reino espiritual en el interior de una persona (vv. 20-21), y el reino que será establecido en la tierra con el retorno de Cristo (v. 24).
- El reino de Dios y del Señor (Hijo del Hombre) son el mismo reino (vv. 20-21, 24, 26, 30).

1. Viene el reino de Dios (vv. 20-21)
2. Será un día anhelado (v. 22).
3. Es un día desconocido; viene repentina y visiblemente (vv. 23-24).
4. El día no puede venir hasta tanto no ocurran algunas cosas (v. 25).
5. El día será como los días de Noé y Lot: la gente estará ocupada en asuntos normales y rutinarios (vv. 26-30).
6. Será un día de urgencia para todos (vv. 31-33).
7. Será un día de separación (vv. 34-36).

8. Será un día universal, mundial (v. 37).

1 (17:20-21) ***El reino de Dios:*** la venida del reino de Dios. ¿Cuándo vendrá?

1. La venida del reino de Dios no podrá ser vista (*paratereseos*). La palabra significa mirar de cerca, observar cuidadosamente (como en observaciones astronómicas). El reino de Dios no podrá ser captado a simple vista. Esto significa al menos dos cosas.

   a. El reino de Dios no viene con una demostración externa, dramática estruendosa. No vendrá de tal manera que la gente diga: «¡Aquí está! o ¡Allí está». Vendrá ejerciendo una influencia silenciosa, pervasiva. Actualmente está viniendo, y su venida abarcará a todo el mundo; pero su venida es silenciosa, sin exhibicionismo (cp. la levadura que silenciosamente invade toda la masa, *véase* nota—Mt. 13:33).

   b. El reino de Dios no podrá ser percibido a simple vista. El reino del Señor no es de este mundo, no pertenece a la dimensión física y material. No es el tipo de reino que la gente ve cuando observa las naciones del mundo.

2. El reino de Dios está «entre vosotros» (*entos humon*). Algunos afirman que esto debe traducirse como «en medio de ustedes». En tal caso Jesús está diciendo que Él es la corporización del reino de Dios. Él está estableciendo el reino de Dios entre ellos, allí, en aquel entonces. Dios ya está comenzando a reinar en las vidas que Él toca.

Otros afirman que esas palabras significan «en vuestro interior». En tal caso el reino de Dios debe ser buscado en los corazones y las vidas de la gente. El reino de Dios es espiritual, es el cambio de corazones, el gobierno y reinado de Dios en las vidas de los hombres. Es el poder de Dios para tomar un hombre pecador, inmoral e injusto y transformarlo en un siervo de Dios.

«Después que Juan fue encarcelado, Jesús vino a Galilea predicando el evangelio del reino de Dios diciendo: el tiempo se ha cumplido, y el reino de Dios se ha *acercado*; arrepentíos, y creed en el *evangelio*» (Mr. 1:14-15).

«Y alzando los ojos hacia sus discípulos, decía: Bienaventurados vosotros los pobres, porque vuestro es el reino de Dios» (Lc. 6:20).

«Porque el reino de Dios no es comida ni bebida, sino justicia, para gozo en el Espíritu Santo» (Ro. 14:17).

2 (17:22) ***Jesucristo, retorno—reino de Dios:*** será un día anhelado. Note que a partir de aquí Jesús comenzó a hablar sus discípulos, pero aún se refería al mismo tema: la venida del Hijo del Hombre y el reino de Dios.

1. El reino de Dios es interior, pero también será exterior.
   - La expresión los «días del Hijo del Hombre» se refiere al reino mesiánico.
   - El «Hijo del Hombre» es el título usado por Daniel para describir el reino del Mesías (cp. Dn. 7:13-14).

2. Los hombres no pueden controlar el reino de Dios. Este es un aspecto crucial que debe ser notado. Ellos podrán querer ver el reino...
   - como algo preparado por manos humanas,
   - como algo cercano, que viene pronto, como existiendo ahora,
   - en la tierra, con Dios gobernando y reinando,

...pero el hombre nada tiene que ver con el control del reino de Dios. No importa cuánto puedan «desear ver uno de los días», ni siquiera controlan uno de sus día. No pueden crear un solo día del reino de Dios de modo de poder verlo.

3. ¿Qué es lo que despierta en el creyente el anhelo de ver al Hijo del Hombre y de estar con Él en su reino (cielo)?
   - Duras y terribles pruebas.
   - Persecución, abuso personal y maltrato.
   - Divisiones, familias y grupos sociales desgarrados.
   - Muerte, separación de la familia y de queridos amigos.
   - Adoración, un profundo sentido y experiencia con Dios.

Ahora note algo maravilloso y precioso. En cada una de las situaciones arriba mencionadas, Dios toma a un querido hijo y cubre sus necesidades. Dios acerca a sí a su querido hijo y le da un sentido de su presencia, cuidado y amor. Aun llegado el momento de la muerte del hijo y de la entrada al cielo, Dios se acerca y lleva lo lleva en sus brazos de amor, conduciéndolo a través del «valle de sombras y de muerte» (Sal. 23:4). Sin embargo, lo que Jesús quiso destacar no es la cercanía de su presencia en la muerte del creyente. Es la cercanía de su presencia a través de las grandes pruebas y problemas de la vida por cuya causa el creyente gime por el cielo. Dios infunde un profundo deseo por el cielo en el corazón del creyente genuino; lo hace con frecuencia. Ese sentido de la presencia de Dios hace que el creyente genuino anhele y gima todo el tiempo por la presencia de Dios.

«Esperando y apresurándoos para la venida del día de Dios, en el cual los cielos, encendiéndose, serán deshechos, y los elementos, siendo quemados, se fundirán. Pero nosotros esperamos, según sus promesas, cielos nuevos y tierra nueva, en los cuales mora la justicia» (2 P. 3:12-13).

«Alma mía, en Dios solamente reposa, porque de él es mi esperanza» (Sal. 62:5).

3 (17:23-24) ***Jesucristo, retorno—reino de Dios:*** el día nadie conoce; vendrá repentinamente. Algunas personas siempre dirán que el reino ya ha venido y que está presente en la tierra. El reino...
- está aquí, «helo aquí».
- está allí, «helo allí».

Jesús dijo que hay un *reino interior*, un reino «entre vosotros» que es el gobierno y reino de Dios en el corazón humano (versículo 21). Pero también hay un *reino externo*, un cielo que los hombres anhelarán, pero al que *no podrán* ver (versículo 22). El reino eterno esta viniendo «en su día» (versículo 24). Cuando ese día venga, lo hará en forma repentina y visible, tan rápida y visiblemente como la luz de un relámpago.

«Así que, hermanos míos amados, estad firmes y constantes, creciendo en la obra del Señor siempre, sabiendo que vuestro trabajo en el Señor no es en vano» (1 Co. 15:58).

«Porque como el relámpago que sale del oriente y se muestra hasta el occidente, así será también la venida del Hijo del Hombre» (Mt. 24:27).

«Por lo cual, oh amados, estando en espera de estas cosas, procurad con diligencia ser hallados por él sin mancha e irreprensibles, en paz» (2 P. 3:14).

4 (17:25) ***Jesucristo, retorno:*** el día de su retorno no podía llegar hasta que no ocurran algunas cosas. Por supuesto, esto era una referencia a la muerte del Señor. Antes que pudiera venir el reino de Dios a la tierra, Jesús tenía que sufrir y morir. Su muerte abriría la posibilidad para que su reino venga a la tierra.

«Y estando en la condición de hombre, se humilló a sí mismo, haciéndose obediente hasta la muerte, y muerte de cruz. Por lo cual Dios también le exaltó hasta lo sumo, y le dio un nombre que es sobre todo nombre, para que en el nombre de Jesús se doble toda rodilla de los que están en los cielos, y en la tierra, y debajo de la tierra; y toda lengua confiese que Jesucristo es el Señor, para gloria de Dios Padre» (Fil. 2:8-11; cp. 1 Co. 15:22-24).

«No se turbe vuestro corazón; creéis en Dios, creed también en mí. En la casa de mi Padre muchas moradas hay; si así no fuera, yo os lo hubiera dicho; voy, pues, a preparar lugar para vosotros. Y si me fuere y os preparare lugar, vendré otra vez, y os tomaré a mí mismo, para que donde yo estoy, vosotros también estéis» (Jn. 14:1-3).

5 (17:26-30) ***Noé—Lot—Jesucristo, retorno—juicio:*** el día será como los días de Noé y Lot; los hombres estarán ocupados con asuntos normales, rutinarios.

1. Los asuntos enumerado son los asuntos rutinarios de la vida diaria. Los hombres...

- comían.
- bebían.
- se casaban.
- compraban.
- vendían.
- plantaban.
- construían.

El tema central es éste: los hombres atendían su vida cotidiana sin prestar atención alguna a Dios o a las advertencias del juicio que venía (*véase* nota—Mt. 24:37-39. Cp. 1 P. 3:18-22; Gn. 6:1 ss; 7:11ss.)

2. Noé y Lot no eran hombres de madurez espiritual. No eran hombres espirituales cuyo ejemplo sirviera a la otra gente. Sin embargo, hicieron algo que los demás no hicieron: creyeron la palabra de Dios cuando les mandó prepararse para la inundación y para juicio con fuego. A pesar de todas sus falencias y fracasos, de sus vidas sensuales y superficiales, cuando la Palabra les indicó prepararse, ellos *creyeron* y se *prepararon.*

3. La gente del tiempo de Noé y Lot no creyó ni se preparó. Sencillamente continuaron con su rutina, viviendo y centrando sus pensamientos en...

- el mundo y sus cosas.
- la carne y sus placeres.

4. La gente del tiempo de Noé y Lot fue sorpendida, inesperada y repentinamente...

- «el diluvio ... los destruyó a *todos*» (v. 27).
- «llovió del cielo fuego y azufre, y los destruyó a *todos*» (v. 29).

5. Dios protegió a Noé y Lot, los dos que realmente creyeron su advertencia y se prepararon. Los salvó del juicio que se avecinaba.

6. El punto central es éste: cuando retorne el Hijo del Hombre, el mundo será como era en los días de Noé y Lot.

a. Los hombres se ocuparán de su rutina cotidiana.
b. Los hombres no creerán las advertencias de Dios.
c. Los hombres serán sorprendidos por los acontecimientos. Cristo aparecerá inesperada y repentinamente y los hombres serán juzgados.
d. Los verdaderos creyentes que se han preparado realmente serán salvados y librados.

«Enseñándonos que, renunciando a la impiedad y a los deseos mundanos, vivamos en este siglo sobria, justa y piadosamente, aguardando la esperanza bienaventurada y la manifestación gloriosa de nuestro gran Dios y Salvador Jesucristo» (Tit. 2:12-13).

«Puesto que todas estas cosas han de ser deshechas, ¡cómo no debéis vosotros andar en santa y piadosa manera de vivir» (2 P. 3:11).

«Y el mismo Dios de paz os santifique por completo; y todo vuestro ser, espíritu, alma y cuerpo, sea guardado irreprensible para la venida de nuestro Señor Jesucristo» (1 Ts. 5:23).

«Y este es su mandamiento: Que creamos en el nombre de su Hijo Jesucristo, y nos amemos unos a otros como nos lo ha mandado» (1 Jn. 3:23).

«Que guardes el mandamiento sin mácula ni reprensión, hasta la aparición de nuestro Señor Jesucristo» (1 Ti. 6:14).

6 (17:31-33) ***Jesucristo, retorno—juicio—decisión:*** será para todos los hombres un día de emergencia. Algunos aplican estos versículos a la destrucción de Jerusalén, otros, al retorno de Cristo. Son aplicables a ambos.

1. «En aquel día» cuando Dios indique que su retorno es inminente, cada persona debe actuar rápidamente. Sin perder un momento de tiempo. ¿Cuándo será inminente el retorno del Señor? ¿Cuándo debemos prepararnos para actuar?

Jesús dijo *ahora*: «He aquí, vengo pronto». Puesto que su venida es pronto, no hay «bienes en casa» (v. 31) —no hay posesiones— que merezcan nuestra atención y lealtad. Cristo, y solamente Cristo, es digno de nuestra devoción y atención.

2. «Acordaos de la mujer de Lot». Ilustra el destino de quienes vuelven atrás. Estuvo cerca de ser salvada; se había preparado. Fue fiel a su esposo escuchando sus advertencias espirituales, atravesando con él la ciudad pecadora (mundo), y caminando hacia la seguridad designada por Dios. Pero iba detrás de su esposo, no junto a él; por eso pudo mirar hacia atrás a sus experiencias sensuales en el mundo de Sodoma. Al hacerlo pereció con los mundanos. «Acordaos de la mujer de Lot» que estuvo tan cerca, pero que intentó aferrarse a las delicias del mundo (Gn. 19:26).

«Y Jesús le dijo: Ninguno que poniendo su mano en el arado mira hacia atrás, es apto para el reino de Dios» (Lc. 9:62).

«Mas el justo vivirá por fe; y si retrocediere, no agradará a mi alma» (He. 10:38).

«Señor y Salvador Jesucristo, enredándose otra vez en ellas son vencidos, su postrer estado viene a ser peor que el primero» (2 P. 2:20).

3. Lo esencial es abandonarse totalmente a Cristo y a las advertencias del juicio que viene.No debemos tratar de salvar (vivir) nuestras vidas para este mundo con sus modos mundanos. No debemos hacer como la esposa de Lot y la gente en los días de Noé y Lot. Debemos perder nuestras vidas para *Cristo y su reino que viene.* (Para mayor discusión *véanse* bosquejo y notas—Lc. 9:24.)

«Y cualquiera que haya dejado casas, o hermanos, o hermanas, o padre, o madre, o mujer, o hijos o tierras, por mi nombre, recibirá cien veces más, y heredará la vida eterna» (Mt. 19:29).

«Y decía a todos: Si alguno quiere venir en pos de mí, niéguese a sí mismo, tome su cruz cada día, y sígame» (Lc. 9:23).

«De cierto, de cierto os digo, que si el grano de trigo no cae en la tierra y muere, queda solo; pero si muere lleva mucho fruto» (Jn. 12:24).

«Y ciertamente, aun estimo todas las cosas como pérdida por la excelencia del conocimiento de Cristo Jesús, mi Señor, por amor del cual lo he perdido todo, y lo tengo por basura, para ganar a Cristo» (Fil. 3:8).

7 (17:34-36) ***Jesucristo, retorno:*** será un día de separación. El tema es claro: vendrá el día en que todos estarán ocupados en sus asuntos, trabajando o descansando como siempre. Y entonces, súbitamente, inesperadamente, uno aquí y otro allí serán tomados y su compañero será dejado. El creyente que se preparó verdaderamente será llevado al hogar, al Señor. Todos los que rechazan y se oponen al Señor serán dejados. (*Véanse* bosquejo y notas—1 Ts. 4:13—5-3.)

«Dejad crecer juntamente lo uno con lo otro hasta la siega; y al tiempo de la siega yo diré a los segadores: Recoged primero la cizaña, y atadla en manojos para quemarla; pero recoged el trigo en mi granero» (Mt. 13:30).

«Así será el fin del siglo: saldrán los ángeles, y apartarán a los malos de entre los justos» (Mt. 13:49).

«Y los echarán en el horno de fuego; allí será el lloro y el crujir de dientes. Jesús les dijo: ¿Habéis entendido todas estas cosas? Ellos respondieron: Sí, Señor» (Mt. 13:50-51).

«Y serán reunidas delante de él todas las naciones; y apartará los unos de los otros, como aparta el pastor las ovejas de los cabritos» (Mt. 25:32).

«Y a vosotros que sois atribulados, daros reposo con nosotros, cuando se manifieste el Señor Jesús desde el cielo con los ángeles de su poder, en llama de fuego, para dar retribución a los que no conocieron a Dios, ni obedecen al evangelio de nuestro Señor Jesucristo; los cuales sufrirán pena de eterna perdición, excluidos de la presencia del

Señor, y de la gloria de su poder, cuando venga en aquel día para ser glorificado en sus santos y ser admirado en todos los que creyeron (por cuanto nuestro testimonio ha sido creído entre vosotros)» (2 Ts. 1:7-10).

8 (17:37) ***Jesucristo, retorno:*** será un acontecimiento universal, es decir, mundial. Note que sus discípulos preguntaron dónde tendría lugar su retorno y el reino. Jesús se valió de una ilustración para enseñar que su retorno sería universal. Las «águilas» (*hoi aetoi*) pueden significar águilas o buitres. Aquí probablemente corresponda traducir buitres, porque son los que en todo el mundo se juntan como basureros alrededor de cuerpos muertos. Los buitres se juntan donde hay muerte y hacen fiesta sobre ella. Puesto que la muerte es algo universal los buitres se encuentran en todas partes. Por eso, la venida de Jesucristo y del reino de Dios será similar a la venida de los buitres. Vendrá a toda la tierra, al lugar donde mueren los hombres. La corrupción moral en todo el mundo necesita el retorno y el juicio divino del Señor (*véase* nota—Mt. 24:25-28; cp. Job 39:27-30).

«Entonces aparecerá la señal del Hijo del Hombre en el cielo; y entonces lamentarán *todas las tribus* de la tierra, y verán al Hijo del Hombre viniendo sobre las nubes del cielo, con poder y gran gloria» (Mt. 24:30).

«He aquí que viene con las nubes, y todo ojo le verá, y los que le traspasaron; y todo los linajes de la tierra harán lamentación por él. Sí, amén» (Ap. 1:7).

1 **El gran deber de perseverar en oración**

2 **Parábola de la oración perseverante**
a. El juez injusto
b. La viuda pobre: totalmente sola y perseguida

c. El silencio del juez: el juez fue duro y cruel

d. La clave: el juez atendi su pedido porque ella siguió viniendo

3 **La lección sobre la oración perseverante**
a. Escuchen la enseñanza
b. Dios hace justicia a los escogidos que perseveran en oración[EF1]
c. Pero espera y se tarda con los incrédulos
d. Dios hará justicia prontamente a sus escogidos

4 **La gran tragedia: en los días del fin serán pocos los que perseveren en oración y fe**

CAPÍTULO 18

C. Parábola del juez injusto: el secreto de la oración: perseverancia, 18:1-8

También les refirió una parábola sobre la necesidad de orar siempre, y no desmayar,
2 diciendo: Había en una ciudad un juez, que ni temía a Dios, ni respetaba a hombre.
3 Había también en aquella ciudad una viuda, la cual venía a él, diciendo: Hazme justicia de mi adversario.
4 Y él no quiso por algún tiempo; pero después de esto dijo dentro de sí: Aunque ni temo a Dios, ni tengo respeto a hombre,
5 sin embargo, porque esta viuda me es molesta, le haré justicia, no sea que viniendo de continuo, me agote la paciencia.
6 Y dijo el Señor: Oíd lo que dijo el juez injusto.
7 ¿Y acaso Dios no hará justicia a sus escogidos, que claman a él de día y de noche? ¿Se tardará en responderles?
8 Os digo que pronto les hará justicia. Pero cuando venga el Hijo del Hombre, ¿hallará fe en la tierra?

C. Parábola del juez injusto: el secreto de la oración: perseverancia, 18:1-8

(18:1-8) ***Introducción:*** el secreto de la oración es persistencia. Esta es la gran lección que Jesús enseñó en este pasaje.

1. El gran deber de perseverar en oración (v. 1).
2. Parábola de la oración perseverante (vv. 2-5).
3. La lección sobre la oración perseverante (vv. 6-7).
4. La gran tragedia: en los días del fin serán pocos los que perseveren en oración y fe (v. 8).

1 (18:1) ***Oración—perseverancia—Jesucristo, retorno:*** el gran deber de perseverar en oración. Jesús fue enérgico y vigoroso en acentuar el deber del creyente de perseverar en oración.

1. Esta discusión sigue al pasaje que trata el retorno de Cristo. Es necesario perseverar en oración, orar por un tiempo prolongado sin abandonar ni desalentarse. El pueblo de Dios debe orar y seguir orando hasta el retorno de Cristo, sin importar cuánto se demore.

2. Las palabras «sobre la necesidad» acentúan la idea de algo necesario. Es absolutamente necesario que los hombres perseveren en oración.

3. La palabra «siempre» significa en todo tiempo. El creyente debe desarrollar un espíritu de oración, mantener un sentido ininterrumpido de la presencia de Dios, para practicar la presencia de Dios, para andar en un estado de oración constante.

4. Las palabras «y no desmaya» (*me egkakein*) significan no desanimarse, no acobardarse, o renunciar, o dar lugar al mal.

> **«Buscad a Jehová y su poder; buscad su rostro *continuamente*» (1 Cr. 16:11).**
>
> **«Y me buscaréis y me hallaréis, porque me buscaréis de *todo vuestro corazón*» (Jer. 29:13).**
>
> **«Pedid, y se os dará; buscad y hallaréis; llamad, y se os abrirá. Porque todo aquel que pide, recibe; y el que busca, halla; y al que llama, se le abrirá» (Mt. 7:7-8).**
>
> **«*Velad y orad*, para que no entréis en tentación; el espíritu a la verdad está dispuesto, pero la carne es débil» (Mt. 26:41).**
>
> **«Orando en todo tiempo con toda oración y súplica en el Espíritu, y velando en ello con toda perseverancia y súplica por todos los santos» (Ef. 6:18).**
>
> **«Por nada estéis afanosos, sino *sean conocidas* vuestras peticiones delante de Dios en toda oración y ruego, con acción de gracias» (Fil. 4:6).**
>
> **«*Perseverando* en la oración, velando en ella con acción de gracias» (Col. 4:2).**
>
> **«Orad *sin cesar*» (1 Ts. 5:17).**

2 (18:2-5) ***Oración—perseverancia:*** parábola de la oración perseverante. La parábola muestra claramente el *poder de la persistencia* incluso en los negocios y en los asuntos judiciales de los hombres.

1. Allí estaba el juez injusto. No temía a Dios y menos le importaba lo que la gente decía. La idea es que recibía sobornos y hacía favores a las personas de buena posición y autoridad. No le importaba la conciencia ni la ley, ni moralidad ni justicia. Tenía el propósito de llenarse los bolsillos, ganar honra y estima, reconocimiento y posición a quienes tenían influencia y estaban en buena posición, en el poder, y en las riquezas (cp. Ec. 3:16).

2. Allí estaba la viuda pobre.
   - Era pobre, carecía de dinero para sobornar al juez.
   - Era viuda. Una mujer sola en un mundo de hombres; no tenía hombre ni dinero que le asegurasen asesorameinto legal para proseguir su caso.
   - No tenía posición ni autoridad, carecía de derechos para presentarse ante el juez.
   - Era perseguida, aventajada y abusada por algún adversario.

Note lo que hizo: no permitió que nada de ello la detuviese. Fue al juez y pidió que le hiciera justicia para quedar libre de su adversario.

3. Allí estaba el silencio del juez. El juez no se movió para ayudarle. Su corazón era duro y cruel; no le interesaba ayudar a alguien que no lo beneficiaría en su propósito de llenarse los bolsillos.

4. El tema es este: el juez cedió. «No quiso por algún tiempo», pero la pobre viuda seguía yendo, pidiendo y pidiendo. No iba a dejar en paz al juez. Note ahora el énfasis. El juez...
   - no temía a Dios,
   - no respetaba la opinión de los hombres,

...sin embargo, cedió ante la viuda y le hizo justicia ante su adversario.

¿Por qué? Porque seguía viniendo *«de continuo»*. No se podía deshacer de ella. No estaba dispuesta a aceptar su silencio ni a recibir un *no* como respuesta. Ella siguió viniendo una y otra vez. El juez dijo: Para que no *«me agote la paciencia»* (*hina me hupopiazei me*). El significado literal es para que no «me dé un ojo negro». La palabra puede significar *molestar* o *dañar la reputación.* La mujer fue persistente: ¡se rehusó a dejar en paz al juez!

3 (18:6-7) ***Creyentes, hacerles justicia—juicio—oración***

perseverante: enseñanza sobre la oración perseverante. La lección tiene cuatro puntos.

1. Oír la lección. El juez injusto encierra una gran enseñanza para los creyentes. Oigan, presten atención, y piensen en lo que enseña.
2. Dios hace justicia a sus escogidos que perseveran en oración.
   a. Los escogidos son «sus escogidos», los seguidores de su querido Hijo (*véase* Estudio a fondo 1, ***Escogidos***—Lc. 18:7).
   b. Dios hará justicia a sus escogidos. Esto indica que sus escogidos tienen problemas; necesitan que se les haga justicia y que sean librados de...
      - ser ridiculizados.
      - ignorados.
      - escarnecidos.
      - maldecidos.
      - criticados.
      - abusados.
      - pasados por alto.
      - perseguidos.
      - heridos.
   c. El motivo por el que Dios hace justicia a sus escogidos es que perseveran en oración. Oran *de día y de noche.*
      - Tienen gran necesidad.
      - Reconocen que solamente Dios puede suplir su necesidad.

   Por eso, se presentan ante Dios el Juez justo de todo el universo. Ellos pertenecen a sus escogidos, y claman de día y de noche por justicia ante sus adversarios (espirituales y humanos). Presentan una y otra vez su caso ante Dios. No dejan que Dios guarde silencio ni que les rehuse la administración de su poder.

   «*Velad y orad*, para que no entréis en tentación; el espíritu a la verdad está dispuesto, pero la carne es débil» (Mt. 26:41).

   «Velad, pues, en *todo tiempo* orando que seáis tenidos por dignos de escapar de todas estas cosas que vendrán, y de estar en pie delante del Hijo del Hombre» (Lc. 21:36).

   «Si permanecéis en mí, y mis palabras permanecen en vosotros, pedid todo lo que queréis, y os será hecho» (Jn. 15:7).

   «Me invocará, y yo responderé; con él estaré yo en la angustia; lo libraré y le glorificaré» (Sal. 91:15).

   «Y antes que clamen, responderé yo; mientras aún hablan, yo habré oído» (Is. 65:24).

   «Clama a mí y yo te responderé, y te enseñaré cosas grandes y ocultas que tú no conoces» (Jer. 33:3).

   «Y meteré en el fuego a la tercera parte, y los fundiré como se funde la plata, y los probaré como se prueba el oro. El invocará mi nombre, y yo le oiré, y diré: Pueblo mío; y él dirá: Jehová es mi Dios» (Zac. 13:9).

3. Dios espera y se demora mucho tiempo; es *paciente* con los incrédulos. Esto es parte de su propósito: tener misericordia de cuantos puedan ser alcanzados, no queriendo que ninguno perezca (2 P. 3:9). Note algo significativo: el creyente que soporta en la prueba y persecución es un testigo dinámico de la fuerza de Cristo. Algunos incrédulos son alcanzados y eventualmente se vuelven a Cristo debido al poderoso testimonio de creyentes que sufren. El tema es este: Dios no responde siempre de inmediato al clamor de un creyente. Dios permite que el creyente sufra la prueba.
   a. Dios permite que el creyente sufra para ser un testimonio dinámico a otros. La presencia y el poder de Cristo son suficientes para ayudar al creyente a permanecer fiel.

   «El Señor no retarda su promesa, según algunos la tienen por tardanza, sino que es paciente para con nosotros, no queriendo que ninguno perezca, sino que todos procedan al arrepentimiento» (2 P. 3:9).

   «Para que sometida a prueba vuestra fe, mucho más preciosa que el oro, el cual aunque perecedero se prueba con fuego, *sea hallada* en alabanza, gloria y honra cuando sea manifestado Jesucristo» (1 P. 1:7).

   «El cual [Dios] nos consuela en todas nuestras tribulaciones, *para que podamos* también nosotros consolar a los que están en cualquier tribulación, por medio de la consolación con que nosotros somos consolados por Dios» (2 Co. 1:4).

   «Asimismo vosotras, mujeres, estad sujetas a vuestros maridos; para que también los que no creen a la palabra, sean ganados sin palabra por la conducta de sus esposas, considerando vuestra conducta casta y respetuosa» (1 P. 3:2).

   b. Dios permite que el creyente sufra para que sea cada vez más fuerte confiando y esperando en Dios (*véase* nota—Ro. 5:3-5).

   «Y no solamente esto, sino que nos gloriamos en las tribulaciones, sabiendo que la tribulación produce paciencia; y la paciencia prueba; y la prueba esperanza; y la esperanza no avergüenza; porque el amor de Dios ha sido derramado en nuestros corazones por el Espíritu Santo que nos fue dado» (Ro. 5:3-5).

   «Hermanos míos, tened por sumo gozo cuando os halléis en diversas pruebas, sabiendo que la prueba de vuestra fe produce paciencia. Mas tenga la paciencia su obra completa, para que seáis perfectos y cabales, sin que os falte cosa alguna» (Stg. 1:2-4).

4. Dios prontamente hará justicia a sus escogidos; es decir, en su tiempo Dios obrará rápida y súbitamente, y sin vacilación. Hará justicia a sus escogidos. Su ira vendrá sobre el mundo.

   «No os venguéis vosotros mismos, amados míos, sino dejad lugar a la ira de Dios; porque escrito está: Mía es la venganza, yo pagaré, dice el Señor. Así que, si tu hermano tuviere hambre, dale de comer; si tuviere sed, dale de beber; pues haciendo esto, ascuas de fuego amontonarás sobre su cabeza» (Ro. 12:19-20).

   «El cual nos libró, y nos libra, y en quien esperamos que aún nos librará, de tan grande muerte; cooperando también vosotros a favor nuestro con la oración, para que por muchas personas sean dadas gracias a favor nuestro por el don concedido a nosotros por medio de muchos» (2 Co. 1:10-11).

   «Y el Señor me librará de toda obra mala, y me preservará para su reino celestial. A él sea gloria por los siglos de los siglos» (2 Ti. 4:18).

   «Y a vosotros que sois atribulados, daros reposo con nosotros, cuando se manifieste el Señor Jesús desde el cielo con los ángeles de su poder, en llama de fuego, para dar retribución a los que no conocieron a Dios, ni obedecen al evangelio de nuestro Señor Jesucristo» (2 Ts. 1:7-8).

   «Librar a todos los que por el temor de la muerte estaban durante toda la vida sujetos a servidumbre» (He. 2:15).

   «Clamaron a ti, y fueron librados; confiaron en ti, y no fueron avergonzados» (Sal. 22:5).

   «En ti, oh Jehová, me he refugiado; no sea yo avergonzado jamás» (Sal. 71:1).

   «La esperanza de los justos es alegría; mas la esperanza de los impíos perecerá» (Pr. 10:28).

   «Y hasta la vejez yo mismo, y hasta las canas os soportaré yo; yo hice, yo llevaré, yo soportaré y guardaré» (Is. 46:4).

   «No temas delante de ellos, porque contigo estoy para librarte, dice Jehová» (Jer. 1:8).

ESTUDIO A FONDO 1

(18:7) ***Escogidos:*** la persona escogida, seleccionada. Los escogidos son los creyentes, los discípulos de Cristo, la gente que realmente pertenece a Dios (Mt. 24:22, 24, 31; Mr. 13:20, 22, 27; Ro. 8:33; Col. 3:12; 2 Ti. 2:10; Tit. 1:1; 1 P. 1:1; 2:9. Cp. también Mt. 10:16; 22:14; Ro. 16:13; 2 Jn. 1:1, 13; Ap. 17:4.)

El énfasis de la palabra está puesto en la elección de Dios. No hay duda sobre esto, puesto que la palabra misma significa que Dios es quien escoge y selecciona. Pero note que escoge para el servicio, no para salvación o posición (Jn. 15:16). El creyente es escogido para llevar fruto (*véase* Estudio a fondo 1—Jn. 15:1-8).

4 (18:8) ***Oración perseverante:*** la gran tragedia es que en los días del fin pocos perseverarán en oración y fe. La mayoría se apartará. Esto es lo que Cristo implica en sus palabras. Note tres hechos significativos.

1. Fe es lo que Cristo busca. Quiere confianza y fe en Él, en su Palabra, en sus promesas y advertencias.
2. La mayor evidencia de fe es la oración perseverante. Fe y oración perseverante van juntos. La persona que realmente cree hablará y compartirá, tendrá comunión con Dios y compañerismo, vivirá y se moverá con Dios día y noche. Esa persona estará orando constantemente.
3. Cuando Él retorne a la tierra habrá pocos hombres de fe y oración. Habrá algunos, pero su número será reducido.

> **«Pero el Espíritu dice claramente que en los postreros tiempos algunos apostatarán de la fe, escuchando a espíritus engañadores y a doctrinas de demonios» (1 Ti. 4:1).**
>
> **«También debes saber esto: que en los postreros días vendrán tiempos peligrosos. Porque habrá hombres amadores de sí mismos, avaros, vanagloriosos, soberbios, blasfemos, desobedientes a los padres, ingratos, impíos, sin afecto natural, implacables, calumniadores, intemperantes, crueles, aborrecedores de lo bueno, traidores, impetuosos, infatuados, amadores de los deleites más que de Dios, que tendrá apariencia de piedad, pero negarán la eficacia de ella; a estos evita» (2 Ti. 3:1-5).**
>
> **«Sabiendo primero esto, que en los postreros días vendrán burladores, andando según sus propias concupiscencias, y diciendo: ¿Dónde está la promesa de su advenimiento? Porque desde el día en que los padres durmieron, todas las cosas permanecen así como desde el principio de la creación» (2 P. 3:3-4).**
>
> **«Hijitos, ya es el último tiempo; y según vosotros oísteis que el anticristo viene, así ahora han surgido muchos anticristos; por esto conocemos que es el último tiempo» (1 Jn. 2:18).**
>
> **«Los que os decían: En el postrer tiempo habrá burladores, que andarán según sus malvados deseos» (Jud. 18).**
>
> **«Jehová miró desde los cielos sobre los hijos de los hombres, para ver si había algún entendido, que buscara a Dios. Todos se desviaron, a una se han corrompido; no hay quien haga lo bueno, no hay ni siquiera uno» (Sal. 14:2-3).**
>
> **«Miré yo y no había ninguno; y pregunté de estas cosas, y ningún consejero hubo; les pregunté, y no respondieron palabra» (Is. 41:28).**
>
> **«Y vio que no había hombre, y se maravilló que no hubiera quien se interpusiese; y lo salvó su brazo, y le afirmó su misma justicia» (Is. 59:16).**
>
> **«Miré, y no había quien ayudara, y me maravillé que no hubiera quien sustentase; y me salvó mi brazo, y me sostuvo mi ira» (Is. 63:5).**
>
> **«Y busqué entre ellos hombre que hiciese vallado y que se pusiese en la brecha delante de mí, a favor de la tierra, para que yo no la destruyese; y no lo hallé» (Ez. 22:30).**

1 Una palabra de advertencia a. A los autosuficientes b. A los despectivos **2 La escena: dos hombres orando en el templo** a. Uno es un fariseo b. El otro es un pecador **3 Ora el religioso** a. Está de pie; ora consigo mismo	**D. Parábola del fariseo y el publicano: el espíritu requerido para orar, 18:9-14** 9 A unos que confiaban en sí mismos como justos, y menospreciaban a los otros, dijo también esta parábola: 10 Dos hombres subieron al templo a orar: uno era fariseo, y el otro publicano. 11 El fariseo, puesto en pie, oraba consigo mismo de esta manera: Dios, te doy gracias porque no soy como los otros hombres, ladrones, injustos,	adúlteros, ni aun como este publicano; 12 ayuno dos veces a la semana, doy diezmos de todo lo que gano. 13 Mas el publicano, estando lejos, no quería ni aun alzar los ojos al cielo, sino que se golpeaba el pecho, diciendo: Dios, sé propicio a mí, pecador. 14 Os digo que éste descendió a su casa justificado antes que el otro; porque cualquiera que se enaltece, será humillado; y el que se humilla será enaltecido.	b. Le agradece a Dios haber hecho de él lo que es c. Se rededica a sí mismo: reafirma su compromiso **4 Ora el pecador** a. Ora «estando lejos» b. Se siente indigno de presentarse ante Dios c. Clama por misericordia **5 La enseñanza principal: justificación** a. Quien se acerca humildemente es oído b. Quien se acerca orgullosamente no es oído

D. Parábola del fariseo y el publicano: el espíritu requerido para orar, 18:9-14

(18:9-14) ***Introducción:*** dos cosas importantes se ven en este pasaje: tanto el espíritu requerido para orar como el espíritu requerido para ser salvo.

1. Una parábola de advertencia (v. 9).
2. La Escena: dos hombres orando en el templo (v. 10).
3. Ora el religioso (vv. 11-12).
4. Ora el pecador (v. 13).
5. La enseñanza principal:justificación (v. 14).

1 (18:9) ***Justificación propia—religiosos—autosuficiente:*** Esta parábola va dirigida a tres tipos de personas egocéntricas.

1. A aquellos que confían (*peitho*) en sí mismos; es decir, a aquellos que se sienten totalmente autosuficientes y que no necesitan de nadie más. Creen que cuanto necesitan está en sus propios cuerpos y mentes. Tienen la sensación de que ni Dios ni nadie sean realmente necesarios para abrirse paso en la vida, y si alguna vez lo son ello no es frecuente. Note el orgullo y engaño en el autosuficiente.

> **«Y si alguno se imagina que sabe algo, aún no sabe nada como debe saberlo» (1 Co. 8:2).**
>
> **«Así que, el que piense estar firme, mire que no caiga» (1 Co. 10:12).**
>
> **«Porque el que se cree ser algo, no siendo nada, a sí mismo se engaña» (Gá. 6:3).**
>
> **«¿Has visto hombre sabio en su propia opinión? Más esperanza hay del necio que de él» (Pr. 26:12).**
>
> **«¡Ay de los sabios en sus propios ojos, y de los que son prudentes delante de sí mismos» (Is. 5:21).**
>
> **«Habéis arado impiedad, y segasteis iniquidad; comeréis fruto de mentira, porque confiaste en tu camino y en la multitud de tus valientes» (Os. 10:13).**

2. A quienes se justifican a sí mismos. (Para mayor discusión *véanse* notas—Lc. 11:37-54; 15:25-32; nota y Estudio a fondo—Ro. 2:17-29). Los que se justifican a sí mismos se diferencian de los autosuficientes en que se interesan en la justificación y en Dios. Los que se justifican a sí mismos pueden ser divididos en dos clases.

   a. Aquellos que sienten ser *suficientemente buenos* para Dios tales como son. Han hecho y están haciendo suficientes cosas buenas para que Dios los acepte. Creen que cuando estén cara a cara ante Dios Él los aceptará. Es cierto, a veces obran mal; pero no es para tanto, no es suficiente para que Dios los rechace y condene, al menos no por la eternidad. Viven la vida como quieren, adorando a Dios sólo lo suficiente para satisfacer sus conciencias.

Pensamiento. La vasta mayoría de la gente pertenece a esta clase que se autojustifica. Pocas personas creen que serán rechazadas por Dios e impedidas a entrar al cielo. Creen tener suficientes *bondades* para ser aceptables a Dios.

> **«Porque no nos atrevemos a contarnos ni a compararnos con algunos que se alaban a sí mismos; pero ellos, midiéndose a sí mismos por sí mismos, y comparándose consigo mismos, no son juiciosos» (2 Co. 10:12).**
>
> **«Si yo me justificare me condenaría mi boca; si me dijere perfecto, esto me haría inicuo» (Job 9:20).**
>
> **«¿Piensas que es cosa recta lo que has dicho: Más justo soy yo que Dios?» (Job 35:2).**
>
> **«Todos los caminos del hombre son limpios en su propia opinión; pero Jehová pesa los espíritus» (Pr. 16:2).**
>
> **«Muchos hombres proclaman cada uno su propia bondad, pero hombre de verdad, ¿quién lo hallará?» (Pr. 20:6).**
>
> **«Todo camino del hombre es recto en su propia opinión; pero Jehová pesa los corazones» (Pr. 21:2).**
>
> **«El que confía en su propio corazón es necio; mas el que camina en sabiduría será librado» (Pr. 28:26).**
>
> **«Hay generación limpia en su propio corazón, si bien no se ha limpiado de su inmundicia» (Pr. 30:12)**
>
> **«Soy inocente, de cierto su ira se apartó de mí. He aquí yo entraré en juicio contigo, dijiste: No he pecado» (Jer. 2:35).**

   b. Aquellos que tienen una conciencia sensible y sienten la necesidad de entregarse a sí mismos, en lo que humanamente sea posible, a las *buenas obras.* Trabajan y hacen el bien para asegurarse el favor de Dios. Creen que sus buenas obras son las que los hacen *buenos y justos* y aceptables a los ojos de Dios. Entonces se esfuerzan a lo largo de toda su vida tratando de establecer virtudes y méritos ante Dios. Hacen lo mejor que pueden para hacerse aceptables a Dios.

> **«Porque os digo que si vuestra justicia no fuere mayor que la de los escribas y fariseos, no entraréis en el reino de los cielos» (Mt. 5:20).**
>
> **«Muchos me dirán en aquel día: Señor, Señor, ¿no profetizamos en tu nombre, y en tu nombre echamos fuera demonios, y en tu nombre hicimos**

muchos milagros? Y entonces les declararé: Nunca os conocí; apartaos de mí, hacedores de maldad» (Mt. 7:22-23).

«Ya que por las obras de la ley ningún ser humano será justificado delante de él; porque por medio de la ley es el conocimiento del pecado» (Ro. 3:20).

«Sabiendo que el hombre no es justificado por las obras de la ley, sino por la fe en Jesucristo, nosotros también hemos creído en Jesucristo, para ser justificados por la fe de Cristo y no por las obras de la ley, por cuanto por las obras de la ley nadie será justificado» (Gá. 2:16).

«Porque por gracia sois salvos por medio de la fe; y esto no de vosotros, pues es don de Dios; no por obras, para que nadie se gloríe» (Ef. 2:8-9).

«Quien nos salvó y llamó con llamamiento santo, no conforme a nuestras obras, sino según el propósito suyo y la gracia que nos fue dada en Cristo Jesús antes de los tiempos de los siglos» (2 Ti. 1:9).

«Pero cuando se manifestó la bondad de Dios nuestro Salvador, y su amor para con los hombres, nos salvó, no por obras de justicia que nosotros hubiéramos hecho, sino por su misericordia, por el lavamiento de la regeneración y por la renovación en el Espíritu Santo, el cual derramó en nosotros abundantemente por Jesucristo nuestro Salvador, Para que, justificados por su gracia, viniésemos a ser herederos conforme a la esperanza de la vida eterna» (Tit. 3:4-7).

3. Los que desprecian a otros. La palabra «despreciar» (*exouthenountas*) significa tener en menos; contar como nada, como carente de importancia e insignificante. Esas personas sienten y actúan como si fuesen superiores y mejores, más importantes y significantes que otros. Miran en otra dirección, ignoran y son negligentes, pasan de largo y degradan a otros, critican y hablan de ...

- los pobres.
- los mal vestidos.
- los abandonados.
- los pecadores.
- los desafortunados.
- los degradados.
- los desnutridos.

«Mirad, oh menospreciadores, y asombraos, y desapareced; porque yo hago una obra en vuestros días, obra que no creeréis, si alguien os la contare» (Hch. 13:41).

«¿O menosprecias las riquezas de su benignidad, paciencia y longanimidad, ignorando que su benignidad te guía al arrepentimiento?» (Ro. 2:4).

«El que viola la ley de Moisés, por el testimonio de dos o tres testigos muere irremisiblemente. Cuánto mayor castigo pensáis que merecerá el que pisoteare al Hijo de Dios, y tuviere por inmunda la sangre del pacto en la cual fue santificado, e hiciere afrenta al Espíritu de gracia?» (He. 10:28-29).

Ahora note que es esta gente que Jesús dirigió su parábola. Simultáneamente apeló y advirtió a los autosuficientes, los que se justifican a sí mismos, y a los que desprecian a otros.

2 (18:10) ***Buscar a Dios—oración:*** dos hombres están orando en el templo. Uno era un fariseo, un hombre religioso; el otro era un publicano, un recaudador de impuestos y por lo tanto un gran pecador. Note dos cosas.

1. Ambas personas fueron al lugar más prominente para orar, al templo, a la casa misma de oración. No hay mejor lugar para orar, no hay mejor lugar para buscar el rostro de Dios. Ambos buscaban el rostro de Dios en el lugar que debían hacerlo.

2. Ambos hombres fueron a orar para agradar a Dios. Ambos estaban buscando a Dios, anhelando que Dios los aceptase y estuviese con ellos a lo largo de sus vidas.

«Mas si de allí buscares a Jehová tu Dios, lo hallarás, si lo buscares de todo tu corazón y de toda tu alma» (Dt. 4:29).

3 (18:11) ***Auto suficiencia—religiosos:*** la oración del hombre religioso.

1. El religioso se mantuvo de pie y «oraba consigo mismo». La postura empleada en aquellos tiempos para la oración pública era de pie. Pero note este hecho significativo: *«oraba consigo mismo»*, es decir, hablaba para sí mismo. Llamó a «Dios» por su nombre y dirigió sus palabras a Dios, pero sus palabras no fueron a Dios. No eran una auténtica oración. Simplemente hablaba consigo mismo y tal vez con otros que pudieran oírle. Su tiempo y sus palabras fueron un desperdicio excepto por su valor personal, es decir, por afirmar su confianza en sí mismo y su aceptación social. En lo que a Dios concernía no hubo oración. La así llamada oración del hombre solamente fue una *oración formal.* No hubo verdadera adoración ni comunión.

«Y sabemos que Dios no oye a los pecadores; pero si alguno es temeroso de Dios, y hace su voluntad, a ése oye» (Jn. 9:31).

«Pedís, y no recibís, porque pedís mal, para gastar en vuestros deleites» (Stg. 4:3).

«Si en mi corazón hubiese yo mirado a la iniquidad, el Señor no me habría escuchado» (Sal. 66:18).

«El que cierra su oído al clamor del pobre, también él clamará y no será oído» (Pr. 21:13).

«El que aparta su oído para no oir la ley, su oración también es abominable» (Pr. 28:9).

«Cuando extendáis vuestras manos, yo esconderé de vosotros mis ojos; asimismo cuando multipliquéis la oración, yo no oiré; llenas están de sangre vuestras mano» (Is. 1:15).

«Pero vuestras iniquidades han hecho división entre vosotros y vuestro Dios, y vuestros pecados han hecho ocultar de vosotros su rostro para no oír» (Is. 59:2).

«Que coméis asimismo la carne de mi pueblo, y les desolláis su piel de sobre ellos, y les quebrantáis los huesos y los rompéis como para el caldero, y como carnes de olla» (Mi. 3:4).

2. El religioso agradeció a Dios por haber hecho de él lo que era. Note varias cosas que deben abrirnos los ojos. (*Véase* nota—Lc. 18:9 con citas referidas a la actitud de quien se autojustifica.)

a. *Agradeció a Dios por haberlo guardado* de los pecados que la gente consideraba *pecados públicos* o *pecados escandalosos.* Dios lo había guardado de caer en los *grandes pecados públicos.* Reconoció que por la gracia [fuerza] de Dios «soy lo que soy», y dio gracias por haber sido guardado de pecados tan terribles.

b. Dijo que otros hombres habían caído y cometido tales pecados. Dijo que...
   - la mano de Dios estaba sobre él y lo había guardado del pecado, por lo tanto, ahora agradecía a Dios.
   - la mano de Dios no había estado sobre la vida de los pecadores, de modo que ahora agradecía a Dios por no ser como ellos.
   - Dios lo había favorecido, y al pecador no.

c. Enumeró algunos de los pecados públicos *más graves* o escandalosos en los que no había caído. Dio gracias a Dios por no ser...
   - un extorcionista. Tratando a otros siempre había sido equitativo y justo, amable y dadivoso; no había hecho como el injusto que se aprovecha de otros.
   - injusto. Trataba a todos equitativamente, reconociéndolos, recomendando y promoviéndolos, procurando su bienestar. Se apartaba para dar lugar a otros en vez de correr el riesgo de parecer injusto y dar un mal testimonio.
   - adúltero. En su conducta era fiel y de buena

moral; nunca se descarriaba en su comportamiento.

- traidor religioso. No era como el cobrador de impuestos que vendió su lealtad y sus privilegios religiosos para servir al imperio romano, traicionando con ello a su propia nación (*véase* Estudio a fondo 1, ***Cobrador de impuestos***— Lc. 5:27).

d. Enumeró dos prácticas muy positivas y piadosas.
- Ayunaba dos veces a la semana. Imagínese, pasar dos días a la semana sin comer para buscar y agradar a Dios. El religioso era todo lo sincero posible en cuanto a Dios y la justificación.
- No solamente daba el diezmo de sus ingresos, sino también de todas sus posesiones. ¡Imagine! (Nuevamente, *véase* nota— Lc. 18:9 en cuanto a citas referidas a la actitud del autosuficiente.)

4 (18:13) ***Los perdidos—confesión—misericordia:*** la oración del pecador. Note tres cosas significativas.

1. El pecador oró «estando lejos». Se sentía avergonzado y molesto por su pecado. Se sentía rechazado tanto por Dios como por el hombre. Se sentía aislado y solo, extraño y separado, sucio e impuro. Además sabía que otras personas también sentían vergüenza por su pecado, detestando esto se mantuvo a la distancia «estando lejos». Pero note que adoraba genuinamente a Dios, a pesar de «estar lejos».

2. Se sentía pecador indigno de acercarse a Dios. Esto lo demuestra con dos actos.

a. Ni aun levantaba la vista al cielo. Elevó su corazón, pero no sus ojos. Sus culpas le pesaban demasiado, porque había caído en gran pecado. Era un pecador terrible y lo sabía. Era indigno del menor de los favores de Dios y lo sabía. No merecía el perdón de Dios ni su aceptación, y lo sabía. No podía levantar sus ojos porque había ofendido demasido a Dios.

b. Con frecuencia se golpeaba el pecho. ¿Por qué? Porque no podía dejar de hacerlo. A veces estaba desilusionado y enojado consigo mismo; otras veces su corazón rompía en llanto pidiendo y suplicando el perdón de Dios. Era tan indigno que la tensión, las emociones y la angustia simplemente irrumpían.

«Todas las cosas me fueron entregadas por mi Padre; y nadie conoce al Hijo, sino el Padre, ni al Padre conoce alguno, sino el Hijo, y aquel a quien el Hijo lo quiera revelar» (Mt. 11:27).

«Al oír esto Jesús, les dijo: Los sanos no tienen necesidad de médico, sino los enfermos. No he venido a llamar a justos, sino a pecadores» (Mr. 2:17).

«Porque no tenemos un sumo sacerdote que no pueda compadecerse de nuestras debilidades, sino uno que fue tentado en todo según nuestra semejanza, pero sin pecado. Acerquémonos, pues, confiadamente al trono de la gracia, para alcanzar misericordia y hallar gracia para el oportuno socorro» (He. 4:15-16).

«Humillaos delante del Señor, y él os exaltará» (Stg. 4:10).

«Cercano está Jehová a los quebrantados de corazón; y salva a los contritos de espíritu» (Sal. 34:18).

«Aunque afligido yo y necesitado, Jehová pensará en mí. Mi ayuda y mi libertador eres tú; Dios mío, no te tardes» (Sal. 40:17).

«Lávame más y más de mi maldad, y límpiame de mi pecado» (Sal. 51:2).

«Los sacrificios de Dios son el espíritu quebrantado; al corazón contrito y humillado no despreciarás tú, oh Dios» (Sal. 51:17).

«Ayúdanos, o Dios de nuestra salvación, por la gloria de tu nombre; y líbranos, y perdona nuestros pecados por amor de tu nombre» (Sal. 79:9).

«Porque así dijo el Alto y Sublime, el que habita en la eternidad, y cuyo nombre es Santo: Yo habito en la altura y la santidad, y con el quebrantado y humilde de espíritu, para hacer vivir el espíritu de los humildes, y para vivificar el corazón de los quebrantados» (Is. 57:15).

«Mi mano hizo todas estas cosas, y así todas estas cosas fueron, dice Jehová; pero miraré a aquel que es pobre y humilde de espíritu, y que tiembla a mi palabra» (Is. 66:2).

«Rasgad vuestro corazón, y no vuestros vestidos, y convertíos a Jehová vuestro Dios; porque misericordioso es y clemente, tardo para la ira y grande en misericordia, y que se duele del castigo» (Jl. 2:13).

3. El pecador pidió misericordia. Dos cosas se deben notar aquí.

a. Se llamó a sí mismo *«el pecador»* (*to hamartolo*), y esto es crucial. No se sentía simplemente «un pecador» como todos los demás, lo cual significaría que también tenía bondades como todos los demás. Se sentía *el pecador*, aquel que había ofendido y avergonzado a Dios más que ningún otro, el más inmerecedor de todos. No había nada *bueno* en él, nada que lo recomendase ante Dios, nada que lo hiciera aceptable ante Dios.

b. Clamó por misericordia. La palabra «misericordia» (*hilastheti*) en realidad es la palabra usada como *«propiciar»*. Oró que Dios aparte el enojo y la ira de él. Merecía ese enojo y esa ira, pero pidió que Dios los quitase. Sentía que moriría bajo la presión sobre su pecho si Dios no le perdonaba y no le daba paz y seguridad de perdón. Buscaba reconciliarse con Dios; quería que Dios apartara el juicio de él y lo aceptara.

Note que conocía el único camino para ser aceptado por Dios, es decir que Dios en su misericordia le perdonara sus pecados. No tenía *nada bueno* en sí mismo, ninguna justicia para ofrecer a Dios. En el caso de ser salvado por Dios, sería porque Dios lo aceptaba por el simple hecho de haber venido a Él con toda la desesperación de su corazón implorando la misericordia de Dios. Su única esperanza era Dios, y lo único que podía pedir era misericordia.

«Y su misericordia es de generación en generación a los que le temer» (Lc. 1:50).

«Nos salvó, no por obras de justicia que nosotros hubiéramos hecho, sino por su misericordia, por el lavamiento de la regeneración y por la renovación del Espíritu Santo» (Tit. 3:5; cp. vv. 4-7).

«Pero Dios, que es rico en misericordia, por su gran amor con que nos amó, aun estando nosotros muertos en pecados, nos dio vida juntamente con Cristo (por gracia sois salvos)» (Ef. 2:4-5).

«¿Qué Dios como tú, que perdona la maldad, y olvida el pecado del remanente de su heredad? No retuvo para siempre su enojo, porque se deleita en misericordia» (Mi. 7:18).

5 (18:14) ***Justificación—salvación:*** la enseñanza principal de estos versículos es la justificación. Las palabras de Jesús son chocantes, contrarias a lo que enseña el mundo, contrarias a la opinión de la gente, e incluso contrarias a la conducta de muchos creyentes. *El pecador escandaloso es el que fue «justificado»*. ¿Por qué? Jesús nos da dos motivos.

1. Por lo que significa la justificación. Significa que una persona...
- reconoce su pecaminosidad e indignidad.
- clama a Dios por misericordia.

La persona justificada *no es justa, pero Dios la cuenta como justa.* La persona justificada ha clamado genuinamente por misericordia y se ha vuelto de su pecado a Dios. Por su clamor y arrepentimiento, Dios ha tomado ese clamor y lo ha contado como justicia. Ha aceptado a la persona porque su corazón estaba realmente puesto en Él. (Para mayor discusión del tema *véase* Estudio a fondo 2, ***Justificación***—Ro. 4:22; 5:1. Cp. Ro. 4:5; 4:1-3; 4:1-25.)

> **«Al oír esto Jesús, les dijo: Los sanos no tienen necesidad de médico, sino los enfermos. No he venido a llamar a justos, sino a pecadores» (Mr. 2:17).**
>
> **«Por lo cual también su fe le fue contada por justicia» (Ro. 4:22).**
>
> **«Sino también con respecto a nosotros a quienes ha de ser contada, esto es, a los que creemos en el que levantó de los muertos a Jesús, Señor nuestro, el cual fue entregado por nuestras transgresiones, y resucitado para nuestra justificación» (Ro. 4:24-25).**
>
> **«Justificados, pues, por la fe, tenemos paz para con Dios por medio de nuestro Señor Jesucristo» (Ro. 5:1).**

2. Porque quien se acerca con orgullo no es escuchado (*véanse* nota y Estudio a fondo 1—Lc. 14:11 para una discusión completa).

> **«Porque cualquiera que se enaltece, será humillado; y el que se humilla, será enaltecido» (Lc. 14:11).**
>
> **«La soberbia del hombre le abate; pero el humilde de espíritu sustenta la honra» (Pr. 29:23).**

1 Llevaron unos niñitos a Jesús a. Los padres b. Para que sean	**E. Jesús y los niñitos, 18:15-17** (Mt. 19:13-15; Mr. 10:13-16). 15 Traían a él los niños para que los tocase; lo cual viendo los discípulos, les reprendieron.	16 Mas Jesús, llamándolos, dijo: Dejad a los niños venir a mí, y no se lo impidáis; porque de los tales es el reino de Dios. 17 De cierto os digo, que el que no recibe el reino de Dios como un niño, no entrará en él.	tocados por Jesús c. Ellos protestaron **2 Jesús quería recibir a los niñitos; dijo que se acercaran** **3 En el reino celestial hay niñitos** **4 En el reino celestial solamente hay niños**

E. Jesús y los niñitos, 18:15-17

(18:15-17) ***Introducción:*** ¿Qué es lo que hace a un hombre aceptable ante Dios? La respuesta acababa de ser dada por Jesús en la historia del fariseo y el publicano (Lc. 18:9-14). Ahora Jesús da una muestra viviente. Tomó unos niñitos en sus brazos, y sentándolos en su falda dijo a todos exactamente lo que debían hacer para ser aceptables a Dios.

1. Llevaron unos niñitos a Jesús (v. 15).
2. Jesús quería recibir a los niñitos; dijo que se acercaran (v. 16).
3. En el reino celestial hay niñitos (v. 16).
4. En el reino celestial solamente hay niños (v. 17).

1 (18:15) ***Niños—padres:*** llevaron unos niñitos a Jesús. Note tres cosas.

1. Los niños fueron traídos por sus padres. Aunque no dice literalmente que los padres trajeron a los niños, sin lugar a duda fueron ellos. Fueron traídos por padres que ya habían sido bendecidos por Jesús, por padres que ya lo habían oído y ya habían sido tocados por Él. Habían sido tocados tan profundamente por Él que querían que sus hijos también fuesen tocados.

> ***Pensamiento.*** El tema es claro. Los padres mismos necesitan exponerse al evangelio; necesitan ser tocados por Cristo. Los padres necesitan experimentar verdadero arrepentimiento y salvación, y luego deben traer sus hijos a Cristo.

2. Los niños fueron traídos para que Jesús los tocase. Estos padres se preocupaban mucho por sus hijos. Creían que lo que sus hijos necesitaban era el *toque* de Jesús. Estaban convencidos que ese toque sería de bendición para la vida de sus hijos. Pero los hijos no podían venir por su propia cuenta. No serían tocados por Jesús a menos que fuesen traídos por sus padres, para quienes el toque de Jesús era poderoso.

> **«Cuando hubieron comido, Jesús dijo a Simón Pedro: Simón, hijo de Jonás, ¿me amas más que éstos? Le respondió: Sí, Señor; tú sabes que te amo. El le dijo: Apacienta mis corderos» (Jn. 21:15).**
>
> **«He aquí, por tercera vez estoy preparado para ir a vosotros; y no os seré gravoso, porque no busco lo vuestro, sino a vosotros, pues no deben atesorar los hijos para los padres, sino los padres para los hijos» (2 Co. 12:14).**
>
> **«Y vosotros, padres, no provoquéis a ira a vuestros hijos, sino criadlos en disciplina y amonestación del Señor» (Ef. 6:4).**
>
> **«Por tanto, guárdate, y guarda tu alma con diligencia, para que no te olvides de las cosas que tus ojos han visto, ni se aparten de tu corazón todos los días de tu vida; antes bien, las enseñarás a tus hijos, y a los hijos de tus hijos» (Dt. 4:9).**
>
> **«Y las repetirás a tus hijos, y hablarás de ellas estando en tu casa, y andando por el camino, y al acostarte, y cuando te levantes» (Dt. 6:7).**

3. Los discípulos amonestaron a los padres, impidiéndoles llegar a Jesús. Probablemente creían que los padres sólo querían mostrar sus hijos, y Jesús estaba sencillamente demasiado ocupado para la frivolidad del orgullo. Al impedir que los niños lleguen a Jesús cometieron dos graves errores.

   a. Estaban decidiendo quién, y quién no, podía ser tocado por Jesús. Por supuesto, nadie tiene el derecho de decidir quien puede, y quien no puede, ser tocado por Jesús.

   b. No estaban comprendiendo la importancia del toque de Jesús, incluso para los niñitos. Su entendimiento de la bendición y el poder de Dios era inmaduro. Jamás nadie debe ser desalentado o impedido a venir o ser traído a Jesús.

2 (18:16) ***Niños—hombre, proceso de crecimiento—creación:*** Jesús quería recibir a los niñitos y dijo que se acercaran. Hay al menos dos motivos para ello.

1. Los niñitos son formados en la mente de Dios. Dios es quien planeó que una persona crezca desde su tierna infancia. Dios se ocupa de cada etapa del crecimiento humano. Por eso, se preocupa por cada niñito. Como dice la canción: «En sus manos sostiene al pequeño bebé».

2. Jesús es amor, y por eso se preocupa por todos, no importa su tamaño o edad, su imagen o apariencia, habilidades o capacidades. Jesús ama a la persona aunque esa persona sea solamente un *bebé* que necesita ser llevado en los brazos del padre.

> **«Porque en él vivimos, y nos movemos, y somos; como algunos de vuestros propios poetas también han dicho: Porque linaje suyo somos» (Hch. 17:28).**
>
> **«Reconoced que Jehová es Dios; él nos hizo, y no nosotros a nosotros mismos; pueblo suyo somos, y ovejas de su prado» (Sal. 100:3).**
>
> **«El espíritu de Dios me hizo, y el soplo del Omnipotente me dio vida» (Job 33:4).**
>
> **«He aquí, herencia de Jehová son los hijos; cosa de estima el fruto del vientre» (Sal. 127:3).**
>
> **«He aquí, yo y los hijos que me dio Jehová somos por señales y presagios en Israel, de parte de Jehová de los ejércitos, que mora en el monte de Sion» (Is. 8:18).**
>
> **«Todos los llamados de mi nombre; para gloria mía los he creado, los formé y los hice» (Is. 43:7).**
>
> **«Este pueblo he creado para mí; mis alabanzas publicará» (Is. 43:21).**
>
> **«Así dice Jehová Hacedor tuyo, y el que te formó desde el vientre, el cual te ayudará: No temas, siervo mío Jacob, y tú, Jesurún, a quien yo escogí» (Is. 44:2).**
>
> **«Antes que te formase en el vientre te conocí, y antes que nacieses te santifiqué, te di por profeta a las naciones» (Jer. 1:5).**
>
> **«Profecía de la palabra de Jehová acerca de Israel. Jehová que extiende los cielos y funda la tierra, y forma el espíritu del hombre dentro de él, ha dicho...» (Zac. 12:1).**

3 (18:16) ***Niños—reino de los cielos:*** en el reino de los cielos hay niñitos. Jesús estaba diciendo al menos dos cosas significativas.

1. Los niñitos están en las manos *protectoras* y bajo el cuidado de Dios. «De los tales es el reino de Dios.» Dios se preocupa por los pequeños, los ama, los cuida, al menos hasta el momento en que pueden rechazarlo, a Él y a su justicia, deliberadamente.

2. Los niñitos tienen las características del cielo. (Para mayor

discusión del tema *véanse* notas—Mt. 18:3; Estudio a fondo 5—Mr. 10:15.)

a. Normalmente un niñito depende de otros y confía en ellos. Es poco lo que sabe y puede hacer para cuidarse a sí mismo. Para él la *gente grande*, especialmente mamá y papá saben todo y pueden hacer todo. El niño confía en cualquier persona; cualquier persona puede tomar al niño en sus brazos, porque aun no ha aprendido a desconfiar del mundo. Todos son amigos; nadie es un enemigo, y pocos son extraños.

«Sed, pues, imitadores de Dios como hijos amados» (Ef. 5:1).

«Venid, hijos, oídme; el temor de Jehová os enseñaré» (Sal. 34:11).

«En verdad que me he comportado y he acallado mi alma» (Sal. 131:2).

«Los jóvenes y también las doncellas, los ancianos y los niños. Alaben el nombre de Jehová, porque sólo su nombre es enaltecido. Su gloria es sobre tierra y cielos» (Sal. 148:12-13).

«Acuérdate de tu Creador en los días de tu juventud, antes que vengan los días malos, y lleguen los años de los cuales digas: No tengo en ellos contentamiento» (Ec. 12:1).

«Antes dije en el desierto a sus hijos: No andéis en los estatutos de vuestros padres, ni guardéis sus leyes, ni os contaminéis con sus ídolos. Yo soy Jehová vuestro Dios; andad en mis estatutos, y guardad mis preceptos, y ponedlos por obra» (Ez. 20:18-19).

b. Normalmente el niño está dispuesto a responder y someterse. El niño responde a un adulto. Vendrá, irá, levantará, y hará cuanto se le diga. Abandonará cualquier cosa que esté haciendo, renunciará a lo que está ocupando su mente y conducta, y responderá.

«Si guardareis mis mandamientos, permaneceréis en mi amor; así como yo he guardado los mandamientos de mi Padre, y permanezco en su amor ... Vosotros sois mis amigos, si hacéis lo que yo os mando» (Jn. 15:10, 14).

«Mas no así vosotros, sino sea el mayor entre vosotros como el más joven, y el que dirige, como el que sirve» (Lc. 22:26).

«Igualmente, jóvenes, estad sujetos a los ancianos; y todos, sumisos unos a otros, revestíos de humildad; porque: Dios resiste a los soberbios, y da gracia a los humildes. Humillaos, pues, bajo la poderosa mano de Dios, para que él os exalte cuando fuere tiempo» (1 P. 5:5-6).

«Aun el muchacho es conocido por sus hechos, si su conducta fuere limpia y recta» (Pr. 20:11).

c. Normalmente el niño obedece y aprende. Hará exactamente lo que se le diga y lo aprenderá. Todavía no ha aprendido a ser demasiado orgulloso ni demasiado independiente, al menos no mientras sea pequeño e inocente. La terrible tragedia es que pronto se le enseña a ser egocéntrico y orgullosamente independiente, precisamente por el ejemplo de los adultos.

«Para que ya no seamos niños fluctuantes, llevados por doquiera de todo viento de doctrina, por estratagema de hombres que para engañar emplean con astucia las artimañas del error» (Ef. 4:14).

«Hijos, obedeced en el Señor a vuestros padres, porque esto es justo. Honra a tu padre y a tu madre que es el primer mandamiento con promesa; para que te vaya bien, y seas de larga vida sobre la tierra» (Ef. 6:1-3).

«Poned la mira en las cosas de arriba, no en las de la tierra» (Col. 3:2).

«Desead, como niños recién nacidos, la leche espiritual no adulterada, para que por ella crezcáis para salvación» (1 P. 2:2).

«Venid, hijos, oídme; el temor de Jehová os enseñaré» (Sal. 34:11).

«Oye a tu padre, a aquel que te engendró; y cuando tu madre envejeciere, no la menosprecies» (Pr. 23:22).

«Oh hombre, él te ha declarado lo que es bueno, y qué pide Jehová de ti: solamente hacer justicia, y amar misericordia, y humillarte ante tu Dios» (Mi. 6:8).

d. El niño normalmente es humilde y perdona. No tiene interés en la prominencia, fama, poder, riqueza, o posición. No presiona por adelantarse. No le gusta estar *sentado* en medio de un grupo de adultos. No ha aprendido a pensar en términos de *darse importancia*, todavía no. Además perdona con tanta facilidad. Se lo puede disciplinar, someter a negligencia, abusar de él, y antes que el adulto lo haya pensado el niño ha perdonado y olvidado (a menos, por supuesto, que se trate de un abuso extremo. Debemos recordar que Cristo está hablando de un niño en un ambiente normal y sano).

«Bienaventurados los pacificadores, porque ellos serán llamados hijos de Dios» (Mt. 5:9).

«Hermanos, no seáis niños en el modo de pensar, sino sed niños en la malicia, pero maduros en el modo de pensar» (1 Co. 14:20).

«Y habéis ya olvidado la exhortación que como a hijos se os dirige, diciendo: Hijo mío, no menospreciéis la disciplina del Señor, ni desmayes cuando eres reprendido por él; porque el Señor al que ama, disciplina, y azota a todo el que recibe por hijo» (He. 12:5-6).

4 (18:17) ***Niños —reino de los cielos:*** en el reino de los cielos solamente hay niños. Es de crucial importancia ver este punto, porque Cristo usó palabras fuertes respecto de algunas personas que no podrán entrar al reino de los cielos: «[algunas personas] no entrará en él». No hay nada, absolutamente nada que pueda introducir a una persona al reino de los cielos excepto que reciba a ese reino como un niño. No hay nadie en el cielo excepto niñitos, personas que se han convertido en hijos de Dios. (Para mayor explicación de esta realidad *véase* nota, ***Niño***—Mt. 18:3.)

«Y si acontece que la encuentra, de cierto os digo que se regocija más por aquélla, que por las noventa y nueve que no se descarriaron» (Mt. 18:13).

«Mas todos los que le recibieron, a los que creen en su nombre, les dio potestad de ser hechos *hijos de Dios*; Los cuales no son engendrados de sangre, ni de voluntad de carne, ni de voluntad de varón, sino de Dios» (Jn. 1:12-13).

«Respondió Jesús y le dijo: De cierto, de cierto te digo, que el que no naciere de nuevo, no puede ver el reino de Dios» (Jn. 3:3).

«Porque todos los que son guiados por el Espíritu de Dios, éstos son *hijos de Dios*. Pues no habéis recibido el espíritu de esclavitud para estar otra vez en temor, sino que habéis recibido el espíritu de adopción, por el cual clamamos : ¡Abba, Padre! El Espíritu mismo da testimonio a nuestro espíritu, de que somos *hijos de Dios*» (Ro. 8:14-16).

«Por lo cual, salid de en medio de ellos, y apartaos, dice el Señor, y no toquéis lo inmundo; y yo osrecibiré, y seré para vosotros por Padre, y vosotros me seréis hijos e hijas, dice el Señor todopoderoso» (2 Co. 6:17-18).

(Cp. también Gá. 4:4-7; Fil. 2:15; 1 Jn. 3:1.)

1 Ejemplo 1: el joven
a. Debe reconocer que Jesús es Dios
1) Lo llamó: «Maestro bueno»
2) Solamente Dios es bueno
3) Jesús está diciendo: ¿Me llamas Dios?
b. Debe cumplir los mandamientos
c. Debe *renunciar* a todo lo que tiene
d. Apenado lo rechaza

F. El joven rico: el precio de la vida eterna, 18:18-30
(Mt. 19:16-30; Mr. 10:17-31)

18 Un hombre principal le preguntó, diciendo: Maestro bueno, ¿qué haré para heredar la vida eterna?
19 Jesús le dijo: ¿Por qué me llamas bueno? Ninguno hay bueno, sino sólo Dios.
20 Los mandamientos sabes: No adulterarás, no matarás; no hurtarás; no dirás falso testimonio; honra a tu padre y a tu madre.
21 El dijo: Todo esto lo he guardado desde mi juventud.
22 Jesús, oyendo esto, le dijo: Aún te falta una cosa: vende todo lo que tienes, y dalo a los pobres, y tendrás tesoro en el cielo; y ven, sígueme.
23 Entonces él, oyendo esto, se puso muy triste, porque era muy rico.
24 Al ver Jesús que se había entristecido mucho, dijo: ¡Cuán difícilmente entrarán en el reino de Dios los que tienen riquezas!
25 Porque es más fácil pasar un camello por el ojo de una aguja, que entrar un rico en el reino de Dios.
26 Y los que oyeron esto dijeron: ¿Quién, pues, podrá ser salvo?
27 El les dijo: Lo que es imposible para los hombres, es posible para Dios.
28 Entonces Pedro dijo: He aquí, nosotros hemos dejado nuestras posesiones y te hemos seguido.
29 Y él les dijo: De cierto os digo, que no hay nadie que haya dejado casa, o padres, o hermanos, o mujer, o hijos, por el reino de Dios,
30 que no haya de recibir mucho más en este tiempo, y en el siglo venidero la vida eterna.

2 Ejemplo 2: personas ricas
a. Para un rico es difícil entrar al reino de Dios
b. El malentendido respecto de personas ricas
c. La única posibilidad para que se salven los ricos: Dios

3 Ejemplo 3: los discípulos
a. Dejaron todo por seguir a Cristo
b. Ellos y todos los demás seguidores tendrán gran recompensa
1) En este mundo: «mucho más»
2) En el mundo venidero: «vida eterna»

F. El joven rico: el precio de la vida eterna, 18:18-30

(18:18-30) ***Introducción:*** muchas personas creen que la vida eterna es gratis, que no cuesta nada. Es un concepto falso. La vida eterna cuesta. Le cuesta a una persona la totalidad de lo que tiene. El mensaje de este pasaje probablemente sea el más exigente que se haya predicado.

1. Ejemplo 1: el joven (vv. 18-23).
2. Ejemplo 2: personas ricas (vv. 24-27).
3. Ejemplo 3: los discípulos (vv. 28-30).

1 ***(18:18-23) Vida eterna—Jesucristo, deidad—necesidades —negación de sí mismo:*** el primer ejemplo es el del joven rico. Cuando se comparan los otros relatos evangélicos de este evento el protagonista aparece como persona joven y rica. Pero para el propósito de Lucas esto no tiene importancia. El precio de la vida eterna es el *mismo* para todas las personas, ricos o pobres, jóvenes o ancianos.

1. La persona que busca vida eterna debe reconocer que Jesús es Dios. El joven llamó a Jesús: «Maestro bueno». La palabra «bueno» se usaba solamente para Dios. Nunca con referencia a una persona. Es de crucial importancia ver esto porque significa que el joven llamaba a Jesús «bueno» en el sentido en que se llamaría «bueno» a Dios. El joven vio algo en Jesús *semejante* a Dios. No fue una mera adulación; tenía a Jesús en alta estima, creyendo probablemente, o creyendo casi, la afirmación de Jesús de ser el Hijo de Dios.

Ahora note lo que hizo Jesús. El hombre lo había llamado «bueno», usando una palabra que solamente se usaba para Dios. Jesús preguntó al joven: «¿Por qué me llamas bueno? Ninguno hay bueno, sino sólo Dios. ¿Acaso estás diciendo que yo soy Dios?» Jesús afirma incuestionablemente ser Dios. En efecto, está diciendo: «*Si soy un mero hombre*, un buen maestro, realmente no soy bueno ni tengo palabras de vida eterna. *Pero si realmente soy Dios*, me puedes llamar verdaderamente bueno; tengo palabras de vida eterna». La cuestión es que Jesús le dijo al hombre cómo recibir vida eterna. Jesús afirmaba ser Dios, el único que puede dar vida eterna.

> **«Porque de tal manera amó Dios al mundo, que ha dado a su Hijo unigénito, para que todo aquel que en él cree, no se pierda, mas tenga vida eterna» (Jn. 3:16).**
>
> **«Le respondió Simón Pedro: Señor, ¿a quién iremos? Tú tienes palabras de vida eterna» (Jn. 6:68).**
>
> **«Por eso os dije que moriréis en vuestros pecados; porque si no creéis que yo soy, en vuestros pecados moriréis» (Jn. 8:24).**
>
> **«Jesús le dijo: Yo soy el camino, y la verdad, y la vida; nadie viene al Padre, sino por mí. Si me conocieseis, también a mi Padre conoceríais; y desde ahora le conocéis, y le habéis visto» (Jn. 14:6-7).**
>
> **«Y en ningún otro hay salvación; porque no hay otro nombre bajo el cielo dado a los hombres, en que podamos ser salvos» (Hch. 4:12).**
>
> **«Porque hay un solo Dios, y un solo mediador entre Dios y los hombres, Jesucristo hombre, el cual se dio a sí mismo en rescate por todos, de lo cual se dio testimonio a su debido tiempo» (1 Ti. 2:5-6).**

2. El hombre debía guardar los mandamientos. Su pregunta fue: «¿qué haré para heredar la vida eterna?». Pensaba que tenía que hacer algo, alguna gran obra, y la hacía. Pero debía confiar y amar a Dios lo suficiente para guardar sus mandamientos. Debía guardar los mandamientos *después* de aceptar a Jesús como Dios.

Jesús le dijo: «Soy bueno, tan bueno como Dios; por eso, yo soy Dios. Ahora bien, una vez que hayas aceptado ese hecho debes obedecer los mandamientos y aprender a amar a tu prójimo. Primero, confiar y amar a Dios, luego confiar y amar al prójimo».

Note dos hechos.

a. El hombre debía ver que Jesús era Dios, y entonces debía confiar en Él y amarlo. Luego debía amar a su prójimo *como* a sí mismo. Jesús simplemente estaba cubriendo los dos grandes mandamientos, y le estaba mostrando cuán desesperadamente lejos estaba de cumplirlos. (*Véanse* bosquejo y notas—Mt. 22:24-40.)

«No todo el que me dice: Señor, Señor, entrará en el reino de los cielos, sino el que hace la voluntad de mi Padre que está en los cielos» (Mt. 7:21).

«El que tiene mis mandamientos, y los guarda, ése es el que me ama; y el que me ama, será amado por mi Padre, y yo le amaré, y me manifestaré a él» (Jn. 14:21).

«Respondió Jesús y le dijo: El que me ama, mi palabra guardará; y mi Padre le amará, y vendremos a él, y haremos morada con él» (Jn. 14:23).

«Si guardareis mis mandamientos, permaneceréis en mi amor; así como yo he guardado los mandamientos de mi Padre, y permanezco en su amor ... Vosotros sois mis amigos, si hacéis lo que yo os mando» (Jn. 15:10, 14).

«Bienaventurados los que lavan sus ropas, para tener derecho al árbol de la vida, y para entrar por las puertas de la ciudad» (Ap. 22:14).

b. El hombre hizo una afirmación fenomenal: dijo haber guardado todos estos mandamientos desde su juventud. Por supuesto, no los había guardado, al menos no como debía haberlos guardado. Era sincero, pero su imagen de Dios era una imagen superficial. No era un hombre perfecto en todos sus tratos con hombres y mujeres, al menos no a los ojos de Dios. En efecto, su problema era precisamente esto, su manera de mirar a los hombres y las necesidades desesperantes del mundo. No estaba *dando* como debería hacerlo para ayudar a aliviar esas necesidades. Por eso permanecía fuera del cielo.

3. El hombre debía *renunciar* a cuanto tenía. Es exactamente lo que dijo Jesús: «Vende todo lo que tienes, y dalo a los pobres». Pero ¿era razonable lo que decía? ¿Realmente fue esto lo que quiso decir Jesús? ¿Acaso pudo, por el hecho de ser Dios, requerir una acción tan radical?

¿Por qué no? ¿Por qué *no* habría de requerir Dios precisamente esto? Especialmente cuando el mundo está lleno de niñitos (y de hombres y mujeres) que se están muriendo de hambre, enfermos, sin techo ni abrigo, muriendo condenados al infierno? ¿Y por qué están en semejante condición habiendo suficiente para estar bien, y siendo conocido el evangelio que los puede salvar? Nadie diga jamás que Dios no demanda la entrega de todo una vez que la persona haya cubierto sus propias necesidades. Y que nadie piense jamás que la condenación de Dios no caerá sobre el hombre...

- que cierra sus ojos ante las necesidades masivas del mundo.
- que amontona y guarda su dinero en bancos.
- que deja el dinero depositado, sin hacer otra cosa. que motivar a la gente a decir: «Oh, qué hombre rico».

En realidad, cuán vacías son las palabras. Sólo hay una pregunta para el hombre que amasa y guarda riquezas: «¿Quién crees que eres, Dios? Cuidado con Dios si piensas que no te demandará la entrega de cuanto eres y tienes para ayudar a los millones desesperados de esta tierra». Jesús puso el dedo en la llaga, puesto que el problema del hombre era la codicia, la codicia de dinero, bienes materiales, posesiones y riqueza, en vez de ayudar a los necesitados del mundo.

Note la gloriosa promesa: entrega cuanto tienes y tendrás tesoros en el cielo, y podrás seguir a Cristo. *Recién después* de entregar cuanto tenemos (una vez cubiertas nuestras necesidades reales) se nos permite entrar al cielo. Esa es la palabra de Cristo, su respuesta a la pregunta: «¿Qué haré para heredar la vida eterna?»

El hombre rechazó a Jesús; Jesús había pedido demasiado. El hombre no estaba dispuesto a entregar cuanto era y tenía; y aunque le apenaba su decisión, se decidió por el rechazo.

«Y decía a todos: Si alguno quiere venir en pos de mí, *niéguese a sí mismo,* tome su cruz cada día, y sígame» (Lc. 9:23).

«Sino *haceos* tesoros en el cielo, donde ni la polilla ni el orín corrompen, y donde ladrones no minan ni hurtan» (Mt. 6:20).

«*Vended lo que poseéis,* y dad limosna; haceos bolsas que no se envejezcan, tesoro en los cielos que no se agote, donde ladrón no llega, ni polilla destruye» (Lc. 12:33).

«Así, pues, cualquiera de vosotros que *no renuncia* a todo lo que posee, no puede ser mi discípulo» (Lc. 14:33).

«Y ciertamente, aun estimo *todas las cosas como pérdida* por la excelencia del conocimiento de Cristo Jesús, mi Señor, por amor del cual lo he perdido todo, y lo tengo por basura, para ganar a Cristo» (Fil. 3:8).

«A los ricos de este siglo manda que no sean altivos, ni pongan la esperanza en las riquezas, las cuales son inciertas, sino en el Dios vivo, que nos da a todos las cosas en abundancia para que las disfrutemos. Que hagan bien, que sean ricos en buenas obras, *dadivosos*, generosos; *atesorando* para sí buen fundamento para lo por venir, que echen mano de la vida eterna» (1 Ti. 6:17-19).

«Por tanto, yo te aconsejo que *de mí compres* oro refinado en fuego, para que sea rico, y vestiduras blancas para vestirte, y que no se descubra la vergüenza de tu desnudez; y unge tus ojos con colirio, para que veas» (Ap. 3:18).

2 (18:24-27) ***Abundancia—riqueza—salvación—necesitados:*** El segundo ejemplo es el de personas ricas. Jesús dijo tres cosas importantes.

1. Es extremadamente difícil, casi imposible, que un rico entre al cielo. Es tan difícil como es difícil que un camello pase por el ojo de una aguja. ¿Por qué? Porque el hombre rico ha guardado su riqueza, ha atesorado y almacenado. No ha servido a Dios *amando a su prójimo como a sí mismo.* El rico ha usado sus talentos para hacer dinero de modo de poder comprar *la última moda y ser llamado rico* por otros. Su fracaso fue usar sus talentos para hacer dinero y no para aliviar las desesperantes necesidades de los niños (y de hombres y mujeres). El mundo está en desesperada necesidad de comida, techo, abrigo, y remedios, y sobre todas las cosas del evangelio. No hay por qué asombrarse si un rico no entra al cielo cuando la mayor parte del mundo está en tan desesperante necesidad. ¿Por qué habría de aceptar Dios a una persona que tiene riquezas cuando ese hombre nunca se tomó el tiempo para buscar y alcanzar al niño desnutrido y moribundo tanto física como espiritualmente?

A veces se intenta atenuar el precio de las demandas del Señor.

- Algunos dicen que Cristo quiso decir esto: la persona debe estar *dispuesta* a dar su riqueza sin darla realmente. Esto es trágico, puesto que no hay *significado en la mera disposición*—carece de acción,de verdadera decisión, de trabajo, de evidencias, de pruebas, de demostración. La disposición no es más que una palabra. Sin la acción que la respalde está. La persona que está realmente dispuesta, hace algo. Y *no está realmente dispuesto* quien no hace algo.
- Otros buscan una explicación diferente a la imposibilidad de un camello de pasar por el ojo de una aguja. Afirman que no se refiere a una aguja de coser (*véase* nota, ***Camello***—Mt. 19:24). Nuevamente, esta explicación se aparta del tema en cuestión. Jesús está diciendo esto: a la persona que no entrega toda su riqueza (habiendo cubierto sus necesidades *reales*) para suplir las necesidades del mundo, no le será más fácil entrar al cielo que a un camello pasar por el ojo de una aguja.

Pensamiento 1. Que nadie de nosotros deje de ir al cielo, o sea motivo de que otro no vaya, por querer atenuar las demandas de Cristo. Cualquier persona honesta —si tuviere la responsabilidad de supervisar a los niños del mundo— condenaría a otro que teniendo el dinero deja morir a un niño de hambre o desprotección.

Pensamiento 2. Es tiempo de que seamos honestos dejando que el Salvador del mundo hable con la fuerza con que habló. El mundo está desesperado. Niños y sus madres y padres están muriendo, agonizando en el dolor del hambre, la enfermedad y los elementos aterrantes de la naturaleza. Están muriendo sin haber oído jamás de la salvación eterna que hay en Cristo. Los ricos, con el talento de ganar más de lo que necesitan, deben usar esos talentos para obtener más y poder salvar a los niños y a los adultos tan deses-peradamente angustiados del mundo. Jesús dijo que ningún rico que no entregue cuanto tiene, entrará al cielo. «Porque donde esté vuestro tesoro, allí estará también vuestro corazón» (Mt. 6:21).

«Jesús le dijo: Si quieres ser perfecto, anda, vende lo que tienes, y dalo a los pobres, y tendrás tesoro en el cielo; y ven y sígueme» (Mt. 19:21).

«Y el segundo es semejante: Amarás a tu prójimo como a ti mismo» (Mt. 22:39).

«Porque ya conocéis la gracia de nuestro Señor Jesucristo, que por amor a vosotros se hizo pobre, siendo rico, para que vosotros con su pobreza fueseis enriquecidos» (2 Co. 8:9).

«El que hurtaba, no hurte más, sino trabaje, haciendo con sus manos lo que es bueno para que tenga qué compartir con el que padece necesidad» (Ef. 4:28).

«He aquí el hombre que no puso a Dios por su fortaleza, sino que confió en la multitud de sus riquezas, y se mantuvo en su maldad» (Sal. 52:7).

«El que confía en sus riquezas caerá; mas los justos reverdecerán como ramas» (Pr. 11:28).

2. El malentendido acerca de la riqueza. Los discípulos quedaron impactados, totalmente descorazonados. Jesús estaba diciendo algo diametralmente opuesto a lo que ellos, y todos, habían pensado siempre. Siempre se les había enseñado (como se enseñó en generaciones posteriores, incluso en la iglesia):

- que la prosperidad (riqueza, confort, y cosas) es bendición de Dios.
- que una persona recibe riquezas porque Dios la está bendiciendo.
- que la prosperidad es recompensa de justicia y obediencia.
- que Dios bendice a una persona con cosas de esta tierra si es justa y obediente.

Sin embargo, Jesús estaba diciendo exactamente lo opuesto: que una persona próspera probablemente nunca entre al cielo; que la prosperidad es una amenaza tan peligrosa para una persona que prácticamente le asegura la condenación eterna. Los discípulos sabían que Dios nunca pondría a una persona en una situación tan precaria y peligrosa. Sabían que Jesús estaba atacando la creencia más preciada y ardiente del mundo: Sé bueno (justo) y serás bendecido por Dios (y el concepto de la bendición siempre es de bendición material. *Véase* nota—Ef. 1:3.)

Estaban atónitos, totalmente descorazonados: ¿Quién entonces, podrá ser salvo? La vasta mayoría de la gente estaba amenazando su propio destino eterno. Se estaban condenando a sí mismos. Si la prosperidad no es la recompensa (señal) por ser justo y los ricos son excluidos del cielo, entonces, los pobres también son excluidos, puesto que pasan la mayor parte de su tiempo soñando con la prosperidad y buscándola.

«Pero los afanes de este siglo, y el engaño de las riquezas, y las codicias de otras cosas, entran y ahogan la palabra, y se hace infructuosa» (Mr. 4:19).

«Y diré a mi alma: Alma, muchos bienes tienes guardados para muchos años; repósate, come, bebe, regocíjate. Pero Dios le dijo: Necio, esta noche vienen a pedirte tu alma; y lo que has provisto, ¿de quién será»? (Lc. 12:19-20).

«Porque los que quieren enriquecerse caen en tentación y lazo, y en muchas codicias necias y dañosas, que hunden a los hombres en destrucción y perdición» (1 Ti. 6:9).

«A los ricos de este siglo manda que no sean altivos, ni pongan la esperanza en las riquezas, las cuales son inciertas, sino en el Dios vivo, que nos da todas las cosas en abundancia para que las disfrutemos» (1 Ti. 6:17).

«Y tus vacas y tus ovejas se aumentaren, y la plata y el oro se te multipliquen, y todo lo que tuvieres se aumente; y se enorgullezca tu corazón, y te olvides de Jehová tu Dios, que te sacó de la tierra de Egipto, de casa de servidumbre» (Dt. 8:13-14).

«Las riquezas del rico son su ciudad fortificada, y como un muro alto en su imaginación» (Pr. 18:11).

3. La única posibilidad que tienen los ricos de ser salvos es Dios. Sencillamente...

- es imposible para un rico salvarse a sí mismo.
- el rico tiene que volverse a Dios y amar a Dios y hacer la voluntad de Dios amando a su prójimo como a sí mismo. Sólo Dios puede salvar al rico.
- La decisión depende del rico. Puede volverse para estar *con* Dios en la eternidad, o puede seguir viviendo para sí mismo, y sufrir la condenación eterna.

«Porque nada hay imposible para Dios» (Lc. 1:37).

«Yo conozco que todo lo puedes, y que no hay pensamiento que se esconda de ti» (Job 42:2).

«A los ricos de este siglo manda que no sean altivos, ni pongan la esperanza en las riquezas, las cuales son inciertas, sino en el Dios vivo, que nos da a todos las cosas en abundancia para que las disfrutemos. Que hagan bien, que sean ricos en buenas obras, dadivosos, generosos; atesorando para sí buen fundamento para lo por venir, que echen mano de la vida eterna» (1 Ti. 6:17-19).

«Porque nadie puede poner otro fundamento que el que está puesto, el cual es Jesucristo» (1 Co. 3:11).

3 (18:28-30) ***Recompensa:*** el tercer ejemplo es el de los discípulos. Note dos cosas.

1. Los discípulos eran ejemplo de lo que quiso decir Cristo. Habían dejado todo por seguir a Cristo. (Para mayor discusión del tema *véase* Estudio a fondo 1—Lc. 9:23.)

2. Los discípulos y todos los otros seguidores de Cristo serán ricamente recompensados. Note tres puntos.

a. El motivo de la recompensa queda claramente establecido. Dejaron todo, renunciaron a todo por Cristo a efectos de suplir las desesperantes necesidades del mundo, y renunciaron a las cosas más preciadas de la tierra: a su propiedad y familia.

b. Su recompensa en este mundo era: *mucho más.* El evangelio de Marcos deja en claro que Cristo estaba hablando de la recompensa en el presente, en la tierra (Mr. 10:21). Ningún verdadero seguidor de Cristo jamás ha dejado a personas y cosas para luego ser abandonado por Cristo, quedar solo y destituido. Cristo recompensa de muchas maneras a su verdadero seguidor. Note que la recompensa es material y humana.

1) La recompensa humana es de lo más satisfactoria: un compañerismo real y auténtico entre creyentes genuinos. Cristo sabe cuando un seguidor suyo ha recibido oposición de quienes ama tanto. Sabe cuándo enviar a alguien a la vida de su seguidor, cuándo calmar la dolorosa necesidad

de su seguidor de una verdadera amistad. Jesús suple más que abundantemente esa necesidad.

«Lo que hemos visto y oído, eso os anunciamos, para que también vosotros tengáis comunión con nosotros; y nuestra comunión verdaderamente es con el Padre, y con su Hijo Jesucristo» (1 Jn. 1:3).

«Pero si andamos en luz, como él está en luz, tenemos comunión unos con otros, y la sangre de Jesucristo su Hijo nos limpia de todo pecado» (1 Jn. 1:7).

«Y perseveraban en la doctrina de los apóstoles, en la comunión unos con otros, en el partimiento del pan y en las oraciones» (Hch. 2:42).

«Compañero soy yo de todos los que te temen y guardan tus mandamientos» (Sal. 119:63).

«Entonces los que temían a Jehová hablaron cada uno a su compañero; y Jehová escuchó y oyó, y fue escrito libro de memoria delante de él para los que temen a Jehová, y para los que piensan en su nombre» (Mal. 3:16).

2) La recompensa material es totalmente segura: Cristo suple nuestras necesidades y todo lo que quiere que tengamos para poder ayudar a suplir las necesidades de otros.

La idea que Cristo estaba trasmitiendo es la de un cuidado y una seguridad perfecta. El temor y la inseguridad nos hacen apetecer y codiciar más, además el temor y la inseguridad son muy insalubres y desestabilizantes. Cuando renunciamos a todo y seguimos verdaderamente a Cristo Él nos da la mayor paz y seguridad posible: se da a sí mismo, y da su poder para suplir nuestras necesidades. Nunca más tenemos que preocuparnos o estar anciosos (*véanse* notas—Lc. 16:10-12; Mt. 6:25-34; cp Lc. 18:30; Ef. 4:28). En Cristo hay mucho más que en cualquier cantidad de posesiones o compañerismo y amistad mundanal. En Cristo el creyente tiene...

- felicidad.
- paz.
- seguridad.
- satisfacción.
- realización.
- gozo.
- seguridad.
- confianza.
- la bendición de estar completo.

«Mas buscad primeramente el reino de Dios y su justicia, y todas estas cosas os serán añadidas» (Mt. 6:33; cp. Mt. 6:25-34).

«El ladrón no viene sino para hurtar y destruir; yo he venido para que tengan vida, y para que la tengan en abundancia» (Jn. 10:10).

«Mi Dios, pues, suplirá todo lo que os falta conforme a sus riquezas en gloria en Cristo Jesús» (Fil. 4:19).

«Mas a Jehová vuestro Dios serviréis, y él bendecirá tu pan y tus aguas; y yo quitaré toda enfermedad de en medio de ti» (Éx. 23:25).

«Bendito el Señor; cada día nos colma de beneficios el Dios de nuestra salvación» (Sal. 68:19).

«Entonces dará el Señor lluvia a tu sementera, cuando siembres la tierra, y dará pan del fruto de la tierra, y será abundante y pingüe; tus ganados en aquel tiempo serán apacentados en espaciosas dehesas» (Is. 30:23).

«Comeréis hasta saciaros, y alabaréis el nombre de Jehová vuestro Dios, el cual hizo maravillas con vosotros; y nunca jamás será mi pueblo avergonzado» (Jl. 2:26).

«Traed todos los diezmos al alfolí y haya alimento en mi casa; y probadme ahora en esto, dice Jehová de los ejércitos, si no os abriré las ventanas de los cielos, y derramaré sobre vosotros bendición hasta que sobreabunde» (Mal. 3:10).

c. En el mundo venidero la recompensa será «vida eterna» (*véase* Estudio a fondo 1—Jn. 17:2-3; cp. Jn. 1:4 y Mt. 19:28. Cp. Ro. 8:16-18.)

«Entonces Jesús, mirándole, le amó, y le dijo: Una cosa te falta: anda, vende todo lo que tienes, y dalo a los pobres, y tendrás tesoro en el cielo; y ven, sígueme, tomando tu cruz» (Mr. 10:21).

«De cierto, de cierto os digo: El que oye mi palabra, y cree al que me envió, tiene vida eterna; y no vendrá a condenación, mas ha pasado de muerte a vida» (Jn. 5:24).

1 El propósito de Jesús: cumplir las Escrituras	**G. Predicción de la cruz, 18:31-34** (Mt. 20:17-19; Mr. 10:32-34) 31 Tomando Jesús a los doce, les dijo: He aquí subimos a Jerusalén y se cumplirán todas las cosas escritas por los profetas acerca del Hijo del Hombre.	32 Pues será entregado a los gentiles, y será escarnecido, y afrentado, y escupido. 33 Y después que le hayan azotado, le matarán; mas al tercer día resucitará. 34 Pero ellos nada comprendieron de estas cosas, y esta palabra les era encubierta, y no entendían lo que se les decía.	**2 Profecías que debían ser cumplidas** a. Jesús sería torturado e injuriado b. Jesús sería llevado a la muerte c. Jesús resucitaría[EF1] **3 La respuesta de los discípulos: estaban confundidos**

G. Predicción de la cruz, 18:31-34

(18:31-34) ***Muerte de Jesús—Biblia:*** note que Jesús llevó a los doce aparte. Quería remarcar en la mente de ellos el hecho de su muerte y resurrección. A través de estos dos eventos fenomenales salvaría al mundo; por eso, ellos debían ser adoctrinados con la gloriosa verdad de estos dos eventos.

1. El propósito de Jesús: cumplir las Escrituras (v. 31).
2. Profecías que debían ser cumplidas (v. 32-33).
3. La respuesta de los discípulos: estaban confundidos (v. 34).

[1] (18:31) ***Jesucristo, misión—propósito—las Escrituras—profecía:*** El propósito de Jesús era cumplir las Escrituras. Note tres cosas.

1. Jesús dijo: «Subimos a Jerusalén». Este era su propósito, dirigir su rostro hacia Jerusalén. Con ello quería significar su muerte y sus sufrimientos. El centro de su propósito en la tierra era sufrir por la salvación de los hombres (*véanse* notas—Lc. 9:51—13:21; 9:51-56).
2. Jesús afirmó ser el Hijo del Hombre. Dijo que todas las cosas escritas acerca del Hijo del Hombre serían cumplidas en Él. Era el enviado para cumplir el propósito de Dios en la tierra (*véase* nota Estudio a fondo 3—Mt. 8:20).
3. Jesús dijo que sus sufrimientos eran el cumplimiento profético de las Escrituras. En Él debían ser cumplidas todas las profecías bíblicas. Note que esto apoya tanto la verdad de la Escritura como de Cristo. Las Escrituras deben ser cumplidas, y deben ser cumplidas en Cristo. Ni un jota ni una tilde puede faltar. Jesús era el Hijo del Hombre, aquel a quien las Escrituras anunciaban, y aquel en quien las Escrituras debían ser cumplidas.

«Porque de cierto os digo que hasta que pasen el cielo y la tierra, ni una jota ni una tilde pasaré de la ley, hasta que todo se haya cumplido» (Mt. 5:18).

«El cielo y la tierra pasarán, pero mis palabras no pasará» (Lc. 21:33).

«Las obras de sus manos son verdad y juicio; fieles son todos sus mandamientos» (Sal. 111:7).

«Porque yo Jehová hablaré, y se cumplirá la palabra que yo hable; no se tardará más, sino que en vuestros días, oh casa rebelde, hablaré palabra y la cumpliré, dice Jehová el Señor» (Ez. 12:25).

[2] (18:32-33) ***Profecía—las Escrituras:*** profecías que deben ser cumplidas. Note la referencia a los gentiles. Jesús sería entregado a los gentiles. Los judíos lo entregarían en manos gentiles. Este hecho debía simbolizar tanto a los religiosos como al mundo; ambos rechazarían al Hijo de Dios y lo llevarían a la muerte. Ni los unos ni los otros podían aceptar a Jesús con su mensaje de negación propia. Había tres profecías en particular que debían ser cumplidas. (Cp. Sal. 22:1ss; Is. 53:1ss.)

1. Jesús sería torturado e infamado, injuriado e insultado. Se mencionan cuatro formas de infamación y tortura.
   a. La burla: implicaba ridiculizar, despreciar, insultar, humillar, desafiar, escarnecer.
   b. El menosprecio (*hubristhsetai*): reprochar, tratar con insolencia y desprecio; ultrajar, avergonzar y tratar con menosprecio.
   c. La escupida: una señal de monstruosa irrespetuosidad e insulto grosero.
   d. El azote: golpear con una vara o látigo en cuyos extremos se insertaban trozos de metal o astillas de hueso. Se aplicaban treinta y nueve o cuarenta azotes. El propósito era infligir agudo dolor.
2. Jesús sería llevado a la muerte. En esta pasaje estaba prediciendo su muerte. Nosotros, por supuesto, la vemos retrospectivamente. Jesús llevó los pecados de los hombres, sufriendo el dolor en grado extremo. Sufrió el dolor en un sentido absoluto.
   a. Mentalmente, porque mientras era torturado su mente se preguntaría por qué sufría. Pensaría en el pecado del hombre y el problema que el pecado había causado a Dios. Imagine el pecado de todo el mundo, la enormidad y el carácter insondable del pecado, agobiando la mente de Jesús. Jesús sufría mentalmente en grado extremo.
   b. Espiritualmente, porque su corazón fue quebrantado. Aquellos a quienes tanto había amado estaban cometiendo un pecado tan horrendo que es imposible imaginarlo. En tal medida se rebelaban contra Dios que estaban matando al propio Hijo de Dios.

   Más terrible aun, su propio Padre, Dios mismo, le daría la espalda. Debido al pecado, Dios se vio forzado a separarse de su Hijo (*véanse* notas—Mt. 27:46-49; Mr. 15:34). Jesús iba a sufrir espiritualmente en sentido absoluto (1 P. 2:24; 2 Co. 5:21. Para un relato más descriptivo de cómo llevó nuestro pecado compare Is. 53:4-7.)
   c. Físicamente el dolor de la crucifixión sería más agudo debido a la presión mental y espiritual que soportaría. También es cierto que a mayor venganza en el corazón del perseguidor, mayor la severidad con que tortura a su víctima (compare la corona de espinas, la túnica real, las excesivas burlas de los soldados). Puesto que Jesús afirmaba ser el Hijo de Dios más se enardecía el corazón de sus perseguidores para infligir infamia y tortura.

«Yo soy el buen pastor; el buen pastor su vida da por las ovejas» (Jn. 10:11).

«Así como el Padre me conoce, y yo conozco al Padre; y pongo mi vida por las ovejas» (Jn. 10:15).

«Por eso me ama el Padre, porque yo pongo mi vida, para volverla a tomar. Nadie me la quita, sino que yo de mí mismo la pongo. Tengo poder para ponerla, y tengo poder para volverla a tomar. Este mandamiento recibí de mi Padre» (Jn. 10:17-18).

«El cual se dio a sí mismo por nuestros pecados para librarnos del presente siglo malo conforme a la voluntad de nuestro Dios y Padre» (Gá. 1:4).

«Y andad en amor, como también Cristo nos amó,

y se entregó a sí mismo por nosotros, ofrenda y sacrificio a Dios en olor fragante.... Maridos, amad a vuestras mujeres, así como Cristo amó a la iglesia, y se entregó a sí mismo por ella» (Ef. 5:2, 25).

«Quien se dio a sí mismo por nosotros para redimirnos de toda iniquidad y purificar para sí un pueblo propio, celoso de buenas obras» (Tit. 2:14).

«Quien llevó él mismo nuestros pecados en su cuerpo sobre el madero, para que nosotros, estando muertos a los pecados, vivamos a la justicia; y por cuya herida fuisteis sanados» (1 P. 2:24).

«Porque también Cristo padeció una sola vez por los pecados, el justo por los injustos, para llevarnos a Dios, siendo a la verdad muerto en la carne, pero vivificado en espíritu» (1 P. 3:18).

«En esto hemos conocido el amor, en que él puso su vida por nosotros; también nosotros debemos poner nuestras vidas por los hermanos» (1 Jn. 3:16).

«Y de Jesucristo el testigo fiel, el primogénito de los muertos, y el soberano de los reyes de la tierra. Al que nos amó, y nos lavó de nuestros pecados con su sangre» (Ap. 1:5).

3. Jesús resucitaría de la muerte (*véase* Estudio a fondo 1—Lc. 18:33).

«A éste, entregado por el determinado consejo y anticipado conocimiento de Dios, prendisteis y matasteis por manos de inicuos, crucificándole; al cual Dios levantó, sueltos los dolores de la muerte, por cuanto era imposible que fuese retenido por ella» (Hch. 2:23-24).

«Mas vosotros negasteis al Santo y al Justo, y pedisteis que se os diese un homicida, y matasteis al Autor de la vida, a quien Dios ha resucitado de los muertos, de lo cual nosotros somos testigos» (Hch. 3:14-15).

«Y con gran poder los apóstoles daban testimonio de la resurrección del Señor Jesús, y abundante gracia era sobre todos ellos» (Hch. 4:33).

«Y nosotros somos testigos de todas las cosas que Jesús hizo en la tierra de Judea y en Jerusalén; a quien mataron colgándole en un madero. A éste levantó Dios al tercer día, e hizo que se manifestase; no a todo el pueblo, sino a los testigos que Dios había ordenado de antemano, a nosotros que comimos y bebimos con él después que resucitó de los muertos» (Hch. 10:39-41).

«El cual fue entregado por nuestras transgresiones, y resucitado para nuestra justificación» (Ro. 4:25).

«Que si confesares con tu boca que Jesús es el Señor, y creyeres en tu corazón que Dios le levantó de los muertos, serás salvo» (Ro. 10:9).

«Porque primeramente os he enseñado lo que asimismo recibí: que Cristo murió por nuestros pecados, conforme a las Escrituras; y que fue sepultado, y que resucitó al tercer día, conforme a las Escrituras» (1 Co. 15:3-4).

«Después apareció a Jacobo; después a todos los apóstoles» (1 Co. 15:7).

«Y por todos murió, para que los que viven, ya no vivan para sí, sino para aquel que murió y resucitó por ellos» (2 Co. 5:15).

«La cual operó en Cristo, resucitándole de los muertos y sentándole a su diestra en los lugares celestiales» (Ef. 1:20).

«Porque si creemos que Jesús murió y resucitó, así también traerá Dios con Jesús a los que durmieron en él» (1 Ts. 4:14).

«Bendito el Dios y Padre de nuestro Señor Jesucristo, que según su grande misericordia nos hizo renacer para una esperanza viva, por la resurrección de Jesucristo de los muertos» (1 P. 1:3).

«Porque también Cristo padeció una sola vez por los pecados, el justo por los injustos, para llevarnos a Dios, siendo a la verdad muerto en la carne, pero vivificado en espíritu» (1 P. 3:18).

ESTUDIO A FONDO 1

(18:33) ***Jesucristo, resurrección:*** Jesús resucitaría de la muerte. Al hablar de ella, Jesús incluyó el tema de la resurrección, logrando tres cosas de primordial importancia.

1. Plantar la idea de la resurrección en la mente de los discípulos. Era preciso que recordasen para siempre la resurrección. La muerte de Jesús no sería el punto final.

«Acuérdate de Jesucristo, del linaje de David, resucitado de los muertos conforme a mi evangelio» (2 Ti. 2:8).

2. Anticipaba el poder de Dios. Después de la resurrección los discípulos recordarían lo acontecido, y la gloriosa verdad del poder de Dios quedaría sellada para siempre en la mente y el corazón de ellos.

a. El poder de Dios era victorioso.

«¿Dónde está, oh muerte, tu aguijón? ¿Dónde, oh sepulcro, tu victoria ... Mas gracias sean dadas a Dios, que nos da la victoria por medio de nuestro Señor Jesucristo» (1 Co. 15:55-57).

b. El poder de Dios es triunfante.

«Y despojando a los principados y a las potestades, los exhibió públicamente, triunfando sobre ellos en la cruz» (Col. 2:15).

c. El poder de Dios es conquistador.

«Antes, en todas estas cosas somos más que vencedores por medio de aquel que nos amó» (Ro. 8:37).

«Así que, por cuanto los hijos participaron de carne y sangre, él también participó de lo mismo, para destruir por medio de la muerte al que tenía el imperio de la muerte, esto es, al diablo, y librar a todos los que por el temor de la muerte estaban durante toda la vida sujetos a servidumbre» (He. 2:14-15).

3. Anticipar el poder con que Dios se manifestaría en la vida de ellos.

a. Poder para alentar y motivar.

«Y cuál la supereminente grandeza de su poder para con nosotros los que creemos, según la operación del poder de su fuerza, la cual operó en Cristo, resucitándole de los muertos y sentándole a su diestra en los lugares celestiales» (Ef. 1:19-20).

«Porque no nos ha dado Dios, espíritu de cobardía, sino de poder, de amor y de dominio propio» (2 Ti. 1:7).

b. Poder para producir y afirmar confianza.

«Luego dijo a Tomás: Pon aquí tu dedo, y mira mis manos; y acerca tu mano, y métela en mi costado; y no seas incrédulo, sino creyente. Entonces Tomás respondió y le dijo: ¡Señor mío, y Dios mío! Jesús le dijo: Porque me has visto, Tomás, creíste; bienaventurados los que no vieron, y creyeron» (Jn. 20:27-29).

c. Poder para infundir coraje y osadía.

«Y ahora, Señor, mira sus amenazas, y concede a tus siervos que con todo denuedo hablen tu palabra, mientras extiendes tu mano para que se hagan sanidades y señales y prodigios mediante el nombre de tu santo Hijo Jesús» (He. 4:29-30).

«Por tanto no te avergüences de dar testimonio de nuestro Señor, ni de mí, preso suyo, sino participa de las aflicciones por el evangelio según el poder de Dios, quien nos salvó y llamó con llamamiento santo, no

conforme a nuestras obras, sino según el propósito suyo y la gracia que nos fue dada en Cristo Jesús antes de los tiempos de los siglos» (2 Ti. 1:8-9).

3 (18:34) ***Jesucristo, muerte, malentendida:*** en respuesta los discípulos quedaron completamente confundidos. (Para mayor discusión *véanse* notas—Mt. 17:22; Lc. 9:44-45.) Note un hecho interesante. Este versículo dice lo mismo, una y otra vez, de distinta manera. Los discípulos quedaron totalmente confundidos.

- No entendieron nada. *No aceptarían* ni entenderían literalmente la muerte de Cristo. Se rehusaban a tomar esas palabras por lo que decían; por eso *no* entendieron.
- El significado de estas palabras quedó encubierto para ellos. Puesto que *no aceptarían* sus palabras literalmente, *tampoco podían* entenderlas. Lo que dijo Jesús les era un rompecabezas, un misterio, una adivinanza. Su significado les quedó totalmente vedado. La palabra «encubierta» (*kekrummenon*) tiene el sentido de algo completo en sí mismo.
- No tuvieron conciencia de las cosas dichas por Jesús. No percibieron su significado, y *siguieron* sin percibirlo.

Los discípulos estaban familiarizados con el Antiguo Testamento, pero nunca habían *mirado* el interior de los pasajes que predecían la muerte del Mesías. Estaban tan concentrados en las bendiciones que traería el Mesías que estaban ciegos para ver los sufrimientos predichos. No podían ver ningún beneficio en la desgracia de la muerte; tenían un concepto parcial de la verdad profética. (*Véase* nota—Mr. 10:32.)

Pensamiento. Cuando no se asigna valor real a las Escrituras, cuando no son aceptadas exactamente por lo que dicen, el resultado siempre es el mismo...

- no entender *estas cosas.*
- que el significado de las palabras quede *encubierto.*
- no tener conciencia de lo dicho.

«Entonces él les dijo: ¡Oh insensatos, y tardos de corazón para creer todo lo que los profetas han dicho!» (Lc. 24:25).

«Pero el hombre natural no percibe las cosas que son del Espíritu de Dios, porque para él son locura, y no las puede entender, porque se han de discernir espiritualmente» (1 Co. 2:14).

«El hombre que está en honra y no entiende, semejante es a las bestias que perecen» (Sal. 49:20).

«Mas ellos no conocieron los pensamientos de Jehová, ni entendieron su consejo; por lo cual los juntó como gavillas en la era» (Mi. 4:12).

1 **Jesús se acercaba a Jericó**
2 **Un hombre estaba en gran necesidad**
a. Era ciego
b. Era pobre
3 **Un hombre tenía gran esperanza en Jesús**
a. Creyó lo que había oído acerca de Jesús
b. Reconoció a Jesús como el Mesías

H. La curación del ciego Bartimeo: pasos para obtener la ayuda de Dios, 18:35-43
(cp. Mt. 20:29-34; Mr. 10:46:52)

35 Aconteció que acercándose Jesús a Jericó, un ciego estaba sentado junto al camino mendigando;
36 y al oír a la multitud que pasaba, preguntó qué era aquello.
37 Y le dijeron que pasaba Jesús nazareno.
38 Entonces dio voces, diciendo:¡Jesús, Hijo de David, ten misericordia de mí!
39 Y los que iban delante le reprendían para que callase; pero él clamaba mucho más: Hijo deDavid, ten misericordia de mí!
40 Jesús entonces, deteniéndose, mandó traerle a su presencia; y cuando llegó le preguntó,
41 diciendo: ¿Qué quieres que te haga? Y él dijo: Señor, que reciba la vista.
42 Jesús le dijo: Recíbela, tu fe te ha salvado.
43 Y luego vio, y le seguía glorificando a Dios; y todo el pueblo, cuando vio aquello, dio alabanza a Dios.

c. Clamó por misericordia
4 **Un hombre persistía irrenunciablemente en buscar a Jesús**
5 **Un hombre tuvo la osadía de pedir grandes cosas de Dios**
a. Jesús se detuvo y lo hizo llamar
b. El hombre expresó su anhelo
c. El hombre fue salvado por fe
6 **Un hombre tuvo gratitud para glorificar a Dios**

H. La curación del ciego Bartimeo: pasos para obtener la ayuda de Dios, 18:35-43

(18:35-43) ***Introducción:*** el ciego Bartimeo demostró con absoluta claridad cómo los hombres pueden obtener la ayuda de Dios.

1. Jesús se acercaba a Jericó (v. 35)
2. Un hombre estaba en gran necesidad (v. 35)
3. Un hombre tenía gran esperanza en Jesús (vv. 36-38)
4. Un hombre persistía irrenunciablemente en buscar a Jesús (v. 39)
5. Un hombre tuvo la osadía de pedir grandes cosas de Dios (vv. 40-42)
6. Un hombre tuvo gratitud para glorificar a Dios (v. 43)

[1] (18:35) ***Las Escrituras, discrepancias:*** Jesús estaba cerca de Jericó, a punto de entrar a la ciudad. Estaba camino a Jerusalén, donde moriría. Su rostro estaba decidido a cumplir el propósito para el cual Dios lo había enviado al mundo. (*Véase* Estudio a fondo 1—Lc. 9:51.) Jericó distaba solamente diecisiete millas [27 km.] de Jerusalén, de modo que estaban casi al final del viaje. Tan cerca estaba la cruz; era una realidad que le esperaba de manera inmediata.

Aparentemente hay dos grandes discrepancias entre los tres relatos evangélicos referidos a este evento, que deben ser mencionadas.

1. El lugar donde ocurrió la curación de Bartimeo. Lucas dijo que tuvo lugar mientras Jesús estaba «acercándose» a Jericó; Mateo y Marcos dicen que el evento tuvo lugar cuando «salía» de Jericó. Aparentemente ocurrió lo que sucede con frecuencia en una gran ciudad. Había una vieja Jericó (la que tantas veces se menciona en el Antiguo Testamento), y una nueva Jericó, construida por Herodes el Grande; o, como diríamos actualmente, un sector viejo y un sector nuevo de la ciudad. Aparentemente Mateo y Marcos se referían o al sector viejo o al nuevo, sector del que Jesús salía; Lucas se refiere al otro sector, al que Jesús estaba entrando. También es posible que los dos ciegos comenzaron a clamar mientras Jesús entraba a la ciudad, pero necesitaban ser fortalecidos en su fe mediante la persistencia, de modo que Jesús esperó hasta el momento de salir de la ciudad antes de responder al clamor de ellos.

2. El número de ciegos involucrados. Mateo dice que eran dos; Marcos y Lucas mencionan uno; y Marcos dice que se llamaba Bartimeo. La explicación más sencilla es que ocurrió lo que con frecuencia ocurre en una conversación común en la que se relata un acontecimiento: sólo se menciona al protagonista o a la persona prominente. En este caso particular, la persona prominente fue Bartimeo. Por eso, Bartimeo es el único ciego mencionado por Marcos y Lucas.

Note que ignoramos lo que realmente pasó. Sin embargo, cuando vayamos al cielo, Dios revelará que las *aparentes* discrepancias, eran sólo eso, discrepancias aparentes que nos dieron otra oportunidad de confiar en Él y en su Palabra.

[2] (18:35) ***Los necesitados:*** un hombre estaba en gran necesidad. El ciego no podía estar más necesitado, estaba desesperadamente necesitado. Durante años había sido ciego, quizá durante toda su vida, sin esperanza de ver jamás. Su conocimiento de las cosas y de la gente estaba basado en lo que imaginaba por lo que palpaba, u oía o paladeaba. Sólo podía ir a lugares donde lo llevaban, o a los que podía llegar a tientas. Aun entonces a veces tropezaría y caería. Estaba condenado a vivir en completa oscuridad, sin ver jamás sino el negro total, durante toda su vida. Lo peor era que lo sabía. Sabía que nunca podría ser normal, nunca encajaría y nunca sería totalmente aceptado por la gente normal.

Además era pobre. Debía pedir limosnas para sobrevivir, y todos los días sufría la humillación de ser un mendigo. No tenía quien cuidase de él, ni familia ni vecino, ni grupo social. Estaba a merced de sí mismo, totalmente solo para defenderse y luchar por su sustento. Cuántas veces se habrá acostado con hambre, sufriendo agudos dolores estomacales o náuseas por la falta de comida. Estaba desesperadamente necesitado, y lo sabía.

[3] (18:36-38) ***Buscar a Jesús—esperanza:*** un hombre tenía gran esperanza en Jesús. Sentado junto al camino sintió a lo largo del día todo tipo de conmoción. El camino era un ruta principal, una de las mayores rutas comerciales de aquel tiempo. En esa época particular los peregrinos procedentes de todo el mundo conocido llenaban la ruta; por eso la conmoción era más ruidosa y más febril que de costumbre. De pronto el ciego oyó que pasaba una multitud. Al preguntar qué ocurría alguien le dijo que venía Jesús de Nazaret.

1. El ciego había oído de Jesús de Nazaret y había *creído lo que le dijeron.* Aparentemente esperaba la «consolación de Israel». Tan pronto oyó que Jesús de Nazaret estaba pasando, supo quien era, comenzando inmediatamente a clamar. Esto nos dice que ya había estado pensando en la posibilidad de que Jesús pasara por su camino. La esperanza ya había nacido en su corazón, y

ahora, a pesar de no poder ver, tenía ante si la oportunidad de su vida. Lo que hay que notar es esto: basado en los informes oídos ya había *creído* en la venida del Mesías. La fe ya había nacido en su corazón, al menos en cierta medida.

«¿Quién ha creído a nuestro anuncio? ¿Y sobre quién se ha manifestado el brazo de Jehová?» (Is. 53:1; cp. Jn. 12:38; Ro. 10:16).

«Porque dice: En tiempo aceptable te he oído, y en día de salvación te he socorrido. He aquí ahora el tiempo aceptable; he aquí ahora el día de salvación» (2 Co. 6:2).

2. El ciego reconoció a Jesús como Mesías. Llamó a Jesús «Jesús, Hijo de David». Esta expresión se usa solamente dos veces en Lucas (cp. Lc. 20:41). Era un título del Mesías. (*Véanse* notas—Lc. 3:24-31; 18:38; 7:21-23.) Aunque tenía un concepto inadecuado de Jesús, el hecho era real. Jesús era el hijo de David predicho desde el comienzo; sin embargo, era más, mucho más. Era el Hijo de Dios mismo. Note no obstante, que el ciego se acercó a Jesús basado en el conocimiento que tenía. Usó lo que entendía, y en su desesperante necesidad clamó a Jesús.

Pensamiento. Todo cuanto el hombre debe hacer es *usar lo que conoce* y tiene, y con ello clamar a Dios. Dios ayudará al hombre a crecer en el conocimiento a medida que sigue buscando su ayuda, no importa cual sea la necesidad.

«Para que busquen a Dios, si en alguna manera, palpando, puedan hallarle, aunque ciertamente no está lejos de cada uno de nosotros» (Hch. 17:27).

«Buscad a Jehová y su poder; buscad siempre su rostro» (Sal. 105:4).

«Buscad a Jehová todos los humildes de la tierra, los que pusisteis por obra su juicio; buscad justicia, buscad mansedumbre; quizá seréis guardados en el día del enojo de Jehová» (Sof. 2:3).

«Buscad a Jehová mientras puede ser hallado, llamadle en tanto que está cercano» (Is. 55:6).

3. El ciego clamó por misericordia. Esto es significativo. Era ciego y pobre, y tenía que mendigar todos los días para su sustento. Pero note que no pidió comida, ropa o techo. No estaba preocupado por las necesidades básicas de la vida. Lo que le preocupaba era la misericordia de Dios sobre su vida.

«Y su misericordia es de generación en generación a los que le temen» (Lc. 1:50).

«Mas el publicano, estando lejos, no quería ni aun alzar los ojos al cielo, sino que se golpeaba el pecho, diciendo: Dios, sé propicio a mí pecador. Os digo que éste descendió a su casa justificado antes que el otro...» (Lc. 18:13-14).

«Pero Dios, que es rico en misericordia, por su gran amor con que nos amó, aun estando nosotros muertos en pecados, nos dio vida juntamente con Cristo (por gracia sois salvos)» (Ef. 2:4-5).

«Ten misericordia de mí, oh Jehová, porque estoy enfermo; sáname, o Jehová porque mis huesos se estremecen. Mi alma también está muy turbada; y tú, Jehová, ¿hasta cuándo?» (Sal. 6:2-3).

«Oye, oh Jehová, mi voz con que a ti clamo; ten misericordia de mí, y respóndeme» (Sal. 27:7).

«Ten piedad de mí, oh Dios, conforme a tu misericordia; conforme a la multitud de tus piedades borra mis rebeliones» (Sal. 51:1).

«Muéstranos, oh Jehová, tu misericordia, y danos tu salvación» (Sal. 85:7).

«Vengan a mí tus misericordias, para que viva, porque tu ley es mi delicia» (Sal. 119:77).

«Rasgad vuestro corazón, y no vuestros vestidos, y convertíos a Jehová vuestro Dios; porque misericordioso es y clemente, tardo para la ira y grande en misericordia, y que se duele del castigo» (Jl. 2:13).

«Tú, enemiga mía, no te alegres de mí, porque aunque caí, me levantaré; aunque more en tinieblas, Jehová será mi luz» (Mi. 7:8).

ESTUDIO A FONDO 1

(18:38) ***Jesucristo, títulos, Hijo de David:*** el título «Hijo de David» es común en toda la Biblia. (Cp. Mt. 12:23; 15:22; 20:30-31; 21:9, 15; Hch. 2:29-36; Ro. 1:3; 2 Ti. 2:8; Ap. 22:16.) Era el título común y el concepto popular del Mesías. Generación tras generación de judíos habían anhelado y esperado al prometido libertador de Israel. La gente esperaba que fuese un gran general que librase y restaurase a la nación devolviéndole su grandeza. En efecto, esperaban que hiciera de la nación el centro del gobierno universal. Bajo la mano de Dios conquistaría al mundo y centraría la gloria y majestad de Dios mismo en Jerusalén. Desde su trono, el trono de David, Él (el Hijo de David, el Mesías) ejecutaría «el fuego mesiánico del juicio» sobre las naciones y la gente del mundo (*véanse* Estudio a fondo 2—Mt. 1:18; Estudio a fondo 3—3:11; notas—11:1-6; 11:2-3; Estudio a fondo 1—11:5; Estudio a fondo 2—11:6; Estudio a fondo 1—12:16; 22:42; Lc. 7:21-23. La referencia a estas notas mostrará cuál era el concepto que los judíos tenían del Mesías.)

4 (18:39) ***Persistencia:*** un hombre persistía irrenunciablemente en buscar a Jesús. Este es un ejemplo excelente del tipo de persistencia que obtiene la ayuda de Dios.

1. Algunas de las personas que estaban con Jesús amonestaron al ciego. Trataron de silenciarlo, querían que dejase de clamar al Señor. No se nos dice por qué, pero ellos se opusieron al ciego. El ciego tuvo motivos sobrados para desalentarse, porque era ciego y no podía abrirse camino entre la multitud. Lo único que podía hacer era gritar, y algunos incluso intentaban de impedírselo. Pudo haber cedido fácilmente y renunciado, porque todo parecía tan inútil.

2. Note lo que hizo: «clamaba mucho más». No cedería ni se callaría. Jesús era su esperanza, la única oportunidad de alcanzar misericordia. Ninguna otra persona podía tener misericordia de él o suplir su necesidad. Podían alimentarlo, vestirlo y darle casa; pero no podían suplir la clamorosa necesidad de su corazón, ni sanar la ceguera de sus ojos y de su espíritu. Su fe en Jesús era fuerte; por eso no se dejaría detener. Su fe luchó contra todos los obstáculos: la oposición de la multitud y el ruido por encima del cual debía hacerse oír. Su fe clamó con fuerza cada vez mayor, anhelando desesperadamente que Dios le hiciera oír a Jesús.

«Pedid, y se os dará; buscad y hallaréis; llamad, y se os abrir» (Mt. 7:7).

«Mas si de allí buscares a Jehová tu Dios, lo hallarás, si lo buscares de todo tu corazón y de toda tu alma» (Dt. 4:29).

«Pero así dice Jehová a la casa de Israel: Buscadme, y viviréis» (Am. 5:4).

Pensamiento. Perseverancia; resistir y oponerse a todos los obstáculos, es la respuesta para obtener ayuda de Dios. Dios no puede hacer oídos sordos al clamor perseverante de una desesperante necesidad, al menos no si la persona clama y clama pidiendo ayuda, sin ceder. Dios ha prometido escuchar y responder a la *perseverancia que no cede* (cp. Lc. 11:8-13; 18:1-8).

5 (18:40) ***Oración—buscar a Dios:*** un hombre tuvo la osadía de pedir grandes cosas de Dios. Note tres hechos significativos.

1. La persistencia del hombre detuvo a Jesús. Imagine la escena. Jesús oyó el clamor y el timbre desesperado del mismo. Se detuvo y miró alrededor. Permaneciendo totalmente quieto en el lugar recorrió con la vista la multitud hasta que hubo silencio sepulcral. Entonces, perforando el silencio se oyó el grito desesperado: «¡Jesús, Hijo de David, ten misericordia de mí!».

Pensamiento. Hay un simbolismo en esta escena: la gran necesidad de quietud y silencio para que Jesús nos oiga. Hay momentos en que la multitud debe ser silenciada, sosegada, para que Jesús pueda escuchar nuestro clamor por misericordia. Nada debe poder interferir con nuestro diario *tiempo de quietud* con el Señor. Cuántas de nuestras necesidades serían suplidas más rápido si perseverasemos diariamente en un *tiempo de quietud*, clamando al Señor por misericordia.

«Estad quietos, y conoced que yo soy Dios; seré exaltado entre las naciones; enaltecido seré en la tierra» (Sal. 46:10).

«Mas Jehová está en su santo templo; calle delante de él toda la tierra» (Hab. 2:20).

Calle toda carne delante de Jehová; porque él se ha levantado de su santa morada» (Zac. 2:13).

2. El ciego pidió que se hiciera un gran prodigio. Imagine: ser verdaderamente ciego y pedir a otro, parado allí, que le haga ver. Algo increíble, sin embargo el ciego creyó. Creyó en el que estaba parado delante suyo, *creyendo lo que había oído de él*: que Jesús era el Mesías y que poseía el poder de Dios mismo. Era capaz de hacer cualquier cosa, de manera que el ciego le pidió suplir la mayor necesidad de su vida. No había por qué pedir nada menos; Jesús era quien poseía el poder de Dios. Y Jesús lo había llamado a acercarse y a pedir lo que necesitaba. Era un momento para tener coraje, el tipo de coraje que pide grandes cosas a Dios, aun cuando parecen imposibles.

«Y todo lo que pidiereis en oración, creyendo, lo recibiréis» (Mt. 21:22).

«Y todo lo que pidiereis al Padre en mi nombre, lo haré, para que el Padre sea glorificado en el Hijo» (Jn. 14:13).

«Si permanecéis en mí, y mis palabras permanecen en vosotros, pedid todo lo que queréis, y os será hecho» (Jn. 15:7).

«Hasta ahora nada habéis pedido en mi nombre; pedid, y recibiréis, para que vuestro gozo sea cumplido» (Jn. 16:24).

«Y esta es la confianza que tenemos en él, que si pedimos alguna cosa conforme a su voluntad, él nos oye. Y si sabemos que él nos oye en cualquier cosa que pidamos, sabemos que tenemos las peticiones que le hayamos hecho» (1 Jn. 5:14-15).

«Y antes que clamen, responderé yo; mientras aún hablan, yo habré oído» (Is. 65:24).

«Clama a mí y yo te responderé, y te enseñaré cosas grandes y ocultas que tú no conoces» (Jer. 33:3).

3. Jesús concedió lo pedido. Le dio la vista y lo salvó. El ciego había dado tres pasos cruciales. Había...

- creído los informes de que Jesús era el Mesías prometido (Ro. 10:13-17, esp. 16).
- clamado por misericordia.
- perseverado y persistido, y se había rehusado a ceder a pesar de todo tipo de obstáculos.

Por eso, Jesús lo salvó dándole la vista y salvando su alma. Fue sanado en forma completa, persona interior y exterior; el espíritu tanto como el cuerpo (*véase* nota: Mt. 14:36).

«Por lo cual puede también salvar perpetuamente a los que por él se acercan a Dios, viviendo siempre para interceder por ellos» (He. 7:25).

«Pero sin fe es imposible agradar a Dios; porque es necesario que el que se acerca a Dios crea que le hay, y que es galardonador de los que le buscan» (He. 11:6).

«Encomienda a Jehová tu camino, y confía en él; y él hará» (Sal. 37:5).

«Fíate de Jehová de todo tu corazón, y no te apoyes en tu propia prudencia» (Pr. 3:5).

«Confiad en Jehová perpetuamente, porque en Jehová el Señor está la fortaleza de los siglos» (Is. 26:4).

6 (18:43) ***Testificar—coraje:*** un hombre tuvo gratitud para glorificar a Dios, el coraje de convertirse en testigo de Cristo.

1. Note que siguió inmediatamente a Cristo.

«¿Por qué, pues, no pusiste mi dinero en el banco, para que al volver yo, lo hubiera recibido con los intereses?» (Lc. 19:23).

«Mis ovejas oyen mi voz, y yo las conozco, y me siguen» (Jn. 10:27).

«Si alguno me sirve, sígame; y donde yo estuviere, allí también estará mi servidor. Si alguno me sirviere, mi padre le honrará» (Jn. 12:26).

«Sed, pues, imitadores de Dios como hijos amados» (Ef. 5:1).

«Por tanto, de la manera que habéis recibido a Jesucristo, andad en él» (Col. 2:6).

«Pues para esto fuisteis llamados; porque también Cristo padeció por nosotros, dejándonos ejemplo, para que sigáis sus pisadas» (1 P. 2:21).

«El que dice que permanece en él, debe andar como él anduvo» (1 Jn. 2:6).

2. Note que glorificó a Dios induciendo a que otros también lo glorifiquen.

«Así alumbre vuestra luz delante de los hombres, para que vean vuestras buenas obras, y glorifiquen a vuestro Padre que está en los cielos» (Mt. 5:16).

«Para que unánimes, a una voz, glorifiquéis al Dios y Padre de nuestro Señor Jesucristo» (Ro. 15:6).

«Porque habéis sido comprados por precio; glorificad, pues, a Dios en vuestro cuerpo y en vuestro espíritu, los cuales son de Dios» (1 Co. 6:20).

«Para que el nombre de nuestro Señor Jesucristo sea glorificado en vosotros, y vosotros en él, por la gracia de nuestro Dios y del Señor Jesucristo» (2 Ts. 1:12).

«Así que, ofrezcamos siempre a Dios, por medio de él, sacrificio de alabanza, es decir, fruto de labios que confiesen su nombre» (He. 13:15).

«Mas vosotros sois linaje escogido, real sacerdocio, nación santa, pueblo adquirido por Dios, para que anunciéis las virtudes de aquel que os llamó de las tinieblas a su luz admirable» (1 P. 2:9).

«Cantad a Jehová, que habita en Sion; publicad entre los pueblos sus obras» (Sal. 9:11).

«Te alaben los pueblos, oh Dios; todos los pueblos te alaben» (Sal. 67:3).

1 **Zaqueo, el jefe de los cobradores de impuestos, un hombre muy rico**

2 **Primero, estaba desesperado por ver a Jesús: quería ver quién era**
a. Quedó detrás de la multitud
b. Persistió

3 **Segundo, recibió la invitación de Jesús**

CAPÍTULO 19

I. Conversión de Zaqueo: el significado de la conversión, 19:1-10

Habiendo entrado Jesús en
Jericó, iba pasando por la
ciudad.
2 Y sucedió que un varón
llamado Zaqueo, que era jefe
de los publicanos, y rico,
3 procuraba ver quién era
Jesús; pero no podía a causa
de la multitud, pues era
pequeño de estatura.
4 Y corriendo delante, subió
a un árbol sicómoro para verle;
porque había de pasar por allí.
5 Cuando Jesús llegó a aquel
lugar, mirando hacia arriba, le
vio, y le dijo: Zaqueo, date
prisa, desciende, porque hoy
es necesario que pose yo en
tu casa.
6 Entonces él descendió
aprisa, y le recibió gozoso.
7 Al ver esto, todos murmuraban, diciendo que había
entrado a posar con un hombre pecador.
8 Entonces Zaqueo, puesto
en pie, dijo al Señor: He aquí,
Señor, la mitad de mis bienes
doy a los pobres; y si en algo
he defraudado a alguno, se
lo devuelvo cuadruplicado.
9 Jesús le dijo: Hoy ha
venido la salvación a esta
casa; por cuanto él también
es hijo de Abraham.
10 Porque el Hijo del Hombre vino a buscar y a salvar
lo que se había perdido.

a. Jesús lo vio
b. Jesús lo llamó por su nombre
c. Pidió que lo recibiera
d. Zaqueo obedeció

4 **Tercero, arrepentirse es cambiar toda la forma de vivir**
a. Zaqueo era un pecador
b. Se arrepintió y cambió su forma de vivir

5 **Cuarto, miró a Jesús como al Salvador**

I. Conversión de Zaqueo: el significado de la conversión, 19:1-10

(19:1-10) ***Introducción:*** la experiencia de Zaqueo ilustra claramente el significado de la conversión. El hecho de que una persona pueda convertirse debe despertar esperanza en todo corazón que realmente siente la necesidad y desea encontrar a Dios como si fuera cara a cara.

1. Zaqueo, el jefe de los cobradores de impuestos, un hombre muy rico.
2. Primero, estaba desesperado por ver a Jesús: quería ver quién era (vv. 1-2).
3. Segundo, recibió la invitación de Jesús (vv. 3-4).
4. Tercero, arrepentirse es cambiar toda la forma de vivir (vv. 5-6).
5. Cuarto, miró a Jesús como al Salvador (vv. 7-8).

1 (19:1-2) ***Recaudador de impuestos:*** Zaqueo, el jefe de los cobradores de impuestos, era un hombre muy rico. Esta es la única vez que se usa el título «jefe» en relación con un cobrador de impuestos. Se desconoce su significado. Probablemente se refiera a la cabeza de la oficina local de impuestos; por eso, Zaqueo probablemente sería responsable ante el gobierno romano por el empleo y la supervisión de los cobradores locales y sus dineros. (*Véase* Estudio a fondo 1— Lc. 5:27.) Note dos cosas referidas a Zaqueo.

1. Tenía todos los placeres y comodidades de la vida que el dinero podía comprar.
2. Era un hombre para quien sería muy difícil entrar al reino de los cielos. Su dinero constituía una seria amenaza para su salvación, tal como ocurre con todos los ricos. Sería difícil renunciar a todo lo que tenía para seguir a Jesús. La persona tiende a *amar* su dinero y las cosas que puede hacer con él (*véanse* bosquejo y notas—18:24-27).

2 (19:3-4) ***Buscar a Jesús—conversión:*** primero, convertirse significa estar desesperado por ver a Jesús, por ver quién es Él. Note tres hechos.

1. Zaqueo demostró estar desesperado por ver a Jesús. A pesar de su riqueza y de los placeres y el confort que gracias a ellas disfrutaba, el interior de su corazón estaba aparentemente vacío y solo. Esto es fácil de imaginarse puesto que los cobradores de impuestos eran intensamente aborrecidos por la gente. (*Véase* Estudio a fondo 1—Lc. 5:27.) Además Zaqueo era de baja estatura, por lo que probablemente era consciente de sí mismo sintiéndose inferior y teniendo una pobre imagen de sí mismo. Siendo de estatura tan baja, era peligroso para él estar en medio de una multitud que lo aborrecía. Todas las indicaciones señalan que se le negó pasar entre medio de la multitud, probablemente fue empujado hacia atrás y sometido a abuso. Por eso es aun más evidente su desesperada determinación y persistencia.

> **«Mas si de allí buscares a Jehová tu Dios, lo hallarás, si lo buscares de todo tu corazón y de toda tu alma» (Dt. 4:29).**
>
> **«Buscad a Jehová mientras pueda ser hallado, llamadle en tanto que está cercano» (Is. 55:6).**
>
> **«Y me buscaréis y me hallaréis, porque me buscaréis de todo vuestro corazón» (Jer. 29:13).**
>
> **«Sembrad para vosotros en justicia, segad para vosotros en misericordia; haced para vosotros barbecho; porque es el tiempo de buscar a Jehová, hasta que venga y os enseñe justicia» (Os. 10:12).**

2. Zaqueo perseveró en su intención de ver a Jesús, y para ello tuvo que humillarse. Imagine a Zaqueo, un hombre de alta posición, rico, trepándose a un árbol solamente para ver pasar a una persona importante. Tanto deseaba ver a Jesús que se olvidó de todos los que lo rodeaban y se humilló y se trepó a un árbol. Estaba determinado a ver a Jesús; nada lo detendría.
3. Probablemente Zaqueo ya había sentido, desde algún tiempo, el despertar de la fe en su corazón. Había escuchado que Jesús era el Mesías, y probablemente oyó de cómo salvó y llamó a Mateo, otro cobrador de impuestos, a que fuese su discípulo. Zaqueo había comenzado a *creer lo que oía*, o al menos a preguntarse y a esperar que esos informes fueran ciertos. Sus esfuerzos por ver a Jesús, y lo que pasó después, son evidencia de un despertar, de alguna esperanza empujándolo a ver a Jesús.

> **«A todos los sedientos: Venid a las aguas; y los que no tienen dinero, venid, comprad y comed. Venid, comprad sin dinero y sin precio, vino y leche» (Is. 55:1).**
>
> **«Venid a mí todos los que estáis trabajados y cargados, y yo os haré descansa» (Mt. 11:28).**
>
> **«Porque no tenemos un sumo sacerdote que no pueda**

compadecerse de nuestras debilidades, sino uno que fue tentado en todo según nuestra semejanza, pero sin pecado. Acerquémonos, pues, confiadamente al trono de la gracia, para alcanzar misericordia y hallar gracia para el oportuno socorro» (He. 4:15-16).

3 (19:5-6) *Conversión:* segundo, convertirse es recibir la invitación de Jesús. Note varios temas.

1. Jesús «mirando hacia arriba, le vio». Jesús ve a todos los hombres, no importa dónde estén, en los lugares oscuros de su pecado y vergüenza, en sus hogares, o trabajo o diversión, en su búsqueda por conocer la verdad. Jesús ve todo lo referido al hombre, pero hay una persona en particular que Él ve. Ve a la persona que le busca. Jesús la ve en el sentido de conocer su necesidad y de extenderse hacia ella para suplirla.

Zaqueo es un ejemplo. Estaba desesperado por ver a Jesús, de modo que venció los obstáculos y encontró un sitio desde donde ver a Jesús. El lugar que encontró le implicó humillarse y exponerse ante la gente que lo odiaba intensamente; sin embargo, estuvo dispuesto a sufrir lo que fuese con tal de ver al Salvador. Y, debido a que Zaqueo puso tanta diligencia en ver a Jesús, Jesús lo vió a Él.

2. Jesús lo conocía y lo llamó por su nombre. Esto debió hacer un impacto en Zaqueo, fue algo muy significativo para él. Cuando cualquier persona, especialmente un extraño, nos llama por nuestro nombre, nuestros oídos se agudizan y nuestros sentidos se alertan. Jesús conoce el nombre de toda persona (cp. Jn. 1:48; Is. 43:1). Quiere dirigirse a cada uno de nosotros llamándonos por nombre, pero debemos dejar que lo haga. Debemos hacer lo que hizo Zaqueo: buscar y hallar un lugar desde donde ver a Jesús, entonces Jesús nos verá a nosotros y nos llamará por nuestro nombre.

«Y le trajo a Jesús. Y mirándole Jesús, dijo: Tú eres Simón, hijo de Jonás; tú serás llamado Cefas (que quiere decir, Pedro)» (Jn. 1:42).

«A éste abre el portero, y las ovejas oyen su voz; y a sus ovejas llama por nombre, y las saca» (Jn. 10:3).

«Yo soy el buen pastor; y conozco mis ovejas, y las mías me conocen» (Jn. 10:14).

«Pero si alguno ama a Dios, es conocido por él» (1 Co. 8:3).

«Mas ahora, conociendo a Dios, o más bien, siendo conocidos por Dios, ¿cómo es que os volvéis de nuevo a los débiles y pobres rudimentos, a los cuales os queréis volver a esclavizar?» (Gá. 4:9).

«Apártese de iniquidad todo aquel que invoca el nombre de Cristo» (2 Ti. 2:19).

«Ahora, así dice Jehová, Creador tuyo, oh Jacob, y Formador tuyo, Oh Israel: No temas, porque yo te redimí; te puse nombre, mío eres tú» (Is. 43:1).

3. Jesús pidió ser recibido, y pronto. Iba camino a Jerusalén y no podía demorarse demasiado. No había tiempo que perder. Jesús quería entrar al hogar, ser recibido y hospedado por Zaqueo; pero Zaqueo tenía que actuar enseguida, en ese momento y en ese lugar. Jesús solamente disponía de unas horas antes de continuar para cumplir su propósito. Aquel era el momento de la oportunidad, aquel día. El día siguiente sería tarde. Ya no habría necesidad, ni lucha, ni espíritu de búsqueda en el corazón de Zaqueo.

«Venid a mí todos los que estáis trabajados y cargados, y yo os haré descansar» (Mt. 11:28).

«He aquí, yo estoy a la puerta y llamo; si alguno oye mi voz y abre la puerta, entraré a él, y cenaré con él, y él conmigo» (Ap. 3:20).

«Lo que hemos visto y oído, eso os anunciamos, para que también vosotros tengáis comunión con nosotros; y nuestra comunión verdaderamente es con el Padre, y con su Hijo Jesucristo» (1 Jn. 1:3).

«Fiel es Dios, por el cual fuistes llamados a la comunión con su Hijo Jesucristo nuestro Señor» (1 Co. 1:9).

«Y el Espíritu y la Esposa dicen: Ven. Y el que oye, diga: Ven. Y el que tiene sed venga; y el que quiera, tome del agua de la vida gratuitamente» (Ap. 22:17).

«Venid luego, dice Jehová, y estemos a cuenta: si vuestros pecados fueren como la grana, como la nieve serán emblanquecidos; si fueren rojos como el carmesí, vendrán a ser como blanca lana» (Is. 1:18).

«A todos los sedientos: Venid a las aguas; y los que no tienen dinero, venid, comprad y comed. Venid, comprad sin dinero y sin precio, vino y leche» (Is. 55:1).

4. Zaqueo *obedeció* ; se apuró y recibió gozosamente a Jesús.

«Mas todos los que le recibieron, a los que creen en su nombre, les dio potestad de ser hechos hijos de Dios» (Jn. 1:12).

«Porque dice: En tiempo aceptable te he oído, y en día de salvación te he socorrido. He aquí ahora el tiempo aceptable; he aquí ahora el día de salvación» (2 Co. 6:2).

4 (19:7-8) *Conversión—arrepentimiento—restitución:* en tercer lugar, convertirse es arrepentirse, es decir cambiar toda la forma de vivir.

1. Zaqueo era un pecador. Note que «todos murmuraban». Todos sabían que Zaqueo era un traidor de su patria, sirviendo al poder extranjero de Roma. Y Zaqueo mismo sabía que era un pecador, traidor y ladrón; sabía que había robado mucho dinero. El tema es doble.

a. Zaqueo era un pecador y estuvo dispuesto a confesar su necesidad del Salvador.

«A cualquiera, pues, que me confiese delante de los hombres, yo también le confesaré delante de mi Padre que está en los cielos» (Mt. 10:32).

«Que si confesares con tu boca que Jesucristo es el Señor, y creyeres en tu corazón que Dios le levantó de los muertos, serás salvo» (Ro. 10:9).

«Todo aquel que niega al Hijo, tampoco tiene al Padre. El que confiesa al Hijo, tiene también al Padre» (1 Jn. 2:23).

«Todo aquel que confiese que Jesús es el Hijo de Dios, Dios permanece en él, y él en Dios» (1 Jn. 4:15).

b. La multitud, esto es, el populacho en general, demostró sentirse autosuficiente. No querían que Jesús comiera y se asociara con pecadores conocidos y confesos. Note que su pecado fue el murmurar y protestar y quejarse, es decir, los mismos grandes pecados de Israel en el desierto. Sencillamente malentendieron el propósito de Jesús al venir a la tierra, el propósito de salvar a los pecadores.

«Respondiendo Jesús, les dijo: Los que están sanos no tienen necesidad de médico, sino los enfermos. No he venido a llamar a justos, sino a pecadores al arrepentimiento» (Lc. 5:31-32).

«Mas Dios muestra su amor con para con nosotros, en que siendo aún pecadores, Cristo murió por nosotros» (Ro. 5:8).

«Palabra fiel y digna de ser recibida por todos: que Cristo Jesús vino al mundo para salvar a los pecadores, de los cuales yo soy el primero» (1 Ti. 1:15).

2. Zaqueo se arrepintió y cambió toda su forma de vivir; se volvió totalmente de su vida pecadora a Dios y a su camino de justicia.

a. Dio la mitad de sus bienes a los pobres. Hizo exactamente lo que Jesús había dicho una y otra vez, e hizo exactamente lo que se rehusó hacer el joven rico (Lc. 18:18-24).

«Y decía a todos: Si alguno quiere venir en pos de mí, niéguese a sí mismo, tome su cruz cada día, y sígame. Porque todo el que quiera salvar su vida, la perderá; y todo el que pierda su vida por causa de mí, éste la salvará. Pues ¿qué aprovecha al hombre, si gana todo el mundo, y se destruye o se

pierde a sí mismo?» (Lc. 9:23-25).

«Pero dad limosna de lo que tenéis, y entonces todo os será limpio» (Lc. 11:41).

«Vended lo que poseéis, y dad limosna; haceos bolsas que no se envejezcan, tesoro en los cielos que no se agote, donde ladrón no llega, ni polilla destruye» (Lc. 12:33).

«Jesús, oyendo esto, le dijo: Aún te falta una cosa: vende todo lo que tienes, y dalo a los pobres, y tendrás tesoro en el cielo; y ven, sígueme» (Lc. 18:22).

«El que hurtaba, no hurte más, sino trabaje, haciendo con sus manos lo que es bueno para que tenga qué compartir con el que padece necesidad» (Ef. 4:28).

«A los ricos de este siglo manda que no sean altivos, ni pongan la esperanza en las riquezas, las cuales son inciertas, sino en el Dios vivo, que nos da a todos las cosas en abundancia para que las disfrutemos. Que hagan bien, que sean ricos en buenas obras, dadivosos, generosos» (1 Ti. 6:17-18).

b. Les devolvió a quienes les había robado; les devolvió *cuatro veces* más de lo que había tomado. Por un tiempo la *restitución* llegó a ser lo más importante de su vida. Pensar en toda la gente a quien le había robado, tomando cuanto podía de ellos. Imagine la lista de personas y el tiempo que tomaría saldar con todas.

«Entonces habiendo pecado y ofendido, restituirá aquello que robó, o el daño de la calumnia, o el depósito que se le encomendó, o lo perdido que halló» (Lv. 6:4).

«Pero si es sorprendido, pagará siete veces; entregará todo el haber de su casa» (Pr. 6:31).

«Yo buscaré la perdida, y haré volver al redil la descarriada, vendaré la perniquebrada, y fortaleceré la débil; mas a la engordada y a la fuerte destruiré; las apacentaré con justicia» (Ez. 34:16; cp. 1 R. 20:34; 2 R. 8:6; Neh. 5:12).

La cuestión es que este pecador, Zaqueo, se arrepintió verdaderamente. Fue sincero en cuanto a seguir a Cristo y vivir justamente. (*Véase* Estudio a fondo 1, ***Arrepentimiento***—Hch. 17:29-31.)

«Os digo: No; antes si no os arrepentís, todos pereceréis igualmente» (Lc. 13:3).

«Así que, arrepentíos y convertíos, para que sean borrados vuestros pecados; para que vengan de la presencia del Señor tiempos de refrigerio» (Hch. 3:19).

«Arrepiéntete, pues, de esta tu maldad, y ruega a Dios, si quizá te sea perdonado el pensamiento de tu corazón» (Hch. 8:22).

«Deje el impío su camino, y el hombre inicuo sus pensamientos, y vuélvase a Jehová, el cual tendrá de él, misericordia, y al Dios nuestro, el cual será amplio en perdonar» (Is. 55:7).

«Mas el impío, si se apartare de todos sus pecados que hizo, y guardare todos mis estatutos e hiciere según el derecho y la justicia, de cierto vivirá; no morirá» (Ez. 18:21).

5 (19:9-10) ***Jesucristo, misión:*** cuarto, convertirse es mirar a Jesús como Salvador.

1. Jesús es el que proclama salvación. Proclamó dos cosas:
   a. Que el arrepentimiento salvó a Zaqueo, y que Zaqueo llevaría el mensaje de salvación a toda su casa.

«El que creyere y fuere bautizado, será salvo; mas el que no creyere, será condenado» (Mr. 16:16).

«Y sacándolos, les dijo: Señores, ¿qué debo hacer para ser salvo? Ellos dijeron: Cree en el Señor Jesucristo, y serás salvo, tú y tu casa» (Hch. 16:30-31).

   b. Zaqueo fue un auténtico hijo de Abraham, un hijo espiritual.

«Para que fuese padre [Abraham] de todos los creyentes no circuncidados [que no pasaron un ritual], a fin de que también a ellos la fe les sea contada por justicia» (Ro. 4:11).

«Concluimos, pues, que el hombre es justificado por la fe sin las obras de la ley» (Ro. 3:28).

2. Jesús es el que busca y salva a los perdidos.
   a. Los perdidos son los que están pereciendo, siendo destruidos, perdiendo la vida eterna, y siendo separados de Dios. Los perdidos están espiritualmente destituidos.
   b. Jesús, el que busca y salva a los perdidos, es el que buscó a Zaqueo. Zaqueo se buscó una posición para ver a Jesús, pero Jesús fue quien habló al corazón de Zaqueo, pidiéndole a Zaqueo que lo reciba. Note que Jesús recién salvó a Zaqueo después que éste lo recibió. (Para mayor discusión del tema *véanse* notas—Ro. 10:16-17; nota y Estudio a fondo 1—1 Co. 1:18.)

«¿Qué hombre de vosotros, teniendo cien ovejas, si pierde una de ellas, no deja las noventa y nueve en el desierto, y va tras la que se perdió, hasta encontrarla?» (Lc. 15:4).

«Oyó Jesús que le habían expulsado; y hallándole, le dijo: ¿Crees tú en el Hijo de Dios? Respondió él y dijo: ¿Quién es, Señor, para que crea en él? Le dijo Jesús: Pues le has visto, y el que habla contigo, él es» (Jn. 9:35-37).

«Mas no todos obedecieron al evangelio; pues Isaías dice: Señor, ¿quién ha creído nuestro anuncio? Así que la fe es por el oír, y el oír, por la palabra de Dios» (Ro. 10:16-17).

	J. Parábola de las minas: toda persona será probada, 19:11-27	18 Vino otro, diciendo: Señor, tu mina ha producido cinco minas. 19 Y también a éste dijo: Tú también sé sobre cinco ciudades.	b. El creyente que trabaja 500% recibe 500%
1 Jesús trató de corregir una idea equivocada acerca del reino de Dios	11 Oyendo ellos estas cosas, prosiguió Jesús y dijo una parábola, por cuanto estaba cerca de Jerusalén, y ellos pensaban que el reino de Dios se manifestaría inmediatamente.	20 Vino otro, diciendo: Señor, aquí está tu mina, la cual he tenido guardada en un pañuelo; 21 porque tuve miedo de ti, por cuanto eres hombre severo, que tomas lo que no pusiste, y siegas lo que no sembraste.	c. El creyente que no trabaja no recibe nada
2 Fue a un país lejano a recibir un reino, pero retornará	12 Dijo, pues: Un hombre noble se fue a un país lejano, para recibir un reino y volver.		
3 Insistió: negociad hasta que yo vuelva[EF1, 2]	13 Y llamando a diez siervos suyos, les dio diez minas, y les dijo: Negociad entre tanto que vengo.	22 Entonces él le dijo: Mal siervo, por tu propia boca te juzgo. Sabías que yo era hombre severo, que tomo lo que no puse, y que siego lo que no sembré;	
4 Los ciudadanos del mundo lo aborrecen y rechazan su gobierno	14 Pero sus conciudadanos le aborrecían, y enviaron tras él una embajada, diciendo: No queremos que éste reine sobre nosotros.	23 ¿por qué, pues, no pusiste mi dinero en el banco, para que al volver yo, lo hubiera recibido con los intereses?	
5 Sus siervos serán recompensados de acuerdo al porcentaje de su trabajo[EF3]	15 Aconteció que vuelto él, después de recibir el reino, mandó llamar ante él a aquellos siervos a los cuales había dado el dinero, para saber lo que había negociado cada uno.	24 Y dijo a los que estaban presentes: Quitadle la mina, y dadla al que tiene diez minas. 25 Ellos le dijeron: Señor, tiene diez minas. 26 Pues yo os digo que a todo el que tiene, se le dará; mas al que no tiene, aun lo que tiene se le quitará.	**6 El siervo que trabajó 1.000% recibirá la recompensa que correspondía al siervo infiel, además de su propia recompensa** a. Los otros siervos preguntan por qué b. Porque ese siervo fue tan fiel; estuvo siempre creciendo (1 Co. 15:58)
a. El creyente que trabaja 1.000% recibe 1.000%	16 Vino el primero, diciendo: Señor, tu mina ha ganado diez minas. 17 El le dijo: Está bien, buen siervo; por cuanto en lo poco has sido fiel, tendrás autoridad sobre diez ciudades.	27 Y también aquellos mis enemigos que no querían que yo reinase sobre ellos, traedlos acá, y decapitadlos delante de mí.	**7 Los ciudadanos, enemigos de su gobierno, serán decapitados**

J. Parábola de las minas: toda persona será probada, 19:11-27

(19:11-27) ***Introducción:*** el Señor confía en nosotros; cree en nosotros. Nos da dones, y responsabilidades que atender hasta su retorno. Anhela que seamos fieles y diligentes en nuestro deber; va a recompensar grandemente a los fieles. Pero va a juzgar severamente a los que no hacen nada para ayudar a un mundo perdido y necesitado. (Para mayor discusión *véanse* bosquejo y notas—Mt. 25:14-30.)

1. Jesús trató de corregir una idea equivocada acerca del reino de Dios (v. 11).
2. Fue a un país lejano a recibir un reino, pero retornará (v. 12).
3. Insistió: negociad hasta que yo vuelva (v. 13).
4. Los ciudadanos del mundo lo aborrecen y rechazan su gobierno (v. 14).
5. Sus siervos serán recompensados de acuerdo al porcentaje de su trabajo (vv. 15-23).
6. El siervo que trabajó 1.000% recibirá la recompensa que correspondía al siervo infiel, además de su propia recompensa (vv. 24-26).
7. Los ciudadanos, enemigos de su gobierno, serán decapitados (v. 27).

1 (19:11) ***Reino de Dios—el Mesías, malentendido:*** Jesús trató de corregir una idea equivocada acerca del reino de Dios. Estaba cerca de Jerusalén. Los discípulos y la gente que estaba con él creía que la capital del reino de Dios sería establecida en Jerusalén. Eran muy conscientes de cómo había hablado de Jerusalén y cómo había puesto su rostro cual pedernal en dirección de la ciudad. También creían que el reino «aparecería *inmediatamente*». Creían que tan pronto llegaban a Jerusalén, Jesús iba a inaugurar el reino de Dios, librando a Israel del dominio romano y estableciendo el reino de Dios sobre toda la tierra. A su entender estaba a la mano el clímax de la historia y el comienzo del reino de Dios sobre la tierra. Sabían que con el poder que tenía Jesús podía hacer lo que fuese necesario para subyugar a las naciones y traer la justicia de Dios.

Ahora note que todos los pensamientos de ellos se centraban en esta tierra: en lo temporal y mundano, lo físico y material. Se veían a sí mismos ocupando posiciones de liderazgo y honor, como los príncipes y consejeros de estado (cp. Lc. 22:24-30; Mt. 20:20-28; Mr. 9:33-37). Hay un problema con este concepto: en el mejor de los casos una persona disfrutará el reino terrenal mientras viva los pocos años que dura una vida. Los discípulos sencillamente no pensaban en términos del mundo espiritual:

- en una vida eterna que perdura por siempre.
- en un mundo eterno que realmente existe.
- en un mundo eterno perteneciente a otra dimensión.
- en un mundo eterno que es el mundo real.
- en un mundo eterno que es mucho más real que este mundo físico que se desvanece en su propia corrupción.

Jesús tenía que corregir ese concepto equivocado y enseñarles la verdad acerca del reino de Dios. En la parábola, Jesús es el hombre noble; los ciudadanos son los incrédulos del mundo; los siervos son los que profesan creer en el Señor.

2 (19:12) ***Jesucristo, su retorno:*** el Señor fue a un «país lejano» para recibir un reino, pero retornará. Los siguientes hechos son de importancia.

1. El «país lejano» indica que por un tiempo estará ausente. Lleva su tiempo hacer un viaje largo, encaminar los asuntos pendientes y volver.
2. Ha ido a recibir un reino del Rey de *todo el universo*, de Dios mismo. El cuadro muestra a Jesús sentado a la mano derecha de Dios en gloria, discutiendo con Dios los asuntos de su reino.
3. Va a volver. Por mucho tiempo estará ausente, porque el «país lejano» está a gran distancia. Las discusiones referidas a su reino, su gobierno, y su reinado llevan tiempo; pero va a volver. Llegará el día de su regreso. (*Véase* Estudio a fondo 3, ***Reino de los cielos***—Mt. 19:23-24.)

> **«En la casa de mi Padre muchas moradas hay; si así no fuera, yo os lo hubiera dicho; voy, pues, a preparar lugar para vosotros. Y si me fuere y os preparare lugar, vendré otra vez, y os tomaré a mí mismo, para que donde yo estoy, vosotros también estéis» (Jn. 14:2-3).**
>
> **«Mas Jesús callaba. Entonces el sumo sacerdote le dijo: Te conjuro por el Dios viviente, que nos digas si eres tú el Cristo, el Hijo de Dios. Jesús le dijo: Tú lo has dicho; y además os digo, que desde ahora veréis al Hijo del Hombre sentado a la diestra del poder de Dios, y viniendo en la nubes del cielo» (Mt. 26:63-64).**
>
> **«Entonces verán al Hijo del Hombre, que vendrá en una nube con poder y gran gloria» (Lc. 21:27).**
>
> **«Así también Cristo fue ofrecido una sola vez para llevar los pecados de muchos; y aparecerá por segunda vez, sin relación con el pecado, para salvar a los que le esperan» (He. 9:28).**

3 (19:13) ***Dedicación—ministrar—servicio:*** el Señor insistió diciendo: «Negociad entre tanto que vengo». Note lo que hizo.

1. Llamó a sus siervo. Ya eran sus siervos y pertenecían a su casa; por eso creía en ellos, eran dignos de su confianza. Supuestamente eran personas responsables, totalmente dignas de confianza, porque pertenecían a la casa del Señor mismo.
2. Puso sus negocios en manos de ellos mientras durase la ausencia. Jesús lo ilustró con dinero (*véase* Estudio a fondo 1, ***Talento***—Lc. 19:13). El Señor dijo: «Negociad entre tanto que vengo». Eso fue todo lo que dijo. Palabras breves, directas y poderosas. Sin embargo, tan llenas de significado. El siervo de Dios debe tomar lo que Jesús le ha dado y utilizarlo hasta que retorne. La palabra «negociad» (*pragmateuomai*) es una palabra que denota acción diligente. Proviene de la raíz que significa caminar, poner en movimiento, y continuar en movimiento. El siervo debe trabajar diligentemente, sin descuidar nada, usando todo lo que el Señor le ha dado (*véase* Estudio a fondo 2, ***Negociar***—Lc. 19:13).

> ***Pensamiento.*** Todo creyente es llamado y dotado de dones por Cristo; los dones son para servirle (cp. Ro. 12:3ss; 1 Co. 12:7ss; Ef. 4:11ss; 1 P. 4:10).
>
> **«¿No decís vosotros: Aún faltan cuatro meses para que llegue la siega? He aquí os digo: Alzad vuestros ojos y mirad los campos, porque ya están blancos para la siega» (Jn. 4:35).**
>
> **«Me es necesario hacer las obras del que me envió, entre tanto que el día dura; la noche viene, cuando nadie puede trabajar» (Jn. 9:4).**
>
> **«Ahora bien, se requiere de los administradores que cada uno sea hallado fiel» (1 Co. 4:2).**
>
> **«Porque habéis sido comprados por precio; glorificad, pues, a Dios en vuestro cuerpo y en vuestro espíritu, los cuales son de Dios» (1 Co. 6:20).**
>
> **«Cada uno según el don que ha recibido, minístrelo a los otros, como buenos administradores de la multiforme gracia de Dios» (1 P. 4:10).**
>
> **«Por lo cual te aconsejo que avives el fuego del don de Dios que está en ti por la imposición de mis manos» (2 Ti. 1:6).**
>
> **«Deseando verte, al acordarme de tus lágrimas, para llenarme de gozo» (2 Ti. 1:4).**
>
> **«Todo lo que te viniere a la mano para hacer, hazlo según tus fuerzas; porque en el Seol, adonde vas, no hay obra, ni trabajo, ni ciencia, ni sabiduría» (Ec. 9:10).**

ESTUDIO A FONDO 1

(19:13) ***Talento:*** en el griego la palabra es *mina* que era una moneda griega equivalente a cien dracmas. Una dracma equivalía al jornal de un día.

ESTUDIO A FONDO 2

(19:13) ***Negociar*** (*pragmateuomai*)*:* hacer negocios; estar ocupado; trabajar para ganar dinero. Este es el único lugar del Nuevo Testamento donde se usa esta palabra (cp. Is. 35:3; He. 12:12, 28).

4 (19:14) ***Jesucristo, respuesta a—incredulidad:*** los ciudadanos del mundo lo aborrecen y rechazan su gobierno. Esto, por supuesto, describe al incrédulo que se rehusa a reconocer a Cristo y a rendirle el gobierno de su vida. También puede aplicarse a Israel rechazando a Cristo. Todos los días los hombres rechazan a Cristo ¿Por qué? Sencillamente porque no quieren que Cristo los gobierne. Quieren controlar sus propias vidas, hacer las cosas a su propio antojo.

> **«A lo suyo vino, y los suyos no le recibieron» (Jn. 1:11).**
>
> **«Yo he venido en nombre de mi Padre, y no me recibís; si otro viniere en su propio nombre, a éste recibiréis. ¿Cómo podéis vosotros creer, pues recibís gloria los unos de los otros, y no buscáis la gloria que viene del Dios único?» (Jn. 5:43-44).**
>
> **«El que me rechaza, y no recibe mis palabras, tiene quien le juzgue; la palabra que he hablado, ella le juzgará en el día postrero» (Jn. 12:48).**
>
> **«A los cuales él dijo: Este es el reposo; dad reposo al cansado; y este es el refrigerio; mas no quisieron oír» (Is. 28:12).**
>
> **«Porque así ha dicho Jehová el Señor, el Santo de Israel: En descanso y en reposo seréis salvos; en quietud y en confianza será vuestra fortaleza. Y no quisisteis» (Is. 30:15).**

5 (19:15-23) ***Fidelidad —dedicación—dones—infidelidad—servicio:*** los siervos del Señor serán recompensados de acuerdo al porcentaje de su trabajo. La parábola es clara, pero note estos puntos.

1. Las Escrituras hablan claramente del juicio: habrá un día de juicio.

> **«Porque el Hijo del Hombre vendrá en la gloria de su Padre con sus ángeles, y entonces pagará a cada uno conforme a sus obras» (Mt. 16:27).**
>
> **«Cuando el Hijo del Hombre venga en su gloria, y todos los santos ángeles con él, entonces se sentará en su trono de gloria, y serán reunidas delante de él todas las naciones; y apartará los unos de los otros, como aparta el**

pastor las ovejas de los cabritos» (Mt. 25:31-32).

«De manera que cada uno de nosotros dará a Dios cuenta de sí» (Ro. 14:12).

«Porque es necesario que todos nosotros comparezcamos ante el tribunal de Cristo, para que cada uno reciba según lo que haya hecho mientras estaba en el cuerpo, sea bueno o sea malo» (2 Co. 5:10).

«Te encarezco delante de Dios y del Señor Jesucristo, que juzgará a los vivos y a los muertos en su manifestación y en su reino» (2 Ti. 4:1).

2. En la parábola el Señor retornó. Llegó el día de rendir cuentas. Cada siervo fue llamado para informar sobre lo que había hecho con los dones de Cristo.

3. Aquí aparecen solamente los siervos delante del Señor. Los tres resultados ilustran los tres cursos de acción escogidos por los siervos de Dios: el de ser muy fiel, fiel, e infiel.

4. Los dos primeros siervos fueron fieles. Los dos negociaron diligentemente aunque con una diferencia. Uno fue más diligente: trabajó diariamente, cada hora, día por día a toda hora. Andaba siempre con el Señor, sin descuidos y sin permitir que las pruebas de la vida impidiesen su trabajo. Trabajó para incrementar la propiedad del Señor, cualesquiera fuesen las circunstancias. Fue fiel en un 1.000%. El otro siervo no estuvo tan entregado; no se esforzó ni se sacrificó tanto. Fue fiel en un 500%.

«Y decía a todos: Si alguno quiere venir en pos de mí, niéguese a sí mismo, tome su cruz cada día, y sígame» (Lc. 9:23).

«El que es fiel en lo muy poco, también en lo más fiel es fiel; y el que en lo muy poco es injusto, también en lo más es injusto» (Lc. 16:10).

«Así que, hermanos, os ruego por las misericordias de Dios, que presentéis vuestros cuerpos en sacrificio vivo, santo, agradable a Dios, que es vuestro culto racional» (Ro. 12:1).

«En lo que requiere diligencia, no perezosos; fervientes en espíritu, sirviendo al Señor» (Ro. 12:11).

«Así que, hermanos míos amados, estad firmes y constantes, creciendo en la obra del Señor siempre, sabiendo que vuestro trabajo en el Señor no es en vano» (1 Co. 15:58).

«Sirviendo de buena voluntad, como al Señor y no a los hombres» (Ef. 6:7).

«Pero deseamos que cada uno de vosotros muestre la misma solicitud hasta el fin, para plena certeza de la esperanza, a fin de que no os hagáis perezosos, sino imitadores de aquellos que por la fe y la paciencia heredan las promesas» (He. 6:11-12).

«Apacentad la grey de Dios que está entre vosotros, cuidando de ella no por fuerza, sino voluntariamente; no por ganancia deshonesta, sino con ánimo pronto; no como teniendo señorío sobre los que están a vuestro cuidado, sino siendo ejemplos de la grey» (1 P. 5:2-3).

«Por lo cual, hermanos, tanto más procurad hacer firme vuestra vocación y elección; porque haciendo estas cosas, no caeréis jamás» (2 P. 1:10).

«Por lo cual, oh amados, estando en espera de estas cosas, procurad con diligencia ser hallados por él sin mancha e irreprensibles, en paz» (2 P. 3:14).

5. Los dos siervos fieles fueron recompensados. Note, sin embargo, tres hechos.

a. El siervo que trabajó al 1.000% fue felicitado por el Señor: «Está bien, buen siervo». El siervo que trabajó al 500% no fue felicitado personalmente.

b. Los siervos fueron recompensados *exactamente* según su trabajo. Una ciudad por cada mina. Se hizo *justicia perfecta.* Cada siervo determinó exactamente cual sería su recompensa. La cantidad o el porcentaje de energía y de trabajo aplicado al incremento de la propiedad del Señor determinó la recompensa de cada uno.

c. La recompensa implicó responsabilidad, la asignación de tareas a cumplir para el Señor. Los dos creyentes fieles reinaron con el Señor: se les encomendó ciertos territorios que incluían varias ciudades del reino. La cuestión que hay que ver es esta: se les asignó precisamente la responsabilidad de supervisar ciertas áreas *para el Señor;* dichas áreas tenían relación directa con la fidelidad de ellos durante la ausencia del Señor. En todos los casos es éste el cuadro de recompensas que el Señor presenta en las Escrituras (*véase* Ap. 22:26).

«Su señor le dijo: Bien, buen siervo y fiel; sobre poco has sido fiel, sobre mucho te pondré; entra en el gozo de tu señor» (Mt. 25:23).

«Entonces el Rey dirá a los de su derecha: Venid, benditos de mi Padre, heredad el reino preparado para vosotros desde la fundación del mundo» (Mt. 25:34).

«Amad, pues, a vuestros enemigos, y haced bien, y prestad, no esperando de ello nada; y será vuestro galardón grande, y seréis hijos del Altísimo; porque él es benigno para con los ingratos y malos» (Lc. 6:35).

«Pero vosotros sois los que habéis permanecido conmigo en mis pruebas. Yo, pues, os asigno un reino, como mi Padre me lo asignó a mí» (Lc. 22:28-29).

«Pues si por la transgresión de uno solo reinó la muerte, mucho más reinarán en vida por uno solo, Jesucristo, los que reciben la abundancia de la gracia y del don de la justicia» (Ro. 5:17).

«¿O no sabéis que los santos han de juzgar al mundo? Y si el mundo ha de ser juzgado por vosotros, ¿sois indignos de juzgar cosas muy pequeñas? ¿O no sabéis que hemos de juzgar a los ángeles? ¿Cuánto más las cosas de esta vida?» (1 Co. 6:2-3).

«Si sufrimos, también reinaremos con él; si le negáremos, él también nos negará» (2 Ti. 2:12).

«Y de Jesucristo el testigo fiel, el primogénito de los muertos, y el soberano de los reyes de la tierra. Al que nos amó, y nos lavó de nuestros pecados con su sangre, y nos hizo reyes y sacerdotes para Dios, su Padre; a él sea gloria e imperio por los siglos de los siglos» (Ap. 1:5-6).

«Al que venciere y guardare mis obras hasta el fin, yo le daré autoridad sobre las naciones» (Ap. 2:26).

«Al que venciere, le daré que se siente conmigo en mi trono, así como yo he vencido, y me he sentado con mi Padre en su trono» (Ap. 3:21).

«No habrá allí más noche; y no tienen necesidad de luz de lámpara, ni de luz de sol, porque Dios el Señor los iluminará; y reinarán por los siglos de los siglos» (Ap. 22:5).

6. El siervo que no trabajó no recibió nada. Note dos cosas.

a. El siervo infiel no hizo nada, absolutamente nada con lo que Cristo le dio.

- no tenía visión de lo que se podía haber hecho.
- no tenía sentido de responsabilidad hacia el Señor.
- no le importó el crecimiento del reino y de la propiedad del Señor.
- creyó que el don recibido no importaba tanto ni que era tan necesario.
- no esperaba el momento bendito del regreso del Señor.
- confiaba en una *seguridad falsa,* creyendo que el Señor lo aceptaría y comprendería a pesar de haber fracasado en el uso de sus dones.

b. Intentó justificar su comportamiento. Acusó al Señor

de ser «severo» (*austeros*), que significa agudo, exigente. Sentía que el Señor era demasiado exigente y estricto; que al entregarse a los asuntos del Señor perdía demasiados placeres y comodidades de la vida. Pero note que esto fueron meras excusas para cubrir su fracaso. Había escogido vivir una vida de egoísmo, comodidad y mundanalidad en el reino del Señor, sin pagar el precio de ayudar a edificarlo. Había sido complaciente y negligente, haciendo poco y nada. Ahora tenía que cubrir su fracaso o bien enfrentar el juicio. Sin embargo, su excusa fue inaceptable. Nuevamente se hizo justicia perfecta. «Por tu propia boca te juzgo.» La misma excusa que él presentó, y su propia vida, determinaron el juicio.

Note que el siervo infiel es tildado de «*mal* siervo». No fue condenado por lo que hizo, sino por lo que *no hizo*. Era de buena moral y conducta decente, una persona buena y ética, pero falló en usar sus dones para edificar el reino del Señor. Su pecado fue de omisión, no de comisión. No trabajó activamente con los siervos fieles del Señor. Sentía que el Señor exigía demasiado, que era demasiado estricto.

«Pero cualquiera que me oye estas palabras y no las hace, le compararé a un hombre insensato, que edificó su casa sobre la arena; y descendió lluvia, y vinieron ríos, y soplaron vientos, y dieron con ímpetu contra aquella casa; y cayó, y fue grande su ruina» (Mt. 7:26-27).

«La que cayó entre espinos, éstos son los que oyen, pero yéndose, son ahogados por los afanes y las riquezas y los placeres de la vida, y no llevan fruto» (Lc. 8:14).

«Y a esta hija de Abraham, que Satanás había atado dieciocho años, ¿no se le debía desatar de esta ligadura en el día de reposo?» (Lc. 13:16).

«Mirad también por vosotros mismos, que vuestros corazones no se carguen de glotonería y embriaguez y de los afanes de esta vida, y venga de repente sobre vosotros aquel día. Porque como un lazo vendrá sobre todos los que habitan sobre la faz de toda la tierra» (Lc. 21:34-35).

«Y al que sabe hacer lo bueno, y no lo hace, le es pecado» (Stg. 4:17).

«Habéis vivido en deleites sobre la tierra, y sido disolutos; habéis engordado vuestros corazones como en día de matanza» (Stg. 5:5).

«Recibiendo el galardón de su injusticia, ya que tienen por delicia el gozar de deleites cada día. Estos son inmundicias y manchas, quienes aun mientras comen con vosotros, se recrean en sus errores» (2 P. 2:13).

«Habéis arado impiedad, y segasteis iniquidad; comeréis fruto de mentira, porque confiaste en tu camino y en la multitud de tus valientes» (Os. 10:13).

ESTUDIO A FONDO 3

(19:15-19) ***Recompensas —responsabilidad:*** el propósito no fue que los siervos hicieran dinero (*véase* nota—Lc. 19:13). El propósito fue probarlos, mostrar cuán capaces y responsables eran. ¿Se les podía encomendar tareas de responsabilidad y la autoridad de Dios? En el reino y orden mundial que viene los líderes que gobiernen el universo de Dios deben ser fuertes y responsables. La idea dominante es la de poner a prueba, someter a examen. El propósito del hombre noble es desarrollar gobernantes distinguidos, líderes decididos, firmes y fuertes.

Es interesante ver que el Señor habló en el caso del cien por ciento; es interesante que quien realmente agradó al Señor no puso el 100% de su energía, sino el 1.000%, y el que tuvo algunos frutos no trabajó a razón del 50%, sino del 500%. ¿Acaso estos porcentajes tienen algún significado? ¿Tienen algún mensaje para el pueblo de Dios? ¿Después de estudiar lo que dijo el Señor, queda algún siervo que se atreva a desperdiciar un instante de tiempo?

6 (19:24-26) ***Recompensa:*** el siervo del Señor que trabaja al 1.000% recibirá la recompensa que correspondía al siervo infiel. ¿Por qué? Sencillamente porque ha demostrado saber manejar cualquier grado de responsabilidad. Había tenido poco (una mina) y la usó al máximo. Fue responsable a más no poder. Estaba capacitado y tenía la disposición de manejar y supervisar lo que el Señor le encomendase.

Note que algunos protestaron. No se sabe quién. Jesús simplemente respondió que quien había trabajado con tanta diligencia para incrementar los bienes del Señor recibiría más y más. Pero la persona que no había trabajo en ello perdería aun lo que tenía (cp. 1 Co. 15:58). Si una persona no usa su don, lo perderá, así como el hombre que no usa su brazo lo pierde.

«Los entendidos resplandecerán como el resplandor del firmamento; y los que enseñan la justicia a la multitud, como las estrellas a perpetua eternidad» (Dn. 12:3).

«Y cualquiera que dé a uno de estos pequeñitos un vaso de agua fría solamente, por cuanto es discípulo, de cierto os digo que no perderá su recompensa» (Mt. 10:42).

«Su señor le dijo: Bien, buen siervo y fiel; sobre poco has sido fiel, sobre mucho te pondré; entra en el gozo de tu señor» (Mt. 25:23).

«Amad, pues, a vuestros enemigos, y haced bien, y prestad, no esperando de ello nada; y será vuestro galardón grande, y seréis hijos del Altísimo; porque él es benigno para con los ingratos y malos» (Lc. 6:35).

«Sabiendo que el bien que cada uno hiciere, ése recibirá del Señor, sea siervo o sea libre» (Ef. 6:8).

7 (19:27) ***Juicio:*** los ciudadanos que se oponen al gobierno del Señor serán decapitados. Hay dos cosas que notar aquí.

1. La persona que rechaza a Cristo y no quiere ser gobernada por Él, es un enemigo de Cristo. Se opone a Cristo, es contraria a Cristo.
2. El enemigo del Señor será condenado en *presencia de Cristo.* Sufrirá la condenación, será decapitado, llevado a la muerte, separado eterna y espiritualmente de Dios (*véase* Estudio a fondo 1, ***Muerte***—He. 9:27).

«Mas los hijos del reino serán echados afuera; allí será el lloro y el crujir de dientes» (Mt. 8:12).

«Y al siervo inútil echadle en las tinieblas de afuera; allí será el lloro y el crujir de dientes» (Mt. 25:30).

«Entonces dirá también a los de la izquierda: Apartaos de mí malditos, al fuego eterno preparado para el diablo y sus ángeles» (Mt. 25:41).

«E irán éstos al castigo eterno, y los justos a la vida eterna» (Mt. 25:46).

«Así nosotros, siendo muchos, somos un cuerpo en Cristo, y todos miembros los unos de los otros» (Ro. 12:5).

«Y a vosotros que sois atribulados, daros reposo con nosotros, cuando se manifieste el Señor Jesús desde el cielo con los ángeles de su poder» (2 Ts. 1:7).

	VIII. LA ENTRADA DRAMÁTICA DEL HIJO DEL HOMBRE A JERUSALÉN: SU AFIRMACIÓN Y SU CONFLICTO, 19:28—21:4 **A. Entrada triunfal: Jesús afirma ser Rey, 19:28-40** (Mt. 21:1-11; Mr. 11:1-11; Jn. 12:12-19)	enviados, y hallaron como les dijo. 33 Y cuando desataban el pollino, sus dueños les dijeron: ¿Por qué desatáis el pollino? 34 Ellos dijeron: Porque el Señor lo necesita. 35 Y lo trajeron a Jesús; y habiendo echado sus mantos sobre el pollino, subieron a Jesús encima. 36 Y a su paso tendían sus mantos por el camino.	seguidas cuidadosamente d. Aceptó el reconocimiento de los discípulos
1 Había una necesidad de ir a Jerusalén para sufrir y morir **2 Jesús afirmó deliberadamente ser Rey**[EF 1, 2] a. Planeaba dar una demostración dramática y detallada[EF 3] b. Usó el título «el Señor» para establecer su derecho sobre la propiedad de los hombres c. Sus instrucciones fueron	28 Dicho esto, iba delante subiendo a Jerusalén. 29 Y aconteció que llegando cerca de Betfagé y de Betania, al monte que se llama de los Olivos, envió a dos de sus discípulos, 30 diciendo: Id a la aldea de enfrente, y al entrar en ella hallaréis un pollino, atado, en el cual ningún hombre ha montado jamás; desatadlo, y traedlo. 31 Y si alguien os preguntare: ¿Por qué lo desatáis: le responderéis así: Porque el Señor lo necesita. 32 Fueron los que habían sido	37 Cuando llegaban ya cerca de la bajada del monte de los Olivos, toda la multitud de los discípulos, gozándose, comenzó a alabar a Dios a grandes voces por todas las maravillas que habían visto, 38 diciendo: ¡Bendito el rey que viene en el nombre del Señor; paz en el cielo, y gloria en las alturas! 39 Entonces algunos de los fariseos de entre la multitud le dijeron: maestro, reprende a tus discípulos. 40 El, respondiendo, les dijo: Os digo que si éstos callaran, las piedras clamarían.	**3 El pueblo que lo proclamaba Rey** **4 La insistente afirmación de Jesús; el pueblo debía proclamarlo rey** a. Los religiosos lo amonestaron b. Jesús insistió: era inevitable proclamarlo Rey

VIII. LA ENTRADA DRAMÁTICA DEL HIJO DEL HOMBRE A JERUSALÉN: SU AFIRMACIÓN Y SU CONFLICTO, 19:28—21:4

A. Entrada triunfal: Jesús afirma ser rey, 19:28-40

(19:28-40) ***Introducción:*** este fue un cuadro dramático. Jesús llegaba a Jerusalén, y comenzaba la última semana de su vida. Fue lo que llamamos *Semana Santa* o *Domingo de Palmas.* Jesús afirmaba incuestionablemente ser Rey, pero afirmaba ser un tipo diferente de Rey, un Rey diferente a lo que la gente normalmente pensaba. Afirmaba ser el Rey de paz, el Rey cuyo reino no es de esta tierra (Jn. 19:36).

1. Había una necesidad de ir a Jerusalén para sufrir y morir (v. 28).
2. Jesús afirmó deliberadamente ser Rey (vv. 29-35).
3. El Pueblo que lo proclamaba Rey (vv. 36-38).
4. La insistente afirmación de Jesús; el pueblo debía proclamarlo rey (vv. 39-40).

1 (19:28) ***Jesucristo, muerte:*** había una necesidad de ir a Jerusalén para sufrir y morir. Inmediatamente después que Jesús hubo terminado con la parábola de las minas, se sintió constreñido a continuar camino a Jerusalén. Allí alcanzaría el clímax de su propósito. Debía sufrir y morir por el hombre. Jesús se sentía constreñido, compelido por una férrea determinación de cumplir con su propósito. Jesús se sentía impulsado a morir por el hombre. El espíritu de la escena está totalmente encerrado en las palabras: «por eso puse mi rostro como un pedernal» (Is. 50:7). (*Véase* Estudio a fondo 1—Lc. 9:51; Mr. 10:32.) Recuerde que Jerusalén estaba a solamente diecisiete millas. Ahora iban a comenzar los acontecimientos finales.

2 (19:29-35) ***Jesucristo, afirmación—Mesías:*** Jesús afirmó deliberadamente ser Rey. Note cuatro cosas. (Para mayor discusión *véanse* notas—Mt. 21:2-5.)

1. Jesús planeaba dar una demostración dramática y detallada. La escena toda se centraría en su entrada a la ciudad cabalgando sobre un pollino de asno (para la discusión *véase* Estudio a fondo 3—Lc. 19:30).
2. Jesús usó el título «el Señor» para afirmar su derecho sobre los hombres y sus propiedades. «El Señor» (o *kurios*) es una expresión vigorosa; es lo mismo que decir Jehová. Jesús afirmaba su derecho de usar el pollino porque Él era «el Señor». El dueño del pollino seguramente había sido un discípulo que permitiría que «el Señor» tomara prestados sus animales. Una persona del mundo quizá no se dejaría afectar por la afirmación del Señor.
3. Las instrucciones de Jesús fueron seguidas estrictamente.

> ***Pensamiento.*** Note un tema crucial. La tarea encomendada a los dos discípulos de ir y traer el pollino puede parecer pequeña, pero ninguna tarea es pequeña cuando se proclama que Jesús es Rey. Era de extrema importancia traer el animal si Cristo había de ser proclamado Rey delante del pueblo. Era una tarea esencial.

4. Jesús aceptó el reconocimiento de los discípulos. Ellos sabían exactamente lo que Jesús estaba haciendo. Con tres hechos reconocieron la afirmación de Jesús.

- Obedecieron explícitamente sus instrucciones.
- Usaron sus propias ropas para hacer una montura.
- Sentaron a Jesús sobre el pollino.

La cuestión es esta: Jesús aceptó el homenaje, afirmando con ello ser el Mesías.

ESTUDIO A FONDO 1

(19:29) ***Betfagé:*** significa *casa de higos.* Era un suburbio de Jerusalén, ubicado hacia el monte de los Olivos. Note que Jesús llegó a Betfagé caminando. Esto ilustra la humillación a que el Hijo de Dios se sometió para venir a la tierra y salvar a los hombres. Estando en la tierra no disponía de medios para viajar excepto sus pies.

ESTUDIO A FONDO 2

(19:29) ***Betania:*** era un suburbio de Jerusalén, distante aproximadamente, dos millas hacia el oeste. En esa ciudad vivían Lázaro, María y Marta. Jesús se hospedaba en casa de esa familia cuando ministraba en y alrededor de Jerusalén. Hay que recordar que Jesús aparentemente no tenía hogar propio. Su familia inmediata no creía en las afirmaciones de Jesús (Jn. 7:1-5, esp. 5). Él mismo dijo «Las zorras tienen guaridas, y las aves del cielo nidos; mas el Hijo del Hombre no tiene dónde recostar su cabeza» (Mt. 8:20). Su único albergue era el hogar de otros tales como Marta y María (Jn. 11:1ss; cp. Lc. 11:1ss.; Lc. 10:38-42; Jn. 12:1ss).

ESTUDIO A FONDO 3

(19:30) ***Pollino—asno:*** en tiempos antiguos el pollino o asno era un animal noble. Se lo utilizaba para llevar las cargas de los hombres. Lo que es más significativo, era usado por reyes y sus emisarios cuando entraban a una ciudad en son de paz. En tales casos cabalgaban sobre un pollino simbolizando sus intenciones de paz (cp. los jueces de Israel y los principales de la tierra, Jueces 5:10; 10:4). Esto se contrastaba dramáticamente de un rey conquistador. Cuando un rey entraba como conquistador a una ciudad, cabalgaba sobre un corcel macho.

Jesús demostraba dramáticamente dos cosas: primero, que Él era incuestionablemente el Rey prometido, el Salvador del pueblo; y, segundo, que no venía como lo esperaba el pueblo. No estaba viniendo como un rey conquistador o como un potentado mundano con pompa y ceremonia, ni como líder de un ejército para matar, herir y destruir. Por eso la gente debía cambiar el concepto que tenía del Mesías; Jesús venía como el Salvador de Paz. Venía para salvar a los hombres, no para destruirlos. Venía para mostrar a los hombres que Dios es el Dios de amor y reconciliación.

1. El pollino era símbolo de paz. Jesús vino para traer paz, como quedó señalado arriba.
2. El pollino simbolizaba servicio. Era un animal noble, un animal usado para llevar las cargas de los hombres. Jesús usó un pollino simbolizando que venía para servir a los hombres, a llevar sus cargas.
3. El pollino simbolizaba el carácter sagrado, porque nunca antes había sido montado (v. 2). Los animales y cosas usadas con propósitos religiosos debían ser animales y cosas que nunca antes habían sido usadas (Nm. 10:2; Dt. 21:3; 1 S. 6:7). Este detalle señala el carácter sagrado del acontecimiento. Demuestra que Jesús estaba tomando deliberadamente toda precaución para proclamar que *Él es la esperanza sagrada,* el Mesías prometido del pueblo.

3 (19:36-38) ***Mesías, malentendido:*** aquí hay tres hechos que deben ser destacados.

1. El pueblo alabó a Dios por todas las obras poderosas que habían visto. Había miles y miles junto al camino, arrojando sus ropas delante de Él (para mayor discusión *véase* nota—Mt. 21:8-9). La gente acababa de ver milagro tras milagro, incluyendo la resucitación de Lázaro. La atmósfera toda estaba cargada de expectante excitación. La gente sabía que Jesús tenía el poder para hacer cualquier cosa: podía traer el reino de Dios a la tierra.

«Cómo Dios ungió con el Espíritu Santo y con poder a Jesús de Nazaret, y cómo éste anduvo haciendo bienes y sanando a todos los oprimidos por el diablo, porque Dios estaba con él» (Hch. 10:38).

«Yo conozco que todo lo puedes, y que no hay pensamiento que se esconda de ti» (Job 42:2).

«Nuestro Dios está en los cielos; todo lo que quiso ha hecho» (Sal. 115:3).

2. Proclamaron que Jesús era «el rey que viene en el nombre del Señor». Creían que la hora había llegado. *Ahora* Jesús comenzaría a inaugurar el reino de Dios. (*Véase* nota—Lc. 19:11.) Dios iba a...

- librar todas las naciones de la tierra del dominio romano.
- establecer el trono de Jesús en Jerusalén desde donde se ejecutaría el gobierno y reinado de justicia.
- establecer a Israel como la nación líder de la tierra.

«Oyendo ellos estas cosas, prosiguió Jesús y dijo una parábola, por cuanto estaba cerca de Jerusalén, y ellos pensaban que el reino de Dios se manifestaría inmediatamente» (Lc. 19:11).

3. La gente fracasó en ver varias cosas.

a. No vio que Jesús cabalgaba sobre un pollino como Rey de paz.

«Por la entrañable misericordia de nuestro Dios, con que nos visitó desde lo alto la aurora, para dar luz a los que habitan en tinieblas y en sombra de muerte; para encaminar nuestros pies por camino de paz» (Lc. 1:78-79).

«¡Gloria a Dios en las alturas, y en la tierra paz, buena voluntad para con los hombres!» (Lc. 2:14).

«La paz os dejo, mi paz os doy; yo no la doy como el mundo la da. No se turbe vuestro corazón, ni tenga miedo» (Jn. 14:27; cp. Jn. 16:33).

«Porque el reino de Dios no es comida ni bebida, sino justicia, paz y gozo en el Espíritu Santo» (Ro. 14:17).

«Jehová dará poder a su pueblo; Jehová bendecirá a su pueblo con paz» (Sal. 29:11).

b. No captaron que Jesús cabalgaba sobre un animal de carga, viniendo como el Rey que quiere llevar las cargas de los hombres.

«Por lo cual debía ser en todo semejante a sus hermanos, para venir a ser misericordioso y fiel sumo sacerdote en lo que a Dios se refiere, para expiar los pecados del pueblo. Pues en cuanto él mismo padeció siendo tentado, es poderoso para socorrer a los que son tentados» (He. 2:17-18).

«Porque no tenemos un sumo sacerdote que no pueda compadecerse de nuestras debilidades, sino uno que fue tentado en todo según nuestra semejanza, pero sin pecado. Acerquémonos, pues, confiadamente al trono de la gracia, para alcanzar misericordia y hallar gracia para el oportuno socorro» (He. 4:15-16).

c. No llegaron a captar que Jesús cabalgaba sobre el animal que simbolizaba carácter sagrado; que venía con el propósito de salvar espiritualmente al pueblo. (*Véase* nota—Ef. 1:1-3.)

d. No vieron que Jesús cabalgaba en el animal que simbolizaba mansedumbre, viniendo como Rey de mansedumbre.

«Venid a mí todos los que estáis trabajados y

cargados, y yo os haré descansar. Llevad mi yugo sobre vosotros, y aprended de mí, que soy manso y humilde de corazón; y hallaréis descanso para vuestras almas» (Mt. 11:28-29).

«Quien cuando le maldecían, no respondía con maldición; cuando padecía, no amenazaba, sino encomendaba la causa al que juzga justamente; quien llevó él mismo nuestros pecados en su cuerpo sobre el madero, para que nosotros, estando muertos a los pecados, vivamos a la justicia; y por cuya herida fuisteis sanados» (1 P. 2:23-24).

4 (19:39-40) ***Jesucristo, afirmación de—alabanza:*** la insistente afirmación de Jesús. Jesús debía ser proclamado Rey por la gente. Las autoridades religiosas eran hostiles. Ya habían dado la orden de prender a Jesús y arrestarlo (Jn. 11:57). A pesar de esta amenaza Jesús entraba pública y triunfalmente en Jerusalén. En un comportamiento tan osado se ve claramente el peso y la importancia de su misión: «buscar y salvar a los perdidos». (*Véanse* notas—Mr. 11:1-11.)

«Respondió Natanael y le dijo: Rabí, tú eres el Hijo de Dios; tú eres el Rey de Israel» (Jn. 1:49).

«Yo para esto he nacido, y para esto he venido al mundo, para dar testimonio a la verdad. Todo aquel que es de la verdad, oye mi voz» (Jn. 18:37).

Note la clara afirmación de deidad que hizo Jesús: «Os digo que si éstos callaran, las piedras clamarían». La naturaleza clamó cuando Jesús colgaba de la cruz. El mundo y los propios discípulos lo habían abandonado; en cambio el sol ocultó su rostro y la tierra se partió demostrando que la naturaleza toda estaba clamando (cp. Mt. 27:45; 51-52).

«Alábenle los cielos y la tierra, los mares, y todo lo que se mueve en ellos» (Sal. 69:34).

«Cantad loores, oh cielos, porque Jehová lo hizo; gritad con júbilo, profundidades de la tierra; prorrumpid, montes, en alabanza; bosque, y todo árbol que en él está; porque Jehová redimió a Jacob, y en Israel será glorificado» (Is. 44:23).

«Cantad alabanzas, o cielos, y alégrate tierra; y prorrumpid en alabanzas, oh montes; porque Jehová ha consolado a su pueblo, y de sus pobres tendrá misericordia» (Is. 49:13).

1 El gran amor de Jesús a la ciudad a. Lloró sobre la ciudad b. El motivo: la ciudad rechazó el camino de la paz, es decir rechazó	**B. Predicción dramática: juicio sobre Jerusalén, 19:41-44** (cp. Mt. 23:37-39; Lc. 13:34-35) 41 Y cuando llegó cerca de la ciudad, al verla, lloró sobre ella, diciendo: ¿Oh, si también tú conocieses, al menos en este tu día, lo que es para tu paz!	42 Mas ahora está encubierto de tus ojos. 43 Porque vendrán días sobre ti, cuando tus enemigos te rodearán con vallado, y te sitiarán, y por todas partes te estrecharán, 44 y te derribarán a tierra, y a tus hijos dentro de ti, y no dejarán en ti piedra sobre piedra, por cuanto no conociste el tiempo de tu visitación.	al Mesías **2 Predicción del terrible destino de la ciudad** a. Sería rodeada b. Sería destruida totalmente c. Sería juzgada personalmente **3 El motivo de su condenación**

B. Predicción dramática: juicio sobre Jerusalén, 19:41-44

(19:41-44) ***Introducción:*** este pasaje se encuentra solamente en Lucas. Está lleno de profecía y compasión, la predicción del terrible destino de Jerusalén y la compasión del Señor por un pueblo condenado a la destrucción total. Además este pasaje demuestra la verdad de las Escrituras, demuestra que ellas son Palabra de Dios. También contiene la verdad de que el pecado condena la nación, en cambio la justicia exalta a la nación y su gente.

1. El gran amor de Jesús a la ciudad (vv. 41-42).
2. Predicción del terrible destino de la ciudad (vv. 43-44).
3. El motivo de su condenación (v. 44).

(19:41-48) ***Otro bosquejo:*** una mirada a Jesús.

1. La compasión de Jesús (vv. 41-44).
2. El enojo de Jesús (vv. 45-46).
3. La osadía de Jesús (vv. 47-48.)

1 (19:41-42) ***Jerusalén—Jesucristo, compasión de:*** Jesús amaba en gran manera a la ciudad (*véanse* bosquejo y notas—Mt. 23:37-39; Lc. 13:34-35).

1. Jesús lloró sobre la ciudad. Note tres hechos.
   a. La palabra «lloró» significa que rompió en llanto, lloró audiblemente, sollozó; significa lamentarse, dolerse. A Jesús se le rompió literalmente el corazón viendo a Jerusalén.
   b. Las palabras «al verla» significan que estaba mirando y observando a la ciudad con gran intensidad. La miraba, consideraba, evaluando a la ciudad en la totalidad de su trágico estado.
   c. Jesús lloraba mientras la ciudad estaba ocupada con sus fiestas y su compañerismo, inmersa en un espíritu jovial y festivo. La atmósfera toda era similar a la de una convención de nuestros días. Es fácil imaginarse la escena. Pero mientras la gente vivía en ese espíritu festivo, Jesús estaba en la ladera del monte llorando sobre la ciudad y su gente.
2. El motivo de las lágrimas de Jesús lo explica Él mismo: la ciudad y su gente habían rechazado el camino de la paz, es decir, al Mesías mismo. En otras palabras, habían rechazado todo lo concerniente a su paz.
   a. Jesús no lloraba porque iba a sufrir y morir en la ciudad. No se lamentaba a sí mismo, todavía no. Lloraba por la ciudad y su gente, lloraba porque no conocieron el camino de paz.
   b. Hay cosas que hacen a la paz, cosas que traen paz tanto al corazón de los hombres como a la sociedad y al mundo humano (para la discusión *véase* Estudio a fondo 1—Lc. 19:42).
   c. Las cosas que traen paz están encubiertas de tus ojos [los de la gente]». Esta declaración tiene dos posibles significados. Primero, que la gente cerró sus ojos a Jesús y a su mensaje de paz. Se rehusaron a ver; por eso no vieron. Segundo, Dios consideró que Jerusalén había perdido su oportunidad. Había mostrado paciencia, generación tras generación (*véanse* bosquejo y notas—Mt. 23:37); ahora había llegado el tiempo del juicio. Dios encubrió «lo que es para tu paz» de los ojos de ellos. Dios entregó a Jerusalén a su propia ceguera (*véanse* notas, ***Juicio***—Mt. 13:13-15; Estudio a fondo 1—Jn 12:39-41; nota—Ro. 1:24-25; Estudio a fondo 2—11:7-10).

> **«Porque el corazón de este pueblo se ha engrosado, y con los oídos oyen pesadamente, y han cerrado sus ojos; para que no vean con los ojos, y oigan con los oídos, y con el corazón entiendan, y se conviertan, y yo los sane» (Mt. 13:15).**

ESTUDIO A FONDO 1

(19:42) ***Paz*** (*eriene*): unir, juntar y trenzar. Significa que uno está unido, enlazado, unido consigo mismo, con Dios y con los otros.

La palabra hebrea es *shalom*. Significa ser libre de problemas y mucho, mucho más. Significa experimentar el bien supremo, disfrutar de lo mejor, poseer todo el bien interior posible.

Hay dos clases de paz mencionadas en las Escrituras.

1. La *paz del mundo*. Es una paz de escapismo, de evitar problemas, rehusarse a encarar las cosas, es la paz de una falsa realidad.
2. La *paz de Cristo y de Dios*. Es una *paz del corazón*, una paz en lo profundo del interior. Es tranquilidad de la mente, serenidad, paz que afirma y fortifica al creyente aun en las circunstancias y situaciones más terribles. Es más que sentimiento, incluso más que una actitud o un pensamiento.
   a. La paz del corazón que proviene de Dios es *paz de conquista*. Es una paz independiente de las condiciones y del entorno; la paz que no puede ser quitada por ninguna pena, peligro, sufrimiento o experiencia.

> **«La paz os dejo, mi paz os doy; yo no la doy como el mundo la da. No se turbe vuestro corazón, ni tenga miedo» (Jn. 14:27).**
>
> **«Estas cosas os he hablado para que en mí tengáis paz. En el mundo tendréis aflicción; pero confiad, yo he vencido al mundo» (Jn. 16:33).**

   b. La paz del corazón, proveniente de Dios, es la *paz de la seguridad perfecta*. Es la paz de una confianza incuestionable; la paz que surge de saber con certeza que la vida de uno está en las manos de Dios y que todas las cosas obrarán para bien para quienes aman a Dios y son llamados conforme a su propósito.

«Y sabemos que a los que aman a Dios, todas las cosas les ayudan a bien, esto es, a los que conforme a su propósito son llamados» (Ro. 8:28).

«Estando persuadido de esto, que el que comenzó en vosotros la buena obra, la perfeccionará hasta el día de Jesucristo» (Fil. 1:6).

«Por lo cual asimismo padezco esto; pero no me avergüenzo, porque yo sé a quien he creído, y estoy seguro que es poderoso para guardar mi depósito para aquel día» (2 Ti. 1:12).

c. La paz del corazón, proveniente de Dios, es la *paz de la intimidad con Dios*. Es la paz del bien supremo. Es la paz que aquieta la mente, fortalece la voluntad, y equilibra el corazón.

«Justificados, pues, por la fe, tenemos paz para con Dios por medio de nuestro Señor Jesucristo» (Ro. 5:1; cp. vv. 2-5).

«Y la paz de Dios, que sobrepasa todo entendimiento, guardará vuestros corazones y vuestros pensamientos en Cristo Jesús» (Fil. 4:6-7).

Jesús es la *fuente de la paz*. La paz siempre nace de la reconciliación. Su fuente se encuentra únicamente en la reconciliación obrada por Jesucristo. La paz siempre tiene que ver con las relaciones personales: la relación de una persona consigo misma, con Dios y con su prójimo. La persona tiene que estar unida, entrelazada, y junto a sí misma, a Dios y a su prójimo (cp. Ef. 2:13-14).

De las siguiente formas el *hombre alcanza la paz*.

1. Mediante la justificación (Ro. 5:1).
2. Mediante el amor a la Palabra de Dios (Sal. 119:165; Jn. 16:33).
3. Orando por todo (Fil. 4:7).
4. Teniendo una mente espiritual (Ro. 8:6).
5. Manteniendo su mente puesta en Dios (Is. 26:3; Fil. 4:8).
6. Guardando los mandamientos (Is. 48:18; Fil. 4:9).

El *tema de la paz* frecuentemente se divide en (1) paz con Dios (Ro. 5:1; Ef. 2:14-17), (2) la paz que caracteriza a Dios (Lc. 7:50; Fil. 4:6-7), y (3) la paz proveniente de Dios (Ro. 1:7; 1 Co. 1:3).

2 (19:43-44) ***Jerusalén —juicio sobre las naciones:*** el terrible destino de la ciudad. Tres cosas principales están involucradas en la destrucción de Jerusalén.

1. Una zanja sería cavada alrededor de toda la ciudad. El terraplén de tierra proveniente de ella serviría como muro protector al ejército romano. Se clavarían estacas de madera en el terraplén, con sus extremos agudos apuntando a la ciudad para el caso que el ejército de la ciudad lanzara un contra ataque. En el caso de un encuentro militar el ejército de la ciudad se encontraría con esas estacas.

2. La ciudad sería totalmente destruida. Sería completamente demolida y arrasada a ras de suelo; no quedaría piedra sobre piedra.

3. La gente sería juzgada *personalmente*. Note las palabras «tus hijos dentro de ti» serán derribados. Note también que la palabra «tu» es usada diez veces en dos versículos (42-43). Es una predicción muy personal. Las ciudades y naciones pueden caer bajo el juicio de Dios, pero es su gente la que está en pecado y será juzgada personalmente.

Lo dicho por Cristo fue cumplido literalmente por el ataque de Tito en el año 70 d.C. En el año 66 los judíos se rebelaron y los romanos atacaron rápidamente; sin embargo, fue difícil tomar la ciudad, principalmente por dos razones. Por estar situada sobre una colina, bien protegida por el terreno, y porque los líderes de la rebelión eran fanáticos religiosos. Más de un millón de personas había huido a la ciudad para refugiarse detrás de sus muros protectores.

A medida que se prolongaba el sitio, se cumplieron literalmente las predicciones de Cristo. Fuera de los muros estaba el ejercito romano con todos sus elementos de destrucción y muerte. En el interior de la ciudad vecino tras vecino comenzaba a sufrir hambre, pestilencia, falsos libertadores (mesías), traición, crimen, revuelta, rebelión y odio. Todos estos males cobraron sus vidas. Josefo dice que más de 1.000.000 de personas murieron y 97.000 fueron llevadas en cautiverio. Los horrores del sitio fueron relatados claramente por su pluma (*véanse* notas—Mt. 24:7, 10, 11. *Véase* Flavio Josefo, *Complete Works of Josephus,* traducción de William Whiston. Grand Rapids, MI: Kregel, 1960. *Guerras* 5.12:3; 6. 3:4; 6. 8:5; también *Josefo: las obras esenciales,* Editorial Portavoz.)

«Me parece que los infortunios de todos los hombres, desde el comienzo del mundo, si fuesen comparados con los de estos judíos, no fueron tan considerables ...» (Josefo, *Guerras*. Prefacio 4). (Para un cuadro descriptivo de la total destrucción de Jerusalén *véanse* bosquejo y notas—Mt. 24:1-14).

Pensamiento. Jerusalén es un ejemplo supremo del destino de una nación que rechaza a Dios. Tal nación está condenada a caer.

«El que cree en el Hijo tiene vida eterna; pero el que rehusa creer en el Hijo no verá la vida, sino que la ira de Dios está sobre él» (Jn. 3:36).

«Por eso os dije que moriréis en vuestros pecados; porque si no creéis que yo soy, en vuestros pecados moriréis» (Jn. 8:24).

«Pero acerca de Israel dice: Todo el día extendí mis manos a un pueblo rebelde y contradictor» (Ro. 10:21).

«Por la bendición de los rectos la ciudad será engrandecida; mas por la boca de los impíos será trastornada» (Pr. 11:11).

«La justicia engrandece a la nación; mas el pecado es afrenta a las naciones» (Pr. 14:34).

«Abominación es a los reyes hacer impiedad, porque con justicia será afirmado el trono» (Pr. 16:12).

«Aparta al impío de la presencia del rey, y su trono se afirmará en justicia» (Pr. 25:5).

3 (19:44) ***Jerusalén—juicio sobre las naciones:*** el motivo de la condenación de la ciudad. El pueblo rechazó el día del Mesías o el día de su salvación.

1. Les llegó el día de la visitación. Dios siempre visitó a Israel; habían tenido la revelación...

- de Dios mismo a lo largo de los siglos.
- de la Palabra de Dios, las Escrituras del Antiguo Testamento.
- de los mensajeros y profetas de Dios.
- de la presencia activa de Dios en la vida de los creyentes.

Ahora tenían la presencia del Mesías mismo de Dios, el Hijo de Dios mismo (cp. Ro. 9:4-5).

2. Ellos no lo conocieron, y no tenían excusa, porque podían ver claramente que una vez más Dios estaba en medio de su pueblo. Habían pasado trescientos o cuatrocientos años desde el cierre del Antiguo Testamento y desde que había aparecido el último de los profetas. La evidencia era clara y vigorosa de que una vez más vivían el día de la profecía. Había venido el Mesías prometido, el día de la salvación de Israel, pero la gente rechazó la evidencia. Fueron condenados por su rechazo, y Jesús lloró porque se rehusaron a ver el día de su salvación.

«¡Cuántas veces quise juntar a tus hijos, como la gallina a sus polluelos debajo de sus alas, y no quisiste! He aquí, vuestra casa os es dejada desierta; y os digo que no me veréis, hasta que llegue el tiempo en que digáis: Bendito el que viene en nombre del Señor» (Lc. 13:34-35).

1 **Cómo purificó el templo: echando fuera a la gente** a. A los profanadores b. A los explotadores 2 **Por qué purificó el templo**	**C. La purificación del templo: el justo enojo de Jesús, 19:45-48** (Mt. 21:12-16; Mr. 11: 15-19; cp. Jn. 2:13-16) 45 Y entrando en el templo, comenzó a echar fuera a todos los que vendían y compraban en él, 46 diciéndoles: Escrito está: Mi casa es casa de oración;	mas vosotros la habéis hecho cueva de ladrones. 47 Y enseñaba cada día en el templo; pero los principales sacerdotes, los escribas y los principales del pueblo procuraban matarle. 48 Y no hallaban nada que pudieran hacerle, porque todo el pueblo estaba suspenso oyéndole.	a. Porque es el lugar de su presencia y morada b. Porque es el lugar de oración c. Porque es el lugar para la enseñanza de la Palabra de Dios 3 **Los resultados de la purificación del templo** a. Intentaron destruirlo b. La gente lo escuchaba atentamente

C. La purificación del templo: el justo enojo de Jesús, 19:45-48

(19:45-48) ***Introducción:*** En este pasaje se ve el enojo de Jesús. Es importante ver qué motivó su enojo: fue el abuso al que se sometió el templo de Dios.

- El cuerpo del creyente es templo de Dios, y le causa enojo ver al cuerpo sometido a abuso (1 Co. 6:19-20).
- La iglesia es templo de Dios, y le causa enojo ver a la iglesia sometida a abuso (*véase* nota—1 Co. 3:16, 17).

La iglesia es templo de Dios. Con frecuencia este hecho es tenido en menos por los creyentes e ignorado por el mundo. Pero no importa qué trato le den los hombres, Jesús proclama que la iglesia es de Dios, es su santo templo. La iglesia es el lugar apartado para la oración, adoración, y comunión con Dios.

1. Cómo purificó el templo: echando fuera a la gente (vv. 45).
2. Por qué purificó el templo (v. 46).
3. Los resultados de la purificación del templo (vv. 47-48).

1 (19:45) ***Templo—iglesia:*** ¿Cómo purificó Dios el templo? «Echando fuera» a quienes lo profanaban y explotaban. Esto ocurrió en el atrio exterior del templo, el atrio de los gentiles, el lugar donde adoraban los gentiles. Se abusó trágicamente de ese lugar. Se había convertido en nada más que un mercado comercial cuyos dueños, y en muchos casos operadores, eran los sacerdotes. Se lo usaba para la venta y compra de animales sacrificiales que incluían bueyes y ovejas, palomas y pichones de palomas. También se lo usaba para la inspección de la pureza de los animales y el cambio de monedas extranjeras. Cada pascua venían miles de peregrinos al templo, procedentes de todo el mundo, viajando largas distancias. Prácticamente era imposible para los peregrinos traer sus propios animales para el sacrificio; pero si lo hacían, los animales tenían que ser inspeccionado, lo que con frecuencia costaba un arancel. Las disputas del regateo producían una atmósfera de absoluto caos que aparentemente causaba el rugir de un volcán humano. Imagine una exposición comercial moderna, grande, multitudinaria, extremadamente ruidosa, y a eso agréguele la presencia de animales y el cambio de miles de monedas (*véase* nota, pto. 2—Ef. 2:14-15).

Centenares de miles de animales se vendían en las grandes fiestas, y, desafortunadamente, el sumo sacerdote y otros sacerdotes con frecuencia estban en el centro del comercio. Es este comercialismo y secularismo de la religión lo que Jesús atacó. (Para una discusión más detallada y pensamientos afines *véase* nota—Mt. 21:12-16.)

«Y dijo a los que vendían palomas: «Quitad de aquí esto, y no hagáis de la casa de mi Padre casa de mercado» (Jn. 2:16).

«Pues que, ¿no tenéis casas en que comáis y bebáis? ¿O menospreciáis la iglesia de Dios, y avergonzáis a los que no tienen nada? ¿Qué os diré? ¿Os alabaré? En esto no os alabo» (1 Co. 11:22).

«Mis días de reposo guardaréis, y mi santuario tendréis en reverencia. Yo Jehová» (Lv. 19:30).

«Cuando fueres a la casa de Dios, guarda tu pie; y acércate más para oír que para ofrecer el sacrificio de los necios; porque no saben que hacen mal» (Ec. 5:1).

«Porque los hijos de Judá han hecho lo malo ante mis ojos, dice Jehová; pusieron sus abominaciones en la casa sobre la cual fue invocado mi nombre, amancillándola» (Jer. 7:30).

«Sus profetas son livianos, hombres prevaricadores; sus sacerdotes contaminaron el santuario, falsearon la ley» (Sof. 3:4).

2 (19:46-47) ***Templo:*** ¿Por qué purificó Jesús el templo? En estos versículos se ve claramente la actitud de Jesús hacia el templo. Esa misma actitud, por supuesto, se aplica también a la iglesia. Le daba al templo la más alta consideración.

1. Jesús llamó al templo (iglesia) «mi casa». Esto le dice al menos dos cosas a la gente de cada generación.
   a. El templo o iglesia es el lugar donde Él mora y vive; es el lugar de su presencia. Sin embargo, considerando que Dios es omnipresente (está en todas partes) ¿qué pudo haber querido decir Jesús? Sencillamente que la iglesia es un lugar *apartado* (santificado) especialmente para Él. La iglesia es el lugar especialísimo designado para Él; es un lugar diferente a todos los demás, diferente en el sentido de haber sido apartado para que sea conocida la presencia misma de Dios.

   Note: En otra parte Jesús dijo que el templo está tan estrechamente relacionado a Dios que en realidad *revela y refleja la naturaleza de Dios.* Esto se ve en el requerimiento de que los hombres no juren por el templo. ¿Por qué? Porque el templo o la iglesia son de Dios, perteneciente a su plan y propósito; por eso la iglesia es de Él, de su propia naturaleza (Mt. 23:16ss).

   «Sino que el lugar que Jehová vuestro Dios escogiere de entre todas vuestras tribus, para poner allí su nombre para su habitación, ése buscaréis, y allá iréis» (Dt. 12:5).

   «Jehová, la habitación de tu casa he amado, y el lugar de la morada de tu gloria» (Sal. 26:8).

   «Una cosa he demandado a Jehová, ésta buscaré; que esté yo en la casa de Jehová todos los días de mi vida, para contemplar la hermosura de Jehová, y para inquirir en su templo» (Sal. 27:4).

   «Bienaventurado el que tú escogieres y *atrajeres a ti,* para que habite en tus atrios; seremos saciados del bien de tu casa, de tu santo templo» (Sal. 65:4).

   b. La palabra «mi» es un posesivo: el templo es del Señor; le pertenece a Él. Es su propiedad y posesión. La gente en el templo solamente son ministros, no propietarios; por eso, lo que se haga en el templo tiene que ser lo que Él quiere que se haga. Su casa ha de ser operada conforme a su voluntad, y sus siervos deben obedecer sus mandamientos y no violar, profanar o explotar su casa. (*Véase* nota—1 Co. 3:16; 3:17.)

«Ciertamente el bien y la misericordia me seguirán todos los días de mi vida, y en la casa de Jehová moraré por largos días» (Sal. 23:6).

«Porque mejor es un día en tus atrios que mil fuera de ellos. Escogería antes estar a la puerta de la casa de mi Dios, que habitar en las moradas de maldad» (Sal. 84:10).

«Yo me alegré con los que me decían: A la casa de Jehová iremos» (Sal. 122:1).

2. Jesús llamó el templo «casa de oración». En realidad las palabras de Jesús son una cita de las Escrituras.

«Yo los llevaré a mi santo monte, y los recrearé en mi casa de oración; sus holocaustos y sus sacrificios serán aceptos sobre mi altar; porque mi casa será llamada casa de oración para todos los pueblos» (Is. 56:7).

«¿Es cueva de ladrones delante de vuestros ojos esta casa sobre la cual es invocado mi nombre? He aquí que también yo lo veo, dice Jehová» (Jer. 7:11).

Note tres puntos.

a. El templo o iglesia es llamado casa de oración, no casa de sacrificio ni casa de ofrendas, enseñanza, profecía, o predicación. Todo lo que se haga en la casa de Dios debe conducir a la oración, la *adoración del Padre; la comunión con Él.*

b. El templo o iglesia debe ser la casa de oración. Los creyentes deben orar en todas partes, pero también deben ir a la iglesia para orar. La iglesia es el lugar especial *apartado* por Dios. Es el lugar donde se reune todo el pueblo de Dios; Por eso es un lugar muy especial para la oración.

«Vino a Nazaret, donde se había criado; y en el día de reposo entró en la sinagoga, conforme a su costumbre, y se levantó a leer» (Lc. 4:16).

«Ellos, después de haberle adorado, volvieron a Jerusalén con gran gozo; y estaban siempre en el templo, alabando y bendiciendo a Dios» (Lc. 24:52-53).

«Dad a Jehová la honra debida a su nombre; traed ofrenda, y venid delante de él; postraos delante de Jehová en la hermosura de la santidad» (1 Cr. 16:29).

«Dad a Jehová la gloria debida a su nombre; adorad a Jehová en la hermosura de la santidad» (Sal. 29:2).

«Venid, adoremos y postrémonos; arrodillémonos delante de Jehová nuestro Hacedor» (Sal. 95:6).

«Adorad a Jehová en la hermosura de la santidad; temed delante de él toda la tierra» (Sal. 96:9).

«Exaltad a Jehová nuestro Dios, y postraos ante el estrado de sus pies; él es santo» (Sal. 99:5).

«Y vendrán los habitantes de una ciudad a otra, y dirán: Vamos a implorar el favor de Jehová, y a buscar a Jehová de los ejércitos. Yo también iré» (Zac. 8:21).

c. El templo o iglesia no debe ser usado como lugar comercial. No debe ser un lugar para comprar y vender, comercializar, regatear, robar y hurtar. No debe ser profanado. La iglesia es la casa de Dios, la casa de oración de Dios. Debe ser un lugar de santidad, refinado y purificado por Dios mismo. Debe ser un lugar de quietud y meditación, un lugar apartado para la adoración, no para comprar y vender y asegurarse una ganancia.

«Mis días de reposo guardaréis, y mi santuario tendréis en reverencia. Yo Jehová» (Lv. 19:30).

«Y dijo: No te acerques; quita tu calzado de tus pies, porque el lugar en que tú estás tierra santa es» (Éx. 3:5).

«Dios temible en la gran congregación de los santos, y formidable sobre todos los que están alrededor de él» (Sal. 89:7).

«Mas Jehová está en su santo templo; calle delante de él toda la tierra» (Hab. 2:20).

3. Cristo usó el templo como lugar para enseñar. Note tres cosas.

a. Enseñaba todos los días en el templo. Era el lugar donde la gente se reunía con el propósito de oír la Palabra de Dios, de modo que Jesús suplió esa necesidad y cumplió ese propósito.

b. No era suficiente purificar el templo. Jesús se sentía compelido a atender los asuntos de Dios, esto es proclamar la Palabra de Dios en la casa de Dios.

c. Atendía los asuntos de Dios mientras otros aun hacían uso equivocado del templo complotándose contra la vida de Jesús. Jesús estaba ocupado cumpliendo el propósito del templo mientras que otros lo profanaban y usaban equivocadamente. Jesús usó el templo como casa de enseñanza, enseñanza que hacía orar y adorar a la gente y a tener comunión con Dios.

«Entonces él les dijo: ¿Por qué me buscábais? ¿No sabíais que en los negocios de mi Padre me es necesario estar?» (Lc. 2:49).

«Y vendrán muchos pueblos, y dirán: Venid, y subamos al monte de Jehová, a la casa del Dios de Jacob; y nos enseñará sus caminos, y caminaremos por sus sendas. Porque de Sion saldrá la ley, y de Jerusalén la palabra de Jehová» (Is. 2:3).

«Vendrán muchas naciones, y dirán: Venid, y subamos al monte de Jehová, y a la casa del Dios de Jacob; y nos enseñará en sus caminos, y andaremos por sus veredas; porque de Sion saldrá la ley, y de Jerusalén la palabra de Jehová» (Mi. 4:2).

3 (19:47-48) ***Templo—iglesia:*** la purificación del templo tuvo un resultado doble.

1. Los líderes procuraban destruir a Cristo. Los líderes eran los principales sacerdotes y escribas, es decir, los *religiosos profesionales.* También estaban los «principales del pueblo», es decir, los líderes del pueblo pertenecientes a la clase gobernante. Note dos cosas.

a. Los líderes buscaban activamente «matarle» (*apolesai*). La palabra significa *destruir completamente.* (Imagine a los *líderes religiosos* perturbados al extremo de buscar la destrucción y arruinar el ministerio de una persona.)

b. Los líderes tenían dos motivos para estar perturbados: primero, estaban perdiendo el control del templo; y, segundo, estaban perdiendo el control sobre el pueblo. Jesús había invadido el templo y lo había purificado; y estaba enseñando el auténtico evangelio del reino de Dios y de su justicia. Estaban perdiendo dinero porque Jesús había echado fuera a los vendedores, y las ideas personales y el control que los líderes tenían sobre la gente se veían socavados. No estaban dispuestos a aceptar personalmente la verdad ni a rendir sus vidas a Jesús. (Para mayor discusión *véanse* notas—Mt. 12:1-8; nota y Estudio a fondo 1—12:10.)

Pensamiento. Aquellos líderes estaban haciendo el mismo error que la gente de cada generación.

1) Permitían que la *codicia* los mantuviera separados de Cristo.

«Porque raíz de todos los males es el amor al dinero, el cual codiciando algunos, se extraviaron de la fe, y fueron traspasados de muchos dolores» (1 Ti. 6:10).

«Vuestro oro y plata están enmohecidos; y su moho

testificará contra vosotros, y devorará del todo vuestras carnes como fuego. Habéis acumulado tesoros para los días postreros» (Stg. 5:3).

«Mejor es lo poco con justicia, que la muchedumbre de frutos sin derecho» (Pr. 16:8).

«Como la perdíz que cubre lo que puso, es el que injustamente amontona riquezas; en la mitad de sus días las dejará, y en su postrimería será insensato» (Jer. 17:11).

2) Permitían que la confianza en sí mismos y su auto justificación las tuviera lejos de Cristo. ¡Imagínelo! Ni uno solo de los líderes, civiles o religiosos, pensaba que Dios le rechazaría y le impediría entrar al cielo. Cada uno de ellos se creía suficientemente bueno para ser aceptado por Dios, sin embargo, hoy ninguno de ellos está en el cielo.

«No todo el que me dice: Señor, Señor, entrará en el reino de los cielos, sino el que hace la voluntad de mi Padre que está en los cielos» (Mt. 7:21).

«Respondiendo él, les dijo: Hipócritas, bien profetizó de vosotros Isaías, como está escrito: Este pueblo de labios me honra, mas su corazón está lejos de mí» (Mr. 7:6).

«Profesan conocer a Dios, pero con los hechos lo niegan, siendo abominables y rebeldes, reprobados en cuanto a toda buena obra» (Tit. 1:16).

«Muchos hombres proclaman cada uno su propia bondad, pero hombre de verdad, ¿quién lo hallará?» (Pr. 20:6).

«Hay generación limpia en su propio corazón, si bien no se ha limpiado de su inmundicia» (Pr. 30:12).

«Habéis arado impiedad, y segasteis iniquidad; comeréis fruto de mentira, porque confiaste en tu camino y en la multitud de tus valientes» (Os. 10:13).

«La soberbia de tu corazón te ha engañado, tú que moras en las hendiduras de las peñas, en tu altísima morada; que dices en tu corazón: ¿Quién me derribará a tierra? Si te remontares como águila, y aunque entre las estrellas pusieres tu nido, de ahí te derribaré, dice Jehová» (Abd. 3-4).

2. El pueblo escuchaba a Jesús. La palabra «suspenso» (*exekremeto*) significa que estaba pendiente de las palabras de Jesús, le daban cuidadosa atención, estaban impactados. Este es el cuadro: Desde la entrada triunfal en la víspera *miles y miles* se juntaron a él, ansiosos de escuchar en todo lo posible su palabra. Note que fue su popularidad entre la gente lo que evitó que los líderes lo arrestaran. Sencillamente no encontraban un momento o lugar donde ejecutar su terrible plan sin causar un levantamiento popular.

Pensamiento. ¿Cuántos dan cuidadosa atención a Jesús hoy? ¿Si concentrásemos realmente nuestra atención en Él como deberíamos, existiría tanta oposición al evangelio? ¿No sería diferente la sociedad? ¿Estaría más controlado y sujeto el mal?

«Con mi alma te he deseado en la noche, y en tanto que me dure el espíritu dentro de mí, madrugaré a buscarte; porque luego que hay juicios tuyos en la tierra, los moradores del mundo aprenden justicia» (Is. 26:9).

«Bienaventurados los que tienen hambre y sed de justicia, porque ellos serán saciados» (Mt. 5:6).

«Señor, delante de ti están todos mis deseos, y mi suspiro no te es oculto» (Sal. 38:9; cp. Sal. 63:1).

	CAPÍTULO 20 **D. El tema de la autoridad: ¿Quién es Jesús? 20:1-8** (Mt. 21:23-27; Mr. 11:27:33)	3 Respondiendo Jesús, les dijo: Os haré yo también una pregunta; respondedme: 4 El bautismo de Juan, ¿era del cielo, o de los hombres?	d. Jesús apeló a la lógica: ¿Era Juan el Bautista de Dios o de los hombres?
		5 Entonces ellos discutían entre sí, diciendo: Si decimos, del cielo, dirá: ¿Por qué, pues, no le creísteis?	**2 Posibilidad 1: su autoridad era de Dios**
1 La incredulidad de los hombres versus Jesús a. Jesús enseñaba y predicaba el evangelio	Sucedió un día, que enseñando Jesús al pueblo en el templo, y anunciando el evangelio, llegaron los principales sacerdotes y los escribas, con los ancianos,	6 Y si decimos, de los hombres, todo el pueblo nos apedreará ;porque están persuadidos de que Juan era profeta.	**3 Posibilidad 2: su autoridad era de los hombres**
b. Con incredulidad los hombres cerraron sus oídos al evangelio c. Con incredulidad los hombres cuestionaron la autoridad de Jesús	2 y le hablaron diciendo: Dinos: ¿con qué autoridad haces estas cosas? ¿o quién es el que te ha dado esta autoridad?	7 Y respondieron que no sabían de dónde fuese. 8 Entonces Jesús les dijo: Yo tampoco os diré con qué autoridad hago estas cosas.	**4 Posibilidad 3: indecisión y silencio**

D. El tema de la autoridad: ¿Quién es Jesús? 20:1-8

(20:1-8) ***Introducción:*** en este pasaje comienza una serie de ataques lanzados contra Jesús. Le hicieron pregunta tras pregunta en un intento de desacreditar su afirmación de ser el verdadero Mesías, el Hijo de Dios. Pero las preguntas de nada sirvieron. Este es un pasaje fundamental, presenta el tema de la autoridad: ¿Quién es Jesús?

1. La incredulidad de los hombres versus Jesús (vv. 1-4).
2. Posibilidad 1: su autoridad era de Dios (v. 5).
3. Posibilidad 2: su autoridad era de los hombres (v. 6).
4. Posibilidad 3: indecisión y silencio (vv. 7-8).

[1] (20:1-4) ***Incredulidad:*** incredulidad versus Jesús. Este es un cuadro importante.

1. Jesús estaba enseñando y predicando el evangelio. Compartía las buenas nuevas sobre el reino de Dios y la gran esperanza para el hombre por medio del arrepentimiento. Una gran multitud escuchaba «suspensa» (Lc. 19:48), absorbiendo cada una de sus palabras con la esperanza que Dios despertaba en sus corazones. Las palabras del Señor iban directamente a la necesidad del corazón humano.

2. Pero note lo que ocurrió. La incredulidad hizo que los hombres cerrasen sus oídos al evangelio. Los religiosos estaban allí escuchando a Jesús como tantos otros, sin embargo, sus motivos eran diferentes a los de la multitud. No estaban buscando a Dios más allá de sus propias ideas sobre la religión. Tenían...

- corazones críticos e incrédulos.
- temor del ridículo humano, desaprobación y falta de aceptación.
- preocupación por su sustento, seguridad, profesión y posición.

No estaban interesados en descubrir la verdad acerca de Jesús. Sólo les interesaba ponerle una zancadilla y desacreditarlo delante del pueblo. Querían que el pueblo solo fuese leal a la *posición religiosa* de ellos. Poco importaba la verdad. Sus oídos estaban cerrado y sus ojos enceguecidos debido a ser obstinadamente incrédulos.

3. Note otro hecho referido a la incredulidad. Fue motivo para que los hombres cuestionaran la autoridad de Jesús y se preguntaran quién era realmente. Esta era la pregunta fundamental, una pregunta que sondeaba la naturaleza misma de Jesús. ¿Cuál era su autoridad, quién lo había enviado, quién le dio poder, quién le dio el derecho para hacer lo que hacía? ¿De dónde había venido? Sencillamente, ¿quién era Jesús?

Los líderes querían saber con qué derecho había interferido Jesús en sus vidas y áreas de responsabilidad. Ellos eran los guardianes y directores autorizados puestos sobre templo y sobre la gente. Jesús estaba interfiriendo en su manejo de las cosas, y no tenía derecho a hacerlo. Le hicieron dos preguntas.

a. ¿Con qué autoridad hacía sus obras? «¿Con qué autoridad haces *estas cosas*?» Había entrado triunfante, como rey, a la ciudad de Jerusalén, recibiendo del pueblo la honra correspondiente al Rey mesiánico; había echado fuera del templo a los mercaderes; había sanado a los ciegos y cojos (Mt. 21:14); y había aceptado el homenaje de los niñitos que lo proclamaban Mesías. ¿Qué autoridad tenía para todo ello?

Pensamiento. Los líderes hicieron la pregunta fundamental que era preciso hacer. Es la pregunta que toda persona debe hacer: ¿Cuál es la autoridad, la explicación de las obras de Cristo? Las obras de...

- ministerio.
- sanidad.
- enseñanza.
- levantar a los muertos.
- resucitar.
- predecir el futuro.
- predicar.
- ascender al cielo.
- calmar las tormentas naturales.
- morir y cumplir las Escrituras.

b. Cuál era la autoridad de su persona: «¿...*quién es el que te ha dado* esta autoridad? Jesús *estaba afirmando...*

- al entrar a la ciudad tal como lo hizo proclamaba ser el prometido Rey mesiánico.
- ser la Cabeza, el Dios del templo: «mi casa...».
- ser la luz del mundo para los ciegos y el Médico mesiánico para los cojos (Mt. 21:14).
- ser el cumplimiento mesiánico de las Escrituras, al recibir la alabanza de los niñitos.

Las autoridades sabían quién afirmaba ser Jesús. Sencillamente rechazaron su afirmación y se rehusaron a creer. Escogieron el camino de la incredulidad obstinada, rehusándose a creer aun teniendo prueba sobre prueba.

Había dos respuestas posibles a la pregunta.

- Jesús podía haber afirmado que actuaba por

su propia autoridad, diciendo que su poder era suyo propio. Esto, por supuesto, lo habría convertido en un ego-maníaco o en un gran impostor (la mayor de todas las historias). Por supuesto, si afirmaba que actuaba por propia autoridad, los líderes lo habrían desacreditado y arrestado inmediatamente causando mucho estrago.

- Jesús pudo haber afirmado que actuaba por la autoridad de Dios, que era de Dios, procedente de Dios. Ahora note que esta fue la afirmación que había hecho una y otra vez. Pero si la hacía allí y en ese momento, en la cara de las autoridades, lo habrían arrestado inmediatamente por blasfemo. Dirían que Dios jamás ordenaría causar semejante revuelo en el templo.

Las autoridades hacían nuevamente la pregunta fundamental que toda persona debe hacer. *¿Quién dio* a Jesús su autoridad? ¿Quién es Jesús: un mero hombre o el auténtico Hijo de Dios? ¿Es Jesús del *hombre* o es *de Dios*? ¿Es su autoridad de los hombros, o es inherente, esto es, de su interior, de su propia naturaleza como Dios?

4. Jesús apeló de manera muy sencilla a la verdad y a la lógica: Juan el Bautista: ¿era del cielo, o era de los hombres?

2 (20:5) ***Jesucristo, deidad—incredulidad:*** la primera posibilidad era que la autoridad de Jesús provenía *de Dios. Juan señaló* hacia Cristo y proclamó...

- «He aquí el Cordero de Dios» (Jn. 1:29).
- «Y yo le vi y he dado testimonio de que éste es el Hijo de Dios» (Jn. 1:34).

Si Juan procedía de Dios, si era un verdadero mensajero de Dios, entonces Jesús era el auténtico Mesías, el Hijo de Dios. Esto significaría que el mensaje del reino de Dios, de la esperanza para el hombre mediante el arrepentimiento, era real. El hombre puede ser salvado del pecado, muerte, e infierno. Note las palabras: «ellos discutían entre sí». Razonaron entre sí. Sin embargo, no estaban escudriñando sus corazones y buscando la verdad. Su decisión estaba tomada. Sus ideas preconcebidas no iban a ser abandonadas, ni siquiera ante la verdad. Estaban rechazando deliberadamente a Jesús, obstinados en su incredulidad.

Pensamiento. Cristo y su mensaje procedían de Dios; por eso hay gran esperanza para el hombre. El hombre puede ser salvado eternamente, salvado para el reino de Dios. Sin embargo, el hombre tiene un problema doble.

1) El problema de la incredulidad obstinada.

«El que en él cree, no es condenado; pero el que no cree, ya ha sido condenado, porque no ha creído en el nombre del unigénito Hijo de Dios» (Jn. 3:18).

«El que cree en el Hijo tiene vida eterna; pero el que rehusa creer en el Hijo no verá la vida, sino que la ira de Dios está sobre él» (Jn. 3:36).

«Por eso os dije que moriréis en vuestros pecados; porque si no creéis que yo soy, en vuestros pecados moriréis» (Jn. 8:24).

«Mirad, hermanos, que no haya en ninguno de vosotros corazón malo de incredulidad para apartarse del Dios vivo» (He. 3:12).

«El hombre que reprendido endurece la cerviz, de repente será quebrantado, y no habrá para él medicina» (Pr. 29:1).

2) El problema de aferrarse a este mundo, de no querer negarse a sí mismo, sus propios deseos e ideas preconcebidas. El hombre ama demasiado el dinero, la aceptación, las posiciones, y las posesiones del mundo.

«Ninguno puede servir a dos señores; porque o aborrecerá al uno y amará al otro. No podéis servir a Dios y a las riquezas» (Mt. 6:24).

«Pero los afanes de este siglo, y el engaño de las riquezas, y las codicias de otras cosas, entran y ahogan la palabra, y se hace infructuosa» (Mr. 4:19).

«Porque por ahí andan muchos, de los cuales os dije muchas veces, y aún ahora lo digo llorando, que son enemigos de la cruz de Cristo; el fin de los cuales será perdición, cuyo dios es el vientre, y cuya gloria es su vergüenza; que sólo piensan en lo terrenal» (Fil. 3:18-19).

«Porque los que quieren enriquecerse caen en tentación y lazo, y en muchas codicias necias y dañosas, que hunden a los hombres en destrucción y perdición» (1 Ti. 6:9).

3 (20:6) ***Jesucristo, deidad—incredulidad:*** la segunda posibilidad es que la autoridad de Jesús provenía de *los hombres*. Nuevamente, lo que era verdad respecto de Juan, era verdad respecto de Jesús. Sin embargo, ¿si el ministerio de Juan era de los hombres, cómo explicar tantas *vidas cambiadas*? Miles de personas se habían arrepentido y habían sido transformadas, cambiando totalmente sus vidas y siguiendo a Dios con nuevo vigor. Decir que Juan *no era de Dios*, que había recibido su poder y autoridad de los hombres era necio y absurdo (cp. Lc. 7:29; Jn. 10:41-42).

Las autoridades sabían que si sostenían públicamente esta posición, el pueblo se levantaría contra ellas. Perderían el control que aun tenían sobre el pueblo, puesto que el pueblo creía que Juan había sido un gran profeta de Dios.

Pensamiento. A lo largo de los siglos miles de vidas han sido cambiadas por Cristo. Miles entregarían sus vidas en testimonio de su poder transformador. No existe mayor evidencia de la deidad de Cristo. Las vidas cambiadas de tantas personas proclaman la gloriosa verdad del evangelio. Cristo es el verdadero Mesías, el Hijo de Dios.

«Y todo el pueblo y los publicanos, cuando lo oyeron, justificaron a Dios, bautizándose con el bautismo de Juan» (Lc. 7:29).

«Jesús les respondió: Os lo he dicho, y no creéis; las obras que yo hago en nombre de mi Padre, ellas dan testimonio de mí» (Jn. 10:25).

«¿Al que el Padre santificó y envió al mundo, vosotros decís: Tú blasfemas, porque dije: Hijo de Dios soy? Si no hago las obras de mi Padre, no me creáis. Mas si las hago, aunque no me creáis a mí, creed a las obras, para que conozcáis y creáis que el Padre está en mí, y yo en el Padre» (Jn. 10:36-38).

«Y muchos venían a él, y decían: Juan, a la verdad, ninguna señal hizo; pero todo lo que Juan dijo de éste, era verdad. Y muchos creyeron en él allí» (Jn. 10:41-42).

«¿No crees que yo soy en el Padre, y el Padre en mí? Las palabras que yo os hablo, no las hablo por mi propia cuenta, sino que el Padre que mora en mí, Él hace las obras» (Jn. 14:10).

4 (20:7-8) ***Jesucristo, deidad—incredulidad:*** la tercera posibilidad era indecisión y silencio. Una actitud trágica. Siempre es trágico cuando el interés de una persona por guardar las apariencias no permite descubrir la verdad. Siempre es trágico cuando una persona está tan preocupada por su posición, estima, y seguridad que ignora o niega la verdad. Esta fue precisamente la respuesta de estos hombres, y con frecuencia es la respuesta que los hombres dan a Cristo.

1. Escogen la conveniencia, deliberadamente prefieren ser ignorantes. Temen ser avergonzados, y ridiculizados. Confesar a Jesús hubiera significado confesar que siempre estuvieron equivocados. Hubiera significado negarse completamente a sí mismos, y hacerlo públicamente.

2. Negaron a Jesús. Confesar que Juan procedía de Dios los habría obligado a reconocer a Jesús, y no estaban dispuestos a

ello. Temían la pérdida de todas sus posesiones: posición, poder, riqueza, estima, imagen, seguridad y sustento.

> **«Y decía a todos: Si alguno quiere venir en pos de mí, niéguese a sí mismo, tome su cruz cada día, y sígame. Porque todo el que quiera salvar su vida, la perderá; y todo el que pierda su vida por causa de mí, éste la salvará» (Lc. 9:24).**
>
> **«Porque ¿qué aprovecha al hombre si ganare todo el mundo, y perdiere su alma?» (Mr. 8:36).**

Pensamiento. La tragedia de tragedias es que la mayoría de las personas...

- escoge la conveniencia más que los principios.
- escoge la seguridad, antes de jugarse por la verdad.
- prefiere decir: «No sé» antes de hablar la verdad.

> **«Porque el que se avergonzare de mí y de mis palabras en esta generación adúltera y pecadora, el Hijo del Hombre se avergonzará también de él, cuando venga en la gloria de su Padre con los santos ángeles» (Mr. 8:38).**
>
> **«Si sufrimos, también reinaremos con él; si le negáremos, él también nos negará» (2 Ti. 2:12).**
>
> **«Pero hubo también falsos profetas entre el pueblo, como habrá entre vosotros falsos maestros, que introducirán encubiertamente herejías destructoras, y aun negarán al Señor que los rescató, atrayendo sobre sí mismos destrucción repentina» (2 P. 2:1).**
>
> **«¿Quién es el mentiroso, sino el que niega que Jesús es el Cristo? Este es anticristo, el que niega al Padre y al Hijo» (1 Jn. 2:22).**

1 **Un hombre plantó una viña**
a. La arrendó a labradores
b. Se fue a un país lejano

2 **Llegó el día de rendir cuentas**
a. Envió siervos a cobrar
b. Sus siervos fueron maltratados; no se les pagó

c. El dueño tuvo paciencia

3 **Apelación especial a los labradores**

E. Parábola de los labradores malvados: un repaso de la historia mundial, 20:9-18
(Mt. 21:33-46; Mr. 12:
1-12; cp. Is. 5:1-7)

9 Comenzó luego a decir al
pueblo esta parábola: Un
hombre plantó una viña, la
arrendó a labradores, y se
ausentó por mucho tiempo.
10 Y a su tiempo envió un
siervo a los labradores, para
que le diesen del fruto de la
viña; pero los labradores le
golpearon, y le enviaron con
las manos vacías.
11 Volvió a enviar otro siervo;
mas ellos a éste también,
golpeado y afrentado, le
enviaron con las manos vacías.
12 Volvió a enviar un tercer
siervo; mas ellos también a
éste echaron fuera, herido.
13 Entonces el señor de la
viña dijo: ¿Qué haré? Enviaré
a mi hijo amado; quizá
cuando le vean a él, le tendrán
respeto.
14 Mas los labradores, al
verle, discutían entre sí,
diciendo: Este es el heredero;
venid, matémosle, para que la
heredad sea nuestra.
15 Y le echaron fuera, de la
viña, y le mataron. ¿Qué, pues,
les hará el señor de la viña?
16 Vendrá y destruirá a estos
labradores, y dará su viña a
otros. Cuando ellos oyeron
esto, dijeron: ¡Dios nos libre!
17 Pero él mirándolos, dijo:
¿Qué, pues, es lo que está
escrito: La piedra que desecharon los edificadores ha
venido a ser cabeza del
ángulo?
18 Todo el que cayere sobre
aquella piedra, será quebrantado; mas sobre quien ella
cayere, le desmenuzará.

a. El dueño envió a su propio Hijo para cobrar el fruto
b. Los labradores vieron al Hijo
c. Los labradores se complotaron para matarlo
d. Los labradores planearon adueñarse de la herencia
e. Los labradores rechazaron y mataron al Hijo

4 **Se dio una sentencia justa**
a. Vendrá y los destruirá
b. Dará el mundo a otros

5 **Se dio una prueba segura del juicio venidero: las Escrituras**
a. La solemne mirada de Jesús
b. Exaltación de la Piedra rechazada
c. Poder destructivo de la Piedra rechazada

E. Parábola de los labradores malvados: un repaso de la historia mundial, 20:9-18

(20:9-18) *Introducción—mundo:* la parábola fue dirigida a Israel, pero también constituye una vista panorámica de la historia mundial. (Para una interpretación de Israel *véase* nota—Mt. 21:33-46). En la vista panorámica de la historia del mundo, Dios es quien fundó a ese mundo; los labradores o arrendadores son personas y naciones responsables de ciertas áreas de producción; los siervos son mensajeros de Dios, enviados para recoger su fruto; el Hijo es Jesucristo mismo. Todo hombre o nación que rechaza al Hijo de Dios verá que Dios se aparta para dar la viña y la responsabilidad a otros.

1. Un hombre plantó una viña (v. 9).
2. Llegó el día de rendir cuentas (vv. 10-12).
3. Apelación especial a los labradores (vv. 13-15).
4. Se pronunció una sentencia justa sobre los labradores (vv. 15-16).
5. Se dio una prueba segura del juicio venidero: Las Escrituras (vv. 17-18).

1 (20:9) *Trabajo—deber del hombre—mundo:* un hombre (Dios) plantó una viña. Fundó el mundo; también plantó a Israel. Arrendó el mundo a los hombres, e Israel a los judíos. Note ahora dos hechos cruciales.

1. Fue Dios, y no el hombre, quien creó el mundo y quien creó a Israel. Ni el mundo, ni Israel eran resultado de la casualidad. Dios hizo a ambos, cada cosa para un propósito específico.

«Porque en él vivimos, y nos movemos, y somos; como algunos de vuestros propios poetas también han dicho: Porque linaje suyo somos» (Hch. 17:28).

«El espíritu de Dios me hizo, y el soplo del Omnipotente me dio vida» (Job 33:4).

«Reconoced que Jehová es Dios; él nos hizo, y no nosotros a nosotros mismos; pueblo suyo somos, y ovejas de su prado» (Sal. 100:3).

«Y ya te has olvidado de Jehová tu Hacedor, que extendió los cielos y fundó la tierra; y todo el día temiste continuamente del furor del que aflige, cuando se disponía para destruir. ¿Pero en donde está el furor del que aflige?» (Is. 51:13).

«¿No tenemos todos un mismo padre? ¿No nos ha creado un mismo Dios? ¿Por qué, pues, nos portamos deslealmente el uno contra el otro, profanando el pacto de nuestros padres?» (Mal. 2:10).

2. Dios le ha dado al hombre el mayor de los privilegios: el privilegio de la vida y el privilegio de cuidar su mundo. (En cuanto al privilegio y propósito de Israel *véase* Estudio a fondo 1—Jn. 4:22.) Dios le ha dado vida al hombre y todo el potencial de la tierra en la cual vive; ha puesto tanto la vida como la tierra en manos del hombre. El mundo no está en otras manos; por eso el hombre es responsable del mundo, de administrarlo para Dios y de dar a Dios el fruto de sus manos. La cuestión es sencillamente esta: el hombre debe trabajar vigorosamente, haciendo toda contribución posible tanto para Dios como para sus compañeros (sociedad). ¿Por qué? Porque ha recibido un privilegio tan grande, el privilegio de la vida y el privilegio de la belleza y el potencial de la tierra. Debe trabajar por amor y reconocimiento en vista de todo lo que Dios le ha dado.

«Y creó Dios al hombre a su imagen, a imagen de Dios lo creó; varón y hembra los creó. Y los bendijo Dios, y les dijo: Fructificad y multiplicaos; llenad la tierra, y sojuzgadla, y señoread en los peces del mar, en las aves de los cielos, y en todas las bestias que se mueven sobre la tierra» (Gn. 1:28).

«Le hiciste señorear sobre las obras de tus manos; todo lo pusiste debajo de sus pies» (Sal. 8:6).

«Porque el reino de los cielos es como un hombre que yéndose lejos, llamó a sus siervos y les entregó sus bienes» (Mt. 25:14).

«Ahora bien, se requiere de los administradores que cada uno sea hallado fiel» (1 Co. 4:2).

«Oh Timoteo, guarda lo que se te ha encomendado, evitando las profanas pláticas sobre cosas vanas, y los

argumentos de la falsamente llamada ciencia» (1 Ti. 6:20).

«Y llamando a diez siervos suyos, les dio diez minas, y les dijo: Negociad entre tanto que vengo» (Lc. 19:13).

2 (20:10-12) ***Juicio:*** llegó el día de rendir cuentas; el día de pagar. Note las palabras «a su tiempo». Llegó el momento en que se debía ofrecer el fruto a Dios.

1. Dios envió siervos suyos a cobrar. Se esperaba fruto, y era tiempo de pago. Dios *envió* siervos para recoger el fruto. Dios *esperaba* que cada uno pagase lo suyo, para contribuir al maravilloso privilegio de vivir en la hermosa viña del mundo.

«Haced pues frutos dignos de arrepentimiento» (Mt. 3:8).

«Dijo también esta parábola: Tenía un hombre una higuera plantada en su viña, y vino a buscar fruto en ella, y no lo halló» (Lc. 13:6).

«Todo pámpano que en mí no lleva fruto, lo quitará; y todo aquel que lleva fruto, lo limpiará para que lleve más fruto» (Jn. 15:2).

«En esto es glorificado mi Padre, en que llevéis mucho fruto, y seáis así mis discípulos» (Jn. 15:8).

«No me elegisteis vosotros a mí, sino que yo os elegí a vosotros, y os he puesto para que vayáis y llevéis fruto, y vuestro fruto permanezca; para que todo lo que pidiereis al padre en mi nombre, él os lo dé» (Jn. 15:16).

«Así también vosotros, hermanos míos, habéis muerto a la ley mediante el cuerpo de Cristo, para que seáis de otro, del que resucitó de los muertos, a fin de que llevemos fruto para Dios» (Ro. 7:4).

«Para que andéis como es digno del Señor, agradándole en todo, llevando fruto en toda buena obra, y creciendo en el conocimiento de Dios» (Col. 1:10).

2. Los siervos de Dios fueron maltratados, además no se les pagó. Note tres cosas.
   a. El hombre se rebela deliberadamente contra Dios. El mismo quiere gobernar la viña. Quiere ser el rey del reino, el gobernador de la tierra, e incluso cabeza de la iglesia. Quiere que las cosas se hagan a su criterio, gobernar y reinar según sus deseos y voluntad. No quiere tener ninguna autoridad encima de Él. Quiere vivir como se le antoja y hacer las cosas como le place. Quiere los frutos para sí mismo.
   b. Con tanta intensidad quiere el hombre salirse con la suya que critica, ridiculiza, injuria, persigue e incluso mata a los verdaderos siervos de Dios.

   «¿A cuál de los profetas no persiguieron vuestros padres? Y mataron a los que anunciaron de antemano la venida del Justo, de quien vosotros ahora habéis sido entregadores y matadores» (Hch. 7:52. Cp. Mt. 23:34-37; He. 11:36-38.)

   c. El siervo de Dios debe entender que ha sido llamado para sufrir (*véase* Estudio a fondo 2—Mt. 20:22-23).

   «Porque a vosotros os es concedido a causa de Cristo, no sólo que creáis en él, sino que también padezcáis por él» (Fil. 1:29).

   «Y también todos los que quieran vivir piadosamente en Cristo Jesús padecerán persecución» (2 Ti. 3:12).

   «Amados, no os sorprendáis del fuego de prueba que os ha sobrevenido, como si alguna cosa extraña aconteciese, sino gozaos por cuanto sois participantes de los padecimientos de Cristo, para que también en la revelación de su gloria os gocéis con gran alegría» (1 P. 4:12-13; cp. 1 P. 2:21; 4:5-6; Mt. 19:29; Ro. 8:16-17).

3. Dios fue paciente. No reaccionó enojado a la primera señal de rebelión, ni siquiera cuando los hombres atacaron brutalmente a sus siervos. Siguió enviando mensajeros a Israel (el mundo) dando al hombre oportunidad tras oportunidad.

«¿A cuál de los profetas no persiguieron vuestros padres? Y mataron a los que anunciaron de antemano la venida del Justo, de quien vosotros ahora habéis sido entregadores y matadores» (Hch. 7:52. Cp. Mt. 23:34-37; He. 11:36-38.)

«Y dijo al viñador: He aquí, hace tres años que vengo a buscar fruto en esta higuera, y no lo hallo; córtala; ¿para que inutiliza también la tierra? El entonces, respondiendo, le dijo: Señor, déjala todavía este año, hasta que yo cave alrededor de ella, y la abone. Y si diere fruto bien; y si no, la cortarás después» (Lc. 13:7-9).

«El Señor no retarda su promesa, según algunos la tienen por tardanza, sino que es paciente para con nosotros, no queriendo que ninguno perezca, sino que todos procedan al arrepentimiento» (2 P. 3:9).

«Por amor de mi nombre diferiré mi ira, y para alabanza mía la reprimiré para no destruirte» (Is. 48:9).

3 (20:13-15) ***Jesucristo, rechazo de:*** Dios apeló de manera especial a los labradores. Fue una apelación muy especial. Dios envió a su propio «hijo amado» al mundo para juntar el fruto. Aquí se expresan cinco hechos significativos.

1. Jesús afirmó ser el Hijo de Dios. Difería de todos los siervos enviados anteriormente. Era más que otro siervo humano; era el propio Hijo de Dios. No hay duda que Jesús hacía claramente esta singular afirmación respecto de sí mismo.
2. Los labradores vieron al Hijo de Dios. Tuvieron toda clase de evidencias: las profecías del Antiguo Testamento, el testimonio de Juan el Bautista, las afirmaciones de Jesús mismo, sus obras milagrosas, las señales de los tiempos (Gá. 4:4). La gente sentía que Jesús era el Mesías prometido, incluso alguno de los que ahora se le oponían. (*Véase* nota—Jn. 3:2; cp. Jn. 11:47-52.) Esta era la trágica acusación contra los judíos. En la profundidad de su interior sentían que Jesús realmente era el Mesías; pero el pecado, o la codicia de una posición, de estima, poder y seguridad les impedía reconocerlo. La incredulidad de ellos era deliberada y obstinada (*véanse* bosquejo y notas—Mt. 21:23-27).
3. Los labradores se complotaron para darle muerte (cp. Mt. 12:14; Jn. 11:53).
4. Los labradores planeaban apoderarse de su herencia. El hombre anhela poseer el reino, la nación, la propiedad, el poder, el gobierno, el reino, la posición, la estima, la fama, el reconocimiento, la riqueza. Sea cual fuere la posesión, el hombre siempre la quiere para sí mismo. Negará, engañará, mentirá, hurtará, robará, e incluso matará para obtenerla. (*Véanse* nota—Mt. 12:1-8; nota y Estudio a fondo 1—12:10; nota—15:1-20; Estudio a fondo 2—15:6-9.)
5. Los labradores mataron al Hijo. Cometieron el peor de las crímenes de la historia humana: Mataron al propio Hijo de Dios. Note dos cosas: (1) Jesús estaba prediciendo su muerte, y (2) su muerte sería un acto voluntario de su parte. Sabía que la muerte le esperaba, y pudo haber escapado, pero escogió morir. Era el «determinado consejo y anticipado conocimiento de Dios» (Hch. 2:23).

«Porque de tal manera amó Dios al mundo, que ha dado a su Hijo unigénito, para que todo aquel que en él cree, no se pierda, mas tenga vida eterna» (Jn. 3:16).

«Mas Dios muestra su amor para con nosotros, en que siendo aún pecadores, Cristo murió por nosotros» (Ro. 5:8).

«Pero Dios, que es rico en misericordia, por su gran amor con que nos amó, aun estando nosotros muertos en pecados, nos dio vida juntamente con Cristo (por gracia sois salvos)» (Ef. 2:4-5).

«El cual nos ha librado de la potestad de las tinieblas, y trasladado al reino de su amado Hijo» (Col. 1:13).

4 (20:15-16) ***Juicio:*** hubo sentencia de un juicio justo. El crimen fue el crimen más terrible y trágico en toda la historia del universo: el rechazo y asesinato del *único* Hijo de Dios. Por eso, el juicio tenía que ser el más trágico y severo de todo el universo.

1. Los labradores rebeldes serán destruidos (*véase* nota—Lc. 20:17-18).
2. La viña (mundo) será dada a otros. La viña no dejará de

ser labrada; no quedará abandonada y sin fruto. Dios levantará un pueblo nuevo que cuida de ella (la iglesia, la nueva creación de Dios. *Véanse* notas—Ef. 2:11-18; pto. 4, 2:14-15; 4:17-19.)

Cuando los judíos escucharon esta declaración, sabían de qué estaba hablando Jesús. No podían creer lo que sus oídos oían. En la mente de ellos no entraba la posibilidad de poder ser rechazados por Dios. Prorrumpieron en ira e interrumpiendo su advertencia, exclamaron: «¡Dios nos libre!».

«Y ya también el hacha está puesta a la raíz de los árboles; por tanto, todo árbol que no da buen fruto es cortado y echado en el fuego» (Mt. 3:10).

«El que en mí no permanece, será echado fuera como pámpano, y se secará; y los recogen, y los echan en el fuego, y arden» (Jn. 15:6).

«Pero la que produce espinos y abrojos es reprobada, está próxima a ser maldecida, y su fin es el ser quemada» (He. 6:8).

5 (20:17-18) ***Juicio:*** Jesús dio una prueba segura del juicio que venía, esto es, las Escrituras. Note su mirada solemne: «Él mirándolos, dijo ... La piedra que desecharon los edificadores...» La piedra es un símbolo de Jesucristo. Note dos hechos.

1. La exaltación de la piedra rechazada. Cristo es la cabeza, o principal piedra del ángulo, la piedra fundamental. El es el Fundamento, la piedra sobre la cual el hombre debe edificar su vida. No hay otro fundamento sobre el cual el hombre pueda construir y estar seguro. De igual manera es el fundamento y la piedra angular de la iglesia (*véase* Estudio a fondo 6—Mt. 21:42).

«Porque nadie puede poner otro fundamento que el que está puesto, el cual es Jesucristo» (1 Co. 3:11).

«Edificados sobre el fundamento de los apóstoles y profetas, siendo la principal piedra del ángulo Jesucristo mismo, en quien todo el edificio bien coordinado, va creciendo para ser un templo santo en el Señor; en quien todos vosotros también sois juntamente edificados para morada de dios en el Espíritu» (Ef. 2:20-22).

«Acercándose a él, piedra viva, desechada ciertamente por los hombres, mas para Dios escogida y preciosa, vosotros también, como piedras vivas, sed edificados como casa espiritual y sacerdocio santo, para ofrecer sacrificios espirituales aceptables a Dios por medio de Jesucristo» (1 P. 2:4-5).

2. El poder destructivo de la Piedra rechazada. Es bien conocido el poder destructivo de una piedra al dar contra carne y sangre. La persona que tropieza o cae en la piedra que es Jesucristo, sufre daño. La persona sobre quien cae la inmensa piedra que es Jesucristo, es hecha polvo, totalmente destruida, y en forma permanente. (Para mayor discusión *véanse* Estudio a fondo 6—Mt. 21:42; Estudios a fondo 8, 9—21:44.)

«El impío por su impiedad caerá» (Pr. 11:5).

«¿Se han avergonzado de haber hecho abominación? Ciertamente no se han avergonzado, ni aun saben tener vergüenza; por tanto, caerán entre los que caigan; cuando los castigue caerán, dice Jehová» (Jer. 6:15).

«Les dirás asimismo: Así ha dicho Jehová: El que cae, ¿no se levanta? El que se desvía, ¿no vuelve al camino?» (Jer. 8:4).

«¿No castigaré a vuestras hijas cuando forniquen, ni a vuestras nueras cuando adulteren; porque ellos mismo se van con rameras, y con malas mujeres sacrifican; por tanto, el pueblo sin entendimiento caerá» (Os. 4:14).

1 **El motivo de la pregunta: los religiosos querían destruir a Jesús**
a. La razón: temían perder el control de la gente
b. El método: intentaban desacreditar a Jesús
1) Ante la gente
2) Ante Roma: mostrándolo como traidor
3) Mediante engaño y soborno

2 **Conceptos falsos de ciudadanía**

3 **La imagen acuñada en las monedas, es la imagen del gobierno**
a. El gobierno posee algunas cosas
b. Al gobierno se le deben algunas cosas

4 **La imagen sellada sobre el hombre es la imagen de Dios**

5 **Conclusión: los religiosos fueron silenciados**

F. La cuestion referida a gobierno y religión: ¿cuál es más importante? (20:19-26)
(Mt. 22:15-22;
Mr. 12:13-17)

19 Procuraban los principales sacerdotes y los escribas echarle mano en aquella hora, porque comprendieron que contra ellos había dicho esta parábola; pero temieron al pueblo.
20 Y acechándole enviaron espías que se simulasen justos, a fin de sorprenderle en alguna palabra, para entregarle al poder y autoridad del gobernador.
21 Y le preguntaron, diciendo: Maestro, sabemos que dices y enseñas rectamente, y que no haces acepción de persona, sino que enseñas el camino de Dios con verdad.
22 ¿Nos es lícito dar tributo a César, o no?
23 Mas él comprendiendo la astucia de ellos, les dijo: ¿Por qué me tentáis?
24 Mostradme la moneda. ¿De quién tiene la imagen y la inscripción? Y respondiendo dijeron: De César.
25 Entonces les dijo: Pues dad a César lo que es de César, y a Dios lo que es de Dios.
26 Y no pudieron sorprenderle en palabra alguna delante del pueblo, sino que maravillados de su respuesta, callaron.

F. La cuestion referida a gobierno y religión: ¿cuál es más importante? (20:19-26)

(10:19-26) ***Introducción:*** uno de los mayores cuestionamientos a lo largo de la historia ha sido el referido al gobierno y la religión. ¿Cuál de los dos es más importante? En este pasaje Jesús se ocupa del tema.

1. El motivo de la pregunta: los religiosos querían destruir a Jesús (vv. 19-21).
2. Conceptos falsos de ciudadanía (vv. 22-23).
3. La imagen acuñada en las monedas, es la imagen del gobierno (vv. 24-25).
4. La imagen sellada sobre el hombre es la imagen de Dios (v. 25).
5. Conclusión: Los religiosos fueron silenciados (v. 26).

[1] (20:19-21) ***Religiosos, opuestos a Jesús:*** el motivo de la pregunta. Los religiosos querían destruir a Jesús. Note cuán institucionalizada y politizada se había vuelto la religión judía. El sacerdocio había comenzado con Aarón inmediatamente después que Moisés hubo librado a los israelitas de la esclavitud egipcia. Ahora, pasados algunos siglos, se ve a los sacerdotes operando para desacreditar a Jesús tal como los gobernadores seculares intentan destruir a sus oponentes políticos. No hay señal de piedad en ellos. Precisamente las personas que debían testimoniar de la justicia de Dios habían crecido en su ambición egoísta y en la intriga política.

Los religiosos temían perder su control sobre el pueblo. El pueblo se agolpaba alrededor de Jesús (Lc. 19:37), y Jesús había...

- proclamado que Él mismo era el Mesías (Lc. 19:30, 37, 46; 20:2-6, 17-18).
- purificado el templo, acusándolos de usarlo mal (Lc. 19:25).
- confundido a los religiosos en su intento de desacreditarlo (Lc. 20:7-8).
- acusado a los religiosos de ser malos mayordomos que habían fallado en cuidar la viña del Señor (Lc. 20:9-18).

Si el pueblo se levantaba contra los líderes y proclamaba a Jesús como Mesías, intervendrían los romanos y aplastarían la revuelta. En ese caso los líderes perdían su posición, autoridad, sustento y todo. Sentían que debían detener a Jesús a cualquier precio.

El método que escogieron para detener a Jesús era hacerle preguntas capciosas. Si lograban que Jesús tomase alguna postura contra el pueblo, éste lo abandonaría. Entonces podía ser arrestado y destruido. Por el otro lado, si lograban que tomase una postura contra Roma, sería arrestado por predicar la traición.

Note el engaño y la exagerada adulación que usaron con Jesús (v. 21). Es algo que le da náuseas al lector, pero es característico de quienes buscan sus propios objetivos. (Cp. Job 15:5; Sal. 12:3; 29:5.)

> ***Pensamiento.*** Demasiadas veces la religión se institucionaliza y politiza. El pueblo de Dios siempre debe cuidarse de buscar...
>
> - reconocimiento.
> - honra.
> - posición.
> - poder.
> - seguridad mundanal.
> - lealtad egoísta.
>
> **«¿Cómo podéis vosotros creer, pues recibís gloria los unos de los otros, y no buscáis la gloria que viene del Dios único?» (Jn. 5:44).**
>
> **«Entonces Jesús, llamándolos, dijo: Sabéis que los gobernantes de las naciones se enseñorean de ellas, y los que son grandes ejercen sobre ellas potestad. Mas entre vosotros no será así, sino que el que quiera hacerse grande entre vosotros, será vuestro servidor, y el que quiera ser el primero entre vosotros será vuestro siervo» (Mt. 20:20-27).**
>
> **«El que es el mayor de vosotros, sea vuestro siervo. Porque el que se enaltece será humillado, y el que se humilla será enaltecido» (Mt. 23:11-12).**

[2] (20:22-23) ***Ciudadanía —estado—César:*** en esta pregunta se manifiestan los dos conceptos equivocados referidos a la ciudadanía.

1. El concepto de los religiosos autores de esta pregunta. Creían que la religión era suprema. Creían vigorosamente en el mundo celestial, espiritual. Creían que toda la obediencia y lealtad se debían a Dios y solamente a Dios. De hecho, se debían a Dios todas las cosas sobre la tierra. El estado y todo otro poder y autoridad debían sujetarse al gobierno religioso. Por eso se oponían tenazmente a tener que pagar impuestos a un rey extranjero. El pagar impuestos era infringir los derechos de Dios.
2. El concepto de los secularistas o humanistas. Creían que el estado era supremo. No creían en lo sobrenatural, al menos no en el sentido de que un Ser supremo era el creador y el poder

soberano que se involucraba en los asuntos de los hombres. La religión, si era practicada, debía sujetarse al estado. Existía para servir y beneficiar al estado. Dios era ignorado o negado, considerado como un mero instrumento destinado a beneficiar al estado.

Pensamiento. Siempre existen ambos conceptos entre los hombres. Siempre habrá quienes consideren a la religión como suprema y quienes sostengan como supremo al humanismo y secularismo.

«Porque toda carne es como hierba, y toda la gloria del hombre como flor de la hierba. La hierba se seca y la flor se cae» (1 P. 1:24).

«Porque cuando muera no llevará nada, ni descenderá tras él su gloria» (Sal. 49:17).

«Por eso ensanchó su interior el Seol, y sin medida extendió su boca; y allá descenderá la gloria de ella, y su multitud, y su fausto, el que en él se regocijaba» (Is. 5:14).

«Oíd palabra de Jehová, vosotros los que tembláis a su palabra: Vuestros hermanos que os aborrecen, y os echan fuera por causa de mi nombre, dijeron: Jehová sea glorificado. Pero él se mostrará para alegría vuestra, y ellos serán confundidos» (Is. 66:5).

«Y tú, hijo de hombre, el día que yo arrebate a ellos su fortaleza, el gozo de su gloria, el deleite de sus ojos y el anhelo de sus almas, y también sus hijos y sus hijas» (Ez. 24:25).

«Conforme a su grandeza, así pecaron contra mí; también yo cambiaré su honra en afrenta» (Os. 4:7).

Note que Cristo percibió el engaño y la adulación. Él era el Hijo de Dios, por eso vio *la astucia de ellos* y conocía...

- cada ambición egoísta.
- cada palabra de engaño y adulación.
- cada intención de fingir honra.
- cada persona que lo ignoraba o negaba.
- cada afirmación secular y humanista.

3 (20:24-25) ***Ciudadanía—estado:*** la imagen acuñada en las monedas era la imagen del gobierno. No hubo argumento opositor cuando Jesús señaló a la imagen sobre la moneda. El gobierno había hecho la moneda y había estampado su imagen en ella. No fue Dios quien la hizo; por eso, la moneda era propiedad de gobierno, y el gobierno tenía derecho a reclamarla. El asunto era claro.

1. La moneda y algunas otras cosas producidas por el estado son del estado, cosas tales como rutas, edificios, desagües, transporte público.

2. El gobierno es acreedor de algunas cosas. El estado es particularmente acreedor de la lealtad y el sostén de los hombres. Una persona es ciudadana de este mundo mientras está en este mundo. El mundo le provee todo lo necesario para mantener la vida física; y el gobierno bajo cuya autoridad vive le provee de protección, caminos, agua, y leyes. Por eso el hombre le debe al estado la *parte correspondiente.* (Para mayor discusión *véase* nota—Ro. 13:1-7.)

«Sométase toda persona a las autoridades superiores; porque no hay autoridad sino de parte de Dios, y las que hay, por Dios son establecidas» (Ro. 13:1).

«Sin embargo, para no ofenderles, vé al mar, y echa el anzuelo, y el primer pez que saques, tómalo, y al abrirle la boca, hallarás un estatero; tómalo, y dáselo por mí y por ti» (Mt. 17:27).

«Recuérdales que se sujeten a los gobernantes y autoridades, que obedezcan, que estén dispuestos a toda buena obra» (Tit. 3:1).

«Por causa del Señor someteos a toda institución humana, ya sea al rey, como a superior, ya a los gobernadores, como por él enviados para castigo de los malhechores y alabanza de los quehacen bien. Porque esta es la voluntad de Dios: que haciendo bien, hagáis callar la ignorancia de los hombres insensatos» (1 P. 2:13-15).

«Honrad a todos. Amad a los hermanos. Temed a Dios. Honrad al rey» (1 P. 2:17).

«Y cualquiera que no cumpliere la ley de tu Dios, y la ley del rey, sea juzgado prontamente, sea a muerte, a destierro, a pena de multa, o prisión» (Esd. 7:26).

«Te aconsejo que guardes el mandamiento del rey y la palabra del juramento de Dios» (Ec. 8:2).

4 (20:25) ***Ciudadanía—estado—hombre, imagen de Dios:*** la imagen sellada sobre el hombre es la imagen de Dios.

Los judíos sostenían frenéticamente que Dios había creado al hombre y que había puesto su imagen en Él. Por eso el hombre debía toda su obediencia a Dios y a nadie más que a Dios. Lo que no alcanzaban a ver era lo que señalaba Jesús. En la actualidad el hombre es ciudadano de dos mundos: este mundo (*cosmos*) y el mundo de Dios o del Espíritu. Por eso el hombre le debe a César todo aquello que lleva su imagen, y a Dios todo lo que lleva la imagen de Dios.

1. La *vida del hombre* lleva la imagen de Dios; por eso el hombre le debe su vida a Dios, una vida hecha para existir por siempre con Dios.

«Porque de tal manera amó Dios al mundo, que ha dado a su Hijo unigénito, para que todo aquel que en él cree, no se pierda, mas tenga vida eterna» (Jn. 3:16).

«Y esta es la vida eterna: que te conozcan a ti, el único Dios verdadero, y a Jesucristo, a quien has enviado» (Jn. 17:3).

«Porque el que siembra para su carne, de la carne segará corrupción; mas el que siembra para el Espíritu, del Espíritu segará vida eterna» (Gá. 6:8).

2. La *vida del hombre* lleva la imagen de Dios; por eso el hombre le debe a Dios su mundo, un mundo tan hermoso que requiere ser supervisado y cuidado por él.

«Y creó Dios al hombre a su imagen, a imagen de Dios lo creó; varón y hembra los creó. Y los bendijo Dios, y les dijo: Fructificad y multiplicaos; llenad la tierra, y sojuzgadla, y señoread en los peces del mar, en las aves de los cielos, y en todas las bestias que se mueven sobre la tierra» (Gn. 1:27-28).

«En esto es glorificado mi Padre, en que llevéis mucho fruto, y seáis así mis discípulos» (Jn. 15:8).

«No me elegisteis vosotros a mí, sino que yo os elegí a vosotros, y os he puesto para que vayáis y llevéis fruto, y vuestro fruto permanezca; para que todo lo que pidiereis al padre en mi nombre, él os lo dé» (Jn. 15:16).

3. La *vida del hombre* lleva la imagen de Dios; por eso el hombre le debe su espíritu a Dios, un espíritu que puede *nacer de nuevo* y vivir una vida de negación del ego y de paz por amor a todas las personas en todas partes.

«Habiendo purificado vuestras almas por la obediencia a la verdad, mediante el Espíritu, para el amor fraternal no fingido, amaos uno a otros entrañablemente, de corazón puro; siendo renacidos, no de simiente corruptible, sino de incorruptible, por la palabra de Dios que vive y permanece para siempre» (1 P. 1:22-23).

«Y decía a todos: Si alguno quiere venir en pos de mí, niéguese a sí mismo, tome su cruz cada día, y sígame. Porque todo el que quiera salvar su vida, la perderá; y todo el que pierda su vida por causa de mí, éste la salvará» (Lc. 9:23-24).

«A quien anunciamos, amonestando a todo hombre, y enseñando a todo hombre en toda sabiduría, a fin de presentar perfecto en Cristo Jesús a todo hombre» (Col. 1:28)

«El ladrón no viene sino para hurtar y destruir; yo he venido para que tengan vida, y para que la tengan en abundancia» (Jn. 10:10).

4. Dios ha puesto su imagen sobre la mente y el cuerpo del hombre; por eso el hombre le debe a Dios su mente y su cuerpo, una mente y un cuerpo que tienen el poder de trabajar por la mejora de toda la humanidad.

«Así que, hermanos, os ruego por las misericordias

de Dios, que presentéis vuestros cuerpos en sacrificio vivo, santo, agradable a Dios, que es vuestro culto racional. No os conforméis a este siglo, sino transformaos por medio de la renovación de vuestro entendimiento, para que comprobéis cuál sea la buena voluntad de Dios, agradable y perfecta» (Ro. 12:1-2).

«¿O ignoráis que vuestro cuerpo es templo del Espíritu Santo, el cual está en vosotros, el cual tenéis de Dios, y que no sois vuestros? Porque habéis sido comprados por precio; glorificad, pues, a Dios en vuestro cuerpo y en vuestro espíritu, los cuales son de Dios» (1 Co. 6:19-20).

«Mas el fruto del Espíritu es amor, gozo, paz, paciencia, benignidad, bondad, fe, mansedumbre, templanza; contra tales cosas no hay ley» (Gá. 5:23).

«El que derramare sangre de hombre, por el hombre su sangre será derramada; porque a imagen de Dios es hecho el hombre» (Gn. 9:6).

«Porque el varón no debe cubrirse la cabeza, pues él es imagen y gloria de Dios; pero la mujer es gloria del hombre» (1 Co. 11:7).

«Y revestido del nuevo, el cual conforme a la imagen del que lo creó se va renovando hasta el conocimiento pleno» (Col. 3:10).

5 (20:26) ***Ciudadanía:*** la conclusión es que los religiosos fueron silenciados. Ocurrieron dos cosas: primero, no pudieron desacreditar a Jesús; y, segundo, se quedaron profundamente asombrados. Se maravillaron ante la respuesta de Jesús.

Pensamiento. Los hombres deben permanecer asombrados ante el concepto que el Señor tiene de una doble ciudadanía. El hombre debe ser un ciudadano tanto de este mundo como del cielo; pagando a César lo que es de César, y a Dios lo que es de Dios.

«Honrad a todos ... Honrad al rey» (1 P. 2:17).

1 Los saduceos, de mente liberal, quisieron desacreditar a Jesús[EF1] a. Mencionaron el matrimonio según la ley del levirato[EF2] b. Presentaron una situación lógica c. Formularon una pregunta egoísta y ciega	**G. El tema de la resurrección: los dos mundos, tierra y cielo, difieren entre sí, 20:27-38** (Mt. 22:23-33; Mr. 12:18-27) 27 Llegaron entonces algunos de los saduceos, los cuales niegan haber resurrección, le preguntaron, 28 diciendo: Maestro, Moisés nos escribió: Si el hermano de alguno muriere teniendo mujer, y no dejare hijos, que su hermano se case con ella, y levante descendencia a su hermano. 29 Hubo, pues, siete hermanos; y el primero tomó esposa, y murió sin hijos. 30 Y la tomó el segundo, el cual también murió sin hijos. 31 La tomó el tercero, y así todos los siete, y murieron sin dejar descendencia. 32 Finalmente murió también la mujer.	33 En la resurrección, pues, ¿de cuál de ello será la mujer, ya que los siete la tuvieron por mujer? 34 Entonces respondiendo Jesús, les dijo: Los hijos de este siglo se casan, y se dan en casamiento; 35 mas los que fueren tenidos por dignos de alcanzar aquel siglo y la resurrección de entre los muertos, ni se casan, ni se dan en casamiento. 36 Porque no pueden ya más morir, pues son iguales a los ángeles, y son hijos de Dios, al ser hijos de la resurrección. 37 Pero en cuanto a que los muertos han de resucitar, aun Moisés lo enseñó en el pasaje de la zarza, cuando llama al Señor, Dios de Abraham, Dios de Isaac y Dios de Jacob. 38 Porque Dios no es Dios muertos, sino de vivos, pues para él todos viven.	**2 El matrimonio es diferente** a. En este mundo existe el matrimonio b. En el mundo venidero no existirá matrimonio **3 La forma de entrar es diferente: debe ser tenida en cuenta** **4 La muerte es distinta; ya no habrá muerte** **5 La forma de ser (naturaleza) es diferente** a. Son como ángeles b. Son hijos de Dios **6 La vida es diferente: será una vida resucitada** a. Es vida después de la muerte b. Ilustrada por Moisés c. Propósito: vivir para Dios

G. El tema de la resurrección: los dos mundos, tierra y cielo, difieren entre sí, 20:27-38

(20:27-38) ***Introducción:*** este mundo y el otro, tierra y cielo, difieren entre sí. Difieren drásticamente. Jesús utilizó el ataque de los saduceos para discutir las diferencias.

1. Los saduceos, de mente liberal, quisieron desacreditar a Jesús (vv. 27-33).
2. El matrimonio es diferente (vv. 34-35).
3. La forma de entrar es diferente: debe ser tenida en cuenta (v. 35).
4. La muerte es diferente; ya no habrá muerte (v. 36).
5. La forma de ser (naturaleza) es diferente (v. 36).
6. La vida es diferente: será una vida resucitada (vv. 37-38).

1 (20:27-33) ***Religiosos, opuestos a Cristo—pregunta:*** los saduceos, de mente liberal, quisieron desacreditar a Jesús. Note tres cosas.

1. Citaron el matrimonio según la ley de levirato (*véase* Estudio a fondo 2— 20:28).
2. Presentaron una situación lógica: caso de siete hermanos. El primer hermano se casó, pero murió sin dejar hijos. Cada uno de los otros hermanos obedeció la ley, pero cada uno *murió antes de dejar hijos.* Finalmente la mujer también murió. La cuestión era lógica, aunque muy improbable. (En cuanto a una discusión de la ley de levirato *véase* Estudio a fondo 2—Lc. 20:28.)
3. Hicieron una pregunta egoísta y ciega. Aunque el asunto era lógico, note dos cosas:
   a. El espíritu que había detrás de las preguntas. Presentaron una situación absurda; el espíritu era frío y grosero, egoísta e incrédulo, detestable y rebelde. Con frecuencia la actitud del incrédulo apunta a incriminar y condenar.
   b. La ceguera y frialdad humana de la pregunta. La mente humana *no puede conocer* el mundo espiritual si no es por *revelación.* Los saduceos creían que el mundo espiritual sería sencillamente igual al mundo físico, que no sería sino una continuación de este mundo tanto en *su naturaleza como en sus relaciones.*

«Pero el hombre natural no percibe las cosas que son del Espíritu de Dios, porque para él son locura, y no las puede entender, porque se han de discernir espiritualmente» (1 Co. 2:14).

ESTUDIO A FONDO 1

(20:27) ***Saduceos:*** estos eran los religiosos y políticos liberales del tiempo de Jesús. Eran la clase rica, aristocrática, gobernante, los líderes de Israel. Muchos saduceos servían en el cuerpo gobernante, el sanhedrín. Normalmente el sumo sacerdote era un saduceo que presidía el sanhedrín. El sanhedrín gobernaba el pueblo en nombre del imperio romano (Hch. 4:1-2; 5:27). Los romanos estaban complacidos de que los saduceos estuviesen en las posiciones de liderazgo de la nación, porque favorecían las costumbres griegas, en detrimento de las judías. Ayudaban gustosamente a los romanos a eliminar las practicas religiosas e instituir costumbres griegas y romanas (*helenismo*).

Se cree que los saduceos surgieron de la misma lucha que los fariseos alrededor del año 175 a. C. Sin embargo, siempre fueron la minoría más pequeña entre la diversas sectas judías.

Hay que notar varias cosas.

1. Los saduceos eran seculares y materialistas. Eran los pensadores independientes, los racionalistas de su tiempo.
2. Estaban fuertemente atrincherados en el sacerdocio del tiempo de Jesús (cp. Hch. 4:1-2; 5:27). Estaban dispuestos

a colaborar con el gobierno romano para proteger sus posiciones de poder, y riqueza.

3. Negaban en gran medida lo sobrenatural: la resurrección y los milagros, la vida después de la muerte y la existencia de seres en otras dimensiones tales como ángeles y espíritus (Mt. 22:23; Hch. 23:8). Para ellos no había cielo ni infierno, no había existencia excepto la de esta tierra. Al morir una persona, ésta era aniquilada; dejaba de existir. No había tal cosa como recompensas o castigos en una vida posterior; no había una vida que continuase eternamente. (*Véanse* notas—Mt. 22:23-33.)

4. Las únicas Escrituras que aceptaban eran el Pentateuco, los primeros cinco libros del Antiguo Testamento. Creían que éstos eran las únicas Escrituras mandatorias. Rechazaban la ley oral y la de los escribas. No aceptaban a los profetas ni los libros poéticos de las Escrituras.

5. En los hechos eran prácticamente humanistas, creyendo que el hombre tenía el control de su propia vida y destino. Dios tenía poco o nada que ver con la vida, puesto que no había una vida después. Si algo debía lograrse debía ser logrado por la propia voluntad, energía y esfuerzo del hombre.

6. Estaban diametralmente opuestos a los fariseos.

La postura liberal de los saduceos tuvo dos consecuencias.

1. Lo espiritual y sobrenatural les fue causa de tropiezo. Se burlaban y ridiculizaban a ambos. Por eso, en el concepto de los saduceos, las enseñanzas de Jesús eran las enseñanzas de una persona que no piensa, irracional, carente de análisis filosófico y de pruebas naturales.

2. Su postura liberal los hacía sentirse amenazados, motivo por el cual se opusieron a Jesús. La gente se agolpaba alrededor de Jesús y recibía ávida sus enseñanzas. Esto significaba que los saduceos perdían el control que tenían sobre el pueblo. Su posición y riqueza eran cuestionados y como consecuencia se sintieron compelidos a atacar y desacreditar a Jesús ante la gente.

ESTUDIO A FONDO 2

(20:28) ***Matrimonio según el levirato:*** cuando moría un esposo sin dejar un hijo, la ley de levirato mandaba al hermano del difunto casarse con la viuda para tener un hijo. Por ley ese hijo era considerado primogénito del hermano fallecido. Con esto se aseguraban dos cosas: (a) que continuase el nombre de la familia, y (2) que las propiedades continuasen en poder de la familia. Esta ley fue dada para ayudar a la preservación y el crecimiento de la nación de Israel (cp. Rut 4:5).

2 (20:34-35) ***Cielo—matrimonio—resurrección:*** el matrimonio es diferente en los dos mundos. En este mundo hay matrimonio, en el otro no. Hay un motivo muy especial y maravilloso para que no haya matrimonio en el otro mundo: *allí el amor es perfecto.* La vida y las relaciones futuras excederán a las relaciones terrenales, incluso el lazo de las relaciones matrimoniales. El fuerte lazo de unión del matrimonio terrenal, no será menos fuerte allí; en el cielo será mayor y más fuerte, pero también lo serán todas las demás relaciones.

En el cielo nuestras relaciones dejarán de ser como son en la tierra. Serán cambiadas en forma absoluta: el egoísmo y pecado no afectarán nuestro amor y nuestras vidas. Nuestro amor será perfecto; por eso, amaremos a todos, de manera perfecta. Una esposa terrenal no será amada como fue amada en esta tierra, es decir, de manera imperfecta. Será amada más, con *amor perfecto.* Cada uno amará a los demás de manera perfecta. Dios cambiará todas la relaciones haciéndolas perfectas, así como la relación entre los ángeles y Dios es perfecta.

3 (20:35) ***Dignidad —justificación—cielo—mundo:*** la forma de entrar a los dos mundos es diferente. Una persona no tiene parte alguna en su entrada a este mundo. Es concebida y nace mediante el acto de un hombre y una mujer. Pero note tres hechos referidos al mundo venidero.

1. Solamente los que son *considerados dignos* entrarán a ese mundo. Es algo significativo. La persona no entra al mundo venidero por su trabajo, ni se abre camino por sus méritos. No es digna; solamente es *considerada* digna. Se le acredita dignidad a su cuenta. Las Escrituras dicen que por su *fe* es considerada digna. Dios toma la fe de un hombre y la cuenta como si fuese «justicia» (*véanse* Estudio a fondo 2, ***Justificación***—Ro. 4:22; 5:1. Cp. Ro. 4:1-3; 4:1-25; 4:5.)

«Justificados, pues, por la fe, tenemos paz para con Dios por medio de nuestro Señor Jesucristo» (Ro. 5:1).

«Y no solamente con respecto a él se escribió que *fue contada* [la justificación], sino también con respecto a nosotros a quienes ha de ser contada, esto es, a los que creemos en el que levantó de los muertos a Jesús, Señor nuestro, el cual fue entregado por nuestras transgresiones, y resucitado para nuestra justificación» (Ro. 4:23-25).

«Así Abraham creyó a Dios, y le fue contado por justicia» (Gá. 5:1).

2. Jesús se refería solamente a la resurrección de los creyentes. No dijo: «la resurrección *de los muertos*» que implicaría a todos los muertos; en cambio dijo: «la resurrección de entre los muertos» que implica la resurrección de los creyentes *de en medio* de los muertos.

«De cierto, de cierto os digo: Viene la hora, y ahora es, cuando los muertos oirán la voz del Hijo de Dios; y los que la oyeren vivirán» (Jn. 5:25).

«Y esta es la voluntad del que me ha enviado: Que todo aquel que ve al Hijo, y cree en él, tenga vida eterna; y yo le resucitaré en el día postrero» (Jn. 6:40).

«Teniendo esperanza en Dios, la cual ellos también abrigan, de que ha de haber resurrección de los muertos, así de justos como de injustos» (Hch. 24:15).

«Bienaventurado y santo el que tiene parte en la primera resurrección; la segunda muerte no tiene potestad sobre éstos, sino que serán sacerdotes de Dios y de Cristo, y reinarán con él mil años» (Ap. 20:6).

3. Toda persona sigue existiendo después de este mundo, pero no todos entrarán en «aquel mundo», es decir al cielo. Quienes no han vivido una vida de fe en Cristo, los que no son contados como dignos, no entrarán en «ese mundo», sino que entrarán al infierno (*véanse* Estudio a fondo 4—Lc. 16:24; Estudio a fondo 2—Mt. 5:22).

«Entonces él, dando voces, dijo: Padre Abraham, ten misericordia de mí, y envía a Lázaro para que moje la punta de su dedo en agua, y refresque mi lengua; porque estoy atormentado en esta llama» (Lc. 16:24).

«No os maravilléis de esto; porque vendrá hora cuando todos los que están en los sepulcros oirán su voz; y los que hicieron lo bueno, saldrán a resurrección de vida; mas los que hicieron lo malo, a resurrección de condenación» (Jn. 5:28-29).

«Teniendo esperanza en Dios, la cual ellos también abrigan, de que ha de haber resurrección de los muertos, así de justos como de injustos» (Hch. 24:15).

«Y muchos de los que duermen en el polvo de la tierra serán despertados, unos para vida eterna, y otros para vergüenza y confusión perpetua» (Dn. 12:2).

4 (20:36) ***Muerte—vida eterna:*** la muerte es diferente en los dos mundos. En el mundo venidero no habrá muerte (para mayor discusión *véase* Estudio a fondo 1, ***Muerte***—He. 9:27). Note que Jesús dijo: «No pueden ya más morir». El hombre queda encerrado, con un cuerpo y una existencia incorruptible, viviendo por siempre para Dios. (*Véase* Estudio a fondo 1—Jn. 17:2-3. Cp. Jn. 1:4.)

«Luego nosotros los que vivimos, los que hayamos quedado, seremos arrebatados juntamente con ellos en las nubes para recibir al Señor en el aire, y así estaremos

siempre con el Señor» (1 Ts. 4:17).

«Porque es necesario que esto corruptible se vista de incorrupción, y esto mortal se vista de inmortalidad. Y cuando esto corruptible se haya vestido de incorrupción, y esto mortal se haya vestido de inmortalidad, entonces se cumplirá la palabra que está escrita: sorbida es la muerte en victoria» (1 Co. 15:53-54).

«Y el Señor me librará de toda obra mala, y me preservará para su reino celestial. A él sea la gloria por los siglos» (2 Ti. 4:18).

5 (20:36) ***Creyentes, naturaleza de los—recompensa—vida eterna—cielo:*** la forma de ser de la persona, esto es la naturaleza del hombre, es diferente en los dos mundos. Dos cosas se dice acerca de los creyentes.

1. Los creyentes «son iguales a los ángeles». La palabra griega *isangelloi* significa que los creyentes tendrán una naturaleza similar a la de los ángeles, es decir, serán glorificados, serán sus compañeros, vivirán con gozo trabajando y sirviendo a Dios tal como lo hacen los ángeles. Significa que los creyentes tendrán la existencia gloriosa y los privilegios y responsabilidades que tienen los ángeles.

«Así también es la resurrección de los muertos. Se siembra en corrupción, resucitará en incorrupción. Se siembra en deshonra, resucitará en gloria; se siembra en debilidad, resucitará en poder. Se siembra cuerpo animal, resucitará cuerpo espiritual. Hay cuerpo animal, y hay cuerpo espiritual» (1 Co. 15:42-44).

«Y así como hemos traído la imagen del terrenal, traeremos también la imagen del celestial. Pero esto digo, hermanos: que la carne y la sangre no pueden heredar el reino de Dios, ni la corrupción hereda incorrupción. He aquí os digo un misterio: No todos dormiremos; pero todos seremos transformados, en un momento, en un abrir y cerrar de ojos, a la final trompeta; porque se tocará la trompeta, y los muertos serán resucitados incorruptibles, y nosotros seremos transformados. Porque es necesario que esto corruptible se vista de incorrupción, y esto mortal se vista de inmortalidad» (1 Co. 15:49-53).

2. Pero los creyentes tendrán más que los ángeles. Los creyentes son hijos de Dios, los hijos adoptivos de Dios. (*Véase* nota—Gá. 4:5-6.)

«Pues no habéis recibido el espíritu de esclavitud para estar otra vez en temor, sino que habéis recibido el espíritu de adopción, por el cual clamamos: ¡Abba, Padre! El Espíritu mismo da testimonio a nuestro espíritu, de que somos hijos de Dios. Y si hijos, también herederos; herederos de Dios y coherederos con Cristo, si es que padecemos juntamente con él, para que juntamente con él seamos glorificados» (Ro. 8:15-17).

«Pero cuando vino el cumplimiento del tiempo, Dios envió a su Hijo, nacido de mujer y nacido bajo la ley, para que redimiese a los que están bajo la ley, a fin de que recibiésemos la adopción de hijos. Y por cuanto sois hijos, Dios envió a vuestros corazones el Espíritu de su Hijo, el cual clama: ¡Abba Padre! Así que ya no eres esclavo, sino hijo; y si hijo, también heredero de Dios por medio de Cristo» (Gá. 4:4-7).

«Para que, justificados por su gracia, viniésemos a ser herederos conforme a la esperanza de la vida eterna» (Tit. 3:7).

6 (20:37-38) ***Vida—vida eterna—cielo:*** la vida es diferente en los dos mundos. En el mundo venidero la vida será una *vida resucitada,* verdadera vida, una vida más real que la de este mundo. Es una vida perfecta que vive de manera perfecta para Dios. Note tres hechos.

1. Dios es el Dios de Abraham, Isaac, y Jacob. Aquí Jesús quiso decir al menos dos cosas.

   a. Las relaciones de Dios son activas. No inactivas. Dios dice: «Yo soy el Dios de...» No «Yo fui el Dios de...» La relación de Dios con los suyos se mantiene aun después de partir de este mundo. Dios es eterno; por eso crea y mantiene relaciones activas y eternas. Los hijos de Dios entran al reino de su presencia y se relacionan activamente con Él. La resurrección es un hecho.

   b. Las relaciones que Dios tiene con sus hijos son buenas y recompensadoras. Los patriarcas de antaño recibieron promesa de recompensas muy personales (cp. He. 11:13-16). Es preciso que haya una resurrección para que nuestra relación con Dios sea buena y recompensadora. Morir y ser abandonado como un cadáver muerto y descompuesto no es ni bueno ni recompensador. Abraham, Isaac, y Jacob tienen una relación buena y recompensadora con Dios. Ahora están más vivos que cuando estaban en la tierra, porque ahora son perfectos y eternos. Están con Dios mismo, y así estaremos nosotros. La resurrección es un hecho.

2. *Dios es—Dios existe.* Note las sencillas palabras del versículo 38. El hecho de que *Dios es,* que Dios existe, es prueba de la resurrección. El griego (*ego eimi*) significa existencia en sí mismo, uno que es eterno (*véanse* Estudio a fondo 1—Jn. 6:20; nota—18:4-6).

***«Yo soy el Dios ....»* (Mt. 22:32).**

«... es necesario que el que se acerca a Dios crea que *le hay...*» (He. 11:6).

Puesto que Dios existe, Él es Dios con poder omnipotente, poder perfecto y eterno. Dios puede hacer todo, de manera perfecta y eterna. Puede llamar y reunir los elementos descompuestos de un cuerpo, y levantarlo para vivir en la dimensión espiritual, de manera perfecta y eterna.

Note cuidadosamente que *Dios existe* (vive); el argumento es irrefutable. Note cuidadosamente el gran pasaje de Efesios, referido a las bendiciones espirituales que en Cristo son nuestras.

«En él asimismo tuvimos herencia....*a fin de que seamos* [existamos]...» (Ef. 1:11-12).

La resurrección es un hecho. Será experimentada por todos los hombres de todas las edades, porque *Dios es.* Dios ha querido darnos una herencia, la herencia de *ser,* es decir, de *vivir eternamente* con Él. Experimentaremos una transformación de naturaleza, una transformación de perfección y permanencia. Por eso es preciso que prestemos cuidadosa atención a lo que dicen las Escrituras.

«Pero sin fe es imposible agradar a Dios; porque es necesario que el que se acerca a Dios crea que le hay, y que es galardonador de los que le buscan» (He. 11:6).

Tenemos que creer que Dios es, y que es galardonador de los que le buscan diligentemente; es decir, Él recompensa a todos los que buscamos vivir eternamente con Él.

«*Si en alguna manera* llegase a la resurrección de entre los muertos» (Fil. 3:11).

«Enseñándonos que, renunciando a la impiedad y a los deseos mundanos, vivamos en este siglo sobria, justa y piadosamente, aguardando la esperanza bienaventurada y la manifestación gloriosa de nuestro gran Dios y Salvador Jesucristo» (Tit. 2:12-13).

«Amados, ahora somos hijos de Dios, y aún no se ha manifestado lo que hemos de ser; pero sabemos que cuando él se manifieste, seremos semejantes a él, porque le veremos tal como él es» (1 Jn. 3:2).

«Vi un cielo nuevo y una tierra nueva; porque el primer cielo y la primera tierra pasaron y el mar ya no existía más....He aquí, yo hago nuevas todas las cosas. Y me dijo: Escribe; porque estas palabras son fieles y verdaderas» (Ap. 21:1, 5).

3. Dios no es Dios de muertos, sino de vivos. Dios es el Dios de Abraham, Isaac y Jacob, no el Dios de cadáveres muertos y en descomposición. Cuando Moisés escribió estas palabras, los tres patriarcas habían estado muertos por siglos. Si realmente estaban muertos, Dios no era el Dios de ellos. Puesto que era el Dios de

ellos, ellos estban vivos; estaban viviendo en la presencia de Dios y en una relación perfecta y eterna con Él. Habrá resurrección.

> **«Porque ninguno de nosotros vive para sí, y ninguno muere para sí. Pues si vivimos, para el Señor vivimos; y si morimos, para el Señor morimos. Así pues, sea que vivamos, o que muramos, del Señor somos. Porque Cristo para esto murió y resucitó, y volvió a vivir, para ser Señor así de los muertos como de los que viven» (Ro. 14:7-9).**

Hay un hecho simple que se destaca con tanta claridad en estos argumentos de Jesús: *puesto que Dios es,* Dios no es Dios de muertos, sino de vivos.

> **«¡Qué! ¿Se juzga entre vosotros cosa increíble que Dios resucite a los muertos?» (Hch. 26:8).**
>
> **«Teniendo esperanza en Dios, la cual ellos también abrigan, de que ha de haber resurrección de los muertos, así de justos como de injustos» (Hch. 24:15).**

Note también que todos los creyentes viven. Viven para Dios, porque Dios es el Dios de los vivos. La muerte no puede romper la relación del creyente con Dios. El creyente va a vivir con el Señor por siempre. (Para mayor discusión *véanse* notas, ***Galardón***—Lc. 12:41-48; 16:10-12; Estudio a fondo 3—19:15-19.)

1 Lo que los religiosos respondieron a Jesús a. Algunos quedaron impresionados b. Todos fueron silenciados **2 Primer malentendido: el Mesías es Hijo de David**[EF1] a. David dijo que Dios llamó «Señor»	**H. El tema referido al hijo de David: corrección de dos malentendidos, 20:39-47** (Mt. 22:41-46;23:6-7, 14; Mr. 12:35-40) 39 Respondiéndoles algunos de los escribas, dijeron: Maestro, bien has dicho. 40 Y no osaron preguntarle nada más. 41 Entonces él les dijo: ¿Cómo dicen que el Cristo es hijo de David? 42 Pues el mismo David dice en el libro de los Salmos: Dijo el Señor, a mi Señor: Siéntate	a mi diestra, 43 hasta que ponga a tus enemigos por estrado de tus pies. 44 David, pues, le llama Señor; ¿cómo entonces es su hijo? 45 Y oyéndolo todo el pueblo, dijo a sus discípulos: 46 Guardaos de los escribas, que gustan de andar en ropas largas, y aman las salutaciones en las plazas, y las primeras sillas en las sinagogas, y los primeros asientos en las cenas; 47 que devoran las casas de las viudas, y por pretexto hacen largas oraciones; éstos recibirán mayor condenación.	al Mesías b. David mismo llamó «Señor» al Mesías **3 Segundo malentendido: los religiosos son genuinos** a. Su deseo y amor: autoestima y alabanza b. Su terrible pecado: devorar a las viudas c. Su condenación: mayor que la de otros

H. El tema referido al hijo de David: corrección de dos malentendidos, 20:39-47

(20:39-47) ***Introducción:*** hay dos ideas entre los hombres que necesitan urgente corrección. Es absolutamente necesario que sean corregidas, porque conducen a un grave error y condenación (v. 47). ¿Cuáles son esas ideas erróneas?

1. Lo que los religiosos respondieron a Jesús (vv. 39-40).
2. Primer malentendido: el Mesías es Hijo de David (vv. 41-44).
3. Segundo malentendido: los religiosos son genuinos (vv. 45-47).

1 (20:39-40) ***Religiosos, respuesta que dieron a Jesús:*** los religiosos dieron a Jesús una doble respuesta.

1. Algunos quedaron impresionados por cómo el Señor contestó sus preguntas (cp. Lc. 19:47—20:38). Le expresaron con toda honestidad: «Maestro, bien has dicho». Esta fue una asombrosa declaración, porque recuerde, los religiosos estaban dispuestos a matar a Jesús. Una y otra vez intentaron enredarlo en argumentos, querían atraparlo en sus propias palabras. Hicieron todo lo que pudieron para que el pueblo se le volviese en contra. Tenían que romper la influencia de Jesús sobre el pueblo antes de intentar arrestarlo. Pero Jesús había contestado con tanta sabiduría sus preguntas, y con tanta autoridad, que algunos de los propios complotados quedaron impresionados.
2. Todos los religiosos fueron silenciados. Habían sido tan derrotados y avergonzados delante del pueblo que no se atrevieron a formular nuevas preguntas.

2 (20:41-44) ***Mesías—Jesucristo, afirmaciones:*** el primer malentendido era que el Mesías era Hijo de David. Muchos creían que Jesús era un mero hombre, de origen humano. La idea de que el Mesías pudiera ser de origen divino, procedente de Dios mismo, ha sido y aún es inaceptable para algunas personas. Sin embargo, Jesús se presenta con toda claridad. No es el hijo de David, no es nacido de hombre. Él es el Señor del cielo. Su argumento es *contundente.*

1. En las Escrituras David dijo que Dios llamó al Mesías «Señor». Note cuatro hechos.
   a. Primero: en los Salmos David llamó al Señor «Mesías». Es decir, las palabras de David están registradas en las Escrituras bajo la *inspiración del Espíritu.* Dios lo estaba dirigiendo (cp. Mt. 22:43; 2 P. 1:21; 1 Co. 12:3).
   b. Segundo: David dijo que «el Señor [Dios Jehová] dijo a *mi* Señor [el Mesías]». Incuestionablemente David llamó «*mi Señor»* al Mesías.
   c. Tercero: David dijo que *mi* Señor «está sentado a la diestra de Dios». El Mesías es *Señor*, porque es *exaltado* por Dios.

   «La cual [fuerza poderosa] operó en Cristo, resucitándole de los muertos y sentándole a su diestra en los lugares celestiales» (Ef. 1:20).

   «Por lo cual Dios también le exaltó hasta lo sumo, y le dio un nombre que es sobre todo nombre» (Fil. 2:9)

   «Ahora bien, el punto principal de lo que venimos diciendo es que tenemos tal sumo sacerdote, el cual se sentó a la diestra del trono de la Majestad en los cielos» (He. 8:1).

   d. Cuarto: David dijo que «los enemigos de mi Señor serán convertidos en estrado de sus pies». El Mesías es Señor, porque todos sus enemigos le serán sometidos (Fil. 2:10-11).
2. David mismo llamó al Mesías «Señor». Jesús formuló una pregunta específica. ¿Cómo podía el Mesías ser simultáneamente Señor e Hijo de David? Jesús estaba haciendo al menos dos cosas con esta pregunta.
   a. Jesús estaba diciendo: es totalmente inadecuado pensar en el Mesías en términos meramente humanos. No es suficiente pensar en términos de poder terrenal, de liderazgo nacional, político e institucional. No es posible que un mero hombre traiga liberación perfecta, liderazgo y utopía a esta tierra. El Mesías no es solamente hombre; es el Señor del cielo.
   b. Jesús estaba afirmando que Él era el Hijo de Dios mismo. El concepto humano debe trascender lo meramente terrenal y físico. La idea del hombre tiene que elevarse y penetrar el propio corazón de Dios. Dios ama esta tierra; por eso envió a su Hijo a la tierra, sacrificándolo para salvarla, a ella y a todos los que la habitan.

   «Porque de tal manera amó Dios al mundo, que ha dado a su Hijo unigénito, para que todo aquel que en él cree, no se pierda, mas tenga vida eterna» (Jn. 3:16).

   «Mas Dios muestra su amor para con nosotros, en que siendo aún pecadores, Cristo murió por nosotros» (Ro. 5:8).

   «Respondiendo Simón Pedro, dijo: Tú eres el Cristo, el Hijo del Dios viviente» (Mt. 16:16).

«Le dijo la mujer: Sé que ha de venir el Mesías, llamado el Cristo; cuando él venga nos declarará todas las cosas. Jesús le dijo: Yo soy, el que habla contigo» (Jn. 4:25-26).

«Dijo entonces Jesús a los doce: ¿Queréis acaso iros también vosotros? Le respondió Simón Pedro: Señor, ¿a quién iremos? Tú tienes palabras de vida eterna. Y nosotros hemos creído y conocemos que tú eres el Cristo, el Hijo del Dios viviente» (Jn. 6:67-69).

«Por eso os dije que moriréis en vuestros pecados; porque si no creéis que yo soy, en vuestros pecados moriréis» (Jn. 8:24).

«Les dijo, pues, Jesús: Cuando hayáis levantado al Hijo del Hombre, entonces conoceréis que yo soy, y que nada hago por mí mismo, sino que según me enseñó el Padre, así hablo» (Jn. 8:28).

ESTUDIO A FONDO 1

(20:41) ***Mesías—Hijo de David:*** el título común para el Mesías era *Hijo de David.* El Antiguo Testamento decía específicamente que el Mesías procedería del linaje de David. Era de estos pasajes que se conocía al Mesías como *el Hijo de David.* (*Véanse* notas—Lc. 3:24-31; Estudio a fondo 3—Jn. 1:45 referidas a la mayoría de los versículos y su cumplimiento que tratan al Mesías como Hijo de David.)

«Una vez he jurado por mi santidad, y no mentiré a David. Su descendencia será para siempre, y su trono como el sol delante de mí» (Sal. 89:35-36).

«Porque un niño no es nacido, hijo nos es dado, y el principado sobre su hombro; y se llamará su nombre Admirable, Consejero, Dios fuerte, Padre eterno, Príncipe de paz. Lo dilatado de su imperio y la paz no tendrán límite, sobre el trono de David y sobre su reino, disponiéndolo y confirmándolo en juicio y en justicia desde ahora y para siempre. El celo de Jehová de los ejércitos hará esto» (Is. 9:6-7).

«Saldrá una vara del tronco de Isaí, y un vástago retoñará de sus raíces. Y reposará sobre él el Espíritu de Jehová; espíritu de sabiduría y de inteligencia, espíritu de consejo y de poder, espíritu de conocimiento y de temor de Jehová. Y le hará entender diligente en el temor de Jehová. No juzgará según la vista de sus ojos, ni argüirá por lo que oigan sus oídos; sino que juzgará con justicia a los pobres, y argüirá con equidad por los mansos de la tierra; y herirá la tierra con la vara de su boca, y con el espíritu de sus labios matará al impío. Y será la justicia cinto de sus lomos, y la fidelidad ceñidor de su cintura» (Is. 11:1-5).

El Mesías debía hacer cuatro cosas específicas. (*Véanse* notas—Mt. 1:1; Estudio a fondo 2—1:18; Estudio a fondo 3—3:11; notas—11:1-6; 11:2-3; Estudio a fondo 1—11:5; Estudio a fondo 2—11:16; Estudio a fondo 1—12:16; notas—22:42; Lc. 7:21-23. Estas notas ayudarán a entender el concepto de Mesías.)

1. Debía librar a Israel de la esclavitud. La esclavitud debía ser abolida y todos los hombres puestos en libertad bajo el dominio de Dios.
2. Debía dar victoria sobre todos los enemigos. Israel sería establecida como asiento de su gobierno. Esto, por supuesto, implicaría que Israel sería la principal nación del mundo.
3. Debía traer paz a la tierra. Todos debían servir bajo el gobierno establecido por el Mesías.
4. Debía proveer abundancia para todos. El Mesías debía traer todos los beneficios tanto del gobierno como del cuidado de Dios al suplir las necesidades de la vida y establecer la utopía (el reino de Dios) en la tierra.

3 (20:45-47) ***Religiosos—viudas—vestimenta:*** el segundo malentendido era que los religiosos eran genuinos. Jesús fue contundente en esto. Dijo: «Guardaos de los escribas» (los religiosos).

1. El «deseo ... y amor» de ellos era la autoestima y alabanza.
   a. Se vestían de manera de llamar la atención sobre sí mismos. Tenían dos formas de hacerlo. Primero, una persona podía desear vestirse de manera extravagante y lujosa. Las largas túnicas eran la ropa de la nobleza, los ricos, los bien conocidos, las personas con estilo. Era una túnica que llegaba hasta el suelo. Con esa ropa la persona no podía trabajar; por eso era el símbolo de la *sociedad alta* y del hombre que tenía tiempo. Note que Jesús no hablaba contra la ropa fina. Lo que dijo es: «Guardaos de los escribas, que *gustan* de andar en ropas largas» (ropa fina). Condenaba a la persona extravagante y derrochona, cuya mente se concentraba en llamar la atención, centrarse en sí misma y en las apariencias.

Pensamiento 1. La mente de una persona no tiene que centrarse en la ropa, sino en...

«... todo lo que es verdadero, todo lo honesto, todo lo justo, todo lo puro, todo lo amable, todo lo que es de buen nombre; si hay virtud alguna, si algo digno de alabanza, en esto pensad» (Fil. 4:8).

Pensamiento 2. La vida de una persona no consiste en lo que tiene, sino en el servicio que presta a otros. El mundo está desesperado, inundado por enormes necesidades. Dios quiere que la gente esté envuelta en suplir las necesidades de otros y no en ropajes, especialmente los creyentes. La preocupación del creyentes debe ser la justicia. Debe trabajar para Cristo y su reino, no para la ropa costosa, llamativa, ostentosa (cp. 1 P. 3:3-4).

«El que hurtaba, no hurte más, sino trabaje, haciendo con sus manos lo que es bueno para que tenga qué compartir con el que padece necesidad» (Ef. 4:28).

Segundo, una persona puede cambiarse de ropa y apariencia *para llamar la atención.* Algunos deseaban y amaban la atención de los otros de manera que procuraban atraerla siendo diferentes y destacándose. Este era un pecado prominente de los religiosos en tiempo de Jesús.

- Usaban filacterias. Eran pequeñas cajas de cuero que contenían un trozo de pergamino con cuatro pasajes de las Escrituras. Las Escrituras eran: Éxodo 13:1-10; 13:11-16; Deuteronomio 6:4-9; y 11:13-21. Aparentemente el uso de las filacterias nació de una interpretación literal de Éxodo 13:9 y Proverbios 7:3. Aunque el verdadero significado de estos dos pasajes aparentemente es que debemos tener la Palabra de Dios en nuestra mente con tanta claridad como si la tuviéramos ante nuestros ojos. El gran error de estos religiosos era que no solamente interpretaban literalmente estos pasajes y llevaban las pequeñas cajas de cuero, sino que las agrandaban para llamar la atención sobre sí mismos como personas religiosas.
- También agrandaban los ruedos de sus vestiduras, es decir, usaban borlas en su túnica exterior. Cuando alguien notaba esas borlas ellas debían recordarle el cumplimiento de los mandamientos de Dios. Nuevamente, el error del religioso era el de cambiar su apariencia respecto de los demás; agrandaba sus borlas, llamando la atención sobre sí como alguien más religioso que los demás.

Pensamiento. Una persona puede vestirse para llamar la atención usando ropa de más, o de menos. La persona puede vestir ropa de más para atraer y centrar la atención de otros sobre sí, y puede usar ropas que expongan el cuerpo de manera de atraer la atención de otros sobre ciertas partes del cuerpo. Se pueden usar ropas demasiado apretadas, o demasiado cortas, o largas, o demasiado delgadas. La persona puede vestirse tan escasamente que la ropa no cubra suficientemente su cuerpo.

Jesús simplemente advierte el error de vestirse para atraer la atención. Los religiosos se vestían para parecer *justos.* Otros se visten para parecer *mundanos* (llamando la atención).

«Ni tampoco presentéis vuestros miembros al pecado como instrumentos de iniquidad, sino presentaos vosotros mismos a Dios como vivos de entre los muertos, y vuestros miembros a Dios como instrumentos de justicia» (Ro. 6:13).

«Asimismo que las mujeres se atavíen de ropa decorosa, con pudor y modestia; no con peinado ostentoso, ni oro, ni perlas, ni vestidos costosos, sino con buenas obras, como corresponde a mujeres que profesan piedad» (1 Ti. 2:9-10).

«Vuestro atavío no sea el externo de peinados ostentosos, de adornos de oro o de vestidos lujosos, sino el interno, el del corazón, en el incorruptible ornato de un espíritu afable y apacible, que es de gran estima delante de Dios. Porque también así se ataviaban en otro tiempo aquellas mujeres que esperaban en Dios, estando sujetas a sus maridos» (1 P. 3:3-5).

b. Los religiosos amaban las salutaciones y títulos que exaltaban a los hombres por honrarlos. Note que el título era «Rabi» que significa maestro o señor. Era un simple título, sin embargo, algunos amaban y se deleitaban en ser reconocidos como superiores. Era decir «aquí está, éste es» a la persona que supuestamente era un mensajero de Dios. Se honraba al hombre y no al Señor.

«Porque el que se enaltece será humillado, y el que se humilla será enaltecido» (Mt. 23:12).

«Si te remontares como águila, y aunque entre las estrellas pusieres tu nido, de ahí te derribaré, dice Jehová» (Abd. 4).

«Porque toda carne es como hierba, y toda la gloria del hombre como flor de la hierba. La hierba se seca y la flor se cae» (1 P. 1:24).

«Mas el hombre no permanecerá en honra; es semejante a las bestias que perecen» (Sal. 49:12).

c. Los religiosos amaban los primeros asientos y los lugares elevados de la sinagoga, y las fiestas en que eran admirados y expuesta su prominencia. En la sinagoga los líderes y personas distinguidas tomaban asiento delante del arca (donde se guardaban las Escrituras), se sentaban mirando a la congregación. Ningún líder podía ser pasado por alto. En ocasiones sociales los más honrados se sentaban a la mano derecha del anfitrión, el que le seguía en honor, a su mano izquierda, y así sucesivamente alternando de derecha a izquierda hasta el final de la mesa. Quedaba establecida la posición y el reconocimiento.

Pensamiento. Algunos aman los títulos y la estima, las sillas especiales y los lugares de reconocimiento. Hay quienes aman los vecindarios y clubes restringidos, y las listas de preferidos. Aman la prominencia. Note que no se condena el hecho de estar en esas posiciones, sino el *amor* a ellas. Alguien tiene que estar en las posiciones más altas. Es el *amor* a ellas y el sentimiento de orgullo basado en el título y la posición lo que está mal.

«¿Cómo podéis vosotros creer, pues recibís gloria los unos de los otros, y no buscáis la gloria que viene del Dios único?» (Jn. 5:44).

«Mas el hombre no permanecerá en honra; es semejante a las bestias que perecen» (Sal. 49:12).

«Yo he escrito a la iglesia; pero Diótrefes, al cual le gusta tener el primer lugar entre ellos, no nos recibe» (3 Jn. 9).

2. El pecado terrible de los religiosos era que devoraban las casas de las viudas, es decir, usaban a las viudas para obtener ganancias. Este era y sigue siendo un grave pecado, y es muy común. Existen algunos predicadores y líderes, hipócritas que profesan la fe, que cortejan la atención y el favor de la gente (especialmente de las viudas) a efectos de obtener dinero. Buscan grandes donativos, dotes, depósitos, inversiones y regalos *para promoverse a sí mismos y sus instituciones.* La gran tragedia es que esos corazones falsos e hipócritas utilizan la máscara de la religión para proveerse a sí mismos y sus falsas ideas. Apelan a la gente en favor de la religión institucional, no para honrar a Dios o promover el espíritu de renunciamiento. Los vanidosos, por supuesto, son susceptibles a estas formas de apelación; pero las viudas están particularmente expuestas a quienes están aparentemente tan entregados a Dios.

3. Será mayor la condenación de los religiosos y de cualquier otra persona culpable de estos pecados. Existen algunos pecados que son más horribles que otros. Usar la religión con fines egoístas es uno de ellos. Quienes lo hagan recibirán mayor condenación. Hay un hecho aquí que debe ser notado: las viudas tienen un lugar especial en el corazón de Dios. Siempre mandó a su pueblo cuidar de ellas de manera especial.

«Que hace justicia al huérfano y a la viuda; que ama también al extranjero dándole pan y vestido» (Dt. 10:18).

«Maldito el que pervirtiere el derecho del extranjero, del huérfano y de la viuda. Y dirá todo el pueblo: Amén» (Dt. 27:19).

«Aprended a hacer el bien; buscad el juicio, restituid al agraviado, haced justicia al huérfano, amparad a la viuda» (Is. 1:17).

«Había también en aquella ciudad una viuda, la cual venía a él, diciendo: Hazme justicia de mi adversario. Y él no quiso por algún tiempo; pero después de esto dijo dentro de sí: Aunque ni temo a Dios, ni tengo respeto a hombre, sin embargo, porque esta viuda me es molesta, le haré justicia, no sea que viniendo de continuo, me agote la paciencia. Y dijo el Señor: Oíd lo que dijo el juez injusto. ¿Y acaso Dios no hará justicia a sus escogidos, que claman a él de día y de noche? ¿Se tardará en responderles?» (Lc. 18:3-7).

CAPÍTULO 21

I. La ofrenda de la viuda: el tema de dar, 21:1-4
(Mr. 12:41-44)

1 Jesús se sentó y descansó[EF1]
a. Vio como daban los ricos
b. Vio como daba una viuda
2 Es preciso dar con espíritu adecuado
3 La ofrenda no puede estar basada en la cantidad que se da, sino en la cantidad que queda
4 La ofrenda debe ser sacrificial, dada porque la persona tiene necesidad

Levantando los ojos, vio a los
ricos que echaban sus ofrendas en el arca de las ofrendas.
2 Vio también a una viuda
muy pobre, que echaba allí
dos blancas.
3 Y dijo: En verdad os digo,
que esta viuda pobre echó más
que todos.
4 Porque todos aquéllos
echaron para las ofrendas de
Dios de lo que les sobra; mas
ésta, de su pobreza echó todo
el sustento que tenía.

I. La ofrenda de la viuda: el tema de dar, 21:1-4

(21:1-4) ***Introducción—mayordomía:*** el dar a la iglesia y hacer caridad es una espina en la carne de muchos. La mayoría de las personas dan un poco de dinero y algunas cosas gastadas e indeseadas, pero pocos dan cosas de valor. Sin embargo, si han de ser suplidas las necesidades de un mundo desesperado, muchas personas deben comenzar a dar y a dar sacrificialmente. Hay algo que debe verse: el ofrendar puede ser debatido entre los hombres, pero no es debatible con Jesús. Jesús respondió a la pregunta sobre las ofrendas, y lo hizo vigorosamente, sin vacilación ni discusión. Toda persona debe dar *cuanto es y cuanto tiene* para suplir las necesidades de un mundo en el cual *mueren miles por día*, porque no tienen para suplir las necesidades básicas de la vida, y porque nunca han escuchado el evangelio del glorioso amor y de la liberación de Cristo.

1. Jesús se sentó y descansó (vv. 1-2).
2. Es preciso dar con espíritu adecuado (v. 2).
3. La ofrenda no puede estar basada en la cantidad que se da, sino en la cantidad que queda (v. 3).
4. La ofrenda debe ser sacrificial, dada porque la persona tiene necesidad (v. 4).

[1] (21:1-2) ***Jesucristo, cansado—visión:*** Jesús se sentó y descansó. Durante las últimas horas había sufrido mucha presión y tensión. Las autoridades lo habían tentado una y otra vez con preguntas capciosas, tratando de atraparlo y desacreditarlo ante la gente (Lc. 20:1-47). Estaba cansado y mentalmente exhausto. Note las palabras: «Levantando los ojos». Había dejado el atrio de los gentiles y caminado al atrio de las mujeres donde se había sentado cerca del tesoro (*véase* Estudio a fondo 1—Lc. 21:1). Descansaba apoyando los codos en sus rodillas y su rostro y cabeza en las palmas de sus manos. Sentado allí y con los ojos cerrados podía escuchar el tintilar metálico de las monedas que caían en las cajas recolectoras. En algún momentó «levantando los ojos, vio» lo que debe haber sido un cuadro impresionante. Era el tiempo de la Pascua y miles de personas pasaban junto a las cajas haciendo sus contribuciones. En efeco, Marcos dice: «y *muchos* ricos echaban *mucho*» (Mr. 12:41). Jesús vio a los ricos haciendo sus contribuciones. En algunos casos las ofrendas eran muy grandes. Entonces, algo ocurrió inesperadamente, algo que captó la atención de Jesús. Una pobre viuda echó «dos blancas», que eran las monedas más pequeñas, las de menor valor de aquellos tiempos.

El tema es este: Jesús vio en las monedas de la viuda una ilustración propicia, una ilustración que respondería a la pregunta del hombre sobre las ofrendas para la obra de Dios y para suplir las desesperantes necesidades del mundo.

> **ESTUDIO A FONDO 1**
>
> (21:1) ***Templo—tesoro:*** el tesoro (*gazophulakion*) estaba en el atrio de las mujeres. En una parte del atrio había trece cajas recolectoras con forma de trompeta. Cada una de las cajas tenía inscripto el propósito con que se usaría la ofrenda. La gente sencillamente echaba sus ofrendas en la caja del ministerio que quería apoyar.

[2] (21:2) ***Mayordomía—diezmar:*** las ofrendas deben ser dadas con la actitud adecuada. La viuda era muy pobre. Jesús usó dos palabras diferentes para «pobre» a efectos de describir lo pobre que realmente era. En el versículo dos la palabra es *penichran* que significa una persona que gana un salario muy magro, digno de lástima. En el versículo tres la palabra es *ptoche* que significa pobreza extrema, destitución, pobreza visible e incuestionable. Es la pobreza que lo obliga a uno a mendigar y buscar limosnas para sobrevivir. En aquel tiempo había pocas posibilidades de trabajo para un viuda. Las viudas pobres tenían que luchar para sobrevivir. Tal era el caso de esta pobre viuda; era desesperadamente pobre. Note que echó dos blancas, y esas dos monedas eran todo lo que tenía (v. 4).

1. La viuda estaba dando a la obra de Dios porque quería dar. Quería dar a Dios cuanto tenía para que lo usara en su servicio. No lo hizo rezongando o de mala gana, sino con toda disposición.

> **«Cada uno dé como propuso en su corazón: no con tristeza, ni por necesidad, porque Dios ama al dador alegre» (2 Co. 9:7).**
>
> **«Porque si primero hay la voluntad dispuesta, será acepta según lo que uno tiene, no según lo que no tiene» (2 Co. 8:12).**

2. Su confianza no estaba en el dinero. Su confianza estaba en Dios. Dio literalmente todo lo que tenía a Dios. Su espíritu era recto; se extendía hacia Dios diciendo que cuanto tenía le pertenecía a Él. Tanto ella como sus posesiones eran del Señor.

> **«Pero dad limosna de lo que tenéis, y entonces todo os será limpio» (Lc. 11:41).**

«A los ricos de este siglo manda que no sean altivos, ni pongan la esperanza en las riquezas, las cuales son inciertas, sino en el Dios vivo, que nos da a todos las cosas en abundancia para que las disfrutemos» (1 Ti. 6:17).

«Jehová redime el alma de sus siervos, y no serán condenados cuantos en él confían» (Sal. 34:22).

«Confía en Jehová y haz el bien; y habitarás en la tierra, y te apacentarás de la verdad... Encomienda a Jehová tu camino, y confía en él; y él hará» (Sal. 37:3, 5).

«Tú guardarás en completa paz a aquel cuyo pensamiento en ti persevera; porque en ti ha confiado» (Is. 26:3).

«Bendito el varón que confía en Jehová, y cuya confianza es Jehová» (Jer. 17:7).

3 (21:3) ***Mayordomía—diezmar:*** la ofrenda no debe estar basada en la cantidad que se da, sino en la cantidad que uno se queda. Para los hombres esto es difícil de aceptar, especialmente para los ricos, sin embargo, es definidamente una de las enseñanzas que Jesús daba aquí. La riqueza y el dinero no tienen el propósito de ser acumulados, guardados y depositados en bancos, al menos no en un mundo lleno de pobreza y necesidad, de pecado y muerte. Es preciso suplir las necesidades de todos los hombres y el mensaje de salvación y vida eterna debe ser proclamado. El imperativo de la necesidad y el mandamiento de Dios son inequívocos e irrevocables.

Note lo que dijo Jesús: Ella «echó más que todos». Jesús no dijo que ella había echado más que *alguno* de ellos, sino que echó más que *todos ellos juntos.* ¡Esto causó un impacto! ¿Cómo pudo hacer semejante afirmación, puesto que algunos habían puesto mucho más dinero que ella? Y todos los ricos juntos habían puesto una suma enorme. Muy simple, Dios medía lo que quedaba, no lo que era dado.

- A la viuda le quedó menos; a los demás todavía les quedaba mucho.
- La viuda había dado más de lo que tenía; los demás habían dado menos de lo que tenían.
- La viuda había sacrificado más; los otros habían sacrificado menos.

En proporción a lo que ella tenía, la viuda dio un porcentaje mayor. Los demás dieron un porcentaje mucho menor. Después de haber ofrendado todavía les quedaba 85% o 90% para gastar.

«Porque donde esté vuestro tesoro, allí estará también vuestro corazón» (Mt. 6:21).

«Vended lo que poseéis, y dad limosna; haceos bolsas que no se envejezcan, tesoro en los cielos que no se agote, donde ladrón no llega, ni polilla destruye» (Lc. 12:33).

«Jesús, oyendo esto, le dijo: Aún te falta una cosa: vende todo lo que tienes, y dalo a los pobres, y tendrás tesoro en el cielo; y ven, sígueme» (Lc. 18:22).

«Entonces Zaqueo, puesto en pie, dijo al Señor: He aquí, Señor, la mitad de mis bienes doy a los pobres; y si en algo he defraudado a alguno, se lo devuelvo cuadruplicado» (Lc. 19:8).

«Y si repartiese todos mis bienes para dar de comer a los pobres, y si entregase mi cuerpo para ser quemado, y no tengo amor, de nada me sirve» (1 Co. 13:3).

«Y poderoso es Dios para hacer que abunde en vosotros toda gracia, a fin de que, teniendo siempre en todas las cosas todo lo suficiente, abundéis para toda buena obra» (2 Co. 9:8).

3 (21:4) ***Mayordomía—diezmar:*** la ofrenda debe ser sacrificial; la persona debe darla por tener necesidad. Este esun punto crucial, una verdad que debe ser oída por todos los que ofrendan en todas las generaciones.

1. Los ricos daban *de su abundancia.* Creían en Dios y confiaban en Él; sentían aprecio y gratitud por las bendiciones de Dios. Incluso estaban preocupados por las necesidades y el bienestar de la obra de Dios, suficientemente preocupados para dar *ofrendas considerables.* Para entender claramente lo que Jesús estaba diciendo es importante ver este hecho. Los ricos estaban dando, y dando mucho porque se preocupaban profundamente por la obra de Dios.

2. La viuda dio sacrificialmente; dio «de su pobreza». «Dio todo el *sustento* que tenía.» ¿Por qué? Porque era pobre y tenía gran necesidad. Necesitaba desesperadamente comida, ropa, y techo. Estaba tan desesperada que pocas veces sabía de dónde vendría su próxima comida. Experimentaba todos los días la presión y el dolor de vivir despojada y hambrienta, expuesta a la intemperie sin que nadie se ocupara de ella o le ayudara. Pero ella sabía algo: Dios se ocuparía de ella. Podía confiar en Dios, de modo que tomó su necesidad y se la dio a Dios. Su necesidad era de índole financiera, de modo que tomó las monedas que tenía y se las dio todas a Dios. Sencillamente dijo: «Dios, estoy en necesidad, en necesidad de dinero. Ni si quiera tengo lo suficiente para comer. Si he de comer tú tendrás que proveer, de alguna forma, de algún modo. He trabajado con toda mi fuerza en los trabajos que pude hallar. Aquí está todo lo que tengo. Tómalo; úsalo en tu reino. Me arrojo sobre ti. Tú cuida de mí».

Ella conocía el gran principio de que Dios cuida a aquellos que le dan cuanto *son y tienen.* Sabía que para estar *segura* del cuidado de Dios, debía dar *todo* a Dios. Si ella le daba *todo,* Dios no le negaría nada. Dios proveería para todas las necesidades de la vida (Mt. 6:33). Ella tomó su necesidad y cuanto involucraba y se la dio a Dios. Quería que Dios supliera su necesidad dando a Dios *todo lo que tenía.*

Note otro hecho. Aquí hay dos necesidades que son suplidas.

1. El templo de Dios (iglesia) tenía necesidad. La viuda, aunque pobre, dio para ayudar al ministerio de Dios.
2. La viuda pobre tenía necesidad. Ella dio creyendo que Dios se ocuparía de darle comida, abrigo y techo. Y note que Dios la vio, y aunque no se nos dice cómo, Dios la tomó bajo sus alas para cuidar de ella.

«Mas buscad primeramente el reino de Dios y su justicia, y todas estas cosas os serán añadidas» (Mt. 6:33).

«Traed todos los diezmos al alfolí y haya alimento en mi casa; y probadme ahora en esto, dice Jehová de los ejércitos, si no os abriré las ventanas de los cielos, y derramaré sobre vosotros bendición hasta que sobreabunde» (Mal. 3:10).

«De Jehová es la tierra y su plenitud; el mundo, y los que en él habitan» (Sal. 24:1).

«Bienaventurado el que piensa en el pobre; en el día malo lo librará Jehová» (Sal. 41:1).

«El alma generosa será prosperada; y el que saciare, él también será saciado» (Pr. 11:25).

«El ojo misericordioso será bendito, porque dio de su pan al indigente» (Pr. 22:9).

«Pero el generoso pensará generosidades, y por generosidades será exaltado» (Is. 32:8).

«Y si dieres tu pan al hambriento, y saciares al alma afligida, en las tinieblas nacerá tu luz, y tu oscuridad será como el mediodía» (Is. 58:10).

              1 Los discípulos admiraban la belleza del templo a. Jesús predijo la destrucción total del templo b. Los discípulos hicieron dos preguntas	**IX. LAS SEÑALES PROFÉTICAS DEL HIJO DEL HOMBRE: SU PREDICCIÓN REFERIDA AL DESTINO DE JERUSALÉN Y DEL MUNDO,**[EFI] **21:5-38** (Mt. 24—25; Mr. 13) **A. Las señales predichas de la era actual, 21:5-11** (Mt. 24:1-14; Mr. 13:1-13) 5 Y a unos que hablaban de que el templo estaba ador- nado de hermosas piedras y ofrendas votivas, dijo: 6 En cuanto a estas cosas que véis, días vendrán en que no quedará piedra sobre piedra, que no sea destruida. 7 Y le preguntaron, dicien- do: Maestro, ¿cuándo será	esto? ¿y qué señal habrá cuando estas cosas estén para suceder? 8 El entonces dijo: Mirad que no seáis engañados; porque vendrán muchos en mi nombre, diciendo: Yo soy el Cristo, y: El tiempo está cerca. Mas no vayáis en pos de ellos. 9 Y cuando oigáis de guerras y de sediciones, no os alar- méis; porque es necesario que estas cosas acontezcan primero; pero el fin no será inmediatamente. 10 Entonces les dijo: Se levantará nación contra nación, y reino contra reino; 11 y habrá grandes terre- motos, y en diferentes lugares hambres y pesti- lencias; y habrá terror y grandes señales del cielo.	1) Cuándo sería destruido 2) Cuáles eran las señales c. La advertencia: no seais engañados **2 Primera señal: falsos Cristos** **3 Segunda señal: naciones en conflicto** **4 Tercera señal: desastres naturales**

IX. LAS SEÑALES PROFÉTICAS DEL HIJO DEL HOMBRE: SU PREDICCIÓN REFERIDA AL DESTINO DE JERUSALÉN Y DEL MUNDO, 21:5-38

A. Las señales predichas de la era actual, 21:5-11

(21:5-38) ***Introducción:*** este capítulo es conocido como el *Discurso del monte de los Olivos* (para mayor discusión *véanse* bosquejo y notas—Mt. 24:1—25:46; Estudios a fondo 1, 2, 3—Mr. 13:1-37). Trata *tres grandes temas* que en el momento de ser predichos por Cristo pertenecían al futuro.

1. La destrucción de Jerusalén (vv. 6-7; cp. Mt. 24:2-3).
2. El retorno del Señor (v. 7; cp. Mt. 24:3).
3. El fin del mundo (v. 7; cp. Mt. 24:3).

Para entender mejor lo que ocurre en este pasaje se aconseja leer simultáneamente el relato de Mateo y Marcos.

ESTUDIO A FONDO 1

(21:5-38) ***Tiempo del fin:*** cuatro cosas ayudarán a entender lo que Jesús estaba haciendo al hablar del tiempo del fin.

1. Ayudará recordar que Jesús estaba preparando a sus discípulos respecto de la muerte que iba a sufrir y de su partida de este mundo; los estaba preparando a perseverar después de su partida. Sus discípulos inmediatos pasarían por circunstancias terribles, incluyendo tanto las pruebas personales causadas por testificar de Jesús, como las tribulaciones nacionales que implicaría la destrucción total de la nación. Además demoraría generaciones y siglos hasta su retorno a la tierra. En aquel momento eso era algo que nadie sabía, excepto Él. Por eso también era necesario preparar a sus discípulos futuros, puesto que ellos también soportarían toda clase de pruebas. Había peligro de que sus discípulos se cansaran de esperar su retorno; más aun, iban a ver y experimentar tanta tribulación que la fe de ellos correría peligro de fallar. Ellos, junto a muchos otros en el mundo, podían comenzar a preguntar:

«... ¿Dónde está la promesa de su advenimiento? Porque desde el día en que los padres durmieron, todas las cosas permanecen así como desde el principio de la creación» (2 P. 3:4).

Jesús estaba usando la ocasión para revelar algunos de los eventos que tendrían lugar en la tierra durante estos «*últimos días*», los días de la iglesia (Hch. 2:16-17;1 Jn. 2:18). Conociendo algunos de los eventos, sus discípulos estarían mejor preparados para soportar y mantener viva la esperanza hasta el retorno de Cristo.

- Sabrían que Dios nunca es sorprendido indefenso. Dios todavía está en el trono y todavía tiene el control de los eventos del mundo.
- Ellos mismos no serían sorprendidos indefensos. Sabrían qué esperar de este mundo corruptible y pecador. Por eso, al ocurrir estos eventos no se desalentarían tan fácilmente.
- Sería un desafío a mantenerse ellos mismos muy cerca de Dios para tener la mayor fuerza posible al encarar las tribulaciones que vendrían sobre la tierra.
- Serían alentados a poner su esperanza en Dios y en los nuevos cielos y tierra, y no en este mundo corruptible. Estarían «aguardando la esperanza bienaventurada y la manifestación gloriosa de nuestro gran Dios y Salvador Jesucristo» (Tit. 2:13).

2. Recordar que Jesús estaba contestando dos preguntas también ayudará a entender lo que estaba diciendo. Jesús estaba contestando a las preguntas: ¿Cuándo será destruido el templo, y cuáles serán las señales del retorno de Cristo y del fin del mundo?

Note esto: Jesús estaba hablando del *fin del tiempo y del fin del mundo, de la destrucción del templo y de la destrucción del mundo.* Estaba hablando de las señales, de los eventos que causan y ocurren durante el juicio *del templo como del mundo.*

¿Qué importancia tiene? Simplemente que las Escrituras enseñan que los mismos pecados y eventos son motivo de juicio de todas las cosas. Es decir, los eventos (pecados) que motivan el juicio de una cosa son los mismos eventos que traerán el juicio sobre todo lo demás. Por eso, las señales que rodearon la destrucción de Jerusalén son en gran medida las mismas señales que acompañarán al fin del mundo. Lo que Jesús estaba diciendo tiene doble significado y aplicación (*véanse* notas—Mt. 24:1-14; 24:15-28. Ambas notas ayudarán a ver esta doble aplicación.)

Las palabras del Señor se aplican tanto a los discípulos de su tiempo, como a todos los discípulos que le seguirían en las posteriores generaciones. Mientras la tierra permanezca, los discípulos de «los últimos días» verán muchas de las señales que vieron quienes experimentaron la destrucción de Jerusalén. Sin embargo, habrá una diferencia. Al acercarse el fin del mundo las señales *aumentarán y se intensificarán.* Viene un tiempo, tan terrible, que puede ser llamado *el comienzo de dolores* (Mt. 24:8), y la *gran tribulación* (Mt. 24:21). (Para una discusión de estas dos enseñanzas *véanse* notas—Mt. 24:21-28; 24:15-28).

3. Dios considera a esta era como «la era de los días del fin» o «el tiempo del fin». De acuerdo al calendario de Dios, la historia de la iglesia, la presencia de la iglesia en la tierra, tiene lugar durante «los días del fin» o durante el «tiempo del fin».

«Mas esto es lo dicho por el profeta Joel: Y en los postreros días, dice Dios, derramaré de mi Espíritu sobre toda carne, y vuestros hijos y vuestras hijas profetizarán; vuestros hijos verán visiones, y vuestros ancianos soñarán sueños» (Hch. 2:16-17).

«En estos *postreros días* nos ha hablado por el Hijo, a quien constituyó heredero de todo, y por quien asimismo hizo el universo» (Hch. 1:2).

«Hijitos, ya es el *último tiempo*...» (1 Jn. 2:18).

4. Un rápido repaso de los pasajes de este capítulo también ayudarán a entender lo que Jesús estaba haciendo.
   a. Las señales del presente siglo (Lc. 21:5-11).
   b. Persecución: la señal trágica del fin (Lc. 21:12-29).
   c. La destrucción de Jerusalén (Lc. 21:20-24).
   d. La venida del Hijo del Hombre (Lc. 21:25-28).
   e. La parábola de la higuera:las señales son claramente visibles (Lc. 21:29-33).

(21:5-11) ***Introducción—Tiempo del fin:*** al considerar el tiempo del fin hay un tema de crucial importancia. Para entender lo que estaba diciendo Jesús debemos ser muy cuidadosos de no agregar ni quitar nada a lo que dijo. Los religiosos cometieron ambos errores respecto de la primera venida de Jesús (Mt. 2:4-6).

Un hecho de gran importancia, que hay que recordar es este: los discípulos *pensaban* que los tres eventos juntos (destrucción de Jerusalén, retorno del Señor, y fin del mundo) ocurrirían simultáneamente. Pensaban en términos del reino mesiánico de Dios. Esto se ve al comparar Hechos 1:6 con el concepto judío del Mesías. (*Véanse* notas—Mt. 1:1; Estudio a fondo 2—1:18; Estudio a fondo 3—3:11; notas—11:1-6; 11:2-3; Estudio a fondo 1—11:5; Estudio a fondo 2—11:6; Estudio a fondo 1—12:16; notas—22:42; Lc. 7:23-23.) Cuando Jesús dijo que el templo sería destruido, los discípulos asumieron que ocurriría en el momento de su retorno y del fin del mundo, coincidiría entonces con la restauración del reino de Israel.

Sin embargo, Jesús no dio un calendario. No dijo cuándo ocurrirían los tres eventos. Lo que hizo fue mencionar señales que se verían antes de los eventos, señales que indicarían hacia su retorno y hacia el fin de Jerusalén y el fin del mundo.

También es importante recordar que la mayoría de las señales están ocurriendo *a lo largo de la historia.* Sin embargo, existe esta diferencia: las señales aumentarán y se intensificarán inmediatamente antes del fin de Jerusalén y antes del fin del mundo. Habrá un tiempo conocido como *principio de dolores* (Mt. 24:8), y un período iniciado con la *abominación desoladora* conocida como la «gran tribulación, cual no la ha habido desde el principio del mundo hasta ahora, ni la habrá» (Mt. 24:21).

Las señales de esta era son tres:
1. Los discípulos admiraban la belleza del templo (vv. 5-8).
2. Primera señal: falsos cristos (v. 8).
3. Segunda señal: naciones en conflicto (vv. 9-10).
4. Tercera señal: desastres naturales (v. 11).

1 (21:5-8) ***Tiempo del fin:*** los discípulos admiraban la belleza del templo. Era un templo magnífico. Estaba asentado sobre la cumbre del Monte Sion. Fue construido de mármol blanco enchapado con oro. Era una inmensa estructura capaz de albergar a miles de personas. (Cp. Hch. 4:4. El evento probablemente ocurrió en el templo. Cinco mil personas fueron salvadas de en medio de una multitud que probablemente sumaba muchos miles más.) El templo tenía numerosos pórticos tales como la puerta de Salomón y la puerta real, sostenidas por altas columnas. Las columnas eran tan gruesas que se necesitaban tres o cuatro personas tomadas de la mano para rodear una de ellas. El templo ofrecía una imagen impactante, era una de las maravillas arquitectónicas del mundo. Aparentemente los discípulos estaban en un lugar desde donde la magnífica belleza del templo los llenó de asombro, y querían que Jesús viese esa hermosa imagen. Cuando llamaron su atención sobre el templo ocurrieron tres cosas.

1. Jesús usó la ocasión para despertar el interés de los discípulos en los eventos futuros. Predijo la destrucción completa del templo.

2. Los discípulos quedaron impactados y le hicieron dos preguntas al Señor. Para entender esas preguntas es necesario recordar las creencias de los discípulos. Sus pensamientos estaban llenos de la idea de la gloria de Israel como la mayor nación del mundo. Finalmente habían aceptado la idea de que Jesús era el Mesías, el instrumento escogido por Dios para librar a Israel y levantar a la nación a su destino de gloria. Por eso, cuando Jesús comenzó a decir que el templo sería arrasado, se quedaron totalmente atónitos. «Maestro, ¿cuándo será esto?» Apenas podían creer lo que oían. El pensamiento del *fin* cruzó por sus mentes. «Estas cosas ocurrirán en *el tiempo del fin*, ¿no cierto, Maestro? Pero, precisamente, ¿cuándo ocurrirán? ¿Qué señales habrá indicando que ya van a ocurrir?» (Cp. Mt. 24:1-3, 15-31.) No entraba en sus mentes que el templo pudiera ser destruido antes del fin de todas las cosas. Estaban seguros que sería restablecida la gloria de Israel, y de pronto Jesús comenzaba a hablar de la completa destrucción del templo, el centro mismo de la nación. Dos cosas querían saber.

- ¿Cuándo sería destruido el templo?
- ¿Qué señal habría «cuando estas cosas estuvieran por suceder», es decir, la destrucción de Jerusalén, el fin del mundo y el retorno del Señor (*véase* Estudio a fondo *1*—Lc. 21:5-38)?

3. Jesús advirtió a sus discípulos a no ser engañados. Esto puede significar una o dos cosas.
   a. Tratándose de las profecías del fin, una persona puede ser fácilmente engañada.
   b. Encarando los eventos del tiempo final una persona puede ser fácilmente engañada. Puede ser engañada para pensar que ciertos cataclismos son señales infalibles de que el fin está cerca. Con demasiada frecuencia los grandes cataclismos resultan en suposiciones exhorbitadas en cuanto al tiempo final. Resultan en...
      - predicciones universales.
      - el engaño de otros.
      - desaliento en la fe cuando luego el fin no llega.

2 (21:8) ***Mesías falsos:*** la primera señal serán los *falsos mesías.* Tres cosas dijo Jesús acerca de esta señal.

1. Habrá *muchos,* no sólo algunos, sino *muchos* falsos mesías.
2. Estos harán dos afirmaciones.
   a. Afirmarán su deidad. Note las palabras: «yo soy...» (*eimi*). Este era el nombre usado por Dios para revelarse a Moisés. Es el nombre básico de la Deidad. «Yo soy» significa *Ser,* el Ser fundamental del universo. Es la afirmación que hizo Dios para decir al hombre que Él es el Ser supremo del universo, el Mesías, el libertador de toda la humanidad (*véase* nota—Jn. 6:20).
   b. La afirmación de que el tiempo del fin, la era mesiánica, la era en que Israel y el mundo serían librados, *está a la mano.* (Cuántas veces se hace esta afirmación, ¡inclusive personas bien intencionadas! Pero note lo que Jesús dijo en el siguiente punto.)

3. «No vayáis en pos de ellos.» Son mesías falsos. El Mesías real ya ha venido, Jesucristo, el Hijo de Dios mismo. Es Él, y solamente Él, quien tiene «palabras de vida eterna». Como exclamó Pedro:

«Le respondió Simón Pedro: Señor, ¿a quién iremos? Tú tienes palabras de vida eterna» (Jn. 6:68).

Pensamiento: Note a quién estaba hablando Jesús: a sus discípulos. Los discípulos pueden ser engañados por falsos maestros y profetas.

«Guardaos de los falsos profetas, que vienen a vosotros con vestidos de ovejas, pero por dentro son lobos rapaces» (Mt. 7:15).

«Porque vendrán muchos en mi nombre, diciendo: Yo soy el Cristo; y a muchos engañarán» (Mt. 24:5).

«Y muchos falsos profetas se levantarán, y engañarán a muchos» (Mt. 24:11).

«Porque se levantarán falsos Cristos, y falsos profetas, y harán grandes señales y prodigios, de tal manera que engañarán, si fuere posible, aun a los escogidos» (Mt. 24:24; cp. Mr. 13:22).

«Y de vosotros mismos se levantarán hombres que hablen cosas perversas para arrastrar tras sí a los discípulos» (Hch. 20:30).

«Porque tales personas no sirven a nuestro Señor Jesucristo, sino a sus propios vientres, y con suaves palabras y lisonjas engañan los corazones de los ingenuos» (Ro. 16:18).

«Porque estos son falsos apóstoles, obreros fraudulentos, que se disfrazan como apóstoles de Cristo» (2 Co. 11:13).

«Para que ya no seamos niños fluctuantes, llevados por doquiera de todo viento de doctrina, por estratagema de hombres que para engañar emplean con astucia las artimañas del error» (Ef. 4:14).

«Pero el Espíritu dice claramente que en los postreros tiempos algunos apostatarán de la fe, escuchando a espíritus engañadores y a doctrinas de demonios; por la hipocresía de mentirosos que, teniendo cauterizada la conciencia» (1 Ti. 4:1-2).

«Mas los malos hombres y los engañadores irán de mal en peor, engañando y siendo engañados» (2 Ti. 3:13).

«Porque vendrá tiempo cuando no sufrirán la sana doctrina, sino que teniendo comezón de oír, sea montonarán maestros conforme a sus propias concupiscencias, y apartarán de la verdad el oído y se volverán a las fábulas» (2 Ti. 4:3-4).

«Porque hay aún muchos contumaces, habladores de vanidades y engañadores, mayormente los de la circuncisión, a los cuales es preciso tapar la boca; que trastornan casas enteras, enseñando por ganancia deshonesta lo que no conviene» (Tit. 1:10-11).

«Pero hubo también falsos profetas entre el pueblo, como habrá entre vosotros falsos maestros, que introducirán encubiertamente herejías destructoras, y aun negarán al Señor que los rescató, atrayendo sobre sí mismos destrucción repentina» (2 P. 2:1).

«Hijitos, ya es el último tiempo; y según vosotros oísteis que el anticristo viene, así ahora han surgido muchos anticristos; por esto conocemos que es el último tiempo. Salieron de nosotros, pero no eran de nosotros; porque si hubieran sido de nosotros, habrían permanecido con nosotros; pero salieron para que se manifestase que no todos son de nosotros» (1 Jn. 2:18-19).

«¿Quién es el mentiroso, sino el que niega que Jesús es el Cristo? Este es anticristo, el que niega al Padre y al Hijo» (1 Jn. 2:22).

«Porque muchos engañadores han salido por el mundo, que no confiesan que Jesucristo ha venido en carne. Quien esto hace es el engañador y el anticristo» (2 Jn. 7).

3 (21:9-10) ***Violencia mundial—guerra:*** la segunda señal será el *conflicto entre las naciones.* Cuatro cosas se dijeron aquí.

1. Los creyentes oirán de guerras y conmociones (*akatastasias*), que significa tumultos, levantamientos, revueltas, terrorismo, insurrección, traición, confusión en los gobiernos. Habrá levantamientos en los gobiernos, y derrocamiento de gobiernos. Los creyentes podrán ser extremadamente perturbados por las noticias.

2. Los creyentes no deben «alarmarse» (*ptoethete*). No deben permitir que sus corazones sean «turbados» (Jn. 14:1). La violencia del mundo puede turbar a la gente; pero el corazón y la vida de los creyentes debe estar centrada en Dios, confiando en su presencia, protección y seguridad, eternamente.

«No se turbe vuestro corazón; creéis en Dios, creed también en mí. En la casa de mi Padre muchas moradas hay; si así no fuera, yo os lo hubiera dicho; voy, pues, a preparar lugar para vosotros» (Jn. 14:1-2).

«Estas cosas os he hablado para que en mí tengáis paz. En el mundo tendréis aflicción; pero confiad, yo he vencido al mundo» (Jn. 16:33).

«Mas os digo, amigos míos: No temáis a los que matan el cuerpo, y después nada más pueden hacer. Pero os enseñaré a quien debéis temer: Temed a aquel que después de haber quitado la vida, tiene poder para echar en el infierno; sí, os digo, a éste temed» (Lc. 12:4-5).

3. Es necesario que esta violencia mundial «acontezca primero». No ocurre porque Dios lo haya destinado así, sino porque el corazón de los hombres es esclavo de la pasión, codicia, avaricia y mal.

«¡Ay del mundo por los tropiezos! porque es necesario que vengan tropiezos, pero ¡ay de aquel hombre por quien viene el tropiezo!» (Mt. 18:7).

«¿De dónde vienen las guerras y los pleitos entre vosotros? ¿No es de vuestras pasiones, las cuales combaten en vuestros miembros? Codiciáis, y no tenéis; matáis y ardéis de envidia, y no podéis alcanzar; combatís y lucháis, pero no tenéis lo que deseáis, porque no pedís. Pedís, y no recibís, porque pedís mal, para gastar en vuestros deleites» (Stg. 4:1-3).

4. La violencia del mundo puede llegar a dominar tanto las noticias que los hombres tenderán a pensar que el fin está cerca. Sin embargo, Jesús advirtió diciendo «pero el fin no será inmediatamente», todavía no. Recuerde las palabras recién pronunciadas: «Mirad que no seáis engañados».

«Y una gente destruía a otra, y una ciudad a otra ciudad; porque Dios los turbó con toda clase de calamidades. Pero esforzaos vosotros, y no desfallezcan vuestras manos, pues hay recompensa para vuestra obra» (2 Co. 15:6-7).

«Salid de en medio de ella, pueblo mío, y salvad cada uno su vida del ardor de la ira de Jehová. Y no desmaye vuestro corazón a causa de del rumor que se oirá por la tierra; en un año vendrá el rumor, y habrá violencia en la tierra, dominador contra dominador» (Jer. 51:45-46).

«Mirad también por vosotros mismos, que vuestros corazones no se carguen de glotonería y embriaguez y de los afanes de esta vida, y venga de repente sobre vosotros aquel día» (Lc. 21:34).

«Por nada estéis afanosos, sino sean conocidas vuestras peticiones delante de dios en toda oración y ruego, con acción de gracias» (Fil. 4:6).

«Echando toda vuestra ansiedad sobre él, porque Él tiene cuidado de vosotros» (1 P. 5:7).

4 (21:11) *Naturaleza —terremotos—hambre—pestilencias:* la cuarta señal serán los *desastres naturales.* Se mencionan cinco desastres en particular.

1. Terremotos. Los grandes terremotos causan enormes daños a los edificios, arruinando y destruyendo las vidas de la gente, ciudades y comunidades. Los terremotos son uno de desastres más temidos y detestados entre los hombres. Josefo registra el cumplimiento de la profecía de Jesús. Incluso sugiere que los desastres naturales que ocurrieron eran señales de la destrucción futura.

«...en la noche se desató una tempestad prodigiosa, con la mayor violencia, vientos muy fuertes, con inmensas lluvias, continuo relampaguear, terribles truenos y asombrosos temblores y corcoveos de la tierra que estaba sufriendo un terremotos. Estas cosas eran una indicación manifiesta de que alguna destrucción venía sobre los hombres, cuando el sistema del mundo fue puesto en tal desorden; y todos suponían que estas maravillas anunciaban algunas grandes calamidades que iban a ocurrir» (Josefo, *Guerras.* 4.4:5*)*.

Durante los últimos días de la tierra habrá terremotos en muchos lugares (Ap. 6:12; 11:12-13, 19; 16:17-19).

2. Hambre. La comida es una de las necesidades más básicas de los hombres. Sin comida, los hombres mueren. Jesús dijo que en los últimos días, inmediatamente antes de la caída de Jerusalén e inmediatamente antes del fin del mundo, habrá terrible hambre. Las Escrituras hablan de una «una gran hambre en toda la tierra habitada; la cual sucedió en tiempo de Claudio» (Hch. 11:28). Josefo describe al hambre como tan terrible que cuando se llevaba flor de harina «al templo...ninguno de los sacerdotes era tan robusto que se abstuviera de comer unas migajas de ella ... habiendo tanta tribulación en la tierra» (Josefo, *Antig.* 3.15:3). En otra parte dice:«Hubo hambre que los oprimió [Jerusalén] ... y muchas personas murieron por falta de los necesario para conseguir pan» (Josefo, *Antig.* 20:25).

En los días inmediatamente anteriores a la caída de Jerusalén hubo otra terrible hambruna mencionada por Josefo:

«Ahora el caso era miserable, y lo que veíamos arrancaba con justicia lágrimas de nuestros ojos, viendo como la gente padecía por comida, mientras los más poderosos tenían más que suficiente, y los más débiles se lamentaban por falta de ella» (Josefo, *Guerras.* 5.10:3).

«Luego el hambre aumentó su progreso, y devoraba a la gente, casas y familias enteras; los aposentos altos estaban llenos de mujeres y niños muriendo de hambre; y las calles de la ciudad estaban llenas de los cadáveres de los ancianos; los niños y jóvenes transitaban por las plazas como sombras, todos hinchados por el hambre, y cayendo muertos dondequiera que su miseria se apoderaba de ellos» Josefo, *Guerras.* 5.12:3).

Evidentemente habrá terribles hambrunas en los días del fin. El caballo negro de los cuatro jinetes del apocalípsis indica hambre terrible (*véase* nota—Ap. 6:5-6). El dolor insoportable y el mal que el hambre puede causar se describen gráficamente en las Escrituras.

«Más dichosos fueron los muertos a espada que los muertos por el hambre; porque éstos murieron poco a poco por falta de los frutos de la tierra. Las manos de mujeres piadosas cocieron a sus hijos; sus propios hijos les sirvieron de comida en el día del quebrantamiento de la hija de mi pueblo» (Lm. 4:9-10).

Lucas agrega un tercer desastre en la naturaleza: pestilencias. Los terremotos y el hambre por supuesto causan pestilencias (*véase* nota—Mt. 24:7).

3. Pestilencia. Con frecuencia el resultado de la guerra y de extensos desastres tales como terremotos, es la enfermedad. La pestilencia es imparcial. Tal vez los ricos puedan comprar comida durante la hambruna, pero no pueden comprarse un camino de salida de una epidemia.

El relato de Josefo de una gran epidemia que sobrevino durante los días de Herodes es evidencia de ello.

«Cuando [Herodes] estaba en su camino. Hubo una enfermedad epidémica que se llevó la mayor parte de la multitud, y de sus mejores y más estimados amigos [los ricos]» Josefo, *Antig.* 15:7:7).

La pestilencia también será uno de los grandes sufrimientos en el tiempo del fin. Parte del sufrimiento causado por el caballo amarillo de los cuatro jinetes de Apocalípsis incluye las pestilencias.

«... y le fue dada potestad sobre la cuarta parte de la tierra, para matar con espada [guerra], con hambre, con mortandad [pestilencia, resultado de la guerra y el hambre], y con las fieras de la tierra» (Ap. 6:8; *véase* nota— Ap. 6:8).

4. Eventos cósmicos. «Y habrá terror y grandes señales del cielo» en el tiempo del fin del mundo. De manera muy concreta esas señales cósmicas ocurren ahora. A veces la tierra queda a oscuras por el polvo que levantan las catástrofes tales como erupciones volcánicas, tempestades y el humo de inmensos incendios. Por supuesto, todo lo que oscurece el sol también esconde a la luna de la tierra. Con frecuencia caen las estrellas, esto es meteoritos de diversos tamaños provenientes del espacio. El tema es que los eventos del fin van a desencadenar acontecimientos en los astros de alcance mundial y universal. (Para mayor discusión *véanse* notas—Mr. 13:24; Mr. 13:24-25.)

«Pero en aquellos días, después de aquella tribulación, el sol se oscurecerá, y la luna no dará su resplandor, y las estrellas caerán del cielo, y las potencias que están en los cielos serán removida» (Mr. 13:24-25).

«Mas el día en que Lot salió de Sodoma, llovió del cielo fuego y azufre, y los destruyó a todos» (Lc. 17:29).

«Entonces habrá señales en el sol, en la luna y en las estrellas, y en la tierra angustia de las gentes, confundidas a causa del bramido del mar y de las olas; desfalleciendo los hombres por el temor y la expectación de las cosas que sobrevendrán en la tierra; porque por las potencias de los cielos serán conmovidas» (Lc. 21:25-26).

«Y daré prodigios arriba en el cielo, y señales abajo en la tierra, sangre y fuego y vapor de humo; el sol se convertirá en tinieblas, y la luna en sangre, antes que venga el día del Señor, grande y manifiesto» (Hch. 2:19-20).

«Miré cuando abrió el sexto sello, y he aquí hubo un gran terremoto; y el sol se puso negro, como tela de silicio, y la luna se volvió toda como sangre; y las estrellas del cielo cayeron sobre la tierra, como la higuera deja caer sus higos cuando es sacudida por un fuerte viento. Y el cielo se desvaneció como un pergamino que se enrolla; y todo monte y toda isla se removió de sulugar. Y los reyes de la tierra, y los grandes, los ricos, los capitanes, los poderosos y todo siervo y todo libre, se escondieron en las cuevas y entre las peñas de los montes; y decían a los montes y a las peñas: Caed sobre nosotros, y escondednos del rostro de aquel que está senado sobre el trono, y de la ira del Cordero; porque el gran día de su ira ha llegado; ¿y quién podrá sostenerse en pie?» (Ap. 6:12-17).

1 La persecución de creyentes a. Los perseguidores: autoridades religiosas y civiles b. El motivo: los creyentes son seguidores de Cristo c. Resultado: un testimonio glorioso d. Preparación necesaria 1) No preparar una defensa	**B. Trágica señal antes del fin: persecución, 21:12-19** (Mt. 24:9-10, 13; Mr. 13:9, 11-12) 12 Pero antes de todas estas cosas os echarán mano, y os perseguirán, y os entregarán a las sinagogas y a las cárceles, y seréis llevados ante reyes y ante gobernadores por causa de mi nombre. 13 Y esto os será ocasión para dar testimonio. 14 Proponed en vuestros corazones no pensar antes cómo habéis de responder en	vuestra defensa; 15 porque yo os daré palabra de sabiduría, la cual no podrán resistir ni contradecir todos los que se opongan. 16 Mas seréis entregados aun por vuestros padres, y hermanos, y parientes, y amigos; y matarán a algunos de vosotros; 17 y seréis aborrecidos de todos por causa de mi nombre. 18 Pero ni un cabello de vuestra cabeza perecerá. 19 Con vuestra paciencia ganaréis vuestras almas.	2) Recibirán una respuesta sobrenatural **2 Los entregadores y traidores de los creyentes** a. Parientes b. Todos **3 La promesa dada a los creyentes** a. Dios tiene el control b. Seguridad eterna al que persevera

B. Trágica señal antes del fin: persecución, 21:12-19

(21:12-19) ***Introducción:*** la discusión de este pasaje se centra en las señales del tiempo final (*véase* Estudio a fondo 1—Lc. 21:15-38). Hay una señal referida al tiempo del fin, que debe ser proclamada a todos los creyentes. Es la señal de la *persecución*. Es cierto que los creyentes son perseguidos en todas las generaciones, pero inmediatamente antes del fin la persecución se intensificará en gran manera en todo el mundo. Los creyentes serán perseguidos como nunca antes. Note las palabras: «Pero antes de todas estas cosas os echarán mano, y os perseguirán». Los creyentes deben estar preparados. Ese es el propósito del presente pasaje. El texto puede servir para que los creyentes de cada generación se preparen a sufrir persecución.

1. La persecución de creyentes (vv. 12-15).
2. Los entregadores y traidores de los creyentes (vv. 16-17).
3. La promesa dada a los creyentes (vv. 18-19).

[1] (21:12-15) ***Persecución, motivos, resultados:*** persecución de creyentes. Note tres hechos.

1. La persecución será ejecutada tanto por autoridades civiles como religiosas. Tanto el gobierno como la religión perseguirán a los verdaderos creyentes antes del tiempo del fin. Por supuesto, la idea es que habrá una intensificación de la persecución durante el fin (*véase* nota—Lc. 21: 5-8). Precisamente por este motivo Jesús trazó una diferencia entre los perseguidores del tiempo del fin y los del área de la iglesia. Inmediatamente antes del fin del mundo, los creyentes serán objeto de oposición y abuso, serán juzgados y martirizados como nunca antes en la historia humana. Tanto las cortes del mundo como los concilios de la religión tomarán a los creyentes y los harán pasar por el fuego de la persecución. Los creyentes serán...
   - afligidos (cp. Hch. 4:3; 8:1; 12:4; 13:50; 14:19; 2 Co. 11:23-25).
   - muertos (Hch. 7:59; 12:2)
   - aborrecidos por todas las naciones (Hch. 28:22. *Véanse* bosquejo y notas—Mt. 10:16-23. Cp. Jn. 15:20; 16:2.)

2. El motivo por el que serán perseguidos los creyentes queda claramente establecido por Jesús: «*por causa de mi nombre*». El mundo tratará de eliminar y silenciar a los creyentes porque son verdaderos seguidores de Cristo. El intenso odio que sentirán hacia los creyentes tendrá dos bases.
   a. La norma de verdadera espiritualidad. El creyente expone ante el mundo una norma diferente, la norma de la verdadera espiritualidad. El mundo es impío, sus normas no son de Dios. Por eso, por *propia naturaleza*, todo aquel que vive para el mundo se rehusa a cambiar y se opone a Dios.

   «Por lo cual, salid de en medio de ellos, y apartaos, dice el Señor, y no toquéis lo inmundo; y yo os recibiré, y seré para vosotros por Padre, y vosotros me seréis hijos e hijas, dice el Señor todopoderoso» (2 Co. 6:17-18).

   «No améis al mundo, ni las cosas que están en el mundo. Si alguno ama al mundo, el amor del Padre no está en él. Porque todo lo que hay en el mundo, los deseos de la carne, los deseos de los ojos, y la vanagloria de la vida, no proviene del Padre, sino del mundo» (1 Jn. 2:15-16).

   b. La vida de pureza. El verdadero creyente vive en pureza, limpio y justo. Su mente está controlada por una auténtica moral y espiritualidad, se viste con modestia, conversa respetuosamente, se conduce con justicia. La gente del mundo vive para cumplir los deseos de la carne y para lograr las posesiones que anhela. Por eso, el creyente encuentra oposición de todo aquel que no quiere vivir una vida pura y justa.

   «Y manifiestas son las obras de la carne, que son: adulterio, fornicación, inmundicia, lascivia, idolatría, hechicería, enemistades, pleitos, celos, iras, contiendas, disensiones, herejías, envidias, homicidios, borracheras, orgías, y cosas semejantes a estas; acerca de las cuales os amonesto, como ya os lo he dicho antes, que los que practican tales cosas no heredarán el reino de Dios. Mas el fruto del Espíritu es amor, gozo, paz, paciencia, benignidad, bondad, fe, mansedumbre, templanza; contra tales cosas no hay ley. Pero los que son de Cristo han crucificado la carne con sus pasiones y deseos» (Gá. 5:19-24).

   c. El mensaje de arrepentimiento y la negación del ego. El verdadero creyente proclama el mensaje de Cristo: arrepentimiento y negación del ego. De manera muy concreta, son muy pocos los que están dispuestos a cambiar (arrepentirse) al extremo de negar totalmente su ego (persona y posesiones) a efectos de suplir las necesidades de personas desesperadas. Por eso, la mayoría, incluso los religiosos, rechazan la idea de que los hombres tienen que vivir sacrificialmente para salvar a un mundo hambriento y moribundo (un mundo hambriento y moribundo tanto física como espiritualmente). (*Véanse* bosquejo y notas—Mt. 19:21-22; 19:23-26.)

   «Y decía a todos: Si alguno quiere venir en pos

de mí, niéguese a sí mismo, tome su cruz cada día, y sígame. Porque todo el que quiera salvar su vida, la perderá; y todo el que pierda su vida por causa de mí, éste la salvará» (Lc. 9:23-24).

«Porque si vivís conforme a la carne, moriréis; mas si por el Espíritu hacéis morir las obras de la carne, viviréis» (Ro. 8:13).

«Jesús le dijo: Si quieres ser perfecto, anda, vende lo que tienes, y dalo a los pobres, y tendrás tesoro en el cielo; y ven y sígueme» (Mt. 19:21).

«Bueno es no comer carne, ni beber vino, ni nada en que tu hermano tropiece, o se ofenda, o se debilite» (Ro. 14:21).

«Ninguno busque su propio bien, sino el del otro» (1 Co. 10:24).

3. El resultado de la persecución será un glorioso testimonio para el Señor. Los perseguidores tratarán de silenciar al creyente, pero la misma persecución se tornará en un glorioso testimonio para el Señor. ¿Cómo? El creyente, sufriendo, mostrará tal lealtad y fuerza sobrenatural que algunos, incluso algunos de los perseguidores, serán atraídos a Cristo. El creyente mostrará que Cristo y la eternidad son reales; el creyente será un testimonio aun mientras soporta los azotes y las espadas de los perseguidores.

«Porque yo le mostraré cuánto le es necesario padecer por mi nombre» (Hch. 9:16).

«Bendito sea el Dios y Padre de nuestro Señor Jesucristo, Padre de misericordias y Dios de toda consolación, el cual nos consuela en todas nuestras tribulaciones, *para que podamos también nosotros* consolar a los que están en cualquier tribulación, por medio de la consolación con que nosotros somos consolados por Dios» (2 Co. 1:3-4).

«Porque nosotros que vivimos, siempre estamos entregados a muerte por causa de Jesús, para que también la vida de Jesús se manifieste en nuestra carne mortal» (2 Co. 4:11).

4. No será necesario preparar una defensa. Cuando el verdadero creyente tenga que dar una respuesta o hacer una defensa ante sus perseguidores, Dios llenará su corazón y su boca para responder. El creyente será llenado de tal manera con sabiduría que sus perseguidores no podrán resistir su defensa.

Note que Jesús no estaba prometiendo librar al creyente. Le estaba prometiendo un testimonio vigoroso, incuestionable. Para muchos creyentes será tiempo de ir con el Señor. El tiempo del fin estará regado con la sangre de mucho mártires del Señor.

«En mi primera defensa ninguno estuvo a mi lado, sino que todos me desampararon; no les sea tomado en cuenta. Pero el Señor estuvo a mi lado, y me dio fuerzas, para que por mí fuese cumplida la predicación, y que todos los gentiles oyesen. Así fui librado de la boca del león. Y el Señor me librará de toda obra mala, y me preservará para su reino celestial. A él sea la gloria por los siglos de los siglos» (2 Ti. 4:16-18).

«De manera que podemos decir confiadamente: El Señor es mi ayudador; no temeré lo que me pueda hacer el hombre» (He. 13:6).

«No temas, porque yo estoy contigo; no desmayes, porque yo soy tu Dios que te esfuerzo; siempre te ayudaré, siempre te sustentaré con la diestra de mis justicia» (Is. 41:10).

«He aquí que Jehová el Señor me ayudará; ¿Quién hay que me condene? He aquí que todos ellos se envejecerán como ropa de vestir, serán comidos por la polilla» (Is. 50:9).

2 (21:16-17) ***Persecución:*** la traición contra los creyentes será atroz. Los creyentes serán traicionado por sus *propias familias y parientes*, amigos y vecinos. Algunos creyentes incluso serán muertos por causa de la traición. Note tres hechos.

1. Jesús estaba hablando del tiempo del fin. La traición por parte de seres queridos se intensificará en ese tiempo.

2. El motivo de la traición quebrantará el corazón de muchos. Familias y amigos aborrecerán al creyente por causa de Cristo (v. 17). El creyente se comprometerá por el nombre y la justicia de Cristo; por eso sus seres queridos lo traicionarán...

- para salvar sus propias vidas.
- para conseguir algún favor.
- para no ser avergonzados.
- para vengarse.
- para escapar a la persecución ellos mismo.
- para ganar el favor de las autoridades.
- para escapar al temor.
- para preservar en forma egoísta el honor y la posición.

«El hermano entregará a la muerte al hermano, y el padre al hijo; y los hijos se levantarán contra los padres, y los harán morir» (Mt. 10:21).

3. *Todos* aborrecerán al creyente. Pocos serán amables, tiernos y con amor. En los días del fin prevalecerá la contienda y la división. Muchos objetarán lo que otro está haciendo, o lo que no está haciendo. Desafortunadamente esa conducta ha existido a lo largo de los siglos, y demasiadas veces la iglesia ha visto que una persona disentía y se oponía a otra persona. Envidia, avaricia y la preocupación por seguridad y reconocimiento, todos los pecados del egoísmo, han impulsado a demasiadas personas a oponerse a la posición, creencias, habilidades y liderazgo de otras. Las críticas y el juzgar a los demás, el disensión y las divisiones entre creyentes han sido una de las características más visibles de la iglesia, tanto a nivel local como universal. Jesús dijo que ese odio aumentará y se intensificará en el tiempo del fin.

«Y guardaos de los hombres, porque os entregarán a los concilios, y en sus sinagogas os azotarán» (Mt. 10:17).

«Entonces os entregarán a tribulación, y os matarán, y seréis aborrecidos de todas las gentes por causa de mi nombre» (Mt. 24:9; cp. Lc. 21:12-13).

«Acordaos de la palabra que yo os he dicho: El siervo no es mayor que su señor. Si a mí me han perseguido, también a vosotros os perseguirán; si han guardado mi palabra, también guardarán la vuestra» (Jn. 15:20).

«Estas cosas os he hablado, para que no tengáis tropiezo. Os expulsarán de las sinagogas; y aun viene la hora cuando cualquiera que os mate, pensará que rinde servicio a Dios. Y harán esto porque no conocen al Padre ni a mí» (Jn. 16:1-3).

«Y también todo los que quieran vivir piadosamente en Cristo Jesús padecerán persecución» (2 Ti. 3:12).

«Jehová Dios mío, en ti he confiado; sálvame de todos los que me persiguen, y líbrame» (Sal. 7:1).

«En tu mano están mis tiempos; líbrame de la mano de mis enemigos y de mis perseguidores» (Sal. 31:15).

«Todos tus mandamientos son verdad; sin causa me persiguen; ayúdame» (Sal. 119:86).

«Porque ha perseguido el enemigo mi alma; ha postrado en tierra mi vida; me ha hecho habitar en tinieblas como los ya muertos» (Sal. 143:3).

3 (21:18-19) ***Persecución:*** la promesa es gloriosa; llena de seguridad para el creyente. Es doble.

1. Primero, la promesa dice que Dios tiene el control de la vida del creyente, control total. «Ni un cabello de vuestra cabeza perecerá.» Por supuesto, Jesús se refería a la seguridad espiritual. Acababa de decir que «matarán a algunos» (v. 16). Dios conoce cada cabello en la cabeza del creyente (Lc. 12:7); Dios tiene el control de cada detalle concerniente al creyente. Por eso, si el creyente es perseguido, está bajo la protección de Dios; y si es muerto, está bajo la protección de Dios. Cualquiera sea la persecución y el sufrimiento...

- Dios ve y tiene el control. Sostiene al creyente en sus manos.
- Dios transforma el sufrimiento en un «cada vez más excelente y eterno peso de gloria» (2 Co. 4:17) y recompensa.

2. Segundo, la promesa es la seguridad eterna del alma del creyente. Si el creyente soporta la persecución, su alma será salvada eternamente. La idea es que *es preciso* perseverar hasta el fin. El verdadero creyente permanecerá firme y soportará. *No negará* a su Señor; jamás podría abandonar porque conoce la presencia y salvación (liberación) del Señor. (*Véase* nota—Mr. 13:13.)

La persecución sencillamente no debe ser temida por el creyente cristiano. La persecución, incluido el martirio, no son nada a la luz de la eternidad (cp. Ap. 6:9-11). A pesar de la muerte (v. 16) y el odio (v. 17), Jesús prometió que «ni un cabello de vuestra cabeza perecerá» (v. 18). En los brazos de Jesús el creyente está eternamente seguro.

«No temas en nada lo que vas a padecer. He aquí, el diablo echará a algunos de vosotros en la cárcel, para que seáis probados, y tendréis tribulación por diez días. Sé fiel hasta la muerte, y yo te daré la corona de la vida» (Ap. 2:10).

«...vida eterna a los que, perseverando en bien hacer, buscan gloria y honra e inmortalidad, pero ira y enojo a los que son contenciosos y no obedecen a la verdad, sino que obedecen a la injusticia; tribulación y angustia sobre todo ser humano que hace lo malo, el judío primeramente y también el griego» (Ro. 2:7-9).

«Bienaventurado el varón que soporta la tentación; porque cuando haya resistido la prueba, recibirá la corona de vida, que Dios ha prometido a los que le aman» (Stg. 1:12).

«He aquí, tenemos por bienaventurados a los que sufren. Habéis oído de la paciencia de Job, y habéis visto el fin del Señor, que el Señor es muy misericordioso y compasivo» (Stg. 5:11).

«Mas vosotros sois linaje escogido, real sacerdocio, nación santa, pueblo adquirido por Dios, para que anunciéis las virtudes de aquel que os llamó de las tinieblas a su luz admirable» (1 P. 2:9).

1 Una señal a la cual debían estar atentos: Jerusalén sitiada por ejércitos

2 Tiempo de huir

C. Destrucción de Jerusalén, 21:20-24
(Mt. 24:15-28;
Mr. 13:14-23)

20 Pero cuando viereis a Jerusalén rodeada de ejércitos, sabed entonces que su destrucción ha llegado.
21 Entonces los que estén en Judea, huyan a los montes; y los que en medio de ella, váyanse; y los que estén en los campos no entren en ella.
22 Porque estos son días de retribución, para que se cumplan todas la cosas que están escritas.
23 Mas ¡ay de las que estén encintas, y de las que críen en aquellos días! porque habrá gran calamidad en la tierra, e ira sobre este pueblo.
24 Y caerán a filo de espada, y serán llevados cautivos a todas las naciones; y Jerusalén será hollada por los gentiles, hasta que los tiempos de los gentiles se cumplan.

3 Tiempo de retribución[EFI]

4 Tiempo de angustia e ira, muerte y cautiverio

5 Tiempo de los gentiles

C. Destrucción de Jerusalén, 21:20-24

(21:20-24) ***Introducción—tiempo del fin:*** este pasaje trata específicamente la destrucción de Jerusalén en el año 70 d. C., y la nación judía a lo largo de la historia (v. 24).

- La desolación mencionada es la desolación de Jerusalén, no la *abominación desoladora* (es decir, el anticristo mencionado por Mateo y Marcos, Mt. 24:15; Mr. 13:14).
- El versículo 24 aclara que el período cubierto por Jesús se extiende desde el tiempo «cuando viereis a Jerusalén rodeada de ejércitos» (v. 20), «hasta que los tiempos de los gentiles se cumplan» (v. 24).

Sin embargo, los temas de estas Escrituras también pueden ser aplicados al tiempo del fin. Mateo y Marcos dan definidamente un doble significado a estas palabras de Jesús. Los discípulos habían hecho dos preguntas. Primero, ¿cuándo será destruida Jerusalén? Ellos creían que solamente podía ser destruida en el tiempo del fin. Segundo, ¿cuáles serán las señales del fin, o la destrucción y restauración de todas las cosas que inauguraría el reino de Dios? (Para mayor discusión *véase* nota—Lc. 21:5-8. Cp. notas—Lc. 21:5-38.) Lo que Jesús dice en Mateo y Marcos también es aplicable aquí en Lucas. La caída de Jerusalén es juicio sobre el pecado, y la caída del mundo también será juicio sobre el pecado. La pregunta de los discípulos (v. 7) se refiere a condiciones similares causantes de juicio. Por eso, las señales tanto de la caída de Jerusalén como del mundo serán similares. La única diferencia será una intensificación de las señales en el tiempo de fin (*véanse* notas: Mt. 24:15-28; Mr. 13:14-23).

1. Una señal a la cual debían estar atentos: Jerusalén sitiada por ejércitos (v. 20).
2. Tiempo de huir (v. 21).
3. Tiempo de retribución (v. 22).
4. Tiempo de angustia e ira, muerte y cautiverio (v. 23).
5. Tiempo de los gentiles (v. 24).

[1] (21:20) ***Jerusalén:*** una señal que los discípulos debían esperar era el sitio de Jerusalén. En los años 66-70 d.C. Jerusalén experimentó uno de los sitios más terribles de la historia. En 66 d.C. los judíos hicieron una revuelta y el ejército romano estuvo pronto a atacar. Sin embargo, por dos motivos, era difícil tomar la ciudad. Estaba asentada sobre la cumbre de la colina, bien protegida por el terreno, además los líderes de la revuelta eran religiosos fanáticos. Más de un millón de personas habían huido a la ciudad para protegerse detrás de sus muros.

Jesús mencionó dos cosas.

1. Algunos de los que estaban allí con Él, *verían* y serían testigos del sitio. Con sus ojos vería el juicio caer sobre Jerusalén.
2. Todos sus seguidores debían *esperar* y estar alerta a esta señal. En todo momento debían estar preparados para el juicio que venía.

> ***Pensamiento.*** La cuestión es clara. Debemos estar preparados para el juicio del tiempo final. Algunos de nosotros seremos testigos oculares de esa señal. (Para mayor discusión y aplicación *véanse* bosquejo, nota, Estudio a fondo 1—Mt. 24:15.)

[2] (21:21) ***Tiempo del fin—juicio:*** la señal del sitio de Jerusalén indicará que es tiempo de huir. Jesús advirtió a sus discípulos que huyan y que lo hagan inmediatamente. El peligro sería inminente, habría que obrar con urgencia. Los creyentes...

- de los *alrededores* de Jerusalén debían huir a las montañas.
- *en la ciudad* de Jerusalén debían salir y abandonar inmediatamente la ciudad.
- los que vivían en otros países debían mantenerse lejos y no pensar en entrar a Jerusalén (Israel).

Note dos cosas.

1. Los creyentes atendieron a la advertencia de Jesús. Huyeron de la ciudad antes del ataque, alrededor del año 66 d.C. Huyeron a una pequeña ciudad llamada *Pella* del distrito de Decápolis.
2. Mateo señala que Jesús recomendó olvidar todos los utensilios del hogar y posesiones personales, el peligro sería tan inminente que los creyentes sólo debían pensar en escapar. Ninguna otra cosa importaba, nada, sino huir del juicio que venía.

> ***Pensamiento 1.*** Demasiadas mentes se concentran en la comodidad y las posesiones, el mundo y el dinero. El juicio venidero está tan cerca y será tan terrible, que ninguna otra cosa debe llamar nuestra atención. Al ver las señales debemos huir para refugiarnos en Cristo, y, ciertamente, las señales ya se ven. Nosotros que vivimos en estos «días del fin» debemos obedecer la advertencia de Cristo tal como lo hicieron los creyentes del primer siglo.
>
> ***Pensamiento 2.*** El juicio que cayó sobre Jerusalén es un ejemplo del juicio que vendrá sobre el mundo. Debemos estar preparados para refugiarnos en Cristo en busca de su protección.
>
> **«Cualquiera, pues, que me oye estas palabras, y las hace, le compararé a un hombre prudente, que edificó su casa sobre la roca. Descendió lluvia, y vinieron ríos, y soplaron vientos, y golpearon contra aquella casa; y nocayó, porque estaba fundada sobre la roca» (Mt. 7:24-25).**
>
> **«Atesorando para sí buen fundamento para lo por venir, que echen mano de la vida eterna» (1 Ti. 6:19).**
>
> **«Pero el fundamento de Dios está firme, teniendo este sello: Conoce el Señor a los que son suyos; y:**

Apártese de iniquidad todo aquel que invoca el nombre de Cristo» (2 Ti. 2:19).

«Sean vuestras costumbres sin avaricia, contentos con lo que tenéis ahora; porque él dijo: No te desampararé, ni te dejaré» (He. 13:5).

3 (21:22) ***Juicio —tiempo final:*** la señal del sitio de Jerusalén será un tiempo de retribución. Note dos cosas.

1. Los «días de retribución» marcarán el cumplimiento de las Escrituras, los días de la ira de Dios (*véase* Estudio a fondo 1, ***Retribución***—Lc. 21:22). Durante generaciones Dios había sido paciente y longánime con Israel, en efecto, desde el comienzo de su historia. Pero Israel siempre había rechazado sus alegatos. Por eso debía caer el anunciado juicio. Lo que Israel había sembrado sería cosechado. (*Véase* Estudio a fondo 1—Jn. 4:22.)

2. La terrible desolación que tuvo lugar en Jerusalén y que tendrá lugar en el mundo durante el tiempo del fin, toda la desolación, será debida al pecado. Jerusalén había cometido el más horrendo de los pecados de la historia humana: durante siglos había rechazado a Dios, y eventualmente, había dado muerte el propio Hijo de Dios. Por eso, Jerusalén fue totalmente destruida.

Pensamiento. Aquí hay una severa advertencia para creyentes y naciones. El pecado resulta en desolación. Rechazar al Hijo de Dios resultará en juicio sobre personas y naciones.

ESTUDIO A FONDO 1

(21:22) ***Retribución*** (*ekdikeseos*): ejecutar justicia perfecta, retribuir, dar satisfacción. Es el juicio que surge de la justicia. No es la venganza que surge de la ira humana y de sentimientos heridos. La palabra no implica auto-satisfacción o reacción egoísta. Es el juicio que endereza las cosas, las pone en su lugar.

«No os venguéis vosotros mismos, amados míos, sino dejad lugar a la ira de Dios; porque escrito está: Mía es la venganza, yo pagaré, dice el Señor» (Ro. 12:19).

«Y a vosotros que sois atribulados, daros reposo con nosotros, cuando se manifieste el Señor Jesús desde el cielo con los ángeles de su poder, en llama de fuego, para dar retribución a los que no conocieron a Dios, ni obedecen al evangelio de nuestro Señor Jesucristo» (2 Ts. 1:7-8).

«Pues conocemos al que dijo: Mía es la venganza, yo daré el pago, dice el Señor. Y otra vez: El Señor juzgará a su pueblo. Horrenda cosa es caer en manos del Dios vivo» (He. 10:30-31).

«La corrupción no es suya; de sus hijos es la mancha, generación torcida y perversa» (Dt. 32:5).

«Jehová, Dios de las venganzas, Dios de las venganzas, muéstrate. Engrandécete, oh Juez de la tierra; del pago a los soberbios» (Sal. 94:1-2).

«Y haré en ellos grandes venganzas con reprensiones de ira; y sabrán que yo soy Jehová, cuando haga mi venganza en ellos» (Ez. 25:17).

«Y con ira y con furor haré venganza en las naciones que no obedecieron» (Mi. 5:15).

«Jehová es Dios celoso y vengador; Jehová es vengador y lleno de indignación; se venga de sus adversarios, y guarda enojo para sus enemigos» (Nah. 1:2).

4 (21:23) ***Tiempo del fin—juicio:*** la señal del sitio de Jerusalén implicará un tiempo de angustia, calamidad, ira, muerte y cautiverio. Cuatro cuadros pintan el dolor de la hora.

1. Las mujeres embarazadas y las madres de bebés tendrán dificultades para huir. Serán demasiado lentas para escapar del juicio que viene.

2. Habrá gran «calamidad» en la tierra. A medida que se ejecutaba el sitio, las predicciones de Jesús se cumplieron literalmente. En la guerra serán muertos y destruidos los seres queridos, habrá hambre, pestilencia y falsos libertadores (mesías). Habrá traición y crimen por parte de los vecinos robando comida, y buscando el favor de las autoridades para sobrevivir. Cada uno se ocupaba de sí mismo. Hubo un caos y colapso total del orden. El pueblo vivió la presión y tensión, el sufrimiento y dolor de ver que la propia nación y la gente eran borrados de la faz de la tierra. El dolor inundó toda la tierra.

3. La ira del hombre (Roma) y la ira de Dios cayeron sobre la gente.

4. Un número increíble de personas cayó bajo la espada; más de un millón de personas murió y aproximadamente noventa y siete mil fueron llevados cautivos. (*Véanse* notas—Mt. 24:7; 24:10; 24:11. *Véase* Josefo—*Guerras* 5. 12:3; 6. 3:4; 6. 8:5.)

«Me parece a mí que el infortunio de todos los hombres, desde el comienzo de mundo, comparado con el de estos judíos, no fue tan considerable...» (Josefo, *Guerras*. Prefacio 4).

En el tiempo del fin el mundo experimentará grandes tribulaciones, sin paralelo en toda la historia. Note que Jesús no describió las grandes tribulaciones más allá de lo que dijo en estos versículos. Una rápida mirada al tiempo de la gran tribulación mencionado en Apocalipsis da una idea de algunos de los sufrimientos (*véanse* bosquejo y notas de todo lo que sigue. Cp. Dn. 12:1-2.)

- Truenos, relámpagos y terremotos (Ap. 8:5; cp. 8:1-5).
- Catástrofes naturales (Ap. 8:6-12).
- Plaga de langostas semejantes a demonios (Ap. 8:13-9:11).
- Ejércitos semejantes a demonios (Ap. 9:12-21).
- Naciones llenas de ira que destruyen la tierra (Ap. 11:18; cp. 11:14-19).
- Gobierno político malvado (Ap. 13:1-10).
- Un falso gobernador religioso (Ap. 13:11-18).
- Terrible destrucción y sufrimiento tanto en la naturaleza como entre los hombres (Ap. 16:1-21).
- Un poder mundial, malvado, engañoso (Ap. 17:1-18-24).

5 (21:24) ***Gentiles, tiempo de los:*** la señal del sitio de Jerusalén implicará determinado tiempo para los gentiles. Los judíos como nación serían esparcidos y Jerusalén sería hollada «hasta que los tiempos de los gentiles se cumplan». Note dos cosas.

1. La palabra «cumplir» (*plerothosin*) significa que Dios tiene el control de los tiempos. Hay un propósito en «los tiempos de los gentiles» y en lo que ha ocurrido y aun ocurrirá a Israel. Dios tiene el control de la historia.

«...diciendo: el tiempo se ha cumplido, y el reino de Dios se ha acercado; arrepentíos, y creed en el evangelio» (Mr. 1:15).

«Pero cuando vino el cumplimiento del tiempo, Dios envió a su Hijo, nacido de mujer y nacido bajo la ley, para que redimiese a los que están bajo la ley, a fin de que recibiésemos la adopción de hijos. Y por cuanto sois hijos, Dios envió a vuestros corazones el Espíritu de su Hijo, el cual clama: ¡Abba Padre!» (Gá. 4:4-6).

«...de reunir todas las cosas en Cristo, en la dispensación del cumplimiento de los tiempos, así las que están en los cielos, como las que están en la tierra» (Ef. 1:10).

«Porque hay un solo Dios, y un solo mediador entre Dios y los hombres, Jesucristo hombre, el cual se dio a sí mismo en rescate por todos, de lo cual se dio testimonio a su debido tiempo» (1 Ti. 2:5-6).

«En la esperanza de la vida eterna, la cual Dios, que no miente, prometió desde antes del principio de los siglos, y a su debido tiempo manifestó su palabra por medio de la predicación que me fue encomendada por mandato de Dios nuestro Salvador» (Tit. 1:2-3).

2. Habrá un fin a la cautividad de los judíos y al hollamiento

de Jerusalén. El pueblo será restaurado a su tierra. ¿Cuándo? Cuando «los tiempos de los gentiles se cumplan». (Para mayor discusión *véanse* bosquejo y notas, ***Restauración de Israel***—Ro. 11:25-36; Estudio a fondo 1—11:25-26.)

> **«Porque no quiero, hermanos, que ignoréis este misterio, para que no seáis arrogantes en cuanto a vosotros mismos: que ha acontecido a Israel endurecimiento en parte, hasta que haya entrado la plenitud de los gentiles; y luego todo Israel será salvo, como está escrito: Vendrá a Sion el Libertador, que apartará de Jacob la impiedad. Y este será mi pacto con ellos, cuando yo quite sus pecados» (Ro. 11:25-27).**

1 Las señales de cataclismos en el cielo y sus resultados a. Angustia en las naciones b. Océanos afectados c. Desfallecimiento y temor en el corazón	**D. La venida de Jesús: el Hijo del Hombre, 21:25-28** (Mt. 24:29-31; Mr. 13:24-27) 25 Entonces habrá señales en el sol, en la luna y en las estrellas, y en la tierra angustia de las gentes, confundidas a causa del bramido del mar y de las olas; 26 desfalleciendo los hombres por el temor y la	expectación de las cosas que sobrevendrán en la tierra; porque por las potencias de los cielos serán conmovidas. 27 Entonces verán al Hijo del Hombre, que vendrá en una nube con poder y gran gloria. 28 Cuando estas cosas comiencen a suceder, erguíos y levantad vuestra cabeza, porque vuestra redención está cerca.	de los hombres d. El motivo reacentuado: sacudimiento de cuerpos siderales **2 La venida concreta de Jesús, el Hijo del Hombre** **3 El gran aliento del creyente: levantad los ojos, vuestra redención está cerca**

D. La venida de Jesús: el Hijo del Hombre, 21:25-28

(21:25-28) ***Introducción:*** ahora el Señor comienza a referirse al más significativo de los acontecimientos que aún ocurrirá en la historia humana. Su propio y personal regreso. El lenguaje señala hacia el regreso personal del Señor a la tierra (Lc. 21:27, 35). El tema es este: hay señales que preceden su venida, señales que permitirán a los discípulos a estar preparados y fortalecidos para tener la mayor de las paciencias.

1. Las señales de cataclismos en el cielo y sus resultados (vv. 25-26).
2. La venida concreta de Jesús, el Hijo del Hombre (v. 27).
3. El gran aliento del creyente: levantad los ojos, vuestra redención está cerca (v. 28).

1 (21:25-26) ***Tiempo del fin—Jesucristo, retorno—cuerpos siderales—espacio exterior:*** las señales de cataclismos en los cielos y sus resultados. Habrá señales en el sol, la luna, y las estrellas. Los acontecimientos se describen tanto en Mateo como en Marcos (Mt. 24:29; Mr. 13:24). Marcos dice...

- «el sol se oscurecerá».
- «la luna no dará su resplandor».
- «las estrellas caerán del cielo».
- «las potencias que están en los cielos serán removidas».

De manera muy concreta estas cosas ya ocurren ahora. A veces la tierra es oscurecida por el polvillo que ocasionan catástrofes terrenales tales como erupciones volcánicas, tormentas de viento, y humo de inmensos incendios. Por supuesto, todo lo que oscurece al sol también esconde a la luna de la tierra. Con frecuencia caen las estrellas, es decir, meteoritos procedentes del espacio, de diferente tamaño. Las «potencias que están en los cielos» y que son removidas, podrían ser cuerpos celestiales más allá de nuestro sistema solar, llamados por la Biblia «ejército del cielo» (Dt. 4:19).

Algo debe decirse aquí sobre el poder del átomo. El átomo que explotó sobre la tierra es suficientemente poderoso para oscurecer al sol y ocultar la luna. Una guerra atómica mundial causaría tanto polvillo y tanta polución que al hombre le sería difícil ver algo del espacio exterior. Pero tal como se conoce el átomo hoy, no puede afectar al eje o a la rotación (caída o sacudimiento) del sol y de la luna y de las estrellas; para ello sería necesaria una guerra intergaláctica de algún tipo, perteneciente al futuro, y un poder mucho mayor al que conocemos ahora. Esto no significa que nunca habrá guerra atómica. Habrá guerras y rumores de guerras mientras la tierra exista. Pero lo que la Biblia enseña es que Dios va a poner fin a todas las cosas, no el hombre. Cuando sea el fin del mundo, será porque Dios le ponga fin, por obra y voluntad suya.

Al interpretar estos versículos es necesario evitar un literalismo extremo, porque es tanto lo que aún ignoramos de las leyes (poderes) de la naturaleza y de las fuerzas que Dios ha puesto en movimiento en el universo. Por otra parte, no existe absolutamente ninguna razón para no entender las palabras del Señor como eventos reales o literales.

Lo que aparentemente quiere decir este pasaje es que la venida de Cristo a la tierra afectará a todo el universo. El sol y la luna, las estrellas y los poderes (leyes) del cielo serán afectados en el sentido de que *se abrirán y recibirán al Señor,* y harán notar que Él es el Creador, el Hijo del Hombre, el Hijo de Dios mismo que viene a la tierra con gran poder y gloria. Imagine un fuego artificial, espectacular y universal, y entonces tal vez imaginará lo que Cristo está diciendo. Una pregunta sencilla sería: ¿Por qué no habrían de hacer una gran exhibición todas las cosas, incluyendo los cuerpos celestiales (de manera aterradora para el hombre), cuando retorne su Creador, el Hijo de Dios?

Los astros serán afectados por causa de *la maldad del hombre y de la ira de Dios.* El caer de las estrellas (meteoritos) no será para que el hombre presencie un acontecimiento espectacular; será para señalar al Hijo de Dios, al juicio suyo que cae sobre la tierra. Toda persona va a saber, sin duda alguna, que Jesucristo viene en todo el poder y toda la gloria de Dios mismo. Como dijo Jesús, su venida será «con poder y gran gloria». Él viene para que «en el nombre de Jesús se doble toda rodilla de los que están en los cielos, y en la tierra, y debajo de la tierra; y toda lengua confiese que Jesucristo es el Señor, para gloria de Dios Padre» (Fil. 2:10-11). (Para mayor discusión *véanse* notas—Mt. 24:29.)

Por supuesto, los acontecimientos en el espacio tendrán resultados devastadores sobre la tierra. Dichos resultados son precisamente el tema de Lucas.

- Habrá turbación y perplejidad entre las naciones. El cuadro muestra a los líderes y gobernantes reuniéndose tratando de imaginárselo qué está ocurriendo en los cuerpos celestiales. Sin embargo, no lo sabrán, ni podrán adaptarse. Quedarán perplejos y turbados, presintiendo el destino del universo.
- Habrá un efecto estruendoso sobre los océanos y una perturbación de sus olas y mareas. Por supuesto, esto es de esperar puesto que los océanos son controlados por los cuerpos celestiales.
- A los hombres les fallará su corazón; serán presas del temor, un temor desesperado, presintiendo que el fin del mundo está cerca. Y note que el fin del mundo estará *realmente* cerca.

«Pero en aquellos días, después de aquella tribulación, el sol se oscurecerá, y la luna no dará su resplandor, y las estrellas caerán del cielo, y las potencias que están en los cielos serán removidas» (Mr. 13:24-25).

«Mas el día en que Lot salió de Sodoma, llovió

del cielo fuego y azufre, y los destruyó a todos. Así será el día en que el Hijo del Hombre se manifieste» (Lc. 17:29-30).

«Entonces habrá señales en el sol, en la luna y en las estrellas, y en la tierra angustia de las gentes, confundidas a causa del bramido del mar y de las olas; desfalleciendo los hombres por el temor y la expectación de las cosas que sobrevendrán en la tierra; porque por las potencias de los cielos serán conmovidas» (Lc. 21:25-26).

«Y daré prodigios arriba en el cielo, y señales abajo en la tierra, sangre y fuego y vapor de humo; el sol se convertirá en tinieblas, y la luna en sangre, antes que venga el día del Señor, grande y manifiesto» (Hch. 2:19-20).

«Miré cuando abrió el sexto sello, y he aquí hubo un gran terremoto; y el sol se puso negro, como tela de cilicio, y la luna se volvió toda como sangre; y las estrellas del cielo cayeron sobre la tierra, como la higuera deja caer sus higos cuando es sacudida por un fuerte viento. Y el cielo se desvaneció como un pergamino que se enrolla; y todo monte y toda isla se removió de su lugar. Y los reyes de la tierra, y los grandes, los ricos, los capitanes, los poderosos y todo siervo y todo libre, se escondieron en las cuevas y entre las peñas de los montes; y decían a los montes y a las peñas: Caed sobre nosotros, y escondednos del rostro de aquel que está sentado sobre el trono, y de la ira del Cordero; porque el gran día de su ira ha llegado; ¿y quién podrá sostenerse en pie?» (Ap. 6:12-17).

«Por lo cual las estrellas de los cielos y sus luceros no darán su luz; y el sol se oscurecerá al nacer, la luna no dará su resplandor. Y castigaré al mundo por su maldad, y a los impíos por su iniquidad; y haré que cese la arrogancia de los soberbios, y abatiré la altivez de los fuertes. Haré más precioso que el oro fino al varón, y más que el oro de Ofir al hombre. Porque haré estremecer los cielos, y la tierra se moverá de su lugar, en la indignación de Jehová de los ejércitos, y en el día del ardor de su ira» (Is. 13:10-13).

«Terror, foso y red sobre ti, oh morador de la tierra. Y acontecerá que el que huyere de la voz del trueno caerá en el foso; y el que saliere de en medio del foso será preso en la red; porque de lo alto se abrirán ventanas, y temblarán los cimientos de la tierra. Será quebrantada toda la tierra, enteramente desmenuzada será la tierra, en gran manera será la tierra conmovida. Temblará la tierra como un ebrio, y será removida como una choza; y se agravará sobre ella su pecado, y caerá, y nunca más se levantará. Acontecerá en aquel día, que Jehová castigará al ejército de los cielos en lo alto, y a los reyes de la tierra sobre la tierra. Y serán amontonados como se amontona a los encarcelados en mazmorra, y en prisión quedarán encerrados, y serán castigados después de muchos días» (Is. 24:17-22).

«Y daré prodigios en el cielo y en la tierra, sangre, y fuego, y columnas de humo. El sol se convertirá en tinieblas, y la luna en sangre, antes que venga el día grande y espantoso de Jehová» (Jl. 2:30-31).

«El sol y la luna se oscurecerán, y las estrellas retraerán su resplandor. Y Jehová rugirá desde Sion, y dará su voz desde Jerusalén, y temblarán los cielos y la tierra; pero Jehová será la esperanza de su pueblo, y la fortaleza de los hijo de Israel» (Jl. 3:15-16).

2 (21:27) ***Jesucristo, retorno:*** la venida en sí, de Jesús el Hijo del Hombre. En este versículo hay tres puntos significativos.

1. El que viene será el Hijo del Hombre. Jesús afirmó ser el Hijo del Hombre, el Hijo mismo de Dios, encarnado como humano, como Hombre Perfecto (*véase* Estudio a fondo 3—Mt. 8:20). En aquel día no habrá duda en cuanto a su identidad (cp. Mr. 14:61-62). Actualmente sólo es reconocido por los creyentes, pero cuando venga, su identidad será inconfundible: Él es el Hijo del Hombre.

2. Todo ojo, todos los hombres verán su retorno. Este es el significado de «verán». En efecto, Mateo dice: «...entonces lamentarán todas las tribus de la tierra, y verán al Hijo del Hombre viniendo...» (Mt. 24:30). Su retorno será visible a todos los hombres de la tierra, y entonces todos los hombres de la tierra lo reconocerán como el Señor, como el propio Hijo de Dios (Fil. 2:9-11; cp. Ap. 1:7).

3. Jesús viene «en una nube con poder y gran gloria». Imagine la escena. De fondo está el cielo, absolutamente negro, sin luz alguna ni del sol ni de la luna. Entonces, súbitamente, tan rápido como la luz de un relámpago, aparece ante el hombre una luz más brillante de lo que el hombre ha conocido. Al aparecer ante el mundo la gloria shekiná de Dios resplandecerá en la persona de Jesucristo. Allí estará el Hijo del Hombre, en las nubes, de regreso con gran poder y gloria, tal como dijo que aparecería.

«Los cuales también les dijeron: Varones galileos, ¿por qué estáis mirando al cielo? Este mismo Jesús, que ha sido tomado de vosotros al cielo, así vendrá como le habéis visto ir al cielo» (Hch. 1:11).

«Y a vosotros que sois atribulados, daros reposo con nosotros, cuando se manifieste el Señor Jesús desde el cielo con los ángeles de su poder, en llama de fuego, para dar retribución a los que no conocieron a Dios, ni obedecen al evangelio de nuestro Señor Jesucristo; los cuales sufrirán pena de eterna perdición, excluidos de la presencia del Señor, y de la gloria de su poder, cuando venga en aquel día para ser glorificado en sus santos y ser admirado en todos los que creyeron (por cuanto nuestro testimonio ha sido creído entre vosotros)» (2 Ts. 1:7-10).

«Y entonces se manifestará aquel inicuo, a quien el Señor matará con el espíritu de su boca, y destruirá con el resplandor de su venida» (2 Ts. 2:8).

«He aquí que viene con las nubes, y todo ojo le verá, y los que le traspasaron; y todo los linajes de la tierra harán lamentación por él» (Ap. 1:7).

«Entonces vi el cielo abierto; y he aquí un caballo blanco, y el que lo montaba se llamaba Fiel y Verdadero, y con justicia juzga y pelea. Sus ojos eran como llama de fuego, y había en su cabeza muchas diademas; y enía un nombre escrito que ninguno conocía sino él mismo. Estaba vestido de una ropa teñida en sangre; y su nombre es: el VERBO DE DIOS. Y los ejércitos celestiales, vestidos de lino finísimo, blanco y limpio, le seguían en caballos blancos. De su boca sale una espada aguda, para herir con ella a las naciones, y él las regirá con vara de hierro; y él pisa el lagar del vino del furor y de la ira del Dios Todopoderoso. Y en su vestidura y en su muslo tiene escrito este nombre: REY DE reyes Y SEÑOR DE SEÑORES» (Ap. 19:11-16).

3 (21:28) ***Jesucristo, retorno:*** gran aliento para el creyente. ¡Qué gloriosa esperanza tiene el creyente! Cuando estos terribles acontecimientos ocurran en el cielo y en la tierra, el creyente...

- no estará turbado ni perplejo como las naciones.
- no temerá, ni le fallará el corazón, como a los hombres.

Los creyentes no deben desalentarse, sino cobrar ánimo. Deben levantar la mirada y erguir sus cabezas, porque la redención de ellos estará cerca. Su salvación y esperanza estarán a punto de ser consumadas.

«Enseñándonos que, renunciando a la impiedad y a los deseos mundanos, vivamos en este siglo sobria, justa y piadosamente, aguardando la esperanza bienaventurada y la manifestación gloriosa de nuestro gran Dios y Salvador Jesucristo, quien se dio a sí mismo por nosotros para redimirnos de toda iniquidad y purificar para sí un pueblo propio, celoso de buenas obras» (Tit. 2:12—14).

«En quien tenemos redención por su sangre, el perdón de pecados» (Col. 1:14).

«Y a vosotros también, que erais en otro tiempo extraños y enemigos en vuestra mente, haciendo malas obras, ahora os ha reconciliado en su cuerpo de carne, por medio de la muerte, para presentaros santos y sin mancha e irreprensibles delante de él» (Col. 1:21-22).

«Aguardando la esperanza bienaventurada y la manifestación gloriosa de nuestro gran Dios y Salvador Jesucristo, quien se dio a sí mismo por nosotros para redimirnos de toda iniquidad y purificar para sí un pueblo propio, celoso de buenas obras» (Tit. 2:13-14).

«Así que, por eso es mediador de un nuevo pacto, para que interviniendo muerte para la remisión de las transgresiones que había bajo el primer pacto, los llamados reciban la promesa de la *herencia eterna*» (He. 9:15).

«Y cantaban un nuevo cántico, diciendo: Digno eres de tomar el libro y de abrir sus sellos; porque tú fuiste inmolado, y con tu sangre nos has redimido para Dios, de todo linaje y lengua y pueblo y nación; y nos has hecho para nuestro Dios reyes y sacerdotes, y reinaremos sobre la tierra» (Ap. 5:9-10).

«Alzaré mis ojos a los montes; ¿de dónde vendrá mi socorro?» (Sal. 121:1).

«Alabad, siervos de Jehová, alabad el nombre de Jehová» (Sal. 113:1).

«¿A qué, pues, me haréis semejante o me compararéis? dice el Santo. Levantad en alto vuestros ojos, y mirad quién creó estas cosas; él saca y cuenta su ejército; a todas llama por sus nombres; ninguna faltará; tal es la grandeza de su fuerza, y el poder de su dominio» (Is. 40:25-26).

1 Las señales son visibles, discernibles a. Son tan visibles como las hojas de la higuera cuando comienzan	**E. Parábola de la higuera: las señales se ven claramente, 21:29-33** (Mt. 24:32-35; Mr. 13:28-34) 29 También les dijo una parábola: Mirad la higuera y todos los árboles. 30 Cuando ya brotan, viéndolo, sabéis por vosotros	mismos que el verano está ya cerca. 31 Así también vosotros, cuando veáis que suceden estas cosas, sabed que está cerca el reino de Dios. 32 De cierto os digo, que no pasará esta generación hasta que todo esto acontezca. 33 El cielo y la tierra pasarán, pero mis palabras no pasarán.	a brotar b. Señalarán que el reino de Dios está cerca **2 Las señales aparecerán en el lapso de una generación** **3 Las señales son seguras: establecidas en la eternidad**

E. Parábola de la higuera: las señales se ven claramente, 21:29-33

(21:29-33) ***Introducción:*** ¿Cuándo volverá Cristo a la tierra? Las señales mencionadas en los vv. 5-28 serán claramente visibles. Sólo Dios conoce el día y la hora, pero los creyentes deben estar preparados. El que sea sorprendido sin preparación no tendrá excusa.

1. Las señales son visibles, discernibles (vv. 29-31).
2. Las señales aparecerán en el lapso de una generación (v. 32).
3. Las señales son seguras: establecidas en la eternidad (v. 33).

1 (21:29-31) ***Tiempo del fin—Jesucristo, retorno:*** las señales son visibles y discernibles. Jesús dijo dos cosas.

1. Las señales serán tan visibles como las hojas de una higuera cuando brotan. Note lo que dijo Jesús exactamente.
   a. Miren la higuera y todos los otros árboles. Observen y estudien esta verdad. Quien mira y piensa en esto, no verá la verdad. Mirar, observar, estudiar, pensar en esto es esencial para ver la verdad.
   b. Si una persona ve y nota cuándo brotan las hojas, *sabrá* algo: *ahora* el verano está cerca.
2. Las señales mostrarán que el reino de Dios está cerca, que Jesucristo está por volver a la tierra para establecer el reino de Dios (*véase* Estudio a fondo 3, ***Reino de Dios***—Mt. 19:23-24). Note que Jesús usó el verbo «saber». Cuando se vean las señales, los creyentes deben *saber* que el fin está cerca sin preguntar, ni asombrarse, dudar, descreer o apartarse.
   - Cuando los creyentes vean surgir mesías falsos y profetas, *sabrán* que un gran número de perdido y carnales serán trágicamente engañados.
   - Cuando los creyentes vean que las naciones están en conflicto, podrán *saber* que vienen tiempos terribles.
   - Cuando los creyentes vean desastres naturales, pueden *saber* que vienen tiempos de los peores sufrimientos, como nunca antes fueron experimentados.
   - Cuando los creyentes vean que se intensifica la persecución, pueden *saber* que Dios está por juzgar las injusticias y los crímenes de los hombres.
   - Cuando los creyentes vean a los ejércitos concentrándose contra Jerusalén, pueden *saber* que está por terminar el tiempo de los gentiles y que Israel será restaurada de una vez para siempre.
   - Cuando los creyentes vean acontecimientos en el cielo, pueden *saber* que el retorno del Señor está cerca.

La cuestión es de importante claridad: las señales son precisamente eso, señales. Y como tales operan al menos cuatro cosas.

1. Señalan hacia un objeto, nos ayudan a ver ese objeto (Cristo) y a anticipar su venida (la venida de Cristo).
2. Centran la atención en el objeto (Cristo). Las señales mantienen nuestros pensamientos en Cristo y en su gloriosa venida.
3. Señalan una dirección ayudándonos a seguir el camino, ayudándonos a seguir y a protegernos del extravío.
4. Otorgan seguridad y confianza, la seguridad de que no seremos sorprendidos inesperadamente.

2 (21:32) ***Tiempos del fin—Jesucristo, retorno:*** las señales tendrán lugar en el tiempo de una generación. Jesús advirtió que los eventos ocurrirían rápidamente. En una generación. Con frecuencia se discute el significado de «generación», pero siempre hay que recordar que los discípulos habían hecho dos preguntas: una sobre la destrucción de Jerusalén, y otra sobre el fin del mundo. Jesús, al responder, en ningún sitio trazó una línea divisoria entre las dos preguntas. Las señales y eventos que preceden un acontecimiento, precederán al otro. Por eso, así como las señales y la destrucción de Jerusalén ocurrió en el tiempo de una generación, las señales y la destrucción del mundo también ocurrirán en una generación. (Para mayor discusión véase Estudio a fondo 2, pto. 2—Mt. 24:1-31.)

3 (21:33) ***Tiempo del fin—Jesucristo, retorno:*** las señales son seguras, establecidas en la eternidad. Los acontecimientos son seguros e irrevocables. Jesús dijo en forma categórica: «El cielo y la tierra *pasarán*, pero mis palabras no pasarán». Note dos cosas.

1. Los cielos y la tierra pasarán. Lo que Jesús estaba diciendo realmente es que será quitados (2 P. 3:10-11).
2. Todo lo que dijo, todo lo referido a la gran tribulación y su propio retorno, ocurrirá. La gran tribulación y el retorno de Jesús son más seguros que los cielos y la tierra.

A los ojos de los hombres ha pasado mucho, mucho tiempo, desde que Jesús dijo estas palabras; innumerables acontecimientos han tenido lugar desde entonces. Por eso asumen que la idea de la segunda venida es una fábula, el resultado de una imaginación esperanzada. Dios sabía que esto ocurriría.

> **«Sabiendo primero esto, que en los postreros días vendrán burladores, andando según sus propias concupiscencias, y diciendo: ¿Dónde está la promesa de su advenimiento? Porque desde el día en que los padres durmieron, todas las cosas permanecen así como desde el principio de la creación.... Mas, oh amados, no ignoréis esto: que para con el Señor un día es como mil años, y mil años como un día. El Señor no retarda su promesa, según algunos la tiene por tardanza, sino que es paciente para con nosotros, no queriendo que ninguna perezca, sino que todos procedan al arrepentimiento. Pero el día del Señor vendrá como ladrón en la noche; en el cual los cielos pasarán con grande estruendo, y los elementos ardiendo serán deshechos, y la tierra y las obras que en ella hay serán quemadas. Puesto que todas estas cosas han de ser deshechas, ¡cómo no debéis vosotros andar en santa y piadosa manera de vivir, esperando y apresurándoos para la venida del día de Dios, en el cual los cielos, encendiéndose, serán deshechos, y los elementos, siendo quemados, se fundirán! Pero nosotros esperamos, según**

sus promesas, cielos nuevos y tierra nueva, en los cuales mora la justicia» (2 P. 3:3-4; 8-13).

Tres cosas ocurrirán con certeza en la historia humana:

1. El «...principio de dolores» (Mt. 24:8).
2. La «...gran tribulación, cual no la ha habido desde el principio del mundo hasta ahora, ni la habrá» (Mt. 24:21).
3. El «...Hijo del Hombre, que vendrá en una nube con poder y gran gloria» (Lc. 21:27).

Los cielos y la tierra pasarán, pero no las palabras dichas por Jesús, ni lo que Él dijo que ocurriría. Lo que dijo ocurriría y ocurrirá. Los tres acontecimientos son seguros.

«Pero el día del Señor vendrá como ladrón en la noche; en el cual los cielos pasarán con grande estruendo, y los elementos ardiendo serán deshechos, y la tierra y las obras que en ella hay serán quemadas» (2 P. 3:10).

«Vi un cielo nuevo y una tierra nueva; porque el primer cielo y la primera tierra pasaron, y el mar ya no existía» (Ap. 21:1).

«Y el mundo pasa, y sus deseos; pero el que hace la voluntad de Dios permanece para siempre» (1 Jn. 2:17).

«Y los que disfrutan de este mundo, como si no lo disfrutasen; porque la apariencia de este mundo se pasa» (1 Co. 7:31).

«No mirando nosotros las cosas que se ven, sino las que no se ven; pues las cosas que se ven son temporales, pero las que no se ven son eternas» (2 Co. 4:18).

«Desde el principio tú fundaste la tierra, y los cielos son obra de tus manos. Ellos perecerán, mas tú permanecerás; y todos ellos como una vestidura se envejecerán; como un vestido los mudarás, y serán mudados» (Sal. 102:25-26).

«Se destruyó, cayó la tierra; enfermó, cayó el mundo; enfermaron los altos pueblos de la tierra» (Is. 24:4).

«Y todo el ejército de los cielos se disolverá, y se enrollarán los cielos como un libro; y caerá todo su ejército, como se cae la hoja de la parra, y como se cae la de la higuera» (Is. 34:4).

«Alzad a los cielos vuestros ojos, y mirad abajo a la tierra; porque los cielos serán deshechos como humo, y la tierra se envejecerá como ropa de vestir, y de la misma manera perecerán sus moradores; pero mi salvación será para siempre, mi justicia no perecerá» (Is. 51:6).

«Y diré a mi alma: Alma, muchos bienes tienes guardados para muchos años; repósate, come, bebe, regocíjate. Pero Dios le dijo: Necio, esta noche vienen a pedirte tu alma; y lo que has provisto, ¿de quién será?» (Lc. 12:19-20).

	F. Advertencia: velad y orad esperando el día del retorno de Jesús, 21:34-36 (Mt. 24:42-44; Mr. 13:35-37)
1 Requiere prestar atención a. Para no involucrarse en mundanalidad 1) En fiestas y embriaguez 2) En los cuidados de la vida b. El motivo: que el creyente no sea sorprendido indefenso, enredado, atrapado[EF1]	34 Mirad también por vosotros mismos, que vuestros corazones no se carguen de glotonería y embriaguez y de los afanes de esta vida, y venga de repente sobre vosotros aquel día. 35 Porque como un lazo vendrá sobre todos los que habitan sobre la faz de toda la tierra.
2 Requiere velar y orar siempre a. Ser tenido por digno b. Escapar las cosas que vienen sobre la tierra c. Estar de pie, justificado	36 Velad, pues, en todo tiempo orando que seáis tenidos por dignos de escapar de todas estas cosas que vendrán, y de estar en pie delante del Hijo del Hombre.

F. Advertencia: velad y orad esperando el día del retorno de Jesús, 21:34-36

(21:34-36) ***Introducción:*** en los días futuros el universo va a sufrir mucho. En algún momento del futuro el mundo va a experimentar desastres y calamidades como nunca antes. Habrá un incremento...

- de guerras y conflictos entre las naciones (vv. 9-10).
- de desastres naturales tales como terremotos, hambres, pestilencias (v. 11).
- en la persecución de los creyentes (vv. 12-19).
- en los ataques a Israel (vv. 20-24).
- en acontecimientos en el cielo (vv. 25-26).
- en un sentido de turbación entre las naciones (v. 25).
- en maremotos (v. 25).
- en el desfallecimiento y temor de corazón (v. 26).

Jesús hizo una advertencia al creyente. El creyente debe velar y orar en espera de aquel día.

1. Requiere prestar atención (vv. 34-35).
2. Requiere velar y orar siempre (v. 36).

1 (21:34-35) ***Tiempo del fin—Jesucristo, retorno—indulgencia—borracheras—mundano:*** aquel día (del fin y del retorno del Señor) requiere prestar atención. La palabra «mirad» (*prosexete*) significa prestar atención, concentrarse, estar en guardia, cuidarse, ocuparse de algo. Note que el creyente debe mirar *por sí mismo*, es decir, proteger su vida. *¿Cómo*? No involucrándose en lo mundano. Su corazón no debe sobrecargarse (*barethosin*): estar pesado, aplastado, abrumado, sobrecargado, repleto, lleno de indulgencia. De manera especial se mencionan tres conductas mundanas.

1. Glotonería (*kraipale*). La palabra significa superficialidad, necedad, frivolidad, inconstancia. Desde un punto de vista médico implicaba las náuseas del ebrio o dolores de cabeza. Es la clase de superficialidad, tontera, frivolidad, e inconstancia que proviene de las fiestas y bebidas. Es la conversación superficial, inconstante, y los movimientos sugestivos que tienen lugar...

- en las fiestas.
- en reuniones sociales.
- detrás de puertas cerradas.
- en citas.
- en cenas.
- en bailes.
- en clubes.
- en viajes de negocio.
- en la oscuridad (cp. 1 Ts. 5:5-10).

2. Embriaguez (*methei*). La palabra proviene del vocablo *vino* (*methu*). Significa estar ebrio por la ingesta de vino (o de cualquier otra bebida o droga fuerte), estar intoxicado. Tomar vino (o cualquier otra bebida o droga fuerte) tiene muchos efectos perniciosos:

- Produce indulgencia en los deseos, deseos carnales.
- *Suelta* las restricciones morales de una persona dando lugar a la indulgencia sexual y a los deseos inmorales.
- Aturde la mente en cuanto al sentido de responsabilidad.
- Carga al corazón y a la conciencia causando culpa, al menos hasta que la persona se vuelva empedernida en su pecado.
- Apaga los sentimientos hacia cónyuges y seres queridos, produciendo distancia y separación (pocas veces, si es que alguna vez, esta se supera).
- Daña el cuerpo.

«Andemos como de día, honestamente; no en glotonerías o borracheras, no en lujurias y lascivias, no en contiendas y envidia» (Ro. 13:13).

«Y manifiestas son las obras de la carne, que son: adulterio, fornicación, inmundicia, lascivia ... envidias, homicidios, borracheras, orgías, y cosas semejantes a estas; acerca de las cuales os amonesto, como ya os lo he dicho antes, que los que practican tales cosas no heredarán el reino de Dios» (Gá. 5:19-21).

«No os embriaguéis con vino, en lo cual hay disolución; antes bien sed llenos del Espíritu» (Ef. 5:18).

3. Los afanes de esta vida. Significa ser indulgente con los deseos de tener más y más de las cosas de este mundo. Demasiadas veces el hombre presta su atención y centra su mente en obtener más y más de las cosas de este mundo. *Desea mucho más de lo que necesita,* más...

- comida y más cosas deliciosas.
- ropa y última moda.
- casa y amoblamientos.
- propiedades y bienes.
- automóviles y otros vehículos.
- tiempo libre y recreación.
- dinero y riqueza.
- reconocimiento y estima.

«Baste ya el tiempo pasado para haber hecho lo que agrada a los gentiles, andando en lascivias, concupiscencias, embriagueces, orgías, disipación y abominables idolatrías» (1 P. 4:3).

«A éstos les parece cosa extraña que vosotros no corráis con ellos en el mismo desenfreno de disolución, y os ultrajan» (1 P. 4:3-4).

«Pero éstos, hablando mal de cosas que no entienden, como animales irracionales, nacidos para presa y destrucción, perecerán en su propia perdición, recibiendo el galardón de sus injusticias, ya que tienen por delicia el gozar deleites cada día. Estos son inmundicias y manchas, quienes aun mientras comen con vosotros, se recrean en sus errores» (2 P. 2:12-13).

¿Por qué debe mirar el creyente y cuidarse de estas cosas? El asunto es crucial. El creyente corre peligro de concentrarse tanto en las cosas y posesiones del mundo que en el tiempo del fin sea sorprendido, enredado y atrapado. Aquel día, el día del retorno del Señor, lo puede sorprender inesperadamente, sin que esté preparado.

«Porque como en los días antes del diluvio estaban comiendo y bebiendo, casándose y dando en casamiento, hasta el día en que Noé entró en el arca, y no entendieron hasta que vino el diluvio y se llevó a todos, así será también la venida del Hijo del Hombre» (Mt. 24:38-39).

«Porque el hombre tampoco conoce su tiempo; como los peces que son presos en la mala red, y como las aves que se enredan en lazo, así son enlazados los hijos de los hombres en el tiempo malo, cuando cae de repente sobre ellos» (Ec. 9:12).

ESTUDIO A FONDO 1

(21:35) ***Lazo—tiempo del fin—Jesucristo, retorno—mundo, juicio sobre:*** la palabra «lazo» (*pagis*) significa atrapar como en una red. Aquel día, el día del fin, va a tomar de sorpresa, inesperadamente, a todo el mundo. Las calamidades y los terribles acontecimientos de los tiempos del fin van a caer y atrapar a la tierra. Todos los moradores de la tierra serán tomado en los eventos desastrosos, en la destrucción y devastamiento, en la angustia y miseria, en infortunios y pérdidas, en sufrimientos y aflicciones. (*Véanse* bosquejo y notas—Lc. 21:5-33.)

Jesús hizo una advertencia al creyente. Debe «mirar», porque en el tiempo del fin el mundo va a experimentar grandes tribulaciones, tribulaciones sin paralelo en la historia. Una rápida mirada al tiempo de la gran tribulación mencionado en Apocalipsis nos da alguna idea de las pruebas (*véanse* bosquejos y notas de los siguientes pasajes. Cp. Dn. 12:1-2).

- Truenos, relámpagos y un terremoto (Ap. 8:5; cp. 8:1-5).
- Catástrofes naturales (Ap. 8:6-12).
- Plagas de langostas semejantes a demonios (Ap. 8:13—9:11).
- Ejércitos semejantes a demonios (Ap. 9:12-21).
- Naciones enojadas y destrucción de la tierra (Ap. 11:18; cp. 11:14-19).
- Un malvado gobernador político (Ap. 13:1-10).
- Un gobernador religioso, falso y malvado (Ap. 13:11-18).
- Terrible destrucción y sufrimiento, tanto sobre la naturaleza como sobre los hombres (Ap. 16:1-21).
- un poder mundial, malo y engañoso (Ap. 17:1—18:24).

2 (21:36) ***Tiempos del fin—velar—orar—creyentes, deberes de los:*** aquel día (el tiempo del fin y el día del retorno del Señor) requieren velar y orar *siempre*. La palabra «velar» (*agrupneite*) significa mantenerse sin dormir, despierto, vigilante. Implica un espíritu despierto, incansable, atento.

Orar siempre significa que el creyente viva en un espíritu de oración...

- orando todo el día, mientras atiende sus asuntos cotidianos.
- orando en toda ocasión y respecto de todo.
- orando en momentos determinados, momentos dedicadas para la oración exclusivamente, devoción y quietud.

Hay tres motivos por los que el creyente debe velar y orar.

1. Dios cuenta como «digno» al que vela y ora. La persona que vela y ora por el retorno del Señor realmente cree en el Señor, y Dios toma la fe de esa persona y la cuenta como digna. Note: Dios no la hace digna a la persona; la cuenta como digna. La fe del hombre, su velar y orar, le son contados como justicia. (*Véase* nota, ***Justificación***—Lc. 20:35; Estudio a fondo 2—Ro. 4:22; 5:1. Cp. Ro. 4:5 y 4:1-3; 4:1-25.)

2. Velando y orando, el creyente escapa de las cosas que vienen sobre la tierra (*véase* Estudio a fondo 1, ***Lazo***—Lc. 21:35). Esto puede significar...

- escapar de la presencia del juicio venidero (participando del rapto).
- escapar de los sufrimientos y juicios (siendo protegido de manera sobrenatural, p. ej., Israel fue protegido durante las plagas de Egipto, Éx. 5:1ss).

3. El creyente que vela y ora está de pie, justificado, delante del Hijo del Hombre (*véase* Estudio a fondo 3, ***Hijo del Hombre***—Mt. 8:20). El cuadro muestra al creyente fiel libre de temor y angustia, sin temor o vacilación de estar ante el Hijo del Hombre. Estará ante su Señor...

- justificado.
- listo para «que sea semejante al cuerpo de la gloria suya» (Fil. 3:20).
- listo para ser «hechos conformes a la imagen de su Hijo» (Ro. 8:29).
- listo para «el rostro de mi Padre que está en los cielos» (Mt. 18:10).
- listo para servirle «día y noche en su templo» (Ap. 7:15).

«Velad, pues, porque no sabéis el día ni la hora en que el Hijo del Hombre ha de venir» (Mt. 25:13).

«Bienaventurados aquellos siervos a los cuales su señor, cuando venga, halle velando; de cierto os digo que se ceñirá, y hará que se sientan a la mesa, y vendrá a servirles» (Lc. 12:37).

«Porque todos vosotros sois hijos de luz e hijos del día; no somos de la noche ni de las tinieblas. Por tanto, no durmamos como los demás, sino velemos y seamos sobrios» (1 Ts. 5:5-6).

«He aquí, yo vengo pronto; retén lo que tienes, para que ninguno tome tu corona» (Ap. 3:11).

«He aquí, yo vengo como ladrón. Bienaventurado el que vela, y guarda sus ropas, para que no ande desnudo, y vean su vergüenza» (Ap. 16:15).

«Velad y orad, para que no entréis en tentación; el espíritu a la verdad está dispuesto, pero la carne es débil» (Mt. 26:41).

«Así que, el que piense estar firme, mire que no caiga» (1 Co. 10:12).

«Perseverando en la oración, velando en ella con acción de gracias» (Col. 4:2).

«Sed sobrios, y velad; porque vuestro adversario el diablo, como león rugiente, anda alrededor buscando a quien devorar» (1 P. 5:8).

	G. El ministerio diario de Jesús, 21:37-38
1 Durante el día: Jesús enseñaba en el templo[EF1]	37 Y enseñaba de día en el templo; y de noche, saliendo,
2 Durante la noche: Jesús estaba a solas con Dios	se estaba en el monte que se llama de los Olivos.
3 Durante la mañana: Jesús comenzó temprano	38 Y todo el pueblo venía a él por la mañana, para oírle en el templo.

G. El ministerio diario de Jesús, 21:37-38

(21:37-38) ***Introducción:*** este pasaje cuenta con sencillez cómo pasó Jesús los días y las noches de sus últimos días de vida. El cuadro es interesante e informativo.

1. Durante el día: Jesús enseñaba en el templo (v. 37).
2. Durante la noche: Jesús estaba a solas con Dios (v. 37).
3. Durante la mañana: Jesús comenzaba temprano (v. 38).

1 (21:37) ***Jesucristo, enseñanza:*** durante el día Jesús enseñaba en el templo. En este punto se ven varios hechos.

1. Jesús era un maestro incansable. No sólo enseñaba los domingos, sino todos los días de la semana. Enseñaba en cada oportunidad, y Él mismo producía todas las oportunidades posibles. Enseñaba todo el día. Buscaba la oportunidad de enseñar, usando los eventos y experiencias cotidianas. Nunca se cansaba de enseñar, ni aun estando exhausto. (Cp. todo lo que ocurrió durante la última semana de su vida, comenzando con la entrada triunfal. A pesar de la presión, tensión, y fatiga, siguió enseñando.)

«Entonces él les dijo: ¿Por qué me buscábais? ¿No sabíais que en los negocios de mi Padre me es necesario estar?» (Lc. 2:49).

«Y enseñaba cada día en el templo; pero los principales sacerdotes, los escribas y los principales del pueblo procuraban matarle» (Lc. 19:47).

«Porque en esto es verdadero el dicho: Uno es el que siembra, y otro es el que siega» (Jn. 4:37).

«Me es necesario hacer las obras del que me envió, entre tanto que el día dura; la noche viene, cuando nadie puede trabajar» (Jn. 9:4).

2. Jesús era un maestro sin miedo. Las autoridades lo buscaban para arrestarlo y darle muerte. La oposición era constante: cuestionamientos, argumentos, complots y amenazas. Sin embargo, no huía ni respondía con la misma moneda. Se ocupaba sencillamente de cumplir la voluntad de Dios, enseñando a aquellos que tan desesperadamente necesitaban el mensaje de Dios.

«Y enseñaba cada día en el templo; pero los principales sacerdotes, los escribas y los principales del pueblo procuraban matarle. Y no hallaban nada que pudieran hacerle, porque todo el pueblo estaba suspenso oyéndole» (Lc. 19:48).

3. Jesús era un maestro fiel, supliendo siempre las necesidades de la gente. La gente necesitaba el evangelio de Dios, necesitaba oír el glorioso mensaje del reino de Dios. La gente necesitaba ser enseñada para llegar a saber cómo vivir día tras día. Cristo quería aprovechar cada oportunidad antes de partir de este mundo. (*Véase* Estudio a fondo 3, ***Reino de Dios***—Mt. 19:12-24.)

«Pero esto digo, hermanos: que el tiempo es corto; resta, pues, que los que tienen esposa sean como si no la tuviesen» (1 Co. 7:29).

«Aprovechando bien el tiempo, porque los días son malos» (Ef. 5:16).

4. Jesús era un maestro por convicción. Note dónde enseñaba: en el templo. El templo estaba corrompido, era objeto de mal uso y de abuso, se lo había convertido en un centro comercial. Sin embargo, el templo supuestamente era la casa de oración de Dios. Jesús se rehusó a abandonarlo; usó el templo tal como debía ser usado, haciéndolo el centro de enseñanza del evangelio de Dios.

«Entonces se acordaron sus discípulos que está escrito: El celo de tu casa me consume» (Jn. 2:17).

2 (21:37) ***Devoción—Monte de los Olivos—preparación:*** a la noche Jesús se fue para estar a solas con Dios. Este es un punto importante porque nos da información acerca de nuestro Señor que mueve y toca profundamente nuestro corazón. «De noche, saliendo, se estaba en el monte que se llama de los Olivos.» Era tanto lo que tenía que enfrentar: la preparación final de sus discípulos y sus propias horas finales sobre la tierra, y todo ello en el tiempo de *una sola semana*. Necesitaba tiempo para estar a solas con Dios, un tiempo muy especial, porque necesitaba mucha fuerza, y la fuente de su fuerza era Dios. Cada músculo de su cuerpo y cada pensamiento de su mente deben haber anhelado la presencia, sabiduría y fuerza de Dios. Jesús necesitaba...

- usar al máximo el tiempo para enseñar a sus discípulos, enseñándoles exactamente lo que necesitaban para estas horas finales.
- tener su propio corazón preparado al máximo, listo para llevar el castigo del pecado que iba a ser puesto sobre Él.

«Levantándose muy de mañana, siendo aún muy oscuro, salió y se fue a un lugar desierto, y allí oraba» (Mr. 1:35).

«Y después que los hubo despedido, se fue al monte a orar» (Mr. 6:46).

«Mas él se apartaba a lugares desiertos, y oraba» (Lc. 5:16).

«Aconteció que mientras Jesús oraba aparte, estaban con él los discípulos; y les preguntó, diciendo: ¿Quién dice la gente que soy yo?» (Lc. 9:18).

«Y él se apartó de ellos a distancia como de un tiro de piedra; y puesto de rodillas oró» (Lc. 22:41).

«Me invocará, y yo responderé; con él estaré yo en la angustia; lo libraré y le glorificaré» (Sal. 91:15).

«Clama a mí y yo te responderé, y te enseñaré cosas grandes y ocultas que tú no conoces» (Jer. 33:3).

«Y de igual manera el Espíritu nos ayuda en nuestra debilidad; pues qué hemos de pedir como conviene, no lo sabemos, pero el Espíritu mismo intercede por nosotros con gemidos indecibles» (Ro. 8:26).

ESTUDIO A FONDO 1

(21:37) ***Monte de los Olivos:*** la cadena de colinas estaba a poco más de media milla desde los límites de Jerusalén. Dicha cadena montañosa está al este de Jerusalén y su extensión es de apenas una o dos millas. Eran montañas que Jesús amaba. Era...

- un lugar al que se retiraba con frecuencia (Lc. 22:39).

- donde con frecuencia Jesús pasaba la noche cuando estaba en Jerusalén (Jn. 7:53—8:1).
- donde Jesús pasó las noches de su última semana en la tierra, orando y buscando a Dios (Lc. 29:37).
- el lugar que Jesús buscó primero al acercarse a Jerusalén para comenzar su última semana en la tierra (Mt. 21:2ss; Mr. 11:1ss).
- donde fue predicado el gran sermón sobre el tiempo del fin (Mt. 24:3ss; Mr. 13:3ss).
- donde comenzó (en el descenso) la entrada triunfal (Lc. 19:37ss).
- donde tuvo lugar la terrible agonía de Jesús en el huerto de Getsemaní. El huerto de Getsemaní estaba en la ladera de la montaña (Mt. 26:30ss; Mr. 14:26).
- donde tuvo lugar el ascenso (He. 1:12).

3 (21:38) ***Enseñanza—oración:*** Jesús comenzaba de madrugada. Note cuatro hechos significativos.

1. Lo primero que Jesús hizo después de orar y pasar tiempo a solas con Dios era enseñar.
2. Jesús pasaba tiempo a solas con Dios antes de enseñar. Antes de enseñar era necesaria la *presencia y el poder* de Dios.

«Oh Jehová, de mañana oirás mi voz; de mañana me presentaré delante de ti, y esperaré» (Sal. 5:3).

«Tarde y mañana y a mediodía oraré y clamaré, y él oirá mi voz» (Sal. 55:17).

«Despierta, alma mía; despierta, salterio y arpa; me levantaré de mañana» (Sal. 57:8).

«Me anticipé al alba, y clamé; esperé en tu palabra» (Sal. 119:147).

«¿...Orando de noche y de día con gran insistencia, para que veamos vuestro rostro, y completemos lo que falte a vuestra fe?» (1 Ts. 3:10; cp. Dn. 6:10).

3. El primer deber de Jesús después de orar era enseñar el evangelio. No buscaba relajarse, ni recrearse, ni compañerismo o alguna función social. Después de orar buscaba enseñar el mensaje del glorioso evangelio.

«Él les dijo: Vamos a los lugares vecinos, para que predique también allí; porque para esto he venido» (Mr. 1:38).

«Pero él les dijo: Es necesario que también a otras ciudades anuncie el evangelio del reino de Dios; porque para esto he sido enviado» (Lc. 4:43).

4. La gente tenía hambre y sed de justicia. Note la palabra «todo». Todo el pueblo vino a la mañana temprano para oírle.

Pensamiento. ¡Qué diferencia entre la gente de aquel día y la de otras generaciones! ¿Por qué? ¿Acaso es porque el corazón de la gente ya no clama por justicia? ¿O acaso es porque los ministros ya no buscan *toda la noche* el rostro de Dios, orando como lo hacía Jesús?

«Bienaventurados los que ahora tenéis hambre, porque seréis saciados. Bienaventurados los que ahora lloráis, porque reiréis» (Lc. 6:21).

«Mas el que bebiere del agua que yo le daré, no tendrá sed jamás; sino que el agua que yo le daré será en él una fuente de agua que salte para vida eterna» (Jn. 4:14).

«Señor, delante de ti están todos mis deseos, y mi suspiro no te es oculto» (Sal. 38:9).

«Porque sacia al alma menesterosa, y llena de bien al alma hambrienta» (Sal. 107:9).

«A todos los sedientos: Venid a las aguas; y los que no tienen dinero, venid, comprad y comed. Venid, comprad sin dinero y sin precio, vino y leche» (Is. 55:1).

1 La pascua está ligada a la muerte de Cristo[EF1]

CAPÍTULO 22

X. LA ÚLTIMA CENA DEL HIJO DEL HOMBRE; EL TRAIDOR DE JESÚS, INSTRUCCIONES Y ADVERTENCIAS, 22:1-38

A. Complot contra Jesús, 22:1-6
(Mt. 26:14-16;
Mr. 14:1-2, 10-11)

Estaba cerca la fiesta de los
panes sin levadura, que se
llama la pascua.
2 Y los principales sacerdotes y los escribas buscaban
cómo matarle; porque temían
al pueblo.
3 Y entró Satanás en Judas,
por sobrenombre Iscariote, el
cual era uno del número de
los doce;
4 y éste fue y habló con
los principales sacerdotes, y
con los jefes de la guardia, de
cómo se lo entregaría.
5 Ellos se alegraron, y
convinieron en darle dinero.
6 Y él se comprometió, y
buscaba una oportunidad para
entregárselo a espaldas del
pueblo.

2 Los religiosos incrédulos[EF2]
a. Usaban el engaño
b. Temían al pueblo

3 Satanás: usó a un discípulo disponible

4 Un hombre codicioso: se fue por su propio camino
a. Era un discípulo que profesaba fe en Cristo
b. Transigió con el mundo
c. Causó alegría a los enemigos de Jesús
d. Hizo un pacto con el mundo

X. LA ÚLTIMA CENA DEL HIJO DEL HOMBRE; EL TRAIDOR DE JESÚS, INSTRUCCIONES Y ADVERTENCIAS, 22:1-38

A. Complot contra Jesús, 22:1-6

(22:1-6) ***Introducción —Jesucristo, oposición:*** Jesucristo sufría la oposición de enemigos peligrosos. Los religiosos lo rechazaban para no perder el favor, seguridad y posición del mundo. Satanás se opuso a la obra de salvación de Jesús para que los hombres no entregasen sus vidas a Dios ni le adorasen. Los hombres se rebelaron contra su requisito de la negación del ego, de entregar todo lo que uno es y tiene a la causa de Dios.

1. La pascua está ligada a la muerte de Cristo (v. 1).
2. Los religiosos incrédulos (v. 2).
3. Satanás: usó a un discípulo disponible (v. 3).
4. Un hombre codicioso: se fue por su propio camino (vv. 4-6).

[1] (22:1) ***Pascua:*** la pascua está ligada a la muerte de Cristo. Con este pasaje comienza la etapa final de la vida de Jesús antes de ser muerto. Con dramatismo Lucas establece el escenario de lo que venía. Menciona la pascua y luego señala a los que estaban planeando la muerte de Jesús; no es posible imaginarse dos escenas tan diametralmente opuestas. La pascua era una fiesta, una ocasión gozosa y festiva. Era la fiesta en que supuestamente todo el pueblo de Dios celebraba la gloriosa liberación que Dios había dado a Israel de la esclavitud de Egipto. Sin embargo, durante esos mismos días de gozosa celebración, se estaba complotando el asesinato de Jesús. Su muerte era trágicamente planificada por los religiosos, precisamente los que debían estar dirigiendo la pascua. Por un lado está la celebración de la liberación, la salvación de la vida; por el otro está el complot del crimen, la aniquilación de la vida. Este pasaje establece deliberadamente el escenario de lo que iba a venir. (*Véase* Estudio a fondo 1, ***Pascua***—Mt. 26:2.)

ESTUDIO A FONDO 1

(22:1) ***Fiesta de los panes sin levadura:*** se trata de otro nombre para la fiesta de la pascua (*véase* Lv. 23:5-8; Lc. 22:1). Sin embargo, en el primer día de la semana de pascua la fiesta de los panes sin levadura tenía un significado especial. Era el día en que se hacían todos los preparativos para celebrar la pascua. (*Véase* Estudio a fondo 1—Mt. 26:2; cp. Éx. 12:1-51, especialmente versículos 11-28 en cuanto al trasfondo de la pascua). Los preparativos incluían conseguir el cordero y llevarlo al templo para el sacrificio. Los preparativos también incluían conseguir la comida y bebida necesarias para la pascua y los arreglos para celebrar la fiesta. Había, sin embargo, dos preparativos, de los que toma su nombre la fiesta de los panes sin levadura.

1. El horneado de pan no leudado. La noche de la pascua, Dios había mandado a Israel hacer preparativos finales para ser librado de la esclavitud egipcia. Sin embargo, los israelitas no tuvieron tiempo de hacer pan leudado. Tuvieron que hornear el pan sin levadura debido al tiempo que le lleva a la masa leudada levantarse. La fiesta de los panes sin levadura sencillamente es una de las ceremonias pascuales con las que Israel recordaba la gloriosa liberación con que Dios libró a sus antepasados de la esclavitud egipcia.(*Véase* Estudio a fondo 1—Mt. 26:2.)
2. Había una ceremonia por la cual toda levadura debía ser quitada de la casa. Hay que recordar que para los judíos la levadura simbolizaba el mal. Al quitar toda levadura estaban señalando la necesidad de quitar todo mal de sus vidas y de sus casas. En realidad se efectuaba una búsqueda en toda la casa. La gente buscaba cualquier migaja de levadura que pudiera haber caído al suelo o debajo de algún mueble. Toda levadura que se encontraba, no importaba cuan pequeña la migaja, se la quitaba de la casa. Quitando toda levadura de sus casas los judíos estaban diciendo que querían ser incluídos entre sus fieles antepasados. Querían ser contados como los fieles que purificaron y limpiaron sus vidas y casas para el viaje de liberación de las cadenas y la esclavitud de Egipto.

[2] (22:2) ***Religiosos:*** los primeros opositores que tuvo Jesús fueron personas religiosas, incrédulas. Lucas pinta un cuadro dramático. Mientras la gente estaba en las calles preparándose abiertamente para alabar a Dios por su poder liberador y por el hecho salvar la vida, los religiosos estaban tras puertas cerradas planeando asesinar precisamente a quien había venido para ser su gran Libertador (Salvador). Note dos hechos.

1. Los religiosos planeaban usar el engaño y mentiras (Mt. 26:4; Mr. 14:1).

> **«Sepulcro abierto es su garganta; con su lengua engañan. Veneno de áspides hay debajo de sus labios» (Ro. 3:13).**
>
> **«¿No sabéis que los injustos no heredarán el reino de Dios? No erréis; ni los fornicarios, ni los idólatras, ni los**

adúlteros, ni los afeminados, ni los que se echan con varones» (1 Co. 6:9).

«No os engañéis; Dios no puede ser burlado: pues todo lo que el hombre sembrare, eso también segará» (Gá. 6:7).

«Nadie os engañe con palabras vanas, porque por estas cosas viene la ira de Dios sobre los hijos de desobediencia» (Ef. 5:6).

«Hijitos, nadie os engañe; el que hace justicia es justo, como él es justo» (1 Jn. 3:7).

«El que practica el pecado es del diablo; porque el diablo peca desde el principio. Para esto apareció el Hijo de Dios, para deshacer las obras del diablo» (1 Jn. 3:7-8).

«Pero sed hacedores de la Palabra, y no tan solamente oidores, engañándoos a vosotros mismos» (Stg. 1:22).

«Se lisonjea, por tanto, en sus propios ojos, de que su iniquidad no será hallada y aborrecida» (Sal. 36:2).

«Todos los caminos del hombre son limpios en su propia opinión; pero Jehová pesa los espíritus» (Pr. 16:2).

«Hay generación limpia en su propio corazón, si bien no se ha limpiado de su inmundicia» (Pr. 30:12).

«Muchos hombres proclaman cada uno su propia bondad, pero hombre de verdad, ¿quién lo hallará?» (Pr. 20:6).

«Y cada uno engaña a su compañero, y ninguno habla verdad; acostumbraron a su lengua a hablar mentira, se ocupan de actuar perversamente» (Jer. 9:5).

«Engañoso es el corazón más que todas las cosas, y perverso; ¿quién lo conocerá?» (Jer. 17:9).

2. El motivo por el que querían deshacerse de Jesús era que temían al pueblo. Esto significa que temían tanto el apoyo como la reacción del pueblo en el caso de saber que estaban dando muerte a Jesús. (Para mayor discusión y aplicación respecto del motivo que los religiosos tenían para oponerse a Jesús *véase* Estudio a fondo 2, ***Religiosos*—**Lc. 22:2.)

ESTUDIO A FONDO 2

(22:2) ***Religiosos:*** con frecuencia es malentendido el conflicto que los religiosos tenían con Jesús. Ello se debe a que gran parte del conflicto tiene que ver con *normas y reglamentos* que parecen nimias e inútiles a la *mente moderna* (cp. Mr. 2:23-28; 3:1-6; 3:22-30. *Véanse* notas—Mt. 12:1-8; nota y Estudio a fondo 1—12:10; nota—15:1-20; Estudio a fondo 2—15:6-9.) Cuatro hechos ayudarán a entender por qué tuvieron lugar los conflictos y por qué eran una amenaza a la vida de Jesús, terminando en el asesinato de Jesucristo.

1. La nación judía se había mantenido como tal gracias a sus creencias religiosas. A través de los siglos los judíos habían sido conquistados por un ejército tras otro, y habían sido deportados de a millones y esparcidos en el mundo. Incluso en tiempos de Jesús estaban esclavizados por Roma. La religión de ellos fue la *fuerza unificadora* que había mantenido juntos a los judíos. Particularmente...

- la creencia de los judíos de que Dios los había llamado para ser un pueblo distintivo (que adoraba al único verdadero Dios viviente).
- sus reglas referidas al día de reposo y al templo.

Estas creencias y reglas los protegían de creencias extrañas y de ser tragados por otros pueblos, vía matrimonios con ellos. Fue la religión lo que mantuvo el carácter distintivo de los judíos como pueblo y como nación.

Los líderes judíos sabían esto. Sabían que *la religión de ellos era la fuerza de unión* que mantenía a la nación como tal. Por eso se oponían a toda persona o cosa que amenazaba o intentaba quebrantar las leyes de su religión.

2. Los religiosos eran personas de profunda convicción. Eran vigorosos en sus creencias. Por eso llegaron a estar arraigados en su creencia y práctica religiosa, en la ley y la costumbre, la tradición y los rituales, ceremonias y litúrgia, normas y reglamentos. Quebrantar cualquier regla de alguna de sus creencias o prácticas era una ofensa grave, porque enseñaba un comportamiento *libertino.* Y el *comportamiento libertino* una vez difundido debilitaría la religión que era la fuerza de unión que mantenía unido al pueblo. Por eso, Jesús estaba cometiendo una ofensa grave al quebrantar la ley de ellos. Estaba debilitando la religión y amenazando la nación.

3. Los religiosos eran personas que tenían su profesión, posición, reconocimiento, estima, sustento y seguridad. Cualquiera que se opusiera a lo que creían y enseñaban era una amenaza a todo lo que tenían. Algunos religiosos sentían que Jesús era una amenaza para ellos. Cada vez que Jesús quebrantaba la ley de ellos estaba socavando la posición y seguridad de ellos.

4. Los religiosos fueron expuestos por Jesús. Para que los religiosos y el pueblo conocieran la verdad, Jesús tuvo que señalar en qué estaban equivocados y qué necesitaban para estar bien con Dios. Tanto el pecado de los hombres como la verdad de Dios debían ser proclamados. Y los religiosos no lo soportaron. Se rehusaban a aceptar el hecho de ser inaceptables ante Dios. Después de todo, ellos eran los religiosos del día, precisamente quienes profesaban creer en Dios. Creían no tener pecado, al menos no lo suficiente para ser separados de Dios. Cualquiera que los acusara de estar tan equivocados y de ser tan depravados de ninguna manera podía ser de Dios. Forzosamente debía ser de Beelzebub (*véanse* bosquejo y nota—Mr. 3:22-30).

Hubo al menos cuatro respuestas que los religiosos dieron a Jesús.

1. Algunos eran personas sinceras de profunda convicción. Realmente creían que Jesús era un impostor, un engañador, un mesías falso. Pablo, o Saulo de Tarso sería un ejemplo de éstos.

2. Algunos eran de mentalidad suficientemente abierta para buscar la verdad acerca de Jesús. Observaban y razonaban, siendo suficientemente honestos para considerar lo que estaba diciendo, y lo buscaban para descubrir la verdad. Nicodemo fue un ejemplo de ellos.

3. Algunos creían y confiaban en Cristo (*véase* nota—Lc. 13:31; pto. 4; Mt. 23:13-36).

4. Algunos eran simplemente sacerdotes *profesionales* y ministros que consideraban a Jesús una amenaza. Mantenían esa postura por el prestigio, comodidad, sustento, y seguridad que recibían de ello. Por eso se oponían, con vehemencia, a Cristo. Caifás y Anás son ejemplos de esta respuesta.

El error de los religiosos era cuádruple.

1. Interpretaron mal y corrompieron la Palabra de Dios (*véanse* notas—Mt. 12:1-3; Estudio a fondo 1—Jn. 4:22; cp. Ro. 9:4).

2. Cometían un pecado grave tras otro ante los ojos de Dios (*véanse* notas—1 Ts. 2:15-16; cp. Ro. 2:17-29).

3. Rechazaron el camino de la justicia de Dios, al Mesías de Dios que es Jesucristo (*véanse* notas—Ro. 11:18; 1 Ts. 2:15-16; cp. Ro. 10:1-21, esp. 1-4, 19-21).

4. Permitieron que la religión con su tradición y ritual, ceremonias y reglas, llegara a ser más importante que suplir las necesidades básicas de la vida humana: la necesidad de Dios y de salud espiritual, mental y física. Jesús, siendo el Mesías tuvo que poner a la luz semejante error. Por eso quedaron trazadas las líneas de batalla.

El Mesías tenía que librar a la gente de un comportamiento tan esclavizante. Tenía que librarlos para que pudieran ser salvos y pudieran adorar a Dios con libertad de espíritu. Los religiosos tenían que oponerse a cualquiera que quebrantase la ley. Tenían que oponerse a Jesús porque era una amenaza a su nación, y a su propia posición y seguridad personal.

3 (22:3) ***Satanás, obra de:*** el segundo enemigo de Jesús era Satanás. Satanás es el ser espiritual empeñado en destruir la relación de los hombres con Dios. Iracundo y con amarga hostilidad se opone a Dios. (Para mayor discusión y en cuanto a la identidad y terrible obra de Satanás y *véase* Estudio a fondo 1, ***Satanás***—Ap. 12:9.) Satanás es visto entrando en Judas, impulsándolo para acordar un precio por traicionar a Jesús. Luego Satanás volverá a entrar en Judas para impulsarlo seguir y terminar su traición (Jn. 13:27. *Véase* nota, pto. 4—Mr. 14:11-10.) El tema es que si Satanás podía destruir a Jesús, evitando que cumpla su obra en la tierra, el hombre jamás iba a ser salvado. Por supuesto, Satanás no tenía idea de que Dios iba a salvar al mundo por medio de la muerte de Jesús. Satanás no es omnisciente; no podía saber el futuro más que cualquier otro. Por eso intentó una y otra vez matar a Jesús, incluso cuando aun era niño (Mt. 2:13, 16, 22; Lc. 4:8, 29). En las Escrituras se ve claramente la oposición de Satanás hacia Dios.

1. Tienta al hombre a desobedecer a Dios (Gn. 3:4-5; Mt. 4:4; 1 Ts. 3:5).
2. Arrebata la Palabra de Dios quitándola del corazón humano (Mt. 13:9).
3. Planta personas incrédulas en medio de los creyentes y de la iglesia (Mt. 13:38-39).
4. Aflige al pueblo con enfermedades y males (Job 2:7; Lc. 13:16).
5. Trata de zarandear, sacudir a los hombres en su fe (Lc. 22:31).
6. Causa asesinatos y muerte (Jn. 8:44; 1 Jn. 3:12).
7. Miente y es el padre de mentiras (Jn. 8:44).
8. Entra a la vida de los hombres (Lc. 22:3; Jn. 13:27).
9. Planta el mal en el corazón de la gente (Jn. 13:2).
10. Induce a los hombres a robarle a Dios (Hch. 5:3).
11. Tienta sexualmente a gente casada (1 Co. 7:5).
12. Intenta evitar que una persona perdone a otros (2 Co. 10-11).
13. Enceguece la mente de los incrédulos para que no crean (2 Co. 4:4).
14. Engaña la mente de los hombres (2 Co. 11:3).
15. Se transforma en mensajero de luz para engañar a los hombres (2 Co. 11:14).
16. Transforma algunos de sus ministros en ministros de justicia para engañar a los hombre (2 Co. 11:15).
17. Obra en los desobedientes (Ef. 2:2).
18. Lanza estrategias poderosas contra los creyentes (Ef. 6:11).
19. Gobierna los principados y poderes, la tiniebla y maldad espiritual de este mundo (Ef. 6:12; Col. 2:15).
20. Obstruye la obra de los creyentes (1 Ts. 2:18).
21. Obra con poder y señales y milagros mentirosos (2 Ts. 2:9).
22. Hace blasfemar a los hombres (1 Ti. 1:20).
23. Condena a los hombres y los induce a condenarse ellos mismos (1 Ti. 3:6).
24. Enreda y atrapa a la gente (1 Ti. 3:7; 2 Ti. 2:26).
25. Aparta a las personas para que se ligan a él (1 Ti. 5:15).
26. Tenía el poder de la muerte (He. 2:14).
27. Acecha a los hombres para devorarlos (1 P. 5:8).
28. Peca y obra contra los hombres y contra Dios (1 Jn. 3:8).
29. Se opone a los ángeles de Dios (Jud. 6).
30. Posee, rige y controla algunas iglesias y centros de adoración (Ap. 2:9; 3:9).
31. Hace que los creyentes sean encarcelados (Ap. 2:10).
32. Engaña a todo el mundo (Ap. 12:9; 20:7-8, 10).
33. Acusa a los creyentes delante de Dios (Ap. 12:10).
34. Causa gran estrago en la tierra (Ap. 12:12).

(Para mayor discusión *véanse* notas, ***Satanás***—Col. 2:15; Estudio a fondo 1—Stg. 4:7; Estudio a fondo 1—Ap. 12:9.)

4 (22:4-6) ***Judas—incrédulo—diablo—apostasía:*** el tercer enemigo de Jesús fue un hombre codicioso, un hombre que tomó su *propio camino* en la vida. Judas era esa clase de persona. Varios hechos lo demuestran.

1. Judas profesaba ser un discípulo. En efecto, era uno de los doce apóstoles. Simplemente piense en esto: Judas había sido escogido personalmente por Jesús. Tenía un gran potencial, algunas cualidades únicas que atrajeron al Señor, por eso le dio la mayor posibilidad del mundo para desarrollar sus habilidades, el privilegio de andar personalmente con Él.

- Judas conocía a Jesús cara a cara.
- Judas andaba día tras día con Jesús.
- Judas escuchó la mayor parte, sino todo, lo que Jesús enseñó.
- Judas vio la mayor parte, sino todo lo que hizo Jesús, milagros y obras asombrosas.
- Judas fue entrenado por Jesús mismo para ser apóstol.
- Judas sirvió como apóstol en los viajes de testimonio bajo la dirección personal de Jesús (Mr. 6:7ss).
- Jesús mismo le advirtió cuáles eran las consecuencias del pecado.

A pesar de todo ello la vida de Judas fue una terrible tragedia. Era tan talentoso y tuvo una oportunidad tan grande, sin embargo, lo perdió todo. ¿Por qué? Simplemente porque le dio la espalda al Señor Jesucristo. Fue a los *principales sacerdotes de esta tierra* depositando su destino en manos de ellos, en vez de depositarlo en manos de Jesús. Había permitido que su deseo de tener más y más lo enceguecieran respecto de la verdad referida a Jesús; no vio que Jesús era realmente el Hijo de Dios y que demandaba lealtad aun cuando el hombre no entienda los eventos y sucesos que lo rodean (*véase* nota—Mt. 26:14. Dicha nota explicará lo que significa esta aseveración). Judas sencillamente no creyó que Jesús fuese realmente el Hijo de Dios. Por eso no le entregó su corazón y vida, al menos no verdaderamente. Era un seguidor de Jesús; incluso fue uno de los doce apóstoles, pero no era un creyente genuino que confiase su vida a Jesús.

> **«Y decía a todos: Si alguno quiere venir en pos de mí, niéguese a sí mismo, tome su cruz cada día, y sígame. Porque todo el que quiera salvar su vida, la perderá; y todo el que pierda su vida por causa de mí, éste la salvará» (Lc. 9:23-24).**

2. Judas tranzó con el mundo. Era definitivamente mundano; su mente y corazón estaban puestos en la aceptación del mundo, en las posiciones, reconocimiento, prestigio, influencia, poder, y riqueza. Note que se acercó y tranzó con el mundo, los principales sacerdotes del mundo. Creyó que ellos, que eran del mundo, eran la *parte ganadora* que le podía ofrecer mucho más que Jesús.

> **«Mas entre vosotros no será así, sino que el que quiera hacerse grande entre vosotros, será vuestro servidor, y el que quiera ser el primero entre vosotros será vuestro siervo; como el Hijo del Hombre no vino para ser servido, sino para servir, y para dar su vida en rescate por muchos» (Mt. 20:26-28).**
>
> **«Porque el que se enaltece será humillado, y el que se humilla será enaltecido» (Mt. 23:12).**
>
> **«¿Cómo podéis vosotros creer, pues recibís gloria los unos de los otros, y no buscáis la gloria que viene del Dios único?» (Jn. 5:44).**

3. Judas codiciaba el mundo y su dinero. El mordaz pecado de Judas era su avaricia y su amor al dinero. Diversos comentaristas proponen distintas razones por las que Judas pudo haber traicionado a Jesús, pero las Escrituras dicen puntualmente que el motivo fue avaricia: «Qué me daréis para que yo os lo entregue [lo traicione]».

La profunda avaricia de Judas era un pecado *creciente*. Esto se nota cuando uno mira lo que las Escrituras dicen de él.

a. Judas fue escogido por Jesús para ser un apóstol (Mt. 10:4). Por eso sabemos que al principio era sincero.

Hubo algo en Judas, cualidades que atrajeron a Jesús, cualidades de las que Jesús sabía que podían significar mucho al reino de Dios.

b. En asuntos financieros Judas era un hombre dotado. Aparentemente tenía más talento en asuntos financieros que el mismo Mateo, el rico cobrador de impuestos y los hombres de negocio que hubo entre los apóstoles, tales como Pedro, Jacobo y Juan. De entre todo ellos, Judas fue encargado de los fondos del Señor y de la compra de todo lo que necesitaban (Jn. 12:6; 13:29; cp. Lc. 8:2-3 en cuanto a algunas personas que apoyaban económicamente el ministerio de Jesús). Su nombramiento de entre tantos necesariamente debía estar basado en singulares cualidades espirituales como en la administración financiera.

c. En algún momento desconocido Judas comenzó a tomar de los fondos del Señor. Juan dice inequívocamente que Judas era ladrón (Jn. 12:6). Juan menciona este hecho cuando dice que Judas se molestó mucho con María, la hermana de Marta. María había usado un perfume muy costoso para ungir a Jesús en vez de venderlo para conseguir dinero para el fondo del Señor. Juan afirma que el disgusto de Judas se debió a que era ladrón y pudo haber sustraído algún dinero (Jn. 12:5-6).

d. Judas no quiso arrepentirse, endureció su corazón más y más en su pecado. Jesús sabía que Judas sustraía del fondo, señaló el hecho y le dio una y otra oportunidad para arrepentirse.

«Pero hay algunos de vosotros que no creen. Porque Jesús sabía desde el principio quiénes eran los que no creían, y quién le había de entregar... Jesús les respondió: ¿No os he escogido yo a vosotros los doce, y uno de vosotros es diablo? Hablaba de Judas Iscariote, hijo de Simón; porque éste era el que le iba a entregar, y era uno de los doce» (Jn. 6:64, 70-71).

e. Aparentemente Judas siguió a Jesús movido por un corazón avaro y por la ambición mundana, y no por un corazón de amor y fe en él como Hijo de Dios. Dos hechos parecen indicar esto.

1) Creyó que tendría riqueza, poder, y posiciones cuando Jesús estableciera su reino. Los otros apóstoles pensaban lo mismo, pero hubo una vasta diferencia. Malinterpretaron el método del Mesías para salvar al mundo, *no su persona.* Judas malinterpretó ambas cosas *el método del Señor y su persona.* No creyó ni confió que el Señor fuese el Hijo de Dios, los otros sí.

2) Aparentemente se desilusionó después de la entrada triunfal de Jesús. Jesús no estableció inmediatamente su reino, y al pasar los días se notaba con mayor claridad que no lo iba a establecer todavía. Las autoridades se estaban movilizando para matar a Jesús, y aparentemente iban a tener éxito. Jesús incluso había enseñado que así sería. Sería muerto a mano de ellos (Mt. 16:21).

Judas se convenció de haberse equivocado en cuanto a Jesús. Jesús no era el verdadero Mesías, simplemente era otro falso mesías autoproclamado; estaba condenado y no tenía salida. Judas supo que sus sueños de riqueza poder y posición con Jesús se estaban desmoronando. Por eso, lo que trataba de hacer era sacar el mayor provecho posible de la situación. Quería estar en buena posición con el lado ganador y conseguir una cantidad considerable de dinero por traicionar a Jesús. Note que Judas aparentemente esperaba obtener mucho más de los religiosos de lo que obtuvo. Habiéndose acercado a los religiosos tuvo que seguir hasta el final con la traición y aceptar lo que le dieran.

f. Judas llenó su corazón con la avaricia de obtener más y más en vez de llenarlo con Jesús. Pasó demasiado tiempo sin arrepentirse y sin dar lugar a Jesús en su vida, entonces el diablo pudo llenar su ser. El diablo enceguecíó y tomó control de su raciocinio, puesto que Judas pudo justificar ante sí mismo su traición. Después de todo estaba ayudando al cuerpo de los religiosos y a sí mismo. Por eso traicionó a Jesús de Nazaret quien, aparentemente, en la opinión de Judas, sólo era otro mesías falso auto-proclamado.

«Y les dijo: Mirad, y guardaos de toda avaricia; porque la vida del hombre no consiste en la abundancia de los bienes que posee» (Lc. 12:15).

«Porque raíz de todos los males es el amor al dinero, el cual codiciando algunos, se extraviaron de la fe, y fueron traspasados de muchos dolores» (1 Ti. 6:10).

«Vuestro oro y plata están enmohecidos; y su moho testificará contra vosotros, y devorará del todo vuestras carnes como fuego. Habéis acumulado tesoros para los días postreros» (Stg. 5:3).

«El que ama el dinero, no se saciará de dinero; y el que ama el mucho tener, no sacará fruto. También esto es vanidad» (Ec. 5:10).

4. Judas hace un pacto con el mundo. Note las palabras: «se comprometió, y buscaba una oportunidad para entregárselo». Judas se comprometió con el mundo, hizo un pacto para entregar a Jesús. El cuadro es de alguien al acecho, indagando y buscando, mirando aquí y allá, buscando el momento indicado. El corazón de Judas estaba decidido, lleno de intriga, planeando el mal, trazando la estrategia. No creía, pero con la incredulidad no era suficiente. Tenía el deseo de obrar mal contra Jesús, dañarlo, destruirlo. Y buscaba oportunidad para hacerlo. Se puede ver en qué extremo era engañoso Judas si se tiene en cuenta que inmediatamente después negociar con las autoridades, fue y se sentó a comer con Jesús. Se sentó precisamente en la mesa donde Jesús estaba instituyendo la cena del Señor.

Pensamiento. Judas no solamente rechazó, sino que buscó destruir a Jesús. Muchos rechazan a Cristo, pero no todos intentan dañarlo. Algunos sí pero no todos.

- Algunos maldicen y lo maldicen a Él, consciente o inconscientemente deshonran su nombre.
- Algunos hablan y enseñan contra su naturaleza divina, diciendo que no es el Hijo de Dios.
- Algunos hablan y enseñan contra la revelación divina de Él y contra la verdad, es decir, la Palabra.
- Algunos hablan y enseñan contra su presencia real en la vida del creyente genuino.

«Guardaos de los falsos profetas, que vienen a vosotros con vestidos de ovejas, pero por dentro son lobos rapaces» (Mt. 7:15).

«Pero el Espíritu dice claramente que en los postreros tiempos algunos apostatarán de la fe, escuchando a espíritus engañadores y a doctrinas de demonios; por la hipocresía de mentirosos que, teniendo cauterizada la conciencia» (1 Ti. 4:1-2).

«También debes saber esto: que en los postreros días vendrán tiempos peligrosos.

«Porque habrá hombres amadores de sí mismos, avaros, vanagloriosos, soberbios, blasfemos, desobedientes a los padres, ingratos, impíos, sin afecto natural, impla-

cables, calumniadores, intemperantes, crueles, aborrecedores de lo bueno, traídores, impetuosos, infatuados, amadores de los deleites más que de Dios. Que tendrá apariencia de piedad, pero negarán la eficacia de ella; a estos evita» (2 Ti. 3:1-5).

	B. La cena del Señor, 22:7-23 (Mt. 26:17-30; Mr. 14:12-25; Jn. 13)
1 El gran propósito de la cena del Señor[EF1] a. Mostrar cómo Cristo fue el cumplimiento de la fiesta de pascua: libra al hombre del juicio.	7 Llegó el día de los panes sin levadura, en el cual era necesario sacrificar el cordero de la pascua.
b. Acentuar la necesidad de recordar y celebrar la muerte del Señor 1) A pesar de los obstáculos	8 Y Jesús envió a Pedro y a Juan, diciendo: Id, preparadnos la pascua para que la comamos. 9 Ellos le dijeron: ¿dónde quieres que la preparemos?
2) La señal preestablecida	10 El les dijo: He aquí, al entrar en la ciudad os saldrá al encuentro un hombre que lleva un cántaro de agua; seguidle hasta la casa donde entrare,
c. Acentuar la necesidad decuidadosos preparativos para acercarse a Cristo y su muerte	11 y decid al padre de familia de esa casa: El Maestro te dice: ¿Dónde está el aposento donde he de comer la pascua con mis discípulos? 12 Entonces él os mostrará un gran aposento alto ya dispuesto; preparad allí. 13 Fueron, pues, y hallaron como les había dicho, y prepararon la pascua. 14 Cuando era la hora, se sentó a la mesa, y con él los apóstoles.
2 El gran significado de la cena del Señor a. Está ligada a la muerte del Señor y a la pascua	15 Y les dijo: ¡Cuánto he deseado comer con vosotros esta pascua antes que padezca!
b. Anticipa una cena mayor, una promesa gloriosa	16 Porque os digo que no la comeré más, hasta que se cumpla en el reino de Dios. 17 Y habiendo tomado la copa, dio gracias, y dijo: Tomad esto, y repartidlo entre vosotros; 18 porque os digo que no beberé más del fruto de la vid, hasta que el reino de Dios venga.
3 Los grandes símbolos de la cena del Señor[EF2] a. El pan: simboliza el cuerpo de Cristo, roto por nosotros	19 Y tomó el pan y dio gracias, y lo partió y les dio, diciendo: Esto es mi cuerpo que por vosotros es dado; haced esto en memoria de mí.
b. La copa: simboliza la sangre de Cristo, vertida por nosotros	20 De igual manera, después que hubo cenado, tomó la copa, diciendo: Esta copa es el nuevo pacto en mi sangre, que por vosotros se derrama.
4 El gran llamado de la cena del Señor a. Es un llamado al pecador	21 Mas he aquí, la mano del que me entrega está conmigo en la mesa.
b. Es un llamado para advertir al pecador	22 A la verdad el Hijo del Hombre va según lo que está determinado; pero ¡ay de aquel hombre por quien es entregado!
c. Es un llamado al corazón	23 Entonces ellos comenzaron a discutir entre sí, quién de ellos sería el que había de hacer esto.

B. La cena del Señor, 22:7-23

(22:7-23) ***Introducción:*** este es un gran pasaje sobre la cena del Señor.

1. El gran propósito de la cena del Señor (vv. 7-14).
2. El gran significado de la cena del Señor (vv. 15-18).
3. Los grandes símbolos de la cena del Señor (vv. 19-20).
4. El gran llamado de la cena del Señor (vv. 21-23).

1 (22:7-14) ***La cena del Señor:*** el gran propósito de la cena del Señor. Un propósito triple.

1. Muestra cómo Jesús fue el cumplimiento de la gran fiesta de pascua (*véase* Estudio a fondo 1—Lc. 22:7).

2. Acentúa la gran necesidad de recordar la muerte del Señor. Le ayuda a la persona a recordarla. Las Escrituras son totalmente clara en esto. La cena del Señor nos ayuda a mantener nuestra mente centrada en Cristo, y al mismo tiempo demuestra que nuestras mentes están puestas en Él.

> **«Haced esto en memoria de mí» (Lc. 22:19; 1 Co. 11:24-25).**
>
> **«Así, pues, todas las veces que comiereis este pan, y bebiereis esta copa, la muerte del Señor anunciáis hasta que él venga» (1 Co. 11:26).**

La cena del Señor debe ser celebrada aun *ante las dificultades.* Note la dificultad que encaró Jesús. Allí estaban los que querían encontrarlo para arrestarlo y matarlo. Incluso uno de sus propios discípulos sólo esperaba la oportunidad para informar a las autoridades dónde estaba Jesús y dónde podía ser arrestado silenciosamente. Sin embargo, a pesar de tan terrible dificultad, Jesús estaba decidido a realizar la celebración. (¡Qué acusación contra *actitudes y acercamientos superficiales* a la cena del Señor! Los creyentes deben ser obedientes a las ordenanzas religiosas a pesar de las dificultades.)

3. Acentúa la necesidad de cuidadosos preparativos para acercarse a Cristo y a su muerte. Note las palabras «preparadnos» en los tres evangelios.

> **«Fueron, pues, y hallaron como les había dicho, y *prepararon* la pascua» (Lc. 22:13).**
>
> **«Y los discípulos hicieron como Jehová les mandó, y *prepararon* la pascua» (Mt. 26:19).**
>
> **«Fueron sus discípulos y entraron en la ciudad, y hallaron como les había dicho; y *prepararon* la pascua» (Mr. 14:16).**

La cuestión es esta: la celebración de la pascua requería preparativos detallados (*véase* Estudio a fondo 1—Lc. 22:7). Los preparativos estrictos enseñaban que a Dios es preciso *acercarse cuidadosamente,* siguiendo exactamente lo que está prescripto. ¿Por qué? Porque Dios es santo y hay una sola manera de acercarse a Él, esto es por medio de la sangre del Cordero pascual. Hay tres actos en este pasaje que acentúan la necesidad de acercarse cuidadosamente a Cristo.

- Jesús se esforzó en gran manera para guardar la pascua a pesar del peligro extremo.
- Jesús había hecho personalmente preparativos para celebrar la pascua (vv. 9-12).
- Los discípulos hallaron todo tal como Él lo había dicho e hicieron su parte para observar la celebración.

Pensamiento. Cristo celebró la pascua aun encarando la muerte. ¡Son llamativamente pocos los que le asignan suficiente valor a la cena del Señor! ¡Cuántos celebran demasiado poco! ¿A cuántos realmente no les importa si se celebra o no la cena del Señor? ¡Cuántas personas dan prioridad a la comodidad, la recreación, y a hacer las cosas que quieren hacer!

ESTUDIO A FONDO 1

(22:7) ***Pascua—Cena del Señor:*** históricamente la pascua proviene del tiempo cuando Dios libró a Israel de la esclavitud egipcia (Éx. 11:1ss). Por causa de sus injusticias Dios había pronunciado juicio sobre el pueblo de Egipto quitándole los primogénitos. Preparando la ejecución del juicio final, los que creían en Dios debían sacrificar un cordero puro y salpicar su sangre en los postes de sus casas. Entonces la sangre del cordero inocente serviría como señal de que el juicio que venía ya había sido ejecutado sobre el cordero sacrificado. Viendo la sangre, Dios *pasaría por alto* esa casa. Los que creían en Dios aplicaron la sangre a sus casas y fueron salvados, pero los incrédulos no la aplicaron y fueron destruidos.

La pascua simbolizaba la venida de Jesucristo como Salvador. El *cordero sin mancha* representaba la vida sin pecado de Cristo (cp. Jn. 1:29), y la sangre *salpicada en los postes de la puerta* representaba la sangre de Cristo vertida en favor del creyente. Era una señal de que la vida y la sangre del cordero inocente había sustituido al primogénito. El «comer el cordero» representaba la necesidad del alimento espiritual obtenido de Cristo, el Pan de Vida. El pan sin levadura (pan sin leudar) representaba la necesidad de quitar el mal de la vida y de la casa del creyente. (*Véase* Estudio a fondo 1, ***Fiesta de los panes sin levadura***—Mt. 26:17.)

Además del cordero y el pan sin levadura, la fiesta judía de la pascua era celebrada con cuatro elementos para comer y beber. (1) Se colocaba un recipiente con agua salada en la mesa para recordar a la familia las lágrimas vertidas por sus antepasados durante los 430 años de esclavitud en Egipto. (2) Un plato con hierbas amargas debía recordarles las amargas experiencias de la esclavitud de sus antepasados. (3) Una especie de pasta de frutas (*charoseth*) con gajos de canela debía recordarles el trabajo de sus antepasados haciendo ladrillos de barro y paja para las ciudades y construcciones egipcias. (4) Se usaban cuatro copas de vino para recordarles las cuatro promesas de Dios en Éxodo 6:6-8 de librar a sus antepasados de la esclavitud egipcia.

Es preciso notar que toda la celebración de la pascua estaba referida a hechos históricos. Celebraba un acontecimiento del pasado, pero la cena del Señor es mucho más que recordar una historia del pasado. Es celebrar en el corazón y en la vida del creyente al Cristo vivo hasta que Él retorne. Es recordar el poder potencial del Cristo vivo en la vida del creyente, ahora, un poder explosivo que mediante la cruz ha sido hecho posible (cp. 1 Co. 22:26).

2 (22:15-18) ***La cena del Señor:*** dos cosas muestran el gran significado de la cena del Señor.

1. Está ligada a la muerte del Señor. Note las palabras de Jesús:

- «Antes que padezca» (v. 15).
- «No la comeré más, *hasta....*» (v. 16).
- «No beberé más del fruto de la vid, *hasta....*» (v. 18).

Jesús estaba ligando definitivamente la pascua y la cena del Señor a su propia muerte. Y, por supuesto, es su muerte de lo que trata la cena del Señor (*véase* Estudio a fondo 2—Lc. 22:19-20).

2. La cena del Señor representa una gran cena, una promesa gloriosa (vv. 16-18). Note la promesa puntual de Jesús. Volvería a comer y a beber cuando todo «se cumpla en el reino de Dios». Jesús estaba prometiendo celebrar en el futuro la cena del Señor con sus seguidores. Los creyentes se sentarán con Cristo en la *gran boda del Cordero* (*véanse* bosquejo y notas—Mt. 20:1-16, 20:2). Es la promesa de sentarse con Cristo en su glorioso reino, de ser parte del nuevo cielo y de la nueva tierra, de ser perfeccionados y vivir para siempre (*véanse* Estudio a fondo 3, ***Reino de Dios***—Mt. 19:23-24; ***Recompensas***—Lc. 16:10-12).

> **«El Espíritu mismo da testimonio a nuestro espíritu, de que somos hijos de Dios. Y si hijos, también herederos; herederos de Dios y coherederos con Cristo, si es que padecemos juntamente con él, para que juntamente con él seamos glorificados» (Ro. 8:16-17).**
>
> **«Cuando Cristo, vuestra vida, se manifieste, entonces vosotros también seréis manifestados con él en gloria» (Col. 3:4).**
>
> **«Porque esta leve tribulación momentánea produce en nosotros un cada vez más excelente y eterno peso de gloria» (2 Co. 4:17).**
>
> **«Ruego a los ancianos que están entre vosotros, yo anciano también con ellos, y testigo de los padecimientos de Cristo, que soy también participante de la gloria que será revelada» (1 P. 5:1).**
>
> **«Porque de esta manera os será otorgada amplia y generosa entrada en el reino eterno de nuestro Señor y Salvador Jesucristo» (2 P. 1:11).**

3 (22:19-20) ***La cena del Señor***—el gran simbolismo de la cena del Señor.

1. El simbolismo del pan. Jesús tomó el pan y lo partió. Esto simbolizaba su cuerpo roto. Su cuerpo fue roto, es decir, sacrificado, como un víctima en favor de la liberación del hombre (Is. 53:5). Este acto era tan significativo para la iglesia primitiva que a veces se lo llamaba simplemente *el partimiento del pan* (Hch. 2:42, 46; 1 Co. 10:16). Bajo el Antiguo Testamento el pan partido representaba el sufrimiento de los israelitas. Ahora, bajo el Nuevo Testamento, debía representar el cuerpo quebrantado de Cristo (1 Co. 11:24).

Note que Jesús dijo que su cuerpo fue partido y entregado por nosotros. Sufrió y murió *por nosotros*: en favor nuestro, en lugar nuestro. Soportó el juicio de Dios sobre el pecado muriendo *por nosotros*.

> **«Este es el pan que desciende del cielo, para que el que de él come, no muera. Yo soy el pan vivo que descendió del cielo; si alguno comiere de este pan, vivirá para siempre; y el pan que yo daré es mi carne, la cual yo daré por la vida del mundo» (Jn. 6:50-51).**
>
> **«Y habiendo dado gracias, lo partió, y dijo: Tomad, comed; esto es mi cuerpo que por vosotros es partido; haced esto en memoria de mí» (1 Co. 11:24).**
>
> **«Mas él herido fue por nuestras rebeliones, molido por nuestros pecados; el castigo de nuestra paz fue sobre él, y por su llaga fuimos nosotros curados» (Is. 53:5).**

2. El simbolismo de la copa. Jesús identificó a la copa con su sangre del nuevo pacto. Simplemente quiso decir que su sangre establece un nuevo pacto con Dios; su sangre permite una nueva relación entre Dios y el hombre. Note las palabras exactas del Señor.

a. «Esta copa es el nuevo pacto en mi sangre.» Su sangre, proveniente de su cuerpo, se convertiría en la señal o símbolo del nuevo pacto. Su sangre tomaría el lugar de los animales sacrificiales.

b. «El nuevo pacto»: Su sangre, el sacrifico de su vida, establecía un nuevo Testamento, un nuevo pacto entre Dios y el hombre (cp. He. 9:11-15). La fe en su sangre y en su sacrificio es la forma en que el hombre debe acercarse ahora a Dios. Bajo el Antiguo Testamento, la persona que quería estar en buena relación con Dios se acercaba a Él mediante la sangre del animal sacrificado. El creyente del Antiguo Testamento creía que Dios lo aceptaba en base al sacrifico del animal. Ahora, bajo el Nuevo Testamento, el creyente cree que Dios lo acepta en base al sacrifico de Cristo. Esto es lo que dijo Jesús: «Esto es mi sangre del nuevo pacto, que por muchos es derramada». (Mr. 14:24. *Véase* nota—Mt. 26:28; cp. Ef. 1:7; 1 Jn. 2:1-2; He. 9:22.) Los pecados de la persona son perdonados y la persona es aceptable ante Dios por creer que la sangre de Cristo fue derramada por ella (1 Jn. 1:7).

«En quien tenemos redención por su sangre, el perdón de pecados según las riquezas de su gracia» (Ef. 1:7).

«Pero si andamos en luz, como él está en luz, tenemos comunión unos con otros, y la sangre de Jesucristo su Hijo nos limpia de todo pecado» (1 Jn. 1:7).

«Hijitos míos, estas cosas os escribo para que no pequéis; y si alguno hubiere pecado, abogado tenemos para con el Padre, a Jesucristo el justo. Y él es la propiciación por nuestros pecados; y no solamente por los nuestros, sino también por los de todo el mundo» (1 Jn. 2:1-2).

«El que come mi carne y bebe mi sangre, tiene vida eterna; y yo le resucitaré en el día postrero. Porque mi carne es verdadera, comida, y mi sangre es verdadera bebida. El que come mi carne y bebe mi sangre, en mí permanece, y yo en él. Como me envió el Padre viviente, y yo vivo por el Padre, asimismo el que me come, él también vivirá por mí. Este es el pan que descendió de cielo; no como vuestros padres comieron el maná, y murieron; el que come de esta pan, vivirá eternamente» (Jn. 6:54-58).

ESTUDIO A FONDO 2

(22:19-20) ***La cena del Señor —Pascua:*** note las palabras «en memoria de mí». Al cumplir la pascua con el derramamiento de su propia sangre, Jesús estaba ligando la cena del Señor a la fiesta pascual. Al instituir la cena del Señor Jesús estaba mostrando a sus discípulos que Él era, en primer lugar, el gran libertador. Un *libertador* difiere de un *liberador.* Un liberador puede librar a una persona y someterla a algo tan malo o peor de lo que lo esclaviza, en cambio un libertador no. Un libertador libra a la persona de toda cadena que la ate. Los discípulos, al participar de la cena debían:

1. Recordar como Dios había librado a Israel de la esclavitud egipcia.
2. Recordar que la sangre del Señor los libraba de la esclavitud terrenal y pecaminosa. La cena del Señor debía recordar a los discípulos que la sangre del Cordero los guarda de la terrible mano del juicio de Dios.
3. Recordar que la sangre de Cristo le posibilita volver y librar a su pueblo para llevarlo a la eterna presencia de la gloria de Dios.

4 (22:21-23) ***Judas Iscariote:*** los grandes llamados de la cena del Señor. Jesús usó la cena para hacer tres llamados.

1. La usó para llamar a un pecador. Judas había fallado. Creía que su pecado estaba oculto y era desconocido, sin embargo, Jesús lo conocía. Jesús había visto todo, cada cosa que Judas había hecho.

2. Jesús usó la cena para hacer una advertencia al pecador. «Ay de aquel hombre» dijo Jesús. La palabra «ay» implica ira y dolor, enojo y piedad. Era una denuncia, dolorosa, un pronunciamiento de juicio que le partía el corazón. Al pecador Judas le esperaba un terrible juicio, y ello le partía el corazón a Dios.

Pensamiento. Jesús conoce el destino del pecador, el destino terrible que le espera. Hubiera sido mejor no haber nacido nunca antes que negar y traicionar a Cristo. Note la gracia de Dios al advertir al pecador el juicio venidero.

1) Al pecador se le dice *anticipadamente*, que será juzgado, antes que el juicio venga o haya sido pronunciado. A Judas se le dijo. Cuando el pecador oye por *primera vez* del juicio todavía puede arrepentirse. Mientras viva puede ser salvado. Es la gracia de Dios la que nos advierte las consecuencias de nuestro pecado, el juicio que viene.
2) El pecador nunca es forzado a arrepentirse de negar o traicionar a Cristo. Judas no fue forzado a volverse de su mal; ni ningún otro pecador. Es la gracia de Dios la que respeta nuestra voluntad y nuestros deseos. Dios ama y protege, advierte y habla con franqueza, pero nunca obliga a la obediencia.

«Os digo: No; antes si no os arrepentís, todos pereceréis igualmente ... Os digo: No; antes si no os arrepentís, todos pereceréis igualmente» (Lc. 13:3, 5).

«Así que, arrepentíos y convertíos, para que sean borrados vuestros pecados; para que vengan de la presencia del Señor tiempos de refrigerio» (Hch. 3:19).

«Arrepiéntete, pues, de esta tu maldad, y ruega a Dios, si quizá te sea perdonado el pensamiento de tu corazón» (Hch. 8:22).

3. Jesús usó la cena del Señor para mover los corazones. Los discípulos fueron movidos a preguntar: «¿Soy yo, Señor?» (Mt. 26:22; Mr. 14:19). Se miraron a sí mismos. No se acusaban mutuamente; más bien cada uno temía ser tan débil que podía caer.

«Velad y orad, para que no entréis en tentación; el espíritu a la verdad está dispuesto, pero la carne es débil» (Mt. 26:41).

«Así que, el que piense estar firme, mire que no caiga» (1 Co. 10:12).

«Velad, estad firmes en la fe; portaos varonilmente, y esforzaos» (1 Co. 16:13).

«Sed sobrios, y velad; porque vuestro adversario el diablo, como león rugiente, anda alrededor buscando a quien devorar» (1 P. 5:8).

1 Los discípulos discutían sobre posiciones y poder
2 La actitud del mundo para decidir quién es más grande
a. Tener autoridad sobre la gente
b. Ser reconocido y honrado como benefactor
3 La actitud del Señor
a. Actuar como el menor

C. Disputa sobre quién es más grande, 22:24-30
(Mt. 20:20-28;
Mr. 10:34-35)

24 Hubo también entre ellos
una disputa sobre quién de
ellos sería el mayor.
25 Pero él les dijo: Los reyes
de las naciones se enseñorean
de ellas, y los que sobre ellas
tienen autoridad son llamados
bienaventurados;
26 mas no así vosotros, sino
sea el mayor entre vosotros
como el más joven, y el que
dirige, como el que sirve.
27 Porque, ¿cuál es el mayor,
el que se sienta a la mesa, o
el que sirve? Mas yo estoy
entre vosotros como el que
sirve.
28 Pero vosotros sois los que
habéis permanecido conmigo en mis pruebas.
29 Yo, pues, os asigno un
reino, como mi Padre me lo
asignó a mí,
30 para que comáis y bebáis
a mi mesa en mi reino, y os
sentéis en tronos juzgando a
las doce tribus de Israel.

b. Actuar como siervo
c. Seguir el ejemplo del Señor; ser como el que sirve
4 Jesús alienta a sus seguidores a servirle fielmente
a. Una gran promesa a los que demostraron ser fieles
b. Jesús hace un pacto
1) Los fieles van a heredar un reino
2) Van a reinar

C. Disputa sobre quién es más grande, 22:24-30

(22:24-30) ***Introducción:*** los hombres anhelan reconocimiento, prestigio, honra, poder, autoridad. Los discípulos tenían esos deseos. Jesús usó la lucha por el poder de los discípulos para dar al mundo una enseñanza muy necesaria, una enseñanza directa y vigorosa dirigida a cada persona.

1. Los discípulos discutían sobre posiciones y poder (v. 24).
2. La actitud del mundo para decir quién es más grande v. 25).
3. La actitud del Señor (vv. 26-27).
4. Jesús alienta a sus seguidores a servirle fielmente (vv. 28-30).

1 (22:24) ***División—pelea—posición:*** los discípulos discutieron. Note tres hechos.

1. La palabra «disputa» (*philoneikia*) significa estar ansioso y dispuesto a discutir y pelear; estar alerta para pelear por la posición propia. La idea es de no ceder un paso, de oponerse sin importar nada, de ser testarudo, de resistir sin importar las circunstancias.

2. Los discípulos todavía pensaban en un reino terrenal. Creían que Jesús iba a liderar un levantamiento contra los romanos y librar a Palestina, estableciendo el reino del Mesías en Israel. Desde Israel el Mesías gobernaría y reinaría sobre toda la tierra en nombre de Dios (*véase* nota, pto. 2—Lc. 7:21-23. *Véanse* también notas—Mt. 1:1; Estudio a fondo 2—1:18; Estudio a fondo 3—3:11; notas—11:1-6; 11:2-3; Estudio a fondo 1—11:5; Estudio a fondo 2—11:6; Estudio a fondo 1—12:16; nota—22:42.)

3. Los discípulos estaban en el aposento alto *en carrera* por una posición. Como en la mayoría de las sociedades, el de posición más alta se sentaba a la derecha del anfitrión, y el que seguía, a la izquierda. La siguiente posición a la derecha, la siguiente a la izquierda y así en forma alternada hasta que todos estaban sentados.

Puesto que Jesús estaba por inaugurar su reino, este era el momento para asegurarse las posiciones de gobierno y poder en su reino. Este era el momento para asegurarse los asientos de honra y autoridad en la presencia suya. Los discípulos trataban de asegurarse para sí mismos los asientos y las posiciones claves en el gobierno de Cristo. (*Véanse* bosquejo y notas—Mt. 18:1-4.)

2 (22:25) ***Grandeza:*** la actitud del mundo incluye dos conceptos claves.

1. El concepto de que ser grande implica tener autoridad sobre la gente o *enseñorearse* de la gente; tener un puesto importante, influencia y poder, rango y dominio, dinero y propiedades. Los hombres buscan posiciones y riqueza por amor al poder. Quieren gobernar y gerenciar a la gente, ejercer autoridad sobre ella, y controlar sus vidas.

2. El concepto de ser conocido y ser llamado benefactor (*euergetai*), una persona que da y ayuda a otros.

Note la palabra «llamados». El benefactor humano quiere ser conocido y llamado benefactor, quiere ser reconocido y honrado por su ayuda y contribución. Quiere ser conocido como un gran hombre, generoso, considerado, que se preocupa, una persona honorable.

> **«Porque el que se enaltece será humillado, y el que se humilla será enaltecido» (Mt. 23:12).**
>
> **«¿Cómo podéis vosotros creer, pues recibís gloria los unos de los otros, y no buscáis la gloria que viene del Dios único?» (Jn. 5:44).**
>
> **«Porque el malo se jacta del deseo de su alma, bendice al codicioso, y desprecia a Jehová» (Sal. 10:3).**
>
> **«Como nubes y vientos sin lluvia, así es el hombre que se jacta de falsa liberalidad» (Pr. 25:14).**
>
> **«Porque te confiaste en tu maldad, diciendo: Nadie me ve. Tu sabiduría y tu misma ciencia te engañaron, y dijiste en tu corazón: Yo, y nadie más» (Is. 47:10).**
>
> **«Si te remontares como águila, y aunque entre las estrellas pusieres tu nido, de ahí te derribaré, dice Jehová» (Abd. 4).**

3 (22:26-27) ***Grandeza:*** la actitud del Señor respecto de la grandeza que buscan los hombres. El Señor rechazaba la actitud del mundo en cuanto a ser grande. La verdadera grandeza no busca tener autoridad o señorear sobre la gente; no busca posiciones por amor a la autoridad y el poder, ni da su ayuda por amor al reconocimiento y por ser llamado benefactor. La verdadera grandeza no es egocéntrica ni egoísta, ni de mentalidad mundana.

Note un tema crucial: Jesús no prohibió al hombre a investir posiciones de grandeza o autoridad. Lo que hacía era dar instrucciones a la persona que sería «el mayor entre vosotros» (v. 26). La actitud del Señor implica dos conceptos claves.

1. El concepto de actuar como el *menor*, es decir, de ocupar el último asiento, tomar la posición más baja. En el mundo antiguo el menor siempre honraba y daba lugar al mayor. Se honraba la edad. Jesús decía que la persona realmente grande es la que ocupa el asiento más bajo y el último lugar, la persona que no busca reconocimiento y honra, crédito y estima por el hecho de ocupar alguna posición o haber hecho alguna dádiva especial, o dado alguna ayuda extraordinaria.

> **«Mas cuando fueres convidado, vé y siéntate en el último lugar, para que cuando venga el que te convidó, te diga: Amigo, sube más arriba; entonces tendrás gloria delante de los que se sienten contigo a la mesa» (Lc. 14:10).**
>
> **«Digo, pues, por la gracia que me es dada, a cada cual que está entre vosotros, que no tenga más alto concepto de sí que el que debe tener, sino que piense de sí con**

cordura, conforme a la medida de fe que Dios repartió a cada uno» (Ro. 12:3).

«Humillaos delante del Señor, y él os exaltará» (Stg. 4:10).

«Igualmente, jóvenes, estad sujetos a los ancianos; y todos, sumisos unos a otros, revestíos de humildad; porque: Dios resiste a los soberbios, y da gracia a los humildes. Humillaos, pues, bajo la poderosa mano de Dios, para que él os exalte cuando fuere tiempo» (1 P. 5:5-6).

2. El concepto de actuar como siervo. La persona más importante debe servir. El cuadro pintado por Jesús es descriptivo. La persona realmente grande va a servir a otros como un mozo sirve a los huéspedes de un banquete. En tiempos de Jesús el mozo era un esclavo (*doulos*). El esclavo estaba para servir cada momento de su vida, siempre, sin importar la hora, o el llamado o la dificultad (*véase* nota, ***Esclavo***—Ro. 1:1).

La persona realmente grande busca personas a quienes ayudar y formas de ayudarles, sea en el trabajo, el hogar, el juego, o la iglesia. Siempre está buscando a los que necesitan una visita, que se los cuide, atención, compañía, comida, ropa, techo, dinero. Los busca por amor al ministerio (cp. 25:34-40).

«Y cualquiera que dé a uno de estos pequeñitos un vaso de agua fría solamente, por cuanto es discípulo, de cierto os digo que no perderá su recompensa» (Mt. 10:42).

«Nada hagáis por contienda o por vanagloria; antes bien con humildad, estimando cada uno a los demás como superiores a él mismo; no mirando cada uno por lo suyo propio, sino cada cual también por lo de los otros» (Fil. 2:3-4).

3. El concepto de seguir el ejemplo de Jesús. El discípulo debe ser semejante a su Señor, sin embargo debe humillarse y servir y ministrar a los hombres. Por supuesto, el que está sentado a la mesa es más importante que el que sirve. Tiene una posición mayor, pero no debe *actuar* como tal, enseñoreándose del siervo. Debe conducirse como el Señor, sirviendo y ministrando a los hombres, incluso a aquellos que le sirven a Él. (*Véanse* notas—Mr. 10:45 en cuanto a tres formas supremas en que sirvió Cristo.)

«Luego puso agua en un lebrillo, y comenzó a lavar los pies de los discípulos, y a enjugarlos con la toalla con que estaba ceñido» (Jn 13:5).

«Sirviendo de buena voluntad, como al Señor y no a los hombres» (Ef. 6:7).

«Haya, pues, en vosotros este sentir que hubo también en Cristo Jesús, el cual siendo en forma de Dios, no estimó el ser igual a Dios como cosa a que aferrarse, sino que se despojó a sí mismo, tomando forma de siervo, hecho semejante a los hombres; y estando en la condición de hombre, se humilló a sí mismo, haciéndose obediente hasta la muerte, y muerte de cruz» (Fil. 2:5-8).

4 (22:28-30) ***Fidelidad:*** Jesús alienta a sus seguidores a servirle fielmente.

Jesús alentó a los discípulos que demostraron fidelidad. Los discípulos que *continuaron* estando con Jesús, que fueron fieles, que permanecieron junto a Él, apegados a Él, recibieron una gran promesa. La promesa de un pacto. Note la palabra «asigno». La promesa fue pronunciada y establecida en la eternidad. No podía ser revocada ni cambiada de ninguna manera. Era un pacto doble.

1. El discípulo fiel va a ser un ciudadano del reino del Señor (*véase* Estudio a fondo 3—Mt. 19:23-24). Es el cuadro de las bodas del Cordero. (*Véase* nota, pto. 2—Lc. 22:15-18. También *véase* nota—Mt. 20:2.)

2. El discípulo fiel va a reinar (*véase* Estudio a fondo 1—Lc. 22:30).

ESTUDIO A FONDO 1

(22:30) ***Recompensa:*** Jesús dijo que los discípulos serían recompensados con doce tronos, uno para gobernar cada una de las doce tribus de Israel. ¿Cuándo van a reinar? «En la regeneración» cuando sea establecido el nuevo orden de las cosas bajo el gobierno y reinado de Cristo. ¿Pero cuándo será el nuevo orden de las cosas? Hay dos respuestas posibles: o bien el reinado milenial de Cristo (*véanse* Estudio a fondo 3—Mt. 19:23-24; nota—Ap. 20:4-6), o bien en los nuevos cielos y la nueva tierra (Ap. 21:1ss; cp. 1 Co. 15:23-28).

Hay tres pasajes en los que Cristo se refirió a la regeneración predicha.

«Y Jesús les dijo: De cierto os digo que en la regeneración, cuando el Hijo del Hombre se siente en el trono de su gloria, vosotros que me habéis seguido también os sentaréis sobre doce tronos, para juzgar a las doce tribus de Israel» (Mt. 19:28).

«El le dijo: ¿Qué quieres? Ella le dijo: Ordena que en tu reino se sienten estos dos hijos míos, el uno a tu derecha, y el otro a tu izquierda... El les dijo: A la verdad, de mi vaso beberéis, y con el bautismo con que yo soy bautizado, seréis bautizados; pero el sentaros a mi derecha y a mi izquierda, no es mío darlo, sino a aquellos para quienes está preparado por mi Padre» (Mt. 20:21-23).

«Pero vosotros sois los que habéis permanecido conmigo en mis pruebas. Yo, pues, os asigno un reino, como mi Padre me lo asignó a mí, para que comáis y bebáis a mi mesa en mi reino, y os sentéis en tronos juzgando a las doce tribus de Israel» (Lc. 22:28-30).

Aparentemente el cumplimiento de esta promesa será el reinado mesiánico o reinado milenial de Cristo en la tierra. Esta parece ser la forma en que será cumplida la promesa de Cristo a Israel.

«Restauraré tus jueces como al principio, y tus consejeros como eran antes; entonces te llamarán Ciudad de justicia, Ciudad fiel» (Is. 1:26).

Note tres cosas.

1. Para algunos comentaristas es muy difícil decir que alguna vez volverá a haber una distinción entre judíos y gentiles, puesto que Cristo vino para hacer la paz entre todos los hombres, derrumbando el muro de división entre ellos. Afirman que el principal énfasis de las Escrituras se opone a que haya otra vez una distinción entre judíos y gentiles. Esta interpretación afirma sencillamente que cuando Cristo venga establecerá su *reinado eterno y gobernará para siempre*. Por eso, los apóstoles gobernarán y reinarán sobre la iglesia, el Israel espiritual, el verdadero Israel de Dios (Gá. 6:15-16; cp. Ro. 2:28-29).

2. Jesús dijo que recompensará a sus discípulos con un *honor particular*. ¿Por qué? Los discípulos creyeron y siguieron a Cristo cuando el cristianismo estaba en estado embrionario. Permanecieron firmes en su fe y perseveraron a pesar de increíbles obstáculos.

- Imagine lo que es estar frente a un hombre, semejante a todos los otros hombres, un mero humano, y creer que ese hombre es realmente el *Hijo de Dios*.
- Imagine lo que es permanecer junto a Jesús y seguirle cuando todos los demás se apartaron de Él (cp. Jn. 6:67).
- Imagine lo que es seguir instantáneamente los pasos del Señor resucitado y ser inmediatamente responsable de alcanzar al mundo. (No es de asombrarse que Dios haya planeado que su Espíritu llene a los discípulos y viva en nuestros cuerpos tal como lo hace. *Véanse* notas—1 Co. 3:16; 6:19-20.)
- Imagine lo que es continuar y continuar, tratando

de ser obedientes y de alcanzar el mundo para Cristo a pesar de obstáculos increíbles.

- Imagine lo que es encarar y soportar una persecución increíble lanzada tanto desde un gobierno inmoral como de una religión feroz.

Los discípulos no solamente tuvieron más responsabilidad y soportaron más de lo que nosotros podamos conocer; sino que fueron responsables y soportaron más de lo que nosotros podamos imaginarnos (cp. 1 Co. 4:9-13; 2 Co. 11:24-28).

3. Los discípulos no son los únicos que serán recompensados. Todo auténtico seguidor de Cristo será recompensado (para mayor discusión *véanse* notas—Mt. 19:29; Lc. 16:1-13).

1 La advertencia: Satanás quiere zarandear, separar a los discípulos de Dios **2 La respuesta al ataque de Satanás** a. La intercesión de Jesús b. Volver a Dios después de caer c. Ayudar a otros **3 Cómo prevenir los ataques de Satanás** a. Conociendo la	**D. Jesús predice la negación de Pedro: gran advertencia de los ataques de Satanás, 22:31-38** (Mt. 26:31-35; Mr. 14:27-31; Jn. 13:36-38) 31 Dijo también el Señor: Simón, Simón, he aquí Satanás os ha pedido para zarandearos como a trigo; 32 pero yo he rogado por ti, que tu fe no falte; y tú, una vez vuelto, confirma a tus hermanos. 33 El le dijo: Señor, dispuesto estoy a ir contigo no sólo a la cárcel, sino también a la muerte. 34 Y él le dijo: Pedro, te	digo que el gallo no cantará hoy antes que tú niegues tres veces que me conoces. 35 Y a ellos dijo: Cuando os envié sin bolsa, sin alforja, y sin calzado, ¿os faltó algo? Ellos dijeron: Nada. 36 Y les dijo: Pues ahora, el que tiene bolsa, tómela, y también alforja; y el que no tiene espada, venda su capa y compre una. 37 Porque os digo que es necesario que se cumpla todavía en mí aquello que está escrito: Y fue contado con los inicuos; porque lo que está escrito de mí, tiene cumplimiento. 38 Entonces ellos dijeron: Señor, aquí hay dos espadas. Y él les dijo: Basta.	diferencia entre una entrega carnal y una espiritual b. No olvidar los recursos provistos por Cristo c. Sabiendo que vienen tiempos difíciles 1) Los amigos se irán 2) Los enemigos serán feroces d. Sabiendo que Jesús es el Siervo sufriente 1) La profecía lo menciona (Is. 53) 2) Cristo es contado como pecador 3) La salvación será cumplida **4 Conclusión: los discípulos todavía no entendían; pensaban en términos de un Mesías terrenal**

D. Jesús predice la negación de Pedro: gran advertencia de los ataques de Satanás, 22:31-38

(22:31-38) ***Introducción:*** Satanás ataca al pueblo de Dios. Saber y entender esto ayuda en gran manera al creyente. Le ayuda a...
- reconocerlo y oponerse a sus ataques.
- recuperarse cuando ha cedido a los ataques.
- fortalecer a otros para resistir los ataques.

Jesús conocía el ataque que estaba por ser lanzado contra los discípulos. Este pasaje muestra cómo preparó a sus discípulos. Esta es una vigorosa advertencia de que Satanás ataca al creyente.
1. La advertencia: Satanás quiere zarandear, separar a los discípulos de Dios (v. 31).
2. La respuesta al ataque de Satanás (v. 32).
3. Cómo prevenir los ataques de Satanás (vv. 33-37).
4. Conclusión: los discípulos todavía no entendían; seguían pensando en términos de un Mesías terrenal (v. 38).

1 (22:31) ***Tentación—Satanás—lucha espiritual:*** la advertencia. Satanás quiere zarandear al creyente, es decir, separarlo de Dios. Este versículo revela mucho acerca de la tentación. Note tres cosas.
1. La palabra «os» en el griego está en plural. Satanás quiere tentar a los discípulos. Jesús dirigió la advertencia a Pedro porque era el líder del grupo y porque iba a ir más allá de la deserción, concretamente a la negación de Jesús. Pedro necesitaba un poco de atención especial.
2. La palabra «pedido» (*exeitesato*) significa pedir algo, obtener algo pidiendo. Jesús mencionó a Satanás como pidiendo permiso a Dios para hacer caer a los discípulos. Es el mismo cuadro que se encuentra en Job (Job 1:6ss). La Biblia es clara en su enseñanza: Dios es supremo; todo cuanto pasa en el universo, pasa porque Dios lo permite, incluso la tentación. La razón por qué Dios permite la tentación se expone en el punto que sigue. La verdad que hay que ver aquí es que...
- Jesús nos permitió atisbar el mundo espiritual.
- Satanás pidió a Dios que le permitiera someter a prueba los discípulos.
- Satanás está sujeto a Dios y no tiene derecho ni poder para *tentar a los creyentes* a menos que Dios se lo permita.
- La oración del Señor incluye las palabras: «Líbranos de malo» (*apo tou poneron*) (*véase* Estudio a fondo 9—Mt. 6:13).

3. La palabra «zarandear» (*siniasai*) significa sacudir, sacudir en un cernidor para separar el buen grano de la paja. El cuadro muestra a Satanás queriendo...
- zarandear y sacudir a los discípulos.
- ponerlos a prueba.
- demostrar que no son genuinos.
- partirle el corazón a Dios demostrándole que no son genuinos.
- causarle desgracia a Dios demostrándole la deslealtad de ellos.

El principal propósito de Satanás en la tentación es causar desgracia y partirle el corazón a Dios. Lo hace para desafiar a Dios a quitarle al creyente la *sensación* que tiene de la presencia y bendición del Señor. Satanás cree que el creyente va a caer y apartarse de Dios. Le insinúa a Dios que el creyente no va a soportar con fe prueba tras prueba; que sin alguna bendición *física o material* no va a soportar. Aparentemente le insinúa que el creyente no ama a Dios por lo que es, ni por lo que Cristo ha hecho en su favor, sino por lo que le puede sacar a Dios. (Cp. Job 1:6-12.)

La presencia de Jesús estaba *a punto* de ser removida de los discípulos. Jesús iba a morir. Y los discípulos estaban pensando en términos de un reino físico y de recompensas materiales (cp. Lc. 22:24-30). Por supuesto, en la prueba fallaron. Sin embargo, siempre debemos recordar que todavía no conocían el significado pleno de la cruz y de la resurrección. Ellos vivieron aquellos eventos, mientras que nosotros los miramos retrospectivamente; nosotros podemos entender plenamente lo que estaba ocurriendo. El amor y la devoción de ellos hacia Jesús era profunda. Se arrepintieron, volvieron y entregaron sus vidas plenamente a Él.

> ***Pensamiento.*** El propósito de Satanás es causarle desgracia a Dios y partirle el corazón. Esto debe impulsarnos a permanecer firmes ante la tentación, sin importar el precio; por fe en el poder del Señor. (*Véase* nota, ***Satanás***— Lc. 22:3 que presenta una lista de las obras de Satanás.)
>
> **«No os ha sobrevenido ninguna tentación que no**

sea humana; pero fiel es Dios, que no os dejará ser tentados más de lo que podéis resistir, sino que dará también juntamente con la tentación la salida, para que podáis soportar» (1 Co. 10:13).

«Para que Satanás no gane ventaja alguna sobre vosotros; pues no ignoramos sus maquinaciones» (2 Co. 2:11).

«Pero temo que como la serpiente con su astucia engañó a Eva, vuestros sentidos sean de alguna manera extraviados de la sincera fidelidad a Cristo» (2 Co. 11:3).

«Porque no tenemos lucha contra sangre y carne, sino contra principados, contra potestades, contra los gobernadores de las tinieblas de este siglo, contra huestes espirituales de maldad en las regiones celestes. Por tanto, tomad toda la armadura de Dios, para que podáis resistir en el día malo, y habiendo acabado todo, estar firmes» (Ef. 6:12-13).

«Porque los que quieren enriquecerse caen en tentación y lazo, y en muchas codicias necias y dañosas, que hunden a los hombres en destrucción y perdición» (1 Ti. 6:9).

«Sino que cada uno es tentado, cuando de su propia concupiscencia es atraído» (Stg. 1:14).

«Sed sobrios, y velad; porque vuestro adversario el diablo, como león rugiente, anda alrededor buscando a quien devorar» (1 P. 5:8).

2 (22:32) ***Arrepentimiento—discipulado:*** hay una respuesta para el creyente que falle y cae bajo el ataque de Satanás. Jesús quiso que Pedro supiera tres cosas.

1. Jesús intercede por el creyente. Jesús era el abogado de Pedro ante Dios. Jesús había orado que la fe de Pedro no falle. Esto significa que Jesús había orado que Pedro no *caiga de manera permanente*, que su fe no *falle totalmente ni sea absolutamente arruinada*, que Pedro no niegue en forma *definitiva y duradera* a Jesús. Pedro y los otros tropezarían y caerían. Pero Jesús oró que...

- no permanezcan caídos.
- no permanezcan en pecado.
- no hagan un rechazo definitivo y duradero.
- no abandonen por siempre.

Jesús oró que fuesen guardados por el poder de Dios y no arrebatados de la mano de Dios (Jn. 10:29; 1 P. 1:5).

«Hijitos míos, estas cosas os escribo para que no pequéis; y si alguno hubiere pecado, abogado tenemos para con el Padre, a Jesucristo el justo. Y él es la propiciación por nuestros pecados; y no solamente por los nuestros, sino también por los de todo el mundo» (1 Jn. 2:1-2).

«¿Quién es el que condenará? Cristo es el que murió; más aun, el que también resucitó, el que además está a la diestra de Dios, el que también intercede por nosotros» (Ro. 8:34).

«Por lo cual puede también salvar perpetuamente a los que por él se acercan a Dios, viviendo siempre para interceder por ellos» (He. 7:25).

2. Después de haber caído el creyente debe volver a Dios. La palabra «vuelto» (*epistrepho*) significa dar la vuelta, volver, regresar nuevamente. El creyente debe arrepentirse, y volver a Dios (*véanse* nota y Estudio a fondo 1, ***Arrepentimiento***—Hch. 17:29-30).

«Y dijo: De cierto os digo, que si no os volvéis y os hacéis como niños, no entraréis en el reino de los cielos» (Mt. 18:3).

«Así que, arrepentíos y convertíos, para que sean borrados vuestros pecados; para que vengan de la presencia del Señor tiempos de refrigerio» (Hch. 3:19).

«El pasaje de la Escritura que leía era este: Como oveja a la muerte fue llevado; y como cordero mudo delante del que lo trasquila, así no abrió su boca» (Hch. 8:32).

3. El creyente debe fortalecer a sus hermanos una vez que ha vuelto a Dios. El creyente debe usar lo que aprendió de su caída y...

- enseñar a otros cómo hallar la misericordia de Dios.
- ayudar a otros que han caído, a volver.
- fortalecer la fe de otros para que no caigan.

«Hermanos, si alguno de entre vosotros se ha extraviado de la verdad, y alguno se hace volver, Sepa que el que haga volver al pecador del error de su camino, salvará de muerte un alma, y cubrirá multitud de pecados» (Stg. 5:19-20).

«Hermano, si alguno fuere sorprendido en alguna falta, vosotros que sois espirituales, restauradle con espíritu de mansedumbre, considerándote a ti mismo, no sea que tú también seas tentado. Sobrellevad los unos las cargas de los otros, y cumplid así la ley de Cristo» (Gá. 6:1-2).

«Recibid al débil en la fe, pero no para contender sobre opiniones» (Ro. 14:1).

«También os rogamos, hermanos, que amonestéis a los ociosos, que alentéis a los de poco ánimo, que sostengáis a los débiles, que seáis pacientes para con todos» (1 Ts. 5:14).

«Vuélveme el gozo de tu salvación, y espíritu noble me sustente. Entonces enseñaré a los transgresores tus caminos, y los pecadores se convertirán a ti» (Sal. 51:12-13).

3 (22:33-37) ***Entrega—cruz—carne—carnal—deseos—persecución:*** hay cuatro prevenciones contra el ataque de Satanás.

1. Prevención 1: Conociendo la diferencia entre una entrega carnal y una entrega espiritual. Pedro declaró inmediatamente su lealtad a Jesús. No conocía la diferencia entre la entrega carnal y espiritual a Dios. Hay tres diferencias.

a. La diferencia de propósitos y deseos.

- La entrega carnal tiene el propósito y deseo de *cosas terrenales y materiales.*
- La entrega espiritual tiene el propósito y deseo de *cosas espirituales y celestiales.*

Pedro estaba entregado a Jesús para establecer un reino terrenal. Era lo que quería, y estaba dispuesto a seguir a Jesús para el logro de tal fin incluso al extremo de morir en combate contra los romanos (cp. Jn. 13:33, 36—14:3). Sin embargo, cuando Pedro vio a Jesús arrestado y juzgado, aparentemente inerme, su ambición personal quedó aplastada. Por eso fue inevitable que sucumbiera ante la tentación; no fue por falta de entrega, sino que el propósito y motivo de su entrega estaban equivocados.

«Porque el que se enaltece será humillado, y el que se humilla será enaltecido» (Mt. 23:12).

«Digo, pues, por la gracia que me es dada, a cada cual que está entre vosotros, que no tenga más alto concepto de sí que el que debe tener, sino que piense de sí con cordura, conforme a la medida de fe que Dios repartió a cada uno» (Ro. 12:3).

«Porque el que se cree ser algo, no siendo nada, a sí mismo se engaña» (Gá. 6:3).

«Así que, el que piense estar firme, mire que no caiga» (1 Co. 10:12).

«Muchos buscan el favor del príncipe; mas de Jehová viene el juicio de cada uno» (Pr. 29:26).

b. Hay una diferencia entre ver la cruz y estar ciego a ella.

- Una entrega carnal ignora o rechaza o espiritualiza el verdadero significado de la cruz.
- Una entrega espiritual ve la cruz y lleva a la persona a crucificar su carne mediante ella. (*Véanse* nota y Estudio a fondo 1—Lc. 9:23. Cp. Ro. 6:6; 8:13; Gá. 2:20; 5:24; Col. 3:5.)

La excesiva confianza de Pedro fue causada por estar ciego a la cruz. Fue Jesús, colgado de la cruz, lo que llevó a Pedro a negar al Señor. Jesús le había dicho todo en cuanto a la cruz; pero Pedro se había rehusado a creer (*véanse* notas—Mt. 17:22; 18:1-2). El hecho de que la carne humana fuese tan pecadora y tan depravada, al extremo de que Dios tuviera que crucificarla, fue sencillamente demasiado para ser comprendido por Pedro (*véanse* bosquejo y notas—Mt. 26:33-34; Ro. 6:6-13; pto. 2—Gá. 2:19-21; 5:24; 6:14-17. Cp. Ro. 6:2; Col. 3:3.)

«Y decía a todos: Si alguno quiere venir en pos de mí, niéguese a sí mismo, tome su cruz cada día, y sígame» (Lc. 9:23).

«Sabiendo esto, que nuestro viejo hombre fue crucificado juntamente con él, para que el cuerpo del pecado sea destruido, a fin de que no sirva más al pecado» (Ro. 6:6).

«Porque si vivís conforme a la carne, moriréis; mas si por el Espíritu hacéis morir las obras de la carne, viviréis» (Ro. 8:13).

«Con Cristo estoy juntamente crucificado, y ya no vivo yo, mas vive Cristo en mí; y lo que ahora vivo en la carne, lo vivo en la fe del hijo de Dios, el cual me amó y se entregó a sí mismo por mí» (Gá. 2:20).

«Pero los que son de Cristo han crucificado la carne con sus pasiones y deseo» (Gá. 5:24).

«Haced morir, pues, lo terrenal en vosotros: fornicación, impureza, pasiones desordenadas, malos deseos y avaricia, que es idolatría» (Col. 3:5).

c. Hay una diferencia entre conocer e ignorar la debilidad de la carne humana. Pedro se jactaba confiando en sí mismo, en su propia fuerza natural. *Como con todos los hombres*, también a él le falló la fuerza natural. La gran lección que Pedro tuvo que aprender fue la de su necesidad de la fuerza del Señor, de la presencia del Espíritu Santo para conquistar al ego y al mal. Él, y los otros, sencillamente tuvieron que aprender a confiar en la fuerza de Jesús, no en la propia carne, al menos no si querían agradar a Dios y ser aceptables a Él.

«Porque los que son de la carne piensan en las cosas de la carne; pero los que son del Espíritu, en las cosas del Espíritu. Porque el ocuparse de la carne es muerte, pero el ocuparse del Espíritu es vida y paz. Por cuanto los designios de la carne son enemistad contra Dios; porque no se sujetan a la ley de Dios, ni tampoco pueden; y los que viven según la carne no pueden agradar a Dios» (Ro. 8:5-8).

«Y si alguno se imagina que sabe algo, aún no sabe nada como debe saberlo» (1 Co. 8:2).

«Porque el que se cree ser algo, no siendo nada, a sí mismo se engaña» (Gá. 6:3).

«No seas sabio en tu propia opinión; teme a Jehová y apártate del mal» (Pr. 3:7).

Note que el canto del gallo probablemente fue mencionado para vivificar en la mente de Pedro y de los otros la advertencia respecto de la debilidad de la carne. Para la persona que tiene el privilegio de escuchar el canto del gallo es un buen recordatorio de la debilidad de su propia carne y de la gran necesidad de andar con el Espíritu de Dios. (*Véase* nota, pto. 2—Mt. 26:33-35.)

2. Prevención 2: No olvidar los recursos de Jesús. Jesús recordó a sus discípulos cómo Dios los había cuidado cuando los envió a predicar (en cuanto al trasfondo de este evento *véanse* bosquejo y notas—Lc. 9:3-5; 10:4). Dios había provisto todo lo que necesitaban. Una de las prevenciones contra los ataques de Satanás es recordar las gloriosas provisiones de Dios.

«No os ha sobrevenido ninguna tentación que no sea humana; pero fiel es Dios, que no os dejará ser tentados más de lo que podéis resistir, sino que dará también juntamente con la tentación la salida, para que podáis soportar» (1 Co. 10:13).

«No lo digo porque tenga escasés, pues he aprendido a contentarme, cualquiera sea mi situación. Sé vivir humildemente, y sé tener abundancia; en todo y por todo estoy enseñado, así para estar saciado como para tener hambre, así para tener abundancia como para padecer necesidad. Todo lo puedo en Cristo que me fortalece» (Fil. 4:11-13).

«Mi Dios, pues, suplirá todo lo que os falta conforme a sus riquezas en gloria en Cristo Jesús» (Fil. 4:19).

«Mas buscad primeramente el reino de Dios y su justicia, y todas estas cosas os serán añadidas» (Mt. 6:33).

3. Prevención 3: Saber que esperan tiempos muy difíciles. Jesús les estaba advirtiendo que les esperaban días peligrosos y que tenían necesidad de prepararse para esos días. Estaba hablando simbólicamente, de lucha espiritual y de preparación espiritual. Dos cosas le pasarán a los seguidores del Señor.

a. Serán abandonados por sus amigos. Tendrán que ganarse su propio sustento mientras prediquen y ministren. Necesitarán sus monederos y dinero. Nadie les ayudará ni les proveerá casa u hospedaje; nadie los librará para que prediquen el evangelio o ministren. Deberían hacerlo, pero no lo harán.

«Los ancianos que gobiernan bien, sean tenidos por dignos de doble honor, mayormente los que trabajan en predicar y enseñar. Pues la Escritura dice: No pondrás bozal al buey que trilla; y: Digno es el obrero de su salario» (1 Ti. 5:17-18).

b. Sus enemigos serán feroces. Jesús no les estaba diciendo que se armen. Simplemente usaba un lenguaje simbólico para acentuar la verdad. La persecución que soportarían sería tan feroz que debían vestirse de coraje, la clase de coraje que...

- está decidida a prevalecer y conquistar.
- considera un escudo más importante que la vestimenta.
- entrega su última posesión antes de rendirse.

4. Prevención 4: Saber que Jesús es el Siervo Sufriente de Dios. Jesús dijo tres cosas.

a. Las Escrituras incluyen profecías acerca de Él que «aun deben ser cumplidas *en mí*». Jesús afirmaba su deidad, afirmaba ser el Mesías, el Hijo del Dios viviente. Afirmaba que la profecía del Siervo sufriente, de Isaías 53, estaba referida a Él. Jesús decía ser el siervo sufriente de Dios.

«Ciertamente llevó él nuestras enfermedades, y sufrió nuestros dolores; y nosotros le tuvimos por azotado, por herido de Dios y abatido. Mas él herido fue por nuestras rebeliones, molido por nuestros pecados; el castigo de nuestra paz fue sobre él, y por su llaga fuimos nosotros curados» (Is. 53:4-5).

b. Jesús debía ser considerado y contado entre los transgresores. Esto significa que Dios debía mirarlo como pecador, igual que a todos los otros hombres. Debía llegar a ser uno con el hombre, incluso en el pecado, y sin embargo, debía ser sin pecado. ¿Por qué? Porque así podría tomar el lugar de los hombres pecadores, llevar sus pecados por ellos. Jesús debía ser el sustituto de los hombres tanto para sus pecados como para sus culpas y su juicio por causa de sus pecados (*véase* nota—Lc. 22:43-44).

«Cristo nos redimió de la maldición de la ley, hecho por nosotros maldición (porque está escrito: Maldito todo aquel que es colgado en un madero)» (Gá. 3:13).

«Pero vemos a aquel que fue hecho un poco menor que los ángeles, a Jesús, coronado de gloria

y de honra, a causa del padecimiento de la muerte, para que por la gracia de Dios gustase la muerte por todos» (He. 2:9).

«Así también Cristo fue ofrecido una sola vez para llevar los pecados de muchos; y aparecerá por segunda vez, sin relación con el pecado, para salvar a los que le esperan» (He. 9:28).

«Quien llevó él mismo nuestros pecados en su cuerpo sobre el madero, para que nosotros, estando muertos a los pecados, vivamos a la justicia; y por cuya herida fuisteis sanados» (1 P. 2:24).

«Porque también Cristo padeció una sola vez por los pecados, el justo por los injustos, para llevarnos a Dios, siendo a la verdad muerto en la carne, pero vivificado en espíritu» (1 P. 3:18).

«Y sabéis que él apareció para quitar nuestros pecados, y no hay pecado en él» (1 Jn. 3:5).

c. Las cosas que «tienen un fin» (*telos echei*): tienen una realización, un cumplimiento, serán completas. El Siervo sufriente de Dios cumpliría Isaías 53 dejando finalmente establecida y terminada la salvación. En la cruz debía proclamar «consumado es», y luego inclinar su cabeza y entregar el espíritu.

«Jesús les dijo: Mi comida es que haga la voluntad del que me envió, y que acabe su obra» (Jn. 4:34).

«Yo te he glorificado en la tierra; he acabado la obra que me diste que hiciese» (Jn. 17:4).

«Cuando Jesús hubo tomado el vinagre, dijo: Consumado es. Y habiendo inclinado la cabeza, entregó el espíritu» (Jn. 19:30).

4 (22:38) ***Conclusión:*** los discípulos todavía no entendían. No captaban la advertencia. Aun pensaban en términos de un Mesías terrenal, de un Mesías que necesitaría la ayuda de ellos para combatir las fuerzas del mundo. Todavía se rehusaban a aceptar el reino espiritual del Mesías. Las palabra de Jesús «basta» no significa que las dos espadas eran suficientes, sino que «basta con este tipo de conversación».

	XI. LOS SUFRIMIENTOS DEL HIJO DEL HOMBRE: SU AGONÍA, PRUEBAS Y CRUCIFIXIÓN, 22:39—23:56 **A. La gran agonía de Jesús: soportando una carga increíble, 22:39-46** (Mt. 26:36-46; Mr.14:32-42; Jn. 18:1; cp. He. 5:7-8; 12:3-4)	41 Y él se apartó de ellos a distancia como de un tiro de piedra; y puesto de rodillas oró, 42 diciendo: Padre, si quieres, pasa de mí esta copa; pero no se haga mi voluntad, sino la tuya.	**3 La carga de su propia copa de sufrimiento**[EF1]
		43 Y se le apareció un ángel del cielo para fortalecerle. 44 Y estando en agonía, oraba más intensamente; y era su sudor como grandes gotas de sangre que caían hasta la tierra.	**4 El pavoroso peso de su intensa agonía**[EF2] a. Revelado por la visita del ángel b. Revelado por su intensa oración c. Revelado por su sudor
1 Jesús en el monte de los Olivos a. Su costumbre de ir a ese lugar para orar b. Sus discípulos le siguen	39 Y saliendo, se fue, como solía, al monte de los Olivos; y sus discípulos también le siguieron.	45 Cuando se levantó de la oración, y vino a sus discípulos, los halló durmiendo a causa de la tristeza;	**5 El peso de la continua debilidad de sus discípulos**
2 La carga de la gran prueba de sus discípulos	40 Cuando llegó a aquel lugar, les dijo: Orad que no entréis en tentación.	46 y les dijo: ¿Por qué dormís? Levantaos, y orad para que no entréis en tentación.	

XI. LOS SUFRIMIENTOS DEL HIJO DEL HOMBRE: SU AGONÍA, PRUEBAS Y CRUCIFIXIÓN, 22:39—23:56

A. La gran agonía de Jesús: soportando una carga increíble, 22:39-46

(22:39-46) ***Introducción:*** este pasaje muestra el inmenso peso del sufrimiento que soportó Jesús al encarar la cruz.

1. Jesús en el monte de los Olivos (v. 39).
2. La carga de la gran prueba de sus discípulos (v. 40).
3. La carga de su propia copa de sufrimiento (vv. 41-42).
4. El pavoroso peso de su intensa agonía (vv. 43-44).
5. El peso de la continua debilidad de sus discípulos (vv. 45-46).

[1] (22:39) ***Oración—Jesucristo, vida de oración:*** Jesús fue al monte de los Olivos. Los discípulos estaban con Él. Lo significativo que hay que notar aquí es que era su costumbre cuando estaba en Jerusalén, de buscar tiempo para estar a solas con Dios en aquel monte. Durante la última semana de su vida pasó todas las noches orando (*véanse* nota y Estudio a fondo 1—Lc. 21:37).

[2] (22:40) ***Jesucristo, sus sufrimientos—discipulado:*** Jesús soportó la carga de la gran prueba que atravesarían sus discípulos. La mayor de todas las pruebas que los discípulos conocerían estaba a la mano, y ellos no lo sabían. En unas pocas horas más se apartarían de Jesús. Necesitaban desesperadamente orar «para no entrar en tentación» (v. 40), para no ser sujetados de tal manera por la tentación y el pecado que luego no pudieran arrepentirse al resucitar Jesús y confrontarlos. Jesús conocía la enorme tentación que sobrevendría a aquellos hombres, y Él los amaba y cuidaba de ellos, de modo que necesariamente tenía que sentir la presión de aquella prueba.

> **«Porque no tenemos un sumo sacerdote que no pueda compadecerse de nuestras debilidades, sino uno que fue tentado en todo según nuestra semejanza, pero sin pecado. Acerquémonos, pues, confiadamente al trono de la gracia, para alcanzar misericordia y hallar gracia para el oportuno socorro» (Hch. 4:15-16).**
>
> **«Porque no tenemos lucha contra sangre y carne, sino contra principados, contra potestades, contra los gobernadores de las tinieblas de este siglo, contra huestes espirituales de maldad en las regiones celestes. Por tanto, tomad toda la armadura de Dios, para que podáis resistir en el día malo, y habiendo acabado todo, estar firmes» (Ef. 6:12-13).**
>
> **«Así que vosotros, oh amados, sabiéndolo de antemano, guardaos, no sea que arrastrados por el error de los inicuos, caigáis de vuestra firmeza» (2 P. 3:17).**

[3] (22:41-42) ***Jesucristo, sufrimientos:*** Jesús cargó el peso de su propia copa de sufrimiento. Al encarar la muerte Jesús se volvió a Dios, clamando con *gran clamor y lágrimas* (cp. He. 5:7). En estos versículos se nos dicen cuatro cosas.

1. Jesús salió para estar totalmente solo y se postró ante Dios. Lucas dice que se retiró «a distancia como de un tiro de piedra» de los tres discípulos. Note dos asuntos significativos. (1) Necesitaba estar a solas con Dios; estaba desesperado. (2) Cayó sobre su rostro; la presión y el peso eran insoportables.

2. Jesús oró «Padre (*pater*)». Es la forma en que un niño se dirige con amor, dependencia y confianza a su padre. El niño sabe que su padre le oirá y se volverá a él cuando clame: «Padre». Pero note también las palabras «Padre *mío*». Jesús estaba quebrantado y aplastado; se había postrado en tierra y había ocultado el rostro en sus manos. En su desesperación exclamó: «Padre *mío*» (cp. Mt. 26:39). Como lo hace un niño así clamó Jesús a su Padre, quebrantado y dependiendo de Él sabiendo que su Padre le oiría y se volvería a Él para ayudarle

3. Jesús pidió que Dios quitase la copa de Él. (*Véase* Estudio a fondo 4, ***Copa***—Mt. 26:39. *Véase* también Estudio a fondo 1—Mt. 27:26-44; cp. Mt. 20:19.) En esta experiencia se ven claramente la naturaleza y voluntad de Jesús. Jesús era de carne como cualquier hombre; por eso pidió a Dios que escogiese otro camino que la copa, si fuese posible. La experiencia de ser *separado de Dios* en la cruz era demasiado para ser soportado.

4. En esta experiencia también se ve claramente la naturaleza y voluntad divina de Jesús. Note las palabras del Señor: «pasa de mí esta copa; pero...» La primera acción, el primer impulso y la lucha de su voluntad había provenido de su carne: escapar a la copa de la separación de Dios. Pero inmediatamente, la segunda acción, el segundo impulso y lucha de su voluntad, provino de su naturaleza divina: no hacer lo que él quería, sino lo que Dios quería.

Era crucial que en el Getsemaní Jesús hiciera la perfecta voluntad de Dios.

- En esa entrega Jesús fue hecho perfecto, capacitado para estar ante Dios como el Hombre ideal, perfecto.
- En esa entrega para ser el Hombre ideal, perfecto, su justicia pudo estar en el lugar de todo hombre.
- En esa entrega para ser el Hombre ideal, perfecto, Jesús fue capacitado para soportar la copa de la ira de Dios contra el pecado, *en el lugar de cada hombre.*
- En esa entrega para ser el Hombre ideal, perfecto, su sacrificio y sufrimientos pudieron tomar el lugar de todo hombre.

«Pero vemos a aquel que fue hecho un poco menor que los ángeles, a Jesús, coronado de gloria y de honra, a causa del padecimiento de la muerte, para que por la gracia de Dios gustase la muerte por todos. Porque convenía a aquel por cuya causa son todas las cosas, y por quien todas las cosas subsisten, que habiendo de llevar muchos hijos a la gloria, perfeccionase por aflicciones al autor de la salvación de ellos» (He. 2:9-10).

«Y aunque era Hijo, por lo que padeció aprendió la obediencia; y habiendo sido perfeccionado, vino a ser autor de eterna salvación para todos los que le obedecen» (He. 5:8-9).

«Al que no conoció pecado, por nosotros lo hizo pecado, para que nosotros fuésemos hechos justicia de Dios en él» (2 Co. 5:21).

ESTUDIO A FONDO 1

(22:42) ***Copa:*** Jesús no temía ni huía de la muerte en sí. Esto queda claramente demostrado en Jn. 10:17-18. Morir por una causa no es un precio tan alto. Muchos hombres han muerto sin temor y voluntariamente por diversas causas. Algunos tal vez sufrieron más crueldades que el mismo Jesús. Huir de la traición, de los azotes, la humillación y de la muerte —incrementado todo ello por el preconocimiento— no era lo que le estaba ocurriendo a Jesús. Como quedó dicho, algunos hombres han encarado osadamente pruebas semejantes, invitando incluso el martirio por una causa. Desde el comienzo mismo Jesús sabía que iba a morir, y había estado preparando a sus discípulos para ese acontecimiento (*véase* Estudio a fondo 1—Lc. 9:22). No era el sufrimiento humano y físico de lo que Jesús huía. Esa sería una explicación totalmente inadecuada del Getsemaní. La gran copa o prueba que Jesús enfrentaba era la separación de Dios (*véase* nota, pto. 1—Mt. 26:37-38). Jesús sería el *cordero sacrificial de Dios*, que quitaría los pecados del mundo (Jn. 1:29). Soportaría el juicio de Dios causado por los pecados del mundo (*véase* nota—Mt. 27:46-49); cp. Is. 53:10). Jesús mismo ya había hablado de la «copa» al referirse a su muerte sacrificial (Estudio a fondo 2—Mt. 20:22-23; nota—Mr. 14:41-42; Estudio a fondo 2—Jn. 18:11).

Las Escrituras hablan de diversas maneras de la copa.

1. La copa es llamada el «cáliz de su ira» (Is. 51:17).
2. La copa es asociada con el sufrimiento y la ira de Dios (cp. Sal. 11:6; Is. 51:17; Lc. 22:42).
3. La copa también es asociada con la salvación. Puesto que Jesús bebió la copa del sufrimiento y de la ira por nosotros, nosotros podemos decir: «tomaré la copa de la salvación, e invocaré el nombre de Jehová» (Sal. 116:13). Jesús soportó el juicio de Dios por los pecados del mundo (Is. 53:10).

[4] (22:43-44) ***Jesucristo, sufrimiento:*** Jesús soportó el pavoroso peso de una agonía intensa. Tres hechos lo demuestran.

1. Dios envió un ángel para fortalecer a Jesús. ¿Qué hizo el ángel? No se nos dice, pero indudablemente el ángel habló de cómo su muerte...

- era un acto que glorificaba y honraba a Dios, que hacía exactamente lo que el Padre quería. Era un acto de obediencia, amor y adoración a Dios. Era una ofrenda, la ofrenda perfecta a Dios (*véase* nota— Ef. 5:2).
- resultaría en la propia gloria, honor y exaltación (He. 12:2; Fil. 2:6-11).
- era la única forma en que el hombre podía ser eternamente salvo.

Probablemente el ángel también hizo algunas cosas muy prácticas. Podemos imaginarnos al ángel abrazando a su Señor, estrechándolo fuertemente, infundiéndole tal vez fuerza a su ser. El cuadro de nuestro Señor tan débil que tuvo que ser abrazado y encerrado en los brazos de un ángel debería quebrantar el corazón del creyente. Tal vez el ángel enjugó el sudor, la sangre y las lágrimas de las cejas de Jesús. Cualquiera haya sido la escena, nosotros tenemos que ver el pavoroso peso y la intensidad de la agonía de nuestro Señor.

2. Jesús «oraba más intensamente», con mayor fuerza. El motivo lo muestran las palabras griegas que dicen «estando en agonía (*genomenos en agonia*). El griego (participio aoristo) signifiica que Jesús experimentaba una agonía creciente. El peso sobre Él no era solamente intenso, sino que crecía más y más en intensidad. El sentido de presión y sufrimiento se volvía cada vez más pesado. El cuadro lo muestra como envuelto y rodeado por la agonía. De modo que por eso oraba con más intensidad. Su oración crecía en intensidad a medida que se intensificaba su agonía.

3. Jesús sudó grandes gotas de sangre. Las palabras «grandes gotas» (*thromboi*) significan grandes coágulos de sangre. Aparentemente Jesús soportaba una presión tan intensa que reventaron sus venas capilares debajo de la piel mezclándose la sangre con el sudor y goteando a través de los poros ensanchados. Nunca se podrá saber lo que Jesús estaba experimentando (*véase* Estudio a fondo 2, ***Jesucristo, sufrimiento***—Lc. 22:43-44).

ESTUDIO A FONDO 2

(22:43-44) ***Jesucristo, sufrimiento:*** nunca podrán las palabras expresar lo que experimentó Jesús. Para describir el sufrimiento de Jesús las palabras son totalmente inadecuadas. Usar todas las palabras descriptivas del mundo sería tan inadecuado como usar un jeringa para secar el océano.

1. La *agonía mental y emocional*, el peso, presión, angustia, dolor, y tensión como jamás la experimentó hombre alguno. Él era el Hijo de Dios, el Hacedor de los cielos y de la tierra; sin embargo, *ahora* le presionaban intensamente, en mente y espíritu, las imágenes y los pensamientos de...

- la *dureza e incredulidad* de todos los hombres en todas partes.
- el *rechazo* de su propia gente, lo judíos.
- la *malicia* de los líderes mundiales, tanto judíos como gentiles, religiosos como civiles.
- la *traición* de uno de los suyos, Judas.
- el *abandono* de todos sus hombres.
- la *negación* del líder de sus hombres, Pedro.
- la *injusticia y condenación* manifestados en el juicio contra Él.
- el *ridículo y el dolor* de ser azotado, escupido, estaqueado, maldecido, burlado, coronado con espinas, clavado a una cruz y muerto.
- la *ira de Dios* que pronto caería sobre Él por ser quien llevaba los pecados del mundo.
- El *separarse del Espíritu de Dios*, al llevar los pecados del mundo.

2. La *experiencia física de la muerte* siendo Él el Hijo de Dios. ¿Qué habrá significado para el Hijo de Dios morir como mueren todos los hombres? Si sólo se considera el aspecto físico de la muerte de Jesús, todavía su muerte era diferente a la de todos los otros hombres.

a. Como Hijo de Dios Jesús poseía en su ser la simiente misma de la vida (*véase* Estudio a fondo 1—Jn. 17:2-3).

b. Jesús como Hijo de Dios no tenía en sí simiente de muerte (Jn. 14:6; 1 Ti. 6:16; 1 Jn. 1:1-2. Cp. Jn. 1:4). Pero el hombre sí. El hombre posee la simiente de corrupción y muerte; la naturaleza pecadora no conoce ni espera nada sino la muerte. En cambio la naturaleza libre de pecado de Jesús no conocía nada del pecado y de la muerte. Por eso la agonía y el dolor de la muerte necesariamente tenían que ser tan diferentes a la muerte del hombre como el blanco es diferente del negro.

Hay otro hecho que debe ser notado cuidadosamente. En la muerte el hombre sufre la profundidad de la humillación. No importa lo mucho que el hombre luche por vivir, su decaimiento es irrevocable hasta que es llevado al sepulcro y al polvo de la tierra. Pero Jesús no. Nuevamente, Él era sin pecado, perfecto, incluso en su naturaleza humana. ¡Imagine la humillación del Hijo de Dios —Perfecto Hombre, Perfecto Dios— teniendo que morir en esta tierra! No es de asombrarse que comenzara a «¡entristecerse y a *angustiarse!*» No es de asombrarse que pudiera decir: «Mi alma está muy triste, *hasta la muerte*». De alguna forma misteriosa Dios hizo que Jesús se hiciera pecado por nosotros (2 Co. 5:21).

3. La *experiencia espiritual de la muerte* siendo Él el Hijo del Hombre (*véanse* nota—Mt. 5:17-18; Estudio a fondo 3—8:20; Estudio a fondo 2—Ro. 8:3). Es tanto lo que hay en este hecho, y sin embargo, es tan poco lo que podemos conocer.

a. Primero, ¿cómo es estar sin pecado? Aunque Jesús fue totalmente hombre, fue sin pecado. Vivió como viven todos los hombres encarando las pruebas y tentaciones de los hombres, pero sin pecar jamás. Llegó a ser el Hombre perfecto, el Hombre Ideal, todo lo que Dios quiso que el hombre fuese. Por eso vino a ser el Modelo para todos los hombres.

«Porque no tenemos un sumo sacerdote que no pueda compadecerse de nuestras debilidades, sino uno que fue tentado en todo según nuestra semejanza, *pero sin pecado*» (He. 4:15; cp. 2 Co. 5:21; 1 P. 2:22; 1 Jn. 3:5).

«Y aunque era Hijo, por lo que padeció aprendió la obediencia; y habiendo sido perfeccionado, vino a ser autor de eterna salvación para todos los que le obedecen» (He. 5:8-9).

b. Segundo, ¿qué significa llevar los pecados del mundo? ¿Qué significa ser perfecto y sin pecado, y, *de pronto* ser cargado con todos los pecados del mundo? De alguna manera misteriosa, Dios tomó todos los pecados del mundo y depositó *todo el conjunto de ellos* sobre Jesús. De alguna manera misteriosa Dios hizo que Jesús se hiciera pecado por nosotros (2 Co. 5:21). Jesús, el Hombre Perfecto, se convirtió en el Portador del pecado. El llevó todos los pecados y todo lo que el pecado causa, toda la...

- oscuridad.
- suciedad.
- veneno.
- presión.
- tormenta.
- dolor.
- barbarie.
- desgaste.
- guerra.
- enemistad.
- polución.
- mugre.
- peso.
- ansiedad.
- corrosión.
- culpa.
- conflicto.
- pelea.
- tortura.
- disturbio.

«Todos nosotros nos descarriamos como ovejas, cada cual se apartó por su camino; mas Jehová cargó en él el *pecado de todos nosotros*» (Is. 53:6).

«Porque Cristo, cuando aún éramos débiles, a su tiempo murió por los *impíos*» (Ro. 5:6).

«Al que no conoció pecado, por nosotros lo hizo pecado, para que nosotros fuésemos hechos justicia de Dios en él» (2 Co. 5:21).

«Así también Cristo fue ofrecido una sola vez para llevar los *pecados de muchos*; y aparecerá por segunda vez, sin relación con el pecado, para salvar a los que le esperan» (He. 9:28).

«Quien *llevó él mismo nuestros pecados* sobre el madero, para que nosotros, estando muertos a los pecados, vivamos a la justicia; y por cuya herida fuisteis sanados» (1 P. 2:24).

c. Tercero, ¿qué significa soportar todo el juicio y condenación por el pecado de todos los hombres? ¿Qué significa ser juzgado y condenado por *todos los pecados que se hayan cometido*? Jesús sufrió por los pecados de *todo el mundo*, sufrió *separación* de Dios. El misterio aterrador de esta experiencia infernal queda revelado en el clamor de Jesús desde la cruz: «Mi Dios, mi Dios, ¿por qué me has desamparado?» (*Véanse* notas—Mt. 27:26-44, 46-49; 1 P. 2:21-25.)

«Mas él herido fue por nuestras rebeliones, molido por nuestros pecados; el castigo de nuestra paz fue sobre él, y por su llaga fuimos nosotros curados» (Is. 53:5).

«Cristo nos redimió de la maldición de la ley, hecho por nosotros maldición (porque está escrito: Maldito todo aquel que es colgado en un madero» (Gá. 3:13).

«Pero vemos a aquel que fue hecho un poco menor que los ángeles, a Jesús, coronado de gloria y de honra, a causa del padecimiento de la muerte, para que por la gracia de Dios gustase la muerte por todos» (He. 2:9).

«Porque también Cristo padeció una sola vez por los pecados, el justo por los injustos, para llevarnos a Dios, siendo a la verdad muerto en la carne, pero vivificado en espíritu» (1 P. 3:18).

5 (22:45-46) ***Jesucristo—sufrimiento:*** Jesús cargó con el peso de la continuada debilidad de sus discípulos. Los discípulos eran débiles, en efecto, tan débiles que no pudieron ayudar a Jesús ante la más severa de las crisis de su vida. Jesús tuvo que encarar la cruz conociendo la terrible debilidad de sus propios hombres. Note lo que ocurrió.

1. Jesús se levantó de la oración y se dirigió a los tres que supuestamente debían estar orando con Él. Los halló dormidos. El compañerismo y espíritu de oración, y el consuelo que Jesús buscaba no estaban allí. Estaban todos dormidos. Había quedado solo para luchar por sí mismo ante Dios.

2. Jesús les advirtió el peligro de la tentación. Habían fallado de orar con Él, pero no debían fallar de orar por sí mismos. Jesús dijo: «Velad y orad». Ambas cosas son importantes. *El velar* permite ver, y *orar* sirve para preparar. Los discípulos debían velar para ver venir la tentación, y debían orar para estar preparados en el momento de golpear la tentación.

3. Jesús les advirtió la debilidad de la carne. Estaban dormidos debido a la tensión y angustia emocional de la víspera. Como dice Lucas, dormían «*a causa de la tristeza*» (Lc. 22:45).

La víspera había sido impactante y exigente. Estaban cansados, fatigados, y preocupados. Era difícil concentrarse en la oración. Probablemente lucharon por mantenerse despiertos y orar por su Señor, pero todavía no habían aprendido la importancia de la oración y de la dependencia espiritual en Dios para encarar las pruebas. Cometieron dos errores que son comunes entre los creyentes.

a. Dependían de su propia sabiduría y fuerza y no de la del Espíritu de Dios para las batallas que les esperaban.

b. Daban por sentado que Dios los libraría, en vez de asegurarse de su liberación mediante el testimonio de la oración. Creían que Cristo era el Mesías; por eso creían que Dios los libraría de los romanos a cualquier precio. Como suelen hacerlo las personas carnales y mundanas, sin duda los discípulos creían que la oración tenía poca importancia. Presumían que Dios lo haría, daban su liberación por sentada. En cambio Jesús dijo: «Velen y oren, porque sólo en la medida que velen y oren podrán evitar la caída cuando sobrevenga la prueba».

Aquí hay un tema que debe ser notado: velar y orar es un *testimonio* a Dios. Cuando los hombres velan y oran, demuestran que su dependencia y confianza en Dios están bien fundadas. Cuando Dios responde las oraciones de los hombres, les demuestra que ama y libra a quienes confían verdaderamente en Él. Cuando los hijos de Dios no velan y oran, Dios permite que caigan para enseñarles que la dependencia de Él y la confianza en Él son absolutamente necesarios.

4. Fallaron en permanecer despiertos para orar, para velar en oración. El espíritu de ellos no estaba suficientemente despierto y alerta para vencer la carne. El sueño y adormecimiento de la carne eran más fuertes que el espíritu (*véase* nota, pto. 2—Mt. 26:42-44; cp. Ef. 6:18).

«Velad y orad, para que no entréis en tentación; el espíritu a la verdad está dispuesto, pero la carne es débil» (Mt. 26:41).

«Así que, el que piense estar firme, mire que no caiga» (1 Co. 10:12).

«Perseverando en la oración, velando en ella con acción de gracias» (Col. 4:2).

«Sed sobrios, y velad; porque vuestro adversario el diablo, como león rugiente, anda alrededor buscando a quien devorar» (1 P. 5:8).

	B. El arresto de Jesús: pecados terribles contra Jesús, 22:47-53 (Mt. 26:47-56; Mr. 14:43-52; Jn. 18:3-11)	a espada? 50 Y uno de ellos hirió a un siervo del sumo sacerdote, y le cortó la oreja derecha. 51 Entonces respondiendo Jesús, dijo: Basta ya; dejad. Y tocando su oreja, le sanó.	a. Los discípulos interpretaron mal e ignoraron la voluntad de Jesús b. Jesús amonestó a los discípulos
1 Abandonando a Jesús: el traidor a. Un hombre que profesaba ser discípulo b. Un líder de pecadores c. Un hombre con afecto engañoso	47 Mientras él aún hablaba, se presentó una turba; y el que se llamaba Judas, uno de los doce, iba al frente de ellos; y se acercó hasta Jesús para besarle. 48 Entonces Jesús le dijo: Judas, ¿con un beso entregas al Hijo del Hombre?	52 Y Jesús dijo a los principales sacerdotes, a los jefes de la guardia del templo y a los ancianos, que habían venido contra él: ¿Cómo contra un ladrón habéis salido con espadas y palos?	**3 Siendo ciegos al Hijo de Dios: los religiosos**
2 Interpretando mal la voluntad del Señor: los discípulos	49 Viendo los que estaban con él lo que había de acontecer, le dijeron: Señor, ¿heriremos	53 Habiendo estado con vosotros cada día en el templo, no extendisteis las manos contra mí; mas esta es vuestra hora, y la potestad de las tinieblas.	**4 Uniendo fuerzas con el poder de las tinieblas**

B. El arresto de Jesús: pecados terribles contra Jesús, 22:47-53

(22:47-53) ***Introducción:*** el arresto de Jesús sólo demoró unos pocos minutos. Sin embargo, durante esos pocos minutos se pintó un dramático cuadro de cuatro terribles pecados contra el Señor, pecados que son repetidos demasiadas veces en cada generación.

1. Abandonando a Jesús: el traidor (vv. 47-48).
2. Interpretando mal la voluntad del Señor: los discípulos (vv. 49-51).
3. Siendo ciegos al Hijo de Dios: los religiosos (v. 52).
4. Uniendo fuerzas con el poder de las tinieblas (v. 53).

1 (22:47-48) ***Incredulidad —deserción—apostasía—Judas:*** apostatando del Señor, el pecado cometido por Judas el traidor. En la apostasía de Judas se ven tres cosas.

1. Era una persona que *profesaba* ser discípulo, una persona que afirmaba ser un seguidor del Señor. En efecto, por más de dos años había estado con el Señor y sus seguidores. Esa misma noche, unas pocas horas antes había estado comiendo y teniendo compañerismo con el Señor y los otros discípulos; pero se había apartado rápidamente.

2. Era un *líder* de pecadores, liderando al mundo en su oposición a Jesús. Note las palabras: «iba al frente de ellos». Como se señaló antes, prefirió al mundo antes que a Jesús; prefirió el dinero del mundo, la posición y el reconocimiento (fama) del mundo. (*Véase* nota—Mr. 14:10.)

La multitud guiada por Judas es identificada en Mateo y Marcos como constituida por oficiales o guardias del templo pertenecientes al sanhedrín. Juan dice que incluía a soldados romanos. Mateo y Marcos dicen que estaban armados. Los soldados, por supuesto, llevaban sus espadas; los ancianos y los otros oficiales del sumo sacerdote se habían armado con tablas y palos (cp. Mt. 26:47).

3. Mostró un afecto *engañoso* hacia el Señor. Note lo que ocurrió. ¿Cómo iban a reconocer los guardias del templo en la oscuridad y evitar que escapase? Judas pensó y elaboró un plan. Les identificaría a Jesús caminando hacia Él y saludándolo con un beso. En el oriente el beso era una señal de amistad y afecto entre la gente, especialmente entre amigos. Judas creía poder engañar a los discípulos; nunca sospecharían su pecado.

Judas hizo lo que planeó hacer. El pecado era malo, pero el engaño era peor. La pregunta de Jesús fue punzante: «¿con un beso entregas al Hijo del Hombre?» Note que la pregunta no fue ni amonestación ni reproche. Jesús estaba obligando a Judas a pensar, a escudriñar su engañoso corazón. En lo posible todavía quería alcanzar a Judas (*véase* nota—Mt. 26:48-50).

Pensamiento. ¿Cuántos profesan ser seguidores de Cristo, pero realmente no lo conocen ni viven por Él? ¿Cuántos son engañadores como fue Judas, tratando de hacer creer a otros que son seguidores cuando en realidad viven *para sí mismos*? ¿Cuántos comenzaron a seguir a Cristo, pero ahora se vuelven al pecado como hizo Judas?

«Y cada uno engaña a su compañero, y ninguno habla verdad; acostumbraron a su lengua a hablar mentira, se ocupan de actuar perversamente» (Jer. 9:5).

«Engañoso es el corazón más que todas las cosas, y perverso; ¿quién lo conocerá?» (Jer. 17:9).

«Para que ya no seamos niños fluctuantes, llevados por doquiera de todo viento de doctrina, por estratagema de hombres que para engañar emplean con astucia las artimañas del error» (Ef. 4:14).

«Mas los malos hombres y los engañadores irán de mal en peor, engañando y siendo engañados» (2 Ti. 3:13).

«Porque hay aún muchos contumaces, habladores de vanidades y engañadores, mayormente los de la circuncisión» (Tit. 1:10).

«Mirad, hermanos, que no haya en ninguno de vosotros corazón malo de incredulidad para apartarse del Dios vivo» (He. 3:12).

«Recibiendo el galardón de sus injusticias, ya que tienen por delicia el gozar deleites cada día. Estos son inmundicias y manchas, quienes aun mientras comen con vosotros, se recrean en sus errores. Tienen los ojos llenos de adulterio, no se sacian de pecar, seducen a las almas inconstantes, tienen el corazón habituado a la codicia, y son hijos de maldición» (2 P. 2:13-14).

«Porque muchos engañadores han salido por el mundo, que no confiesan que Jesucristo ha venido en carne. Quien esto hace es el engañador y el anticristo» (2 Jn. 7).

2 (22:49-51) ***Carne—entrega—carnal:*** interpretando mal e ignorando la voluntad del Señor, el pecado cometido por los discípulos. Note dos cosas.

1. Los discípulos interpretaron mal la voluntad del Señor, y la naturaleza espiritual de su reino. Estaban dispuestos a *luchar en la carne.* El discípulo mencionado en el versículo 50 era Pedro, y el siervo cuya oreja fue cortada era Malco (Jn. 18:10). Jesús restauró la oreja, la sanó milagrosamente (Lc. 22:51).

Pedro creyó que había llegado la hora del Mesías, que Jesús estaba listo para librar a Israel y establecer el trono de David como nación dominante del mundo (*véanse* notas—Mt. 1:1; Estudio a fondo 2—1:18; Estudio a fondo 3—3:11; notas—11:1-6; 11:2-3; Estudio a fondo 1—11:5; Estudio a fondo 2—11:6; Estudio a fondo 1—12:16; notas—22:42; Lc. 7:21-23). Pedro desenvainó su espada (note que tenía espada) y de un golpe le quitó una oreja a Malco.

2. Jesús amonestó a los discípulos por su entrega carnal, por su lucha en la carne.

- Le dijo a Pedro que devuelva la espada al lugar donde correspondía, a la vaina (Mt. 26:52).
- Jesús sanó la oreja de Malco (Lc. 22:51).

El cuadro pintado por el comportamiento de los discípulos es de entrega carnal, es decir, actuar y luchar en la carne. Los discípulos intervinieron en favor de Jesús *en la carne.* Por eso fallaron, y eventualmente dejaron a Jesús. Actuar en la carne siempre resulta en fracaso y abandono de Cristo. La entrega carnal de los discípulos se ve en cuatro errores. Cada uno de ellos se ve con demasiada frecuencia en la vida de los creyentes.

1. Los discípulos interpretaron mal la Palabra del Señor. Primero, creían que Jesús iba a establecer un reino terrenal. Pensaban en términos de los terrenal, físico, y material. Por eso *no captaron el reino espiritual y eterno proclamado por Jesús.* Segundo, nunca aceptaron la Palabra del Señor. Jesús había predicho su propia muerte y advertido a su discípulos, durante meses los había entrenado intensamente (*véanse* notas—Mt. 16:21-28, 13-20; 17:1-13, 22, 24-27). Sin embargo, ellos se rehusaban a abandonar sus ideas preconcebidas y aceptar lo que estaba diciendo Jesús. Por eso no vieron el mundo eterno del Espíritu, ni la salvación eterna que Jesús estaba consiguiendo.

2. Los discípulos no esperaron las instrucciones de Jesús. Actuaron por cuenta propia, tomando el asunto en sus propias manos. Los discípulos habían preguntado: «Señor, ¿heriremos a espada?» Pero Jesús todavía no había respondido. Sin embargo, esto no los detuvo; se adelantaron y actuaron por cuenta propia.

> ***Pensamiento.*** ¡Qué similar a tantos de nosotros! Demasiadas veces actuamos sin esperar en el Señor.

3. Los discípulos no le preguntaron a Jesús qué hacer; ocurrió una y otra vez. No *persistieron* hasta tener respuesta de Jesús.

> **«Velad y orad, para que no entréis en tentación; el espíritu a la verdad está dispuesto, pero la carne es débil» (Mt. 26:41).**
>
> **«Velad, pues, en todo tiempo orando que seáis tenidos por dignos de escapar de todas estas cosas que vendrán, y de estar en pie delante del Hijo del Hombre» (Lc. 21:36).**
>
> **«Buscad a Jehová y su poder; buscad su rostro continuamente» (1 Cr. 16:11).**

4. Los discípulos no pensaron con claridad ni actuaron sabiamente. Sus acciones podían haber llevado al fracaso la voluntad de Dios. Pudo haber conducido a la muerte de muchos. Es eso lo que Jesús estaba diciendo: «La violencia lleva a la violencia. Si ustedes usan la espada, serán aplastados por los soldados». En el pueblo de Dios el lugar de la espada es la vaina, no el aire ni el golpe sobre la gente. El pueblo de Dios debe proclamar amor y paz, no guerra y violencia, no comportamiento humano y carnal.

> **«Entonces respondió y me habló diciendo: Esta es palabra de Jehová a Zorobabel, que dice: No con ejército ni con fuerza, sino con mi Espíritu, ha dicho Jehová de los ejércitos» (Zac. 4:6).**
>
> **«Yo reprendo y castigo a todos los que amo; sé, pues, celoso, y arrepiéntete» (Ap. 3:19).**
>
> **«Sino santificad a Dios el Señor en vuestros corazones, y estad siempre preparados para presentar defensa con mansedumbre y reverencia ante todo el que os demande razón de la esperanza que hay en vosotros» (1 P. 3:15).**

3 (22:52) ***Pecado—incredulidad—ceguera:*** el pecado cometido por los religiosos fue su ceguera ante el Hijo de Dios. Los religiosos se rehusaron a aceptar a Jesús como el Mesías (*véanse* nota y Estudio a fondo 1— Mr. 14:1-2). La pregunta de Jesús fue punzante. ¿Por qué el mundo lo trataba como a un ladrón? Actuaban como si él les hubiera robado. No predicaba un mensaje que les permitiera vivir como querían; es como si les hubiera privado del derecho de vivir como querían. No los alabó, no les agrandó el ego, no honró el servicio y dones de ellos. En cambio les dijo que se quedaban cortos, que eran pecadores, que estaban muriendo, condenados si no se arrepentían y comenzaban a vivir como Dios manda (*véase* nota—Mt. 26:55-56).

> ***Pensamiento.*** Note un punto frecuentemente ignorado. Jesús tenía que decir la verdad para que los hombres pudieran ser salvos. Dios es amor, pero su amor no es como la indulgencia de un abuelo que acepta equívocos. Su amor es el dolor paterno y la aceptación del arrepentimiento y obediencia. *Sólo mediante el arrepentimiento y la obediencia puede el hombre conocer el amor de Dios* (cp. Jn. 14:21, 23-24; 15:10, 14). Dios no acepta al hombre que obra el mal y vive incorrectamente. Jesús tenía que decirle la verdad a los hombres, no podía engañarlos. Si los hombres querían ser aceptados por Dios y vivir en su amor, debían apartarse del pecado y venir a Dios, creyendo que Él existe, y buscándole con diligencia.
>
> **«Pero sin fe es imposible agradar a Dios; porque es necesario que el que se acerca a Dios crea que le hay, y que es galardonador de los que le buscan» (He. 11:6).**
>
> **«El que tiene mis mandamientos, y los guarda, ése es el que me ama; y el que me ama, será amado por mi Padre, y yo le amaré, y me manifestaré a él» (Jn. 14:21).**
>
> **«Respondió Jesús y le dijo: El que me ama, mi palabra guardará; y mi Padre le amará, y vendremos a él, y haremos morada con él. El que no me ama, no guarda mis palabras; y la palabra que habéis oído no es mía, sino del Padre que me envió» (Jn. 14:23-24).**
>
> **«Si guardareis mis mandamientos, permaneceréis en mi amor; así como yo he guardado los mandamientos de mi Padre, y permanezco en su amor... Vosotros sois mis amigos, si haceis lo que yo os mando» (Jn. 15:10, 14).**

4 (22:53) ***Satanás:*** uniendo fuerzas con el poder de las tinieblas. Era alarmante lo que decía Jesús: «esta es vuestra hora, y la potestad de las tinieblas». Los que se oponían a Jesús habían hecho causa común con el poder de las tinieblas. El poder de las tinieblas se refiere a las fuerzas del mal, al malo, a Satanás (Ef. 6:12; Col. 1:13). Note los siguientes puntos sobre la palabra «hora».

1. Una hora es un tiempo breve. Pasa rápidamente. Por eso, el poder de la tiniebla y de aquellos que se oponen al Señor sólo durará un breve tiempo. Pronto habrá pasado su hora.

2. El poder de las tinieblas siempre es vencido y conquistado por la luz. Cuando aparece la luz la presencia y el poder de las tinieblas son destruidos. Así es con el Hijo de Dios, la Luz del mundo. El poder de las tinieblas, de aquellos que se oponen a Cristo, quizá tenga su hora ahora, pero su hora terminará. Él, la Luz del mundo, amanecerá y disipará la tiniebla, y la quitará totalmente.

3. Una hora pasa pronto, y entonces, ¿qué queda? Todas las horas de la vida y de la eternidad. El poder de las tinieblas, y los que se oponen a Cristo puede que tengan una hora, pero eso es todo. Él, la Luz del mundo, dará luz eterna al mundo.

> **«Porque no tenemos lucha contra sangre y carne, sino contra principados, contra potestades, contra los gobernadores de las tinieblas de este siglo, contra huestes espirituales de maldad en las regiones celestes» (Ef. 6:12).**
>
> **«El cual nos ha librado de la potestad de las tinieblas, y trasladado al reino de su amado Hijo en quien tenemos redención por su sangre, el perdón de pecados» (Col. 1:13-14).**

	C. La negación de Pedro: la gran tragedia de la negación, 22:54-62 (Mt. 26:57, 69-75; Mr. 14:53-54, 66-72; Jn. 18:15-18, 25-27).	58 Un poco después, viéndole otro, dijo: Tú también eres de ellos. Y Pedro dijo: Hombre, no lo soy.	**3 Negación de discipulado: negar que uno es seguidor de Jesús**
		59 Como una hora después, otro afirmaba, diciendo: Verdaderamente también éste estaba con él, porque es galileo.	**4 Negación del conocimiento: pretender no saber nada de lo que se habla** a. Acusación enfática: estaba con Jesús
1 La causa de la negación a. «Le seguía de lejos» b. «Se sentó» en medio de la turba	54 Y prendiéndoles, le llevaron, y le condujeron a casa del sumo sacerdote. Y Pedro le seguía de lejos.	60 Y Pedro dijo: Hombre, no sé lo que dices. Y en seguida, mientras él todavía hablaba, el gallo cantó.	b. Negación enfática: no sé nada de Jesús
	55 Y habiendo ellos encendido fuego en medio del patio, se sentaron alrededor; y Pedro se sentó también entre ellos.	61 Entonces, vuelto el Señor, miró a Pedro; y Pedro se acordó de la palabra del Señor, que le había dicho:	**5 Respuesta a la negación** a. Recordar la palabra del Señor
2 Pedro simuló no conocer a Jesús a. La acusación: estaba con Jesús	56 Pero una criada, al verle sentado al fuego, se fijó en él, y dijo: También éste estaba con él.	62 Antes que el gallo cante, me negarás tres veces. Y Pedro, saliendo fuera, lloró amargamente.	b. Retirarse para estar a solas c. Tristeza según Dios
b. La negación: Pedro pretende no conocer a Jesús	57 Pero él lo negó, diciendo: Mujer, no lo conozco.		

C. La negación de Pedro: la gran tragedia de la negación, 22:54-62

(22:54-62) ***Introducción:*** negar a Jesús es una de las mayores tragedias de toda la vida. Sin embargo, Jesús es negado frecuentemente, no solo por los incrédulos, sino también por los creyentes. Este pasaje presenta un estudio de la negación, de la horrenda tragedia de negar a Jesús.

1. La causa de la negación (vv. 54-55).
2. Pedro simuló no conocer a Jesús (vv. 56-57).
3. Negación del discipulado: negar que uno es seguidor de Jesús (v. 58).
4. Negación del conocimiento: pretender no saber nada de lo que se habla (vv. 59-60).
5. Respuesta a la negación (vv. 61-62).

1 (22:54-55) ***Apostasía—Jesuscristo, negado:*** la causa de la negación dada en estos versículos es doble. Pedro le falló a Jesús, y le falló miserablemente.

1. «Pedro le seguía de lejos.» *Seguir a Jesús de lejos* significa no andar cerca de Él, no tomar una postura e identificarse con Él. La persona que *sigue de lejos* no está centrando su atención en Cristo. Su mente y su vida no están puestos en el Señor. Su entrega es débil; por eso...

- el mundo la distrae fácilmente, los caminos del mundo la atraen.
- se atemoriza; tiene miedo del ridículo, de la vergüenza, del abuso, persecución, separación, de ser olvidada, ignorada, segregada.

> **«Porque no nos ha dado Dios, espíritu de cobardía, sino de poder, de amor y de dominio propio. Por tanto no te avergüences de dar testimonio de nuestro Señor, ni de mí, preso suyo, sino participa de las aflicciones por el evangelio según el poder de Dios» (2 Ti. 1:7-8).**

2. Pedro«se sentó» entre la turba, la turba que representaba al mundo de quienes rechazan a Cristo. Francamente, Pedro le estaba fallando miserablemente a Jesús. El último lugar donde Pedro debía haber estado era allí, sentado entre la gente. Por supuesto, nunca debía haber negado a Jesús. Pero, habiendo huído, debía haber estado a solas con Dios orando, buscando respuestas y entendimiento de Dios (*véanse* notas—Mt. 26:51-52, 55-56). O debía haber estado con los otros apóstoles, guiándolos a buscar el rostro de Dios para recibir entendimiento y dirección.

> **«Por lo cual, salid de en medio de ellos, y apartaos, dice el Señor, y no toquéis lo inmundo; y yo os recibiré, y seré para vosotros por Padre, y vosotros me seréis hijos e hijas, dice el Señor todopoderoso» (2 Co. 6:17-18).**

2 (22:56-57) ***Apostasía—Jesucristo, negado:*** Pedro simuló no conocer a Jesús. Negó su conocimiento. Al ser confrontado esta negación dice: «no tengo nada que ver con Cristo».

Note lo que ocurrió. Una criada «se fijó» en Pedro. Lo miraba intensamente, lo observaba cuidadosamente, y pensó haberlo visto con Jesús. Llegó a la conclusión de que Pedro era uno de los seguidores del Señor. «También éste estaba con Él.» Aparentemente no hay amenaza ni peligro para Pedro en esta declaración. En el peor de los casos quizá habría resultado en algunas chanzas y burlas. Los rechazadores que estaban alrededor naturalmente se divertían con Jesús y con sus afirmaciones, considerándolo un necio. Quizá hubiera sido una oportunidad para Pedro de testificar en favor de Jesús, compartiendo humildemente acerca del amor y del enorme cuidado que Jesús había mostrado a la gente. Tal vez pudo haber ayudado y llevado a algunos de los que estaban allí a Jesús, o al menos frenar un poco las burlas de la turba. Siempre tenemos que recordar que Juan también estaba allí, en alguna parte, y, según lo que sabemos, mantuvo su compostura y testimonio en favor de Jesús.

El temor quebrantó a Pedro. Negó a Jesús simulando no conocerlo o no tener nada que ver con Él.

Pensamiento. Los creyentes débiles temen a la multitud. Estando en la iglesia profesan de buena gana a Cristo, pero afuera, en el mundo, en el trabajo o en la escuela temen ser conocidos como creyentes. Simulan no conocer a Cristo.

> **«Y a cualquiera que me niegue delante de los hombres, yo también le negaré delante de mi Padre que está en los cielos» (Mt. 10:33).**
>
> **«El testigo falso no quedará sin castigo, y el que habla mentiras no escapará» (Pr. 19:5).**
>
> **«Sino santificad a Dios el Señor en vuestros corazones, y estad siempre preparados para presentar defensa con mansedumbre y reverencia ante todo el que os demande razón de la esperanza que hay en vosotros» (1 P. 3:15).**

3 (22:58) ***Apostasía—Jesucristo, negado:*** la negación del discipulado es negar que uno sigue a Jesús. Cuando el creyente es confrontado esta negación se torna enfática y expresiva: «No soy discípulo, no soy un discípulo de Cristo».

Note la acusación: «Tú también eres *de ellos*». Era una acusación cierta.

- Pedro había estado con Jesús. Era un apóstol; en efecto, era el líder de los apóstoles.
- Pedro era el discípulo que había confesado que Cristo es el Cristo, el Hijo de Dios (Mt. 16:16).
- Pedro era el discípulo que le había jurado fidelidad a Jesús, incluso si por ello tenía que morir (Mt. 26:33-35).

Pedro negó enfáticamente ser un discípulo, un seguidor de Jesús: «Hombre, no lo soy». Pedro estaba cayendo (progresando) cada vez más en el pecado. Estaba negando a Jesús porque no estaba a su lado, sino *entre* aquellos que rechazaban al Señor.

- Estaba entre quienes los rechazaban, porque había huído del Señor.
- Había huído del Señor porque había obrado en la carne (*véase* nota—Lc. 22:49-51).
- Había actuado en la carne porque no había aceptado las palabras del Señor con el significado que fueron dichas.

«Porque el que se avergonzare de mí y de mis palabras en esta generación adúltera y pecadora, el Hijo del Hombre se avergonzará también de él, cuando venga en la gloria de su Padre con los santos ángeles» (Mr. 8:38).

«Por tanto no te avergüences de dar testimonio de nuestro Señor, ni de mí, preso suyo, sino participa de las aflicciones por el evangelio según el poder de Dios» (2 Ti. 1:8).

«Esforzaos y cobrad ánimo; no temáis, ni tengáis miedo de ellos; porque Jehová tu Dios es el que va contigo; no te dejará ni te desamparará» (Dt. 31:6).

4 (22:59-60) ***Apostasía—Jesucristo, negado:*** negación del conocimiento es pretender no saber nada de lo que se está diciendo. Es la negación que pretende ignorancia, «no sé lo que dices; no sé absolutamente nada del asunto». Mateo y Marcos dicen que Pedro comenzó a maldecir y blasfemar, *negando todo conocimiento referido a Jesús.* Note que el acusador estaba seguro de que Pedro era un seguidor de Jesús. El hombre afirmó confiadamente e insistió en el hecho. Incluso identificó la nacionalidad de Pedro, reconoció que era un judío de Galilea. Todos sabían que los seguidores de Jesús eran galileos. Necesariamente el pecho de Pedro debe haber latido lleno de emoción y temor. Sus pensamientos volaban, tratando de imaginarse cómo escapar. Sus emociones irrumpieron sencillamente en forma de maldiciones y blasfemias, negando vigorosamente «no sé lo que dices». Note que esta negación tuvo lugar aproximadamente una hora después de la primera. El fracaso de Pedro iba creciendo.

- Primero simuló no conocer a Jesús.
- Luego cayó más bajo, negando enfáticamente ser un discípulo.
- Ahora pretendía ignorarlo todo. Con maldiciones juró no saber absolutamente nada de Jesús.

El tema es este, Pedro permanecía entre la multitud, todavía estaba en medio de quienes le rechazaban, a pesar de que ya lo habían hecho negar a Jesús dos veces. Pedro trataba ser *del mundo*, uno de la turba, cuando debía haber estado aparte, orando y buscando entender los caminos de Dios.

«No entres por la vereda de los impíos, ni vayas por el camino de los malos» (Pr. 4:14).

«Así que vosotros, oh amados, sabiéndolo de antemano, guardaos, no sea que arrastrados por el error de los inicuos, caigáis de vuestra firmeza» (2 P. 3:17).

«Profesan conocer a Dios, pero con los hechos lo niegan, siendo abominables y rebeldes, reprobados en cuanto a toda buena obra» (Tit. 1:16).

«Si sufrimos, también reinaremos con él; si le negaremos, él también nos negará» (2 Ti. 2:12).

«En nada intimidados por los que se oponen, que para ellos ciertamente es indicio de perdición, mas para vosotros de salvación; y esto de Dios» (Fil. 1:28).

«Y con otras muchas palabras testificaba y les exhortaba, diciendo: Sed salvos de esta perversa generación» (Hch. 2:40).

5 (22:60-62) ***Arrepentimiento—confesión:*** el arrepentimiento de Pedro involucró tres pasos.

1. Recordar las palabras del Señor. Mientras cantaba el gallo, aparentemente la mirada del Señor, que aún estaba en el atrio del palacio, se cruzó con la de Pedro (Lc. 22:61). Y Pedro, ojo a ojo con el Señor, recordó las palabras que le había dicho:

«Dijo también el Señor: Simón, Simón, he aquí Satanás os ha pedido para zarandearos como a trigo; pero yo he rogado por ti, que tu fe no falte; y tú, una vez vuelto, confirma a tus hermanos» (Lc. 22:31-32).

En medio de todo su dolor, la mirada del Señor le dijo a Pedro que no se había olvidado de él. El Señor todavía lo amaba, se preocupaba por él, y esperaba su lealtad y servicio. Jesús había orado por Pedro, y ahora esa oración estaba moviendo el corazón y la vida de Pedro. Ahora Pedro recordaba la palabra de su Señor, y esa palabra comenzaba a tener efecto.

2. Estar a solas con Dios. Tan pronto y con tanta seguridad como era posible, Pedro dejó el atrio a través de la puerta, para internarse en la noche y finalmente estar a solas con Dios. Estaba quebrantado, lleno de angustia y dolor por haber fallado a su Señor; entonces «lloró amargamente».

3. Tristeza según Dios: arrepentimiento (*véase* Estudio a fondo 1—2 Co. 7:10).

«Si confesamos nuestros pecados, él es fiel y justo para perdonar nuestros pecados, y limpiarnos de toda maldad» (1 Jn. 1:9).

«Arrepiéntete, pues, de tu maldad, y ruega a Dios, si quizá te sea perdonado el pensamiento de tu corazón» (Hch. 8:22).

«Y dije: Dios mío, confuso y avergonzado estoy para levantar, oh Dios mío, mi rostro a ti, porque nuestras iniquidades se han multiplicado sobre nuestra cabeza, y nuestros delitos han crecido hasta al cielo» (Esd. 9:6).

«Ahora, pues, dad gloria a Jehová Dios de vuestros padres, y haced su voluntad, y apartaos de los pueblos de las tierras, y de las mujeres extranjeras» (Esd. 10:11).

«Porque mis iniquidades se han agravado sobre mi cabeza; como carga pesada se han agravado sobre mí» (Sal. 38:4).

«Porque yo reconozco mis rebeliones, y mi pecado está siempre delante de mí» (Sal. 51:3).

«Se llenó de amargura mi alma, y en mi corazón sentía punzadas» (Sal. 73:21; cp. Jn. 16:8).

«El que encubre sus pecados no prosperará; mas el que los confiesa y se aparta alcanzará misericordia» (Pr. 28:13).

«Reconoce, pues, tu maldad, porque contra Jehová tu Dios has prevaricado, y fornicaste con los extraños debajo de todo árbol frondoso, y no oíste mi voz, dice Jehová» (Jer. 3:13).

ESTUDIO A FONDO 1

(22:62) ***Arrepentimiento:*** *véanse* nota y Estudio a fondo 1—Hch. 17:29-30.

1 La actitud de la religión y del mundo hacia las afirmacioines de Jesús
a. Abuso físico y verbal
b. Abuso formal y legal: un juicio formal[EF1]

D. Jesús es juzgado ante la corte de sanhedrín: afirmaciones fenomenales de Jesús, 22:63-71
(Mt. 26:57-68; 27:1; Mr. 14:53-65; 15:1; Jn. 18:12-14, 19-24).

63 Y los hombres que custodiaban a Jesús se burlaban de él y le golpeaban;
64 y vendándole los ojos, le golpeaban el rostro, y le preguntaban, diciendo: Profetiza, ¿quién es el que te golpeó?
65 Y decían otras muchas cosas injuriándole.
66 Cuando era de día, se juntaron los ancianos del pueblo, los principales sacerdotes y los escribas, y le trajeron al concilio, diciendo:
67 ¿Eres tú el Cristo? Dínoslo. Y les dijo: Si os lo dijere, no creeréis;
68 y también si os preguntare, no me responderéis, ni me soltaréis.
69 Pero desde ahora el Hijo del Hombre se sentará a la diestra del poder de Dios.
70 Dijeron todos: ¿Luego eres tú el Hijo de Dios? Y él les dijo: Vosotros decís que lo soy.
71 Entonces ellos dijeron: ¿Qué más testimonio necesitamos? porque nosotros mismos lo hemos oído de su boca.

2 Primera afirmación: Él es el Mesías
3 Segunda afirmación: Él es el Hijo del Hombre, exaltado
4 Tercera afirmación: Él es el Hijo de Dios
5 Conclusión: las afirmaciones fueron entendidas, pero rechazadas

D. Jesús es juzgado ante la corte de sanhedrín: afirmaciones fenomenales de Jesús, 22:63-71

(22:63-71) ***Introducción:*** este es el primer juicio contra Jesús mencionado por Lucas. La característica del juicio eran las fenomenales afirmaciones de Jesús, afirmaciones que demandan de toda persona una decisión.

1. La actitud de la religión y del mundo hacia las afirmaciones de Jesús (vv. 63-66).
2. Primera afirmación: Él es el Mesías (vv. 67-68).
3. Segunda afirmación: Él es el Hijo del Hombre, exaltado (v. 69).
4. Tercera afirmación: Él es el Hijo de Dios (v. 70).
5. Conclusión: las afirmaciones fueron entendidas, pero rechazadas (v. 71).

1 (22:63-66) ***Mundo, su respuesta a Jesús —persecución de Jesucristo—Jesucristo, juicios de:*** la actitud de la religión y el mundo ante las afirmaciones de Jesús. El mundo y la religión formal se opusieron a Jesús. Esto se ve claramente en el trato que Jesús recibió la noche que estuvo arrestado para ser juzgado a la mañana siguiente.

1. Hubo (y actualmente hay) abuso físico y verbal. Lo ridiculizaron y se burlaron de Él, lo avergonzaron y golpearon. ¿Por qué? Por sus afirmaciones.

> **«Acordaos de la palabra que yo os he dicho: El siervo no es mayor que su señor. Si a mí me han perseguido, también a vosotros os perseguirán; si han guardado mi palabra, también guardarán la vuestra» (Jn. 15:20; *véase* también Jn. 15:20-25).**

2. Se burlaron de su poder espiritual. Si era el Hijo de Dios debía conocer todas las cosas; así se burlaban de Él desafiando su poder: «Profetiza, ¿quién es el que te golpeó?» Pero Dios no le da señales al incrédulo obstinado y diabólico. (*Véase* nota—Mr. 8:12.)

3. Lo insultaron con todo tipo de blasfemia, lo maldijeron y escupieron sobre Él. (¡Qué tragedia! Sin embargo, ¡cuánta similitud con lo que hace la gente hoy!)

Note el escenario para el juicio formal de Jesús. Este juicio fue ejecutado por el sanhedrín, el cuerpo gobernante de los judíos, compuesto tanto por religiosos y líderes laicos (*véase* Estudio a fondo 1, ***Sanhedrín***—Mt. 26:59). Jesús estaba delante de todos ellos para ser juzgado por su vida. Note las palabras «se juntaron», esto es, se reunieron, llegaron a un mismo sitio, *se juntaron masivamente* como un cuerpo de buitres alrededor de su presa. También incluye la idea de acompañar. Es el cuadro de los líderes judíos reuniéndose o congregándose alrededor de Jesús, de ser llamados para acompañarse mutuamente a sus respectivos asientos, listos para caer sobre Jesús. No hay duda sobre la maldad de sus corazones. *Estaban listos* para embestir y eliminar a Cristo.

La corte estaba decidida en su oposición. Los líderes, tanto laicos como religiosos, ya habían *determinado* rechazar y oponerse a Él. Jesús era una amenaza tanto para la nación como para su seguridad personal y la posición de ellos. Temían la pérdida de ambas cosas, de manera que estaban determinados a matarlo. (Para la discusión de los motivos de su oposición *véanse* notas—Mt. 12:1-8; nota y Estudio a fondo 1—12:10; nota—15:1-20; Estudio a fondo 2—15:6-9; Estudio a fondo 3—16:12.)

> ***Pensamiento 1.*** Los religiosos se opusieron a Cristo y lo rechazaron por dos motivos primordiales, los mismos por los que la gente se opone a Cristo y lo rechaza hoy.
>
> 1) Los hombres no están dispuestos a negar el ego, a rendir todo lo que son y tienen a Cristo. Temen la pérdida de algo, alguna seguridad, dinero, posiciones, poder, o placer. Aman al mundo y al ego más de lo que están dispuestos a amar a Dios.
> 2) Los hombres no están dispuestos a negar su religión institucional; sus prácticas religiosas *hechas por el hombre, concebidas por el hombre, destinadas a honrar al hombre.*
>
> ***Pensamiento 2.*** La gente *se congrega* para oponerse a Cristo. En presencia de otros es más fácil oponerse a Él.
>
> **«Amado, no imites lo malo, sino lo bueno. El que hace lo bueno es de Dios; pero el que hace lo malo no ha visto a Dios» (3 Jn. 11).**
>
> **«Y al que sabe hacer lo bueno, y no lo hace, le es pecado» (Stg. 4:17).**

ESTUDIO A FONDO 1

22:66-71) ***Jesús, los juicios contra Él:*** hubo por lo menos seis juicios.

1. Un juicio informal durante la noche en presencia de Anás (Jn. 18:12-14, 19-23).
2. Un juicio informal nocturno en presencia de Caifás y algunos oficiales del sanhedrín; el objetivo era encontrar cargos contra Jesús (Mt. 26:57-68; Mr. 14:53-65; Lc. 22:54, 63-65).
3. Un juicio formal en la madrugada ante un sanhedrín reunido apresuradamente para asegurar el veredicto de todo el sanhedrín y formular los cargos contra Jesús (Mt. 27:1; Mr. 15:1; Lc. 22:66-71).
4. Un interrogatorio preliminar por parte de Pilato (Mt. 27:2, 11-14; Mr. 15:1-5; Lc. 23:1-5; Jn. 18:28-38).
5. Un interrogatorio preliminar por parte de Herodes (Lc. 23:6-12).
6. El juicio formal, romano, ante Pilato (Mt. 27:15-26; Mr. 15:6-15; Lc. 23:13-25; Jn. 18:39-40).

Los otros eventos que siguieron al arresto de Jesús aparentemente fueron:

1. La negación de Pedro (Mt. 26:58, 69-75; Mr. 14:54, 66-72; Lc. 22:54-62; Jn. 18:15-18, 25-27).
2. El suicidio de Judas (Mt. 27:3-10; Hch. 1:18-19). Estos dos eventos tuvieron lugar entre los dos primeros juicios.
3. Coronación de Jesús con espinas y severa pena de azotes por parte de soldados romanos (Mt. 27:27-30; Mr. 15:16-19; Jn. 19:1-3).
4. Simón cargando la cruz de Jesús (Mt. 27:31-32; Mr. 15:20-21; Lc. 23:26).
5. Advertencia de Jesús a las mujeres concerniente al juicio que vendría sobre Jerusalén (Lc. 23:27-31). (*Véase* nota—Mt. 26:57; 26:59.)

2 (22:67-68) ***Jesucristo, afirmaciones:*** Jesús afirmó ser el Mesías. El concilio no acusó directamente a Jesús. Querían que Jesús se incriminara a sí mismo; por eso le preguntaron: «¿Eres tú el Cristo [Mesías]? Dínoslo». Pero Jesús no podía responder, al menos no en forma directa. Note dos hechos.

1. No entendieron el verdadero carácter mesiánico de Dios. El Mesías de Dios es espiritual y eterno, no físico y material (*véase* nota—Ef. 1:3). Jesús vino para salvar a los hombres espiritualmente, no materialmente. Por eso, si les respondía directamente, no le creerían; y si les hacía preguntas que los conducirían a la verdad, ellos no responderían. Ya lo había hecho muchas veces (Lc. 20:7, 26, 40).
2. Jesús no negó su naturaleza mesiánica. La forma en que respondió al concilio era una afirmación. Note sus palabras exactas: «Si *os lo dijere*, no creeréis». Era como si dijera: «Lo soy, pero si les digo eso, si lo declaro verbalmente, ustedes no me van a creer». (*Véase* notas—Mt. 1:1; Estudio a fondo 2—1:18; nota—Lc.19:36-38, cp. Mr. 11:1-11 en cuanto a conceptos referidos al Mesías.)

> **«Le dijo la mujer: Sé que ha de venir el Mesías, llamado el Cristo; cuando él venga nos declarará todas las cosas. Jesús le dijo: Yo soy, el que habla contigo» (Jn. 4:25-26).**
>
> **«Les dijo, pues, Jesús: Cuando hayáis levantado al Hijo del Hombre, entonces conoceréis que yo soy, y que nada hago por mí mismo, sino que según me enseñó el Padre, así hablo. Porque el que me envió conmigo está; no me ha dejado solo el Padre, porque yo hago siempre lo que le agrada» (Jn. 8:28-29).**

3 (22:69) ***Jesucristo, afirmaciones:*** Jesús afirmó ser el Hijo del Hombre que será exaltado. En realidad Jesús estaba haciendo tres afirmaciones.

1. Que Él era el Hijo del Hombre (*véase* nota—Lc. 4:20-21; Jn. 1:51; Mt. 8:20. Cp. Dn. 7:13-14.)
2. Que no iba a permanecer muerto, aunque ellos lo matasen. Sería resucitado y elevado a la presencia de Dios.
3. Que sería exaltado para sentarse a la diestra del poder de Dios.

> **«Que fue declarado Hijo de Dios con poder, según el Espíritu de santidad, por la resurrección de entre los muertos» (Ro. 1:4).**
>
> **«A este Jesús resucitó Dios, de lo cual todos nosotros somos testigos. Así que, exaltado por la diestra de Dios, y habiendo recibido del Padre la promesa del Espíritu Santo, ha derramado esto que vosotros veis y oís. Porque David no subió a los cielos; pero él mismo dice: Dijo el Señor a mi señor: Siéntate a mi diestra, hasta que ponga a tus enemigos por estrado de tus pies. Sepa, pues, ciertísimamente toda la casa de Israel, que a este Jesús a quien vosotros crucificasteis, Dios le ha hecho Señor y Cristo» (Hch. 2:32-36).**
>
> **«Y cuál la supereminente grandeza de su poder para con nosotros los que creemos, según la operación del poder de su fuerza, la cual operó en Cristo, resucitándole de los muertos y sentándole a su diestra en los lugares celestiales, sobre todo principado y autoridad y poder y señorío, y sobre todo nombre que se nombra, no sólo en este siglo, sino también en el venidero» (Ef. 1:19-21).**
>
> **«Por lo cual Dios también le exaltó a lo sumo, y le dio un nombre que es sobre todo nombre, para que en el nombre de Jesús se doble toda rodilla de los que están en los cielos, y en la tierra, y debajo de la tierra; y toda lengua confiese que Jesucristo es el Señor, para gloria de Dios Padre» (Fil. 2:9-11).**

4 (22:70) ***Jesucristo, afirmaciones:*** Jesús afirmó ser el Hijo de Dios. Note varios hechos.

1. «Entonces ellos...» Ahora todos interrogaban a Jesús. El cuadro es el de un rugir, voces que reaccionan ante su afirmación de ser el Hijo del Hombre, voces que prorrumpen juntas en un grito «¿Eres tú el Hijo de Dios?»
2. El artículo definido «el» es importante. No estaban preguntando si era *un* hijo de Dios, como afirman ser muchas personas. Estaban preguntando si Él era «*el* Hijo de Dios».
3. Jesús afirmó de manera incuestionable, ser «*el* Hijo de Dios». (Para mayor discusión *véase* nota—Mr. 14:62.)

> **«Entonces los que estaban en la barca vinieron y le adoraron, diciendo: Verdaderamente eres Hijo de Dios» (Mt. 14:33).**
>
> **«Principio del evangelio de Jesucristo, Hijo de Dios» (Mr. 1:1).**
>
> **«Y yo le vi y he dado testimonio de que éste es el Hijo de Dios» (Jn. 1:34).**
>
> **«Porque de tal manera amó Dios al mundo, que ha dado a su Hijo unigénito, para que todo aquel que en él cree, no se pierda, mas tenga vida eterna. Porque no envió Dios a su Hijo al mundo para condenar al mundo, sino para que el mundo sea salvo por él. El que en él cree, no es condenado; pero el que no cree, ya ha sido condenado, porque no ha creído en el nombre del unigénito Hijo de Dios» (Jn. 3:16-18).**
>
> **«Oyó Jesús que le habían expulsado; y hallándole, le dijo: ¿Crees tú en el Hijo de Dios? Respondió él y dijo: ¿Quién es, Señor, para que crea en él? Le dijo Jesús: Pues le has visto, y el que habla contigo, él es» (Jn. 9:35-37).**
>
> **«¿Al que el Padre santificó y envió al mundo, vosotros decís: Tú blasfemas, porque dije: Hijo de Dios soy?» (Jn. 10:36).**
>
> **«Le dijo Jesús: Yo soy la resurrección y la vida; el que cree en mí, aunque esté muerto, vivirá. Y todo aquel que vive y cree en mí, no morirá eternamente. ¿Crees esto? Le dijo: Sí, Señor; yo he creído que tú eres el Cristo, el Hijo de Dios, que has venido al mundo» (Jn. 11:25-27).**
>
> **«Cuánto mayor castigo pensáis que merecerá el que pisoteare al Hijo de Dios, y tuviere por inmunda la sangre del pacto en la cual fue santificado, e hiciere afrenta al Espíritu de gracia?» (He. 10:29).**
>
> **«Todo aquel que confiese que Jesús es el Hijo de Dios, Dios permanece en él, y él en Dios» (1 Jn. 4:15).**

4 (22:71) ***Jesucristo, afirmaciones:*** la afirmación de Jesús fue entendida, pero los líderes la rechazaron. Jesús había aceptado y afirmado el cargo levantado contra Él. Jesús era...

- el Mesías.
- el Hijo de Dios.
- el Hijo del Hombre.

Habían oído lo suficiente. En su obstinada incredulidad lo condenaron a muerte, condenaron al Hombre que había venido para salvar al mundo del terrible trance del pecado y de la muerte, de su desesperada necesidad de salud y amor, de salvación y vida.

> **«Como el Hijo del Hombre no vino para ser servido, sino para servir, y para dar su vida en rescate por muchos» (Mt. 20:28).**
>
> **«Porque el Hijo del Hombre vino a buscar y a salvar lo que se había perdido» (Lc. 19:10).**

1 El sanhedrín arrastró a Jesús ante Pilato[EF1]

2 El juicio ante Pilato: evadiendo el deber
- a. Los cargos
  - 1) Un revolucionario
  - 2) Se opone a los impuestos
  - 3) Afirma ser rey
- b. El interrogatorio por parte de Pilato y la afirmación de Jesús
- c. El veredicto de Pilato: Jesús es inocente
- d. Amarga protesta y más cargos
- e. El intento de evadir la responsabilidad

CAPÍTULO 23

E. Primer juicio de Jesús ante Pilato y Herodes: evadiendo el deber y la atención personal, 23:1-12
(Mt. 27:11-14; Mr. 15:1-5; Jn. 18:28-38)

Levantándose entonces toda la muchedumbre de ellos, llevaron a Jesús ante Pilato.

2 Y comenzaron a acusarle, diciendo: A éste hemos hallado que pervierte a la nación, y que prohibe dar tributo a César, diciendo que él mismo es el Cristo, un rey.

3 Entonces Pilato le preguntó, diciendo: ¿Eres tú el Rey de los judíos? Y respondiéndole él, dijo: Tú lo dices.

4 Y Pilato dijo a los principales sacerdotes, y a la gente: Ningún delito hallo en este hombre.

5 Pero ellos porfiaban, diciendo: Alborota al pueblo, enseñando por toda Judea, comenzando desde Galilea hasta aquí.

6 Entonces Pilato, oyendo decir, Galilea, preguntó si el hombre era galileo.

7 Y al saber que era de la jurisdicción de Herodes, le remitió a Herodes, que en aquellos días también estaba en Jerusalén.

8 Herodes, viendo a Jesús, se alegró mucho, porque hacía tiempo que deseaba verle; porque había oído muchas cosas acerca de él, y esperaba verle hacer alguna señal.

9 Y le hacía muchas preguntas, pero él nada le respondió.

10 Y estaban los principales sacerdotes y los escribas acusándole con gran vehemencia.

11 Entonces Herodes con sus soldados le menospreció y escarneció, vistiéndole de una ropa espléndida; y volvió a enviarle a Pilato.

12 Y se hicieron amigos Pilato y Herodes aquel día; porque antes estaban enemistados entre sí.

3 El interrogatorio por parte de Herodes: evadiendo prestar atención
- a. Buscaba lo espectacular
- b. Fue la única persona a la que Jesús nunca contestó
- c. Escuchó los falsos cargos presentados por los religiosos
- d. No tomó en serio a los judíos. Se burló desdeñosamente

4 Conclusión: Pilato y Herodes se unieron en su oposición a Jesús

E. Primer juicio de Jesús ante Pilato y Herodes: evadiendo el deber y la atención personal, 23:1-12

(23:1-12) ***Introducción:*** Este pasaje es un claro retrato de dos hombres que evadieron su deber y responsabilidad personal.

1. El sanhedrín arrastró a Jesús ante Pilato (v. 1).
2. El juicio ante Pilato: evadiendo el deber (vv. 2-7).
3. El interrogatorio por parte de Herodes: evadiendo prestar atención (vv. 8-11).
4. Conclusión: Pilato y Herodes se unieron en su oposición a Jesús (v. 12).

[1] (23:1) ***Religiosos:*** el sanhedrín arrastró a Jesús ante Pilato. Los sentimientos calaban hondo. La profundidad de la obstinada incredulidad de la gente se ve en que «*toda la muchedumbre* de ellos, llevaron a Jesús ante Pilato». Imagine la escena. Todos los miembros presentes (setenta y uno cuando se reunía el cuerpo en pleno) marcharon hacia Pilato. Era tan grande la oposición de ellos que querían que todo el peso de su postura, y la de los compañeros, estuviera contra Jesús.

> ***Pensamiento.*** Observe a los incrédulos obstinados. Tratan de convencer y de conseguir el mayor apoyo posible contra Cristo y sus seguidores. ¿Por qué? Para proteger sus deseos mundanos, su posición, autoridad y riqueza.

ESTUDIO A FONDO 1

(23:1-7) ***Pilato:*** *véase* Estudio a fondo 1—Lc. 23:13.

[2] (23:2-7) ***Jesucristo, juicio—Pilato:*** el juicio ante Pilato, un cuadro de la *evasión del deber.* Note cinco puntos.

1. Los cargos políticos contra Jesús fueron tres (*véase* Estudio a fondo 2—Lc. 23:2).

2. El interrogatorio por parte de Pilato y la afirmación de Jesús. Este era uno de los cargos presentados contra Jesús, y ante los ojos de Roma sería el más grave. Un tanto sorprendido, Pilato preguntó: «¿Eres tú el Rey de los judíos?» Jesús afirmó vigorosamente que sí. «Tú lo dices.» Sin embargo, como lo señala Juan, Jesús afirmó claramente que su reino no era de este mundo. Su reino era espiritual (Jn. 18:36-37).

> ***Pensamiento.*** Jesús no es un revolucionario político, ni una amenaza al gobierno civil. Él es el Rey del espíritu del hombre y del cielo, de la dimensión espiritual. No de la tierra. Vino para gobernar y reinar en el corazón y las vidas de los hombres, en el ámbito de lo espiritual y eterno, no en el reino de lo físico y temporal (*véase* nota—Ef. 1:3).

3. El veredicto de Pilato: Jesús es inocente. Note que esto es un veredicto público. En realidad Pilato sentenció ante los líderes y ante el pueblo que Jesús era inocente. Sin embargo, como se verá, y como ocurre con tantas personas, carecía de *fuerza interior* para ser consecuente con sus convicciones. Cedió ante el mundo, dejándose llevar por el deseo de ellos.

La amarga objeción y presentación de mayores cargos. Los incrédulos, exasperados, acusaron a Jesús. Eran de mente cerrada, obstinados, amargados, despectivos. Dijeron que Jesús era culpable de conducir una revolución en todo Israel, desde Galilea hasta Jerusalén. Es de notar que Jesús no tenía el propósito de defenderse a sí mismo ni de escapar a la muerte. Su propósito era someterse al *comportamiento pecaminoso* de los hombres. El *comportamiento pecaminoso* al que se sometió fue...

- la profundidad misma del pecado.
- la demostración máxima del pecado.
- el mayor de los pecados que podía ser cometido.

El acto de pecado al que se sometió Jesús fue el rechazo y el crimen del Hijo de Dios. Allí parado, ante sus acusadores, guardó silencio, soportando cosas pasmosamente indignas. Jesús soportó porque su propósito era morir por los pecados de los hombres.

Note que en realidad Pilato declaró inocente a Jesús en cuatro ocasiones (Lc. 23:4, 14, 15, 22; cp. Jn. 18:38; 19:4, 6).

5. El intento de eludir el deber (Pilato). Pilato quiso librar a Jesús, porque sabía que era inocente. Sin embargo debía cuidarse de alterar a los líderes de la nación judía. Estaba en un dilema. Cuando oyó la mención de Galilea, creyó ver una salida. Herodes, que era gobernador de Galilea, estaba en la ciudad en ocasión de la pascua. Pilato podía ordenar que Jesús fuese llevado ante Herodes para ser juzgado por éste. Como galileo, Jesús estaba bajo la jurisdicción de Herodes.

El punto digno de notar es este: Pilato carecía del coraje para obrar rectamente. Sabía que Jesús era inocente, sin embargo, *intentó eludir* su deber de declarar la verdad. Hizo cuatro intentos de eludir su responsabilidad. (1) Trató de convencer a los judíos a manejar el asunto ellos mismos (Lc. 18:31). (2) Envió a Jesús a Herodes (Lc. 23:7). (3) Intentó convencer a los judíos a aceptar a Jesús como el prisionero que debía ser librado en ocasión de la pascua (Lc. 23:17-19; Mr. 15:6). (4) Sugirió hacer azotar a Jesús y luego dejarlo ir (Lc. 23:16).

> ***Pensamiento.*** El hombre que trata de eludir su deber no es digno de ser un líder. No es digno de esa responsabilidad (posición, llamado, o deber).
>
> **«El hombre de *doble ánimo* es inconstante en todos sus caminos» (Stg. 1:8).**
>
> **«Acercaos a Dios, y él se acercará a vosotros. Pecadores, limpiad las manos; y vosotros los de *doble ánimo*, purificad vuestros corazones» (Stg. 4:8).**
>
> **«Ningún siervo puede servir a dos señores; porque o aborrecerá al uno y amará al otro, o estimará al uno y menospreciará al otro. No podéis servir a Dios y a las riquezas» (Lc.16:13).**
>
> **«Está dividido su corazón. Ahora serán hallados culpables...» (Os. 10:2).**

ESTUDIO A FONDO 2

(23:2) ***Jesucristo, cargos presentados contra:*** se presentaron tres cargos políticos contra Jesús.

1. El cargo de pervertir a la nación, esto es, de traición, de ser un revolucionario e incurrir en sedición contra Roma. Por supuesto, era un cargo falso. Jesús no intentaba pervertir a la gente de una nación terrenal; intentaba convertir a la gente para un mundo celestial, para Dios y su reino que no son de esta tierra (Jn. 19:36).

2. El cargo de desobedecer las leyes de la nación, particularmente la de pagar impuestos. Por supuesto, este cargo también era falso. Jesús había enseñado que la obediencia al gobierno terrenal era absolutamente esencial para el creyente. (*Véanse* bosquejo y notas—Lc. 20:19:26.)

3. El cargo de que afirmaba ser Rey, y con ello un rival del César. Nuevamente, era un cargo falso.
   a. El motivo en sí por el que los líderes judíos no lo aceptaban (según afirmaban) era porque Jesús había venido con la mansedumbre y el amor de Dios, no con el brazo armado del poder de Dios, para librar a la nación de los conquistadores romanos (*véase* Estudio a fondo 2—Mt. 1:18).
   b. Jesús se había rehusado concretamente a ser nombrado Rey por el pueblo (Jn. 6:15).

[3] (23:8-11) ***El corazón endurecido de Herodes***: el interrogatorio ante Herodes muestra cómo éste elude su obligación de ocuparse personalmente. Herodes no mostró el menor interés por la verdad, ni por su propia alma. Nunca se le cruzó por la mente la posibilidad de estar tal vez ante el verdadero Mesías. (*Véanse* nota, pto. 3—Lc. 3:1. También *véanse* Estudios a fondo 1, 2, ***Herodes***—Mt. 14:1-14 para mayor discusión.)

1. Herodes sólo buscaba lo espectacular. Había oído muchas cosas de Jesús, el asombroso poder y los milagros que había manifestado. Como gobernante, como persona muy especial, Herodes se creía merecedor...
   - del privilegio de alguna señal.
   - del privilegio de asombrarse.
   - del privilegio de algo espectacular.

Por supuesto, el poder de Jesús no era para ser usado con fines espectaculares; no era su propósito satisfacer la curiosidad de un incrédulo. (Para mayor discusión *véanse* notas—Lc. 4:9-12; 11:20.)

2. Herodes fue la única persona a quien Jesús nunca contestó. La propia casa de Herodes había sido penetrada por el evangelio. Cusa, mayordomo personal de Herodes (Lc. 8:3), y Manaén, que se había criado junto a Herodes (Hch. 13:1) eran creyentes. El noble u oficial del rey, mencionado en el relato de Juan, probablemente también era de la corte de Herodes (Jn. 4:46). Aparentemente el evangelio, tal como lo vivían estas personas, tenía poca influencia sobre Herodes. Lo que ellas hablaban no eran sino necedades religiosas para él. Trataba sus informes con desdeño, quizá abusándose un poco. Jesús, conociendo el corazón sin esperanza de Herodes, no perdió tiempo ni palabras con él. Jesús no le dijo absolutamente nada.

3. Herodes escuchó los falsos cargos presentados por los religiosos. No había prestado atención a Juan el Bautista (Lc. 9:7-9), ni a los testigos de su propia casa. «Había oído muchas cosas» acerca de Cristo (v. 8), pero se había rehusado a prestar atención, a oír realmente y captar. Pero ahora, teniendo a Jesús ante sí, prestaba atención a los falsos cargos de los opositores de Jesús.

4. Herodes menospreció a Jesús, lo trató como carente de importancia. La palabra «menospreció» (*exouthenesas*) significa considerar como nada, pensar que algo no tiene importancia, contar como cero, es decir, tratar con total desprecio.

Note el contraste en el versículo. Allí estaba Herodes «con sus soldados» rodeándole, y de pie delante de Él, Jesús, golpeado, vestido con ropas rasgadas. Herodes juzgó por las apariencias, considerando como nada al hombre que afirmaba ser el Hijo de Dios. Este Hombre y su afirmación carecían de importancia, al menos para Herodes.

> ***Pensamiento.*** Muchas personas consideran a Cristo carente de importancia. Creen que Jesús no importa, que puede ser excluido de la vida, que Él y su afirmación carecen de significado. Tales personas viven considerando con aprecio tanto sus propias vidas como los caminos del mundo. (Cp. Lc. 9:24; 17:33.)
>
> **«Todo el que procure salvar su vida, la perderá; y todo el que la pierda, la salvará» (Lc. 17:33).**
>
> **«Mirad también por vosotros mismos, que vuestros corazones no se carguen de glotonería y embriaguez y de los afanes de esta vida, y venga de repente sobre vosotros aquel día» (Lc. 21:34).**
>
> **«El que cree en el Hijo tiene vida eterna; pero el que rehusa creer en el Hijo no verá la vida, sino que la ira de Dios está sobre él» (Jn. 3:36).**
>
> **«Por eso os dije que moriréis en vuestros pecados; porque si no creéis que yo soy, en vuestros pecados moriréis» (Jn. 8:24).**
>
> **«Mirad, hermanos, que no haya en ninguno de vosotros corazón malo de incredulidad para apartarse del Dios vivo» (He. 3:12).**

[3] (23:12) ***Mundo, rechazo de Jesús:*** Pilato y Herodes se hicieron amigos; los mundanos se unen en su oposición a Cristo.

	F. El segundo juicio de Jesús ante Pilato: la tragedia del hombre que transige, 23:13-25 (Mt. 27:15-25; Mr. 15:6-15; Jn. 18:39—19:16)	Barrabás! 19 Este había sido echado en la cárcel por sedición en la ciudad, y por un homicidio. 20 Les habló otra vez Pilato, queriendo soltar a Jesús;	
1 Pilato intentó con egoísmo protegerse a sí mismo[EF1] a. Un hombre que sabía la verdad	13 Entonces Pilato, convocando a los principales sacerdotes, a los gobernantes, y al pueblo, 14 les dijo: Me habéis presentado a éste como un hombre que perturba al pueblo; pero habiéndole interrogado yo delante de vosotros, no he hallado en este hombre delito alguno de aquellos de que le acusáis. 15 Y ni aun Herodes, porque os remití a él; y he aquí, nada digno de muerte ha hecho este hombre.	21 pero ellos volvieron a dar voces, diciendo: ¡Crucifícale, crucifícale! 22 El les dijo por tercera vez: ¿Pues qué mal ha hecho éste? Ningún delito digno de muerte he hallado en él; le castigaré, pues, y le soltaré. 23 Mas ellos instaban a grandes voces, pidiendo que fuese crucificado. Y las voces de ellos y de los principales sacerdotes prevalecieron. 24 Entonces Pilato sentenció que se hiciese lo que ellos pedían;	**3 Pilato cedió a la presión del mundo** a. Conocía la verdad: Jesús era inocente b. Se enfrentó con voces vigorosas clamando contra Jesús c. Transigió; cedió al clamor mundano
b. Un hombre que por temor intentó apaciguar a la gente **2 Pilato buscó conciliar la verdad con la clara evidencia**	16 Le soltaré, pues, después de castigarle. 17 Y tenía necesidad de soltarles uno en cada fiesta. 18 Mas toda la multitud dio voces a una, diciendo: ¡Fuera con éste, y suéltanos a	25 y les soltó a aquel que había sido echado en la cárcel por sedición y homicidio, a quien habían pedido; y entregó a Jesús a la voluntad de ellos.	d. Dio lugar a la injusticia, al mal y al pecado

F. El segundo juicio de Jesús ante Pilato: la tragedia del hombre que transige, 23:13-25

(23:13-25) ***Introducción:*** transigir con el mundo es pecado. Transigir siempre trae problemas y tragedia. Pilato es el cuadro de una persona que al transigir causó la mayor tragedia de la historia humana.

1. Pilato intentó con egoísmo protegerse a sí mismo (vv. 13-16).
2. Pilato buscó conciliar la verdad con la clara evidencia (vv. 17-21).
3. Pilato cedió a la presión del mundo (vv. 22-25).

[1] (23:13-16) ***Transigir—apaciguar—injusticia:*** con egoísmo Pilato quiso protegerse a sí mismo. Volvió a llamar a sesionar la corte. Había tomado una decisión; estaba listo para dar su veredicto.

- Había examinado a Jesús y lo había hallado sin falta: Jesús era inocente.
- Había mandado a Jesús a Herodes en busca de un veredicto, y Herodes lo había hallado inocente.
- Jesús no había cometido ningún crimen digno de muerte. Por eso, Pilato había decidido castigar a Jesús y librarlo.

Note que Pilato estaba tratando de apaciguar a los judíos. Conocía que Jesús era inocente. Jesús debía ser librado y castigado el comportamiento de los judíos, pero Pilato temía disgustar y enervar a los judíos. Temía que le causaran problemas informando a Roma y haciéndole perder su posición y su gobierno (*véase* Estudio a fondo 1— Lc. 23:13). A lo largo de toda la escena el interés primordial de Pilato era él mismo, no la verdad ni la justicia.

Pensamiento. La persona que transige es una persona centrada en sí misma. Intenta protegerse a sí misma aun a costas de la verdad y la justicia. Teme perder...

- posición.
- influencia.
- seguridad.
- aceptación.
- poder.
- trabajo.
- imagen.
- amigos.

«No harás injusticia en el juicio, ni favoreciendo al pobre ni complaciendo al grande; con justicia juzgarás a tu prójimo» (Lv. 19:15).

«¿Hasta cuándo juzgaréis injustamente, y aceptaréis las personas de los impíos?» (Sal. 82:2).

«Vi más debajo del sol: en el lugar del juicio, allí impiedad; y en el lugar de la justicia, allí iniquidad» (Ec. 3:16).

«Por tanto, yo también os he hecho viles y bajos ante todo el pueblo, así como vosotros no habéis guardado mis caminos, y en la ley hacéis acepción de personas» (Mal. 2:9).

«Te encarezco delante de Dios y del Señor Jesucristo, y de sus ángeles escogidos, que guardes estas cosas sin prejuicios, no haciendo nada con parcialidad» (1 Ti. 5:21).

«A los cielos y a la tierra llamo por testigos hoy contra vosotros, que os he puesto delante la vida y la muerte, la bendición y la maldición; escoge pues, la vida, para que vivas tú y tu descendencia» (Dt. 30:19).

ESTUDIO A FONDO 1

(23:13) ***Pilato:*** procurador de Judea. Era directamente responsable al emperador por el manejo administrativo y financiero del país. La persona tenía que abrirse paso y escalar los rangos políticos y militares para llegar a ser procurador. Por eso, Pilato era una persona capaz, experimentada en asuntos políticos, gubernamentales y militares. Hacía diez años que estaba en el cargo lo que demuestra la gran confianza que le tenía el gobierno romano. Los judíos, en cambio, despreciaban a Pilato, y éste despreciaba a los judíos por su intensa práctica de la religión. Cuando Pilato llegó a ser procurador hizo dos cosas que le significaron para siempre un amargo odio de parte del pueblo. Primero, en su visita de estado a Jerusalén, él y su guardia militar cabalgaron sobre corceles portando la bandera romana, un águila sentada sobre un poste. Todos los gobernadores anteriores habían eliminado la bandera por la oposición de los judíos a los ídolos. Segundo, Pilato lanzó la construcción de un nuevo acueducto para Jerusalén. Para financiar el proyecto tomó el dinero del tesoro del templo. Los judíos nunca olvidaron ni perdonaron ese acto. Durante todo su reinado se opusieron tenazmente a su gobierno, y él los trataba con el mismo desprecio (*véase* Estudio a fondo 1—Mr.15:1-15). En numerosas ocasiones los líderes judíos amenazaron con ejercer su derecho de informar al emperador sobre Pilato. Por supuesto, esto perturbaba interminablemente a Pilato haciéndolo aun más amargamente despectivo hacia los judíos.

2 (23:17-21) ***Conciliar:*** Pilato quiso conciliar la verdad con la clara evidencia. Veía la evidencia: Jesús era inocente, y los religiosos sólo tenían envidia de Jesús, sintiéndose amenazados en su seguridad. Pilato quería declarar inocente a Jesús, pero sentía que también tenía que satisfacer el clamor de estos religiosos mundanos. Por eso concibió una conciliación. Hacía mucho tiempo que Roma tenía la costumbre de librar en la pascua un prisionero popular a los judíos, a efectos de conseguir el buen humor y mayor cooperación de la población. En la prisión había un criminal notorio, Barrabás. Pilato lo sacó ante el pueblo, junto a Jesús, y exclamó que el pueblo podía escoger a quién librar.

Pilato se sentía seguro de que poniendo a Barrabás contra Jesús, el pueblo escogería a Jesús, el hombre que había ministrado y ayudado a tantos de ellos. Cuán equivocado estaba el hombre que quería transigir. (El mundo siempre clamará contra Jesús a efectos de librarse de Él.)

Lo que hay que notar es la debilidad moral de Pilato. Sabía que Jesús era inocente. Sabía que por envidia los judíos querían matar a Jesús. Jesús debía ser librado inmediatamente, pero Pilato intentó transigir en vez de mantener su postura en favor de la verdad.

Pensamiento 1. Note una cuestión: Cuando se conoce la verdad, esta debe ser proclamada, no comprometida. Hacer concesiones resulta en tres tragedias.

1) Debilidad de carácter y testimonio.
2) Que la verdad no es practicada o vivida. Al transigir, la persona hace menos de lo que debería hacer.
3) Debilita los principios, la posición, la vida.

Pensamiento 2. Dios no acepta transigir cuando se trata de su Hijo Jesucristo. La persona o bien está a favor de Cristo, o en contra de Cristo. No hay terreno neutro. Cristo es inocente y sin pecado; es el Hombre Ideal, el Hijo de Dios en quien todos los hombres deben confiar.

«El que no es conmigo, contra mí es; y el que conmigo no recoge, desparrama» (Lc. 11:23).

«Para que todos honren al Hijo como honran al Padre. El que no honra al Hijo, no honra al Padre que le envió. De cierto, de cierto os digo: El que oye mi palabra, y cree al que me envió, tiene vida eterna; y no vendrá a condenación, mas ha pasado de muerte a vida» (Jn. 5:23-24).

«Y este es el testimonio: que Dios nos ha dado vida eterna; y esta vida está en su Hijo. El que tiene al Hijo, tiene la vida; el que no tiene al Hijo de Dios no tiene la vida» (1 Jn. 5:11-12).

«Someteos, pues, a Dios; resistid al diablo, y huirá de vosotros. Acercaos a Dios, y él se acercará a vosotros. Pecadores, limpiad las manos; y vosotros los de doble ánimo, purificad vuestros corazones. Afligíos y lamentad, y llorad. Vuestra risa se convierta en lloro, y vuestro gozo en tristeza. Humillaos delante del Señor, y él os exaltará» (Stg. 4:7-10).

3 (23:22-25) ***Mundanalidad —transigir:*** cedió ante la presión mundana. Fue una escena dramática y trágica. Se puede describir con sencillez. Pilato...

- sabía que Jesús era inocente (v. 22).
- encaró un clamor contra Jesús (v. 23).
- transigió y cedió ante los gritos del mundo (v. 24).
- permitió que se cometiera injusticia, maldad y pecado (v. 25).

La cuestión es que Pilato, el hombre que transigió, era *moralmente débil.* Cedió ante la presión mundana.

- No fue suficientemente fuerte para hacer lo correcto.
- Carecía de la fuerza moral para tomar su lugar en favor de Jesús.
- Era demasiado débil para declarar la verdad.

Pensamiento 1. La presión del mundo para que uno haga el mal es grande. La indecisión y una actitud transigente, no son la forma de encarar el mundo; sólo la decisiva dedicación a Cristo y la separación del mundo pueden conquistar a éste.

«Así que, hermanos, os ruego por las misericordias de Dios, que presentéis vuestros cuerpos en sacrificio vivo, santo, agradable a Dios, que es vuestro culto racional. No os conforméis a este siglo, sino transformaos por medio de la renovación de vuestro entendimiento, para que comprobéis cuál sea la buena voluntad de Dios, agradable y perfecta» (Ro. 12:1-2).

«Por lo cual, salid de en medio de ellos, y apartaos, dice el Señor, y no toquéis lo inmundo; y yo os recibiré, y seré para vosotros por Padre, y vosotros me seréis hijos e hijas, dice el Señor todopoderoso» (2 Co. 6:17-18).

«No améis al mundo, ni las cosas que están en el mundo. Si alguno ama al mundo, el amor del Padre no está en él. Porque todo lo que hay en el mundo, los deseos de la carne, los deseos de los ojos, y la vanagloria de la vida, no proviene del Padre, sino del mundo» (1 Jn. 2:15-16).

Pensamiento 2. La mayoría de las personas prefieren la compañía del mal, de hombres pecadores y no la del Príncipe de Vida. Note que incluso los religiosos del mundo prefieren al mundo y no al Príncipe de Vida.

Pensamiento 3. Note un asunto crucial. Es cuando somos indecisos o dispuestos a transigir que nos llega la presión de hacer el mal. La vacilación e indecisión nos harán ceder a la presión del pecado.

«Por la fe Moisés, hecho ya grande, rehusó llamarse hijo de la hija de Faraón, escogiendo antes ser maltratado con el pueblo de Dios, que gozar de los deleites temporales del pecado» (He. 11:24-25).

«Así que vosotros, oh amados, sabiéndolo de antemano, guardaos, no sea que arrastrados por el error de los inicuos, caigáis de vuestra firmeza» (2 P. 3:17).

1 **El hombre que cargó la cruz de Cristo: un cuadro de la conversión**

2 **La gran multitud de los que lloraban: un cuadro de corazones que sufren por Jesús**

3 **Predicción del destino de Jerusalén: un cuadro del juicio que viene**
- a. Un juicio tan terrible que debería hacer llorar a la gente
- b. Un juicio tan terrible que la gente deseará nunca tener hijos
- c. Un juicio tan terrible que la gente deseará ser sepultada con vida
- d. Un juicio inevitable

4 **Identificación con los criminales: Jesús es contado con los pecadores**

5 **La crucifixión: clímax del pecado y del amor**
- a. En el monte Calvario
- b. Entre dos criminales

6 **Oración de Jesús por sus enemigos: perdón**

7 **Suertes echadas sobre la ropa de Jesús: despojado por la avaricia**

8 **La burla: su salvación mal interpretada**
- a. Por la gente y los religiosos
  - 1) Su afirmación de salvar
  - 2) Su afirmación de ser el Mesías
- b. Por los soldados
  - 1) Ofreciéndole vinagre[EF2]
  - 2) Su afirmación de ser Rey

9 **La inscripción sobre la cruz: un cargo malinterpretado**

10 **El ladrón no arrepentido: cuadro de dureza aun ante la muerte**

11 **El ladrón arrepentido: cuadro del verdadero arrepentimiento**
- a. Temiendo a Dios
- b. Declarando la justicia de Dios
- c. Pidiendo a Jesús un lugar en su reino

12 **La terrible oscuridad: símbolo de separación y soledad**

13 **El velo rasgado en el templo: símbolo del libre acceso a la presencia de Dios**

14 **El gran grito de confianza: un cuadro del glorioso triunfo**

15 **Declaración del centurión: la justicia de Jesús, confesión que muchos deben hacer**

16 **El dolor de la gente: un cuadro de la conciencia golpeada**

17 **Los seguidores de Jesús: una prueba de que Jesús no había vivido y servido en vano**

G. Crucifixión de Jesús y eventos que la acompañaron[EF1], 23:26-49
(Mt. 27:26-56; Mr. 15:16-41; Jn. 19:16-37)

26 Y llevándole, tomaron a cierto Simón de Cirene, que venía del campo, y le pusieron encima la cruz para que la llevase tras Jesús.

27 Y le seguía gran multitud del pueblo, y de mujeres que lloraban y hacían lamentación por él.

28 Pero Jesús, vuelto hacia ellas, les dijo: Hijas de Jerusalén, no lloréis por mí, sino llorad por vosotras mismas y por vuestros hijos.

29 Porque he aquí vendrán días en que dirán: Bienaventuradas las estériles, y los vientres que no concibieron, y los pechos que no criaron.

30 Entonces comenzarán a decir a los montes: Caed sobre nosotros; y a los collados: Cubridnos.

31 Porque si en el árbol verde hacen estas cosas, ¿en el seco, qué no se hará?

32 Llevaban también con él a otros dos, que eran malhechores, para ser muertos.

33 Y cuando llegaron al lugar llamado de la Calavera, le crucificaron allí, y a los malhechores, uno a la derecha y otro a la izquierda.

34 Y Jesús decía: Padre, perdónalos, porque no saben lo que hacen. Y repartieron entre sí sus vestidos, echando suertes.

35 Y el pueblo estaba mirando; y aun los gobernantes se burlaban de él, diciendo: A otros salvó; sálvese a sí mismo, si éste es el Cristo, el escogido de Dios.

36 Los soldados también le escarnecían, acercándose a presentándole vinagre,

37 y diciendo: Si tú eres el Rey de los judíos, sálvate a ti mismo.

38 Había también sobre él un título escrito con letras griegas, latinas y hebreas: ESTE ES EL REY DE LOS JUDÍOS.

39 Y uno de los malhechores que estaban colgados le injuriaba, diciendo: Si tú eres el Cristo, sálvate a ti mismo y a nosotros.

40 Respondiendo el otro, le reprendió, diciendo: ¿Ni aun temes tú a Dios, estando en la misma condenación?

41 Nosotros, a la verdad, justamente padecemos, porque recibimos lo que merecieron nuestros hechos; mas éste ningún mal hizo.

42 Y dijo a Jesús: Acuérdate de mí cuando vengas en tu reino.

43 Entonces Jesús le dijo: De cierto te digo que hoy estarás conmigo en el paraíso.

44 Cuando era como la hora sexta, hubo tinieblas sobre toda la tierra hasta la hora novena.

45 Y el sol se oscureció, y el velo del templo se rasgó por la mitad.

46 Entonces Jesús clamando a gran voz, dijo: Padre, en tus manos encomiendo mi espíritu. Y habiendo dicho esto, expiró.

47 Cuando el centurión vio lo que había acontecido, dio gloria a Dios, diciendo: Verdaderamente este hombre era justo.

48 Y toda la multitud de los que estaban presentes en este espectáculo, viendo lo que había acontecido, se volvían golpeándose el pecho.

49 Pero todos sus conocidos, y las mujeres que le habían seguido desde Galilea, estaban lejos mirando estas cosas.

G. Crucifixión de Jesús y eventos que la acompañaron, 23:26-49

(23:26-49) ***Introducción:*** la crucifixión de Jesús es al mismo tiempo el acontecimiento más chocante y más maravilloso de la historia humana. Es el acontecimiento más chocante puesto que muestra a la criatura dando muerte al Creador. Es el acontecimiento más maravilloso puesto que muestra al Creador salvando a la criatura. (Mire los *diecisiete eventos* que acompañaron a la crucifixión tal como los relata Lucas.)

ESTUDIO A FONDO 1

(23:26-49) ***Crucifixión:*** para mayor discusión *véanse* bosquejo nota y Estudio a fondo 1—Mt. 27:26-44.

1 (23:26) ***Conversión—Simón de Cirene:*** el hombre que cargó la cruz de Cristo, un cuadro de la conversión. Note varias cosas.

1. El plan de Dios para proveer. Nada ocurre por casualidad, al menos no para el creyente cristiano. Dios vela sobre la vida de su pueblo. De modo que Simón, siendo obligado a cargar la cruz de Jesús estuvo en los planes de Dios.

2. Aparentemente, Simón era un peregrino que había venido para celebrar la pascua. Estaba parado junto al camino, mirando cómo la procesión de personas armadas se abría paso a través de la gente. Aparentemente hubo en él alguna expresión de preocupación y simpatía por Jesús; algo en el interior de su corazón fue tocado; su simpatía se extendió hacia Jesús. Dios lo sabía y por eso dirigió a los soldados a obligarlo a ayudar cargando la cruz de Cristo.

3. Simón era el «padre de Alejandro y Rufus» (Mr. 15:21). El comentario de Marco es interesante. Evidentemente eran creyentes conocidos (cp. Hch. 13:1; Ro. 16:13). Esta referencia parece indicar que con el tiempo Simón, o al menos sus dos hijos, se convirtieron.

> ***Pensamiento.*** La persona que lleva la cruz de Cristo se convertirá.
>
> **«Y decía a todos: Si alguno quiere venir en pos de mí, niéguese a sí mismo, tome su cruz cada día, y sígame» (Lc. 9:23).**

2 (23:27) ***Tristeza según Dios—simpatía:*** la gran multitud de quienes lloraban; un cuadro de los corazones que simpatizaban con Jesús. Una gran multitud de personas seguía, apenada por Jesús, especialmente de mujeres. La palabra «lloraban» (*ekoptonto*) significa cortar, golpear, herir, quebrar. Fueron quebrantados hasta lo profundo de su corazón, sintiendo gran dolor por Jesús. La palabra «lamentación» (*ethrenoun*) significa llorar audiblemente, lamentarse, sollozar. Estaban llorando, incapaces de suprimir el dolor que les cortaba el corazón. Por supuesto, algunas de esas personas habían sido por mucho tiempo seguidores de Jesús y ahora sentían la profundidad del sufrimiento de su Maestro; en tanto, otros espectadores, como en toda multitud que presencia intenso sufrimiento, sólo sentía una ternura natural lamentando que alguien tuviera que sufrir tanto.

> ***Pensamiento.*** No basta con una respuesta natural al sufrimiento del Señor. Uno tiene que *entender* por qué sufrió Cristo y sentir *tristeza según Dios* porque Cristo haya tenido que llevar los pecados del mundo (*véase* Estudio a fondo 1—2 Co. 7:10).
>
> **«Porque la tristeza que es según Dios produce arrepentimiento para salvación, de que no hay que arrepentirse; pero la tristeza del mundo produce muerte» (2 Co. 7:10).**
>
> **«Acordaos de los presos, como si estuvierais presos juntamente con ellos; y de los maltratados, como que también estáis en el cuerpo» (He. 13:3).**

3 (23:28-31) ***Jerusalén, profecía sobre:*** la predicción del destino de Jerusalén, un cuadro del juicio que viene. El tema significativo que hay que notar aquí es lo que preocupaba a Jesús, es decir el juicio. El pueblo había rechazado al Mesías de Dios y a la salvación; había escogido el camino del mundo, y el camino del mundo estaba destinado a la destrucción. La destrucción que se avecinaba sería tan terrible que la gente...

- se lamentaría de sí misma.
- desearía nunca haber tenido hijos.
- desearía ser sepultada con vida.

El versículo 31 es un proverbio: si el mundo (Roma) trata así a un árbol verde (a Jesús, un árbol con toda su sabia), ¿cómo tratará a un árbol seco como Israel, un árbol con poco y nada de sabia, un árbol inservible, sin vida, listo para ser cortado y destruido?

> ***Pensamiento.*** Una y otra vez Jerusalén rechazó la invitación de Dios. No obstante, Dios fue paciente durante generaciones, pero este rechazo y el crimen contra su Hijo fue lo último. Tan pronto como el cristianismo tuviera una base sólida, Jerusalén sería juzgada y condenada. (*Véanse* bosquejo y notas—Lc. 20:13-18.)
>
> Dios es paciente con todos. Pero el rechazo continuado de su Hijo resulta en juicio y condenación eterna.
>
> **«Porque de tal manera amó Dios al mundo, que ha dado a su Hijo unigénito, para que todo aquel que en él cree, no se pierda, mas tenga vida eterna. Porque no envió Dios a su Hijo al mundo para condenar al mundo, sino para que el mundo sea salvo por él. El que en él cree, no es condenado; pero el que no cree, ya ha sido condenado, porque no ha creído en el nombre del unigénito Hijo de Dios» (Jn. 3:16-18).**
>
> **«Y de la manera que está establecido para los hombres que mueran una sola vez, y después de esto el juicio» (He. 9:27).**

4 (23:32) ***Jesucristo, identificado con los pecadores:*** la identificación con los criminales: un cuadro de lo que es ser contado con los pecadores. ¿Por qué fue crucificado Jesús con criminales? La Biblia no lo dice, pero tal vez aquel era un día apartado para las ejecuciones, o tal vez los líderes judíos presionaron a Pilato para ejecutar a Jesús con otros criminales. De esa manera esperaban añadir peso al argumento de que Jesús no era más que un mero hombre, un impostor, que merecía morir igual que otros criminales. Cualquiera haya sido el motivo el hecho de que el Hijo de Dios fuese ejecutado junto a otros criminales, aumenta la vergüenza y el reproche que Él llevó. Este evento, como muchos otros, había sido profetizado (Is. 53:12).

> ***Pensamiento.*** Cristo fue contado como pecador para poder llevar el pecado de muchos.
>
> **«Por tanto, yo le daré parte con los grandes, y con los fuertes repartirá despojos; por cuanto derramó su vida hasta la muerte, y fue contado con los pecadores, habiendo él llevado el pecado de muchos, y orado por los transgresores» (Is. 53:12).**

5 (23:33) ***Crucifixión:*** la crucifixión fue el clímax del pecado y del amor. La crucifixión era la más horrible de las muertes. El dolor de los clavos atravesados a golpes por la carne de las manos y los pies o tobillos de Jesús. El peso de su cuerpo sacudiéndose y tironeando contra los clavos al ser levantada y fijada la cruz en su lugar. El sol abrazador y la sed insaciable que le quemaban la seca boca y garganta. La sangre que manaba de su espalda herida, de su frente coronada de espinas, de su cabeza golpeada. Imagine cuánto más se agrava este dolor por la presencia de moscas, mosquitos y otros insectos. Y, en el caso de Jesús, estaba el punzante dolor de la lanza que lo hirió en el costado. Los sufrimientos de Jesús podrían ser descritos más y más. Nunca existió una forma más cruel de ejecución que la crucifixión en una cruz.

La crucifixión tuvo lugar sobre una colina llamada «*la calavera*» (en latín, *calvario*). Nuestro nombre Calvario viene de la palabra latina. (*Véase* nota, pto. 11—Mt. 27:26-38.)

> ***Pensamiento.*** En los términos más simples, Cristo fue crucificado por nuestros pecados para traernos a Dios.
>
> **«Quien llevó él mismo nuestros pecados en su cuerpo sobre el madero, para que nosotros, estando muertos a los pecados, vivamos a la justicia; y por**

cuya herida fuisteis sanados» (1 P. 2:24).

«Porque también Cristo padeció una sola vez por los pecados, el justo por los injustos, para llevarnos a Dios, siendo a la verdad muerto en la carne, pero vivificado en espíritu» (1 P. 3:18).

Note que dos criminales fueron crucificados con Él. Jesús estaba muriendo por ellos y por todos los demás hombres. ¿Por qué? Porque todos los hombres son criminales contra Dios, rebelándose contra Él y quebrantando sus mandamientos.

«Por cuanto todos *pecaron*, y están *destituidos* de la gloria de Dios» (Ro. 3:23).

«Palabra fiel y digna de ser recibida por todos: que Cristo Jesús vino al mundo para salvar a los *pecadores*, de los cuales yo soy el primero» (1 Ti. 1:15).

«Porque también Cristo padeció una sola vez por los pecados, el *justo por los injustos,* para llevarnos a Dios, siendo a la verdad muerto en la carne, pero vivificado en espíritu» (1 P. 3:18).

6 (23:34) ***Perdón—salvación:*** la oración en favor de sus enemigos, un cuadro del amor y del perdón de Jesús hasta el mismo fin. Es el cuadro de Jesús, el Mediador. Para este preciso propósito había venido, estar como mediador entre Dios y el hombre pecador. Por eso, estando en la cruz oró por los que estaba abajo crucificándolo. Note varias cosas.

1. Estaba predicho que Cristo oraría por los transgresores (Is. 53:12).

2. Oró que Dios perdone a los que lo estaban crucificando. Precisamente el propósito de su venida era proveer perdón para sus pecados. Gracias a su muerte, Dios podría perdonar los pecados de los hombres, incluso a quienes ahora le crucificaban.

3. Los hombres que lo crucificaban no sabían lo que hacían. No sabían quien era Jesús.

«La que ninguno de los príncipes de este siglo conoció; porque si la hubieran conocido, nunca habrían crucificado al Señor de gloria» (1 Co. 2:8).

Pensamiento. La verdad más maravillosa en todo el mundo es esta: Dios no culpará de pecado a ninguna persona, si esa persona confía personalmente en su Hijo. Si Dios perdona a los hombres que dieron muerte a su único Hijo, Dios perdonará a cualquier persona, cualquier pecado, si simplemente se lo pide.

«El Dios de nuestros padres levantó a Jesús, a quien vosotros matasteis colgándole en un madero. A éste, Dios ha exaltado con su diestra por Príncipe y Salvador, para dar a Israel arrepentimiento y perdón de pecados» (Hch. 5:30-31).

«Arrepiéntete, pues, de tu maldad, y ruega a Dios, si quizá te sea perdonado el pensamiento de tu corazón» (Hch. 8:22).

«Sabed, pues, esto, varones hermanos: que por medio de él se os anuncia perdón de pecados, y que todo aquello de que por la ley de Moisés no pudisteis ser justificados, en él es justificado todo aquel que cree» (Hch. 13:38-39).

«En quien tenemos redención por su sangre, el perdón de pecados» (Col. 1:14; cp. Col. 2:13).

7 (23:34) ***Mortalidad—inmortalidad:*** las suertes echadas sobre su ropa: el cuadro de personas poseídas por la avaricia, codicia y pecado. Note dos cosas.

1. Aparentemente era la costumbre de los soldados que cumplían la ejecución adueñarse de la ropa de los criminales crucificados. Los soldados despojaron a Jesús de su ropa y la repartieron entre sí. Sin embargo, su manto era de valor: era sin costura, de una sola pieza, tejida desde la cabeza hasta los pies, como el manto o la túnica del sumo sacerdote. Por eso, los soldados decidieron echar suertes sobre ella (Jn. 19:23-24). Este evento fue predicho en el Salmo 22:18.

2. Jesús fue despojado por los soldados, despojado de sus ropas mortales. Hay un simbolismo en este acto: se dejó despojar de toda su mortalidad para poder abolir la muerte y traer vida e inmortalidad a la luz.

«Pero que ahora ha sido manifestada por la aparición de nuestro Salvador Jesucristo, el cual quitó la muerte y sacó a luz la vida y la inmortalidad por el evangelio» (2 Ti. 1:10).

8 (23:35-37) ***Salvación:*** las burlas, la interpretación equivocada de la salvación de Jesús. Note quienes se burlaban y mofaban de Jesús.

1. El pueblo y los religiosos se mofaban ante su afirmación de ser el Salvador y Mesías. Equivocaron totalmente su interpretación del carácter mesiánico de Dios. Tanto el pueblo como los religiosos debían haber estado por encima de esta clase de conducta. Además habían tenido todas las oportunidades de creer, puesto que Jesús no se había ocultado, ni había ocultado su mensaje de salvación. Pero, siendo ellos parte de una multitud pecadora, y siendo ellos mismos incrédulos, se motivaron mutuamente a hacer cosas vergonzosas.

«... Jesucristo hombre [Mesías], el cual se dio a sí mismo en rescate por todos, de lo cual se dio testimonio a su debido tiempo» (1 Ti. 2:5-6).

«Palabra fiel y digna de ser recibida por todos: que Cristo Jesús vino al mundo para salvar a los pecadores, de los cuales yo soy el primero» (1 Ti. 1:15).

Pensamiento. Los líderes, tanto civiles como religiosos, aun son hombres. No es la posición o profesión lo que hace a un hombre, sino el corazón. Un corazón de incredulidad y enemistad, dispuesto a participar con la multitud pecadora, hará las mismas cosas vergonzosas, no importa cual sea la posición o profesión.

«He aquí vuestra casa os es dejada desierta» (Mt. 23:38).

2 Los soldados se burlaron y mofaron de Él. Se burlaron particularmente de su afirmación de ser Rey; no entendieron esa afirmación de Jesús (Jn. 18:36. Cp. Jn. 18:33-37; Mt. 27:11.)

ESTUDIO A FONDO 2

(23:36) ***Vinagre:*** al comienzo de la crucifixión ofrecieron a Jesús vino con hiel, pero él lo rechazó (Mt. 27:34; Mr. 15:23). También le ofrecieron vinagre poco antes de morir (Jn. 19:29), y aquí los soldados usan vinagre para mofarse de alguna manera de Él.

9 (23:38) ***Jesucristo, rey:*** la inscripción sobre la cruz, un cargo mal interpretado. El texto colocado encima de su cabeza «El Rey de los judíos» pretendía ser una burla a las autoridades judías y un reproche a la afirmación de Jesús. Sin embargo, Dios prevaleció usando el cartel para proclamar la verdad a todo el mundo (Lc. 23:38). Los mismos cargos presentados contra Jesús proclamaron su deidad y honor.

«Y estando en la condición de hombre, se humilló a sí mismo, haciéndose obediente hasta la muerte, y muerte de cruz. Por lo cual Dios también le exaltó hasta lo sumo, y le dio un nombre que es sobre todo nombre, para que en el nombre de Jesús se doble toda rodilla de los que están en los cielos, y en la tierra, y debajo de la tierra; y toda lengua confiese que Jesucristo es el Señor, para gloria de Dios Padre» (Fil. 2:8-11).

«Que guardes el mandamiento sin mácula ni reprensión, hasta la aparición de nuestro Señor Jesucristo, la cual a su tiempo mostrará el bienaventurado y solo Soberano, Rey de reyes, y Señor de señores, el único que tiene inmortalidad, que habita en la luz inaccesible; a quien ninguno de los hombres ha visto ni puede ver, al cual sea la honra y el imperio sempiterno. Amén» (1 Ti. 6:14-16).

10 (23:39) ***Incredulidad:*** el ladrón no arrepentido: un cuadro de dureza, aun hasta en la muerte. Los ladrones oyeron que la multitud se mofaba de Jesús en cuanto a ser Mesías, el Salvador

del mundo. Colgados allí como criminales, culpables ante Dios y los hombres, debían haber estado averiguando qué posibilidad había de que Jesús fuese quien afirmaba ser. Necesitaban ser salvados y perdonados. Uno de los criminales mostró una enorme dureza de corazón. Se mofaba del mero pensamiento de que Jesús fuese el Cristo.

«Porque de tal manera amó Dios al mundo, que ha dado a su Hijo unigénito, para que todo aquel que en él cree, no se pierda, mas tenga vida eterna. Porque no envió Dios a su Hijo al mundo para condenar al mundo, sino para que el mundo sea salvo por él. El que en él cree, no es condenado; pero el que no cree, ya ha sido condenado, porque no ha creído en el nombre del unigénito Hijo de Dios» (Jn. 3:16-18).

11 (23:40-43) ***Salvación—arrepentimiento:*** el ladrón arrepentido: un cuadro del verdadero arrepentimiento. El segundo ladrón mostró los pasos a la salvación y al verdadero arrepentimiento.

- Temía a Dios (v. 40).
- Declaró que Jesús era justo (v. 41).
- Pidió a Jesús que lo recordase (v. 42).

Note que Jesús le prometió vida eterna; el hombre arrepentido estaría con Cristo en el paraíso *ese mismo día.* (*Véase* Estudio a fondo 3, ***Paraíso***—Lc. 16:23.)

«Pero confiamos, y más quisiéramos estar ausentes del cuerpo, y presentes al Señor» (2 Co. 5:8).

«Porque de ambas cosas estoy puesto en estrecho, teniendo deseo de partir y estar con Cristo, lo cual es muchísimo mejor» (Fil. 1:23).

«Si alguno me sirve, sígame; y donde yo estuviere, allí también estará mi servidor. Si alguno me sirviere, mi padre le honrará» (Jn. 12:26).

12 (23:44) ***Juicio—hombres, condición de los:*** la espantosa oscuridad, un símbolo de separación y soledad. La oscuridad le decía algo al hombre (para una discusión detallada *véase* nota—Mt. 27:45).

1. El hombre estaba separado de la luz.

«Desde ahora os lo digo antes que suceda, para que cuando suceda, creáis que yo soy. De cierto, de cierto os digo: El que recibe al que yo enviare, me recibe a mí; y el que me recibe a mí, recibe al que me envió» (Jn. 13:19-20).

2. El hombre estaba totalmente solo. En la oscuridad no puede ver bien. Estaba, por así decirlo, totalmente solo en el mundo, responsable de su propia conducta; y algún día debe presentarse, completamente solo ante Dios para rendir cuentas de su conducta.

«Y de la manera que está establecido para los hombres que mueran una sola vez, y después de esto el juicio» (He. 9:27).

13 (23:45) ***Acceso—Jesucristo, sangre:*** el velo rasgado en el templo: un símbolo del libre acceso a la presencia misma de Dios. Note cuatro hechos.

1. El velo (cortina) que se rasgó, era el velo interior (*katapetasma*), la cortina que separaba el lugar santísimo del lugar santo. Había otro velo, un velo exterior (*kalumma*), que separaba el lugar santo del atrio exterior del templo.

El lugar santísimo era la parte más sagrada del templo. Era el lugar donde se simbolizaba, de manera muy especial, la habitación de la presencia de Dios. Era un lugar vedado *para siempre* a toda persona excepto al sumo sacerdote. Incluso éste, solamente podía entrar al lugar santísimo una vez al año, en el día de expiación (Éx. 26:33).

2. Al mismo tiempo que moría Jesús, el sumo sacerdote tenía que estar corriendo el velo exterior para exponer el lugar santo a la gente que había venido a adorar al atrio exterior. Al correr el velo exterior, exponiendo el lugar santo para la adoración, tanto Él como los adoradores se habrán asombrado. ¿Por qué? Porque habrán visto el velo interior rasgado desde arriba hasta abajo. Habrán estado parados allí, experimentando y viendo el lugar santísimo, ese lugar tan especial donde supuestamente habitaba la presencia de Dios mismo; aquello era algo que la gente jamás había visto.

3. El velo estaba rasgado desde arriba hasta abajo. Esto simboliza que fue rasgado por un acto de Dios mismo. Indicaba que Dios daba acceso directo a su presencia (He. 6:19; 9:3-12, 24; 10:19-23). Ahora, mediante el cuerpo de Cristo, cualquier persona podía entrar, a cualquier hora, en cualquier lugar, a la presencia de Dios.

«En esa voluntad somos santificados mediante la ofrenda del cuerpo de Jesucristo hecha una vez para siempre» (He. 10:10).

4. El velo rasgado simboliza que ahora todos los hombres pueden acercarse a Dios por la sangre de Cristo.

«Pero ahora en Cristo Jesús, vosotros que en otro tiempo estabais lejos, habéis sido hechos cercanos por la sangre de Cristo. Porque él es nuestra paz, que de ambos pueblos hizo uno, derribando la pared intermedia de separación» (Ef. 2:13-14).

14 (23:46) ***Jesucristo, obra—propósito:*** el gran grito de confianza: un cuadro del glorioso triunfo. Lo que Jesús gritó fue una palabra en griego: *Tetelestai,* «consumado es» (Jn. 19:30). Un grito que encerraba propósito, un grito de triunfo. Jesús estaba muriendo con un propósito específico y ahora había cumplido ese propósito (para una discusión detallada *véase* nota—Mt. 27:50).

«Yo soy la puerta; el que por mí entrare, será salvo; y entrará, y saldrá, y hallará pastos....Yo soy el buen pastor; el buen pastor su vida da por las ovejas....Así como el Padre me conoce, y yo conozco al Padre; y pongo mi vida por las ovejas....Por eso me ama el Padre, porque yo pongo mi vida, para volverla a tomar. Nadie me la quita, sino que yo de mí mismo la pongo. Tengo poder para ponerla, y tengo poder para volverla a tomar. Este mandamiento recibí de mi Padre» (Jn. 10:9, 11, 15, 17-18).

15 (23:47) ***Confesión:*** la declaración del centurión en cuanto a la justicia de Jesús: un cuadro de la confesión que toda persona debe hacer.

1. El centurión necesariamente debía ser una persona honesta. Estaba a cargo de la crucifixión, es decir que era responsable de cuanto ocurría en ese lugar. A medida que los eventos se sucedían quedó más y más impactado por la afirmación de Jesús y la forma en que las cosas ocurrían. Cuando Jesús exclamó que su propósito se había cumplido, que su muerte era el clímax de su propósito en la tierra, el centurión quedó convencido. El hecho de que la muerte de Jesús tuviese un propósito selló su convicción. Dios vivificó el corazón del soldado respecto de la gloriosa verdad: «Verdaderamente este hombre era justo».

2. El centurión era un gentil. Simbolizaba a todos los que en generaciones futuras confesarían a Cristo.

«Que si confesares con tu boca que Jesucristo es el Señor, y creyeres en tu corazón que Dios le levantó de los muertos, serás salvo. Porque con el corazón se cree para justicia, pero con la boca se confiesa para salvación» (Ro. 10:9-10).

16 (23:48) ***Preparación—conciencia:*** el dolor de la gente: un cuadro de conciencias golpeadas. La gente había venido para entretenerse, pero se alejó entristecida, con corazones dolidos. Dios, el Señor soberano del universo, se ocupó de que sus conciencias fuesen tocadas. Los estaba preparando para la predicación que vendría después de Pentecostés.

«¿Cuánto más la sangre de Cristo, el cual mediante el Espíritu eterno se ofreció a sí mismo sin mancha a Dios, limpiará vuestras conciencias de obras muertas para que sirváis al Dios vivo?» (He. 9:14).

17 (23:49) ***Negación del ego:*** los seguidores de Jesús: demostraron que Jesús había vivido y servido bien. Note que las

mujeres estaban junto a la cruz a pesar del peligro. Estaban a cierta distancia, no obstante, allí estaban. Aun amaban y se preocupaban por Jesús, sin importar las circunstancias. Simbolizaban que la vida de Jesús no había sido en vano.

> **«Porque todo el que quiera salvar su vida, la perderá; y todo el que pierda su vida por causa de mí y del evangelio, la salvará» (Mr. 8:35).**

1 El creyente secreto movido a actuar en favor de Jesús a. Un consejero b. Un varón bueno y justo c. Un hombre que algún tiempo antes había temido hablar en favor de Jesús d. Un hombre que esperaba al Mesías; al reino de Dios	**H. Sepelio de Jesús: un discípulo secreto movido a actuar, 23:50-56** (Mt. 27:57-61; Mr. 15:42-47; Jn. 19:38-42) 50 Había un varón llamado José, de Arimatea, ciudad de Judea, el cual era miembro del concilio, varón bueno y justo. 51 Este, que también esperaba el reino de Dios, y no había consentido en el acuerdo ni en los hechos de ellos, 52 fue a Pilato, y pidió el cuerpo de Jesús. 53 Y quitándolo, lo envolvió	en una sábana, y lo puso en un sepulcro abierto en una peña, en el cual aún no se había puesto a nadie. 54 Era día de la preparación; y estaba para comenzar el día de reposo. 55 Y las mujeres que habían venido con él desde Galilea, siguieron también, y vieron el sepulcro, y cómo fue puesto el cuerpo. 56 Y vueltas, prepararon especias aromáticas y ungüentos; y descansaron el día de reposo, conforme al mandamiento.	e. Un hombre que fue cambiado por la muerte de Jesús f. Un hombre que se preocupó profundamente por Jesús 1) Se ocupó del cuerpo de Jesús 2) Actuó rápidamente **2 Las mujeres movidas a lealtad y afecto** a. Mostraron lealtad sin temor b. Mostraron profundo afecto c. Mostraron su ignorancia tocante la resurrección

H. Sepelio de Jesús: un discípulo secreto movido a actuar, 23:50-56

(23:50-56) ***Introducción:*** el creyente secreto constituye una tragedia. En un sentido constituye la tragedia de tragedias, porque falla en confesar públicamente a Jesús. Ignora el hecho mencionado por Jesús, que todas las personas están perdidas (Mt. 28:32-33). José de Arimatea era esa clase de creyente: un creyente secreto hasta la muerte del Señor. Pero la muerte del Señor lo cambió.

1. El creyente secreto movido a actuar en favor de Jesús (vv. 50-54).
2. Las mujeres movidas a lealtad y afecto (vv. 55-56).

1 (23:50-54) ***Discipulado secreto—profesión de fe—Jesucristo, muerte:*** el creyente secreto, José de Arimatea, fue movido a actuar en favor de Jesús. Aquí se ofrece una revelación descriptiva de José.

1. Fue un consejero, senador, miembro del sanhedrín, el cuerpo gobernante de Israel. Aparentemente...
   • tuvo altos estudios.
   • era grandemente estimado.
   • la gente lo quería.
   • era muy responsable.
   • capacitado para ser un líder.
2. Era un hombre «bueno y justo». Un hombre...
   • de buenas cualidades. • de elevada moral.
   • de buenos sentimientos. • compasivo.
   • justo. • decidido.
   • veraz. • respetuoso de la ley.
3. Era un hombre que esperaba al Mesías y al reino de Dios (*véanse* notas—Lc. 2:25-27; Estudio a fondo 3—Mt. 19:23-24).
4. Sin embargo, era un hombre que había tenido temor de manifestarse en favor de Jesús. Juan dice que era «discípulo de Jesús, pero secretamente por miedo de los judíos...» (Jn. 19:38). Probablemente José se había encontrado con Jesús, y había tenido reuniones privadas con Él, cuando el Señor estaba de visita en Jerusalén; sin embargo, tuvo temor de manifestarse públicamente. Su posición y prestigio estaban en juego. Sus pares, los otros gobernantes, se oponían a Jesús. José era un discípulo, pero por temor mantuvo su discipulado en secreto. Note que cuando se votó dar muerte a Jesús, José se había abstenido de votar, pero sin manifestarse favorable a Jesús. No participó; simplemente guardó silencio.

Pensamiento. ¿Cuántas personas son como José? Son creyentes, personas buenas y justas; sin embargo tienen miedo de lo que van a decir sus amigos y compañeros de trabajo. Temen la pérdida de su posición, prestigio, promoción, aceptación, popularidad, amigos, trabajo, ingresos, sustento.

«Porque el que se avergonzare de mí y de mis palabras, de éste se avergonzará el Hijo del Hombre cuando venga en su gloria, y en la del Padre, y de los santos ángeles» (Lc. 9:26).

«Mas os digo, amigos míos: No temáis a los que matan el cuerpo, y después nada más pueden hacer. Pero os enseñaré a quien debéis temer: Temed a aquel que después de haber quitado la vida, tiene poder para echar en el infierno; sí, os digo, a éste temed» (Lc. 12:4-5).

«Porque no nos ha dado Dios, espíritu de cobardía, sino de poder, de amor y de dominio propio» (2 Ti. 1:7).

«El temor del hombre pondrá lazo; mas el que confía en Jehová será exaltado» (Pr. 29:25).

«Yo, yo soy vuestro consolador. ¿Quién eres tú para que tengas temor del hombre, que es mortal, y del hijo del hombre, que es como heno?» (Is. 51:12).

5. Fue un hombre cambiado por la muerte de Jesús. Dos hechos lo demuestran.
   a. José fue concretamente a Pilato y pidió el cuerpo de Jesús. Este fue un acto de tremendo coraje. Los romanos solían enterrar los cuerpos de criminales crucificados en medio de montones de basura, o bien los dejaban colgados en la cruz para ser consumidos por buitres y animales. Esto último servía como ejemplo público del castigo a los criminales. José también encaró la posible reacción de Pilato. Pilato estaba harto del *tema Jesús.* Jesús le había resultado muy molesto. Pudo haber reaccionado severamente contra José.
   b. José se arriesgó a enfrentar el desagrado y la disciplina del sanhedrín. Ellos eran el cuerpo gobernante que había instigado y condenado a Jesús, y José era un miembro del concilio. Sin duda enfrentaría algún tipo de dura reacción de parte de algunos de sus compañeros miembros del sanhedrín, y de algunos de sus amigos más cercanos.

Aparentemente, lo que cambió a José de ser un discípulo secreto a ser un seguidor osado fue la cruz, los acontecimientos fenomenales que rodearon la cruz (el comportamiento y las palabras de Jesús, las tinieblas, el terremoto, el velo rasgado, y otros acontecimientos). Al presenciar José todo esto su mente conectó las afirmaciones de Jesús con las profecías del Antiguo Testamento referidas al Mesías. José vio las profecías cumplidas en Jesús. Entonces dio un paso al frente, desafiando todos los riesgos, tomando su lugar en favor del Señor. ¡Un coraje notable! Un coraje producido por la muerte de Jesús.

Pensamiento 1. Todo creyente secreto necesita estudiar la cruz de Cristo. La realidad de la cruz transformará a cualquier creyente secreto en un osado testigo.

Pensamiento 2. José pidió osadamente poder hacerse cargo del cuerpo físico de Cristo. Hoy el cuerpo de Cristo es la iglesia. Debemos dar un paso osado para cuidar de la iglesia. Hay tiempos de necesidad especial dentro de la iglesia, tiempos en que se requiere un coraje especial para dar el paso de brindar ese cuidado. En estos tiempos una nueva mirada a la cruz podrá ayudar y podrá ser usada por Dios para vivificarnos.

«Pues me propuse no saber entre vosotros cosa alguna sino a Jesucristo, y a éste crucificado» (1 Co. 2:2).

«Sabiendo que el que resucitó al Señor Jesús, a nosotros también nos resucitará con Jesús, y nos presentará juntamente con vosotros. Porque todas estas cosas padecemos por amor a vosotros, para que abundando la gracia por medio de muchos, la acción de gracias sobreabunde para gloria de Dios» (2 Co. 4:14-15).

«Y por todos murió, para que los que viven, ya no vivan para sí, sino para aquel que murió y resucitó por ellos» (2 Co. 5:15).

6. Era un hombre profundamente preocupado por Jesús. Las palabras y los actos de estos dos versículos expresan preocupación y ternura, amor y afecto; también expresan coraje y osadía. José...

- bajó el cuerpo de Jesús de la cruz.
- envolvió el cuerpo en un lienzo.
- puso el cuerpo en un sepulcro, en un sepulcro donde nadie había sido puesto antes.
- actuó rápidamente, antes que comenzara el día de reposo. Jesús murió a las 15 horas del viernes, el día de la preparación para el día de reposo (cp. Mr. 15:33-34, 37). El día de reposo no estaba permitido trabajar, de modo que si se iba a hacer algo con el cuerpo de Jesús, debía hacérselo inmediatamente. Solamente quedaban tres horas para trabajar. (Para mayor discusión *véase* nota—Mr. 15:42.)

Este acto solo no deja dudas del efecto que la cruz hizo en José. La cruz cambió su vida. Ya no era un creyente secreto; ahora mostraba públicamente su posición respecto de Jesús.

Pensamiento 1. Posición, poder, riqueza fama: nada de esto puede darnos osadía para hablar de Cristo. Solamente el verdadero afecto puede darnos osadía, y el verdadero afecto a Cristo nacerá en la medida en que veamos su cruz.

Pensamiento 2. Cristo se identificó perfectamente con los hombres.

- Vivió como hombre, pero de manera perfecta.
- Murió como hombre, pero de manera perfecta (como el Hombre Ideal).
- Fue sepultado como hombre, pero de manera perfecta.

«Y se dispuso con los impíos su sepultura, mas con los ricos fue en su muerte; aunque nunca hizo maldad, ni hubo engaño en su boca» (Is. 53:9).

«Por lo cual debía ser en todo semejante a sus hermanos, para venir a ser misericordioso y fiel sumo sacerdote en lo que a Dios se refiere, para expiar los pecados del pueblo» (He. 2:17).

Pensamiento 3. El propio Hijo de Dios no tuvo posesión alguna en la tierra; por eso, al morir, tuvo que ser sepultado en un sepulcro prestado. Note dos cosas.

- Cristo es el Salvador de los más pobres. Nació en un establo. No tuvo lugar propio donde apoyar su cabeza (Mt. 8:20; Lc. 9:58). Su tumba era prestada.
- Sin embargo, los ricos le pueden servir tal como lo hizo José de Arimatea.

«Y le dijo Jesús: Las zorras tiene guaridas, y las aves de los cielos nidos; mas el Hijo del Hombre no tiene dónde recostar su cabeza» (Lc. 9:58).

«Vended lo que poseéis, y dad limosna; haceos bolsas que no se envejezcan, tesoro en los cielos que no se agote, donde ladrón no llega, ni polilla destruye» (Lc. 12:33).

«En todo os he enseñado que, trabajando así, se debe ayudar a los necesitados, y recordar las palabras del Señor Jesús, que dijo: Más bienaventurado es dar que recibir» (Hch. 20:35).

«Porque ya conocéis la gracia de nuestro Señor Jesucristo, que por amor a vosotros se hizo pobre, siendo rico, para que vosotros con su pobreza fueseis enriquecidos» (2 Co. 8:9).

«En esto hemos conocido el amor, en que él puso su vida por nosotros; también nosotros debemos poner nuestras vidas por los hermanos» (1 Jn. 3:16).

2 (23:55-56) ***Jesucristo, amor a—vida eterna:*** las mujeres creyentes fueron movidas a la lealtad y al afecto. Note tres hechos.

1. Las mujeres demostraron una lealtad sin temor, a pesar de todos los peligros. Cuando Jesús estuvo en la cruz los hombres le fallaron, pero las mujeres no (Mt. 26;56, 69:75; cp. Mt. 27:55-56, 61; Mr. 15:41).
2. Las mujeres demostraron un profundo afecto por Jesús. Usaron su propio dinero para comprar especies y ungüentos para ungirlo. Es algo que hicieron porque lo amaban (Lc. 23:56; cp. Mt. 27:61; Mr. 16:1).
3. Las mujeres todavía no entendían la resurrección de Jesús. Prepararon su cuerpo para depositarlo en el sepulcro donde eventualmente se descompondría. El verdadero significado de *vivir para siempre, del cuerpo humano creado de nuevo, recreado, y hecho incorruptible* era algo que todavía no habían captado (Jn. 5:24-29; cp. 1 Co. 15:42ss; cp. 1 Co. 15:1-58).

Pensamiento. El testimonio de estas mujeres debería mover a los hombres a tomar su posición en favor de Cristo. Con demasiada frecuencia las mujeres son las primeras en arriesgarse por Jesús. No debería ser así. Los hombres...

- deberían ser leales a Cristo sin importar la gravedad del peligro.
- deberían amar tanto a Cristo que le entreguen cuanto *son y tienen.*
- deberían tratar de entender y captar la resurrección de Cristo en toda su plenitud.

«Por tanto no te avergüences de dar testimonio de nuestro Señor, ni de mí, preso suyo, sino participa de las aflicciones por el evangelio según el poder de Dios» (2 Ti. 1:8).

«Porque no me avergüenzo del evangelio, porque es poder de Dios para salvación a todo aquel que cree; al judío primeramente, y también al griego» (Ro. 1:16).

1 **El primer día de la semana**
2 **El primer testigo de la resurrección**
3 **La gran piedra, apartada**
4 **El cuerpo no está en el sepulcro**
5 **Los dos ángeles y su increíble mensaje**
   a. Su ropa resplandeciente
   b. Su pregunta
   c. Su proclamación
   d. Su exhortación a recordar la profecía de Jesús
6 **La inmediata incredulidad de los apóstoles**
   a. El mensaje de la resurrección, llevado —inicialmente— por mujeres
   b. El mensaje de la resurrección, recibido como algo sin sentido
7 **La continuada incredulidad de Pedro**
   a. Corrió para ver; lleno de esperanza
   b. Vio la evidencia: los lienzos doblados y colocados a un costado
   c. El asombro de Pedro

CAPÍTULO 24

XI. LA GLORIA DEL HIJO DEL HOMBRE: SU RESURRECCIÓN Y ASCENSO, 24:1-53

A. La tumba vacía de Jesús: su descubrimiento, 24:1-12
(Cp. Mt. 28:1-15; Mr. 16:1-11; Jn. 20:1-18)

El primer día de la semana,
muy de mañana, vinieron al
sepulcro, trayendo las espe-
cias aromáticas que habían
preparado, y algunas otras
mujeres con ellas.
2 Y hallaron removida la piedra del sepulcro;
3 y entrando, no hallaron el
cuerpo del Señor Jesús.
4 Aconteció que estando
ellas perplejas por esto, he
aquí se pararon junto a ellas
dos varones con vestiduras
resplandecientes;
5 y como tuvieron temor; y
bajaron el rostro a tierra, les
dijeron: ¿Por qué buscáis entre los muertos al que vive?
6 No está aquí, sino que ha
resucitado. Acordaos de lo que
os habló, cuando aún estaba en
Galilea,
7 diciendo: Es necesario que
el Hijo del Hombre sea entregado en manos de hombres
pecadores, y que sea crucificado, y resucite al tercer día.
8 Entonces ellas se acordaron
de sus palabras, y
9 volviendo del sepulcro, dieron nuevas de todas estas cosas
a los once, y a todos los demás.
10 Eran María Magdalena, y
Juana, y María madre de
Jacobo, y las demás con ellas,
quienes dijeron estas cosas a
los apóstoles.
11 Mas a ellos les parecían
locura las palabras de ellas, y
las creían.
12 Pero levantándose Pedro,
corrió al sepulcro; y cuando
miró dentro, vio los lienzos
solos, y se fue a casa maravillándose de lo que había
sucedido.

XI. LA GLORIA DEL HIJO DEL HOMBRE: SU RESURRECCIÓN Y ASCENSO, 24:1-53

A. La tumba vacía de Jesús: su descubrimiento, 24:1-12

(24:1-12) ***Introducción:*** la tumba estaba vacía. La tumba vacía fue el mayor descubrimiento de la historia humana.

Sin embargo, la gran tragedia es que la mayoría de las personas o bien no son conscientes de que Jesús resucitó, o bien no lo creen. Cada persona tiene que descubrir este hecho por sí misma. La tumba vacía y el Señor resucitado tienen que convertirse en un descubrimiento personal para cada individuo.

1. El primer día de la semana (v. 1).
2. El primer testigo de la resurrección (v. 1).
3. La gran piedra, apartada (v. 2).
4. El cuerpo no está en el sepulcro (v. 3).
5. Los dos ángeles y su increíble mensaje (vv. 4-8).
6. La inmediata incredulidad de los apóstoles (vv. 9-11).
7. La continuada incredulidad de Pedro (v. 12).

[1] (24:1) ***Jesucristo, resurrección:*** Jesús resucitó el primer día de la semana, en domingo, el día después del sábado judío. Note tres hechos.

1. Lucas expresa claramente cuándo resucitó Jesús: «El primer día de la semana, muy de mañana». Jesús resucitó antes del amanecer, antes de salir el sol, el domingo de mañana. Esto fue significativo para los primeros creyentes cristianos, tan significativo que abandonaron el día común de adoración, el día de reposo o sábado. Comenzaron a adorar en domingo, el día de la resurrección de su Señor (cp. Hch. 20:7; 1 Co. 16:2).

2. Jesús resucitó el primer día de la semana, el domingo de mañana. Esto significa que estuvo en el sepulcro durante tres días, tal como lo había dicho (Mt. 12:40; 16:21; 17:23; 20:19; Mr. 9:31; 10:34; Lc. 9:22; 18:33; 24:7, 46). Su resurrección de la muerte fue un triunfo, una victoria sobre la muerte. Ya no reina la muerte, su reinado ha sido quebrado (1 Co. 15:55-56; 2 Co. 1:9-10; 2 Ti. 1:10; He. 2:9, 14-15).

3. Nuevamente, Jesús resucitó el primer día de la semana, el domingo de mañana. El día de reposo estuvo en el sepulcro, incapacitado de cumplir las leyes que regían el tiempo de la pascua y el día de reposo. Estaba muerto; por eso la ley y sus reglamentos no tenían autoridad sobre Él. Esto es símbolo de la *identificación* que los creyentes ganan en Cristo. Cuando una persona cree en Jesucristo, Dios la identifica con Cristo, particularmente con la muerte de Cristo. Dios cuenta al hombre como habiendo muerto con Cristo. Es muy simple, *en la muerte de Cristo* los creyentes mueren a la ley (para mayor discusión *véanse* notas—Ro. 7:4; Mt. 5:17-18).

[2] (24:1) ***Jesucristo, resurrección:*** los primeros testigos de la resurrección constituyen una vigorosa evidencia.

1. Fueron testigos oculares de la *muerte y el sepelio* de Jesús. Sabían que Jesús estaba muerto, y sabían donde lo habían sepultado. Habían seguido a la procesión que lo llevó al sepulcro (Mt. 15:40-41; cp. Mt. 27:55-56, 61; Lc. 23:55-56). En sus mentes no había duda alguna de que Jesús estaba muerto y sepultado.

2. Habían comprado especies y habían *venido para ungir* el cuerpo de Jesús. Aparentemente habían comprado las especies el sábado, después de las 18 horas habiendo terminado el día de reposo. Note que se levantaron «el primer día de la semana [domingo], muy de mañana» para ungir el cuerpo de Jesús. Nuevamente, sabían que estaba muerto, estaban preocupadas; por

eso querían ir y darle a su cuerpo los cuidados como los que las personas dan a los cuerpos de sus seres queridos cuando han fallecido.

3. Eran religiosas que *obedecían estrictamente la ley*. Eran estrictas en observar el día de reposo. Imagine, la persona que amaban había muerto, pero no por eso quebrantarían la ley del día de reposo, ni aun para prodigarle estos cuidados (cp. Lc. 23:56). Estas mujeres eran obedientes a los mandamientos de Dios. Eran personas de *alta moral y veraces*, jamás pensarían ni considerarían la posibilidad de mentir acerca de la muerte y resurrección de Jesús.

3 (24:2) ***Jesucristo, resurrección:*** la gran piedra quitada de la entrada al sepulcro (*véase* Estudio a fondo 1, ***Piedra***—Mt. 27:65-66). Las mujeres quedaron perplejas ante la piedra quitada (v. 4). Sin embargo, esa piedra no había sido quitada en favor de Jesús, sino de los testigos de la resurrección. Cuando resucitó Jesucristo, lo hizo con cuerpo resucitado, el cuerpo celestial de la dimensión espiritual; y la dimensión espiritual no tiene límites físicos. En cambio los testigos tenían que entrar al sepulcro para ver la verdad (*véanse* bosquejo y notas—Jn. 20:1-10).

4 (24:3) ***Jesucristo, resurrección:*** el cuerpo no estaba en el sepulcro. El relato es simple, pero impactante: «entrando, no hallaron el cuerpo del Señor Jesús». Vieron perplejas y contemplaron que no estaba allí Jesús (Mr. 16:6). Vieron las vestiduras sobre las que había sido puesto, pero *Él no estaba allí.*

> **«Plenamente convencido de que era también poderoso para hacer todo lo que había prometido» (Ro. 4:21).**
>
> **«Porque todas las promesas de Dios son en el Sí, y en el Amén, por medio de nosotros, para la gloria de Dios» (2 Co. 1:20).**
>
> **«Si fuéremos infieles, él permanece fiel; él no puede negarse a sí mismo» (2 Ti. 2:13).**
>
> **«Por medio de las cuales nos ha dado preciosas y grandísimas promesas, para que por ellas llegaseis a ser participantes de la naturaleza divina, habiendo huido de la corrupción que hay en el mundo a causa de la concupiscencia» (2 P. 1:4).**

5 (24:4-8) ***Ángeles—Jesucristo, resurrección:*** los dos ángeles y su mensaje. Note cuatro aspectos significativos respecto de los ángeles.

1. Eran radiantes, figuras resplandecientes. Sus vestiduras resplandecían (Mt. 28:3)...
   - «como un relámpago» (visible, instantáneo, asombroso, impactante, infundiendo temor, brillante).
   - «blanco como la nieve» (puro, reluciente).

Note que las mujeres tuvieron miedo y se postraron, inclinándose con reverencia.

2. Los ángeles hicieron una pregunta puntual: «¿Por qué buscáis entre los muertos al que vive? Había un reproche en la pregunta. Ellas intentaban honrar a un Salvador muerto, un Salvador que era como todos los otros hombres, frágil, carente de poder para hacer algo respecto de la vida y la eternidad. La totalidad del ser de ellas, sus pensamientos, sentimientos, y su conducta, estaban enfocadas en un Salvador muerto.

Vivían como viven los del mundo «ajenos a los pactos de la promesa, sin esperanza y sin Dios en el mundo» (Ef. 2:12).

3. Los ángeles proclamaron las gloriosas nuevas: «No está aquí, sino que ha resucitado». Note dos untos.
   a. «No está aquí»: las mujeres podían ver, y vieron, el hecho. Era algo claramente visible: Jesús no estaba en el sepulcro. Había estado allí, puesto que ellas vieron como lo pusieron allí. Habían presenciado su muerte y sepelio, pero ahora Jesús ya no estaba en el sepulcro (*véase* nota—Lc. 23:55-56).
   b. «Ha resucitado.» Palabras asombrosas, increíbles...
      - en el cielo «se da testimonio de que vive» (He. 7:8).
      - las Escrituras dan testimonio de que resucitó (Ro. 1:4; Ef. 1:19-20).
      - Jesús había predicho que resucitaría (Lc. 9:22; 13:32; 17:25; 18:31-34).

> **«Que fue declarado Hijo de Dios con poder, según el Espíritu de santidad, por la resurrección de entre los muertos» (Ro. 1:4).**
>
> **«Y cuál la supereminente grandeza de su poder para con nosotros los que creemos, según la operación del poder de su fuerza, la cual operó en Cristo, resucitándole de los muertos y sentándole a su diestra en los lugares celestiales» (Ef. 19-20).**

4. Los ángeles le recordaron a las mujeres que Jesús les había predicho su muerte y resurrección (*véanse* bosquejo y notas—Lc. 18:31-34). Note las palabras: «Y recordaron sus palabras». Los seguidores de Jesús siempre se sintieron confundidos respecto de la profecía de su muerte y resurrección. *No iban* a aceptar literalmente lo que había dicho, se rehusaron a interpretar las palabras de Jesús por lo que decían. Las interpretaron como afirmaciones simbólicas; por eso, ellas nunca entendieron su muerte y resurrección (*véase* nota—Lc. 18:34).

Pero note lo que ocurrió ahora. Ellas sabían que se habían equivocado. De pronto se sintieron convencidas y llegaron a ser los primeros testigos de la resurrección.

> **«Y mirándolos, les dijo: Para los hombres esto es imposible; mas para Dios todo es posible» (Mt. 19:26).**
>
> **«Porque nada hay imposible para Dios» (Lc. 1:37).**
>
> **«Fiel es Dios, por el cual fuistes llamados a la comunión con su Hijo Jesucristo nuestro Señor» (1 Co. 1:9).**
>
> **«Si fuéremos infieles, Él permanece fiel; Él no puede negarse a sí mismo» (2 Ti. 2:13).**
>
> **«Mantengamos firme, sin fluctuar, la profesión de nuestra esperanza, porque fiel es el que prometió» (He. 10:23).**

6 (24:9-11) ***Incredulidad—discípulos:*** incredulidad inmediata de parte de los discípulos. Las mujeres corrieron a encontrarse con los discípulos para compartir las gloriosas nuevas. Pero las nuevas «les parecían locura» (*hos leros*): carentes de sentido, conversación ridícula, fantasías salvajes. «Y no las creían.» La palabra griega es *descreyeron* (*epistaoun*) y está en tiempo imperfecto activo que significa que *«continuaban descreyendo»*, seguían sin poner confianza o credulidad en lo que las mujeres afirmaban. Eran *presa* de un espíritu de escepticismo e incredulidad.

> ***Pensamiento.*** Los discípulos no tenían excusa. Cristo había pasado largos meses remachando en ellos la verdad acerca de su muerte y resurrección. (Para mayor discusión *véanse* notas—Mt. 16:21-28; 17:1-13; 17:22; 17:24-27.)
>
> **«Finalmente se apareció a los once mismos, estando ellos sentados a la mesa, y les reprochó su incredulidad y la dureza de corazón, porque no habían creído a los que le habían visto resucitado» (Mr. 16:14).**
>
> **«El que en él cree, no es condenado; pero el que no cree, ya ha sido condenado, porque no ha creído en el nombre del unigénito Hijo de Dios» (Jn. 3:18).**
>
> **«Mirad, hermanos, que no haya en ninguno de vosotros corazón malo de incredulidad para apartarse del Dios vivo» (He. 3:12).**
>
> **«Procuremos, pues, entrar en aquel reposo, para que ninguno caiga en semejante ejemplo de desobediencia» (He. 4:11).**

7 (24:12) ***Incredulidad—Pedro:*** la continua incredulidad de Pedro. El corazón de Pedro aun se sentía atraído por el Señor, a pesar de haberle fallado tanto. Al oír que el cuerpo de Jesús ya no estaba en el sepulcro, corrió hacia allí. Sus pensamientos volaban preguntándose qué habría pasado con el Señor.

Note un punto crucial, Pedro se precipitó al interior y vio la evidencia: las vestiduras de lino estaban a un costado. Sin embargo, Pedro no captó el significado de la evidencia. Juan dice que él y Pedro corrieron al sepulcro, que él, Juan, creyó en base a la evidencia de las vestiduras de lino. Además verifica que Pedro no captaba todavía el significado de esto (*véase* nota—Jn. 20:1-10 y la discusión de este importante punto). Pedro sencillamente «se volvió», preguntándose por lo que realmente había ocurrido.

Pensamiento 1. Es peligroso no entender la Palabra del Señor, o no darle el valor que tiene. Espiritualizar sus palabras, a menos que sean claramente simbólicas, con frecuencia lleva a una grave incredulidad y a problemas.

Pensamiento 2. La persona tiene que estar abierta a la evidencia de la resurrección. La tumba está vacía; ha resucitado, y la persona que busca con honestidad, será convencida por el Espíritu de Dios. Es necesario hacer lo que hizo Pedro: correr al sepulcro y ver lo que realmente ocurrió.

«Entonces él les dijo: ¡Oh insensatos, y tardos de corazón para creer todo lo que los profetas han dicho!» (Lc. 24:25).

«Y les dijo: ¿Por qué estáis así amedrentados? ¿Cómo no tenéis fe?» (Mr. 4:40).

«El que cree en el Hijo tiene vida eterna; pero el que rehusa creer en el Hijo no verá la vida, sino que la ira de Dios está sobre él» (Jn. 3:36).

«Por eso os dije que moriréis en vuestros pecados; porque si no creéis que yo soy, envuestros pecados moriréis» (Jn. 8:24).

1 **Escena 1: una caminata, solitaria pero provechosa**[EFI]
   a. Habían oído de la resurrección; «el mismo día»
   b. Meditaban y reflexionaban en los eventos.

2 **Escena 2: considerando tres preguntas cruciales**
   a. Jesús se acercó, pero sin darse a conocer
   b. Primera pregunta: ¿De qué están hablando?
      1) Una mirada sombría
      2) Las cosas que han ocurrido
   c. Segunda pregunta: ¿Qué cosas han ocurrido?
      1) La muerte de Jesús
         a) Fue un gran profeta
         b) Lo crucificaron
         c) Se creyó que era el Mesías
      2) Profecía de Jesús acerca de tres días
      3) La tumba vacía de Jesús y asombrosos informes
         a) Informes de visiones

B. Jesús se aparece a dos discípulos en el camino a Emaús: un viaje inmortal, 24:13-35
(Mr. 16:12-13)

13 Y he aquí, dos de ellos
iban el mismo día a una aldea
llamada Emaús, que estaba a
sesenta estadios de Jerusalén.
14 E iban hablando entre sí
de todas aquellas cosas que
habían acontecido.
15 Sucedió que mientras
hablaban y discutían entre
sí, Jesús mismo se acercó, y
caminaba con ellos.
16 Mas los ojos de ellos
estaban velados, para que no
le conociesen.
17 Y les dijo: ¿Qué pláticas
son estas que tenéis entre
vosotros mientras camináis, y
por qué estáis tristes?
18 Respondiendo uno de
ellos, que se llamaba Cleofas,
le dijo: ¿Eres tú el único
forastero en Jerusalén que no
ha sabido las cosas que en ella
han acontecido en estos días?
19 Entonces él les dijo: ¿Qué
cosas? Y ellos dijeron: de
Jesús nazareno, que fue varón
profeta, poderoso en obras y
en palabra delante de Dios y
de todo el pueblo;
20 y cómo le entregaron los
principales sacerdotes y
nuestros gobernantes a sentencia de muerte, y le crucificaron.
21 Pero nosotros esperábamos
que él era el que había de
redimir a Israel; y ahora,
además de todo esto, hoy es
ya el tercer día que esto ha
acontecido.
22 Aunque también nos han
asombrado unas mujeres de
entre nosotros, las que antes
del día fueron al sepulcro;
23 y como no hallaron su
cuerpo, vinieron diciendo que
también habían visto visión
de ángeles, quienes dijeron
que él vive.
24 Y fueron algunos de los
nuestros al sepulcro, y
hallaron así como las mujeres
habían dicho, pero a él no le
vieron.
25 Entonces él les dijo: ¡Oh
insensatos, y tardos de corazón para creer todo lo que los
profetas han dicho!
26 ¿No era necesario que el
Cristo padeciera estas cosas,
y que entrara en su gloria?
27 Y comenzando desde
Moisés, y siguiendo por todos
los profetas, les declaraba en
todas las Escrituras lo que de
él decían.
28 Llegaron a la aldea adonde
iban, y él hizo como que iba
más lejos.
29 Mas ellos le obligaron a
quedarse, diciendo: Quédate
con nosotros, porque se hace
tarde, y el día ya ha decli-
nado. Entró pues, a quedarse
con ellos.
30 Y aconteció que estando
sentado con ellos a la mesa,
tomó pan y lo bendijo, lo
partió, y les dio.
31 Entonces les fueron
abiertos los ojos, y le
reconocieron; mas él se
desapareció de su vista.
32 Y se decían el uno al otro:
¿No ardía nuestro corazón en
nosotros, mientras nos hablaba
en el camino, y cuando nos
abría las Escrituras?
33 Y levantándose en la
misma hora, volvieron a
Jerusalén, y hallaron a los
once reunidos, y a los que
estaban con ellos,
34 Que decían: Ha resuci-
tado el Señor verdaderamente,
y ha aparecido a Simón.
35 Entonces ellos contaban
las cosas que les habían
acontecido en el camino, y
cómo le habían reconocido al
partir el pan.

         b) Informes de que Jesús estaba vivo
         c) Informes confirmados
   d. Tercera pregunta: ¿Acaso no predijeron los profetas la muerte y resurrección el Mesías?
      1) Leve amonestación
      2) Su muerte y resurrección eran necesarias
      3) Jesús explica las Escrituras

3 **Tercera escena: experimentando la ardiente verdad; Jesús ha resucitado, está vivo**
   a) Los dos quieren oír más; lo invitan a hospedarse con ellos
      1) Jesús aceptó la invitación
      2) Bendijo la comida
   b) Dios les abrió los ojos: reconocieron al Señor
   c) Se sintieron convencidos; un fuego en sus corazones

4 **Escena 4: proclamando el testimonio inmortal**
   a. Los dos corrieron para reunirse con los discípulos
   b. Una reunión excitante; el testimonio inmortal: Cristo ha resucitado
      1) Fue visto por Simón
      2) Fue visto por los dos de Emaús

B. Jesús se aparece a dos discípulos en el camino a Emaús: un viaje inmortal, 24:13-35

(24:13-35) *Introducción:* este es uno de los relatos más amados, referidos a la resurrección. Cuenta cómo Jesús ayudó a dos personas que habían perdido la esperanza y habían caído en un pozo de tristeza y desesperación. Experimentaron un viaje inmortal.

1. Escena 1: Una caminata, solitaria pero provechosa (vv. 13-14).
2. Escena 2: Considerando tres preguntas cruciales (vv. 15-17).
3. Escena 3: Experimentando la ardiente verdad; Jesús ha resucitado, está vivo (vv. 28-32).
4. Escena 4: Proclamando el testimonio inmortal (vv. 33-35).

1 (24:13-14) ***Sin esperanza—desesperación—devastación:*** La primera escena muestra a dos personas en una caminata solitaria; dos personas tristes, desesperanzadas, muy pensativas.

El día tiene importancia: era «ese mismo día» que las mujeres habían descubierto la tumba vacía y lo habían informado a los discípulos (el día de la resurrección, domingo de pascuas). Las nuevas habían sido recibidas con escepticismo, como una locura total. Estos dos, Cleofas y su compañero, o bien habían estado presentes o bien habían oído las nuevas de alguna otra fuente. Transitando el camino a Emaús se sintieron tristes, presa de un espíritu de desesperación por la crucifixión del Señor. Su esperanza de que Jesús fuese el Mesías prometido había sido devastada, arrojada contra las rocas de la muerte. Pero en su desesperación sus pensamientos se agitaban, se enredaban con los informes de las mujeres sobre la tumba vacía y los ángeles, ¿Qué habrán querido decir?

El tema que aquí hay que notar son sus emociones y pensamientos, su...

- tristeza y desesperación (por la muerte del Señor).
- devastada esperanza (Jesús no es el Mesías).
- agitados y enredados pensamientos (sobre los informes de una tumba vacía y de los ángeles).

Pensamiento. La escena es un símbolo de la desesperación que a tantas personas sobreviene en la vida. Sus esperanzas son devastadas, esperanzas referidas a...

- la familia.
- escuela.
- sentido y propósito.
- profesión.
- aceptación.

En su tristeza y desesperación oyen en alguna parte los informes de la tumba vacía y el Señor viviente; pero no saben lo que esos informes significan, al menos no lo saben personalmente.

«Está mi alma hastiada de mi vida; daré libre curso a mi queja, hablaré con amargura de mi alma» (Job 10:1).

«Porque mi vida se va gastando de dolor, y mis años de suspirar; se agotan mis fuerzas a causa de mi iniquidad, y mis huesos se han consumido» (Sal. 31:10).

«Dios mío, mi alma está abatida en mí; me acordaré por tanto, de ti desde la tierra del Jordán, y de los hermonitas, desde el monte de Mizar» (Sal. 42:6).

«Estoy hundido en cieno profundo, donde no puedo hacer pie; he venido a abismos de aguas, y la corriente me ha anegado» (Sal. 69:2).

«En cuanto a mí, casi se deslizaron mis pies; por poco resbalaron mis pasos» (Sal. 73:2).

«Cuando pensé para saber esto, fue duro trabajo para mí» (Sal. 73:16).

«Junto a los ríos de Babilonia, allí nos sentábamos, y aun llorábamos, acordándonos de Sion» (Sal. 173:1).

«Pero Sion dijo: Me dejó Jehová y el Señor se olvidó de mí» (Is. 49:14).

«Guarda tus pies de andar descalzos, y tu garganta de la sed. Mas dijiste: No hay remedio en ninguna manera, porque a extraños he amado, y tras ellos he de ir» (Jer. 2:25).

«Tampoco queremos, hermanos, que ignoréis acerca de los que duermen, para que no os entristezcáis como los otros que no tiene esperanza» (1 Ts. 4:13).

«En aquel tiempo estabais sin Cristo, alejados de la ciudadanía de Israel y ajenos a los pactos de la promesa, sin esperanza y sin Dios en el mundo» (Ef. 2:12).

ESTUDIO A FONDO 1

(24:13) ***Emaús:*** se desconoce la ciudad y su ubicación. Estaba a unas siete millas de Jerusalén, lo que llevaría una caminata de aproximadamente dos horas.

2 (24:15-27) ***Jesucristo, muerte—concepto equivocado—asombro—preguntas—perplejidad:*** la segunda escena presenta la consideración de tres preguntas. Note las palabras exactas mientras Cleófas y su compañero caminaban: «mientras *hablaban* y discutían entre sí, Jesús mismo se acercó, *y caminaba con ellos*» (*suneporeueto*, tiempo imperfecto). La idea es que estaban tan absortos en su desesperación y conversación que Jesús *ya estaba* caminando con ellos cuando notaron su presencia. Pero note que no lo reconocieron. Su cuerpo resucitado era suficientemente distinto para no ser reconocido como Jesús sin una cuidadosa observación (*véase* Estudio a fondo 1—Jn. 21:1). En este caso particular el Señor mantuvo «velados» (restringidos, limitados) sus ojos, de modo que no lo reconocieran. Aparentemente quería discutir con ellos, con mayor libertad, los eventos.

1. La primera pregunta: ¿De qué están hablando? ¿qué los hace estar tan tristes (*skythropoi*). La palabra griega significa tristeza, abatimiento, desaliento, hosquedad, oscuridad. Jesús podía ver escrita en sus rostros la tristeza y desesperación.

A Cleofas le sorprendió que el extranjero no supiera nada. Preguntó: «¿Cómo es posible que alguien en Jerusalén no sepa por qué estamos tristes y desesperados?» Han ocurrido cosas terribles.

Pensamiento. Estos dos estaban tratando de entender la muerte y la tumba vacía de Cristo. Cristo era el objeto de su conversación. Estaban buscando la verdad; por eso, Cristo se acercó a ellos.

«Pedid, y se os dará; buscad y hallaréis; llamad, y se os abrirá. Porque todo aquel que pide, recibe; y el que busca, halla; y al que llama, se le abrirá» (Mt. 7:7-8).

«Dijo entonces Jesús a los judíos que habían creído en él: Si vosotros permanecéis en mi palabra, seréis verdaderamente mis discípulos; y conoceréis la verdad, y la verdad os hará libres» (Jn. 8:31-32).

2. La segunda pregunta: «¿Qué acontecimientos? ¿Qué circunstancias podían causar semejante tristeza y desesperación?» (vv. 19-20). Cleofas respondió mencionando tres temas.
   a. La muerte de Jesús.
      - Fue un gran profeta.
      - Los gobernantes lo crucificaron. (Note que está implicado todo el mundo. Los judíos lo entregaron, y los gentiles romanos lo condenaron y crucificaron.)
      - Habíamos confiado (*elpizomen*, esperado) que Él era el Mesías, aquel que salvaría a Israel.
   b. La profecía de Jesús referida a tres días. En el término «tres días» hay significado. Cleoófas estaba compartiendo cómo su *muerto Señor* les había indicado...
      - velar hasta el tercer día en espera de un evento inusual.
      - que «resucitaría el tercer día», cualquiera fuese el significado de esas palabras.

- que ellos creyeron que esas palabras significaban que su triunfo tendría lugar el tercer día. (Para mayor discusión *véanse* bosquejo y notas—Lc. 18:31-34.)

c. La tumba vacía de Jesús y el informe de algunas mujeres causando asombro. Ese informe hablaba de...
- una tumba vacía.
- la visión de ángeles.
- Jesús vivo.
- de que tal informe había sido confirmado.
- que a Jesús no se lo había visto.

Pensamiento 1. Los eventos del mundo y las cosas terribles que ocurren en la vida con frecuencia entristecen y desesperan a una persona. Cosas tales como...

• ser mal entendido.	• recibir oposición.
• ser abandonado.	• ser traicionado.
• estar indefenso.	• la muerte.
• falta de esperanza.	• divisiones.
• pérdida.	• temor.
• injusticia.	

Cristo se preocupa por ello. Quiere saber que es lo que causa tanta tristeza y desesperación. Quiere que le compartamos nuestros problemas.

Pensamiento 2. El problema de los discípulos de Emaús era, como con tantas personas hoy, ser *cortas de vista* e *incrédulas*.

Pensamiento 3. Hay otra razón de mayor importancia por que la gente se rehusa a aceptar al Señor resucitado. Un Señor resucitado significa que el hombre tiene que sujetarse a Él, obedecerle y servirle.

«Sepa, pues, ciertísimamente toda la casa de Israel, que a este Jesús a quien vosotros crucificasteis, Dios le ha hecho Señor y Cristo» (Hch. 2:36).

«A éste, Dios ha exaltado con su diestra por Príncipe y Salvador, para dar a Israel arrepentimiento y perdón de pecados. Y nosotros somos testigos suyos de estas cosas, y también el Espíritu Santo, el cual ha dado Dios a los que *le obedecen*» (Hch. 5:31-32).

«Por lo cual Dios también le exaltó a lo sumo, y le dio un nombre que es sobre todo nombre» (Fil. 2:9).

Pensamiento 4. Toda persona debe asumir que Cristo ha muerto, pero también debe asumir y creer que el Señor ha resucitado.

«El cual fue entregado por nuestras transgresiones, y resucitado para nuestra justificació» (Ro. 4:25).

«¿Quién es el que condenará? Cristo es el que murió; más aun, el que también resucitó, el que además está a la diestra de Dios, el que también intercede por nosotros» (Ro. 8:34).

«Por lo cual puede también salvar perpetuamente a los que por él se acercan a Dios, viviendo siempre para interceder por ellos» (He. 7:25).

3. Tercera pregunta: «¿Acaso los profetas no predijeron la muerte y resurrección del Mesías» (vv. 25-27).

Note varios hechos.

a. Jesús amonestó a los dos discípulos por ser tan obtusos y lerdos para creer. Los llamó «insensatos» (*anoetoi*) lo que significa que eran obtusos y lentos para creer. Se esperaba más de ellos; debían haber sabido más de lo que expresaban. No tenían excusa, porque sus mentes y corazones tenían capacidad para más. Por eso, Jesús los amonestó por ser...
- *lerdos para creer.*
- lerdos para creer *todo* lo que los profetas habían hablado.

b. Jesús indicó que la muerte y resurrección del Mesías eran una necesidad. Las palabras «¿No era necesario...» son fuertes. Significan que había una obligación, un imperativo de que el Mesías muriese y resucitase. No tuvo otra opción. Su muerte y resurrección habían sido planeadas en la voluntad de Dios a lo largo de toda la eternidad. Por eso, era preciso cumplir la voluntad de Dios; Dios había ordenado que...
- el Mesías sufriese estas cosas.
- el Mesías entrase a la gloria de Dios. El plan de Dios no había fallado. El triunfo fue a través de su Hijo, el Mesías.

c. Jesús les explicó las Escrituras a los dos discípulos, les enseñó, libro por libro, mostrándoles en cada libro las cosas referidas al Mesías. Note las palabras: «todas las Escrituras». Las profecías referidas al Cristo se encuentran en todas las Escrituras; por eso Jesús los llevó sistemáticamente a través de ellas, libro por libro, mostrándoles cómo fue cumplido el propósito de Dios en la muerte del Mesías. Ahora los dos discípulos podían ser salvados eternamente, no sólo para un reinado terrenal de un Mesías terrenal.

Pensamiento. Los dos discípulos estaban desesperanzados y perplejos, llenos de tristeza y desesperación, y todo por una sola causa: incredulidad. Habían interpretado las Escrituras, y las claras predicciones que Jesús les había dado antes de morir, en forma *simbólica* o *espiritual*. Por eso no podían ver *más allá* de la muerte de Jesús. Estaban dispuestos a aceptar y admirar a un *Salvador muerto*, un gran profeta que había sido martirizado; en cambio les era muy difícil aceptar un Señor resucitado. No estaban dis-puestos a creer el informe de las mujeres, las nuevas gloriosas del Señor vivo.

«Mas a ellos les parecían locura las palabras de ellas, y no las creían» (Lc. 24:11).

«Procuremos, pues, entrar en aquel reposo, para que ninguno caiga en semejante ejemplo de desobediencia» (He. 4:11).

«Considerad a aquel que sufrió tal contradicción de pecadores contra sí mismo, para que vuestro ánimo no se canse hasta desmayar» (He. 12:3).

3 (24:28-32) ***Convicción—conversión:*** la tercera escena fue experimentar la ardiente verdad. Jesús ha resucitado y está para siempre vivo. Note tres puntos importantes.

1. Los dos discípulos *querían* oír más. Invitaron a Jesús a hospedarse con ellos. Las palabras «Él hizo como...» no significa que Jesús estaba teatralizando. Nunca fingió. Habría seguido su camino, porque nunca entra a una vida o casa sin una invitación personal. Los dos buscaban la verdad, de manera que quisieron que Jesús entre a su hogar y compartiese más con ellos. (¡Cuán diferente a muchas personas hoy!)

Jesús entró y se centó para cenar con ellos. Le pidieron que diera gracias por la comida.

2. Dios abrió los ojos de los dos discípulos. De inmediato conocieron al Señor. Pero note cómo: Habían invitado a Jesús a entrar a su hogar. Si hubieran dejado que siguiera su camino, probablemente nunca habrían sabido que Él era el Señor.

3. Los dos discípulos habían sentido arder la convicción en sus corazones.

a. La proclamación de la Palabra de Dios fue lo que despertó y encendió en ellos la convicción.

«Por tanto, así ha dicho Jehová Dios de los ejércitos: Porque dijeron esta palabra, he aquí yo pongo mis palabras en tu boca por fuego, y a este pueblo por leña, y los consumirá» (Jer. 5:14).

«¿No es mi palabra como fuego, dice Jehová, y como martillo que quebranta la piedra?» (Jer. 23:29).

b. Respondieron a la convicción invitando a Cristo a su hogar, y ello les permitió conocerlo personalmente.

«He aquí, yo estoy a la puerta y llamo; si alguno oye mi voz y abre la puerta, entraré a él, y cenaré con él, y él conmigo» (Ap. 3:20).

«Fiel es Dios, por el cual fuistes llamados a la comunión con su Hijo Jesucristo nuestro Señor» (1 Co. 1:9).

«Porque donde están dos o tres congregados en mi nombre, allí estoy yo en medio de ellos» (Mt. 18:20).

Pensamiento. Los dos habían escuchado la explicación de las Escrituras; habían escuchado mucho. Pero fue necesario que respondieran invitando al Señor a entrar a su casa para que Dios les pudiera abrir los ojos y llegaran a conocer a Cristo.

4 (24:33-35) ***Jesucristo, resurrección:*** la cuarta escena muestra la proclamación del testimonio inmortal. Es una escena dramática. Ya era de noche, sin embargo los dos se apresuraron para volver a los apóstoles. A su arribo hallaron que los apóstoles y algunos otros discípulos ya estaban reunidos.

Todos estaban exuberantes de entusiasmo. Al impacto que traían los dos de Emaús, el grupo tenía, para agregar, el mismo testimonio inmortal: «El Señor ha resucitado. Le ha aparecido a Simón.» Al oír la experiencia de Simón no cabían en sí, a penas si podían contenerse esperando poder compartir la propia experiencia.

Finalmente les llegó el turno y entonces compartieron su experiencia del mismo testimonio inmortal: «Verdaderamente, el Señor ha resucitado».

«Y vosotros daréis testimonio también, porque habéis estado conmigo desde el principio» (Jn. 15:27).

«Porque serás testigo suyo a todos los hombres, de lo que has visto y oído» (Hch. 22:15).

«Jerusalén; a quien mataron colgándole en un madero. A éste levantó Dios al tercer día, e hizo que se manifestase» (Hch. 10:39-40).

Bosquejo	Texto	Bosquejo
	C. Jesús aparece a los discípulos: las grandes afirmaciones de la fe cristiana, 24:36-49 (Mr. 16:14; Jn. 20:19-23; 20:26—21:25)	
1 Afirmación 1: Jesús ha resucitado a. Las primeras palabras de Jesús: «Paz»	36 Mientras ellos aún hablaban de estas cosas, Jesús se puso en medio de ellos, y les dijo: Paz a vosotros.	
b. El influjo de Jesús 1) Los discípulos estaban aterrorizados y temerosos	37 Entonces, espantados y atemorizados, pensaban que veían espíritu. Pero él les dijo:	
2) Los discípulos estaban preocupados y llenos de dudas	38 ¿Por qué estáis turbados, y vienen a vuestro corazón estos pensamientos?	
c. La prueba de Jesús 1) Es carne y huesos	39 Mirad mis manos y mis pies, que yo mismo soy; palpad, ved; porque un espíritu no tiene carne ni huesos, como veis que yo tengo.	
2) Les muestra sus heridas	40 Y diciendo esto, les mostró las manos y los pies.	
3) Jesús habla	41 Y como todavía ellos, de gozo no lo creían, les dijo: ¿Tenéis aquí algo de comer? 42 Entonces le dieron parte de un pez asado, y un panal de miel. 43 Y él lo tomó, y comió delante de ellos.	
	44 Y les dijo: Estas son las palabras que os hablé, estando aún con vosotros: que era necesario que se cumpliese lo que está escrito de mí en la ley de Moisés, en los profetas y en los salmos.	**2 Afirmación 2: todas las Escrituras tienen que ser cumplidas** a. Advertencia previa b. Absoluta necesidad
	45 Entonces les abrió el entendimiento, para que comprendieran las Escrituras;	c. Necesario discernimiento espiritual
	46 y les dijo: Así está escrito, y así fue necesario que el Cristo padeciese, y resucitase de los muertos al tercer día;	d. Profecías específicas 1) Cristo tiene que sufrir y resucitar
	47 y que se predicase en su nombre el arrepentimiento y el perdón de pecados en todas las naciones, comenzando desde Jerusalén.	2) Es preciso predicar arrepentimiento y perdón
	48 Y vosotros sois testigos de estas cosas.	
	49 He aquí yo enviaré la promesa de mi Padre sobre vosotros; pero quedaos vosotros en la ciudad de Jerusalén, hasta que seáis investidos de poder desde lo alto.	3) La necesidad del envío del Espíritu Santo

C. Jesús aparece a los discípulos: las grandes afirmaciones de la fe cristiana, 24:36-49

(24:36-49) ***Introducción:*** esta fue la primer aparición de Jesús *a todos los discípulos juntos.* Jesús compartió las dos grandes declaraciones (explicaciones) de la fe cristiana.

1. Afirmación 1: Jesús ha resucitado (vv. 36-43).
2. Afirmación 2: todas las Escrituras tienen que ser cumplidas (vv. 44-49).

(24:36-49) ***Otro bosquejo:*** las grandes declaraciones de la fe cristiana.

1. Declaración 1: Jesús ha resucitado (vv. 36-43).
2. Declaración 2: todas las Escrituras proféticas tienen que ser cumplidas (vv. 44-46).
    a. Todo el Antiguo Testamento.
    b. La muerte y resurrección de Cristo.
3. Declaración 3: arrepentimiento y perdón de pecados, un imperativo (vv. 47-48).
    a. El lugar: todas las naciones.
    b. Los testigos: usted, los discípulos.
4. Declaración 4: recibiréis poder (v. 49).
    a. El poder es el Espíritu Santo.
    b. El poder es dado en la perseverancia (orando).

1 (24:36-43) ***Jesucristo, resurrección; importancia de la resurrección; respuesta del mundo:*** la primera declaración es que Jesús ha resucitado. La aparición de Jesús ocurrió de noche, la noche del mismo día en que resucitó. Fue una escena dramática. El Señor ya había aparecido al menos cuatro veces. Se había aparecido a...

- María Magdalena (Jn. 20:14ss).
- las mujeres que visitaron el sepulcro (Mt. 28:1ss; Mr. 16:1ss).
- los dos que iban a Emaús (Lc. 24:1ss).
- Simón Pedro (Lc. 24:34; 1 Co. 15:5).

Los apóstoles (excepto Tomás) y algunos otros discípulos habían acudido presurosos al conocido lugar de reunión. La atmósfera estaba electrizada. En el pecho de cada presente latía la excitación, y las mentes no alcanzaban a entender. El asombro estaba comenzando a triunfar sobre la tristeza y desesperación; la esperanza comenzaba a despertar una profunda anticipación. Se murmuraba y discutía sobre informes de apariciones de Jesús. Luego, súbitamente, como venido de ninguna parte: «*Jesús...en medio de ellos*». Note tres cosas:

1. Las primeras palabras que Jesús habló a los discípulos, después de su muerte, fueron: «Paz a vosotros». Este era el saludo normal de los judíos de aquel tiempo, pero ahora tenía un significado muy especial. Los discípulos necesitaban paz, la paz que solamente Él podía dar. Y ahora había resucitado de la muerte para darles esa paz. (*Véase* nota, ***Paz***—Jn. 14:27.)

> **«Pero ahora en Cristo Jesús, vosotros que en otro tiempo estabais lejos, habéis sido hechos cercanos por la sangre de Cristo. Porque él es nuestra paz, que de ambos pueblos hizo uno, derribando la pared intermedia de separación» (Ef. 2:13-14).**
>
> **«La paz os dejo, mi paz os doy; yo no la doy como el mundo la da. No se turbe vuestro corazón, ni tenga miedo» (Jn. 14:27).**
>
> **«Estas cosas os he hablado para que en mí tengáis paz. En el mundo tendréis aflicción; pero confiad, yo he vencido al mundo» (Jn. 16:33).**

2. El significado de la resurrección de Cristo. Los discípulos

interpretaron su repentina aparición en medio de ellos tal como siempre habían interpretado sus palabras, es decir, espiritualmente. Cuando Jesús apareció súbitamente en medio de ellos el pensamiento que les pasó por la mente fue que estaban viendo un espíritu. Estaban...

- aterrorizados, atemorizados, y turbados.
- llenos de preguntas.

Pensamiento. Los incrédulos responden de cinco maneras a la resurrección.

1) Están aterrorizados, atemorizados, perturbados por la resurrección. ¿Por qué? Porque significa que tienen que obedecer y servir a Cristo. Si Él es el *Señor viviente*, el hombre está sujeto a Él.
2) Cuestionan la resurrección, la verdad de la resurrección. La idea de que un hombre podía resucitar de la muerte trasciende su capacidad de aceptación.
3) Ignoran la resurrección, no le prestan atención, la tienen por insignificante.
4) Responden a la resurrección aceptando a Jesucristo como su Salvador y Señor.
5) Reaccionan contra la resurrección; desde la leve oposición hasta el extremo de maldecir y perseguir a cualquiera que testifique de la resurrección.

3. La prueba de la resurrección de Cristo, de que ha resucitado corporalmente. El bosquejo de las Escrituras que preceden muestra cuatro cosas que hizo Cristo para probar que realmente era Él y no un espíritu, quien estaba ante los discípulos (para la discusión *véase* Estudio a fondo 1—Lc. 24:39-43).

ESTUDIO A FONDO 1

(24:39-43) ***Jesucristo resurrección; resurrección, cuerpo de:*** el Cristo resucitado no era un espíritu (versículo 39); no era una visión, un fantasma, una alucinación, o alguna otra invención de la imaginación del hombre. Era el Señor resucitado, corporalmente, no era algún otro, ni algún otro espíritu. Su cuerpo no era otro sino el de Jesús, el carpintero de Nazaret. Había resucitado físicamente de la muerte y su cuerpo era real. Era diferente, sí, pero era su cuerpo. Había sido perfeccionado y ya no estaba sujeto a las limitaciones y debilidades del universo físico y sus leyes; ahora era un cuerpo glorificado por el poder y la enunciación de la Palabra de Dios (cp. Ro. 1:3-4).

¿En qué difería el cuerpo resucitado del Señor de su cuerpo terrenal? Si miramos al cuerpo resucitado de Cristo, al cuerpo glorificado prometido a los creyentes, podemos hacernos una leve idea.

1. El cuerpo resucitado del Señor era su cuerpo, pero cambiado radicalmente. Tenía todo el parecer de un cuerpo físico pero no estaba atado al mundo físico y a su sustancia material.

a. Era el mismo cuerpo; no algún otro cuerpo. Lo sabemos porque su cuerpo resucitado llevaba las marcas de los clavos en sus manos y pies (Jn. 20:20, 27), y los discípulos, después de observarlo cuidadosamente, podían reconocerlo.

b. Era un cuerpo que podía trasladarse y aparecer en cualquier parte, a voluntad y mediante el pensamiento, un cuerpo librado de los obstáculos del espacio, tiempo y materia, o sustancia. Cuando aparecía en alguna parte, lo hacía súbitamente, aun detrás de puertas cerradas (Lc. 24:36; Jn. 20:19).

c. Era un cuerpo suficientemente distinto para no ser reconocido de inmediato, sin antes observarlo detenidamente.

- **María Magdalena creyó que era el jardinero (Jn. 20:15).**
- **Los dos discípulos en el camino a Emaús pensaron que era un viajero (Lc. 24:31).**
- **Los discípulos que estaban pescando no conocieron que era Él quien estaba en la orilla (Jn. 21:4).**

Sin embargo, en todos estos casos el Señor fue reconocido después de una cuidadosa observación.

2. El cuerpo resucitado, glorificado, prometido al creyente, requiere un discernimiento adicional en cuanto a la clase de cuerpo que tiene Cristo. Una de las promesas más maravillosas dadas al hombre, se encuentra en estas palabras:

«El cual transformará el cuerpo de la humillación nuestra, para que sea semejante al cuerpo de la gloria suya por el poder con el cual puede también sujetar a sí mismo todas las cosas» (Fil. 3:21; cp. Mt. 13:43; Ro. 8:17; Col. 3:4; Ap. 22:5).

«Porque a los que antes conoció, también los predestinó para que fuesen hechos conformes a la imagen de su Hijo, para que él sea el primogénito entre muchos hermanos» (Ro. 8:29; cp. 1 Co. 15:49; 2 Co. 3:18).

«Amados, ahora somos hijos de Dios, y aún no se ha manifestado lo que hemos de ser; pero sabemos que cuando él se manifieste, seremos semejantes a él, porque le veremos tal como él es» (1 Jn. 3:2).

El cuerpo del creyente sufrirá un cambio radical así como el cuerpo del Señor fue cambiado radicalmente. Varios cambios se prometen al creyente.

a. El creyente recibirá un cuerpo espiritual.

«Se siembra cuerpo animal, resucitará cuerpo espiritual. Hay cuerpo animal, y hay cuerpo espiritual» (1 Co. 15:44).

Note: El cuerpo espiritual (*soma*) aun retiene las características del cuerpo terrenal (*soma*). Se usa la misma palabra griega para ambos cuerpos. La diferencia es que no será un cuerpo natural (almado) sino un cuerpo espiritual. ¿Qué significa esto? Esencialmente que el cuerpo será perfeccionado; ya no estará sujeto al dolor, lágrimas, muerte, dolor o llanto (Ap. 14:4).

- **«Es sembrado en corrupción; resucitado en incorrupción.»**
- **«Es sembrado en deshonra; resucitado en gloria.»**
- **«Es sembrado en debilidad; resucitado en poder.»**
- **«Es sembrado cuerpo natural; resucitado cuerpo espiritual.»**

Note que el mismo cuerpo de la tierra será el cuerpo en el cielo. El cuerpo simplemente sufre un cambio radical de naturaleza. El creyente será en el cielo la misma persona que fue en la tierra, con la diferencia de haber sido perfeccionada. Note también la declaración vigorosa y enfática: «*Hay* cuerpo animal, y *hay* cuerpo espiritual» (1 Co. 15:42-44).

b. El creyente recibirá un cuerpo que no es «carne y sangre». Carne y sangre son corruptibles; envejecen, se deterioran, mueren y decaen.

«Pero esto digo, hermanos: que la carne y la sangre no pueden heredar el reino de Dios, ni la corrupción hereda incorrupción» (1 Co. 15:50).

c. El creyente recibirá un cuerpo radicalmente cambiado.

«En un momento, en un abrir y cerrar

de ojos, a la final trompeta; porque se tocará la trompeta, y los muertos serán resucitados incorruptibles, y nosotros seremos transformados. Porque es necesario que esto corruptible se vista de incorrupción, y esto mortal se vista de inmortalidad» (1 Co. 15:52-53).

d. El creyente recibirá un cuerpo que no necesitará de la reproducción para que continúe la raza humana (redimida).

«Porque en la resurrección ni se casarán ni se darán en casamiento, sino serán como los ángeles de Dios en el cielo» (Mt. 22:30).

2 (24:44-49) ***Profecía cumplida; Jesucristo, muerte:*** la segunda declaración es que las Escrituras deben ser cumplidas. Note cuatro puntos:

1. En sus predicciones Jesús lo había advertido. Su muerte y resurrección, acontecimientos concretos que ocurrieron tal como fueron anunciados, no debían haber sido una sorpresa. Jesús había predicho los acontecimientos y advertido a sus seguidores al respecto. (*Véanse* bosquejo y notas—Lc. 18:31-34.)

Pensamiento. Las Escrituras predicen mucho de lo que ocurrirá en el futuro. Sin embargo...

- muchos aun no aceptarán ni creerán.
- muchos aun espiritualizan las predicciones.

La mayor de todas las tragedias es que algunos todavía no aceptan ni creen en la muerte y resurrección del Señor, a pesar de la evidencia irrefutable.

2. La absoluta necesidad de que Cristo muriese y resucitase. La palabra «necesario» (*dei*) significa que su muerte era un imperativo, una necesidad, una obligación.

«Porque de cierto os digo que hasta que pasen el cielo y la tierra, ni una jota ni una tilde pasaré de la ley, hasta que todo se haya cumplido» (Mt. 5:18).

«A éste, entregado por el determinado consejo y anticipado conocimiento de Dios, prendisteis y matasteis por manos de inicuos, crucificándole; al cual Dios levantó, sueltos los dolores de la muerte, por cuanto era imposible que fuese retenido por ella» (Hch. 2:23-24).

«Y Pablo, como acostumbraba, fue a ellos, y por tres días de reposo discutió con ellos, declarando y exponiendo por medio de las Escrituras, que era necesario que el Cristo padeciese, y resucitase de los muertos; y que Jesús, a quien yo os anuncio, decía él, es el Cristo» (Hch. 17:2-3).

Note que Cristo mencionó las tres divisiones del Antiguo Testamento: la ley, los profetas y los salmos. Todo el Antiguo Testamento profetizó su venida y su salvación.

3. El discernimiento espiritual requerido para entender las Escrituras. Cristo les abrió los ojos a los discípulos para que pudieran entender.

«Mas a Dios gracias, el cual nos lleva siempre en triunfo en Cristo Jesús, y por medio de nosotros manifiesta en todo lugar el olor de su conocimiento» (2 Co. 2:14; cp. 1 Co. 2:9-14).

4. Las profecías específicas eran triples.
    a. Cristo tenía que sufrir y resucitar (*véanse* bosquejo y nota—Lc. 18:31-34).
    b. Se deben predicar el arrepentimiento y perdón (*véanse* notas y Estudio a fondo 1—Hch. 17:29-30; Estudio a fondo 4—Mt. 26:28).
    c. Es necesario el envío del Espíritu Santo y su poder. Al salir los discípulos para testificar, recibirían la *maravillosa* promesa (el Espíritu Santo) y el poder del Padre. (*Véanse* bosquejo y notas, ***Espíritu Santo***—Jn. 14:15-26; 16:7-15 referidos a una discusión de la profecías concernientes al Espíritu Santo que Cristo había dado a los discípulos.) Note dos cosas.

1) El creyente sería equipado para testificar.
    - Recibiría la promesa del Padre (el Espíritu Santo).
    - Recibiría poder, sería revestido (*endusesthe*) de poder.
2) La fuente del Espíritu y del poder es Dios.
    - Cristo enviaría la promesa.
    - La promesa era «del Padre». Dios dio la promesa.
    - Los creyentes debían perseverar, es decir, esperar en el Señor y orar por la promesa.
    - La promesa vendría de «arriba». Dios mismo era la fuente del poder para todo evangelismo.

«Pero recibiréis poder, cuando haya venido sobre vosotros el Espíritu Santo, y me seréis testigos en Jerusalén, en toda Judea, en Samaria, y hasta lo último de la tierra» (Hch. 1:8).

«Y cuando él venga, convencerá al mundo de pecado, de justicia y de juicio» (Jn. 16:8).

«Y a Aquel que es poderoso para hacer todas las cosas mucho más abundantemente de lo que pedimos o entendemos, según el poder que actúa en nosotros» (Ef. 3:20).

	D. Última aparición de Jesús: la ascensión,[EF1] **24:50-53** (Mr. 16:19-20; Hch. 1:9-11)
1 El propósito de la ascensión a. Bendecir b. Proveer un testimonio y dar gran seguridad	50 Y los sacó fuera hasta Betania, y alzando sus manos, los bendijo. 51 Y aconteció que bendiciéndolos, se separó de ellos, y fue llevado arriba al cielo.
2 Respuesta de los discípulos a la ascensión a. Lo adoraron b. Fueron llenos de gozo c. Adoraron en el templo; continuamente	52 Ellos, después de haberle adorado, volvieron a Jerusalén con gran gozo; 53 y estaban siempre en el templo, alabando y bendiciendo a Dios. Amén.

D. Última aparición de Jesús: la ascensión, 24:50-53

(24:50-53) ***Introducción:*** Lucas cierra el evangelio con la ascensión de Cristo, y con la ascensión comienza los Hechos (Hch. 1:9-11). Con la ascensión termina el ministerio terrenal del Señor, su misión de salvar al mundo. Por eso se puede decir que la ascensión es el capítulo final, el fin, la consumación de su peregrinación en la tierra. Por otra parte, la ascensión abre el ministerios celestial del Señor, su misión de intercesión por el mundo y su ministerio de dar testimonio por medio de las vidas de los creyentes. Por eso se puede decir que la ascensión es el primer capítulo, la apertura de su peregrinación al cielo como Señor resucitado. En el cielo Cristo es el Señor resucitado, la propiciación «...por nuestros pecados; y no solamente por los nuestros, sino también por los de todo el mundo» (1 Jn. 2:1-2).

1. El propósito de la ascensión (vv. 50-51).
2. Respuesta de los discípulos a la ascensión (vv. 52-53).

ESTUDIO A FONDO 1

(24:50-53) ***Jesucristo, ascensión:*** el Señor ascendió a la diestra de Dios es decir, al puesto de soberanía y poder (cp. Mr. 16:19; Lc. 22:69; Hch. 1:9-11; 2:36; 5:31; Ef. 1:20; Fil. 2:9-11; Ap. 5:12). La ascensión asegura (prueba, confirma) que hay siete cosas absolutamente ciertas.

1. La ascención demuestra que Dios *es*, que está vivo y existe. El hecho que Cristo fue resucitado de los muertos y «llevado arriba» (Lc. 24:51) demuestra que Dios es. Solamente Dios pudo hacer algo así (1 Co. 6:14; 2 Co. 6:14; 2 Co. 4:14; cp. Jn. 3:16; cp. Hch. 2:24, 32; 3:15, 26; 4:14; 5:30; 10:40; 13:30, 33-34; 17:31).
2. La ascensión asegura que Cristo es el Hijo de Dios. El hecho en sí de que Dios levantara a Cristo y «le recibiera en el cielo» prueba que Cristo es el Hijo de Dios (Ro. 1:3-4; Fil. 2:5-11).
3. La ascensión asegura que el cielo es real (Fil. 3:20-31).
4. La ascensión asegura que el evangelio es verdad. Cuando Dios levantó a Cristo y lo recibió en el cielo, Dios estaba convalidando el mensaje de Cristo. Lo que Cristo proclamó y reveló fue cierto: el hombre encara un problema crucial, el problema del pecado y de la muerte, y una futura condenación y separación de Dios. Sin embargo, el hombre puede ser salvado mediante la cruz de Cristo (Mr. 16:16; 1 P. 2:24).
5. La ascensión asegura que la gran comisión es el llamado y la misión de los creyentes. Lo demuestran dos cosas.

Primero, Cristo ha ascendido al cielo; por eso, se ha ido, ya no está en la tierra. Si el evangelio va a ser llevado hasta lo último de la tierra, tendrán que hacerlo los creyentes. Ellos son quienes quedaron en la tierra para hacerlo. Segundo, es el Señor resucitado y ascendido quien dio la gran comisión. *Como Señor ascendido*, demanda que su comisión sea cumplida (Mr. 16:15; cp. Mt. 28:19-20).

6. La ascención asegura que hay poder para cumplir la gran comisión (Mt. 28:18; cp. Mr. 16:20).
7. La ascensión asegura que tenemos un Ayudador muy especial en el cielo, alguien que realmente nos ama y se preocupa por nosotros. El es uno «que fue tentado en todo según nuestra semejanza, pero sin pecado» (He. 4:15). Por eso, está siempre dispuesto a perdonarnos y cuidarnos, durante toda nuestra vida.

[1] (24:50-51) ***Jesucristo, ascensión:*** el propósito de la ascensión. En Lucas se mencionan dos propósitos generales (*véase* nota, ***Ascensión***—Hch. 1:9).

1. El primer propósito general de la ascensión fue bendecir a los discípulos. Esta fue su bendición final, y note que fue lo último que hizo en la tierra. Su último gesto, su última acción fue bendecir a sus discípulos. Esto mostraba varias cosas.
   a. Mostraba que él era el Sumo Sacerdote con el poder de hacer la ofrenda por los pecados en favor de ellos y de bendecirlos con el don de la paz con Dios. (Cp. Aarón, Lv. 9:22.)

   «Después alzó Aarón sus manos hacia el pueblo y lo bendijo; y después de hacer la expiación, el holocausto y el sacrificio de paz, descendió» (Lv. 9:22).

   b. Mostraba que su bendición era la bendición que venía del Señor resucitado, de quien estaba *en el cielo* exaltado a la diestra de Dios.

   «Y cuál la supereminente grandeza de su poder para con nosotros los que creemos, según la operación del poder de su fuerza, la cual operó en Cristo, resucitándole de los muertos y sentándole a su diestra en los lugares celestiales, sobre todo principado y autoridad y poder y señorío, y sobre todo nombre que se nombra, no sólo en este siglo, sino también en el venidero» (Ef. 1:19-21).

   «Y a Aquel que es poderoso para hacer todas las

cosas mucho más abundantemente de lo que pedimos o entendemos, según el poder que actúa en nosotros» (Ef. 3:20).

c. Mostraba que su bendición era para siempre, sin fin, incluso hasta el fin del mundo.

«Enseñándoles que guarden todas las cosas que os he mandado; y he aquí yo estoy con vosotros todos los días hasta el fin del mundo. Amén» (Mt. 28:20).

d. Mostraba que su bendición era sin límite de parte del ascendido y *eterno Señor.*

«Y él es antes de todas las cosas, y todas las cosas en él subsisten» (Col. 1:17).

«Yo soy el Alfa y la Omega, el principio y el fin, el primero y el último» (Ap. 22:13).

e. Mostraba que su bendición estaba sobre ellos al salir como representantes de Cristo, testificando de Él.

«Por tanto, id, y haced discípulos a todas la naciones, bautizándolos en el nombre del Padre, y del Hijo, y del Espíritu Santo; enseñándoles que guarden todas las cosas que os he mandado; y he aquí yo estoy con vosotros todos los días hasta el fin del mundo. Amén» (Mt. 28:19-20).

2. El segundo propósito general de la ascensión fue proveer un testimonio y dar gran seguridad (*véase* Estudio a fondo 1—Lc. 24:50-53).

2 (24:52-53) ***Ascensión, resultados:*** la respuesta de los discípulos a la ascensión fue triple.

1. Los discípulos adoraron a Cristo. La ascensión los movió a adorar. ¿Por qué? Ahora los discípulos sabían, sin lugar a dudas, que Jesús era el auténtico Mesías, el Hijo de Dios mismo. Había ascendido a la diestra de Dios; por eso merecía todo el homenaje, adoración, y alabanza a Dios.

«Felipe le dijo: Señor, muéstranos el Padre, y nos basta. Jesús le dijo: ¿Tanto tiempo hace que estoy con vosotros, y no me has conocido, Felipe? El que me ha visto a mí, ha visto al Padre; ¿cómo, pues, dices tú: Muéstranos el Padre? ¿No crees que yo soy en el Padre, y el Padre en mí? Las palabras que yo os hablo, no las hablo por mi propia cuenta, sino que el Padre que mora en mí, Él hace las obras. Creedme que yo soy en el Padre, y el Padre en mí; de otra manera, creedme por las mismas obras» (Jn. 14:8-11).

«Y estando en la condición de hombre, se humilló a sí mismo, haciéndose obediente hasta la muerte, y muerte de cruz. Por lo cual Dios también le exaltó hasta lo sumo, y le dio un nombre que es sobre todo nombre, para que en el nombre de Jesús se doble toda rodilla de los que están en los cielos, y en la tierra, y debajo de la tierra; y toda lengua confiese que Jesucristo es el Señor, para gloria de dios Padre» (Fil. 2:8-11).

2. Los discípulos se llenaron de gozo.

a. Estaban llenos de gozo porque ahora su Señor estaba exaltado y privilegiado a tomar el lugar que le corresponde: estar sentado a la diestra de Dios y ser adorado eternamente. Estaban llenos de gozo y regocijo *por su causa.*

b. Estaban llenos de gozo porque ahora sabían que su presencia estaría siempre con ellos. Cuando estaba físicamente con ellos en la tierra, sólo podía estar en un lugar y con unos pocos a la vez. Pero ahora, habiendo ascendido, podía enviar su Espíritu para morar en todas partes (omnipresencia) con sus creyentes. Ya nada podía *separarlos* del Señor.

«Habéis oído que yo os he dicho: Voy, y vengo a vosotros. Si me amarais, os habríais regocijado, porque he dicho que voy al Padre; porque el Padre mayor es que yo» (Jn. 14:28).

«Pero yo os digo la verdad: Os conviene que yo me vaya; porque si no me fuese, el Consolador no vendría a vosotros; mas si me fuere, os lo enviaré» (Jn. 16:7).

«¿Quién nos separará del amor de Cristo? ¿Tribulación, o angustia, o persecución, o hambre, o desnudez, o peligro, o espada?... Por lo cual estoy seguro de que ni la muerte, ni la vida, ni ángeles, ni principados, ni potestades, ni lo presente, ni lo por venir, ni lo alto, ni lo profundo, ni ninguna otra cosa creada nos podrá separar del amor de Dios, que es en Cristo Jesús Señor nuestro» (Ro. 8:35, 38-39).

3. Los discípulos estaban continuamente en el templo. El templo era el foco de la presencia de Dios y su adoración; era el centro de enseñanza, el lugar donde la gente era instruida en las Escrituras. Los discípulos necesariamente iban a enfocar sus vidas en el templo o la iglesia...

- porque Cristo había enseñado que el templo era la «casa de su Padre» y la «casa de oración».

«Diciéndoles: Escrito está: Mi casa es casa de oración; mas vosotros la habéis hecho cueva de ladrones» (Lc. 19:46).

«Y dijo a los que vendían palomas: Quitad de aquí esto, y no hagáis de la casa de mi Padre casa de mercado» (Jn. 2:16).

- porque querían alabar a Dios por enviar al Mesías y así testificar públicamente de Él.
- porque el templo fue escogido como lugar de Dios, lugar donde manifestar su presencia en medio de su pueblo (*véase* nota—1 Co. 3:16).

«Id, y puestos en pie en el templo, anunciad al pueblo todas las palabras de esta vida» (Hch. 5:20).

«No dejando de congregarnos, como algunos tienen por costumbre, sino exhortándonos; y tanto más cuanto veis que aquel día se acerca» (He. 10:25).

BIBLIOGRAFÍA

Cada hijo de Dios es precioso para el Señor y es profundamente amado. Todo hijo como siervo del Señor toca las vidas de los que entran en contacto con él o con su ministerio. El ministerio como escritores de los siguientes siervos de Dios han tocado esta obra, y estamos agradecidos de Dios por haber puesto sus escritos en nuestro camino. Por medio de estas líneas reconocemos su ministerio en nuestro favor, estando plenamente conscientes de que hay muchos otros que, a través de los años han tocado nuestras vidas con sus escritos y merecen ser mencionados, pero la debilidad de nuestras mentes ha hecho que se borren de nuestra memoria. Que nuestro maravilloso Señor siga bendiciendo el ministerio de estos queridos siervos, y el ministerio de todos nosotros mientras trabajamos diligentemente para alcanzar al mundo para Cristo y hacer frente a las desesperadas necesidades de quienes tanto sufren.

FUENTES GRIEGAS

Robertson, A.T. *Imágenes verbales en el Nuevo Testamento,* 6 tomos. Terrassa, España: Clie, 1988.

Thayer, Joseph Henry. *Thayer's Greek-English Lexicon of the New Testament.* Nueva York: American Book Co., s.f.

The Expositor's Greek Testament. 5 tomos. Editado por W. Robertson Nicoll, Grand Rapids, MI: Eerdmans Publishing Co., 1970.

Vincent Marvin R. *Word Studies in the New Testament.* 4 tomos. Grand Rapids, MI: Eerdmans Publishing Co., 1969.

Vine, W. E. *Diccionario expositivo de palabras del Nuevo Testamento.* Terrassa, España: Clie, 1989.

Wuest, Kenneth S. *Word Studies in the Greek New Testament.* 4 tomos.Grand Rapids, MI: Eerdmans Publishing Co., 1966

OBRAS DE REFERENCIA

Biblia de referencia Thompson. Miami, FL: Editorial Vida, 1990.

Cruden's Complete Concordance of the Old & New Testament. Filadelfia, PA: The John C. Winston Co., 1930.

Josefo, Flavio, *Complete Works,* Grand Rapids, MI: Kregel Publications, 1981.

Lockyer, Herbert, *All the Men of the Bible.* Grand Rapids, MI: Zondervan Publishing House, 1958.

Lockyer, Herbert, *All the Miracles of the Bible.* Grand Rapids, MI: Zondervan Publishing House, 1961.

Lockyer, Herbert. *All the Parables of the Bible.* Grand Rapids, MI: Zondervan Publishing House, 1963.

Lockyer, Herbert. *All the Women of the Bible.* Grand Rapids, MI: Zondervan Publishing House, 1967.

Maier, Paul L., ed., Josefo:Las obras esenciales. Grand Rapids, MI: Editorial Portavoz, 1994.

Nave's Topical Bible, Nashville, TN: The Southwestern Co., s.f.

The Four Translation New Testament (Incluye la versión King James; The New American Standard; Williams–New Testament in the Language of the People; Beck–The New Testament in the Language of Today.) Minneapolis, MN: World Wide Publications. Copyright The Iversen Associates, Nueva York, NY, 1966.

The New Compact Bible Dictionary, editado por Alton Bryant. Grand Rapids, MI: Zondervan Publishing House, 1967.

COMENTARIOS

Barclay, William, *The Daily Study Bible.* Filadelfia, PA: Westminster Press. Comenzó en 1953.

Bruce, F. F. *La Epístola a los Hebreos.* Grand Rapids, MI: Nueva Creación, 1987.

——. *The Epistles of John.* Old Tappan, NJ: Fleming H. Revell Co., 1970.

——. *The Epistle to the Ephesians.* Westwood, NJ: Fleming H. Revell Co., 1968.

Criswell, W. A. *Expository Sermons on Revelation.* Grand Rapids, MI: Zondervan Publishing House, 1962-66.

Green, Oliver. *The Epistles of John.* Greenville, SC: The Gospel House, Inc., 1966.

——. *The Epistles of Paul the Apostle to the Hebrews.* Greenville, SC: The Gospel House, Inc., 1965.

——. *The Epistles of Paul the Apostle to Timothy & Titus.* Greenville, SC: The Gospel House, Inc., 1964.

——. *The Revelation Verse by Verse Study.* Greenville, SC: The Gospel House, Inc., 1963.

Harrison, Everett F., ed., *Comentario bíblico Moody: Nuevo Testamento.* Grand Rapids, MI: Editorial Portavoz, 1971.

Henry, Matthew. *Comentario exegético devocional a toda la Biblia.* 6 tomos. Terrassa, España: Clie, 1989.

Hodge, Charles. *Commentary on the Epistle to the Romans.* Grand Rapids, Mi: Eerdmans Publishing Co., 1950.

——. *Commentary on the First Epistle to the Corinthians.* Grand Rapids, MI: Eerdmans Publishing Co., 1972

——. *Commentary on the Second Epistle to the Corinthians.* Grand Rapids, MI: Eerdmans Publishing Co., 1973.

Ladd, George Eldon. *El Apocalipsis de Jesús: un comentario.* Miami, FL: Editorial Caribe, 1972.

Leupold, H.C. *Exposition of Daniel.* Grand Rapids, MI: Baker Book House, 1969.

Morris, Leon. *The Gospel According to John.* Grand Rapids, MI: Eerdmans Publishing Co., 1971.

Newell, William R. *Hebrews, Verse by Verse*. Grand Rapids, MI: Kregel Publications, 1995.

Strauss, Lehman. *Devotional Studies in Galatians & Ephesians*. Neptune, NJ: Loizeaux Brothers, 1957.

——. *Devotional Studies in Philippians*. Neptune, NJ: Loizeaux Brothers, 1959.

——. *James Your Brother*. Neptune, NJ: Loizeaux Brothers, 1956.

——. *The Book of Revelation*. Neptune, NJ: Loizeaux Brothers, 1964.

The Pulpit Commentary. 23 tomos. Editado por H.D.M. Spence y Joseph S. Exell. Grand Rapids, MI: Eerdmans Publishing Co., 1950.

The Tyndale New Testament Commentaries. Editado por RVG Tasker. Grand Rapids, MI: Eerdmans Publishing Co. Comenzado en 1958.

Thomas, W.H. Griffith. *Hebrews, A Devotional Commentary.* Grand Rapids, MI: Eerdmans Publishing Co., 1970.

Thomas, W.H. Griffith. *Outline Studies in the Acts of the Apostles*. Grand Rapids, MI: Eerdmans Publishing Co., 1956.

——. *St. Paul's Epistle to the Romans*. Grand Rapids, MI: Kregel Publications, 1974.

——. *Studies in Colossians & Philemon*. Grand Rapids, MI: Kregel Publications, 1986.

Walker, Thomas. *The Acts of the Apostles*. Grand Rapids, MI: Kregel Publications, 1965.

Walvoord, John. *The Thessalonian Epistles*. Grand Rapids, MI: Zondervan Publishing House, 1973.

ÍNDICE DE BOSQUEJOS Y TEMAS—LUCAS

Recuerde: Cuando usted busca un tema y busca una referencia bíblica, tendrá no solamente el texto bíblico, sino también un bosquejo y una discusión (comentario) del texto bíblico y del tema.

Este es uno de los grandes valores de la *Biblia de bosquejos y sermones*. Cuando tenga todos los tomos, tendrá no solamente lo que todos los demás índices bíblicos le dan, esto es, una lista de todos los temas y sus referencias bíblicas, SINO usted tendrá también...

- un bosquejo de *cada* texto y tema de la biblia.
- una discusión (comentario) de cada texto y tema.
- cada tema apoyado por otros textos bíblicos, o referencias cruzadas.

Descubra el gran valor usted mismo. Dé una mirada rápida a la segunda palabra del índice de Lucas. Es:

ABOGADO (*Véase* JESUCRISTO, Abogado; Deidad; Mediador)
22:32

Busque las referencias. Busque los textos bíblicos y el bosquejo de la Escritura, y lea luego el comentario. Inmediatamente verá el gran valor del índice de la *Biblia de bosquejos y sermones*.